KB058107

▲ 헝가리의 농촌 마을 머코로 이주한 유대인들은 경제적으로 크게 성공했다. 조지프 퓰리처는 1847년 바로 그 머코에서 태어났다. 상인과 무역업자의 도움을 받아야 했던 지주들은 새로 이주해 온 유대인들에게 농산물을 맡겨 시장에 내다 팔게 했다. 위 사진 맨 오른쪽 상점을 운영하던 파스케즈 가문 사람들은 이후 미국으로 이주해 브루클린에서 코셔(유대교 율법에 따라 만든 과자류—옮긴이) 판매점을 열었다.

Mother of Joseph & Albert

STRELISKY L.

▶ 조지프는 어머니 엘리제를 끔찍하게 사랑했다. 엘리제와 함께 사진을 찍은 소녀는 사진을 찍은 뒤 얼마 지나지 않아 세상을 떠난 조지프의 여동생 어너다. 여덟 명이나 되는 조지프의 형제자매 중 일곱 명은 조지프가 스무 살이 되기 전에 모두 세상을 떠났고 앨버트 한 명만 살아남았다.

◀ 조지프보다 네 살 어린 동생 앨버트는 완벽한 독서가이자 이상주의자였고 야심가였다. 1867년 앨버트는 20달러짜리 금화를 담은 작은 면지갑을 셔츠 안에 숨긴 채 미국으로 건너왔고 세인트루이스에 머물고 있던 형과 재회했다.

▼ 뉴욕의 어느 사진가가 1873년 봄에 찍었을 것으로 추정되는 이 사진에는 두 형제가 한자리에 모인, 지극히 드문 광경이 포착되어 있다. 당시 〈베스틀리혜 포스트〉 지분을 모두 넘긴 조지프(사진 왼쪽)는 유럽으로 여행을 떠나기 전 〈뉴욕 헤럴드〉에 갓 입사한 앨버트를 만나러 뉴욕에 갔다.

▲ 독일 이민자이자 미국 정치인 카를 슈르츠는 세인트루이스에 정착한 조지프의 역할 모델이었다.

◀ 조지프는 슈르츠의 뒤를 따라 자유공화당 운동에 투신했다. 자유공화당의 반란이 실패한 뒤 슈르츠는 공화당으로 돌아갔지만 조지프는 민주당으로 당적을 옮겼다.

◀ 기자로서 성공한 데다 주 의회 의원을 지내면서 추가 수입이 생긴 조지프는 1869년 좋은 옷을 맞춰 입고 이 사진을 찍었다.

▼ 주 의회 의원을 지내는 동안 조지프의 격정적인 성미가 불을 뿜었고 결국 어느 로비스트에게 총까지 쏘게 된다. 유명한 만평가 조지프 케플러가 당시 상황을 그림으로 묘사했다.

▶ 1870년대 중반부터 조지프는 콧수염과 턱수염을 길렀다. 1878년 조지프는 두 여성에게 구애했다. 한 여성은 워싱턴 D.C.에 사는 케이트 데이비스(오른쪽 위)였고 다른 한 여성은 내니 턴스톨(오른쪽 아래)이었다. 턴스톨이 퓰리처의 구애를 거절했기 때문에 조지프는 케이트 데이비스와 결혼하게 되었다. 턴스톨의 초상화는 조각가 모지스 에제키엘의 작품이다.

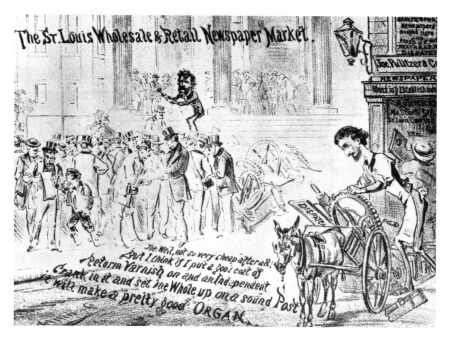

▲ 1878년 12월 조지프는 파산해 경매에 나온 〈세인트루이스 디스패치〉를 인수했다. 독일어 신문 〈디 라테르네〉에 실린 이 만평은 조지프(오른쪽)가 〈세인트루이스 디스패치〉를 인수하고 며칠 만에 〈세인트루이스 이브닝 포스트〉와 합병하는 과정을 묘사했다. 그림 중앙에 위치한 논평에 조지프의 의도를 짐작하게 하는 대목이 있다. "건실한 〈세인트루이스 이브닝 포스트〉와 합병했다."

◀ 〈세인트루이스 포스트-디스패치〉를 창간하고 일년도 채 지나지 않을 무렵 조지프는 존 커크릴을 세인트루이스로 데려와 신문의 운영을 맡겼다. 두 사람은 1872년 자유공화당 전당대회에서 처음 만났다. 커크릴은 여러 신문사에서 편집자로 일했는데 그중에는 새로 창간한 〈워싱턴 포스트〉도 있었다. 조지프와 커크릴은 혁신적인 형식, 공격적인 보도로 무장하고 언론의 모습을 완전히 바꿨다.

◀ 1883년 조지프는 제이 굴드로부터 〈뉴욕 월드〉를 인수하면서 굴드가 파크 로에 소유하고 있던 건물을 10년 동안 임대했다. (왼쪽) 그랬던 조지프가 6년 만에 〈월드〉의 판매부수를 크게 끌어올려 당시로서는 세상에서 가장 높은 건물(위)을 단 1센트도 빌리지 않고 짓는 기염을 토했다. 새 사옥은 17층이었는데, 건물 꼭대기에는 금으로 도금한 돔형 지붕을 얹어 조지프의 경제적 성공과 언론의 지형도를 바꾼 위업을 기념했다. 금을 입힌 반구형 지붕에서 반사되는 빛은 64.3킬로미터 밖의 해상에서도 볼 수 있었다. 뉴욕 항에 도착한 이민자들이 신세계에서 가장 먼저 접한 것은 바로 미국에 새롭게 등장한 대중매체의 성지였다.

▶ 돈 카를로스 사이츠는 조지프와 가장 오랫동안 함께 일한 경영관리인으로, 조지프의 경영관리 방식을 견뎌내고 살아남은 몇 안 되는 직원 중 한 사람이었다. 사이츠는 조지프가 사망하고 13년 뒤, 조지프의 첫 번째 전기를 펴냈다.

◀ 아서 브리즈번은 조지프와 함께 일한 가장 뛰어난 편집자 가운데 한 사람이었을 뿐 아니라 몇 년 동안 케이트 퓰리처의 연인이었다. 1897년 케이트가 결별을 선언하자 브리즈번은 〈월드〉를 떠나 허스트에게로 가서 39년 동안 허스트와 함께 일했다. 브리즈번은 미국에서 가장 많은 보수를 받는 편집자가 되었고, 그가 쓴 기사는 미국인들이 가장 많이 읽은 기사가 되었다.

▶ 조지프 퓰리처는 자신이 죽은 뒤 〈월드〉를 이끌어갈 재목으로 데이비드 그레이엄 필립스를 점찍었다. 그러나 안타깝게도 필립스는 문학가로 성공하려는 꿈을 품고 소설을 쓰기 위해 〈월드〉를 떠났다. 그 뒤 필립스는 남의 사생활을 파헤친 기사를 여러 유명 잡지에 기고했다. 필립스가 펴낸 첫 번째 소설《위대한 성공》에는 부패한 신문발행인이 등장하는데 조지프는 그레이엄이 자신을 본보기로 삼아 그 인물을 창조했다는 사실을 알고 나서 큰 상처를 받았다.

▶ 신문발행인 두 명과 정치인 두 명이 조지프의 권력에 도전장을 던졌다. 찰스 데이나(오른쪽 위)는 자신이 운영하는 〈뉴욕 선〉에 조지프가 쓴 기사를 두 차례나 실었지만 〈월드〉의 판매부수가 〈뉴욕 선〉의 판매부수를 능가하자 마음에 상처를 받았다. 그 뒤 조지프를 공격하기 위해 반유대주의 정서를 담은 사설을 〈뉴욕 선〉에 여러 차례 실었다. 윌리엄 랜돌프 허스트(오른쪽 중앙)는 앨버트 퓰리처가 창간한 신문을 인수해 조지프 퓰리처의 〈월드〉와 물러설 수 없는 판매부수 전쟁을 벌였다. 덕분에 두 신문사 모두 파산할 위기에 몰리기도 했다. 시어도어 루스벨트(오른쪽 아래)는 거의 25년 동안 조지프와 사사건건 부딪혔고 대통령이 된 뒤에는 자신의 권력을 이용해 조지프를 감옥에 보낼 궁리를 했다. 윌리엄 제닝스 브라이언(왼족 아래)은 조지프가 대통령 선거에 나선 자신을 지지하지 않자 마음이 상해 "돈이 너무 많아도 탈"이라는 악담을 퍼부었다.

▲ 1955년, 조지프가 지은 〈월드〉 사옥을 해체하면서 건물의 주춧돌이 모습을 드러냈다. 주춧돌에는 〈월드〉 및 여러 신문사의 신문, 음성을 녹음한 원통 축음기, 조지프와 가족들의 사진이 들어 있었다. 건물에 봉인된 뒤 처음으로 세상의 빛을 보게 된 그 사진들 대부분을 본서에 실었다.

◀ 이 사진은 조지프 퓰리처가 시력을 잃기 전 마지막으로 찍은 사진 가운데 하나다. 조지프의 시력이 점점 나빠지고 정신과 육체의 고통이 심해지면서 케이트 퓰리처(오른쪽)의 인내와 애정도 시험을 받게 되었다.

왼쪽 위 사진은 장남 랠프가 열 살 때 찍은 것으로, 소총이 소품으로 등장한다. 조지프 2세와 여동생 이디스(오른쪽 위)가 부유한 부모들이 선호하는 의상을 입고 사진을 찍었다. 파리에서 태어난 콘스턴스 (왼쪽 아래)는 조지프의 자녀 중 유일하게 미국이 아닌 곳에서 태어났다. 조지프 퓰리처가 가장 아꼈던 루실(오른쪽 아래)은 1897년 장티푸스로 세상을 떠났다. 여기에 실린 사진은 루실이 여덟 살 때 찍은 사진이다. 케이트 퓰리처는 두 명의 자녀를 더 낳았다. 1882년 태어난 캐서린은 두 살 되던 해에 죽었고 허버트는 이 사진들이 촬영된 해로부터 6년 뒤인 1896년에 태어났다.

◀ 시력을 완전히 잃은 뒤부터 조지프 퓰리처는 대중 앞에 모습을 보이는 것을 극도로 꺼리면서 은둔 생활을 한다. 병든 아버지의 빈자리를 채운 사람은 장남 랠프였다. 자주 있는 일은 아니었지만 조지프가 이따금 뉴욕에 머물 때면 말동무가 되어주었던 사람도 장남 랠프였다. 왼쪽 아래 사진에 보이는 조지프는 빛으로부터 눈을 보호하고 시력이 나빠지고 있다는 사실을 다른 사람들에게 감추기 위해 색안경을 착용하고 있다. 건강에 더욱 집착하게 된 조지프는 보좌관들을 대동하고 유럽 전역을 떠돌며 내로라하는 의사들을 찾아다니며 진찰을 받았고, 좋다고 하는 온천은 모조리 찾아다녔다.

▶ 1895년 조지프 퓰리처의 동생 앨버트는 100만 달러에 가까운 돈을 받고 〈뉴욕 모닝 저널〉을 매각한 뒤 여생의 대부분을 유럽에서 보냈다. 앨버트는 이 사진을 찍고 몇 년 뒤인 1909년 자살로 생을 마감했다. 열차를 타면 금세 갈 수 있는 거리에 머물고 있었으면서도 조지프는 동생의 장례식에 참석하지 않았다. 앨버트는 빈에 위치한 젠트랄프리트호프 공동묘지 유대인 구역에 묻혔다.

▼ 조지프는 1911년, 생의 마지막 봄날을 프랑스 남부에서 보냈다. 아래 사진에는 딸 이디스와 보좌관 해럴드 폴러드를 대동하고 몬테카를로 거리를 걷고 있는 조지프의 모습이 담겨 있다. 건강이 악화되어 극심한 고통에 시달리는 시간이 길어지면서 그해 6월부터 조지프는 베로날을 복용하게 되었다. 그러나 새로 개발된 진정제 베로날은 당시에는 알려지지 않았던 심각한 부작용이 있는 약물이었다. 베로날이 그해 10월 사망한 조지프의 사망 원인일 가능성도 배제할 수는 없을 것이다.

조지프는 그동안 축적한 부를 이
용해 호화로운 집을 여러 채 지
었다. 조지프는 〈월드〉 경영이
라는 무거운 짐을 벗고 소음으
로부터도 자유로워지리라 기대
했다. 시력이 나빠질수록 조지
프는 온갖 소음에 예민하게 반
응했다. 뉴욕 이스트 73번가에
자리 잡은 호화로운 맨션(오른쪽)
에서 소음을 느낀 조지프는 하
버드대학교의 음향전문가까지
초청하면서 외부 소음을 완벽하
게 차단하는 침실을 지으려 했
다. 메인 주 마운트데저트 섬에
자리 잡은 채톨드의 으리으리한
저택(아래)에는 화강암으로 쌓은
두 개의 탑이 날개 모양으로 배
치되어 있다. 조지프의 보좌관
들은 그 집을 '고요의 탑'이라 불
렀다. 그러나 제아무리 공들여
소음을 차단해도 조지프를 만족
시킬 수는 없었다.

▲ 결국 조지프는 새로 건조한 요트 리버티호에서 안식을 찾게 되었다. 미식축구장만한 길이를 자랑하는 리버티호에는 체육관, 도서관, 화랑, 흡연실, 열 명쯤은 거뜬히 들어가고도 남을 것같이 널찍한 만찬장, 45인의 승무원용 공간, 12칸의 개인 선실이 갖춰져 있었다. 리버티호에는 연료를 보충하지 않고 대서양을 왕복할 수 있을 만큼 충분한 석탄이 실려 있었다. 조지프는 지킬 섬에 지은 겨울 별장(아래)에도 자주 머물렀다. 조지아 주 해안에 위치한 사유지인 지킬 섬은 금박시대를 살아간 부유한 산업가들과 금융가들이 즐겨 찾는 휴양지였다.

자신의 이름을 후세에 길이 남기고 싶었던 조지프는 자신이 죽은 뒤 언론대학을 설립하고 언론상을 제정하도록 조치하고 필요한 자금을 지원했다. 조지프는 가고 없지만 한 세기가 지난 지금도 컬럼비아대학교 언론대학원에서는 매년 봄에 언론, 문학, 음악 부문 퓰리처상 수상자를 발표한다. 지금도 많은 사람들은 조지프가 허스트와 치열하게 경쟁하는 과정에서 얻은 '후안무치한 황색 언론의 대명사'라는 오명을 벗기 위해 언론대학을 설립하고 언론상을 제정하려 했다고 생각한다. 그러나 조지프는 언론의 전문화에 기여하기 위해 언론대학을 설립했을 것이다. 조지프의 마지막 유언장과 언론대학 현관 바닥에 새겨진 글귀를 보면 조지프의 진심이 무엇이었는지 짐작할 수 있다.

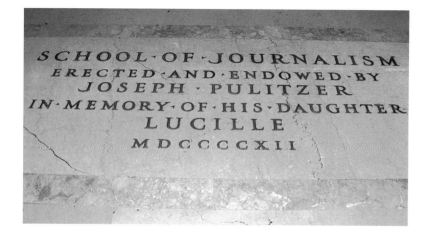

풀리처
PULITZER

PULITZER:
A Life in Politics, Print, and Power by James McGrath Morris

Copyright ⓒ 2010 by James McGrath Morris
All rights reserved.

Korean Translation Copyright ⓒ 2016 by Sigongsa Co., Ltd.
This Korean translation edition is published by arrangement with
RENAISSANCE LITERARY & TALENT through EYA.

이 책의 한국어판 저작권은 EYA를 통해 RENAISSANCE LITERARY & TALENT와 독점 계약한 ㈜시공사에 있습니다.
저작권법에 의해 한국 내에서 보호를 받는 저작물이므로 무단 전재와 무단 복제를 금합니다.

권력의 감시자는 왜 눈먼 왕이 되었는가

풀리처
PULITZER

제임스 맥그래스 모리스 지음 · 추선영 옮김

시공사

딘 사가르에게 헌정함
To Dean M. Sagar

일러두기

1. 권두 삽화는 윌리엄 로저스William A. Rogers의 작품으로 1901년 12월 29일 〈하퍼스 위클리〉에 처음 게재되었다. 그 밖의 저작권 관련 내용은 956쪽에 추가 기재했다.

2. 조지프 퓰리처와 앨버트 퓰리처를 제외한 조상과 가족의 이름은 원래 철자를 그 대로 따랐다. 따라서 할아버지는 미카엘Michael이 아니라 미하이Mihály로, 아버지는 필립Phillip이 아니라 퓔뢰프Fülöp으로 표기했다. 그러나 요제프 풀리체르József Pulitzer 는 조지프 퓰리처라는 미국식 이름으로 널리 알려져 있으므로 '조지프'로 표기했 다. 그 밖의 인명과 지명도 최대한 외래어표기법에 맞게 음역하여 옮겼다.

3. 원서와 동일하게 각주와 미주를 따로 삽입하였으며 각주는 기호로, 미주는 숫자로 표기하였다. 주석을 제외한 역자나 저자의 부연설명은 본문 내 괄호로 처리하였다.

　노벨상으로 널리 알려진 알프레드 노벨처럼 조지프 퓰리처도 그가 역사에 남긴 공헌보다는 그의 이름을 따서 제정한 퓰리처상으로 대중에게 더 유명하다. 이것은 참으로 부끄러운 일이 아닐 수 없다. 카네기가 강철을, 록펠러가 석유를, 모건이 돈을, 밴더빌트가 철도를 주무르며 산업을 부흥시키던 19세기 미국에서, 퓰리처는 근대 언론을 탄생시킨 산파였다고 해도 과언이 아니다. 당대에 퓰리처가 이룩한 업적은 20세기 발명된 텔레비전만큼이나 중요한 것이었고 정보 시대인 오늘날까지도 매우 큰 영향을 미치고 있다.

　미국 언론은 퓰리처의 손을 통해 여론을 주도하고 막강한 영향력을 가지는 매체로 거듭났다. 이와 같은 퓰리처의 업적은 오늘날까지 이어져 내려오고 있다. 최초의 언론 재벌이었던 퓰리처는 산업혁명이 야기할 막대한 변화를 인식하고 오락, 기술, 경영, 인구 통계 자료를 한 곳으로 집중시켰다. 퓰리처 덕분에 신문은 근대 생활에 없어서는 안 될 중요한 존재가 되었다. 이 한 가지 업적만으로도 그의 전기를 기록할 만한 충분한 가치가 있다. 퓰리처는 자신이 지닌 영향력과 권력을 행사해 진보적인 정치 의제를 추진하고 여러 정적들을 제압했는데, 그 과정에서 시어도어 루스벨트 대통령에게 맞서다가 투옥될 위기에 처하기도 했다. 언론의 자유를 수호하기 위한 퓰리처의 길고 괴로운 법정 싸움은 결국 미국의 신문과 정치 지형도를 바꿔놓았다.

그러나 무엇보다 퓰리처의 매력적인 삶이야말로 도저히 거부할 수 없는 주제이다. 기존의 것을 혁신하는 능력은 테드 터너를, 권력을 이용해 역사를 바꾸는 능력은 시어도어 루스벨트를, 시력을 잃고 소리에 시달리며 만년을 고통스럽고 쓸쓸하게 보냈다는 점에서는 하워드 휴스를 닮은 퓰리처의 파란만장한 인생사는 오늘날 다시 한 번 다뤄볼 만한 이야깃거리가 아닐 수 없다.

이 책은 최근 여러 기록이 운 좋게 새로 발견된 덕분에 이전에 발간된 다른 전기들과 많은 차이를 보이게 되었다.

근 한 세기 전, 여러 신문에는 퓰리처의 형제자매 중 유일하게 살아남은 동생, 앨버트 퓰리처가 1909년 자살하기 직전 짧은 회고록을 남겼다는 기사가 실렸다. 그리고 2005년에 드디어 파리에 사는 앨버트의 손녀가 그 회고록을 소장하고 있다는 사실이 세상에 알려졌다. 뛰어난 재능을 소유한 종교 인물 조각가인 뮈리엘 퓰리처의 부친은 회고록을 출간해보려고 애쓰다가 결국 작고했는데, 이후 그녀는 부친에게서 물려받은 그 문서를 고이 보관해왔다. 앨버트가 작성한 회고록은 헝가리에서 두 형제가 보낸 유년 시절, 각각 미국으로 오게 된 과정, 앨버트가 미국의 신문발행인으로 성공하게 된 사연, 결코 편하지만은 않았던 형제 사이의 관계를 새롭게 조명하는 계기가 되었다.

그리고 또 하나의 중요한 자료가 세인트루이스에서 발견되었다. 20여 년 전, 재건축 중인 건물 인근에 있는 대형 쓰레기 수거용기에서 도급업자 팻 포가티가 목재로 된 시가 상자를 발견했다. 상자 모양이 근사해 버리기 아깝다고 생각한 포가티는 그 상자를 버리지 않고 집으로 가져갔다. 그 안에는 1800년대에 기록된 문서들이 들어 있었는데, 퓰리처가 운영했던 신문 〈세인트루이스 포스트-디스패치〉가 보관하고 있던 문서였다. 포가티는 그 문서를 필요로 하는 사람에게 팔아, 적지 않은 돈을 만질 수 있으리라는 희망을 품고 상자를 지하실에 안전하게 보관했다.

2008년 포가티 부부는 역사적 가치가 큰 그 문서들을 나에게 공개해주었다. 상자에는 퓰리처가 1878년 경매에서 〈세인트루이스 디스패치〉를 인수할 당시 작성했던 영수증 원본, 며칠 후 성사된 〈세인트루이스 디스패치〉와 〈세인트루이스 이브닝 포스트〉와의 합병계약서 원본, 퓰리처가 서명한 지불완료 수표 수백 장, 퓰리처가 운영한 첫 번째 신문사에 자금줄이 된 사람이 누구인지 파악할 수 있게 한 대출계약서 등이 들어 있었다.

그 자료들을 살펴보는 사이, 세인트루이스에서 가치 있는 두 가지 문서가 추가로 발견되었다. 한 가지는 에릭 뉴먼이 퓰리처가 〈베스틀리혜 포스트〉를 공동 소유하는 데 중요한 역할을 한 차용증의 사본을 나에게 공개한 것이다. 차용증에는 퓰리처의 서명이 들어 있었다. 그리고 세인트루이스 경찰도서관이 나에게 서고에 처박힌 책들 틈에 끼어 있던 1872년 세인트루이스 경찰위원회 회의록을 열람할 기회를 준 것도 많은 도움이 되었다.

워싱턴 D.C.에서는 시어도어 루스벨트 대통령이 퓰리처를 명예훼손으로 투옥하려 한 사건과 관련된 방대한 문서가 보관되어 있는 장소를 오랫동안 드나들었다. 사서들은 그런 문서가 존재한다는 사실을 부인했다. 그러나 몇 년 뒤 워싱턴의 어느 법무법인이 정보공개법을 근거로 소송을 제기했고, 결국 그 문서가 세상의 빛을 볼 수 있었다. 그 문서가 아니었다면 대통령이 권력을 남용한 이 중대한 사건을 속속들이 파헤칠 수 없었을 것이다.

마지막으로 오하이오 주 레이크 카운티 역사학회는 퓰리처의 아내 케이트 퓰리처가 퓰리처와 결혼한 상태에서 누군가로부터 받은 연애편지를 소장하고 있었다. 편지를 보낸 사람은 머리글자로만 서명했지만, 2001년 시러큐스대학교가 기증한 일련의 문서를 조사하면서 케이트 퓰리처에게 편지를 보낸 장본인이 누구인지 알아낼 수 있었다.

과거 퓰리처의 생애를 연구한 사람들이 활용할 수 없었던 새 자료들을 여럿 확보한 덕분에 퓰리처의 인생사를 더욱 풍성하게 기록할 수 있었지만, 그중에는 자주 회자되던 퓰리처의 일화와 모순을 일으키는 자료도 있었다. 가령 퓰리처의 어머니가 가톨릭 신자였다는 주장이나, 퓰리처가 식구들과 함께 휴가를 보내기 위해 유럽으로 가는 도중 〈뉴욕 월드)를 인수했다는 일화가 대표적이다. 과거에 기록된 내용과 일치하지 않는 내용이 있을 경우에는 미주를 통해 자세히 설명했으니 참고하길 바란다.

뉴멕시코 주 테스크Tesuque에서

제임스 맥그래스 모리스

2부
퓰리처, 언론의 제국에 군림하다
1878~1888

3부
위대한 혁명가, 눈먼 왕이 되다
1888~1911

내가 죽기 전에는

내 이야기를 공개하지 말라.

조지프 퓰리처(1847~1911)

아바나 1909

1909년 2월 17일 오후, 작은 보트가 아바나Havana 항을 출발했다. 해변을 감싸 안은 옥색 물살을 가르며 달린 보트는 군청색 만灣으로 미끄러져 들어갔다. 그곳에는 세계에서 가장 화려한 개인 요트가 정박해 있었다.¹

눈부시게 새하얀 색깔의 리버티Liberty호는 미식축구장만 한 길이를 자랑했다. 리버티호의 크기나 화려함에 필적할 만한 다른 배는 지난 10년간 화려함의 대명사로 군림했던 모건J. P. Morgan 소유의 코세어Corsair호 정도가 전부였다. 리버티호의 선두에는 돛대 두 개가 비스듬하게 서 있었고 선미에는 커다란 굴뚝이 자리 잡고 있어 마치 몇 년 전까지 대양을 무람없이 누비던 아름다운 범선처럼 보였다. 사라왁Sarawak의 제2대 백인 국왕이 소유한 요트에서 승무원으로 근무했던 남자가 말했다. "이렇게 선이 고운 배는 생전 처음 봅니다."²

리버티호는 널찍한 실내 공간을 자랑했다. 체육관, 도서관, 화랑, 흡연실, 열 명은 거뜬히 들어가고도 남을 정도로 널찍하고 오크 목재로 마감해 고급스러운 만찬장, 45인의 승무원용 공간, 런던에 있는 빅토리아 앤드 앨버트 박물관Victoria and Albert Museum의 실내 장식을 책임진 가구장인이 설계한 12칸의 개인 선실까지 두루 갖춘 리버티호에서 부족함은 찾아볼 수 없었다.

배 위는 고요했다. 엔진은 꺼져 있었고 격벽문은 닫혀 있었으며 상갑판의 통로에는 밧줄이 쳐져 사람들의 통행을 차단했다. 리버티호의 선주 조지프 퓰리처Joseph Pulitzer는 점심식사를 마친 뒤 막 낮잠에 든 참이었다. 미국에서 가장 막강한 신문발행인의 달콤한 휴식을 방해한다면 누구라도 혹독한 대가를 치를 각오를 해야 했다.

예순한 살의 퓰리처는 인생의 정상에 섰지만, 시력을 잃은 뒤부터는 줄곧 불면증에 시달렸고 아주 미세한 소리에도 민감하게 반응하면서 가상의 통증을 비롯한 온갖 통증에 시달리며 괴로워했다. 따라서 배 위의 소음을 차단하기 위해 가능한 모든 수단이 총동원되었다. 배 앞부분에는 다음과 같은 경고 문구를 새긴 황동 안내판이 걸려 있었다. "퓰리처 씨가 잠에서 깨기 전에는 절대 이 문을 열지 말 것." 배가 바다로 나서더라도 두 개의 증기 엔진이 완급이 조절되는 프로펠러를 돌려 선체의 흔들림을 최소화하면서 항해했다. 리버티호는 고요의 사원이었다.

리버티호는 또한 퓰리처의 보호막이었다. 그를 괴롭히는 악마들은 도무지 쉴 줄을 몰랐다. 지난 20여 년 동안 퓰리처는 전 세계를 떠돌아다녔다. 독일에서 의사의 진료를 받고 프랑스 남부의 리비에라Riviera 해안에서 휴식을 취하면서 온천욕을 즐겼으며, 런던의 개인 영지에서 산책을 했다. 또한 미국의 지킬 섬Jekyll Island에서 승마를 즐겼고 메인 주에 마련된 고요의 탑에 은신하거나 바다로 나가기도 했다. 1년 전 리버티호를 띄운 뒤로는 바다가 퓰리처의 주요한 삶의 터전이 되었다. 사실 리버티호에는 연료를 보충하지 않고 대서양을 왕복할 수 있을 만큼의 충분한 석탄이 실려 있었다.

퓰리처가 있는 곳에는 언제나 보좌관, 낭독가, 피아노 연주자, 하인 등의 남자 수행원들이 동행했다. 수행원들은 모든 면에서 아내와 자녀를 대신하는 존재였다. 수행원들은 아침부터 밤까지 끝없이 이어지는 퓰리처의 변덕을 고스란히 받아주면서 퓰리처를 복잡한 세상사로부터 격리해주었다. 오랜 경험을 쌓은 끝에 수행원들은 퓰리처의 통신원들을 다루는 방법을 체득했고, 퓰리처가 즐겁고 유쾌한 분위기에서 식사할 수 있도록 그가 좋아할 만한 가벼운 농담도 여럿 개발했다. 수행원들은 다양한 책이 갖춰진 배 안 도서관에서 큰 소리로 책이나 신문을 낭독하면 퓰리처가 마음의 위안을 받고 편안함을 얻는다는 사실도 알게 되었다.

오랫동안 뉴욕에서 멀리 떨어져 지냈음에도 퓰리처는 〈월드World〉에 대한 지배권을 단 한 순간도 손에서 놓지 않았다. 뉴욕의 영향력 있는 신문인 〈월드〉는 대중매체의 시대를 연 선봉장이었다. 어느 외딴 항구에서 암호로 작성된 전보가 통신선을 타고 끊임없이 뉴욕으로 전송됐다. 모두 신문 운영에 관한 내용이었다. 퓰리처는 광고에 쓰일 활자체나 편집자의 휴가 계획 같은 소소한 일들까지도 모두 손수 챙겼다. 신문사의 관리급 직원들은 재무자료, 편집보고서, 누군가의 글을 염탐한 것 같은 내용의 문서 등의 자료 뭉치를 퓰리처에게 보냈다. 퓰리처가 파크 로 Park Row에 우뚝 솟은 새 본사 건물에 들어가본 것은 단 세 번에 불과했지만 사람들은 항상 '퓰리처의 〈월드〉'라고 불렀다.

그 말은 사실이었다. 1883년 퓰리처는 망하기 일보 직전의 신문사 〈뉴욕 월드New York World〉를 인수해 자신만의 색깔을 입힌 신문사 〈월드〉로 재탄생시켰다(16장 참조-옮긴이). 무서운 속도로 성장한 〈월드〉는 순식간에 전 세계에서 가장 많이 팔리는 신문이 되었다. 신문을 찍어낼 종이를 만들기 위해 하룻밤 사이에 약 2.42헥타르(약 2만 4,200제곱미터)의 가문비나무가 사라졌고 성서를 통째로 인쇄하고도 남을 만큼의 납 활자 세트가 매일 새로 제작되었다.[3]

〈월드〉는 변화를 일으킬 수 있는 수단이었다. 〈월드〉는 대통령 선거, 주지사 선거, 시장 선거에 영향력을 행사하고, 정치인들에게 감옥 신세를 지게 했으며, 공공 의제를 마음대로 주물렀다. 성미가 급한 젊은 퓰리처는 아무런 거리낌 없이 신문을 개혁 추진, 사회의식 고양, 진보적 나아가 급진적인 정치 의제 달성 수단으로 이용했다. 퓰리처가 요구하는 개혁이라면 상속세, 소득세, 법인세 부과 같은 기이한 내용조차 폭넓게 받아들여졌다.

퓰리처는 이렇게 말했다. "〈월드〉는 대통령보다 더 힘 있는 존재여야 한다. 대통령은 당파나 정치인에게 얽매이게 마련이고 임기도 4년에 불과하다. 그러나 신문은 매년 새로 발행되고 진실을 말할 절대적인 자

유를 누린다. 따라서 신문은 공공의 이익 증진을 위해 봉사해야 한다."⁴

그러나 퓰리처 본인과 마찬가지로 〈월드〉도 나이를 먹어갔다. 〈월드〉의 정치적 입장은 보수적으로 바뀌었고 〈월드〉를 모방한 신문들이 우후죽순으로 생겨나면서 참신함도 사라졌다. 〈월드〉가 성취한 업적은 모두 과거의 유물이 되었다. 대부분의 독자들은 극적인 문체의 기사, 눈길을 사로잡는 스포츠 소식, 만화, 부부상담, 조리법, 소설, 악보 등으로 채워진 잡지만큼 두꺼운 신문이 고작 1센트에 수백만 부가 팔리던 시절을 기억하지 못했다.

하지만 가까운 곳에 〈월드〉의 전성기를 떠올리게 하는 유물이 있었다. 바로 아바나 만 바닷물 위로 시신의 손가락처럼 삐죽 튀어나온 돛대였다. 그 돛대는 10여 년 전 승무원과 함께 침몰한 미국 군함 메인USS Maine호의 잔해 중 바닥으로 가라앉지 않고 수면 위에 남은 유일한 잔해였다. 에스파냐(스페인)와 미국 사이의 긴장이 고조되던 시기에 메인호가 침몰했고, 치열한 경쟁에 몰두해 있던 뉴욕의 신문 편집자들은 메인호 침몰을 자극적인 기사로 재탄생시켰다.

캘리포니아 주 출신의 젊은 모방꾼 윌리엄 랜돌프 허스트William Randolph Hearst는 가문이 물려준 막대한 부富를 등에 업고 아무도 엄두조차 내지 못했던 일을 벌였다. 1898년 자기 소유의 신문 〈뉴욕 저널New York Journal〉로 파크 로에 자리 잡은 〈월드〉에 도전장을 던진 것이다. 단 한 명이라도 더 많은 독자의 마음을 사로잡기 위해 양측은 어떻게든 상대방을 능가하는 주전론자主戰論者가 되어 나라를 전쟁으로 몰아가려 했다. 두 신문사는 경쟁적으로 국민의 전쟁 열기에 기름을 부었고 미국에스파냐 전쟁이 일어난 뒤에도 무수한 기자, 만평가, 사진기자를 동원해 전쟁에서 승리할 영광의 날에 대한 장밋빛 환상을 앞다퉈 꾸며냈다.

〈월드〉와 〈뉴욕 저널〉이 수단과 방법을 가리지 않는 치열한 경쟁을 벌이면서 선정적인 기사가 신문을 장식했다. 기사를 날조하는 일도 서슴지 않았다. 취재 비용도 하늘 높은 줄 모르고 치솟았다. 그대로 가다간 대중의 신뢰를 잃고 파산하기 딱 좋을 판이었다. 마치 셜록 홈스와 그의 맞수 모리아티 교수처럼 두 신문은 결국 모두 죽고 말 벼랑 끝 전쟁을 치르고 있었다.

짧지만 격렬했던 판매부수 전쟁은 결국 막을 내렸고 두 신문 사이에 벌어진 경쟁은 미국-에스파냐 전쟁만큼이나 유명해졌다. 퓰리처는 허스트와 더불어 후안무치한 황색 언론(옐로 저널리즘yellow journalism)의 대명사가 되었다. 실제로 일각에서는 죽을 날이 멀지 않은 퓰리처가 컬럼비아대학교Columbia University에 기부금을 내 언론대학을 설립하고 미국 언론인에게 수여하는 상을 제정하려고 구상한 것 자체가 자신을 따라다니는 불명예를 씻어내기 위한 얄팍한 수작에 지나지 않는 것 아니냐며 의혹의 눈초리를 보낸다.

미국-에스파냐 전쟁은 퓰리처에게 또 다른 상처도 안겨주었다. 퓰리처의 최대 정적政敵이 전쟁 영웅이 되어 돌아온 것이다. 루스벨트가 영광의 자리에 오르기까지 퓰리처 본인도 기여한 바가 적지 않았다. 시어도어 루스벨트Theodore Roosevelt가 의용 기병대 러프 라이더스Rough Riders를 이끌고 승리한 쿠바의 산후안힐San Juan Hill에도 어김없이 기자가 동행했다. 퓰리처의 천적 루스벨트는 퓰리처가 한껏 부풀려놓은 언론의 힘을 가져다가 근대 정치 지도자가 이용할 도구로 활용했다.

루스벨트가 이끄는 공화당과 퓰리처가 이끄는 민주당은 미국개혁운동의 주도권을 두고 25년이 넘는 세월 동안 치열한 공방을 벌였다. 두 사람의 대립은 한 편의 대서사시를 방불케 했다. 한쪽에는 자신이 만들어갈 나라의 휘황찬란한 미래를 가로막는 장애물이 퓰리처라고 확신하는 독선적이고 비정한 정치인이 있었고, 반대쪽에는 선동을 일삼는 정치인으로부터 대중을 구원했다고 확신하는 근엄한 체하는 신문발행인이 있었다. 퓰리처는 죽기 몇 달 전 어느 논설위원에게 속마음을 털어놓았다. "신께서는 〈월드〉를 위해 내 눈을 가져가신 것이 틀림없네. 이제 나는 누구도 만날 수 없는 은둔자가 되었으니 말이지. 나는 눈먼 정의의 여신처럼 냉담하고 그 누구의 영향도 받지 않는 사람이 되었네. 친구도 하나 없어. 그러니 〈월드〉는 완전히 자유로운 언론이지 않겠나."[5]

대통령 임기가 끝나갈 무렵 루스벨트는 오랫동안 받아온 모욕을 퓰리처에게 갚아주기로 마음먹었다. 이 건장하고 호전적인 미국 귀족의 자손은 시력을 잃은 신경증 환자이자 헝가리 출신의 격정적인 유대인 이민자를 혐오했다. 퓰리처가 소유한 〈월드〉는 대담하게도 루스벨트 대통령이 이룩한 가장 중요한 업적인 파나마 운하 건설이 부정부패로 얼룩졌을 가능성을 제기했고 그런 무리수를 둔 〈월드〉의 무모함은 대통령의 분노를 불러일으켰다.

대통령의 명령을 받은 법무부는 퓰리처를 명예훼손죄로 형사 처벌할 법조문을 찾아내기 위해 한 세기쯤 지난 케케묵은 법전을 기를 쓰고 뒤지고 있었다. 워싱턴과 뉴욕에서 각각 대배심이 열렸다. 루스벨트가 포기하지 않고 끝까지 밀어붙인다면 퓰리처는 여생을 감옥에서 보내게 될지도 모르는 일이었다.

작은 보트가 마침내 리버티호에 접근했다. 퓰리처의 충직한 보좌관 자베즈 더닝엄Jabez Dunningham이 뉴욕에서 보낸 전보를 건네받았다. 전보를 읽은 더닝엄은 급히 함교로 달려가 선장에게 출발하라고 지시했다.[6]

루스벨트가 주도해 워싱턴에서 열린 대배심이 그간의 조사 결과를 발표했다.

1부

빈털터리 유대인,
미국의 중심에 입성하다

1847~1878

PULITZER

1장

헝가리

1847년 봄 어느 안식일, 필뢰 퓰리처Fülöp Pulitzer와 엘리제 퓰리처Elize Pulitzer가 네 번째 아이의 탄생을 초조하게 기다리고 있었다. 9년의 결혼 생활 동안 낳은 세 아이 중 둘은 이미 죽고 없었다. 유아사망률이 높던 시절이었지만 오늘만은 죽음도 퓰리처 일가를 어쩌지 못했다. 오늘 엘리제가 산고 끝에 낳은 아들은 살아남을 것이다. 하지만 그 아이는 갓 십 대 소년이 될 무렵에는 아버지를, 그리고 스무 살이 되기도 전에 자신을 제외한 여덟 명의 형제자매 중 일곱 명을 잃게 될 것이다. 이날 태어난 조지프 퓰리처에게 죽음이란 일상적인 일이었다.

합스부르크제국 끝자락에 위치한 작은 농촌도시 머코Makó에서 태어난 필뢰과 엘리제의 자녀들은 유아사망이라는 공포를 안고 살았다. 그리고 그 공포 때문에, 성공한 유대인 상인의 자손이라면 마땅히 누려야 할 안락함을 마음 놓고 누리지 못했다. 머코는 고요한 머로시Maros 강이 굽이치며 흐르는 헝가리대평원Great Alföld 한가운데 자리 잡은 인적 드문 마을이었다. 동서로 뻗은 헝가리대평원의 규모는 네덜란드만 했다. 겨울의 머코는 마치 검은 토양의 바다에 에워싸인 섬 같았고 봄과 여름에는 푸른 파도 무늬를 짜 넣은 융단을 깔아놓은 듯 보였다.

조지프는 머코에 정착한 퓰리처 가문의 3대손이었다. 퓰리처 가문의 조상은 더 많은 관용을 베풀고 더 윤택한 생활을 보장한 오스트리아-헝가리제국의 약속을 믿고 1700년대에 모라비아에서 이곳으로 이주한 유대인이었다. 함께 이주한 다른 모라비아인들처럼 퓰리처 가문 사람들도 게르만 문화에 쉽게 적응했다. 상인이나 무역업자의 도움이 필요했던 헝가리 지주들은 새로 이주한 이들에게 영지에서 생산한 농산물을 팔아달라고 부탁했다. 이로써 이주 유대인과 토착 귀족 모두에게 이득이 될 관계가 성립되었다.

퓰리처 가문이 모라비아 출신임을 알 수 있는 특징은 점차 사라져, 이름만이 그들이 모라비아 출신임을 짐작케 할 뿐이었다. 아슈케나지 Ashkenazi 유대인의 이름에는 성姓이 없었는데, 퓰리처 가문은 자손에게 물려줄 성이 있어야 한다는 법적 요건을 갖추기 위해 자신들이 떠나온 마을 퓰리츠Pullitz의 이름을 따 퓰리처라는 성을 지었다.[1]

상업의 중심지라는 지리적 특성에 힘입어 도시가 성장하면서 퓰리처 가문도 나날이 번창했다. 조지프의 증조부이자 머코에 처음으로 자리를 잡은 바룩 시몬 퓰리처Baruch Simon Pulitzer는 처음에는 생가죽을 취급하다가 나중에는 곡물 거래로 영역을 넓혔다. 유대교도의 장례를 주관

하는 헤브라 카디샤Hevrah Kadisha의 유력 인사였던 바룩은 당시의 유대인
치고는 특이하게도 본인의 집을 소유하고 있었다.

바룩의 아들이자 조지프의 조부 미하이Mihály는 머코에서 생산된 모
직물과 곡물을 부더Buda 인근에서 급성장하고 있던 북부 도시 페슈트Pest
의 시장에 내다 팔고 향신료, 설탕, 포도, 옷감, 양초, 카드 같은 소비재
를 구입해 와 머코에 되파는 방식으로 부친보다 더 큰 상업적 성공을 거
머쥐었다. 미하이는 곧 머코에 사는 유대인 가운데 세금을 가장 많이 내
는 인사가 되었다. 미하이의 부는 시 의원들에게 자금을 빌려주기도 할
정도였다.[2]

조지프의 부친 필뢰도 번창하는 가문의 사업에 뛰어들어 마침내 자
신의 상점을 열게 되었다. 필뢰은 자신의 밤색 머리칼과 파란 눈, 매부
리코, 훤칠한 키, 덥수룩한 턱수염을 아들에게 물려주기 위해 아내를 물
색하기 시작했다. 세 손가락 안에 드는 부유한 상인이었기 때문에 마을
에서도 쉽게 아내를 구할 수 있었을 텐데, 필뢰은 전통을 깨고 업무차
뻔질나게 드나들었던 페슈트에서 만난 엘리제 베르거Elize Berger에게 청
혼했다. 세련된 도시 여성이었던 엘리제와 함께라면 머코에서 필뢰이
누리는 사회·경제적 지위가 더욱 공고해질 터였다. 엘리제는 훤칠한 키
에 어두운 색 머리칼을 지녔다. 퓰리처의 어느 자손은 엘리제가 "작은
도시 머코에 없어서는 안 될 존재가 되었다"고 회고했다.[3]

필뢰과 엘리제 부부는 머코 시장 건너편에 신혼집을 꾸몄다. ㄴ자
모양의 이층집은 머코의 웬만한 집들보다 컸을 것이다. 정문은 마차가
드나들 수 있을 만큼 커다랬고 집 뒤편으로는 마구간이 우뚝 솟아 있었

다. 바로 그 집에서 1847년 4월 10일 조지프가 태어났다.

유대교 풍습에 따라 조지프는 태어난 지 8일째 되던 날 할례를 받았다. 조지프가 속한 헝가리 유대인 공동체는 정통 유대교와 꽤 멀어진 데다가 페슈트의 문화권 안에 동화된 머코나 여타 도시에 대한 정통 유대교로부터의 지원도 줄어들고 있었다. 이런 지역에 거주하는 퓰리처 가문 같은 유대인은 네오로그Neolog라 알려진 개혁주의 유대교에 동참했다. 헝가리 유대인들은 지역에 동화되려 했기 때문에 개혁주의 유대교는 정통 유대교가 부과하던 행동의 제약을 벗어버리려 했다.

가령 네오로그는 메히차mehitza(회당을 찾은 여성을 남성과 분리하기 위해 쓰이는 격자 모양의 가림막)를 없앴다. 그랬다고 해서 여성이 남성 가까이에 앉는 것까지 허용된 것은 아니었다. 또한 네오로그는 회당 중앙에 두던 비마bimah(기독교에서 사용하는 설교단과 유사한 용도로 사용되는 물건)의 위치를 앞으로 옮겼다. 조지프는 유대인이었지만 유럽의 다른 지역에서 자란 유대인 청년들에 비해 기독교에 조금이나마 더 친숙한 환경에서 성장했을 것이다.[4]

그럼에도 머코 전체 인구의 6퍼센트에 불과한 유대인은 아무래도 소수파일 수밖에 없었다. 도시를 지배하는 사람들은 가톨릭교도, 그리스정교도, 칼뱅교도들이었다. 신앙이 같은 사람들끼리 한 동네에 모여 살았기 때문에 도시는 마치 파이를 잘라놓은 듯한 모양이었다. 칼뱅교회와 가톨릭교회가 세운 높은 첨탑에서 치는 종소리가 멀리까지 울려 퍼졌다. 기독교도 거주지는 누구나 그곳이 기독교도 거주지임을 한눈에 알아볼 수 있을 만큼 잘 정돈되어 있었다. 기독교도 대부분은 들판에서 멀리 떨어진 곳에서 생활해도 될 만큼 부유한 농민이었으므로 커다란 저택에서 윤택한 생활을 한 반면, 유대교도 거주지는 무질서했다. 구불구불한 도로에 막힌 골목도 수두룩했다. 회당은 작고 초라했다. 어린 조지프도 유대인 공동체가 머코에서 차지하는 사회적 위상을 어느 정도 눈치챘을 것이다.[5]

조지프가 태어난 이듬해 정치적 격변이 일어났다. 1848년의 혁명 열기가 유럽 전역을 휩쓸었고 고립되어 있던 머코의 사회 질서에도 그 파장이 미쳤다. 진원지는 파리였다. 성난 군중은 국왕 루이 필리프Louis Philippe를 왕좌에서 끌어내렸고, 그 자리에 허약하지만 민주적인 제2공화정이 들어섰다. 프랑스에서 시작된 혁명은 이탈리아, 독일, 오스트리아-헝가리제국 구석구석으로 번졌다.

헝가리인들은 이 시기를 틈타 독립 국가를 세우려 했다. 민족주의자 러요시 코슈트Lajos Kossuth는 페슈트에 새 정부를 수립하고 권력을 장악했다. 새 정부는 언론의 자유를 보장하고 귀족에게 세금을 부과했으며 수세기 동안 봉건제에 매여 있던 농노를 해방시켰다. 유대인 대부분은 혁명을 지지했고 정부는 유대인에게 자유를 주었다. 그러나 승리의 시간은 너무 짧았다. 1849년 여름, 얼마 남지 않은 반란군이 퇴각했다. 머코에서 하룻밤을 보낸 코슈트가 미국으로 망명한 지 불과 며칠 만에 오스트리아군이 머코에 입성했다.

혁명의 최후는 비참했지만 퓰리처 가문은 이상을 추구했다. 조지프의 삼촌 두 명이 혁명군에 가담했고 조지프의 아버지 필립은 군軍에 물자를 공급했다(필립은 응징을 피하기 위해 오스트리아 점령군에게도 물자를 공급하는 치밀함을 보였다). 코슈트가 주도한 봉기를 계기로 퓰리처 가문의 민족주의는 더욱 공고해졌다. 비록 몸은 유대인이었지만 퓰리처 가문 사람들은 자신이 헝가리인의 정서를 지닌 헝가리 국민이라고 생각했다. 대부분의 유대인들과 마찬가지로 퓰리처 가문은 자신들의 사회적, 경제적 운명이 국가의 운명과 떼려야 뗄 수 없는 관계라는 사실을 잘 알고 있었다. 조지프의 동생 앨버트는 혁명전쟁 중에 숨진 혁명시인 샨도르 페퇴피Sándor Petöfi의 시를 일기장에 적었다. "봉기하라 마자르인들이여, 조국이 그대들을 부른다! 지금이 유일한 기회다. 노예로 살 것인가, 자유인으로 살 것인가? 선택하자! 우리의 운명을."[6]

실패로 돌아간 혁명은 퓰리처 가문의 아이들에게도 영향을 미쳤다. 앨버트는 이렇게 회고했다. "헝가리 언어, 헝가리 풍습, 헝가리 전통 등 모든 것이 금지되었다. 사람들은 귓속말을 할 때조차 헝가리어를 쓰지 않으려 했다. 사람들과 어울려 왁자지껄 떠들던 어린 시절의 모습은 곧 낯선 풍경이 되었다." 학교 생활에도 변화가 찾아왔다. 조지프가 잠시 다녔던 유대인 문법학교는 새 정부의 지원을 받으며 전보다 더 세속적 색채를 띠었고 유대교 전통을 중요하게 여기는 정통 유대교의 영향은 한층 더 약해졌다.[7]

그러나 퓰리처 가문의 교육은 전혀 근대적이지 않았다. 앨버트는 "헝가리 아이들은 아버지에게 말대꾸하면 안 된다는 사실을 일찌감치 배운다"고 회고했다. 필립은 세 아들에게 로마 역사가 리비우스Livy가 쓴 티투스 만리우스Titus Manlius의 일화를 외우게 했다. 티투스 만리우스는 아들이 아버지인 자신의 허락을 먼저 구하지 않고 마음대로 행동했다는 이유로 아들의 목을 베었다. 가족의 명예를 지키기 위해서 한 행동이었다. 필립의 아들들도 아버지의 뜻을 어기면 저녁도 굶은 채 마구간에서 하룻밤을 보내야 했다. 그럴 때면 어머니 엘리제가 아버지 몰래 음식을 가져다주곤 했다.[8]

1855년 봄, 필립은 부친과 형의 뒤를 따라 페슈트로 이사하기로 결정했다. 경제적 기회와 정치적 자유를 얻기 위해 너 나 할 것 없이 작은 마을을 떠나 대도시로 향하던 시절이었다. 당국의 이주 허가를 받은 필립과 엘리제는 머코 법원 판사에게 집을 매각하고 상점 문을 닫은 뒤 마차를 타고 북쪽으로 떠났다.[9]

퓰리처 일가는 꼬박 이틀이 걸려 페슈트에 도착했다. 여덟 살 난 조지프에게 페슈트는 장관 그 자체였다. 퓰리처 일가를 태운 마차가 자갈이 깔린 대로를 지나가는 마차 대열에 합류하면서 파리나 빈처럼 웅장하고 위엄 있는 페슈트의 풍경이 조지프의 눈에 들어왔다. 어린 시절을 보낸 헝가리대평원의 단조로운 풍경 대신 석재와 벽돌로 지어진 4층, 5층, 때로는 6층 건물들이 조지프를 에워쌌다. 복잡한 소용돌이 모양의 회반죽 처마 장식을 달고 파스텔 톤의 치장 벽토를 바른 집도 수두룩했다.

다뉴브Danube 강 건너편 고지대에 자리 잡은 거대한 왕궁을 중심으로 발달한 부더와는 다르게, 저지대에 위치한 페슈트는 상인과 장인들이 세운 도시였다. 그 결과 페슈트는 유럽에서 가장 아름다운 도시 중 하나로 성장했다. 이탈리아에나 있을법한 위엄 있는 건물이 줄지어 서

있는 넓은 도로는 마치 포장된 강처럼 페슈트 곳곳을 가로지르면서 도시를 깔끔하게 구획했다.[10]

퓰리처 일가를 실은 마차는 도시 중심부에 위치한 조지프의 조부모 집에서 두 블록 떨어진 골든스턴 여관Golden Stern Inn으로 향했다. 페슈트가 유대인 거주지로 처음 허가받은 80여 년 전에는 '허가받은 일부 유대인'만이 집을 세낼 수 있었다. 상점을 운영하더라도 문을 닫고 영업해야 했고 간판을 내걸거나 창문에 광고를 하는 행위는 금지되어 있었다. 그러나 시간이 지나면서 조금씩 법이 완화되어 퓰리처 일가가 페슈트에 도착할 무렵에는 페슈트 전체 인구의 약 5분의 1이 유대인이었다. 페슈트는 헝가리의 정치, 경제, 음악, 문학, 예술의 중심지가 되었을 뿐 아니라 헝가리에 거주하는 유대인의 중심지가 되었다.[11]

페슈트로 이주하면서 퓰리처 일가의 소득도 한층 늘어났다. 한 해만에 필립의 사업은 회사라고 불러도 좋을 만큼 크게 성장해 페슈트 상공회의소Commercial and Industrial Chamber of Pest에 가입하게 되었다. 부유해진 퓰리처 일가는 부유한 유대인 거주지로 알려진 다뉴브 강 인근에 집을 마련해 이사했다. 도로변에서 약간 떨어진 곳에 지어진 유대인 거주지 건물들은 안마당이 있는 대저택이 대부분이었다. 대저택 안의 개별 가구는 한두 개의 침실과 안마당이 보이는 난간을 갖추고 있었다.[12]

사회적 지위가 상승하면서 필립과 엘리제는 자녀 교육에 관심을 갖게 되었다. 두 사람은 장남을 빈에 있는 경제학교에, 조지프를 인근의 상업학교에, 앨버트를 기숙학교에 보냈지만 얼마 지나지 않아 가정교사에게 아이들 모두의 교육을 맡겼다. 조지프는 독일어를 완벽하게 구사하게 되었고 프랑스어도 배웠다. 그러나 격정적인 성품을 지닌 조지프는 고분고분한 학생이 아니었다. 앨버트는 다음과 같이 회고했다. "가정교사가 역사 속 전쟁 이야기를 해주지 않고 수학 공부를 해야 한다고 강요하자, 폭발한 조지프 형이 가정교사를 창문 밖으로 쫓아낸 일도 있었다(아마 1층이었을 것이다)."[13]

조지프는 공식 교육에는 잘 적응하지 못했지만 독서의 매력에 흠뻑 빠졌다. 퓔립과 엘리제가 벌어들인 돈을 문학적 열정을 위해 바친 덕분에 퓰리처 일가의 집에는 책이 가득했다. 엘리제가 특히 아낀 소설가는 영국 작가 에드워드 불워-리턴Edward Bulwer-Lytton이었는데 그의 작품 대부분은 독일어로 번역되어 있었다. 엘리제는 그의 소설 중에서 《라인 강의 순례자들The Pilgrims of the Rhine》을 가장 좋아했다(훗날 에드워드는 "폭풍우가 몰아치는 어두운 밤이었다."라는 문장으로 유명세를 타게 된다).

조지프와 앨버트도 부모의 취향을 물려받았다. 조지프에 비해 조금 더 낭만적인 성품을 지닌 앨버트는 이렇게 회고했다. "어린 시절에는 나이에도 맞지 않는 책에 푹 빠지곤 했다." 앨버트가 좋아한 작가는 '독일의 플라톤'이라 불렸던 모제스 멘델스존Moses Mendelssohn이었는데, 철학이 쓸모없다고 생각한 조지프는 역사나 전기를 좋아했다.[14]

조지프에게는 페슈트도 책만큼이나 훌륭한 교육 자료였다. 조지프는 조부모 집으로 가는 도중에 있는 거대한 시장에서, 유럽 전역에서 모여든 사람들의 생활상을 보고 익혔다. 언어도 다양했고 옷도 각양각색이었다. 머코에서 농부들이 으레 입던 칙칙한 옷과는 달라도 너무 달랐다. 터키, 세르비아, 보스니아, 오스트리아, 독일에서 모여든 상인들이 도심 광장에 설치된 좌판에 물건을 쌓아 놓고 흥정을 벌였다. 조지프가 머코에서 보았던 시장과는 규모에서부터 큰 차이가 났다.[15]

시장을 지나 조부모 집에 가까워지면 신고전주의풍 건물이 늘어선 조용한 거리가 나타났다. 건물 안마당에는 금·은 세공소, 보석 상점, 향신료·과일·섬유 상점이 입점해 있어 유대인 거주지에 사는 사람들이 무슨 일을 잘하는지 훤히 알 수 있었다. 상인으로 성공한 조지프의 조부 미하이의 이름 앞에는 '갑부 퓰리처'라는 수식어가 따라다녔다. 앨버트는 이렇게 회고했다. "할아버지는 20가구에서 100여 가구가 모여 사는 저택이나 '임대' 아파트가 즐비한 커다란 오스트리아 마을에 있는 집과 거의 차이가 없는 집을 짓고 살았다."[16]

조지프가 사는 집에서 가까운 다뉴브 강변은 어린 소년의 마음을 잡아끌었다. 상류로 1.6킬로미터쯤 올라가면 유럽 각지에서 온 배들이 물살이 약한 페슈트 쪽 강변에 정박한 채 먼 곳에서 싣고 온 물건을 내렸다. 시장과 마찬가지로 다뉴브 강도 저 너머에 있는 세계를 엿볼 수 있는 장소였다.

조지프는 유대인이라는 사실에 구애받지 않고 도시 구석구석을 돌아다녔다. 당시 유럽에는 유대인이 이 정도의 자유를 누리면서 사회에 통합된 도시가 많지 않았다. 조지프는 집 근처에서 펼쳐지는 페슈트의 국제주의적 면모를 만끽했다. 귀족, 부유한 상인, 성직자, 공직자를 태운 마차가 조지프가 사는 집 인근 도로를 지났다. 저녁이 되면 페슈트의 지배층들이 무도회장에 모여 부를 과시하면서 다른 나라 지배층에 못지 않은 지위를 누리고 있음을 뽐냈다. 무도회가 열리지 않는 날에는 몇 블록 떨어진 곳에 자리 잡은 연극극장, 오페라극장, 카지노로 모여들었다. 처음에는 기독교로 개종한 부유한 유대인만이 이곳에 발을 들일 수 있었지만, 퓰리처 가문이 페슈트로 이사할 무렵에는 개종을 강요하는 분위기는 많이 사라지고 없었다. 페슈트의 유대인은 유대인 고유의 사회적, 경제적, 문화적 전통을 지키며 살았다.[17]

사업에 성공해 부와 명예를 누리게 된 유대인들이 모여 사는 유대인 거주지의 상징은 조지프가 사는 집에서 남쪽으로 다섯 블록 떨어진 곳에 위치한 네오로그 도하니Neolog Dohány 회당이었다. 3,000명 정도를 수용할 수 있는 이 회당은 한 블록 전체를 차지하다시피 했다. 성소와 신도석은 기독교회의 애프스apse(보통 교회 동쪽 끝에 있는 반원형 부분)와 비슷한 아치를 이용해 구분했고 비마는 앞쪽에 두었다. 오르간과 두 개의 설교단이 설치되었는데, 둘 모두 지금껏 유대인 회당에 설치된 적이 없는 것이었다. 안식일에는 악기를 연주할 수 없게 되어 있는 유대교의 전통을 지키기 위해 오르간을 연주할 연주자로 기독교인을 따로 고용했다. 당시 세계에서 가장 큰 회당이었던 네오로그 도하니 회당은 곧 '이스라엘 대성당'으로 불리며 사회 통합을 상징하는 건물이 되었다.[18]

회당과 마찬가지로 페슈트에서 조지프가 받은 종교 교육은 구식으로 여겨지는 종교 계율을 엄하게 따지지 않는 방향으로 이뤄졌다. 따라서 토라Torah(유대교에서 율법을 이르는 말)에 대한 엄격한 교육도 이뤄지지 않았다. 조지프가 10대로 접어들 무렵에는 유대인이라는 정체성이 삶의 중심이 아니라 삶의 일부에 불과했다.

풀리처 일가는 페슈트의 유대인 사회에서 높은 사회적 지위를 누렸지만 연이은 죽음까지 피하지는 못했다. 머코에서 이미 두 명의 아이를 잃은 필립과 엘리제 부부는 페슈트에서 다섯 아이를 차례로 잃었다. 아동사망률이 떨어지고 있던 도시의 유복한 환경에서 생활했기 때문에 다섯 자녀를 잃은 슬픔은 더 클 수밖에 없었다. 사업을 물려줄 생각이었던 장남도 폐결핵으로 세상을 떠났다. 하지만 그것으로 끝이 아니었다. 1858년 7월 16일 필립이 향년 47세로 사망했다. 사업이 나날이 번창하고 있었지만 폐결핵을 피하지는 못했다.[19]

조지프는 이 비극의 의미를 네 살 손아래 앨버트보다 더 명확하게 이해했다. 아홉 살 때는 큰형이, 열 살 때는 남동생들과 여동생이 죽었다. 열한 살 때는 아버지가, 열세 살 때는 마지막 남은 여동생이 죽었다. 반면 마지막으로 동생이 죽었을 때 앨버트는 고작 아홉 살에 불과했다. 상황이 이러하니 조지프는 살아남았다는 사실에 죄책감을 느꼈을 것이다. 이때의 경험으로 평생을 건강에 집착하게 된 조지프는 아주 사소한 통증에도 죽을지 모른다는 불안을 안고 살아가게 되었다. 그리고 어린 시절 가족을 잃은 아픔을 겪고 나서 장례식 공포증이 생겨, 조지프는 절친한 친구의 장례식은 고사하고 어머니와 하나뿐인 동생의 장례식에도 참석하지 않았다.[20]

필립의 죽음은 가족의 재정을 엉망으로 만들었다. 살아생전 필립은 자신의 재산을 살아남은 자녀들에게 나눠주라는 유언을 남겼다. 엘리제는 자녀들이 돌보게 될 터였다. 그러나 필립이 자리보전하고 누운 기간이 길어지면서 모아둔 재산이 바닥나고 말았다. 유언집행인이 유대인

병원과 구빈원에 와인 한 들통 값에 해당하는 10플로린을 보낸 뒤에는 남은 것이 거의 없었다.[21]

앨버트는 이렇게 회고했다. "결국 일가친척 하나 없는 어머니가 두 아들과 딸을 홀로 기르게 되었다." 사업 경험이 없는 엘리제가 상점 운영에 나섰으니 망하는 것은 시간문제였다. 여섯 달도 채 지나지 않아 세금 미납으로 재산을 압류당한 퓰리처 일가는 근근이 생계를 이어갔다. 엘리제는 학자금을 마련하기 위해 최선을 다했다. 앨버트는 이렇게 회고했다. "어머니는 우리가 공부할 수 있도록 최선을 다하셨다. 우리의 교육을 위해서 당신의 편안함 따위는 모두 포기하실 수 있는 분이었다."[22]

가족의 경제적 어려움은 엘리제가 청혼을 받으면서 타개되었다. 엘리제는 헝가리 남부 데트러Detra 출신 상인 막스 프레이Max Frey의 청혼을 기쁘게 받아들였지만 조지프와 앨버트는 그렇지 않았다. 아무리 의도가 좋아도 아버지를 그리워하는 아이들이 새아버지에게 반감을 느끼는 것은 어쩔 수 없는 일이었다. 엘리제가 프레이와 결혼하면서 조지프의 상실감과 고독감은 더욱 깊어졌다. 조지프는 몇 년 뒤 쓴 개인적인 편지에서 식구들의 연이은 죽음과 어머니의 재혼으로 받은 스트레스에 대해 이렇게 토로했다. "아버지의 사랑은 나에게 사치였다. 불쌍한 고아처럼 아버지의 사랑을 누리지 못하고 자랐다."[23]

새아버지 프레이가 엘리제에게 애정을 쏟자 조지프는 지금까지처럼 어머니에게 일방적인 애정을 보낼 수 없게 되었다. 유년 시절의 특권은 그것으로 막을 내렸다. 조지프는 어머니에 대한 애정을 다소 추상적인 형태의 숭배로 변형시켰다. 조지프는 어머니의 초상화를 항상 지니고 다니면서 친구들에게 자랑스럽게 보여주었다. 조지프는 말년까지도 그 초상화를 매우 아꼈다. 조지프의 아내는 시력을 잃은 조지프가 볼 수 있도록 화가를 고용해 그 초상화를 크게 확대해 다시 그려서 선물했다.

식구들의 연이은 죽음과 어머니의 재혼으로 조지프와 앨버트의 관계는 단절되었다. 1864년 초 앨버트는 처음으로 집을 떠나 조부모의 집으로 갔다. 열네 살도 채 되지 않은 앨버트는 생명보험회사 직원으로 취직했다. 한편 조지프는 더 거대한 계획을 가지고 있었다. 그는 헝가리를 아주 뜰 작정이었다.[24]

어느 날 집 근처 광장에서 조지프는 머코에서 어린 시절을 함께 보낸 친구를 우연히 만났다. 조지프는 친구에게 식구들의 죽음과 현재 처한 경제적 어려움에 대해 털어놓았고 미국으로 가면 어떨지 상의했다.

"흠, 미국으로 가겠다고?"

"그래. 어머니의 지원도 기대할 수 없고 여기서는 할 일도 없으니 갈 수밖에 없다고 봐."

당시 헝가리 젊은이들 사이에서는 미국행이 그리 놀랄 일은 아니었다. 1848년 혁명이 끝난 뒤 페슈트의 유대인이민협회Jewish Emigration Society 가 미국으로의 이민을 장려하자 유럽에서 미국으로 이민하는 사례가 눈에 띄게 늘어났다. 그러나 무일푼의 조지프가 미국으로 가는 일은 그리 간단하지 않았다. 조지프는 친하게 지내던 외삼촌 빌헬름 베르거Wilhelm Berger가 걸어간 길을 따라가는 것만이 유일한 방법이라 여겼다. 빌헬름 외삼촌은 유대인에게도 문호가 개방된 오스트리아-헝가리제국군에 입대해 그해 봄 멕시코 황제가 되는 것이 자신의 운명이라 굳게 믿던 막시밀리안Maximilian 왕자를 따라 멕시코로 떠났다. 군인이 되고 싶지는 않았지만 헝가리를 떠날 방법은 그것뿐이었다.[25]

조지프는 키가 컸고(185센티미터 정도) 고인이 된 아버지처럼 굵은 웨이브가 진 밤색 머리칼을 지녔다. 심하지 않은 매부리코 위에는 두꺼운 안경이 걸쳐져 있었다. 피부는 부드러웠고 얼굴은 핼쑥했지만 남자다웠으며 광대뼈가 툭 튀어나와 있었다. 팔이 길었고 체구는 비쩍 말랐으나 약골은 아니었다. 다만 시력이 나빠 오스트리아군에는 입대할 수 없었다.[26]

이런 조지프에게 미국에서 발생한 사건이 기회를 제공했다. 남북전쟁American Civil War이 3년 차로 접어들면서 매달 1만 3,000여 명의 군인이 목숨을 잃었다. 미국 정부는 지속적으로 신병을 모집해야 했다. 각 시별로 신병모집인원이 할당되었는데 부유한 보스턴 시는 동쪽으로 눈을 돌렸다. 미군에 입대하려는 수천 명의 유럽 젊은이들에게 미국으로 건너오는 경비를 지불하기로 한 것이다. 보스턴 시는 신병모집법의 허점을 이용해 돈 벌 궁리를 하는 사업가 줄리언 앨런Julian Allen에게 신병모집 업무를 위임했다. 계획대로 신병이 모집된다면 보스턴 시에는 정치적인 이득이, 앨런에게는 경제적인 이익이 남게 될 터였다.[27]

앨런은 함부르크에 신병모집소를 차렸다. 전단을 만들어 돌리고 유럽의 여러 신문에 광고를 게재했다. 그 소식은 페슈트에까지 전해졌다. 앨런은 지원자가 미국에 도착하면 여행 경비와 100달러의 포상금을 지급하기로 약속했다. 군 복무 기간 동안에는 한 달에 12달러의 수당을 받을 수 있었다. 보스턴 시에서는 신병 한 명당 900달러 이상의 수당을 지급하기로 했으므로 앨런에게는 신병 한 명당 650달러가 남는 장사였다. 바로 이것을 기회로, 조지프는 미국으로 떠났다.[28]

1864년 초여름 조지프는 북쪽으로 965킬로미터 정도 떨어진 함부르크로 떠났다. 도중에 빈에 들른 조지프는 사촌과 친구 두 명을 만나 줌로트링어Zum Lothringer 여관에서 저녁을 먹었다. 바바리안 맥주로 유명해 빈의 귀족들이 자주 찾는 곳이었다. 식사를 마친 네 사람은 공원 벤치에 앉아 노르트반호프Nordbahnhof(북역北驛)에서 조지프를 함부르크로 태우고 갈 열차를 기다리며 새벽까지 이야기꽃을 피웠다.[29]

함부르크에 도착한 조지프는 앨런을 찾아갔다. 미국행 여행경비를 제공한다는 앨런의 제의를 받아들인 사람들 가운데 미국에 일자리를 얻으러 가는 줄로 착각한 사람들이 불평을 해댔기 때문에 그 즈음에는 앨런도 나름대로 꼼꼼하게 자격을 검토하고 있었다. 조지프도 그런 불평을 들었지만 개의치 않았다. 앨런의 설명을 들은 조지프는 함부르크에서 458킬로미터가량 떨어진 안트베르펜Antwerpen 항으로 떠났다. 이민자를 싣고 미국으로 떠날 배가 그곳에 대기하고 있었다.

이번 사업을 위해 앨런은 548톤급 가로돛식 범선 갈랜드Garland호를 빌렸다. 1864년 7월 18일 조지프와 253명의 남자들이 배에 걸쳐진 사다리에 올랐다. 갈랜드호는 안트베르펜 항에서 승객을 싣고 가는 다른 배의 모습과는 사뭇 달랐다. 신대륙으로 떠나는 다른 배의 승객은 대부분 아이를 동반한 가족 단위 승객인 데 비해 갈랜드호의 승객은 전원이

남성인 데다가 혈기왕성한 젊은이뿐이었기 때문이다.[30]

조지프는 거의 마지막으로 배에 올랐다. 선원 한 명이 승선명부 작성에 필요한 사항을 물었고 조지프는 자신을 스무 살의 노동자로 소개했다. 실제 나이는 열일곱 살이었지만 여행의 목적을 정확하게 이해하고 있던 조지프는 나이를 속였다. 나이가 모자라면 군인이 될 수 없었기 때문이다. 출항 전에는 자신이 어디로 무엇을 하러 가는지 잘 모르고 있다가, 승선한 사람 중 일부를 빼내 뉴욕으로 데려가려던 뉴욕 신병모집인에게서 자세한 설명을 듣고 뒤늦게 여행의 목적을 깨달은 사람들도 있었다. 그 사람들이 격렬하게 항의하자 선장은 그들을 영국 해안에 내려주겠다고 했다. 항의하던 사람들은 모여서 상의한 끝에 영어도 못하는 상태에서 무일푼으로 영국 해변에 버려지느니 차라리 미국으로 가는 것이 낫겠다고 결정했다.[31]

"다 제 팔자지, 뭐." 선장의 말과 함께 갈랜드호는 서쪽으로 나아갔다.

2장

승마 준비 나팔

6주를 항해하자 조지프의 눈에 북동아메리카의 바위투성이 해안이 들어왔다. 1864년 8월 29일 보스턴 항의 잔잔한 바다를 눈앞에 두고 있던 갈랜드호와 승객들을 맞이한 것은 강압적인 태도의 군인들이었다.[1]

갈랜드호가 매사추세츠 만 인근에 모여 있는 섬 사이를 지날 무렵, 연방군 병사들을 태운 보트가 다가와 배를 멈춰 세웠다. 연방군 병사들은 승객들에게 소지품을 챙겨 작은 배로 옮겨 타라고 명령했다. 얼떨떨한 상태에서 명령에 따른 조지프와 다른 승객들은 이내 자신들이 디어 섬Deer Island에 내렸다는 사실을 깨달았다. 앨런은 유럽에서 모셔온 첫 번째 용병들을 다른 포상금 사냥꾼에게 빼앗기지 않고 거래를 무사히 마칠 장소로 디어 섬을 선택했던 것이다. 연방군 병사들이 입대 원서를 나눠주면서 서명하라고 명령했다. 서명하는 사람에게는 음식과 쉴 곳, 약

속한 100달러가 지급되었다.[2]

조지프는 앨런에게 받기로 한 포상금 100달러가 앨런이 정부로부터 받을 돈의 일부에 불과하다는 사실을 알게 되었다. 신분을 숨긴 채 이곳까지 함께 항해해 온 뉴욕의 포상금 사냥꾼이 더 많은 포상금을 약속했기 때문이었다. 양쪽이 제의한 내용을 저울질해본 조지프는 앨런과의 약속을 저버리고 도망치기로 마음먹었다. 열 명 남짓한 다른 사람들과 함께 디어 섬을 은밀히 빠져나간 조지프는 좁고 얕은 해협을 건너 남쪽으로 향했다.[3]

뉴욕에 도착한 조지프는 신병모집소에 모인 수백 명의 젊은이 틈에 끼어들었다. 신병모집소는 호러스 그릴리Horace Greeley를 비롯한 미국 신문계의 여러 거물들이 부지런히 일하는 파크 로 건너편 시티홀파크City Hall Park에 설치되었다. 신병은 총 675달러의 현금을 손에 쥘 수 있었는데, 당시 군인의 1년 급료가 150달러에 못 미쳤다는 점을 감안할 때 군침을 흘릴 만한 액수가 아닐 수 없었다.[4]

때마침 뉴욕은 길이 65미터의 좁다란 목조 신병모집소 건설 공사를 막 마친 참이었다. 새로 지어진 신병모집소에는 포상금 사냥꾼을 막을 수 있는 최신식 기술이 도입되었다. 신병모집소를 찾은 지원자는 이동식 패널로 만들어진 벽에 붙은, 팔걸이가 있는 특수 의자에 앉게 된다. 지원자가 신병모집 계약서에 서명하고 약속된 포상금을 받으면 담당자는 스위치를 눌러 벽을 회전시킨다. 뒤편 방으로 자동 이동한 신병은 거기서 대기하다가 신병훈련소로 이동하게 된다.

그러나 뉴욕 시 당국의 노력을 비웃기라도 하듯 건물 외벽이나 가로등마다 포상금 사냥꾼들의 신병모집 광고가 빼곡히 나붙었다. 조지프가 읽을 수 있는 독일어 전단도 있었다. 개중에는 허드슨 강 계곡Hudson River Valley을 따라 128킬로미터 떨어진 이곳 시티홀파크까지 와서 신병을 모집하는 킹스턴Kingston에서 낸 광고도 있었다. 킹스턴 신병모집위원회는 며칠 전부터 이곳에서 신병모집 활동을 벌였지만 아직 할당인원을 다 채우지 못하고 있었다. 게다가 이미 선발된 신병들도 다른 사람을 대신 복무시킬 수 있다는 법조항을 활용하려 했다. 그린 카운티Greene County 콕사키Coxsackie 출신의 22세 농부 헨리 보스버그Henry Vosburgh도 대체복무자를 구하는 중이었다.[5]

조지프는 보스버그의 구세주가 되었다. 조지프는 1864년 9월 20일 킹스턴 신병모집소에서 보스버그를 만나 약 200달러를 받는 조건으로 보스버그 대신 1년간 군에 복무하기로 약정했다. 열일곱 살이었던 조지프는 나이를 스무 살이라고 속였다. 그래야 군인이 될 수 있었기 때문이다. 킹스턴 신병모집위원회에서 외과 의사와 신병모집위원을 겸직하고 있던 사령관은 멀대같이 키만 큰 10대 소년 조지프에게 다음과 같이 서약하게 했다. "신체 건강하고 (…) 정신 멀쩡하며 (…) 법정 최저 연령도 넘겼습니다." 서약을 마친 조지프는 계약서에 서명했다.[6]

포상금을 받은 조지프는 뉴욕의 보석 상점에 들러 1864년에 발행된 지름 1.3센티미터짜리 금화에 작은 구멍을 뚫어달라고 했다. 조지프는 섬세하게 세공된 줄로 금화와 금반지를 단단히 묶은 뒤 손수건을 끼워 당시 헝가리에서 유행하던 액세서리를 만들었다. 금화 뒷면에는 어머니의 처녀 시절 이름의 머리글자 'E. B.'를 새겼다. 조지프는 그 액세서리를 헝가리에 있는 어머니에게 우편으로 부쳤다. 신대륙에서의 성공을 알리는, 편지보다 훨씬 더 효과적인 증거물이었다.[7]

입대 서류를 작성하고 며칠 뒤 조지프는 다른 지원자들과 함께 시티홀파크 남쪽 맨해튼 끝자락에서 증기선 존로머John Romer호에 올랐다. 존로머호는 이스트 강East River을 빠른 속도로 달렸다. 스록스넥Throgs Neck을 지나면 만나는 롱아일랜드사운드Long Island Sound의 서쪽 끝에 면적이 40헥타르(0.4제곱킬로미터)에 불과한 길쭉한 모양의 하트 섬Hart Island이 있었다. 바로 연방군(북군)의 훈련장이었다. 그러나 다양한 언어를 사용하는 사회부적응자들로 구성된 오합지졸 군대의 훈련이 제대로 될 리 없었다. 인내심의 한계에 다다른 훈련 책임자는 분통을 터뜨렸다. "신병모집위원회가 할당인원을 채운 것은 사실이다. 그러나 정부가 할당한 인원을 채우기 위해 수단과 방법을 가리지 않았다는 게 문제였다. 지원자가 군인으로서 적합한 자질을 가지고 있는지 아닌지는 묻지도 따지지도 않았다." 준장의 생각에는 신병 중 절반 정도만이 군인으로 적합했다. 몇 달 사이 신체검사를 통과하지 못한 마흔다섯 명과 연령 미달인 열일곱 명이 하트 섬을 떠났다. 다행히 조지프는 걸리지 않았다.[8]

운 좋게도 조지프는 죽을 확률이 더 높아서 대부분의 신병이 기피하는 보병 신세도 면했다. 어린 시절 쌓아두었던 승마에 관한 지식도 한몫했지만 무엇보다 운이 따른 덕분에 조지프는 기병대에 배치되었다. "기병이 되어 말을 타려 했다. 걷기는 싫었다." 유럽의 연대 이름은 귀족 같은 유명 인사의 이름을 따라 지었다. "그래서 기병대의 이름을 알아봤고 링컨기병대가 있다는 사실을 알게 되었다. 링컨이 유명한 사람이라는 것은 알았기 때문에 링컨기병대에 지원했다."[9]

뉴욕 '링컨' 제1기병대는 카를 슈르츠Carl Schurz가 창설했다. 혁명이 실패한 뒤 탄압을 피해 미국으로 건너온 독일의 '혁명세대forty-eighters'로 잘 알려진 슈르츠는 적개심에 치를 떨었다. 조지프가 합류할 무렵에는 그 명성이 많이 퇴색된 상태였음에도 뉴욕 링컨 제1기병대는 지난 3년 동안 버지니아 주, 웨스트버지니아 주, 펜실베이니아 주, 메릴랜드 주에서 남부연합군(남군)에게 타격을 입히고 있었다. 그 사이 뉴욕 링컨 제1기병대를 거쳐 제대한 군인은 수도 없이 많았다.

1864년 11월 12일 조지프는 하퍼스페리Harpers Ferry 인근에 위치한 리마운트 캠프Remount Camp에서 기병대에 합류했다. 충원된 병력 앞에는 주둔지를 에워싼 광활한 풍경이 펼쳐졌다. "신병들은 도착 후 생김새나 소지품 때문에 놀림감이 되었다. 대부분의 신병들이 한 주가 지나기 전에 소지품을 버렸을 것이다."[10]

조지프는 L중대에 배치되었다. 독일어권 병사로 구성된 네 개 중대 중 하나였다. 중대 장교도 독일어를 썼다. 양조업자, 자물쇠 수리공, 기계공, 화가, 재단사, 제빵사 등 직업도 다양했고 스위스, 오스트리아, 헝가리, 독일, 프로이센 등 국적도 다양했다. 중대에 배치된 뒤에는 열여덟 살이라고 말하고 다녔는데, 열여덟 살이든 스무 살이든 조지프가 가장 어렸다. 배속 서류를 작성하면서 조지프는 자신에게 무슨 일이 생기면 할아버지 미하이 폴리처에게 연락해달라고 부탁했을 뿐 어머니나 새

아버지에 대해서는 단 한 마디도 하지 않았다.[11]

독일어권 병사들과 함께 지냈음에도 조지프는 동료들과 잘 어울리지 못했다. 하지만 그것을 순전히 조지프의 탓으로만 돌릴 수는 없을 것이다. 오로지 포상금만을 바라고 입대한 신병들이 수년간 전장을 누벼 온 고참들의 마음에 들 리 없었을 터였기 때문이다. 어느 병사는 이렇게 전했다. "고참들은 총소리가 들리면 수풀에 숨기 바쁜 신병들이 제 몫을 못 한다고 생각했다."[12]

조지프가 기병대에 합류할 무렵 치러진 대통령 선거에서 링컨이 재선에 성공했다는 소식이 들려왔고 사람들은 환호했다. 특히 링컨을 지지한 독일계 미국인들이 크게 기뻐했다. 미국은 조지프가 떠나 온 세계와는 전혀 달랐다. 미국에서는 전쟁터에 나온 군인들도 투표를 했고, 장려되지는 않았지만 총지휘관인 현직 대통령에 반대표를 던져도 상관없었다. 조지프는 이렇게 미국식 선거 정치를 처음 맛보았다.

몇 주 뒤 조지프는 또 하나의 미국식 문화를 체험하게 되었다. 11월 28일, 군 전체가 하던 일을 멈추고 링컨 대통령이 국경일로 정한 추수감사절을 보냈다. 고향에 있는 일가친척, 친구, 뉴욕 시민들이 곳곳에 흩어져 있는 주둔지로 칠면조를 비롯한 추수감사절 음식을 보내주었다. 조지프가 속한 기병대 중위는 이렇게 전했다. "주둔지 주변을 어슬렁거리는 배고픈 남부연합군에 대한 경계를 늦추지는 않았지만 별다른 방해를 받지 않고 감사하는 마음으로 추수감사절 음식을 먹었다."[13]

셰리든Sheridan 장군이 체스의 말을 옮기듯 군대를 이동시킴에 따라,

조지프는 추수감사절이 끝난 뒤부터 1864년 12월 말까지 셰넌도어 계곡Shenandoah Valley에서 지냈다. 위험 지역이었지만 적과의 교전은 거의 없었고 가끔 있더라도 이런 식이었다. 11월 22일 조지프의 중대가 2열 종대로 셰넌도어 강을 건너 언덕을 오르다가 반대편 산마루에 나타난 남부연합군과 마주쳤다. 서로 총을 쏘았지만 총에 맞은 사람은 없었다. 양측은 총알을 주고받은 뒤 각자 가던 길을 갔다.[14]

기병 조지프는 많은 시간을 말 위에 앉아서 보냈다. 그해 겨울 연방군과 남부연합군이 셰넌도어 계곡에서 교전을 벌여 양측 모두에게 심각한 인명 피해가 발생하기도 했다. 그러나 그 겨울 내내 셰넌도어 계곡을 오르락내리락했던 조지프는 진눈깨비 날리는 지긋지긋한 날씨와 싸웠을 뿐 남부연합군은 거의 보지 못했다. 그럼에도 기병의 생활은 무척 고된 것이었다. 조지프처럼 멀대같이 키만 큰 도시내기가 나무와 가죽으로 만든 단단한 안장 위에 앉아 시간을 보내다 보면 피부가 쓸려 벗겨지고 다리에 쥐가 나며 등이 아프게 마련이었다. 밤이 되면 몸은 녹초가 되었을지라도 잠자리에 들기 전에 얼른 말을 돌보고 무기를 닦아두어야 했다.

탈진의 고통은 곧 지루함으로 변했다. 12월 말 조지프가 속한 기병대는 버지니아 주 윈체스터 인근에 겨울 주둔지를 마련했다. 3피트에서 5피트(91센티미터에서 1.5미터 정도) 높이의 통나무 벽을 세우고 캔버스 천으로 지붕을 덮은 겨울 주둔지에는 벽돌이나 돌로 만든 벽난로가 있었다. 얼마 전까지는 몇 마일씩 말을 타고 이동했지만 이제는 나팔 소리에 맞춰 일사불란하게 움직이기만 하면 그만이었다. '승마 준비 나팔'

소리에 맞춰 훈련이 끝도 없이 이어졌다.[15]

　이듬해 봄 전투가 재개되었지만 조지프가 전투에 참여할 기회는 거의 없었다. 중대 동료들과 함께 전선에 나가는 대신 교전지 후방에 남은 장군을 보호하는 파견대에 배속되었기 때문이다. 조지프는 체스판 위에서 이리저리 움직이는 말을 보면서 전쟁을 경험했다. 어느 정적政敵의 말대로 조지프는 '시간을 죽이며 보내는 즐거움'을 누렸다.[16]

　1865년 4월 부대에 기쁨과 슬픔이 동시에 찾아왔다. 4월 9일 애퍼매턱스Appomattox에서 남부연합군의 로버트 리Robert Lee 장군이 연방군의 율리시스 그랜트Ulysses Grant 장군에게 항복했다. 드디어 전쟁이 끝났다. 그러나 5일 뒤, 링컨 대통령이 암살당했다. 조지프가 속한 기병대의 어느 병사는 이렇게 말했다. "링컨 대통령의 사망 소식이 우리에게 안긴 충격은 말로 다 설명할 수 없었다. 주둔지 전체가 정적에 휩싸였다. (⋯) 살아생전에 가장 슬픈 날이었다. 우리는 모두 마치 명정銘旌(관을 덮는 천)을 덮은 양 얼이 빠졌다."[17]

　전쟁이 끝나자 조지프는 버지니아 주 알렉산드리아에 있는 중대로 복귀했다. 승리한 연방군 지휘관들은 워싱턴으로 입성해 대규모 사열식을 거행할 계획을 세웠다. 1865년 5월 22일 이른 아침 조지프는 다른 기병들과 함께 말을 타고 포토맥Potomac 강을 가로질러 14번가로 이어지는 좁은 목조 다리인 롱브리지Long Bridge를 건넜다. 메릴랜드 주 워싱턴에서 북동쪽으로 몇 마일 떨어진 블래던스버그Bladensburg까지 이동한 기병대는 그곳에서 밤을 보내면서 말을 돌봤고 이튿날 아침 열릴 사열식을 준비했다.

　5월 23일 새벽은 미풍이 불어 쌀쌀했지만 화창한 날씨였다. 주 초반에 비가 내린 덕분에 먼지도 거의 나지 않아 행진하기에는 더없이 좋은 환경이었다. 조지프는 기상 나팔 소리와 함께 새벽 4시에 일어났다. 동이 트자 기병대는 워싱턴으로 이동해 국회의사당에서 동쪽으로 세 블록 떨어진 곳에서 멈췄다. 미국 전역이 그러하듯 국회의사당도 전쟁을 거치는 동안 꽤 많이 변했다. 우선 양쪽 옆으로 새 건물이 들어서 전체 넓이가 두 배 가까이 넓어졌다. 그리고 87.6미터 높이에 무게가 8.9톤에 육박하는 무쇠로 만든 돔형 지붕 꼭대기에는 '전쟁과 평화 자유 개선상Freedom Triumphant in War and Peace'이라 불리는 조각상이 세워졌다. 권력을 상속받은 지배자를 위해 건물이 세워지던 나라에 살았던 조지프는 이제 민주주의를 기념하는 인상적인 건물 앞에 있었다.

　9시 정각에 사열식이 시작되었다. 조지프가 속한 중대는 커스터Custer 장군의 뒤를 따랐다. 커스터 장군이 이끄는 기병대는 붉은 스카프를 어깨 아래로 자연스럽게 늘어뜨린 이른바 '커스터 타이'를 매고 있었다. 기병대가 어찌나 질서정연하게 행진했던지 그 속에 끼어 있던 조지프의 눈에는 바로 앞과 양옆에서 나란히 걷는 말과 기병 외에는 아무것도 보이지 않았다. 몇 년 뒤 조지프는 그날을 이렇게 회고했다. "어찌나 빼곡히 도열했던지 앞, 뒤, 양옆에서 서로 밀치는 바람에 무릎이 아플 지경이었다."[18]

　국회의사당 북쪽을 통과한 행렬은 언덕을 내려가 펜실베이니아로 방향으로 향했다. 언덕 사면에는 수백 명의 어린이들이 모여 있었다. 색색의 리본을 맨 소녀들과 장식 띠를 맨 소년들은 "자유의 함성The Battle Cry of Freedom"을 불렀다. 대통령 관저로 이어지는 거리에 모인 인파가 군인들을 맞이했다. 이틀 동안 주류 판매금지령을 내려서인지 질서정연한 사람들이 큰 소리로 환호했다. 백악관 앞 국기와 꽃으로 장식한 사열대에는 새 대통령 앤드루 존슨Andrew Johnson, 그랜트 장군, 셔먼Sherman 장군, 장관급 인사 들이 앉아 있다가 사단급 지휘관이 지나갈 때마다 자리에서 일어섰다. 오후 3시 무렵, 마지막 포병대가 굉음을 내며 행진함으로써 사열식을 마쳤다.

사열식을 마지막으로 조지프의 군 경력도 끝이 났다. 정부는 무장 군대를 한시바삐 해산하고자 했다. 조지프가 속한 링컨기병대는 제대를 기다리면서 계속 이동했다. 처음에는 워싱턴에서 남쪽으로 16킬로미터 가량 떨어진 애넌데일Annandale 언덕에, 다음에는 포토맥 강 인근의 주둔지로 이동했다. 남쪽, 즉 멕시코에 배치될 가능성이 있다는 소문이 삽시간에 주둔지에 번졌다. 먼로 독트린Monroe Doctrine을 수호하기 위해 막시밀리안 황제를 지원하는 프랑스와 싸우게 될 것이라는 소문이었다(먼로 독트린은 구대륙이 신대륙에 간섭해서는 안 된다는 미국의 주장을 천명한 선언이다. 당시 프랑스는 막시밀리안 황제를 내세워 멕시코를 지배하고 있었고 미국은 먼로 독트린을 내세우며 프랑스에게 멕시코에서 손을 떼라고 요구한다 —옮긴이). 이 소식은 병사들을 동요시켰는데, 조지프에게는 특히 큰 문제였다. 빌헬름 삼촌이 막시밀리안 황제 편에서 싸우고 있었기 때문이었다. 소문은 가라앉았지만 이동은 계속되었다. 조지프가 속한 기병대는 며칠을 더 이곳저곳으로 옮겨 다니다가 마침내 장비와 말을 반납하기 시작

했다.[19]

반납할 차례가 돌아왔을 때 조지프에게는 정부가 지급한 장비 중 일부가 없는 상태였다. 조지프는 정부가 기병에게 제공한 표준 물품 중 안장 끈 두 개, 카빈 소총 소켓(골무와 비슷하게 생긴 가죽 제품으로 총을 메고 말을 타는 동안 총이 움직이지 못하게 총열을 고정시키는 장치-옮긴이), 슬링(허리띠에 매달아 칼을 고정시키는 가죽 끈-옮긴이), 탄약상자, 회전 고리 각 한 개, 말빗 한 개, 안장깔개 한 개, 굴레 한 개, 박차와 끈 한 쌍, 꼴망태 한 개를 잃어버렸다. 물품 반납 담당 직원은 "실수로 분실"이라고 기록했다. 물론 그랬을 수도 있다. 하지만 다른 병사들처럼 조지프도 그 장비들이 돈이 된다는 사실을 알고 팔아버렸거나 내기에서 잃었을 가능성을 배제할 수 없다. 아무튼 조지프는 13달러 25센트를 벌금으로 물었다. 1865년 6월 5일 조지프는 약속한 1년의 4분의 3에 약간 못 미치는 270일간의 군복무를 명예롭게 마쳤고 약속대로 135달러 35센트를 지급받았다.[20]

돈이 생긴 병사들은 환한 보름달 아래 모닥불을 피워놓고 제대를 자축했다. 민간인이 먹는 음식을 먹었고 불법이었지만 술도 마셨다. 병사들은 사회로 돌아가 실업자 대열에 합류해야 한다는 사실을 이미 눈치채고 있었다. 조지프가 속한 중대의 병사들은 모두 해외 출신이었으므로 어디로 갈 것인지 정해야 했다. 곧 선택의 시간이 찾아왔다.

6월 26일 기병대는 뉴욕으로 돌아가기 위해 기차역으로 향했고, 이런저런 문제로 지연된 끝에 이틀 뒤 뉴욕에 도착했다. 도착이 늦어지면서 이들을 환영하기 위해 모였던 30인의 악단은 뿔뿔이 흩어졌고 호위 인력도 모두 돌아갔다. 덕분에 기병대는 브로드웨이까지 쓸쓸하게 행진해야 했다. 전장을 누비며 해어지고 더러워진 기병대의 복식을 알아보는 사람은 거의 없었다. 23번가에 있는 제8연대 무기고에는 전날 준비한 과일과 화환이 쌓여 있었고 병사들은 드디어 자리에 앉아 저녁식사를 했다. 식사를 마친 뒤에는 고위 공직자의 환영사가 이어졌는데 영어를 모르는 조지프는 하나도 알아듣지 못했다. 식사를 마친 기병대는 배터리Battery로 이동해, 신병교육을 받았던 하트 섬으로 갈 때 이용했던 존 로머호에 올랐다.[21]

평화에는 위험이 따르는 법이었다. 7월 7일 조지프는 뉴욕 거리의 실업자 대열에 합류했다. 미국 경제는 직업을 구하는 제대 군인을 모두 수용할 형편이 안 됐다. 농부는 농장으로 돌아갔고 기술자나 전문가는 전쟁 전에 하던 일로 돌아갔지만 나머지 사람들, 그중에서도 특히 해외에서 건너온 사람들에게는 새 일자리가 필요했다. 직업에 필요한 기술도 갖추지 못했고 영어도 못했던 조지프는 일을 구할 수 없었다. 순식간에 돈이 떨어졌다.[22]

조지프는 외톨이었다. 당황과 절망이 뒤섞인 마음으로 돈을 보내달라는 편지를 써서 고향으로 부쳤다. 돈이 오기를 기다리는 사이에도 일자리를 구하러 다녔지만 모두 허사였다. 낮에는 뉴욕의 거리를 배회하고 밤에는 남의 집 대문 앞 등 잘 만한 곳이면 아무데서나 잠을 청했는데 주로 프렌치스 호텔French's Hotel과 파크 로에 포진한 신문사 건물 건너편에 위치한 시티홀파크 벤치에서 밤을 보냈다. "일자리를 구하기 전까지는 맑은 날이면 벤치에서 잠을 청했고 아침을 구하러 다니다가 경찰의 곤봉세례를 받기도 했다."[23]

하루는 벤치에 앉아 있는데 누군가가 다가와 일이 필요하냐고 물었다. 어떤 일자리인지 물어보자 낯선 이는 식사와 잠자리가 포함된 3년짜리 일자리라고 했다. 그를 따라나선 조지프는 곧 술에 취한 사람으로 붐비는 작고 지저분한 사무실로 들어섰다. 고래잡이배에 탈 선원을 모집하는 사무실이었다. 죽어도 바다에는 나가고 싶지 않았던 조지프는 마음을 바꿨다. 그리고 기를 쓰고 '부두 협잡꾼'의 손아귀에서 탈출했다.[24]

마침내 페슈트에서 보낸 돈이 도착했다. 조지프는 세인트루이스로 가기로 마음먹었다. 세인트루이스는 독일인들이 많이 살고 있었기 때문에 독일어권 이민자에게 한 줄기 빛과도 같은 곳이었다. 조리용 난로를 공동으로 이용하는 일반석 열차표는 그리 비싸지 않았다. 요금을 지불한 조지프는 세인트루이스가 남북전쟁이 끝난 미국에서 산뜻한 시작을 할 수 있는 곳이기를 마음 깊이 빌었다.[25]

그리고 다시 한 번 서쪽으로 향하는 길에 올랐다.

3장

약속의 땅

열차에서 내린 조지프는 목적지에 도착하려면 강을 건너야 한다는 사실과, 그러기에는 돈이 부족하다는 사실을 깨달았다. 전쟁이 끝난 뒤 철도 건설이 재개되었지만 조지프가 미시시피 강Mississippi River 동편에 도착한 1865년 가을 무렵에는 미시시피 강을 건널 다리가 아직 없었다. 위긴스 페리선사Wiggins Ferry Company가 독점으로 운영하는 연락선을 타는 것이 세인트루이스로 들어갈 유일한 방법이었지만 조지프는 빈털터리였다. "저녁을 못 먹은 탓에 배가 고팠고 오버코트를 입지 못해 추위에 떨었다. 세인트루이스 쪽에서 밝게 빛나는 불빛을 보고 있노라니 약속의 땅이 생각났다."[1]

마침 어둠을 뚫고 강변을 떠나 반대편으로 향하는 연락선이 조지프의 눈에 들어왔다. 승선장 쪽으로 다가가던 조지프는 독일어로 대화를 나누던 갑판원 두 사람을 보고 큰 소리로 불렀다. 그 가운데 한 사람이 다가오자 조지프는 강을 건널 방법을 물었다. 갑판원은 화부 한 사람이 그만뒀는데 대체 인력이 필요한지 물어보겠다며 자리를 떠났다.[2]

잠시 뒤 갑판원은 기술자 한 명을 데리고 돌아왔다. 기술자는 조지프에게 보일러에 불을 땔 수 있냐고 물었다. "할 수 있다고 대답했다. 당시의 나는 뭐든 거절할 형편이 아니었다." 조지프를 갑판 위로 데려간 기술자는 삽을 쥐여주면서 보일러에 석탄을 넣으라고 지시했다. "뚜껑을 열자 엄청난 열기가 내 얼굴을 때렸고 빗줄기가 몰고 온 한기가 등짝을 덮쳤다. 앞은 구워지고 뒤는 얼어버릴 것 같았다." 그날 밤 내내 조지프는 보일러에 불을 지폈다. "몇 번을 왕복했는지는 기억나지 않지만 다음 날 아침 나는 배에서 내려 세인트루이스 거리로 사라졌다."

세인트루이스는 마치 고향에 온 것 같은 착각을 불러일으켰다. 배들이 정박해 있는 강기슭의 모습은 조지프가 어린 시절을 보낸 고향 집에서 멀지 않은 다뉴브 강변을 떠오르게 했다. 조지프는 증기선 선원, 부두 일꾼, 건달, 각반을 찬 나루터 일꾼 사이를 지나 음식점과 여관이 즐비한 2번가에 도착했다. 브로트 운트 쿠헨베커Brod-und Kuchenbäcker, 아이헨크란츠Eichenkranz, 바젤Basel, 펠저 호프Pfälzer Hof 등 독일어 간판이 대부분이었다. 지나치는 사람들은 "구텐 탁Guten Tag"이라는 독일어 인사말을 건넸고 신문팔이 소년은 독일어 신문을 팔았다. 어느 이민자는 이렇게 회고했다. "그 거리는 마치 독일을 그대로 옮겨온 것 같았다."[3]

세인트루이스는 미국 서부에서 가장 중요한 도시이자 가장 빠르게 성장하는 도시였다. 반복되는 홍수, 콜레라 유행, 도심을 모두 태운 화재를 이겨낸 면적 3,500헥타르(35제곱킬로미터)의 세인트루이스는 미국에서 인구가 여덟 번째로 많은 도시가 되었다. 전쟁이 끝나자 지역의 유력 인사들은 강변도시 세인트루이스에 황금기가 도래할 것이라고 전망했다. 그러나 세인트루이스를 찾은 방문객을 맞이하는 것은 가정과 기업에서 일리노이 주의 역청탄을 연소시키면서 발생한 오염이었다.

마크 트웨인은 이렇게 전했다. "하늘을 뒤덮은 연기는 강둑을 검고 부드러운 담요로 덮는다." 세인트루이스에 들렀던 사람이라면 그곳에서 마신 물맛을 죽을 때까지 잊지 못할 것이다. 가정과 식당에서 식수로 사용하는 미시시피 강물은 걸쭉한 흙탕물이었다. 어느 영국인 여행객은 이런 경험담을 털어놓았다. "식당에 가보니 커피를 마시지 않는 사람이 하나도 없었다. 짙은 색을 보니 분명 맛도 좋을 것 같아서 주문했지만 실망스럽게도 잔이 차가웠다. 그래서 '아이스커피'이겠거니 하고 조금 마셔보았는데 구역질이 올라왔다. 그건 커피가 아니라 그냥 흙탕물이었다!"[4]

공기도, 물도 더러웠지만 세인트루이스는 매주 수백 명이 새로 유입되는 생기 넘치는 도시였다. 세인트루이스의 거리는 온갖 국적의 사람들로 북적였다. 프랑스 친화적이던 분위기는 사라진 지 오래였고 이제는 독일이 대세였다. 영어 한마디 못 하는 조지프에게 세인트루이스는 천국이나 다름없었다.[5]

조지프는 도심 남쪽에 거처를 정하고 일자리를 구했다. 독일 이민자들이 3분의 2를 차지하는 지역이어서 독일어를 듣지 않고는 단 한 걸음도 뗄 수 없을 정도였다. 익숙한 것은 언어만이 아니었다. 소음, 냄새,

음식도 조지프에게 익숙했다. 토니 니더비스터Tony Niederwiester가 운영하는 발할라Valhalla나 게오르게 볼브레히트George Wolbrecht가 운영하는 티볼리Tivoli의 맥주통 꼭지에서 술 따르는 소리가 들리면 일꾼들은 하던 일을 멈추고 맥주를 마셨다. 10시에서 12시 사이에는 선술집 주인이 점심 식사로 호밀빵, 블러드소시지나 서머소시지, 소금에 절여 말린 청어, 딜로 양념한 오이 피클, 새로운 공법으로 만든 가벼운 라거 맥주를 제공했다. 순식간에 인기가 치솟은 라거 맥주는 1년 사이 미국 전역에 100만 배럴이 판매되는 기염을 토했다.[6]

세인트루이스에 도착하고 처음 몇 달간 조지프는 다양한 직업을 전전했다. 남북전쟁 당시 연방군 주둔지가 마련되었던 벤턴Benton의 군 막사에서 노새를 돌보기도 했다. "내 평생 가장 힘든 일이었다. 노새 16마리를 돌본 적 없는 사람은 절대 모를 것이다." 다음으로는 어느 유복한 가정에서 마부로 일했다. 그 집 식구들은 프랑스어와 독일어를 구사할 줄 아는 마부에게 깊은 인상을 받았는지 조지프를 '교양 있는 마부'라고 불렀다.[7]

1866년 조지프는 미시시피 강을 운행하는 배의 갑판원이 되었다. 저녁 시간에는 갑판에 설치된 난로 옆에 앉아 독일어 신문을 읽는 호사도 누렸다. 선장은 아내와 대화를 나눌 때 갑판원들이 알아듣지 못하도록 프랑스어를 사용했는데, 조지프는 선장에게 다른 사람들이 알아듣지 못하게 하려면 프랑스어나 독일어는 피하는 것이 좋다고 조언했다. 미국에서 영어로 말하면 오히려 못 알아듣는다니 우스운 일이었다.[8]

영어를 잘하지 못했지만 조지프는 꾸준히 일자리를 구할 수 있었다. 증기선에서 자루와 통을 내리는 부두 일꾼으로 일하는가 하면 건설 현장 노동자로도 일했다. 한번은 집 근처 칼로네로에 있는 토니 파우스트Tony Faust의 오이스터하우스Oyster House에서 종업원으로 일하려 했다. 조지프의 친한 친구는 이렇게 회고했다. "식당 사장, 손님, 초보 종업원의 탐색 기간은 매우 짧았다. 두 번째 식사 시간이 돌아오자 결론이 났던 것이다. 손님이 비프스테이크를 약간 불손한 태도로 거부하자 언쟁이 벌어졌다. 곧 모욕적인 언사가 오갔고 비프스테이크는 접시가 아니라 손님의 머리 위에 떨어졌다. 퓰리처는 결국 해고당했다."9

한번은 높은 임금을 제시하는 구인광고가 났다. 루이지애나 주 사탕수수 플랜테이션 일자리였다. 조지프는 40여 명의 사람들과 함께 직업소개소를 찾았고 플랜테이션까지 이동하는 비용으로 5달러씩 지불했다. 그날 밤 당장 증기선에 올라 강 하류로 내려갔는데, 새벽 3시쯤 되었을 때 별안간 배에서 쫓겨났다. 도시에서 남쪽으로 64킬로미터쯤 내려온 상태였다. 무슨 일을 당했는지 깨달은 사람들은 누군가를 죽여버릴 것 같은 기세로 걸어서 돌아왔다. 직업소개소 사람에게는 다행히도, 그는 이미 어딘가로 사라지고 없었다.10

다양한 직업을 전전하는 동안 조지프의 영어 실력은 나날이 늘어 세인트루이스에서의 성공의 발판이 되었다. 가욋돈이 생기면 조지프는 몇 주 치 방세를 미리 지불했다. "그래야 안심이 되었다. 집에 대한 걱정이 없어야 더 나은 일자리를 알아보러 다닐 수 있었기 때문이다." 그리고 1866년 말, 조지프에게 더 나은 일자리가 생겼다. 독일 이민자 부조

단체인 '독일이민자협회Deutsche Gesellschaft'에서 조지프를 사무원으로 추천했다. 이민자라면 누구나 이 협회의 도움을 받게 마련이었다. 7년 전 결성된 독일이민자협회는 일자리를 알선해주거나 독일어권 주민에게 필요한 도움을 주었다. 정착 초기에 겪었던 어려움을 잊지 않은 성공한 독일 이민자들이 협회에 자금을 지원했다.[11]

협회의 도움으로 조지프는 집 근처 프랭클린 가에 위치한 테오 슈트라우스Theo Strauss의 목재 야적장에서 보조 사무원으로 일하게 되었다. 조지프를 만나본 슈트라우스와 그의 가족들은 깊은 인상을 받았다. 테오 슈트라우스의 아들 아달베르트 슈트라우스Adalbert Strauss는 이렇게 회고했다. "퓰리처는 성격이 밝고 교육 수준도 높았다. 표준 독일어와 표준 프랑스어를 구사했고 영어도 잘했다." 두 사람은 나이도 비슷했다. "퓰리처는 좋은 사람이었다. 항상 친절하고 공손했다." 아마 조지프는 빈에서 자주 쓰던 정중한 표현을 활용해 슈트라우스의 부인에게 인사했을 것이다. "우아한 부인의 손에 키스를." 조지프가 어머니를 그린 작은 초상화를 보여주었기 때문에 아달베르트는 조지프가 어머니를 얼마나 그리워하는지 충분히 이해할 수 있었다.[12]

조지프는 의지의 사나이였다. 슈트라우스는 이렇게 회고한다. 하루는 어금니 통증으로 잠을 제대로 못 잤다며 퓰리처가 지각을 했다. "진통제를 많이 먹었는지 물어보자 6.4센티미터나 되는 긴 못을 불에 달궈 어금니에 난 구멍에 쑤셔 넣었다고 말했다."

목재 야적장에서 일정한 수입이 들어오자 조지프는 새 집 주변을 탐색하기 시작했고 곧 세인트루이스 시의 보물 중 하나인 상업도서관

Mercantile Library을 찾아냈다. 1846년 한 무리의 상인이 뉴욕의 상업도서관을 본보기 삼아 주식회사 형태의 상업도서관을 성공리에 지었다. 젊은 상인들은 일하지 않는 시간에 여가를 즐길 만한 응접실이 없는 하숙집에 사는 경우가 대부분이었으므로 도서관에는 강의실, 음악실, '상호교류'의 공간이 배치되었다. 상업도서관은 이내 술집보다 나은 사회적, 경제적 지위 상승의 통로가 되었다.

1866년 7월 18일 조지프는 가입비 2달러와 연회비 3달러를 내고 상업도서관 회원이 되었다. 그해에만 상업도서관에 275명이 신규로 가입했는데 대부분은 연회비를 할인해준다는 말에 혹해 가입했다. 5번가와 로커스트 가에 위치한 3층짜리 건물에 들어선 상업도서관은 연중무휴로 아침부터 밤늦게까지 문을 열었고 다량의 도서와 국내 및 해외에서 발행되는 신문을 비치했다. 조지프는 개인 시간을 모두 상업도서관에서 보냈는데, 식사 시간을 아끼려고 사과 두 알을 가지고 가곤 했다. 우아한 자료실에는 유리문이 달린 서가가 천장 높이까지 올라가 있었고, 유리문 뒤로는 2만 7,000여 권의 책이 구비되어 있었다. 높은 서가의 책은 비상통로를 이용해야 했다. 조지프는 옛날의 주요 작가 흉상이 놓여 있는 팔각형 책상에 앉아 걸음마 수준에 불과한 영어 실력을 갈고 닦았다.[13]

조지프는 정말 부지런하고 끈기 있게 영어 공부를 이어갔다. 어휘 실력을 높이기 위해서 배운 단어의 동의어를 모조리 외우기도 했다. 훗날 조지프는 "어휘가 약했기 때문에 오히려 영어를 더 깊이 공부할 수 있었던 것"이라고 회고했다. 조지프는 책 이외의 자료도 많이 요구했기 때문에 자료실 사서는 조지프의 요청을 모두 들어주지 못했다. 사실 조지프는 사람들을 자극해서 혹은 사람들을 설득해서 어떻게든 대화에 끌어들이려고 애쓰는 귀찮은 존재였다. 사서의 눈에는 조지프가 "'정숙' 같은 경고문은 간단히 무시하는 시끄러운 젊은이일 뿐이었다."[14]

도서관에서 보낸 시간은 헛되지 않았다. 영어 실력이 늘었을 뿐 아니라 변호사, 기자, 정치인을 비롯한 유력 인사들, 그중에서도 특히 도서관의 분위기를 좌지우지하는 무리와 친해질 수 있었기 때문이었다. 조지프는 몇 달 전 창립한 세인트루이스 철학학회St. Louis Philosophical Society 회원이 되었다. 학회장은 헨리 브록마이어Henry C. Brockmeyer로 '서부의 헨리 데이비드 소로Henry David Thoreau'를 자처하는 프로이센 출신 유대인이었다.[15]

그 별칭은 10여 년 전 일어난 한 사건에서 유래했다(소로가 오두막에 살았던 일을 빗댄 것-옮긴이). 당시 그는 2년여 동안 미주리 주의 어느 오두막에 머물며 독일의 철학자 게오르그 빌헬름 프리드리히 헤겔Georg Wilhelm Friedrich Hegel을 연구했다. 연구에 몰두한 나머지 열병을 비롯한 여러 질병에 걸려 고생했지만 그를 발견한 어느 학교 선생님의 간호를 받고 건강을 되찾아 세인트루이스로 복귀했다. 철학자 지망생 모임은 세인트루이스의 문화 지형도에 족적을 남겼고 헤겔에 대한 관심을 촉발했다. 도서 대출대 앞에서는 철학 논점을 두고 설전을 벌이는 사람들을 심심치 않게 만날 수 있었다. 세인트루이스의 독일인 공동체에 속한 사람이라면 누구도 그 영향에서 자유로울 수 없었다.

조지프는 공부를 하지 않는 시간에는 체스실에서 체스를 두며 시간을 보냈다. 그는 어린 시절부터 체스를 좋아했고 남북전쟁 참전 당시 지루한 겨울 주둔지에서 지내며 기량을 갈고 닦았다. 조지프의 체스 기술은 이목을 끌었다. 어느 소년은 이렇게 기억했다. "퓰리처가 체스를 둔다는 말이 들리면 사람들이 구경하러 가곤 했다. 물론 뛰어난 기량 때문이었다."[16]

〈베스틀리헤 포스트Westliche Post〉의 소유주 중 한 사람인 에밀 프레토리우스Emil Preetorius와 도서관에서 남쪽으로 네 블록 떨어진 마켓 가에 있는 건물에 사무실을 낸 비독일계 변호사 윌리엄 패트릭William Patrick은 공부에 열심인 젊은 체스 기사를 눈여겨봤다. 얼마 지나지 않아 패트릭은 이따금 법률 문서 작성이나 잔일 등을 조지프에게 맡기기 시작했다.

조지프는 수석 경리로 승진하지 못하자 슈트라우스 목재 야적장 일을 그만뒀다. 아달베르트 슈트라우스는 이렇게 회상했다. "거의 수직에 가깝게 크게 쓰는 글씨가 유일한 말썽거리였다. 멀리서 보면 한문처럼 보일 정도였다." 목재 야적장을 그만둔 조지프는 마켓가 사무용 건물로 출근하다시피 하면서 일을 잡았다. 그 건물 1층에 입점한 존스 앤드 시블리스 약국Jones & Sibley's drugstore에서 10대 시절 일했던 사람은 이렇게 회고했다. "당시 퓰리처의 재정을 고려할 때 일이 많지는 않았을 것이다. 그는 하루하루를 고군분투했다."[17]

1867년 봄 무렵부터 조지프는 미국 생활에 대한 확신을 가지게 되었다. 3월 6일 조지프는 오스트리아제국의 신민 자격으로 세인트루이스 법원에 들어갔다가 미국 시민이 되어 나왔다. 이때도 조지프는 별다른 거리낌 없이 정부에 거짓말을 했다. 연방군에 입대할 때는 나이를, 미국 시민이 될 때는 미국 체류기간을 부풀렸다. 시민권법에 따르면 미국 체류기간이 5년 이상인 사람만이 시민권을 신청할 수 있었기 때문이었다. 미국에 온 지 3년도 채 되지 않은 조지프는 여드레 후 법원에 다시 들러 필요한 서류를 작성한 뒤 서약을 하고 공증인이 되었다. 이번에는 거짓말을 할 필요가 없었다. 요건이 그리 많지 않았기 때문이다.[18]

조지프는 마켓가 법률사무소에서 나오는 잡다한 일을 계속했다. 한 번은 애틀랜틱 앤드 퍼시픽 철도Atlantic and Pacific Railroad가 세인트루이스 남서부의 여남은 카운티에 보유한 토지문서 작성 업무를 맡았다. 그곳으로부터 미주리 주 스프링필드Springfield까지 이어지는 철도가 부설될 예정이었다. 철도회사 토지문서 작성 업무가 끝난 뒤에는 독일이민자협회에 간사로 취직했다. 지난해에는 목재 야적장 일자리를 알선받았지만 이제는 새로 도착한 이민자에게 일자리를 알선해주는 일을 하게 되었다. 새로 얻은 일자리에서는 편지 작성이 필수였기 때문에 도서관에서 보낸 시간이 빛을 발하는 순간이었다.[19]

독일이민자협회에서 일한 지 몇 달쯤 지났을 때 조지프는 〈베스틀리헤 포스트〉에서 직원을 채용한다는 소식을 들었다. 1848년 혁명이 실패한 뒤 미국으로 망명한 수많은 고학력 지식인들이 일자리를 얻기 위해 모여들었다. 〈베스틀리헤 포스트〉는 신문 읽기를 즐기는 문화를 몸에 익힌 500만 명 내지 600만 명의 독일 이민자들이 읽는 유력 신문이었다. 〈베스틀리헤 포스트〉는 조지프가 복무했던 기병대 대장을 역임했던 카를 슈르츠와 상업도서관에서 조지프와 친분을 쌓은 에밀 프레토리우스가 운영했다. 저명한 두 독일인의 지휘하에 〈베스틀리헤 포스트〉는 미국에서 가장 널리 읽히는 독일어 신문 중 하나가 되었다.[20]

사업이 나날이 번창하자 〈베스틀리헤 포스트〉는 기자를 새로 뽑기로 했다. 조지프에게는 좋은 기회가 아닐 수 없었다. 일단 조지프는 프레토리우스와 친분이 있었다. 게다가 독일이민자협회 회장을 맡은 프레토리우스가 지난 몇 달간 조지프의 성실함을 눈여겨본 터였다. 한편 〈베스틀리헤 포스트〉의 사회부장 루이스 빌리히Louis Willich도 조지프와 친분이 있었다. 독일이민자협회 간사인 조지프는 세인트루이스에 막 도착한 독일 이민자들에게서 새로운 이야기와 정보를 많이 전해 들을 수 있었다. 새로 접한 정보 중 쓸모 있는 정보를 골라내는 조지프의 감각에 깊은 인상을 받았던 빌리히는 조지프를 채용했다.[21]

"믿을 수 없었다. 지독히도 운 나쁜 길거리 청소년이나 다름없던 무명의 나에게 그런 막중한 책임이 주어지다니! 꿈만 같았다."[22]

조지프는 프레토리우스와 빌리히를 실망시키지 않았다. 스무 살에 불과한 풋내기를 채용한 것은 올바른 결정이었다. 부족한 경험은 신참이 지닌 절대 열정으로 메웠다. 프레토리우스는 이렇게 회고했다. "하루 24시간을 일하는 사람 같았다. 언제든 부르면 쏜살같이 달려왔다."[23]

동료들도 곧 조지프에게 주목하기 시작했다. 무더운 어느 여름날 세인트루이스 시 우체국에서 기자회견이 열렸다. 당시 거기 모인 기자 가운데 한 명은 이렇게 회고했다. "이름만 들어봤지 본 적은 없던 신출내기가 그곳에 나타났다." 쉽게 잊히지 않는 장면이었다. 우체국으로 쏜

살같이 달려 들어온 조지프는 옷깃이 달리지 않은 셔츠에 재킷도 입지 않은 상태로, 한 손에는 수첩을 다른 손에는 연필을 쥐고 있었다. 〈베스틀리헤 포스트〉 기자라고 자신을 소개한 조지프는 이내 질문을 쏟아놓기 시작했고 사람들에게 깊은 인상을 남겼다. 당시 그 자리에 있던 어느 기자는 이렇게 회고했다. "신출내기치고는 짜증날 정도로 질문이 많았다. 그의 근면함은 기자 일에 큰 흥미를 느끼지 못했던 다른 사람에게 긍정적인 자극이 되었다."[24]

조지프가 과거에 전전했던 다양한 직업에 비해 새 직업을 굉장히 근사하다고 생각했다면 그것은 오산이었다. 기자란 원래 쉴 겨를이 없이 하루를 보내는 직업이었다. 게다가 〈베스틀리헤 포스트〉에는 기자가 두 명뿐이어서 두 사람이 지역의 기사 수집과 작성 등 모든 일을 처리해야 했다. 하지만 조지프가 일을 대충 처리하고 넘어가는 일은 없었다. 〈베스틀리헤 포스트〉의 식자(조판)를 담당했던 직원은 이렇게 회고했다. "작성한 기사를 식자해서 넘겨주면 퓰리처가 기사를 고쳤는데, 처음 원고에 있던 단어가 하나도 남아나지 않을 정도였다."[25]

조지프가 새 직업에 적응해가던 그 여름, 열여섯 살이 된 동생 앨버트는 페슈트를 떠나 미국에 올 준비를 하고 있었다. 앨버트가 미국으로 오게 된 이유는 돈이 아니라 정치였다. 공화주의를 지지해온 가풍에 앨버트의 공상이 더해져 황제, 왕, 그 밖의 지배자들이 우글거리는 유럽을 떠나게 된 것이다. "인간이 누릴 수 있는 최고의 영광에 도달할 수 있을지 생각해보았는데, 너무 원대해서 사실상 불가능에 가까운 이 꿈을 여기서는 성취할 수 없을 것 같았다." 앨버트는 대서양 건너에 있는 미국인들을 자극해 유럽의 군주들을 폐위시킬 군대로 만들어 돌아오겠다는 원대한 계획을 세웠다.[26]

미국으로 가기 위해서는 돈이 많이 들었다. 남북전쟁이 끝났기 때문에 앨버트의 미국행에 자금을 지원하겠다는 미국인 후원자는 찾을 수 없었다. 조부 미하이는 앨버트의 계획을 '터무니없다'고 치부하며 돈을 보태주지 않았다. "어머니는 할아버지가 돈을 주지 않는데도 떠나겠다고 우기는 나를 보면서 안타까워하셨다. 하지만 내가 근사한 계획이라고 역설하면서 고집을 꺾지 않자 결국에는 항복하셨다." 엘리제는 아들을 함부르크까지 배웅했다. 알레마니아Allemania호 승선권을 끊은 엘리제는 아들의 목에 20달러 금화를 걸어주고 셔츠 속에 숨길 수 있는 작은 면지갑을 주었다. 엘리제는 그렇게 살아남은 두 자녀를 모두 미국으로 보냈다.[27]

앨버트는 긴 항해에 대한 대비를 제대로 하지 못한 상태였다. 세면도구, 수건, 침구 같은 생필품은 고사하고 접시조차 가지고 오지 않아 식사를 할 방법이 없었다. 결국 3등 선실에 있는 600여 명의 사람들과 함께 해먹에 누운 채 시간을 보내야 했다. "더럽고 구역질나는 환경에서 숨을 쉬고 있자니 온몸이 마비되고 정신이 혼미해졌다." 다행히도 앨버트를 가엽게 여긴 이탈리아 여성들을 만나 식사를 할 수 있었다. 1867년 7월 20일 앨버트는 뉴욕에 도착했지만 젊은이 특유의 방종함과 미숙함 덕분에 곧 오도 가도 못하는 신세가 되었다. 앨버트는 7월의 열기를 피하기 위해 아이스크림을 충동적으로 사 먹었다. "20달러 금화는 내가 그토록 좋아했던 아이스크림과 함께 녹아 없어졌다. 결국 하나뿐인 형 조지프에게 연락할 수밖에 없었다."

두 형제는 세인트루이스에서 3년 만에 재회했다. 앨버트는 조지프처럼 182센티미터가 넘는 장신에 비쩍 말랐지만, 턱이 뾰족한 형과 다르게 턱이 둥글었다. 두 사람은 겉모습만으로도 형제임을 알 수 있었다. 머리칼은 굵은 웨이브가 졌고 이마는 넓었으며 눈동자는 파랬다. 코와 턱이 덜 뾰족한 앨버트가 조금 더 균형감 있는 얼굴이어서 둘 중에서는 그나마 나은 편이었다.

재회는 따스했지만 생활은 현실이었다. 앨버트에게는 일자리와 보금자리가 필요했다. 조지프가 머무는 작은 방은 둘이 쓰기에는 비좁았다. 앨버트는 하루도 빠짐없이 집집마다 돌아다니며 일자리를 찾아 나섰다. "거절당하기 일쑤였다. 아무런 회신조차 없을 때는 더욱 힘이 빠졌다." 당시 세인트루이스는 구직자들로 넘쳐나고 있었으므로 앨버트만 운이 없는 것은 아니었다. 조지프는 2년 전 자신이 그랬듯 결국 앨버트도 일자리를 잡을 것이라고 생각해 그다지 동정하지 않았다. 아침마다 조지프는 앨버트에게 아직도 취직하지 못했느냐고 물었다. "형은 하루가 멀다 하고 같은 질문을 던지며 나를 괴롭혔다. 안절부절못하면서 조바심을 내다 보니 짜증만 늘어갔다." 어느 날 저녁 두 사람은 안정적인 일자리를 구하는 문제로 심하게 다퉜다. 으레 그랬던 것처럼 조지프는 특유의 비아냥거리는 말투로 불편한 심기를 쏟아냈다. 계속 이런 식이면 결국 자살로 생을 마감하게 될 것이라는 말까지 내뱉었다.[28]

"충고 고마워." 앨버트는 조지프가 보관하던 리볼버 권총을 집어 총구를 입으로 가져갔다.

"여기서 그러지는 마!" 조지프가 소리쳤다.

"나도 싫어. 이런 비좁은 방에서 시체가 되어 검시관에게 몸을 맡길 수는 없지. 그만둘래."

그 뒤로 앨버트는 두 배 더 노력했지만 허사였다. 두 형제는 계속 조지프의 비좁은 방에서 지내야 했고 침울한 나날이 이어졌다. 결국 취직 문제가 다시 도마에 올랐다.

"내가 여기서 지내는 게 마음에 들지 않으면 나가라고 말해. 그럼 나갈 테니."

"그럼 가." 앨버트에게는 조지프의 어투가 이렇게 들렸다. "형은 내가 정말 가기를 바라는 눈치는 아니었다. 하지만 내가 처한 역경을 결단력 있게 헤쳐 나갈 수 있을지 궁금해하는 것 같았다." 결국 앨버트는 한밤중에 집을 떠났다. 두 형제가 충동적으로 결정하는 성미를 공유했다는 사실을 보여주는 좋은 사례였다. 정처 없이 걷던 앨버트는 어느 공원 벤치에서 잠들었다. "깊은 잠을 잘 수도, 오래 잠들 수도 없었다." 경찰이 앨버트를 깨워 공원 벤치에서 자면 체포될 수도 있다고 말해주었다. 그날 밤 앨버트는 경찰이 오는지 경계하면서 잠을 설쳤다.

다음 날도 일자리를 구하려 애썼지만 허사였고 앨버트는 다시 공원 벤치로 돌아왔다. 그리고 그다음 날 드디어 〈가르텐라우베Gartenlaube(정자亭子라는 뜻-옮긴이)〉의 방문판매원으로 취직했다. 〈가르텐라우베〉는 삽화가 많이 들어가는 인기 잡지로 문화, 예술, 역사, 과학, 수필, 연재소설, 시, 낱말 맞추기 등이 실렸다. 소득이 생긴 앨버트는 하숙집을 구했다.

결국 정착에 성공한 앨버트는 가장 먼저 영어를 배우기 시작했다. 헝가리를 떠나기 전 영어 과외를 받았지만 과외 선생의 실력이 형편없어서 앨버트는 영어를 어떻게 발음하는지조차 모르는 형편이었다. 앨버트는 조지프가 그랬던 것처럼 상업도서관을 최대한 활용했다. "아침부터 저녁까지 도서관 이곳저곳을 돌아다니는 즐거움이 있었다. 발음이나 관용어 활용 수준은 크게 나아지지 않았지만 영어로 된 글과 기사를 읽을 수 있게 되었고 최신 유행어나 고전 문학에도 어느 정도 익숙해졌다."[29]

〈베스틀리헤 포스트〉를 통해 조지프는 독일 이민자 사회의 유력 정치인, 변호사, 상인, 작가와 어울리게 되었다. 그들은 매일 체스트넛 가에 있는 신문사 건물에 들러 새 소식을 전해주거나 프레토리우스, 슈르츠와 함께 선거 전략을 의논했다. 슈르츠가 연방 상원에 진출할 가능성이 보이자 세인트루이스를 지나는 저명 인사라면 누구나 〈베스틀리헤 포스트〉에 들러 눈도장을 찍게 되었다. 낮에 시작한 회의는 프레토리우스의 집으로 자리를 옮겨 밤까지 이어졌다. 자연히 조지프도 걸핏하면 프레토리우스의 집에 들르게 되었다. 조지프는 프레토리우스의 젖먹이 아들을 돌봐주곤 했는데 이 때문에 프레토리우스의 부인 아나Anna도 풋내기 기자 조지프를 아꼈다. 조지프가 살짝 엿본 세계는 무한한 가능성이 있는 세계였다. 신문사 편집자란 단순히 기사를 작성해 내보내는 자리가 아니었다. 그 자리는 세계를 형성하는 자리였다.[30]

조지프는 〈베스틀리헤 포스트〉의 정치, 문화적 분위기에 만족했고 프레토리우스의 집에서 보내는 편안한 저녁 시간을 즐겼다. 그는 학교를 다니지는 못했지만 교육을 전혀 받지 못한 것은 아니었다. 동생 앨버트처럼 조지프도 문학, 음악, 예술에 흠뻑 빠져 있었고 배우고자 하는 조지프의 열정은 공식 교육의 빈자리를 메우고도 남았다. 〈베스틀리헤 포스트〉를 찾아오는 손님들은 이내 조지프에게 관심을 보이기 시작했다. 헤겔주의자들의 모임인 세인트루이스 철학학회를 배후에서 조종하는 브록마이어는 "이 젊은 친구가 미래를 짊어질 기둥"이라고 말했다. "주먹코, 기름한 턱, 툭 튀어나온 눈에 터덜거리는 걸음걸이를 본 사람들은 퓰리처를 별 볼 일 없는 사람이라고 생각한다. 하지만 내 생각은 다르다. 퓰리처는 그 사람들이 한꺼번에 덤벼도 상대가 안 될 만큼 뛰어난 변증 실력을 갖추고 있는 것이 틀림없다."[31]

조지프는 브록마이어가 이끄는 철학학회가 주도하는 연구 모임에 참여했다. 참가자 대부분은 헤겔에게서 우주의 열쇠를 찾고자 했다. 이 철학 연구 모임은 음악과 예술에서 시작해 역사와 정치에 이르는 다방면의 영역에 걸쳐 해석을 공유하는 비밀 조직이나 다름없었다. 참가자들은 헤겔의 변증법 이론을 바탕으로 남북전쟁을 분석했다. 남북전쟁은 남부의 권리와 북부의 도덕성이 내적 갈등을 일으켜 벌어졌으며 필연적인 일이었다. 무엇보다 가장 중요한 것은 세인트루이스가 남북전쟁 이후 미국의 새로운 중심지로 부상할 것이라는 믿음이었다. 세인트루이스 전역에서 '세인트루이스 운동'이 벌어졌다. 미국의 수도를 세인트루이스로 옮겨야 한다고 주장하는 팸플릿과 서적이 쏟아졌고 입법청원도 이뤄졌다. 어느 회원은 이렇게 회고했다. 철학학회는 "조직적인 선전전을 펼친 것이 아니라 조용하게 구석구석으로 스며들어 영향을 미쳤다. 철학학회의 생명력은 개인의 집 응접실에 모여 특정한 책이나 주제를 두고 토론하는 소규모 모임에 있었다."[32]

그러나 조지프의 인생을 바꿔놓은 것은 철학학회를 통해 얻은 철학적 통찰이 아니었다. 조지프는 철학학회에서 만난 토머스 데이비드슨 Thomas Davidson이 발산하는 마성의 매력에 빠지고 말았다. 처음에는 학생으로, 나중에는 그 이상의 관계로.

1867년 가을 스코틀랜드 출신 유랑 철학자가 세인트루이스에 도착했다. 그가 선험론자들의 열렬한 환영을 받으며 보스턴에 도착하고 나서 얼마 되지 않은 시점이었다. 세인트루이스 교육청 관리자는 27세의 데이비드슨에게 라틴어와 그리스어 교사 자리를 주어 데이비드슨을 헤겔주의자로 만들고자 했다. 효과는 빨리 나타나 데이비드슨은 세인트루이스에 도착한 직후 세인트루이스 철학학회 회원이 되었다.[33]

진지한 헤겔주의자와는 대조적으로 폭넓은 틀 속에서 사유하는 이 유랑 철학자는 대중 속에서 두각을 나타냈다. 스코틀랜드 농촌 출신인 데이비드슨은 빨강 머리에 눈동자는 밝고 파랬으며 목소리는 감미로웠다. 특히 노래를 부르는 듯한 독특한 말투는 많은 사람들을 매료시키는 데이비드슨만의 장점이었다. 패기만만한 데이비드슨의 웃음소리에는 전염성이 있었다. 데이비드슨의 절친한 친구는 이렇게 회고했다. "데이비드슨은 천성적으로 행복한 사람이었다. 삶을 긍정적으로 바라보았고 본인 역시 긍정적인 태도로 살았다. 삶에 만족스러워하는 표정이 항상 얼굴에 가득했다." 공식석상에서 점잖은 모습으로 사진을 찍을 때조차 데이비드슨은 미소를 지었다. 그가 미소를 짓지 않고 사는 것은 불가능 해보였다.[34]

많은 젊은이들이 이 스코틀랜드 출신 철학자의 매력에 흠뻑 빠져 그를 숭배하는 현상이 나타났다. 데이비드슨이 사망한 직후 기사화된 내용을 인용하면 다음과 같다. "데이비드슨의 친화력은 끝이 없는 것 같았다. 그는 남자인데도 놀라울 정도의 마성의 매력을 발산하며 사람들을 매혹시켰다." 데이비드슨은 여성과 남성을 차별하지 않는 몇 안 되는 선생이었기 때문에 여성들도 데이비드슨에게 흠뻑 빠졌다. 그러나 데이비드슨은 여성과의 낭만적인 관계를 오래 유지하지 못했다. 데이비드슨은 성적 매력을 느낀 유일한 여성과 약혼했다가 8년 만에 파혼했다. "나는 결혼할 수 없는 저주를 받았다. 육체적인 매력이 느껴지는 여성을 만나면 늘 경멸하게 되고, 정신적으로 사랑하는 여성을 만나면 여성이 지닌 무시무시한 힘, 즉 육체적인 혐오감을 느끼게 된다."[35]

데이비드슨이 남성에게 성적 매력을 느꼈다 해도 그것을 공표할 생각은 없었을 것이다. 거의 예외 없이 그 시대의 남성들은 동성애 성향을 밝히지 않았기 때문이다. 그러나 그가 가는 곳마다 상심한 젊은 남성들이 생겨났다. 1867년 어느 영국 젊은이가 미국으로 건너간 데이비드슨에게 쓴 편지를 보자. "'자크 로그Jacques Lorgues'의 소파에 나란히 앉았을 때 심장이 기묘하게 뛰던 그 느낌을 영원히 잊지 못할 겁니다. 당신은 팔로 내 목을 감싸고 내 얼굴을 부드럽게 응시했어요. 그리고 사랑스러운 당신의 팔로 나를 누르며 이렇게 말했죠. '내가 여자였다면 얼마나 좋을까!' (…) 그리고 난 뒤 당신은 당신의 얼굴을 내 가슴에 묻었습니다. 마치 당신이 나의 사랑스러운 신부가 된 느낌이었습니다."[36]

5년 전 데이비드슨과 헤어진 또 다른 젊은 남성은 더 직설적으로 자신의 마음을 표현했다. "순수하고 아름답고 지적이고 선한 그대여, 그대 주변에는 흠모와 애정의 손길이 가득합니다. 제 마음속 애정과 경외가 한데 모아지길 기원합니다. 제 희망은 오직 '그대'를 제 아내로 맞이하는 것뿐입니다."[37]

데이비드슨 본인도 남성에게 매력을 느끼는 자신을 발견하고는 심각한 정서적 혼란을 느꼈다고 털어놓았다. "비뚤어지거나 사악한 행동은 제어해야 한다. 하지만 나는 두려울 정도로 강렬한 열정을 타고 태어났다. 그 열정 때문에 자살 충동을 느낀 것이 한두 번이 아니다."[38]

조지프도 데이비드슨의 주문에 걸려들었다. 두 사람이 서로의 집에서 함께 밤을 보내는 날이 많아졌다.

데이비드슨은 침대에 누운 조지프 앞에서 고전, 문학, 철학을 강의했을 것이다. 이렇게 밤을 보내고 나면 아버지를 여의고 재혼한 어머니를 고국에 둔 채 낯선 타국에서 홀로 생활하는 젊은 조지프의 공허한 마음이 채워졌다. 침대를 공유하는 일은 조지프에게는 드문 경험이었다. 특히 육체적 친밀감은 조지프가 감당하기 어려운 감정이었다. 옷을 제대로 갖춰 입지 않은 상태에서 타인과 함께 있다는 것은 불편한 일이었다. 조지프의 오랜 동료는 이렇게 회고했다. "어렸을 때부터 혼자 자 버릇했던 퓰리처가 데이비드슨 교수와 한 침대에서 잤다는 사실은 퓰리처가 그 박식한 친구를 얼마나 끔찍하게 아꼈는지를 잘 보여준다."[39]

데이비드슨이 다른 젊은이들과 관계를 끊으면 조지프는 고통으로 가득한 편지를 써서 데이비드슨에 대한 깊은 열정을 표현했다. "파우스트가 당신처럼 무정한 냉혈한이었다면 괴테와 메피스토펠레스는 훨씬 더 힘들었겠지요." 데이비드슨이 보스턴으로 떠나자 풀이 죽은 조지프는 다음과 같은 편지를 보냈다. "매사추세츠 주까지 가는 한이 있더라도 복수할 겁니다." 조지프는 두 사람이 떨어져 지내는 동안 데이비드슨이 일주일에 적어도 한 번 이상 편지를 보낸다면 용서해주겠다는 말도 덧붙였다.[40]

데이비드슨은 조지프의 청을 무시했다. 그러나 조지프는 데이비드슨을 '악당'이라고 혹평하면서도 그의 짐을 덜어주었다. "바보가 아닌 이상 당신 친구를 할 사람은 없을 겁니다. 하지만 걱정하지 마세요. 위대한 사람에게는 개혁이라는 임무가 부여되듯 당신의 친구가 되는 것이 내 임무니까. 게다가 당신의 지혜처럼 제 인내심도 무한합니다. 당신이 매사추세츠 주에 있든 혹은 더 북쪽으로 올라가 북극까지 가든 나는 당신을 따르겠습니다. 죽음이 우리를 갈라놓을 때까지 말입니다."[41]

"제가 무슨 죄를 지었는지 아십니까? '생각한다는 것'이 죄입니다! 끔찍한 일입니다. 하지만 더 끔찍한 일은 내가 아직도 '당신'을 생각한다는 것입니다! 게다가 점점 더 나빠지고 있습니다. 고대 그리스의 철학자를 떠올릴 때마다 빨강 머리 스코틀랜드인의 얼굴이 그 위에 겹쳐 보입니다. 여전히 부드럽고 아름답고 지적이고 차분한 당신의 모습이 떠오릅니다. 지금도 그 얼굴이 내 눈에 선합니다." 조지프는 2주 안에 글로스터Gloucester로 가겠다고 약속한 뒤 "영원히 당신과 함께"라고 편지를 맺었다.

　10일 뒤 데이비드슨으로부터 답장이 왔지만 그 내용은 조지프의 기대에 못 미쳤다. 조지프는 다시 답장을 보냈다. "톰!!! 내 마음이 얼마나 시끌시끌한지 당신은 아십니까? 살라미스Salamis, 사다이나Sadaina, 레다스Ledars 전투는 비할 바가 못 됩니다." 조지프는 데이비드슨으로부터 동부로 오라는 신호가 오기를 기대했지만 그런 일은 일어나지 않았다. 대신 조지프는 덴버Denver로 출장을 가기로 결정했다. 조지프는 데이비드슨이 약간의 가능성만이라도 보여줬더라면 분명 다른 결정을 내렸을 것이라고 말했다. "어쨌든 희망은 있었다. 14일 안에 돌아올 예정이었으니 그 사이에 좀 더 분명하고 상세한 편지를 받는다면 그때 보스턴으로 출발해도 문제 될 것은 없었다."[42]

　하지만 결국 데이비드슨은 동부에, 조지프는 세인트루이스에 남았다. 가는 곳마다 젊은이들을 눈물 흘리게 했던 유랑 철학자는 조지프도 버렸다. 그러나 조지프는 데이비드슨을 통해 정식 교육을 받은 훌륭한 지식인으로 탈바꿈했다. 이 사건은 조지프의 심금을 울렸다. 이번처럼 감정을 담아 쓴 편지는 이후 여성의 마음을 얻으려 쓴 편지뿐이었다. 아내와의 교분만큼 깊은 것은 아니었지만 조지프는 그 누구보다도 데이비드슨과 깊은 교분을 나누었다. 그러나 데이비드슨과는 다르게 조지프는 결혼해 아이들을 둔 아버지가 되었다.[43]

4장

정치와 언론

조지프가 〈베스틀리헤 포스트〉에 합류하던 시기의 정치와 언론은 동전의 양면과도 같았다. 정치를 그만둔 인사들이 신문사 편집자를 맡았고 편집자로 성공하면 각급 의원으로 진출하던 시절이었다. 대부분의 신문은 정치인과 금전적인 후원 관계로 묶여 있었고 〈미주리 리퍼블리컨Missouri Republican〉, 〈미주리 데모크라트Missouri Democrat〉처럼 신문 이름에 정치색이 반영되어 있기도 했다.[*]

몇 안 되는 독립신문조차도 정치 문제 취재에 많은 시간과 공을 들였다. 정치는 언론의 생명선이었다. 조지프의 친구 찰스 존슨Charles Johnson은 이렇게 회고했다. "정치인이 아닌 언론인이라도 그 안에서 벌

---

[*] 오늘날의 독자들은 혼란을 느끼겠지만 당시에는 〈미주리 리퍼블리컨〉이 진보 신문이었고 〈미주리 데모크라트〉가 보수 신문이었다.

어지는 일에 관심을 가졌다." 세인트루이스에서 가장 많이 읽히는 독일어 신문의 기자인 조지프도 공화당의 정치 세계에 발을 들여놓을 수밖에 없었다.[1]

열혈 공화주의자였던 세인트루이스의 독일 이민자들은 노예폐지론을 적극 지지했다. 미주리 주 공화당은 응징적 재건 조치, 남부연합 동조자 처벌, 자유민이 된 노예 보호를 내세우는 급진파가 장악하고 있었다. 초토화 정책을 내건 공화당 급진파는 정치를 무슨 전쟁 치르듯 했다. 급진파에 맞서봤자 소용없는 일이었다.[2]

공화당은 전쟁이 끝난 뒤 응징적 헌법을 채택해 미주리 주에 대한 지배권을 얻었다. 미주리 주 공화당 급진파는 다른 주보다 한발 앞서 남부연합과 그 동조자를 등록해 사상을 검증하고 이를 서약하는 체제를 구축함으로써 그들의 선거권과 피선거권을 박탈하고자 했다. 남부연합에 동조한 적이 없다는 진술문에 서명하지 않은 미주리 주 주민들은 투표할 수도, 교사나 변호사가 될 수도, 공직자가 될 수도 없었다. 먼 친척이 남부연합군에 복무했다는 이유로 선거권을 박탈당하는 등 애매모호한 기준에 따라 충성심을 의심받고 선거권을 박탈당한 미주리 주 주민만도 수천 명에 달했다.

충성심에 관련된 헌법 조항으로 민주당의 반대를 억누르고 있던 공화당은 충성심 관련 헌법 조항이 없어질까 봐 조바심을 냈지만 정작 위협은 공화당 내부에서 자라나고 있었다. 제재조치가 완화되지 않을 경우 장기적으로 공화당에 위험이 된다고 판단한 공화당 온건파는 모든 백인 유권자에게 선거권을 복원시키고자 했다. 프레토리우스와 〈베스틀리헤 포스트〉의 공동발행인이 된 슈르츠는 독일 이민자 사회의 공화당 온건파를 대표했고 영어권 공화당 온건파는 조지프의 친구인 존슨이 대표했다.

조지프는 군대의 보병과 마찬가지로 신문사의 노선을 충실히 따랐다. 슈르츠가 지시한 내용을 처리하는 동안 조지프는 미국 이민자 사회의 정치에 대해 조금씩 배워갔다. 세인트루이스에서 3년을 사는 동안 권력이나 성공가도를 달리는 유력 인사들과 친분을 쌓기 위해 무진 애를 썼는데 이제 권력과 성공을 모두 거머쥔 사람과 일하게 된 것이다. 사실 슈르츠는 미국에 도착한 조지프가 처음 접했던 미국 정치 지도자 가운데 한 사람이었다. 조지프가 복무했던 링컨 제1기병대를 창설한 인물이 슈르츠였던 것이다.

슈르츠와 〈베스틀리헤 포스트〉는 1868년 공화당 대통령 선거에서 맹활약했다. 슈르츠는 〈베스틀리헤 포스트〉를 활용해 율리시스 그랜트 장군이 대통령이 되어야 한다고 세인트루이스의 독일 이민자들을 설득했고 다른 주에서는 탁월한 말재주로 사람들을 설득했다. 슈르츠에게는 정치라는 전쟁터에서 활용할 언론과 언변이 있었다. 2년 넘는 시간을 〈베스틀리헤 포스트〉에서 보낸 조지프도 이러한 사실을 충분히 이해하고 있었다. "슈르츠는 〈베스틀리헤 포스트〉를 이끄는 대장이었다. 슈르츠와 함께 출장을 다닐 때가 많았는데 사무실에서건 길에서건 그 어느 곳에서든 잠시도 쉴 줄을 몰랐다."[3]

조지프는 슈르츠가 지닌 공화당 정신뿐 아니라 슈르츠의 행동 방식도 물려받았다. 존슨은 이렇게 회고했다. "기자가 된 퓰리처는 곧 정치에도 적극적으로 나섰다." 공화당에 가입한 조지프는 그간의 공로를 인정받아 1868년 제5지구당 급진파 모임 간사가 되었다. 곧 조지프의 야망이 드러났다. 프레토리우스는 이렇게 회상했다. "성공하겠다는 의지만큼은 정말 대단했다."[4]

11월 선거에서 승리한 미주리 주 공화당은 차기 연방 상원의원감을 정하는 문제에 관심을 기울였다. 슈르츠는 미국에 온 지 얼마 되지 않았음에도 불구하고 연방 상원의원 자리를 노리고 있었다. 세인트루이스 공화당의 다수파인 독일 이민자들은 자신들이 경멸하는 현직 연방 상원의원 찰스 드레이크Charles Drake를 몰아내고 당에 대한 통제권을 회복하고자 했다.

조지프는 연방 상원의원 후보 경선을 통해 정치 재건이라는 치열한 전쟁터에서 제1열에 서게 되었다. 조지프의 친구이자 〈미주리 데모크라트〉 편집자 윌리엄 그로스베너William M. Grosvenor, 전前 연방 상원의원 그래츠 브라운Gratz Brown, 프레토리우스는 슈르츠를 지원하는 3인방이었다. 세 사람은 슈르츠가 이상적인 연방 상원의원 후보라고 생각했다. 슈르츠는 미주리 주에서 벌어지는 정치 전쟁에서 타격을 받은 일이 없었고 따라서 정적政敵도 거의 없었다. 슈르츠는 링컨이 첫 번째 대통령 선거에 출마했을 때부터 공화당을 지지했던 골수 공화당원이었고 미주리 주 공화당의 다수파인 독일 이민자들을 대변하는 인물이었다.

비범한 재능을 지닌 그로스베너는 뉴잉글랜드New England(메인 주, 뉴햄프셔 주, 버몬트 주, 매사추세츠 주, 로드아일랜드 주, 코네티컷 주의 6개 주를 포함하는 미국 북동부 지역-옮긴이) 출신이었다. 피부는 올리브색이었고 머리칼, 턱수염, 속눈썹이 풍성해 사자 같은 험악한 인상을 풍겼다. 조지프는 독일어 신문사에서, 그로스베너는 영어 신문사에서 각자 일했지만 개혁 의제를 공유한다는 점에서 한마음이었다. 두 사람 모두 선거권을 박탈당한 민주당원의 선거권을 회복시켜 정정당당하게 선거를 치르려 했고 기자로서의 본분을 다하면 목표를 이룰 수 있다고 믿었다.[5]

1869년 1월 조지프는 프레토리우스, 슈르츠와 함께 미주리 주의 주도州都 제퍼슨시티Jefferson City로 갔다. 그곳에서 의원들을 만나보고 미주리 주의 차기 연방 상원의원 경선을 준비할 생각이었다. 공화당 전당대회에 나선 슈르츠는 당원들이 듣고 싶어 하는 말, 즉 자신은 지난 대통령 선거에서 그랜트 대통령과 흑인의 선거권을 인정한 수정헌법 제15조를 지지했다는 말을 들려주었다. 거기에 선거권을 박탈당한 백인의 선거권을 회복시켜야 한다는 말을 덧붙였다. 민주당원들의 선거권 박탈을 설계했던 현직 연방 상원의원 드레이크는 곧장 반격했다. 드레이크는 성미가 급해 분을 잘 참지 못했다. 특히 슈르츠가 연설 도중 끼어들 때 더욱 그랬다. 결국 드레이크는 슈르츠뿐 아니라 독일 이민자 전체를 비난하면서 그들의 충성심을 의심하는 결정적인 실수를 저질렀다.

슈르츠는 찾아온 기회를 놓치지 않고 가차 없이 반격에 나섰다. 슈르츠는 독일 출신임을 자랑스럽게 여긴다고 선언하면서 자신을 비롯한 독일 이민자들이 연방 편에 서서 용감하게 싸웠던 사실을 상기시켰다. 슈르츠는 드레이크가 노예제 문제의 논점을 흐려놓는다고 비판했다. 슈르츠의 작전은 주효해 당원들은 슈르츠에게 표를 던졌다. 슈르츠는 프레토리우스에게 이렇게 말했다. "간밤의 승리는 내 생애 최고의 승리였네. 이제 드레이크는 끝났어."[6]

프레토리우스와 조지프는 각자의 필체로 슈르츠의 승리를 전했다. 프레토리우스는 가장 일반적인 기사체인 세련되고 우아한 독일어로 기사를 썼고 조지프는 재치 있는 유머와 통렬한 비아냥거림, 슈르츠의 상대 드레이크가 생리 중이었다는 암시가 담긴 문장처럼 중의적인 의미를 담은 문구들을 뒤섞은 톡톡 튀는 기사를 엮어냈다. 정치는 흥미로운 기삿거리를 던져주는 주제였다. 정치인들은 정부의 후미진 곳에서 의사결정을 하는데, 언론은 그 어두운 곳을 밝혀 보여주는 존재였다. "어제 대의원 회의실에서 열린 전당대회에서 우리는 위대한 한 걸음을 내디뎠다. 연방 상원의원 자리를 두고 다툰 두 후보는 비밀스러운 음모를 꾸미는 지하실에서 나와 대중 앞에 섰다. 지금 언론을 통해 공개된 내용은 이제 국회의사당 회의실에 모인 모두의 앞에서 공표될 것이다." 조지프의 말은 실현되었다. 며칠 뒤 의회가 전당대회의 승자를 받아들임에 따라 슈르츠는 연방 상원의원이 되었다.[7]

슈르츠의 당선은 〈베스틀리헤 포스트〉의 일상을 뒤바꿨다. 연방 상원의원이 된 슈르츠는 워싱턴에 입성해 정치 활동으로 바쁜 나날을 보냈다. 워싱턴으로 간 슈르츠는 이런 편지를 써서 보냈다. "기사를 쓰는 것은 고사하고 신문을 읽을 틈조차 나지 않는다." 프레토리우스가 더 많은 일을 처리해야 했지만 몸이 아파 그럴 수 없었다. 결국 〈베스틀리헤 포스트〉의 모든 짐은 사회부장 루이스 빌리히의 어깨에 지워졌다. 그러나 스물일곱의 루이스 빌리히는 세인트루이스에 온 지 얼마 되지 않은 상태라 시의 사정이나 정치 지형에 밝지 못했다.[8]

최고위직 자리가 비면서 바닥에 있던 조지프에게도 기회가 찾아왔다. 조지프가 쓴 기사가 〈베스틀리헤 포스트〉의 대들보가 되었다. 조지프는 온종일 세인트루이스를 돌아다녔다. 학교와 공공기관을 방문하고 대중 모임, 지구당 모임에 참석하고 변호사, 정치인 사무실에 드나들었다. 방문을 원하지 않는 곳도 끈질기게 찾아가 취재를 성사시켰다. 세인트루이스 경찰위원회 속기사는 이렇게 회고했다. "기사에 대한 갈망이 한이 없었다." 경찰위원들은 주로 비밀리에 회동했다. "퓰리처는 조용히 문을 연 뒤 안경 낀 창백한 얼굴을 불쑥 들이밀고는 '기삿거리 없어요?' 하고 물어봤다. 이런 식으로 모임을 방해한 적이 한두 번이 아니었다. 참석자들은 '당장 나가시오!' 하고 고함을 질렀지만, 포기를 모르는 기자의 근성 앞에 혀를 내두르며 결국 너털웃음을 짓고 말았다."[9]

조지프는 주도 제퍼슨시티까지 활동 영역을 넓혔다. 어느 밤 열린 민주당 의원회의에는 민주당 성향의 신문만이 취재 허가를 받았는데 조지프가 문을 박차고 들어갔다. 그날 그 자리에 있었던 어느 기자는 이렇게 회고했다. "여닫이문 사이로 〈베스틀리헤 포스트〉 기자가 조용히 들어와 기자석에 앉아 수첩과 필기구를 꺼냈다. 아무도 그가 누군지 묻거나 그에게 나가라고 종용하지 않았다."[10]

정치인이나 동료 기자가 바쁘게 돌아다니는 이 사람의 정체를 알아차리는 데는 얼마 걸리지 않았다. 조지프는 그 외모만으로도 동료 기자들의 유쾌한 화젯거리였다. 조지프는 긴 다리에 어울리지 않게 짧은 담

황색 바지에 연한 갈색의 올이 굵은 셔츠를 넥타이도 매지 않은 채로 입고 그 위에 때묻은 재킷을 걸치고 다녔다. 이 단벌 패션은 모자로 완성되었는데, 조지프는 가늘게 쪼갠 종려 잎으로 짠 모자를 썼다. 아마도 15센트짜리 모자를 산 뒤 식료품점에서 판매하는 평범한 끈을 사서 손수 달았을 것이다.[11]

조지프는 동료 기자들의 놀림거리였다. 경찰위원회 속기사는 이렇게 회고했다. "기자들은 퓰리처의 볼품없는 외모와 촌스러운 옷차림에 웃음을 터뜨렸다. 그의 성 '퓰리처'의 철자(Pulitzer)를 분해해 'pull-it-sir('잡아당기시오'라는 뜻)'로 변형시켰고 그것을 그의 코와 연결시키며 놀려댔다." "'유대인 놈Joey the Jew'이라고 부르는 이도 있었고 외모가 닮았다며 '셰익스피어Shakespeare'라는 별명을 붙여준 사람은 그나마 양반이었다. 그러나 '잡아당기시오'씨는 그런 비웃음을 모조리 무시했다. 속기사는 이렇게 회고했다. "퓰리처는 그런 말을 무시하거나 대범하게 받아넘겼다. 이내 그의 진가를 알아본 사람들은 퓰리처를 신뢰하고 존중하게 되었다."[12]

사람들이 그러는 데는 다 이유가 있었다. 조지프는 신출내기였지만 나무랄 데 없는 기사를 썼다. 세인트루이스 지역과 기업에 대한 핵심 기사들을 끝없이 쏟아낸 것은 물론이고 세인트루이스의 정치를 간결하고도 설득력 있게 다룬 기사를 선보였다. 더구나 조지프에게는 프레토리우스나 다른 기자들이 주로 쓰는 우아하고 절제된 독일어로는 절대 따라 할 수 없는 자신만의 문체가 있었다. 〈베스틀리헤 포스트〉의 경쟁지 〈미주리 리퍼블리컨〉의 어느 기자는 이렇게 인정했다. "기삿거리를 모으는 퓰리처의 놀라운 능력에 감탄하지 않을 수 없었다." 존슨은 이렇게 회고했다. "퓰리처는 정곡을 찌를 줄 아는 능력 있는 기자였다. 부정부패나 잘못은 거침없이 공격했는데, 퓰리처의 공격은 격하고 때로 신랄했다."[13]

억양은 여전히 거칠었지만 영어를 완전히 터득한 조지프는 독일 이민자 사회 밖으로 관계망을 넓혔고 존슨이라는 친구도 사귀게 되었다. 10대 시절 인쇄소에 근무했고 소규모 신문을 발행해본 이력을 지닌 존슨은 조지프보다 아홉 살이나 많은 서른 살이었고 기자들을 좋아했다. 존슨은 세인트루이스 시 변호사로 일하다가 1866년 주 검사로 임명되어 세인트루이스 시를 담당하고 있었다.

존슨은 젊은 친구의 공격적인 기사를 좋아했지만 다른 사람들도 그런 것은 아니었다. 정치 기사를 쓰면서 친분을 쌓은 또 다른 인사인 세인트루이스 시 자문위원 앤서니 이트너Anthony Ittner는 조지프의 기사에 우려를 표했다. 일곱 살 때부터 세인트루이스에 살았던 이트너는 존슨과 비슷한 연배로, 벽돌공사를 하는 사업에서 시작해 지금은 벽돌공장을 운영하고 있었다. 이트너는 조지프가 지나치게 신랄한 기사를 쓰고 지나치게 격렬한 논쟁을 벌인다고 생각했다. 이트너가 보기에 조지프는 겁이 없어도 너무 없었다. "도를 넘은 기사를 써 뜨거운 논란이나 논쟁을 불러일으키는 것은 보통이었다. 그래서 조금 보수적으로 접근할 필요가 있다고 경고했고 똑같은 사람을 만나 똑같은 말썽이 일어날 수 있다는 사실을 염려해야 한다고 주지시키기도 했다."[14]

조지프는 세인트루이스 카운티 정부가 부정부패로 얼룩진 악당들이라고 생각했다. 세인트루이스 카운티는 남북전쟁 이후 발전하기 시작한 대부분의 다른 도시들보다 훨씬 더 부당한 정치의 소굴이나 다름없었다. 다른 도시와 마찬가지로 세인트루이스에서도 기업가, 정당 지도자, 정치인, 그리고 대부분의 신문발행인은 서로에게 경제적으로 이익이 되는 관계를 형성하고 있었다. 기업가는 수익이 많이 남는 계약을 따고, 정당 지도자는 기업가를 열렬히 따르는 추종자들의 호감을 얻고, 정치인은 선거에서 이겨 소득을 높일 표를 얻었다. 신문이라고 야합하지 말란 법은 없었다. 권력가들과 결탁한 신문발행인은 공고, 인쇄물 계약, 때로는 현금으로 보상받았다.

1869년 여름, 정신병원 건립 과정에서 극에 달한 세인트루이스 카운티 정부의 부정부패가 드러났다. 조지프의 날카로운 펜 끝이 그런 사건을 그냥 둘 리 없었다. 둥근 지붕을 덮은 5층 건물인 정신병원 건립에는 무려 70만 달러가 들어갔는데, 이는 원래 예산의 두 배가 넘는 액수였다. 건립 과정 하나하나가 모두 부정부패의 온상이었다. 가령 우물 공사를 맡은 건설회사의 경우 물이 나오지 않았음에도 계속 땅을 팠다. 1.15킬로미터 깊이까지 파 들어갔지만 끝내 물은 나오지 않았고 결국 세계에서 가장 깊은 수갱이 생겨났다. 이 수갱을 '바보들의 우물'이라고 이름 붙인 조지프의 기사가 나면서 이 우물은 세인트루이스 시민들의 조롱거리가 되었다.[15]

조지프는 정신병원 건립 과정 하나하나를 끈질기게 물고 늘어졌다. 결국 몇몇 변호사들이 그르친 재정 문제를 세인트루이스 카운티 정치인들이 무마하려고 한다는 사실을 알게 되었다. 정신병원을 짓는 동안 변호사들이 벽돌 공급업자의 보증을 섰다. 그러나 너무 낮은 단가로 입찰해 사실상 손해를 보게 되었다는 사실을 깨달은 벽돌 공급업자가 벽돌 공급을 중단했다. 따라서 보증을 선 변호사들이 납품되지 않은 벽돌 값을 물어야 했다. 하지만 조지프의 조사 결과 세인트루이스 카운티에서 그 비용을 물어주기로 했다는 사실이 밝혀졌다. 세인트루이스 카운티 운영위원 일곱 명 중 네 명만 참석한 가운데 예산집행 승인이 떨어졌던 것이다.

조지프는 〈베스틀리헤 포스트〉 지면을 통해 세인트루이스 카운티 운영위원들을 호되게 꾸짖었다. 조지프는 의문문을 활용한 기사를 선호했는데, 이번에도 독자들에게 던지는 질문을 기사에 적절히 활용했다. "시민들이여, 오명을 안은 세인트루이스 카운티 운영위원회의 눈 가리고 아웅 하는 행태를 그냥 내버려둘 생각인가? 세인트루이스 카운티 운영위원회가 제멋대로 세금을 낭비하는데도 무관심한 태도로 일관하면서 그냥 수긍할 생각인가? 정신병원에는 이미 충분한 비용이 지급되지 않았던가?" 질문을 마친 조지프는 교사로 돌변해 다음과 같이 전했다. "본 기자는 시민들 스스로 이 질문에 대답하기를, 그 대답이 적극적인 행동으로 이어지기를 바란다. 지금이야말로 세인트루이스 카운티 운영위원회에게 시민들의 힘을 보여줄 때다. 시민들의 땀으로 얼룩진 세금을 귀하게 여기지 않고 물 쓰듯 낭비하면 다시는 운영위원으로 선출되지 못할 것이라는 사실을 보여주어야 한다!"[16]

서슬 퍼런 공격을 받은 세인트루이스 카운티 운영위원들은 예산집행 승인을 철회했다. 조지프의 승리였다. 조지프는 이 승리를 프레토리우스, 이트너 및 세인트루이스 카운티 운영위원회가 예산집행 승인을 철회하지 않을 경우 지급정지 소송을 내겠다고 약속한 다른 여러 사람들의 공으로 돌렸다. 조지프는 폭로가 이 문제만으로 그치지 않을 것임을 분명히 경고했다. 그 밖에도 폭로할 일이 얼마든지 있었다. "중요한 문제이면서도 명확하게 규명하지 않는 행태, 세금을 하찮게 여기고 마음대로 쓰는 역겨운 행동, 불과 몇 시간 전에 발표된 예산집행 철회. 이런 현상은 모두 세인트루이스 카운티 운영위원들이 주민의 이익을 대변할 수 없는 작자들임을 입증한다. 세인트루이스 카운티 정부는 전부 썩었다." 조지프는 판사들에게 사임을 요구하면서도 정말 그렇게 된다면 그것은 기적일 것이라고 전했다. "이 상황을 가장 잘 극복할 수 있는 길은 무엇일까? 지난주 지역 칼럼 제목으로 여러 차례 등장했던 문구로 대신 답할 수 있을 것이다. '세인트루이스 카운티 운영위원들은 전원 사임하라!'"[17]

세인트루이스 카운티 운영위원회와의 싸움을 통해 조지프의 명성이 높아졌다. 기사를 작성한 기자의 이름을 명시하지 않았지만 대부분의 독자들과 정치인들은 그 기사를 쓴 주인공이 누구인지 알고 있었다. 동료 기자들에게 끈기와 통찰력을 인정받고 있던 조지프는 이제 언론계 바깥의 사람들에게도 이름을 알렸다. 석회사업을 하는 시어도어 웰지 Theodore Welge는 이렇게 회고했다. "퓰리처는 돈 있는 사람들이 정치인에게 자금을 지원하면 정치인은 그에 대한 보답으로 공직을 제공하는 견고한 부패의 고리에 맞서 싸웠다. 어쩌면 그 과정에서 선물이나 그 밖의 다른 형태로 꽤 많은 돈을 만질 수도 있었을 것이다. 그러나 그는 〈베스틀리헤 포스트〉에서 주는 쥐꼬리만 한 봉급 외에는 어떤 금전적 대가도 받지 않았다."[18]

1869년 10월 빌리히가 〈베스틀리헤 포스트〉를 떠나면서 조지프는 사회부장을 맡게 되었다. 〈베스틀리헤 포스트〉의 새 지면을 담당한 조지프는 세인트루이스 카운티 정부에 대한 공격의 수위를 높였다. 그해 가을 내내 조지프는 과도한 공사대금 지급 문제, 새로운 기술인 전기점화 시스템을 도입하지 않고 점등원을 계속 고용하는 행태, 구치소 벽돌 공사 부실시공 문제 등을 잇달아 보도했다.[19] 세인트루이스 카운티 운영위원회 앞에 강적이 나타난 것이다.

신문사와 공화당 제5지구당 업무가 끝없이 이어졌지만 조지프는 그 와중에도 짬을 내 사회 관계망을 넓혀갔다. 경찰서에 근무하는 조지프의 친구는 이렇게 회고했다. "퓰리처를 처음 만난 사람은 누구나 거리감을 느낀다. 자신의 일에 너무 몰두해 있어 딴 세상 사람인 것처럼 느껴지기 때문이다. 그러나 친해지게 되면 더없이 다정하고 사회적인 사람이라는 사실을 알게 된다." 조지프는 퇴근 후에 독서를 즐기는 독일인들이 자주 들르는 프리츠 뢰슬라인Fritz Roeslein 서점에 뻔질나게 들렀다. 그러나 봉급이 적었던 조지프가 책을 구입하기는 어려웠다. 뢰슬라인 서점에서 잔일을 맡았던 소년은 자기 어머니가 저녁 도시락으로 싸준 빵과 수제 소시지에 조지프가 관심을 보였다고 회고했다. "도시락을 물끄러미 쳐다보던 퓰리처 씨가 무어냐고 묻기에 함께 음식을 나눠 먹었다."[20]

　밤이면 신문사에서 몇 블록 떨어진 사우스South 3번가 307번지에 위치한 집으로 돌아왔다. 나이 지긋한 미망인과 두 딸이 운영하는 하숙집이었다. 하숙집은 칙칙한 2층 건물이었는데 길 건너 사우나에서 나는 유황 냄새가 진동했다. 그래도 조지프에게는 좋은 친구들이 있었다. 시인 우도 브라흐포겔Udo Brachvogel과 〈안차이거 데스 베스텐스Anzeiger des Westens〉 편집자도 같은 집에서 하숙하고 있었다. 세 사람은 모여 앉아 밤 늦게까지 이야기꽃을 피우곤 했다.[21]

　그러나 조지프의 동생 앨버트는 여전히 방황하는 청춘이었다. 잡지 방문판매원으로 일하다가 그만두고 독일인이 운영하는 농장에서 가정교사로 일하다가 세인트루이스의 여러 학교를 전전하며 학생들에게 독일어를 가르치는 교사가 되었다. 1868년 늦은 봄 어느 날 앨버트는 조지프가 머무는 집 남쪽에 있는 부자 동네를 지나다가 특별히 더 근사한 집 앞에 모여 앉은 소년들과 마주쳤다. 앨버트는 그 집 주인이 아이언마운틴 철도Iron Mountain Railway 사장 토머스 앨런Thomas Allen이라는 사실을 알게 되었다. 앨런은 세인트루이스 정치에 상당한 영향력을 행사하는 인물이었다.[22]

　앨버트는 이렇게 회고했다. "그야말로 외롭고 절망적인 상황이었다. 수줍음 따위는 불어오는 바람에 실어 보내고 당당하게 계단을 올라갔다." 앨버트는 앨런이 집에 있는지 물었다. 다행히도 집 안으로 들어갈 수 있었다. "나는 더듬거리며 말했다. 독일어를 구사할 수 있으니 바깥에 있는 소년들에게 독일어를 가르칠 수 있을 거라고." 앨런은 괜찮은 생각이지만 이번 여름은 매사추세츠 주 피츠필드Pittsfield에서 보낼 예정이라고 말했다. "피츠필드가 어딘지는 잘 모르겠지만 전혀 겁먹을 것은 없습니다. 제 영어 실력이 엉망이기는 하지만, 피츠필드에 함께 간다면 영광이겠습니다."

그해 여름은 목가적인 분위기에서 보낼 수 있었다. 독일어 수업이 끝나면 앨버트는 영독 사전을 들고 찰스 디킨스Charles Dickens의 《픽윅 클럽 유문록Pickwick Papers》을 탐독했다. 열심히 노력한 덕분에 앨런 가족과 함께 세인트루이스로 돌아올 무렵에는 그런대로 괜찮은 수준의 영어를 구사할 수 있게 되었다. 상업도서관으로 돌아온 앨버트는 공립학교 관리자가 된 철학학회 회원과 마주치는 행운을 누렸다. 마침 그 사람에게 캔자스 주 레븐워스Leavenworth에 있는 어느 학교로부터 독일어 교사를 구해줄 수 있는지 문의가 들어온 참이었다. 열여덟 살 먹은 앨버트에게 월급 100달러는 결코 적은 돈이 아니었다. 하지만 독일어 교사 일에 제대로 적응하지 못한 앨버트는 얼마 지나지 않아 다시 세인트루이스로 돌아왔다. 본인이 누구를 가르칠 체질이 아니라고 생각한 앨버트는 형이 하는 일에 뛰어들기로 마음먹었다.

그러나 형 조지프는 앨버트의 새 계획을 달갑게 여기지 않았다. 디킨스나 셰익스피어의 책 없이는 다닐 수 없는 앨버트에게 조지프는 문학이 적성에 맞을 것이라고 충고해주었다. "앨버트, 잘 생각해봐. 어머니가 얼마나 자랑스러워하실지. 너는 돈을 벌기에는 꿈이 너무 많아. 돈 버는 일은 나에게 맡겨두라고."

〈일리노이 슈타츠-차이퉁Illinois Staats-Zeitung〉에서 사람을 구한다는 말을 들은 앨버트는 형 조지프의 충고를 무시하고 시카고로 향했다. 신문사에서 일해본 경험이 전혀 없었음에도 앨버트는 〈베스틀리헤 포스트〉에 취직한 형과 마찬가지로 신문사에 취직하는 행운을 얻었다. 주급으로 10달러를 받는 기자 자리였다. "비록 독일어 신문이었지만 〈일리노이 슈타츠-차이퉁〉에서 많은 것을 배울 수 있었다. 기삿거리의 5분의 4는 영어를 쓰는 취재원에게서 나왔기 때문에 영어를 쓸 수밖에 없는 환경이었던 것이다." 〈일리노이 슈타츠-차이퉁〉은 〈시카고 이브닝 포스트 Chicago Evening Post〉와 사무실을 공동으로 사용했다. 덕분에 앨버트에게는 영어를 쓸 기회가 더 많아졌다. 어느 기자는 이렇게 회고했다. "앨버트는 영어를 완벽하게 구사해 영어 신문의 기자가 되려고 했다. 영어를 완전히 터득했다는 자신감이 생기면 이곳을 떠나 뉴욕으로 가서 기자가 되겠다고 입버릇처럼 말하곤 했다."

1869년 11월 〈베스틀리헤 포스트〉를 비롯한 여러 신문에 제5선거구와 제6선거구 주 의회 의원 특별선거 공고가 실렸다. 사임으로 생긴 공석을 메우기 위한 보궐선거였다. 마침 조지프가 공화당 간사로 일하던 선거구의 의원을 선출하게 되었으므로, 조지프는 지구당 대회를 서둘러 소집했다. 1869년 12월 13일 밤, 엉클 조 로크스홀Uncle Joe Locke's Hall에서 민주당 지구당 대회가 먼저 열렸다. 조지프는 기자 자격으로 민주당 지구당 대회에 참석했다. 싸움으로 번질 뻔한 위기를 몇 차례 넘긴 끝에야 후보를 선출하는 것으로 떠들썩한 회의가 마무리되었다.[23]

이튿날 저녁 터너홀Turner Hall에서 공화당 지구당 대회가 열렸다. 공화당은 이번 선거 승리를 비관적으로 보고 있었다. 제5지구당은 지난 25년 동안 줄곧 민주당에서만 의원을 낸 곳이었다. 그럼에도 조지프는 당원들에게 대회 참석을 독려했다. 조지프는 〈베스틀리헤 포스트〉에 다음과 같은 기사를 실었다. "시민 다수의 절대적인 지지를 받지 못하는 사람이 후보가 되어서는 안 되며 그런 사람은 공화당 대표로 인식될 수도 없습니다."[24]

날씨가 좋지 않았지만 공화당 지구당 대회에는 충분한 수의 당원이 모여들었다. 그러나 당원들이 출마하기를 희망하던 인물은 끝까지 후보로 나서지 않으려 했다. 혼란을 틈타 누군가가 지구당 간사인 조지프를 후보로 추천했고 또 다른 누군가가 제청해 후보 공천에 마침표를 찍었다. 마침 회의장 바깥에 나가 있던 조지프는 만장일치로 의원 후보에 선출되었다. 공화당 성향의 신문은 터너홀에 모인 모든 공화당원이 박수로 회의를 마감했다고 보도했고 민주당 성향의 신문은 폭소로 마감했다고 보도했다. 영문도 모르는 조지프가 터너홀에 다시 들어서자 우레 같은 박수가 쏟아졌다.

다음 날 기자 조지프는 정치인 조지프의 반응을 3인칭 시점으로 보도했다. "퓰리처는 짧지만 진심 어린 말로 화답했다. 그는 자신이 후보로 공천받을 만한 그릇이 못 된다고 생각했고 후보로 지명되기를 바라지도 않았지만, 만일 후보로 지명된다면 당원들이 보내준 신뢰에 최선을 다해 보답하리라 다짐했다." 〈미주리 데모크라트〉도 기사를 통해 조지프를 다음과 같이 치켜세우며 최선을 다해 공화당 후보로 나선 조지프를 지원했다. "유명 인사, (…) 큰 성취를 이룬 신사, 결단력 있고 힘이 넘치는 인물", "제5선거구 독일인들에게 높이 평가되는 인사이면서 미국인 친구도 많은 인물." 〈미주리 데모크라트〉는 조지프가 당선되리라 예측했다.[25]

순간 희망사항이 가능성으로 돌변했다. 민주당 후보에게 문제가 생겼기 때문이었다. 제일 먼저 지명된 사람이 공천을 사양하는 바람에 신문사 편집자이자 조지프의 친구인 스틸슨 허친스Stilson Hutchins를 다시 후보로 지명했지만 허친스 역시 극구 사양했다. 결국 민주당은 선거를 불과 4일 앞두고 정치 경험이 전혀 없는 담배 유통업자를 후보로 내세울 수밖에 없었다.

이 대체 후보는 조지프가 〈베스틀리헤 포스트〉에 기사를 게재하면서 정계에 모습을 드러냈다. "새 후보의 정체는 무엇인가? 아는 사람이 많지는 않지만 대부분은 그가 남북전쟁 때 파산한 기업가로 당시 남부연합에 동조했었다고 말한다." 다음 날 조지프는 민주당 후보가 후보로서 적절하지 않다는 기사를 내보냈다. "민주당 후보는 자신이 의회에서 대표할 제5선거구에 살아본 적이 없을 뿐 아니라 그곳에서 투표한 적도 없다." 사실 이런 공격은 불장난이나 다름없었다. 조지프 본인도 자격 미달이긴 마찬가지였기 때문이다. 주 의회 의원이 될 수 있는 최저 연령은 24세였는데 당시 조지프는 스물세 살도 채 되지 않은 상태였다.[26]

선거를 사흘 앞두고 조지프는 재건헌법에 따라 호적등록 사무실에 들러 서약했다. 조지프는 이번에도 역시 나이를 속이면서 출마 요건을 갖췄다고 서약했다. 같은 날 〈베스틀리헤 포스트〉는 조지프의 출마를 지지하는 '군인과 노동자' 명의의 서신을 게재했다. 그 서신은 "나이도 어린 것이 얼굴을 까딱하거나 어깨를 으쓱하는 등 오만함의 극치를 달린다"는 비방에 맞서 조지프를 옹호했다. 그 서신은 나이가 어리다는 사실이 조지프의 잘못은 아니라고 지적하면서 "나이는 시간이 흐르면 먹는 법"이라고 응수했다. 마치 후보 본인이 서신을 작성했다는 느낌을 주기에 충분했다.[27]

조지프는 하루도 빠짐없이 〈베스틀리헤 포스트〉를 이용해 선거운동을 했다. 조지프는 디킨스의 소설 속 등장인물 유라이어 힙Uriah Heep(《데이비드 코퍼필드David Copperfield》의 등장인물-옮긴이)을 떠오르게 하는 겸손을 가장한 어투로 자신보다 더 노련한 후보가 나타난다면 후보 자리를 흔쾌히 양보할 수도 있다고 말했다. 물론 3인칭으로. "그러므로 만장일치로 추대된 후보직을 수락하고 끝까지 성실히 임하는 것이 퓰리처 씨의 의무다." 그는 남부연합을 지지했던 상대 후보가 파산한 기업가에 자격 미달로 추정되는 데 비해 자신은 대담무쌍한 성격에 주의력이 뛰어나고 지칠 줄 모르는 체력을 지닌 후보라고 스스로를 치켜세웠다. "아일랜드 출신이 많은 민주당 후보와 비교하면 급진파 후보는 순금이다. (…) 그들은 독일 출신 후보에게 이길 수만 있다면 악마와도 손잡을 수 있다고 말한다." 선거 전날에는 이렇게 전했다. "독일 출신 친구들은 선거에 어떻게 임해야 하는가?"[28]

선거 당일에는 진눈깨비가 날렸다. 평소 투표율의 4분의 1 수준인 300명 남짓한 유권자가 두 곳의 투표소를 찾았다. 제5선거구 강변 쪽에 위치한 독일이민자협회와 서쪽에 위치한 아이트만스 식료품점R. Eitman's Grocery Store이었다. 독일인이 더 많이 거주하는 제5선거구 동부 투표소에서는 조지프가 156표를, 민주당 후보가 66표를 얻었다. 서부 투표소에서는 민주당이 81표를 얻어 53표를 얻은 조지프를 근소한 차이로 물리쳤지만 양 투표소의 결과를 합산한 결과 209대 147로 조지프가 주 의회 의원이 되었다. [29]

다음 날, 기자 겸 의원 당선자가 된 조지프는 〈베스틀리헤 포스트〉에 다음과 같은 기사를 실었다. "선거를 치를 수나 있을지 염려스러운 매우 불리한 상황이었지만 예상과는 달리 꽤 만족스러운 결과를 얻었다." 제5선거구는 인접한 제6선거구와 마찬가지로 '민주당의 보루'이자 '남부연합의 근거지'라고 불리는 지역이었으므로 그곳에서 얻은 공화당 급진파의 승리는 값진 것이었다. 조지프는 이렇게 전했다. "예로부터 줄곧 민주당 이 우세했던 지역이었지만 이번에는 급진파 후보가 당당하게 승리를 거머쥐었다. 퓰리처 씨가 고작 62표를 더 얻어 겨우 선출된 것처럼 보이겠지만 총 투표수가 356표였다는 점을 감안할 때 압승이라 하지 않을 수 없다."[30]

마치 당선 소감인 양 조지프는 기사를 통해 동료들에게 감사의 말을 전했다. "단 하나를 제외한 모든 지역신문이 퓰리처 씨의 선거 운동 과정에서 고귀한 동료애를 보여주었다. 감사의 인사를 전할 수 있게 되어 영광이다." 그 단 하나의 예외는 바로 〈베스틀리헤 포스트〉의 경쟁지 〈노이에 안차이거Neue Anzeiger〉였다. 조지프는 이렇게 전했다. "전체 언론의 관대한 입장과는 거리가 멀었다." 세간의 비판에 민감하게 반응하는 글을 작성했다는 사실은 자신이 루비콘 강을 건넜다는 사실을 조지프가 미처 실감하지 못하고 있었음을 드러낸다. 포상금을 노리고 미국으로 건너온 10대 헝가리 소년은 불과 5년 만에 미국 주 의회로 진출하는 기염을 토했다.

조지프는 이제 주 의회 의원으로서 새 출발을 하게 되었다.

5장

정치와 총격 사건

    1870년 새해가 밝자마자 조지프는 세인트루이스를 떠나 미주리 주의 주도인 제퍼슨시티로 향했다. 그곳에서 주 의회 의원으로서의 새로운 삶을 시작하게 될 터였다. 열차가 구불구불한 미주리 강을 따라 달리는 동안 풍요로운 농장과 깎아지른 절벽이 번갈아 나타나는 목가적인 풍경이 스쳐 지나갔다. 미주리 퍼시픽 철도Missouri Pacific Railroad는 제퍼슨시티에서 펼쳐지는 정치에 관여하는 사람들에게 승차권을 무료로 제공했다. 물론 언젠가는 돌려받을 요금이었다. 사실 언론인, 공직자, 판사, 정치인, 의원은 '무임승객'인 경우가 보통이었다. 그러나 조지프는 그해의 현직 의원 가운데 가장 가난한 축에 속했으면서도 무료 승차를 거부하고 주에서 지급하는 왕복승차권을 이용해 승차했다.[1]

    제퍼슨시티는 벽지僻地라고 할 만큼 낙후된 도시는 아니었지만 세인트루이스나 캔자스시티Kansas City 출신의 정치인들은 제퍼슨시티를 탐탁지 않게 생각했다. 주 의회 의원 대부분은 한때 수상무역 거점으로 번영했지만 이제는 쇠락한 제퍼슨시티가 주도로 적당한 곳인지 확신을 갖지 못했다. 조지프가 도착했을 무렵에는 주도를 옮겨야 한다는 법안이 제출되었다. 매년 내려오는 주 의회 의원들이 제퍼슨시티의 단잠을 깨우는 유일한 소음이었다.[2]

주 의회 의원들은 축제 분위기를 연출하면서 슈밋 호텔Schmidt Hotel 에 여장을 풀었다. 호텔 술집은 항상 사람들로 북적였다. 식사는 그곳에서 해결했지만 방세가 비싼 슈밋 호텔에 투숙할 수는 없었다. 대신 조지프는 자신보다 먼저 주 의회 의원에 선출된 앤서니 이트너와 함께 지낼 방을 수소문했고 결국 독일 출신 의원들이 많이 찾는 '독일 가정식German Diet'이라는 별명이 붙은 하숙집에 방을 구했다.[3]

1870년 1월 5일 회기가 시작되었다. 조지프는 주 헌법에 손을 얹고 서약했지만 여전히 최저 연령 미달인 상태였다. 유럽에서 태어난 사람에게는 주 의회 의원이 타의 추종을 불허하는 미국식 민주주의의 꽃으로 여겨졌다. 준準자치 정부의 통치를 받는 각 주에는 평균 87일의 회기를 갖는 주 의회가 설치되어 형법, 사회법, 경제법 등 모든 중요한 법률을 제정했다. 이 제도는 연방 정부가 근대적 통치를 시작하기 무려 반세기 전에 정착되었다.[4]

1870년 1월 제퍼슨시티를 비롯한 15개 주의 주도에 변호사, 의사, 농민, 상인, 기업가, 언론인이 모여 각 주의 법률을 제정하기 시작했다. 조지프도 이 신나는 일에 기꺼이 뛰어들었다. 첫날부터 조지프는 두 개의 법안을 제출했다. 하나는 주지사의 연두밖어을 독일어로 번역해 인쇄하자는 법안이었고 다른 하나는 하원 규정을 복사해 주 의회 의원에게 나눠주자는 일상적인 법안이었다.[5]

주 의회는 공화당 급진파가 장악하고 있었다. 주지사 역시 공화당 급진파 인사였다. 선거권을 박탈당한 시민 6만 명에게 충성서약을 받은 공화당 급진파는 권력의 정점에 올라 있었다. 그러나 당 내부의 정치적 균열은 점점 더 커져만 갔다. 민주당 세력이 깊이 뿌리내린 주에서 공화당이 주 정부와 의회를 장악한 것은 비정상적인 상황이었다. 국경에 인접한 다른 주에서도 공화당은 큰 인기를 누리지 못했다.[6]

주 의회 의원들 앞에 놓인 가장 크고 중요한 문제는 선거권이었다. 주지사는 흑인들에게 선거권을 주는 수정헌법 제15조를 비준하고 주 헌법도 유사하게 수정하라고 의원들에게 촉구했다. 그러나 많은 공화당원들은 공화당 소속인 주지사가 선거권을 박탈당한 민주당원들에게 선거권을 돌려주어야 할 때라고 주장한 일에 놀라움을 금치 못했다. 이 사건은 공화당이 직면한 핵심 문제를 수면으로 떠오르게 했다. 법을 준수하고 납세의 의무를 다하는 백인 유권자들의 선거권을 도대체 언제까지 부정할 셈이란 말인가?[7]

공화당 내부에서는 유권자의 요구를 수용해야 한다고 생각하는 사람들이 늘어나고 있었고 조지프도 같은 생각이었다. 그래야 공화당이 미주리 주에 뿌리를 내릴 수 있을 터였다. 남북전쟁이 끝난 지 5년이 지나 갈등이 불러온 미움은 상당 부분 사라졌고 화해 분위기가 무르익고 있었다. 과거 노예였던 흑인에게 선거권을 부여하는 마당에 과거 남부연합 소속 사람들에 대한 적개심을 계속 유지하는 것은 무리였다.

　재건정국 초반에 통과된 주 헌법의 규정에 따라 완전한 독립체인 주 의회는 짐스러운 선거권 제한 규정을 1871년에 다룰 문제로 넘겼다. 그러나 많은 공화당원들은 그때까지 기다릴 여유가 없었다. 공화당원들은 박탈당한 선거권 회복 문제를 이듬해에는 반드시 다루겠다는 약속만으로는 가을 선거에서 승리할 수 없다는 공포에 빠졌다. 공화당 온건파 사이에 모든 성인 남성에게 선거권을 부여하는 수정헌법을 늦어도 가을 회기에는 제출해야 한다는 합의가 형성되었다.[8]

　처음부터 조지프는 온건파 편에 섰다. 의회 첫날 조지프는 호명 투표를 제의했다. 호명 투표를 통해 선거권을 아주 근소하게 확대할 목적의 법안을 폐기하는 데 일조하려는 속셈이었다. 조지프는 전쟁 참여 여부나 피부색에 관계없이 모든 남성에게 선거권이 주어져야 한다는 데 한 점의 의문도 품지 않았다. 미국 정치에 대한 경외심, 민주주의에 대한 절대적인 신념, 청소년기에 품었던 이상주의가 선거권 확대에 대한 조지프의 신념을 뒷받침했다. 노련한 주 의회 의원들과는 달리 조지프에게는 민주당원 수천 명의 선거권이 회복될 경우 선거 운동이 얼마나 어려워질 것인지 따위의 문제는 고려할 대상이 아니었다. 어느 민주당 지도자는 조지프가 대표하는 제5선거구에 사는 선거권을 박탈당한 친구 당원에게 기분 좋은 목소리로 이렇게 말했다. "글쎄, 퓰리처는 우리 편이라네."[9]

　1월 말의 어느 주말을 세인트루이스에서 보낸 조지프는 일요일 저

녘 제퍼슨시티로 향하는 열차에 몸을 실었다. 열차가 독일인들이 모여 사는 강변 마을 허먼Hermann 인근을 지날 무렵 선로 세 곳이 부서졌다. 한겨울 추위로 선로가 약해진 것이 틀림없었다. 기관차는 선로를 이탈하지 않았지만 급행 화물차와 침대차는 선로를 벗어나 가파른 언덕 아래로 굴러떨어졌다. 조지프가 탄 차량을 포함해 나머지 차량은 선로를 이탈하지는 않았지만 수직으로 섰다. 금방이라도 언덕 아래로 굴러떨어진 화물차와 침대차의 뒤를 따를 것만 같이 위태로웠다.[10]

조지프는 부상을 입지 않은 다른 승객들과 함께 신속하게 열차를 빠져나와 사태를 파악했다. "(속옷 차림으로 잠들어 있을) 50여 명의 승객이 탄 커다란 침대차의 모습을 머릿속에 그려보라. 그 차가 6미터 높이의 선로를 벗어나 가파른 언덕 아래로 굴러떨어졌다. 다행히 그 앞을 가로막은 굵고 튼튼한 나무 덕분에 겨우 멈췄지만 앞부분이 바닥에 처박혔고 침대차 내부는 산산조각이 났다. 이보다 더 참혹한 광경은 또 없을 것이다."

이런 마당에 불이라도 난다면 큰일이었다. 조지프는 전복된 차량에 들어가 난로를 찾았다. 난로는 빨갛게 달아오른 석탄을 한가득 품은 채 이제는 천장이 된 바닥에 매달려 있었다. 구조대원들은 창문을 통해 부상 정도가 심각한 승객부터 구조하기 시작했다. 소규모 화재가 여기저기서 일어났지만 재빨리 진화되었다. 대부분은 피부가 찢어지거나 뼈가 부러지는 부상을 입었는데 어느 여성은 등뼈가 부러져 결국 목숨을 잃었다.

부상을 입지 않은 승객들은 사고 현장에서 밤을 보냈다. 부상자들은 선로에 남은 차량 가운데 파손이 덜한 차량에 누워 치료를 받았다. 날이 밝자 출발한 열차는 월요일 오전 늦게 제퍼슨시티에 도착할 수 있었다. 다행히 조지프와 함께 열차에 타고 있던 주 의회 의원 중에는 부상을 당한 의원이 없어서 모두 의회에 합류했다. 간밤의 고생은 곧 큰 화제가 되었다.

새로 시작된 한 주는 로비의 계절이 시작되었음을 알렸다. 철도회사 직원, 변호사, 세인트루이스 카운티 정치인, 기업가들이 제퍼슨시티로 모여들었다. 수가 많고 그 힘이 어찌나 강한지 로비스트들은 '제3의 의회'라 불릴 정도였다. 캔자스시티에서 온 어느 기자는 복도에 배치된 자기 책상 앞에 앉아, 회의실 뒤쪽에 자리 잡은 사람을 바라보면서 이렇게 전했다. "주 의회는 마치 아우게이아스 왕의 외양간(30년간 청소를 하지 않은 외양간으로 헤라클레스가 청소했다-옮긴이) 같았다. 서로 다른 입법 신념이 한데 모여 소용돌이치는 오물 구덩이에 좋은 남자, 나쁜 남자, 부패한 남자, 모사꾼 등이 한데 뒤엉켜 있었다. 작은 리슐리외Richelieu, 마자랭Mazarin, 별 볼 일 없는 울시Woolsey 같은 사기꾼이나 협잡꾼이 활개 치는 정말 기묘한 광경이었다."[11]

조지프는 세인트루이스 카운티의 부정부패 문제에도 여전히 큰 관심을 가지고 있었다. 세인트루이스 시와 세인트루이스 카운티 사회부 기자 시절에 품었던 의혹은 주 의회 의원이 된 조지프의 임무가 되었다. 주 의회 의원이 되었지만 기자라는 본분을 잊지 않은 조지프는 본인의 정치 활동 상황을 지속적으로 보도했다. 조지프의 눈에는 제퍼슨시티로 모여드는 로비스트들이 어둠의 군대로 보였다. 조지프는 로비스트들을

'주 정부 청사를 부정부패로 물들인 귀족'이라 불렀다. "어제 저녁 도착한 열차는 세인트루이스의 절반을 이곳으로 실어온 것 같았다. 주 정부청사와 4번가 주변에서는 남의 시선을 피해 다니는 인물을 쉽게 만날수 있다."[12]

조지프는 제퍼슨시티에 도착한 인물 중에서도 특히 세인트루이스 카운티에서 악명 높기로 소문난 도급업자 에드워드 오거스틴Edward Augustine에게 주목했다. 조지프는 세인트루이스에서 맞은 첫 번째 여름부터 오거스틴의 명성을 익히 들어 알고 있었다. 당시 세인트루이스는 17년 전 주민 열 명 중 한 명의 목숨을 앗아간 콜레라가 다시 유행할 것을 우려해 대책을 마련하던 중이었다. 콜레라 예방 차원에서 세인트루이스에 있는 모든 연못의 물을 제거했지만 조지프가 살던 동네의 주민대부분은 더럽고 오염된 물이 그대로 있는 채석장에서 일하는 형편이었다. 조지프가 출근길에 매일 지나가는 그 채석장은 바로 오거스틴이 운영하는 채석장이었다. 세인트루이스 공직자들은 정치인들과 깊이 연계되어 있는 오거스틴과 대면하기를 꺼렸지만 시민들의 요구가 쇄도하면서 마음을 바꿨다. 그 뒤 몇 년 사이 오거스틴은 세인트루이스에서 가장 중요한 도급업자로 성장했다. 쓸데없이 많은 비용을 낭비한 정신병원 건립 공사에도 오거스틴이 참여했다. 조지프가 '바보들의 우물'이라고 이름을 붙인 그 쓸모없는 수갱을 고집스레 파 내려간 사람이 바로 오거스틴이었다.[13]

오거스틴은 제퍼슨시티로 향하는 열차에 오르기 전에 석회사업을 하는 시어도어 웰지를 만났다. 웰지는 오거스틴에게서 가마를 빌려 사업을 하고 있었다. 오거스틴은 웰지에게 세인트루이스에서 서른 손가락 안에 꼽히는 맥주공장인 렘프Lemps에서 맥주 한잔 마시면 어떻겠냐고 제안했다. 맥주를 마시는 내내 분노를 토해낸 오거스틴은 맥주를 다 마실 무렵 조지프의 폭로 활동에 대해 개탄했다. 오거스틴은 웰지에게 제퍼슨시티로 가서 "공개된 장소에서 조지프 퓰리처 씨에게 망신을 줄 생각"이라고 말하면서 이렇게 덧붙였다. "퓰리처를 위협해 세인트루이스에서 돈이 될 만한 일을 수주하지 못하도록 하는 법안을 통과시키지 못하게 하겠다."[14]

1월 26일 아침 슈밋 호텔에 머무는 세인트루이스 주 의회 의원들로 북적이는 주 정부 청사에 나타난 조지프는 세인트루이스 카운티 운영위원회를 폐지하는 법안을 제출하는 폭탄을 던졌다. 과거에도 〈베스틀리헤 포스트〉가 세인트루이스 카운티 운영위원회를 폐지하자고 주장하면서 세인트루이스 카운티 정치인들을 성가시게 했지만 대수로운 일은 아니었다. 하지만 오늘 제퍼슨시티에 나타난 주 의회 의원은 신문사 편집부의 의견을 공공 정책으로 뒤바꾸려 하고 있었다. 세인트루이스 카운티 운영위원들에게는 크나큰 위협이 아닐 수 없었다.

세인트루이스 시와 카운티의 관계는 오래 전부터 논란이 되어왔다. 세인트루이스 카운티 인구 중 7퍼센트 내지 8퍼센트만이 세인트루이스 시에 거주하는 상황이었으므로 세인트루이스 카운티 정치인들이 세인트루이스 시 주민들의 생활을 쥐락펴락할 수 있었다. 남북전쟁이 끝난 뒤 카운티 정부의 부정부패가 새로이 드러나면서 세인트루이스 시와 카운티 사이의 투쟁 양상은 더욱 악화되었다. 주 의회가 열리기 불과 두 달 전, 여섯 명의 세인트루이스 카운티 공직자가 매년 세금에서 타가는 돈이 무려 12만 달러에 달한다는 사실이 세간에 공개되었는데 세인트루이스 시장의 연봉은 4,000달러에 불과했다.[15]

조지프가 세인트루이스 카운티 운영위원회를 폐지하자고 주장하면서 내민 법안은 선거구를 개편해 세인트루이스 시에서 선출되는 운영위원의 수를 늘리는 것을 골자로 했다. 그렇게 되면 세인트루이스 시가 세인트루이스 카운티에서 벌이는 사업을 효과적으로 통제할 수 있을 터였다. 조지프가 제출한 법안에 따르면 석 달 뒤인 4월 초에 선출할 새 운영위원의 연봉은 1,000달러로 책정되었고 세인트루이스 카운티에서 발주하는 사업에 참여하거나 세인트루이스 카운티에 물건을 납품할 수 없었다. 새로 구성되는 세인트루이스 카운티 운영위원회의 수입과 지출은 판매부수가 많은 영어 신문과 독일어 신문에 게재될 예정이었다. 이 마지막 조항은 조지프가 정부 공고를 수주해 자신이 몸담은 신문사의 배만 불리려는 것 아니냐는 의혹을 낳았다.[16]

조지프가 제출한 법안은 표면상으로는 '세인트루이스 카운티 운영위원회 재구성'을 목표로 했지만 실제 의도는 운영위원회의 권한을 축소하려는 것이었다. 그 사실을 모르는 사람은 없었다. 조지프도 그 사실을 시인했다. "그 법안이 통과되면 기존 운영위원회는 총선거가 열릴 11월까지 생존할 수 없다. 기존 운영위원회는 해체되고 4월의 첫 번째 화요일에 새로 구성될 것이다." 조지프가 제출한 법안에 대한 내용이 세인트루이스 모든 신문의 1면 머리기사를 장식했다. 법안을 제출하고 한 시간도 지나지 않았는데도 분노에 찬 오거스틴과 그 일행이 찾아와 조지프를 위협했다. "불안한 기색이 역력한 채로 나를 찾아와 법안과 관련해 아주 모욕적인 발언을 쏟아놓았다." 조지프는 비공개 회의장으로 얼른 몸을 피했다.[17]

다음 날 아침 조지프는 기사에 실명을 게재함으로써 로비스트와의 전쟁을 재개했다. 당시 지방 검사로 재직 중이던 존슨 같은 인물에게는 실명 거론이 별다른 문제가 되지 않았다. 그러나 세인트루이스 카운티 운영위원회와 그 특권을 보호하려고 은밀한 노력을 기울이던 사람들에게는 신문 지면에 자신들의 이름이 올랐다는 것만으로도 고발된 것이나 다름없었다. 조지프는 명단을 폭로하는 데서 그치지 않고 그 기사를 다른 기사와 연결했다. 이를테면 이런 식이다. 조지프는 악명 높기로 소문난 두 명의 로비스트 이름 사이에 오거스틴의 이름을 배치했다. 그러고는 천연덕스럽게 명단 끝에 영어로 이렇게 덧붙였다. "궁금한 게 있다. 도대체 누가 이 비용을 지불하는가? 그러나 이 문제에 답하게 되면 고상한 체하는 신사들 가운데 누군가의 오해를 살 수도 있으므로 이 문제는 그냥 내버려둔 채 더 흥미로운 주제에 몰두하려 한다." 이런 식으로 생뚱맞게 기사를 마감함으로써 독자들은 조지프가 제퍼슨시티에서 급히 송고한 다음 기사의 제목으로 눈을 돌리게 된다. "세인트루이스 카운티 운영위원회 폐지."[18]

그날 저녁 세인트루이스를 대표하는 주 의회 의원들이 슈밋 호텔 특별 응접실에 모였다. 7시 무렵 여남은 명의 남자들이 모였다. 뒤이어

식사를 마친 사람들이 들어와 사람이 더 늘어났다. 독일 출신 주 의회 의원 몇 명이 조지프가 쓴 기사를 두고 오거스틴과 대화를 나누고 있던 참에 기사를 작성한 주인공이 방으로 들어섰다. 무슨 이야기를 나누고 있었는지 조지프가 묻자 "당신에 대해"라는 답이 돌아왔다. 그러자 오거스틴이 조지프에게 잘 알지도 못하면서 명단을 기사화한 이유를 물었다. 조지프는 '사태'를 제대로 파악하고 있다고 응수했다.[19]

오거스틴이 말했다. "사실도 모르면서 그런 글을 쓰는 건 개새끼뿐이지." 도를 넘은 말이었다. 19세기에는 '거짓말쟁이liar'나 '개새끼pup' 같은 표현이 결투를 불러올 정도로 모욕적인 말이었다. 1817년 연방 상원 의원(미주리 주) 토머스 하트 벤턴Thomas Hart Benton이 변호사 찰스 루카스Charles Lucas에게 "개새끼puppy"라고 했다가 결투가 벌어져 결국 루카스 변호사가 숨지고 만 사건도 있었다. 조지프는 오거스틴에게 말조심하라고 일렀지만 오거스틴은 조지프의 경고에 아랑곳하지 않고 "망할 놈의 거짓말쟁이"라고 응수했다.

일단 그 자리를 피해 나온 조지프는 친구들과 마주쳤다. 조지프와 오거스틴의 대화를 지켜본 친구들 중 누군가가 이렇게 말했다. "한 대 치지 그랬어? 명예는 지키라고 있는 걸세."

"세인트루이스 카운티 운영위원회에 대해 이야기를 좀 나눴을 뿐이야." 이렇게 말한 뒤 조지프는 자리를 떴다.

하숙집으로 돌아온 조지프는 문을 박차고 힘차게 떼어 들어갔다. 그 바람에 오후 늦게까지 볼링을 치다가 막 돌아온 앤서니 이트너는 깜짝 놀랐다. 곧장 안락의자로 가서 앉은 조지프는 이트너에게 들키지 않게 조심하면서 옷가방에서 권총을 꺼내 윗옷에 집어 넣었다. 이트너는 볼링장에 두고 온 외투를 찾으러 다시 나가야 한다고 말했다. "잠깐만, 토니. 그렇다면 나도 같이 가."[20]

함께 나가면서 조지프는 그날 있었던 일을 털어놓았다. "그 망할 놈의 오거스틴이 나를 모욕했어. 다시 돌아가서 사전에 있는 욕이란 욕은 몽땅 퍼부어주겠어. '후레자식'이라고 말해줄 테다." 이트너는 회중시계에 끼워진 사랑하는 어머니의 초상화를 생각해서라도 그러지 말라고 충고했다. "자네 말이 맞네, 토니. 그 충고를 받아들이기로 하지. 하지만 후레자식만 빼고는 내가 아는 욕은 모조리 다 하고 올 거야."

동쪽을 향해 걷던 두 사람은 모퉁이에서 헤어졌다. 이트너는 오른쪽으로 꺾어져 볼링장으로 향했고 조지프는 왼쪽으로 꺾어져 호텔로 향했다. 호텔로 이어지는 비탈길을 내려가다가 전보를 치러 가는 기자 두 명과 마주친 조지프는 그들에게 호텔에 가면 근사한 기삿거리를 얻을 수 있을 것이라고 귀띔했다. 그중 한 기자는 이렇게 말했다. "주 의회 의원 모임이 있나 보다 생각했다. 그래서 곧 호텔로 가겠다고 말했다."

조지프가 슈밋 호텔 특별 응접실에 도착해서 보니 오거스틴은 세인트루이스 카운티 운영위원 및 또 다른 한 남자와 대화를 나누며 아직도 자리를 지키고 있었다. 조지프가 방으로 들어서자 두 사람 사이에 다시 고성이 오갔다. "오거스틴 씨, 한마디만 합시다. 이 말이 당신과 하는 마지막 말이길 빌겠소. 앞으로 당신과는 상대하지 않겠소. 물론 당신이 나에게 말 거는 것도 사양이오. 하지만 그렇게 계속 나에게 모욕을 주고 싶다면 어디 한번 해보시오. 당신이 아무리 건장하다 해도 상대를 잘못 골랐다는 걸 곧 알게 될 거요."

오거스틴은 거기 있는 모든 사람이 다 들을 수 있을 만큼 큰 소리로 이렇게 외쳤다. "알아듣기 쉽게 간단한 영어로 또박또박 말해주지. 이 망할 놈의 거짓말쟁이 개새끼야."[21]

그러자 조지프도 지지 않고 맞받아쳤다. "너야말로 빌어먹을 거짓말쟁이다."

말싸움은 끝났다. 오거스틴이 조지프에게 달려들었다. 덩치가 크고 힘이 센 오거스틴의 주먹은 보통 사람 주먹의 두 배는 더 커 보였다. 비쩍 마르고 안경을 쓴 조지프는 한주먹 거리도 못 될 판이었다. 조지프는 뒤로 물러났다. "오거스틴을 아는 사람들이라면 잘 알겠지만 오거스틴 같이 건장한 남자는 십만 명에 한 명 있을까 말까 했다. 신체적 조건만 따져본다면 오거스틴이 나보다 열 배는 더 유리했다."

조지프가 열 걸음 내지 열두 걸음을 뒤로 물러섰을 때 오거스틴이 주먹을 치켜들었다. 조지프는 오거스틴의 주먹에 "육중해 보이는 빛나는 노란색 도구"가 끼워진 것을 보았다고 생각했다. 황동 너클이었다. 조지프는 권총을 꺼내 발사했다. 놀랍게도 노련한 기병의 총알이 목표물을 빗나갔다. 엎치락뒤치락 하는 사이 조지프가 한 발을 더 발사했지만 이번에는 총신이 바닥을 향하는 바람에 총알이 오거스틴의 오른쪽 종아리를 스치고 지나갔다.

상처를 입은 오거스틴은 창에 찔린 황소처럼 더욱 길길이 날뛰었다. 오거스틴은 조지프를 벽으로 밀어붙인 뒤 집어던졌다. "퓰리처의 머리를 벽장에 처박고 권총을 빼앗으려 했다." 싸움을 구경하던 사람들 중 두 사람이 달려들어 조지프와 오거스틴을 떼어놓았고 그 가운데 한 사람이 조지프에게서 권총을 빼앗으려 했다. 조지프는 권총을 빼앗기지 않으려고 필사적으로 발버둥을 쳤지만 친구가 권유하자 선선히 권총을 내어주었다.

볼링장에서 외투를 찾아 하숙집으로 돌아오는 길에 이트너는 호텔에서 총격 사건이 벌어졌다는 작은 소년의 외침을 들었다. 이트너는 이렇게 회고했다. "순간 에드워드 오거스틴과 퓰리처의 말싸움 때문이라는 생각이 들었다. 그제야 퓰리처가 옷가방에 든 권총을 꺼내려고 집에 들렀다는 사실을 불현듯 깨달았다." 곧장 호텔로 달려간 이트너의 눈에 사람들에게 둘러싸인 조지프가 들어왔다. 누군가가 조지프의 머리에 난 상처를 치료하고 있었다.

이트너가 조지프에게 다가갔다. 이트너를 올려다본 조지프는 히죽히죽 웃으며 인사를 건넸다. "토니, 자네 왔구먼."

이트너가 물었다. "조, 악마에 씌기라도 한 거야?"

오거스틴과도 친분이 있었던 이트너는 조지프를 두고 위층에 있는 오거스틴의 방으로 갔다. 친구들에 둘러싸인 오거스틴의 상처를 의사가 돌봐주고 있었다. 의사 역시 주 의회 의원이었다. 이트너는 이렇게 회고했다. "부상당한 다리를 침대 위에 올려놓은 오거스틴이 침대 끄트머리에 앉아 만족스러운 표정으로 담배를 피우고 있었다. 종아리에 부상을 입었는데 가벼운 상처였다." 호텔에 모여든 사람들의 얼굴에는 불안한 기색이 역력했다. 이트너는 어느 주 의회 의원이 "각자 알아서 복수하게 내버려두자"고 했다고 회고했다. "명색이 법을 만든다는 사람들이었지만 살해할 의도를 가지고 자행하는 폭력을 막고 미국 시민의 안위를 보호하는 일은 안중에도 없는 것 같았다."[22]

이트너가 특별 응접실로 돌아와 보니 조지프는 이미 그 자리를 떠나 하숙집으로 돌아간 상태였다. 이트너도 급히 하숙집으로 돌아갔다. 마침 경찰관이 문을 두드리고 있었다. 경찰관은 조지프를 경찰서로 데려갔고 경찰서까지 따라간 이트너가 조지프 대신 보석 보증금을 지불했다. 이튿날 아침 조지프는 법원에 출두했다. 스스로 변론할 생각이었으므로 변호사는 선임하지 않았다. 법원은 '치안방해죄'로 벌금형을 선고했다. 법을 잘 모르는 조지프도 형사 고발이 이어지리라는 것쯤은 쉽게 예측할 수 있었다. 이 문제가 정치적 파장을 불러오리라는 것은 두말하면 잔소리였다.[23]

하원회의가 소집되자 세인트루이스를 대표하는 주 의회 의원은 잔뜩 화가 난 채로 목사의 기도가 끝나기가 무섭게 손을 들어 의장에게 발언을 신청했다. "간밤에 우리 시의 주요 호텔 중 한 곳에서 불미스러운 사태가 벌어졌어요. 이에 본인은 이 개탄할 일의 원인과 결과를 공정하게 조사할 것을 요청합니다." 그 의원은 3인으로 이뤄진 조사위원회를 구성해 총격 사건을 조사하게 하자고 제안했다. 조사위원회는 조사 결과와 '하원의 명예를 지킬' 방안을 제출하게 될 터였다. 그 결의안이 제출되자마자 조지프 편을 드는 사람들과 세인트루이스 카운티 운영위원회를 지지하는 사람들이 서로 발언권을 신청하는 소동이 벌어졌다.

또 다른 세인트루이스를 대표하는 주 의회 의원은 사건 조사에 반대하고 나섰다. 조사가 필요 없다는 설명이었다. 그 의원은 기존 형법이 시민을 보호하기에 충분하지 않다면 법을 수정하면 될 일이라고 발언하면서 조사위원회를 구성하자는 주장은 "하원의 권위를 떨어뜨리는 일이며 한번 실추된 권위는 회복되기 어려울 것"이라고 덧붙였다. 다른 의원이 반론을 제기했다. 조지프가 유죄 판결을 받는다면 그 자체로 하원의 권위가 실추될 것이라는 주장이었다. "사소한 말다툼을 벌이는 중에 총구를 들이미는 사람과 같은 공간에 있고 싶은 사람이 세상에 어디 있습니까?"

조지프에게는 다행스럽게도 조사위원회 구성 문제는 없던 일이 되었다. 조지프에게 호의적인 어느 의원이 조사위원회를 구성하는 전례를 남기는 것이 어떤 결과를 초래할지 좌중에게 인식시켰던 것이다. "이번 일에 대해 조사한다면 앞으로는 모든 의원이 하원 밖에서 하는 행동에 대해서도 조사하게 될 것입니다. 이번 일에 대한 조사가 끝나면 다음에는 와인 모임에 참석한 의원이 누군가를 불쾌하게 만든 사건에 대해 조사하게 될 것입니다. 이를테면 어여쁜 아가씨에게 입을 맞췄다는 이유로 하원이 나서서 조사하게 될 것이란 말입니다."

조지프 편에 선 사람들은 이 기회를 놓치지 않고 결의안을 표결에 부쳤다. 조사위원회 구성에 동의하지 않는 사람들이 더 많아서 결의안이 부결되었다. 그동안에는 볼 수 없던 안건이었다. 일단 조지프에게는 '치안방해죄'로 11달러 50센트의 벌금이 부과되었다. 이를 두고 〈세인트루이스 타임스st. Louis Times〉는 "싸움닭 퓰리처가 치러야 할 대가"라고

보도했다.[24]

    조지프 사건을 조사하려던 하원의 계획은 무산되었지만 조지프의 동료 기자들의 관심은 식을 줄 몰랐다. 〈미주리 데모크라트〉 기자는 조지프의 행동을 "제정신으로는 할 수 없는 어리석은 짓"으로 규정한 뒤 이렇게 전했다. "퓰리처에 대한 반감은 강렬했다. 의회 안에 있든 밖에 있든, 독일 출신 동료 시민의 잔인한 행동 앞에 분노하지 않을 사람이 없다." 〈캔자스시티 저널Kansas City Journal〉은 이렇게 보도했다. "온 동네가 충격 사건으로 시끌시끌하다. 세인트루이스를 대표하는 주 의회 의원들이 모두 퓰리처를 강하게 비난했는데, 이트너와 윌리엄 펠런William Phelan만은 퓰리처를 옹호했다." 충격 사건은 시카고와 뉴욕 같은 주요 도시에서 발행되는 신문에도 실렸다.[25]

    언론의 집중 포화가 쏟아지자 조용히 사태를 지켜보던 조지프도 나서지 않을 수 없었다. 조지프는 〈베스틀리헤 포스트〉를 통해 이제 갓 출발한 본인의 정치 경력을 끝장내려고 안달이 난 정적政敵들을 향해 포문을 열었다. "여러분! 제퍼슨시티에서 벌어진 비극에 가까운 사건만큼이나 내키지 않는 일이지만 결국 저는 펜을 들었습니다. 제가 그럴 수밖에 없었던 이유를 변명할 생각은 없습니다. 다만 지면을 통해 그 사건에 대한 진실을 밝히고자 합니다."[26]

    조지프는 오거스틴을 "고귀한 사람"이라고 치켜세웠지만 곧바로 "폭력 성향을 가진 인물"이라고 덧붙였다. "때로 리볼버를 소지하고 다니기도 하지만 항상 소지하는 것은 리볼버 못지않게 위험한 무기인 '덤

너클'이다." 조지프는 목격자들의 진술을 증거로 제시했다. 자기 얼굴을 내리치려 한 오거스틴의 손에 황동 너클처럼 보이는 것이 있었다는 내용에 대해서는 '머리에 난 상처'가 그 증거라고 말했다.[27]

"이제 진정 유감스러운 이 사건의 진상을 아시게 되었을 것입니다. 무턱대고 판단하지 마시고 반대 입장에 대해서도 검토해주시기 바랍니다. 입장 바꿔 생각해보세요. 그러고 나서 돌을 던질 것인지 자문해보시기 바랍니다."*

그러나 콜 카운티Cole County 대배심은 조지프의 공식 변론에 꿈쩍도 하지 않았다. 한 신문은 이런 기사를 내보냈다. "항상 '떠들썩한' 콜 카운티 대배심은 퓰리처 씨를 '살인미수' 혐의로 기소하기로 결정했다." 실제로 오거스틴 및 다른 목격자의 증언을 청취한 대배심은 조지프를 흉악한 폭력으로 기소했다. 조지프는 체포되었지만 이번에도 이트너가 보석 보증금 1,000달러를 내준 덕분에 풀려났다. 조지프의 친구들이 모여 대책을 논의했고 조지프의 변호를 맡은 찰스 존슨은 공판기일을 연기하는 데 성공했다.[28]

조지프는 제명투표의 대상이 된 지 일주일이 조금 넘은 2월 4일에 하원으로 돌아왔다. 풀이 죽은 조지프는 표결에 참여하고 자리를 떠났다. 그러나 며칠 뒤 조지프는 연설문을 들고 의회에 나타났다. 동료 의원들이 총격 사건에 대한 질문을 쏟아놓았지만 조지프는 질문에 응하지

---

* 퓰리처가 유대인이라는 점을 감안할 때 신약성서 내용을 비유로 들었다는 점은 매우 흥미롭다.

않았다. 대신 세인트루이스 공립학교장의 자격요건을 강화하자는 지극히 일상적인 법안을 제출했다.

조지프는 주 의회 의원으로서 할 일을 했다. 이런 행보는 조지프가 의회의 업무가 돌아가는 방식에 대한 감각이 뛰어났다는 사실을 시사한다. 조지프는 총격 사건에 대해 말해봐야 득이 될 것이 없다는 사실을 알고 있었다. 총격 사건에 대한 이야기를 꺼내는 순간 정적政敵들이 비판을 늘어놓을 구실이 되고 말 터였다. 직전 회기에 기자 자격으로 의회에서 시간을 보낸 덕분에 조지프는 다른 새내기 의원에 비해 조금 더 준비가 잘 되어 있었다.[29]

세인트루이스가 남부연합의 손에 떨어지는 것을 막는 데 지대한 공을 세운 네이선 라이언Nathan Lyon 장군의 동상을 세우자는 법안이 제출되었을 때, 조지프가 새내기답지 않은 감각을 지닌 의원이라는 사실이 만천하에 드러났다. 조지프가 지지한 재원 마련 정책이 통과되지 못할 위기에 처했지만 더 많은 의원이 표결에 참여한다면 승산이 있는 싸움이었다. 패색이 짙어지자 조지프는 마지막 순간에 반대표를 던졌다. 의회 절차상 '반대표'를 던진 의원은 재심을 요구할 권리가 있었다. 조지프는 즉시 재심요구권을 행사해 해당 법안을 위원회로 돌려보냈다. 이로써 그 법안은 부활의 가능성이 열리게 되었다.

하원으로 돌아온 조지프가 교육 문제를 들고 나온 것은 잘한 일이었다. 정작 본인은 학교 근처에도 가보지 못했지만 헤겔주의 철학자들이나 데이비드슨과의 교류를 통해 세인트루이스의 독일인들이 공립학교를 높이 평가한다는 사실을 알고 있었다. 독일인들은 학교에 대한 공격을 독일 이민자 사회에 대한 공격으로 받아들였다. 3월 초 사립학교에 다니는 모든 학생에게 시 교육위원회가 10달러를 지급해야 한다는 법안이 의회에 제출되었다. 이 법안이 발효되면 시 교육청은 그 재정을 감당할 수 없을 터였다.

법안 통과를 두고 싸우는 과정에서 조지프는 왕년의 정적政敵들과 다시 마주쳤다. 총격 사건 당시 오거스틴을 치료한 의사 겸 주 의회 의원도 그중 한 사람이었다. 이번 싸움에서는 조지프가 승리했다. 조지프는 언론에서 "공립학교 체계를 무너뜨릴 치명타"라고 부른 법안 통과를 막아냈고 조지프의 최후를 목격했다고 생각했던 세인트루이스 카운티 운영위원 패거리는 큰 좌절을 맛봤다.[30]

생기를 되찾은 조지프는 부정부패 문제를 다시 파헤치기 시작했다. 3월 8일 조지프에게 기회가 찾아왔다. 법안을 통과시키기 위해 뇌물이 광범위하게 뿌려진다는, 항간에 떠도는 소문을 생프랑수아St. Francois 출신 민주당 의원이 하원에 전했다. 뇌물을 준 사람이나 뇌물 수수의 목적을 구체적으로 밝히지는 않았지만 철도회사를 말한다는 사실을 모르는 사람은 없었다. 의회는 즉시 5인 위원회를 구성해 이 문제를 조사할 권한을 부여했다.

조지프는 기민하게 움직였다. 우선 위원회의 임무를 '주 의회 의원 중 철도회사에 변호사로 선임된 적이 있거나 어떤 식으로든 보상을 받은 사람을 가려내는 일'로 확대했다. 조지프의 변경안은 통과되었다. 하원은 위원회 구성을 표결에 부쳤고 조지프는 위원회 위원으로 위촉되었다. 위원회의 과제는 새내기 의원에게 유명세를 안겨주었지만 더 노련하고 더 힘 있는 의원의 일거수일투족을 살펴야 하는 지뢰밭이기도 했다. 이틀 뒤 위원회는 뇌물을 수수한 주 의회 의원을 제명해야 한다는 권고안을 의회에 제출했다.[31]

회기가 진행될수록 세인트루이스 카운티 운영위원회를 해체하려는 주요 목표를 달성할 시간이 다가오고 있었다. 조지프는 세인트루이스 카운티 정부를 재구성하려 했던 원래의 목표를 달성하기 위해 세인트루이스의 세금징수원, 감정인, 기술자를 지명하는 방식 대신 선거를 통해 선출하는 방식을 도입하자는 법안을 제출했다.[32]

3월 10일 세인트루이스를 대표하는 의원들이 주 상원의원 회의실에서 조지프를 만났다. 조지프가 법안을 제출하지 못하게 만들 속셈이었다. 2시간 남짓 토론한 끝에 조지프가 제출한 법안은 표결에 부쳐졌고 단 한 표라는 근소한 차이로 승리를 거뒀다. 그러자 반대파는 법안의 골자를 희석시키려 했다. 조지프의 법안은 이번에도 단 한 표 차이로 승리를 거뒀다. 조지프의 법안을 지지하는 사람들은 세인트루이스 카운티 운영위원회를 새로 구성하기 위한 선거를 가을에 치르는 내용으로 수정하자고 조지프를 설득했다. 그래야 더 많은 사람들이 조지프의 법안을 지지하게 될 터였다. 조지프의 지지자들은 수정안을 주 상원에 제출해 서둘러 처리하기로 결심하고 세인트루이스 카운티 운영위원회를 강력하게 옹호하는 의원들이 기다리고 있는 하원에서의 공방에 대비했다.[33]

그들의 계획은 성공할 뻔했다. 일주일 뒤 이트너는 하원에서 검토할 완화된 법안을 들고 나타났다. 조지프와 이트너는 완화된 법안을 두고 열렬한 논쟁을 벌였다. 수수료를 바탕으로 급료를 주는 조항은 추문을 일으킬 소지가 있었기 때문에 삭제해야 했다. 그래야 세인트루이스 카운티 운영위원회의 부정부패를 제거하고 '바보들의 우물'에 돈을 낭비하는 일도 사라질 터였다. 그러나 모두 헛수고였다. 최종 수정된 법안은 56대 36으로 다수의 지지를 받았지만 재석의원이 아닌 총의원의 과반을 넘기지 못했다. 조지프의 법안이 통과되려면 무려 23표가 더 필요했다.[34]

회기를 마치는 봄의 첫날이 다가오고 있었다. 봄날치고는 날씨가 험했다. 봄을 시샘하는 눈이 내려 제퍼슨시티를 추위에 몰아넣었다. 당시 제퍼슨시티에는 부주의해서 문을 잠그고 다니지 않는 의원들의 방을 터는 도둑들이 활개 치고 있었는데 조지프와 이트너도 그들의 희생양이 되었다. 덕분에 '회기 중 가장 춥고 가장 음울한' 3월 12일에 '의회에 벌벌 떨면서 나타난' 의원 3인방 중 두 명으로 기억되었다.[35]

3월 24일 회기가 종료되었다. 세인트루이스로 향하는 열차에 탄 조지프는 한겨울에 제퍼슨시티에 도착했던 사람과는 전혀 다른 사람이 되어 있었다. 제출한 법안 중 통과된 법안은 하나도 없었고 세인트루이스 카운티 운영위원회의 권한을 축소하려던 시도도 실패로 돌아갔지만 활발한 의정 활동을 벌인 조지프는 유명 인사가 되었고 새내기 정치인으로 인정받았으며, 때마침 주목을 받기 시작한 자유공화당 운동Liberal Republican movement에도 관여하게 되었다(자유공화당은 공화당 온건파이다–옮긴이).

6장

의원직을 떠나다

1870년 3월, 주 의회 의원들은 농장, 법률사무소, 기업 등 본연의 업무에 복귀했다. 조지프도 〈베스틀리헤 포스트〉로 복귀했다. 그러나 이제 조지프는 지구당 대회를 취재하는 단순한 기자가 아니라 미주리주 정치에 한몫을 하는 정치인이 되었다. 슈르츠와 프레토리우스의 신문으로만 알려졌던 〈베스틀리헤 포스트〉는 이제 조지프 퓰리처가 기자로 일하는 신문으로 알려졌다.

오거스틴에게 총을 쏜 사건은 조지프에게 오명이 되었지만 돈키호테처럼 세인트루이스 카운티 운영위원회에 무모하게 덤벼든 조지프의 의정 활동이 반드시 나쁜 것만은 아니었다. 그렇더라도 사람을 쏜 일 자체는 변경할 수 없는 사실이었다. 어쩌면 정말 살해하려는 의도를 가지고 있었을지도 모를 일이었다. 존슨의 뛰어난 변론 덕분에 심판의 날을 연기할 수 있었지만 언젠가는 닥치고 말 일이었다.

석회사업을 하는 웰지가 지원군으로 나서면서 조지프가 법정에서 본인을 더 적절하게 변호할 가능성이 높아졌다. 오거스틴과 친구인 데다가 사업적으로 이해관계가 얽혀 있는 사이였지만 웰지는 부패한 정치를 타파하려는 조지프의 노력을 더 높이 샀다. "퓰리처 씨를 만나 오거스틴이 제퍼슨시티에서 무슨 일을 하려는지 털어놓은 내용을 말해주기로 결심했다." 웰지는 3번가에 있는 조지프의 하숙집을 찾아갔다.

웰지를 본 하숙집 주인은 조지프가 누구도 만나지 않겠다고 말했다고 전했다. "퓰리처 씨의 장래에 영향을 미칠지도 모를 중요한 말을 할 사람이 왔다고 전해달라고 하숙집 주인에게 말했다." 잠시 뒤 웰지는 조지프의 방에 들어갈 수 있었다. "오거스틴과 나눈 대화에 대해 말해주었더니 하얀 잠옷을 입은 퓰리처가 벌떡 일어났는데, 그 모습이 마치 유령 같았다. 나는 소환장이 오지 않더라도 필요하다면 언제든 제퍼슨시티로 가서 퓰리처를 위해 증언하겠다고 말했다." 조지프는 예상치 못한 손님을 끌어안고 감사하다는 말을 여러 번 반복했다.[1]

공판은 몇 달 뒤에 열릴 예정이었고 정치 일정도 가을에나 시작될 터였다. 그 사이 조지프는 헝가리를 방문했다. 6년 전 떠나온 뒤 처음 가는 고향 길이었다. 미국 여권을 발급받는 과정에서 조지프는 다시 한 번 거짓말을 해야 했다. 과거 나이를 속인 전력이 있기 때문에 생년월일을 2년 전으로 되돌려야 했던 것이다. 5월 24일 조지프는 의정 활동을 하는 동안 받은 세비 410달러를 챙겨 들고 뉴욕에서 유럽으로 향하는 알레마니아호에 올랐다. 동생 앨버트가 미국에 올 때 타고 온 바로 그 배였다. 금의환향이었다. 1864년 무일푼으로 고향을 떠난 10대 소년은 스물세 살의 미국 주 의회 의원이 되어 두둑한 주머니와 함께 고향에 돌아왔다. 조지프는 미국 주 의회 의원이라는 지위를 이용해 유력 인사들을 만나고 다녔는데, 개중에는 몇 년간의 노력 끝에 부더와 페슈트의 통합을 눈앞에 둔 부더 시장도 있었다.[2]

7월 중순 미주리 주로 돌아온 조지프는 선거 정치에 깊이 관여했다. 1870년 8월 25일 조지프는 볼브레히트 티볼리 콘서트홀Wolbrecht's Tivoli Concert Hall에서 공화당 제5지구당 회의를 열었고 곧 있을 미주리 주 공화당 전당대회에 참석할 제5지구당 대의원 자리 하나를 차지했다. 공화당 출신으로 현직 주지사를 맡고 있는 조지프 매클러그Joseph McClurg의 자격이 문제시되고 있었다. 조지프가 개최한 회의에 모인 대의원들은 매클러그를 주지사 후보로 공천하지 않기로 결의했다. 사실 매클러그에게는 악몽과도 같은 밤이었다. 세인트루이스의 모든 지구당이 현직 주지사의 후보 공천을 거부하고 개혁 성향의 그래츠 브라운을 지지했던 것이다.[3]

자유지역당Free Soil Democrat(1854년 공화당에 흡수되었다—옮긴이) 출신으로 연방 상원의원을 지냈던 브라운은 자유지역당 시절 당의 친노예제 노선을 폐지한 전력이 있었다. 남부연합 동조자의 선거권을 회복시키려 하는 공화당원들은 브라운을 지지했다. 조지프와 그의 친구 윌리엄 그로스베너도 브라운을 지지했다. 조지프의 기사를 읽는 독일어권 독자들은 이미 브라운의 편에 섰고 증오를 바탕으로 유지되는 공화당의 극단주의에 지쳐가던 영어권 공화당원들은 〈미주리 데모크라트〉 편집자 그로스베너의 사설을 읽고 자신감을 얻었다. 게다가 알뜰하고 효율적이며 부정부패가 없는 주 정부에 온건 공화당원들의 경제적 이익이 온전히 달려 있었으므로 행정 개혁과 관세 개편을 요구하는 목소리는 날로 커져만 갔다.[4]

'자유공화당'의 위협을 느낀 급진파는 신속하게 대처했다. 급진파는 온건파를 이단자로 규정하고 그랜트 대통령에게 남부연합군의 항복을 받아낸 것처럼 미주리 주의 정치 반란도 진압하라고 경고했다.

세인트루이스 공화당 지구당 회의가 끝나고 5일 동안 조지프, 슈르츠 연방 상원의원, 그로스베너는 미주리 주 공화당 전당대회에 참석하기 위해 제퍼슨시티에 머물렀다. 700명 남짓한 대의원들이 하원회의실에 모였다. 하원회의실은 회기가 아닐 때에는 다양한 단체들이 활용했는데, 일요일에는 교회 행사가 열리기도 했다. 그러나 오늘은 교회 행사가 아니었다. 지난 24시간 동안 공화당 온건파는 급진파를 성토했고 덕분에 매클러그 주지사의 연임 전망은 불투명해졌다.[5]

급진파와 온건파는 이번 가을 선거부터 선거권을 박탈당한 모든 사람들의 선거권을 즉시 회복시킨다는 선거법 수정결의안을 표결에 부치면서 정면으로 충돌했다. 해당 결의안은 슈르츠가 의장을 맡고 있던 결의안 위원회에 회부되었다. 공화당이 당장 분열하는 사태를 막기 위한 조치였다. 결의안 위원회는 근소한 차이로 해당 결의안을 승인해 회의장으로 돌려보냈다.

슈르츠 연방 상원의원은 "물러설 수 없다"고 선포했지만 대의원들은 439대 342로 해당 결의안을 부결시켰다. 온건파 대의원 중 한 사람이 전체 대의원들의 술렁임보다 더 큰 소리로 결의안에 찬성하는 사람들은 주 상원의원 회의실로 모이라고 외쳤다. 슈르츠, 그로스베너, 조지프가 탈출 행렬을 이끌었다.[6]

반대편 회의실에 다시 모인 온건파 공화당원들은 슈르츠를 의장으로 추대하고 그래츠 브라운을 주지사 후보로 공천한 뒤 강령을 채택했다. 그로스베너가 작성한 강령에는 선거법 개정결의안 및 온건파의 주요 대의명분이 포함되었다. 회의를 마치기 전 온건파는 조지프를 주 운영위원회 간사로 임명했다. 허약한 조지프의 짝은 풍채 좋은 그로스베너였다.[7]

그 사이 하원회의실에서는 급진파가 매클러그 현직 주지사를 주지사 후보로 공천하고 해산했다. 이 소식은 언론을 통해 미주리 주 곳곳에 퍼졌다. 〈시카고 트리뷴Chicago Tribune〉은 "과거 남부연합 동조자들의 선거권 회복 문제를 두고 둘로 갈라진 미주리 주 공화당 전당대회"라고 보도했고 캘리포니아 주 플래이서빌Placerville의 〈마운틴 데모크라트Mountain Democrat〉는 "미주리 주 공화당의 위기"라고 보도했다.[8]

공화당 급진파와 온건파는 단순히 선거권자의 범위 및 선거권 부활 시기를 두고 논쟁을 벌이는 것이 아니었다. 두 당파는 공화당의 근본 정신을 두고 싸움을 벌이고 있었다. 온건파는 선거권 회복에 반대하고 그랜트 대통령을 둘러싼 부정부패를 척결하지 않는 급진파가 공화당의 이상을 배반했다고 여겼다. 조지프에게 그랜트 대통령은 교황 레오 10세Pope Leo X였고 부정부패와 관련된 추문은 마르틴 루터Martin Luther로 하여금 95개 논제를 비텐베르크Wittenberg 교회 문에 붙이게 만든 방종이나 다름없었다. 이 문제는 정치의 문제가 아니라 정치 신념의 문제였다.

미주리 주 공화당 전당대회를 마친 조지프와 그로스베너는 세인트 루이스로 돌아와 가을 선거를 준비하기 시작했다. 조지프는 온 힘을 다했다. 온건파 운영위원회의 지루하고 고된 일을 처리하는 한편 〈베스틀리헤 포스트〉 기사도 열심히 써나갔다. 9월 20일 조지프는 혼자 힘으로 터너홀에서 공화당 제1지구당 회의를 개최했다. 회의에는 온건파 공화당원들이 거의 빠짐없이 모였다. 결의안 위원회 의장을 맡은 조지프가 자유공화당 강령을 낭독했고 당원들은 그 강령을 승인했다. 그 자리에서 공화당 온건파는 몸져누운 조지프의 친구 존슨을 주 하원의원 후보로 공천했다.[9]

정치 반란이라는 흥미진진한 일의 중심에 서 있었지만 본인의 재선 문제도 그 일 못지않게 중요한 문제였다. 10월 18일 조지프는 누구의 반대도 받지 않고 주 하원의원 후보로 다시 지명되었다. 한편 온건파에게 보복할 기회를 노리고 있던 급진파는 과거의 노예주들이 선거권을 회복하기를 바라지 않는 흑인 유권자를 자기편으로 끌어들이기 위해 무대 뒤에서 고군분투했다. 조지프는 이렇게 전했다. "매클러그의 후보 공천을 반대하는 독일 이민자들은 불참으로 자신들의 뜻을 전달했다. 물론 매클러그와 그 일당들의 대의명분은 흑인에게 의존하고 있었으므로 독일 이민자들에게서는 단 한 표도 기대하지 말아야 할 것이다."[10]

반면 온건파는 미주리 주 당국이 충성서약의 엄격한 적용을 폐지하면서 1870년 선거에 참여할 수 있게 된 민주당원들에게 의지했다. 브라운은 과거 민주당원이었고 당시 민주당에는 주지사 후보로 내세울 만한 마땅한 후보가 없었다. 그러나 주 의회 의원 선거 같은 그 밖의 선거에는 민주당도 후보를 냈다. 민주당원의 투표율이 높으면 주지사 선거에서는 조지프가 지지하는 후보가 유리해지겠지만 정작 본인의 재선에는 나쁜 소식이 될 터였다.[11]

그로스베너는 〈미주리 데모크라트〉를 활용해 조지프를 열렬히 지지했다. "때로는 실수하고 잘못된 정보를 전달하기도 하지만, 사람들은 조지프가 자신의 생각을 당당하게 표현하고 타협에 굴하지 않고 원칙을 꿋꿋하게 고수한다는 점을 높이 평가한다. 그에게는 적이 많지만 친구는 더 많다." 이런 기사로 조지프를 응원했지만 그로스베너도 그가 어떤 어려움에 처했는지 잘 알고 있었다.[12]

11월 3일 세인트루이스의 자유공화당원들은 횃불 행진을 시작했다. 행렬이 대형 시장 앞에 이르자 조지프, 앤서니 이트너, 〈베스틀리헤 포스트〉의 프레토리우스가 연사로 나섰다. 그 뒤 조지프는 법원에 가서 후보가 될 법적 자격이 충분함을 서약했다. 당시의 조지프는 여전히 연령 미달로 의원이 될 수 없었으므로 이번 서약으로 한 번의 거짓말을 추가하게 되었다.[13]

이런저런 수사, 반론, 선거 운동, 횃불 행진은 1870년 11월 8일에 있을 선거 당일까지 이어졌다. 브라운은 승리가 점쳐졌지만 조지프는 당선에 먹구름이 끼었다. 〈미주리 리퍼블리컨〉 오전판은 이렇게 보도했다. "제5선거구의 온건파 후보 퓰리처 씨는 지난 회기 세인트루이스 카운티 운영위원회에 맞선 전력 때문에 세인트루이스 카운티 운영위원회가 적극 거부하는 인물이다." "그래츠 벨 브라운 씨가 200표 이상의 큰 승리를 거둘 것이 확실해 보인다."[14]

선거일 아침 브라운은 큰 표 차로 당선되면서 사람들을 놀라게 했다. 자유공화당은 열광했다. 자유공화당원이 주지사가 되었을 뿐 아니라 급진파를 물리치고 선거법 수정을 가능하게 할 수 있는 88퍼센트의 득표율을 기록했기 때문이었다. 뉴욕의 〈저널 오브 커머스Journal of Commerce〉는 이렇게 보도했다. "당대에 보기 드문 정치 혁명이었다. 장차 정치 혁명을 일으키려 하는 사람은 미주리 주에서 일어난 일을 살펴야 할 것이다."[15]

조지프의 선거구에서 브라운은 매클러그를 3 대 1로 눌렀지만 조지프의 선거 운동 본부 분위기는 침울했다. 브라운의 승리를 이끈 민주당원의 높은 투표율이 조지프에게는 악몽이었다. 조지프와 맞붙은 민주당 후보는 991표를 얻어 673표에 그친 조지프를 눌렀다. 지난해 조지프가 거둔 승리를 뒤집어놓은 모양새였다. 이튿날 〈베스틀리헤 포스트〉는 흑인이 던진 250표와 프랑스인이 던진 60표를 패배의 원인으로 지목했다. "흑인과 매클러그를 추종하는 백인들은 자유공화당 후보가 아니라 민주당 후보를 택했다."[16]

선거의 진리는 단순했다. 1869년에는 특수한 정치 환경이 조지프에게 유리하게 작용했다. 당시에는 민주당원의 선거 참여가 제한되어 있었기 때문에 민주당이 후보를 내지 못했다. 게다가 보궐선거의 특성상 일반적으로 투표율이 낮은데, 악천후가 겹쳐 투표율이 더 낮아지면서 조지프가 승리할 수 있었다. 그러나 민주당원이 대거 선거권을 얻은

1년 뒤에는 공화당원. 그것도 자유공화당원인 조지프가 불리할 수밖에 없었다.

조지프의 친구이자 만평가인 조지프 케플러Joseph Keppler는 조지프의 낙선을 "너무 무거운 짐"이라는 제목이 달린 만평으로 표현했다. 만평에서 조지프는 낙선한 다른 두 명의 정치인과 함께 브라운, 슈르츠, 그로스베너가 떠받치고 있는 나무로 만든 연단 위에 서 있었다. 무게를 못이긴 브라운이 허리를 굽히자 조지프가 떨어졌다. 조지프가 중요한 역할을 담당한 혁명은 승리를 거뒀지만 정작 본인은 의원직을 내려놓고 떠나야 했다.[17]

주 의회 의원직을 잃었다고 할 일까지 사라진 것은 아니었다. 1871년 1월 제퍼슨시티로 돌아간 조지프는 그래츠 브라운의 취임식을 취재해 〈베스틀리헤 포스트〉에 기사를 송고했다. 의원직은 잃었지만 기자 자격으로 하원회의실 연단에 오른 브라운을 취재한 것이다. 브라운은 회의실에 모인 수백 명의 사람들 앞에서 다음과 같이 연설했다. "혁명이 마무리되어가고 있습니다. 남북전쟁이 불러온 적대감은 끈질긴 생명을 이어왔지만 이제 모든 시민을 포용하는 화해의 시대에 자리를 내주어야 할 것입니다."[18]

바람직하지 않았다. 슈르츠와 그로스베너는 민주당이 우위를 차지한 일과 과거 민주당원이었던 주지사가 옛 정당과 지나치게 친밀한 관계를 유지한다고 투덜거렸다. 그들이 보기에는 주 정부에 너무 많은 민주당원이 포진해 있었다.[19]

조지프는 슈르츠나 그로스베너가 민주당에 대해 품은 극심한 적개심이 없었다. 민주당 때문에 의원직을 상실한 것은 사실이지만 조지프는 자신이 잠시 누렸던 의원직은 전통적으로 민주당이 차지해온 자리라는 점을 인식하고 있었다. 조지프는 새내기 정치인이었기 때문에 남북전쟁으로 생겨난 당 사이의 적개심에서 비교적 자유로웠지만 조지프보다 12년, 18년 연상인 그로스베너와 슈르츠는 그럴 수 없었다. 조지프에게는 민주당 친구도 많았다. 이를테면 법정에서 조지프의 변론을 맡은 찰스 존슨과 언론인인 스틸슨 허친스는 자유공화당 운동을 지지했다. 조지프에게는 민주당이 적이 아니었다.[20]

브라운, 슈르츠, 그로스베너에게 그랜트 대통령이라는 공동의 적이 생기면서, 같은 당원끼리 치고받으며 싸웠던 일은 곧 잊혔다. 게다가 〈미주리 데모크라트〉 발행인들이 자유공화당의 화합에 심각한 타격을 입혔다. 〈미주리 데모크라트〉 발행인들은 매우 불분명하고 의심스러운 이유로 공화당 대통령 그랜트의 편으로 회귀해 그로스베너 편집자를 해임했다. 그로스베너는 슈르츠에게 이런 편지를 보냈다. "그들이 변절해 나를 물속에 처넣을지도 모른다는 우려를 하지 않은 것은 아니지만 정말 그럴 용기가 있으리라고는 생각하지 않았다."[21]

1870년에 〈미주리 데모크라트〉를 잃었다면 자유공화당은 치명상을 입었을 테지만 1871년에는 〈시카고 트리뷴〉의 호러스 화이트Horace White, 〈스프링필드 리퍼블리컨Springfield Republican〉의 새뮤얼 볼스Samuel Bowles, 〈루이스빌 쿠리어-저널Louisville Courier-Journal〉의 헨리 워터슨Henry Watterson 같은 인물들이 자유공화당의 대의를 널리 전파하고 있었다.

자유공화당 운동의 세를 넓히는 일도 조지프의 마음을 설레게 했지만 당장은 개인적인 거취 문제를 해결하는 일이 급선무였다. 지난해 조지프는 의정 활동을 하면서 꽤 많은 돈을 벌었다. 선거 운동을 도운 사람들이 차지할 공직이 많이 생겼는데 조지프는 되도록 의회와 관련된 자리를 구하려 했다. 결국 지난 가을 선거를 함께 치른 민주당 소속의 루이스 베네크Louis Benecke 주 상원의원이 위원장으로 있는 은행과 기업 위원회 간사 자리를 얻었다. 조지프는 2년 연속으로 제퍼슨시티에서 겨울을 보냈다.[22]

1871년 3월 회기가 끝나자 조지프는 세인트루이스로 돌아와 〈베스틀리헤 포스트〉 업무에만 전념하게 되었다. 대통령 선거까지는 아직도 1년 남짓한 시간이 남아 있었지만 미주리 주 공화당의 반란이 불러온 흥분에 휩싸인 조지프의 친구들은 대의명분을 위한 활동을 활발하게 이어갔다. 낙관주의가 하늘을 찔렀다. 브라운은 이렇게 반문하기도 했다. "1870년 미주리 주 선거에서 벌어진 일이 전국 선거에서 재현되지 말라는 법이 어디 있는가?"[23]

〈미주리 데모크라트〉에서 쫓겨난 그로스베너는 황급히 구성된 자유공화당 조직을 진두지휘했고, 그랜트 대통령을 따르는 충직한 부하들의 손아귀에 들어 있는 당을 되찾아올 일념을 마음에 품은 슈르츠는 전국신문에 자유공화당 운동의 지도자로 알려지면서 전국적인 유명 인사가 되었다. 프레토리우스는 독일 이민자들을 자유공화당의 대의명분 아래 결집시키기 위해 애쓰는 편집자들의 활동을 총괄 감독했고 조지프는 〈베스틀리헤 포스트〉에서 일하는 동안 자유공화당 운동의 중심에 서게 되었다. 비록 더 널리 알려진 유력 인사들에 가려 빛을 보지는 못했지만 말이다.

그러나 세상은 변하게 마련이었다. 몇 달 뒤 〈에브리 새터데이Every Saturday〉가 앨프리드 워드런Alfred Waudran에게 '세인트루이스의 저명 인사' 48인의 초상을 새겨 넣은 판화 제작을 의뢰해 한 면 전체에 실렸는데 슈르츠, 허친스, 그로스베너와 나란히 조지프의 초상이 실렸다. 툭 튀어나온 뺨과 코가 도드라지는 옆얼굴이 새겨졌는데, 작은 금속 테 안경을 쓰고 깨끗하게 면도한 모습이었다.[24]

조지프는 1871년 여름과 가을을 〈베스틀리헤 포스트〉 업무를 보면서 그로스베너와 함께 자유공화당의 대의명분까지 전파하고 다니느라 바쁘게 보냈다. 급진파는 자유공화당 위원회를 제거하기 위해 덫을 놓았다. 급진파는 이듬해 1월에 열릴 미주리 주 공화당 전당대회를 공동 개최하자는 제안을 내걸고 세인트루이스에서 열리는 10월 회의에 공화당 지도자를 모두 초대했다.

미주리 주 공화당 위원회 위원들은 그 제안을 받아들였지만 조지프와 그로스베너는 자유공화당의 이름을 걸고 '반대표'를 던졌다. 그러자 두 사람이 대리권을 남용해 공화당 규정을 위반하고 있다는 비난이 날아들었다. 〈미주리 슈타츠-차이퉁Missouri Staats-Zeitung〉은 이렇게 보도했다. "조 퓰리처와 빌 그로스베너라는 악명 높은 지도자의 지도를 받는 자유공화당은 이 결의안을 거부했다. 자유공화당은 미덥지 못한 지도자를 대리인으로 보내 자신의 허술함을 만천하에 공개했다."[25]

조지프의 후견인인 베네크 주 상원의원은 반격할 방법을 알려주었다. 10월 26일 베네크 주 상원의원은 조지프에게 다음과 같은 편지를 보냈다. "자네와 위원회 활동에 관해 〈미주리 데모크라트〉에 보도된 다양한 거짓말을 반드시 '바로잡아야' 한다고 충고하고 싶네. 위원회의 진행 과정을 하나도 빠짐없이 낱낱이 기사화한다면 쉽게 해결되리라 믿네." 그러나 자유공화당이 우위를 점하게 되었다는 사실이 점점 더 명백해지고 있었으므로 그로스베너와 조지프는 쏟아지는 비난에 반격하지 않았다.[26]

1872년 대통령 선거에서 자유공화당의 대의명분을 위해 투쟁하고 싶어 했던 조지프에게는 더 실질적이고 든든한 직책이 필요했다. 그러나 주지사의 정치적 후원을 받기 위해서는 넘어야 할 산이 있었다. 조지프는 총알로 오거스틴의 다리에 흠집을 낸 사건 때문에 폭행죄로 콜 카운티에 기소된 상태였다. 오거스틴이 입은 상처는 아물었지만 조지프가 입은 정치적 타격은 아직도 남아 있었다.

찰스 존슨이 구원투수로 나섰다. 총격 사건이 일어난 뒤 존슨은 조지프의 무료 변론을 맡아왔다. 지금까지는 공판기일이 다가올 때마다 존슨이 나서서 공판기일을 연기해왔는데, 오거스틴과 여러 증인들이 공판에 참석하기 위해 제퍼슨시티로 출발하고 난 뒤 연기되는 경우도 허다했다. 그러나 1871년 가을에는 더 이상 공판을 미룰 수 없게 되었고 결국 11월 20일 조지프는 콜 카운티 법정에 섰다. 당시 주 순회 검사로서 세인트루이스 시의 형사 사건을 담당하고 있는 존슨이 변호를 맡았다. 136킬로그램이나 나가는 거구이자 무뚝뚝하고 말이 거칠기로 유명한 세인트루이스 변호사 브리턴 힐Britton A. Hill도 조지프를 변호하겠다고 나섰다. 시골이었던 콜 카운티의 기소 검사가 대도시 법조계의 거물급 인사들을 제대로 상대하지 못하고 설득에 넘어가 사건을 없던 일로 한 것은 아닌지 의심하는 사람도 있다.[27]

재판은 신속하게 진행되었고 적당한 벌금을 무는 선에서 마무리되었다. 그동안 겪은 곤란을 제외하면 오거스틴 사건 때문에 조지프가 들인 비용은 벌금, 여행 경비 및 기타 경비를 포함해 약 400달러였다. 돈이 없는 조지프 대신 존슨이 조지프의 친구에게 돈을 빌려 벌금을 냈다. 몇 년 뒤 큰돈을 번 조지프는 존슨에게 수표를 보내 이때 진 빚을 갚았다.[28]

법적 분쟁에서 자유로워진 조지프는 어떤 직책이든 브라운 주지사가 주기만 하면 언제든 일할 수 있는 입장이 되었다. 조지프가 그렇게 믿을 만한 근거도 있었다. 브라운 주지사는 1872년 대통령 선거에서 자유공화당 후보가 될 확률이 높아지고 있었고 조지프는 1870년 선거에서 제 몫을 다한 훌륭한 병사로 주목받았기 때문이다. 이번에도 존슨이 조지프에게 큰 힘이 되어주었다.

세인트루이스 경찰위원 한 명이 사임하는 바람에 경찰위원회에 자리가 하나 나게 되었다. 일주일에 단 몇 시간만 일하면 1,000달러나 되는 연봉을 받을 수 있는 근사한 자리였다. 일주일에 6일을 일하는 숙련 노동자가 1년 동안 벌어들이는 돈이 600달러에 못 미치던 시절이었다. 주지사는 존슨에게 조지프를 경찰위원으로 위촉하겠다는 뜻을 전달했다. 존슨은 이 소식을 세인트루이스로 돌아오는 길에 조지프에게 전했다. 그러나 며칠 뒤 경찰위원으로 임명되었다는 소식을 들은 조지프는 근심에 빠졌고 존슨은 그런 조지프의 반응에 크게 놀랐다. 존슨은 그날 일기에 이렇게 적었다. "퓰리처는 제정신이 아닌 것 같았다. 정말 바보임에 틀림없었다."[29]

조지프는 하루 종일 전전긍긍하며 어쩔 줄 몰라 했다. 존슨과 마지막으로 만났을 때 경찰위원직을 수락하면 안 되겠다는 강한 인상을 받았던 터였다. 아마 조지프는 경찰위원이 되면 기자직을 그만두어야 할지도 모른다는 생각에 공포에 질렸던 것 같다. 사실 조지프가 걱정한 데에는 그만한 이유가 있었다. 일주일 전 존슨이 〈베스틀리헤 포스트〉에 들렀을 때 프레토리우스는 존슨에게 조지프가 경찰위원이 되면 기자직을 내놓아야 할지도 모른다고 말했기 때문이다. 그러나 걱정은 기우에 불과했고 조지프는 경찰위원과 기자를 겸직하게 되었다.

보수신문 〈안차이거 데스 베스텐스〉는 조지프의 경찰위원 임명에 반대하는 기사를 냈다. 경찰위원은 실력, 권위, 그 밖의 여러 미덕을 갖춘 사람이 맡아야 했다. "그리고 퓰리처에게는 그런 미덕이 단 하나도 없다. 영리한 정치꾼인 것은 사실이다. 어쩌면 주지사는 새로 임명된 경찰위원이 다음 대통령 선거에서 중요한 역할을 하리라고 기대하고 있을 것이다. 그렇게 될 수도 있다. 그러나 경찰위원 퓰리처 씨는 캐리커처처럼 우스꽝스러운 모습으로 기억될 것이다." 아일랜드계 신문 〈웨스턴 켈트Western Celt〉도 조지프의 경찰위원 임명을 반대했다. "주지사의 권력을 이보다 더 심하게 남용한 사례는 본 적이 없다."[30]

언론이 불평했지만 그것은 큰 장애물이 아니었다. 조지프의 경찰위원 임명은 표결로 결정되었기 때문이다. 논의 과정에서 조지프가 '2년 전 총격 사건을 일으킨' 바로 그 주 의회 의원이라는 사실이 문제시되긴 했지만 용서하는 분위기가 지배적이었다. 결국 주 상원은 조지프의 경찰위원 위촉을 허가했다.[31]

7장

정치와 반란

1872년 1월 말 조지프와 그로스베너는 정치 반란의 불씨를 전국에 퍼뜨리기 위해 제퍼슨시티로 향했다. 불만을 가진 전국의 공화당원을 결집시키고 그랜트 대통령에 맞설 후보를 추대하는 안건을 논의하는 자유공화당 주 집행위원회가 열렸다. 그로스베너는 이렇게 말했다. "1870년 미주리 주를 휩쓴 것과 같은 봉기가 일어날 시기가 무르익었다."[1]

개혁 성향의 활동가들이 민주주의 운동을 펴기 위해 열차를 타고 제퍼슨시티로 향하는 동안 제퍼슨시티 기차역에서는 이른 아침부터 비민주적인 구舊세계의 상징을 축하하는 광경이 펼쳐졌다. 춥고 습한 아침부터 구름 같은 군중이 모여들어 러시아의 알렉시스 대공Grand Duke Alexis을 기다리고 있었다. 알렉시스 대공은 새로 지어진 주지사 관저에서 브라운 주지사와 함께 오찬을 들기 위해 하루에 3,500달러나 하는 전용 열차를 타고 제퍼슨시티로 오고 있었다. 주지사 관저 완공 축하무도회도 열릴 예정이었다. 덕분에 제퍼슨시티의 숙녀들은 새로 한 머리가 헝클어지지 않도록 선 채로 잠을 청해야 했다.[2]

　　이 소란이 한창일 때 자유공화당 활동가들이 도착했다. 두 사람은 마지막 남은 호텔방을 잡았고 여관주인은 쾌재를 불렀다. 조지프 매컬러프Joseph McCullagh는 이렇게 보도했다. "구름 같은 군중이 모여들었다. 호텔 주인은 떵떵거렸고 손님은 불편을 감수해야 했다."[3]

　　남북전쟁이 발발하기 전 젊은 시절에 〈미주리 데모크라트〉에서 기자로 활동했던 매컬러프가 최근 다시 복귀해 자유공화당 전당대회를 취재하기 위해 제퍼슨시티의 인파 속으로 뛰어들었다. 평범한 기자로 출발했던 매컬러프는 남북전쟁 통신원과 워싱턴 통신원을 거치면서 공세에 시달리는 앤드루 존슨 대통령과의 인터뷰를 여러 차례 성사시켜 전국적인 명성을 얻었다. 호전적인 기사를 많이 썼던 매컬러프는 만나는 사람들에게 깊은 인상을 심어주었다. 매컬러프는 아일랜드 더블린에서 태어났으며 작고 뚱뚱했다. 사람들은 주로 '맥Mack'이라는 애칭으로 불렀다. 소설가 시어도어 드라이저Theodore Dreiser는 이렇게 말했다. "작고 다부져서 마치 나폴레옹 같았다. 사자라기보다는 곰에 가까워서, 나를 반기며 팔을 활짝 펴기라도 하면 겁이 날 정도였다."[4]

　　제퍼슨시티에 도착한 첫날 밤 매컬러프는 슈르츠 연방 상원의원이 워싱턴에 남는 대신, 알려진 것이 거의 없는 두 사람인 조지프와 그로스베너를 참모로 대신 보냈다는 사실을 알아차렸다. 매컬러프는 이렇게 전했다. "대회장과 복도를 메운 대규모 군중 속에서 자유공화당의 가장 중요한 인사를 고르라고 한다면 친한 사람들끼리 부르는 애칭으로 말해 조와 빌을 꼽을 것이다." 슈르츠로서는 걱정스럽지 않을 수 없었다. 전당대회를 닭장에 비유한다면 그로스베너는 농장 일꾼이었고 브라운은 여우였으며 조지프는 신뢰하기 어려운 감시견이었다.[5]

그날 밤 조지프와 그로스베너는 주지사 관저에서 열린 축제에서 빠져나와 슈밋 호텔로 찾아온 브라운과 앞일을 상의했다. 전망은 밝았다. 전당대회에 130여 명이 참석했기 때문이다. 다양한 계층의 대의원들이 참석했다는 사실도 긍정적인 징조로 여겨졌다. 그로스베너는 이렇게 관측했다. "그 어느 때보다 다양한 계층의 자유공화당원이 참석했다. 게다가 놀랍고도 기쁜 사실은 사상 최초로 독일계 자유공화당원이 미국계 자유공화당원보다 더 많이 참석했다는 사실이다."[6]

다음 날 정오가 되기 몇 분 전, 그로스베너와 조지프는 하원회의실에 모여든 대의원들과 참관인들에게 둘러싸였다.

그로스베너가 외쳤다. "조!"

구름 같은 군중 때문에 그로스베너에게 다가갈 수 없었던 조지프가 답했다. "내가 갈게, 빌!"

조지프가 가까스로 그로스베너에게 다가가자 그로스베너가 이렇게 말했다. "장내를 정리해야겠어."

조지프가 맞장구쳤다. "좋아, 빌. 의장석에 가서 질서 좀 잡아보게."

연단에 오른 그로스베너는 '개혁의 선봉'을 환영한다고 말했고 모인 사람들은 우레와 같은 박수 소리로 화답했다. "여러분, 때가 왔습니다. 우리들은 이곳에 모일 수밖에 없었습니다. 공화당이 권력을 남용하고 있기 때문입니다. 진정한 공화당원이라면 도저히 그냥 넘어갈 수 없는 일입니다." 그로스베너의 뒤를 이어 연단에 오른 찰스 존슨은 그랜트 정부의 만행을 더 자세히 폭로해 좌중의 열기를 고조시켰다. 그랜트 대통령 편인 매컬러프는 이렇게 전했다. "그날 찰스 존슨은 '카펫배거(미국 남북전쟁 이후 재건시대〔1865～1877〕에 노예 출신의 자유민을 이용해 관직이나 이문을 얻고자 남부에 진출한 북부 출신 정상배나 투기꾼을 비난하여 일컫는 말. 원래 이 용어는 일부 또는 전체 주민의 의사와는 상관없이 어떤 지역을 착취하거나 지배하기 위해 손가방〔카펫 백〕 이외에는 아무런 재산도 없이 외지에서 찾아오는, 달갑지 않은 이방인을 지칭하는 표현이었다. 종종 부패한 재정 정책을 지원했기 때문에 전후 재건정부가 악평을 받는 데 일익을 담당한 경우도 많았지만, 순수하게 흑인들의 자유와 교육에 관심을 기울인 사람도 많았다-옮긴이)'라는 말을 몇백 번도 더 했다."[7]

한마음이 된 대의원들은 5월 1일 신시내티Cincinnati에서 전당대회를 개최해 보편 선거권, 사면, 행정 개혁, 관세 개편, 대기업 규제 조항을 포함시킨 강령을 비준하는 문제를 안건으로 올렸다. 그날 최종 채택된 선언문은 이렇게 기록되었다. "시대는 선량한 시민이 봉기해 개인적인 이익을 위해 명예로운 당의 이름을 더럽히는 자를 권좌에서 끌어내리기를 기다린다."

선언문 작성을 마친 대의원들은 브라운 주지사에게 전당대회 연설을 요청했다. 브라운 주지사는 미주리 주가 전제정치와 부정부패에 맞서 싸우는 일에 앞장선다면 다른 지역의 공화당원들도 대의명분에 따를 것이라고 확언했다. 브라운 주지사의 말이 너무 지나쳤다고 생각한 매컬러프는 브라운 주지사의 위선을 지적하는 기사를 작성했다. 매컬러프는 브라운 주지사가 "그랜트 대통령이 최근 행정부의 명예를 실추시킬 만큼 부적절한 인사를 단행한 사례를" 제시하지 않았다고 지적했다. "내 생각에는 퓰리처를 경찰위원에 임명한 사건이야말로 부적절한 인사의 유일한 사례이자, 대표적인 사례이자, 역사와 전통을 무시하는 처사인데 말이다."[8]

그로스베너와 조지프는 미주리 선언의 성패는 전국 언론을 활용해 여론을 고조시킬 수 있는지 여부에 달려 있다는 사실을 분명히 인식하고 있었다. 이를 위해 두 사람은 〈미주리 리퍼블리컨〉 편집국장 겸 발행인 가운데 한 사람인 윌리엄 하이드William Hyde에게 협조를 구했다. 하이드 편집국장은 연합통신Associated Press, AP을 설득해 그날의 행사를 호의적으로 보도한 자신의 기사를 전국에 송고하게 했다. 두 사람의 계획은 주효했다. 수많은 신문들이 그날의 행사를 정치적 들불이라고 묘사했던 것이다. 두 사람의 선전전이 결실을 거두자 개혁 운동에 반대하는 〈뉴욕 타임스New York Times〉는 발끈했다. 〈미주리 데모크라트〉는 유명한 통신원 '맥'을 통해 정부의 부정부패에 관한 기사를 지속적으로 내보내왔다. 그 과장된 기사가 지난 24시간 사이 전국 수천 개 신문의 1면 머리기사를 장식했다. 하지만 그런다고 진실이 덮이는 것은 아니다." 〈뉴욕 타임스〉가 말하는 '진실'이란 "전당대회에 모인 사람도 많지 않았고 모인 사람들이 권모술수에 능한 비열한 성향을 지녔다"는 것이었다.[9]

며칠 사이 신문에 실린 전당대회 관련 기사에는 좋은 기사든 나쁜 기사든 모두 조지프가 등장했다. "세인트루이스 〈베스틀리헤 포스트〉 기자 퓰리처는 슈르츠 연방 상원의원의 똑똑한 참모로, 자유공화당 운동 추종 세력이 크게 늘어난 주요 요인이다." 제퍼슨시티 전당대회는 조지프와 그로스베너의 정치적 합작품이었다. 이는 매컬러프조차 부인할 수 없는 사실이었다. "전당대회가 역사의 한 장면으로 새겨지고 며칠이 지난 지금 그날의 행사를 돌아볼 때 조와 빌의 전당대회라는 제목 말고 다른 제목을 떠올리기 어렵다. 빌에게 속하지 않은 것은 조의 것이고 조에게 속하지 않은 것은 빌의 것이다."[10]

세인트루이스로 돌아온 조지프는 경찰위원으로서의 활동을 시작했다. 경찰위원은 총 4인으로 구성되었는데, 개중에는 조지프가 세인트루이스에 도착한 첫해에 일거리를 주곤 했던 윌리엄 패트릭도 있었다. 시민을 보호하는 일은 중대한 문제였다. 세인트루이스 시는 미국에서 네 번째로 큰 도시였고 계속 확장되고 있었다. 필라델피아 다음으로 순찰 반경이 가장 넓었다. 결국 세인트루이스는 형사, 경사, 경찰서장을 포함해 총 432명의 인원을 거느린 경찰국을 운영했고 예산도 많이 배정했다.[11]

경찰위원은 예산집행을 승인하고 시민의 불만을 살피며 규율을 강화하는 등 경찰국의 모든 활동을 감독하는 역할을 담당했다. 그중 경찰위원회가 가장 자주 처리한 문제는 규율 강화 문제였다. 가령 1872년 여름 패트릭 콘웨이Patrick Conway 순경은 매춘부의 집에서 마약에 취한 채 발견되었다. 제복을 입고 있었으므로 누가 봐도 경찰임에 틀림없었다.

술에 취했고 약에 절었지만 항상 제복을 착용해야 한다는 경찰의 요건 하나는 갖춘 셈이었다.[12]

처음 몇 달 동안 조지프는 격주로 소집되는 경찰위원회에 부지런히 참석했다. 조지프에게는 도박에 효과적으로 대처할 방안을 강구하는 임무가 주어졌다. 도박은 당시 세인트루이스에 새롭게 떠오르는 문제였다. 그러나 조지프에게는 경찰위원으로서의 임무보다 정치가 우선이었다. 그로스베너는 조지프를 다시 전선으로 내보냈고 조지프는 전국 전당대회를 홍보하면서 2월과 3월의 대부분을 동부에서 보냈다.[13]

신시내티 전당대회가 가까워지면서 조지프는 자신이 지지하는 브라운 주지사를 대통령 후보로 만들기 위한 활동에 더욱 박차를 가했다. 〈미주리 데모크라트〉는 이렇게 비방했다. "브라운 주지사는 후원정치를 반대한다는 입장을 표명했으면서도 (…) 자신을 도운 조지프에게 경찰 위원직을 배려해주어 그의 노고에 보답했다. 브라운 주지사를 도운 공로로 한자리 차지한 조지프의 충성도는 더욱 높아졌다." 그러나 그동안 조지프와 함께 일했던 다른 사람들은 지지 후보를 명백하게 밝히지 않았다. 특히 브라운 주지사의 당선 후 행보에 불만을 품은 슈르츠는 더욱 그랬다.[14]

자유공화당에는 브라운 외에도 대통령 후보로 지명될 가능성이 높은 후보가 네 명이나 더 있었다. 존 퀸시 애덤스John Quincy Adams 대통령의 아들로 하원의원과 외교관을 역임한 찰스 프랜시스 애덤스Charles Francis Adams, 링컨 대통령 시절에 대법원 대법관에 임명된 인물이자 시민의 자유에 관한 사건에서 기념비적인 판결문을 써서 유명해진 데이비드 데이비스David Davis, 급진파와 자유파를 오락가락했지만 존슨 대통령 탄핵 당시 공화당 급진파와 결별하고 탄핵에 반대하는 표를 던진 연방 상원의원(일리노이 주) 라이먼 트럼불Lyman Trumbull, 〈뉴욕 트리뷴New York Tribune〉의 유명 편집자 호러스 그릴리, 이렇게 네 사람이었다. 나이 지긋한 호러스 그릴리는 그랜트 대통령과는 반대로 청렴의 미덕을 갖춘 인물이었지만 금주법과 여권 신장을 지지하는 괴짜이기도 했다. 게다가 미국 본연의 것이 아니라 유럽에서 수입된 것이 분명한 사회주의 신념을 가진 인물이었다.

4월의 어느 저녁, 조지프와 스틸슨 허친스는 존슨의 집에 모여 브라운 주지사를 대통령 후보로 만들기 위한 계획을 의논했다. 허친스가 집으로 돌아간 뒤에도 존슨과 조지프는 브라운 주지사의 집으로 이동해 새벽 2시까지 계획 수립에 몰두했다. 존슨은 그날 밤 일기에 이렇게 적었다. "브라운은 신시내티 전당대회에서 대통령 후보로 지명되리라 확신했다. 브라운이 두려워한 상대는 매사추세츠 주의 애덤스였다. 슈르츠는 지지 후보를 밝히지 않아서 아무도 슈르츠의 의중을 알 수 없었다."[15]

4월 24일 조지프와 그로스베너는 열차를 타고 세인트루이스를 떠나 대부분의 대의원단보다 일찍 신시내티에 도착했다. 시카고를 지날 때 조지프는 〈시카고 트리뷴〉의 편집자 윌리엄 크로펏William A. Croffut을 만났다. "훤칠한 키에 빼빼 마른 젊은이의 코는 율리우스 카이사르 같았다. 이제 겨우 스물네 살이었지만 이미 대단한 명성을 누리고 있었다."[16]

4월 25일 이른 아침 신시내티에 도착한 조지프와 그로스베너는 세인트제임스 호텔St. James Hotel에 여장을 풀고 활동의 거점으로 삼았다. 시카고의 어느 기자는 이렇게 보도했다. "자정부터 새벽까지 방의 불이 꺼질 줄을 몰랐다." 세인트제임스 호텔은 언론의 주목을 받았다. 특히 반란의 진원지이자 가장 많은 수의 대의원을 파견한 미주리 주 사람들에 대한 관심은 실로 대단했다. 시카고의 어느 기자는 이렇게 전했다. "자유공화당 운동의 창시자라고 생각하는 미주리 주 대의원들은 자신들의 주장을 쉽게 관철시킬 수 있을 것이라는 환상에 빠져 있었다."[17]

언론의 이목이 전당대회로 쏠렸다. 신시내티는 전에도 한 번 전국 차원의 전당대회가 열린 적이 있는 곳이었다. 1856년 민주당이 신시내티에서 전당대회를 열어 큰 논란 끝에 제임스 뷰캐넌James Buchanan을 대통령 후보로 지명했던 것이다. 당시 어느 후보도 지명에 필요한 충분한 표를 얻지 못하는 바람에 여러 차례 다시 표결했는데, 이번에도 그때와 비슷한 정치 드라마가 다시 펼쳐질 가능성이 높았다.

전당대회를 통해 조지프는 흥미진진한 정치 싸움의 중심에 서게 되었을 뿐 아니라 전국에서 온 여러 언론인을 만날 기회를 얻었다. 특히 조지프는 〈신시내티 인콰이어러Cincinnati Enquirer〉 편집자 존 커크릴John A. Cockerill에게 흠뻑 빠졌다. 두 사람은 공통점이 많았다. 키가 185센티미터를 넘어 미국 평균보다 15센티미터나 더 크다는 점도 같았고 나이도 두 살밖에 차이 나지 않았다. 더 중요한 것은 정치, 개혁, 언론에 대한 열정이었다. 이렇게 만난 두 사람은 몇 년 뒤 언론계에 길이 남을 동반자 관계를 형성하게 된다.[18]

전당대회는 신문과 정치가 어떻게 한 점에서 만나는지 극명하게 보여주는 사례였다. 조지프는 전국에서 가장 영향력 있는 편집자들이 자신의 의지를 전당대회에 관철시키려고 노력하는 모습을 낱낱이 목격했다. 편집자들은 조지프가 뻔질나게 드나들었던 슈르츠의 방과 가까운 방에서 은밀한 모임을 가졌다. 그 자리에 참석한 편집자는 슈르츠, 〈루이스빌 쿠리어-저널〉의 헨리 워터슨, 〈스프링필드 리퍼블리컨〉의 새뮤얼 볼스, 〈신시내티 커머셜Cincinnati Commercial〉의 머랫 홀스테드Murat Halstead, 〈시카고 트리뷴〉의 호러스 화이트, 이렇게 다섯 명이었지만 모임 이름은 1848년 밀라노 봉기가 일어났을 때 이탈리아 북부를 지키던 네 곳의 요새를 기리기 위해 4인회Quadrilateral라고 지었다. 4인회 회원 다섯 명의 임무는 전당대회를 단순 보도하는 일에 국한된 것이 아니었다. 그들은 전당대회의 향방을 이끌어나가야 했다.

다섯 명의 언론인은 전당대회에서 애덤스나 트럼불이 지명되어야 한다는 것으로 의견을 모았다. 워터슨은 이렇게 회고했다. "당시 우리 앞에 놓인 가장 중요한 과제는 데이비스 판사를 물리치는 일이었다. 언론의 힘이 동원되어야 했다. 언론이 유일한 무기는 아니었지만 주요 무기임에는 틀림없었다."[19]

다섯 명의 언론인은 한자리에 모여 각자의 신문에 실을 사설을 작성했다. 데이비스를 지지하는 700여 명의 사람들이 신시내티로 모여들었지만 사설에는 데이비스 지지자가 하나도 없을 뿐 아니라 데이비스가 민주당과 공모해 전당대회를 자유공화당 운동에서 멀어지게 하고 있다는 내용이 실렸다. 각자의 신문에 실린 사설은 〈신시내티 커머셜〉에 재수록되었다. 데이비스를 지지해봐야 소용없다는 인상을 심어주기 위한 조치였다. 그러나 현실은 다섯 언론인의 뜻대로 돌아가지 않았다. 데이비스 지지자들의 '사기가 저하된' 이유를 추적하던 〈뉴욕 타임스〉가 다음과 같이 폭로했기 때문이었다. "지난 밤 모임을 가진 독립신문 편집자들은 데이비스를 파멸시키기로 결의하고 제퍼슨시티 주민의 4분의 1이 보는 신문에 데이비스에게 불리한 내용의 사설을 실었다."

5월 1일 전당대회가 열렸다. 호텔을 나선 대의원들과 참관인들이 목골 구조의 엑스포지션홀Exposition Hall로 모여들었다. 그들의 정치적 입장은 각양각색이었다. 워터슨은 이렇게 회고했다. "이보다 더 적극적이고 더 각양각색인 사람들이 뒤섞여 있었던 적은 없었다. 머리를 기르고 안경을 쓴 뉴잉글랜드 사람들은 광신도적이었고 머리를 짧게 자른 뉴욕 사람들은 키가 작고 굼떴다. (…) 전당대회장에는 날카로운 눈과 펜으로 무장한 워싱턴 통신원들이 모여들어 별난 사람들의 비밀 회의를 취재하기 시작했다."[20]

신시내티에 거주하는 독일인들에게는 쟁어할레Sängerhalle로 알려진 전당대회장도 단장을 마치고 전당대회 시작을 기다렸다. 주로 합창단이 사용하는 무대 세 곳에 국기와 당기가 내걸렸다. 가장 큰 무대 중앙에는 300석 내지 400석의 의자를 마련해 각 주 대의원들의 입장 행진을 지켜볼 수 있도록 조치했다. 전당대회가 시작되기 직전 누군가 우연히 여성 좌석이 잠겨 있다는 사실을 발견하고 문을 열어주어 행사가 무사히 시작될 수 있었다. 여성 좌석은 남성과 여성이 함께 입장할 수 있는 유일한 공간이었다.

정오가 되자 그로스베너는 개회를 선언했다. 이 자리를 가능하게 만든 주역은 제퍼슨시티의 작은 정파 자유공화당이었다. 미주리 주 자유공화당의 선봉에 선 조지프와 그로스베너는 벅찬 성취감을 느끼며 전당대회에 참석했다. 델라웨어 주를 제외한 연방의 모든 주에서 대의원단을 보냈다. 각 주를 대표하는 700명의 대의원들이 주별로 모여 앉았고 6,000명 내지 7,000명의 참관인들이 대의원단을 에워쌌다. 대부분 굉장히 멀리서 이곳까지 온 사람들이었다. 그날의 정치 모임은 한 편의 훌륭한 희곡과도 같았다. 그로스베너가 입을 열었다. "이번 전당대회를 요청한 주는 단 하나에 불과했습니다만, 연방의 모든 주에서 호응해주셨습니다." 우레 같은 박수가 쏟아졌다. 첫 번째 안건은 당직자 임명이었다. 이번 일을 성사시킨 공로를 인정받은 조지프도 간사 자리 하나를 차지했다.[21]

개회 행사를 마친 대의원들은 슈르츠에게 연설을 요청하기 시작했다. "연설해! 연설해!"라는 대의원들의 외침에도 슈르츠는 연설을 극구 사양하면서 다음 날로 연설을 미뤘다. 기르기 시작한 콧수염과 턱수염을 만지작거리며 대회장에 서 있던 조지프는 뿌듯함으로 벅차오르는 마음을 주체할 수 없었다. 조지프의 정치 동지 그로스베너는 의장석에서 의사봉을 휘두르고 있었고 조지프의 정신적 지주는 대의원들로부터 열렬한 연설 요청을 받고 있었다. '빌과 조 쇼Bill and Joe Show'는 전국 운동으로 발돋움했다.

다음 날의 주요 행사는 대의원들이 목이 빠지게 기다린 슈르츠의 연설로 시작되었다. 슈르츠는 먼저 그랜트 대통령이 법을 존중하지 않는다는 의심에서부터 독재 성향에 이르기까지 그랜트 정부에 대한 비판을 장황하게 늘어놓았다. 그러나 슈르츠는 전당대회장에 모인 이상주의적 공화당원들이 가을 선거를 지배할 수 없으리라는 사실을 눈치채고 있었다. 슈르츠는 이렇게 말했다. "솔직히 말해 저는 '그랜트를 물리칠 수 있는 인물이면 누구라도 상관없다'는 구호에 반대합니다. 가장 많이 들리는 구호이기는 합니다만, 우리가 그저 대통령 한 명 바꾸려고 이러는 것은 아니지 않습니까? 우리는 미국의 장래에 치명적인 체제를 바꾸려는 것입니다."[22]

슈르츠의 연설이 끝난 뒤 강령 채택 안건이 상정되었다. 대부분의 조항이 개혁을 요구하는 자유공화당의 요구로 윤색된 강령이었다. 관세 개편 조항을 두고 쓰라린 타협을 한 것을 제외하고는 그로스베너와 조지프가 넉 달 전 제퍼슨시티에서 개최한 쇼에서 채택된 것과 같은 강령이 채택되었다. 사실 어느 신문은 전당대회에서 최종 채택한 강령을 두고 "빌과 조가 작성한 강령을 글로 옮긴 것에 불과하다"고 언급하기도 했다.[23]

같은 날 브라운 주지사를 지지하는 대의원 중 한 사람이 브라운 주지사에게 전보를 보냈다. 슈르츠와 그로스베너가 브라운 주지사의 공천에 반대하는 작업에 들어갔다는 내용이었다. 브라운 주지사는 즉시 열차를 타고 신시내티로 달려갔다. 대통령 후보를 선출하는 전당대회에 브라운 주지사가 참석하지 않을 것으로 생각하고 있던 다른 후보들에게는 깜짝 놀랄 만한 일이었다. 프랜시스 블레어Francis Blair 연방 상원의원과 함께 그날 저녁 늦게 신시내티에 도착한 브라운 주지사는 곧장 세인트제임스 호텔로 향했다. 그로스베너는 황급히 계단을 오르락내리락하면서 대의원들이 머무르고 있는 방문을 두드리며 고함을 질렀다. "일어나요! 일어나! 블레어와 브라운이 세인트루이스에서 여기까지 왔소!"

여전히 비몽사몽인 대의원들이 게슴츠레한 눈을 하고 로비에 내려오자 그로스베너는 브라운 주지사가 출마를 포기하고 자신의 표를 그릴리에게 몰아주기 위해 신시내티에 왔다고 설명했다. 대의원들은 당황했다. 특히 애덤스나 트럼불을 지지하는 사람들은 이튿날 열릴 표결 전략을 새로 짜느라 새벽까지 분주하게 움직였다. 4인회 회원인 다섯 명의 언론인도 주변을 맴돌았지만 사설을 쓰고 그것을 전송해 신문에 싣기에는 너무 짧은 시간이었기 때문에 별다른 영향력을 행사할 수 없었다.[24]

오랜 시간을 기다린 끝에 드디어 대통령 후보를 선출할 시간이 찾아왔다. 경선에 나선 후보들의 지지 호소 연설이 허락되지 않은 상태에서 1차 투표가 진행되었다. 미주리 주 대의원들과 함께 앉아 있던 브라운 주지사는 슈르츠에게 쪽지를 보내 연설을 하게 해달라고 부탁했다. 놀랍게도 슈르츠가 브라운 주지사의 연설을 허락했다.

조지프는 자신이 지지하는 후보가 연단에 오르는 모습을 지켜보았다. 쏟아지는 조명을 받고 선 브라운 주지사는 자신에게 표를 던진 대의원들에게 감사의 말을 전했다. 1차 투표 결과가 발표되지 않은 상태였지만 나름대로 표수를 가늠해본 대부분의 대의원들은 브라운 주지사가 100표 안팎의 표를 얻었으리라 짐작하고 있었다. 브라운 주지사는 간밤부터 대부분의 대의원들이 기대하던 말을 공표했다. 브라운 주지사는 후보에서 사퇴하면서 자신의 표를 그릴리에게 주라고 당부했다. 박수와 야유가 대회장을 메웠다. 그릴리가 여권 신장을 지지하고 있었으므로 박수는 주로 여성 좌석 쪽에서 흘러나왔다.

자리로 돌아온 브라운 주지사는 첫 번째 투표 결과를 기다렸다. 애덤스가 205표로 선두로 나섰고 그릴리는 147표를 얻었다. 나머지 표는 나머지 다섯 후보가 나눠 가졌다. 애덤스와 트럼불에게 불리한 수치였다. 브라운 주지사의 표가 그릴리에게 간다면 〈뉴욕 트리뷴〉 편집자의 표가 애덤스와 같거나 많을 수 있었다.

아침부터 자리를 비웠던 위터슨이 전당대회장에 모습을 드러냈다. 위터슨은 조지프를 찾아 방금 벌어진 사태에 대한 설명을 들었다. 조지프는 의장석에서 중립을 지키겠다던 슈르츠가 서약을 깬 이유를 설명하려고 애썼다. 대부분의 대의원들처럼 조지프도 슈르츠에게 전당대회를 좌지우지할 힘이 있다고 확신했다. 조지프는 위터슨에게 이렇게 말했다. "일촉즉발의 위기 상황에서 슈르츠가 한 말이 블레어와 브라운을 완전히 눌렀지 뭔가. 슈르츠의 말은 사람의 입에서 나오는 말이 아닌 것 같았다네."[25]

대통령 후보는 애덤스와 그릴리로 좁혀졌다. 그릴리를 지지한 브라운 주지사의 지원이 생각했던 것만큼 강한 영향을 미치지 못했다는 사실을 깨달은 애덤스의 지지자들은 2차 투표에서 안도의 한숨을 내쉬었다. 아주 근소한 차이였지만 애덤스가 여전히 앞서고 있었다. 3차, 4차 투표가 진행되면서 애덤스는 대통령 후보에 한발 더 가까이 다가갔다. 5차

투표에서는 일리노이 주 대의원들이 애덤스에게 표를 몰아줬다. 모든 대의원들은 6차 투표가 마지막 투표가 되리라 기대하고 있었다. 그러나 일리노이 주가 결과 발표를 미루는 전략적 실수를 저질렀다. 그릴리 쪽으로 마음을 바꾼 인디애나 주가 그 사실을 공표하자 전당대회장이 술렁이기 시작했다. 결국 그릴리가 승리하게 되리라는 관측이 우세해지면서 장중 소란은 좀처럼 가라앉지 않았다.[26]

일리노이 주가 투표 결과를 발표하면서 애덤스가 다시 선두로 나섰지만 분위기는 이미 그릴리에게 유리한 쪽으로 바뀌어 있었고, 애덤스가 승리할 가능성은 거의 사라져버렸다. 여러 전당대회에서도 입증되었듯이 한번 상승세를 탄 후보를 다시 끌어내리기란 여간 어려운 일이 아니었다. 각 주의 표심이 움직였고 결국 그릴리가 대통령 후보로 지명되었다. 그리고 그 자리에서 조지프가 지지했던 브라운 주지사가 부통령 후보로 지명되었다. 전당대회는 그렇게 마무리되었다.

반란을 획책한 슈르츠가 그렇게 열심히 애썼음에도 각 주의 대의원들은 정치 경험이 전혀 없는 나이 지긋한 언론인 그릴리를 대통령 후보로, 그리고 슈르츠가 자신의 적이라고 간주한 브라운을 부통령 후보로 선택했다. 조지프는 처음 치른 전당대회를 통해 투표 결과는 통제할 수도, 예측할 수도 없는 것이라는 사실을 뼈저리게 배웠다. 슈르츠와 조지프는 오하이오 주 출신이자 헤겔주의자인 존 스탤로John Stallo 판사 집으로 돌아갔다. 존 스탤로 판사는 슈르츠와 마찬가지로 독일인들로 구성된 연대를 창설해 남북전쟁에 참전한 인물이었다. 세 사람은 늦은 밤까지 마음껏 먹고 마셨다. 전당대회 결과가 세 사람의 흥을 북돋웠다. 위터슨은 이렇게 회고했다. "개혁가들은 자축연을 벌였다."[27]

조지프의 입장은 난처해졌다. 전당대회 결과로 흥분한 나머지 슈르츠는 제정신이 아니었고 조지프에게 공직을 배려해준 브라운 주지사는 부통령 후보가 된 일로 우쭐해 있었다. 브라운 주지사가 부통령 후보에 올랐기 때문에 조지프는 슈르츠의 계획을 망친 일등 공신이 되었다. 조지프는 기로에 섰다. 조지프는 진심으로 브라운 주지사를 지지했지만 슈르츠와의 관계를 생각한다면 무턱대고 적극적으로 나서서 지지할 수도 없는 노릇이었다. 만일 그렇게 한다면 조지프가 정치에 입문할 수 있도록 만들어준 정신적 지주에게 대드는 셈이 되기 때문이었다.

세인트루이스로 돌아온 조지프는 결정을 내렸다. 워싱턴으로 돌아간 슈르츠가 정치적 타격을 치유할 동안 그로스베너와 더불어 그릴리-브라운 선거 운동 본부에 합류하기로 한 것이다. 슈르츠는 침묵함으로써 정치적 명성이 실추된다 하더라도 개의치 않겠다고 선언했다. 그 정도 타격은 '공화당이 잡을 수 있었던 거대한 기회를 잃게 된 것에 대한 실망'에 비하면 아무것도 아니었다.[28]

독일계 대의원 대부분은 그릴리가 대통령 후보로 공천되었다는 사실에 실망감을 감추지 못했지만 조지프는 조금의 망설임도 없이 꿋꿋하게 그릴리를 지지했다. 조지프는 〈베스틀리헤 포스트〉 사회부장 겸 자유공화당 미주리 주 집행위원회 간사가 되었다. 편리하게도 위원회 사무실은 〈베스틀리헤 포스트〉 사무실과 같은 건물에 차려졌다.

독일인들은 금주법에 찬성하는 그릴리의 입장을 마뜩잖게 생각했다. 경제적인 타격을 입을 가능성이 있기 때문이었다. 하지만 주된 이유는 따로 있었다. 독일인들은 금주법을 독일 문화에 대한 모욕으로 받아들였다. 조지프는 〈뉴욕 트리뷴〉의 화이트로 리드Whitelaw Reid에게 그릴리를 설득해달라고 부탁했다. 그릴리는 술에 대한 개인적인 견해와 대통령 후보로서의 입장은 서로 다른 것이라고 공표했다. 리드는 조지프보다 열 살이나 많고 경험도 더 풍부한 인사였지만 유명 정치인을 보좌하는 사람이라는 점에서 조지프와 공통점이 많다는 사실을 깨달았다. 두 사람은 곧 그릴리에 대해 편지로 의견을 주고받는 사이가 되었다.

리드의 관심사는 뉴욕에서 열릴 자유공화당 지도급 인사 회동이었다. 슈르츠도 참석할 이 회동에서는 전당대회의 선택을 폐기할 음모가 꾸며질 예정이었다. 조지프는 이렇게 전했다. "뉴욕 회동의 위험성을 알고 있었지만 겁먹지는 않았습니다. 회동의 애초 의도와는 반대의 결과가 나오리라 생각했으니까요. 회동이 끝난 뒤에는 그릴리가 더 큰 힘을 받게 될 것이라 믿었습니다. 그릴리 편을 드는 사람들이 다수를 차지하고 그릴리의 견해가 지배적인 견해가 되리라 굳게 믿었습니다."[29]

세인트루이스 자유공화당 사무실에는 낙관적인 분위기가 팽배했다. 어쩌면 그들이 생각하는 것만큼 상황이 정말 나쁘지는 않았을지도 모른다. 6월 14일 그로스베너와 조지프는 집행위원회를 개최해 "미주리 주 자유공화당은 신시내티 전국 전당대회에서 결정한 대통령 후보를 1870년 주지사 선거 때보다 더 전폭적으로 지지한다"고 언론에 공표했다.[30]

그러나 선거 운동에 돌입하자 조지프는 그릴리가 입은 타격을 최소화하기에 급급했다. 그릴리가 온갖 실수를 수시로 저질렀기 때문이었다. 언론계에 있는 조지프의 동료들은 각자 자신들이 지지하는 후보에게만 관심을 쏟았다. 한여름 뉴욕행 열차에 몸을 실은 조지프는 필라델피아 신문 기사를 읽었다. 기사는 그릴리를 지지하는 독일어 신문은 아이오와 주 대븐포트Davenport의 〈데모크라트Demokrat〉뿐이라고 지적했다. 기사는 "〈베스틀리헤 포스트〉도 침묵하고 있으며 이는 불길한 징조"라는 말도 덧붙였다. 조지프는 격분했다. 필라델피아 공화당 성향의 신문에 실리기에는 좋지 않은 기사였다. 이 지역 다른 신문에 실린 기사들도 틀림없이 그릴리에게 타격을 줄 터였다. 조지프는 이렇게 말했다. "모든 신문 기사가 새빨간 거짓말로 도배되어 있었다."[31]

뉴욕에 도착하자마자 조지프는 그릴리가 편집자로 일하는 〈뉴욕 트리뷴〉에 격분한 어투로 정정 기사를 냈다. "'그릴리를 지지하는 독일어 일간신문이 하나뿐'이라는 기사는 거짓이다. (하나를 제외한) 모든 독일어 일간신문이 신시내티 전당대회가 열리기 전부터 자유공화당 운동의 원칙을 지지해왔고 이제는 호러스 그릴리 후보를 지지한다."

'〈베스틀리헤 포스트〉도 침묵하고 있으며 이는 불길한 징조'라는 기사에 대해서는 이렇게 대응했다. "〈베스틀리헤 포스트〉는 그 어느 때보다 진심을 다해 그릴리 후보를 소리 높여 지지하고 있다. 11월 선거 결과가 발표되면 무지몽매하고 과격한 그랜트 지지자들도 그 어느 대통령 선거에서보다 많은 독일인들이 일치단결하여 그릴리 후보를 지지했다는 사실을 알게 되리라고 확신한다."

뉴욕에서 조지프는 몇 가지 반가운 소식을 접하고 크게 고무되었다. 볼티모어에서 전당대회를 연 민주당이 후보를 내지 않고 그 대신 자유공화당 후보를 지지하기로 결의했다는 소식이었다. 그러나 선거 정치에 익숙해진 조지프는 민주당의 지지만으로는 대통령 선거의 향배를 완전히 뒤흔들지 못한다는 사실을 알고 있었다. 그릴리는 지금까지 대통령 후보로 나선 인물 가운데 가장 기이한 인물인 덕분에 유권자들의 마음을 사로잡지 못하고 있었다. 잘못하면 대통령 선거가 자유공화당에게 재앙이 될 수도 있었다.

뉴욕에 머물면서 선거 운동을 하느라 바빴던 조지프는 세인트루이스에 오래 머무를 수 없었다. 덕분에 조지프의 경찰위원 활동은 개점휴업 상태였다. 7월 회의에는 모두 불참했고 8월부터 12월까지 열린 회의에도 고작 몇 번 참석하는 데 그쳤다. 활동도 없이 월급만 받아 챙기는 것에 양심의 가책을 느낀 조지프는 사직하기로 결심했다. 조지프는 브라운 주지사에게 사직서를 제출했다는 사실을 세인트루이스의 어느 기자에게 알렸다.[32]

기자가 물었다. "브라운 주지사가 사직서를 수리했나요?"

조지프가 미소를 띠며 대답했다. "모르겠소."

"브라운 주지사가 사직서를 수리했으리라 생각하시지요?"

"잘 모르겠지만, 아닐 거요. 주지사 말로는 아직 준비가 되지 않았다고……" 조지프는 말끝을 흐렸다.

"그럼 아직 수리하지 않은 거네요?"

"그렇소."

조지프는 경찰위원회의 업무를 대수롭지 않게 여겼다. 조지프는

〈베스틀리헤 포스트〉를 유지하는 일과 그릴리의 선거 운동을 지원하는
일에 온 힘을 쏟고 있었다. 매일 아침 8시부터 자정까지 신문사 편집자
와 선거 운동원 사이를 쉴 새 없이 오갔다. 두 가지 직무가 구분되지 않
을 때도 있었다.[33]

　　가을로 접어들면서 조지프는 전국을 순회하는 유세에 나섰다. 연설
이 후보의 인품을 뒷받침하던 시대였고 상대방은 이미 열정적인 연설로
표를 끌어모으고 있는 상황이었다. 9월부터 조지프는 만사를 제쳐두고
온종일 선거 운동에만 매달렸다. 인디애나 주와 오하이오 주에서는 독
일인들을 상대로 60차례의 연설에 나서기도 했다. 조지프의 유세 경로
는 그랜트의 재선 유세에 나선 워싱턴 D.C. 출신의 저명한 유대계 법조
인 사이먼 울프Simon Wolf의 유세 경로와 겹쳤다. 조지프가 그릴리 유세
연설에 나섰던 마을에서 그랜트 대통령을 위한 연설을 마친 울프가 어
느 호텔에서 신문을 읽고 있었다. 마침 두 남자가 호텔로 들어와 울프와
가까운 자리에 앉더니 마실 것을 주문했다. "퓰리처라는 독일 남자의 연
설을 들어봤어? 무슨 말인지 알아들은 사람이 한 명도 없더군."[34]

　　울프가 대화에 끼어들었다. "없는 것이 당연합니다. 퓰리처는 알아
들을 수 없는 말만 하거든요. 사람들은 독일 문화를 혐오합니다. 그날
저녁 제가 퓰리처와 우연히 마주쳤는데, 큰 대가를 치르게 생겼다고 비
웃어줬습니다."

　　선거 운동은 조지프에게 깜짝 배당금을 안겨주었다. "〈베스틀리헤
포스트〉가 그릴리를 지지하자 신문사가 파산할지도 모른다는 생각에

휩싸인 일부 소유주들이 초조해진 나머지 자신이 가진 지분을 넘기고자 했다." 소유주들은 조지프를 만나 신문사 지분을 넘겨받을 생각이 있는지 의사를 타진했다. 조지프는 〈베스틀리헤 포스트〉 기자 중에서 가장 가치 있는 기자이자 지난 5년 동안 변함없이 〈베스틀리헤 포스트〉를 위해 애써온 기자이기 때문이었다. 신문사가 돈이 되는 대형 사업으로 발돋움하기 전에는 신문사를 일부라도 소유하는 것이 언론인들의 꿈이었다. 신문에 글을 쓰는 것으로는 돈을 벌 수 없었다. 돈을 벌려면 신문사를 소유해야 했다.[35]

세인트루이스 공화당원 사이에 〈베스틀리헤 포스트〉 소유권에 변동이 있을 것이라는 소문이 나돌기 시작했다. 소문을 접한 〈미주리 데모크라트〉 편집자는 기자들에게 소문의 진위를 파악해보라고 지시했다. 〈미주리 데모크라트〉는 이렇게 보도했다. "슈르츠가 〈베스틀리헤 포스트〉의 편집 방침에 혐오감을 느끼고 있다는 말과 〈베스틀리헤 포스트〉 지분을 오랫동안 보유해온 플레이트Plate가 다른 소유주의 지분을 사들이기 위해 혈안이 되어 있다는 말이 나돌았다."[36]

〈베스틀리헤 포스트〉 편집실로 향하는 계단 끝에 오른 기자를 보면서 조지프가 물었다. "뭐 좋은 기삿거리라도 있는 모양이지?"

"저도 자세히는 모르겠어요. 누가 그러는데 우리 신문사에 문제가 있대요."

서류가 가득 쌓인 자신의 책상 뒤에서 미소를 지으며 조지프가 기자에게 다시 물었다. "무슨 문제?"

"플레이트 씨와 슈르츠 씨, 프레토리우스 씨 사이에 갈등이 있다는 소문이 파다해요. 플레이트 씨가 두 사람의 지분을 사들이든지 아니면 두 사람이 자기 지분을 사들이기를 바란다고들 하더군요."

조지프가 의자에 기대면서 크게 웃었다. "대체 누가 그런 헛소문을 퍼뜨리는 건데?"

"사실이 아닌가요?"

"그럼, 말짱 거짓말이야. 왜냐고? 도무지 말이 안 되니까."

조지프는 자초지종을 다 알고 있으면서도 모르는 체했다. 사실을 모르는 척하는 것이 자신에게 이득이 될 것이라고 생각했기 때문이다. 조지프는 불과 스물네 시간 전 프레토리우스에게 차용증을 써주었다는 사실을 공개할 생각이 없었다. 조지프는 프레토리우스로부터 4,500달러를 8퍼센트의 이율로 빌렸다. 일반적인 대출이율보다 2퍼센트 낮은 이율이었다. 조지프는 그와 비슷한 차용증을 몇 장 더 발행했고 그 자금으로 〈베스틀리헤 포스트〉의 지분을 인수했다. 조지프의 말대로라면 "굉장히 좋은 조건이었다."

"나는 〈베스틀리헤 포스트〉에 필요한 존재였다. 솔직히 말해 당시 선거에서 내가 그랬던 것처럼 하루 16시간을 일하는 기자라면 누구라도 같은 대접을 받았을 것이다."

일주일 뒤 조지프는 〈베스틀리헤 포스트〉의 공동 소유주가 되어 있었다. 1872년 9월 말 슈르츠에게 보낸 편지에서 조지프는 〈베스틀리헤 포스트〉를 "우리 신문"이라고 언급했다. 세인트루이스에서 일자리를 구하기 위해 〈베스틀리헤 포스트〉를 처음 읽은 지 7년 만에 조지프는 미국 신문사 발행인이 되어 있었다.[37]

조지프의 주가가 오르는 동안 그릴리와 브라운의 주가는 떨어졌다. 승리하리라는 기대는 점차 사라졌다. 9월 말 조지프는 워싱턴에 있는 슈르츠에게 편지를 보내 다른 지역보다 한 달 앞서 선거를 치르는 주에 대해 언급했다. "모든 것이 10월 선거 결과에 달렸습니다. 세인트루이스와 미주리 주에서는 끔찍한 선거 결과가 나올 것이라는 예상이 지배적입니다. 불안이 고조되고 있으니 연설은 잠시 미루고 가능한 한 빠른 시일 내에 이곳으로 와주시면 좋겠습니다."[38]

조지프의 예상과 슈르츠의 악몽은 현실이 되었다. 선거 당일 그릴리와 브라운은 조지아 주, 켄터키 주, 메릴랜드 주, 테네시 주, 텍사스주, 미주리 주 이렇게 6개 주에서만 승리를 거머쥐었다. 자유공화당 운동이 시작된 미주리 주에서조차 아주 근소한 차이로 힘겹게 승리를 거뒀다. 주지사 선거에서는 민주당이 승리했다. 심지어 세인트루이스 시와 세인트루이스 카운티조차 민주당 지지로 돌아섰다.

지난 2년간 조지프는 정치 경력의 출발점이 된 공화당을 저버리고 자유공화당의 대의명분에 충성을 바쳤다. 조지프는 원칙에 입각해 공화당과 결별했다. 조지프는 자유공화당의 계율을 신봉했고 자유공화당의 성패에 자신의 정치 인생을 걸었다. 그러나 그릴리의 참패와 함께 자유공화당도 끝장났다. 소속 정당을 잃은 조지프는 19세기 미국의 정당 정치에서 오갈 데 없는 미아 신세가 되었다.

8장

정치와 원칙

자유공화당 운동의 참패로 조지프가 경찰위원 자리를 보전하기는 더욱 어려워졌다. 다가오는 2월에 조지프의 세인트루이스 경찰위원 1년 임기가 만료되면 새로 선출된 주지사의 뜻에 따라 재임용이 이뤄질 터였다. 새로 선출된 주지사는 남북전쟁이 끝난 뒤 주지사 관저에 입성한 최초의 민주당원이었다. 주지사에 당선될 때 자유공화당에게 얼마간의 빚을 졌다는 사실을 사일러스 우드슨Silas Woodson 주지사가 알고 있다 하더라도 자유공화당이든 공화당 급진파든 공화당원을 현직에 앉혀놓을 마음이 있을 리 만무했다.

조지프는 경찰위원직을 유지하기 위해 다방면의 인사들에게 도움을 청했다. 경찰위원직을 유지해야만 작게나마 정치에 발을 담그고 있을 수 있고 돈도 쉽게 벌 수 있었다. 우드슨 주지사가 주지사직에 오르기도 전에 이미 조지프의 충신들이 움직이고 있었다. 요지부동의 민주당원으로 연방주의자이면서 노예제 옹호론자인 조지프의 친구 제임스 브로드헤드James Broadhead가 제일 먼저 나섰다. 브로드헤드는 우드슨 주지사에게 조지프가 세인트루이스에서 일 잘하기로 소문난 인물이자 세인트루이스 독일계를 대표하는 인사라고 말했다. 다른 친구들도 조지프를 돕기 위해 속속 나섰다. 〈세인트루이스 디스패치St. Louis Dispatch〉, 〈세인트루이스 타임스〉 같은 신문사 편집자, 시 의회 의장이나 호적 담당관 같은 세인트루이스 공직자도 조지프를 돕기 위해 나섰다.[1]

조지프는 1872년 선거의 수혜를 입어 정치적 영향력이 커진 허친스와 존슨에게도 도움을 요청했다. 허친스는 주 의회 의원이 되었고 존슨은 부지사로 선출되었다. 거물급 친구들의 도움이 있었으므로 조지프는 별 문제없이 재임용될 수 있을 것처럼 보였다. 그러나 우드슨 주지사는 의중을 드러내지 않았다. 고위층 친구가 많은 만큼 조지프에게는 정적政敵도 많았다. 특히 세인트루이스 카운티 운영위원회 위원들은 조지프가 주 의회 의원 시절 자신들이 운영위원으로서 누리던 금전적 이득을 인정하지 않고 자신들을 운영위원직에서 아예 끌어내리려 했다는 사실을 잊지 않고 있었다.

1873년 1월 20일 월요일 오후 주지사의 결정을 주 상원에 보내려 한다는 말이 주지사 집무실에서 흘러나왔다. 조지프의 이름이 명단에 들어 있지 않을 것을 우려한 허친스는 주지사에게 조지프의 재임용을 부탁했다. 허친스는 우드슨 주지사에게 서신을 보냈다. "존슨 부지사와 저의 요청을 받아들이지 않으셨다면 명단을 상원에 보내기 전에 우선 저를 만나주셨으면 합니다."

결국 월요일 아침이 밝았지만 주지사 집무실에서는 명단을 보내지 않았다. 바티칸에나 어울릴 만한 침묵이 이어졌다. 지난 몇 주 동안 조지프의 친구들은 이 문제를 복잡한 인종정치 문제로 비화시키며 조지프의 연임을 위해 애썼다. 누군가가 이런 글을 남겼다. "경찰위원회에는 이 도시의 독일인을 대표할 사람이 필요하다. 특정 민족을 옹호하기 위해서가 아니라 아일랜드 출신이 아닌 경찰들도 독일인 지역에 배치하기 위함이다." 그러나 독일인의 이해관계를 대변하는 주체로 가장 널리 알려진 〈베스틀리헤 포스트〉의 침묵으로 이런 논리는 아무 소용이 없어졌다.

프레토리우스는 조지프가 경찰위원을 연임하지 않기를 바랐다. 그로스베너에게 보낸 개인적인 편지에서 프레토리우스는 이렇게 설명했다. "퓰리처 씨를 위해서라도 경찰위원 연임은 바람직하지 않다네." 프레토리우스는 경찰위원으로 활동한 첫해에 조지프가 털어놓은 내용 때문에 연임을 반대했다. "퓰리처가 경찰위원 업무가 자기 취향에도 맞지 않을뿐더러 자기에게 자격도 없는 것 같다고 솔직하게 털어놓았거든."[2]

3월 4일 조지프의 경찰위원 임기가 공식 만료되자 주지사가 입을 열었다. 주지사는 조지프가 떠나 공석이 된 자리에 과거 남부연합 동조자이자 충직한 민주당원을 앉히겠다고 발표했다. 우드슨의 선택으로 경찰위원에는 독일인이 하나도 남지 않게 되었다. 이 소식은 불과 몇 시간 만에 세인트루이스 전역에 퍼졌다. 격분한 조지프는 연필을 집어 들고 옛 동지 베네크 주 상원의원에게 보낼 편지를 휘갈겨 쓰기 시작했다.

우드슨 주지사가 자신을 재임용하지 않으리라고는 꿈에도 생각해

보지 않은 조지프는 누가 이 소식을 믿을 수 있겠느냐고 말했다. "우리 주에서 가장 높은 공직을 차지한 분이 정의감이 부족하고 적절한 처신이 무엇인지 모른다는 사실을 이렇게 노골적으로 밝힐 줄은 아무도 몰랐습니다. 경찰위원회에서 적어도 한 자리는 독일계를 위한 자리이며 많을 때는 두 자리까지도 독일계가 차지했었다는, 삼척동자도 아는 사실을 우드슨 주지사도 분명히 알고 있었을 텐데 말입니다."[3]

"우드슨 주지사가 이번 경찰위원 임명을 고집함으로써 '무식쟁이'로 찍혀도 상관없다고 생각한다면 적어도 주 상원은 자신의 임무가 무엇인지 제대로 알고 있을 것이라는 희망을 가져봅니다. 주 상원에서 이런 우스꽝스러운 임명을 즉시 거부할 것으로 기대합니다." 그러나 조지프와 의견이 달랐던 주 상원은 우드슨 주지사가 보낸 경찰위원 추천 명단을 즉시 승인했다. 경찰위원직을 상실하면서 조지프의 정치 경력도 끝나는 것 같았다. 조지프는 주 의회 의원직을 잃었고 자유공화당 운동은 무참히 패배했다. 절친한 친구가 부지사로 재직하고 있는데도 조지프는 경찰위원 연임에 실패했다. 세상은 정치인 조지프를 버렸다.

언론인으로서의 경력도 위태로웠다. 젊은 후배에 대한 슈르츠와 프레토리우스의 애정은 식은 지 오래였다. 세 사람이 함께 쓰기에는 〈베스틀리헤 포스트〉의 편집실이 너무 비좁았다. 프레토리우스가 조지프의 경찰위원 연임을 반대한 일로 두 사람의 관계는 악화되어 있었다. 당에서 버림받은 탓에 연방 상원의원 재선이 어렵다는 사실을 잘 알고 있던 슈르츠는 마지막 남은 자신의 활동 무대를 누군가와 공유해야 한다는 사실에 짜증을 냈다. 슈르츠가 자리를 비운 사이 독자들은 〈베스틀리헤 포스트〉 하면 조지프를 떠올리는 수준이 되었던 것이다. 슈르츠와 프레토리우스는 조지프의 지분을 사들였다. 두 사람은 조지프와 결별하기로 하고 그에 걸맞은 액수를 제시했다. 1873년 3월 19일 세 사람의 거래가 성사되었다. 프레토리우스 및 그 밖의 여러 사람에게 빌린 돈을 모두 상환하고 남은 3만 달러가량을 손에 쥐고 조지프는 〈베스틀리헤 포스트〉를 떠났다. 초기 투자액에 비하면 세 배에서 여섯 배 불어난 액수였다.[4]

조지프는 시어도어 웰지를 찾아갔다. 웰지는 오거스틴 사건 때 조지프 편에서 증언한 증인이었다. 조지프가 내민 엄청난 액수의 돈을 본 웰지는 할 말을 잃었다. "퓰리처가 나에게 그 돈을 맡아달라고 부탁했지만 거절했다." 대신 웰지는 조지프에게 세인트루이스 밖에서 선박업으로 성공한 기업가를 소개해주었다. 조지프는 그 기업가의 조언대로 19년 역사를 지닌 주 저축은행State Savings Institution에 돈을 예치했다. 금리는 3퍼센트였다.[5]

미주리 주 정치에서 손을 떼고 언론계마저 떠난 조지프는 일에서 해방되었고, 곧바로 유럽으로 향했다. 아주 떠난 것은 아니었다. 떠나기 전 조지프는 존슨의 법률사무소에서 가까운 곳에 사무실을 임대하고 1년치 임대료를 미리 지불했을 뿐 아니라 카펫을 새로 깔고 적당한 책상도 새로 구입했기 때문이었다.[6]

유럽으로 향하는 길에 조지프는 언론인이 되기로 마음먹고 뉴욕에 정착한 동생을 만나러 갔다. 앨버트가 언론인의 길을 가기로 마음먹은 뒤에도 형제 사이의 경쟁심은 조금도 누그러들지 않았다. 1869년 〈일리노이 슈타츠-차이퉁〉 기자로 입사한 앨버트는 디킨스와 셰익스피어에 몰입했다. 또한 만나는 사람마다 말을 걸면서 영어를 공부했다. 결국 영어를 유창하게 구사할 수 있게 된 앨버트는 뉴욕으로 눈을 돌렸고 마침내 독일어 신문과 결별했다. 앨버트는 어머니에게 이런 편지를 보냈다. "당신의 축복받은 아들은 시카고에서 원만하게 잘 지냈습니다. 그러나 이제 뉴욕으로 가서 다시 한 번 제 운을 시험할 참입니다. 놀라지는 마세요. 그저 제 운명을 따를 뿐이니까요."[7]

앨버트는 1871년 뉴욕에 도착했다. 일자리를 구할 수 있을지 전혀 알 수 없는 상황에서 앨버트는 블리커 가에 있는 빛도 안 드는 방을 주당 1달러에 빌리고 한 알에 1센트인 사과를 먹으며 버텼다. 앨버트는 미국의 쟁쟁한 신문들이 모여 있는 파크 로의 사무실 문을 일일이 두드리며 일자리를 구했다. 제임스 고든 베넷James Gordon Bennet이 이끄는 〈뉴욕 헤럴드New York Herald〉, 호러스 그릴리가 운영하는 〈뉴욕 트리뷴〉, 찰스 데이나Charles Dana가 지휘하는 〈뉴욕 선New York Sun〉, 당시에는 조금 덜 알려진 〈뉴욕 타임스〉, 〈뉴욕 월드〉 등의 신문들이 모두 서로 부르면 들릴 만큼 가까운 거리에서 경쟁하고 있었다. 파크 로는 미국의 플리트Fleet 가(많은 신문사가 모여 있던 런던 중심부-옮긴이)였다.[8]

갓 스무 살을 넘긴 앨버트는 시카고에 있는 독일어 신문사에서 잠깐 일한 경력만 가지고 〈뉴욕 선〉에 이력서를 넣었다. 1833년 벤저민 헨리 데이Benjamin Henry Day가 설립한 〈뉴욕 선〉은 남북전쟁이 발발하기 전의 미국 언론에 새바람을 몰고 왔다. 〈뉴욕 선〉은 일부 사람들만이 관심을 가지는 국제 기사나 전국 기사를 보도하는 대신, 도시에서 벌어지는 새 소식을 실었다. 〈뉴욕 선〉에는 폭력 기사가 자주 실렸다. 〈뉴욕 선〉은 경박한 표현도 서슴지 않으면서 독자들이 쉽게 읽을 수 있는 기사를 내보냈다. 도시의 지배층들이 좋아하는 지루한 신문들과는 딴판이었다. 항상 4면이라는 짧은 지면을 유지했고 미국 최초로 신문을 1센트라는 저렴한 가격에 판매했다.

앨버트가 나소 가와 프랭크포트 가 사이에 있는 6층짜리 건물에 첫 발을 들일 당시 〈뉴욕 선〉은 하루 10만 부 이상을 찍는 당대 최고의 신문이었다. 그릴리가 운영하는 〈뉴욕 트리뷴〉에서 편집국장으로 일하면서 당대 최고의 편집자로 명성을 날리던 데이나가 3년 전 〈뉴욕 선〉을 인수했다. 데이나는 〈뉴욕 선〉의 기본 임무에 간결하고 일관되며 가볍고 생생한 기사를 더했다. 데이나는 첫 사설에서 "세상에서 일어나는 일을 생생하고 선명한 사진처럼 보여주겠다"고 선언했다. 〈뉴욕 선〉은 도시에 떠도는 이야기를 베끼거나 짜깁기한 기사를 내보냈다. 대부분의 언론이 대체로 따분한 기사만 싣던 시절이었기 때문에 〈뉴욕 선〉이 제공하는 가벼운 정보의 향연에는 누구라도 주목하지 않을 수 없는 치명적인 매력이 있었다.[9]

데이나의 지휘 아래 〈뉴욕 선〉은 더욱 번창해 최고 판매부수 기록을 매일같이 갈아치웠다. 조지프는 데이나와 함께 일할 수 있기를 바라는 마음만 간직했던 반면 앨비트는 전혀 주눅 들지 않았다. 〈뉴욕 선〉의 기사작성실로 성큼성큼 걸어 들어간 앨버트는 조간신문 편집책임자를 만

났다. 그는 앨버트에게 신문사 경력을 물었다.[10]

앨버트가 대답했다. "얼마 안 됩니다."

"좀 모호한 표현이구먼. 게다가 외국인 특유의 억양도 좀 있는 것 같고 말이야."

"금방 없애겠습니다. 그리고 저는 말보다는 글을 쓰게 될 테니 큰 문제는 안 될 것입니다."

조간신문 편집책임자는 앨버트에게 과제를 주었다. 젊은이의 기를 꺾을 요량이었기 때문에 쉬운 과제를 주지는 않았다. '고개 숙여 인사하고는 순식간에 사라진' 앨버트는 이내 기삿거리를 물고 와 조간신문 편집책임자를 놀라게 했고 당대 최고의 신문사에서 수습기자로 일할 기회를 얻었다. 앨버트가 기자로 일하기 시작하고 얼마 지나지 않아 세인트루이스의 어느 독자가 보낸 엽서가 〈뉴욕 선〉에 실렸다. 독자 엽서에서 조지프는 이렇게 말했다. "매일 〈뉴욕 선〉을 읽는 독자입니다. 제 생각에 〈뉴욕 선〉은 세상에서 가장 톡톡 튀고 재미난 이야기를 싣는 세계 최고의 신문입니다."[11]

정식 기자가 된 앨버트는 빠르게 성장했다. 앨버트는 뉴어크Newark에서 일어난 살인 사건을 취재하면서 유명세를 탔다. 뉴어크에서는 4년 만에 일어난 살인이었다. 홀스테드O. S. Halstead 장군이 메리 윌슨Mary Wilson의 집에서 총에 맞아 죽었다. 〈뉴욕 타임스〉는 메리 윌슨을 "최악의 여자"라고 표현했다. 숯 판매상인 조지 보츠George Botts의 짓임에 틀림없었다. 메리 윌슨이 사는 집세를 내주고 회사에 자금을 대준 보츠가 메리 윌슨의 침실에 나타난 홀스테드를 곱게 봤을 리 없었다. 앨비트는 법정의 모습을 다채롭게 묘사했고 사형이 집행되기 며칠 전 범인과의 인터뷰도 성사시켰다. 〈뉴어크 애드버타이저Newark Advertiser〉의 어느 논설위원은 이렇게 회고했다. "뉴어크 같은 도시에서 보기 드문 보도기법을 새롭게 도입한 앨버트의 기사는 큰 반향을 불러일으켰다."[12]

1873년 2월 앨버트는 〈뉴욕 헤럴드〉로 자리를 옮겼다. 〈뉴욕 헤럴드〉는 1835년 제임스 고든 베넷이 설립한 신문사로 〈뉴욕 선〉과는 전혀 다른 색깔을 지닌 신문사였다. 〈뉴욕 헤럴드〉는 여러 가지 새로운 근대적 보도기법을 도입했다. 전보를 통해 기사를 전달받거나 전 세계에 통신원을 보내 취재하는 등의 방법이 이때 새로 도입되었다. 〈뉴욕 헤럴드〉는 금융, 정치, 사회 분야에 대한 심도 있는 취재 기사에 범죄와 각종 추문에 대한 점잖은 기사를 더해 명성을 얻었다. 판매부수도 엄청났지만 그 영향력은 더 컸다. 〈뉴욕 선〉과 다르게 사람들은 〈뉴욕 헤럴드〉의 기사를 진지하게 받아들였다.

훤칠한 키에 발그스레한 뺨을 가진 스물한 살의 젊은 앨버트의 용모는 그럴듯했다. 하지만 앨버트의 기사는 〈뉴욕 헤럴드〉 동료들의 기사와 달라도 너무 달랐다. 어느 편집자는 이렇게 회고했다. "〈뉴욕 헤럴드〉의 모든 기자가 앨버트 퓰리처의 문체가 너무 화려하다고 생각했다. 뒤마Dumas나 발자크Balzac, 그 밖의 여러 프랑스 작가들의 영향을 많이 받은 앨버트는 법정에서 벌어지는 불행한 일들을 '더 불행하게 느껴지도록' 표현했다. 누구도 따라 할 수 없는 앨비트민의 재주였다."[13]

앨버트와 재회한 조지프는 유럽으로 떠났다. 1864년 미국에 도착한 뒤로 두 번째 떠나는 유럽행이었다. 조지프는 파리에서 헨리 워터슨과 마주쳤다. 그는 자유공화당 전당대회 뒤에서 전당대회의 향방을 은밀히 조작하던 4인회 회원 중 한 사람이었다. 두 사람은 술과 여흥이 넘쳐나는 몽마르트르Montmartre를 쏘다니며 시간을 보냈다. (워터슨에 따르면 '초라한' 모습의) 극장에서 오페라 "산적Les Brigands"을 공연하고 있었다. 자크 오펜바흐Jacques Offenbach가 작곡한 3막짜리 오페라 "산적(1869년 12월 10일 초연. 초연 당시에는 3막이었다. 추후 4막으로 개작한 오페라는 1878년 12월 25일 초연-옮긴이)"의 대본은 앙리 메일락Henri Meilhac과 뤼도비크 알레비 Ludovic Halévy가 공동으로 완성했다. 2년 전 끝난 프로이센-프랑스 전쟁에서 진 프랑스인들의 마음을 어루만지는 공연이었다. 아가씨 역을 맡은 조앤Joan이 등장해 술에 취해 인사불성이 된 튜턴인 족장을 톱밥이 가득한 바닥으로 밀어 넘어뜨리자 프랑스 사람들은 열렬한 박수갈채를 보냈다.[14]

극장을 나오면서 조지프는 워터슨에게 이렇게 말했다. "우리도 산적이야. 개인의 품성, 인종, 추구하는 이상만 다를 뿐이지. 내가 대본을 쓴다면 독재적인 사회부장을 악당으로 내세울걸세. 박봉에 시달리며 일을 대충 처리하는 그런 인물을 그릴 거야."

워터슨이 물었다. "여주인공은?"

"아름답고 부유한 젊은 여성이면 좋겠지? 신문사를 사들일 만큼 부자인 여성이 가난과 학대에 시달리는 재능 있는 풋내기 기자와 결혼하는 이야기면 괜찮을 것 같아."

그해 가을 조지프는 세인트루이스로 돌아왔다. 1873년 11월 13일 서던 호텔Southern Hotel에서 조지프의 귀국을 환영하는 성대한 행사가 열렸다. 조지프의 친구들은 "유럽에서 철수해 세인트루이스 재공략에 나선 풀리처 귀국 기념행사"라는 제목이 달린 만평을 인쇄한 차림표까지 준비할 정도로 이날의 행사를 정성껏 준비했다. 만평에는 비쩍 마른 조지프가 톱 햇(남성의 정장용 모자)을 손에 쥔 채 우뚝 서서 군중을 내려다보는 모습이 묘사되어 있었다. 군중 사이에 캐리커처로 표현된 그로스베너, 허친스, 존슨, 그 밖의 여러 친구들의 모습이 보였다.[15]

연어, 랍스터, (젤리 형태의 소스를 곁들인) 사슴고기, 영국식 치킨 크로켓, 소고기, 오리고기, 메추라기 등을 접시에 가득 채운 사람들은 미국 와인 회사가 만든 아이크 쿡스 임페리얼 샴페인Ike Cook's Imperial Champagne을 터뜨리며 조지프의 귀국을 축하했다. 존슨, 허친스, 그로스베너가 연달아 환영사를 낭독했다. 조지프 본인은 세인트루이스의 유력 인사로 자리매김하지 못했지만, 그날 밤 환영 행사에서 조지프는 6년 전 〈베스틀리헤 포스트〉에 신입 기자로 입사한 이후 알게 된 성공한 친구들에 둘러싸여 있었다. 단, 슈르츠와 프레토리우스는 그날 행사에 나타나지 않았다.

조지프는 유럽으로 떠나기 전 미리 빌려둔 사무실에서 하다 말다 한 법학 공부를 다시 시작했다. 조지프는 존슨과 또 다른 법조계 친구 윌리엄 패트릭에게서 빌린 법학 서적을 탐독하며 하루를 보냈다. 윌리엄 패트릭은 조지프가 경찰위원으로 일할 때 함께 일한 경찰위원이었다. 철학자 브록마이어와 다른 변호사들도 조지프에게 책을 빌려주었다. 어느 친구는 이렇게 회고했다. "법정에서 맛볼 수 있는 흥미진진함과 공포에 흠뻑 빠져 언론인을 그만두고 변호사가 되려 했다." 그러나 존슨은 조지프의 법학 공부에 큰 가치를 두지 않았다. "솔직히 말해 퓰리처가 법조인을 할 만한 사람이라고 생각해본 적은 없었다. 너무 쉽게 동요하고, 아주 예민하며, 극심한 불안에 시달리는 퓰리처의 성품은 법조인에게 어울리는 성품이 아니었기 때문이다."[16]

법학 서적을 탐독하기 시작한 직후 조지프에게 언론 사업을 펼 기회가 찾아왔다. 조지프는 은행에 넣어둔 예금으로 풍족하게 생활하면서 여행이나 다니는 고상한 생활을 즐기고 있었지만 1873년을 살아간 수백만 미국인들의 운명은 사뭇 달랐다. 9월 18일 철도업계에 자금줄이 되어주던 금융업체 제이 쿡 앤드 컴퍼니Jay Cooke and Company가 무너지면서 전국적으로 불황이 찾아왔다. 경기침체로 희생된 업체 중에는 세인트루이스에서 발행되던 소규모 독일어 신문 〈슈타츠-차이퉁Staats-Zeitung〉도 들어 있었다.

〈슈타츠-차이퉁〉은 1874년 1월 6일 경매에 들어갔다. 1872년 이후로는 세인트루이스의 신문사 소유주가 바뀐 적이 없었던 데다 경기가 워낙 좋지 않았기 때문에 〈슈타츠-차이퉁〉을 인수하러 나서는 사람이 없을 것 같았다. 그러나 다른 사람들이 보지 못한 〈슈타츠-차이퉁〉의 가치를 알아본 조지프는 경매를 통해 적당한 가격에 〈슈타츠-차이퉁〉을 인수해 독일어 석간신문으로 발간할 생각임을 공표했다. 물론 그 발표는 일종의 연막에 불과했다.

〈슈타츠-차이퉁〉은 구독자가 거의 없어 회생이 불가능한 상태였지만 조지프는 〈슈타츠-차이퉁〉이 보유한 다른 자산에 눈독을 들였다. 인쇄기나 활자도 중요한 자산이었지만 무엇보다 〈슈타츠-차이퉁〉은 AP(연합통신) 회원사였던 것이다. 신문사들은 최근 발명된 전신 기술에 힘입어 급보를 신속하게 전달할 수 있게 되었지만, 거기에는 막대한 비용이 들었다. AP는 그 비용을 분담하기 위해 언론계를 이끄는 뉴욕의 주요 신문사들이 1846년에 공동으로 설립한 언론사였다. AP는 회원사에게만 기삿거리를 공개했으므로 AP 회원사 자격은 꽤 훌륭한 자산이었다. AP 회원사가 되지 못하면 국내와 국외의 다양한 기삿거리를 접할 수 없었다.

AP 회원사 자격은 신문사에 막강한 경쟁력을 부여했기 때문에 중서부 신문사들 역시 이 협동 독점 체제에 신속하게 뛰어들었다. 세인트루이스의 경우 주요 독일어 및 영어 신문사가 서부연합통신Western Associated Press에 가입했다. 그러나 조지프의 친구 윌리엄 매키William McKee와 대니얼 하우저Daniel Houser가 논란을 불러일으킨 법정 싸움 끝에 〈미주리 데모크라트〉의 소유권을 잃은 뒤 새로 창립한 〈세인트루이스 글로브St. Louis Globe〉만은 예외였다. AP 회원사가 되지 못하면 〈세인트루이스 글로브〉는 기사 내용에 많은 제약을 받을 수밖에 없을 터였다. 그럼에도 〈세인트루이스 글로브〉가 AP 회원사 자격을 신청할 때마다 아직 살아 있는 〈미주리 데모크라트〉 소유주가 〈세인트루이스 글로브〉의 가입을 거부해 〈세인트루이스 글로브〉는 여전히 AP의 회원사가 되지 못하고 있었다.[17]

〈슈타츠-차이퉁〉 입찰에 참여할 생각조차 하지 못했던 매키와 하우저는 실수의 대가를 톡톡히 치러야 했다. 독일어 신문사를 손에 쥔 조지프는 두 사람에게 거래를 제의했다. 그들이 〈슈타츠-차이퉁〉을 인수해 AP 회원사 자격을 얻는 대신 조지프는 그들에게 필요 없는 인쇄기, 활자, 사무실 집기를 되사기로 했다. 이튿날 아침 〈세인트루이스 글로브〉에는 AP 기사가 실렸다. 발행인란에는 매키와 하우저가 〈슈타츠-차이퉁〉을 인수해 영어 신문인 〈세인트루이스 글로브〉로 통합했으며 〈세인트루이스 글로브〉가 〈슈타츠-차이퉁〉이 소유했던 AP 회원사 자격을 갖추게 되었다는 설명이 곁들여졌다.[18]

이 교묘한 속임수에 격분한 〈미주리 데모크라트〉 소유주가 그 즉시 서부연합통신 세인트루이스 위원회 회의를 소집했다. 8대 주요 신문사 소유주들이 〈미주리 리퍼블리컨〉 도서실에 모인 가운데 매키와 하우저가 나서 〈슈타츠-차이퉁〉 및 그 자산을 인수한 경위를 설명했고 설명을 들은 신문사 소유주들은 관련 서류를 검토했다. 허친스는 조지프와의 거래에 법적인 문제가 전혀 없다는 사실을 확인해주었다. 완벽한 승리였다.[19]

법적 문제가 마무리되고 비방전도 끝나자 조지프는 〈슈타츠-차이퉁〉의 인쇄기, 활자, 사무실 집기를 독일어 신문을 발간하려는 투자자들에게 처분했다. 신문사 발행인으로 재직한 48시간 동안 조지프는 1만 1,000달러에서 2만 달러를 벌었다. 한 해 사이 두 차례나 신문사에 투자한 조지프는 3만 달러에서 4만 달러가량의 현금을 거머쥐게 되었다. 그리고 이번에는 이 돈을 안전한 곳에 맡겨두기보다 과감하게 투자하기로

했다.[20]

1874년 봄, 미국에서 가장 유명한 기술자 가운데 한 사람인 제임스 이즈James B. Eads는 미시시피 강을 가로지르는 석조 및 철골조 다리(이즈 브리지Eads Bridge) 건설에 막바지 힘을 다하고 있었다. 완공되고 나면 세계에서 가장 긴 아치교로 기록될 이 다리는 사상 최초로 세인트루이스를 강 동쪽과 열차로 연결할 예정이었다. 9년 전 조지프가 강을 건널 때 이용한 연락선 선주 위긴스 가문에는 공포가 아닐 수 없었다.

공사가 끝나가자 이즈는 그보다 더 위험한 일에 도전하기 위해 남쪽으로 시선을 돌렸다. 이즈는 연방 정부에 미시시피 강의 주요 수로를 준설해 멕시코 만Gulf of Mexico으로 이어지는 수로의 수심을 깊게 만들자고 제안했다. 성공하면 연방 정부가 이즈에게 100만 달러에서 200만 달러를 지급하겠지만 실패하면 모든 비용은 이즈가 부담하는 조건이었다.[21]

'방파제'에 대해서는 아는 것이 하나도 없었던 조지프는 지난 5년 동안 알고 지내온 이즈에 대한 굳건한 믿음 하나만으로 선뜻 2만 달러를 투자했다. 이즈는 조지프에게 이렇게 경고했다. "방파제가 버텨준다면 정부에서 비용을 받을 수 있지만, 방파제가 버티지 못한다면 자네가 투자한 자금을 몽땅 날릴 수도 있다네."[22]

이즈에게 돈을 투자한 조지프는 법학 공부를 다시 시작했고 품위 있는 여가 생활을 즐겼다. 말을 구입해 매일 아침 친구들과 승마를 즐겼고 슈르츠가 사는 우아한 동네에 방을 얻었다. 일리노이 주 스프링필드에서 거행된 링컨 대통령 장례식에서 연주된 곡을 만든 찰스 발머Charles Balmer도 같은 동네 주민이었다. 찰스 발머에게는 다섯 명의 딸이 있었는데 조지프는 그들을 '다섯 나이팅게일'이라고 불렀다. 조지프는 시인 유진 필드Eugene Field와 함께 음악실이 따로 마련되어 있는 발머의 집을 뻔질나게 드나들었다.[23]

다섯 나이팅게일 가운데 한 사람인 릴리언 발머Lillian Balmer는 이렇게 회고했다. "정문이 열리면 남이야 좋아하든 말든 그중 한 사람이 셰익스피어의 아무 연극에 등장하는 어느 구절을 읊으며 성큼성큼 걸어 들어왔다." 감자와 청어 샐러드, 쇠고기볶음, 맥주, 와인이 차려지면 음악실은 곧 음악과 노래로 가득 채워졌다. 찰스 발머는 피아노를 쳤고 다섯 딸 중 하나는 바이올린을 켰다. 조지프는 다섯 딸 중 가장 우아하고 지적일 뿐 아니라 아름다운 소프라노 음성을 소유한 버사 발머Bertha Balmer에게 마음이 끌렸다. 그러나 둘만 남아 있는 시간이 많았음에도 두 사람의 사이에는 별다른 진전이 없었다.

금전적인 여유가 생기자 조지프는 음악을 향한 열정을 마음껏 불태웠다. "단지 가난과 생계를 위한 벌이 때문에 음악을 즐기지 못한 지난 몇 년간의 세월이 정말 아쉬웠다." 금전적 여유가 있는 사람들은 세인트루이스에서 음악회, 오페라, 연극을 감상하고 자선행사에 참여했다. 자선무도회에서 춤추는 조지프의 모습이 프랑스 예술가 에드워드 점프Edward Jump의 눈에 띄었다. 연미복을 입은 다른 남성들에 비해 훤칠한 키의 조지프는 말쑥했다. 콧수염과 염소수염을 새로 길렀고 코안경을 낀 조지프는 키가 자신의 어깨밖에 오지 않는 어느 이름 모를 여성과 춤을

쳤다. 조지프는 게르마니아 클럽Germania Club에서 공연하는 연극에도 참여했다. 파우스트Faust의 연인 그레첸Gretchen 역할로 널리 알려진 세인트루이스 최고의 미인과 함께 공연한 연극에서 조지프는 메피스토펠레스 역을 맡았다.[24]

준비를 마쳤다고 느낀 조지프는 6월 말 변호사 시험을 치러 변호사가 되었다. 그리고 그해 가을, 언제나 그랬듯이 다가오는 선거에 온 신경을 쏟았다. 1872년 대통령 선거에서 참패한 이후 잠잠했던 자유공화당은 1874년 공화당 안에서의 활동을 재개했다. 자유공화당 운동이 민주당의 회복을 도왔기 때문에 존슨 같은 민주당원은 민주당으로 복귀하는 데 별다른 어려움을 겪지 않았지만 공화당원이었던 조지프, 슈르츠, 프레토리우스, 그로스베너의 사정은 달랐다.[25]

공화당은 탈당자들을 가혹하게 대했다. 그랜트 정부와 공화당 지도자들은 반란자들을 기생충 보듯 하며 멀리했다. 세인트루이스 외부 지역의 어느 기자는 이렇게 보도했다. "고향인 이곳에서도 자유공화당에 대한 시선은 곱지 않았다. 지난 4년 동안 공화당은 줄곧 자유공화당을 비난하고 모욕하고 박해해왔다. 앞으로도 자유공화당을 용서하는 일은 없을 것이다."[26]

미주리 주 농업협동조합Missouri Grange이 정치에 참여하겠다는 결정을 내린 덕분에 자유공화당에 대한 심판의 날이 연기되었다. 원래 농민들의 친목 및 교육 모임으로 시작한 전미 농업협동조합National Grange은 과도한 운송요금을 강요하는 철도회사에 맞서 자신들의 이권을 지키기 위해 선거 정치에 뛰어들었다. 1874년 7월 미주리 주 농업협동조합은 제퍼슨시티에서 전당대회를 열어 당파를 초월한 인민당People's Party을 결성하자고 요청했다. 많은 신문들이 이에 동조했지만 특히 공화당 성향의 신문이 미주리 주 농업협동조합의 의견에 큰 박수를 보냈다. 공화당에게는 당의 결속을 다지고 민주당을 누를 힘을 기를 절호의 기회였다.

그런 생각이 공화당 지도부에 급속하게 퍼지면서 공화당은 1874년 전당대회 개최를 포기한다고 공표했다. 슈르츠와 그로스베너는 1870년의 승리를 다시 맛보면서 새로운 기치旗幟 아래 개혁을 추진할 수 있으리라는 생각에 마음이 설레었고 조지프도 그 뒤를 따랐다. 어쨌든 슈르츠는 자신의 정신적 지주였고 그로스베너는 정치 동지였다. '빌과 조의 정치 기업'은 두 사람이 힘을 모을 때 성립될 수 있는 것이었다.

1874년 9월 2일 새로 설립된 인민당이 제퍼슨시티에 모여 후보를 선출했다. 부유한 농민 윌리엄 젠트리William Gentry가 주지사 후보로 선출되었다. 정치 경험이 전혀 없고 주요 개혁 쟁점에 대해서도 제대로 모르는 인물이었다. 1872년 신시내티 전당대회의 상황이 재현되었다. 개혁을 외치는 소리에 휩싸여 들뜬 군중은 열정적인 개혁가들의 마음을 전혀 사로잡지 못하는 후보를 선출하고 말았다. 슈르츠와 그로스베너는 전당대회의 결정을 지지했지만 조지프는 아니었다. 조지프는 이번에 공천받은 주지사 후보와 자유공화당 운동에 대한 지지를 철회했고 〈세인트루이스 글로브〉와의 인터뷰를 통해 이 사실을 공식 선언했다. 조지프는 정신적 지주였던 슈르츠의 뜻에 따르지 않을 것이며 자유공화당 운동을 이끌어왔던 지도급 인사들과의 정치적 협력 관계도 끝내겠다고 선을 그었다. 〈세인트루이스 글로브〉는 이렇게 보도했다. '빌과 조의 정치 기업은 이제 사라지고 없다.'[27]

조지프는 〈세인트루이스 글로브〉와 인터뷰한 적이 없다고 강력하게 비난했지만 내용에 대해서는 문제 삼지 않았다. 다음 날 조지프는 〈미주리 리퍼블리컨〉에 장문의 글을 실어 자신이 생각을 바꾸게 된 경위를 상세히 해명했다. 조지프는 '농민 젠트리 씨'의 정직함을 전혀 의심하지 않으며 동료들이 참여한 전당대회에 대해서도 아무런 의문이 없다고 전제했다. 그러나 젠트리가 아무리 정직해도, 개혁 동지들의 의도가 아무리 선해도 "원칙을 저버린 정치의 결과를 용납할 수는 없다."

당시 정치의 본질을 감안할 때 원칙을 '지키는' 정치라는 개념은 모순이나 다름없었지만 조지프는 진지했다. 각 정당이 각자의 이해관계와 대의명분을 내걸고 아귀다툼을 벌이는 혼란의 틈바구니에서 지역구를 발판으로 출발한 정치인들과는 다르게 조지프는 크나큰 이상을 품고 정치에 입문했다. 부정부패에 반대하며 반란의 기치를 든 슈르츠를 기꺼이 따라나서면서 정치에 입문한 젊은 조지프는 자유공화당의 대의명분이야 어찌 되었든 선거에서 승리해 떨어질 떡고물에만 관심을 보이는 동료들의 모습을 보며 원칙을 따르기로 결심했다. 그랜트 대통령을 따르는 무리와 타협하는 동료들의 모습에서 조지프는 배신감을 느꼈다.

조지프가 볼 때 이번 전당대회는 개혁을 추구할 당을 창조한 것이 아니라 그랜트 대통령이 이끄는 공화당의 권력을 더욱 공고히 할 트로이의 목마를 창조한 것이었다. "사려 깊고 원칙을 추구하는 사람들에게 이번 강령과 후보는 큰 의미가 없다. 민주당 후보에 훨씬 못 미치는 후보를 선출한 이번 전당대회는 부정부패, 무법천지, 시민의 권리 침해, 정부의 예산 낭비같이 이 나라를 바닥으로 떨어지게 진짜 원인을 해결하지 못한 전당대회로 역사에 길이 남을 것이다."[28]

시민의 삶을 이상주의의 바탕으로 삼은 조지프는 그런 타협이야말로 악마와 동침하는 것이라 믿었다. 조지프에게 민주주의는 종교와도 같았고 그 종교에서 가장 신성한 교리는 개혁이었다. 슈르츠와 그로스베너에게 정치는 최선을 다해 싸워도 패배할 수 있는 것이었다. 평생을 공화당원으로 살아온 두 사람에게 공화당은 고향과도 같았다. 1873년 그로스베너는 이렇게 말했다. "나는 자유공화당원일 뿐 그 이상도 그 이하도 아니다. 그것이 진리다. 해묵은 논쟁이 반복될 때마다, 공화당과 민주당 사이에서 선택해야 할 때마다 나는 항상 공화당을 선택해왔다. 괴테Goethe의 말대로 '가장 가까이에 있는 임무에 충실해야 한다.'"[29]

그러나 조지프에게는 공화당에 대한 충성심이 없었다. 자신을 민주주의라는 성지를 더럽힌 놈처럼 취급하는 공화당 지도자들에게 용서를 빌 마음이 추호도 없었던 조지프는 민주당의 품에 안겼다.

미주리 주 민주당은 조지프의 입당을 환영했다. 그해 10월 조지프는 민주당 후보를 위해 유세에 나섰다. 세달리아Sedalia에서 시작해 미주리 주 전체를 한 바퀴 도는 빡빡한 일정이었다. 미주리 주 서부를 잇는 미주리 퍼시픽 철도 노선이 지나는 세달리아는 신생 도시지만 급격한 성장세를 보이고 있었다. 민주당을 열렬히 지지하는 세달리아 지역신문은 조지프를 민주당의 샛별이라고 치켜세우면서 조지프의 민주당 입당을 환영했다. 세달리아 지역신문은 이렇게 보도했다. "퓰리처 씨의 연설은 매우 호소력이 있어서 그의 연설을 들은 사람이라면 누구나 그의 말에 확신을 가지게 된다."[30]

조지프는 장장 한 시간에 걸친 연설을 통해 자신이 민주당에 입당하게 된 경위를 해명했다. "총알로 싸우는 전쟁은 끝났지만 그 흔적은 남았습니다. 남부는 더 이상 이 나라의 적이 아닙니다. 이 나라의 적은 워싱턴에 있습니다." 조지프는 "지난 전쟁에서 보잘것없는 연방군 이등병으로 전선에 나섰듯" 이번 투쟁에도 자발적으로 나섰으며 그럼으로써 누구나 의무적으로 답해야 하는 질문이자 열정적인 민주당 정치인들의 앞을 가로막는 장애물로 남아 있는 질문, 바로 어느 편인지 묻는 그 질문에 답하고자 한다고 말했다.

조지프는 "정부 고위 공직자, 카펫배거, 독점 기업가, 보호무역론자, '실세'와 동맹을 맺어 이익을 챙기려는 이기주의자"야말로 새로운 갈등을 일으키는 적이라고 규정한 뒤, 이들이 공화당의 기치를 들고 있기 때문에 전국 어디에서나 쉽게 알아볼 수 있지만 개혁의 움직임이 우위를 점하고 있는 미주리 주에서는 공화당이 숨기 바쁘다고 세달리아 유권자들에게 말했다. "따라서 미주리 주에서만은 그랜트의 당이 꽁무니를 빼면서 짐꾼, 우체국장, 징수관, 배석 판사, 선거권 박탈자, 흑인 형제, 기타 등등의 모든 사람들을 '시민'으로 여기며 개혁을 목청껏 부르짖는 진기한 광경을 볼 수 있는 것입니다."

조지프는 인민당이 마스크를 쓰고 고속도로에서 강도질하는 제임스 보이즈James boys처럼 공화당의 가면일 뿐이라고 말하면서 이를 입증하기 위해 새로운 당의 강령과 과거 공화당의 강령을 일일이 비교했다. "그들은 자신들이 개혁의 기수라고 말하지만 우리에게는 거들먹거리는 개혁가, 불친절한 우체국장, 연방 고위 공직자, 선동을 일삼는 부패한 정치인만이 보일 뿐입니다." 비록 각자의 잘못된 행동에 대해서는 구체적인 언급을 피했지만 조지프는 슈르츠와 그로스베너의 이름을 들먹이며 그랜트 추종 세력이자 부정부패의 상징으로 싸잡아 비난했다.

조지프는 공화당원으로 활동했던 과거에 대해 거듭 속죄했다. "과거 잠시나마 가까이해서는 안 되는 당에 몸담았습니다만, 그것은 제가 갓 제대하고 철모르는 소년이나 다름없던 시절의 일이었다고 감히 말씀드립니다." 조지프는 주 의회 의원으로 일하던 시절 선거권 박탈 조항을 철폐하기 위해 애썼기 때문에 자신이 지은 죄는 공화당이 지은 죄보다 가볍다고 주장하면서, 당시 선거권 박탈 조항 철폐에 반대하던 사람들이 남부연합 동조자에게 선거권을 부여하는 일은 연방 사람을 몰아내는 일이고 흑인을 다시 노예로 되돌리며 심하게는 흑인을 대량 학살하는 일이라는 주장을 폈다고 덧붙였다. "결국 선거권을 회복한 남부연합 동조자들이 참여한 선거가 치러졌습니다. 그러나 불행해진 연방 사람이 있습니까? 연방 편을 들었다는 이유로 폭행당한 흑인이 있습니까? 제가 아는 한 미주리 주 전체를 통틀어 폭행당한 흑인, 집단폭행을 당한 흑인은 세인트루이스 카운티의 가여운 소녀를 강간한 흑인뿐입니다. 그리고 그를 응징한 사람은 남부연합 동조자들이 아니라 성실한 독일인들과 굳은 신념을 지닌 연방 사람들이었습니다."

조지프가 집단폭행이 이뤄지고 있다는 사실을 공개석상에서 시인했지만 놀라는 사람은 아무도 없었다. 매년 50건에서 100건의 집단폭행 사건이 벌어지고 있었는데, 희생자 대부분은 성범죄를 저지른 것으로 추정되는 흑인들이었다. 물론 증거는 거의 없었다. 아이다 웰스Ida B. Wells 같은 극소수의 미국인만이 흑인에 대한 집단폭행에 반대하는 형편이었다. 지역에서 자행되는 테러를 근절하기 위해 연방 정부는 KKK단에 대한 연방 정부의 규제를 강화하는 내용을 골자로 1871년 시민권법을 제정했다. 그러나 슈르츠, 그로스베너, 브라운 덕분에 조지프는 그 법의 가치를 깨닫지 못했고 그랜트 대통령에 대한 조지프의 적대감만 더 커졌다.[31]

대부분의 백인처럼 조지프도 흑인들의 어려움에 무감각했다. 억압받는 흑인을 직접 만나본 적이 없기 때문이었다. 그는 유대인이었지만 헝가리에 살 때 별다른 차별을 겪지 않았고, 끝날 무렵 참전한 남북전쟁에서는 비영어권 병사들과만 어울렸기 때문에 전쟁이 발발하기 전에 전쟁을 독려하며 노예폐지론자들이 펼친 선전전을 접하지도 못했다. 조지프가 미국에서 체험한 최악의 불의는 미국인 사이에 퍼져 있는 반反유대인 정서였는데 그것 때문에 일자리나 살 집을 구하지 못한 것도 아니고 친구를 사귀지 못한 것도 아니니 그렇게 심한 수준은 아니었다.

세달리아에서 시작한 유세는 버세일즈Versailles, 워런스버그Warrensburg, 노브노스터Knob Noster로 이어졌다. 어느 공화당 성향의 신문 기자는 노브노스터에 도착한 조지프의 행보를 시간순으로 정리해 보도했다. 조지프를 미주리 주 농촌 지역의 고루함에 경악한 가식적인 민주당원(버번

민주당원Bourbon Democrat. 1876에서 1904년 민주당원을 지칭하던 표현-옮긴이)
으로 소개한 기자는 비아냥거리는 말투로 우스꽝스러운 이야기를 늘어
놓았다. 기사에 등장한 만평과 마찬가지로 기자 역시 조지프의 코를 놀
림감으로 삼았다. 기자는 열차에서 내린 조지프가 이곳에 호텔이 단 한
곳도 없다는 사실을 알아차리게 된 과정을 이렇게 보도했다. "놀라움과
충격을 안겨주는 퓰리처의 돌출된 코는 생각하기도 싫을 정도로 끔찍했
다."[32]

기사에 세 차례나 등장하며 집중 조명된 조지프의 코는 작은 점수
를 챙기기 위해 날리는 잽 이상의 의미가 있었다. 조지프의 친구 케플
러가 그린 캐리커처처럼 기자는 조지프의 코를 묘사함으로써 그가 유
대인임을 독자들에게 알리고자 했다.《톰 소여의 모험The Adventures of Tom
Sawyer》에서 "아줌마가 물 기러오라고 해써."라며 맞춤법을 엉망으로 구
사하는 짐Jim의 모습을 통해 짐이 흑인이라는 사실을 금세 눈치챌 수 있
듯 '돌출된 코'라는 표현을 본 독자들은 조지프가 유대인임을 쉽게 알아
차렸다.[33]

19세기 말에는 유대인을 구분해주던 전통적인 표식들이 차츰 쓸모
없어지면서 코가 유대인의 보편적인 특성으로 발돋움했다. 가령 과거에
는 '까무잡잡한 피부색'으로 유대인을 구분했다. 그러나 여러 세대에 걸
친 이민과 그 밖의 다른 요소로 인해 피부색의 차이가 옅어지면서 피부
색으로 인종을 구분해낼 수 있다는 관념은 사라졌다. 물론 흑인은 예외
였다. 인종의 차이를 규명하는 일에 혈안이 된 사회과학자들은 피부색
대신 코에 주목하기 시작했고 유대인의 코를 연구한 끝에 '매부리코'를

유대인의 특성이라고 규정했다. 유대인 코의 특성은 인종이 다른 부모 사이에서 태어난 자녀에게 더 뚜렷이 나타나는 것으로 밝혀졌으므로 의복이나 장신구 등 겉으로 드러나는 문화적 특성을 포기한 유대인이라도 코에 나타나는 특성까지 지울 수는 없었다.[34]

노브노스터를 떠난 조지프는 세인트루이스로 발길을 돌렸다. 주 전역을 도는 유세 일정의 막바지에 들른 곳은 분빌Boonville이었다. 조지프의 방문은 당파색이 분명한 당대의 언론에 굉장한 이야깃거리를 제공했다. 민주당 성향의 〈분빌 애드버타이저Boonville Advertiser〉는 조지프를 "호소력 있는 연설을 하는 독일인"이라고 표현하면서 조지프의 연설이 "쉬우면서도 논리적이어서 듣는 이의 마음을 사로잡았다"고 보도했다. 공화당 성향의 〈분빌 위클리 이글Boonville Weekly Eagle〉의 논조는 사뭇 달랐다. "호소력은커녕 코만 눈에 들어왔다. 손에 잡힐 것 같지만 '쥐고' 싶은 마음은 생기지 않는다." 기자는 혹시라도 독자들이 자기 농담을 못 알아들을까 봐 '쥐고'를 진하게 강조해 표시하는 친절함을 곁들였다.[35]

조지프의 연설은 일관성 있고 논리정연했다. 무게감도 잃지 않았다. 영어 한마디 못하는 10대 소년이 미국에 도착한 것이 불과 10년 전이었는데 이제 스물일곱 살이 된 미국 시민 조지프는 지지자들에게는 찬사를, 반대파로부터는 조소를 듣는 연설가로 거듭나 있었다. 외국인 특유의 억양이 남아 있었지만 단순한 독일인 연설자 수준을 훌쩍 뛰어넘은 상태였다.

몇 주 뒤 조지프가 지지하는 주지사 후보가 선거에서 크게 승리했다. 민주당원인 조지프가 공직에 오를 수 있다면 주 의회 의원도 될 수 있을 터였다. 선거는 조지프에게 정치 경력을 다시 시작할 기회를 주었다. 지극히 근소한 차이(총 22만 2,315표 중 283표)로 헌법위원회 Constitutional Convention 개최를 요구하는 시민들이 승리했다. 조지프는 68명의 대표를 선출하는 선거에 출사표를 던졌고 1875년 1월 26일 유권자들은 조지프를 선택했다. 한편 조지프의 친구 제임스 브로드헤드 변호사와 철학자 헨리 브록마이어도 함께 선출되었다. 조지프가 민주당으로 당적을 옮긴 일로 분통을 터뜨렸던 〈베스틀리헤 포스트〉는 한때 한솥밥을 먹었던 조지프의 당선에 조롱으로 응수했다. 〈베스틀리헤 포스트〉는 조지프를 남의 뺨에 생채기나 내는 고슴도치에 비유하면서 헌법 초안을 작성할 만한 인물이 아니라고 보도했다.[36]

9장

헌법 제정

1875년 2월 21일 조지프와 〈세인트루이스 글로브〉의 조지프 매컬러프는 조지프가 머물고 있던 우아한 세인트루이스 서던 호텔의 현관에서 〈일리노이 슈타츠-차이퉁〉 발행인 헤싱A. C. Hesing과 마주쳤다. 공화당 지도자로 시카고에서는 '실세 헤싱Boss Hesing'이라고 불릴 만큼 막강한 권력을 행사하는 헤싱은 그날 밤 가장 인기 있는 인물이었다. 매컬러프는 이렇게 전했다. "어젯밤 서던 호텔에 들른 헤싱은 서 있든, 앉아 있든, 복도를 거닐든 항상 누군가와 이야기를 나누거나 누군가의 이야기를 듣고 있었다. 주변에 모여든 사람들은 그에게 말 한마디 건넬 수 있기를 간절히 바라는 눈빛으로 그의 이야기를 경청했다."[1]

매컬러프는 기사를 쓰기 위해 헤싱과 인터뷰하려 했고 조지프는 개인적인 질문을 던질 생각이었다. 조지프는 민주당원, 헤싱은 공화당원으로 서로 당적은 달랐지만 조지프는 변화무쌍한 정치 지형에 대한 헤싱의 고견을 듣고 싶었다. 민주당으로 당적을 옮긴 지 몇 달 되지 않은 상태였으므로 조지프에게는 자신의 결정이 올바르다는 확신이 필요했다. 그리고 헤싱은 조지프가 원하던 답을 들려주었다.

"모든 상황이 민주당 편으로 돌아서고 있어요." 헤싱이 말했다.

"1872년 대통령 선거에서 그릴리와 브라운을 지지했던 자유공화당원들은 앞으로 어떻게 될까요?" 매컬러프가 질문을 던졌다.

"아마 진짜 민주당과 결합하게 될 겁니다. 일리노이 주나 다른 주의 자유공화당원들은 공화당 급진파가 장악한 지금의 정부에 넌더리를 내고 있거든요."

"카를 슈르츠는 어떻게 될까요?"

같은 공화당원이자 같은 독일인인 헤싱은 이렇게 말했다. "내 생각을 말해주리다. 나는 언론인으로서든 정치인으로서든 슈르츠가 그리 중요한 인물이 아니라고 봅니다."

헤싱의 말은 조지프에게 안도감을 심어주었다. 민주당으로 당적을 옮긴 일은 잘한 일이었다. 또한 정신적 지주였던 슈르츠와도 매우 적절한 시기에 결별한 셈이었다. 민주당은 조지프의 입당을 진심으로 반겼다. 그에 보답이라도 하듯 조지프는 이번 선거에서 민주당 주지사 후보를 당선시키기 위해 많은 애를 썼다.[2]

정치적 운만 상승세를 탄 것은 아니었다. 조지프에게는 금전적인 운도 따랐다. 제임스 이즈가 추진한 미시시피 강 준설 사업이 큰 성공을 거둔 것이다. 그 사업에 2만 달러를 투자한 조지프는 몇 년 동안 돈 걱정 없이 살 만큼의 수익을 올렸다. 돈 걱정 없이 정치에만 전념할 수 있게 된 것이다. 조지프는 감사의 표시로 서던 호텔 특별 응접실(5호실)을 빌려 이즈의 사업 성공을 축하하는 성대한 연회를 열기로 했다. 세인트루이스의 저명 인사들도 초대할 생각이었다. 개회사는 조지프의 몫이었다. "20년쯤 뒤에는 이즈의 이름을 딴 공원이나 거리를 볼 수 있을 것입니다. 무엇보다 이즈의 동상이 세워지길 바랍니다."[3]

조지프는 활동에 들어간 시민위원회 일을 잠시 미루고 동부로 떠났다. 이번 방문을 필두로 조지프는 한 해 동안 여섯 차례나 뉴욕을 방문했다. 뉴욕 언론계로 진출하기로 마음먹었지만 동생 앨버트처럼 다른 사람이 소유한 신문사에서 일할 마음은 없었다. 조지프는 신문사를 소유하고 싶었다. 루돌프 렉소Rudolph Lexow가 운영하는 독일어 주간신문 〈벨레트리스티셰스 저널Belletristisches Journal〉을 염두에 두었지만 두 사람 사이의 이견이 좁혀지지 않아 인수하지 못했다.[4]

1870년대의 조지프는 뉴욕에 갈 때마다 웨스트 23번가와 24번가 사이에 위치한 피프스애비뉴 호텔Fifth Avenue Hotel에 투숙했다. 피프스애비뉴 호텔은 1858년 완공된 6층짜리 호텔로 전면을 대리석으로 마감했고 오늘날에는 승강기라고 부르는 '수직 철도'를 최초로 설치한 호텔이었다. 남북전쟁이 끝난 뒤에는 벽난로와 개인 욕실이 딸린 호화스러운 객실로 유명세를 탔다. 무연탄 냄새와 커피향이 뒤섞인 텁텁한 냄새를 풍기는 털이 긴 카펫을 깔아놓은 피프스애비뉴 호텔의 넓찍한 공간은 공화당이 한창 주가를 올리던 시절에 공화당의 회의장으로 애용되었다.

자유공화당 역시 주로 그곳에서 회의를 열었다.

그러나 1870년대로 접어들면서 신축 호텔들이 속속 등장해 피프스애비뉴 호텔의 명성을 빼앗아갔다. 이디스 훠턴Edith Wharton은 중편소설 《새해 첫날New Year's Day》에서 이렇게 탄식했다. "피프스애비뉴 호텔의 화려함은 이제 사라지고 없다. 그곳을 다녀간 사람조차 기억하는 이가 없다. 걸핏하면 '정치인들'과 '서부 사람들'이 드나들었다는데, 엄마는 그 두 부류를 문맹자나 범죄자와 같은 급이라는 투로 말하곤 했다."[5]

그해 3월 조지프는 피프스애비뉴 호텔에 투숙하고 있었다. 어느 날 세인트루이스에서 만든 신문을 우연히 본 조지프는 세인트루이스의 소식이 궁금해 냉큼 신문을 집어 들고 읽기 시작했는데, 난데없이 그의 이름이 신문에 등장했다. 몇 년 전, 그러니까 1872년 세인트루이스의 기업가들이 오래된 버라이어티스 극장Varieties Theater 재생 사업에 돈을 투자했다. 조지프의 친구 허친스도 꽤 많은 돈을 그 사업에 투자했다. 그러나 사업은 망했고 뒤이어 금전적, 법적 소용돌이가 몰아쳤다. 거기 휘말린 허친스는 다른 투자자들의 지분을 헐값에 사들이는 방식으로 투자를 확대했다. 극장과 내부 시설이 경매에 나오면 채권자의 권리를 행사해 투자금을 회수할 요량이었다. 그것도 여의치 않게 되자 허친스가 기댈 수 있는 최후의 수단은 소송이었다.

조지프는 그 일과 아무런 관련이 없었고 잘못한 일도 없었다. 신문들도 그 사건을 들어 조지프를 비난하지는 않았다. 그러나 허친스와 친구 사이였기 때문에 조지프도 이 소송에 휘말리게 되었다. 허친스에게 고소를 당한 피고는 조지프가 자신들 편이 되어 허친스의 주장을 반박하고 자신들에게 유리한 증언을 해줄 것으로 믿고 있었다.

세인트루이스에서 가장 다채로운 이력을 지닌 악명 높은 변호사 두 사람이 피고를 변호하기 위해 나섰다. 4년 전 조지프가 총격 사건으로 재판을 받을 때 변호를 도왔던 프랭크 보먼Frank J. Bowman과 브리턴 힐이었다. 두 변호사의 모습은 도저히 가능할 것 같지 않은 조합이었다. 보먼은 57킬로그램 정도밖에 나가지 않는 작은 체구의 소유자였다. 가뜩이나 작은 보먼은 136킬로그램이나 나가는 거구의 힐과 함께 서 있으면 더 왜소해 보였다. 왜소한 체구 덕분에 '세인트루이스 법조계의 마키아벨리Machiavelli'라는 별명을 얻은 보먼은 무슨 일이든 불도저처럼 뚝심 있게 밀어붙이는 성격이었다. 보먼은 참을성이 많지 않아서 법정에서의 일을 법정 바깥으로 끌고 나와 결투를 신청하는 경우가 종종 있었기 때문에, 다른 변호사나 기업가들은 보먼을 두려워했다.[6]

법적 쟁점이 매우 복잡해서 아주 명민한 변호사가 아니면 소송의 쟁점조차 이해하기 어려운 상황이었다. 그러나 그런 것은 상관없었다. 세인트루이스의 저명 인사가 수두룩하게 결부된 이 소송은 1875년 봄 세인트루이스 사람들의 이목이 집중된 한 편의 생생한 드라마를 탄생시켰다. 언론은 조지프가 허친스와의 의리를 지키기 위해 일부러 은신한 것이라고 떠들어댔다.

신문을 호텔 방에 보관한 뒤 조지프는 소송을 담당한 판사에게 전보를 보냈다. "지금까지 언론에 보도된 내용은 사실과 전혀 다르니 개의치 마십시오. 다음 열차를 타고 세인트루이스로 돌아가 증언하겠습니다. 제가 증언할 시간적 여유가 남아 있는지 즉시 회신 부탁드립니다."
회신은 없었다. 그러나 어쨌든 돌아가기로 마음먹은 조지프는 다음 날 밤 세인트루이스행 열차에 몸을 실었고 1875년 3월 20일 세인트루이스에 도착했다.[7]

조지프가 돌아왔다는 소식을 들은 〈미주리 리퍼블리컨〉의 어느 민첩한 기자가 조지프를 찾아 나섰다. 기자는 가장 먼저 서던 호텔에 들러 조지프가 투숙했는지 물었다. 프런트 데스크 담당 직원이 대답했다. "여기 안 계십니다." 기자는 〈베스틀리헤 포스트〉에도 문의했지만 조지프가 그곳에 없을 뿐 아니라 최근 통 보이지 않았다는 답을 받았다. 포기한 기자는 사무실로 돌아갔다. 자정 직전 조지프가 "세인트루이스 언론사 앞"으로 보낸 편지가 각 신문사에 배달되었다.

"뉴욕에서 방금 돌아온 참이었다. 순전히 개인적인 용무로 세인트루이스를 떠났던 일을 불미스러운 소송과 결부시킨 기사를 내보낸 공정하고 너그러운 세인트루이스 언론의 행태가 놀랍기도 하고 헛웃음이 나오기도 했다." 조지프의 거짓말에 익숙했던 〈미주리 리퍼블리컨〉은 조지프의 편지를 기사화하면서 다음과 같은 단서를 달았다. "퓰리처는 극장에 관련된 소송이 자신과 티끌만큼도 관련이 없다고 주장했다. 퓰리처가 그렇게 차분하고 우아한 태도로 말할 수 있다니 믿기지 않는다. 따라서 퓰리처의 언급은 일종의 '비아냥거림'으로 이해해야 할 것이다."[8]

〈미주리 리퍼블리컨〉의 판단은 딱 맞아떨어졌다. 판사에게 보낸 전보나 언론사에 보낸 전보 모두 사실이 아니었다. 조지프는 3월 9일부터 줄곧 세인트루이스에서 지내고 있었다. 언론이 허친스가 관련된 소송 내용을 열심히 보도했기 때문에 누구보다 신문을 열심히 보는 조지프는 허친스가 관련된 소송이 3월 8일에 열린다는 사실을 미리 알고 있었다.[9]

소송은 3월 23일에 마무리되었다. 법정에 다녀온 사람들은 법정이 아니라 극장에 다녀온 것 같은 느낌을 받았다. 그들은 다음과 같은 기사를 쓴 〈미주리 리퍼블리컨〉 기자와 같은 인상을 받았을 것이다. "소송은 마치 한 편의 잘 만든 연극 같았다. 무대에 오른 보먼 변호사의 연기는 올해 선보인 연기 중 최고였다. 줄거리는 복잡하고 배역은 놀라웠다. 유명 인사들이 줄줄이 무대에 올랐다. 따라서 2주 내내 객석이 꽉 찬 것도 무리가 아니다."

다음 무대의 막이 오르기 한 시간 전에 이미 법정은 사람으로 가득했다. 그러나 참관하려는 사람들은 계속 밀려들었다. 전前 시장, 주 의회 의원, 기업가, 심지어 다른 법정의 판사까지도 구경하러 올 정도였다. 조지프는 거기 모인 청중 대부분과 친분이 있었다. 그중에서도 제임스 브로드헤드와 루이스 고츠초크Lewis Gottschalk는 앞으로 있을 헌법위원회에 함께 참석할 동료였다. 저명한 민주당 변호사 알론조 슬레이백Alonzo Slayback 대령은 지난해 선거 운동 본부에서 조지프와 함께 일했던 인물이었다.[10]

10시 직전 보먼이 모습을 드러냈고 10시 정각에 판사가 입장했다. 조지프는 법정에 출두했다는 사실을 알리기 위해 북새통을 헤치고 앞으로 나갔다. 조지프는 신문을 통해 자신이 소환되었다는 사실을 알게 되었고, 증언할 준비를 마쳤다고 말했다.

"퓰리처 씨는 소환된 것이 아닙니다. 소환장을 발부했으나 '소재 불명'이라는 답만 돌아왔으니까요." 판사가 말했다.

"소환을 피하려고 세인트루이스를 떠났다고 생각하셨을 테지요. 하지만 존경하는 판사님, 저는 무엇이 되었든 제가 아는 것을 사실대로 말할 준비가 되어 있습니다."

판사는 꿈쩍하지 않았다. 판사는 조지프에게 증언할 기회는 이미 지나갔고 사건은 종결되었다고 말했다. "법조계의 일원이니 사건이 끝난 뒤 이뤄지는 증언은 효력이 없다는 사실도 이미 알고 있으리라 믿습니다."

그러나 조지프도 물러날 기세가 아니었다. "신문을 봤습니다. 나를 믿지 못할 사람으로 몰아가는 구설, 추측, 암시가 한가득이더군요. 따라서 제 명예회복을 위해서라도 변론 기회를 얻고 싶습니다."

판사가 제지했다. "소송 당사자도 아니지 않소."

"제가 원하는 것은 정의뿐입니다. 이곳은 정의가 실현되는 법정 아닙니까."

"모두에게 그렇지는 않아요." 판사의 말에 객석에는 웃음이 터졌다. 조지프는 물러설 수밖에 없었다. 그러자 보먼이 일어나 2시간에 가까운 최종 변론을 했다. 그날 오후 배심원단은 기나긴 최종 변론을 한 보먼의 노고에 보답이라도 하듯 피고 측에 유리한 평결을 내렸다. 보먼은 승리했고 허친스는 투자금을 날렸다.[11]

법정에서 다툼을 벌였던 대부분의 사람들은 불편한 심기를 일단 접어두고 다음 날 저녁 서던 호텔에서 열린 제임스 이즈의 사업 성공 축하연에 참석했다. 굴, 가짜 거북 수프, 앤초비 소스를 곁들인 캘리포니아

연어찜, 양고기, 소고기, 칠면조고기, 닭고기, 사슴고기, 송아지 췌장이 샤토 마고 앤드 크루그Château Margaux and Krug 샴페인과 함께 나왔다. 모인 사람들은 세인트루이스의 유명 기술자의 과거와 미래를 위해 건배했고 조지프는 이즈를 통해 뜻밖의 횡재를 얻게 된 일을 자축했다.[12]

　　1875년 5월 초 조지프는 제퍼슨시티로 떠났다. 5년 전에는 주 의회 의원으로 선출되어 주 의사당에 입성했었는데 이번에는 헌법위원회의 위원으로 선출되어 다른 67명의 위원들과 더불어 미주리 주 의사당 회의실에 입성하게 되었다. 의회는 새로운 헌법을 만들 위원들의 면면을 궁금해하는 참관인들로 북새통을 이루었다. 사실 위원들의 면면은 대체로 비슷했다. 여성들의 참정권이 인정되지 않던 시절이었으므로 모두 남성이었고 모두 부유했다. 몇 주씩 일하지 않고도 먹고 살 걱정이 없어야 하기 때문이었다. 그리고 대부분은 법조인이었다. 정치적으로 볼 때 이들은 공화당 급진파에 대한 반발의 산물이었다. 민주당이 모든 회의를 지배했다. 사실 헌법위원회는 재결성된 남부연합 같은 분위기였다. 위원의 절반 이상이 남부연합에서 활동했거나 남부연합의 대의명분에 동조하는 사람들로 채워졌기 때문이었다.[13]

　　스물여덟 살의 조지프는 위원 중 나이가 가장 적었는데 평균 나이와 비교해 스무 살이나 적었다. 눈에 띄지 않을 도리가 없었다. 조지프는 모자를 오른쪽으로 약간 삐딱하게 쓰고 사진을 찍는 유일한 위원이었다. 조지프는 헝가리의 혁명지도자 러요시 코슈트가 미국으로 망명하면서 함께 들어온 챙이 늘어지는 슬라우치 모자를 쓰고 코안경을 꼈다. 콧수염과 나폴레옹 3세처럼 다듬은 염소수염을 길렀고 아랫입술 밑으로도 수염을 길렀는데 사람들의 눈에 띄려고 일부러 그랬다면 목적을 달성하고도 남은 것이었다.[14]

탐색을 마친 조지프에게는 자신감이 넘쳐흘렀다. 기자와 법조인으로 일하면서 의회에서 활동하는 법을 몸에 익힌 조지프는 자신이 지닌 능력을 유감없이 발휘했다. 그러나 1870년 오거스틴을 분노하게 만들었던 날 선 언행이 다시 시작되었다. 이번 상대는 세인트루이스에서 함께 온 루이스 고츠초크였다. 회의 진행 과정에서 고츠초크는 헌법위원회 구성 결과를 뒤집을 수도 있는 보충선거와 관련해 언론에 떠도는 루머에 대해 주 정부 장관들이 조사해 보고하게 하자는 결의안을 제출했다. 조지프는 이렇게 대응했다. "그 결의안이 학식이 높고 지위가 높은 위원들로 구성된 헌법위원회의 지적 수준을 모독하고 있다는 것은 자명합니다. 결의안을 낸 사람 본인의 지적 수준이 의심스럽지 않을 수 없습니다."[15]

설전은 빠른 속도로 격해졌다. 고츠초크는 미주리 주와 그 주민이 미국에 속한다는 사실을 인정하는 조항을 새 헌법에 포함시키려 했다. 문구만 봐서는 별 문제가 없는 조항이었다. 그러나 남북전쟁이 끝난 지 거의 10년이 지난 시점에서 그 조항은 대표들의 충성심을 공격하는 말과 같았다. 심기가 불편해진 조지프는 이렇게 발언했다.[16]

"존경하는 의장님, 저는 미국을 대표하는 사람으로, 그리고 미국인으로 이 자리에 섰습니다. 여러분은 어린이들에게 그들이 자신의 부모의 자식임을 시인하는 자술서를 쓰게 시킬 수 있습니다. 존경하는 의장님. 저는 거기서 한발 더 나아가 헌법이 어떤 근거로 작성되었는지 묻고 싶습니다. 공포의 논리, 이기적이고 비열한 목적에서 시작된 (…) 지나친 과장과 극단적인 당파심에 영합하는 논리가 아닌 그 어떤 논리를 바탕으로 작성되었는지 묻고 싶습니다."

고츠초크가 말을 끊었다. "존경하는 의장님, 장내 질서를 잡아주십시오."

조지프가 응수했다. "나도 바라던 바요." 대표들 사이에서 웃음이 터졌다.

고츠초크가 되받았다. "의회에 어울리지 않는 발언이라고 감히 말하고 싶습니다." 그때 의장이 끼어들었다. "퓰리처 씨는 정숙하시오."

조지프도 지지 않고 응수했다. "하지만 의회는 항상 진실의 편에 서 있습니다." 다시 한 번 대표들 사이에 웃음이 터졌다.

의장이 다시 명령했다. "두 분은 검토해야 할 법률 개정안에만 집중해주시기 바랍니다." 위원회 회의를 방해할 수 있는 논쟁을 이쯤에서 끝내려는 의도였다. 이 논쟁에서 조지프가 승리하면서 수정안은 부결되었다. 비록 사람들에게 깊은 인상을 남길 만큼 격렬한 설전을 벌였지만 그 일로 두 사람의 사이가 멀어지지는 않았다.

여름의 열기가 제퍼슨시티를 덮칠 무렵까지도 헌법위원회는 사람들이 충분히 납득할 만한 새 헌법을 만드느라 애쓰고 있었다. 아침 8시에 시작한 회의는 저녁 6시 30분까지 이어졌다. 저녁을 먹은 뒤에도 위원들은 다시 모여 10시에서 11시까지 회의를 이어갔다. 조지프의 친구 중 한 사람은 집에 이런 편지를 보냈다. "정말이지 이건 내가 겪어본 일 중 제일 힘든 일이오."[17]

조지프가 정치를 해나가는 방식은 주 의회 의원일 때와 하나도 달라지지 않았다. 조지프는 주 정부의 구조나 형태에 대해서는 별 관심이 없었다. 조지프의 관심은 오로지 자신의 출신 지역인 세인트루이스 시에 집중되어 있었다. 조지프는 세인트루이스 시에 세인트루이스 카운티와 미주리 주의 간섭을 받지 않을 수 있는 자치권을 주고자 했다. 농촌 출신 위원들은 헌법에 독특한 조항을 집어 넣으려는 세인트루이스 시 출신 위원의 주장에 분노했지만 조지프와 브록마이어는 세인트루이스 시가 미주리 주 인구의 4분의 1이 거주하는 지역이고 미주리 주 세수입의 절반을 부담하고 있으므로 특혜를 받을 자격이 충분하다고 주장했다. 결국 세인트루이스 시 출신 위원들의 요구를 검토하기 위한 특별위원회가 별도로 구성되었다.[18]

따로 자리를 마련한 특별위원회는 모든 위원의 지지를 이끌어낼 수 있는 합의를 도출하기 위해 애썼다. 조지프는 특별위원회에서 배제되었다. 대신 그는 복도에서 이 문제를 두고 사람들과 끊임없이 토론했다. 가령 세인트루이스 시의 요구에 굴복해 이례적인 선례를 남기는 것은 아닌지 염려하는 위원들을 만나면 조지프는 어김없이 비아냥거림으로 응수했다. 조지프는 이렇게 말했다. "선례란 독창적인 견해를 피력할 능력이 없는 사람들의 나약한 정신 상태를 표현하는 말입니다. 그런 나약한 사람들이나 다 썩어서 사라져버린 선례의 흔적을 찾아 마음의 안식을 찾으려 하는 법이지요."[19]

논쟁 끝에 특별위원회는 타협점을 찾아냈다. 세인트루이스 시는 세인트루이스 카운티의 사법권에서 분리되어 독자적인 자치 정부를 구성할 수 있게 되었다. 그리고 바로 이듬해 세인트루이스 시는 세인트루이스 카운티와 '결별'했다. 조지프와 다른 개혁가들의 희망대로 독립을 쟁취한 세인트루이스 시는 미국 최초로 자치 법령을 시행하는 도시가 되었다. 성장하고 있는 대도시를 다스릴 혁신적인 방법을 찾아 나서기 시작한 미국은 세인트루이스 시의 사례를 반겼다. 그러나 조지프를 비롯해 세인트루이스 시의 독립을 주장한 다른 위원들은 장차 이 수정안이 쓸모없어지리라는 예상은 하지 못했다. 영토를 늘릴 수 없고 헌법적 제약으로 인해 증세도 할 수 없었기 때문에 세인트루이스 시는 점차 황폐해지고 말았다. 그러자 부유한 시민들은 세인트루이스 시를 떠났고 도심은 부유한 세인트루이스 카운티에 에워싸인 극빈자들의 집합소로 전락하고 만다.[20]

헌법위원회 회의가 막바지에 이르렀을 무렵 언론의 자유에 대한 논의가 이뤄졌다. 신문들이 잦은 명예훼손 소송에 휘말리는 일이 없도록 법적 보호 장치를 강화하려 한 어느 위원이 펜실베이니아 주가 최근 채택한 헌법 조항을 바탕으로 작성한 수정안을 제출했다. 그 조항에 따르면 공인公人이나 사인私人은 배심원단 앞에서 문제가 되는 기사가 악의를 가지고 작성된 것인지 아니면 있는 그대로 작성된 것인지 변론할 기회를 가지게 되어 있었다.[21]

이 제안에 대해 발언한 의원은 세 명이었다. 몇 년 전 〈베스틀리헤 포스트〉 발행인을 맡고 있을 때 명예훼손 소송에 휘말려본 경험이 있는 조지프도 발언에 나섰다. 언론의 자유에 대한 초기 입장이 고스란히 드러난 공식 발언이었다. 조지프는 수정안을 제출한 의원과 마찬가지로 본인도 언론계 종사자였다는 사실을 밝히는 것으로 말문을 열었다. "현행법 하에서 언론계에 종사했던 사람으로서 양심의 가책을 느낍니다. 제 생각에는 현행법의 힘을 약화시키기보다 오히려 강화시켜야 합니다. 이 자리를 빌려 제가 누군가의 명예를 훼손하는 죄를 저질렀을 수도 있다는 점을 고백하게 되어 참으로 유감입니다. 물론 악의가 있었던 것은 아닙니다. 절대로 아닙니다."

조지프는 수정안대로라면 신문사 소유주에게는 절대로 유죄 선고를 할 수 없게 된다고 말했다. 왜냐하면 신문사 소유주는 신문의 내용에 거의 관여하지 않기 때문이었다. 신문은 편집자와 기자들의 작품이었다. "다시 말해 신문사를 소유한 사람은 신문을 만들지 않습니다." 조지프는 세인트루이스의 신문사들을 그 예로 들었다. "오늘날 세인트루이스에서 앞서가는 신문들은 그 신문을 소유하지 않은 사람들이 만들고 운영합니다. (…) 신문사 소유주는 신문사에서 가장 보잘것없고 중요성이 가장 떨어지는 존재입니다."

조지프는 현행법을 수정할 필요가 없다고 주장했다. 헌법이 신문사를 지금보다 더 많이 보호할 필요는 없었다. "존경하는 의장님, 언론의 힘은 지금도 충분히 강합니다. 분Boone 카운티에서 오신 신사께서 위험하고 매우 부정의하다고 여기는 바로 그 현행법 하에서 신문사는 번영을 누리면서 그 힘을 더욱 키워가고 있습니다."

조지프의 발언은 돌연 고백으로 바뀌었다. 조지프는 동료 위원들에게 〈베스틀리헤 포스트〉에서 일하는 동안 서너 차례의 명예훼손 소송에 휘말린 적이 있다고 털어놓았다. "명예훼손 소송을 겪었지만 신문사는 단 한 번도 부당한 일을 겪지 않았습니다. 오히려 고소인 측이 부당한 일을 겪었다고 말씀드릴 수 있습니다. 과거에 제가 저질렀을지도 모르는 죄를 씻기 위해서라도 언론계가 돌아가는 상황에 익숙해질 겨를이 전혀 없었던 동료 위원들을 반드시 설득해야겠습니다." 몇 년 뒤 신문사 발행인으로서 조지프가 가진 권력을 제어하려고 시도했던 조지프의 정적政敵들이 당시의 헌법위원회 회의록을 들춰보고 조지프의 발언을 봤다면 기분이 어땠을까.

업무를 마친 헌법위원회는 7월에 해산했다. 세인트루이스로 돌아온 조지프는 왠지 모를 허전함을 느꼈다. 〈베스틀리헤 포스트〉는 조지프를 반기지 않았다. 슈르츠와 프레토리우스도 마찬가지였다. 엎친 데 덮친 격으로 가장 친한 친구들은 워싱턴이나 뉴욕으로 떠나버리고 없었다. 조지프는 다시 한 번 기로에 섰다. 법률사무소를 차린 것은 아니므로 자신을 변호사라고 하기에는 무리가 있었다. 마찬가지로 어느 언론사에도 소속되어 있지 않았으므로 언론인으로 행세하기도 어려웠다. 헌법위원회 위원으로서 잠시 정치 활동을 재개했지만 이제 끝나버렸고 그 밖의 다른 기회는 아직 보이지 않았다. 제2의 조국에서 편하게 살 만큼의 돈을 벌었다고는 하지만 사회적으로 조지프는 직업이 불분명한 방랑자에 불과했다.[22]

조지프는 1875년 가을을 세인트루이스에서 자질구레한 법률 문제를 처리하거나 허친스의 부탁을 받고 〈세인트루이스 타임스〉에 글을 기고하며 얌전히 보냈다. 몇 년 뒤면 언론계와 정계에서 큰 성공을 거두게 될 조지프였지만 당장은 목적 없이 떠도는 쓸모없는 존재였다. 스물여덟 살이 되었지만 일정한 직업도, 번듯한 집도 없는 서던 호텔 투숙객일 뿐이었다.

실패자라는 생각이 조지프를 덮쳤다. 호전적인 성격조차 가라앉았다. 슈르츠와 옥신각신 다투는 일도 마다한 채 〈일리노이 슈타츠-차이퉁〉에서 편집자로 일하는 친구 허먼 래스터Hermann Raster에게 편지를 보냈다. "논쟁은 '사양'일세. 내 마음대로 할 수 있는 신문도 없는 판이니 말이야."[23]

좋은 소식이라고는 조지프와 자유공화당 동료들의 활동 덕분에 그랜트 정부의 부정부패가 만천하에 드러나게 되었다는 소식뿐이었다. 짜릿한 복수였다. 대중은 미주리 주에서 자유공화당 운동이 일어났을 때 반란을 잠재우기 위해 그랜트 대통령이 국세 총감독관을 세인트루이스에 급히 파견했다는 사실을 알게 되었다. 국세 총감독관, 위스키 제조업자, 주류상, 세금 징수원 등은 반란 세력 진압을 위한 자금을 조성하기 위해 위스키 판매량을 축소 보고해 수천 달러의 세금을 탈루하기로 공모했다. '위스키파Whiskey Ring'가 탈루한 세금은 그랜트 대통령을 지지하는 신문사로 흘러들어갔고 사태를 관망하던 신문사를 그랜트 대통령 편으로 끌어들일 자금줄이 되었다.[24]

조지프가 새 헌법 작성에 열을 올리며 제퍼슨시티에 머물던 5월, 연방 기관은 주동자를 체포했다. 주동자 다섯 명 중에는 이제 〈세인트루이스 글로브〉 소유주가 된 〈미주리 데모크라트〉 전前 소유주 윌리엄 매키도 들어 있었다. 조지프와 동료들은 1872년 선거 당시 〈미주리 데모크라트〉가 그로스베너를 해고하고 그랜트 대통령 지지 세력으로 돌아선 이유를 그제야 분명히 알게 되었다.

12월 세인트루이스 대배심은 재무부를 상대로 한 사기 행위에 공모한 혐의로 그랜트 대통령의 개인 보좌관 오빌 배브콕Orville E. Babcock 장군을 기소했다. 배브콕 공판은 1876년 2월 7일 열릴 예정이었고 지역 언론은 이 사건이 존슨 대통령 탄핵 사건이나 애런 버Aaron Burr 공판에 버금가는 중요한 사건이 될 것이라고 공언했다. 전국 각지에서 기자들이 모여들었고 그 틈에는 앨버트 퓰리처도 끼어 있었다.[25]

조지프의 하숙방에서 더부살이하던 비쩍 마른 10대 소년은 훤칠한 키, 호리호리한 몸매, 말쑥한 매무새를 가진 스물다섯 살의 〈뉴욕 헤럴드〉 통신원이 되어 세인트루이스로 돌아왔다. 앨버트는 영어를 유창하게 구사했지만 이따금 외국인 특유의 억양이 섞여 나오는 것까지는 어쩌지 못했다. 앨버트는 〈뉴욕 헤럴드〉에서 승승장구했고 그곳에서 인생의 큰 변화를 겪게 되었다.

〈뉴욕 헤럴드〉에 입사한 첫해에 앨버트는 당시 미국에서 가장 큰 호텔이었던 그랜드센트럴 호텔Grand Central Hotel에 파견되었다. 뉴욕에서 사기를 당해 전 재산을 날린 영국 여성의 사연을 취재하는 임무였다. 사기를 당한 피해 여성을 찾아낸 앨버트는 이 젊고 매력적인 미혼 여성에게 흠뻑 빠지고 말았다. 취재를 위한 인터뷰는 곧 연애로 발전했고 패니 바너드Fanny Barnard와 앨버트 퓰리처는 1873년 6월 15일 결혼했다.[26]

앨버트는 〈뉴욕 헤럴드〉에서 인터뷰 기사로 큰 명성을 얻었다. 어느 저명한 영국 언론인 겸 정치가는 이렇게 말했다. "앨버트는 깔끔하고 상냥하고 매력적이었다. 포기할 줄 모르는 성품 덕분에 앨버트는 〈뉴욕 헤럴드〉에서 인터뷰의 제왕이 되었다. 인터뷰에 관한 한 앨버트에 필적할 기자는 없었다." 앨버트는 정말 끈질기고 집요하게 인터뷰 대상을 쫓아다녔다. 트위드 사건으로 소송 중인 오키 홀Oakey Hall 시장과 인터뷰할 당시에는 화장실로 피신한 시장에게 화장실 문 열쇠 구멍에 대고 고함을 지르며 질문을 던지기도 했다.[27]

조지프는 배브콕 공판 덕분에 앨버트와 재회했다. 조지프는 허친스의 부탁을 받고 사건 취재에 나선 참이었는데 〈세인트루이스 타임스〉는 〈뉴욕 헤럴드〉에 비하면 별 볼 일 없는 지역신문에 불과했다. 조지프는 특종을 잡아내며 동생보다 뒤처졌다는 불편한 심기를 달랬다. 공판이 시작되기 한 주 전쯤 법무장관은 기소 검사들에게 양형 거래를 금지하는 서신을 보냈다. 표면상으로 그 서신의 내용은 범죄 수사를 활성화하겠다는 의지를 다지며 대통령이 공표한 '비타협' 정책을 반영한 것처럼 보였다. 그러나 그 서신의 내용대로라면 기소 검사에게서 상관에게 불리한 증언을 하도록 피고인을 설득할 무기를 빼앗은 것이나 다름없었기 때문에 증인들의 심리를 위축시켜 증언을 받아내기가 더 어려워질 것이 불 보듯 뻔했다.

서신을 받은 세인트루이스 담당 연방검사 데이비드 다이어David P.

Dyer는 그 서신이 공개될 경우 배브콕 공판에 불리하게 작용하리라는 사실을 깨닫고 서신을 다른 봉투에 넣어 숨겼다. 훗날 다이어 검사는 이렇게 증언했다. "당시 상황에서는 다른 사람이 이 서신의 존재에 대해 모르는 것이 바람직하다고 생각했습니다. 그래서 검사보에게조차 그 서신에 대해 말하지 않았습니다."[28]

며칠 뒤 연방검사 사무실로 찾아간 조지프는 다이어 검사에게 〈일리노이 슈타츠-차이퉁〉을 건넸다. 조지프는 웃으며 말했다. "이 기사를 읽으실 수 있어야 할 텐데요." 신문을 받아든 다이어 검사는 독일어를 몰라 읽을 수 없다고 답했다. 그가 알아볼 수 있는 유일한 단어라고는 법무장관의 이름뿐이었다.

"그럼 그 서신을 영어로 번역해서 읽어드리지요. 같은 편지를 받으셨는지 궁금해서 말입니다." 조지프는 독일어로 된 기사 내용을 영어로 옮겼다. 다이어 검사는 조지프가 방금 읽은 것과 매우 유사한 편지를 받았다고 확인해주었다.

조지프가 물었다. "제가 그 서신을 한번 보고 제 번역이랑 비교해봐도 될까요? 정확하게 번역했는지 확인하고 싶습니다."

다이어 검사는 이렇게 답했다. "안 됩니다. 공식 서신을 보여줄 수는 없습니다."

"편지를 주시든 안 주시든 번역이 맞았든 틀렸든 상관없습니다. 내일 아침에는 무조건 이 서신을 신문에 실을 예정이거든요."

"다른 신문에 실린 내용을 당신 신문에 싣든 말든 그건 내가 알 바 아닙니다. 어쨌든 내가 받은 서신을 보여줄 수는 없어요."

조지프는 〈세인트루이스 타임스〉로 돌아갔다. 다음 날 아침 〈세인트루이스 타임스〉는 법무장관이 검사들에게 보낸 서신을 기사로 실었다. 화가 머리끝까지 치민 다이어 검사는 검사보 제임스 브로드헤드와 함께 〈세인트루이스 타임스〉 사무실로 찾아왔다. 브로드헤드는 조지프와 함께 헌법위원회에서 활동했던 동료였다. 다이어 검사와 브로드헤드 검사보는 다짜고짜 허친스와 조지프를 찾았다. 다이어 검사는 허친스에게 서신을 기사로 내보낸 덕분에 기소 검사로서 활용할 수 있는 무기를 잃게 되었고, 덕분에 위스키파와 한패인 배브콕을 처벌하기가 더 어렵게 되었다고 말했다. 허친스와 조지프는 크게 웃어넘겼다. 그러나 한발 물러서 다음 날 신문에 다이어 검사가 서신을 제공한 것은 아니라는 기사를 실었다.

4월 조지프의 불안은 극에 달했다. 1876년 선거에 출마할 후보를 정하는 경선이 코앞으로 다가왔지만 조지프는 뉴욕으로 가서 유럽으로 향하는 여객선에 몸을 실었다. 연방 상원의원을 지낸 존 헨더슨John Henderson(미주리 주)과 프랑스 주재 미국 대사 엘리휴 워시번Elihu Washburne의 소개장을 지닌 조지프는 가장 먼저 파리로 갔다. 헨더슨 전 연방 상원의원은 "나의 젊은 친구"의 정치 경력을 상세히 기술하면서 예우를 갖춰 맞아줄 것을 부탁했고, 워시번 대사는 연극과 오페라 입장권을 주기도 했다. 그러나 조지프는 워시번에게서 받은 입장권을 쓸 기회도 없이 서둘러 파리를 떠났다.[29]

독일로 간 조지프는 어느 정치 모임에 참여했다. 떠들썩한 미국식 회의에 익숙해진 조지프에게 질서정연하고 효율적인 독일식 회의는 낯설 그 자체였다. 모임의 마무리 과정 역시 조지프에게 충격을 안겼다. "그때까지 침묵으로 일관하며 조용하게 앉아 있던 한 사람이 갑작스레 연단에 오르더니 의장에게 다가갔다." 의장은 연사의 말을 끊고 갑자기 나타난 그 사람에게 연설을 허락했다. 경찰관이라고 신분을 밝힌 그 남자는 연사가 정부를 비난하는 죄를 저질렀으므로 이 회의는 여기서 끝이라고 선언했다. "의장과 분개한 참석자들이 항의했지만 맥이 끊긴 회의를 더 이상 진행하는 것은 무리였다."[30]

조지프가 유럽에 마음을 빼앗긴 사이에도 시간은 냉혹하게 흘러갔다. 대통령 선거가 치러지는 해였으므로 서둘러 미국으로 돌아가야 했다. 연방군 병사로 근무하던 시절에 링컨의 재선을 경험한 조지프에게 선거는 민주주의 최고의 축제였다. 조지프에게 선거는 절대로 놓쳐서는 안 되는 최고의 행사였다.

10장

사기꾼의 사기행각

조지프가 리버풀에서 큐너드Cunard 기선회사 소속 보스니아Bothnia호에 몸을 싣던 1876년 7월 15일 대통령 선거 운동이 시작되었다. 11일 뒤 뉴욕에 도착한 조지프는 피프스애비뉴 호텔을 다시 찾았다. 그곳에서 조지프는 지난 석 달 치 신문의 정치 기사를 탐독했다. 유럽에서도 시차를 두고 불완전한 형태로 전해진 급보를 접하기는 했지만 그것으로는 부족했다.[1]

조지프가 유럽에 머무는 동안 민주당 전당대회가 열렸다. 조지프의 친구들과 정치 동지들은 한 달 전 세인트루이스에서 열린 전당대회를 놓치지 않았다. 허친스와 슬레이백은 미주리 주 대의원으로, 워터슨은 켄터키 주 대의원으로 참석했다. 워터슨은 그가 잭슨의 후예라 부르곤 했던 민주당 대의원들에게 "강도들의 손아귀에서 (…) 정권을 되찾아오자"고 촉구해 주목을 받았다. 뉴욕 주 주지사 새뮤얼 틸든Samuel J. Tilden 을 대통령 후보로 선출한 민주당은 이번 선거에서 승리하리라 확신하고 있었다. 새뮤얼 틸든은 보스 트위드Boss Tweed를 기소한 장본인이었으므로 부정부패가 선거의 주요 쟁점으로 부각될 수만 있다면 이보다 더 좋은 후보는 세상에 없었다.[2]

대통령 후보로 선출된 인물이 마음에 들었던 조지프는 한껏 고무되어 즉시 민주당 대통령 선거 운동에 뛰어들었다. 조지프의 친구들은 미주리 주에서 활동해달라는 민주당의 요청을 받았지만 조지프는 오하이오 주와 인디애나 주라는 중요한 전쟁터에서 싸우는 막중한 임무를 수행하게 되었다. 그해 10월 주지사 선거를 치를 예정이었던 오하이오 주와 인디애나 주는 그 다음 달인 11월에 있을 대통령 선거에 특히 큰 영향을 미칠 변수로 주목받았다. 조지프는 과거 공화당원으로 명성을 날렸고 그 덕분에 독일인 유권자들 사이에 널리 알려진 인물이었다. 따라서 민주당은 독일계가 많은 오하이오 주와 인디애나 주 선거 유세에 조지프를 투입하기로 결정했다.[3]

9월 초에 조지프는 4년 전 자유공화당 대통령 후보 그릴리를 위해 유세전을 폈지만 결국 패배하고 말았던 인디애나폴리스Indianapolis에 다시 한 번 위풍당당한 모습으로 입성했다. 이번에는 민주당 대통령 후보를 위한 유세전을 펼치기 위해서였다. 그리고 민주당 대통령 후보가 반드시 승리하리라는 확신도 있었다. 공화당 전당대회는 러더퍼드 헤이스 Rutherford Hayes를 후보로 지명했다. 특별히 눈에 띄는 것이 없다는 점이 헤이스의 주요 특징이었으므로 민주당의 낙관주의는 더 커졌다. 민주당 성향의 〈인디애나폴리스 센티넬Indianapolis Sentinel〉은 이렇게 공언했다. "개혁의 주인공은 모든 주에서 승리를 거둘 것이다. 부패의 대명사 그랜트와 모턴(곧 등장할 레비 모턴을 지칭-옮긴이)을 심판할 날이 가까이 왔다." 승리를 거머쥔 것 같은 행복감은 민주당에 충성을 바치는 수천 명의 민주당원에게로 전파되었다. 9월 2일 토요일 밤 민주당원들은 조지프가 연설하기로 예정되어 있는 그랜드 호텔Grand Hotel까지 조지프를 호위하며 행진했다. 주요 도로는 횃불을 든 민주당원으로 가득했다. 〈인디애나폴리스 센티넬〉은 이렇게 보도했다. "델라웨어 가 어디에서나 불빛을 볼 수 있었다. 그 불빛은 동이 트도록 꺼지지 않았다."[4]

조지프와 수행단이 그랜드 호텔 회의장에 도착해서 보니 회의장에는 빈 좌석을 찾아볼 수 없을 만큼 많은 사람들이 모여 있었다. 조지프는 우선 벌집을 쑤셔놓은 듯 소란한 좌중을 진정시켰다. 그리고 몇 달 전 독일의 정치 모임에서 직접 목격한 정치 탄압에 대한 말을 꺼냈다. "유럽의 자유란 것이 겨우 그런 수준이었습니다! 그곳과는 아무 관계도 없는 이방인인 저조차 분개하지 않을 수 없었습니다. 그러나 당시 저는 분노보다 더 커다란 무언가를 느꼈습니다. 바로 자랑스러움이었습니다. 제가 평화로운 집회는 경찰도 해산할 수 없는 자유를 누리는 미국 국민임을 다시 깨달았기 때문입니다."

그러나 공화당의 행태는 미국의 자유에 대한 자랑스러운 마음에 상처를 주었다. 조지프는 미국인이 되고 나서 10년 동안 대통령이 '지나치게 편파적으로' 행동하는데도 아무런 제약을 받지 않는 모습을, 남부가 '정복자의 전리품인 양 약탈당하는' 모습을, 재건정국이 과거 노예를 부렸던 주인들을 '정치적 노예'로 그리고 과거의 노예들을 '주인'으로 뒤바꾸는 모습을, '연방 상원의원을 하인처럼 부리면서도 헌법 한 번 읽어본 적 없는' 대통령을 선출하는 모습을, 정부 고위 공직자들이 '스스로 강도라고 시인하는' 모습을, 당원의 지지를 받은 후보들이 '악명 높은 도둑들과 친하게 지내는' 모습을 지켜봤다. 조지프는 평등의 가치를 바탕으로 세워진 공화당이 "권력에 눈이 멀어 원칙을 저버렸다"고 성토했다. "저는 헌법과 질서가 짓밟히고 범죄와 부정부패가 만연하는 모습을 보았습니다."

조지프는 한 시간이 넘도록 과거 자신이 몸담았던 공화당을 공격해 결의에 찬 민주당원들을 즐겁게 했다. 사람들은 조지프를 여전히 '독일인 연설가'라고 불렀고 조지프가 영어를 완벽하게 구사하려면 여전히 갈 길이 멀었지만, 조지프는 데이비드슨에게 자극을 받아 상업도서관에서 쌓은 학식을 유감없이 보여주었다. 적절한 예를 들면서 다양한 주제를 섭렵한 조지프의 연설은 짜임새가 탄탄했다. 다양한 표현을 구사하다가 적절한 순간에 효과적으로 끝을 맺었다. 능수능란하게 문장을 배치하는 조지프의 연설에 이끌려 민주당으로 당을 옮기는 사람이 생겨났고 그럴수록 상대 당원의 얼굴은 고통으로 일그러졌다.[5]

인디애나폴리스에서 위업을 달성한 조지프는 곧 인디애나 주 곳곳을 다니며 소규모 연설회를 여남은 번도 넘게 열었다. 도중에 신시내티에 들러 자유공화당 전당대회에서 알게 된 존 커크릴을 만나기도 했다. 1872년이나 지금이나 조지프와 커크릴은 정치적 입장을 같이하는 동지였다. 그러나 1872년에는 두 사람 모두 신문 일을 했지만 지금은 커크릴만이 신문 일을 했다. 민주당 성향 신문 〈신시내티 인콰이어러〉 편집 국장이 된 커크릴은 자신에게 부여된 7단 분량의 사설란을 최대한 활용했다. 사설에서 커크릴은 금권에 의존하고 권력을 남용하는 공화당의 비뚤어진 정치를 맹렬하게 비난하는 한편 틸든 후보에 대한 지지를 호소했다.[6]

9월 중순 조지프는 선거 운동을 잠시 중단하고 세인트루이스에서 이틀간 휴식을 취했다. 의기양양해진 조지프는 서던 호텔에서 저명한 언론인 조지 앨프리드 타운젠드George Alfred Townsend에게 편지를 보냈다. 타운젠드는 그릴리 후보 진영의 노련한 언론인이었다. "다른 사람들만 큼이나 저 자신도 제 성공적인 활동에 크게 놀랐습니다. 서부 지역신문들은 저를 과대평가한 기사를 실었습니다." 그러나 이런 겸손은 가장일 뿐 편지를 쓴 실제 목적은 다른 데 있었다. 조지프는 타운젠드가 자신과 관련된 내용을 신문에 실어주길 바랐다. 이를 위해 조지프는 새 인명록에 등재된 본인 관련 항목을 편지에 동봉했다. "이 정도면 〈필라델피아 타임스Philadelphia Times〉에 기사를 쓸 정보는 충분하리라고 봅니다." 틸든 후보를 위한 선거 운동은 당의 대의명분을 위한 것이었지만 조지프에게도 이득이 되는 일이었다. 조지프는 이렇게 덧붙였다. "틸든이 당선되든 헤이스가 당선되든 선거 운동 과정에서 명성을 쌓으려 노력해야 한다고 생각합니다."[7]

다음 날 조지프는 열차에 다시 몸을 싣고 시카고, 밀워키, 디트로이트, 보스턴, 뉴욕을 차례로 도는 빡빡한 선거 운동 일정에 뛰어들었다.

이동하는 도중에 조지프는 헤이스와 공화당 전국위원회 재정위원장 레비 모턴Levi Morton을 계속 공격했다. 그 과정에서 조지프는 새로운 공격 대상을 찾아냈다. 다름 아닌 카를 슈르츠였다. 조지프는 따돌림을 당하다가 최근 공화당에 합류해 선거 운동을 벌이고 있는 슈르츠를 공격하는 횟수를 늘려갔다. "위대한 슈르츠가 진실을 말한다면 위대한 모턴은 거짓말쟁이입니다." 어느 연설에서 조지프는 두 사람의 비일관성을 지적해 청중의 박수를 받았다. "위대한 모턴이 진실을 말한다면 위대한 슈르츠가 거짓말쟁이인 것이고요." 환호성이 더 커졌다. 쏟아지는 박수갈채 속에서 조지프는 이런 결론을 내렸다. "두 사람이 모두 진실을 말한다면 두 사람 모두 거짓말쟁이인 것입니다!"[8]

조지프는 슈르츠에게 토론을 제의해 언론의 주목을 받았다. 슈르츠의 대변인은 무시하는 태도를 정중한 말로 포장해 조지프의 제의를 거절했다. "두 신사가 토론하는 자리를 마련하려면 두 사람의 성품, 활동, 명성이 어느 정도 비슷해야 한다. 그런 사정을 감안할 때 이번 제의는 거절하는 것이 마땅하다." 조지프의 친구 허친스가 그런 싸움에서 빠질 리 없었다. 허친스는 자신이 운영하는 〈세인트루이스 타임스〉에 이런 기사를 실었다. "물론 슈르츠 씨는 퓰리처 씨와 토론을 벌이는 것이 마뜩하지 않을 것이다. 과거 자신의 참모로 일했던 사람이 자신과 동등한 지위에 올랐다는 사실을 누가 인정하고 싶겠는가."[9]

슈르츠가 이 싸움에서 우위를 점하고 있다고 해서 슈르츠의 신문이 조지프의 도전을 그냥 묵살할 리 없었다. 〈베스틀리헤 포스트〉는 과거 〈베스틀리헤 포스트〉의 인기 기자, 편집자, 공동 소유주를 지냈던 인물에 대한 장문의 통렬한 비판 기사를 내보냈다. 조지프 특유의 비아냥거리는 말투를 차용한 기사 내용은 다음과 같았다. "퓰리처가 제의한 토론이 벌어지면 퓰리처에게 더 많은 기회를 배려해야 할 것이다. 코끼리가 이와 싸우면 이는 코끼리를 타고 오르는 일밖에 못 하지만 코끼리는 발가락 하나만으로 이를 밟아 죽일 수 있으니 말이다." 슈르츠가 자유공화당 활동을 하던 때에는 슈르츠를 맹렬하게 비난하던 〈뉴욕 타임스〉조차 슈르츠의 편을 들고 나섰다. "퓰리처는 세상에서 인정받지 못하면서도 자신들이 위대하다고 착각하는 바보들 틈에 끼어 있다. 하지만 그렇다고 애석히 여길 사람은 아무도 없다."[10]

조지프는 슈르츠의 정치적 견해와 자신의 정치적 견해가 다르다는 것을 보여주려 했을 뿐 개인적인 반감을 가지고 슈르츠를 공격한 것은 아니었다. 그러나 조지프의 행보는 슈르츠와의 우정을 끝장내고 말았다. 9월 말 조지프는 이런 심정을 토로했다. "냉정한 판단을 할 수 없게 만든 젊은이의 뜨거운 충동에 이끌려 그 가짜 개혁가를 존경하며 열정적으로 따랐었다. 친구가 떠난 자리에 남은 무덤 같은 고요를 즐길 사람은 아마 없을 것이다. 그러나 애석하게도 지금 우리 우정이 직면한 위기는 개인적인 배려를 무색하게 한다."[11]

고된 선거 유세 연설, 철도 여행의 지루함, 깨져버린 우정으로 얼룩진 10월에 반가운 소식 하나가 날아들었다. 인디애나 주와 오하이오 주 주지사 선거에서 민주당이 승리했다는 소식이었다. 틸든 후보와 맞서고 있던 공화당 후보 헤이스는 두려움에 몸서리쳤다. 틸든 후보가 당선되는 것은 시간문제인 것처럼 보였다. 10월 18일 조지프는 등 뒤에서 불어오는 순풍의 도움을 받으면서 그의 생애 가장 큰 유세장인 디트로이트의 오페라극장에 연사로 서게 되었다. 조지프는 슈르츠도 무서워서 피하는 능력 있는 인사로 소개되었다. "여러분, 슈르츠 씨를 자근자근 씹어 가루로 만들어버릴 퓰리처 씨를 소개합니다."

조지프는 연설을 하러 다니면서 이미 여러 차례 슈르츠를 갈가리 찢어놓은 바 있었다. 그러나 이번에는 슈르츠에 대한 직접적인 공격을 멈추고 지난 10여 년간 공화당에 몸담았던 이유를 자세히 설명했다. "저는 저에게 당파성이 없다는 사실에 만족합니다. 그렇게 오랜 시간을 공화당에서 보낸 이유는 공화당이 올바른 길을 걸어가고 있었기 때문입니다. 그러나 이제 공화당은 올바른 길에서 벗어나 부정부패를 일삼고 있습니다. 저는 틸든 후보와 함께 개혁을 위해 끝까지 싸우겠습니다. 민주당이 잘못된 길로 빠지려 한다면 저는 그에 대해서도 기꺼이 맞서 싸울 것입니다."[12]

10월 말 조지프는 뉴욕에 도착했다. 지금까지 70여 차례가 넘는 유세 연설을 해왔지만 브루클린, 퀸스, 강 건너 뉴저지 주 호보컨Hoboken에서는 그보다 더 많은 연설을 할 계획이었다. 뉴욕 민주당은 조지프의 노고에 명예로 보답했다. 조지프는 맨해튼 클럽Manhattan Club에서 열린 대통령 후보 축하 만찬에 손님으로 초대받았다. 300여 명의 정치인이 참여한 이 행사에는 민주당 전국위원회 위원을 비롯해 은행가이자 장관인 오거스트 벨몬트August Belmont와 전前 시장 오키 홀도 참석했다. 오키 홀 전前 시장은 인터뷰를 피해 화장실로 피신했다가 앨버트와 열쇠 구멍을

통해 인터뷰했던 바로 그 인물이었다.[13]

선거 운동에서 조지프가 맡은 역할은 다음 날 저녁 쿠퍼유니언Cooper Union 대강당에서 한 연설을 마지막으로 끝이 났다. 쿠퍼유니언 대강당은 1860년까지 비교적 무명의 정치인이었던 에이브러햄 링컨Abraham Lincoln이 연설을 통해 백악관에 입성하는 발판을 마련한 곳이었다. 악단의 반주와 청중의 환호 속에 연단에 오른 조지프는 다시 한 번 슈르츠를 도마 위에 올렸다. "오늘 이곳에서 저는 슈르츠와 관련된 오해를 풀고자 합니다. 여러분은 제가 슈르츠에 대해 분노가 아닌 아쉬움의 감정을 품고 있다고 말하지만 그것은 사실이 아닙니다. 저는 슈르츠에게 아무런 악감정도 품고 있지 않습니다."

"정치에 처음 입문할 무렵에는 슈르츠의 지도력에 이끌렸습니다. 당시에는 슈르츠를 애국심 깊은 사람이라면 누구나 따를 수 있는 위대한 빛이라고 생각했기 때문입니다. 그러나 이제 슈르츠는 사람을 홀리는 커다란 도깨비불에 불과하게 되었습니다." 조지프가 말을 잇자 대부분 독일인으로 구성된 청중 사이에 큰 웃음이 번졌다. 조지프는 슈르츠에게 악감정이 전혀 없다는 자신의 주장에 반문하면서 슈르츠에 대한 공세를 이어갔다. 한번 입에 문 뼈를 절대 놓치지 않으려는 개와 같은 기세였다. 조지프는 슈르츠의 일관성 없는 언행, 변덕, 우유부단한 성격을 부각했다. "슈르츠는 자신이 비난하면서 공천에 반대했던 후보라도 인기투표를 통해 후보로 선출되면 열심히 지지한다는 점에서 일관성 있는 행동을 보여주었습니다."

슈르츠에 대한 공격을 마친 조지프는 남북전쟁 이후 처음으로 민주당 후보가 대통령으로 선출될 수 있도록 민주당을 지지해달라고 호소했다. "여러분, 전쟁은 끝이 나게 마련입니다. 그리고 지금이 바로 전쟁을 끝내야 할 때입니다." 청중의 박수를 유도하는 주장을 하나하나 펼치던 조지프는 미국이 강도, 도둑, 카펫배거의 손에 넘어갔다고 말했다. "남부는 우리에 속하고 우리는 남부에 속합니다. 그들의 이익이 우리의 이익이고 그들의 권리가 곧 우리의 권리입니다. 그들의 가난은 곧 우리의 가난입니다." 우레와 같은 박수와 함성이 쏟아졌다. "우리는 하나의 민족이자 하나의 정부를 가진 한 나라입니다. 미국인의 하나 됨을 저해하려는 세력이 있다면 그들이야말로 이 나라의 반역자입니다."[14]

〈뉴욕 선〉은 쿠퍼유니언에서 이뤄진 조지프의 연설을 1면에 보도했다. 조지프는 〈뉴욕 선〉과 〈뉴욕 선〉의 편집자 찰스 데이나를 열렬히 찬미했다. 조지프는 〈뉴욕 트리뷴〉과 같은 블록에 있는 〈뉴욕 선〉으로 찰스 데이나를 만나러 갔다. 〈뉴욕 트리뷴〉은 10층짜리 신축건물에 입주해 있었는데, 당시 뉴욕에서 그보다 더 높은 건물은 트리니티 교회Trinity Church밖에 없었다. 신문사들이 새로운 독자를 끌어들일 방법을 속속 찾아내면서 파크 로의 판매부수 경쟁은 건물 확장 전쟁으로 확대되었는데 데이나는 이 전쟁에서 한 걸음 물러나 있었다. 과거 태머니홀Tammany Hall 본부로 사용되었던 〈뉴욕 선〉의 사옥은 수명을 다한 낡은 건물이었다. 좁은 나선식 철제 계단을 올라간 조지프는 기자와 편집자들이 바삐 움직이면서 고함을 지르는 넓직한 기사작성실을 지나 데이나의 사무실로 들어갔다.[15]

유명 편집자의 사무실은 고요한 피난처 같았다. 문 밖에서 본 데이나의 풍채는 부드럽게 흘러내린 길고 흰 턱수염과 안경 때문에 산타클로스를 연상시켰다(데이나의 시대가 끝나고 몇 년 뒤 〈뉴욕 선〉은 "맞아. 버지니아 주에는 산타클로스가 살지"라는 유명한 사설을 게재했다). 그러나 데이나의 성품은 너그러움과는 거리가 멀었다. 데이나는 직설적이고 쟁점을 콕 집어 부각시키는 사설로 유명했다. 때로 신랄한 독설도 서슴지 않고 내뱉었다. 그와 동시에 데이나는 매우 효율적이고 상식적으로 사업을 운영하는 인색한 경영자였다.[16]

나이로 치면 조지프가 데이나의 아들뻘이었지만 두 사람의 정치 신념은 같았다. 두 사람 모두 그랜트 정부 때문에 공화당을 등지게 되었다. 데이나는 슈르츠와 다르게 민주당을 적극 지지했다. 데이나는 틸든이 트위드파Tweed Ring에 맞서 싸우던 시절부터 틸든을 지지했다. 그리고 〈뉴욕 선〉은 틸든이 뉴욕 주 주지사에 오르는 데 큰 도움을 주었다. 데이나는 틸든이 백악관으로 입성하는 일에도 〈뉴욕 선〉이 힘을 보탤 수 있기를 바라고 있었다.

잠시 뒤 데이나는 〈뉴욕 선〉의 편집자이자 후계 예정자 에드워드 미첼Edward P. Mitchell에게 조지프를 소개했다. 〈뉴욕 선〉은 선거 열기로 가득했지만 조지프의 머릿속은 뉴욕의 신문 시장에 뛰어들 방법을 찾을 생각으로 가득했다. 조지프에게는 이미 〈벨레트리스티셰스 저널〉을 인수하려다 실패한 경험이 있었다. 불과 몇 달 전만 해도 친구와 함께 워싱턴 거리를 거닐면서 뉴욕의 신문 시장에 뛰어들 야망을 떨칠 수가 없다고 하소연하던 조지프는 이제 데이나 및 그의 뒤를 이을 후계자 미첼

과 꿈을 나누게 되었다.

조지프는 두 사람에게 〈뉴욕 선〉의 독일어판을 창간해 저명한 독일어 신문 〈뉴욕 슈타츠-차이퉁New York Staats-Zeitung〉의 대항마로 키우고 싶다는 포부를 밝혔다. 독일어판 〈뉴욕 선〉의 소유권과 발행권은 〈뉴욕 선〉이 가지되 편집, 번역은 조지프가 맡고 조지프가 작성한 자체 기사를 게재한다는 내용이었다. 그러나 데이나가 큰 관심을 보이지 않았기 때문에 조지프는 파크 로에 단 한 발짝도 더 다가서지 못한 채 그 자리를 떠날 수밖에 없었다.[17]

선거 당일 저녁 전국의 선거 결과가 전신망을 타고 뉴욕에 도착했다. 예상대로 뉴잉글랜드에서는 헤이스가 승리했다. 그러나 득표수 차이는 4년 전 그랜트가 승리할 당시에 비해 적었다. 틸든은 4년 전 그랜트가 승리했던 뉴욕 주와 뉴저지 주에서 승리했다. 중서부 지역에서는 틸든이 인디애나 주와 미주리 주를 비롯한 남부연합 주를 휩쓸었다. 남북전쟁 이후 처음으로 민주당의 승리가 확실시되는 순간이었다. 일반투표에서도 틸든이 51퍼센트, 헤이스가 48퍼센트로 민주당이 명백한 승리를 거뒀다.

그러나 밤이 깊어가면서 오리건 주와 남부의 세 주(사우스캐롤라이나 주, 플로리다 주, 루이지애나 주)가 공화당 편에 섰다. 남부의 세 주는 우연하게도 남부연합 주들 중 연방군이 아직 철수하지 않은 주였다. 관계자들이 선거 결과를 두고 다투면서 문제의 네 주 선거 결과는 집계에 포함되지 않았다. 선거인단 투표에서 틸든은 당선에 필요한 다수표에서 단

한 표 모자란 184표를, 헤이스는 165표를 얻었다.

당파색이 분명한 전국의 신문들이 선거 결과를 두고 들썩였다. 모든 신문은 각자 지지하는 후보가 당선자라는 기사를 내보내며 패배를 시인하지 않았다. 조지프도 즉시 이 소동에 뛰어들었다. 조지프는 〈세인트루이스 타임스〉에 다음과 같은 기사를 실었다. "선거 결과에 공화당 후보가 거는 기대는 민주당의 두려움만큼이나 사실무근이다. 틸든 씨가 당선자다." 전략적으로 현명한 행동이라는 생각 때문이었든 자신이 지지하는 후보가 졌다는 사실을 인정하기 싫어서였든 조지프는 겉으로는 아무렇지 않은 척을 하면서 틸든 후보가 승리했다는 주장을 이어갔다.[18]

일주일 뒤 조지프는 이렇게 말했다. "민주당 동료 대부분은 애를 태우며 전전긍긍했지만 나는 불안하지 않았다." 상원 또는 하원에서 논란이 된 네 주의 표를 다시 검표하더라도 그 결과는 당연히 민주당의 승리일 것이었다. "따라서 최종 결과에 대한 우려는 특별한 근거가 없다고 본다." 만일 반대의 결과가 나온다면 그랜트와 공화당은 "조국을 배반한 반란자 취급을 받을 것이다."

뉴욕의 데이나도 틸든이 승리하지 못할 것이라는 우려를 일축했다. 그러나 이 문제가 의회에서 결정될 것이라는 점은 분명했다. 데이나는 조지프에게 워싱턴으로 가서 논란이 되고 있는 선거 진행 상황을 취재해달라고 부탁했다. 조지프에게는 최상의 과제였다. 조지프가 도착한 12월 말, 워싱턴은 끝나지 않는 선거로 홍역을 앓고 있었다. 그랜트 대통령이 워싱턴 인근에 병력을 추가 배치한 뒤부터는 총격전이 벌어질 가능성도 배제할 수 없었다. 어느 정치 평론가는 이렇게 관측했다. "이

러 중대한 문제는 유혈사태를 불러올 수도 있다.[19]

워싱턴 기자단에 합류한 조지프는 국회의사당에서 돌아가는 일을 지켜보면서 상원의원들과 인터뷰하고 워싱턴 정치인들 사이에 오가는 대화에 귀를 기울였다. 조지프가 처음 보낸 급보가 크리스마스 직후 〈뉴욕 선〉에 실렸다. "전쟁은 없을 것이다. 계집애처럼 소심한 놈은 지게 마련이다. 그런데 지금 공화당은 주저하고 있다. 그러니 공화당이 패배할 것이다."[20]

그 즈음 상원과 하원은 이번 선거 문제를 해결할 방법을 구상할 특별위원회를 구성했다. 조지프는 결과가 아홉 명의 공화당 상원의원들의 손에 맡겨졌다고 생각했다. "가까이에서 지켜보면서 직접 얻은 정보와 상원위원들과의 대화에서 알게 된 사실을 종합한 결과 아홉 명의 특별위원은 그들이 정말 필요한 순간에 틀림없이 정의의 편에 서 있을 것이다."[21]

데이나는 해당 기사에 조지프의 이름을 함께 실어주었다. 기명 기사는 당시로서는 보기 드문 특별 대우였다. 〈뉴욕 선〉의 지면이 고작 4면에 불과했다는 점을 감안할 때 조지프의 이름으로 나가는 기사는 조지프에게 꽤나 큰 명성을 안겨주었을 것이다. 1877년 1월의 첫째 주와 둘째 주 내내 조지프는 틸든이 승리할 것이라고 예측했다. 근거도 있었다. 1월 말 상원과 하원은 민주당의 강력한 지지를 받으며 선거 문제를 해결할 선거위원회 구성법을 통과시켰다. 물론 틸든에게 호의적인 위원회가 될 터였다.

조지프는 틸든을 지지하는 기사를 다른 신문에도 실었다. 1877년 1월 8일 조지프는 틸든-헨드릭스 개혁 모임Tilden-Hendricks Reform Club의 후원으로 포드 극장Ford's Theater에서 열린 대중 집회에 참석해 친구 워터슨을 만났다. 홍보 전단에는 저명한 의회 의원들이 참석한다고 되어 있었지만 실제 참석한 유명 인사는 워터슨과 조지프 두 사람뿐이었다. 워터슨은 틸든의 당선을 저지하려는 공화당의 노력을 맹렬하게 비난했다. 워터슨은 2월 14일에 10만 명의 비무장 시민이 워싱턴에 모일 것이라고 선언했다. 시위 계획에 대해 전혀 알지 못했던 민주당원들은 워터슨의 선언에 적잖이 당황했다. 조지프는 워터슨의 뒤를 이어 긴 연설을 했다. 어느 신문은 이날 조지프가 "혁명을 선동"했다고 표현했다. 조지프는 이렇게 말했다. "셔츠를 열어젖히고 독재자가 들이대는 총구 앞으로 뛰어들 준비가 되어 있다."[22]

조지프의 무책임한 연설로 데이나는 곤경에 빠졌다. 그 뒤로 조지프가 보낸 급보는 〈뉴욕 선〉 지면에서 사라졌다가 틸든의 패배가 분명해진 2월 10일 이후 다시 등장했다. 결국 선거위원회는 공화당의 손을 들어주었다. 선거위원회 위원 결정권을 공화당의 손에 쥐어준 것이 실수였다. 조지프는 이렇게 전했다. "사우스캐롤라이나 주, 루이지애나 주, 플로리다 주의 재검표 작업을 마친 결과 이 세 주는 헤이스 씨를 지지하는 것으로 나타났다. 헤이스 씨는 단 한 표 차이로 이 세 주가 속한 것으로 보였던 당으로부터 성공의 결실을 빼앗아갔다. 뼈저린 아픔을 맛본 민주당은 통한의 눈물을 흘렸다."

3월 2일, 논쟁은 끝났다. 의회는 헤이스의 손을 들어주었다. 민주당은 그 결과를 받아들이는 대신 남부에서 연방군의 철수를 약속받았다. 약속대로 헤이스는 대통령에 취임한 뒤 남부 지역의 각 주도에 주둔했던 연방군을 철수시켰고 재건정국도 사실상 끝이 났다. 민주당은 백악관에 입성하지 못했지만 남부 지역의 민주당으로서는 연방 정부를 상대로 두 번째 벌인 비폭력 반란에 성공한 셈이었다. 그러나 데이나는 패배를 용납하지 않았다. 다음 4년 내내 〈뉴욕 선〉은 헤이스를 '사기꾼 대통령'이라고 표현했다.[23]

조지프는 혐오감을 안고 워싱턴을 떠나 세인트루이스로 돌아갔다. 헤이스가 대통령으로 취임하고 일주일 뒤 조지프는 싸움이 끝났다고 시인했다. "미국 시민들과 마찬가지로 많은 것을 잃었지만 민주당은 미국 정치를 구성하는 하나의 당으로서 여전히 건재하다. 그래봤자 4년뿐이다. 우리는 패배한 것이 아니라 사기당한 것이다."

패배는 쓰라렸다. 조지프는 아무리 즐거운 것이 정치라 하더라도 정치를 하다 보면 패배할 수도 있다는 사실을 납득하려 애썼다. 조지프가 걸어온 길은 항상 비극적인 결말을 맞았다. 공화당원이었을 때는 주의회 의원직을 잃었고 반란을 일으킨 개혁가로서 자유공화당 운동에 뛰어들었을 때는 아무런 성과를 내지 못했다. 승리가 확실한 것으로 보였던 정당으로 소속을 바꾸는 루비콘 강을 건넜지만 결과는 달라지지 않았다. 언론과 마찬가지로 정치도 막다른 길로 빠지기 쉬웠다.[24]

세인트루이스에서 조지프는 다시 서던 호텔에 투숙했다. 이번에는 5층에 위치한 방 두 개를 쓰기로 했다. 1865년 오하이오산 사암으로 지은 6층짜리 서던 호텔이 개장했을 때 언론은 이 호텔을 이집트의 피라미드에 비유하면서 극찬을 아끼지 않았다. 한 블록을 모두 차지하는 규모의 서던 호텔은 700명의 투숙객을 수용할 수 있었으며, 그때까지도 미국에서 가장 큰 호텔 가운데 하나로 자리매김하고 있었다.[25]

4월 10일 허친스와 그 밖의 여러 친구들이 조지프의 서른 번째 생일을 축하해주었다. 자정 무렵 호텔로 돌아온 조지프는 야간 당직 근무자가 지키는 사무실을 지나 승강기를 타고 방으로 들어가자마자 곧장 침대로 들어갔다. 잠든 지 한 시간쯤 지났을 무렵 조지프는 웅성거리는 소리에 잠에서 깨어났다. "불이야"라는 소리를 들은 것 같았지만 거리에서 들려오는 소리라고 생각하고 다시 잠자리에 들었다. "돌연 여성의 비명소리가 들렸다. 이번엔 호텔 안에서 나는 소리가 틀림없었다." 침대를 뛰쳐나온 조지프는 가스등에 불을 켜고 시계를 보았다. 새벽 1시 30분이었다.[26]

조지프는 잠옷 바람으로 현관으로 뛰어나갔다. 현관은 이미 연기로 자욱했다. 계단을 이용해 4층으로 내려가던 조지프는 겁에 질린 두 여성과 마주쳤다. "일단 두 사람을 진정시켜 휴게실이 있는 층으로 데려갔다. 두 사람 모두 여성용 실내 가운 차림이었기 때문에 이들에게 걸칠 만한 옷을 줄 다른 여성의 방으로 안내해주었다." 그러고 나서 조지프는 계단을 이용해 자신의 방으로 되돌아갔다. 방으로 돌아간 조지프는 지갑이 든 바지를 입고 조끼를 걸쳤다. 그러나 방을 나서자마자 자욱한 연기가 조지프를 덮쳤다. 가스등도 소용없었다. 안경이 도움이 될 것이라고 생각한 조지프는 다시 방으로 돌아가 안경을 쓰고 나왔다. 계단을 모두 내려온 조지프는 호텔의 거의 모든 층이 화염에 휩싸였다는 사실을 깨달았다.

조지프가 호텔에서 빠져나오고 몇 분 뒤 소방차가 호텔에 도착했다. 1층과 2층 창문에는 붉은 화염이 쉴 새 없이 이글거렸고 틈이란 틈에서는 모두 연기가 피어올랐다. 구조대가 호텔 안으로 진입하는 순간에도 투숙객들이 속속 거리로 뛰어나왔다. 어느 기자는 현장을 이렇게 묘사했다. "창문이 하나하나 차례로 열렸다. 남자, 여자, 어린아이 할 것 없이 사방에서 얼굴을 내밀었고 그들이 지르는 거친 비명 소리가 하늘을 가득 메웠다."[27]

사다리를 세운 소방관들은 오도 가도 못하게 된 사람들을 안심시켰다. 그러나 사다리는 4층까지밖에 올라가지 않았다. 공포에 질린 투숙객들이 군데군데 매듭을 지은 이불보를 타고 내려오기 시작했다. 6층에서 매듭을 지은 이불보를 타고 내려온 한 남자는 이불보가 짧은 탓에 36미터 높이의 허공에 매달려 있다가 화염이 덮치자 뛰어내리고 말았다. 기자는 이렇게 보도했다. "들것에 실려 인근 구호소로 옮겨진 남자는 스티븐스J. F. Stevens라고 자신의 이름을 말하고는 곧 사망했다. 그 남자가 6층에서 뛰어내릴 때 창가에 두 사람의 모습이 더 보였지만 곧 화염과 연기에 휩싸여 시아에서 사라졌다. 그들이 어떻게 되었을지는 불 보듯 뻔했다."

새벽 무렵 호텔은 흔적도 없이 사라졌다. 소방관들이 잔불을 정리하면서 시신을 찾았다. 이 화재로 스물한 명이 사망했다. 검시 배심은 화재로 사망한 종업원 중 한 명인 케이트 놀런Kate Nolan의 시신에 대고 서약했고 그녀의 시신은 영안실에 안치되었다.

조지프는 가장 먼저 증인으로 불려갔다. 조지프는 잠에서 깨게 된 경위, 두 명의 여성을 돕고 나서 방으로 돌아갔다가 호텔을 빠져나온 과정을 진술했다. 검시 배심 중 한 명이 조지프에게 몇 시에 잠에서 깼는지 물었다. 조지프는 자신의 시계가 '공식' 시간과 얼마나 정확히 일치하는지는 모르지만 방에서 빠져나올 때 시계가 1시 30분에서 1시 45분 사이를 가리키고 있었다고 말했다. "경종 소리는 못 들었습니다. 여성들이 비명을 질렀기 망정이지 안 그랬으면 수백 명의 투숙객이 잠결에 죽었을 겁니다. 깊은 잠에 빠졌던 저도 마찬가지고요."[28]

4월 27일 검시 배심은 호텔 지하에서 시작된 불이 승강기 통로를 타고 위층으로 빠르게 번졌다고 결론지었다. 건물 자체는 안전했던 것으로 보였지만 문제는 화재 예방 업무를 소홀히 한 호텔에 있었다.[29]

검시 배심이 결과보고서를 제출할 무렵 뉴욕으로 돌아간 조지프는 다시 피프스애비뉴 호텔에 투숙했다. 조지프와 앨버트에게 어머니의 병세가 위중해 사망할 가능성이 있다는 소식이 전해졌기 때문이었다. 그러나 헝가리에는 앨버트만 가기로 했다. 업무 때문이 아니라 장례식 공포증 때문이었다. 조지프의 장례식 공포증은 자식으로서의 도리를 다해야 한다는 의무감보다도 컸다. 앨버트는 헝가리로 가기 위해 자신의 직장인 〈뉴욕 헤럴드〉에 러시아와 터키가 벌이기 시작한 전쟁을 취재하고 오겠다며 취재 허가를 요청했다. 떠나기 전 앨버트는 유럽에서 구입해 올 물건 목록을 공책에 써넣었다. 아내에게는 여성용 속옷, 장갑, 부채,

브로치를, 아들의 담당 간호사에게는 알파카 털로 만든 옷을, 조지프에게는 프록코트와 오버코트를 사다 주기로 했다. 4월 26일 앨버트는 뉴욕을 떠나 함부르크로 향하는 하모니아Hammonia호에 몸을 실었다.

한 달 뒤 앨버트는 재혼한 어머니가 살고 있는 헝가리 도시 데터Detta에 도착했다. 앨버트가 도착한 날 엘리제가 사망했다. 이 소식을 접한 앨버트의 아내는 새로 태어난 아들 월터Walter와 함께 머물고 있는 워싱턴 스퀘어Washington Square의 집에서 조문 편지를 보냈다. "당신과 함께 갔더라면 좋았을걸. 어머니를 여읜 가여운 우리 남편. 당신의 아내인 저의 마음도 고통으로 찢어집니다. 저는 당신이 하루빨리 헝가리에 도착하길 바랐어요. 어머님의 생명의 실이 너무 약해서 언제 돌아가실지 모른다고 생각했거든요."[30]

어머니의 죽음으로 조지프와 앨버트는 이 세상에 살아남은 유일한 혈육이 되었다. 헝가리에서 보낸 유년 시절, 조지프에게 어머니 엘리제는 가장 큰 영향을 미친 중요한 인물이었다. 1864년 미국에 도착한 조지프는 제일 처음 번 돈으로 금화를 매단 금반지에 손수건을 끼운 액세서리를 만들어 어머니에게 보냈다. 세인트루이스에서는 어머니를 그린 작은 초상화를 지니고 다니며 친구들에게 보여주었다. 미국에 온 뒤에도 어머니를 보기 위해 헝가리로 향하는 고된 여정에 적어도 두 차례나 올랐다. 형편이 좋은 사람들은 부모가 죽은 뒤 자기반성의 시간을 가지게 마련이지만, 이제 막 서른으로 접어든 조지프는 집도 마땅한 직업도 없었으므로 그런 자기성찰의 시간은 사치에 불과했다.

혼란스러운 시간을 보낼 때마다 불안에 떨며 전전긍긍했던 조지프는 좌불안석이 되어 한 자리에 있지 못하고 이곳저곳을 떠돌았다. 마치 자신의 불행의 근원을 찾아 헤매는 사람 같았다. 이번에도 조지프는 뉴욕을 떠나 새러토가Saratoga로, 다시 매사추세츠 주 스프링필드로 여행을 떠났다. 스프링필드에서 조지프는 자유공화당 운동을 벌이면서 친해진 신문 편집자 새뮤얼 볼스를 찾아갔다. 볼스는 1824년 볼스의 아버지가 창립한 소규모 신문 〈스프링필드 리퍼블리컨〉의 편집자였지만 신시내티의 홀스테드, 루이스빌의 워터슨처럼 뉴욕 이외의 지역신문 편집자 중 전국적으로 명성을 떨친 몇 안 되는 인물 중 하나였다.

나이 지긋한 볼스가 사는 작은 시골집은 화초와 관목으로 에워싸여 있었다. 군데군데 분수도 있었다. 담쟁이덩굴로 뒤덮인 아름다운 집으로 가는 길에는 단풍나무, 오크나무, 목련나무가 있었다. 두 사람은 몇 시간 동안 정치에 관해 토론했다. 아쉽게도 볼스는 헤이스 정부를 지지했다. "볼스는 두 당 모두를 상대로 오랫동안 이어진 싸움에 지친 것 같다. 세월이 흐르고 집의 아름다움이 더해가면서 볼스도 한결 부드러워진 것 같았다." 볼스의 사회적 지위가 워낙 높았기 때문에 조지프의 방문에는 성지순례의 성격이 짙게 배어 있었다. 조지프는 볼스에 대한 존경을 담은 방문기를 작성해 〈뉴욕 선〉에 기고했다.[31]

볼스의 언론관에 대한 칭찬으로 일관한 800단어 분량의 기사는 조지프의 문장 실력이 얼마나 늘었는지 잘 보여주었다. 사실 그동안 조지프를 세련된 편집자라고 보기는 어려웠다. 조지프가 기사에 활용한 암시는 억지에 가까웠고 아무리 숨 막힐 듯 길게 쓰는 문장이 성행하던 시절이었지만 조지프의 문장은 유독 장황했다. 남의 시선을 의식한 듯 지나치게 어려운 단어만 골라 쓰는 것처럼 보이기도 했다. 그러나 책을 많이 읽은 서른 살의 이민자가 쓴 이번 기사는 마치 영어를 모국어로 하는 기자가 작성한 듯 편안한 느낌이었다.

조지프는 볼스의 고향 소개로 기사를 시작했다. "커다랗고 아름다운 나무들이 눈길을 사로잡았다. 구불구불한 길모퉁이를 돌 때마다 정원이 딸린 작은 시골집들이 모습을 드러냈다. 수심이 얕은 코네티컷 강은 은빛으로 빛나며 흘러가다가 깎아지른 절벽에 부딪혀 흩어졌다. 보드라운 초록의 향연에 흠뻑 빠진 거리는 깔끔하게 잘 정돈되어 있었다. 학교와 교회가 곳곳에서 눈에 띄었는데, 모두 튼튼하게 잘 지어진 건물이었다. 주민들이 거주하는 소박한 작은 집은 싱그럽고도 아늑했다. 바로 이곳이 매사추세츠 주 스프링필드다."

당대의 전형적인 느린 호흡의 대구 형식에 화려한 수식을 더한 문체를 활용한 조지프는 새뮤얼 볼스를 만나러 간 이유를 공들여 설명했다. "볼스를 만나러 가는 길은 즐거웠다. 새뮤얼 볼스가 빠진 스프링필드에 대한 글은 덴마크 왕자 햄릿이 빠진 연극 햄릿과 같다."[32]

8월에는 찰스 존슨이 조지프와 함께 시간을 보내기 위해 동부로 왔다. 그러나 존슨이 피프스애비뉴 호텔에 도착했을 때 조지프는 웨스트버지니아 주에 있는 화이트설퍼스프링스White Sulphur Springs로 온천욕을 가고 없었다. 존슨은 조지프에게 편지를 보내 뉴저지 주 롱브랜치Long Branch에서 만나자고 제안했다. 그랜트 대통령이 여름을 보낼 만큼 아름다운 해안 휴양지였다. 앨프리드 타운젠드 같은 다른 친구도 합류했다. 그들은 해수욕과 승마를 즐기며 시간을 보냈다. "밤에는 온갖 문제를 두고 토론을 벌였다."

그러다가 발목을 삔 조지프는 방 안에 갇혀 지내게 되었다. 유럽에서 돌아온 앨버트가 함께 지내며 조지프를 돌봐주었다. 며칠 뒤 일행은 롱브랜치를 떠나 뉴욕으로 향했다. 도중에 바넘P. T. Barnum이 곡마장으로 변모시킨 오래된 기차역에 들러 공연을 감상했다. 바넘은 "조니가 돌아올 때When Johnny Comes Marching Home(남북전쟁 당시 연방군 군가. 한국에서는 동요 "손을 잡고 왼쪽으로 빙빙 돌아라"로 편곡됨—옮긴이)"의 작곡자로 유명한 군악대 지휘자 패트릭 길모어Patrick S. Gilmore를 기리는 의미에서 곡마장 이름을 길모어 가든Gilmore's Garden이라고 지었다(2년 뒤에는 매디슨 스퀘어 가든Madison Square Garden으로 다시 이름이 바뀐다). 조지프와 허친스는 뉴햄프셔 주 화이트 산맥White Mountains에 함께 가자고 존슨을 설득했지만 존슨은 거절했다.[33]

10월 초 조지프는 세인트루이스로 돌아와 에드윈 부스Edwin Booth가 연기한 연극 "햄릿"을 관람했다. 에드윈 부스는 19세기에 셰익스피어 전문 미국인 배우로 이름을 날린 인물이었다. 햄릿이 존재 여부에 대한 질문을 던져 유명해진 것처럼 조지프도 자신의 앞에 닥친 존재론적 의문에 대한 해답을 아직 찾지 못하고 있었다. 1877년 12월이 되도록 조지프의 상황은 〈베스틀리헤 포스트〉를 떠나던 4년 전과 별반 달라진 것이 없었다. 조지프는 제2의 조국에서 여전히 자기 자리를 찾아 헤매는 방랑자에 불과했다. 정치는 조지프를 저버렸다. 뉴욕 생활을 경험한 이후 조지프는 대체로 세인트루이스를 벗어나지 않고 생활했다. 이웃집 딸과 슈르츠의 딸에게 잠시 마음을 빼앗겼던 일을 제외하고는 이성에 매인 몸도 아니었다. 그 달 말 조지프는 다시 한 번 동쪽으로 발걸음을 옮겼다. 이번에는 워싱턴이었다.

11장

내니와 케이트

1877년이 가고 1878년 새해가 밝았다. 조지프는 두 곳의 장소, 두 가지 직업, 두 명의 여성 사이에서 갈팡질팡하고 있었다. 이 세 가지 문제에 대한 해결책을 찾는 일이 서른 살이 된 조지프가 풀어야 할 숙제였다. "집도 사랑도 의미도 없는 삶에 지쳐 쓰러지기 일보 직전이었다."[1]

세인트루이스에 대한 흥미를 잃은 조지프는 워싱턴에서 더 많은 시간을 보냈다. 워싱턴은 1876년 〈뉴욕 선〉 통신원 자격으로 선거 상황을 취재하면서 큰 실패를 맛보며 익숙해진 도시였다. 친구 허친스도 근거지를 워싱턴으로 옮겨 민주당 성향의 신문을 창간했다. 1877년 12월 6일 허친스가 운영하는 〈워싱턴 포스트Washington Post〉 1호가 발행되었다. 4면 분량의 〈워싱턴 포스트〉는 여러 면에서 〈세인트루이스 타임스〉와 닮았다. 워싱턴에서 발행되는 신문들은 대체로 따분했지만 〈워싱턴 포스트〉

는 만평 하나 없이도 생기가 넘쳐흘렀다. 세인트루이스에서 조지프와 함께 '다섯 나이팅게일'이 사는 집에 찾아가 음악회를 즐겼던 시인이자 언론인 유진 필드는 〈워싱턴 포스트〉 기자로 일하면서 이렇게 말했다. "워싱턴의 신문들은 모두 언론 특유의 음울한 조롱으로 가득했다."[2]

〈워싱턴 포스트〉에는 유진 필드 말고도 조지프가 아는 사람이 또 있었다. 1872년 전당대회를 치르면서 조지프와 친분을 쌓은 존 커크릴이었다. 허친스는 존 커크릴에게 〈워싱턴 포스트〉 편집국장 자리를 제의했고 커크릴은 허친스의 제의를 수락했다. 커크릴이 편집국장으로 재직하는 동안 〈워싱턴 포스트〉는 워싱턴의 다른 신문보다 같은 지면에 더 많은 기사를 실었다. 필드는 이렇게 회고했다. "〈워싱턴 포스트〉는 워싱턴 언론계의 샛별이었다. 나사렛에서 선한 것이 나오리라고는 생각해 본 적 없는 미국 신문계에 생기발랄하고 신랄하며 패기 넘치는 애송이가 혜성처럼 등장해 출사표를 던졌다."[3]

그러나 언론은 조지프의 관심사가 아니었다. 조지프는 기자로 워싱턴에 온 것이 아니라 논란이 된 선거 문제를 해결하기 위한 변호사 자격으로 워싱턴에 온 것이었다. 미주리 주 제3선거구에서 민주당의 리처드 그레이엄 프로스트Richard Graham Frost가 상대방인 공화당 후보 라인 멧커프Lyne Metcalfe보다 단 한 표를 더 얻어서 연방 하원의원 당선자가 되었다. 그러나 멧커프는 연방 하원의원이 되기 위해 법원을 설득했다. 멧커프는 프로스트가 한 표 차이로 이기게 된 것은 선거인 명부 중 하나를 7에서 9로 수정했기 때문이라고 주장했다. 프로스트가 의지할 곳이라고는 하원의 선거위원회뿐이었다. 이를 위해 프로스트는 세인트루이스 법

조계 동료인 조지프를 변호사로 선임했다.[4]

그해 1월 말 선거위원회가 활동에 들어갔다. 조지프는 투표함, 선거인 명부, 개표 보고서, 그 밖의 관련 서류를 미주리 주에서 워싱턴으로 가져오게 해달라고 요청했다. 그러나 선거위원회는 조지프의 요청을 거부했다. 재검표를 하더라도 미주리 주에서 해야 한다는 주장이었다. 그 결정은 앞으로의 싸움이 순탄치 않을 것을 짐작하게 하는 신호탄이었다. 조지프에게는 변론 기회가 단 한 차례밖에 주어지지 않았다. 선거위원회는 멧커프가 의원이 되어서는 안 된다는 요지의 변론을 청취할 날짜를 2월 20일로 정했다.[5]

변론기일을 기다리면서 조지프는 〈워싱턴 포스트〉에 기댔다. 〈워싱턴 포스트〉는 이미 이 문제를 1면 머리기사로 내보냈고 워싱턴에서 재검표가 이뤄지지 않은 채 당선자를 결정해서는 안 된다는 조지프의 입장을 강력하게 옹호했다. 〈워싱턴 포스트〉는 조지프에게 사설란을 허용했는데 이때 쓴 사설은 지금까지 조지프가 썼던 기사 중 가히 최고라 할 만했다.

조지프는 선거위원회가 프로스트의 당선을 부인한다면 프로스트가 "여러 가지 사실을 자세히 기록한 공식 문서를 두고 위증한 사람이라는 결론을 내리는 셈"이라는 말로 사설을 시작했다. 멧커프에게 유리한 결정이 내려진다면 프로스트의 서약이 거짓이라는 의미가 되는 것이다. "본지는 선거위원회가 그런 결정을 내리지 않으리라 생각한다. 사실 이 문제는 미주리 주 제3선거구에서 그레이엄 프로스트와 맞붙은 정치적 적수가 그레이엄 프로스트의 서약에 감히 의문을 제기하면서 음해하는 바람에 시작돼 사달일 뿐이다. 프로스트를 한 번이라도 만나본 사람이라면 대부분은 아니더라도 많은 사람들 앞에서 한 프로스트의 간단한 서약을 신뢰할 것이다. 적어도 본지는 프로스트 씨가 유례 없는 사기극의 희생자가 되어 의원직을 잃게 되리라고는 추호도 의심하지 않는다."[6]

그러나 그 사설은 의회의 결정에 큰 영향을 미치지 못했다. 변론기일에 선거위원회 앞에서 여러 진술서를 낭독한 조지프는 이 문제를 추가로 조사할 수 있도록 시간을 달라고 요청했다. 다음 날 선거위원회는 조지프의 요청을 만장일치로 부결했고 연방 하원의원직은 멧커프의 차지가 되었다.[7]

프로스트를 당선시키는 데는 실패했지만 조지프는 워싱턴 생활에 잘 적응했다. 1876년 가을 워싱턴에 처음 발을 들였던 조지프는 워싱턴에서 지낼 때마다 여러 사람들과 어울리며 바쁜 시간을 보냈다. 1878년 1월 조지프는 에스파냐 공사관이 에스파냐 국왕의 결혼식을 기념해 웜리스 호텔Wormley's Hotel에서 개최한 성대한 연회에 초대받았고 일주일 뒤에는 윌러드 호텔Willard Hotel에서 자크 오펜바흐의 음악에 맞춰 춤을 추었다. 1873년 경제위기가 찾아온 뒤 4년 동안 줄곧 삭감되기만 한 임금 때문에 생활고에 빠진 시민들에게 식사를 제공하기 위해 1월에 문을 연 페니런치룸Penny Lunch Room(무료급식소) 지원을 돕기도 했다. 조지프는 페니런치룸 건립 기금 모금위원회의 위원이 되어 기금을 마련하기 위해 릭스 하우스Riggs House에서 열린 자선무도회에 참석했고 사람들에게 페니런치룸의 존재를 홍보하기 위해 그곳에서 식사를 하기도 했다.[8]

워싱턴에는 친구도 많았다. 제퍼슨시티 하숙방에서 함께 지냈던 앤서니 이트너는 연방 하원의원이었고 허친스는 친목 모임을 자주 열었다. 허친스는 미시시피 주 분리독립법Mississippi Ordinance of Secession의 초안을 작성하고 남부연합 외교사절로 러시아 및 다른 여러 나라를 돌아다닌 경력이 있는 루시우스 퀸투스 신시나투스 라마르Lucius Quintus Cincinnatus Lamar 연방 상원의원, 공개석상에서 철도부설 관련법을 비웃음거리로 만든 제임스 프록터 놋James Proctor Knott 연방 하원의원, 1872년 자유공화당 운동을 벌일 당시 조지프와 함께 일선에서 뛰었던 새뮤얼 설리번 콕스Samuel Sullivan Cox 연방 하원의원 등 다채로운 면면의 인사를 초대해 눈길을 끌었다. 모임에 참석한 손님들은 늦은 밤까지 먹고 마시며 즐거운 시간을 보냈다. 프리메이슨 회원인 앨버트 파이크Albert Pike는 장황한 전설을 늘어놓거나 읊었으며 때로는 인근 교회에서 연주하는 흑인 음악가들을 데려와 연주를 감상하기도 했다.[9]

1878년 1월 12일 조지프는 (세인트루이스의 하숙집에서 함께 생활했던) 우도 브라흐포겔의 결혼식에 참석했다. 워싱턴의 독일인 교회로 알려진 퍼스트 트리니티 루서런 교회First Trinity Lutheran Church에서 거행된 이날 결혼식에 조지프는 스물다섯 살의 여성과 동행했다. 훤칠한 키에 늘씬한 몸매를 가진 여성의 창백한 얼굴을 짙은 갈색 머리칼이 감싸고 있었다. 커다란 눈에는 검은 눈동자가 반짝였다. 〈워싱턴 포스트〉는 '워싱턴 최고의 미인'이라고 선언했고 다른 지역신문은 '워싱턴을 주름잡는 여성'이라고 칭찬했다.[10]

그 여성은 바로 남부연합에 동조한 유서 깊은 가문의 막내딸 케이트 데이비스Kate Davis였다. 남부연합 동조자였던 존 클라크John B. Clark 연방 하원의원(미주리 주)이 케이트 데이비스를 조지프에게 소개해주었다. 케이트의 아버지 윌리엄 워딩턴 데이비스William Worthington Davis는 버지니아 주의 유서 깊은 가문 출신으로, 남부연합의 대통령을 지낸 제퍼슨 데이비스Jefferson Davis와 먼 친척 사이였고 케이트의 어머니 캐서린 워딩턴 데이비스Catherine Worthington Davis는 메릴랜드 주 볼티모어 출신으로 윌리엄 워딩턴 데이비스와 먼 친척 간이었다.

그러나 이 유서 깊은 가문도 결국 쇠락의 길을 걷고 말았다. 윌리엄 워딩턴 데이비스와 그의 세 형제들은 과거 노예로 부렸던 하인 세 명과 함께 텐리타운Tenleytown에서 작은 가족 농장을 운영하는 신세로 전락했다. 생계를 꾸리기 위해 네 형제 중 두 사람은 농장 바깥에서도 일을 했고 윌리엄 역시 치안판사로 일해야 했다.

케이트는 매력적인 여성이었지만 이미 당시 여성들의 결혼적령기를 넘긴 상태였다. 언니 클라라 데이비스Clara Davis도 곧 서른 살로 접어들 예정이었지만 결혼은 꿈도 꾸지 못하고 있었다. 위험한 남자처럼 보이는 조지프의 매력은 최면을 거는 것 같은 파란 눈동자와 당장에라도 폭발할 것 같은 격한 성격이었다. 높은 교양, 타고난 기지, 타오르는 야망, 든든한 재력도 조지프가 내세울 수 있는 장점이었다.

그러나 데이비스의 부모는 막내딸과 조지프의 결합을 좋기도 하고 나쁘기도 한 것으로 받아들였다. 조지프에게는 이렇다 할 직업이 없었지만 신문사를 사고파는 과정에서 번 돈, 이즈의 사업에 투자해서 번 돈, 세인트루이스에 새로 조성된 포레스트 파크Forest Park 남쪽에 소유한 땅으로 어느 정도 수입을 올리고 있다는 장점이 있었다. 그러나 조지프의 혈통이 토지를 소유한 남부의 상류층에게는 문제가 되었다. 무심코 새어 나오는 외국인 특유의 억양이 조지프가 동유럽 출신임을 적나라하게 드러냈다. 한편 성공회(감독교회) 신자였던 데이비스 가문에게는 종교도 걸림돌이었다.[11]

조지프는 유대인이라는 혈통을 숨기려 애썼으나 모두 허사였다. 미국에 도착한 뒤로 회당에는 얼씬하지 않았고 유대교 풍습도 모두 버렸지만 친구들이나 언론은 조지프가 유대인이라는 사실을 쉽게 알아차렸다. 유대인 남성은 모두 할례를 받았으므로 아무리 유대인이 아닌 척 가장하더라도 결혼하고 나면 하루도 채 지나지 않아 정체가 탄로 나고 말 터였다. 조지프는 어머니가 유대인이 아니고 가톨릭 신자라는 이야기를 동네방네 떠들고 다녔다. 유대교는 모계 혈통을 따르는 종교이므로 어머니가 가톨릭 신자라면 유대인의 외모를 가졌더라도 유대인이라서 받는 불이익은 줄어들 것이라는 계산이 깔린 행동이었다. 적어도 데이비스 가문의 눈총은 피할 수 있을 터였다.[12]

그해 봄 조지프는 내니 턴스톨Nannie Tunstall이라는 다른 여성도 마음에 두고 있었다. 교양이 넘치는 내니 턴스톨은 강인한 인상에 묘한 매력을 지닌 스물네 살의 버지니아 주 출신 아가씨였다. 턴스톨은 워싱턴에 놀러 왔다가 조지프를 알게 되었는데, 그녀는 이내 조지프의 마음을 사로잡았다. 사실 턴스톨은 브라흐포겔의 신부와 친구 사이로, 브라흐포겔의 결혼식에 참석했다가 데이비스와 함께 온 조지프를 만나게 된 것

이었다.[13]

버지니아 주의 작은 마을에서 태어난 턴스톨은 부유한 변호사 집안 출신으로 턴스톨의 아버지는 주 의회 의원과 철도회사 임원을 역임한 유력 인사였다. 턴스톨을 비롯한 여섯 형제 모두 1790년대부터 가문에서 운영해온 플랜테이션에서 태어났지만 조지프처럼 턴스톨도 어린 나이에 식구들의 죽음을 지켜봐야 했다. 턴스톨이 어렸을 때 여섯 형제 중 네 명과 아버지가 세상을 떠났기 때문에 턴스톨은 어머니 손에서 자라야 했다.[14]

턴스톨의 어머니는 워싱턴에서 가장 부유한 사람 중 하나인 윌리엄 코코런William Corcoran과 친구 사이였다. 코코런은 턴스톨을 워싱턴에 있는 자신의 집으로 초대했다. 젊은 시절 아내를 잃고 홀로 살게 된 코코런은 혼자 지내기보다는 사람들과 어울려 지내는 것을 좋아했다. 〈워싱턴 포스트〉는 이렇게 보도했다. "지적이고 자상한 여성들과 동행하는 것보다 코코런 씨와 동행하는 것이 더 즐겁다." 코코런의 초대를 받아들인 턴스톨은 이내 '마법에 걸린 게으름의 성'에 정착하게 되었다.[15]

턴스톨은 근사한 여인임이 틀림없었다. 많은 남성들이 그녀에게 빠져들었기 때문이다. 턴스톨에게 홀딱 반한 사람 가운데 한 명이었던 코코런의 미술품 책임자는 이렇게 회고했다. "턴스톨은 모든 남성들이 흠모하는 여인이었다." 턴스톨은 우수에 찬 눈동자, 둥그스름한 얼굴, 부드러운 피부, 심하게 굽지는 않은 매부리코, 숱이 많고 긴 곱슬머리의 소유자였다. 조각가 모지스 에제키엘Moses Ezekiel도 턴스톨의 매력에 푹 빠져 그녀의 초상을 얕은 돋을새김으로 조각했는데, 코코런이 그 조각

상을 구입했다.[16]

턴스톨은 수준 높은 교양을 갖췄지만 조지프와 비슷하게 학교를 오래 다니지는 않았다. 턴스톨은 책을 많이 읽었고 시를 번역할 정도로 수준 높은 독일어를 구사했다. 편지에 프랑스 경구를 인용할 줄 알았고 시와 소설을 썼다. 훗날 턴스톨은 자신의 이름으로 된 소설도 출간했다. 인간의 삶, 문학, 예술에 매우 큰 흥미를 지녔던 턴스톨은 진지하기만 했던 워싱턴 상류사회의 사랑을 한몸에 받는 존재가 되었다. 말년에 턴스톨은 이렇게 고백했다. "양쪽 끝에서 동시에 타들어 가는 촛불처럼 하루하루가 빠르게 흘러갔어요."[17]

그해 2월, 케이트 데이비스와 연애하는 와중이었으면서도 조지프는 턴스톨의 마음을 얻으려 애썼다. 턴스톨이 볼티모어에 있는 친척집에 놀러 간 사이 조지프는 이런 내용의 편지를 보냈다. "당신이 정말 그립습니다. 한시라도 빨리 뵙고 싶습니다. 당연히 제가 볼티모어로 가야 하겠지요. 우선 마음속 깊은 곳에서 우러나오는 열정과 진심을 담은 편지를 당신에게 보냅니다."[18]

턴스톨은 조지프의 편지에 답하지 않았다. 마음이 달아오른 조지프가 다시 편지를 보냈다. "언제 가면 좋겠습니까? 말씀만 하세요. 곧장 볼티모어로 달려가겠습니다." 예민해진 구혼자가 된 조지프는 무슨 말이든 더 써야 한다는 강박에 시달렸다. "여기서 펜을 '놓아야겠지만' 그럴 수가 없군요. 간결한 말은 지혜를 담을 수 있지만 공감을 담을 수는 없습니다. 이에 저는 이 편지지 한 장을 다 채우려 합니다. 어떤 말을 더 해야 하는지는 저도 잘 모르겠습니다. 도대체 제가 왜 그대를 이토록 그리워하는 것일까요? 고개를 설레설레 젓는 그대의 모습이 눈에 선합니다. 냉정한 마음의 소유자인 제가 어떻게 그대를 이토록 사모하는지 저도 잘 모르겠습니다. 믿을 수 없다는 듯 다시 고개를 설레설레 젓는 그대의 모습이 손에 잡힐 것만 같습니다. 부디 그대의 여성스러움을 흠모하는 저의 마음을 받아주세요. 믿기지 않는다는 표정으로 고개를 설레설레 젓지만 말고 고개를 끄덕여 제 마음을 받아주시면 안 되겠습니까?"

조지프는 벼랑 끝에 몰린 사람처럼 절박했고 고금의 사랑에 대해 이야기하면서 다시 생각해달라고 두 번, 세 번 애원했다. 다른 편지에서 조지프는 이렇게 고백했다. "잉걸불처럼 약하게 타오르는 우리의 관계를 뜨겁게 불타오르는 화염으로 변모시키면 어떻겠습니까? 저는 화염이 무서워 빛만 발하는 그런 사람이 아닙니다. 저의 몸과 마음은 이미 활활 불타올라 새카만 재가 되었습니다. 비유라고 생각하시겠지만 정말 그렇습니다." 또 다른 편지는 지면이 다해 마지못해 끝을 맺기도 했다. "이런! 벌써 종이가 다 떨어지다니. 아쉽지 않습니까?"

그러나 그해 5월 턴스톨은 조지프의 구애에 종지부를 찍어주었다. 조지프는 턴스톨의 답장이 잔인하다고 표현했다. "초조한 마음으로 기다렸지만 제 희망은 산산조각이 나고 말았습니다. 당신의 잔인한 말에 우리 사이가 멀어져 버렸습니다."

"저에게 더는 희망이 없는 건가요? 마음을 바꿀 생각은 없는 건가요? 그대를 흠모하는 미천한 저에게서 보기 드문 자질을 조금씩 알아가는 기쁨을 누릴 의향은 전혀 없나요? 아름답지만 차가운 그대여, 그대의 편지는 더욱 차갑습니다. 온갖 만물이 소생하며 꽃이 피는 봄, 신선한 공기가 낭만을 불러와 시심詩心이 절로 생기는 봄이 한창인 지금, 오직 당신의 편지만이 아직도 추운 겨울입니다. 이런 계절에 사랑에 빠지지 '않을' 남성이 도대체 어디 있다는 말입니까?" 턴스톨은 조지프의 열정에 숨이 막힐 지경이었다. 여성이 홀로 여행을 한다는 것 자체가 큰 충격으로 받아들여지던 시절이었지만 턴스톨은 당시 홀로 유럽 여행을 계획할 만큼 독립심이 강한 여성이었다. 조지프에게 그런 강인한 여성은 어울리지 않았다.[19]

어느 봄날 이미 고인이 된 〈스프링필드 리퍼블리컨〉 창립자의 아들 새뮤얼 볼스가 워싱턴을 찾았다. 점심을 먹기 위해 식당에 들른 볼스는 유명한 여성 참정권 운동가 이사벨라 비처 후커Isabella Beecher Hooker와 함께 식사를 하고 있는 조지프를 발견했다. 후커는 헌법 수정을 앞당길 방안을 찾기 위해 워싱턴으로 왔다. 식당 문 근처에 앉은 조지프와 후커는 사람들의 이목을 끌었다. 볼스는 이렇게 회고했다. "두 사람 모두 진지한 태도로 대화에 열중하고 있었다. 수정헌법 16조에 대해 토론하고 있다는 것쯤은 삼척동자도 알 수 있었다. 두 사람의 의견이 달랐기 때문에 오가는 말 속에서 불꽃이 튀었다."[20]

조지프는 여성 참정권에 반대하는 입장이었다. 1870년 주 의회 의원이 되었을 때 처음 이 문제를 알게 되었는데, 당시에는 여성에게 참정권을 부여하는 편에 조금은 공감하는 것처럼 보였다. 당시 조지프는 여성에게도 참정권을 부여하도록 선거법을 개정하는 문제를 주민투표에 부칠지 고민했기 때문이다. 법안이 부결되기 전에는 인종을 막론하고 스물한 살이 넘은 모든 여성에게 투표권을 주되, 집계를 따로 해 투표 결과에는 영향을 미칠 수 없도록 하자고 촉구하기도 했다. 그러나 4년 뒤 헌법위원회 위원이 된 조지프는 여성 참정권을 반대하는 편으로 돌아섰다. 사실 조지프는 여성 참정권을 지지하는 사람을 무척 경멸했다. 조지프는 여성에게 '정중한 예우' 이상의 것이 필요 없다고 생각했다. 심지어 스물한 살이 넘었지만 미혼이거나 남편을 잃은 여성은 교육세를 납부하더라도 학교 선거에 참여해서는 안 된다고 생각했다.[21]

턴스톨이 절교 편지를 보내면서 선택의 여지가 없어진 조지프는 케이트 데이비스에게 열렬히 구혼했다. "최근 들어 제가 당신 생각을 얼마나 많이 하는지 아시는지요? 무슨 생각을 하든지 당신이 떠올라 당신과 제가 함께할 현재와 미래에 대해 구상하게 됩니다."

"그런 사랑을 할 만한 가치가 없는 사람이라는 사실을 고백하지 않을 수 없습니다. 저는 너무 냉정하고 이기적입니다. 이 점은 저도 잘 알고 있습니다." 조지프는 자신이 어떤 사람인지 솔직하게 피력했는데, 그 말들은 결국 케이트 데이비스의 뇌리에 새겨져 골칫거리가 되고 말 터였다. 조지프는 지금까지의 인생이 충동에 이끌려왔다고 시인했다. 지금까지의 삶은 다른 사람을 돌아볼 겨를 없이 스스로 정한 목표를 향해 맹목적으로 나아가는 삶이었다. "하지만 저에게는 아직 명예가 남아 있습니다. 명예를 지키기 위해서라도 저는 당신에게 가치 있는 사람이 되고자 노력할 것입니다. 당신의 신뢰와 사랑을 받을 자격을 갖추기 위해 그리고 더 훌륭하고 아름다운 장래의 삶을 위해 애쓸 것입니다."

조지프는 편지를 이렇게 마쳤다. "당신은 제가 쓴 첫 번째 연애편지의 주인공입니다."

조지프는 직업이나 그 밖의 여러 가지 면에서 안정을 추구했을 뿐 아니라 애정을 주고받을 동반자를 얻고자 했다. 퓰리처 일가를 덮친 죽음의 그림자로 인해 조지프는 자신이 고아와 같다고 생각하게 되었다. 유일하게 살아남은 혈육인 동생 앨버트와는 지나친 경쟁심으로 인해 사이가 멀어져 있었다. 조지프는 케이트 데이비스에게 보낸 편지에서 자신의 현재 상태를 집도 사랑도 의미도 없는 삶이라며 우수 가득한 느낌으로 표현했다. "새 꽃을 피워 새 인생을 시작하고 싶습니다. 집은 그 기초를 이룰 것이고 애정, 야망, 직업은 주춧돌이 될 것이며 사랑하는 당신은 둘도 없는 나의 영원한 동반자가 될 것입니다."[22]

두 사람은 6월에 워싱턴에서 결혼하기로 했다. 결혼식 날짜가 가까워지는 동안 조지프가 한 행동은 케이트가 결혼을 다시 고려할 만한 구실을 제공했다. 조지프는 유럽에서 보내기로 한 신혼여행 계획을 여러 차례 변경했다. 처음에는 국립극장 무대에 오르는 연극배우 친구 존 매컬러프John McCullagh와 함께 여행을 떠나기 위해 출발 날짜를 변경했다. 다음에는 어느 신문이 매물로 나왔다는 소식을 듣고 아예 유럽으로 떠나면 안 되겠다는 말을 꺼냈다.

조지프는 케이트에게 이런 편지를 보냈다. "이제 똑똑히 보셨지요. 제가 얼마나 일관성 없고 불확실한 녀석인지." 조지프는 신혼여행을 어디로 떠날지조차 정하지 못했다고 말했다. "웃기지 않나요? 이건 시작에 불과합니다. 앞으로 평생 당신은 이보다 더 혹독한 시련을 견뎌야 할 겁니다. 이른바 철학자들이 말하는 아주 위험한 시련이지요. 당신이 생각할 수 있는 온갖 경솔한 행동보다 더 심한 일들이 당신을 기다리고 있을 것입니다."[23]

결혼식을 일주일 앞두고 조지프는 신문사를 인수할 생각으로 뉴욕에 갔다. 조지프는 인수 대상 신문사를 명시하지 않은 채 "협상 전망이 밝아 보입니다"라고만 썼다. 아마도 파산하기 일보 직전이었던 〈뉴욕 메일New York Mail〉이었을 것이다. 조지프는 결혼식 전날 밤 약혼자가 보이지 않는다면 약혼녀가 얼마나 화를 낼지 알고 있다고 스스럼없이 말했다. "하지만 이번 기회는 정말 중요한 기회입니다. 행운이나 다름없는 이 기회를 놓칠 수는 없는 노릇입니다."

"제 심장을 바칠 신문사를 반드시 인수해야 합니다. 아쉽지만 지금으로써는 직업의 안정이 최우선이고 당신은 그다음입니다." 조지프는 이후 몇 년 동안 그들이 무슨 일을 겪게 될지 정확하게 짚어냈다. "모든 상황을 종합적으로 고려해볼 때, 중요한 행사를 앞둔 이번 월요일에만 당신과 함께 있게 될 것 같습니다. 하지만 그 이후로는 영원히 당신과 함께하겠습니다."[24]

결혼식은 1878년 6월 19일에 열렸다. 저녁 8시 정각 조지프와 케이트는 주현절 교회Church of the Epiphany에 모인 하객 100여 명이 지켜보는 가운데 주례 앞에 섰다. 데이비스 가문은 워싱턴 G 가에 위치한 주현절 교회가 1842년 지어진 뒤부터 지금까지 줄곧 주현절 교회 신도였다. 데이비스 가문이 속한 교구는 부유하고 권세가 있었다. 1870년대 워싱턴의 지배층이 성공회 네 곳을 선정했는데, 그 네 곳 중 백악관 주변의 인구가 많은 지역에 있는 교회는 주현절 교회와 세인트존스 성공회St. John's Episcopal Church 두 곳뿐이었다. 세인트존스 성공회가 대통령의 예배당으로 활용되는 동안 주현절 교회는 더 크고 우아하고 매력적인 곳이 되었다.[25]

남북전쟁이 일어나기 전, 주현절 교회 신도들은 남부에 대한 강한 애착을 가지고 있었다. 케이트 데이비스의 먼 친척 제퍼슨 데이비스도 주현절 교회 신도였다. 남북전쟁이 끝난 뒤 마음 둘 곳을 잃은 신도들은 워싱턴으로 돌아와 교회로 복귀했다. 허친스의 친목 모임에서 조지프와 안면을 튼 라마르 연방 상원의원(미시시피 주), 남부연합군 중장 존 브라운 고든John Brown Gordon 연방 상원의원(조지아 주), 남부연합군 참전용사로 전쟁 포로가 되었던 존 에제키엘 엘리스John Ezekiel Ellis 연방 하원의원(루이지애나 주)이 신부 측 하객으로 참석했다.

신랑 측 하객으로 참석한 사람 가운데 미주리 주 민주당 출신 의원 두 명도 과거 남부연합 측 인사였다. 두 사람은 십여 년 동안 선거 운동을 함께하며 조지프와 친분을 쌓은 다른 정치인들과 어울려 있었다. 미주리 주의 주 의회 의원 3분의 1 정도가 하객으로 참석했고 허친스나 건설 기술자 제임스 이즈 같은 친구들도 하객으로 참석했다.

정치인, 언론인, 법조인, 유명인들이 하객으로 참석해 결혼을 축하해준 신혼부부는 완벽한 대조를 이뤘다. 가냘픈 신부는 세련되고 우아했다. 허친스는 다음 날 〈워싱턴 포스트〉 1면에 다음과 같이 전했다. "케이트보다 더 우아하고 사랑스러운 신부는 세상에 없을 것이다." 신부보다 키가 큰 약혼자는 뼈만 앙상한 몰골이었다. 두 사람이 주례 앞에 무류을 끓을 차례가 되자 조지프는 신발 걱정이 앞섰다. 조지프의 발은 보통 사람보다 커서 호텔 직원들은 조지프의 신발 밑창에 흰 분필로 방 번호를 적어두었다가 어젯밤 지웠기 때문이다. "하객들이 내가 17번 신발을 신고 있다고 생각할까 봐 여간 신경이 쓰인 것이 아니었다."[26]

　존 추John H. Chew 목사는 두 사람이 부부가 되었다고 선언했고 헝가리 출신 유대인은 워싱턴에서 가장 규모가 큰 성공회 신도가 되었다. 케이트와의 결혼은 조지프에게 큰 이득이 되었다. 턴스톨과 결혼했다면 얻을 수 없던 것들이었다. 케이트의 가족, 케이트의 가문, 케이트의 종교를 통해 조지프는 완벽하게 변신할 수 있었다. 미국에서의 성공, 권력, 부가 모두 성공회를 중심으로 모여 있었다. 그것을 상징하기라도 하듯 유대인과 이교도가 예수 앞에 함께 모인 예수 공현을 세 가지 색유리로 표현한 스테인드글라스가 설교단 위 창문을 장식하고 있었다.[27]

| 2부 |

퓰리처,
언론의 제국에 군림하다

1878~1888

PULITZER

12장

신문사 인수

　　1878년 7월 6일 아침 조지프와 케이트 부부는 페리선을 타고 맨해튼의 웨스트 12번가와 웨스트 14번가 사이에 위치한 부두, 피어52로 향했다. 피어52에는 리버풀로 향하는 손님들을 기다리는 브리태닉Britannic 호가 정박해 있었다. 결혼한 지 한 달도 되지 않은 이 신혼부부는 175명에게만 허락되는 1등 선실의 손님이 되었다. 화이트스타라인White Star Line 증기선사에서 운영하는 증기선의 1등 선실 표 가격은 금화 160달러에서 200달러 사이였는데, 남자, 여자, 아이들이 뒤섞인 채 꼼짝달싹 못하고 여행해야 하는 3등 선실 표 가격의 4배에 달하는 액수였다. 조지프와 케이트 부부는 브리태닉호 중앙에 위치한 개인 선실을 배정받았다. 개인 선실은 엔진 소음이 덜 들리고 파도로 인한 흔들림도 잘 느껴지지 않는 안락한 곳에 있었다. 오전 10시에 출발해 금세 샌디훅Sandy Hook을 지난 브리태닉호는 신선한 바닷바람을 맞으며 공해로 나아갔다.[1]

표면상 조지프와 케이트 부부는 두 달 일정의 신혼여행을 떠났다. 그러나 결혼식을 마친 케이트는 그녀의 남편 조지프가 신혼여행 중에조차 자신만 바라보는 남자가 아니라는 사실을 금세 깨달았다. 어쩌면 결혼식 전날 밤까지도 신문사 인수를 위해 애쓰는 조지프의 모습에서 이미 낌새를 알아차렸을지도 모를 일이었다. 조지프는 정치와 사업에만 신경을 기울였다. 두 사람이 영국에 도착하자마자 조지프는 신문에 푹 빠져 눈에 보이는 모든 것을 세심하게 기록했고 만나는 사람마다 끝없는 질문 세례를 퍼부었다.

성인기를 미국에서 보낸 조지프는 미국인의 시각으로 유럽의 모습을 들여다보았다. 영국에 도착한 조지프는 계급 간 이동이 엄격하게 제한되어 있다는 사실에 큰 충격을 받았다. 조지프는 영국인들이 영국의 민주주의와 사법제도가 개방적이고 공정하다는 착각 속에 살아간다고 결론지었다. "그토록 불공평하고 겉과 속이 다르며 부자연스러운 법과 제도를 가진 나라의 국민은 프랑스산 화장품을 바르고 끈으로 허리를 꽉 조이며 하이힐을 신는 여자, 즉 겉으로는 근사해 보이지만 속은 썩은 사과나 다름없는 여자와 같다. 끈으로 허리를 꽉 조이고 다니면 결국 폐나 그 밖의 중요한 장기가 손상되고 혈액순환이 나빠져 건강을 망치는 것처럼, 겉과 속이 다르고 정의롭지 못한 제도는 결국 나라를 망치고 말 것이다."[2]

케이트와 함께 독일로 간 조지프는 오토 폰 비스마르크Otto von Bismarck 재상이 사회주의 운동을 억압하면서 정치적 자유를 파괴하고 있다는 사실에 분개했다. "신문을 통해서든 일상적인 대화를 통해서든 제멋대로

이고 정의롭지 못하며 잔인하고 독재적인 사건을 접하지 않고 넘어가는 날이 없다. 미국인으로서는 식겁하지 않을 수 없다."

독일에서의 경험으로 조지프는 대중의 열정과 편견을 교묘히 이용하는 정치 지도자에 대한 공포를 키우게 되었다. "사람들이 자유를 누리지 못한다면 그것은 폭군 때문이다. 사람들이 지나치게 많은 자유를 누린다면 그것은 선동을 일삼는 정치인 때문이다. 폭군과 선동을 일삼는 정치인은 모두 자유를 남용한다. 폭군은 자유가 너무 많다고 생각하고 선동을 일삼는 정치인은 자유가 너무 적다고 생각한다. 폭군은 선동을 일삼는 정치인에 대한 두려움을 자극해 군림하고, 선동을 일삼는 정치인은 폭군에 대한 두려움을 자극해 통치한다." 선동을 일삼는 정치인에 대한 공포는 평생 조지프를 따라다녔다. 독일에서의 경험은 후일 윌리엄 제닝스 브라이언William Jennings Brian과 시어도어 루스벨트가 미국인들의 마음을 사로잡았을 때 조지프가 그들과 대립각을 세우는 진보 진영의 선두 주자로 나서게 된 계기가 되었다.[3]

다행히도 정치가 신혼여행을 완전히 망치지는 않았다. 파리에서 조지프와 케이트 부부는 휘황찬란한 만국박람회Exposition Universelle를 구경했다. 박람회장에는 전 세계에서 모인 물건들이 전시되어 있었다. 눈부신 미국의 기술을 자랑이라도 하듯 알렉산더 그레이엄 벨Alexander Graham Bell이 발명한 전화와 토머스 에디슨Thomas Edison이 발명한 축음기도 박람회장의 한 자리를 차지하고 있었다. 프랑스 조각가 프레데릭-오귀스트 바르톨디Frédéric-Auguste Bartholdi가 설계한 자유의 여신상Statue of Liberty의 완성된 두상도 전시되어 있었다. 몇 년 전부터 바르톨디는 1876년 미국 독립 100주년을 기념하는 의미에서 미국에 선물할 45미터 높이의 조각상을 설계해왔다. 조각 부분을 제작하는 비용은 프랑스 시민들이, 받침대와 기초 부분을 제작하는 비용은 미국 시민이 부담하기로 했는데 프랑스 시민들은 목표액을 달성했지만 미국 시민들은 그러지 못했다.

파리에서 케이트는 전설적인 양장점에 들러 옷을 맞췄다. 조지프는 그녀의 사치스런 취향 때문에 발생한 비용을 지불해야 했다. 아마 케이트는 이때 처음 느닷없이 화를 내는 조지프의 모습을 경험했을 것이다. 케이트는 조지프에게 요리용 화로와 함께 지내는 기분이라고 농담을 던졌다. 조지프는 케이트를 믿었지만 그녀가 저지르는 바보 같은 짓을 도저히 보아 넘길 수 없었다. 그렇지만 조지프의 분노는 곧 가라앉았고 케이트는 파리에서 아이를 가졌다.[4]

두 달 일정의 신혼여행은 9월 4일 마무리되었다. 조지프와 케이트 부부는 큐너드 기선회사 소속의 수수하고 낡은 러시아Russia호에 몸을 싣고 뉴욕으로 돌아왔다. 이번 항해는 역사에 길이 남을 한 장면이 되었다. 지금은 서로 알지 못하지만 역사상 떼려야 뗄 수 없는 관계로 영원히 기억될 두 사람이 한 공간에서 스쳐 지나갔기 때문이다. 조지프가 내린 그 항구에는 열다섯 살 먹은 윌리엄 랜돌프 허스트가 어머니를 모시고 유럽으로 돌아가기 위해 러시아호가 들어오기만을 기다리고 있었던 것이다.[5]

조지프와 케이트 부부의 유럽 체류 비용은 세관원들이 케이트의 여행가방 두 개를 자세히 검사하면서 조금 더 늘어났다. 케이트가 파리에서 새로 맞춘 옷들이 특히 세관원들의 눈길을 끌었다. 그중 한 벌은 입어보지도 않은 새 옷처럼 보였다. 과거에는 해외에서 구입한 옷 중 '착용을 목적으로 구입한 옷'은 면세 혜택을 받았지만, 기준이 더 까다로워지면서 상륙하기 전에 '착용하지 않은 옷'에는 모두 관세를 부과하게 되었다. 세관원들은 케이트의 옷에 세금을 부과하지 않고 통관시키려다가 자신들의 행동을 지켜보고 있는 재무부 조사관을 발견했다. 세관원들은 조지프와 케이트 부부를 불러 세워 세금을 물어야 한다고 말했다. 조지프는 항의하면서 상급자를 불렀고, 상급자는 다시 감정인을 불렀다. 한 시간이 넘도록 보내달라고 애원했지만 세관원들은 꿈쩍도 하지 않은 채 금화로 60달러를 지불하지 않으면 수하물을 모두 몰수하겠다고 으름장을 놓았다. 결국, 조지프는 세금을 지불하고 말았다.[6]

헤이스 대통령을 싫어했던 조지프는 이날의 사건을 개인적인 모욕이자 정부의 부패를 보여주는 증거로 인식했다. 찰스 데이나가 운영하는 〈뉴욕 선〉은 (조지프를 부지사로 오인하는 실수를 저지르긴 했지만) 이날의 사건을 이미 보도했다. 그런데도 조지프는 격한 감정이 고스란히 담긴 편지를 〈뉴욕 선〉에 급히 보냈다. "내 옆에는 여행 가방과 물건을 담은 상자를 나보다 다섯 배쯤 많이 가진 사람이 두 명 더 있었다. 하지만 두 사람의 가방은 검사조차 거치지 않았음에도 아무런 제지를 받지 않은 채 항구를 신속하게 빠져나갔다. 왜일까? 아마 조사관의 손에 법정 화폐 모양의 종이 몇 장을 슬쩍 쥐여준 덕분일 것이다."[7]

조지프는 〈뉴욕 선〉 사무실로 데이나를 찾아갔다. 나이 지긋한 편집자는 조지프를 여전히 높이 평가하고 있었고 영국, 프랑스, 독일의 정치에 대한 조지프의 기사를 실어주기로 약속했다. 조지프의 기사는 9월과 10월에 여섯 차례에 걸쳐 〈뉴욕 선〉에 실렸다. 기민한 관찰과 성숙한 정치 철학을 가지고 있는 기자의 생각이 더해진 훌륭한 기사였다. 〈베스틀리헤 포스트〉 기자 시절 성급하게 판단하고 쓴 기사나 헤이스와 틸든의 당선자 논쟁 당시 〈뉴욕 선〉에 보낸 급보와는 확연히 달랐다. 사실 여행기에 가까웠던 이번 기사에서 조지프는 감정에 치우치지 않은 냉정한 분석을 선보였다.[8]

조지프는 여섯 차례에 걸친 연재 기사의 마지막 기사를 제2의 조국에 대한 찬사로 채웠다. 조지프는 가상의 미국인과 가상의 유럽인을 등장시킨 가상의 대화를 꾸몄다. 유럽인이 먼저 미국 민주주의의 불완전한 면을 지적했다. 유럽인은 헤이스가 대통령에 당선된 일이 미국 헌법에 위배되지 않는지 물었다. 미국인은 그렇다고 인정하면서도 유럽의 군주와는 다르게 헤이스 대통령의 임기가 4년에 불과하다고 응수했다. 유럽인은 쉽게 포기하지 않고 미국의 흠을 계속 들춰냈다. 유럽인은 미국 여성이 유럽의 귀족과 결혼하기 위해 애쓴다고 지적하면서 미국이 유럽을 모방의 대상으로 삼고 있다는 증거라고 주장했다. 그러자 미국인은 유럽인의 주장을 부인하면서 그런 현상은 돈에 눈이 먼 일부 미국 여성들의 특징을 보여줄 뿐이라고 설명했다.

조지프가 내세운 가상의 대화에서 가장 인상적인 장면은 모든 남성에게 선거권을 부여하는 보편적 선거권을 유럽인이 문제시하는 장면이었다. 모든 남성에게 부여된 선거권은 조지프가 정치에 입문한 이래 가장 중요하게 여기는 권리였다. 조지프는 알렉시스 드 토크빌Alexis de

Tocqueville을 인용하면서 선거권 확대가 평범한 사람의 정치적 힘을 강화하는 경향이 있다고 시인했다. 아마 1872년과 1876년 선거를 치르면서 뼈저리게 얻은 교훈이었을 것이다. 그러나 기사에 등장하는 조지프의 다른 자아는 보편적 선거권 자체를 미국 민주주의의 꽃으로 결론지으면 안 된다고 말한다. "미국 민주주의의 가장 큰 장점은 모든 남성이 선거권을 가졌다는 사실 자체보다는 미국 정부가 다른 정부에 비해 더 많은 삶의 기회를 모든 남성에게 부여한다는 사실에 있다."[9]

문장이 장황하고 약간은 현란한 데다가 때로는 요점에서 벗어나는 단점도 있었지만 여섯 차례에 걸친 조지프의 연재 기사는 뉴욕의 신문에 실린 다른 기사에 견주어도 손색이 없을 정도로 훌륭했다. 데이나는 조지프의 실명과 함께 기사를 내보내 조지프가 영어 신문 기자로서도 충분한 자질이 있음을 만천하에 알렸다. 사실 이번 기사는 조지프가 미국인으로 완벽하게 변신했다는 사실을 보여주는 증거였다. 조지프는 자신이 유럽에서 이민 온 사람이라는 사실을 밝히지 않은 채 이런 문장으로 기사를 열었다. "유럽에 대해 알면 알수록 미국에 대한 나의 애정은 더 깊어진다." 조지프는 유럽의 오페라극장, 박물관, 고성, 새로 지은 궁전을 아낀다고 털어놓은 뒤 다음과 같이 말을 이었다. "그러나 위대한 예술적 보물보다 자유라는 보물을 더 사랑한다." 앨버트가 미국으로의 이민을 선택하면서 느꼈던 감정을 고스란히 표현한 조지프는 이렇게 덧붙였다. "왕족이나 귀족이 내뿜는 환한 빛이 없는 평범한 나의 조국을 정말 사랑한다."[10]

〈뉴욕 선〉에 화려한 기사가 실렸음에도 조지프는 여전히 적절한 일자리를 찾지 못했다. 결혼까지 한 조지프에게 직업 문제는 무엇보다 시급히 해결해야 할 과제였다. 그러던 어느 날 뉴욕에서 고향을 그리워하던 조지프에게 세인트루이스 석간신문 〈세인트루이스 디스패치〉가 운영난에 시달리다 못해 파산해 경매에 나왔다는 소식이 들려왔다. 조지프도 잘 아는 신문이었다. 스틸슨 허친스와 찰스 존슨이 차례로 〈세인트루이스 디스패치〉에 손을 댔지만 두 사람 모두 신문사 경영을 정상화하지 못했다. 조지프는 존슨과 존 마마듀크John Marmaduke에게 전보를 보냈다. 과거 남부연합군 장군을 지냈던 존 마마듀크는 농업 잡지 편집자로 일하면서 점점 강해지는 철도회사의 힘에 맞서 싸우는 가망 없는 일에 투신하고 있었다. 조지프는 두 사람에게 케이트와 함께 세인트루이스로 가겠다고 말했다. 그들은 린델 호텔Lindell Hotel에서 만날 약속을 잡았다.

열차 마지막 칸에서 바라본 세인트루이스 시의 모습은 13년 전 조지프가 처음 도착했을 때와는 사뭇 달랐다. 세인트루이스 시는 이제 산업이 번창하고 상업이 활발히 이뤄지는 도시가 되었다. 심한 매연으로 뒤덮인 도시의 공기는 무거웠다. 이즈 브리지를 건너가는 열차가 뿜어내는 아지랑이 너머로 돔형 지붕 한두 개가 겨우 보일 정도였다. 호텔에 도착한 조지프는 존슨과 마마듀크를 만나 〈세인트루이스 디스패치〉를 인수하기 위해 돌아왔다고 말한 뒤 자신이 세운 인수계획을 설명했다. 세 사람은 열정으로 가득했다. 조지프에게 변호사 일을 때려치우라고 오래전부터 종용해왔던 존슨이 특히 기뻐했다.[11]

용기를 얻은 조지프는 4년 전 AP 회원사 자격을 위해 〈슈타츠-자이퉁〉을 매입했던 대니얼 하우저를 만나러 갔다. 당시 하우저는 〈세인트루이스 글로브-데모크라트St. Louis Globe-Democrat〉 공동 소유주였다. 조지프와 하우저는 며칠간 머리를 맞대고 주판알을 튀기며 수지를 가늠해보았다. 하우저는 조지프가 입찰에 성공하려면 1,500달러에서 1,700달러를 제시해야 할 것으로 전망했다. 조지프의 수중에는 5,000달러의 저축이 있었으므로 그 정도 가격은 충분히 감당할 수 있었다. 하지만 신문사 운영 비용은 별개의 문제였다. 조지프가 가진 돈으로 신문사의 적자를 메운다면 17주 이상 버틸 수 없었다.[12]

경매는 1878년 12월 9일에 진행되었다. 이른 아침에 린델 호텔을 나선 조지프는 인근 법원으로 향했다. 법원은 로마의 산피에트로 대성당St. Peter's Basilica(성 베드로 대성당)을 본떠 무쇠로 만든 돔형 지붕을 덮은 그리스 부흥 양식(19세기 전반기의 건축양식)의 건물이었다. 법원에 도착해서 보니 법원 동편에 이미 많은 사람들이 모여 추위를 이기려 애쓰고 있었다. 세인트루이스 시가 기상관측을 시작한 이래 가장 추운 12월이었다. 조지프는 거기 모인 서른 명가량의 사람들이 누군지 알고 있었고 그 사람들도 모두 조지프가 누군지 알고 있었다. 어느 기자는 이렇게 보도했다. "훤칠한 키의 퓰리처는 기품이 넘쳤다. 그의 창백한 얼굴은 비아냥거림으로 가득한 냉소적인 표정을 띠고 있었다. 모든 사람들이 그를 주목했다."[13]

그날 경매로 나온 신문사는 두 곳이었다. 하나는 설립된 지 8년 된 〈세인트루이스 저널St. Louis Journal〉로 인쇄기, 활자, 사무실 집기를 헐값에 내놓았다. 다른 하나는 〈세인트루이스 디스패치〉로 〈세인트루이스 저널〉보다 더 큰 잠재력을 갖고 있었다. 〈세인트루이스 디스패치〉의 전신은 고故 프랭크 블레어Frank P. Blair 연방 상원의원이 1862년 설립한 〈세인트루이스 유니언St. Louis Union〉이었다. 프랭크 블레어 연방 상원의원은 링컨 후보에 맞서 대통령 후보로 나섰던 존 프레몬트John Frémont를 지원하는 〈미주리 데모크라트〉에 맞서기 위해 〈세인트루이스 유니언〉을 창간했다. 2년 뒤 존슨과 몇몇 투자자들이 망하기 일보 직전의 〈세인트루이스 유니언〉을 매입해 석간신문 〈세인트루이스 디스패치〉로 재창간했다. 그 뒤로도 〈세인트루이스 디스패치〉는 여러 차례 주인이 바뀌었지만 아무도 신문사 경영을 정상화하지 못했다. 1878년 더는 이 짐을 짊어질 사람이 없다는 사실을 깨달은 마지막 소유주가 파산을 신청했고 〈세인트루이스 디스패치〉는 경매에 들어갔다.

경영 상태는 형편없었지만 〈세인트루이스 디스패치〉는 언론계의 관심을 끌 만한 신문이었다. 대니얼 하우저, 〈세인트루이스 디스패치〉를 담보로 1만 5,000달러를 빌려준 채권자의 변호사 자격으로 이곳에 온 그래츠 브라운 전前 주지사, 〈미주리 리퍼블리컨〉 소유주 존 냅John Knapp과 조지 냅George Knapp, 〈미주리 리퍼블리컨〉 편집자 윌리엄 하이드, 〈세인트루이스 이브닝 포스트St. Louis Evening Post〉의 소유주 존 딜런John A. Dillon도 그날 경매를 참관했다.

4만 달러에 낙찰될 것이라고 생각하는 사람들도 있었다. 1874년 조지프가 〈슈타츠-차이퉁〉을 매수했다가 다시 매각하는 과정에서 큰돈을 벌었을 당시의 상황을 감안해보면 〈세인트루이스 디스패치〉가 가진 AP

회원사 자격만 따져도 최소 2만 달러의 가치가 있었다. 그러나 당시 세인트루이스에는 AP 회원사 자격을 그렇게 갈망하는 신문사가 없었다. 좀 더 지각 있는 사람들은 그보다 적은 가격에 낙찰될 것으로 기대했다. 물론 아무런 기대도 하지 않는 경우도 있었다. 입찰에 참여할 예정인지 묻자 윌리엄 하이드는 이렇게 답했다. "그 빌어먹을 신문에는 한 푼도 줄 수 없소."

조지프가 법원에 도착하고 몇 분쯤 지난 뒤 경매인이 단상에 올랐다. "두 신문사를 경매하겠습니다. 아직 '살아 있는' 신문사입니다." 객석에 웃음이 번졌다. 경매인은 두 신문사의 안타까운 역사에 대해 설명하면서, 돈을 벌기도 했지만 돈을 벌지 못한 적도 있었다고 말했다. 다시 한 번 큰 웃음이 터졌다. 받지 못한 돈이 있는 채권자들은 웃지 않았다. 브라운은 경매인의 의자를 차지하고는 두 신문사 중 하나를 인수하는 사람이 누구든 1만 5,000달러의 채무를 떠안아야 한다고 경고했다.

〈세인트루이스 저널〉의 경매는 채 1분도 걸리지 않았다. 〈세인트루이스 저널〉은 600달러에 낙찰되었다. 다음은 〈세인트루이스 디스패치〉 차례였다. 경매인은 이렇게 말했다. "신사 여러분, 이제 〈석간 디스패치〉가 경매에 들어갑니다. 모든 석간신문이 사라진 뒤에도 꿋꿋이 살아남았던 신문이죠." 더 큰 웃음이 터졌고 입찰이 시작되었다. 세인트루이스 시세금 징수원 마이어 로젠블랫Meyer Rosenblatt 밑에서 일하는 사이먼 아널드Simon J. Arnold가 1,000달러를 제시했다. 사람들은 아널드가 세인트루이스 시 공화당 정치에서 중요한 위상을 차지하는 로젠블랫의 대리인으로 참석했다고 생각했다.

그러나 그렇지 않았다. 아널드는 조지프가 심어놓은 트로이의 목마였다. 조지프는 본인이 입찰에 참여할 경우 사람들이 자기들은 보지 못한 어떤 가치를 조지프가 보았다고 생각해 너 나 할 것 없이 입찰에 참여하는 상황이 벌어질 것을 우려했다. 아널드가 제시한 1,000달러에서 시작한 입찰가는 1,500달러로 올라갔다. 객석은 당황했다. 뒤에 서 있다가 1,500달러를 부른 입찰자는 전혀 낯선 인물이기 때문이었다. 기자가 이름을 묻자 그는 "잠시 후에 알려주겠소." 하고 대답했다.

아널드가 입찰가를 2,000달러로 올리자 베일에 싸인 인물이 거기에 100달러를 더했다. 조지프는 잠자코 있었다. 모든 것이 조지프가 계획한 대로 돌아가고 있었다. 입찰가가 3,000달러에 이르자 아널드가 포기하고 경매장을 떠났다. 미지의 남자는 100달러 차이로 조지프의 대리인 아널드를 제쳤고 경매인은 경매 종료를 선언했다. 조지프의 게임도 끝났다. 조지프는 〈세인트루이스 디스패치〉를 소유하지 못했다. 그러나 미지의 남자는 낙찰된 물건을 인계받으러 앞으로 나오지 않았고 좌중은 술렁였다. 사실 미지의 남자는 이미 사라지고 없었다. 그때 아널드가 급히 돌아와 2,500달러에 신문사를 인수할 의향이 있다고 말했다. 아널드의 요청은 받아들여졌고 아널드와 경매인은 거래를 완료하기 위해 길 건너편의 사무실로 사라졌다. 미지의 남자가 누구인지는 끝내 밝혀지지 않았다.[14]

조지프는 경매장이 어수선해진 틈을 타 아무도 모르게 그곳을 빠져나왔다. 그러나 호텔에서 승강기를 기다리던 조지프를 어느 기자가 붙들고 인터뷰를 요청했다. "느닷없이 인터뷰를 요청하다니 용기가 가상하네요. 하지만 나는 온종일 일하고 이제야 집에 들어갑니다. 아침식사 후 내내 못 본 아내를 곧 만나겠네요. 설마 나처럼 별 볼 일 없는 사람이 식구들과 보내는 단란한 시간까지 잡아먹으려는 것은 아니겠지요? 아무리 오만한 대도시의 언론이라도……."

"그럼 딱 하나만 질문할게요. 제 생각에는 당신이 〈세인트루이스 디스패치〉를 인수한 것 같아요. 제 생각에는……."

이번에는 조지프가 기자의 말을 끊었다. "이봐요, 젊은 기자 양반. 당신의 지적 능력이나 감각을 문제 삼으려는 것은 아니지만, '내가' 〈세인트루이스 디스패치〉를 소유하다니 상상력이 지나친 것 아닌가요?'

기자가 계속 캐물었지만 조지프는 아널드는 모르는 사람이고 〈세인트루이스 디스패치〉를 자기가 인수했다는 기자의 주장은 '가능성'에 불과할 뿐이라고 시치미를 뗐다. 결국, 기자는 포기하고 돌아갔다. 실망한 기자는 이렇게 전했다. "탈레랑Talleyrand은 언어가 생각을 숨기기 위해 존재한다고 말했다. 그런 언어의 목적을 가장 잘 이해하고 있는 사람은 아마 퓰리처 씨일 것이다. 그는 노련한 펜싱 선수처럼 기자의 질문을 요령껏 받아넘겼다. 퓰리처 씨를 상대로 1점을 따내는 일은 아마 장어를 붙들어 매는 일보다 더 어려울 것이다."[15]

다음 날 세인트루이스의 모든 신문에 조지프가 〈세인트루이스 디스패치〉를 인수했다는 기사가 실렸지만 조지프는 기사 내용을 공개적으로 확인해주지 않았다. 〈세인트루이스 이브닝 포스트〉의 딜런은 이렇게 전했다. "오늘 아침 세인트루이스 언론계는 조지프 퓰리처 씨가 〈석간

디스패치〉를 사들인 주인공이 맞는가 하는 문제로 떠들썩했다." 조지프가 〈세인트루이스 디스패치〉를 다른 신문사와 합병할 것이라는 소문이 파다했다. 〈세인트루이스 글로브-데모크라트〉의 맥Mack은 이렇게 회고했다. "세인트루이스의 석간신문은 사람들의 입길에 올랐다. 신문팔이 소년이 '〈디스패치-저널-포스트-스타Dispatch-Journal-Post-Star〉 사세요!'라고 외쳐도 아무도 놀라지 않았다." 합병 소문을 들은 딜런은 걱정했다. 〈세인트루이스 디스패치〉와 〈이브닝 스타Evening Star〉가 합병하면 자신이 운영하는 〈세인트루이스 이브닝 포스트〉가 망하는 것은 시간문제일 터였다. 은밀하게 조지프의 계획을 알고자 했던 딜런은 기자를 보내 조지프를 찾아 무엇을 하고 있는지 살피게 했다.[16]

하지만 조지프는 쉽게 찾을 수 없었다. 〈세인트루이스 디스패치〉 사무실에는 두서너 명의 직원들이 회사를 담당하는 변호사와 함께 빈둥거리며 자리를 지키고 있을 뿐이었다. 그들도 조지프를 기다리는 참이라고 했다. 9시 30분이 되도록 조지프는 나타나지 않았다. 기다리다 지친 기자는 자리를 떴고 〈베스틀리헤 포스트〉 건너편 거리에서 조지프와 마주쳤다. 그러나 조지프는 비협조적이었다. "내가 〈세인트루이스 디스패치〉 소유주라니, 금시초문입니다. 내가 〈세인트루이스 디스패치〉를 인수했다거나 인수할 의향이 있다는 말을 누구에게도 한 적이 없는 걸로 아는데요."

실망한 기자는 〈세인트루이스 디스패치〉를 낙찰받은 아널드가 일하는 세인트루이스 시 세금 징수원 사무실로 가서 아널드의 상관 로젠블랫과 이야기를 나눴다.

"퓰리처 씨를 대신해 신문사를 낙찰받으셨나요?"

로젠블랫은 이렇게 대답했다. "〈세인트루이스 디스패치〉는 조지프 퓰리처 씨가 인수했소."

"긍정적인 일 같은데, 퓰리처 씨는 왜 스핑크스처럼 꼼짝달싹하지 않는 것일까요?"

대답은 들으나 마나 했다. 조지프는 세간의 관심을 모으기 위해 계략을 짰던 것이다. 조지프는 〈베스틀리헤 포스트〉와 〈슈타츠-차이퉁〉을 인수할 때와 마찬가지로 〈세인트루이스 디스패치〉 인수에 대해서도 세인트루이스 언론에 솔직하게 말하지 않았다. 이번에는 일부러 대답을 회피하면서 자신이 하는 일에 대한 의혹을 키웠다. 세인트루이스 언론이 인수 문제에 관해 더 많이 보도할수록 〈세인트루이스 디스패치〉를 더 많이 판매할 수 있을 터였다.[17]

결국 정오에 조지프가 〈세인트루이스 디스패치〉 사무실에 나타났다. 청년 조지프에게 잔심부름을 시키곤 했던 윌리엄 패트릭이 변호사 자격으로 조지프와 함께 나타났다. 기다리다 못해 지친 경매인이 벌떡 일어났다. 경매인은 이렇게 선언했다. "퓰리처 씨는 〈석간 디스패치〉를 공식 소유하고자 이곳에 오셨습니다. 그리고 이제부터 〈세인트루이스 디스패치〉는 퓰리처 씨의 소유입니다." 조지프는 편집실이 있는 위층 계단을 오르면서 이렇게 말했다. "잠시 소유하는 겁니다. 장차 어떻게 될지 모르니까요." 사무실을 지키던 기자 두 명은 알쏭달쏭한 조지프의 말에 당황한 기색이 역력했지만 즉시 업무에 돌입했다. 오전 내내 빈둥거리는 바람에 기사가 얼마 모이지는 않았지만 두 기자는 〈세인트루이스 디스패치〉를 편집하기 시작했다.

다음 날 세인트루이스의 조간신문 1면은 조지프가 꾸민 계략이 장식했다. 〈세인트루이스 글로브-데모크라트〉의 매컬러프는 우호적인 사설을 통해 세인트루이스 언론계로 돌아온 조지프를 환영했다. 매컬러프는 조지프가 정치인으로서는 성공하지 못했다고 전제한 뒤 이렇게 전했다. "웅변으로는 성공하지 못했지만 글로는 성공할 수 있다. 연설가 퓰리처는 더 나은 세상을 만들지 못했지만 편집자 퓰리처는 더 현명한 세계를 만들 것이라고 굳게 믿는다."[18]

〈세인트루이스 디스패치〉 인수는 조지프가 넘어야 할 다음 장애물에 비하면 새발의 피였다. 조지프가 가진 돈으로는 몇 주 정도밖에 버틸수 없었다. 게다가 〈슈타츠-차이퉁〉과는 다르게 〈세인트루이스 디스패치〉에는 팔아서 수익을 남길 만한 값어치가 있는 자산도 없었다. 이 상황에서 조지프가 할 수 있는 일은 최대한 빨리 새 독자들을 찾아내는 것뿐이었다.

세인트루이스에는 〈이브닝 스타〉와 〈세인트루이스 이브닝 포스트〉라는 두 개의 영어 석간신문이 더 있었다. 조간신문들과 다르게 석간신문들의 경영 상태는 하나같이 좋지 않았다. 며칠 전 창간한 〈이브닝 스타〉에는 재정을 뒷받침해주는 든든한 후원자가 있었다. 〈이브닝 스타〉에 투자한 투자자 중에는 철도업계의 거물이자 열정적인 정치인인 토머스 앨런도 끼어 있었다. 앨버트 퓰리처에게 자녀들의 독일어 교육을 잠시 맡겼던 바로 그 인물이었다. 토머스 앨런은 연방 상원의원이 되려는

자신의 계획을 〈이브닝 스타〉가 뒷받침해줄 것이라고 기대하면서 돈을 투자하고 있었다.[19]

11개월 전 창간한 〈세인트루이스 이브닝 포스트〉는 많은 독자를 거느리고 있었다. 발행인인 딜런은 귀족 같은 외모에 양 끝이 위로 올라간 팔자수염을 길렀다. 딜런은 조지프와 나이도, 언론에 대한 경험도, 정치적 견해도 비슷했다. 그 밖에는 모든 면에서 서로 달랐다. 딜런은 세인트루이스 시를 이끄는 유력한 가문 출신이었다. 딜런의 부친은 아일랜드에서 미국으로 이민 온 상인으로, 상당한 규모의 부동산을 소유하고 있었다. 1861년 딜런은 남북전쟁에 참전하는 대신 하버드대학교에 진학했고 세련되고 박식한 신사가 되어 고향으로 돌아왔다. 딜런은 세인트루이스 시를 건설한 프랑스인 가문들 중 한 가문의 딸과 결혼해 로마에서 2년 동안 신혼생활을 만끽했다. 조지프가 세인트루이스 시에서 발판을 마련하기 위해 고군분투하던 시절이었다.

두 사람의 신혼생활은 딜런의 부친이 사망하면서 막을 내렸다. 기술자 제임스 이즈가 자산 집행인을 맡았다. 딜런은 유산 대부분이 이즈가 진행하는 다리 건설 사업에 매여 있다는 사실을 알게 되었고, 물려받은 재산을 보호하기 위해 일리노이-세인트루이스 브리지 컴퍼니Illinois-St. Louis Bridge Company의 재무 담당자로 일했다. 가문의 재산 문제가 안정되자 따분한 일에서 탈출할 궁리를 하던 딜런에게 매컬러프가 〈세인트루이스 글로브-데모크라트〉에서 일할 기회를 주었다. 덕망 있는 편집자 밑에서 제대로 지도를 받은 딜런은 탁월한 논설위원이 되었다. 정제되고 우아하며 사려 깊은 사설을 쓰는 딜런은 곧 세인트루이스의 유명한 언론인으로 발돋움했다. 1878년 딜런은 자신의 신문사를 운영할 때가 되었다고 생각했고 부인 블랑슈Blanche가 필요한 자금을 제공했다.

〈세인트루이스 이브닝 포스트〉는 딜런의 정제되고 고상한 문체와 매컬러프의 힘찬 문체가 뒤섞여 있었다. 사회면 기사는 도시 지배층의 눈길을 사로잡았지만 엄청난 수의 잠재 독자를 끌어들이기에는 역부족이었다. 물에 빠져 다 죽어가는 〈세인트루이스 디스패치〉의 키를 잡은 조지프에게는 〈세인트루이스 이브닝 포스트〉의 부진이 그나마 위안이었다. 한쪽에는 새로 창간했기 때문에 검증되지 않은 〈이브닝 스타〉가, 다른 쪽에는 조금 더 안정적인 〈세인트루이스 이브닝 포스트〉가 포진한 채 독자를 끌어모으려고 고심하고 있었다. 〈세인트루이스 디스패치〉는 어떻게 해서든 기회를 만들어야 했다.[20]

세 석간신문의 명운이 흔들리는 통에 석간신문 사업에 뛰어들려는 사람이 없었음에도 조지프는 과감하게 도전했다. 조지프는 석간신문의 미래가 밝다고 보았고 그의 판단은 딱 맞아떨어졌다. 전신 기술이 도입되고 인쇄 속도가 빨라지면서 석간신문은 그날 일어난 일을 다룬 신선한 기사를 독자들에게 전달할 수 있게 되었다. 오히려 조간신문이 어제 일어난 일을 보도하는 신문처럼 보일 판이었다. 그리고 사실이 그랬다. 세인트루이스 주민, 특히 퇴근하고 집으로 돌아가는 노동자와 전문직은 다양한 기사를 읽을 생각으로 석간신문을 구입했다. 가스등이 도입되고 이후 전기등까지 도입되면서 신문은 저녁 시간을 채우는 중요한 취미가 되었다. 몇 년만 지나면 석간신문 수가 조간신문 수를 넘어설지도 모를

일이었다.[21]

　조지프는 〈세인트루이스 디스패치〉를 인수하고 며칠 뒤 석간신문의 미래에 대한 자신의 생각을 만천하에 공개했다. 조지프는 독자들에게 이렇게 밝혔다. "마르마라 해Sea of Marmara에서 일어난 충돌, 페이워 패스Peiwar Pass에서 치러진 전투, 술탄의 궁정에서 일어난 혁명, 영국 행정부가 모의한 계획 등 무슨 기사가 되었든 석간신문은 다른 어느 신문보다 빠르게 소식을 전달할 수밖에 없다. 게다가 석간신문은 독자들이 신문을 읽는 시간에 맞춰 발행된다. 최소한 도시에서는 조간신문보다 석간신문을 보는 독자가 세 배가량 많다. 석간신문이 신문 시장을 장악하는 것은 시간문제다. 내가 그렇게 만들 것이다."[22]

　조지프의 선언은 시기적절했다. 석간신문이 부상하고 있었을 뿐 아니라 신문 생산 비용도 줄어들고 있었다. 신문발행인들은 같은 값으로 더 많은 내용을 제공하거나 신문 값을 내릴 수 있었다. 어느 쪽이든 신문사가 안정적인 재정 기반을 마련하는 데 도움이 되는 조치였다. 덕분에 신문사는 정당으로부터 직간접적으로 받던 보조금에 의존하던 관행에서 벗어나게 되었고, 스스로를 '독립' 언론이라고 부르는 신문사들이 생겨나기 시작했다. 신문사의 독립성이 높아질수록 한층 더 객관적인 기사와 오락거리, 점차 커지는 소비 생활에 참고할 광고를 기대하는 독자들을 더 많이 끌어들일 수 있었다. 다시 말해 언론의 독립은 정치적 차원의 결정이자 경제적 차원의 결정이었다. 〈시카고 트리뷴〉은 이렇게 보도했다. "언론사는 언론사가 누리는 자유와 독자성의 수준만큼 번영할 것이다."[23]

조지프는 언론이 정치적으로 독립하고 경제적으로 성공하는 시대의 기류에 편승할 수 있을지 자신의 운을 시험해보기로 했다. 조지프는 자신의 사업 감각을 믿었다. 조지프는 당시의 언론계에 혁신을 일으킨 사람이었지만 혁신만이 조지프의 장점은 아니었다. 앞을 내다보는 타고난 능력과 다른 사람들은 보지 못하는 가치를 알아보는 기묘한 능력 또한 누구도 따라오지 못할 조지프만의 장점이었다. 소심한 사람들이 나서지 못하는 사이 조지프는 자신의 통찰력을 믿고 위험을 무릅썼다.

하지만 조지프의 야심찬 계획은 〈세인트루이스 디스패치〉의 독자 수를 늘리는 데 별다른 영향을 미치지 못했다. 그래서 브리지 게임을 하는 사람처럼 조지프도 자신이 가진 강점에 의지하게 되었다. 〈세인트루이스 디스패치〉는 AP 회원사였다. 반면 딜런의 〈이브닝 포스트〉는 그보다 세가 약한 전국연합통신National Assoicated Press 회원사였다. AP 회원사 자격이 없더라도 〈세인트루이스 이브닝 포스트〉가 생존하는 데는 큰 문제가 없었지만 딜런은 더 좋은 조건을 갖춘 〈세인트루이스 디스패치〉와 경쟁하는 상황을 두려워했다. 게다가 〈세인트루이스 디스패치〉가 〈이브닝 스타〉와 합병할 가능성도 없지 않았다.

조지프의 계책은 먹혔다. 24시간도 지나지 않아 딜런은 〈세인트루이스 디스패치〉와 〈세인트루이스 이브닝 포스트〉의 합병에 동의했다. 이번 합병은 여러모로 합리적이었다. 조지프와 딜런은 개혁주의 성향의 정치적 견해를 공유했다. 딜런의 입장에서는 서로에게 재앙이 될 판매 부수 경쟁을 하지 않게 되었다는 점에서, 조지프의 입장에서는 〈세인트루이스 이브닝 포스트〉의 독자를 끌어들여 빠른 시간 안에 독자를 늘릴 수 있다는 점에서 이번 합병은 큰 의미가 있었다.

두 사람은 각자의 신문사의 가치를 1만 5,000달러로 산정했다. 새로 출범한 신문사의 주식은 한 주당 100달러에 300주로 결정했다. 〈세인트루이스 이브닝 포스트〉에 자금을 댄 블랑슈 딜런에게 149주, 조지프에게 149주, 합병계약서를 작성한 조지프의 변호사 윌리엄 패트릭에게 2주가 배정되었다. 딜런은 사장 겸 편집국장을, 조지프는 부사장 겸 정치 분야 편집자를 맡았다. 그러나 부사장이라고 해서 조지프가 편집권까지 포기하는 것은 아니라는 사실을 계약서에 명시했다. 마지막 순간에 다음 문장이 추가되었다. "퓰리처는 아무런 거리낌 없이 정치 및 다른 분야의 기사를 쓸 수 있다."[24]

딜런은 조지프가 제약을 받지 않고 자유롭게 기사를 쓰는 데 동의했다. 금전적인 면과 관련된 대부분의 노력은 조지프의 몫이기 때문이었다. 〈세인트루이스 디스패치〉의 독자가 더 적었고 아직 상환하지 못한 1만 5,000달러의 채무가 남아 있었지만 조지프는 새로 출범한 신문사의 확장을 위해 기꺼이 자금을 대기로 했다. 조지프가 5퍼센트의 이자율로 1만 달러를 투자한다는 것이 계약 조건이었다. 조지프의 수중에는 그만한 돈이 없었지만 그 돈을 어디서 조달할 것인지에 대한 언급은 없었다.

다음 날 조지프는 〈세인트루이스 디스패치〉의 사무실을 폐쇄하고 직원들을 해고했다. 조지프는 단 한 명의 직원에게만 남아달라고 부탁했는데 그 직원은 조지프의 제의를 거절했다. 중절모를 쓰고 친칠라 가죽으로 만든 파란색 오버코트를 입은 조지프는 얼마 안 되는 남은 짐을 파인 가에 있는 〈세인트루이스 이브닝 포스트〉 사무실로 옮겼다. 〈세인트루이스 이브닝 포스트〉 사무실은 〈베스틀리헤 포스트〉 기자 시절 머물던 집에서 불과 몇 블록 떨어진 곳에 있었다. 이튿날 새 신문사가 모습을 드러냈다. 바로 〈세인트루이스 포스트 앤드 디스패치St. Louis Post and Dispatch〉였다.

합병으로 탄생한 새 신문사가 발행한 신문에는 표면상의 변화가 없었다. 신문은 전과 마찬가지로 4면으로 발행되었다. 단 토요일에는 10면으로 늘려 발행할 생각이었다. 합병의 세부 내용은 공개되지 않았다. 다만 조지프의 글쓰기 특성이 분명하게 드러나 있는 사설은 합병을 "거부할 수 없는 운명의 명령"이라고 표현했다.[25]

합병된 신문을 조지프가 지배한다는 사실이 사설란 전반에 걸쳐 분명하게 드러났다. 조지프는 새로 출범한 신문사의 정치적 독립을 선언했다. "〈세인트루이스 포스트 앤드 디스패치〉는 특정 정당을 위해 일하는 신문이 아니라 국민을 위한 신문이다. 〈세인트루이스 포스트 앤드 디스패치〉는 '공화당'의 기관지가 아니라 진실의 전령으로서, 특정 정당의 대의명분에 따라 기사를 쓰는 것이 아니라 신념에 따라 기사를 쓸 것이다. '정부'를 지지하는 것이 아니라 비판하고 누가 어디서 저지르는 것이든 온갖 부정부패에 맞서 싸우며 편견과 당파성이 아니라 원칙과 보편적 가치를 옹호할 것이다."

그 선언은 솔직하지 못했다. 합병 계약에는 〈세인트루이스 포스트 앤드 디스패치〉가 '민주당 성향의 독립신문'이라는 표현이 명시되어 있기 때문이었다. 조지프의 선언을 자세히 읽어보면 〈세인트루이스 포스트 앤드 디스패치〉의 정치 성향이 분명하게 드러난다. 민주당을 지지하지 않는다는 말은 살짝 빠져 있기 때문이다. 그렇더라도 이 선언은 조지프가 자신의 언론관을 처음으로 공개한 선언이라고 할 수 있다. 조지프의 손에서 독립신문은 정치의 도구로 거듭날 것이었다. 독자들이 언론을 신뢰하면 신문은 독자적인 정치적 영향력을 가질 수 있었다. 조지프에게 언론은 권력으로 가는 또 하나의 길이었다.[26]

조지프를 아는 사람이라면 누구나 조지프가 권력을 나눠 갖기 싫어한다는 사실을 알았다. 〈세인트루이스 글로브-데모크라트〉의 매컬러프는 자신의 제자 딜런이 직면할 문제를 예감했다. 매컬러프는 〈세인트루이스 포스트 앤드 디스패치〉가 성공하려면 딜런이 퓰리처의 '격정적이고 길들지 않은 정신이 만들어낸 기사'를 누그러뜨려야 하겠지만 그것은 딜런이 감당하기에는 어려운 주문이라고 생각했다. 매컬러프는 결국 딜런이 야생마 조련을 그만두게 될 것이라고 전망했다.[27]

13장

완벽한 성공

〈세인트루이스 포스트 앤드 디스패치〉가 출범하고 한 달도 채 지나지 않은 시점에 조지프는 물밀 듯이 밀려드는 신문 수요를 맞추기 위해서는 더 큰 사무실과 더 빠른 인쇄기가 필요하다고 공표했다. 정말 대담한 발언이었다. 세인트루이스 사람들이 신문을 사러 거리로 몰려나온 일이 없었기 때문이었다. 판매부수가 4,000부에 달했지만 그것은 딜런과 조지프가 독자 명단을 합쳤기 때문이지 '신규' 독자가 늘어난 덕분은 아니었다. 분명 〈세인트루이스 포스트 앤드 디스패치〉의 독자 수는 〈세인트루이스 포스트 앤드 디스패치〉를 인쇄하던 〈세인트루이스 글로브-데모크라트〉의 인쇄기에 부담을 줄 정도는 아니었다. 솔직히 말해 경제적인 차원에서 볼 때 조지프의 계획은 자살 계획이나 다름없었다.[1]

다음 몇 주 동안 딜런과 조지프의 손에서 자금이 술술 빠져나갔다.

두 사람은 한때 〈석간 디스패치〉가 사무실로 사용했던 노스 15번가 111번지에 있는 건물을 임대해 사무실 수리와 개조 공사에 들어갔다. 조지프와 딜런은 리처드 호 앤드 컴퍼니Richard M. Hoe & Company가 만든 최신식 인쇄기도 주문했다. 네 개의 실린더가 달려 있어 가장 빠른 인쇄 속도를 자랑하는 이 최신식 인쇄기로는 한 시간 안에 인쇄를 마칠 수 있었다. 세인트루이스 언론계에 자금을 대던 투자자들은 새 인쇄기 가격을 도무지 납득하지 못했으므로 정치계와 언론계에 있는 조지프의 친구들을 제외하고는 〈세인트루이스 포스트 앤드 디스패치〉에 관심을 보이는 사람이 없었다. 〈세인트루이스 포스트 앤드 디스패치〉가 세인트루이스의 또 다른 석간신문 〈이브닝 스타〉보다 앞서가고 있다고는 하지만, 판매부수는 조간신문 판매부수의 10분의 1에 불과했다. 새로운 독자가 절실하다는 근본적인 문제는 해결되지 않은 채로 남아 있었다. 그 문제를 해결하려면 우선 〈세인트루이스 포스트 앤드 디스패치〉의 존재를 사람들에게 인식시켜야 했다.[2]

몇 년 전 〈베스틀리헤 포스트〉에서 일할 때 조지프는 세인트루이스 카운티 정부의 부패를 폭로하고 독자들에게 행동에 나서라고 촉구하는 폭로성 기사를 써서 주목을 받은 적이 있었다. 이제 자기 마음대로 주무를 수 있는 신문사도 생긴 마당이었으므로 그때의 영광을 다시 한 번 재현할 수 있을 터였다. 목표도 더 커졌다. 조지프는 세인트루이스 경제를 지배하는 지배층을 겨냥했다. "세인트루이스 시의 문제는 대중이나 상인이나 중산층이 아니다. 세인트루이스 시의 문제는 부를 거머쥐고 그 부를 이용해 자신들에게 이익이 돌아오도록 기업 관련 법을 주무르는 자들이다. 그들은 자신의 이익만을 돌보고 남의 이익, 때로는 친한 친구의 이익조차 돌보지 않는 파렴치한 자들이다."[3]

조지프가 포착한 세인트루이스의 문제는 이런 것이었다. 당시 미국의 다른 도시들과 마찬가지로 세인트루이스 시도 특권을 누리는 부유한 지배층이 좌지우지하고 있었다. 부정부패나 직권남용 같은 문제도 엄연히 존재했지만 세인트루이스 시의 문제는 그렇게 단순하지 않았다. 세인트루이스 시의 문제는 초창기 세인트루이스 시를 건설한 정착자들의 자손이 하나로 뭉쳐 수단과 방법을 가리지 않고 자신들의 경제적 이익을 수호하고 있다는 데에 있었다. 세인트루이스 시 법에 따르면 시가 지정한 사업자만이 수익이 많이 남는 독점 사업을 영위하거나 전차 및 가스등 같은 공공 서비스를 제공할 수 있었다. 1870년대 중반까지 꾸준히 늘어난 상인, 전문직, 소상공인들은 지배층이 독점하는 사업과 그들의 사업을 보장하는 방식으로 이뤄지는 경제 체제로 어려움을 겪고 있었다. 그들의 편에 서서 기사를 쓰는 신문사가 나타난다면 분명 독자들의 호응을 얻을 수 있을 터였다.[4]

1879년 1월 세인트루이스 가스-라이트 컴퍼니St. Louis Gas-Light Company는 수익이 많이 남는 사업을 되찾아올 방법을 비밀리에 물색하고 있었다. 세인트루이스 가스-라이트 컴퍼니가 이 사업을 독점한 지난 몇 년 동안 세인트루이스 사람들은 빛과 열을 제공받는 대가로 높은 요금을 물어야 했고 회사의 수익은 73퍼센트나 치솟았다. 그러나 법원이 세인트루이스 가스-라이트 컴퍼니의 배타적 사업권을 부정하는 정책의 손을 들어주면서 수익이 많이 남는 이 독점 사업도 끝이 나고 말았다. 세인트루이스 가스-라이트 컴퍼니는 세인트루이스 시 의회가 독점권을 회복시켜준다면 기나긴 법정 싸움으로 발생한 법률 관련 비용을 모두 지급하겠다는 타협안을 제시했다. 만일 조지프가 이 문제를 건드리지 않았다면 모든 일은 세인트루이스 가스-라이트 컴퍼니의 뜻대로 진행되었을 것이다.

폴 리비어Paul Revere처럼 조지프도 〈세인트루이스 포스트 앤드 디스패치〉 기사를 통해 맹렬하게 경고했다. "이것은 타협안이 아니다. 손을 떼라! 독점에 굴복하지 않을 것이다." 조지프는 세인트루이스 가스-라이트 컴퍼니의 제안을 보면 대머리독수리와 칠면조를 나눠 갖는 백인과 인디언에 관한 옛이야기가 생각난다고 말했다. "그 제안이 어떤 방식으로 실현되든지 세인트루이스 시는 대머리독수리를, 세인트루이스 가스-라이트 컴퍼니는 칠면조를 가지게 될 것이다." 다음 날에도 공격이 이어졌다. "뇌물을 주고받지 않았다면 이 사업은 성공할 수 없었을 것이다. 정말 기분 나쁜 일이 아닐 수 없다. 〈세인트루이스 포스트 앤드 디스패치〉가 하는 말이 빈말이 아니라는 사실을 독자들도 알아야 한다." 조지프는 도시 주민을 독점 기업의 노예로 팔아먹은 변호사들이 다시 그런 일을 자행하려 한다고 주장했다. "변호사들에게 지급하는 어마어마한 액수의 수수료야말로 노골적이고 후안무치한 뇌물이다."[5]

그 후 2주 동안 조지프는 〈세인트루이스 포스트 앤드 디스패치〉에 세인트루이스 가스-라이트 컴퍼니의 독점 실태를 자세하게 소개하는 기사와, 회사의 희생양이 된 고객들과 나눈 가슴 저미는 인터뷰 기사를 하루도 빠짐없이 실렸다. "타협 따윈 없다! 우리는 타협을 원하지 않는다! 타협 따윈 집어치워라!"라는 1면 머리기사 제목으로 시작해 연이어 쏟아지는 기사와 사설은 세인트루이스 시민의 눈길을 사로잡았다. 다른 영어 신문들은 폭로에 동참하지 않았다. 특히 세인트루이스 지배층의 대변자 역할을 해온 윌리엄 하이드가 편집자로 일하는 〈미주리 리퍼블리컨〉은 침묵으로 일관했다.

그러나 기사가 거듭될수록 〈세인트루이스 포스트 앤드 디스패치〉의 폭로도 밋밋하게 들리기 시작했다. 조지프에게 지배층을 괴롭히고 독자를 끌어모을 또 다른 폭로거리가 필요하게 되었다는 말이었다. 〈세인트루이스 포스트 앤드 디스패치〉 기자들은 세인트루이스 부유층 인사들의 납세신고 내역 사본을 입수해 조지프를 도왔다. 배석판사 사무실에 보관되어 있던 공적 문서인 납세신고 내역을 신문에 공개해 모든 사람이 그 내용을 보게 되면 큰 논란이 일어날 터였다. 조지프는 "탈세, 예술의 경지에 오른 대규모 위증"이라는 제목이 달린 1면 머리기사로 세인트루이스 시 최고 부유층의 납세신고 내역을 공개했다. 공개된 납세신고 내역은 정말 가관이었다. 가령 세인트루이스 시 최고 부유층으로 명성을 날린 어느 인물은 은행 예금은 하나도 없고 수중에 있는 자산도 3,000달러에 미치지 못한다고 신고했다. 판사, 변호사, 정치인, 심지어 하이드, 매컬러프, 프레토리우스 같은 세인트루이스 시 언론계 인사들조차도 폭로를 피해갈 수 없었다.[6]

조지프는 부유층 인사들의 납세신고 내역을 알게 된 세인트루이스 시 독자들에게 이렇게 말했다. "감정을 최대한 자제하고 말하자면 그들은 거짓말을 한 것이다. 우스꽝스럽고 악의적인 거짓말이다. 더 강한 표현을 쓴다 해도 〈세인트루이스 포스트 앤드 디스패치〉가 명예훼손 소송에 휘말릴 일은 없을 것이다." 결백을 입증하기 위해 〈세인트루이스 포스트 앤드 디스패치〉는 "세금 회피자들이 서약한 뒤 잊어버린 내용"이라는 제목으로 납세자들의 서약을 신문에 다시 실었다. 본인 역시 거짓 서약을 여러 차례 한 전력이 있었지만 조지프는 독자들에게 〈세인트루이스 포스트 앤드 디스패치〉의 보도가 "시민들의 존경을 한몸에 받아온 저명 인사들이 명예와 정직, 법과 서약을 명백하게 모독했다는 사실"을 폭로했다고 밝혔다.[7]

세인트루이스 가스-라이트 컴퍼니가 시 의회에 제안한 타협안에 대한 조지프의 폭로는 결실을 거뒀다. 2월 말 세인트루이스 시는 세인트루이스 가스-라이트 컴퍼니가 제안한 타협안을 거부했다. 그러나 세금 회피 폭로는 결실을 거두지 못했다. 대배심이 열렸지만 조사할 내용이 없다는 결론만 내리고 말았다. 그만큼 세인트루이스 시 법률은 허점투성이였다.

조지프는 아무리 놀라운 이야기를 기사로 싣더라도 그런 기사가 실렸다는 사실을 알리지 못한다면 독자를 늘릴 수 없다는 결론을 내렸다. 조지프는 기자들을 보내 세금 회피에 관한 시민들의 의견을 청취하고 인터뷰 내용을 기사화하게 했다. 이런 조치는 두 가지 효과를 노린 계책이었다. 우선 "〈세인트루이스 포스트 앤드 디스패치〉, 대중의 승인을 받다" 같은 제목이 달린 1면 머리기사를 통해 인터뷰 내용을 전달함으로

써 〈세인트루이스 포스트 앤드 디스패치〉의 용맹한 취재 활동을 홍보할 수 있었다. 두 번째로는 신문을 읽을 수 없는 사람들에게도 기사의 내용을 전달할 수 있었다. 기사에 홍보를 결부시킬 수 있다고 확신한 조지프는 일반 시민과 나눈 인터뷰 기사를 많이 쓰라고 기자들을 독려했다. 가장 전형적인 1면 기사 제목은 다음과 같았다. "〈세인트루이스 포스트 앤드 디스패치〉의 또 다른 폭로."

3월 즈음에는 조지프의 노력이 결실을 거둬 540명의 새로운 독자를 확보하는 데 성공했다. 그 정도의 신규 독자를 매월 꾸준히 유치할 수만 있다면 그해 말에는 〈세인트루이스 포스트 앤드 디스패치〉가 엄청나게 성장해 있는 것은 물론이고 조지프와 딜런에게도 큰 이득이 남게 될 터였다.[8]

세인트루이스 시에서 일어나는 모든 일을 탐구 대상으로 삼은 조지프는 어두운 뒷골목에서 생활하는 사람들에 대한 기사도 작성했다. 기자는 그곳에서 '부랑자, 흑인, 늙은이, 무가치한 사람'을 발견했다. 조지프는 기자를 보내 매춘 장소로 활용되는 주택 소유주가 누구인지 알아내게 했고 결국 세인트루이스 시의 부유한 누군가가 그 집의 소유주로 밝혀졌다. 조지프는 세인트루이스 시가 미국의 위대한 도시로 도약하고 있다는 시민들의 환상을 깨뜨릴 용기를 얻었다. 조지프는 세인트루이스 시가 경쟁 도시인 시카고에 비해 인구성장이나 경제성장 측면에서 뒤처지고 있다는 기사를 실었다.

조지프가 시도해보지 않은 일은 거의 없었다. 심지어 주지프는 경쟁 신문사에 싸움을 걸기도 했다. 조지프는 다른 신문을 비판하고 당황하게 만들어서 놀림감으로 삼을 기회를 절대 놓치지 않았다. 특히 민주당 성향의 독자를 두고 경쟁하는 〈미주리 리퍼블리컨〉은 조지프가 주로 노리던 먹잇감이었다.

한번은 조지프가 〈세인트루이스 포스트 앤드 디스패치〉에 허위 기사를 실어 〈이브닝 스타〉를 잡을 덫을 놓았다. 〈세인트루이스 포스트 앤드 디스패치〉는 파키스탄 라호르Lahore에서 받은 통신문을 바탕으로 작성한 기사를 실었다. 아프가니스탄 전쟁 포로의 반란으로 영국 수비대가 학살당했다는 내용이었다. 〈이브닝 스타〉는 그 기사를 그대로 베껴 "〈이브닝 스타〉가 받은 특별 통신문"이라는 제목으로 2판에 보도했다. 다음 날 〈세인트루이스 포스트 앤드 디스패치〉 1면에는 〈이브닝 스타〉를 속여먹은 경위를 자세히 기술한 기사가 대문짝만하게 실렸다.[9]

호기심을 불러일으킬 만한 아주 특이하고 자극적인 기사를 적어도 하루에 하나씩은 싣는 것이 조지프의 목표였다. 그래야 사람들이 저녁식사를 하면서 〈세인트루이스 포스트 앤드 디스패치〉에 대해 이야기할 터였다. 선정주의는 독자의 주목을 끌고자 하는 모든 신문이 가장 선호하는 방식이었다. 그러나 세인트루이스 시의 독자들에게 선정주의는 익숙한 방식이었다. 심지어 고리타분한 〈미주리 리퍼블리컨〉마저도 비위가 약한 사람이라면 아침식사를 거를 만한 이야기를 심심치 않게 내보냈다. 조지프가 〈세인트루이스 포스트 앤드 디스패치〉를 인수하던 1878년 12월 9일 〈미주리 리퍼블리컨〉은 네바다 주에서 열차에 치여 숨진 아이에 대한 기사를 1면 머리기사로 내보냈다. 아이의 머리는 언덕 아래로 굴러 내려가다가 함께 굴러떨어진 몸통의 목 부분에 걸려 멈췄는

데 승객을 태운 객차 쪽을 보고 있었다. 머리를 들어 올리자 눈을 번쩍 뜨고 입을 씰룩였다. 현장에 급히 도착한 아이의 어머니가 아이의 머리, 절단된 팔과 몸을 수습해 앞치마로 감싸 안고 집으로 돌아갔다.

〈세인트루이스 포스트 앤드 디스패치〉도 사람들의 흥미를 자극할 만한 이야기를 심심치 않게 기사로 내보냈다. "복수심에 사무친 잔인한 살인마"라는 제목이 달린 기사는 켄터키 주의 어느 악랄한 살인자와 그의 살인 행각에 대해 자세하게 소개했고 "사형으로 끝나고 만 흑인 악당의 끔찍한 범죄"라는 제목이 달린 기사는 살인자를 교수형에 처하려던 사형집행인이 교수형에 쓰이는 밧줄 때문에 곤란을 겪은 사연을 소개했다.[10]

조지프는 다른 신문을 모방하는 방식으로 판매부수를 늘릴 생각은 없었다. 조지프는 직접 취재한 내용으로만 신문을 꾸미겠다는 야심을 품었는데, 2월에 완벽한 기회가 찾아왔다. 조지프는 한때 자신이 몸담았던 경찰위원회의 위원 두 명이 세인트루이스 시의 도박 조직에 연루되었다는 첩보를 입수했다. 주 상원은 이 문제를 은밀히 조사하기 위해 위원회를 구성했다. 2월 17일 월요일 아침 조사위원회 위원들이 라클레드 호텔Laclede Hotel 특별 응접실에 모였다. 조사위원들과 그들의 보좌관들만이 자리를 지키는 가운데, 두 명의 경찰위원은 문 밖에 대기하고 있었다. 한 번에 한 명씩 방에 들어간 증인들은 청문회에서 있었던 일에 대해 일체 함구하기로 서약했다. 언론보다 한 수 위였음이 분명한 주 상원의원들은 업무에 돌입했다.

그러나 기삿거리를 찾아 헤매던 조지프가 이를 쉽게 포기할 리 없었다. 조지프는 〈세인트루이스 포스트 앤드 디스패치〉의 사회부장과 상의해 호텔 안에서 병원을 운영하던 의사에게 접근했다. 그 병원의 대기실에는 주 상원의원들이 회의를 하는 특별 응접실과 연결된 문이 있었다. 물론 사용하지 못하도록 막아놓은 문이었다. 그러나 그 문에 귀를 대고 있으면 특별 응접실에서 무슨 일이 벌어지는지 정도는 충분히 엿들을 수 있었다. 의사는 조지프의 계획에 동의했다.

비밀 청문회가 시작되자 〈세인트루이스 포스트 앤드 디스패치〉는 주 상원의원들의 목소리를 구분해낼 만한 기자를 병원에 배치해 청문회 내용을 엿듣게 했다. 다른 신문사 기자들은 영문도 모른 채 호텔 복도에서 하릴없이 어슬렁거리고 있을 터였다. 조지프가 파견한 기자는 특별 응접실로 연결된 문에 컵을 대고 청문회 내용을 빠짐없이 엿들었다. 엿듣는 동시에 기록까지 할 형편은 못 되었기 때문에 기자는 중요한 내용을 모두 기억했다가 사회부장에게 불러주어야 했다.[11]

화요일에 열린 조사위원회의 비밀 청문회가 끝날 무렵 일과를 마친 〈세인트루이스 포스트 앤드 디스패치〉 초판이 배포되기 시작했다. 신문팔이 소년은 "〈세인트루이스 포스트 앤드 디스패치〉 기자, 두꺼운 벽을 넘어 빗장을 풀다"라는 제목이 달린 1면 머리기사를 홍보했다. "불공정한 위원회를 가린 장막이 걷히고 빗장이 풀렸대요!" 신문팔이 소년은 이런 말을 목청껏 외치며 라클레드 호텔로 들어섰다. 그러자 청문회에 참석한 어느 증인은 신문을 집어 들었고 믿을 수 없다는 눈치로 읽어내려가기 시작했다. 불과 몇 초도 지나지 않아 소년은 신문을 다 팔 수 있었다. 그 소식이 조사위원회에 전해지자 주 상원의원 중 한 명이 닫힌 방에서 나와 신문을 사서 가지고 들어갔다. 나중에 〈세인트루이스 포스트 앤드 디스패치〉는 자랑스러운 말투로 이렇게 보도했다. "기사를 읽은 주 상원의원들은 이내 비밀이 모두 탄로 났으며 쓸모없어졌다는 사실을 깨달았다."[12]

격분한 주 상원의원들이 〈세인트루이스 포스트 앤드 디스패치〉의 사회부장을 불러 추궁했지만 사회부장은 어떻게 특종을 잡았는지 밝히지 않았다. 청문회장 옆에 붙은 병원 사무실을 조사한 경찰은 병원과 청문회장 사이에 대기실이 있었고 문은 닫혀 있었지만 소리는 들을 수 있었다고 보고했다. 그러자 청문회장에서 나는 소리를 받아 적을 수 있는지 확인하기 위한 실험이 이어졌다. 실험에 투입된 남자가 청문회장에서 나는 소리를 받아 적은 종이를 들고 나타나자 주 상원의원들은 청문회 내용을 엿듣는 일이 가능할 뿐더러 간단했다는 사실을 인정하지 않을 수 없었다.

그 뒤 며칠 동안 〈세인트루이스 포스트 앤드 디스패치〉는 특종을 잡았다고 자랑스럽게 떠벌렸다. 다른 신문들은 도저히 잊지 못할 이 특종 때문에 주 상원의원들이 얼마나 크게 허탈해했는지를 보도했는데, 조지프는 그 기사들을 〈세인트루이스 포스트 앤드 디스패치〉에 재수록했다. 조지프는 이렇게 말했다. "이번 특종은 너무나 완벽하고 철저해서 놀라지 않을 사람이 없었다. 이번 특종으로 사람들은 〈세인트루이스 포스트 앤드 디스패치〉의 진가를 인정하게 되었고 찬사가 쏟아졌다."[13]

예정보다 몇 주가 지연된 끝에 노스 5번가에 임대한 사무실의 보수 작업이 완료되었다. 1879년 3월 10일 오후 조지프, 딜런, 〈세인트루이스 포스트 앤드 디스패치〉 직원들이 사무실에 입성했다. 비록 성장가도를 달리고 있다고는 하나 그다지 대단하지 않은 신문사 사무실치고는 굉장히 큰 규모였다. 1층에는 신문사 경영을 맡아볼 회계부서가 자리를 잡았다. 개방된 계단을 올라가면 나타나는 2층에는 기사작성실이 있었다. 거리가 내려다보이는 편집실의 벽감에는 커튼을 쳐놓았다. 새로 구입한 인쇄기와 인쇄기를 돌릴 증기를 생산하는 보일러는 뒤편에 위치한 2층짜리 부속건물 1층에 들여놓았고, 그 건물 2층에는 식자실植字室(조판실)을 배치했다. 오후 2시 30분이 되자 인쇄기가 돌아가기 시작했다. 인쇄기는 이제 〈세인트루이스 포스트-디스패치St. Louis Post-Dispatch〉라는 이름으로 발행될 8면 분량의 신문 2만 부를 인쇄해 접기 시작했다. 조지프는 세인트루이스 석간신문 역사상 가장 큰 판매부수라고 자랑했다. 그러나 2만 부 인쇄는 무모한 도전이었다는 사실이 곧 밝혀졌다. 최고 속도로 돌아가기 시작하고 채 몇 분이 지나지 않아 종이가 찢어져 걸리면서 인쇄기가 멈췄고 독자들은 밤늦게야 신문을 받아볼 수 있었다.[14]

독자가 늘어나면서 재정이 안정되었지만 조지프는 멈추지 않았다. 조지프는 노스 5번가에 있는 사무실에서 가스등 하나에 의존해 밤늦게까지 일했다. 사실상 사무실에서 산다고 해도 과언이 아니었다. 야간 업무를 보는 어느 세인트루이스 사람은 이렇게 회고했다. "보통 11시에서 12시 사이에 퇴근해 집으로 돌아갔는데 그때까지도 퓰리처의 사무실에는 불이 켜져 있었다." 전날 아무리 늦게까지 일했더라도 조지프는 다음 날 아침 일찍 사무실에 출근해 신문사의 사정을 점검했다. 조지프는 정확한 정보를 요구했다. 전날 정확히 몇 부의 신문을 인쇄했고 팔았으며 반품되었는가? 거리 판매부수는 얼마나 되는가? 최종판에 실린 광고는 몇 줄인가? 지난주와 어떻게 달라졌는가? 새해 첫날부터 지금까지의 누적은 어떻게 되는가? 직원 급여, 종이 대금, 전보료는 모두 얼마인가? 신문사 운영과 관련된 정보를 낱낱이 알고 싶은 조지프의 요구는 그칠 줄 몰랐다.[15]

〈세인트루이스 포스트-디스패치〉를 운영하던 초창기, 실패할지도 모른다는 극도의 불안감에 시달리던 조지프는 신문의 재정상태를 가장 실질적으로 파악할 수 있는 질문이 무엇인지 빠르게 터득했다. 조지프는 항목별 광고가 실린 단의 개수를 세었고 특종으로 거리 판매부수가 실제로 늘어나는지 확인하기 위해 판매부수를 세심히 살폈으며 경쟁력과 관련된 모든 측면을 분석했다. 조지프는 경영 상황을 한눈에 알아볼 수 있는 통계가 나오도록 여러 가지 질문을 혼합해 한 번에 질문하는 기술을 연마했다. 사무실에서 아무리 멀리 떨어져 있어도, 아무리 많은 사람에게 업무를 위임했어도 조지프는 이 습관을 죽는 날까지 버리지 않았다. 정치 기사와 사설을 쓰는 데만 집중하는 것처럼 보였지만 객관성만으로는 권세를 유지하기 어렵다는 사실을 조지프도 잘 알고 있었다. 따지고 보면 〈세인트루이스 포스트-디스패치〉가 성공하게 된 것도 몇 센트를 내고 계속 신문을 사 보는 독자들이 있기 때문이었다.

조지프는 보통 한 시간 정도 걸리는 경영 업무를 마치고 나면 사설을 작성했다. 조지프는 기자와 편집자들 틈바구니에 끼어 작업했다. 어느 기자는 이렇게 회고했다. "퓰리처는 마치 일반 기자 같았다. 특히 좋아하는 주제의 기사를 쓸 때는 자신이 쓴 글을 큰 소리로 낭독해 모든 직원에게 도움을 주려 했다. 신참 기자가 괜찮은 기사를 써 오면 퓰리처는 기분이 좋아져서 입에 침이 마르도록 젊은 기자를 칭찬하며 격려했다." 조지프는 기사를 작성하는 업무가 사장의 업무보다 못하다고 생각하지 않았다. 어느 날 일하러 가는 길에 말의 고삐가 풀리는 바람에 제멋대로 달리는 마차 사고를 목격한 조지프는 사무실에 도착하자마자 기사작성실로 뛰어들어가 신참 기자 시절 품었던 열정 그대로 기사를 다듬기도 했다.[16]

조지프는 기사작성실의 소란스러움을 즐겼다. 조지프는 기사작성, 편집, 동료 기자들의 의견 청취를 동시에 해냈다. 〈세인트루이스 포스트-디스패치〉 기자는 이렇게 회고했다. "퓰리처는 글을 쓰면서 동시에 이야기를 나눌 수 있는 신기한 재주가 있었다." 이런저런 일로 업무에 방해를 받는 일도 다반사였다. 조지프가 사설을 쓰고 있으면 정치꾼들이 사무실로 찾아왔다. 조지프는 찾아오는 손님 하나하나를 모두 '친애하는 나의 동지'라고 부르며 반갑게 맞이한 뒤 안부를 물었다. 어느 기자는 이렇게 회고했다. "퓰리처는 방문객과 정치 이야기를 나누면서 사설과 자극적인 기사를 단숨에 써내려갔다. 자신의 신문사를 제대로 운영하는 일만큼이나 정치에도 푹 빠진 것처럼 보였다." 물론 조지프에게 신문사 운영과 정치는 같은 것이었다.

조지프는 종업원으로 일하려다 적성에 맞지 않아 그만둔 파우스트의 오이스터하우스에서 점심을 먹었다. 점심을 먹은 뒤에는 사무실로 돌아가 최종 원고를 검토한 뒤 식자실로 가져가 수정 사항을 지시했다. 3시에 초판 인쇄가 시작되면 편집실을 떠나 회계부서로 가서 회계부서 직원들과 함께 신문팔이 소년들에게 신문 뭉치를 나눠주었다. 신문을 받은 소년들은 신문 배달과 거리 판매에 나섰다.

거리 판매를 주도하는 신문팔이 소년들은 신문사의 성패에 중요한 열쇠이자 아킬레스건이었다. 〈세인트루이스 포스트-디스패치〉를 인수하고 초창기 몇 달 동안 조지프는 신문팔이 소년들과 몇 차례 충돌했다. 가령 5월에는 신문팔이 소년들이 파업에 나섰다. 신문 판매 금액의 50퍼센트를 나눠달라는 것이 조건이었다. 지금은 신문팔이 소년들이 신문을 3센트에 사서 5센트에 판매하는 구조였다. "여성과 싸우는 것도 어렵지만 소년들과 싸우는 것은 더 어렵다. 특히 신문팔이 소년이면 더 그렇다. 우리 신문을 판매하는 소년들에게 호의를 가진 것은 사실이지만 그들의 조건을 들어준다는 것은 어리석은 짓이다. 파업이 끝나지 않는다 해도 나는 물러서지 않을 것이다."[17]

결국 조지프가 이겼다.

1879년 4월 21일 저녁, 집으로 돌아가는 세인트루이스의 도급업자 에드워드 오거스틴의 모습은 초췌하기 그지없었다. 제퍼슨시티에서 조지프가 쏜 총에 맞은 뒤 9년이라는 세월 동안 오거스틴의 정치적 영향력은 조금씩 사라져 어느 순간에는 세인트루이스 카운티 정부로부터 일감을 받지 못하는 지경에 이르렀고 결국에는 완전히 망하고 말았다. 집으로 들어선 오거스틴의 눈에 저녁식사를 하는 식구들의 모습이 들어왔다. 오거스틴의 아내는 어서 식탁에 앉으라고 권했지만 오거스틴은 식탁에 앉는 대신 아내더러 거실로 건너오라고 말했다. 아내는 주저했다. 그도 그럴 만한 것이 불과 며칠 전 오거스틴이 식구들을 모두 죽여버린 뒤 자살할 생각이라고 친구에게 털어놓고는 집에 소총을 들고 왔기 때문이었다. 아내가 거실로 나오지 않자 오거스틴은 "정말 끝이로군" 하고 혼잣말을 했다. 몇 분 뒤 한 발의 총성이 울렸다.[18]

신문발행인이라는 현재의 지위를 이용해 왕년의 적에게 복수하고 싶은 마음이 전혀 없었다고 하면 거짓말이겠지만 조지프는 그런 유혹을 뿌리쳤다. '사방으로 흩어진' 오거스틴의 뇌수에 대해 생생하게 묘사했다고는 하지만 다른 신문에 비하면 〈세인트루이스 포스트-디스패치〉는 오거스틴의 자살 소식을 비교적 조용하게 다룬 편이었다. 조지프는 불같이 격하고 한번 원한을 품으면 쉽게 잊지 못하는 성격이었지만 한편으로는 적에게 아량을 베푸는 관대함도 지니고 있었다.

조지프는 과거 일에 매달려 있을 만큼 한가하지 않았다. 〈세인트루이스 포스트-디스패치〉는 잠시라도 한눈팔 시간을 주지 않았다. 수익이 나기 시작했지만 사업의 금전적 기초란 카드로 지은 집과 같아서 언제 무너질지 모를 일이었다. 만일을 대비해 조지프는 보유자금에서 300달러를 따로 떼어 집에 고이 모셔두었다. 곧 태어날 첫아이의 출산에 쓸 자금이었다.[19]

딜런도 조지프도 〈세인트루이스 포스트-디스패치〉가 지속적으로 성장하는 데 필요한 충분한 자금을 보유하고 있지 않았다. 수익이 날 것이라는 가능성 하나만으로는 새 인쇄기를 들여놓거나 늘어만 가는 신문사의 비용을 감당할 자금을 끌어모으기 어려웠다. 조지프는 루이스 고츠초크를 찾아갔다. 조지프는 그래츠 브라운이 주지사에 당선된 1870년에 저명한 변호사이자 민주당원인 루이스 고츠초크를 처음 알게 되었고 1875년에는 헌법위원회에서 함께 활동하기도 했다. 다른 민주당원들과 마찬가지로 고츠초크는 조지프가 운영하는 〈세인트루이스 포스트-디스패치〉가 민주당에 도움이 되리라 생각해 조지프에게 1만 3,000달러를 빌려주기로 했다. 그러면 조지프는 계약서에 기재된 대로 그 돈을 다시 〈세인트루이스 포스트-디스패치〉에 빌려줄 것이었다.[20]

새로운 자금을 수혈받은 일과 별도로 조지프는 〈세인트루이스 디스패치〉의 전 소유주가 빌렸고 〈세인트루이스 디스패치〉를 인수하면서 조지프가 상환하기로 한 1만 5,000달러의 담보대출도 운 좋게 청산하게 되었다. 사실 조지프는 담보대출에 대한 이자를 꼬박꼬박 지급해왔다. 또한 매주 지급해야 하는 AP 회비도 채권자의 이름으로 꼬박꼬박 지급해왔다. AP 회원사 자격을 증명하는 원본 인증서가 담보물로 채권자의 손에 들어가 있었기 때문에 〈세인트루이스 포스트-디스패치〉가 AP 회원사 자격을 잃게 될까 봐 노심초사한 조지프의 궁여지책이었다.

그러나 담보대출에 대해 조사한 변호사들은 〈세인트루이스 디스패치〉의 전 소유주 가운데 한 사람이 개인적으로 담보대출을 받았다는 사실을 밝혀냈다. 따라서 조지프는 그 부채를 일으킨 장본인이 아니므로 아무런 책임이 없었다. 법대로라면 빚은 청산된 것이나 다름없었지만 AP 회원사 자격을 증명하는 원본 인증서가 채권자의 손아귀에 들어 있었으므로 걱정은 여전했다.[21]

리처드 호 앤드 컴퍼니에서 구입한 새 인쇄기 덕분에 〈세인트루이스 포스트-디스패치〉는 기사와 광고를 실을 공간을 더 확보할 수 있게 되었다. 석간신문도 조간신문처럼 항목별 광고를 실을 수 있다는 사실을 독자들에게 납득시키기 위해 조지프는 몇 달 동안 항목별 광고를 무료로 게재해주었다. 판매부수와 광고 수입을 동시에 늘리려는 작전이었다. 조지프는 기사를 읽기 위해 신문을 사는 사람들만큼이나 광고를 보기 위해 신문을 사는 사람들이 많다는 사실을 알고 있었다. 조지프는 이렇게 말했다. "〈세인트루이스 포스트-디스패치〉는 광고란도 기사란만큼 알찬 내용을 담을 수 있게 만들고자 합니다."[22]

조지프는 〈세인트루이스 포스트-디스패치〉의 기사가 사람들의 입에 오르내리기를 원했고 〈세인트루이스 포스트-디스패치〉에는 조지프가 바라는 이야기들로 넘쳐났다. 〈세인트루이스 포스트-디스패치〉는 세인트루이스 시를 장악하고 있는 독점 사업에 대한 공격을 멈추지 않았다. 의혹투성이인 은행 거래를 폭로하고 수상쩍은 보험 제도를 낱낱이 공개하는 등, 조지프는 중산층을 희생시키는 사업이면 무엇이든 물고 늘어졌다. 〈세인트루이스 포스트-디스패치〉의 폭로 기사는 대부분 조지프의 이웃인 세인트루이스 시 상류층의 명성에 흠집을 냈다. 비아냥거림으로 가득한 사설은 상류사회의 사교 활동을 놀림감으로 삼았다. 끼리끼리 어울려 다니는 상류층의 행태는 〈세인트루이스 포스트-디스패치〉가 노리는 최고의 먹잇감이었다.

판매부수 높이기에 매진하던 조지프는 지극히 개인적인 일도 아랑곳하지 않고 기사화했다. 세인트루이스에서 큰 부를 거머쥔 담배 상인의 딸 돌리 리젯Dolly Liggett이 아버지의 뜻을 거역하고, 말을 맡기고 빌리는 대마차貸馬車 가게 경리직원과 결혼했다는 구설수에 올랐다. 〈세인트루이스 포스트-디스패치〉 기자가 리젯의 집에 두 번이나 방문해 진상을 캐물었지만 리젯 가족은 답변을 거부했다.

조지프는 플로렌스 화이트Florence D. White를 그 집에 다시 보냈다. 평범하지 않은 이름 탓에 '플로리'라는 별명으로 불린 화이트는 16살 소년으로 〈세인트루이스 포스트-디스패치〉에서 가장 나이 어린 기자였다. 화이트는 돈이 많이 들어가는 사립 고등학교인 크리스천 브라더스 칼리지Christian Brothers College를 다녔다. 이 학교를 졸업한 학생들은 대부분 상급학교로 진학했으나 화이트는 언론에 대한 열정을 품고 중도에 학교를 그만두었다. 화이트의 모습에서 젊은 시절 자신의 모습을 본 조지프는 화이트를 무한히 신뢰했다. 조지프의 예감은 틀리지 않았다. 화이트는 리젯 가족의 하녀를 설득해 소문의 진상을 파악하는 데 성공했다. 화이트는 분노가 폭발해 끝내 울음을 터뜨리고 만 돌리 리젯의 모친을 단독으로 인터뷰한 내용을 들고 〈세인트루이스 포스트-디스패치〉 사무실로 돌아왔다.[23]

〈세인트루이스 포스트-디스패치〉의 판매부수가 매주 상승하는 모습을 넋 놓고 바라보던 〈이브닝 스타〉의 소유주는 결국 패배를 시인했다. 이번에는 〈이브닝 스타〉가 경매에 오를 차례였다. 1879년 5월 14일 또다시 법원 계단 앞에 사람들이 모여들었다. 〈이브닝 스타〉 경매에는 조지프도 참여했다. 100달러에서 시작한 경매는 곧 3파전으로 압축되었다. 경매가가 700달러 선에 이르렀을 때 조지프가 포기했다. 남은 두 사람 가운데 한 명이 790달러를 불러 〈이브닝 스타〉를 인수했다. 〈세인트루이스 디스패치〉를 사들였을 때와 마찬가지로 조지프는 이번에도 사람들을 속였다. 〈이브닝 스타〉를 낙찰받은 사람은 조지프의 대리인이었다. 석간신문 시장은 이제 〈세인트루이스 포스트-디스패치〉 천하가 되었다.[24]

조지프는 이렇게 전했다. "〈세인트루이스 포스트-디스패치〉의 실험이 드디어 결실을 맺었다."

조지프는 임신한 케이트를 위해 워싱턴로 2920번지에 집을 장만했다. 이중 경사 지붕을 얹은 3층짜리 벽돌집 전면에는 내닫이창을 달았고 집 뒤편에는 마구간을 배치했다. 워싱턴로는 사유도로가 지나는 품위 있는 주거지였다. 케이트는 조지프가 공격 대상으로 삼는 세인트루이스의 귀족층들이 모여 사는 곳에 살게 되었다. 사람들과 대립각을 세우는 데서 즐거움을 느끼는 조지프에게는 큰 문제가 아니었지만 케이트에게는 남편의 행동 때문에 사람들로부터 배척을 받아야 하는 불편한 경험의 시작이었다.[25]

1879년 6월 11일 케이트는 아들을 낳았다. 두 사람은 첫 아들에게 랠프Ralph라는 이름을 지어주었다. 신문사가 승승장구하는 사이에 아이가 생겼기 때문에 조지프도 식구들과 많은 시간을 보내려고 애썼다. 일요일에는 세 식구가 함께 시간을 보냈고 여름에는 집에 일찍 들어온 조지프가 케이트와 함께 현관 계단에 앉아 오붓한 시간을 보내거나 이웃집에 놀러 갔다. 물론 조지프의 신문에 이름이 오르내린 적이 없는 이웃에 한해서였다. 동네 사람들은 두 사람을 '미녀와 야수'라고 불렀다.

평소에는 랠프를 품에 안은 케이트가 조지프와 함께 마차를 타고 사무실까지 배웅했다. 조지프는 마치 먼 여행이라도 떠나는 사람처럼 열정적으로 케이트와 랠프에게 작별인사를 건넸다. 〈세인트루이스 포스트-디스패치〉의 어느 기자는 이렇게 회고했다. "그런 가족이 곁에 있다면 누구인들 행복하지 않으랴." 심지어 조지프의 오랜 친구인 존슨조차 자신의 일기에 조지프의 행복한 나날에 대해 기록했다. 승마를 다시 시작한 조지프는 친구들과 함께 포레스트 파크까지 말을 타고 달렸다. 늦게까지 일하지 않는 날에는 친구들을 집으로 초대해 카드를 치며 시간을 보내기도 했다.[26]

결혼식을 올리기 전날 조지프는 케이트에게 새로운 삶이 필요하다고 고백했었다. 그러나 불과 일 년 만인 1879년 여름의 끝 무렵, 조지프는 자신에게 부족한 것이 없다는 사실을 깨달았다. 조지프는 세상 모두가 부러워할 만큼 매력적인 여인과 결혼해 아들을 두었다. 사업도 번창해서 다시 가난해질까 봐 두려워할 일도 사라졌다. 딱 하나 부족한 점이 있다면 그것은 자신의 이름을 내건 신문사였다. 〈세인트루이스 포스트-디스패치〉는 아직 동업자와 공동 소유하는 신문사에 불과했다.

1879년 가을, 딜런과 조지프의 동업이 바람직하지 않다는 사실이 점점 더 분명해졌다. 두 사람의 동업이 오래가지 못할 것이라고 예측했던 매컬러프는 두 사람의 결별 이유로 '성격 차이와 과도한 재능으로 인한 독점욕'을 꼽았다. 솔직히 말해 조지프는 누구와 함께 일할 수 있는 성격의 소유자가 아니었다. 사람들은 조지프 편에서 일하거나 조지프와 대립하며 일했다. 절대로 조지프와 함께 일할 수는 없었다. 카를 슈르츠와 프레토리우스는 1872년에 이 사실을 깨달았다. 이제 딜런이 깨달음을 얻을 차례였다.

딜런은 조지프에게 자신의 지분을 매각했다. 불과 일 년 전만 해도 밤늦게까지 호텔 방에 처박혀 수중에 있는 몇천 달러로 〈세인트루이스 디스패치〉를 인수해서 얼마나 버틸 수 있을지 주판알을 튀기는 데 골몰하던 조지프였다. 그러나 〈세인트루이스 포스트-디스패치〉를 운영한 첫일 년 동안 벌어들인 돈 가운데 순수하게 본인에게 돌아간 몫만으로도 딜런이 매각 대금으로 요구하는 액수를 모두 충당할 수 있었다. 1879년 11월 29일 〈세인트루이스 포스트-디스패치〉는 딜런의 사임을 공식 발표했다. 이제 조지프는 〈세인트루이스 포스트-디스패치〉의 유일한 발행인이 되었다.[27]

조지프는 〈세인트루이스 포스트-디스패치〉의 조직개편을 단행했다. 조지프는 주식 한 주를 케이트의 명의로 바꾼 뒤 케이트를 부사장에 임명했고 윌리엄 패트릭 같은 친한 친구들을 이사진으로 위촉했다. 자기 마음대로 신문사를 주무르게 된 조지프는 편집진도 전면 교체했다. 조지프에게 동업자는 필요 없었지만 자신을 대신해 신문사를 관리할 사람은 필요했다. 딜런이 떠난 직후 조지프는 자유공화당 전당대회를 치르면서 처음 알게 되었던 존 커크릴에게 전보를 보내 편집국장 자리를 제안했다.[28]

커크릴은 볼티모어의 바넘스 호텔Barnum's Hotel 프런트에서 방 열쇠를 수령하면서 전보를 받았다. 당시 커크릴은 허치스의 〈워싱턴 포스트〉 편집국장 업무를 훌륭하게 마치고 〈볼티모어 가제트Baltimore Gazette〉로 자리를 옮긴 상태였다. 허치스는 커크릴을 입에 침이 마르도록 칭찬했다. "미국에서 열 손가락 안에 드는 유명한 언론인을 꼽는 데 커크릴 씨야말로 둘째가라면 서러운 인물이다." 조지프의 제안은 거부할 수 없는 매력이 있었다. 커크릴과 조지프는 정치적 견해가 비슷했고 새로운 언론의 시대를 열고자 하는 열망도 대단했다. 그 점에 있어서 두 사람은 마치 신앙을 전파하는 사도들 같았다.[29]

〈세인트루이스 포스트-디스패치〉의 편집국장이 되면 헤쳐나가야 할 일이 산더미 같을 터였다. 조지프가 성공했다는 사실을 커크릴도 익히 알고 있었지만 그렇더라도 〈세인트루이스 포스트-디스패치〉는 여전히 성취한 것보다 성취해야 할 일이 더 많은 신문사였다. 커크릴의 옛 선배이자 친구인 매컬러프가 편집자로 일하는 세인트루이스의 대형 신문사와는 비교도 되지 않았다. 세인트루이스는 〈세인트루이스 글로브-데모크라트〉의 세상이었다. 〈세인트루이스 글로브-데모크라트〉보다 많은 판매부수를 기록하는 신문사는 〈보스턴 헤럴드Boston Herald〉, 〈뉴욕 헤럴드〉, 〈필라델피아 레저Philadelphia Ledger〉뿐이었다. 그러나 커크릴은 조지프를 믿고 편집국장 자리를 수락했다.[30]

14장

다크 랜턴

1880년 1월 세인트루이스 사람들은 〈세인트루이스 포스트-디스패치〉가 경매에 들어간다는 소식을 듣고 깜짝 놀랐다. 〈세인트루이스 타임스〉에는 경쟁사인 〈세인트루이스 포스트-디스패치〉의 사무실, 집기, 활자, 인쇄기, 관련 설비 및 회사 소유의 모든 자산이 법원 동쪽에서 경매에 들어갈 예정이라는 내용의 공고가 실렸다. 이런 기만적인 광고를 낸 사람은 〈세인트루이스 타임스〉 발행인 체임버스B. M. Chambers였다. 좋지 않은 기사로 〈세인트루이스 포스트-디스패치〉에 자주 오르내리던 체임버스는 자타가 공인하는 조지프의 적이었다.

체임버스는 이번에야말로 반드시 조지프를 세인트루이스 언론계에서 쫓아내겠다고 다짐했다. 혹여 쫓아내지 못하더라도 조지프의 인생을 불행하게 만들 수는 있을 터였다. 조지프가 〈세인트루이스 디스패치〉를 인수하기 전 〈세인트루이스 디스패치〉 소유주들은 악명 높은 변호사 프랭크 보면에게 자금을 빌려 신문의 명맥을 잇고 있었다. 〈세인트루이스 디스패치〉 소유주들이 프랭크 보면에게 마지막으로 자금을 빌리면서 담보로 내놓은 자산은 AP의 회원사임을 증명하는 원본 인증서였다. 그리고 보면에게서 채권과 인증서를 사들인 주인공이 바로 체임버스였다. AP 회원사 자격을 증명하는 원본 인증서가 자신의 손에 있는 한 조지프는 빚을 상환하는 수밖에 없을 터였다. 그러나 조지프의 변호사들은 조지프가 담보대출을 상환해야 할 책임이 없다는 결론을 내렸고 변호사들의 조언에 따라 조지프는 대출 상환을 거절했다.

체임버스는 〈세인트루이스 포스트-디스패치〉를 경매로 매각한다는 계획을 실행에 옮겼다. 그러나 조지프는 체임버스의 묘수에 동요하지 않았다. 조지프가 과거의 채무에 대해 책임이 있다는 법원의 결정이 내려지기 전에는 〈세인트루이스 포스트-디스패치〉를 경매로 매각할 수 없기 때문이었다. 조지프는 관련 내용을 〈세인트루이스 포스트-디스패치〉 1면 머리기사로 실었다. "이 남자가 지금 제정신인가?" 문제는 채무가 아니었다. 채무보다 더 큰 문제는 〈세인트루이스 포스트-디스패치〉의 AP 회원사 자격을 증명하는 원본 인증서 문제였다. 체임버스 때문에 AP가 제공하는 기삿거리를 받아볼 수 없게 된다면 〈세인트루이스 포스트-디스패치〉는 망하고 말 터였다.[1]

조지프는 자유공화당 운동을 하던 시절부터 알고 지낸 AP 사장 머랫 홀스테드와 AP 회원사 자격을 가지고 있는 다른 신문사 사장들을 만나 도움을 요청했다. 그러나 조지프는 큰돈이 걸린 기사 독점 사업에 관련된 사업적 이해관계는 친분조차 넘어서는 것이라는 점을 알고 있었다. 조지프는 만일에 대비해 소송을 제기했다. 체임버스가 경매로 넘기겠다고 으름장을 놓고 있는 원본 인증서를 대체할 새 인증서를 AP가 다시 발행해야 한다는 소송이었다.

경매는 몇 주 동안 계속 연기되었다. 그동안 조지프는 막후에서 〈세인트루이스 포스트-디스패치〉 업무를 조율하는 일에 매진했다. 마침내 경매에 들어간다는 소식에 사람들이 법원으로 모여들었다. 일부 자산이 경매에 들어갔지만 그날의 주인공 체임버스가 모습을 드러내지 않는 바람에 자리에 모인 사람들은 크게 실망했다. 체임버스는 변호사를 보내 경매를 무기한 연기한다고 공표했다. 사람들은 곧 그 의미를 깨달았다. 체임버스가 진 것이다.[2]

자칫 잘못하면 〈세인트루이스 포스트-디스패치〉의 제삿날이 될 수도 있었지만 결국 조지프의 승리로 끝났다. 조지프는 군중 앞에 설치된 단상에 올라섰다. 마치 선거 유세라도 나선 듯 조지프는 체임버스의 주장이 잘못된 것으로 판명되었으며 〈세인트루이스 포스트-디스패치〉의 AP 회원사 자격은 유효하다고 선언했다. "이것을 보시오." 조지프는 AP에서 새로 발행한 인증서를 모두가 볼 수 있도록 높이 들어 올렸다.[3]

기쁜 일은 또 있었다. 조지프는 〈세인트루이스 디스패치〉를 인수한 뒤 처음으로 마음의 여유를 느꼈다. 판매부수는 꾸준히 늘어 그 추세대로라면 연말에는 독자가 세 배로 늘어날 예정이었고 그해 수입이 8만 8,000달러에 달할 것으로 예상되었다. 조지프는 부유한 민주당원 고츠초크에게 자금을 빌린 사실은 비밀로 한 채 이렇게 전했다. "〈세인트루이스 포스트-디스패치〉에는 당장 해결해야 할 부채가 전혀 없다. 〈세인트루이스 포스트-디스패치〉는 신문에 영향력을 행사하는 불만 가득한 주주도 없고 불쾌한 소송에 휘말릴 일도 없다. 게다가 판매부수와 후원금은 다달이 눈에 띄게 증가하고 있다. 독자들의 성원에 힘입어 〈세인트루이스 포스트-디스패치〉는 내년에도 힘껏 달릴 것이다." 커크릴이라는 믿음직한 참모를 편집국장으로 모셔오면서 편집진 교체를 완료한 조지프는 이제 다른 일에도 관심을 가질 틈을 가지게 되었다.[4]

소득이 늘면서 조지프는 하인 세 명을 고용해 케이트의 가사를 돕고 아기를 돌보게 했다. 덕분에 케이트도 세인트루이스 사회에 좀 더 다가갈 여유가 생겼다. 조지프와 케이트 부부는 린델 호텔에서 열린 홈 서클Home Circle 회원제 무도회에도 참석했는데, '흑갈색 머리칼을 지닌 눈부시게 아름다운 백인 여성' 케이트는 담청색 의상에 분홍색 공단 리본을 매고 무도회장에 들어섰다. 신문은 이렇게 보도했다. "그 여성은 다이아몬드 장신구로 치장했다."[5]

금전적으로나 업무적으로나 여유를 얻은 조지프는 가장 중요하게 여기는 일로 눈길을 돌렸다. 세인트루이스 시로 돌아온 이후에도 조지프는 정치와 관련된 계획에 대해서는 일체 함구하면서 다른 사람들의 애간장을 태웠다. 조지프의 친구든, 조지프의 적이든 조지프를 아는 사람은 누구나 조지프가 정계에서 한자리하려는 꿈을 못 버린다는 사실을 알았다. 이제 신문발행인으로서 성공했으므로 정치인이 되려는 조지프의 다짐은 더욱 굳어졌고 정치인이 될 기회 또한 많아졌다. 법원에서 모든 사람들에게 〈세인트루이스 포스트-디스패치〉의 건재함을 과시한 바

로 다음 날, 조지프가 세인트루이스 제2선거구 연방 하원의원으로 출마할 예정이라는 말이 흘러나왔다.[6]

연방 하원의원에 출마한 조지프는 자신의 선거뿐 아니라 민주당 대통령 후보를 당선시키는 일에도 온 힘을 다하리라 마음먹었다. 그러나 정치 문제로 2주가량 세인트루이스 외부로 출장을 다녀오는 사이 모든 계획이 틀어져 버렸다. 1880년 1월 23일 자정에서 15분쯤 지난 시각 〈세인트루이스 포스트-디스패치〉 직원이 매캐한 연기 냄새를 맡았다. 그 직원은 개미 한 마리도 보이지 않는 한적한 거리로 황급히 뛰어나와 "불이야!" 하고 외쳤다. 인근을 지나던 야경꾼이 경종을 울리려 했지만 온갖 먼지가 덕지덕지 낀 열쇠로는 종이 들어 있는 함을 열 수 없었다. 다행히 경찰이 창문 밖으로 치솟은 불길을 보고 대신 경종을 울려 소방관을 불렀다.

새벽 1시 무렵 경영관리인이 현장에 도착했다. 건물의 절반은 불에 타고 절반은 물에 젖은 상태였다. 기사작성실 주임은 망연자실한 표정으로 연기가 폴폴 피어오르는 현장 한가운데에 서 있었다. 새로 들여놓은 리처드 호 앤드 컴퍼니 인쇄기는 열기로 인해 뒤틀렸고 인쇄용지는 물에 젖어 쓸 수 없게 되었다. 직원들은 조지프가 뉴욕에 들를 때마다 애용하는 피프스애비뉴 호텔에 전보를 쳐서 이 사실을 알렸다. 언뜻 보기에도 6,000달러 이상의 손실이 난 것 같았다. 어쩌면 8,000달러를 넘을지도 모르는 일이었다. 하지만 아무리 위험천만한 사업에 돈을 투자하고 저축이나 현금 한 푼 없는 상태로 몇 달씩 사업을 운영해온 조지프였지만 보험에 들지 않는 모험을 감행한 것은 아니었다. 화재로 인한 손실은 7개 보험사에서 지급한 보험금으로 메울 수 있었다.[7]

화재 소식을 들은 매컬러프는 과거에 그랬던 것처럼 〈세인트루이스 글로브-데모크라트〉의 인쇄기를 이용해 〈세인트루이스 포스트-디스패치〉를 인쇄해도 좋다고 전했다. 다음 날 아침 커크릴은 "검은 금요일"이라는 제목이 달린 사설을 내보냈다. 화재가 휩쓸고 간 사무실을 복구하고 업무를 정상화하는 데 2주 정도 걸린다는 내용이었다. 사설은 이렇게 마무리되었다. "〈세인트루이스 포스트-디스패치〉의 조직은 튼튼하기 때문에 아무리 큰 어려움이 닥쳐도 건재할 것이다."[8]

뉴욕에서 화재 소식을 들은 조지프의 기분이 좋을 리 없었다. 때마침 〈뉴욕 트리뷴〉 기자가 찾아와 민주당의 선거 전망에 대해 물었다. 다음 4년도 공화당이 백악관을 차지할 것이라 예측하는지 기자가 묻자 조지프는 퉁명스럽게 대답했다(〈워싱턴 포스트〉를 이끄는 허친스는 이런 농담을 하곤 했다. "퓰리처와는 막 저녁식사를 마쳤을 때나 임대료 총액을 검토한 뒤에 인터뷰를 해야 좋은 결과를 얻을 수 있다.").[9]

커크릴이 보고한 내용을 본 조지프는 마음을 가라앉히고 케이트를 만나러 워싱턴으로 떠났다. 워싱턴의 주현절 교회에서 첫 아들 랠프의 세례식이 거행될 예정이었다. 미혼인 케이트의 언니 클라라 데이비스와 조지프의 친구이자 연방 하원의원인 존 불럭 클라크 2세John Bullock Clark Jr.가 증인으로 참석했다. 신앙고백은 대부와 대모가 하는 것이었으므로 사제는 조지프에게 신앙고백을 요구하지 않았다. 그러나 세례반洗禮盤 앞에 선 조지프는 아들 랠프를 성공회 신자로 기르겠다고 약속했고, 그

렇게 유대교와 완전히 결별했다.[10]

조지프가 케이트와 랠프를 데리고 세인트루이스로 돌아온 2월 초에는 이미 〈세인트루이스 포스트-디스패치〉 사무실이 복구되어 판매부수까지 모두 회복된 상태였다. 조지프는 다시 한 번 다가오는 선거에 몰두할 수 있었다. 〈뉴욕 트리뷴〉 기자와의 인터뷰에서는 비관적으로 전망했지만 사실 민주당이 승리할 것이라 짐작하게 할 만한 증거는 도처에 널려 있었다. 1878년 민주당은 1858년 이후 처음으로 상원과 하원을 모두 차지했다. 이 기세를 몰아간다면 1856년 이후 단 한 번도 차지해보지 못한 백악관을 차지하는 일도 그리 어렵지 않을 터였다.

독립신문이라는 새로운 형태의 신문을 만드는 발행인으로서 권력에 대한 감이 최고조에 오른 조지프는 미주리 주 민주당과 전국 단위 민주당이 적절한 후보를 찾아내도록 돕기로 했다. 조지프와 〈루이스빌 쿠리어-저널〉의 헨리 워터슨은 승리할 후보에게 성유를 발라주기로 했다.

미주리 주 민주당을 지도하는 인사로 활동하려는 조지프의 이상은 〈미주리 리퍼블리컨〉 편집자 윌리엄 하이드와 충돌했다. 르네상스 양식으로 장식한 우아한 5층 건물에 자리 잡은 〈미주리 리퍼블리컨〉은 오랫동안 민주당을 지지해왔다. 그러나 시간이 흐르면서 〈미주리 리퍼블리컨〉은 세인트루이스 시의 지배층을 옹호하고 대부분 중산층인 민주당원을 홀대했다. 〈미주리 리퍼블리컨〉으로부터 버림받은 중산층 민주당원들은 〈세인트루이스 포스트-디스패치〉에 끌렸다. 조지프와 하이드 사이의 정치적, 경제적 경쟁은 이렇게 시작되었다.

서로에게 적대감을 가진 두 사람은 1880년에 열릴 민주당 전국 전당대회를 세인트루이스 시에 유치하기 위해 활동할 유치위원회 위원으로 나란히 임명되었다. 4년 전 세인트루이스 시는 민주당 전국 전당대회를 유치한 바 있었다. 하지만 유치위원회가 민주당 전국 전당대회 개최지를 정하는 워싱턴 회의에 참석하기 위해 세인트루이스를 떠날 때 조지프는 동참하지 않았다. 결국 워싱턴 회의에서 민주당 전당대회 장소가 신시내티로 결정되었고 세인트루이스로 돌아온 하이드는 조지프가 '유치위원들이 워싱턴의 술집에서 시간을 보냈기 때문에 신시내티에 개최 자격을 빼앗겼다'는 기사를 내보냈다는 사실을 알게 되었다. 그러나 하이드의 분노를 자극한 기사는 이것으로 끝이 아니었다. 〈세인트루이스 포스트-디스패치〉는 3월 1일 5시판에 하이드를 희화화한 건방진 시를 추가로 실었다.

　　어느 기자의 회고에 따르면 그날 저녁 6시 "초봄 눈 녹은 물이 콸콸 흘러내리는 듯" 분노가 극에 달한 하이드는 친구의 사무실을 나서 올리브가에 있는 〈미주리 리퍼블리컨〉 사무실로 돌아갔다. 때마침 마라네시Maranesi의 사탕가게에서 캐러멜을 구입한 조지프는 〈하퍼스 위클리 Harper's Weekly〉를 구입하기 위해 윌리 그레이스 서점Willie Gray's bookstore으로 향했다. 두 편집자는 올리브 가와 4번가 길모퉁이에서 마주쳤다.

　　하이드가 먼저 말을 꺼냈다. "이 망할 놈. 드디어 만났군." 하이드는 조지프를 향해 주먹을 날렸다. 하이드가 날린 주먹이 조지프의 오른쪽 눈에 빗맞았고 조지프의 안경이 땅에 떨어졌다. 조지프도 지지 않고 주먹을 날렸지만 앞이 보이지 않는 탓에 하이드를 제대로 맞추지 못했다.

대신 조지프는 하이드의 넥타이와 셔츠를 잡아 땅바닥에 메쳤다. 때마침 그곳을 지나던 행인들이 엎치락뒤치락하는 두 사람을 뜯어말렸다. 두꺼운 오버코트를 간신히 추스른 조지프가 뒷주머니에서 권총을 꺼내들고 막 쏘려는 찰나, 행인 중 한 사람이 조지프의 손을 발로 차 총을 떨어뜨렸다. 10여 년 전 제퍼슨시티에서 총격 사건을 일으켰던 조지프는 이제 세인트루이스 정치인을 정조준하고 있었다.[11]

순간 조지프는 두려움을 느꼈다. 안경이 없으니 아무것도 보이지 않았다. 날은 춥고 어두웠다. 조지프는 인근의 담배 가게로 발걸음을 옮기면서 하이드가 있을 것으로 짐작되는 방향에 대고 이렇게 외쳤다. "이 겁쟁이야! 누구라도 그랬을 거다." 하이드는 거만한 태도로 옷에 묻은 먼지를 털었고 두 사람의 부축을 받으며 인근의 에틀링스 이발소Ettling's barbershop로 향했다. 그곳에 있던 친구들이 하이드를 반겼다.

1880년 선거에는 이렇다 할 쟁점이 없었다. 경제는 1870년대의 침체에서 빠져나와 회복되는 중이었고 재건정치는 이미 죽은 쟁점이었다. 행정개혁을 외치는 목소리도 사라진 지 오래였다. 두 당은 논쟁거리를 만들어냈지만 본래부터 두 당 사이에 존재하던 지역 차이나 당파 차이를 대변하는 수준에 지나지 않았다. 선거일이 다가올 때까지도 미국은 여전히 메이슨-딕슨 선Mason-Dixon Line(메릴랜드 주와 펜실베이니아 주의 경계선이자 미국 남부와 북부의 경계. 과거 노예제도 찬성 주와 반대 주의 경계이기도 하다-옮긴이)으로 나뉘어 있었다.

민주당 대통령 후보 지명을 위한 경선이 시작되자마자 틸든이 유력 후보로 떠올랐다. 조지프는 1877년 틸든이 타협을 묵인해 헤이스가 대통령에 당선되었다고 생각했고 거기에 대한 화가 풀리지 않은 상태였으므로 틸든을 단호하게 거부했다. 1879년 2월 초 조지프는 급부상하고 있는 틸든 후보에 반대하는 글을 작성했다. "틸든 씨가 지지를 호소한다는 자체가 부조리하다. 4년 전의 선거 범죄가 성공할 수 있도록 도운, 용서받지 못할 짓을 자행한 장본인이기 때문이다." 조지프는 틸든의 대항마가 될 만한 다른 정치인을 떠올려보았지만 마땅한 후보를 찾을 수 없었다.[12]

전당대회를 한 달여 앞둔 시점까지도 조지프는 틸든의 대항마를 찾지 못하고 있었다. 틸든에 맞설 강력한 후보를 찾지 못하면 틸든이 그대로 민주당 대통령 후보에 오를 터였다. 그런 사태를 우려한 조지프는 과거 뉴욕 주 주지사를 역임했고 1868년 대통령 선거에서 공화당 후보 그랜트에 맞서 민주당 후보로 출마했던 호레이쇼 시모어Horatio Seymour를 복귀시키기로 마음먹었다. 시모어를 설득해 출마하게 만든다면 조지프는 민주당을 구할 수 있을 뿐 아니라 언론인으로서도 큰 성공을 거두게 될 터였다.

1880년 4월 24일 조지프는 유티카Utica로 떠났다. 조지프는 마차를 몰고 모호크 강Mohawk River을 건너 디어필드Deerfield 언덕을 지나 시모어의 집으로 향했다. 키 큰 솔송나무와 한 세기도 더 되어 보이는 블랙체리나무에 에워싸인 언덕 꼭대기의 작은 집에서는 저 아래 계곡이 32킬로미터 정도까지 내려다보였다. 시모어는 조지프를 반갑게 맞이했다. 다음 달이면 70세에 접어들 예정이었지만 조지프의 눈에는 시모어가 60

세 정도로밖에 보이지 않을 정도로 정정했다. 훤칠한 키에 건장한 체구를 가진 시모어의 녹갈색 눈동자는 여전히 맑았고 머리도 거의 세지 않았다. 귀가 잘 들리지 않는다는 점이 흠이라면 흠이었다.[13]

두 사람은 집으로 들어섰다. 집 안에는 식민기와 혁명기의 유물로 가득했다. 자리에 앉은 조지프는 보기 드물게 기가 죽은 모습이었다. 조지프는 누가 민주당 대통령 후보가 되어야 할 것인지에 대한 질문은 접어두고 (당시의 표현 그대로) '깜둥이 문제'와 다가오는 선거에 대한 일반적인 대화를 이어갔다. 결국 그날의 중요 주제는 두 사람의 대화가 마무리되어 자리를 정리할 무렵 등장했다. 조지프를 배웅하러 나온 대문 앞에서 시모어는 민주당에는 이미 훌륭한 정치인이 많다고 응수했다. "나는 너무 늙었소. 이대로 우아하게 죽을 수 있도록 그냥 내버려두면 안 되겠소? 평안히 가기란 참 어려운 일이지만 그렇게 되도록 노력하고 있는 참이라서 말이오."

"하지만 주지사님, 사람들은 뉴욕뿐 아니라 이 나라를 위해서도 주지사님이 가장 유력한 후보라고 생각하고 있습니다. 신시내티 전당대회에서 민주당원들은 중앙집권과 제정帝政에 맞서 싸울 전사로 주지사님을 선택할 것입니다. 애국자이시고 훌륭한 민주당원이시니 민주당이 이대로 무너지는 꼴을 그냥 보고만 계시지는 않으리라고 확신합니다. 그렇지 않습니까?"

잠자코 조지프의 말을 듣던 시모어는 할 말이 있는 사람 같은 동작을 취하더니 이내 별다른 말 없이 조지프의 손을 잡고 악수를 했다. 조지프는 시모어에게 침묵을 수락의 뜻으로 알겠다고 말했다. 그러자 시모어가 웃음을 터뜨렸다. "이보게, 나는 그냥 선반에 올려두고 더 젊은 후보를 찾아보게." 시모어의 최후통첩을 받았음에도 조지프는 시모어가 민주당 후보로 나설 것이라는 기대에 부풀어 '기쁜 마음으로' 마차를 몰아 집으로 돌아갔다.

미주리 주로 돌아온 조지프가 맞닥뜨린 현실은 가혹했다. 시모어는 조지프가 내민 제안을 진심으로 거절했다. 나이 지긋한 시모어가 대통령 후보로 나서지 않는다면 다른 대안은 없었다. 조지프는 내세울 만한 대안 후보도 없는 상태에서 무작정 틸든에 반대해야 하는 처지가 되었다. 틸든에 대한 반대는 개인적인 측면도 있었다. 미주리 주에서 틸든 지지 세력을 이끄는 사람이 다름 아닌 윌리엄 하이드였기 때문이다.

5월 말 미주리 주 민주당은 모벌리Moberly에서 전당대회를 열었다. 하이드와 조지프도 대의원 자격으로 참석했다. 하이드 지지자들은 하이드의 이름을 외치기 시작했다. 그러나 하이드 지지자들이 무슨 일을 벌이든 틸든의 시대는 끝난 것이나 다름없었다. 하이드 본인이 직접 나선다 해도 달라질 것은 없었다. 전당대회에 참석한 서른 명의 대의원 중 스물한 명이 틸든 반대파였기 때문이다. 세인트루이스로 돌아온 조지프가 승리했다. 〈워싱턴 포스트〉는 모벌리 전당대회 결과를 이렇게 보도했다. "대부분의 참석자들이 틸든의 대의명분을 따르지 않았다." 하이드는 전국 전당대회 대의원 자리를 지켜냄으로써 가까스로 완패를 모면했고 조지프는 연방 하원으로 출마하려고 마음먹은 제2선거구 대의원 두 자리 가운데 한 자리를 차지했다.[14]

6월 말 조지프는 민주당 전국 전당대회에 참석하기 위해 신시내티로 갔다. 몇 년 전 조지프는 공화당 급진파의 횡포에 반기를 든 자유공화당 운동을 열정적으로 지지하는 조직가로서 신시내티에 온 적이 있었다. 당시에는 불만으로 가득한 스물다섯 살의 공화당 신문 편집자였지만 지금은 미국에서 가장 많이 회자되는 신문발행인이자 새로 정착한 정치적 고향 민주당에서 만족을 느끼는 정치인이 되어 있었다.

1880년 6월 22일 민주당 전국 전당대회가 열렸다. 이번 전당대회의 분위기는 1872년 자유공화당 운동을 벌이며 치렀던 전당대회만큼이나 열광적이었다. 민주당 대통령 후보로 지명받기 위해 경선에 나선 후보는 모두 열아홉 명이었다. 조지프는 워터슨이 위원장을 맡은 강령위원회 위원이 되었다. 두 사람은 중앙집권 반대, 보호관세 반대, 금본위제 찬성, 중국 이민자 입국금지 찬성을 골자로 하는 열다섯 개 항목으로 구성된 강령을 만들었다. 강령에는 1876년 선거를 사기당해 도둑맞았다는 내용과 당을 위해 사심을 버린 틸든의 행동에 감사를 표한다는 내용이 포함되었다.[15]

전당대회는 사전 행사를 마치고 6월 24일 아침부터 본 행사에 돌입했다. 전당대회에 참석한 대의원들은 숨이 막힐 것 같은 더위를 무릅쓰고 후보를 걸러내기 시작했다. 틸든은 일찌감치 물러났다. 첫 번째 투표에서 윈필드 행콕Winfield Hancock 장군이 23퍼센트의 지지를 받아 떠오르는 샛별이 되었다. 자칫 긴 하루가 될 것처럼 보였다. 그러나 두 번째 투표가 시작되자 대의원들은 첫 번째 투표에서 선택한 후보를 저버리고 행콕 후보의 편을 들기 시작했다.

조지프는 진퇴양난에 빠졌다. 인디애나 주 하원의원을 지낸 인물이자 이번 민주당 전국 전당대회의 복병으로 떠오른 윌리엄 잉글리시 William English 후보에 대한 지지 연설을 하기로 약속했기 때문이었다. 그러나 투표가 진행되는 전당대회장의 분위기를 감안할 때 연설은 불가능해 보였다. 나중에 조지프는 잉글리시에게 이런 편지를 보냈다. "미주리주의 결과를 발표하기도 전에 벌써 행콕 후보가 전당대회장을 들불처럼 휩쓰는 모습이 보였네. 전당대회장의 분위기를 깨뜨리는 것이 바람직하지 않다고 생각했어. 불필요한 일을 애써 하느니, 당신에 대한 지지 입장을 표명하는 기쁨과 내가 지지하는 후보가 당선되었을 때 누리게 될 기쁨을 잠시 접어두기로 했다네. 부디 이해해주기를 바라네."[16]

조지프의 판단은 딱 맞아떨어졌다. 첫 번째 투표에서 미주리 주 대의원들은 다섯 명의 후보에게 표를 던졌지만 두 번째 투표에서는 두 명을 제외한 나머지 대의원이 모두 행콕을 선택했다. 투표 결과 집계는 형식에 불과했다. 전당대회를 취재한 어느 기자는 이렇게 보도했다. "전당대회 참석자들 사이에 고성이 오갔다. 전당대회가 제대로 진행되고 있는 것인지 궁금할 정도였다. 그러나 무질서도 잠깐이었을 뿐 대의원들 사이에 신속한 협의가 이뤄졌고 곧 한 후보에 대한 지지로 압축되었다."

대통령 후보가 결정되자 전당대회 의장은 다음 날 오후에 다시 모이기로 약속하고 그날의 행사를 마무리 지으려 했다. 그러나 조지프는 확신에 찬 어조로 폐회하기 전에 차기 부통령 후보도 함께 선출하자고 제안했다. 어찌나 지지했던지 좌중에 웃음이 번졌다. 당시 조지프의 친구 잉글리시는 운이 좋았다고 할 수 있다. 대통령 선거의 중요한 전장인 인디애나 주에서 하원의원을 지낸 경력이 잉글리시에게 유리하게 작용했기 때문이었다. 전당대회장에 모인 민주당 대의원들은 큰 고민 없이 부통령 후보를 선출할 수 있었다. 결국, 잉글리시가 부통령 후보에 당선되었다.

시카고에서 전당대회를 연 공화당은 무려 36차례의 투표를 거친 끝에 연방 하원의원 제임스 가필드James Garfield(오하이오 주)를 대통령 후보로, 뉴욕 출신 체스터 아서Chester Arthur를 부통령 후보로 선출했다.

조지프는 민주당이 행콕을 선택했다는 사실을 최대한 빨리 보도해 자신의 입장을 정정해야 했다. 전당대회 전날 저녁 조지프는 군 출신 인사가 백악관을 장악하면 자유가 침해당할 우려가 있으므로 행콕 장군을 대통령 후보로 선택하는 행위는 '어리석은 실수'라는 사설을 내보냈기 때문이었다. 조지프는 입장을 180도 선회했다. 조지프는 행콕이 비록 군인 출신 정치인이지만 시민의 통치를 존중하고 인신보호법을 지지하며 헌법을 엄격하게 해석하는 정치인이라고 치켜세웠다.[17]

세인트루이스로 돌아온 조지프는 법원에 모인 열정적인 민주당원들 앞에서 연설했다. 대부분은 며칠에 걸쳐 치러진 전당대회와 긴 여행으로 지쳐 있었지만, 선거만 치르면 아드레날린이 넘쳐흐르는 조지프만은 엄청난 에너지를 발산했다. 조지프는 인디애나 주에 있는 친구에게 편지까지 보낸 뒤에야 집으로 돌아갔다. "1876년에 그랬던 것처럼 인디애나 주에서 이뤄지는 선거 유세에서 내가 도울 일이 있으면 좋을 텐데. 물론 비용은 내가 부담한다네."[18]

사무실로 돌아온 조지프는 화재의 참사를 딛고 일어난 〈세인트루이스 포스트-디스패치〉가 여남은 건의 명예훼손 소송에 휘말렸다는 사실을 알게 되었다. 이탈리아 출신의 유명한 소프라노 성악가 카를로타 파티Carlotta Patti가 제기한 건도 있었다. 파티가 술을 아주 자주, 어쩌면 지나치게 많이 마신다는 사실을 암시하는 기사 때문이었다. 그러나 명예훼손 소송은 새롭게 싹트고 있던 위험에 비하면 아무것도 아니었다. 7월 말 신문팔이 소년들의 손에는 새로운 신문 〈이브닝 크로니클Evening Chronicle〉이 들려 있었다. 〈세인트루이스 포스트-디스패치〉보다 3센트나 저렴한 2센트에 팔리는 신문이었는데 신문팔이 소년들은 무료로 신문을 가져다가 팔아 2센트를 몽땅 챙길 수 있어서 〈이브닝 크로니클〉을 좋아했다.

석간신문 시장을 지배하고 있는 조지프에게 도전장을 내민 인물은 에드워드 스크립스Edward P. Scripps였다. 독립신문이라는 새로운 형태의 시장에서 성공의 길을 발견한 사람이 조지프 말고도 또 있었던 것이다. 일리노이 주의 농장에서 나고 자란 스크립스는 스물네 살 나이에 클리블랜드에서 첫 번째 신문을 창간했다. 스크립스는 미국의 새로운 산업의 중심지에서 그 수가 점점 늘어나고 있는 노동 계급을 대상으로 하는 알찬 내용을 담은 저렴한 신문을 만들고자 했다. 스크립스의 편집방침은 그가 대상으로 삼은 독자들의 목표와 일치했다. 스크립스의 신문은 노동조합과 단체협약을 열렬하게 지지했다.

〈이브닝 크로니클〉은 신선한 기사와 저렴한 가격으로 독자들의 마음을 금세 사로잡았다. 무료로 가져다가 팔아 신문팔이 소년이 2센트를 몽땅 챙기게 한 〈이브닝 크로니클〉의 가격 정책 덕분에 신문팔이 소년들은 〈세인트루이스 포스트-디스패치〉를 5센트에 2부가 아니라 3부를 가져가겠다고 압력을 넣었다. 조지프가 거절하자 신문팔이 소년들은 다시 한 번 파업에 돌입했다. 일부는 〈세인트루이스 포스트-디스패치〉 사옥 앞을 지키고 서 있다가 〈세인트루이스 포스트-디스패치〉를 배달하는 다른 소년들을 조롱하기도 했다. 조지프는 당황하지 않았다. 과거에도 신문팔이 소년들과 크고 작은 문제로 부딪혀본 경험이 풍부했던 조지프는 결국 그들의 공격을 막아낼 수 있다는 사실을 익히 알고 있었기 때문이다. 조지프는 자신을 변호하는 글을 〈세인트루이스 포스트-디스패치〉에 실었다. 조지프는 지금까지 신문팔이 소년들이 신문을 팔아온 조건대로 신문을 팔지 않으면 "신문을 인쇄할 종이, 잉크, 인쇄기, 활자, 신문사 업무가 원활히 돌아가게 하는 인력을 유지할 수 없을 것"이라고 지적했다.[19]

조지프는 〈세인트루이스 포스트-디스패치〉가 역경을 딛고 나날이 성장하는 모습을 보며 안도했다. 〈세인트루이스 포스트-디스패치〉는 하이드가 이끄는 〈미주리 리퍼블리컨〉의 판매부수보다 25퍼센트 높은 부수를 자랑하게 되었다. 〈세인트루이스 포스트-디스패치〉보다 더 많은 판매부수를 자랑하는 조간신문은 매컬러프의 〈세인트루이스 글로브-데모크라트〉뿐이었다. 조지프는 그마저도 몇 달 안에 따라잡을 수 있다고 생각했다. 〈세인트루이스 포스트-디스패치〉의 재무담당자는 이 추세대로 판매부수가 계속 늘어난다면 1880년 말에는 8만 5,000달러 이상의 순수익을 올릴 것으로 예상했다.[20]

8월 8일 찰스 존슨이 조지프가 사는 집에 들렀다. 조지프는 주로 아일랜드계 사람들이 모여 사는 선거구의 유력 인사들과 함께 연방 의회로 진출할 계획을 상의하고 있었다. 법조계나 정계로는 들어가지 말라고 조언해온 존슨은 조지프에게 판단 착오라고 충고했다. 그러나 조지프의 귀에 존슨의 충고가 들릴 리 만무했다. 정계에서 한자리하고 싶은 조지프의 열망은 오래된 친구의 충고나 본인의 철학 따위는 싹 무시하고도 남을 만큼 강렬했다.[21]

연방 하원의원 후보로 나설 수만 있다면 악마와도 손잡을 태세를 갖춘 조지프 앞에 진짜 악마가 모습을 드러냈다. 바로 '세인트루이스의 막후 실세' 또는 좀 더 겸손하게 '마을 대장장이'로 알려진 에드 버틀러 Ed Butler의 모습을 하고 말이다. 1838년 아일랜드에서 태어난 버틀러는 조지프가 주 의회 의원으로 선출된 제5선거구에서 대장간을 열었다. 사업을 시작하고 얼마 지나지 않아 정치에 관여하는 것이 사업에 도움이 된다는 사실을 깨달은 버틀러는 1872년 시장 선거를 열심히 도왔다. 선거가 끝난 뒤 버틀러는 세인트루이스 시 정부가 관리하는 말의 말발굽을 독점 공급하다가 나중에는 세인트루이스에서 마차를 끄는 모든 말의 말발굽을 독점 공급하게 되었다. 에드 버틀러를 달가워하지 않는 사람들은 버틀러가 이끄는 막강한 조직을 "다크 랜턴"이라고 불렀다.[22]

뒷거래 공식은 간단했다. 경선에 출마하는 후보가 공천 헌금을 내면 버틀러는 그 후보의 민주당 후보 공천을 보장하는 식이었다. 이런 뒷거래는 〈세인트루이스 포스트-디스패치〉가 맹렬하게 비판해온 바로 그런 종류의 부정부패였지만 조지프는 결국 6,000달러에서 1만 달러의 공천 헌금을 지불하고 말았다. 그만한 가치가 있는 돈이었다. 제2선거구는 민주당 일색이었으므로 공천만 받으면 선거 승리는 떼어 놓은 당상이나 다름없었다.[23]

버틀러에게 돈을 건넨 조지프는 제2선거구에서 후보 공천을 받아 연방 하원에 입성하게 될 것이라고 철석같이 믿었다. 본인의 선거 문제에 대해 안심할 수 있게 된 조지프는 민주당이 백악관을 탈환할 수 있도록 대통령 선거에만 온 힘을 쏟기로 마음먹고 1872년과 1876년에 그랬던 것처럼 인디애나 주로 발걸음을 옮겼다. 인디애나 주의 15표와 뉴욕의 30표가 선거를 좌지우지할 것이라는 의견이 지배적이었다. 게다가 인디애나 주는 10월에 주지사 선거를 치르는 주였기 때문에 그 정치적 중요성이 더 컸다. 인디애나 주 주지사 선거에서 민주당이 승리한다면 한 달 뒤 치러지는 대통령 선거까지 그 여세를 몰아갈 수 있을 터였다. 조지프는 부통령 후보 잉글리시에게 이런 편지를 보냈다. "우리는 모두 인디애나 주가 '진짜' 싸움터라고 생각하고 있다."[24]

슈르츠가 인디애나폴리스에서 공화당 유세 연설을 성공리에 마쳤기 때문에 조지프도 인디애나폴리스에서 낭독할 연설문에 각별한 공을 들였다. 이런 의미에서 인디애나폴리스 유세 연설은 조지프가 자신의 정신적 지주였던 인물과 간접적으로 설전을 벌였던 1876년 선거 운동을 재현한 셈이었다. 그 4년 사이 달라진 점이 있다면 조지프가 신문사 발행인이 되었다는 점과 조지프의 명성이 슈르츠의 명성 못지않게 되었다는 것이었다. 민주당 성향의 신문은 조지프를 '가장 영향력 있는 신문의' 편집자라고 소개했고 공화당 성향의 신문은 조지프를 '끔찍한 인간이라고 표현했다. 그러나 조지프를 '독일인 연설가'라고 부르는 신문은 더 이상 없었다.

조지프는 자신의 변모된 모습에 만족했다. 조지프는 인디애나폴리스의 유세 연설을 조직하는 사람들에게 영어로 연설하겠다고 말했다. 만일 꼭 필요하다면 독일어로 다시 한 번 연설할 수도 있었다. "영어나 독일어나 나에게는 별 차이가 없었다. 오히려 영어로만 연설하는 것을 원칙으로 삼았다. 독일인들에게조차 영어 연설이 더 효과적이라는 사실을 알고 있기 때문이었다."[25]

8월 14일 저녁 조지프는 주로 정치 행사장으로 활용되는 인디애나폴리스 위그웜Indianapolis Wigwam에 모인 사람들 앞에 모습을 드러냈다. 조지프는 거의 한 시간에 걸쳐 공화당의 선동 정치와 중앙집권정치를 비판했다. 이날 조지프는 평소와는 다르게 개인적인 감정을 섞어 연설했다. 조지프는 '도와주는 일가친척이나 친구도 없고, 머물 집도 없고, 영어도 못 하는 상태에서' 미국에 오게 된 경위와 제국 신민에서 미국 시민으로 거듭나게 된 과정을 설명하면서, 자신이 미국 태생의 정치인들보다 위기를 감지하는 능력이 더 탁월하다고 말했다. "저는 미국 시민이 되어 기쁩니다. 지금까지 미국인으로서의 신념을 지켜왔듯이 앞으로도 지켜갈 것입니다."[26]

조지프는 정치인, 신문발행인, 연설가의 자격으로 미국 상류층과 상류층의 뜻대로만 움직이는 각급 의원들을 향해 직격탄을 날렸다. 연설자도 청중도 숨조차 쉴 수 없을 만큼 속사포처럼 쏟아지는 공격이었다. "단 한 명의 시민이 1만 2,874킬로미터에 달하는 철도를 통제하는 나라가 어디에 있습니까? 그것도 대부분 정부 보조금을 받아 지은 철도를 말입니다. 무려 4,700만 달러의 정부 채권이 단 한 명의 시민 손에 들어가 있고 백악관에서 개최한 만찬에 수백만 달러짜리 다이아몬드로 치장하고 나타나는 여성이 있는 나라는 어디입니까? 돈의 힘을 휘두르는 막강한 자본가들과 특권층, 철도·전신·은행·제조업 등을 독점하는 기업을 정부가 나서서 보호하고 격려하는 나라는 또 어디에 있습니까? (…) 여러분, 미국은 현재 제정이나 다름없습니다. 바로 우리가 맞서 싸워 전복시켜야 하는 존재입니다. 대중에 의해 운영되는 진정한 의미의 자치정부를 복원하고 재수립하는 일이야말로 우리 시대의 간곡한 요청이자 민주주의의 책무입니다."

조지프는 일반적인 쟁점이던 관세개편이나 행정개혁 문제를 가지고 선거 유세에 나서지 않았다. 오히려 조지프는 점점 커져가는 미국의 막대한 부가 정치적 자유를 위험에 빠뜨릴 것이라고 주장했다. 산업화에 힘입어 부를 축적한 부유층은 정부를 통제해 자신들의 이익을 지키는 데만 급급했다. "번영은 바람직한 것입니다. 그러나 자유와 진정한 의미의 자치정부를 희생시켜서는 안 될 것입니다. 그러므로 지금처럼 백만장자들이 자기 마음대로 정부를 구성하게 내버려두지 맙시다. 정부는 수백만 명의 의지로 구성되어야 하는 존재입니다."

9월 조지프는 대통령 선거 지원을 잠시 뒤로 미루고 자신의 연방 하원의원 출마 문제에 집중했다. 신문발행인으로 성공하면 대부분의 사람들은 그것으로 만족하겠지만 조지프는 정치인으로서도 성공하고 싶다는 꿈을 버리지 못했다. 조지프는 한창 왕성하게 성장하던 시기에 카를 슈르츠가 상원의원이 되어 존경과 칭찬을 한몸에 받으며 성공하는 모습을 지켜보면서 꿈을 키웠다. 조지프처럼 자의식이 강하고 남을 통제하려는 욕망이 강한 사람에게는 정치가 위험하지만 도저히 뿌리칠 수 없는 매력을 지닌 세이렌siren(노랫소리로 사람을 홀린 그리스 신화의 요정-옮긴이)이 아닐 수 없었다. 게다가 유권자들로부터 거부당하는 수모를 겪은 뒤로는 반드시 재기에 성공해 그 상처를 씻고야 말겠다는 결연한 의지마저 생기고 말았다.

경선 날짜가 다가올수록 조지프와 하이드 사이에 흐르는 긴장이 고조되었다. 모벌리 전당대회에서 맛본 쓰디쓴 패배를 잊지 않은 하이드는 한번 싸워보지도 않고 순순히 조지프에게 연방 하원의원 자리를 내어줄 생각이 없었다. 하이드와 하이드가 편집자로 일하는 〈미주리 리퍼블리컨〉 발행인 찰스 냅Charles Knapp은 조지프가 연방 하원의원 후보가 되지 못하게 막을 계획을 세웠다. 두 사람은 연방 상원의원이 되려는 아이언 마운틴 철도 사장 토머스 앨런을 설득해 연방 하원의원 후보로 출마하게 만들었다. 한때 조지프의 동생 앨버트에게 자녀의 독일어 교육을 맡기기도 했던 앨런은 〈세인트루이스 포스트-디스패치〉와 조지프를 경멸했다.

조지프가 앨런을 어떻게 생각할지는 불 보듯 뻔했다. 1879년 앨런이 연방 상원의원에 도전하자 조지프의 사설이 불을 뿜었다. 조지프는 앨런을 자본의 앞잡이라고 공격하면서 앨런이 연방 상원의원에 당선되면 철도회사들이 이 나라를 지배하게 될 것이라고 주장했다. "정신병원에 입원하지 않은 멀쩡한 정신의 소유자라면 톰 앨런이 부자와 철도업계가 아니라 무일푼의 빈민을 대변한다는 말을 어찌 믿겠는가?"[27]

앨런이 연방 하원의원 후보 경선에 뛰어들자 다른 후보들은 사퇴했다. 결국 신문발행인과 철도업계 거물만이 경선에 참여하게 되었다. 조지프는 사설에서 이렇게 전했다. "앨런은 순전히 〈세인트루이스 포스트-디스패치〉를 미워하고 질투하며 앙심을 품은 냅과 그 일당의 사주로 연방 하원의원 경선에 출마한 것이다. 이번 경선은 〈미주리 리퍼블리컨〉 사무실에 우글거리는 독재적인 정치 해적 일당을 소탕할 좋은 기회다."[28]

하이드는 조지프가 〈세인트루이스 포스트-디스패치〉를 이용해 사람들을 선동하고 아무리 심한 중상모략을 한다 해도 앨런의 공천을 막지 못할 것이라고 응수했다. "앨런 씨가 연방 하원의원 경선에 참여한다고 선언한 순간부터 〈세인트루이스 포스트-디스패치〉는 진흙 덩이를 던지기 시작했다. 그러나 그 진흙 덩이에 피해를 입을 사람은 퓰리처 본인이다. 퓰리처가 던진 진흙 덩이는 고스란히 본인에게 떨어져 지워지지 않는 오점을 남길 것이다."[29]

하이드는 각 선거구에서 가장 부유하고 가장 영향력 있는 사람들을 설득해 경선에서 투표하는 대의원, 경선 참관인, 경선 사무원으로 나서게 했다. 그들은 힘을 모아 버틀러와 버틀러가 이끄는 조직 '다크 랜턴'에 경제적 압력을 행사했다. 마차 말발굽 독점 공급권을 빼앗겠다고 으름장을 놓은 것이다. 그들의 계획은 먹혔다. 경선 전날 밤 버틀러는 조직원들에게 앨런에게 투표하라고 지시했다.

〈미주리 리퍼블리컨〉은 승리를 확신하며 경선 당일 아침을 맞았다. 그날의 연방 하원의원 경선에서는 올바른 것이 하나도 없어서 마치 《이상한 나라의 앨리스Alice in Wonderland》의 한 장을 읽는 느낌이었다. 모든 것이 거꾸로 뒤집어졌다. 철도업계 거물로서 세인트루이스의 지배층을 대변해온 앨런은 개혁의 기수가 되었고, 참호 속에서 안전하게 자신의 이익을 지키는 자들의 진정한 적인 조지프는 더러운 뒷거래에 연루된 부정부패의 화신이 되었다. 〈미주리 리퍼블리컨〉은 유권자들에게 다음과 같이 촉구했다. "오늘 열리는 민주당 연방 하원의원 경선장에서 퓰리처를 파묻어버립시다." 그리고 실제로 그렇게 되었다. 앨런이 4,274표를 얻는 동안 조지프는 721표를 얻는 데 그쳤다. 버틀러가 좌지우지하는 선거구에서 조지프는 단 한 표도 얻지 못했다. 그날 존슨은 일기에 이렇게 적었다. "버틀러가 퓰리처를 팔아넘겼다."[30]

1870년에는 순전히 상대 정당 후보 때문에 조지프가 주 하원의원 당선에 실패했다. 그러나 오늘은 자신이 속한 당에서 버림받았다. 조지프의 자의식이 강하다는 점과 자신이 사회에서 중요한 인물로 자리매김하고 있다는 인식이 커지고 있었다는 점을 감안하면 조지프는 경선 패배라는 충격적인 결과를 비교적 담담하게 받아들였다. 그런 조지프의 모습에 깊은 인상을 받은 존슨은 그날의 일기에 이렇게 기록했다. "퓰리처는 내가 생각했던 것보다 훨씬 차분하게 경선 패배를 받아들였다."

경선 다음 날 조지프는 독자들에게 이렇게 선언했다. "과거는 과거다. 돌아볼 이유가 없다. 과거가 아니라 미래만을 바라보고 생각하지." 민주당원은 연방 하원의원 후보로 앨런을 선택했다. "다음 질문은 앨런이 연방 하원의원에 당선될 것인가 하는 것이다. 그리고 우리는 앨런의 '당선!'을 확신한다."[31]

하원의원 경선을 마친 조지프는 지체하지 않고 대통령 후보 선거 유세 현장으로 돌아갔다. 그 무렵 케이트는 출산을 코앞에 두고 있었다. 1880년 10월 3일에 조지프가 떠나고 며칠 뒤 케이트는 둘째 아이를 낳았고 루실 어머Lucille Irma라는 이름을 붙여주었다. 아버지라는 사람은 몇 주가 지나도록 새로 태어난 자신의 아이를 들여다보지도 않았다. 조지프에게 선거보다 더 중요한 일은 세상에 없었다. 둘째 아이가 태어날 당시 조지프는 뉴욕에서 열린 민주당 집행위원회에 참석한 뒤 유세 연설을 하러 오하이오 주로 이동할 예정이었다. 민주당의 본거지 뉴욕에서 조지프는 민주당원들의 뜨거운 열정을 몸소 체험했다. 조지프는 어느 기자와의 인터뷰에서 이렇게 말했다. "인디애나 주는 분명 민주당 편입니다. 의심의 여지가 없습니다."[32]

기자가 반문했다. "하지만 들리는 소문에 따르면 공화당이 인디애나 주에 엄청난 자금을 투입할 예정이라는데요?"

"그 점도 감안했습니다. 하지만 각 주의 표를 두고 다투는 대통령 선거의 그늘에서 이뤄진 자금 지원 약속 하나 때문에 유권자들이 마음이 바뀔 것이라고 생각하지는 않습니다."

민주당 지도급 인사들과의 회동을 마친 조지프는 다시 유세에 나섰다. 먼저 보스턴에 들른 조지프는 다시 인디애나 주와 오하이오 주로 신속하게 이동했다. 조지프는 만나는 사람들 모두에게 승리를 자신했다. 조지프는 어느 기자와의 인터뷰에서 이렇게 말했다. "당장 내일 선거를 치른다 해도 오하이오 주는 민주당 편에 설 것입니다." 그러나 조지프는 선거의 승패가 인디애나 주에 달려 있다고 생각했다. "인디애나 주를 차지하는 당이 대통령 선거에서도 승리할 것이라는 점은 모두가 주지하는 바입니다."[33]

오하이오 주와 인디애나 주에서 본격적인 유세 연설에 들어가기에 앞서 중요한 연설 계획이 잡혀 있었다. 10월 7일 조지프는 오하이오 주 클리블랜드 메모리얼 파크Memorial Park에서 열리는 대규모 민주당 행사에 연사로 초청받았다. 참석자 대부분은 독일계였다. 조지프는 부유층만을 옹호하는 공화당의 행태를 비판했다. 조지프는 청중의 대다수를 차지하는 독일인들에게 단 하나의 계급이 정부를 지배하는 나라를 탈출하지 않았느냐고 반문했다. 지배계급은 미국도 그들이 떠나온 유럽의 나라들과 같은 모양으로 변모시킬 터였다. 이번 선거에 참여해 그런 움직임을 반드시 저지해야 했다. 지배계급은 기업, 은행, 철도 연합체를 구성해 정부를 후원하고 그 대가로 공직을 독점하면서 미국을 지배했다. "블레인 일당The Blaines, 콩클링 일당Conklings, 셔먼 일당Shermans, 그 밖의 여러 일당들은 전용 열차를 타고 다닙니다. 우리 같은 일반인들과는 다르죠. 월스트리트에서 모은 자금과 보스턴, 뉴잉글랜드, 필라델피아의 자본가들이 모은 자금은 수백만 달러까지는 아니더라도 수십만 달러는 족히 됩니다. 무엇을 위한 돈입니까? 바로 선거를 부정부패로 물들여 변화를 가로막는 데 쓰일 자금입니다."[34]

엄청난 수의 사람들이 모였고 열기도 대단했지만 조지프는 민주당이 오하이오 주와 인디애나 주라는 두 핵심 주에서 패배할 것임을 예감했다. 며칠 뒤 치러진 선거에서 공화당은 민주당을 오하이오 주에서 크게 이겼고 인디애나 주에서 가까스로 이겼다. 민주당의 백악관 진출 전망은 다시 멀어졌다. 부정적인 결과를 예감했음에도 조지프는 뉴욕으로 이동해 선거 유세 활동을 이어갔다. 5번로에 위치한 치커링홀Chickering Hall에서 유세 연설에 나선 조지프는 지배계급과 대립각을 세우며 대중주의적 주제를 다시 한 번 부각시켰다. "이 나라가 위험합니다. 아래로부터의 위험이 아니라 위로부터의 위험입니다. 분리가 불러온 위험이 아니라 중앙집권과 재정이 불러온 위험입니다. 사무실을 가지고 특권을 휘두르는 10만 명의 기업가들이 몰고 온 위험입니다."[35]

그러나 언론인 조지프는 자신의 예감을 솔직하게 전했다. 조지프는 〈세인트루이스 포스트-디스패치〉에 행콕의 당선 가도에 먹구름이 끼었다는 내용의 기명 기사를 실었다. 조지프가 공화당 후보 가필드의 승리를 점치자 민주당 성향의 신문들은 격분했다. 그런 예측은 마지막 타자가 아웃되기 전에는 '무안타 경기'를 선언할 수 없도록 금지한 야구 규칙을 깨는 것과 다름없는 짓이었다.[36]

선거일이 밝았다. 조지프의 예감이 틀리지 않았다는 사실을 눈으로 확인하기까지는 그리 오래 걸리지 않았다. 일반투표에서는 민주당과 공화당 모두 48.3퍼센트를 얻어 사실상 동률을 이뤘다. 나머지 표는 제3당 후보가 가져갔다. 그러나 선거인단은 가필드에게 표를 몰아주었다. 인디애나 주와 오하이오 주가 공화당에 표를 던진 가운데, 뉴욕이 핵심 지역으로 부상했다. 뉴욕에서 몇천 표, 정확히는 5,517표가 행콕에게 돌아갔다면 민주당이 승리할 수도 있는 상황이었다. 선거지형도에 집착하다시피 한 조지프에게 이번 선거는 많은 교훈을 남겼다. 오랫동안 백악관을 꿈꿔온 민주당이 그 갈증을 해소하려면 반드시 뉴욕을 차지해야했다.[37]

그리고 그것은 뉴욕의 신문사를 소유하고 싶다는 자신의 꿈을 반드시, 그리고 되도록 빠른 시간 안에 이뤄야 할 새로운 명분이 되었다.

15장

작은 우물 세인트루이스

1881년 초 조지프는 세인트루이스 필그림 회중교회St. Louis Pilgrim Congressional Church에서 매시간 울리는 종소리를 들으며 잠 못 이루는 밤을 보냈다. 세인트루이스 필그림 회중교회에 설치된 여러 개의 종은 미국에서 서너 손가락 안에 꼽히는 큰 규모를 자랑했기 때문에 세인트루이스 어디에서나 쉽게 종소리를 들을 수 있었다. 조지프는 아침이 밝기까지 남은 시간을 계산할 수 있어서 종소리를 좋아했다. 하루도 거르지 않고 신문을 만들어내는 일은 길고도 고된 작업이었고 꾸준히 늘어가는 독자는 조지프에게 엄청난 노력을 요구했다. 성공을 눈앞에 두었지만 조지프는 도무지 잠을 이룰 수 없었다. 〈세인트루이스 포스트-디스패치〉가 망할까 봐 걱정해서가 아니었다. 오히려 조지프는 〈세인트루이스 포스트-디스패치〉의 문을 닫지 못할까 봐 걱정되어 불면증에 걸린 사람 같

았다.[1]

〈세인트루이스 포스트-디스패치〉와 조지프 개인의 재정 상태는 안정적이었다. 〈세인트루이스 포스트-디스패치〉의 순수익은 다달이 늘어나고 있었고 조지프는 4,000달러를 본인 몫의 한 달 봉급으로 가져갔다. 같은 동네에 사는 지배층 이웃들의 소득보다 높은 수준이었다. 그해 봄 조지프가 직면한 유일한 사업적 위기도 그리 대단한 것은 아니었다. 세인트루이스 인쇄노동조합은 〈세인트루이스 포스트-디스패치〉의 식자공과 인쇄공을 대표해 고용 관련 문제를 협상하려 했다. 〈세인트루이스 글로브-데모크라트〉는 이미 그렇게 하고 있었다. 지식인 조지프는 노동운동의 목적에 동의했지만 사업가 조지프는 달랐다. 타인의 행동에 대해 논평하는 사설을 쓰는 일과 신문사를 경영하는 일은 별개의 문제였다. 조지프는 〈세인트루이스 포스트-디스패치〉에 대한 자신의 통제권에 도전하는 세력을 용납하지 않았다.[2]

몇몇 인쇄공이 조지프를 만나려 했다. 자신들의 요구를 들어주지 않으면 파업하겠다고 협박할 생각이었다. 그러나 조지프가 세인트루이스에 없었으므로 인쇄공들과 조지프의 만남은 성사되지 않았다. 조지프가 세인트루이스로 돌아온 뒤에도 그런 일은 벌어지지 않았다. 〈세인트루이스 포스트-디스패치〉 경영부서에서 그 인쇄공들을 해고했기 때문이었다. 조지프는 이렇게 선언했다. "〈세인트루이스 포스트-디스패치〉는 누구를 고용하고 누구를 고용하지 않을지에 대한 조언을 거부한다. 식자법이나 인쇄법에 대한 가르침도 사절이다. 도제를 몇 명 고용해 훈련을 시킬지에 대한 간섭도 사양한다." 조지프는 노동자들에게도 조직을 만들 권리가 있다는 사실을 시인했다. "그러나 사업체의 내부 문제를 관리할 권리, 즉 고용과 해고, 언제 누구를 어떤 업무에 투입할지 등의 문제를 결정할 권리는 전적으로 소유주의 권한이다." 간단히 말해 개인으로서의 조지프는 민주주의자였지만 기업체 사장으로서의 조지프는 가부장적인 폭군이었다.[3]

그렇다고 〈세인트루이스 포스트-디스패치〉 근로자들의 처우가 형편없었던 것은 아니었다. 사실 1881년 이뤄진 인쇄노동조합운동은 〈세인트루이스 포스트-디스패치〉의 식자공 대부분이 근무 조건이 좋고 고용주에게 불만이 없다는 내용의 문서에 서명하는 바람에 무산되고 말았다. 〈세인트루이스 포스트-디스패치〉는 다른 신문에 비해 급여 수준이 높았다. 휴가도 보내주었고 두둑한 성과급도 수시로 지급했다. 덕분에 회사에 대한 직원들의 충성도는 높은 편이었다. 직원들의 생일이나 결혼식 같은 경조사에 선물을 보내주기도 했다. 매년 크리스마스에는 직원들의 집으로 칠면조를 보냈고 신문팔이 소년들을 초대해 상다리가 부러지도록 푸짐한 저녁식사를 대접했다.

조지프는 직원에게 괜스레 좋은 대우를 하는 것이 아니라고 주장했다. "능력 있는 직원이 없으면 업무가 제대로 돌아갈 리 없다. 업무가 제대로 돌아가지 않으면 회사가 번창할 수 없다." 또한 개인으로서의 조지프는 인심이 후했다. 부유해진 뒤에는 웬만한 금전적 요청은 거절하지 않았다. 자신에게 충성을 다한 직원이 사망하자 조지프는 다달이 그의 미망인에게 남몰래 수표를 보내주었다. 아버지가 돌아가신 뒤 가난으로 고생해야 했던 자신의 어머니가 떠올랐던 것이다.[4]

인쇄공들이 만나러 왔을 때 조지프가 세인트루이스에 없었다는 사실은 그리 놀라운 일이 아니었다. 1880년 대통령 선거를 치르는 동안 조지프는 〈세인트루이스 포스트-디스패치〉의 편집 업무에서 손을 뗀 채 주로 동부에서 시간을 보냈다. 세인트루이스에서 아무리 크게 성공하더라도 미국 언론과 정치의 중심은 역시 뉴욕이었다. 조지프는 뉴욕에서 신문사를 운영하고 싶었다.

극장, 음악당, 박물관, 은행, 기업, 백만장자를 두루 갖춘 뉴욕은 미국에서 중요하게 여겨지는 모든 것의 수도였다. 습지인 워싱턴 D.C.에는 정부가 자리 잡고 있었지만 그곳은 여전히 시골스러웠다. 누가 뭐라 해도 미국 정치의 중심지는 뉴욕이었다. 언론계도 마찬가지였다. 파크 로는 미국의 기자와 편집자라면 누구나 가고 싶어 하는 꿈의 거리였다. 불과 몇 블록밖에 되지 않는 공간에 세계의 어느 지역보다도 많은 신문사가 옹기종기 모여 있었다. 파크 로에 포진한 신문사들의 사무실은 널찍했고 판매부수도 대단했다. 게다가 방대한 기사를 수집하는 능력은 이곳에 있는 신문사를 제외한 나머지 모든 신문사들을 초라한 시골 신문으로 보이게 만들었다.

그러나 지난 몇 년 사이 뉴욕의 파크 로에도 변화의 바람이 거세게 일었다. 널리 알려진 신문사를 설립한 거물 언론인들이 줄줄이 세상을 떠난 것이다. 〈뉴욕 트리뷴〉의 호러스 그릴리, 〈뉴욕 헤럴드〉의 제임스 고든 베넷 1세, 〈뉴욕 타임스〉의 헨리 레이먼드Henry J. Raymond가 저세상으로 가고 〈뉴욕 선〉의 찰스 데이나, 〈뉴욕 이브닝 포스트New York Evening Post〉의 에드윈 로렌스 고드킨Edwin Lawrence Godkin이 그들을 대신해 파크

로를 이끄는 새 지도자로 부상했다. 그러나 새 지도자들은 실권 없는 관리자처럼 보였다. 오히려 뉴욕 외의 다른 도시들을 중심으로 신념에 헌신하는 참신한 독립신문이라는 새로운 언론 질서가 수립되고 있었다. 그들은 다른 지역에서 시사회를 하면서 문제점을 수정해나감으로써 브로드웨이에 입성할 기회를 호시탐탐 엿보는 극단 같았다.

조지프는 대니얼 하우저에게 자신이 인수할 신문사를 물색하기 위한 뉴욕 출장에 동행해달라고 부탁했다. 〈세인트루이스 글로브-데모크라트〉 소유주 가운데 한 사람인 하우저는 몇 년 전 조지프가 〈세인트루이스 디스패치〉를 인수할 때 함께 머리를 맞대고 계획을 수립했던 친구였다. 두 사람은 1881년 6월 19일 뉴욕에 도착해 피프스애비뉴 호텔에 여장을 풀었다.[5]

파크 로를 전부 돌아봤지만 매물로 나온 주요 신문사는 하나도 없었다. 조지프가 인수할 수 있는 신문은 〈트루스Truth〉라는 일간지 하나뿐이었다. 1879년 창간한 〈트루스〉는 저속함을 넘나드는 가벼운 문체로 큰 인기를 누리면서 짧은 시간 안에 판매부수가 10만 부를 넘는 기염을 토했다. 그러나 최근 경영난에 빠지면서 시장에 나오게 되었다. 조지프는 내키지 않는 마음으로 5만 달러를 제시했지만 거절당했다. 새로운 신문을 창간하는 것이 낫겠다고 판단한 조지프는 하우저에게 투자할 의향이 있는지 물었다. 하우저는 이렇게 회고했다. "나 같은 경우 〈세인트루이스 글로브-데모크라트〉와 긴밀한 협력 관계에 있기 때문에 만에 하나 내가 뉴욕으로 진출한다면 민주당 성향의 신문을 만들 수밖에 없을 것이다. 하지만 세인트루이스에서 공화당 성향의 신문을 창간할 수 없는 것처럼 뉴욕에서 민주당 성향의 신문을 창간하는 것도 어려운 일이라고 말해주었다. 그리고 신문을 창간하는 것보다는 사무실과 알려진 이름과 사업권을 가진 기존의 신문을 인수하는 것이 낫다고 충고해주었다."[6]

세인트루이스로 돌아가기 싫어서 골머리를 썩이던 조지프에게 1881년 여름을 동부에서 보낼 구실이 생겼다. 조지프는 로스코 콩클링 Roscoe Conkling 연방 상원의원 관련 기사를 취재해 〈세인트루이스 포스트-디스패치〉로 보내기 위해 잽싸게 올버니 Albany로 달려갔다. 콩클링 연방 상원의원은 제임스 가필드 대통령을 후원했지만, 가필드 대통령이 자신이 추천한 사람에게 공직을 배려해주지 않자 이에 반발하여 사임을 선언했다.

이 사건은 찰스 기토 Charles Guiteau가 대통령에게 두 발의 총알을 꽂아넣으면서 최고조에 달했다. 공직을 얻지 못해 크게 낙심한 찰스 기토는 자신을 콩클링 상원의원의 열혈 추종자라고 소개했지만 그 주장의 진위 여부는 분명하지 않았다. 그해 여름 내내 여러 명의 의사들이 총상을 입은 대통령의 목숨을 구하기 위해 고군분투했다.[7]

9월이 되자 가필드 대통령은 뉴저지 주 롱브랜치의 해안 마을 중 한 곳인 엘버런 Elberon으로 거처를 옮겼다. 신선한 바닷바람이 대통령의 회복에 도움이 될 것이라는 주치의들의 충고에 따른 조치였다. 조지프는 대통령의 요양 과정을 취재하려는 기자들 틈에 끼어 웨스트엔드 호텔 West End Hotel에 여장을 풀었다. 의사들은 연일 낙관적인 의견을 공식 발표했지만 조지프는 회의적이었다. 공식 발표가 미심쩍다는 느낌을 받은 기자들도 있었지만 소속 신문사에 매인 일개 기자 주제에 함부로 추측성 기사를 쓸 수도 없는 노릇이었다. 따라서 대부분 기자들은 대통령 주치의들이 발표하는 공식 내용을 그대로 받아쓴 기사를 신문사로 보냈다. 〈시카고 트리뷴〉은 "대통령의 병세 크게 회복"이라는 제목이 달린 기사를, 〈워싱턴 포스트〉는 "대통령, 회복세에 접어들어"라는 제목이 달린 기사를 내보냈다.[8]

　　전보를 보낼 차례가 되자 조지프는 훨씬 비관적인 기사를 타자수에게 내밀었다. "공식 발표가 믿을 만한 것이 못 된다는 사실을 아는 사람이 별로 많지 않다. 공식 발표에 따르면 나쁜 징후는 하나도 없다. 긍정적인 측면만 지나치게 부각되었다." 웨스턴유니언Western Union 전신 회사가 밀려드는 전신 수요를 감당하기 위해 고용한 여덟 명의 타자수 중 조지프의 기사를 받아든 타자수는 자신이 전송해야 할 기사 내용에 깊은 인상을 받았다. 그는 이렇게 회고했다. "퓰리처 씨의 기사는 항상 '근사'했다. 최초로 들고 온 기사의 첫 문장에서 이미 가필드 대통령의 사망을 짐작한 퓰리처 씨는 대통령의 현재 상태를 거짓으로 발표한 의사들을 여러 차례 비판했다."[9]

　　가필드 대통령이 롱브랜치에서 지낸 지 두 번째 주가 시작되자 대통령의 건강에 관련된 불길한 소문이 나돌기 시작했다. 그렇지만 대부분의 기자들은 계속 정반대되는 내용의 기사를 작성했다. 대부분 기자들은 대통령이 회복세에 있다는 의사들의 말을 철석같이 믿었다. 반대 내용을 내보내는 기사는 선정주의로 치부되었다. 일부 예민한 기자들은 떠도는 소문을 기사에 싣기도 했다. 조지프는 가필드 대통령의 상태가 악화일로에 있다는 주장을 굽히지 않았다. "지난주에도 말했듯 대통령의 병세는 악화일로에 있다. 기력이 조금씩 소진되고 있기 때문에 죽는 것은 시간문제일 뿐이다. 문제는 오염된 혈액이다." 조지프는 의사들이 거짓말을 하고 있다고 전했다. 조지프는 대통령이 패혈증에 시달리고 있다고 확신했다. 패혈증은 항생제가 세상에 등장하기 전 사망 원인의 대다수를 차지했던 병명이었다.[10]

9월 15일 대통령 주치의들은 가필드 대통령이 농혈 또는 패혈증에 걸렸다는 사실을 시인했다. 이 소식을 도저히 믿을 수 없었던 〈워싱턴 포스트〉와 〈뉴욕 타임스〉를 비롯한 여러 신문들은 그 내용을 기사화하지 않았지만 조지프는 당당하게 전신국으로 달려가 〈세인트루이스 포스트-디스패치〉에 기사를 송고했다. "이미 일주일 전 전한 바 있고 다시 한 번 강조한 바 있듯이 대통령의 건강은 좋지 않다. 의사들의 공식 발표는 거짓이었고 그것을 그대로 받아쓴 기사도 거짓이다. 그들은 며칠이고 몇 주고 몇 달이고 엄연한 사실을 부정할 태세다."[11]

이제는 낙관론보다 비관론이 대세를 이뤘다. 앞서 내보낸 기사를 정정해야 했던 〈뉴욕 타임스〉는 기자조차도 새로 밝혀진 사실을 접하고 나서 깜짝 놀랐다고 전했다. 〈세인트루이스 포스트-디스패치〉는 이번에 새로 공표된 사실로 발행인이 직접 작성한 기사 내용이 진실로 판명되었다며 떠들썩한 자랑을 늘어놓았다. "대통령 주치의인 블리스Bliss 선생도 결국에는 안타까운 진실을 털어놓을 수밖에 없었다. 대통령의 회복을 자신해온 블리스 선생은 지금까지 진실을 은폐해왔다는 사실을 시인했다."[12]

9월 19일 월요일 아침 조지프는 마지막 기사를 송고했다. "모든 희망은 사라졌다. 대통령은 서서히 죽어가고 있다." 그날 밤 부인과 딸이 곁에서 지켜보는 가운데 가필드 대통령이 숨을 거뒀다. 뉴욕에 머물던 체스터 앨런 아서 부통령에게 대통령 서거 소식이 전해졌고 교회 종탑에서는 조종弔鐘이 울렸다. 조지프는 가필드 대통령의 주치의들을 맹렬하게 비난했다. "눈가리개를 한 사람이라도 그들보다는 나은 판단을 했을 것이다."[13]

가필드 대통령의 병세 악화 소식을 전한 조지프의 기사가 나가는 동안 〈세인트루이스 포스트-디스패치〉는 맹렬한 비판에 시달렸다. 대통령이 서거한 다음 날 〈세인트루이스 포스트-디스패치〉는 그동안 쏟아진 비난을 비웃기라도 하듯 스스로를 치켜세우는 기사를 내보냈다. 커크릴은 이렇게 전했다. "〈세인트루이스 포스트-디스패치〉는 '선정주의'라는 비판을 받았다. 대통령의 고통을 성급하게 판단했다는 비난도 받았다. 의사들은 안타까운 사실을 접한 미국인들이 슬퍼할 것을 우려해 거짓 발표를 했지만 〈세인트루이스 포스트-디스패치〉는 속지 않았다. 우리는 발표 뒤에 숨은 진실을 파헤쳤다. (…) 그리고 애석하게도 우리의 예상은 사실로 드러났다."[14]

〈세인트루이스 포스트-디스패치〉의 성공은 더는 참신한 일이 아니었다. 〈세인트루이스 포스트-디스패치〉와 그 발행인은 〈미주리 리퍼블리컨〉이나 〈세인트루이스 글로브-데모크라트〉 같은 안정적인 조간신문과 그 관계자에 버금가는 중요한 존재로 부상했다. 조지프가 롱브랜치에 머물면서 대통령의 안부를 전하는 동안 〈세인트루이스 포스트-디스패치〉의 판매부수는 2만 8,475부까지 치솟았다. 그해 초 평균 발행부수의 3배에 달하는 규모였다.[15]

조지프는 늘어나는 직원들에게 일할 공간을 마련해주고 새로운 인쇄기를 들여놓을 장소를 마련하기 위해 4층 건물을 지었다. 그리고 조지프는 리처드 호가 발명한 최신식 인쇄기를 구입했다. 초고속으로 종이를 자르고 접는 기능 외에도 부수를 세는 장치가 처음 장착된 인쇄기였다. 1878년 이제 막 새 출발을 한 신문발행인 조지프의 주문을 처음 접수한 이후로 호 씨와 뉴욕에 위치한 본사 직원들은 조지프의 이름에 익숙해졌다.

조지프는 〈세인트루이스 포스트-디스패치〉가 재정적으로나 정치적으로 독립적인 신문이라는 사실을 만천하에 알렸다. 최신식 호 인쇄기를 도입한 기념으로 조지프는 이렇게 전했다. "처음부터 〈세인트루이스 포스트-디스패치〉는 절대적으로 독립적인 언론이 되겠다는 원칙과 열정을 가지고 있었습니다. 〈세인트루이스 포스트-디스패치〉는 경제적, 정치적, 개인적, 도덕적으로 완전한 독립신문입니다. 〈세인트루이스 포스트-디스패치〉에는 주인도 없고 친구도 없습니다. 〈세인트루이스 포스트-디스패치〉의 주인은 위대한 대중뿐입니다."[16]

〈세인트루이스 포스트-디스패치〉의 신념에 찬 목표가 중산층 독자들의 충성심을 끌어낸 것은 분명했다. 그러나 성공에는 그만한 대가기 따르는 법이었다. 도시 개혁을 외치는 〈세인트루이스 포스트-디스패치〉의 목소리는 세인트루이스 시의 당파들을 공격해 그들을 멍들고 상처 입은 만신창이로 만들어놓았고 도박과 매춘 같은 불법적인 취미를 쓸어 없애자는 주장은 세인트루이스 시민들이 일상적으로 즐기는 여가 생활을 망쳐놓았다. 지배계급에 대한 지칠 줄 모르는 공격은 권력자들의 마음에 상처를 주었고 도덕적 오만으로 가득한 사설은 〈세인트루이스 포스트-디스패치〉의 사소한 실수까지 들춰내려는 반대파를 양산했다. 나중에는 〈세인트루이스 포스트-디스패치〉의 독자 중에도 그런 사람이 나타나기 시작했다.

그 결과 조지프와 그의 가족들은 사회의 외면을 받았다. 세인트루이스를 방문한 사람들에게는 세인트루이스가 범세계적인 도시처럼 보일지 모르지만 실제로 살아보면 작디작은 허름한 도시일 뿐이었다. 조지프의 친구 스틸슨 허친스는 이렇게 전했다. "세인트루이스는 편견으로 가득했다. 〈미주리 리퍼블리컨〉을 소유한 냅 가문 사람들은 빌어먹을 신문 지면을 이용해 온갖 고상한 척은 다 하면서 자신들이 이용할 수 없거나 자신들 뜻에 따르지 않는 세인트루이스 사람들을 싸잡아 중상모략했다. 그런 괴물로 인해 편견은 더욱 공고해졌다."[17]

조지프에 대한 적대감이 극에 달하면서 조지프가 거리에서 폭행을 당하는 일도 벌어졌다. 3월 말 작은 채찍을 손에 든 건장한 사내가 에커스 식당Ecker's restaurant에서 점심식사를 마치고 나오는 조지프를 막아서더니 채찍을 휘두르려 했다. 조지프가 사내의 멱살을 잡고 그를 던지는 바람에 식당 유리창이 깨지고 말았다. 사내는 조지프를 폭행하려 한 이유에 대한 아무런 단서도 남기지 않은 채 인근 술집으로 몸을 피했다.[18]

케이트는 남편에게 쏟아지는 악평을 견디기 힘들었다. 유서 깊은 가문 출신이었음에도 케이트가 세인트루이스 사회의 지배계급 사람들의 멸시를 받는 일이 잦아졌다. 워싱턴로를 떠나 다른 곳으로 거처를 옮겼지만 고립감을 떨칠 수는 없었다. 케이트의 불행이 깊어갈 무렵 아이들의 건강에도 적신호가 켜졌다. 랠프와 루실은 허약했다. 그중에서도 특히 랠프는 또래에 비해 체구가 작고 허약했으며 천식 및 여러 질병에 시달렸다. 1881년 초 케이트는 다시 임신했지만 대부분의 시간을 홀로 외롭게 보냈다. 조지프가 세인트루이스를 떠나 외부에 머물기라도 하는 날에는 완전히 혼자가 되었다.

1882년 조지프는 동부를 여섯 차례 방문했다. 3월에는 워싱턴에 있는 허친스를 만나, 감옥에 갇혀 사형될 날만을 기다리고 있는 가필드 대통령 저격범을 인터뷰하러 나섰다. 대통령 저격범 찰스 기토는 자신이 쏜 총알 때문에 대통령이 서거한 것이 아니라 조지프가 보도한 대로 주치의들이 무능력해 적절한 처치를 하지 못했기 때문에 서거했다고 주장하며 법정에서 자신을 방어했다.

대통령의 주치의들이 무능력했다는 사실에 대한 견해를 공유했음에도 조지프는 기토를 지극히 혐오했다. 감방에 도착했을 때 조지프의 적대감은 더 커졌다. 사형수가 벌떡 일어나 다음과 같은 말로 조지프를 맞이해 조지프의 마음을 갈가리 찢어놓았기 때문이었다. "안녕하시오, 슈르츠 씨. 이런 곳까지 어쩐 일이시오? 같은 연단에서 연설해서 당신 동생을 잘 알아요. 형제가 정말 많이 닮았구려."[19]

조지프는 혐오스러운 표정을 지으며 허친스 쪽으로 고개를 돌렸고 허친스는 준비가 되었다는 표시로 고개를 끄덕였다. 조지프는 기토가 자신을 슈르츠로 오인하도록 내버려두기로 했다. "내가 슈르츠가 아니라는 사실을 설명하면서 쓸데없이 시간을 낭비하고 싶지 않았다. 그날의 목적은 인터뷰였을 뿐이니까." 조지프와 허친스는 인터뷰를 하고 싶었을지 모르지만 기토는 돈을 벌기 위해 인터뷰에 응했다. 면회 온 사람들은 기토의 사진과 서명을 50달러에 구입해야 했다. 조지프와 허친스도 인터뷰를 시작하기 전에 그의 사진과 서명을 구입했다.

조지프는 이렇게 전했다. "기토는 은행원처럼 능숙하게 현금을 헤아렸다. 그러더니 리본이나 레이스를 판매하는 점원처럼 자신의 모습을 담은 여러 사진의 특징을 설명하기 시작했다." 기토에게서는 뉘우치는 기색을 조금도 찾아볼 수 없었다. 하다못해 기토는 정신도 멀쩡했다. 기토의 행동으로 미국의 지도자가 바뀌었고 야심가 수천 명의 운명이 바뀌었지만 조지프의 눈에는 기토가 여느 기업가나 회사원과 다를 바 없어 보였다. "기토는 양복점 계산대에 서 있으면 딱 알맞을 모습이었다."

인터뷰를 마칠 무렵 조지프의 혐오감은 더 커졌다. 기토가 멀쩡한 사람처럼 보이면 보일수록 기토의 범죄가 더 혐오스럽게 느껴졌다. 감옥을 떠나는 마차 안에서 허친스는 조지프가 '보이지 않는 물과 비누로 자기 손을 계속 씻어내는' 것 같은 느낌을 받았다.

〈세인트루이스 포스트-디스패치〉를 인수해 성공을 거둔 형의 모습에 자극을 받은 앨버트도 자신의 신문사를 운영하기로 마음먹었다. 베넷의 〈뉴욕 헤럴드〉에서 일주일에 45달러를 받는 기자로 일하던 앨버트는 1882년 봄 〈뉴욕 타임스〉에서 일하는 친구에게 자신의 구상을 털어놓았다. 브로드웨이 에쿼터블 빌딩Equitable Building에서 친구를 만난 앨버트는 2만 달러를 모아 뉴욕에서 신문을 창간하려 한다는 계획을 친구에게 밝혔다. 그 말을 들은 친구는 이미 포화 상태인 뉴욕의 신문 시장에서 그렇게 적은 자금으로 새로운 신문을 만드는 일은 지나치게 위험한 발상이라고 조언했다. 앨버트는 호탕하게 웃었다. "하지만 일단 시작했으니 멈출 수 없지. 아무래도 자금을 최대한 많이 확보한 뒤 시작하는 것이 좋겠어."[20]

앨버트는 생기 없는 회색빛 신문들과 대비되는 신문을 만들 생각이었다. 전차와 페리선을 타고 다니는 동안 떠오른 생각이었다. 앨버트는 독자들이 한층 가벼운 신문 기사에 흥미를 보인다는 사실을 깨달았다. "제각기 다른 신문을 읽고 있는 독자들을 관찰하면서 '어떻게 하면 따분하지 않고 생생한 기사, 무겁지 않고 가벼운 기사, 우울하지 않고 기분 좋은 기사만을 담은 새로운 신문을 만들 수 있을까?'라고 스스로에게 물어보곤 했다."

〈뉴욕 헤럴드〉에서 기자 생활을 하는 동안 앨버트는 기존 신문들이 잠재적 독자층 절반을 무시하고 있다고 생각했다. "결국 여성들이 신문 시장을 더욱 풍요롭게 할 것이다. 여성들의 구미에 맞는 신문을 만든다면 큰 시장을 거머쥐는 일도 어렵지 않을 것이다. 아마 돈벼락을 맞고도 남지 않을까 싶다." 앨버트는 세인트루이스에서 가가호호 방문하면서 독일어 잡지를 판매하던 시절을 떠올렸다. 여성들은 일단 자기 마음에 들면 꾸준히 구독하는 경향이 있었다. 앨버트가 생각하는 이상적인 신문에는 여성들의 흥미를 자극하는 기사가 실리게 될 터였다.[21]

앨버트는 이제 부자가 된 형을 찾아가 자금 지원을 요청했다. 조지프 역시 뉴욕의 신문 시장에 진출하기 위해 애썼던 전력이 있었음에도 앨버트가 창간하려는 신문에는 단 한 푼도 투자할 수 없다고 못 박았다. 앨버트는 이렇게 회고했다. "형은 세인트루이스에 몇 년 정도 머물면서 〈세인트루이스 포스트-디스패치〉에서 경험을 쌓아 신문사 경영의 기초라도 배우는 것이 어떻겠냐고 제안했다." 자신보다 먼저 뉴욕의 신문 시장에서 성공해보려고 나선 동생의 모습이 조지프의 자존심을 건드렸던 것이다.

앨버트는 친구들의 우려 섞인 조언이나 형의 비협조에도 아랑곳하지 않고 꿋꿋하게 자금을 모으기 시작했다. 뉴욕에서 투자자를 찾지 못한 앨버트는 1882년 여름 런던으로 건너갔다. 〈뉴욕 헤럴드〉 특파원 자격으로 런던에 왔을 때 앨버트는 재치 있는 언행으로 런던 상류사회의 마음을 사로잡았던 바 있었다. 조지프와 다르게 앨버트는 타고난 낙천가였다. 앨버트에게 홀딱 반한 어느 후작 부인은 이렇게 회고했다. "미국이나 해외에서 앨버트를 알게 된 상류사회 사람들에게는 앨버트에 대한 재미난 일화나 추억이 하나씩은 다 있을 것이다. 서로 다른 사람들의 성격을 포착해 자신에게 최대한 유리하게 이용하는 앨버트의 재능은 타의 추종을 불허했다. 앨버트는 재치 있고 날카로운 말투로 사람들의 마음을 사로잡았다. 앨버트만큼 재미있는 친구는 또 없을 것 같았다."

1882년 8월 앨버트는 2만 5,000달러의 자금을 모아 당당하게 뉴욕으로 돌아왔다. 스프러스 가에 자리 잡은 〈뉴욕 트리뷴〉 사옥 6층에 사무실을 빌린 앨버트는 편집자와 기자를 모집했다. 앨버트의 사무실에서는 〈뉴욕 선〉과 프렌치스 호텔이 내려다보였다. 〈뉴욕 트리뷴〉은 앨버트가 사용하지 않는 인쇄기로 신문을 인쇄해도 좋다고 동의했지만 앨버트의 직원들이 식자실에 출입하는 일은 금지했다. 〈뉴욕 트리뷴〉은 귀중한 AP 기사를 도둑맞을까 봐 염려했던 것이다.

바야흐로 뉴욕에 퓰리처 가문 사람이 운영하는 첫 번째 신문이 탄생할 참이었다.

1882년 가을 조지프와 케이트 부부는 천식에 시달리는 랠프의 건강을 돌보기 위해 세인트루이스를 떠났다. 1월 30일에 태어난 셋째 아이 캐서린 에설Katherine Ethel까지 다섯 식구가 최근 요양지로 각광을 받기 시작한 사우스캐롤라이나 주 에이킨Aiken으로 거처를 옮겼다. 그곳에서 겨울을 보낼 생각이었다. 선거가 있는 해였지만 조지프는 〈세인트루이스 포스트-디스패치〉의 관리를 커크릴의 손에 맡기고 미련 없이 떠났다. 정치 기사를 보는 독자들은 큰 차이를 못 느낄 터였다. 그도 그럴 수밖에 없는 것이, 커크릴이 조지프보다 더 선거에 열광한 상태이기 때문이었다. 오히려 너무 지나쳐서 문제였다.

조지프를 누르고 연방 하원이 되었던 토머스 앨런의 사망으로 공석이 된 연방 하원의원 자리를 채우기 위한 선거가 세인트루이스에서 열렸다. 민주당 지도자들, 특히 〈미주리 리퍼블리컨〉을 소유한 냅 가문 사람들과 편집자 하이드는 조지프의 오랜 친구이자 정치적 동지인 제임스 브로드헤드를 지지했다. 그러나 커크릴이 편집을 맡은 〈세인트루이스 포스트-디스패치〉는 브로드헤드가 가스등 사업을 독점한 기업가들의 편을 들고 세인트루이스에서 제이 굴드Jay Gould의 하수인 노릇을 한다는 이유로 그를 적극적으로 반대했다. 가스등 사업 독점에 관련된 소송에 브로드헤드가 참여한 사실은 실수라고 양해하고 넘어갈 수 있는 일이었지만 굴드와 결탁했다는 사실은 씻을 수 없는 오점이었다.

당시 사회악은 철도였고 철도회사 및 신흥 산업계의 거물 제이 굴드는 악의 화신이었다. 사람들로부터 많은 미움을 받았던 굴드는 개혁의 기치를 높이 든 조지프가 작성하는 사설의 단골손님이었다. 가령 2년 전 뉴욕에 머물 때 굴드가 민주당 성향의 신문 〈뉴욕 월드〉를 인수할 계획이라는 소문을 들은 조지프는 세인트루이스로 돌아와 이렇게 전했다. "위대한 생명력의 화신인 민주당이 흡혈귀나 다름없는 작자의 손에 오염되어서는 안 된다." 소문은 사실이었다. 굴드는 다른 회사의 자산을 인수하는 과정에서 무심코 〈뉴욕 월드〉까지 인수해버렸다.[22]

굴드는 조지프의 단골 악마가 되었다. 조지프는 미주리 주 사람들에게 메피스토펠레스 같은 자본가들의 속성을 경고했다. 1882년 3월 뉴욕에 머물던 조지프는 굴드가 "미주리 주의 주 의회를 장악하고 미주리 주의 모든 철도, 증기선, 제철소를 운영하며 신문사 한두 곳을 포함해 자신이 인수할 수 있는 것은 무엇이든 인수해 미주리 주를 '자기 마음대로 주무를 수 있는 도시'로 만들 음모를 꾸미고 있다"는 기사를 〈세인트루이스 포스트-디스패치〉로 송고했다. 〈세인트루이스 포스트-디스패치〉는 굴드를 '미주리 주의 막후 실세'라고 표현했다.[23]

〈세인트루이스 포스트-디스패치〉가 브로드헤드를 적대시하게 된 이유는 두 가지였다. 브로드헤드는 세인트루이스에서 조지프 최대의 적수인 〈미주리 리퍼블리컨〉이 선택한 후보였고 굴드의 대변인이었다. 브로드헤드가 민주당 연방 하원의원 후보로 공천받자 대부분의 사람들은 2년 전 앨런이 조지프를 눌렀을 때처럼 〈세인트루이스 포스트-디스패치〉가 브로드헤드를 지지하리라고 생각했다. 그러나 싸우기로 마음먹은 커크릴은 물러서지 않고 브로드헤드가 저지른 부정부패를 낱낱이 폭로했다. 브로드헤드가 침묵으로 일관하자 커크릴은 이렇게 전했다. "아마 입이 열 개라도 할 말이 없을 것이다."[24]

커크릴은 브로드헤드의 심기를 건드려 분노를 일으키고자 했지만, 브로드헤드 대신 같은 법무법인에서 동료로 일하는 알론조 슬레이백이 반발하고 나섰다. 슬레이백은 조지프가 민주당에 입당하고 처음 치른 선거에서 조지프를 알게 되어 그 이후로 줄곧 친하게 지낸 친구였다. 슬레이백은 〈세인트루이스 포스트-디스패치〉의 유쾌한 정치 공세를 눈감아주었고 조지프는 그 보답으로 슬레이백을 비판하는 기사는 싣지 않았다. 가령 1년 전 슬레이백과 사이가 좋지 않은 사람이 〈세인트루이스 포스트-디스패치〉에 슬레이백을 겁쟁이라고 비난하는 엽서를 보냈을 때 조지프는 큰 손해를 무릅쓰고 그 편지가 인쇄되지 못하도록 조치했다.

조지프가 세인트루이스를 떠나고 커크릴이 편집을 책임지게 되자 슬레이백은 만나는 사람마다 붙들고 〈세인트루이스 포스트-디스패치〉를 질타하기 시작했다. 9월 말의 어느 저녁 커크릴이 회장을 맡고 있는 엘크스 클럽Elks club에 모습을 드러낸 슬레이백은 커크릴과 〈세인트루이스 포스트-디스패치〉를 대놓고 모욕하기 시작했다. 슬레이백은 커크릴을 공갈과 협박의 대가라고 비난했다. 당시로서는 결투도 불사할 만큼 심한 모욕이었지만 커크릴은 슬레이백을 조곤조곤 설득해 도서관으로 자리를 옮겼다. 심도 깊은 대화를 나눈 두 사람은 서로의 의견 차이를 접고 함께 술잔을 기울였다.

그러나 열흘 정도 지난 뒤 슬레이백은 〈세인트루이스 포스트-디스패치〉가 협박을 일삼는 신문이라고 비난하면서 커크릴에 대한 공격을 재개했다. 공격이 재개되자 심기가 불편해진 커크릴은 과거의 기록을 들춰내 조지프가 겨우 막은 독자 엽서를 인쇄했다. 〈세인트루이스 포스트-디스패치〉가 배포되고 한 시간도 채 지나지 않아 분노한 슬레이백이 또 다른 변호사 윌리엄 클로프턴William Clopton을 대동하고 사무실에 나타났다. 사회부장은 슬레이백이 클로프턴과 함께 기사작성실을 지나 커크릴의 사무실로 들어가는 모습을 별 생각 없이 바라보았다.

당시 커크릴은 경영관리인, 식자실 주임과 사무실에서 회의를 하고 있었다. 책상 위에는 권총이 놓여 있었다. 회의를 마치고 집으로 돌아갈 때 챙겨 갈 생각이었다. 그때 슬레이백이 문을 박차고 들어왔다. 슬레이백이 막아서는 바람에 클로프턴은 들어오지 못하고 문 밖에 서 있었다. 모두가 보는 앞에서 슬레이백이 리볼버를 꺼내들었다.[25]

"그래, 나 여기 있네."라고 말하는 순간 슬레이백의 눈에 커크릴의 권총이 들어왔다. "저걸 나에게 쏠 참인가?"

"오해하지 말게. 집에 갈 때 호신용으로 들고 갈 권총일 뿐이야." 커크릴이 답했다.

"집어 들 생각이면 지금 집어 드는 게 좋을 거야." 슬레이백이 위협적으로 말했다.

그제야 겨우 사무실로 들어온 클로프턴은 두 사람의 언쟁이 육탄전으로 번졌다는 사실을 알게 되었다. 클로프턴이 달려들자 커크릴은 총을 발사했다. 총알은 명중해 슬레이백의 폐 두 개를 모두 관통했다. 슬레이백은 입에 피거품을 문 채 나무 등걸처럼 쓰러졌고 몇 분 지나지 않아 숨을 거뒀다.

커크릴이 슬레이백을 살해했다는 소문이 빠르게 번지면서 〈세인트루이스 포스트-디스패치〉 반대파들이 건물 앞으로 속속 모여들었다. 모여든 군중의 분노는 점차 강해졌다. 세인트루이스 경찰이 출동해 건물 안으로 진입하려는 군중을 겨우 막고 있었다. 그 사이 건물을 몰래 빠져나간 커크릴은 린델 호텔로 가서 오거스틴 총격 사건 때 조지프를 변호했던 조지프의 오랜 친구 찰스 존슨을 불렀다. 그날 밤 커크릴은 존슨을 대동하고 경찰서에 출두했다.

총격 사건 소식이 세인트루이스 전역에 보도되었다. 기자들은 뉴욕에 있는 조지프를 찾아가 인터뷰했다. 조지프는 "세상에서 가장 침착한 사람 중 하나"라면서 커크릴을 강력하게 옹호했다. 조지프는 커크릴이 권총을 소지하고 다니는지도 몰랐다고 말하면서 만일 커크릴이 권총을 소지했다면 그것은 자기방어용이었을 것이라고 덧붙였다. 인터뷰를 마친 조지프는 최대한 빨리 세인트루이스행 열차를 잡아탔다.[26]

세인트루이스에 도착한 조지프는 커크릴이 수감되어 있는 감옥으로 찾아가 커크릴을 위로했다. 조지프는 커크릴에게 무조건 믿는다고 말했다. 조지프는 어지러운 심리 상태를 반영하듯 크고 알아보기 힘든 서체로 단숨에 짧은 사설 하나를 작성했다. 조지프는 독자들에게 경찰과 법원이 판단을 내리기 전까지는 판단을 유보해달라고 부탁했다. 어차피 양측 모두에게 만족스러운 공식 보고서는 있을 수 없었다. 총격을 목격한 양측 증인들에게는 모두 위증할 동기도 있었다. 선거에 출마했을 때 〈세인트루이스 포스트-디스패치〉의 지지를 받았던 기소 검사가 객관성을 유지할 수 있을지도 확실하기 않았다.

슬레이백의 친구 클로프턴은 경찰에 출두해 당시 슬레이백은 무장하지 않았다고 증언했다. 슬레이백의 몸에서 발견된 총은 커크릴의 권총 발사가 정당방위였음을 입증하는 증거였지만 일부 사람들은 누군가가 일부러 슬레이백의 몸에 총을 가져다둔 것이라고 생각했다. 실제로 몇 년 뒤 〈세인트루이스 포스트-디스패치〉 직원 한 명은 커크릴을 돕기 위해 일부러 총을 가져다놓았다고 털어놓기도 했다.

중요한 것은 세인트루이스 시민들이 이 사건을 커크릴의 정당방위라고 생각하느냐 살인이라고 생각하느냐가 아니었다. 세인트루이스 시민들의 찬반입장은 증거가 아니라 〈세인트루이스 포스트-디스패치〉에 대한 태도에 바탕을 둔 것이었다는 점이 중요했다. 중립을 지키는 사람은 거의 없었고 〈세인트루이스 포스트-디스패치〉 반대파는 목소리를 높였다. 어느 여성은 아들에게 이런 내용의 편지를 보냈다. "이 사건으로 그 말썽 많은 신문사를 끝장낼 수만 있다면 그 희생은 가치 있는 희생이다."[27]

10월 18일 한때 커크릴의 상관으로 함께 일했던 〈세인트루이스 글로브-데모크라트〉 편집자 매컬러프는 조지프와 함께 판사를 만나 커크릴의 보석 보증금으로 1만 달러를 내겠다고 제안했다. 총격 사건이 정당방위인지 살인인지를 결정하기 위한 대배심이 열렸다. 조지프는 커크릴의 석방을 자신할 수 없었다. 조지프의 적들, 그중에서도 특히 〈미주리 리퍼블리컨〉 측 사람들은 슬레이백의 사망은 〈세인트루이스 포스트-디스패치〉의 선정적인 보도관행 탓이라며 조지프와 〈세인트루이스 포스트-디스패치〉를 맹렬하게 공격하고 있었다. 한때는 하이드가 우위에 있는 것처럼 보였다. 〈세인트루이스 포스트-디스패치〉의 하루 평균 판매부수가 2,015부까지 추락했고 일부 전국신문이 조지프와 〈세인트루이스 포스트-디스패치〉에 대한 공격에 가세했기 때문이었다. 가령 〈하퍼스 위클리〉는 이번 사건이 "개인이 언론을 독점한 데 따른 폐해"라고 보도했다.[28]

조지프는 매일같이 이어지는 〈미주리 리퍼블리컨〉의 공격을 무시하고 〈세인트루이스 포스트-디스패치〉 지면을 통해 진심으로 커크릴을 옹호하는 기사를 내보냈다. 조지프는 결국에는 총격을 부르고 만 기사 내용에 대한 책임이 모두 자신에게 있다고 못 박은 뒤, 펜이 아니라 총으로 방어한 커크릴의 행동은 슬레이백이 먼저 총으로 위협했기 때문이라고 전했다.

그러나 하루가 다르게 내리막길을 걷는 판매부수를 지켜보며 조지프는 커크릴과 〈세인트루이스 포스트-디스패치〉를 분리시킬 필요성을 느꼈다. 조지프는 존 딜런에게 도움을 청했다. 3년 전 〈세인트루이스 포스트-디스패치〉와 결별한 딜런은 이따금 〈세인트루이스 글로브-데모크라트〉에 기사를 싣다가 사업을 하기 위해 멕시코로 떠났으며, 최근에는 세인트루이스로 돌아와 주간지인 〈스펙테이터Spectator〉에 일자리를 얻은 상태였다. 조지프는 딜런에게 커크릴이 맡고 있던 편집국장 자리를 제안했고 딜런은 그 자리에서 제안을 수락했다. 며칠 뒤 〈세인트루이스 포스트-디스패치〉에는 딜런의 절제되고 정제된 문장으로 작성된 사설란이 모습을 드러냈다. 민주당 연방 하원의원 후보 브로드헤드에 대한 내용은 단 한 줄도 보이지 않았다.

조지프는 사태를 수습하는 차원에서 연극배우 친구 존 매컬러프를 초청했다. 슬레이백의 유족들을 위해 상업도서관 강당에서 "율리우스 카이사르Julius Caesar" 자선공연을 열 생각이었다. 공연 표는 경매했다. 대부분의 표가 100달러 안팎의 가격으로 팔렸지만 케이트는 1,000달러에 표를 구입했다. 〈미주리 리퍼블리컨〉을 통해 조지프를 맹렬하게 공격하던 인사들은 단 한 명도 나타나지 않았다. 분노가 너무 큰 나머지 슬레이백이 조지프의 친구였다는 사실조차 잊어버렸던 것이다. 그러나 세월이 흘러 세인트루이스를 떠난 뒤에도 조지프는 슬레이백의 딸을 기자로 취직시키는 등 배려를 아끼지 않았다.[29]

결국 대배심은 커크릴을 정당방위로 기소했다. 슬레이백이 총을 들고 사무실로 들어와 위협하는 바람에 커크릴이 어쩔 수 없이 방아쇠를 당겼다는 결론이었다. 조지프와 〈세인트루이스 포스트-디스패치〉는 위기에서 벗어났지만 세인트루이스 사람들은 전보다 더 조지프와 그의 가족을 적대시했다. 조지프는 다시 한 번 뉴욕으로 떠났다.

조지프가 뉴욕에 도착하고 며칠 뒤인 1882년 11월 16일 이른 아침, 앨버트와 앨버트가 새로 창간한 신문사 직원들이 〈뉴욕 트리뷴〉 인쇄기를 이용해 처음 찍은 〈뉴욕 모닝 저널New York Morning Journal〉을 가져오기 위해 사무실을 나섰다. 〈뉴욕 모닝 저널〉 직원들은 사무실로 돌아와 다른 모든 언론인들이 그렇듯 첫 번째 결실에 나타난 오타를 잡았다.[30]

누군가가 이 날을 기념하기 위해 '마실 것'이 있으면 좋겠다고 했고 앨버트는 심부름꾼 소년을 시켜 마실 것을 사오게 했다. 소년이 맥주를 사들고 돌아오자 〈뉴욕 모닝 저널〉 편집자와 기자들은 벌컥벌컥 마시며 새 신문의 탄생을 자축했다. 앨버트는 아폴리나리스수Apollinaris water를 마셨다. 다른 먹을 것은 없었다. 하다못해 인근 히치콕스Hitchcock's에서 10센트에 판매하는 그 유명한 비프 언beef an(소금에 절인 소고기와 콩을 볶은 요리)조차 없었다. 그 자리에 있었던 어느 편집자는 이렇게 회고했다. "그러니까 〈뉴욕 모닝 저널〉은 아폴리나리스수와 맥주의 세례를 받았다."[31]

몇 시간 뒤 뉴욕 사람들은 〈뉴욕 모닝 저널〉을 사들고 탐색하기 시작했다. 커다란 회색 종이에 활자가 끝없이 이어지는 따분한 일간신문을 정독할 시간이 없는 독자들은 〈뉴욕 모닝 저널〉에서 안식처를 찾았다. 다른 신문의 3분의 1 내지 4분의 1 가격인 단돈 1센트만 내면 가볍고 상큼한 문체로 쓰인 짧막한 기사를 얼마든지 읽을 수 있었다. 영리한 〈뉴욕 모닝 저널〉이 여성들의 관심사를 헤아린 기사를 실었기 때문에 특히 여성 독자들의 호응이 좋았다. 〈뉴욕 모닝 저널〉은 결혼식과 무도회 소식을 자세히 실었고 유명인들의 첫사랑 같은 낭만적인 이야기도 실었다. 소소한 뜬소문도 많이 실었다. 파크 로에서 잔뼈가 굵은 어느 편집자는 이렇게 회고했다. "앨버트는 뉴욕의 신문 편집자 중 상점에서 일하는 여직원들과 가난한 사무원들이 백만장자들의 일상생활에 관심을 가진다는 사실을 처음으로 깨달은 사람이었다. 앨버트는 백만장자들의 '행동거지'를 탐구해 새로운 언론이 따라갈 길을 연 주인공이다." 〈뉴욕 모닝 저널〉에는 이내 '객실 청소부의 즐거움'이라는 꼬리표가 붙었다. 〈뉴욕 모닝 저널〉은 세상에 선보이자마자 독자층이 형성되었고 뉴욕의 이야깃거리가 되었다.[32]

그 시각 조지프는 맨해튼의 호텔 방에서 동생의 성공을 부러운 눈으로 바라보고 있었다.

16장

큰물 뉴욕

1883년 4월 7일 제이 굴드는 전용 열차에 식구들과 친구들을 태우고 새로 제작한 요트 애틀랜타Atlanta호를 선보이러 필라델피아로 갔다. 요트 이름은 그리스 신화에 등장하는 사냥꾼 여성의 이름을 따서 지었다. 14만 달러짜리 요트는 테두리를 금으로 장식한 커튼, 동양풍 깔개, 붙박이 피아노를 갖추고 물 위를 유유히 떠다니는 궁전이었다. 새 요트 진수를 축하하는 기분 좋은 날이었지만 굴드는 근심에 휩싸여 있었다. 나라 전체가 불경기로 몸살을 앓는 통에 신경이 날카로워진 데다가 그를 공격하는 목소리는 좀처럼 그칠 줄을 몰랐다. 굴드는 태어나서 처음으로 은퇴를 고려하고 있었다. 아주 조금이라도 부담을 줄여야 했다.[1]

굴드는 자신의 어깨를 무겁게 짓누르고 있는 〈뉴욕 월드〉부터 정리하기로 마음먹었다. 〈뉴욕 월드〉는 민주당 성향의 신문이었는데 굴드는 공화당원이었으므로 일단 정치적 입장부터 맞지를 않았다. 그러나 철도업계와 신흥 산업계의 거물인 굴드에게 더 눈엣가시 같은 일은 〈뉴욕 월드〉를 인수한 4년 전부터 지금까지 〈뉴욕 월드〉로부터 단 한 푼도 벌어들이지 못했다는 점이었다. 굴드는 이렇게 말했다. "〈뉴욕 월드〉에 제대로 신경 쓴 적이 단 한 번도 없었다." 〈뉴욕 월드〉의 판매부수는 1만 5,000부 수준을 겨우 유지하면서 굴드의 돈을 하루가 다르게 까먹고 있었다.[2]

1월 굴드는 〈신시내티 인콰이어러〉 발행인인 존 매클레인John McLean에게 〈뉴욕 월드〉를 매각하려 했다. 그러나 존 매클레인에게는 38만 5,000달러나 지불하고 〈뉴욕 월드〉를 인수할 의사가 전혀 없었다. 가격에 관계없이 뉴욕의 신문을 인수할 것으로 여겨지는 사람은 딱 한 사람뿐이었다. 인수 협상이 결렬된 뒤 매클레인은 이렇게 말했다. "〈뉴욕 월드〉를 인수할 마음이 가장 강한 사람은 퓰리처였으므로 굴드에게 퓰리처가 가능성이 높다고 말했다. 결국 퓰리처가 〈뉴욕 월드〉를 인수하게 될 것이라고 생각했다."[3]

굴드가 새 요트를 진수하던 날 조지프는 뉴욕행 열차에 몸을 실었다. 랠프의 천식을 다스리기 위해서 몇 달간 남쪽에 머물렀던 조지프와 케이트 부부는 세인트루이스를 떠나 뉴욕에 정착하기로 결정했다. 〈세인트루이스 포스트-디스패치〉는 그냥 내버려두어도 잘 굴러갈 터였지만 조지프는 긴장의 끈을 놓지 않고 그날의 판매부수, 게재 광고, 비용, 인쇄기 회전 횟수 등을 일목요연하게 정리한 한 쪽짜리 보고서를 하루도 빠짐없이 점검했다. 조지프는 경영관리 직원들에게 자신의 끝없는 질문에 답할 수 있는 간단명료한 보고서를 작성하라고 지시했다. 다시 말해 조지프는 '알짜' 정보를 원했다.[4]

북쪽으로 이동하던 도중 케이트와 아이들은 워싱턴에 내려 친정으로 가고 조지프는 계속 북쪽으로 이동했다. AP의 임원으로 재직 중인 친구 윌리엄 헨리 스미스William Henry Smith가 준 정보가 정확하다면 이번 기회에 〈뉴욕 월드〉를 인수할 수 있을 것 같았다. 〈뉴욕 월드〉를 통해 굴드가 재계의 거물인 러셀 세이지Russell Sage와 함께 서부로 떠나 꽤 오래 체류할 예정이라고 공표했기 때문에 조지프는 〈뉴욕 월드〉 인수 건을 서둘러 처리해야 했다.[5]

조지프는 파크 로에서 몇 블록 떨어지지 않은 웨스턴유니언 전신 회사 사무실에서 굴드와 만났다. 마주 앉은 두 사람은 이내 협상의 여지가 많지 않다는 사실을 깨달았다. 한때 5,300만 달러 가치의 유가증권을 책상에 올려놓았고 방을 40개나 갖춘 고딕 양식의 저택에서 살았던 굴드에게 〈뉴욕 월드〉는 사소한 사업에 불과했다. 신문사 경영에 짜증을 느끼던 참에 〈뉴욕 월드〉를 인수할 의향이 확고한 조지프가 나타난 것이다. 그러나 별다른 타격을 받지 않고도 〈뉴욕 월드〉를 얼마든지 폐간할 수 있었던 굴드가 자신을 비웃음거리로 만든 사내에게 호의를 베풀고 싶은 마음이 있었을 리 만무했다. 한편 조지프는 〈뉴욕 월드〉를 꼭 인수하고 싶었기 때문에 〈뉴욕 월드〉 매각에 무관심한 굴드보다 불리한 처지가 되었다.

덕분에 〈슈타츠-차이퉁〉이나 〈세인트루이스 디스패치〉를 인수할 때와는 다르게 〈뉴욕 월드〉는 제값을 다 치러야 했다. 2주에 걸쳐 이뤄진 기나긴 협상의 쟁점은 두 가지였다. 굴드는 아들의 이름으로 〈뉴욕 월드〉 지분을 보유하겠다는 조건과 현직 편집자들을 해고하지 않는다는 조건을 걸었다. 그러나 결국 굴드가 두 가지 조건 모두를 양보했다. 조지프는 인수 가격으로 34만 6,000달러를 제시했는데, 굴드의 표현에 따르면 조지프가 제시한 인수 가격은 자신이 〈뉴욕 월드〉를 인수한 금액과 지난 4년간 〈뉴욕 월드〉를 운영하는 과정에서 발생한 손실을 합한 금액과 맞먹었다.[6]

조지프에게는 그렇게 큰돈이 있을 리 없었다. 그러나 〈세인트루이스 포스트-디스패치〉를 팔아서 〈뉴욕 월드〉를 인수할 대금을 마련하는 일은 있을 수 없었다. 많은 수익을 남기는 사업을 조지프의 표현대로 "한때는 활발한 활동을 펼쳤지만 이제는 죽어서 미라가 되어버린 〈뉴욕 월드〉"와 맞바꿀 수는 없는 노릇이었다. 그렇다고 〈뉴욕 월드〉의 인수를 포기할 조지프가 아니었다. 결국 조지프는 '박쥐처럼 어지럽게 날아다니며 미국인의 시야를 흐려놓는 가장 사악한 인물 가운데 한 사람'이라고 비난했던 바로 그 사람, 제이 굴드로부터 돈을 빌려야 했다.[7]

4월 28일 조지프는 연방 상원의원을 지낸 로스코 콩클링에게 자문을 구했고 콩클링의 조언에 따라 인수 계약을 마무리했다. 콩클링은 공화당과 마찰을 빚다가 연방 상원의원을 사직한 뒤 변호사 사무실을 개업했고, 그 뒤부터 조지프와 친하게 지내기 시작한 인물이었다. 조지프가 계약금으로 굴드에게 3만 4,600달러를 현금으로 지급하면 굴드가 남은 금액을 조지프에게 빌려준다는 것이 〈뉴욕 월드〉 인수 조건이었다. 빌린 자금은 1884년에서 1886년까지 세 차례에 걸쳐 분할 상환하는데,

첫해에 7만 9,200달러, 두 번째와 세 번째 해에 각각 12만 1,100달러씩 상환하기로 했다(이 문장에서는 인수 금액 합계가 35만 6,000달러로 앞 내용과 차이를 보이나, 계약금과 이자 금액을 고려할 때 34만 6,000달러가 올바른 것으로 보인다–옮긴이). 잔금은 연 5퍼센트의 이율로 빌려주는 조건이었으므로 이자만 해도 무려 3만 3,730달러에 달할 예정이었다. 그 밖에 〈뉴욕 월드〉의 사무실로 쓸 파크 로의 건물을 일 년 임대료 1만 3,560달러에 10년 기한으로 임대했다. 계약서에 서명하는 순간 바로 50만 달러가량의 빚이 생기고 만 것이다. 5년 전 파산한 〈세인트루이스 디스패치〉를 불과 몇천 달러에 인수한 뒤 처음으로 조지프는 다시 한 번 모험을 걸었다. 이번에는 그 규모가 훨씬 컸다.[8]

이번 모험은 너무 위험했다. 슬레이백 살해 사건 이후로 조금씩 회복세를 보이고 있기는 했지만 〈세인트루이스 포스트-디스패치〉가 1883년 만들어낼 것으로 예상되는 수익은 12만 달러에서 15만 달러 수준에 불과했다. 하지만 〈뉴욕 월드〉는 다달이 몇천 달러씩 까먹는 형편이었다. 뉴욕 사람들이 서부에서 온 촌뜨기 조지프가 만드는 신문을 반기지 않는다면 쫄딱 망하는 것은 시간문제였다.

조지프는 임시 거처인 피프스애비뉴 호텔에서 아이들을 돌보고 있던 케이트에게 앞날에 대한 두려움을 털어놓았다. 지난 5년간의 경험을 통해 케이트는 조지프의 야망을 제어하려고 노력해봐야 소용없다는 사실을 깨달았다. 결혼식 전날 밤 편지에 기록한 대로 조지프는 의미 있는 직업을 가지기 위해 계속 앞만 보고 나아갈 수밖에 없는 존재였다. 한편 케이트는 조지프가 재능이 있다는 사실도 깨닫게 되었다. 조지프와 함께 세인트루이스 시로 간 케이트는 조지프가 주머니에 있는 동전 하나까지 탈탈 털어 파산한 신문을 인수한 뒤 튼튼한 신문사로 탈바꿈시키는 모습을 두 눈으로 똑똑히 목격했다. 이번 모험으로 지금 가지고 있는 것을 모두 잃을지도 몰랐지만 케이트는 조지프를 믿기로 마음먹고 조지프를 격려해주었다.[9]

조지프가 〈뉴욕 월드〉를 인수한다는 소문은 세인트루이스에까지 전해졌다. 커크릴이 뉴욕과 세인트루이스 사이를 분주하게 오갔고 〈세인트루이스 포스트-디스패치〉 경영관리인이 뉴욕에 머물면서 조지프를 돕는 마당에 비밀을 지키기란 하늘의 별 따기였다. 5월 6일 경쟁지 〈세인트루이스 글로브-데모크라트〉는 조지프가 〈뉴욕 월드〉 인수 계약을 마쳤다고 보도했다.[10]

조지프는 굴드로부터 〈뉴욕 월드〉를 넘겨받기 하루 전인 5월 9일 앨버트를 만나 〈뉴욕 모닝 저널〉과 〈뉴욕 월드〉를 합병해 〈월드-저널〉을 만들자고 제안했다. 창간한 지 일곱 달 된 앨버트의 〈뉴욕 모닝 저널〉은 〈뉴욕 월드〉보다 판매부수가 세 배 많았고 다달이 수천 명의 새로운 독자를 끌어들이고 있었다. 합병하는 조건으로 조지프는 앨버트에게 매년 10만 달러 이상의 수익을 지급하겠다고 제안했다.[11]

앨버트는 이렇게 말했다. "엄청나게 큰돈이군. 〈뉴욕 모닝 저널〉로 그 5분의 1만이라도 벌어들일 수 있다면 정말 좋으련만."

"게다가 사무실에 나올 필요도 없어. 집에서 쉬고 싶으면 얼마든지 그렇게 해도 좋아." 누구와도 동등한 지위를 누리고 싶지 않았던 조지프가 말했다.

조지프는 〈세인트루이스 디스패치〉와 딜런의 〈세인트루이스 이브 닝 포스트〉를 합병할 당시 세인트루이스에서 써먹었던 게임의 법칙에 따라 동생의 신문사와 자기 신문사를 합병하려 했다. 그러나 이번에는 상황이 달랐다. 앨버트는 〈뉴욕 모닝 저널〉로 돈을, 그것도 많은 돈을 벌어들이고 있었고 조지프의 신문 때문에 위협을 느낄 입장도 아니었다. 앨버트는 조지프의 제안을 거절했다.

"성공했다고 너무 자만하면 곤란해, 앨버트. 너에게는 사람밖에 없어. 사람들이 매일 저녁 네 신문을 사게 만들어주는 것은 네 직원들이라고. 그들이 없으면 네가 어찌 될지 알게 뭐냐." 조지프가 따끔하게 충고했다.

그날 밤 앨버트는 형이 지적한 바로 그 문제에 부딪혔다. 행콕E. C. Hancock 편집국장이 사직서를 제출했고 대표 기고가도 사라졌다. 논설위원은 아프다는 소식을 전했다. "한시도 지체할 틈이 없었다. 나는 진상을 파악하기 위해 황급히 마차에 올라 형의 집으로 향했다. 내가 계속 추궁하자 형은 결국 사실을 시인했다. 설마 했던 일이 현실이 되었다. 〈뉴욕 모닝 저널〉 창간 당시부터 내가 공들여 훈련시킨 가장 가치 있는 직원 세 명, 〈뉴욕 모닝 저널〉의 전 직원이나 다름없는 그들을 그 야심한 밤에 형이 데려가버렸던 것이다! 애초부터 〈뉴욕 모닝 저널〉을 겨냥하고 저지른 짓이었다."

아무리 두 신문이 경쟁 관계에 있었다고는 해도 언론에 재능을 보이는 사람들이 수도 없이 우글거리는 뉴욕에서 조지프는 하필이면 동생이 운영하는 신문사의 직원을 빼앗아왔다. 조지프는 편집자 이상의 편집자를 원했다. 질투에 눈이 먼 조지프는 동생까지도 자기 발밑에 두려 했던 것이다.

피프스애비뉴 호텔에서 조지프와 마주친 어느 기자가 조지프에게 〈뉴욕 월드〉 운영 계획을 물었다. 조지프는 이렇게 대답했다. "나는 〈뉴욕 월드〉를 지극히 미국적인 신문으로 만들 생각입니다. 다시 말해 영국 색을 벗어버리려 합니다." 조지프는 당장은 일하고 있는 인력에 변화가 없을 것이라고 약속했다. "현재 〈뉴욕 월드〉에서 일하는 편집진을 대체할 목적으로 다른 사람을 투입할 생각은 없습니다." 그러나 기자만 만나면 거짓말을 일삼는 조지프의 못된 버릇이 이번에도 다시 등장했다. 조지프는 불만을 품은 독자를 총으로 쏜 일로 유명해진 편집자 커크릴이 〈뉴욕 월드〉 운영에 참여하기 위해 세인트루이스에서 뉴욕으로 달려오고 있다는 사실에 대해서는 함구했다. "물론 〈뉴욕 월드〉가 기사 내용이나 여러 가지 면에서 크게 달라질 것이라는 점만은 분명합니다."[12]

5월 10일 저녁 조지프는 동생의 신문 〈뉴욕 모닝 저널〉에서 데려온 새 편집자를 대동하고 새로 인수한 자산 파악에 나섰다. 〈뉴욕 월드〉는 파크 로 아래쪽 끝에 위치한 건물에 입주해 있었다. 화재로 인한 손상의 흔적이 남아 있는 건물이었다. 이 전설적인 신문의 거리에는 여남은 개 이상의 일간신문사가 입주해 있었다. 당시는 신문의 황금기였고 파크 로는 가장 큰 광맥이었다. 그러나 세인트루이스와 다르게 뉴욕은 재정이 튼튼하고 수준 높은 세계적인 신문사들이 각축을 벌이고 있었다. 앨버트가 운영하는 〈뉴욕 모닝 저널〉은 차치하고라도 제임스 고든 베넷 2세가 엄청난 수익을 남기며 운영하는 〈뉴욕 헤럴드〉, 찰스 데이나가 운영하는 〈뉴욕 선〉, 고故 호러스 그릴리가 운영했고 지금은 화이트로 리드가 이어받아 운영하는 〈뉴욕 트리뷴〉이 떡하니 버티고 있었다. 〈뉴욕 선〉은 4면이라는 얼마 안 되는 지면을 고집하면서도 매일 1만 명 이상의 독자가 꾸준히 구독하고 있는 신문이었고 공화당 성향의 〈뉴욕 트리뷴〉도 엄청난 수입을 올리고 있었다. 앞서가는 토끼들의 뒤를 따라가는 거북이 신세였던 냉철한 〈뉴욕 타임스〉도 꾸준히 열혈 독자들을 끌어모으고 있었다.

조지프와 행콕은 〈뉴욕 월드〉 기사작성실로 들어섰다. 전 직원들이 내일 발행될 신문을 최종적으로 다듬느라 늦은 시간까지 애쓰고 있었다. 조지프는 사무실에 도착하기 전에 미리 직원들의 현재 지위와 봉급에 손댈 생각이 없다는 쪽지를 보냈지만 100여 명에 달하는 기자, 편집자, 식자공, 인쇄공은 자신들의 운명을 틀어쥔 이 서른여섯 살 먹은 외부인의 모습을 힐끔힐끔 쳐다보았다. 서열이 높은 관리직 직원들이 이집트 쥐처럼 얼른 꽁무니를 뺀 것으로 미루어볼 때 대대적인 개편은 불가피해 보였다.

기사작성실로 들어선 조지프를 보좌하던 행콕은 선언문을 작성해 이튿날 오전 신문에 싣는 것이 좋겠다고 조지프에게 조언했다. 그 즉시 펜을 집어든 조지프는 〈뉴욕 월드〉에 실릴 첫 번째 사설을 서둘러 써내려갔다. 독립신문이라 하더라도 "공공의 이익과 관련된 문제에 무관심하거나 중립적인 입장을 취해서는 안 된다"고 말문을 연 조지프는 선거 유세 연설 내용과 5년 전 세인트루이스의 상류층을 공격했던 사설 내용 일부를 그대로 가져왔다. 조지프는 〈뉴욕 월드〉가 독점 기업, 특권, 부패한 공직자, 그 밖에 민주주의를 위협하는 요인과 당당히 맞서 싸울 것이라고 약속했다. 조지프는 이렇게 적었다. "〈뉴욕 월드〉는 진정한 민주주의를 굳게 믿는다. 정치의 도구가 되는 민주주의가 아니라, 정적政敵을 무너뜨리고 공직을 독점하려는 민주주의가 아니라, 모든 시민의 권리를 증진하기 위해 애쓰고 처음 설립한 자유로운 제도를 지켜나가는 민주주의를 믿는다."[13]

"말보다는 행동이 더 중요하다. 잘나가는 보험은 보험료가 저렴한 법이다." 이어 조지프는 사설을 통해 〈뉴욕 월드〉 발행인이 바뀌었다는 사실을 공표했다. 조지프는 독자들에게 〈뉴욕 월드〉를 사서 들여다보라고 권했다. "점점 더 크게 성장하고 있는 뉴욕이라는 거대 도시에는 저렴할 뿐 아니라 생기 있는 신문, 생기 있을 뿐 아니라 방대한 내용을 다루는 신문, 방대한 내용을 다룰 뿐 아니라 진정 민주적인 신문, 지갑이 두둑한 사람들이 아니라 대중의 대의명분에 헌신하는 신문, 구舊세계를 탐구하는 것이 아니라 신세계에서 벌어지는 일을 담은 신문, 온갖 사기와 협잡을 폭로하고 공공의 적과 그들의 범죄에 맞서 싸우는 신문, 진심을 다해 대중을 위해 봉사하고 그들의 신뢰를 얻기 위해 애쓰는 신문이 비집고 들어갈 여지가 충분하다." 빠르게 사설 작성을 마친 조지프는 원고를 훗날 편집자로 발돋움하게 될 열여덟 살의 식자공에게 넘겨주었고 식자공은 인쇄기가 돌아가기 전에 식자를 마치기 위해 서둘러 식자를 시작했다.

사무실을 떠나기 전 조지프는 〈뉴욕 월드〉라는 이름에서 '뉴욕'을 제외시켰다. 조지프의 야망을 단적으로 보여주는 외형적 변화였다. 조지프는 1860년 〈뉴욕 월드〉가 처음 창간되었을 때 사용하던 신문 제호 디자인을 부활시켰다. "더 월드The World"라는 단어 사이로 마치 태양처럼 빛줄기를 뿜어내는 인쇄기를 배치했고 인쇄기 양옆에는 마치 날개처럼 지구가 각각 배치되어 있었다.

조지프가 〈월드〉 운영 계획을 수립하는 사이 앨버트는 〈뉴욕 모닝 저널〉 복구에 여념이 없었다. 앨버트는 편집자를 새로 구했는데, 새로 구한 편집자의 역량이 더 탁월했기 때문에 결과적으로 편집자 교체는 잘한 일이 되었다. 게다가 조지프에게 가버린 행콕은 조지프 밑에서 며칠을 못 버티고 그만두고 말았다. 아직 화가 풀리지 않은 채로 앨버트는 매디슨 스퀘어 가든에 있는 조지프를 찾아갔다.[14]

앨버트가 말했다. "축하해. 편집자를 새로 구했다며? 나에게 10만 달러를 제안한 것은 진심이 아니었지? 우리 편집자와 기자를 빼내려는 속셈이었어."

조지프는 비아냥대는 앨버트의 말을 손사래를 치며 강력히 부인했다. "네가 재능을 알아보는 비상한 재주가 있다는 사실은 인정해주지. 이래 봬도 나는 〈뉴욕 모닝 저널〉을 매일 읽었다고. 진심으로 재미있는 신문이야."

뉴욕에는 퓰리처 가문 사람이 운영하는 두 개의 신문이 공존할 공간이 있었다. 그러나 퓰리처 가문의 두 사람이 공존할 공간은 없었다. 앨버트는 뉴욕이라는 큰물에서 형과 공존할 방법을 모색했지만 조지프는 결코 그럴 생각이 없었다. 앨버트는 작심하고 자신을 공격한 형에게 분노를 터뜨렸다. 앨버트는 '비방, 독설, 험한 말 하나 없이도' 독자를 끌어모으는 〈뉴욕 모닝 저널〉의 저력을 칭찬한 〈뉴욕 헤럴드〉 기사를 인용했다.[15]

몇 주 뒤 조지프는 앨버트와 화해를 시도했다. 조지프는 15분 거리에 있는 앨버트의 사무실을 찾아갔다. 앨버트는 형의 방문을 이렇게 회고했다. "형은 〈뉴욕 모닝 저널〉을 더 가까이에서 탐색하려 했다. 관찰력이 떨어지는 사람이라면 하루 걸려 할 일도 형은 짧은 시간 안에 해낼수 있었다. 형이 떠난 뒤 누가 물었다. '대체 여기에 왜 온 걸까?' 그러자 심부름꾼 소년 중 하나가 거들먹거리는 말투로 이렇게 말했다. '잘 구슬러서 데려갈 사람을 찾으러 왔겠죠, 뭐.'"[16]

그 이후로 두 형제는 영원히 멀어졌다. 필립 퓰리처와 엘리제 퓰리처가 낳은 자녀들 가운데 유일하게 살아남은 두 형제는 이 세상에서 공존할 방법을 찾지 못했다.

변호사 사무실에서 잔일을 돕던 소년에서 출발해 신문발행인으로 성장한 조지프의 모습을 지켜본 사람들은 〈뉴욕 월드〉를 인수한 조지프에게서 큰 가능성을 보았다. 세인트루이스에서 오래 알고 지냈던 어느 친구는 조지프에게 이런 내용의 편지를 보냈다. "드디어 큰물로 나갔구먼. 온 나라가 자네를 지켜보고 있다네. 부디 번창하길 바라네." 다른 친구는 조지프를 과거의 신문왕에 비유하기도 했다. "지금은 베넷 1세가 사람들의 인정을 받던 일간지들을 공격하던 시절과는 전혀 다르지. 정말 근사한 일을 하게 된 거야. 자네가 틀림없이 온 나라 사람들을 감동시키리라 믿네."[17]

그러나 〈월드〉의 판매부수를 극적으로 늘려 경영을 안정시킨 뒤에야 정치권력의 정점에 오를 생각도 할 수 있을 터였다. 그러지 못한다면 〈월드〉를 인수하는 과정에서 진 빚에 깔려 죽을 판이었다. 세인트루이스에서 동원했던 계략, 전략, 계획, 수단, 방법만으로는 부족했다. 뉴욕에 걸맞은 새로운 공략법이 필요했다. 조지프는 새로운 방안을 도입하기 전에 먼저 독자들에게 외형적 변화를 보여주기로 마음먹었다.

우선 조지프는 세인트루이스에서 했던 대로 기자들을 보내 민주당 지도급 인사들과 인터뷰하게 했다. 겉모습은 여전히 옛날 그대로처럼 보였지만 인터뷰 내용은 '새로워진 〈월드〉'에 관한 것이었다. 기자들의 아첨에 우쭐해진 데다가 공짜 홍보 기회를 주겠다는 〈월드〉의 제안을 받은 민주당 지도급 인사들은 그 즉시 〈월드〉를 탐독하기 시작했다. 어느 민주당 공직자는 이런 반응을 보였다. "마침내 민주당도 진정한 민주당 성향의 신문을 갖게 되었다는 생각이 들었다. 새 옷을 입은 〈월드〉는 비약적으로 발전했다. 온갖 이야기를 뒤섞어놓은 장황한 문장을 버리고 간단명료한 문장으로 바꾼 덕에 읽기도 편해졌다."[18]

다음 전략 역시 세인트루이스에서 써먹었던 전략이었다. 조지프는 〈월드〉 발행인이 바뀐 사실을 언급한 모든 신문 기사를 〈월드〉에 재수록했다. 그와 더불어 〈월드〉를 완전히 다른 신문으로 만들 구상도 했다. 웨스트사이드West Side에서 문구점과 신문판매점을 운영하던 사람은 이렇게 회고했다. "퓰리처는 툭하면 자신이 만드는 신문이 근사하다며 자랑을 늘어놓았다. 자기 신문의 장점을 끊임없이 홍보하고 떠벌리는 일은 고약한 취향이라고 생각되던 시절이었기 때문에 자화자찬에 취해 있던 퓰리처의 모습은 정말 이례적인 것이었다." 그러나 조지프의 자화자찬이 아무리 눈꼴사나운 일이었다 해도 〈월드〉를 홍보하는 데는 훌륭한 수단이었다. 〈월드〉를 인수하고 나서 며칠 만에 판매부수가 오르기 시작했다. 뉴욕 사람들에게 〈월드〉에 대한 궁금증을 유발하는 데 성공했던 것이다.[19]

그러나 〈월드〉를 집어든 독자들은 과거와 달라진 점을 찾을 수 없었다. 조지프가 어설프게 손본 신문 제호 말고는 판형 등의 외형적 변화가 없었기 때문이었다. 조지프는 1면 상단 양옆 빈 공간에 '8면 신문을 고작 2센트에' 같은 홍보 문구를 담은 원이나 사각형 상자를 배치했다(조지프가 앨버트에게서 훔쳐온 것으로 보이는 이 혁신적인 공간 활용은 신문업계에 제호광고로 알려지면서 대부분의 신문이 활용하게 된다). 다른 신문과 마찬가지로 1면을 6단 내지 7단으로 구성했기 때문에 한 단의 폭이 매우 좁았고, 단의 폭에 맞춰 제목을 인쇄하는 관습 때문에 1면 머리기사 제목들은 여전히 작은 서체로 기록되었다.[20]

그러나 새로워진 〈월드〉의 모습이 과거와 유사하다고 해서 〈월드〉 사무실 내부의 생활까지 과거와 유사했던 것은 아니었다. 버몬트 주에서 거행된 어느 장례식에 참석하느라 자리를 비웠던 기자 제임스 타운젠드James B. Townsend는 돌아온 뒤 바뀐 사무실 모습에 깜짝 놀라고 말았다. "태풍이라도 지나간 것 같은 모양새였다. 모든 것이 어지럽게 널려 있었고 다들 어리둥절한 상태로 넋을 놓고 있었다." 다급한 소식을 담은 전보를 배달하는 소년들과 부딪히지 않으려 애쓰면서 사회부 기사작성실로 들어간 타운젠드의 눈에 유쾌한 표정으로 이야기를 나누고 있는 동료들의 모습이 들어왔다. 타운젠드는 사회부장에게 영문을 물었다.[21]

"곧 알게 될 걸세. 5분 뒤면 새 발행인이 자네를 보자고 할 테니." 사회부장은 타운젠드를 올려다보면서 이렇게 덧붙였다. "우리처럼 폭풍우를 맞을 준비를 하게."

정말 조지프는 잠시 후 타운젠드를 호출했다. 타운젠드가 방으로 들어서자 두 사람은 상대방이 어떤 사람인지 서로 재빠르게 탐색했다. 프록코트를 걸치고 회색 바지를 입은 조지프는 안경 너머로 타운젠드를 응시하면서 이렇게 말했다. "흠, 당신이 타운젠드 씨로군요. 아마 내가 〈월드〉의 새 주인이라는 말은 이미 들었겠지요. 내가 당신들을 놀라게 할 새로운 기법과 방식을 도입할 것이라는 사실도 물론 예상하고 있으리라 짐작됩니다. 중요한 것은 당신도 그 일에 동참할 의향이 있는가 하는 겁니다."

활력 넘치는 조지프의 모습에 숨이 멎는 것 같은 충격을 받은 타운젠드는 직원으로 남겠다고 더듬거리며 말했다. 조지프는 이렇게 대답했다. "잘됐군요. 당신을 좋아하게 될 것 같네요. 자, 그럼 이제 자리로 가서 일하세요."

그 뒤로 〈월드〉의 편집자 및 기자들은 아무리 일찍 출근해도 항상 자신들보다 먼저 출근해 셔츠 소매를 걷어붙이고 일에 매달려 있는 조지프를 보게 되었다. 어느 기자는 조지프가 열어놓은 문 밖으로 소리를 질러 편집 지침을 지시했다고 회고했다. "격정적이고 혹독한 표현을 뒤

섞어 쓰곤 했던 퓰리처 때문에 직원들은 항상 몸서리를 쳤다. 단어에 욕을 섞어 쓰는 사람은 퓰리처가 처음이었다. 가령 퓰리처는 '독립빌어먹을신문indegoddampendent'을 선호한다는 말을 자주 했다."[22]

일단 업무에 돌입하면 〈월드〉 직원들은 퓰리처의 매서운 눈초리를 피할 수 없었다. 조지프는 사회부 기사작성실에 직접 들어가 기사 내용을 두고 기자와 논쟁을 벌였다. 조지프는 세부 사항을 무척 중요하게 여겼다. 가령 그 전날 서부에서 뉴욕으로 오기로 되어 있었던 암소의 수가 얼마나 되는지에 대해 논의하는 어느 편집자의 대화를 우연히 듣게 된 조지프는 타운젠드에게 이렇게 말했다. "그 대화를 들으면서 그 편집자에 대해 평가하게 되더군. 그의 재능, 한계, 부족한 논리력까지 모든 것이 한번에 파악되었네. 자신의 능력에 대한 확신이 얼마나 강한지는 모르겠지만 그런 확신을 가지고 스스로 만족하는 사람은 나와 오래 일할 수 없다네."[23]

사회부 기사작성실에서 토론을 마친 조지프는 식자실로 가서 기사를 전달하거나 회계부서로 가서 그날의 수입에 대한 보고서를 내놓으라고 주문했다. 조지프의 업무 방식에 적응하지 못한 옛 직원들이 떠난 자리를 더 젊은 새 직원들이 채웠다. 조지프와 언쟁을 벌이기는 했지만 식자공과 인쇄공은 〈월드〉의 새 발행인에게 만족감을 표시했다.

5월 24일 조지프와 커크릴은 브루클린브리지Brooklyn Bridge 봉헌식을 취재하고 돌아왔다. 역사에 길이 남을 이 위대한 현장을 어떻게 보도할지 여러 각도로 생각하면서 돌아와 보니 식자실과 인쇄실 직원 쉰한 명 중 마흔세 명이 임금 문제로 회사를 떠나고 없었다. 3시간도 채 못 버티고 백기를 든 조지프는 식자공과 인쇄공 노동조합을 인정하기로 했다. 조지프는 인쇄공 및 식자공 노동조합 의장 및 조합원들과 함께 인근 술집에서 맥주잔을 부딪치면서 이렇게 말했다. "의견 차이가 컸음에도 모든 일이 평화적으로 마무리되었습니다. 모든 직원들이 만족하기를 바랍니다."[24]

조지프가 〈월드〉를 전진시키고 있다는 인식이 직원들 사이에 생겨나기 시작했다. 타운젠드는 이렇게 회고했다. "새 발행인은 사무실에 들어서는 첫날부터 남다른 품성으로 직원들에게 강한 인상을 남겼다. 그리고 그 인상은 곧 거대도시에 사는 뉴욕 사람들에게로, 나아가 미국 전역으로 전해지게 될 것이다."

조지프는 차분하게 언론 혁명을 이뤄갔다. 조지프를 유명하게 만들어줄 극적인 변화는 몇 년 뒤에나 나타날 예정이었다. 당시 조지프는 〈월드〉에 실릴 기사 작성 원칙과 편집 원칙을 수립하고 편집진을 그 원칙에 적응시키는 데 주력했다. 비록 점진적으로 이뤄졌더라도 기사 작성 원칙과 편집 원칙을 수립하기 위해 애썼던 조지프의 노력이야말로 〈월드〉를 미국 역사상 가장 널리 읽힌 신문이 되게 한 근본 요인이었다. 신문 내용 대부분이 말로 이뤄져 있고 1,028개의 신문사가 독자를 두고 다투는 세상에서는 신문의 내용이야말로 경쟁력을 확보할 가장 강력한 수단이었다. 중요한 것은 신문이라는 매체가 아니라 기사였다. 조지프는 바로 여기에서 출발했다.

〈월드〉는 진부하고 따분하던 1면 머리기사 제목을 과감하게 탈피했

다. 5월 10일 1면 머리기사 제목은 "해변에서 열리는 애완견 대회: 매디
슨 스퀘어 가든에서 진행된 행사 둘째 날, 시상식이 치러질 예정"으로
내용에만 충실한 밋밋한 제목이었지만 5월 12일 1면 머리기사 제목은
"자비를 구하는 외침: 비겁한 코르네티^{Cornetti} 교수형에 처해지다"로 독
자들에게 신선한 충격을 던졌다. 2주 뒤 〈월드〉는 "피의 세례"라는 제목
이 달린 기사를 1면 머리기사로 실었다. 기사는 도표를 동원해 열한 명
의 시민이 공포에 질린 군중에 깔려 사망하게 된 경위를 설명했다. 그
주 일요일 새로 개통된 브루클린브리지로 산책을 나온 엄청난 인파를
향해 누군가가 다리가 무너진다는 헛소문을 퍼뜨리는 바람에 일어난 참
사였다. 뉴욕에 포진한 다른 여섯 개 신문사들은 모두 따분한 제목을 내
건 그 밥에 그 나물 같은 기사를 실었다. 조지프가 선택한 극적인 1면
머리기사 제목은 천편일률적인 신문들 틈바구니에서 〈월드〉를 단연 돋
보이는 신문으로 만드는 주요 요인이었다.[25]

　　1면 머리기사 제목이 미끼라면 기사 내용은 낚싯바늘이었다. 사람
들이 기억하기 쉬운 1면 머리기사 제목을 만들어내는 것은 조지프의 몫
이었지만, 좋은 기사를 써서 사람들의 주머니를 터는 것은 기자들의 몫
이었다. 조지프는 단순명료하면서도 사람들의 눈에 띄는 기사를 쓰라고
기자들을 독려했다. 조지프는 기자들에게 자신감을 가지고 기사를 쓸
것과 단순한 명사, 쉬운 동사 같은 일상적인 단어를 활용한 짧고 인상적
인 문장으로 기사를 쓸 것을 주문했다. 일명 '퓰리처 공식'이라 불리는
기사작성 원칙이었다. 그 공식에 따르면 아주 단순해서 누구라도 읽을
수 있고 아주 흥미로워서 아무도 잊을 수 없는 기사가 좋은 기사였다.

조지프는 직원들에게 이렇게 지시했다. "사람들이 하루도 빠짐없이 서로에게 '오늘 〈월드〉 기사 봤어?'라고 물을 정도로 흥미로운 신문을 만들어야 한다."[26]

조지프는 다른 사람은 알아보지 못하는 기삿거리를 알아보는 묘한 재주가 있었다. 조지프는 기자들에게 다른 신문은 뒷면에 실을법한 도시 사람들의 애환을 취재해오게 했고 그렇게 발굴된 기사는 읽는 사람의 마음을 움직였다. 가령 조지프가 인수하고 난 뒤 〈월드〉 1면에는 남편을 잃은 뒤 궁핍에 빠진 마거릿 그레이엄Margaret Graham의 이야기가 실렸다. 갓난아기를 둘러업은 그레이엄은 그녀의 치맛자락을 붙들고 있는 두 살배기 딸과 함께 이스트 강 부둣가를 걷고 있었다. 그레이엄의 모습을 목격한 부두 노동자들은 이렇게 증언했다. "굶주린 엄마가 허리춤에 업혀 있던 연약한 아기를 붙들고 부두 끝으로 비틀거리며 걸어가더니 갑자기 넘실대는 강물에 굶주린 두 딸을 던져버렸습니다. 얼마나 기운이 없었는지 아이들은 저항하지도, 심지어는 울지조차 못하더군요. 갈색 점처럼 보이는 두 아이의 머리가 강 위에 떠 있는가 싶더니 이내 강 속으로 사라졌어요. 순간 목격자들은 넋을 잃었습니다." 그레이엄도 두 딸을 따라 강으로 몸을 던졌지만 목격자들이 그녀를 건져냈다. 그레이엄은 살인죄로 감옥에 갔다.[27]

조지프는 항상 기사를 일종의 '이야기'로 생각했다. 조지프는 기자들에게 빅토리아 시대의 런던 도심에서 일어난 슬픈 사건들에서 소설의 소재를 얻은 디킨스처럼 생각하라고 주문했다. 상류층에게는 일종의 선정주의로 보였겠지만 하층 노동 계급 사람들에게는 그것이 삶이었다. 그들이 〈월드〉를 본다면 그들은 그 기사를 자신의 이야기처럼 생각할 것이 틀림없었다.

로어이스트사이드Lower East Side의 악명 높은 술집에서 블랙 앤드 탠스black and tans(짙은 색 맥주인 비터와 흑맥주인 스타우트를 섞은 술─옮긴이)를 즐기는 사람들이나 비좁은 다세대주택에 살면서 저녁을 먹는 사람들은 사회, 문화 공연, 주택 투자에 관련된 기사를 이야깃거리로 올리지 않았다. 그들은 지붕에서 떨어져 죽은 아이, 운 나쁘게 경찰에게 걸려 흠씬 두들겨 맞은 부랑자, 5번로 위쪽으로 가는 전차의 비싼 요금, 하인을 구하는 저택 등을 이야깃거리로 삼았다. 짧고 명료한 〈월드〉의 기사는 대부분 이민을 와서 막 영어를 배우기 시작한 노동 계급 사람들을 끌어들였다. 그들의 삶에서 중요한 사건들을 그들이 이해할 수 있는 언어로 보도함으로써 조지프의 〈월드〉는 뉴욕의 하층 노동 계급에게 뉴욕 사람이라는 소속감을 심어주었고 스스로를 가치 있는 사람으로 여기게 만들었다. 조지프는 한마디 말만으로 평범한 사람의 신분을 끌어올렸고 〈월드〉가 벌어들이는 수입도 덩달아 높아졌다.

한편 부유층에 속하는 사람들은 두려움을 느끼며 〈월드〉를 집어 들어야 했다. 매일같이 특권층에 대한 공격이 이어졌고 새로 유입된 노동 계급 사람들을 괴롭히는 추한 억압이 폭로되었다. 조지프는 다른 신문 발행인들이 위험하다고 여기는 사람들을 독자로 삼았다. 이민자들이 그 어느 때보다 뉴욕으로 많이 밀려들고 있었다. 1880년대 말에는 뉴욕 인구의 80퍼센트가 외국 태생이거나 외국 태생의 부모를 둔 사람들로 구성될 정도였다. 오직 〈월드〉만이 쇄도하는 인간의 물결 속에서 발견되는 이야기를 기삿거리로 삼았다. 다른 신문은 그들에 대한 이야기를 기사화했지만 〈월드〉는 그들을 위한 기사를 썼다.

〈월드〉에 실린 기사는 기자들이 파헤친 사실뿐 아니라 기자들이 기록한 시민의 목소리를 통해서도 생명을 얻었다. 조지프는 기자들에게 적극적으로 인터뷰를 하라고 주문했다. 인터뷰를 기사로 싣는 기법은 조지프의 동생 앨버트가 개척한, 비교적 새로운 보도기법이었다. 당시에는 지도급 인사들의 사생활은 베일에 가려져 있는 것이 보통이었지만 조지프가 자랑스럽게 표현한 '뻔뻔하고 무례한 〈월드〉 기자들의 뚝심'은 사회 지도층 인사들의 사생활에 대해서도 거침없이 폭로했다.[28]

조지프는 정치인, 기업가, 은행가, 사회 지도층 인사, 그 밖의 여러 사람들에게 기자를 보내 끝없는 질문을 던지게 하는 한편 기사화할 수 있도록 개개인에 대한 세부적인 정보도 빠짐없이 취재하라고 주문했다. 조지프는 세부 사항에 집착했다. 단순하게 키가 큰 사람이라고 취재해서는 안 되고 키가 188센티미터인 사람이라고 취재해야 했다. 그냥 아름다운 여성이라고 묘사해서는 안 되고 적갈색 머리카락에 적갈색 눈동자, 때로 수줍은 듯 미소 짓는 품위 있는 입술을 가진 여성이라고 해야 했다. 모호함은 죄였다.

모호함뿐 아니라 부정확함도 죄였다. 독립신문 운동의 신봉자였던 조지프는 정확함이 신문의 신뢰도를 높이고 사설에 힘을 불어넣으며 결국 판매부수를 높인다고 믿었다. 기사의 언어는 신부를 부끄러워하는 존재로, 살인자를 극악무도한 존재로, 정치인을 부패한 존재로 포장할 수 있지만 기사의 내용은 반드시 올바른 사실이어야 했다. 말년에 조지프는 어느 친구에게 이렇게 말했다. "뉴욕에 가게 되면 내가 기자들에게 가르친 원칙, 내가 그들에게 매일 쓴 편지, 내가 매일 보낸 전보를 보여 달라고 하게. 그럼 내가 그들에게 가장 많이 요구하고 가장 중요하고 가장 시급하게 요구한 내용이 바로 첫째도 정확, 둘째도 정확, 셋째도 정확이라는 사실을 알게 될 걸세."[29]

조지프는 사실상 파크 로에 있는 비좁은 〈월드〉 본사에서 살다시피 했다. 케이트와 아이들은 조지프의 모습을 거의 볼 수 없었다. 조지프의 하루는 편집 회의로 시작해서 하얀 가스등에서 나오는 희뿌연 불빛에 의지해 내일 발간될 신문을 읽고 또 읽어보면서 끝났다. 제대로 준비하지 않고 편집회의에 들어왔다가 혼쭐이 난 편집자는 다시는 그런 실수를 반복하지 않았다. 글을 쓰지 않거나 신문을 편집하지 않는 시간에는 뉴욕의 다른 신문들과 영국, 독일, 프랑스 신문을 탐독했다. 조지프는 직원들에게 엄청나게 많은 요구를 했지만 본인에게는 그보다 더 많은 것을 요구했다. 〈세인트루이스 포스트-디스패치〉를 운영할 당시 조지프는 신문이 따분하면 속이 울렁거려 어쩔 줄 몰랐고 자신의 기준을 충족시키면 만족해 한껏 들뜨곤 했다. 뉴욕에서 여름을 맞이할 무렵 조지프는 한껏 들뜬 마음이 되었다.

〈월드〉를 인수하고 몇 주가 지났을 무렵 판매부수는 35퍼센트가량 뛰어 있었다. 코틀랜드 가와 그리니치 가 모퉁이에 있는 신문가판대 운영자는 이렇게 말했다. "판매부수요? 말하나마나 올랐죠. 하루에 14부를 팔았는데 이제는 34부를 팔거든요. 그걸 올랐다고 안 하면 뭐라 하겠어요?"[30]

호텔에 머물던 조지프와 케이트 부부는 그래머시 파크Gramercy Park 17번지에 있는 집을 빌려 이사했다. 파크로 옆 이스트사이드East Side에 있는 개인 공원으로 둘러싸인 품위 있는 동네였다. 1876년 논란이 되었던 대통령 선거에서 후보로 나섰고 조지프가 열렬하게 지지했던 나이 지긋한 새뮤얼 틸든은 그래머시 파크 15번지에 살았다. 틸든을 다시 대통령 후보로 추대하자는 말이 나돌았지만 조지프는 신경 쓰지 않았다. 틸든의 집 근처로 이사 오고 몇 주 뒤 조지프는 이렇게 말했다. "그는 과거에 속한 사람이고 신념을 대변하는 사람이다. 신념이 사람보다 강하다지만 어쨌든 우리가 뽑는 건 사람이지 신념이 아니지 않은가."[31]

조지프는 대부분의 시간을 일하면서 보냈지만 바쁜 와중에도 짬을 내 뉴욕의 정치인들과 교류했다. 〈월드〉를 인수한 지 얼마 안 되었을 무렵의 어느 저녁 조지프는 민주당원 윌리엄 휘트니William C. Whitney와 함께 1876년의 선거를 회상하는 시간을 가졌다. 저녁 만찬 참석자들의 정치적 신념은 모두 같았지만 부유한 사람들이 주로 모이는 저녁 만찬에 참석한 조지프는 한 마리의 미운 오리 새끼 같았다. 여행 중인 아내에게 보낸 편지에서 휘트니는 조지프를 이렇게 묘사했다. "뼈만 앙상한 날카로운 인상에 머리와 구레나룻을 덥수룩하게 기른 퓰리처는 몸에 맞지 않게 큰 양복을 입고 나타나 저녁 만찬에 참석한 다른 사람들과 확연하게 구별되었다오." 다른 날 저녁 조지프는 델모니코스 식당Delmonico's에서 열린 루이스빌 박람회Louisville Exposition 홍보 만찬에 워터슨과 함께 참석했다. 6월에는 민주당원만 회원으로 가입할 수 있는 맨해튼 클럽의 정식 회원이 되었다.[32]

조지프는 제이 굴드가 새로 장만한 요트를 함께 타고 이스트 강을 따라 달리며 오찬을 즐길 짬도 냈다. 더 놀라운 사실은 조지프가 그런 기회를 가지려고 애썼다는 점이다. 그날 오찬에는 〈뉴욕 선〉 편집자 데이나와 이번 선거에서 연방 하원의원에 당선된 민주당원 윌리엄 도르스하이머William Dorsheimer도 동참했다. 조지프가 그 두 사람과 함께 어울리려 한 이유는 충분히 납득할 수 있다. 그러나 굴드의 요트에서 사람들과 어울리면서 식사를 즐기려 했다는 것은 일견 납득하기 힘들다. 그러나 그 또한 사실이다. 이런 행보에서 조지프 내면의 이중성이 잘 드러난다. 조지프는 〈월드〉를 통해 상류층 사람들을 자근자근 씹어 엉망으로 만들면서도 한편으로는 상류층에 끼려는 욕망을 품고 있었다.[33]

부유한 사람들을 조롱하면서 그들이 지닌 권력을 공격했고 그들이 가진 특권의식을 비판했을지 모르지만 조지프는 그들 틈에 끼고 싶은 바람을 품고 있었다. 굴드와 점심식사를 하고 나서 몇 주 뒤 〈월드〉는 뉴욕의 백만장자 명단을 기사로 내보냈다. "이 장대한 목록에서 언론인은 고작 서너 명에 불과하다. 그러나 내년에는 이 명단의 절반 정도를 언론인이 차지할 것이다. 당장이라도 이름을 거론할 수 있지만 그건 내년을 위해 남겨둔다."[34]

8월 조지프는 주지사 후보로 출마한 민주당원 조지 호들리George Hoadly 판사의 선거를 지원하기 위해 오하이오 주로 떠났다. 이번 선거는 전당대회 이후 벌어진 거칠고 지저분한 흙탕물 싸움 때문에 이미 판이 틀어질 만큼 틀어진 상태였다. 어느 기자는 이번 전당대회를 보고 정치 집회가 아니라 소싸움에 가까웠다고 이죽거렸다. 어배너Urbana에서 콜

럼버스Columbus로 이동하는 열차의 흡연객차에서 조지프는 매클레인이 운영하는 〈신시내티 인콰이어러〉 기자와 우연히 마주쳐 대화를 나누게 되었다.[35]

조지프가 말을 꺼냈다. "이게 당신이 만든 지옥이오?"

기자가 말을 받았다. "이 정도야 뭐 견딜 만하지 않습니까?"

조지프는 자신 없는 태도로 〈신시내티 인콰이어러〉 발행인이 경쟁 신문에 관여하고 있는 호들리에게 복수할 기회만 노리고 있었던 것 아니냐고 말했다.

기자가 응수했다. "뭐 그거야 본능 아니겠습니까. 하지만 신문은 정서 때문에 만드는 것이 아니라 돈 때문에 만드는 것 아닌가요?"

조지프가 대답했다. "둘 중 하나를 고르라면 지금 나는 정서 때문에 신문을 만들고 있다고 대답하겠소. 내가 뉴욕에서 만드는 신문이 민주당 성향을 분명하게 밝히는 이유를 아시오? 뉴욕에서는 강한 민주당 정서를 느끼기 때문이오. 반대로 내가 세인트루이스에서 만드는 신문이 독립신문인 이유는 세인트루이스에서는 독립 성향의 정서를 강하게 느끼기 때문입니다."

두 사람은 이번 선거에 대한 몇 가지 생각을 공유했다. 가령 두 사람은 호들리가 이번 주지사 선거에 승리해, 이듬해에 있을 대통령 선거에서 대통령 후보로 발돋움할 생각을 하고 있다는 사실에 공감했다. "그건 자기 생각이지. 안됐지만 민주당은 이번 오하이오 주 주지사 선거에서 대통령 후보를 찾을 생각이 없소. 만일 그렇더라도 호들리가 뽑힐까 봐 걱정하는 사람도 없을 것이고."

목적지에 도착한 조지프는 오하이오 주 민주당 지도급 인사 중 한 명과 만났다. 조지프는 〈신시내티 인콰이어러〉 기자와 열차에서 나눈 대화에 대해 상의했다. 민주당 지도급 인사는 그 기자가 비밀을 지킬 것이라면서 조지프를 안심시켰다. 그러나 그 뒷자리에 〈뉴욕 타임스〉 기자가 앉아서 두 사람의 이야기를 전부 듣고 있었다는 사실은 까맣게 몰랐다. 대화 내용을 모두 받아 적은 〈뉴욕 타임스〉 기자는 그 내용을 기사화해 다른 사람의 뒤통수를 치곤 했던 퓰리처에게 쓴맛을 보여주었다.

1883년 8월 말 〈월드〉의 판매부수는 조지프가 〈월드〉를 인수하기 전 판매부수의 두 배로 뛰었다. 조지프는 한 달쯤 뉴욕을 떠나 있어도 괜찮겠다고 생각할 만큼 마음의 평화를 얻었다. 미국 철도업계 저명 인사 중 한 명인 헨리 빌라드Henry Villard가 미국 최초로 북부 대륙 간 철도를 완성한 참이었다. 이 사업을 끝내기 위해 자신이 가진 능력 이상의 자본을 끌어모아 투입하는 바람에 빌라드는 큰 빚을 지게 되었다.

빌라드가 필사적으로 홍보한 덕분에 전 세계 각지로부터 새로 완공된 철도에 대한 관심이 쏟아졌다. 빌라드는 열차를 타고 미국을 횡단하는 행사에 정부 공직자, 정치인, 해외의 고위 관리, 미국 전역의 주요 신문 편집자들을 초청했다. 조지프는 철도회사와 독점 사업에 반대하는 입장을 표방하면서도 이번 초청을 냉큼 수락했다.[36]

8월 28일 빌라드의 전용 열차가 뉴욕에서 출발했다. 와그너Wagner 침대객차를 매단 열차의 엔진이 힘차게 돌아가기 시작했다. 커튼이 달린 창, 가죽 시트로 마감한 의자, 양탄자가 깔린 바닥에 도자기로 만든 타구唾具(가래나 침을 뱉는 데 사용하던 그릇-옮긴이)를 비치한 침대객차는 식탁이 배치된 길쭉한 형태의 거실에 앉아 있는 것 같은 착각을 불러올 정도로 아름답게 꾸며놓았다. 시카고에서 두 대가 합류하면서 열차는 네 대로 늘어났고, 유람 여행에 참여한 손님은 300여 명으로 불어났다. 개중에는 율리시스 그랜트 전 대통령도 끼어 있었다. 유람열차는 환영 행진과 환영 만찬을 위해 자주 멈췄다. 비즈마크Bismarck에서 유람단은 주 의사당 정초식에 참석해, 이번 행사 연설을 위해 잠시 풀려난 시팅 불Sitting Bull의 연설을 들었다. 9월 8일 몬태나 주 헬레나Helena에서 96킬로미터쯤 떨어져 있는 리틀블랙풋Little Blackfoot 계곡에서 조지프가 탄 열차와 서부에서 출발한 열차가 합류했다.[37]

이 외딴 촌구석에 전시관, 야외음악당, 산책로를 조성해놓았다는 사실에 조지프는 깊은 인상을 받았다. 자리로 돌아온 조지프는 열차가 마지막 300미터를 빠르게 돌파하는 모습을 지켜보았다. 맨 처음부터 동참한 조지프는 거대한 산맥 뒤로 떠오르는 태양 빛을 받으며 여행을 마쳤다. 빌라드는 이번 행사를 위해 30만 달러를 지출했지만 언론은 그만한 반응을 보이지 않았다. 〈월드〉를 제외한 미국과 유럽 대부분의 신문은 이번 행사가 '철도 역사상 중요도가 비교적 크지 않은' 행사라며 인색한 평가를 내렸다.[38]

조지프가 뉴욕을 떠난 틈을 타, 조지프를 달가워하지 않는 사람들은 〈월드〉를 비방하는 소문을 퍼뜨렸다. 조지프가 굴드와 인터뷰한 내용을 〈월드〉 1면의 2단에 걸쳐 게재함으로써 자신에게 소유권이 넘어왔음을 공표했지만 소유권은 여전히 굴드의 손에 있다는 소문이었다. 많은 사람들이 이 소문을 믿었다. 조지프가 굴드가 새로 제작한 요트를 타고 굴드와 어울리려고 노력하고 있다는 사실이 소문에 대한 믿음을 더욱 공고하게 했다. 커크릴은 이에 대한 공식적인 입장을 밝힐 수밖에 없었다. 커크릴은 굴드나 굴드의 아들, 또는 "독점 기업과 관련이 있는 그 누구도 〈월드〉에 대한 직간접적인 이해관계가 단 1달러어치도 없다. 중국의 황제가 〈월드〉의 경영에 간섭하지 않는 것과 마찬가지"라고 밝혔다. 커크릴이 최선을 다해 해명했음에도 소문은 가라앉지 않았다. 가령 〈브루클린 이글Brooklyn Eagle〉은 이렇게 보도했다. "퓰리처는 굴드 씨가 〈월드〉와 아무런 관계가 없다고 주장하지만 말도 안 되는 소리다. 굴드 씨는 여전히 〈월드〉의 소유주다."[39]

그러나 소문은 조지프를 귀찮게 하는 것 이상은 되지 못했다. 서부에서 돌아온 조지프를 맞이한 것은 뉴욕에서의 성공을 입증하는 증거였다. 경쟁 신문들이 〈월드〉의 성장세에 놀라 가격을 내린 것이다. 〈뉴욕 트리뷴〉은 4센트에서 3센트로, 〈뉴욕 타임스〉는 4센트에서 2센트로, 〈뉴욕 헤럴드〉는 3센트에서 2센트로 값을 내렸다. 기쁨을 감추지 못한 채 조지프는 이렇게 선언했다. "이것은 〈월드〉가 이룩한 또 하나의 승리다!"[40]

〈월드〉의 판매부수는 나날이 늘어났다. 조지프는 〈월드〉가 민주당이 정권을 되찾는 데 기여할 수 있는 정치적 지렛대라는 사실을 새삼 깨달았다. 처음부터 조지프는 민주당에 대한 지지 입장을 숨기지 않았다. "특별위원회가 아니라 국민과 대화하고자 한다." 〈월드〉를 인수하고 며칠 뒤 조지프는 자신의 정치적 목적을 분명히 밝혔다. 조지프는 서른다섯 단어만으로 10가지 목표를 설명했다. 목록의 상위에 오른 다섯 가지 목표는 '개별 소비세, 상속세, 부유세, 독점세, 법인세 신설'이었다. 하위권 다섯 가지 목표는 '보호관세 철폐, 공직 기강 확립, 부정부패를 저지른 공직자 처벌, 금품 수수 등을 통한 매표 행위 금지, 자신이 고용한 근로자에게 압력을 행사해 특정 후보에게 투표하도록 강요하는 고용주 처벌'이었다.[41]

서부 시찰을 마치고 돌아온 조지프는 뉴욕 민주당을 단결시키기 위해 나섰다. 1880년 민주당은 단 몇천 표가 모자라서 백악관 탈환에 실패했다. 당시 조지프는 구경꾼에 불과했다. 그러나 이제 조지프는 뉴욕에서 영향력을 행사할 수 있는 지위에 올랐다. 조지프는 1884년에는 다른 결과를 만들겠다고 다짐했다.

9월 24일 조지프는 쿠퍼유니언에서 열린 민주당 전당대회에서 데이나를 만났다. 폭죽이 터지고 악단의 흥겨운 연주가 이어지는 가운데 민주당원들은 한마음 한뜻이 되어 근 25년 동안 빼앗겼던 백악관을 탈환하기로 굳게 맹세했다. 이제 예순넷을 바라보는 데이나는 뉴욕의 편집자를 대표하는 인물이었지만 조지프와 함께 무대에 오르는 데 흔쾌히 동의했다. 금년 5월 조지프가 〈월드〉를 인수할 당시 그와 관련해 호의적인 기사를 쓴 신문사는 많지 않았지만 데이나는 조지프가 자신의 제자라는 사실을 독자에게 다시 한 번 상기시키면서 〈월드〉의 판매를 높이는 데 도움이 될 만한 기사를 〈뉴욕 선〉에 실었다.[42]

몇 주 뒤 민주당 내부에서 다시 갈등이 터져 나오자 조지프는 민주당 지도급 인사들을 만났다. 조지프의 눈에는 뉴욕의 민주당원 모두가 선거에서 지기로 작정한 사람들 같았다. 선거 전날 밤 민주당원들이 고성을 주고받으며 다투는 모습에 깜짝 놀란 일도 있었다. 고참 민주당원 한 사람이 다가와 조지프에게 뉴욕 정치에 대해 잘 아느냐고 물었다. 조지프는 자신의 정치 경험이 미주리 주와 서부의 몇몇 주에 국한되어 있다고 시인했다. 그러면서 비아냥거리는 투로 뉴욕에 살면 살수록 뉴욕 정치인들의 목표가 무엇인지 도통 알 수 없어진다고 덧붙였다.[43]

그러나 조지프는 악덕 자본가와 독점 기업가의 이해관계에 꼼짝없이 놀아나는 공화당에 대한 적대감을 버리지 않았다. "그들은 자신들이 평범한 사람들보다 우월하다고 생각하는 것처럼 보인다. 그리고 유럽을 지배하는 상류층과 자신을 동일시하면서, 자신이 가진 돈의 힘을 업고 이 나라를 지배할 권리가 있다고 생각하는 것처럼 보인다. 그러나 수백만 명의 사람들이 한 줌의 백만장자보다 더 강하다."

11월 조지프는 〈월드〉의 성공을 확신하면서 공증받은 〈월드〉의 재무제표를 공개해 경쟁 신문을 조롱했다. 〈월드〉는 하루 평균 4만 5,000부를 판매했다. 조지프는 〈월드〉를 인수한 지 6개월 만에 판매부수를 세 배 늘렸고 경쟁 신문들이 앞다퉈 가격을 낮추게 만들었다. 〈월드〉가 이대로 계속 순항한다면 파산 직전이었던 〈월드〉는 앞으로 6개월 안에 파크 로에 있는 다른 신문사들과 어깨를 나란히 할 수도, 그러고도 멈추지 않는다면 다른 신문사를 능가할 수도 있을 터였다.[44]

앨버트가 운영하는 〈뉴욕 모닝 저널〉도 8만 부 돌파를 자축했다. 1년 전 뉴욕 사람 대부분은 퓰리처라는 이름을 들어보지도 못했다. 그러나 이제 가장 많이 회자되는 신문사 두 곳이 모두 퓰리처 형제의 소유였다. 앨버트에게 판매부수 상승은 더 많은 수입을 의미했다. 조지프에게 판매부수 상승은 더 많은 수입, 그리고 정치권력 확대를 의미했다.

17장

킹 메이커

〈월드〉의 선장으로 키를 잡은 지 7개월 만에 큰 성과를 거뒀지만 조지프에게는 1883년 말이 마냥 즐겁지만은 않았다. 케이트가 병에 걸린 것이다. 조지프와 케이트 부부는 아이들을 데리고 그 즉시 뉴욕을 떠나 더 따뜻한 쿠바로 가서 안정을 취했다. 건강 공포증이 있던 조지프는 병에 관한 한 그것을 그냥 내버려두는 법이 없었다. 그러나 케이트의 병보다 더 큰 공포가 조지프에게 다가왔다. 케이트는 병을 털고 일어났지만, 몇 달 뒤인 1884년 5월 9일 새벽 6시 사랑하는 딸 캐서린이 폐렴으로 사망한 것이다. 조지프가 다시 창간한 〈월드〉의 1주년 기념식을 하루 앞둔 날이었다.[1]

캐서린의 사망 소식을 전하는 글을 쓰면서 조지프와 케이트 부부는 캐서린의 나이를 헤아려보았다. 캐서린은 2년 8개월 10일을 세상에 머물다 갔다. 어린 시절 남동생 한 명을 제외한 모든 형제자매를 잃어본 경험이 있는 조지프는 누군가가 어린 나이에 세상을 떠나는 일에 익숙했지만 케이트는 그렇지 않았다. 어린 시절 케이트는 가족 구성원 중 누군가가 세상을 떠나는 경험을 한 적이 없었다. 그 주 일요일 그래머시 파크에 위치한 조지프와 케이트 부부의 집에 모인 친구들은 조용히 장례를 치렀다.

어려운 일이 닥치면 어딘가로 사라져 버릇했던 조지프는 이번에도 즉시 여행을 떠날 채비를 했다. 조지프는 유럽으로 향하는 배의 선실을 예약했지만 곧 모든 해외여행 계획을 취소했다. 선거를 치르는 해였고 더구나 민주당이 백악관을 되찾을 가능성이 아주 높은 해였다. 유럽으로 향하는 대신 조지프는 뉴욕에서 북쪽으로 몇 시간 거리에 있는 작은 뉴잉글랜드 마을인 매사추세츠 주 레녹스Lenox에 있는 커티스 호텔Curtis Hotel에 방을 예약했다. 매사추세츠 주 레녹스는 뉴욕의 부자들이 여름의 더위를 피할 장소로 최근 새로 발굴한 곳이었다. 조지프는 네 번째 아이를 가진 케이트, 다섯 살 먹은 랠프, 세 살 먹은 루실을 하녀와 함께 레녹스로 데려왔다.[2]

여름의 열기를 타고 정치의 계절도 돌아왔다. 공화당은 하원의장을 역임했고 현재 연방 상원의원(메인 주)이자 장관으로 재직하고 있는 제임스 블레인James Blaine을 대통령 후보로 선출했다. 블레인은 1870년대 주요 철도회사와 매우 의심스러운 거래를 했던, 부패의 악취를 풍기는 인사였다. 공화당원 중에서도 특히 개혁적인 성향을 가진 공화당원들은 이번에 선출된 대통령 후보를 못마땅하게 생각했다.

공화당 전당대회를 마친 직후 불만에 찬 대의원 하나가 〈월드〉 기자의 눈에 포착되었다. 스물다섯 살의 젊은 대의원 시어도어 루스벨트는 뉴욕에서 떠오르는 정치 신인이었다. 루스벨트는 딱 부러지게 말했다. "다코타Dakota로 돌아가서 목장 일이나 돌보면서 남은 여름과 초가을을 보낼 생각입니다." 블레인을 지지하는지 궁금해진 기자가 묻자 루스벨트는 이렇게 대답했다. "그 문제라면 말하고 싶지도 않습니다. 신경 쓸 가치조차 없는 문제입니다." 그러나 목장으로 돌아가 여러 차례 숙고한 루스벨트는 마음을 가라앉히고 블레인을 지지한다고 선언했다.[3]

스스로를 개혁의 기수라고 말하는 공화당원이 블레인을 지지하는 모순을 조지프가 그냥 내버려둘 리 없었다. 루스벨트가 개혁을 표방하며 지방 의회 의원으로서 두각을 나타냈을 당시만 해도 조지프는 공화당원이었음에도 루스벨트를 긍정적인 시각에서 인상 깊게 지켜보았다. 그러나 지금 조지프의 눈앞에는 부패를 타도하겠다는 마음이 물러지면서 당에서의 지위 상승에만 골몰하는 루스벨트가 보였다.

조지프는 이렇게 전했다. "젊은 루스벨트 씨가 자신이 속한 당을 불쾌하게 만들기보다는 정직함을 저버리는 쪽을 택한 것은 당연하다. 루스벨트는 개혁이라는 학교에 근무하는 성마른 무용 선생님이다. 루스벨트에게 배운 제자들은 공화당 정치에 없어서는 안 될 유용한 도구일 뿐이다. 젊은 루스벨트 씨는 개혁을 앞세운 사기꾼이자, 출세가도에 약간의 먹구름이라도 낄라치면 얼른 숨어버렸다가 어느새 다시 나타나 깜짝 쇼나 일삼는 정치꾼이다. 다시 말해 젊은 루스벨트 씨는 개혁가라는 가면을 쓰고 있지만 사실은 공화당 정치인들에게 아첨이나 일삼는 사기꾼에 불과하다."[4]

　루스벨트는 타협할 줄 모르고 개인의 이익을 추구할 줄 모르며 굽힐 줄 모르는 완고한 원칙주의자 조지프의 희생양이었다. 최근 등장했지만 가장 저명한 신문발행인이 취할 수 있는 가장 편안한 입장이었다. 엄격한 평가 잣대를 지닌 조지프는 정치인들을 맹렬하게 비판하는 사설을 쏟아내 민주당원을 기쁘게 했고 독자들을 매료시켰다. 그러나 루스벨트 같은 야심찬 정치 신인은 성공에는 결과가 요구되며 그러기 위해서는 정치적 타협과 선거에서의 승리가 필요하다는 사실을 잘 알고 있었다.

　조지프가 타협의 필요성을 조금이라도 이해했다면 루스벨트와의 연대를 형성했을 수도 있다. 그리고 그랬다면 두 사람의 공동 목표인 정치 개혁에 속도가 붙었을 것이다. 그러나 조지프는 블레인에게 머리를 숙인 루스벨트에게 날린 사설의 화살을 시작으로 수많은 정치인에게 화살을 날렸다. 자신을 모욕한 사람을 용서해주거나 자신이 당한 모욕을 잊어버리는 일이 없었던 루스벨트는 조지프의 공격을 하나도 빠짐없이 기억했을 것이다. 두 사람의 고집이 조금만 덜 셌더라도 두 사람은 서로가 같은 목적을 향해 가고 있다는 사실을 금세 알아차렸을 것이다.

　블레인이 뉴욕에서 반드시 필요한 시어도어 루스벨트의 지지를 확보했다고는 하나 여전히 많은 추종자를 거느리고 있던 로스코 콩클링의 지지는 얻어내지 못했다. 사실 연방 상원의원을 지낸 콩클링은 조지프의 변호사로 일하면서 대담한 기사를 내보내는 〈월드〉를 상대로 제기된 수많은 명예훼손 소송을 처리하느라 정신없이 바빴다. 더구나 하원 시절부터 지금까지 앙숙처럼 다퉈온 블레인과 화해할 생각은 눈곱만큼도 없었다. 블레인을 지지하느냐는 질문에 콩클링은 이렇게 대답했다. "감옥에 처넣어버리려 한 적도 있었지만 그냥 잊어버리기로 했소." 대신 콩클링은 블레인을 깎아내리는 일에 동참해 "충신忠臣, Stalwart"이라는 필명으로 〈월드〉에 블레인을 비판하는 글을 여러 차례 기고했다.[5]

조지프는 대통령 선거에서 민주당이 승리하리라는 낙관론을 주체하지 못했다. 조지프는 블레인을 "부패한 의회의 대변인, 선동을 일삼는 정치인, 탐욕의 화신"이라고 묘사했다. 1880년 선거 때와 다르게 1884년 선거에서는 조지프가 아무런 거리낌 없이 민주당 후보를 지지할 수 있었다. 2년 전 조지프는 퉁퉁한 체격의 그로버 클리블랜드Grover Cleveland가 뉴욕 주 주지사 후보로 출마했을 때 나무랄 데 없는 인품의 소유자 클리블랜드를 열렬히 지지했다. 그러나 당시 〈세인트루이스 포스트-디스패치〉라는 서부의 작은 신문사 발행인이었던 조지프는 클리블랜드를 도울 형편이 아니었다. 하지만 이제 조지프는 〈월드〉의 발행인으로서 선거에서 가장 중요한 전쟁터인 뉴욕의 심장부에 우뚝 섰다. 조지프는 이렇게 전망했다. "이번 대통령 선거에서도 뉴욕은 격전지가 될 것이다." 1880년 공화당은 뉴욕에서 5,517표 차이로 민주당을 가까스로 눌렀다. 이제 조지프는 그것보다 많은 표는 몰라도 그만한 표는 얼마든지 호령할 수 있는 위치에 있었다.[6]

〈월드〉의 판매부수는 나날이 늘어갔다. 어느 날 아침 누군가가 4번로를 운행하는 전차에서 비공식적으로 신문 선호도 조사를 벌였다. 전차에 탄 승객 중 세 명이 〈뉴욕 헤럴드〉를, 네 명이 〈뉴욕 선〉을, 다섯 명이 〈월드〉를 읽고 있었다. 그보다 더 많은 승객이 읽고 있던 신문은 〈뉴욕 타임스〉와 앨버트가 운영하는 〈뉴욕 모닝 저널〉뿐이었다. 언론계에서 잔뼈가 굵은 고참 언론인들도 〈월드〉의 성장세에 놀라움을 금치 못했다. 업계 전문지 〈저널리스트The Journalist〉는 이렇게 주장했다. "몇 달이라는 짧은 시간 사이에 그렇게 큰 폭의 성장세를 보이는 신문은 상상할수도 없었다." 그러나 〈월드〉는 바로 그런 일을 해냈다.[7]

1884년 한여름에는 〈월드〉 판매부수가 주중에는 6만 부, 다른 신문사가 신문을 내지 않는 일요일에는 10만 부까지 올랐다. 광고도 쇄도했다. 〈저널리스트〉는 이렇게 보도했다. "1년 전 〈월드〉는 광고를 게재하면서 광고주로부터 한 푼도 받지 못했다. 그러나 지금은 한 줄에 25센트내지 35센트를 받는다. 게다가 일요일 판에도 광고를 실어야 할 만큼 많은 광고가 쇄도하고 있다."[8]

경쟁 신문들이 아무리 애를 써도 〈월드〉의 독주를 막을 수 없었다. 심지어 〈뉴욕 헤럴드〉는 〈월드〉의 전면 광고를 모방하기도 했다. 〈월드〉의 판매가격에 맞춰 가격을 내리면서 〈뉴욕 헤럴드〉는 도매상에게 주던수수료도 함께 깎았고 그러면서 고민만 더 깊어졌다. 〈뉴욕 헤럴드〉와거래하던 어느 도매상은 〈뉴욕 헤럴드〉와 거래를 끊고 〈월드〉를 3,000부 주문했다. 신문유통업협회 회장은 이렇게 회고했다. "항의하거나 그러지는 않았다. 대신 〈월드〉를 3,000부 주문하고 〈뉴욕 헤럴드〉와 거래를 끊으면 그만이었다."[9]

그해 7월 조지프는 시카고 박람회장에 설치된 기자실에 앉아 민주당이 대통령 후보를 선출하는 모습을 지켜보았다. 조지프는 클리블랜드가 대통령 후보로 선출되도록 만들기 위해 갖은 공을 다 들였다. 조지프가 〈월드〉를 통해 쏟아낸 클리블랜드 지지 사설 속에 이런 말이 숨어 있다. "'클리블랜드는 민주당원이 아니라 개혁가에 가깝다'며 어느 선거구에서 반기를 들고 나서면 퓰리처는 클리블랜드를 민주당 대통령 후보로 지명하고 결국 이 나라의 대통령에 당선되도록 만들기 위해 최선을 다해 대변한다." 힘든 싸움 끝에 결국 클리블랜드가 대통령 후보로 선출되었다. 민주당 대의원들이 조지프의 사설에 주목하지 않았다 하더라도 적어도 클리블랜드는 다가오는 선거에서 자신이 비빌 언덕이 생겼다는 사실을 잘 알았을 것이다.[10]

〈뉴욕 헤럴드〉, 〈뉴욕 포스트New York Post〉, 〈뉴욕 타임스〉를 비롯한 대부분의 뉴욕 신문도 클리블랜드 후보를 지지하고 나섰다. 그러나 〈뉴욕 선〉의 찰스 데이나만은 예외였다. 몇 년 전 데이나가 친구를 추천했지만 클리블랜드가 일자리를 배려해주지 않은 사건 때문이었다. 민주당의 단결을 위해 조지프와 함께 열심히 뛰었던 데이나였지만 결국 민주당을 뛰쳐나가고 말았다. 그리고 오로지 격전지인 뉴욕에서 클리블랜드가 표를 얻지 못하게 할 심산으로 제3당 후보에 대한 지지를 선언했다. 과거 슈르츠와도 그랬던 것처럼 조지프는 다시 한 번 자신이 존경하는 정신적 지주와 동지가 아닌 적으로서 맞서게 되었다.

7월 29일 조지프는 클리블랜드가 민주당 대통령 후보로 선출되었고 민주당이 공식 선거 운동에 돌입했음을 정식으로 선언하기 위해 올버니에서 민주당 지도급 인사들과 합류했다. 올버니 악단을 선두로 하고 마차 25대가 그 뒤를 따르는 행진을 진두지휘해 주지사 관저까지 이끄는 민주당원들은 판사, 각급 의원, 당 지도자들로 이루어져 있었는데, 그중 조지프는 유일한 언론인이었다. 모여든 인파를 보니 주지사의 높은 인기를 실감할 수 있었다. 온갖 음식을 차려 놓은 만찬장 문이 열리자 군중 틈에 어울려 있던 주지사가 모습을 드러냈다. 푸짐한 음식과 팽배한 낙관주의를 만끽한 대의원들은 행사장으로 향하기 위해 자리를 나섰다. 어둑한 저녁 보슬비가 내리는 가운데 민주당 대의원들은 횃불과 폭죽을 들고 행진했다. 음악당과 오페라극장에서는 엄청난 수의 민주당원들이 모여 앉아 대의원들을 기다리고 있었다. 그날 밤 연설에 나설 몇 안 되는 인사 중에 조지프도 끼어 있었다.[11]

조지프는 클리블랜드를 띄워주기보다 블레인을 무너뜨리는 데 집중하기로 마음먹었다. 뉴욕에서 블레인을 누른다면 이번 선거는 이긴 것이나 다름없었다. 1872년 그랜트 후보, 1876년 헤이스 후보, 1880년 가필드 후보를 박살냈던 것처럼 이번에도 조지프는 〈월드〉의 지면을 통해 블레인을 맹렬하게 공격했다. 조지프는 블레인을 공격하며 약간의 과장을 더했다. 독자들은 블레인을 금주법 찬성론자, 아일랜드 출신의 가톨릭 이민자를 배척한 아메리카당Know-Nothing 당원, 철도회사로부터 금품을 받아 챙긴 부패한 후보, 이혼 직전의 위기에 몰려 우울증에 빠진 후보라고 생각하게 되었다. 사실 조지프의 비난은 블레인이 정치에 입문하던 초창기 시절의 일에 집중된 데다 그나마도 대부분은 블레인에게 호의적이지 않은 정체불명의 소문 이상은 되지 못했다.

클리블랜드에게도 꼴사나운 문제가 있었다. 클리블랜드는 독신이었는데 선거 운동 도중 숨겨둔 아이가 있다는 사실이 폭로된 것이다. 이 문제를 사실대로 공표해 정면 돌파하기로 결심한 클리블랜드는 할 말을 잃은 민주당 지도자들 앞에 모든 이야기를 속 시원히 털어놓았다. 그리고 조지프에게 사실대로 쓰라고 지시했지만 조지프는 그 말을 곧이곧대로 듣지 않았다. 조지프는 클리블랜드에게 사생아가 있다는 소문은 공화당이 퍼뜨린 악의적인 헛소문일 뿐이라고 일축한 뒤 블레인과 관련된 추문을 모두 폭로하겠다고 대놓고 협박했다.[12]

이것은 시작에 불과했다. 유세 연설을 방불케 하는 조지프의 사설이 〈월드〉의 사설란을 가득 메웠다. "이런 공격을 해놓고도 용서받을 수 있다고 생각하는가?" 조지프는 질문으로 사설을 열었다. "설령 클리블랜드 주지사의 자녀가 모두 법의 테두리 바깥에 있는 존재라고 해도 (…) 블레인보다는 대통령이 될 자격이 더 많은 후보다. 블레인은 철도회사 증권 중개인의 발 앞에 엎드려 사정하는 거지였고 하원의장 자리에 앉아 관직을 사고파는 매춘부였으며 토지를 횡령한 사람들의 편의를 봐주는 법을 제정하는 중개인이었고 공화국의 적인 부패한 공직자와 독점 기업가를 대변하는 대리인이었다."[13]

악마와 손잡은 후보든 숨겨진 약점이 있는 후보든 신문 판매에는 모두 긍정적인 영향을 미쳤다. 선거에 대한 관심이 고조되면서 모든 신문의 판매부수도 덩달아 늘었다. 그중에서도 〈월드〉의 상승세는 독보적이었다. 〈월드〉 사무실은 선거 운동 본부를 방불케 했다. 클리블랜드의 당선과 판매부수 상승은 완벽하게 얽혀 있었다. 〈월드〉의 판매부수가 늘수록 클리블랜드의 당선 가능성도 그만큼 높아질 터였다. 조지프와 커크릴은 〈월드〉를 전진시킬 모든 수단을 동원했다. 때마침 좋은 기회가 찾아왔다.

뉴어크 출신 월트 맥두걸Walt McDougall은 〈퍽Puck〉이나 〈하퍼스 위클리〉에 이따금씩 삽화를 게재해 조금씩 이름을 알려나가고 있었다. 그해 6월 맥두걸은 농구 경기를 관전하러 뉴욕에 왔다. 농구 경기장으로 가는 도중 〈퍽〉 사무실에 들러 블레인을 등장시킨 만평을 보여주었지만 〈퍽〉 편집자들은 맥두걸의 만평을 거절했다. 돌돌 만 커다란 삽화를 들고 농구 경기장에 갈 생각이 없었던 맥두걸은 급한 대로 그 삽화를 데이나에게 팔아보기로 했다. 당시는 일간지들이 삽화를 그저 신기한 구경거리 정도로만 인식하던 시절이었다. 당시 일간지들은 빠른 속도로 인쇄기를 돌려 판매부수를 맞춰야 했는데 만평이 들어가면 그 속도에 맞춰 신문을 찍을 수 없었다. 만평을 새겨놓은 그림판에 잉크가 뭉치면서 삽화가 뭉개지곤 했는데, 그때마다 인쇄기를 멈추고 그림판을 닦아주어야 하니 신문이 나와야 할 귀중한 시간만 잡아먹는 셈이었다. 인쇄가 지연될수록 판매부수도 그만큼 줄어들었다.

〈뉴욕 선〉으로 데이나를 만나러 가던 도중, 맥두걸의 눈에 〈월드〉 사무실이 들어왔다. 맥두걸은 먼저 〈월드〉에서 자신의 운을 시험해보기로 했다. 그러나 어둑한 사무실 입구로 들어선 순간 맥두걸은 자신감을 상실했다. 그래서 승강기 안내 소년에게 돌돌 말아놓은 삽화를 급히 넘겨주면서 이렇게 말했다. "편집자에게 가서 삽화가 마음에 들면 신문에 실어도 좋다고 전해주렴." 그러고는 얼른 돌아서서 다시 농구 경기장으로 향했다.

다음 날 맥두걸에게 〈월드〉 사무실로 급히 오라는 조지프의 전보가 날아들었다. 〈월드〉 사무실로 향하는 도중 맥두걸은 신문가판대에 놓인 〈월드〉를 한 부 구입했다. 자신이 그린 만평이 〈월드〉 1면에 5단에 걸쳐 큼지막하게 실려 있었다. 맥두걸이 사무실에 들어서자마자 조지프는 그를 반기며 맥두걸을 커크릴의 사무실로 데려갔다. 커크릴도 조지프만큼이나 맥두걸의 삽화에 관심을 보였다. 맥두걸의 그림체는 잉크가 그림판에 뭉치는 문제를 일으키지 않는 방식이었고 실제로 시험 인쇄에서도 별다른 문제를 일으키지 않았다. 조지프는 기쁨에 겨워 커크릴에게 이렇게 외쳤다. "드디어 신문에 만평을 그릴 수 있는 친구를 찾았다네!" 조지프는 즉시 맥두걸을 고용했다. 작업실을 내주고 일주일에 50달러를 지불하는 조건이었는데, 당시 대부분의 기자들이 받는 주급의 두 배에 달하는 액수였다.[14]

〈월드〉를 인수했을 때부터 조지프는 신문에 삽화를 넣을 생각을 가지고 있었다. 신문가판대에 놓여 있는 신문이나 신문팔이 소년들의 손에 들려 있는 신문 1면은 회색빛의 칙칙한 글자만이 나열되어 모두 엇비슷하게 보였다. 자신의 신문을 돋보이게 만들고 싶었던 조지프와 〈뉴욕 모닝 저널〉을 운영하는 앨버트는 온갖 구실을 만들어서 신문에 삽화를 포함시키려 했다.

조지프는 〈월드〉를 인수하고 2주도 채 지나지 않은 시점에 이미 범죄자 체포를 돕고 〈월드〉에 대한 신뢰도를 높이기 위해 용의자들의 몽타주를 신문에 실었다. 〈월드〉에 얼굴이 노출된 뒤 캐나다 정부가 지명

수배한 증권중개인이 체포되기도 했다. 맥두걸이 〈월드〉 사무실에 삽화를 두고 갔을 때 마침 〈월드〉는 용의자의 몽타주가 신문에 실린 덕분에 범죄자가 체포되었다는 소식을 전해 듣고 자축하던 참이었다. 조지프는 이렇게 선언했다. "〈월드〉 소속 만평가가 이룩한 결정적인 성과다. 우리를 시샘하는 다른 신문들은 신문에 삽화를 넣으려는 우리의 노력을 비웃었지만 몬트리올 사건을 계기로 삽화의 가치를 깨닫게 되었을 것이다. 삽화를 통해 대중의 인식을 고양시킬 수 있다는 사실과 함께 신문이 법질서를 지키는 데 힘을 보탤 수 있다는 사실이 입증되었다."[15]

그러나 모든 독자가 삽화를 환영한 것은 아니었다. 브루클린의 숙녀들을 다룬 기사에 포함된 삽화를 보고 항의하는 독자도 있었다. 〈저널리스트〉는 이렇게 전했다. "〈월드〉는 지난 일요일판에 '브루클린의 미인들' 연속 기사를 실으면서 결코 작지 않은 실수를 했다. 브루클린은 서부 출신의 촌뜨기가 몸에 익혀 온 보도 방식에 익숙하지 않다." 하지만 그런 호들갑은 오히려 조지프를 즐겁게 했다. 신문에 모습이 실린 여성 가운데 불만을 제기한 여성은 하나도 없었고 브루클린에서의 판매부수도 치솟았다. 〈월드〉가 주요 판매 대상으로 삼는 사람들이 영어를 배우기 위해 고군분투하고 있다는 사실을 염두에 둔 조지프는 이렇게 말했다. "세상 사람들은 대부분 시각을 통해 많은 것을 습득하는 법이다. 그렇지 않은가?"[16]

조지프는 맥두걸의 재능을 블레인 타도에 써먹기로 했다. 그렇지 않아도 블레인에게 호의적이지 않은 기사와 신랄한 사설로 무장한 〈월드〉에 만평까지 더해졌다. 8월에서 11월 선거 당일까지 맥두걸이 그린 만평이 〈월드〉 1면을 일주일에 두 차례 장식했다. 하나를 제외하고는 블레인이나 데이나가 지지하는 제3당 후보 벤 버틀러Ben Butler를 공격하는 내용의 만평이었다. 뉴욕의 신문 구독자들은 과거에는 보지 못한 현상을 접하게 되었다. 한마디로 〈월드〉는 애완견 대회에 출전했다가 달아난 미친 개 같았다.[17]

조지프는 〈월드〉에 쏟아지는 비난에 아랑곳하지 않았다. "적은 항상 생기게 마련이다. 적은 많을수록 좋다. 잘못된 일을 폭로하고 대중에 봉사하다 보면 적이 생기는 법이기 때문이다. 보통 가장 많은 적을 거느린 신문이 가장 가치 있고 가장 성공한 신문이다." 〈월드〉의 보도 방식은 독자를 끌어모았다. 그해 9월 말 〈월드〉의 하루 판매부수는 10만 부를 넘겼다. 조지프는 직원들 앞에서 이렇게 외쳤다. "여러분 〈월드〉가 드디어 10만 부를 돌파했습니다!"[18]

블레인에 대한 〈월드〉의 적대적인 태도에 조지프의 친구들도 아연실색했다. 블레인에게 무자비한 공격을 퍼붓는 〈월드〉에 질려버린 AP의 윌리엄 헨리 스미스는 이런 편지를 보냈다. "자네가 너그러운 성품을 소유했다고 믿었고 지금도 그렇게 믿고 있네. 하지만 이번 일을 보면 내가 아는 퓰리처가 한 일이 아닌 것 같아. 자네가 미친 것은 아닌지 궁금할 정도네. 정말 미친 것이라면 이 사악한 뉴욕이라는 큰물로 자네를 끌어들인 내 책임도 크네."[19]

그러거나 말거나 조지프는 기자들을 계속 재촉했다. 조지프는 자신의 배가 아무리 많이 앞서가고 있어도 만족할 줄 모르는 선장 같았다.

9월 3일 오후 조지프는 숨 쉴 틈 없이 돌아가는 사설 작성과 선거 운동을 잠시 접어두고 허드슨 강 유람에 나섰다. 불현듯 요트를 소유해야겠다는 생각에 사로잡힌 조지프는 구입할 만한 요트가 있나 살펴보기 시작했다. 그러나 올해의 모든 일이 그러하듯 이번 유람도 개인적인 즐거움을 누리기 위한 여행이라기보다는 정치적인 목적을 띤 여행이었다. 새뮤얼 틸든이 자신이 소유한 요트 바이킹Viking을 23번가 부두로 보냈다. 바이킹에 오른 민주당 대의원들은 용커즈Yonkers에 위치한 틸든의 강변 저택으로 향했다. 이번 유람은 공화당이 얼마나 비열한지 대중에게 다시 인식시킬 의도로 계획한 것이었다. 민주당 대의원들은 전당대회에서 채택된 결의안을 틸든에게 전달했다. 그 결의안에는 1876년 논란 많았던 대통령 선거에 후보로 나섰던 틸든에 대한 감사의 뜻이 담겨 있었다. 조지프는 그 배에 승선한 사람 가운데 유일한 언론인이었다. 친구 윌리엄 휘트니 곁에 앉아 점심을 먹으면서 조지프는 결의안을 비롯해 이 자리에서 오고 간 내용을 배에서 내리자마자 다른 신문사에 배포하겠다고 제의했다.[20]

선거를 한 달 앞두고 뉴욕 민주당은 독일인들의 표심을 사로잡기 위해 조지프에게 유세 연설을 부탁했다. 14번가와 15번가 사이에 위치한 어빙플레이스Irving Place의 멋진 음악학교에는 독일 국기와 미국 국기가 나부꼈다. 악단의 연주와 폭죽이 터지는 가운데 9월 29일 밤 강당에 들어선 엄청난 관중이 조지프를 환호로 맞이했다. 연단 좌우에는 대통령 후보 클리블랜드와 부통령 후보 토머스 헨드릭스Thomas Hendricks의 대형 초상이 걸려 있었다. 조지프는 〈뉴욕 슈타츠-차이퉁〉 발행인 및 저명

한 독일계 지도급 인사들과 함께 연단에 올랐다.[21]

연설에 나선 조지프는 블레인이 부패로 썩어 문드러진 당, 너무 오래 권좌를 차지하고 앉은 당의 대표라고 이죽거렸다. "블레인은 금주법을 찬성하는 부패한 정치인을 대변하지만 클리블랜드는 정직하고 명예로운 정치인을 대표합니다. 청렴결백한 정치인만이 백악관을 차지할 수 있습니다. 그러나 죽었다 깨더라도 블레인은 그런 인물이 될 수 없습니다."

조지프가 연설을 하는 도중 행사를 주최한 사람 중 누군가가 카를 슈르츠를 알아보았다. 주최 측 사람이 조지프에게 다가와 저명한 독일계 미국인 지도자 카를 슈르츠가 이 자리에 와 있다고 귀엣말을 건넸다. 8년 전 지금과 흡사한 뉴욕의 연단에서 조지프는 풍자를 곁들여 슈르츠를 공격했다. 그러나 이제 다시 한 번 같은 편에 서게 된 것이다. 조지프는 준비해 온 연설을 중단하고 이렇게 말했다. "근사한 말로 연설을 끝맺을 생각이었습니다만, 여러분이 반드시 알아야 하고 보고 싶어 할 분을 소개하는 것보다 더 근사한 말이 또 있을까요? 여러분, 카를 슈르츠 씨를 소개합니다."[22]

좌중이 술렁였다. 지난 10년 동안 두 사람을 갈라놓은 악연은 이제 모두 끝났다. 연단에 나란히 선 조지프와 슈르츠는 사람들의 열렬한 환호를 받았다. 1872년 자유공화당 운동 시절부터 친구로 지내온 머랫 홀스테드는 역사에 길이 남을 위대한 장면을 찍는 행운을 누리게 된 사진사에게 축하 인사를 건넸다. "퓰리처와 슈르츠가 결국 민주당의 개혁가로 나란히 서게 되었다. 달변가 두 사람이 클리블랜드 편에 서서 말의 향연을 펼쳤다. 두 사람은 서로 질세라 클리블랜드의 장점을 앞다퉈 소개하면서 지금이야말로 유럽을 사랑하는 우리 독일인들이 나서서 블레인에게 두려움을 안겨줄 때라고 선언했다."[23]

대통령 선거 운동에 매진하던 그해 가을, 조지프를 놀라게 한 소식이 또 하나 날아들었다. 10월 초 태머니홀에 모인 민주당원들이 조지프와는 한마디 상의하지도 않은 채 조지프를 제9선거구 연방 하원의원 후보로 지명했다. 하지만 조지프는 선뜻 나서지 않았다. 결국 제9선거구 유력 인사들이 〈월드〉 사무실을 여러 차례 방문해 조지프가 연방 하원의원에 출마해야 대통령 선거를 잘 치를 수 있다고 설득한 끝에 조지프의 응낙을 받아냈다. 태머니홀에서 선정된 연방 하원의원 후보는 차기 전당대회에서 비준될 예정이었고 제9선거구는 민주당 일색이었으므로 당선은 따놓은 당상이나 다름없었다. 그렇게 간절히 원했지만 세인트루이스에서는 이루지 못했던 꿈을 뉴욕에서 이룰 절호의 기회가 조지프에게 찾아왔다.[24]

〈뉴욕 모닝 저널〉은 조지프의 연방 하원의원 후보 지명을 크게 반겼다. 형 조지프가 아무리 자신에게 못되게 굴었어도 앨버트는 조지프의 지명 소식에 박수갈채를 보냈다. 앨버트는 놀라운 기억력으로 미주리 주 정치에서 활약했던 조지프의 활동상을 재조명하면서 이렇게 언급했다. "조지프 퓰리처는 자신이 대표하는 선거구 주민들을 위해 진심을 다해 헌신할 것이다." 이를 두고 〈저널리스트〉 편집자가 아무 말 없이 넘어갈 리 만무했다. "정말 아름답고 돈독한 형제애가 아닐 수 없다. 그러나 조지프 퓰리처 씨가 앨버트 퓰리처 씨의 말처럼 잘 해낼 수 있을지는 잘 모르겠다." 〈저널리스트〉 편집자의 지적은 정확했다. 조지프는 〈월드〉의 가장 강력한 경쟁자로 다름 아닌 〈뉴욕 모닝 저널〉을 꼽았다. 〈뉴욕 모닝 저널〉이 릴리 랭트리Lillie Langtry가 이혼 직전이라는 소식을 전하자 〈월드〉가 〈뉴욕 모닝 저널〉을 신뢰하고 있다는 인상을 주기 싫었던 조지프는 그 소식이 〈시카고 트리뷴〉에 실릴 때까지 기다렸다가 〈월드〉에 실을 정도로 〈뉴욕 모닝 저널〉을 견제했다.[25]

10월 16일 조지프는 그랜드센트럴 터미널Grand Central Terminal에 모인 클리블랜드 환영 인파 중에서 대표로 나설 여섯 명 중 한 사람으로 뽑혔다. 여섯 명의 대표는 거의 1,000여 명에 이르는 사람들을 이끌고 클리블랜드가 기다리고 있는 피프스애비뉴 호텔로 행진했다. 여섯 명의 대표와 악수를 나누고 그들의 조언을 경청한 클리블랜드는 점심식사를 하기 위해 자리를 떠났다. 점심식사에는 조지프, 윌리엄 휘트니, 그 밖의 민주당 지도급 인사 여남은 명이 참석했다. 이번 선거 운동 내내 그랬던 것처럼 조지프는 자리에 모인 정치인, 기금 모금인 가운데 유일한 언론인이었다. 식사를 하는 동안 선거 운동 자금 문제가 화제로 떠올랐다. 선거 운동 자금이 급격하게 줄어들고 있었기 때문에 모두들 휘트니에게 도움을 청했다. 휘트니는 2만 달러를 쾌척하면서 다른 사람들에게도 자금 지원을 요청했다. 그러나 정치 자금에 관한 한 소액기부자였던 조지프는 1,000달러만 냈다. 조지프의 진정한 가치는 돈이 아니라 〈월드〉를 통해 하는 일에 있었다.[26]

조지프는 곧 자신의 진정한 가치를 유감없이 발휘했다. 당시로서는 후보들이 직접 나서는 경우가 거의 없었던 순회 연설에 나선 블레인은 몹시 지친 상태로 뉴욕에 도착했다. 얼마 남지 않은 선거 운동 기간 동안 뉴욕을 집중적으로 공략해 자신의 편으로 만들 생각이었다. 그러나 10월 29일 블레인은 두 가지 실수를 저질렀다. 그리고 그 두 가지 실수는 조지프의 손을 거치면서 블레인의 정치 생명에 치명타를 날렸다.

10월 29일 블레인은 피프스애비뉴 호텔에 모인 개신교 목사들 앞에서 연설했다. 블레인을 소개한 목사는 민주당을 '럼주와 가톨릭 신자와 반역자'의 도당徒黨이라고 폄하했다. 자칫 아일랜드 출신 사람들의 반발을 불러일으킬 수 있는 위험한 발언이었지만 너무 피곤해서였는지, 주의 깊게 듣지 않아서였는지 블레인은 사회자의 말에 도사린 위험을 감지하지 못한 채 잠자코 있었다. 블레인의 말을 기록하도록 속기사를 파견한 민주당은 이 소식을 뉴욕의 각 신문사에 신속하게 배포했다. 그 사이 블레인은 델모니코스 식당에서 열릴 기금 모금 행사에 참여하기 위해 이동하고 있었다. 미국에서 가장 부유하고 힘 있는 200명의 인사들이 만찬장에서 블레인을 기다리고 있었다.

조지프는 블레인이 저지른 두 가지 실수의 중요성을 이해하는 유일한 편집자였다. 클리블랜드를 지지하는 뉴욕의 다른 신문들은 블레인의 선거 운동 소식을 신문의 안쪽에 배치했다. 블레인을 지지하는 〈뉴욕 트리뷴〉은 델모니코스 식당에서 열린 기금 마련을 위한 만찬이 성황리에 끝났다는 내용의 기사만 내보냈다. 그날 밤 조지프는 월트 맥두걸과 〈월드〉의 또 다른 만평가 발레리안 그리바예도프Valerian Gribayedoff를 만나 다음 날 아침에 내보낼 커다란 만평을 그리라고 지시했다.

두 사람은 작업실로 돌아가 이례적으로 커다란 만평을 그렸다. 만평에는 사람들이 미워하기로 악명 높은 열아홉 명의 금융업계 거물이 캐리커처로 표현되어 있었다. 그들은 마치 '최후의 만찬'을 연상시키는 모습으로 둘러앉아 만찬을 즐기고 있었다. 블레인이 만평의 한가운데에 자리를 잡고 있었고 그 오른쪽에는 제이 굴드가, 그 왼쪽에는 윌리엄 밴더빌트William H. Vanderbilt가 앉아 있었다. 그들 앞에 놓인 식탁에는 음식이 담긴 접시가 놓여 있었는데, 접시에는 '굴드 파이', '독점 수프', '뒷돈 푸딩' 같은 이름표가 붙어 있었다. 마지막으로 두 만평가는 초라한 차림의 가난한 부부가 아이를 데리고 만찬장으로 들어와 구걸하는 모습을 추가로 그려넣었다.

조지프는 이 만평을 〈월드〉 1면에 배치했다. 전통적으로 1면에 실렸던 7단 기사는 만평에 자리를 내주고 뒤로 물러나야 했다. 토머스 내스트Thomas Nast의 만평이 "보스" 트위드를 권좌에서 끌어내린 이후로 지금까지 뉴욕 신문계에 이런 일은 없었다. 조지프는 이 인상적인 만평 위에 다음과 같은 제목을 붙였다. "마지막 황제 블레인과 금융의 제왕들이 베푸는 왕실 연회."

이것으로 끝이 아니었다. 〈월드〉는 다음 면에서 그날 저녁 만찬장에서 일어난 일을 낱낱이 폭로했다. 만찬을 주최한 사람들이 기사를 막아보려 했지만 허사였다. 기사는 그날 만찬에 참석한 사람들이 라인식 팀발레스 요리Timbales à la Reine(커스터드로 형체를 만들고 그 안에 마카로니를 채워넣은 뒤 가운데에 갖가지 저민 고기를 넣어서 찐 요리. 모양이 탬버린같이 생겨서 이러한 이름이 붙었다고 한다-옮긴이)와 시럽에 잰 밤을 넣은 수플레

Soufflés aux Marrons(달걀 흰자위에 우유를 섞어서 구워 만든 과자-옮긴이)를 즐기면서 수천 달러를 앞에 두고 매표를 약속했다고 보도했다. 그 밖에 만찬장에서 일어났던 일이 하나도 빠짐없이 기사로 보도되었다. 조지프는 주요 기사 첫 단락을 블레인의 고향 메인 주의 방앗간에서 일하다가 실직해 정부보조금을 신청했거나 캐나다로 이민가려고 계획 중인 사람들의 발언으로 장식해 블레인에게 더 큰 충격을 안겼다. 그 뒤로 아일랜드 출신 사람들을 비방하는 발언을 블레인이 제지하지 않았다는 사실을 부각한 기사와 제이 굴드와 블레인의 친분을 설명한 기사가 이어졌다. 마지막은 조지프가 마음대로 쓸 수 있는 사설란이 장식했다. "블레인이 베푼 연회에 참석한 사람들, 주머니 가득 돈을 채우고 표를 사는 부정행위를 저지르는 자들의 면면을 보라." 그들은 바로 공공 자금과 특권을 등에 업고 부를 쌓은 철도업계 거물, 탐욕스러운 독점 기업가, 로비스트였다. "제이 굴드가 대통령을 마음대로 주무르면서 이 나라를 다스리도록 그냥 내버려둘 것인가?"[27]

조지프가 붙인 만평 제목을 수천 곳에서 베껴갔다. 민주당은 쾌재를 부르며 선거 구호를 아예 조지프가 지은 만평 제목으로 바꿔버렸고 공화당은 이를 갈았다. 정치에는 반전이 있게 마련이었다. 선거 운동이 막바지로 치닫는 시점에서 민주당 대통령 후보의 말보다 조지프의 말이 더 중요하게 되었다. 마치 〈월드〉가 대통령 후보로 출마한 것 같은 분위기였다. 신문이 이 정도로 중요한 역할을 했던 대통령 선거는 1876년뿐이었는데, 그때는 대통령 후보로 나선 호러스 그릴리 본인이 신문발행인이었기 때문에 그럴 수 있었다. 그러나 이번에는 대통령 후보도 아닌 조지프가 새롭게 등장한 독립신문의 힘을 마음껏 이용하고 있었다. 유권자들은 특정 정당을 지지하는 유서 깊은 신문들의 기사보다 〈월드〉에 실린 기사를 더 신뢰했다. 조지프는 이렇게 선언했다. "뉴욕 언론계에 혁명이 일어났다."[28]

1884년 11월 4일 선거 당일, 뉴욕에는 폭우가 쏟아졌다. 궂은 날씨가 공화당을 지지하는 농촌 지역 유권자들의 투표율을 떨어뜨릴 것이라고 예상한 민주당은 환호성을 질렀다. 그러나 선거를 마친 당일에 결과가 나온 것은 아니었다. 블레인과 클리블랜드는 뉴욕을 제외한 모든 주에서 선거인단 투표를 공평하게 나눠 가졌다. 결국 뉴욕에서 이기는 후보가 백악관을 차지하게 될 터였다. 조지프는 인쇄실로 가서 25만 부를 인쇄하라고 지시했다. 〈뉴욕 선〉보다 4만 5,000부, 〈뉴욕 헤럴드〉보다 4만 부 많은 부수였다. 누가 백악관의 주인이 될지는 몰라도 신문 전쟁에서는 조지프가 승리를 거둔 것이 틀림없었다.[29]

새벽 2시, 여전히 접전 중이어서 선거의 승패를 가늠할 수 없었지만 인쇄를 마친 〈월드〉 초판에는 민주당의 승리를 예측한 기사가 실렸다. 투표 결과 집계는 이튿날에도 이어졌다. 조지프는 독자들에게 이렇게 경고했다. "공화당 측 참관인과 감독관들이 사기를 저지르지 못하도록 개표 과정을 두 눈 부릅뜨고 지켜봐야 한다."[30]

선거 다음 날 저녁 수만 명의 사람들이 파크 로로 모여들었다. 신문사들은 건물 입구에 게시판을 내걸고 선거 결과를 게시했다. 공화당원과 민주당원 사이에 주먹다짐이 일어나기도 했지만 대부분의 사람들은 풍자적인 노래를 부르거나 욕설을 퍼부었다. 온갖 소문이 난무했다. 제이 굴드가 투표용지에 손을 댔다는 소문이 나돌자 성난 군중은 구호를 외치며 5번로로 몰려갔다. "제이 굴드를 사과나무에 매달아 교수형에 처하자!" 경찰이 나서지 않았다면 제이 굴드는 목숨을 부지하기 어려웠을 것이다.

주말이 되자 선거 결과가 명확하게 드러났다. 116만 7,169표 중 1,149표라는 근소한 차이로 뉴욕이 민주당 품에 안기면서 백악관은 민주당 차지가 되었다. 불과 575명의 유권자가 공화당을 권좌에서 끌어내린 것이다. 그리고 동시에 조지프는 손가락 하나 까딱하지 않고 공화당 후보를 2대 1이라는 압도적인 표차로 누르면서 연방 하원의원에 당선되었다.

조지프는 휘황찬란한 선거 결과를 기쁜 마음으로 음미했다. 자신이 선택한 후보가 백악관에 입성하게 된 것은 물론이고 본인도 세인트루이스에서 겪었던 선거 참패를 딛고 연방 하원에 입성하게 되었다. 그러나 무엇보다 중요한 것은 파산 직전의 〈월드〉를 인수하는 도박판에서 조지프가 이겼다는 점이었다. 〈월드〉는 미국에서 가장 많이 팔리는 신문이자 클리블랜드를 대통령으로 만드는 데 가장 크게 공헌한 신문이었다. 몇 년 뒤 조지프는 이렇게 기록했다. "클리블랜드의 당선은 〈월드〉가 이룩한 첫 번째 업적이자 가장 중요한 업적이었다. 블레인, 콩클링을 비롯해 내가 개인적으로 알고 지내는 여러 정치인이 모두 입을 모아 〈월드〉가 클리블랜드를 대통령으로 만들었다고 말했다."[31]

조지프는 승리를 만끽하면서 1884년을 마무리했다. 조지프는 25만

2,039달러짜리 수표를 써서 제이 굴드에게 주었다. 〈월드〉를 인수하면서 빌린 자금 중 남은 원금과 이자를 합한 금액이었다. 조지프는 약속한 기한보다 2년이나 앞당겨 빚을 청산했다. 〈월드〉는 이제 온전히 조지프의 소유가 되었다.[32]

18장

자유의 여신상

조지프의 책상에는 조지프의 성공담이 뉴욕을 넘어 미국 전역에 퍼졌다는 사실을 입증하는 증거들이 쌓여갔다. 하루가 멀다 하고 미국 전역에서 편지가 쇄도했다. 버몬트 주와 네브래스카 주 같은 지역에서 〈월드〉의 판매부수를 늘릴 방안, 워싱턴이나 시카고에 새로운 신문사를 차리면 좋겠다는 바람 등이 담긴 편지였다. 자신의 설교를 기사로 실어달라고 보내는 목사들이 있는가 하면 뉴기니New Guinea에 대한 고고학 연구를 신문에 실을 기회를 달라고 애원하는 야심찬 작가도 있었다. '아일랜드 독립운동인 페니언 운동Fenian movement의 20년 역사를 가볍고 읽기 쉬운 글로 쓰고 싶다'는 요청도 있었다. 새로 태어난 아기의 이름을 '조지프 퓰리처 코너Joseph Pulitzer Conner'라고 짓고 싶다는 부부도 있었고 새로 건조한 가장 빠른 증기선 이름을 퓰리처라고 지어도 되는지 묻는 선주

도 있었다.[1]

조지프가 처리해야 할 업무량은 상상을 초월했다. 홍수처럼 쏟아지는 편지에 일일이 대응하면서 〈월드〉를 운영하는 한편 틈틈이 세인트루이스에 있는 〈세인트루이스 포스트-디스패치〉도 감독해야 했다. 〈세인트루이스 포스트-디스패치〉를 매각할까 고려한 적도 있었지만 〈세인트루이스 포스트-디스패치〉에서 벌어들이는 수익이 많았으므로 매각하는 것보다는 신경을 쓰는 편이 더 낫다는 결론을 내리고 말았다. 조지프에게는 든든한 참모가 필요했다. 지원자는 넘쳐났다. 〈저널리스트〉는 이렇게 보도했다. "〈월드〉에 입사하려는 사람들이 모여들면서 뉴욕의 신문계가 발칵 뒤집혔다."[2]

그러나 조지프에게는 인복人福이 없었는지 마땅한 사람을 찾기란 하늘의 별 따기였다. 맨 처음 고용한 경영관리인은 〈뉴욕 헤럴드〉 출신이었다. 그러나 그는 조지프의 뜻을 거스르고 대형 소매상들의 광고를 할인 가격으로 실어주는 계약을 진행했다. 다음으로 고용한 사람은 옛날 직장에서 광고 수입의 일부를 개인적으로 유용했던 전력이 들통나는 바람에 쫓겨났다. 크게 상심한 조지프는 〈시카고 헤럴드Chicago Herald〉 발행인 제임스 스콧James Scott에게 전보를 보내 도움을 요청했다. "실력 있는 기자를 찾는 일이 믿을 만한 경영관리인을 구하는 것보다 훨씬 쉽다니 충격입니다." 이에 스콧은 이런 답장을 보냈다. "〈월드〉의 경영은 막대한 책임감을 요구하죠. 평범한 신문사에서 일해본 경험만으로는 그 일을 감당할 사람이 없는 것이 당연합니다."

커크릴 덕분에 〈월드〉의 기사 관리는 걱정할 일이 없었다. 그러나 커크릴은 이례적인 경우였다. 커크릴을 무한히 신뢰한 조지프는 커크릴을 자신과 동등하게 여겼다. 하지만 그 밖의 중요한 직책에는 적임자를 찾기가 쉽지 않았다. 어쩌다 마땅하다고 생각되는 사람을 골랐다고 해도 막상 일을 시켜보면 제대로 해내지 못하기 일쑤였다. 조지프는 단 한 번도 자신의 일을 온전히 남에게 넘겨주지 못했고 일부라도 넘겨주는 날에는 그 사람을 가르치고 참견하느라 많은 시간을 소모했다.[3]

클리블랜드를 대통령에 당선시킨 일등 공신이 조지프라는 사실이 널리 알려진 데다가 연방 하원의원 선거까지 승리하자 일자리를 알아봐달라고 애원하는 사람들이 모여들면서 조지프의 불행은 배로 늘었다. 아는 사람, 모르는 사람 할 것 없이 조지프에게 한자리 얻게 해달라고 청탁을 넣었다. 콜로라도 주 우체국장, 뉴멕시코 주 총독, 하와이 영사, 베를린 주재 미국대사 등 부탁하는 공직도 각양각색이었다. 청탁 행렬이 길어지면서 정부 관련 업무를 상의하려던 경찰국장이 조지프를 만나보지조차 못하고 돌아가는 사태가 벌어졌다. 낙심한 경찰국장은 이렇게 전했다. "어제 당신 사무실에 들렀소. 정식으로 당신을 만나기 위해 명함을 전달하려 했지만 사람들이 너무 많아 포기하고 그냥 돌아왔소." 새로 구성된 연방 하원은 그해 말에나 개원할 예정이었지만 조지프는 벌써부터 하원의원 후보 지명을 수락한 일을 후회했다. 선출직 정치인이 되려고 수많은 세월을 애태웠던 조지프였지만 선출직 정치인에 대한 흥미는 이제 사라지고 없었다.[4]

1885년 2월 초 조지프는 워싱턴을 방문했다. 연방 하원이 개원하면 무슨 일을 하게 될지 알아보기 위한 여행이었다. 조지프를 반갑게 맞이한 미주리 주 연방 하원의원 당선자가 조지프를 토론이 한창인 국회의 사당 현관으로 안내했다. 한 시간쯤 토론을 지켜본 조지프는 미주리 주 연방 하원의원 당선자 제임스 번스James Burnes에게 이렇게 물었다. "이런 자리를 2년 동안 지켜야 한다는 거지요?"[5]

　　조지프는 정치에 대한 흥미만 더 잃어버린 채 뉴욕으로 돌아왔다. 클리블랜드는 빅토리아 호텔Victoria Hotel 10층에 머물고 있었다. 공직을 청탁하려는 사람, 지지자, 민주당 관계자, 별난 사람 등 각양각색의 사람들이 빅토리아 호텔로 모여들었다. 사람들이 들이닥치지 못하도록 경찰이 막아선 사이 클리블랜드의 보좌관이 재빠르게 명함을 검토했다. 정오 무렵 빅토리아 호텔에 도착한 조지프는 전용 계단을 통해 10층에 올라 보좌관에게 명함을 건넸다. 명함을 받아든 보좌관은 클리블랜드의 방으로 들어갔다가 나와서 조지프에게 몇 분만 기다려달라고 말했다. 그러나 조지프는 단칼에 거절했다. "나는 기다리는 데 익숙한 사람이 아니오." 그러고는 당황한 보좌관이 마음을 추스를 새도 없이 순식간에 계단을 뛰어 내려갔다. 그날 저녁 클리블랜드는 조지프에게 사람을 보내 호텔로 와달라고 부탁했다. 조지프는 대통령 당선자가 참석하는 소규모 저녁 만찬에 초대받고 나서야 상처 입은 마음을 가라앉힐 수 있었다.[6]

　　조지프는 클리블랜드가 혁명을 일으키리라 기대했다. 〈월드〉를 통해 조지프는 클리블랜드 대통령이 어떠한 선물도 받아서는 안 되며 친인척을 공직에 앉히는 일도 없어야 한다고 주장했다. 더불어 개별 소비세를 신설하고 노동자를 보호하기 위한 관세를 부과해야 한다고 주장했다. 그보다 더 중요한 것은 정적政敵 축출이었다. 조지프는 클리블랜드에게 선출직을 제외한 모든 공직에서 공화당원을 쫓아내라고 주문했다. 조지프는 클리블랜드가 그들이 비밀리에 작성한 장부를 찾아내 지난날 시민들을 상대로 친 사기를 낱낱이 파헤쳐야 한다고 굳게 믿었다. 빈 공직은 민주당원으로 채워질 터였다. 조지프는 이렇게 주장했다. "당의 지명을 받아 선거에서 승리한 대통령에게는 당에게 갚아야 할 빚이 있는 셈이다."[7]

그러나 클리블랜드에게는 조지프가 품은 열정이 없었다. 24년간 대통령을 배출하지 못한 민주당 당원들이 갈망하는 공직을 제공할 마음도 물론 없었다. 더 큰 문제는 대통령이 조지프가 추천한 사람을 거절한 일이었다. 조지프는 클리블랜드를 만나 세인트루이스에 사는 친구 찰스 깁슨Charles Gibson을 베를린 주재 미국대사로 추천했다. 깁슨을 추천하는 내용의 〈세인트루이스 포스트-디스패치〉 기사와 개인적으로 제작한 홍보물을 들고 깁슨이 몸소 워싱턴을 찾기도 했다. 그러나 모두 허사였다. 3월 말 클리블랜드는 베를린 주재 미국대사로 엉뚱한 사람을 지명했다.[8]

클리블랜드 탓에 개혁가 조지프 퓰리처는 공직을 청탁하다 거절당한 사람으로 전락하고 말았다. 대통령 취임 선서를 하기도 전에 이미 클리블랜드와 조지프 사이에는 전운이 감돌았다.

클리블랜드 대통령에게 실망한 조지프는 다른 사업으로 눈을 돌렸다. 뉴욕의 항구 중앙에 위치한 베들로 섬Bedloe Island(리버티 섬의 옛 이름

옮긴이)에 미국으로의 이민을 기리는 위대한 상징물을 세우는 사업이었다. 그러나 미국 측 자유의 여신상 건립 추진위원회가 받침대와 기초 부분을 제작할 비용을 마련하지 못한 탓에 프랑스 조각가 프레데릭-오귀스트 바르톨디가 제작한 세계를 밝히는 자유상Liberty Enlightening the World은 프랑스의 어느 창고에서 먼지를 뒤집어쓴 채 세월만 보내고 있었다.

조지프는 7년 전인 1878년 파리에서 열린 만국박람회에 참석해 조각상의 완성된 머리 부분을 목격했다. 그리고 뉴욕에 와서 〈월드〉를 인수한 1883년에 이 사업의 추진을 지지하는 사설을 썼다. 조지프 본인역시 과거 이민자였고 미국의 자유 증진을 위해 애써온 만큼 자유의 여신상을 뉴욕에 세우는 사업에 마음이 끌리지 않을 수 없었다. 사실 〈월드〉를 인수하고 2주도 채 지나지 않아 조지프는 제호 중앙에 배치된 인쇄기를 한 손에 횃불을 높이 치켜든 자유의 여신상으로 대체했다.

사업을 마치려면 높이 46미터, 무게 225톤에 달하는 자유의 여신상을 떠받칠 높이 27.1미터의 화강암 받침대를 건조해야 했다. 그러나 화강암 받침대를 세울 미국 측 기금 모금 사업은 지지부진했다. 75만 달러가 넘는 기금을 마련해 조각상을 완성한 프랑스와는 대조적인 상황이었다. 자유의 여신상 건립 추진위원회는 유력 인사들을 만나 애걸복걸한 끝에 15만 달러가량의 기금을 마련했지만 사업에 필요한 자금 25만 달러에는 10만 달러나 못 미치는 액수였다. 연방 의회는 자금 지원을 거부했다. 미국의 다른 도시들은 조각상을 세울 장소로 선택받지 못했다는 사실에 불만을 토로했고 대부분의 신문은 사업비가 너무 지나치다는 비판적인 논조의 사설을 내보냈다. 아무래도 이 사업은 실패할 것이 분명해 보였다.

그러나 조지프는 자유의 여신상 건립을 포기하지 않기로 마음먹었다. 1884년 대통령 선거를 치르던 격동의 한복판에서도 조지프는 귀중한 시간을 내어 자유의 여신상 건립 추진위원회의 기금 모금 사업을 지원했다. "미국은 조각상이 바다에 가라앉기 전에 받침대를 건립할 자금을 반드시 마련할 것이다. 그 조각상은 우리가 상상하는 것 이상의 의미를 지닌 채 앞으로도 오랫동안 그 자리를 당당히 지킬 것이다."[9]

그러나 〈월드〉에 드문드문 실리는 사설은 큰 효과를 거두지 못했다. 1885년 봄 프랑스 측에서 자유의 여신상을 배에 실어 미국으로 보낼 준비를 하는 동안 미국에서는 받침대를 지지할 콘크리트 기초를 겨우 시공한 형편이었다. 격분한 조지프는 이런 사설을 내보냈다. "참으로 부끄러운 일이 아닐 수 없다. 프랑스 정부가 보낸 선단이 자유의 여신상을 싣고 곧 미국에 도착할 것이다. 그들은 엄청난 부를 지닌 미국에서 자유의 여신상을 세울 받침대를 건립할 기금을 마련하지 못한 것을 보고 미국인들의 지성을 의심할 것이다!" 그러나 토요일에 발행된 〈월드〉에 실린 조지프의 비아냥거림에 분개한 사람은 아무도 없었다. 〈뉴욕 헤럴드〉 같은 다른 신문들은 여전히 이 사업을 터무니없는 것으로 간주하며 무시했다.[10]

그러나 그 다음 주 월요일부터는 누구도 자유의 여신상을 건립하기로 한 맹세를 무시할 수 없게 되었다. 매일 15만 부 이상이 판매되는 〈월드〉 1면에 "위대한 바르톨디의 조각상 건립을 위해 무엇을 할 것인가"라는 제목이 달린 사설이 대문짝만하게 실렸기 때문이다. 진퇴양난에 빠진 받침대 건설 현장을 묘사한 만평과 함께 실린 사설은 미국이 필요한 기금을 마련하지 못했다는 사실을 전면에 내세웠다.[11]

조지프는 사설란을 다음과 같이 시작했다. "우리가 해야 할 일은 한 가지뿐이다. 바로 '기금 마련'이다!" 조지프는 특별한 계획을 제시했다. "〈월드〉는 평범한 사람들의 사랑을 받는 신문으로서 여러분에게 이 사업에 동참해 성금을 보내주실 것을 부탁하는 바이다. 백만장자들의 기부를 기다리지 말자. 자유의 여신상은 프랑스의 백만장자들이 미국의 백만장자들에게 주는 선물이 아니다. 자유의 여신상은 프랑스 대중이 미국 대중에게 주는 선물이다."

조지프는 〈월드〉로 보낸 성금은 반드시 이 사업을 위해서만 쓰겠다고 약속하면서 독자들의 참여를 독려했다. "아무리 적은 돈이라도 보내주시기 바랍니다." 조지프는 성금을 낸 사람에게 보답하는 차원에서 성금을 낸 사람들의 이름을 〈월드〉에 실어주겠다고 약속했다. 단 1센트라는 약소한 돈으로 밴더빌트, 휘트니, 라인랜더Rhinelander, 루스벨트, 애스터Astor 같은 유명 인사의 이름이 오르는 신문에 자신의 이름을 올릴 기회가 뉴욕 시민에게도 찾아온 것이다.

정말 대담한 발상이었다. 철도회사나 제철소 같은 기업이 사업의 운영을 위해 투자자를 모집하듯 조지프는 대중에게 성금을 보내달라고 요청했다. 성금으로 모금된 자금을 동전 하나까지도 모두 자유의 여신상 건립 사업에 쓸 것이라는 사실을 보증하는 것은 오로지 조지프의 약속밖에 없었다. 만일 아무도 성금을 보내지 않는다면 조지프는 웃음거리가 되고 말 터였다.

하지만 다음 날부터 성금이 쏟아져 들어오기 시작했다. 어느 독자는 이런 편지와 함께 성금을 보냈다. "저는 가난한 사람이지만 약소하나마 성금을 보냅니다. 그리고 주위 사람들에게도 성금을 보내라고 설득할 생각입니다." 또 다른 독자는 성금과 함께 이런 편지를 보냈다. "바르톨디가 제작한 조각상에 대한 기사를 오늘 아침 읽었습니다. 약소하지만 우리 사무실에서 모은 돈(3달러 31센트)을 보냅니다. 돈을 더 모아서 빠른 시간 안에 다시 보내드리겠습니다."[12]

자유의 여신상을 건립하는 데 들어가는 비용 중 모자란 비용을 자신이 기부하는 방법도 있었지만 조지프는 이 사업의 본래 취지에 맞는 방법을 선택했다. 평범한 사람들의 지지를 받으면서 사업을 마무리하고 싶었던 조지프는 독자들에게 성금을 보내달라고 호소했다. 조지프는 단 한마디 말로 대중의 열성적인 참여를 이끌어냈다. 이 사건은 독립언론이 수행해야 할 공익적 역할이 무엇인지 알리는 시발점이자 독립언론의 늘어난 영향력을 웅변하는 사건이었다. 과거에는 교회나 정부만이 성금 모금 행사를 진행할 수 있었지만 이제는 언론도 그들과 동등한 입장에서 대중의 지지를 이끌어낼 힘을 가지게 되었다.[13]

공익 사업은 〈월드〉 경영에도 긍정적인 영향을 미쳐 판매부수가 치솟았다. 그해 6월 〈월드〉의 일요일판은 미국에서 발행된 어떤 신문보다 큰 판형으로 발행되었고 판매부수도 가장 많았다. 〈월드〉 인쇄에 들어간 인쇄용지를 일렬로 늘어놓으면 무려 1,342.1킬로미터에 달했다. "어제 〈월드〉는 세상의 어느 신문시보도다도 많은 종이를 소모했다."[14]

종일 격무에 시달린 뒤에도 잠을 못 이루는 날이 많아진 조지프에게는 휴식이 필요했다. 5월 9일 조지프와 케이트 부부는 에트루리아Etruria호를 타고 뉴욕을 떠나 유럽으로 향했다. 랠프, 루실, 1885년 3월 21일에 태어난 막내 조지프 2세는 뉴햄프셔 주로 보냈다. 여러 명의 보모와 의사가 아이들을 돌보기 위해 동행했는데, 최근 조지프의 개인 보좌관으로 채용된 케이트의 남동생 윌리엄 데이비스William H. Davis가 이들을 감독하기 위해 따라갔다.[15]

유럽에 도착한 조지프와 케이트 부부는 런던과 파리를 여행했다. 케이트는 쇼핑을 즐겼고 조지프는 미국 신문계의 풍운아에 대해 궁금해하는 유럽의 신문발행인들을 만나 미술품에 대한 이야기를 나눴다. 와인 판매점과 화랑에 들를 때면 조지프도 케이트 못지않게 많은 돈을 아낌없이 썼다. 조지프는 엑스레뱅Aix-les-Bains에서 케이트와 함께 온천욕을 즐기는 사이에도 파리의 미술품 중개인에게 적당한 그림을 물색해달라고 부탁했다. 미술품 중개인은 자신과 거래하는 다른 미술품 수집가의 이름을 은근슬쩍 언급했다. "밴더빌트가 파나롤리Pahnaroli의 그림을 소장하고 있다는 말씀은 안 드린 것 같네요. 그렇더라도 당신이 소장한 그림이 밴더빌트가 소장한 그림보다 '더 나은' 그림입니다."[16]

조지프와 케이트 부부는 엑스레뱅뿐 아니라 독일의 바트 키싱엔Bad Kissingen에서도 온천욕을 즐겼지만 조지프의 건강에는 별다른 도움이 되지 않았다. 뉴욕으로부터 멀리 떨어진 유럽까지 와서도 손에서 일을 놓기는커녕 〈월드〉 운영에 관여하느라 정신을 차리지 못했기 때문이다. 조지프는 편집자들을 유럽으로 불러들여 회의를 했고 발행된 신문을 우편으로 보내게 해 일일이 검토하고 평가한 뒤 전보를 보내 개선 사항 및 요구 사항을 전달했다.

조지프가 대서양 건너편으로 보내는 전보는 대체로 불평 일색이었지만 칭찬할 일도 없지는 않았다. 독자들이 〈월드〉에 보낸 자유의 여신상 건립 기금은 그해 7월 7만 5,000달러를 돌파했고 8월 11일에는 목표 금액인 10만 달러를 넘겼다. 넉 달도 안 되는 짧은 기간 동안 12만 명이 넘는 독자들이 〈월드〉의 모금 행사에 동참했다. "부정한 방법으로 돈을 모은 부자 중의 부자들을 뺀 각계각층의 모든 사람들이 모금 행렬에 동참했다. 존경받는 부자에서부터 가난에 찌든 빈민에 이르는 모든 사람, 정부 관료에서 노동조합원에 이르는 모든 사람, 정당과 당파를 초월하고 나이, 성별, 계급을 초월한 모든 사람, 단돈 1센트를 성금으로 보낸 신문팔이 소년에 이르는 12만 명의 독자들이 공동의 대의명분 앞에 한 마음으로 뭉쳤다."[17]

유럽 여행은 기대했던 목적을 달성하는 데 실패했다. 여행을 떠났지만 한시도 쉬지 못하기는 마찬가지였다. (그럼에도 케이트는 결혼생활 7년 만에 다섯 번째 아이를 가졌다.) 불면증을 벗어버리지 못한 채 신경이 날카로울 대로 날카로워진 조지프는 〈월드〉 편집자들을 집요하게 괴롭혔다. 조지프는 편집자들이 하는 모든 일에 꼬투리를 잡았다. 〈월드〉의 운영 상황을 파악할 수 있게 하는 보고서 작성은 시간을 많이 잡아먹는 고된 일이었지만 보고서에 대한 조지프의 요구는 나날이 늘어갔다. 〈월드〉의 시장 점유율을 파악하기 위해 직원들은 경쟁 신문에 실린 3행 광고 수를 집계하는 지루한 일을 감내해야 했다. 그럼에도 조지프는 단순한 집계로는 만족하지 못했다. 조지프를 만족시키려면 집계한 수치를 분야별로 쪼개 단번에 핵심을 파악할 수 있도록 정리해야 했다. "간단명료해야 해." 조지프는 틈만 나면 입에 침이 마르도록 잔소리를 해댔다. 커크릴은 이렇게 회고했다. "새벽 1시의 퓰리처는 신문사 사무실에서 볼 수 있는 남자 가운데 세계 최고의 남자였다. 하지만 그 시간을 뺀 나머지 시간에는 지독한 잔소리꾼일 뿐이었다."[18]

집에서라고 다를 리 없었다. 케이트와 아이들은 공포 속에서 살았다. 조지프는 사소한 일에도 폭발하기 일쑤였다. 예민한 조지프의 날선 불호령은 고스란히 케이트에게 쏟아졌다. 그해 가을 케이트는 일기에 이렇게 푸념했다. "그이는 내가 남편을 편안하게 해주는 여자가 아니라고 말하면서 집이 불편하다고 말했다." 조지프는 케이트가 '아내의 의무'를 다하지 못한다고 꼭 집어 비난했다. 더 이상 참을 수 없었던 케이트는 이렇게 응수했다. "이 집에서는 하인도 나보다 더 편하게 일한다고요." 케이트는 일기에 이렇게 적었다. "나는 노예나 다름없다. 그이는 무엇이든 비판하지 않고는 못 배기는 못된 성품을 지녔다." 케이트가 분노를 터뜨리자 조지프는 케이트를 방에서 쫓아내면서 절대로 용서하지 않겠다고 소리쳤다. 그날 밤 케이트는 일기에 이렇게 반문했다. "하루라도 조용히 넘어갈 날이, 마음 편하게 지낼 날이 도대체 오기는 하는 걸까?"[19]

조지프가 어떤 난국에 부딪혔는지 이해한 친구도 있었다. 과거 세인트루이스에서 동업했던 존 딜런은 조지프에게 존경의 마음을 담은 편지를 보냈다. 그 편지에는 경고도 숨어 있었다. "사업이든 일상적인 활동이든 지나치게 몰두해 과로하면 누구나 피폐해지게 마련이지. 하지만 자네의 경우에는 우아하고 멋진 창조력을 혹사시키기 때문에 그 상처가 더 클 것이라 생각하네. 아마 그건 만 명 중 한 명도 견딜 수 없는 일일 걸세."[20]

"하지만 계속 그런 식으로 일하면 더는 감당할 수 없는 날이 오리라고 생각하네. 자네는 스스로에게 항상 필요 이상으로 많은 것을 요구하는 것 같아. 무엇이든 자네 뜻대로 되어야 직성이 풀리기 때문에 휴식은 아예 꿈도 꿀 수 없지. 내가 보기에 자네는 끊임없이 창의적인 생각을 해내려고 애쓰면서 스스로를 극한 상황으로 내몰고 있는 것 같네." 딜런은 조지프에게 6개월 정도 일을 놓고 휴식하는 것이 좋겠다고 충고하면서 일과 생활 중 하나를 선택할 수밖에 없는 날이 올 것이라고 걱정했다. "그렇게 일에만 몰두하다가는 오래 살지 못할 걸세. 그보다는 일과 휴식을 병행하면서 한 백 년쯤 꾸준히 일하는 것이 더 낫지 않은가?" 그어느 때보다 더 솔직하게 조지프에게 충고한 딜런은 조지프에게 편지를 읽은 뒤 태워버리라고 했다.

1885년 12월 3일 아침 뉴욕 시 소속 어느 판사에게 서류 뭉치가 전달되었다. 판사를 당황하게 만든 그 서류 뭉치에는 뉴욕 시장의 이름과 뉴욕에서 가장 유명한 신문발행인의 이름이 적혀 있었다. 뉴욕 최고의 법무법인 중 한 곳에서 제기한 '원고 윌리엄 그레이스William R. Grace 대 피고 조지프 퓰리처' 소송의 주요 요지는 〈월드〉의 사설이 그레이스 시장의 명성을 훼손했다는 내용이었다. 원고 측은 투자회사인 그랜트 앤드 워드Grant & Ward와 머린 뱅크Marine Bank가 파산하는 과정에서 불거진 금융계의 추문에 그레이스 시장이 연루되었다는 〈월드〉의 사설 내용은 사실무근이라고 주장했다. 두 금융회사의 파산으로 그랜트 전前 대통령은 재산을 모두 날렸고 많은 사람들이 감옥에 갔으며 대중은 금융계에 대한 불신을 키우게 되었다. 두 금융회사에 백만 달러를 예치한 뉴욕 시도 예치금을 모두 날렸는데 〈월드〉는 그 일에 시장이 연루되었다고 주장했다.[21]

그레이스 시장은 손해배상금으로 5만 달러를 요구했다. 차근차근 문서를 검토하던 판사는 보안관보에게 조지프를 체포하라고 지시했다. 당시에는 소송을 당한 피고인을 체포하는 것이 관례였다. 〈월드〉 사무실에 도착한 보안관보는 잠시 기다린 끝에 조지프를 만날 수 있었다. 보안관보는 소송 내용과 보석금이 5,000달러로 정해졌다는 내용을 조지프에게 전달했다.

"돈을 내는 게 좋겠지요?" 조지프가 물었다.

"보석금보다는 보증인을 두 명 세우는 것이 더 좋습니다." 보안관보가 대답했다.

"좋아요. 하지만 내 입장에서는 돈을 내는 것이 더 좋겠소." 소송에 이골이 난 조지프의 대꾸에서 피곤함이 묻어났다. 조지프가 〈월드〉를 인수한 뒤부터 자문을 맡아온 로스코 콩클링은 지금까지 21건의 명예훼손 소송을 처리했다. 한 달에 한 건 넘게 처리한 셈이었다. 콩클링은 그중 10건을 승리로 이끌었고 11건은 우열을 가릴 수 없는 상태로 만들었다. 그레이스가 제기한 소송도 결국에는 콩클링이 적절하게 처리할 수 있을 터였다. 그러나 한 번 소송을 할 때마다 수만 달러의 비용이 들어갔고 돈으로는 따질 수 없는 정신력도 소모되었다. 어느 〈월드〉 직원은 이렇게 회고했다. 조지프는 "명예훼손 소송에 휘말릴 것을 우려해 밤마다 신문 내용을 샅샅이 훑어보곤 했다." 며칠 뒤 조지프는 소송으로 어지러운 뉴욕을 떠나 워싱턴으로 향했다. 일에 짓눌려 쫓기듯 떠난 것은 아니었다. 1884년 선거를 통해 구성된 하원의 회기가 시작되었기 때문이었다.[22]

애초부터 조지프는 하원과 마찰을 빚었다. 뉴욕에서 조지프는 권력을 휘두르면서 무엇이든 마음대로 결정했다. 그러나 워싱턴의 하원에서는 325명의 하원의원 중 한 사람에 불과했으므로 협상을 하지 않고는 할 수 있는 일이 아무것도 없었다. 초선의원인 조지프는 서열도 가장 낮았다. 국회의사당 뒤편에 배정된 자리로 가려면 한참을 이동해야 했다. 게다가 별다른 가치가 없는 행정 및 상업위원회에 배치되었다. 조지프는 한 위원회에 소속된 여섯 명의 민주당 의원과 다른 위원회에 소속된 일곱 명의 민주당 의원이 나타나지 않는다면 자신이 위원장이 되었을 것이라고 자조했다.[23]

조지프는 끝도 없이 이어지는 위원회 회의, 복도에서 벌어지는 길고 지루한 논쟁, 늦은 밤까지 이어지는 정치인들의 사교 모임에 참석할 시간이 없었다. 아침에는 파크 로의 〈월드〉 사무실에서 열리는 편집 회의에 참석하고 저녁에는 워싱턴에서 열리는 민주당 의원 회의에 참석했다. 다음 날 아침 의회 지도급 인사들과 아침을 먹고 뉴욕 사교계의 명사 워드 매캘리스터Ward McAllister 같은 인사와 저녁식사를 하기 위해 다시 북쪽으로 향했다.

이런 일정을 모두 소화하기란 쉬운 일이 아니었다. 허드슨 강 아래를 통과하는 터널이 아직 완성되기 전이었기 때문에 조지프는 14번가나 23번가에서 연락선을 타고 허드슨 강을 건넜다. 뉴저지 주 해안에 내린 뒤에는 남쪽으로 향하는 열차에 올랐다. 엎친 데 덮친 격으로 조지프는 하원의원 일에 대한 흥미마저 잃었기 때문에 왔다 갔다 하는 일이 더 고달플 수밖에 없었다. 위원회 보고서를 작성하고 있어야 할 조지프가 워싱턴의 의회가 아니라 뉴욕의 미술품 경매장에 나타난 일도 있었다. 어느 기자는 이렇게 보도했다. "퓰리처는 마치 두 곳의 둥지에 각각 짝을 만들어둔 비둘기처럼 밤낮 없이 워싱턴과 뉴욕을 오갔다."[24]

조지프는 워싱턴 정치가 지나치게 당파적이라는 사실과 워싱턴 정치인들이 〈월드〉의 진가를 알아보지 못한다는 사실을 알게 되었다. 어느 날 아침 조지프와 개인 보좌관은 워싱턴 기차역에서 〈월드〉 워싱턴 통신원을 만났다. 그 통신원은 법무장관과 하원의 일부 의원들이 곧 있을 법원 판결을 앞두고 팬-일렉트릭 전신회사Pan-Electric Telegraph Company로부터 주식을 받았다는 첩보를 입수했다. 조지프의 개인 보좌관은 당시 상황을 이렇게 회고했다. "그날 우리는 하원을 통해 이 사건을 조사하게 만들어 세상을 깜짝 놀라게 할 계획을 세우느라 시간 가는 줄 몰랐다. 〈월드〉는 법무장관과 일부 하원의원들의 부정부패를 폭로했고 조지프는 새로 얻은 하원의원이라는 지위를 이용해 하원에 조사를 요구했다.[25]

오랜 세월 동안 깊고 끈끈한 정치적 동맹을 맺어온 하원의원 대부분은 정부 인사를 공격한 조지프의 행위에 불쾌감을 드러냈다. 〈월드〉의 독자들과 다르게 조지프의 동료 하원의원들은 편집자에게 분노로 가득한 편지를 보내는 수준에 그치지 않았다. 민주당 소속으로 웨스트버지니아 주를 대표하는 하원의원 유스터스 깁슨Eustace Gibson은 단상에 올라 〈월드〉 편집자는 겁쟁이라고 비난했다. 유스터스 깁슨은 이렇게 주장했다. "민의를 대표하는 하원의원이라면 부정부패에 연루된 사람들을 솔직하고 남자답게 공개적으로 공격해야 한다. 그러나 퓰리처는 그런 일을 감당할 수 있는 대범함을 갖추지 못했다. 그래서 추문이나 일으키는 〈월드〉의 무책임한 기사 뒤에 숨어 있는 것이다. 이런 행태를 보면 더 이상 이곳에 있고 싶은 생각이 들지 않는다."[26]

한 의원이 그 즉시 자리에서 일어나 조지프가 이 자리에 없다는 사실을 깁슨에게 주지시켰지만 깁슨은 개의치 않고 이렇게 응수했다. "신경 쓰지 않습니다. 그건 이 자리에 참석하지 않은 사람 잘못이지요."

조지프가 요구한 조사를 수행할 위원회가 1886년 3월 첫 모임을 가졌다. 그 뒤부터 조지프는 조사 대상에 오른 사람들과 비슷한 수준의 조사를 받게 되었다. 〈월드〉가 팬-일렉트릭 전신회사의 주가를 조작해 이득을 보기 위해 일부러 의혹을 제기했다고 의심한 조사위원회 위원들은 기사 게재 여부를 결정하는 결정권자가 누구인지 물었다.[27]

조지프는 이렇게 대답했다. "바로 나입니다. 나 이외에는 누구도 기사 게재에 대해 관여할 수 없지요. 어떤 식으로든 내 결정에 영향을 미칠 수 있는 사람도 없습니다." 조지프는 기사 내용을 자기 책상의 서류함 중 하나에서 찾아냈다고 설명했다. "그 내용을 접하고도 무려 석 달을 기다렸습니다. 특정인 한 분이 그 사이 팬-일렉트릭 전신회사 주식을 처분할지도 모른다는 희망을 가지고 말입니다."

문제의 특정인은 바로 그로버 클리블랜드 대통령이 임명한 법무장관 오거스터스 갈랜드Augustus Garland였다. 몇 달 전 갈랜드 법무장관은 팬-일렉트릭 전신회사 주식을 〈월드〉에 넘기는 방식으로 처분하려고 은밀한 제안을 해왔다. 그러나 조지프는 갈랜드의 제의를 거절하고 〈월드〉 워싱턴 통신원에게 전보를 보냈다. "갈랜드의 제안은 '투기성 주식에는 절대 손대지 않는다'는 굽힐 수 없는 나의 원칙에 부합하지 않네. 나는 그 원칙을 반드시 고수해야 하지만 만에 하나 갈랜드가 자네를 〈월드〉 대리인이 아닌 신탁 관리자로 생각하고 그 '불미스러운' 주식을 자네에게 넘기려 하거나 공식석상에서 그 주식을 자선기금으로 내놓을 경우에는 오로지 곤란한 경제적 상황을 타개할 목적이라는 사실이 인정되므로 다시 한 번 고려해볼 만하네." 그러나 그런 일은 일어나지 않았다.[28]

조사위원회 위원들은 질문 세례를 퍼부었지만 조지프로부터 별다른 혐의점을 찾아내지 못했다. 조지프는 뉴욕행 열차에 몸을 실었다. 동료 의원들의 질문 세례에서 벗어나기는 했지만 국회의사당 생활에 실망한 조지프는 의무를 저버리기로 결심했다. 조지프는 회기 중 대부분의 시간을 워싱턴이 아닌 곳에서 보냈고 단 한 차례의 연설도 하지 않았으며 딱 두 건의 법안을 상정했고 한 차례 주의를 받고 나서야 기한을 넘긴 위원회 업무를 겨우 처리했다.[29]

2년 전 하원의원 후보로 지명되었을 때 조지프와 콩클링은 마차를 타고 센트럴 파크Central Park를 여유롭게 지나면서 야심찬 계획을 세워보곤 했다. "어떻게 한 사람이 두 개의 거대 신문사를 운영하면서 전국 정치 무대에서도 활발하게 활동할 수 있겠어?" 세인트루이스에 사는 친구 찰스 깁슨도 예리한 질문을 던졌고 조지프는 마땅한 답을 찾지 못해 쩔쩔맸다. 4월 10일 서른아홉 번째 생일을 맞은 조지프는 책상에 앉아 유권자들에게 이런 편지를 남겼다. "하원으로서 해야 할 일을 철저하게 수행할 수 없는 상황에서는 하원의원직을 계속 유지할 수 없습니다. 따라서 저는 저에게 보내주신 믿음과 신뢰를 돌려드리려 합니다."[30]

조지프에게 배정된 의원실은 〈월드〉 워싱턴 통신원이 정리하기로 했다. 통신원은 이렇게 전했다. "하원의원을 그만두게 된 것은 유감이지만 저는 퓰리처 씨가 워싱턴에서 하원의원으로 활동하는 것보다 〈월드〉의 편집자로 일하는 것이 훨씬 낫다고 확신합니다."[31]

조지프의 하원의원으로서의 경력은 당선된 뒤 회기가 열리기 전까지의 11개월과 회기가 시작된 이후의 4개월을 합쳐 총 15개월로 막을 내렸다. 조지프는 그동안 받은 의정 활동비로 병원 침대를 구입해 뉴욕의 어느 병원에 기증하면서 신문사 관계자들이 사용할 수 있게 조치했다. 또 그동안 받은 비품 구입비는 신문팔이 소년들이 다니는 공업학교에 기부했다. 유권자들에게 나눠주라고 농무부에서 하원의원에게 지급한 밀을 받을 수혜자도 발굴했다. 조지프가 염두에 두지 못한 일은 하원의원을 사임한 뒤 발생할 여파였다. 조지프가 떠나는 바람에 공석이 된 자리는 다음 선거 때까지 빈자리로 남아 있게 될 터였다. 조지프가 사임을 서두르는 바람에 조지프가 대표하던 선거구는 투표권을 행사할 수도 없게 되었고 선거에 도움을 준 사람들에게 공직을 배려할 수도 없게 되었으며 젊은 사관생도 후보생들도 후원자를 잃게 되었다. 조지프가 하원의원을 사임한 일은 애초 하원의원 후보 지명을 수락한 일만큼이나 잘못된 결정이었다.[32]

1886년 6월 말 케이트의 출산이 임박했음에도 조지프는 아랑곳하지 않고 여행을 떠나기로 마음먹었다. 그로부터 얼마 뒤인 19세기 말부터는 병원에서 출산하는 시대가 올 터였지만, 그 전까지는 아이를 낳다가 사망에 이를 위험이 매우 높은 것이 현실이었다. 하지만 루실과 캐서린이 태어날 무렵에도 그랬던 것처럼 케이트의 이번 출산도 여행을 가겠다는 조지프의 결심을 흔들지는 못했다. 오히려 조지프는 평생 병에 걸릴 것을 두려워하면서 오로지 자신의 건강에만 관심을 쏟았다. 조지프는 맨해튼에서도 가장 쾌적한 곳에 속하는 5번로 616번지에 집을 임대해 살았는데, 세간에는 알려지지 않은 몇 가지 이유로 임대한 집에서 사용하는 물이 건강에 해를 끼친다고 확신하게 되었다. 조지프는 배관공을 불러 욕실로 물을 공급하는 수도관을 교체했다.[33]

케이트와 동행할 수 없었으므로 조지프는 세인트루이스의 옛 친구 토머스 데이비드슨과 함께 여행을 떠나기로 했다. 지난해에는 데이비드슨을 만나기 위해 선거가 한창일 무렵에 귀중한 시간을 내기도 했다. 무려 십여 년 만의 재회였다. 그 사이 데이비드슨은 유럽 전역을 떠돌아 다녔다. 은둔 생활을 하면서 유토피아 공동체를 만들기도 했는데 조지 버나드 쇼George Bernard Shaw도 그 공동체의 구성원 중 한 사람이었다. 조지프는 데이비드슨에게 자신의 집에 머물라고 권유하는 한편 옛 스승에게 깊은 인상을 심어줄 생각에 콩클링 및 그 밖의 여러 유명한 정치인을 초대한 저녁 만찬 자리를 마련했다. 그러나 저녁 만찬은 조지프의 뜻대로 되지 않았다. 데이비드슨은 친구에게 보낸 편지에서 그날 저녁 만찬에서 만난 사람들의 결점에 대해 토로했다. 그러나 그날 처음 만난 케이트에게만큼은 이 회의주의 철학자의 마음이 움직였다. 데이비드슨은 케이트가 조지프를 위해 열과 성을 다해 내조하고 있다는 사실을 깨달았다.[34]

조지프는 데이비드슨과 함께 유럽을 여행하면서 한 달 가까운 시간을 보냈다. 조지프는 평소와 마찬가지로 가는 곳마다 전신회사에 들러 〈월드〉로 전보를 보냈기 때문에 여행을 떠나기 전보다 오히려 더 쉴 틈이 없었다. 집으로 돌아온 조지프는 1886년 6월 19일 태어난 딸에게 이디스Edith라는 이름을 지어주었다. 한여름의 뙤약볕을 맞으며 뉴욕에서 지낼 생각이 없었던 조지프는 식구들과 함께 다시 레녹스로 떠났다. 매사추세츠 주 서부와 코네티컷 주에 걸쳐 있는 고지대인 버크셔Berkshire에서 매일 승마를 즐기며 휴식을 취할 수도 있었지만 그곳에서조차 조지프는 〈월드〉 업무에 짓눌려 살았다. 조지프는 경영관리인에게 관리 권한을 넘기지도 않았고 편집자에게 편집 권한을 넘기지도 않았다. 〈월드〉는 승승장구했지만 조지프는 하루도 빠짐없이 직원들의 실수를 찾아내 지적했다.

조지프는 〈월드〉의 사설란 수준에 가장 크게 실망했다. 조지프가 생각할 때 사설이야말로 신문의 꽃이었다. 소식을 전달하는 기사는 기본적으로 독자와의 관계를 형성하는 역할을 할 뿐, 정치와 사회에 대한 견해를 전달하지는 못했다. 독자들이 세상사를 파악하기 위해 참고할 수 있는 것은 사설란이었다. 하지만 지금까지 조지프가 고용한 편집자 중에 조지프의 마음에 쏙 드는 사설을 쓴 편집자는 없었다. 조지프는 이 문제를 해결할 적임자로 〈보스턴 헤럴드〉의 윌리엄 메릴William H. Merrill을 꼽았다. 처음에는 메릴도 조지프의 제안을 미국 신문계에서 제안받을 수 있는 최고의 기회라고 여기고 〈월드〉로 오겠다고 했다. 그렇지만 〈월드〉의 편집자가 된다는 것이 무엇을 의미하는지 깨달은 메릴은 부담감을 못 이기고 발을 뺐다. 레녹스에 머물던 조지프는 황급히 보스턴으로 달려가 메릴을 설득했다. 주저하던 메릴은 결국 조지프의 제안을 받아들였다. 메릴의 부담을 덜어주기 위해 무려 7,500달러라는 믿을 수 없는 액수만큼 급여를 올려주어야 했다.[35]

다음으로 조지프는 〈세인트루이스 포스트-디스패치〉가 입주할 건물 신축 공사를 감독하기 위해 세인트루이스로 달려갔다. 1883년 세인트루이스를 떠나온 뒤 처음으로 방문한 길이었다. 그러고는 자유의 여신상 헌정식이 열리는 날짜에 맞춰 다시 뉴욕으로 돌아왔다. 조지프는 자유의 여신상 건립을 가능하게 만든 주인공이 누구인지 아무도 잊지 못하게 하고 싶었다. 그래서 〈월드〉 사무실 앞에 파크 로를 가로지르는 18.2미터 높이의 개선문을 세우고 프랑스 국기와 미국 국기로 장식했다. 10월 28일 거대한 가두행렬이 개선문 밑을 지나갔고 〈월드〉 직원들과 그 가족, 광고주와 그 가족이 두 척의 증기선에 각각 올랐다. 조지프와 그의 가족을 태운 또 다른 증기선이 앞장서서 달렸다. 두 척의 증기선은 다른 증기선들과 합류해 클리블랜드 대통령과 고위 공직자, 그들을 보좌하는 수행원들이 모여 있는 베들로 섬을 향해 나아갔다. 그 가운데 자유의 여신상 건립에 기여한 사람은 거의 없었다. 그래도 그들은 차례로 연설을 하면서 이 역사적인 날을 기념했다.[36]

조지프는 연설하지 않는 대신 〈월드〉의 사설란에 자신의 생각을 실었다. 아무나 쉽게 따라 할 수 없는 자신만의 독보적인 문체로 번영하는 구세계에 대한 칭찬을 늘어놓은 뒤, 조지프는 다음과 같이 말을 이었다. "드디어 굳건한 받침대 위에 우뚝 선 자유의 여신상은 억압, 무지, 편견에 맞서 싸워온 수세기에 걸친 투쟁의 결과를 상징한다. 그러므로 특정인의 후원을 받지 않는 것이 마땅할 것이다. 자유의 여신상은 우리가 스스로의 힘으로 많은 것을 성취했다는 사실을 보여주는 안도감의 상징이다."[37]

그 무렵 조지프와 친분을 쌓게 된 촌시 디퓨Chauncey Depew도 자유의 여신상 헌정식에 참석해 연설했다. 디퓨는 평범한 사람들의 입장을 대변하는 신문을 운영하는 조지프의 역량에 도전장을 던질 수 있는, 뉴욕 지배층에 속한 인물이었다. 디퓨는 공화당원이었고 밴더빌트가 지배하는 철도 노선이자 〈월드〉가 가장 많이 공격하는 독점 회사인 뉴욕 센트럴New York Central 사장이었다. 그러나 디퓨는 〈월드〉가 공격 대상으로 삼은 대부분의 사람들에 비해 훨씬 더 지적인 인물이었다. 디퓨는 조지프가 지배하는 새로운 형태의 매체가 실상은 돈이 되는 사업이라는 사실을 꿰뚫어보았다. 디퓨와 조지프는 모두 업계를 대표하는 인물이었다. 다만 조지프는 상대방을 갈가리 찢어 만신창이로 만들면서 돈을 번다는 것이 다르다면 달랐다.

디퓨는 블레인의 대통령 당선에 심각한 타격을 입힌 것으로 유명한 "마지막 황제 블레인" 만평에도 등장했던 인물이었다. 디퓨는 〈월드〉의 사설이나 기사 내용에 기분이 상했지만 한편으로는 조지프를 적으로 두는 것보다 친구로 두는 것이 훨씬 더 이득이라고 생각했다. 몇 년 전 디퓨는 어느 저녁 만찬에서 조지프를 처음 만났다. 축배를 드는 과정에서 디퓨에게 마음을 연 조지프는 〈월드〉가 뉴욕 센트럴, 독점 기업, 밴더빌트를 공격하는 과정에서 디퓨의 이름을 거론할 것이라고 경고했다. 디퓨는 조지프가 이렇게 덧붙였다고 회고했다. "당신이 공격받았다는 사실을 알게 되면 마음이 넓은 훌륭한 신사인 밴더빌트 씨는 당신에게 그에 합당한 보상을 할 테지요. 아마 승진과 큰 폭의 연봉 인상이 기다리고 있을 겁니다."[38]

자유의 여신상을 헌정하는 자리에서 디퓨는 저녁 만찬에 참석한 사람들에게 이렇게 말했다. "신사 여러분, 퓰리처 씨는 성공한 언론인입니다. 퓰리처 씨는 〈월드〉를 여론을 좌지우지할 힘을 가진 신문으로, 그래서 권력을 재구성할 힘을 지닌 신문으로 발돋움하게 하였습니다. 〈월드〉는 엄청난 돈을 벌어들이고 있고 퓰리처 씨의 재산도 함께 불어나고 있습니다. 특히 과거 저와 관련해서 퓰리처 씨가 한 이야기는 모두 현실이 되었습니다. 저는 승진했고 수입도 큰 폭으로 늘었답니다."[39]

조지프가 약속한 대로 자유의 여신상은 뉴욕의 명소로 자리 잡았다. 한숨 돌린 조지프는 뉴욕 시장 선거로 눈을 돌렸다. 조지프가 선택할 수 있는 후보는 민주당의 아브람 휴잇Abram Hewitt, 연합노동당의 헨리 조지Henry George, 공화당의 시어도어 루스벨트, 이렇게 세 명이었다. 그러나 조지프는 스물여덟 살의 젊은 후보 시어도어 루스벨트가 개혁의 대의명분을 배반한 변절자라는 생각을 버리지 않았기 때문에 사실상 선택할 수 있는 사람은 두 명뿐이었다. 〈월드〉는 아브람 휴잇과 헨리 조지 중 한 사람을 선택해야 했다.

휴잇은 정직하며 경험이 풍부한 유능한 정치인이었던 반면 조지는 《진보와 빈곤Progress and Poverty》이라는 책을 쓴 유명한 작가에 불과했다. 조지는 《진보와 빈곤》에서 대부분의 세금을 폐지하고 독점을 철폐하며 다양한 사회 프로그램을 시행해야 한다고 주장해 대중적인 인기를 얻었다. 〈월드〉의 주요 독자층인 노동 계급 사람들에게 선택을 맡겼다면 분명 조지가 선택받았을 터였지만 노동 계급 독자들이 〈월드〉의 소유주인 것은 아니었다. 데이비드슨은 조지프에게 조지에 대한 지지를 부탁했고 조지프는 조지를 만나보겠다고 대답하면서 이렇게 덧붙였다. "휴잇이든 조지든 대등한 입장에서 평가할 생각이지만 두 후보에 대해 더 자세히 알기 전까지는 약속할 수 있는 것이 아무것도 없습니다. 자세히 검토해본 뒤 뉴욕 시에 가장 적합한 인물을 후보로 고를 생각입니다. 그러니 약간의 시간 여유를 주시면 좋겠습니다."[40]

결국 〈월드〉는 휴잇을 선택했다. 그러나 1884년 선거와 다르게 이번 선거에서 조지프는 휴잇과 경쟁하는 상대 후보에 대한 공격을 자제하기로 했다. 〈월드〉는 사설을 통해 조지를 공격했지만 조지는 그 사설 덕분에 자신을 홍보할 기회를 가지게 되었다. 데이비드슨은 이런 편지를 썼다. "조지에게 관대한 기사를 써주어 고맙네. 어쩌면 〈월드〉가 조지를 비판하는 사설을 실어준 것이 조지를 지지하는 사설을 실어준 것보다 더 큰 도움이 된 것 같네. 어쨌든 조지가 출마하게 되면서 사람들이 여러 가지를 생각해볼 수 있는 계기가 마련되었고 다른 당들도 평판이 좋은 후보를 내세울 수밖에 없게 되었으니 여러모로 성공일세."[41]

선거 결과 조지프가 지지한 후보가 승리를 차지했고 루스벨트는 3위로 밀려났다. 조지프에게는 통쾌한 승리였지만 루스벨트에게는 쓰라린 패배였다. 루스벨트는 절친한 친구에게 괴로운 심정을 토로했다. "이것으로 내 정치 경력은 끝장났네." 조지프가 루스벨트의 선거 패배를 주도한 것은 아니었지만 조지프는 루스벨트의 정적政敵 명단에 다시 한 번 이름을 올리게 되었다.[42]

1886년 조지프는 자유의 여신상을 무사히 건립했고 루스벨트를 낙선시켰다. 그러나 그렇게 커다란 일을 두 건이나 성공리에 마쳤음에도 조지프가 받는 업무에 대한 압박은 전혀 줄어들지 않았다. 〈월드〉를 관리하는 일은 여전히 조지프의 시간과 체력을 잡아먹는 일이었다. 조지프는 개인 보좌관을 고용해 쏟아지는 편지에 대응하려 했지만 문제를 해결하는 데는 아무런 도움이 되지 않았다. 조지프는 회신을 주지 않는다고 불평하는 어느 통신원에게 이렇게 말했다. "매일 수백여 통의 편지가 사무실에 도착한다네. 하지만 도저히 읽어볼 시간이 나지 않는 것을 어떻게 하겠나."[43]

조지프가 큰돈을 벌었다는 소문이 빠르게 퍼지면서 성가신 일은 더욱 늘어났다. "퓰리처는 돈이 너무 많아서 어디에 그 돈을 쓸지 모를 정도다." 웨스트버지니아 주 마틴스버그Martinsburg에 사는 미망인 마시 르돌Masy le Doll은 이 기사를 읽은 뒤 조지프에게 편지를 보내 석탄, 밀가루, 크리스마스에 쓸 칠면조를 살 돈을 보내달라고 부탁했고 뉴욕에 사는 월터 해먼드Walter Hammond는 자선 단체에서 생활이 문란하다며 구호금을 주지 않자 조지프에게 편지를 보내 생활비를 보내달라고 요청하기도 했다. 의사의 검진을 받는 과정에서 해먼드의 고환 한 쪽이 다른 쪽보다 더 크다는 사실이 발견되었는데 자선단체 활동가는 해먼드의 성생활이 문란해 고환 한 쪽이 커지게 되었다고 생각했던 것이다. 해먼드는 조지프에게 보낸 편지에서 억울함을 호소하면서 자신은 아내 외의 다른 여자와는 잠자리를 하지 않았으며 6년 전 화재 사고로 아내가 사망한 뒤에는 아무와도 성관계를 하지 않았다고 주장했다. 이는 1886년 미국 사회복지의 현실을 보여주는 한 장면이었다.[44]

지나치게 많은 업무와 그로 인한 긴장감이 항상 조지프의 곁을 맴돌았다. 저녁에 집에서 쉴 수 있는 시간을 확보하기 위해 이런 저런 행사 초대를 거절하는 일이 잦아졌다. 외출을 하더라도 필라델피아의 시골집에 머물고 있는 신문발행인 조지 차일즈George Childs 같은 친구를 만나러 가는 정도였다. 조지프보다 나이가 많은 차일즈는 활활 타오르는 모닥불 앞에 조지프와 나란히 앉아 업무량을 줄이라고 조지프에게 충고하곤 했다. 사실 차일즈는 조지프의 아내 케이트에게도 같은 충고를 하곤 했다. 차일즈는 조지프가 자신의 건강을 위기로 몰아넣고 있다는 염려를 케이트에게 털어놓았다. "퓰리처는 자신이 책임져야 할 아내와 아이들이 있다는 사실을 마음에 세기고 지금보다 더 건강에 유념해야 합니다. 퓰리처 본인도 이 사실을 받아들이려고 애쓰고는 있습니다만 업무가 주는 압박이 너무 심한 나머지 자신의 건강을 해칠 만큼 많은 일에 자꾸 손을 대고 있습니다. 퓰리처의 주변에는 그의 건강을 염려하는 사람들이 많이 있지만 따끔하게 충고하지는 못하고 있는 형편입니다."[45]

케이트는 차일즈가 보낸 편지를 조지프에게 보여주었지만 조지프는 주위 사람들의 염려에 신경 쓸 겨를이 없었다.

19장

눈먼 크로이소스

1887년 2월 9일 저녁, 유능한 〈월드〉 기자 조 하워드Joe Howard는 캐나다 몬트리올에서 열릴 예정인 유명한 겨울 축제를 취재하기 위해 몬트리올로 떠날 채비를 하고 있었다. 몬트리올 겨울 축제를 취재하자는 생각은 조지프의 발상이었으므로 반드시 수행해야 할 과제였다. 하워드는 몬트리올에서 며칠을 머물면서 환하게 불을 밝힌 얼음 궁전을 방문하고 축제 과정에서 벌어지는 다양한 행사를 취재할 생각이었다. 때마침 집무실에서 나온 조지프가 기사작성실에서 편집자와 함께 취재 계획을 세우고 있던 하워드에게 다가왔다.[1]

조지프가 물었다. "조, 무슨 일인가?"

하워드가 대답했다. "별것 아닙니다. 아시겠지만 몬트리올에 가야 해서 취재 계획을 세우던 참이었어요."

조지프의 머릿속에 월트 맥두걸에게 100달러를 주면서 몬트리올로 보냈던 일이 불현듯 떠올랐다. 조지프가 입버릇처럼 말하던 대로 "한 가지 일에 몸값이 비싼 두 사람을 쓸 필요"는 없었다.

조지프는 퉁명스러운 말투로 하워드에게 말했다. "나는 자네가 몬트리올에 가지 않기를 바라네."

하워드가 대꾸했다. "하지만 전 이미 함께 갈 사람들을 섭외했고 표도 구입했는걸요. 캐나다로 가려는 사람이 미어터지는 지금 같은 시점에서는 미리 준비하지 않으면 안 되니까요."

순간 조지프의 얼굴이 벌겋게 달아올랐다. 조지프는 오른손 집게손가락을 하워드의 얼굴 가까이 들이밀고는 이렇게 말했다. "분명히 말해두겠는데, 나는 자네가 몬트리올에 가지 않았으면 하네."

하워드가 맞받아쳤다. "손가락질하지 마십시오." 훗날 보도된 바에 따르면 이날 하워드는 조지프에게 "부도덕하고 탐욕스러우며 숨길 것이 많은 유대인"이라는 욕을 퍼부었다고 한다.

하워드가 퍼부은 욕설에 조지프는 이성을 잃고 말았다. 키가 188센티미터에 달하는 조지프는 자리에 앉아 있는 하워드에게 다가가 주먹으로 목을 내리쳤고 하워드는 바닥에 고꾸라지고 말았다. 하워드가 떨어진 안경을 주우려고 바닥을 더듬는 사이 조지프는 하워드에게 해고를 통보했다. 몸을 일으킨 하워드가 조지프에게 주먹을 날리려 했지만 커크릴과 다른 기자들이 나서서 하워드를 말렸다.

그날 오후 이 소식을 접한 다른 신문사 기자가 조지프를 찾아왔고 조지프는 순순히 사실을 시인했다. "조가 나에게 욕을 했어요. 도저히 참을 수 없어서 멱살을 잡고 때려눕혔습니다. 그리고 해고했지요." 하지만 곧이어 이렇게 덧붙였다. "어쨌든 조가 다친 것도 아니지 않소. 그러니 기사화하지는 맙시다." 그런 부탁이 통할 리 없었다. 조지프가 조에게 주먹을 날린 사건은 〈뉴욕 타임스〉를 제외하고 뉴욕에서 발행되는 온갖 신문의 1면을 장식했다. 한때 하워드가 몸담았던 〈뉴욕 헤럴드〉는 상금이 걸린 권투 시합을 중계하듯 도표까지 동원해가면서 이 사건을 생생하게 보도했다.

조지프가 〈뉴욕 헤럴드〉에서 가로채 온 직원은 하워드 말고도 더 있었다. 베넷이 파리로 출장을 떠난 사이 조지프는 〈뉴욕 헤럴드〉의 편집국장 밸러드 스미스Ballard Smith에게 접근해 〈월드〉로 이직시키는 데 성공했다. 뉴욕으로 돌아온 베넷은 그 사실에 화가 치민 나머지 편집국장이라는 직책을 아예 없애버렸다. 그 뒤부터 〈뉴욕 헤럴드〉에는 편집국장이 하는 일을 맡아 처리할 직책이 새로 생겼다.[2]

치열하게 경쟁하는 파크 로의 신문사들에게 가장 큰 걱정거리는 직원이었기 때문에 베넷이 크게 화를 낸 것도 무리는 아니었다. 많은 기자들이 〈월드〉에서 일할 기회를 잡으려 했다. 그러나 기자는 구하기 어렵지 않았다. 문제는 편집자였다. 조지프는 이렇게 언급했다. "신문에 무엇을 넣고 무엇을 뺄 것인지, 넣는다면 어떤 형태로 넣을 것인지를 결정하는 사람은 편집자다. 편집자는 기사를 작성하는 사람보다 훨씬 많은 일을 처리하는 중요한 사람이다." 다른 신문발행인들에 비해 조지프는 편집자를 쉽게 구하지 못하는 편이었다. 〈월드〉의 성공 비결은 대부분의 신문과는 다른 방식으로 기사를 대하고 편집하는 데 있었기 때문이었다. 〈월드〉의 편집 방식은 대부분의 편집자들에게 익숙한 그것과는 사뭇 달랐다. 그리고 조지프는 그 일을 처리할 적임자로 밸러드 스미스를 점찍었다.[3]

켄터키 주 출신인 밸러드 스미스는 조지프의 친구인 헨리 워터슨이 운영하는 〈루이스빌 쿠리어-저널〉의 직원으로도 일했던 전력이 있었다. 뉴욕으로 온 뒤에는 조지프가 인수하기 전의 〈뉴욕 월드〉에서 잠시 일하다가 〈뉴욕 헤럴드〉로 자리를 옮겼다. 다트머스Dartmouth대학교를 졸업한 스미스는 박식하고 멋진 남자였다. 게다가 부유한 상인의 외동딸과 결혼해 조지프 같은 보통의 언론인으로서는 접근하기 어려운 폐쇄적인 상류사회와도 연을 맺은 인물이었다.[4]

스미스는 타인에 대한 배려라고는 눈곱만큼도 없고 매우 심란한 신문사 사회부에는 어울릴 것 같지 않은 인물이었지만 조지프는 자신이 지닌 것과 비슷한 기사 본능이 스미스에게도 있다는 사실을 간파했다. 스미스는 대담한 내용의 1면 머리기사 제목을 척척 지어냈고 무엇보다 조지프에게 훈련을 받을 의지가 있었다. 〈월드〉에 합류한 직후 스미스는 조지프에게 이런 편지를 보냈다. "당신의 견해를 신문에 고스란히 반영하기 위해 노력하고 있습니다. 그 견해가 내가 과거 생각해왔던 것과는 다른 점도 많다는 사실까지 부인할 수는 없지만요."[5]

그러나 스미스는 커크릴과는 잘 지내지 못했다. 커크릴은 커크릴대로 스미스가 자신의 자리를 위협한다는 위기감을 느꼈다. 두 사람은 거리를 떠도는 두 마리 개처럼 서로의 주변을 맴돌았다. 그러나 조지프는 오히려 그런 사실을 반겼다. 조지프의 입장에서는 두 편집자가 한 팀을 이루는 것보다 경쟁하는 것이 더 나았다. 조지프의 손길이 완전히 필요 없어진 것은 아니었지만, 드디어 본인 없이도 〈월드〉가 굴러갈 수 있는 구조를 만들기 위한 작업에 첫발을 내디딘 것이다.

커크릴은 신문사의 전체 운영을 총괄했고 스미스는 조지프가 선호 하는 기사를 발굴하는 일에 몰두했으며 메릴은 사설을 책임졌다. 드디 어 조지프에게도 신문사의 일상 업무를 벗어날 기회가 찾아왔다. 변화 가 필요했다. 조지프는 감정의 기복이 심했고 걸핏하면 화를 냈다. 게다 가 조지프의 건강은 점점 악화되어 주위 사람들의 우려를 더하게 만들 었다. 조지프가 경영관리인으로 고용한 보스턴 출신의 조지 터너George Turner는 어느 날 이렇게 물었다. "우리에게 맡겨두면 안 될 것 같아서 그 러세요? 신문사에 대한 걱정은 털어버리시고 가능한 한 멀리 떠나세요. 가급적이면 보고서를 받아보거나 지시를 내릴 수 없는 그런 먼 곳이면 더 좋을 것 같습니다."[6]

마침내 조지프는 1887년 4월 16일에 리버풀로 떠나는 증기선 표를 예매했다.

유럽으로 떠날 날을 기다리는 동안에도 〈월드〉의 업무가 조지프를 짓눌렀다. 조지프가 신문에 들어갈 글자 하나까지 매일 검토하면서 그 렇게 조심하는데도 명예훼손 소송은 각다귀처럼 끊이지 않고 조지프를 괴롭혔다. 《월드 연감World Almanac》도 조지프가 주의를 기울여야 할 일 중 하나였다. 조지프가 인수하기 전 〈뉴욕 월드〉가 발간했지만 지금은 중단된 백과사전 작업도 조지프가 부활시켰다. 조지프는 백과사전 재발간이 돈이 되는 사업일 뿐 아니라 홍보 효과도 클 것이라고 전망했다. 게다가 조지프는 참고문헌을 각별히 아꼈다. 조지프는 논쟁에 자주 휘말렸는데 그때마다 참고할 만한 문헌을 뒤져 필요한 정보를 찾아내 논쟁에 써먹곤 했다. 그러나 조지프의 머리에서 나온 발상들이 모두 그렇듯 참고문헌 사업 역시 조지프에게는 그 일을 감당할 시간이 부족했다. 따라서 처음 세상의 빛을 본 책은 실망스럽기 그지없었다. 조지프는 어느 편집자에게 이렇게 말했다. "이런 책을 만들 생각은 아니었다네. 내가 시간을 더 투자할 수 있었더라면 더 좋은 결과가 나왔을 걸세."[7]

그 와중에 조지프는 브루클린에 인쇄공장을 새로 짓는 일에도 관여해야 했다. 〈월드〉 사무실에 들여놓은 인쇄기만으로는 늘어난 수요를 감당할 수 없었기 때문이었다. 〈월드〉의 하루 판매부수가 25만 부를 넘자 조지프는 이를 기념하기 위해 기념주화를 만들었다. 고급스러운 가죽 상자에 담은 기념주화는 광고주와 지도급 정치인들에게 선물로 전달되었다. 100퍼센트 은으로 만들어진 기념주화는 은 함량이 83퍼센트인 1달러짜리 은화보다 약간 크게 제작되었다. 한쪽 면에는 자유의 여신상이, 다른 한쪽 면에는 〈월드〉의 판매부수가 미국의 어느 신문이 달성한 판매부수보다 많다는 사실을 자랑하는 내용이 양각으로 새겨졌다.[8]

〈월드〉의 하루 평균 판매부수는 조지프가 굉장한 성공이라고 판단했던 3년 전보다도 세 배 늘어났다. 선거가 있는 해에는 당파 간의 경쟁 심리로 인해 판매부수가 올라가게 마련인데, 1887년은 선거가 있는 해도 아니었기 때문에 다른 신문사 발행인들도 〈월드〉가 달성한 판매부수에 놀라지 않을 수 없었다. 근거 없이 판매부수만 부풀리기 일쑤이던 시대였지만 〈월드〉의 판매부수는 신뢰할 수 있었다. 한 점 부끄러움이 없었던 조지프는 당당하게 장부를 내밀며 오류를 입증해보라고 했다. 외부 감사까지 받아가면서 발표한 판매부수에 오류가 있다면 10만 달러를 언론협회에 기부하겠다고 호언장담했다. 어느 평론가는 이렇게 회고했다. "문인文人 모임이나 언론인 모임에 나온 사람들은 '다음에는 퓰리처가 또 무슨 일을 벌일까?' 하면서 수군거리곤 했다."

조지프가 나서서 자기 자랑을 하지 않더라도 〈월드〉의 성공 소식은 이미 널리 퍼져서 〈월드〉를 모방하는 언론이 여러 도시에서 우후죽순 생겨났다. 조지프의 공식은 하버드대학교를 자퇴한 어느 젊은이에게까지 영향을 미쳤다.

1887년 봄 윌리엄 랜돌프 허스트는 몇 년간 아버지를 설득한 끝에 드디어 가족의 재산만 축내고 있던 〈샌프란시스코 이그재미너San Francisco Examiner〉의 운영권을 넘겨받았다. 하버드대학교에 입학했지만 그곳은 부유한 데다가 능력을 인정받고 싶어 안달이 난 허스트 같은 젊은이에게는 너무 지루한 곳이었다. 훤칠한 키, 호리호리한 몸매, 잘생긴 얼굴의 소유자 허스트는 15.2미터짜리 쾌속선을 타고 출퇴근하면서 〈샌프란시스코 이그재미너〉를 서부 해안 지역의 〈월드〉로 탈바꿈시켰다.

지난 몇 년 동안 허스트는 〈월드〉를 탐독하고 기사를 스크랩해왔다. 허스트는 아버지에게 〈샌프란시스코 이그재미너〉를 "일류 신문인 〈월드〉처럼 만들 수 있다"고 장담하곤 했다. "〈샌프란시스코 이그재미너〉도 사람들에게 사랑받는 신문이 될 수 있어요, 아버지. 대담하고 활기 넘치며 독창적인 기사를 실어 크게 성공하겠습니다. (…) 그러려면 〈월드〉처럼 적극적이고 지적이며 활기 넘치는 젊은 기자들이 필요합니다."[9]

조지프가 〈월드〉를 인수한 직후 조직개편을 단행했듯이 허스트도 우선 〈샌프란시스코 이그재미너〉를 과거와는 전혀 다른 조직으로 탈바꿈시켰다. 허스트는 1883년의 조지프가 되기라도 한 것처럼 조지프가 활용했던 온갖 책략을 모두 동원했다. 허스트는 기자들을 샌프란시스코의 가장 가난한 지역으로 보내 독자들의 눈시울을 붉힐 만한 이야기를 캐오도록 했고 경찰서나 법원에 기자를 보내 독자들이 전율할 만한 범죄에 관한 기사를 쓰거나 부정부패를 폭로하게 했다. 〈샌프란시스코 이그재미너〉의 1면에는 굵은 글씨체로 강조한 제목이 달린 기사 외에도 〈샌프란시스코 이그재미너〉가 직접 선거에 출마한 것 같은 착각을 불러일으킬 만큼 요란한 광고가 실렸다. 그러면서 판매부수도 서서히 오르기 시작했다.

운영 방식도 조지프를 모방한 허스트는 신문사에 있는 모든 부서의 업무에 관여했다. 허스트가 항상 자리를 지키고 앉아 있었으므로 직원들은 더 열심히 일하지 않을 수 없었다. 허스트는 조지프처럼 업무 시간 내내 사무실에 앉아 직원들의 업무에 일일이 관여했다. 일이 어찌나 고된지 허스트는 어머니에게 하소연하는 편지를 썼다. "이런 식으로는 두세 주도 못 버틸 것 같아요." 허스트는 조지프보다 스무 살이나 젊으면서도 앓는 소리를 했다.

허스트는 〈월드〉를 숭배하면서 본보기로 삼았지만 〈월드〉의 소유주는 업신여겼다. 허스트는 조지프보다 조지프의 맞수 베넷과 공통점이 더 많다고 느꼈다. 베넷은 허스트처럼 가족의 부와 〈뉴욕 헤럴드〉를 물려받은 인물이었다. 허스트는 이렇게 말했다. "〈뉴욕 헤럴드〉야말로 존경받을 만한 진실하고 용감한 신문이다. 〈샌프란시스코 이그재미너〉는 〈뉴욕 헤럴드〉의 발자취를 더듬어가야 한다고 생각한다. 반면 〈월드〉는 유대인이 소유한 신문이라서 그런지 형편없고 부도덕한 신문이다. 정말 경멸하는 신문이지만 너무나도 막강한 힘을 가졌기 때문에 함부로 말할 수 없다." 그러나 아내 몰래 애인을 만나는 남성이 불쾌한 심정으로 아침을 맞는 것처럼 〈월드〉를 모방한 허스트의 심정도 그러했다.

허스트가 〈월드〉를 모방하기는 했지만 그 밖의 면모에서는 두 사람이 큰 차이를 보였다. 무일푼에서 시작한 조지프는 〈월드〉의 성공으로 부를 쌓았지만 허스트는 대대로 물려받은 부의 도움을 무한정 받을 수 있었다. 허스트의 적수라면 누구든 이러한 사실을 무시할 수 없었다. 허스트가 운영을 맡고 나서 얼마 지나지 않아 〈샌프란시스코 이그재미너〉는 성공을 자축하는 전면 광고를 실었다. "일간신문의 제왕, 태평양 연안 지역에서 가장 읽기 쉽고 가장 많이 팔리는 최고의 신문!"

그러나 대서양 연안 지역을 정복하려면 한참을 더 기다려야 했다.

1887년 3월 말 뉴욕 시 법정에서 조지프가 〈월드〉에 신고 싶어 할 만한 범죄에 대한 재판이 열렸다. 조지프가 존경하는 지방검사보 드 랜시 니콜De Lancey Nicoll이 뉴욕 시 의회 의원 몇 명을 부패 혐의로 기소했던 것이다. 실력이 좋고 다양한 경력을 가진 변호사 아이라 섀퍼Ira Shafer

가 뇌물을 받은 혐의로 기소된 사람 가운데 한 명의 변호를 맡았다. 〈월드〉는 1면 머리기사로 공판 내용을 다룬 만평을 내보냈다. 섀퍼의 구두를 썰매로, 입을 바람 부는 동굴로 묘사한 만평은 섀퍼의 화를 돋우기에 충분했다. 섀퍼는 배심원단에게 이렇게 말했다. "어제 어느 지저분하고 더러운 신문이 극도로 불쾌한 캐리커처를 실어 나를 매도하고 모욕했습니다." 배심원은 신문을 읽을 수 없었기 때문에 배심원들은 섀퍼의 말에 어리둥절했다. "오늘 아침 제 친구가 저에게 이렇게 말하더군요. '섀퍼, 저 헝가리 출신 유대인에게 총알 세례를 안겨주어야 하지 않을까? 적어도 채찍질이라도 해야 하는 것 아니냐.'"[10]

판사가 말렸지만 소용없었다. "여러분, 잠시만 기다리십시오. 제가 저 유대인을 만나는 날이 곧 올 테니까요. 그 뒤로는 저를 만나면 조심하게 될 겁니다." 배심원단에는 유대인이 세 명이나 있었지만 섀퍼는 아랑곳하지 않았다. 잠시 휴정한 사이 섀퍼는 법원에 모여든 기자들 앞에서 다시 한 번 울분을 토해냈다. "이 재판이 끝난 뒤 퓰리처 씨를 만나게 되면 죽여버릴 겁니다."

섀퍼는 쉽게 흥분하는 성격의 소유자였기 때문에 섀퍼의 동료 변호사들은 그 말이 협박에 불과하다는 사실을 알고 있었다. 하지만 불같은 성미라면 조지프도 섀퍼 못지않았다. 조지프는 섀퍼의 협박에도 눈 하나 깜짝하지 않았다. 보좌관조차 대동하지 않고 열차에 오른 조지프는 주변 사람들의 우려를 다음과 같이 일축했다. "지금까지 나를 죽이겠다고 협박한 사람이 한둘이 아닙니다. 그 사람들이 협박을 정말 실행에 옮겼다면 나는 벌써 이 세상 사람이 아니었을 것입니다. 내가 악당들이 품은 적개심에 벌벌 떠는 사람이었다면 〈월드〉를 지금과 같은 신문으로 만들지도 않았을 것이고 몇 년 전 〈월드〉를 인수할 당시 사기를 폭로하고 범죄를 끝장내며 악당을 끝까지 추적하겠다는 원칙도 아예 세우지 않았을 것입니다."[11]

조지프는 곧 새퍼가 쫓아올 수 없는 먼 곳으로 떠났다. 스미스, 커크릴, 메릴의 손에 〈월드〉를 맡기고 케이트와 함께 4년 전 〈월드〉를 인수한 이후로 가장 긴 여행을 떠났다. 집에 성홍열이 번졌기 때문에 떠나지 않을 수도 없는 상황이었다. 아이들은 케이트의 남동생이 돌봐주기로 했다. 최근 케이트의 남동생은 일곱 살 먹은 루실에게 조랑말을 선물해 조카들에게 큰 점수를 딴 참이었다. 필라델피아에 머물고 있는 조지프의 친구 차일즈가 두 사람을 배웅하러 왔다. 차일즈는 이렇게 말했다. "집에 성홍열이 번졌다니 정말 많이 걱정했지 뭔가. 게다가 지금껏 자네가 해온 일은 자네에게 너무 큰 부담이었다네. 아무쪼록 푹 쉬고 오게나."[12]

조지프와 케이트 부부는 스코틀랜드에 잠시 들렀다가 런던으로 발길을 옮겼다. 런던에 도착하자마자 조지프는 호텔 방에 갇힌 신세가 되었다. 감기 때문에 조지프의 폐에 출혈이 생겼다고 의사가 경고했기 때문이었다. 덕분에 5월 초가 되어서야 본격적인 유럽 여행을 즐길 수 있게 되었다. 맨 먼저 도착한 곳은 케이트가 사랑하는 파리였다. 파리에서 조지프와 케이트 부부는 모건의 동업자 조지프 드렉셀Joseph Drexel과 함께 식사를 했고 프랑스 주재 미국대사 로버트 매클레인Robert McLane의 환

영을 받았으며 무도회에 참석했고 미술품과 각종 보석을 구입했다.[13]

조지프와 케이트 부부는 브리스틀 호텔Hotel Bristol에 여장을 풀었다. 마침 조지프의 동생 앨버트도 몇 블록 떨어지지 않은 곳에 위치한 르그랑 호텔Le Grand Hotel에 머물고 있었지만 두 사람은 만날 생각조차 하지 않았다. 비록 〈월드〉에 추월당하기는 했지만 〈뉴욕 모닝 저널〉이 성공하면서 앨버트는 금전적인 풍요를 누리게 되었다. 부자가 된 앨버트는 뉴욕에서 보내는 시간보다 파리나 런던에서 보내는 시간이 많아졌다. 패니와의 결혼 생활은 끝난 것이나 다름없었다. 앨버트에게는 이미 네 번이나 결혼한 전력이 있는 미리엄 레슬리Miriam Leslie라는 비밀스러운 연인이 있었다. 위그노파의 후손인 미리엄 레슬리는 출판업에 종사하는 여성으로 바수스 남작 부인Baroness de Bazus이라고 불리기도 했다.[14]

진취적인 미국 기자 하나가 조지프와 앨버트를 따로 만나 프랑스 신문에 대한 견해를 들은 뒤 그 견해를 하나의 지면에 싣는다는 야심찬 계획을 실행에 옮겼다. 조지프는 이렇게 말했다. "내 생각에 프랑스 신문에 실리는 기사는 하나같이 조잡합니다. 프랑스 신문은 이름만 신문이지 새 소식이라고는 찾아볼 수 없기 때문이지요. 프랑스 신문에는 자국에 관련된 기사는 물론 해외 관련 기사도 실리지 않습니다. 그러니 프랑스 신문에 실리는 내용은 기사가 아니라 소설이나 수필에 불과할 뿐입니다." 반면 앨버트는 이런 견해를 밝혔다. "프랑스 사람들은 '새 소식'을 갈망하지 않습니다. 미국과는 사뭇 다릅니다. 프랑스 사람들은 꼭 필요한 경우가 아니면 사건이나 범죄에 대해 알려고 들지 않습니다. 심지어는 전염병이 발생해도 심드렁하지요. 여러모로 따져봐도 프랑스 사람들의 취향이 미국 사람들의 취향보다 훨씬 고상합니다."[15]

조지프와 케이트 부부는 프랑스 남부에 위치한 엑스레뱅으로 내려
가 휴식을 취한 뒤 다시 해협을 건너 영국으로 돌아갔다. 그곳에서 두
사람은 빅토리아 여왕의 50주년 기념식에 참석하기 위해 웨스트민스터
사원Westminster Abbey으로 모여든 전 세계의 왕족 및 귀족들과 어울렸다.
그 뒤 런던에 위치한 〈월드〉 사무실에 들러 왕실 행사의 진행 상황을 지
켜보았다. 런던에 머무는 동안 조지프는 그곳의 신문사를 인수해볼 생
각을 했다. 그래서 런던에 도착하기 전에 미리 〈월드〉 런던 통신원에게
〈월드〉가 뉴욕에서 일으킨 돌풍을 영국에서 이어갈 만한 신문사가 있는
지 알아보게 했다. 이것은 런던과 런던의 박물관, 극장, 정치를 사랑했
던 조지프로서는 아주 구미가 당기는 생각이었지만 케이트와 조지프의
친구들에게는 끔찍한 악몽이 아닐 수 없었다.[16]

그러나 인수 작업에 별다른 성과가 없자 조지프는 정치가로서의 역
할로 되돌아갔다. 조지프와 케이트 부부는 금융가 주니어스 모건Junius
Morgan의 초대를 받고 그의 시골집을 방문했는데 모건은 자신에 대해 이
렇게 말했다. "나는 그저 농장에 묻혀 사는 평범한 농부에 불과한 사람
이라오."

애초에 영국 자유당 의원들의 초대를 받고 런던으로 온 조지프는
자유당 당수 윌리엄 글래드스턴William Gladstone을 방문하기 위해 여행을
떠났다. 아일랜드 자치를 지지한 탓에 세 번째로 취임한 총리직에서 물
러난 글래드스턴은 채링크로스Charing Cross에서 마차를 타고 45분쯤 가
야 하는 돌리스 힐Dollis Hill 영지에서 지내면서 정치적 유배 생활을 견디

고 있었다. 미국 정치인을 대표하는 사람을 대동하고 글래드스턴을 방문한 조지프는 은으로 만든 장식용 항아리를 선물로 들고 갔다. 은제 장식용 항아리는 결국 실패로 돌아가기는 했지만 아일랜드 자치를 위해 애쓴 글래드스턴의 노고에 감사하는 뜻으로 〈월드〉를 구독하는 수천 명의 독자들이 보낸 성금으로 마련한 것이었다.[17]

밝은 회색빛 프록코트를 차려입고 푸른색과 흰색 물방울 무늬가 새겨진 스카프를 헐렁하게 맨 글래드스턴은 두 미국인을 반갑게 맞이하고는 미리 배달된 선물 상자 앞으로 두 사람을 데려갔다. 조지프로부터 열쇠를 받아든 글래드스턴은 나무 상자를 열어 은으로 만든 90센티미터짜리 장식용 항아리를 들어 올렸다. 은제 장식용 항아리 주둥이에는 글래드스턴의 반신상이 조각되어 있었고 트로피 모양의 항아리 주위에는 호메로스와 데모스테네스, 장미와 엉겅퀴와 토끼풀이 얕은 돋을새김으로 새겨져 있었다.[18]

글래드스턴이 운을 뗐다. "자, 그럼 딱딱한 분위기를 벗고 모두 이 행사를 즐기시기 바랍니다." 말을 마친 글래드스턴은 나무 상자를 등지고 서면서 조지프 쪽으로 돌아섰다. 조지프는 모여 있는 사람들 앞에서 은제 장식용 항아리의 의미에 대해 자랑스럽게 연설했다. "글래드스턴 전前 총리님, 미국 제1의 도시에 사는 1만 689명의 시민들이 영국 제1시민인 당신께 이 선물을 드립니다." 조지프는 평소와 마찬가지로 자유, 정치적 평등, 민주주의를 언급하면서 글래드스턴에 대한 찬사를 이어갔다. 미국에서 유세 연설을 할 때와 같은 격정적인 어조였다.

기념식이 진행되는 사이 어느 미국인 사기꾼이 사기 칠 기회를 잡았다. 그 사기꾼은 나무 뒤에 숨어 있다가 그날 참석한 고위급 인사들이 사진 촬영을 할 때 몰래 나와 글래드스턴과 조지프 뒤편에 섰다. 나중에 그 사기꾼은 자신이 웨일스 대공의 친구이며 사진도 함께 찍을 만큼 친하다고 말하면서 사람들을 속이고 다녔다. 의혹을 제기하는 사람이 나타나면 글래드스턴 및 조지프와 함께 찍은 사진을 보여주면서 안심시켰다.[19]

사기꾼과 함께 사진을 찍은 줄도 모른 채 조지프는 그 순간을 만끽했다. 조지프는 〈월드〉에 전보를 보내 이번 행사를 강조하는 기사를 내보내라고 지시했다. 조지프의 지시를 받은 스미스는 1면의 2단을 할애해 이 행사 내용을 자세히 보도했다. 그러나 영국의 신문들은 대체로 심드렁했다. 오히려 미국인을 대변해 연설한 미국 대표의 주장에 의문을 제기했다. 〈이브닝 스탠더드Evening Standard〉는 이렇게 보도했다. "런던 툴리 가의 세 양복장이가 대영제국 사람들을 대표해 러시아 황제 앞에서 연설할 권한이 없는 것처럼 이번에 방문한 미국인 대표들도 그럴 만한 권한을 가지고 있지 않다." 글래드스턴의 딸 메리Mary는 그날의 행사에 대해 이렇게 기록했다. "토요일, 선물 증정을 기념하는 파티가 열렸다. 미국인들이 아버지에게 준 선물은 너무나 끔찍해서 놀라지 않을 수 없었다."[20]

그해 8월 조지프와 케이트 부부는 뉴욕으로 돌아왔다. 아주 잠시 뉴욕에 머무는 동안에도 조지프는 새 신문을 인수할 궁리를 했다. 런던의 신문사를 인수할 계획은 포기했다. 그러나 〈시카고 타임스Chicago Times〉

를 인수해보라는 AP 임원 윌리엄 헨리 스미스의 정중한 제안에 귀가 솔 깃해졌다. 어쨌든 스미스는 조지프가 〈월드〉를 인수하도록 조언해준 사 람 가운데 한 명이 아닌가. 그러나 이번에도 냉정하게 생각한 끝에 조지 프는 〈시카고 타임스〉 인수도 포기했다.[21]

새 신문사 인수를 포기한 마당에 여름의 열기까지 뉴욕을 덮치자 조지프와 케이트 부부는 남은 여름을 레녹스에서 보내기로 결정했다. 조지프와 케이트 부부는 레녹스에 있는 여러 맨션 중 하나를 임대했는 데, 당시 부유한 사람들은 레녹스의 맨션을 '작은 시골집'이라고 불렀 다. 시골의 신선한 공기를 마시며 생활했는데도 둘째 루실은 건강이 매 우 좋지 않았다. 자칫 죽을지도 모르는 상황이었다. 3년 전 이미 딸아이 를 잃은 경험이 있었던 조지프와 케이트 부부는 다시 한 번 끔찍한 현 실과 마주하게 되었다. 조지프는 5번로에 살 때와 마찬가지로 이번에도 수도관을 범인으로 지목했다. 이번에는 조지프의 예감이 맞았다. 수도 관을 수리하고 나자 루실의 병세가 호전되었고, 루실을 진료하던 두 의 사는 오수저장소로 이어지는 하수도관이 제대로 설치되지 않아 루실이 사용하는 욕실로 유해 가스가 유입되었다는 사실을 발견해냈다.[22]

조지프와 케이트 부부는 1887년 아메리카컵America's Cup 챔피언 방 어전의 결승전을 관전하기 위해 뉴욕으로 돌아왔다. 미국에서 요트 경주 는 대중의 큰 사랑을 받는 스포츠였다. 일 년 전 열린 요트 경주에서 〈월 드〉는 사옥 1층에 선로를 만들고 선로 위를 이동할 수 있는 모형 요트를 만들어 전시했다. 요트 경주 진행상황을 알리는 전보가 10분마다 한 번 씩 날아들었고 〈월드〉 사옥에서는 보이지 않는 줄을 이용해 모형 요트를 움직여 전보가 전해주는 경기 상황을 시민들에게 빠르게 중계했다. 모형 요트가 선로를 따라 이동하는 광경은 많은 사람들의 이목을 집중시켰고 모형 요트를 구경하기 위해 〈월드〉 사옥으로 모여드는 사람들이 너무 많아 교통이 마비되는 바람에 아침부터 저녁까지 파크 로 전체를 통제해야 할 지경이었다.[23]

마침내 조지프는 이 집 저 집 떠돌아다니는 세입자 신세를 청산하기로 결심했다. 조지프는 친구 휘트니의 처남이자 은행가인 찰스 바니Charles Barney에게서 5번로 바로 옆에 붙은 이스트 55번가 10번지의 맨션을 구입했다. 조지프가 구입한 맨션은 (애스터나 밴더빌트처럼 5번로에 대저택을 짓는 데 몰두한) 여러 유명 인사의 건물 설계에 참여한 매킴, 미드 앤드 화이트McKim, Mead and White 건축회사에서 설계한, 지은 지 얼마 되지 않은 새집이었다. 이제 조지프는 〈월드〉의 독기 어린 사설이 공격 목표로 삼은 사람들과 이웃으로 살아가게 되었다.

그곳은 더없이 완벽한 동네였다. 남쪽으로 몇 블록 떨어진 곳에는 윌리엄 헨리 밴더빌트가 한 블록의 대지 전체를 매입해 자신의 식구 및 결혼한 두 딸의 가족이 함께 모여 살 거대한 저택을 건설하고 있었다. 브라운 스톤으로 마감할 그 집 인근에는 밴더빌트의 아들들이 가족과 함께 살 맨션이 들어설 예정이었다. 4년 전 대륙 횡단 철도 완공을 기념하는 행사에 조지프를 초대했던 헨리 빌라드는 브라운 스톤으로 마감한 여섯 채의 맨션을 연결하고 중앙에 정원을 배치한 궁궐 같은 저택을 세웠다. 헨리 빌라드의 저택 역시 매킴, 미드 앤드 화이트 건축회사가 설계에 참여했는데, 저택이 어찌나 큰지 난방에만 하루 1톤의 석탄이 필

요할 정도였다.[24]

　이웃들이 사는 으리으리한 집에 비하면 조지프가 구입한 20만 달러짜리 저택은 초가집이나 다름없었다. 도로에서 집으로 이어지는 폭이 넓은 계단을 올라가면 석재를 조각해 만든 대문이 나타났다. 대문을 통과하면 커다란 현관과 마주치는데, 위층으로 이어지는 나선형 계단이 현관에서부터 시작되었다. 총 4층짜리 건물은 돌과 벽돌로 마감했다. 1층에는 연회를 위해 4층 천정까지 개방된 공간과 오크목으로 마감한 커다란 만찬장이 들어섰고 2층과 3층에는 침실이 배치되었으며 4층은 하인들의 공간이었다. 마지막으로 건물 뒤편에는 온실을 조성했다.

　집을 구입하는 과정에서 조지프는 변호사에게 집을 담보로 돈을 빌려준 채권자를 설득해달라고 부탁했다. 집에 대한 권리를 한꺼번에 넘겨받고 싶었기 때문이었다. 돈은 얼마든지 지불할 용의가 있었다. 조지프가 지닌 정치 권력뿐 아니라 〈월드〉의 유명세 덕분에 조지프는 큰 부자가 되어 있었다. 이제 조지프가 1년 동안 벌어들이는 수입은 4년 전 〈월드〉를 인수할 당시 거론되었던 자금 총액을 무색하게 할 만큼 어마어마했다.[25]

　조지프는 주식에 투자하기 시작했고 〈월드〉 사무실로 쓸 18만 5,000달러짜리 건물을 현금으로 구입했다. 사치품을 구입하는 데에도 아낌없이 돈을 쏟아부었다. 조지프는 7만 5,000달러짜리 요트를 구입할까 생각해보았고, 파리와 뉴욕의 미술품 중개인들을 통해 그림을 사들였다. 또한 2만 5,000달러를 들여 프랑스 보르도산 적포도주 2,000병을 주문하기도 했다. 소득이 늘어감에 따라 시가와 와인에 대한 조지프의 애정도 커져갔다. 조지프의 와인 창고에는 샤토디켐Château d'Yquem, 샤토르크록Château le Crock 같은 고급 와인이 가득 쌓였다. 조지프가 얼마나 열심히 사치품을 구입해댔던지, 보석 상점인 티파니는 새로운 보석이 출시되면 가장 먼저 알려야 하는 거래처 목록에 조지프의 이름을 올렸고 구필의 화랑Goupil's Picture Gallery은 새로운 그림이 나오는 즉시 조지프의 집으로 그림을 보내 가장 먼저 선을 보였다.[26]

조지프가 집에서 머무는 시간도 점점 늘어났다. 조지프는 언제든 편집자나 경영관리인을 집으로 불러 회의를 열 수 있도록 사무실과 집을 직통으로 연결하는 전화를 설치했다. 사무실에는 점심때가 되어서야 모습을 드러냈다. 사설 작성을 위해 〈월드〉에 마련된 조지프의 집무실은 〈월드〉의 모든 부서를 거친 뒤에야 다다를 수 있는 곳에 배치되었다. 6시가 되면 조지프는 집으로 향했다. 메트로폴리탄 오페라하우스에서 공연이 열릴 때면 가장 좋은 좌석에 앉아서 공연을 감상하는 조지프와 케이트 부부의 모습을 볼 수 있었다. 공연 관람은 조지프가 가장 즐기는 취미였는데, 특히 독일 작품을 좋아했다. 조지프는 거의 모든 공연을 빠뜨리지 않고 관람했는데 단 한 번을 제외하고는 공연이 끝난 직후 휘파람을 불어 배우들에게 찬사를 보냈다. 공연 관람을 마치고 나면 집으로 돌아가 전화기를 붙들고 〈월드〉 조간신문 편집책임자와 오랜 시간 통화를 하면서 필요한 업무를 지시한 뒤 하루를 마감했다.[27]

늘어난 소득에 걸맞게 조지프와 케이트 부부는 소장품을 늘려갔고 더 많은 여가를 추구했다. 소득이 늘어난 덕분에 두 사람은 뉴욕의 상류사회로도 진출할 수 있었다. 낮에는 〈월드〉 사무실에서 뉴욕의 부유층과 한판 대결을 벌이고 밤에는 그들과 어울려 저녁식사를 하는 나날이 이어졌다. 이따금 많은 사람들과 친분을 쌓은 밸러드 스미스와 그의 부인을 만나기도 했다. 1885년 12월 조지프와 케이트 부부는 상류층만 참석하는 원로 무도회Patriarch Ball에 초대받았다. 원로 무도회는 뉴욕 최상류층에 속하는 400가문의 목록을 만들어 유명세를 탄 유행의 선도자 워드 매캘리스터가 개최하는 행사였다. 매캘리스터는 저명한 가문의 가장들만이 참석하는 원로 모임도 주도했다. 그들은 스스로를 교양을 갖춘 가문의 최종 기준이라고 생각하면서 상류사회에 편입되려고 애썼지만, 돈만으로는 살 수 없어 좌절한 인물들이었다.[28]

무도회는 5번로에 위치한 델모니코스 식당에서 열렸다. 무도회장은 찰스 클런더Charles Klunder가 정성스럽게 가꾼 꽃과 푸른 나뭇잎으로 화려하게 장식되었다. 그는 상류층 가정의 식탁을 아름답게 꾸며내는 것으로 유명했다. 당시로서는 혁신적인 기술이었던 전등은 화려한 꽃들 뒤에서 무도회장 전체를 환히 밝혔다. 조지프와 케이트 부부는 그날 저녁 열한 시가 다 되어서야 무도회장에 도착했다. 존 피어폰트 모건John Pierpont Morgan이 무도회를 주재했고 뉴욕 상류사회의 여왕인 애스터 부인이 파티를 주도했다. 자정이 되자 아래층에 작은 거북과 들오리로 만든 요리와 푸아그라가 차려졌다. 그리고 음식을 먹는 사람들 앞으로 원로 두 사람이 각자의 짝을 데리고 나와 코티용cotillion(무도회 마지막에 추는 춤. 19세기에 크게 유행했다—옮긴이)을 추면서 무도회를 마무리했다.[29]

조지프와 케이트 부부의 사회적 지위가 올라가면서 케이트에게도 5

번로에 모여 사는 이웃들을 매료시킬 기회가 찾아왔다. 케이트의 장점은 상냥함이었다. 어느 날 제퍼슨 데이비스의 막내딸이자 '남부연합의 딸'이라 불리는 먼 친척 위니 데이비스Winnie Davis가 뉴욕에 들르자 케이트는 자처해서 안내인으로 나섰다. 타조 깃털로 테두리를 두른 공단 드레스를 차려입고 크리스털 목걸이를 목에 건 케이트가 위니 데이비스를 대동하고 거리를 걷는 모습이 어느 기고가의 눈에 포착되었다. "케이트는 다정하고 매력적이었다. 긴 속눈썹과 커다란 검은 눈동자, 우윳빛 피부에 새하얀 치아, 사랑스러울 정도로 부드러운 곡선을 그리는 아름다운 하얀 어깨, 단정하게 빗어 내린 짙은 갈색 머리카락이 휘감은 자그마한 얼굴은 모두를 매료시켰다."[30]

겨울을 앞두고 헝가리 출신 화가 미하이 문카치Mihály Munkácsy가 뉴욕에 오자 조지프는 문카치의 방문을 기념하기 위해 한 번은 델모니코스 식당에서 그리고 한 번은 집에서 저녁 만찬을 열었다. 서로 담합해 설탕사업을 독점하는 기업들을 변호하는 변호사 존 파슨스John E. Parsons, 기업가 사이러스 필드Cyrus W. Field 같은 업계 거물들과 촌시 디퓨, 윌리엄 에버츠William Evarts, 레비 모턴같이 막대한 부를 거머쥔 정치인들이 참석해 자리를 빛냈다. 촌시 디퓨, 윌리엄 에버츠, 레비 모턴은 블레인이 대통령 후보로 나섰을 때 조지프가 〈월드〉에 대문짝만하게 실은 "마지막 황제 블레인" 만평에 등장했던 인물들이었다.

조지프는 특히 오거스트 벨몬트, 레너드 제롬Leonard Jerome과 자주 어울렸다. 두 사람은 조지프가 문카치를 위해 베푼 두 차례의 저녁 만찬에 모두 참석했다. 뉴욕에 새로 등장한 신흥 부자들을 대표하는 벨몬트와 제롬은 허세 부리기를 좋아했다. 저녁 만찬을 베푼 제롬이 만찬에 참석한 여성들이 사용할 냅킨에 금팔찌를 숨겨놓았더니 이에 질세라 벨몬트도 저녁 만찬을 베풀어 냅킨에 백금 팔찌를 숨겨놓았다. 평등주의의 미덕을 설파하면서 미국의 여론을 주도하는 민주당 신문발행인과 벨몬트나 제롬 같은 신흥 부유층이 우정을 쌓다니 전혀 어울리지 않는 조합처럼 보였다.[31]

그러나 조지프는 부富 자체를 반대한 것이 아니었다. 오히려 조지프는 부를 쌓기 위해 노력했다. 문제는 어떤 종류의 부인가 하는 것이었다. 조지프는 조상으로부터 물려받은 부는 사회악이지만 스스로 노력해서 일군 부는 그렇지 않다고 생각했다. 불법적으로 획득했거나 착취를 통해서 얻은 부라고 할지라도 스스로 일군 부에는 아무런 문제가 없다는 것이 조지프의 생각이었다.

조지프와 오랜 세월을 함께 보낸 만평가 맥두걸은 이렇게 회고했다. "인정하지는 않았지만 퓰리처는 언제나 가문이나 사회적 지위를 진심으로 갈구했다. 더 나은 사회적 지위를 바라는 마음은, 사회적 지위가 '바람직한 모든 것'을 의미하던 사회를 떠나 미국으로 건너온 퓰리처에게는 자연스러운 욕구였을 것이다. 퓰리처는 부와 지위를 모두 거머쥔 사람들을 지나치게 경멸함으로써 자신의 욕구를 표출했다. 퓰리처를 움직이게 한 원동력은 겉으로 드러난 것과는 정반대의 감정이었다. 즉, 퓰리처는 무엇보다 부, 호화로움, 권력에 대한 집착에 가까운 갈망에 따라 움직였다."[32]

조지프는 〈월드〉 지면을 통해 자신이 맹렬하게 비난한 사람들과 친분을 쌓는 데 그치지 않고 그들과 금융거래를 하는 동업자로 발돋움했다. 조지프는 윌리엄 록펠러William Rockefeller, 윌리엄 밴더빌트, 모건, 그 밖의 여러 상류층 인사들과 어울렸다. 미국 최고의 부자들과 미국에서 가장 강한 권력을 거머쥔 사람들이 조지아 주 해안에 위치한 사유지 지킬 섬에 모여 사냥, 낚시, 승마를 즐기며 친분을 쌓는 사교 클럽을 창설할 때 조지프도 동참했다.[33]

뉴욕 상류층 인사들은 조지프가 소유한 〈월드〉를 마뜩지 않게 생각했지만 새로 등장한 신흥 벼락부자들이 상류층으로 진입하는 것을 막을 수 없듯 조지프가 상류층으로 진입하는 것도 막지 못했다. 월스트리트의 투기꾼, 산업계의 거물, 심지어 민주당 정치인들조차 상류층에 끼지 못하고 배척당하던 시절은 가고 없었다. 상류층의 문화가 깊게 뿌리내린 보스턴과는 다르게 뉴욕에서는 돈이 더 중요한 대접을 받았다. 그러나 조지프가 부를 이용해 뉴욕을 지배하는 금권 정치로 향하는 길로 접어들었다고 해도 뉴욕의 상류층이 진심으로 조지프를 받아들인 것은 아니었다. 아무리 기를 쓴다 해도 뉴욕의 상류층 대부분의 눈에 조지프는 한낱 유대인에 불과할 뿐이었다.[34]

지금까지 조지프는 유대인이라는 이유로 심하게 배척당한 경험이 없었다. 뉴욕에 사는 비유대인들은 적어도 겉으로는 유대인을 정중하게 대우했기 때문이었다. 조지프가 속한 독일계 유대인은 뉴욕 사회에 잘 정착했고 혹시 배척당하더라도 강도가 그다지 높지 않았다. 조지프의 친구 벨몬트도 본래 유대인이었지만 개종하면서 쇤베르크Schönberg라는 이름을 버렸다. 벨몬트는 뉴욕에서 가장 배타적인 사교 모임을 제외한 모든 모임에 참석하면서 행동의 제약을 받지 않고 자유롭게 생활했다. 그러나 러시아계 유대인이 뉴욕으로 쏟아져 들어오면서 유대인을 관대하게 대하던 뉴욕 상류층의 관용 정신은 사그라졌다. 새러토가스프링스Saratoga Springs에 위치한 그랜드유니언 호텔Grand Union Hotel은 유대인 은행가 조지프 셀리그먼Joseph Seligman의 출입을 막았다. 클럽을 설립한 사람 중에 유대인이 많았음에도 유니언 클럽Union Club은 모든 유대인의 출입을 금지했다. 애나 모턴Anna Morton은 자신의 남편 레비 모턴의 이름을 직접 언급하는 대신 약자로 말하기 시작했다. 이처럼 잠자고 있던 반유대주의 정서가 뉴욕 사람들 사이에 되살아났다.[35]

〈월드〉에 이런 편지를 보낸 독자도 있었다. "다음의 질문에 답해주신다면 대단히 감사하겠습니다. 뉴욕에서 발행되는 〈월드〉 편집자는 이 나라에서 태어난 분입니까 아니면 유대인 혈통을 가진 분입니까?" 조지프는 그 편지에 답장하지 않았다. 성공회를 다니는 아내를 얻었지만, 또 자신과 아내 그리고 기독교회에서 정식으로 세례받은 아이들 모두 5번 로에 위치한 세인트토머스 교회St. Thomas Church 신도였지만, 다른 사람들의 눈에는 유대인의 정체성을 숨기려는 조지프의 노력이 외국 태생이라는 자신의 신분을 부정하는 것으로밖에는 보이지 않았다. 사람들은 유대인이라는 조지프의 민족성을 결코 잊지 않았다.[36]

업계 전문지 〈저널리스트〉는 조지프를 이렇게 소개했다. "알비노 흑인이 있는가 하면 다리가 일곱 개 달린 송아지도 있다. 이처럼 자연에는 다양한 변종이 존재한다. 뉴욕에도 고개를 돌려 빤히 쳐다보게 하는 신기한 존재가 있으니, 그 변종은 바로 빨간 머리 유대인이다." 〈저널리스트〉는 조지프의 이름을 "쥬지프 퓰리처Jewseph Pulitzer"라고 표현하면서 "뜨거운 태양 아래에서 부패하지 않기 위해 어두운 곳만 찾아다니며 발톱으로 머리카락을 빗어 내리고 눈 주위의 상처를 후벼 파는" 존재로 묘사했다.[37]

이 불미스러운 소개글을 작성한 인물은 리앤더 리처드슨Leander Richardson이었다. 리앤더 리처드슨은 출세지향적인 배우로, 턱수염과 뒤집어진 V자 모양의 콧수염을 길렀는데 수염을 제대로 관리하지 않아 콧수염이 자신의 얼굴 너비보다도 넓게 자랐다. 리처드슨은 떠도는 풍문에 대한 기사를 써서 조지프가 운영하는 〈월드〉에 싣던 기자였는데 1884년 5월 알 수 없는 이유로 해고되었다. 리처드슨은 동업자와 함께 업계 전문지인 〈저널리스트〉를 창간했고 많은 독자를 확보했다. 리처드슨은 조지프에게 복수하기 위해 〈저널리스트〉를 심심치 않게 활용하곤 했다.

매춘부와 만날 약속을 정하기 위해 서로만이 알아볼 수 있는 방식으로 불법적인 광고를 싣는 사람이 있다는 사실을 언급하면서 리처드슨은 이렇게 전했다. "'쥬지프' 퓰리처가 운영하는 〈월드〉처럼 지저분한 광고를 실어 멀쩡한 기사를 더럽힐 용기만 있다면 누구든 신문사를 창간해 큰돈을 만질 수 있을 것이다." 악을 제압하기 위한 뉴욕 협회New York Society for the Suppression of Vice의 앤서니 콤스톡Anthony Comstock은 이렇게 주장했다. "〈월드〉는 밀회하기 좋은 장소를 나열해놓은 사전과 같다. 더 나쁜 것은 〈월드〉가 매춘부나 매춘 알선업자 같은 인간들을 양산하는 조직이라는 점이다." 〈월드〉에 실리는 광고에 대한 소란은 결국 잠잠해졌지만 리처드슨은 공격의 고삐를 늦추지 않았다. "미국 언론 역사상 '쥬지프' 퓰리처만큼 표리부동한 인물은 처음이다."[38]

조지프는 〈저널리스트〉를 〈월드〉 사무실에 반입하지 못하게 했다. 그러나 반유대주의 정서에 호소해 조지프를 공격하는 사람은 조지프에게 앙심을 품은 리처드슨 말고도 많았다. 〈로스앤젤레스 타임스Los Angeles Times〉는 뉴욕을 '새 예루살렘'이라고 표현했고 〈월드〉와 경쟁하는 신문사 중에는 리처드슨이 활용한 공격법을 답습하는 경우도 있었다. 경쟁 신문사들은 반유대주의 정서에 기대, 판매부수 전쟁에서 승리를 거머쥔 건방진 신참에 대한 분노를 쏟아냈다. 한때 조지프의 정신적 지주였던 찰스 데이나도 비난 행렬에 뛰어들었다.[39]

찰스 데이나와 조지프의 경쟁은 1884년 선거만큼이나 가혹하고 격렬했다. 두 사람의 사이는 날로 나빠져서 1887년에는 개인적인 모욕도 서슴지 않는 수준에 이르렀다. 조지프가 뉴욕에 온 뒤로 〈뉴욕 선〉의 판매부수는 급격하게 떨어진 반면 〈월드〉의 판매부수는 그에 비례해 치솟았다. 그해 10월 조지프는 같은 해 봄에 데이나가 창간한 〈이브닝 선 Evening Sun〉에 맞서기 위해 〈이브닝 월드Evening World〉를 창간했다. 그 과정에서 조지프는 으레 그랬던 것처럼 데이나의 편집자 가운데 한 사람인 솔로몬 커발로Solomon S. Carvalho를 영입해 〈이브닝 월드〉의 운영을 맡겼다. 염소수염을 길렀고 나무랄 데 없이 완벽하게 차려입고 다니는 커발로는 9년 전 〈뉴욕 선〉에 입사한 뒤로 살인 사건과 자살 사건을 솜씨 있게 다뤄 기자로서의 명성을 쌓은 인물이었다. 〈이브닝 월드〉로 자리를 옮긴 커발로가 1센트짜리 〈이브닝 월드〉를 자극적이고 선정적인 기사로 과감하게 물들인 덕분에 몇 주도 채 지나지 않아 〈이브닝 월드〉는 〈이브닝 선〉의 판매부수를 넘어서는 기염을 토했다.[40]

데이나가 입은 경제적 손실은 조지프와 벌인 정치 논쟁을 통해 더 심각해졌다. 지방 검사를 선출하는 선거에서 조지프는 부패한 시 의원을 기소했던 드 랜시 니콜을 지지했다. 당시 기소된 의원 중 한 사람이 조지프를 죽이겠다고 협박했었다. 그러나 민주당은 부패한 정치인을 감옥에 보낼 작정을 하고 있는 지방검사보에게 관심을 보이지 않았고 결국 니콜은 공화당 후보로 출마했다. 조지프가 좋아하는 정치 투쟁이 벌어질 참이었다. 니콜을 포기하지 않은 조지프는 이참에 〈월드〉의 독립성을 증명해 보일 생각이었다. 한편 데이나 역시 니콜을 지지했지만 니콜이 공화당 후보로 나서자 니콜에 대한 지지를 철회했다. 조지프는 데이나에게 해명을 요구하는 호전적인 어투의 사설을 실었다. 데이나는 즉각 응수했다.

데이나는 이렇게 전했다. "니콜을 지지하는 〈월드〉의 의도를 신뢰할 수 없기 때문에 니콜에 대한 지지를 철회했다. 또한 〈월드〉의 불순한 의도가 무엇인지 보여주는 사례도 충분하다." 〈뉴욕 선〉은 슬레이백에게 총격을 가해 죽음에 이르게 한 커크릴 사건을 들먹이면서 세인트루이스 지방 검사가 조지프의 손아귀에 들어 있었기 때문에 커크릴을 기소하지 않은 것이라고 주장했다.[41]

데이나가 늘어놓은 어색한 변명을 계기로 데이니와 조지프 사이에 설전이 벌어졌다. 설전은 곧 격한 싸움으로 번지고 말았다. 조지프는 데이나를 "거짓말쟁이 찰스 데이나"라고 불렀고 데이나는 조지프를 "배신자 유다 조지프" 또는 "똥 덩어리 수탉"이라고 불렀다. 선거 운동을 시작한 니콜은 두 신문발행인의 행보에 어리둥절했지만 두 사람은 아랑곳하지 않고 사설 전쟁을 이어갔다. 조지프는 데이나를 "거짓투성이인 불한당"이라고 불렀고 데이나는 조지프를 "자기 핏줄을 부정하는 변절한 유대인" 또는 "뱀독을 뿌리고 깡패를 동원해 폭력을 행사하는 악당"이라고 불렀다.

데이나는 이렇게 말했다. "퓰리처가 자기 혈통과 자기 종교를 부정한다고 해도 뉴욕의 유대인은 배신자 유다 조지프 퓰리처를 부끄럽게 생각할 필요가 없다. 신분 상승의 길에 놓인 극복할 수 없는 장애물은 유대인이라는 사실이 아니라 퓰리처 개인이 지닌 특유의 불쾌한 성향이다." 데이나는 독자들에게 한 점의 의혹도 남기지 않겠다는 각오로 그 사례를 차근차근 열거했다. "퓰리처는 뻔뻔하다. 유대인이기 때문이 아니라 퓰리처 가문이기 때문이다. (…) 퓰리처 가문 사람들은 교활하고 사악하며 오류투성이이고 쉽게 배신하며 믿을 수 없고 탐욕스러우며 돈에 쉽게 매수되고 자기비하가 심하다. 이런 특성은 사라지지 않는다."

데이나의 독설은 조지프에게 큰 고통을 안겨주었다. 만평가 맥두걸은 당시 상황을 이렇게 회고했다. "〈뉴욕 선〉의 인간 말벌 데이나가 쏜 침에 맞은 조지프는 심한 충격에 정신을 차리지 못했다." 마음에 큰 상처를 입고 낙심한 조지프는 맥두걸의 사무실에 찾아와 소파에 누워 안정을 찾으려 애쓰기도 했다. 맥두걸의 사무실에는 〈월드〉의 편집자로 일했던 맨턴 매러블Manton Marable이 쓰던 책상이 있었는데 그 안에는 옛

날 독자들이 보낸 편지 뭉치가 들어 있었다. 맥두걸은 이렇게 회고했다. "퓰리처의 기분을 풀어주기 위해 그 편지들을 읽어주면 퓰리처는 자신이 처했던 어려움과 극복 과정을 이야기해주곤 했다. 분명 퓰리처에게는 커크릴에게는 있는 용기가 없었다. 그러나 글을 쓸 때만큼은 퓰리처도 코뿔소만큼이나 용감하게 돌진하는 사람이었다. 한번은 커크릴이 슬레이백을 쏘아 죽인 사건이 일어난 뒤 커크릴을 진심으로 존경하고 존중하게 되었지만 한편으로는 등골 서늘한 두려움도 느끼게 되었다는 이야기를 털어놓기도 했다."[42]

투표하는 날이 다가왔다. 각자가 지지하는 후보를 위한 유세에 나선 데이나와 조지프는 마치 자신들이 출마하기라도 한 것처럼 행동했다. 선거 결과 근소한 차이로 니콜이 패배했다. 승리를 거머쥔 데이나는 의기양양하게 외쳤다. "이것이 퓰리처 그대에게 합당한 판결이다." 데이나는 범죄를 저지른 피고에게 내려진 판결문을 읽어 내려가는 판사의 말투로 조지프가 뉴욕으로 오기 전 연루되었던 사고, 협박, 살인 사건 등을 일일이 나열한 뒤 판결을 내렸다. "퓰리처, 당신은 뉴욕에 있어서는 안 되는 인물이다."

데이나는 조지프에게 앞으로는 유쾌하지 못한 일만 생길 것이라며 악담을 퍼부었다. "이제부터 당신은 당신의 핏줄에 얽혀서 절대 벗어날 수 없고 이유조차 알 수 없는 불행을 겪을 것이다. 당신이 아무리 유대인이라는 사실을 부정하려 해도 소용없다. 당신이 세상에 태어나기도 전부터 이어져 내려온 불행을 받아들이고 중세의 전설 속에 등장하는 기이한 운명을 따르라. 바로 방랑하는 유대인의 운명이다!"

데이나는 계속해서 말했다. "그러니 그만하고 뉴욕을 떠나라!"

선거에 참패하고 며칠 뒤 조지프는 다음 날 신문에 실릴 사설을 검토하기 위해 사무실로 향했다. 조지프는 자신의 성공을 떠벌리거나 남의 실패에 고소해하는 성격이 아니었지만 데이나는 그렇지 않았다. 데이나와 격렬한 설전을 벌인 것에 이어 선거 결과마저 좋지 않게 나타나자 조지프는 사람들의 비웃음거리가 되었다. 대통령, 주지사, 시장같이 중요한 공직 선거에서 줄줄이 승리한 조지프였지만 일개 지방 검사 같은 하찮은 자리를 두고 벌인 싸움에서는 패배하고 만 것이다.

당시 조지프의 육체와 정신은 한계에 이르러 있었다. 몇 년 뒤 조지프는 이렇게 회고했다. "정말 끔찍한 스트레스에 시달리던 시기였다." 필라델피아에 살고 있던 조지프의 친구 차일즈는 우려를 표했다. "뉴욕을 선도하는 신문사를 운영하는 사람에게 한마디 해야겠네. 건강만 괜찮다면 자네는 우리 시대에 가장 큰 성공을 거둔 사람이 될걸세. 하지만 그건 어디까지나 자네 건강이 견뎌준다는 전제하에 하는 말이라네." 계속되는 불면증에 시달리면서도 조지프는 제발 휴식을 취하라는 식구들과 친구들의 애원을 뒤로 한 채 출근을 강행했다. 조지프는 메릴을 비롯한 당대 최고의 편집자들을 거느렸으면서도 신문이 발행되기 직전까지 기사를 읽고 또 읽는 버릇을 버리지 못했다.[43]

"신문을 집어 들었는데 읽는 것은 고사하고 한 글자를 보는 것조차 어려웠다. 깜짝 놀라지 않을 수 없었다." 마치 오른쪽 눈 앞에 검은 커튼을 쳐놓은 것 같았다. 왼쪽 눈도 어둡기는 마찬가지였지만 오른쪽 눈보다는 그나마 사정이 나았다. 어릴 적부터 시력이 좋지 않았던 데다가 희뿌연 가스등 밑에서 밤늦게까지 신문을 읽고 또 읽는 습관 때문에 시력은 점점 더 나빠졌다. 그러나 일시적인 현상일 것이라고 생각한 조지프는 아무에게도 그 이야기를 하지 않았다. 그러나 다음 날 아침에도 증세가 호전되지 않자 조지프는 사무실로 향하는 도중에 의사를 찾았다.

1887년은 검안사라는 용어가 등장한 지 일 년도 채 되지 않은 시점이었다. 검안사가 검안경을 사용해 조지프의 눈을 살폈다. 검안경은 망막과 유리체를 수정체와 분리해 선명하게 볼 수 있도록 만들어주는 기구였다. 조지프의 눈을 꼼꼼하게 검사한 검안사는 조지프의 눈에 생긴 문제가 무엇인지 파악했다. 조지프의 오른쪽 눈 망막은 박리된 상태였고 왼쪽 눈 망막도 박리될 위기에 놓여 있었다. 예후가 좋지 않을 것 같았다. 당대의 어느 전문가는 이런 기록을 남겼다. "이런 경우 대부분은 병이 서서히 진행되다가 결국에는 시력을 완전히 잃게 된다." 당시 쓰던 주요 치료법은 거머리를 붙여서 환자의 몸속에 있는 좋지 않은 피나 기타 체액을 배출한 뒤 환자의 눈에 수은을 넣고 환자를 어두운 방에 눕혀 휴식을 취하도록 하는 것이었다. 조지프는 집으로 돌아가 어두운 방에서 6주 동안 지내라는 처방을 받았다.[44]

조지프의 주치의들이 한달음에 달려왔다. 불면증, 천식, 소화불량 등 조지프는 이미 많은 병을 앓고 있는 상태였다. 거기에 눈이 보이지 않는 증상까지 더해지자 책임 주치의 제임스 매클레인James W. McLane 박사의 걱정은 눈덩이처럼 불어났다. 시력 상실은 조지프의 건강이 완전히 무너졌다는 증거였다.[45]

"아무것도 보이지 않습니다. 읽고 쓰는 것은 고사하고 무엇이라도 좋으니 볼 수만 있으면 하는 생각이 굴뚝같습니다." 조지프는 하소연하듯 편지를 구술했다. "안과 의사에게 갔더니 병이 나으려면 침대에 누워 있어야 한다면서 아무것도 하지 못하게 합니다. 의사는 치료가 제대로 되어 시력이 돌아오려면 이 상태로 6주를 보내야 한다고 합니다. 그러면서 내가 조심하지 않아 치료가 제대로 되지 않으면 시력을 아예 잃을지도 모른다고 으름장을 놓더군요."[46]

커크릴, 메릴, 스미스가 6주 동안 〈월드〉를 책임지고 운영했다. 세 사람은 이따금 어두운 방에 갇힌 신세가 된 조지프를 방문해 조언을 구하기도 했다. 아이들은 얼씬도 할 수 없었다. 케이트의 아버지가 세상을 떠났지만, 조지프는 워싱턴에서 거행된 장례식에 참석할 수 없어 케이트 홀로 아버지의 장례식에 참석해야 했다. 조지프가 건강과의 사투를 벌이는 와중에도 데이나는 공격의 고삐를 늦추지 않았다. 오히려 "유대인이 되고픈 유대인"이라는 내용을 담은 사설을 "자기 핏줄을 버린 퓰리처는 뉴욕을 떠나라!"는 제목으로 끈질기게 재보도했다.

6개월을 쉬었지만 별다른 차도가 없었다. 조지프의 책임 주치의 매클레인 박사는 새로운 처방을 내렸다. 앞으로 6개월 동안 조지프는 모든 일에서 손을 떼고 캘리포니아 주에서 요양해야 했다. 1888년 1월 14일 조지프와 케이트 부부는 저지 시Jersey City에서 수행원들과 함께 전용 열차에 올랐다. 랠프는 아빠, 엄마와 함께 떠났고 루실, 조지프 2세, 이디스는 집에 남아 보모들과 지내게 되었다.

월터 펠프스Walter Phelps 하원의원이 떠나는 조지프와 케이트 부부를 배웅하러 왔다. 앞날을 비관한 조지프는 캘리포니아 주의 오화한 기후와 신선한 공기도 자신에게 별 도움이 되지 않을 것이라고 생각했다. 조지프는 펠프스에게 눈먼 왕 크로이소스처럼 자신도 결국에는 눈이 멀고 말 것이라고 말하면서 답답한 심정을 털어놓았다.[47]

조지프는 탄식했다. "종말의 시작이구나."

3부

위대한 혁명가,
눈먼 왕이 되다

1888~1911

PULITZER

20장

투사 삼손

1888년 2월 말의 어느 달빛 찬란한 저녁, 조지프는 샌디에이고의 전설적인 호텔인 호텔 델 코로나도Hotel Del Coronado의 쪽마루에 앉아 시가를 뻐끔거리면서 해변을 바라보고 있었다. 희미하고 부드러운 달빛 속에서 조지프는 해변의 윤곽과 해변에 부딪히면서 하얀 물거품을 일으키는 파도를 알아볼 수 있었다. 조지프는 밤공기를 쐬러 쪽마루로 나온 자신을 돌보러 따라 나온 기자에게 말을 건넸다. "정말 아름다운 광경이지 않나?"[1]

조지프는 방으로 들어가면서 말을 이었다. "내가 눈이 멀다니, 그럴 리 없네. 이런 자연의 아름다움을 알아볼 수 있을 만큼 멀쩡하지 않나. 오늘 저녁 우리가 달빛 속에서 바라본 저 해변의 아름다움은 정말 경이롭다고 하지 않을 수 없네."

그러나 그 밖의 세계는 조지프의 시야로부터 사라져가고 있었다. 호텔 내부에 설치된 아주 밝은 전등불 아래에서도 조지프는 신문가판대에 놓인 신문의 1면 머리기사 제목처럼 큰 글씨만을 겨우 알아볼 수 있을 뿐이었다. 신문은 세인트루이스에서 민주당 차기 전당대회가 열린다는 소식을 전하고 있었다. 내키지 않았지만 조지프도 자신이 처한 현실을 인정하지 않을 수 없었다. "한쪽 눈을 잃었으니 반은 장님인 셈이로군. 나머지 한쪽 눈은 어느 정도 쓸 수 있는데도 지난 석 달 동안 신문 한 줄 읽지 못했다네."

뉴욕에 있을 때 조지프를 치료한 의사들은 조지프에게 캘리포니아주로 가서 휴식을 취하라고 처방했다. 일종의 유배 명령이었다. 조지프와 케이트 부부가 뉴욕에서 캘리포니아 주로 떠나는 열차에 오를 때, 충성스러운 민주당원이자 한때 〈월드〉에서 편집자로 일했던 누군가가 케이트에게 쪽지를 건넸다. "투사 삼손(1671년 존 밀턴John Milton이 구약 성서 〈사사기〉 삼손 이야기에서 소재를 얻어 그리스 비극의 형식으로 만든 시극—옮긴이)에게 감히 이 글을 보냅니다. 읽어주신다면 영광이겠습니다." 그는 쪽지에 이렇게 적었다. "당신이 병들도록 내버려두시다니, 하느님도 무심하시지. 이 무슨 변고란 말입니까."[2]

20세기로 치면 기업이 임원에게 제공하는 전용 제트기나 다름없는 전용 열차를 타고 이동했음에도 캘리포니아 주로 향하는 여정은 조지프의 진을 빼놓았다. 케이트의 먼 친척을 방문하기 위해 뉴올리언스에서 멀지 않은 미시시피 주 빌럭시Biloxi의 다 쓰러져가는 맨션 보부이르Beauvoir에 들른 일은 그렇지 않아도 힘든 조지프의 여정을 더 힘들게 했다. 케이트의 먼 친척이자 한때 남부연합 대통령과 영부인이었던 제퍼슨 데이비스와 배리나 데이비스Varina Davis는 오지나 다름없는 그곳에서 고독하게 생활하고 있었다.[3]

조지프와 케이트 부부는 지난 8년 동안 데이비스 부부와 연락하고 지내면서 두 사람의 스물두 살 먹은 딸 위니 데이비스와 친하게 지냈다. 조지프와 케이트 부부는 위니에게 아이들 중 한 명의 대모가 되어달라고 부탁하기도 했다. '남부연합의 딸'이라 불리는 위니 데이비스는 부모님과 함께 잃어버린 대의명분의 상징처럼 여겨지고 있었다. 보부아르에 머무는 동안 조지프와 케이트 부부는 함께 여행하자고 위니를 설득했다. 제퍼슨 데이비스는 친척에게 이런 편지를 남겼다. "전용 열차는 새롭게 변모하고 있는 우리나라 구석구석을 둘러보는 데 있어 편안하고 경제적인 수단이라는 점에서 매력적이지. 하지만 안타깝게도 위니는 제안을 거절했다네."[4]

다시 길을 나선 조지프와 케이트 부부는 텍사스 주에 들렀다. 조지프는 그곳에 과거 남부연합 지도자가 살고 있다고 기자에게 귀띔해주었다. 그가 비록 나이는 많지만 마음만은 서른 살 청년과 다름없다는 말도 덧붙였다. 며칠 뒤 조지프 일행은 로스앤젤레스에 도착했다. 조지프 일행의 방문 소식은 지역신문 1면을 장식했다. 그러나 조지프는 여행에서 쌓인 피로를 이유로 인터뷰를 거절했다. 조지프 일행은 동부에 사는 부자들이 겨울 휴양지로 즐겨 찾는 패서디나Pasadena에 위치한 레이먼드 호텔Raymond Hotel에 여장을 풀었다.

다음 몇 주 동안 조지프와 수행원들은 해변에 있는 여러 휴양지를 전전했다. 산타 바바라Santa Barbara에서 의사들을 만났지만 그들은 하나같이 조지프가 듣고 싶지 않은 말만 하면서 샌드위치 열도Sandwich Islands(하와이), 일본, 중국처럼 먼 곳으로 바다 여행을 떠나라고 권했다. 조지프는 의사의 권고를 따를 생각도 의지도 없었다. 그저 뉴욕으로 돌아가지 못해 〈월드〉에서 자신이 맡은 소임을 다하지 못하게 될까 봐 노심초사할 뿐이었다. 커크릴을 신뢰하기는 했지만 그 당시는 조지프가 〈월드〉를 인수한 뒤 처음으로 판매부수가 떨어진 참이었다. 뉴욕을 강타한 끔찍한 눈보라에 대한 보도를 진두지휘할 수 없다는 점은 조지프에게 더 큰 아픔으로 다가왔다. 식량과 의약품이 동이 났고 열차가 멈춰 섰으며 전보를 주고받기조차 어려웠던 그 상황에 대한 보도를 말이다.[5]

눈보라가 몰아치는 사이 조지프의 친구이자 변호사인 로스코 콩클링이 귓병을 얻었다. 월스트리트에 위치한 사무실에서 매디슨 스퀘어에 위치한 사교 클럽으로 향하던 도중 귀에 염증이 생긴 것이다. 염증은 가라앉지 않고 콩클링을 계속 괴롭혔다. 그러나 콩클링은 대수롭지 않게 여겼다. 콩클링은 건강을 염려하는 조지프의 편지에 이런 답장을 보냈다. "거대한 폭풍우가 자비를 베풀어 당신의 눈이 밝아져 다시 신문을 읽을 수 있게 되기를 바랍니다." 그러나 염증은 심해져 농양이 되었고 콩클링의 뇌를 짓누르는 위험한 수준에 이르렀다. 몇 주 동안 사경을 헤매던 콩클링은 1888년 4월 17일 결국 사망하고 말았다. 조지프가 할 수 있는 일이라고는 애도문과 조화를 보내고 콩클링의 사망 소식을 위대한 정치인들의 사망 소식처럼 비중 있게 다루라고 〈월드〉에 지시하는 일밖에 없었다.[6]

조지프에게는 캘리포니아 주의 포근함이 지옥이나 다름없었다. 조지프는 의사들이 권유한 태평양 일주 여행을 거부하고 그해 5월 식구들과 함께 동부로 향하는 열차에 올랐다. 동부로 향하는 도중에 세인트루이스에 들른 조지프는 그곳에서 이틀을 머물렀다. 조지프는 〈세인트루이스 포스트-디스패치〉에서 편집자들을 만나 이 신문을 인수할 의향이 없는지 다시 물었다. 10년 전 세인트루이스를 떠난 뒤 이뤄진 두 번째 방문이었다. 세인트루이스에 남아 있는 끈은 하나도 없었다. 〈세인트루이스 포스트-디스패치〉마저 매각한다면 이번이 마지막 방문이 될지도 모를 일이었다. 그러나 조지프는 결국 〈세인트루이스 포스트-디스패치〉를 매각하지 않기로 했다.[7]

조지프 일행은 〈월드〉 5주년 기념식에 맞춰 뉴욕에 도착했다. 편집자들은 5년 전 조지프가 〈월드〉를 인수한 첫날 제시했던 원칙을 5주년 기념호 1면에 다시 수록했다. 그 밖에 이민자와 가난한 사람들을 보호하기 위해 독점 기업가 및 그 공모자들을 상대로 〈월드〉가 벌인 투쟁과 성과도 열거했다. 편집자들은 "대중에 대한 봉사야말로 〈월드〉가 이룩한 핵심 업적"이라고 기록했다. 그 무렵 〈월드〉의 하루 평균 판매부수는 30만 부에 달했다.[8]

집으로 돌아온 조지프를 의사들이 다시 진찰했지만 진단은 달라지지 않았다. 의사들은 여전히 휴식을 취하라고 권유했지만 조지프는 〈월드〉를 읽으려고 애쓰면서 눈에 무리가 가는 행동을 고집스레 계속했다. 이제 조지프의 건강은 더욱 나빠져서 그나마 상태가 나은 왼쪽 눈으로 어지럽게 움직이는 검은 점과 때때로 번쩍이는 섬광만을 인식할 수 있을 뿐이었다. 책임 주치의 매클레인 박사는 조지프에게 유럽으로 가서 저명하고 권위 있는 의사들에게 진찰을 받아보라고 간곡히 권유했다. 매클레인 박사의 충고에 따라 조지프는 6월 9일 에트루리아호를 타고 영국으로 향했다. 위니 데이비스와 함께 뉴욕에 남은 케이트와 아이들은 점점 인기가 높아지고 있던 메인 주의 마운트데저트 섬Mount Desert Island으로 거처를 옮겼다.[9]

대양을 건너 유럽에 도착한 조지프는 런던과 파리의 이 병원 저 병원을 돌아다니며 진료를 받았다. 그해 여름 내내 세상에서 가장 실력 있는 의사라는 의사는 모조리 만나봤지만 그 의사들도 뉴욕에서 조지프를 진찰한 의사들과 같은 이야기만을 반복할 뿐이었다. 한쪽 눈은 완전히 실명한 상태였고 남은 눈도 비슷한 길을 걸어갈 운명에 처해 있었다. 치료도 처치도 요법도 없었다. 휴식만이 그나마 남은 눈의 수명을 늘려줄 터였다. 조지프는 승마도 그만두고 산책도 포기했다. 어두운 방에 갇혀 누워서 지낼 수밖에 없는 조지프는 날로 쇠약해졌다.[10]

의사들은 여행을 금지했다. 그해 9월에는 선거가 치러질 예정이었기 때문에 조지프에게 그보다 더 끔찍한 처방은 없었다. 유럽에서 꼼짝달싹 못 하게 된 조지프의 신세는 힘차게 항해하는 본인의 배를 육지에서 바라보아야 하는 선장의 신세와 다를 바 없었다. 대통령 선거 운동이 절정에 달했지만 조지프는 편집 회의에 참석할 수도, 당의 선거 전략을 짤 수도, 선거 지형도를 그려볼 수도, 〈월드〉 사설의 축복을 받기 위해 애태우는 후보를 만나볼 수도 없었다. 부자연스러운 적막만이 조지프의 주위를 감싸고 있었다.

이번 대통령 선거에서는 수입 관세를 인하하려는 클리블랜드 대통령의 정책이 핵심 쟁점으로 떠올랐다. 클리블랜드 대통령은 관세란 기업에 제공하는 간접 보조금이나 마찬가지라고 여겼다. 또한, 관세 때문에 상품 가격이 상승해 노동자와 농민이 고통을 받는다고 생각했다. 반면 벤저민 해리슨Benjamin Harrison을 대통령 후보로 지명한 공화당은 높은 관세가 미국의 산업과 노동자를 해외의 경쟁자로부터 보호해줄 것이라고 주장했다.

백악관에 입성한 뒤부터 〈월드〉와 그 발행인인 자신을 업신여긴 클리블랜드 대통령의 불손한 태도에 상한 마음이 풀리지 않았던 조지프는 클리블랜드 대통령이 차기 선거에서 지든 말든 상관하지 않기로 마음먹었다. 〈월드〉는 뉴욕 주 주지사 선거와 뉴욕 시장 선거 외의 다른 선거는 없다는 태도로 일관했다. 4년 전 〈월드〉는 민주당 대통령 후보로 나선 클리블랜드를 미국 정치를 구원할 구세주라고 치켜세웠지만, 이번에는 대통령 선거와 관련해 일절 언급하지 않음으로써 클리블랜드 대통령에 대한 조지프의 냉랭한 심기를 표현했다. 〈월드〉의 내부 관계자는 이렇게 회고했다. "당시 클리블랜드 대통령과 4년 전 클리블랜드 대통령을 열렬히 지원했던 지지자의 사이는 더는 벌어질 수 없을 만큼 심하게 벌어져 있었다. 완고한 클리블랜드는 담담하면서 고집스러웠고 퓰리처는 불같이 분노하면서 고집을 꺾지 않았다."[11]

유배 생활을 받아들이기로 마음먹은 조지프는 케이트에게 아이들과 함께 유럽으로 오라는 전보를 보냈다. 조지프는 런던을 떠나 파리의 브리스틀 호텔에 여장을 푼 뒤 프랑스 북서부 해안의 르아브르Le Havre로 가서 케이트와 아이들을 태운 배가 입항하기만을 기다렸다. 평소와는 다른 조지프의 행동에서 깊은 고뇌가 묻어났다. 1888년 9월 16일 드디어 케이트와 아이들이 도착했다. 캘리포니아 주에서 휴양하는 동안 이제 여섯 번째 아이를 밴 케이트의 배는 눈에 띌 정도로 불룩해져 있었다. 조지프는 파리에 있는 우아한 몽소 공원Parc Monceau 인근에 집을 임대해 오랜만에 한자리에 다시 모인 가족이 함께 가을과 겨울을 보낼 수 있게 배려했다.[12]

1888년 12월 13일 콘스턴스 헬렌 퓰리처Constance Helen Pulitzer가 태어났다. 클리블랜드 대통령이 임명한 파리 주재 미국영사가 콘스턴스의 출생신고를 접수했다. 조지프는 출생신고서에 서명했는데, 서명만 겨우 할 수 있을 뿐 글을 쓰거나 읽는 것은 불가능한 상태였다. 몸이 점점 더 쇠약해지자 조지프는 서른 살 먹은 영국 귀족 출신의 클로드 폰슨비Claude Ponsonby를 보좌관으로 고용했다. 폰슨비를 시작으로 조지프에게 온 서신을 큰 소리로 낭독하고 조지프가 구술하는 서신을 받아쓰며 피아노를 치고 점점 어두워져 가는 세상에서 조지프의 벗이 되어준 숱한 젊은이들이 조지프의 곁을 지키다가 떠나갔다.

쇠약해졌지만 정상적인 생활이 불가능한 것은 아니었던 조지프는 자신이 이룩한 언론의 제국을 직접 통제할 수 있는 방법을 강구하기 시작했다. 〈월드〉가 월급을 주는 편집자, 기자, 식자공, 인쇄공, 판매원, 경영관리인만 해도 600여 명에 달했다. 뉴욕을 비우는 기간이 길어지자 조지프는 〈월드〉를 세 사람의 손에 맡겼다. 커크릴은 편집에 관한 문제를 주관하고 조지 터너는 경영 문제를 주관했다. 케이트의 남동생 윌리엄 데이비스는 조지프의 대리인 자격으로 커크릴 및 터너와 함께 삼두 경영 체제에 참여했다. 뉴욕 외부에 있는 조지프와 의견을 주고받기 위해 터너는 간단한 암호 체계를 고안했다. 암호를 사용하면 다른 사람들이 내용을 알아볼 수 없을 뿐더러 전보의 길이도 짧아진다는 장점이 있었다.[13]

조지프가 운영하는 여러 신문 중 〈세인트루이스 포스트-디스패치〉는 크게 신경 쓸 필요가 없었다. 〈세인트루이스 포스트-디스패치〉는 그냥 내버려두어도 스스로 알아서 잘 굴러갔다. 수입도 괜찮았을뿐더러 무엇보다 조지프의 머리를 아프게 하지 않는다는 점이 큰 장점이었다. 조지프의 마음은 온통 뉴욕에 쏠려 있었다. 특히 대서양을 넘나드는 전보에서 터너가 고안한 암호체계에 따라 '고참Senior'이라 불리는 조간신문 〈월드〉가 조지프의 가장 큰 관심사였다. '신참Junior'이라 불리는 석간신문 〈이브닝 월드〉를 바라보는 조지프의 시선에는 멸시와 수긍이 뒤섞여 있었다.

기본적으로 거친 성질이 다분한 〈이브닝 월드〉는 소란스러운 가판대에서 불티나게 팔려나갔다. 사람들의 흥미를 불러일으키는 기사가 1면에 오르는 날에는 10만 부를 훌쩍 넘기기도 했다. 조지프는 따끈따끈한 새 소식, 눈길을 잡아끄는 현란한 1면 머리기사, 온갖 추문에 관련된 기사를 담은 석간신문을 읽고 싶어 하는 독자층이 작지 않을뿐더러 점점 늘어나는 추세라는 사실을 알아차렸다. 그래서 조지프는 석간신문 〈이브닝 월드〉를 창간했다. 하지만 수익을 아무리 많이 남긴다 해도 〈이브닝 월드〉로는 대통령을 만들 수 없었다. 돈이라는 문제만 생각한다면 지금까지 번 돈만으로도 조지프는 평생 부유하게 살 수 있었다. 그러나 조지프는 〈월드〉에 대한 통제권을 계속 유지하고 싶어 했다. 〈월드〉야말로 조지프가 가장 갈망하는 권력을 주는 존재이기 때문이었다.

삼두 경영 체제를 수립했지만 편집자와 경영관리인을 고용하는 문제에 대한 통제권은 여전히 조지프가 틀어쥐고 있었다. 아프든 아주 멀리 떨어져 있든 관계없이 〈월드〉의 중요한 직책에 사람을 배치할 권한은 조지프에게 있었다. 조지프는 업무 수행 능력이 뛰어난 편집자와 경영관리인에게 두둑한 성과급으로 보상했다. 업무를 제대로 수행하지 못한 직원들은 전보를 통해 날아든 조지프의 분노를 마주해야 했다. 때로는 삼두 경영 체제를 이끄는 세 사람 중 한 사람이 큰 소리로 조지프가 보낸 전보나 편지를 당사자 앞에서 낭독하기도 했다. 편집자들은 자신들이 〈월드〉를 위해 일하는 것이 아니라 조지프를 위해 일한다는 사실을 잘 알고 있었다. 조지프에 대한 충성심을 제대로 보여주지 못하는 직원에게는 해고만이 남아 있었다.[14]

1872년 안면을 튼 뒤로 줄곧 조지프는 〈뉴욕 헤럴드〉의 줄리어스 체임버스Julius Chambers에게 〈월드〉로 이직하라고 추파를 던져왔다. 1888년 겨울 〈뉴욕 헤럴드〉 발행인 제임스 베넷의 특이한 경영 방침을 견디던 체임버스의 인내심이 한계에 다다랐다. 공교롭게도 제임스 베넷은 파리에 체류하면서 〈뉴욕 헤럴드〉를 운영하고 있었는데, 그 모습을 본 조지프는 자신도 그렇게 할 수 있다는 희망을 품게 되었다. 그러던 어느 날 체임버스는 뉴욕 애스터하우스의 1번 방에서 커크릴과 점심식사를 함께했다. 자리를 비운 발행인 밑에서 일하는 어려움에 대한 이야기를 나누던 중 커크릴은 체임버스가 〈뉴욕 헤럴드〉를 떠나고 싶어 한다는 사실을 알아챘다. 커크릴은 조지프가 보낸 전보를 체임버스에게 보여주었다. "체임버스를 다시 만나서 일주일에 250달러를 주는 조건으로 3년 계약을 제의해보게." 체임버스는 그 자리에서 바로 조지프의 제안을 수락했다.[15]

조지프는 이와 유사한 방법으로 〈뉴욕 커머셜 애드버타이저New York Commercial Advertizer〉에서 일하던 조지 이글스턴George Eggleston을 〈월드〉로 영입해 논설위원으로 위촉했다. 〈월드〉로 둥지를 옮긴 두 사람은 조지프가 책상 위에 잔뜩 쌓이는 전보나 보내는 존재감 없는 사람이 아니라 사무실에서 함께 일하는 것 같은 생생한 존재감을 가진 사람으로서 〈월드〉를 운영하고 싶어 한다는 사실을 알아차렸다. 조지프는 체임버스에게 이렇게 말했다. "〈월드〉에 관련된 것이든 개인적인 문제든 개의치 말고 허심탄회하게 말해주게. 〈월드〉의 승승장구에 관한 문제라면 아무리 사소한 것이라도 모두 말해주게."[16]

조지프가 자리를 비운 사이에도 〈월드〉의 편집자와 직원들은 열과 성을 다해 조지프가 만족할 만큼의 성과를 냈다. 그러나 조지프가 제이 굴드로부터 임대한 파크 로의 비좁은 사무실로는 불어난 직원들을 모두 수용할 수 없었다. 〈월드〉에게는 새 건물이 필요했다. 파크 로에는 조지프가 소유한 건물이 여럿 있었지만 조지프가 마음속에 간직한 것과 같은 모습을 한 웅장한 건물은 하나도 없었다. 조지프는 자신의 권력과 성공을 상징하는 건물을 소유하고 싶었다. 〈월드〉가 엄청난 판매부수를 기록하면서 다른 신문사들을 누르고 선두에 올라선 것처럼, 새로 짓는 건물도 파크 로의 다른 신문사들이 왜소해 보일 만큼 웅장한 건물이어 야 했다.

지난해 조지프가 캘리포니아 주에 머무는 사이 브루클린브리지 입구에 위치한 프렌치스 호텔이 매물로 나왔다. 23년 전 남북전쟁이 끝났을 당시 조지프는 실업자 신세였다. 당시 조지프는 다 해어진 옷을 입은 제대 군인이 호텔에서 어슬렁거리는 꼴을 못 보겠다는 투숙객들의 항의로 호텔에서 쫓겨나는 수모를 당했었다. 그 뒤 경영난에 빠진 프렌치스 호텔이 결국 매각 절차를 밟게 되자 기회를 포착한 조지프는 계약금 10만 달러와 현금 63만 달러를 제시해 호텔을 인수했다. 과거 호텔 앞에서 문전박대를 당했던 실업자 청년이 이제 그 호텔을 소유하게 된 것이었다.[17]

리처드 모리스 헌트Richard Morris Hunt의 제자 조지 브라운 포스트George Brown Post는 조지프가 프렌치스 호텔을 인수했다는 소식을 들었다. 포스트는 〈월드〉에 근무하는 친구에게 자신을 조지프에게 소개해달라고 부탁했다. 파크 로에 들어설 〈뉴욕 타임스〉의 새 건물도 포스트가 맡아 설계했다. 포스트는 친구에게 이렇게 말했다. "서로를 경쟁자라고 인식하며 정치적 색깔이 판이하게 다른 두 신문사의 건물을 모두 내가 짓는다면 정말 재미있을 거야." 포스트는 조지프가 연 설계 공모전에 공모해 당선되었다.[18]

조지프는 파리에 머물면서 포스트와 건축 조건을 협의했다. 우선 건물 높이는 17층으로 정했다(사실 〈월드〉 사옥의 높이는 자료마다 다르게 전하고 있으나, 이 책에서는 17층으로 통일한다—옮긴이). 비용은 95만 달러를 넘어설 수 없었고 완공은 1890년 10월 1일이었다. 성공하면 포스트는 5만 달러의 수수료와 1만 달러의 성과급을 받게 될 터였다. 반대로 실패한다면 포스트는 수수료 중에서 2만 달러를 돌려주어야 했다. 마지막으로 설계에 관련된 모든 내용에 대해 조지프의 승인을 받아야 했다. 조지프의 승인이 떨어지지 않으면 시공을 담당할 건축업자들과도 계약을 체결할 수 없었다. 조지프는 여기에 한 가지 조건을 덧붙였다. "적어도 지금 공사 중인 〈뉴욕 타임스〉 사옥보다는 좋아 보여야 한다."[19]

　포스트는 그해 겨울 내내 설계에 매달렸지만 시간이 흐를수록 조지프의 실망감은 더해갔다. 자신을 대신해 예술작품을 만들고 자신을 대신해 글을 읽고 쓰며 자신을 대신해 외국어를 통역해줄 사람을 고용하듯 조지프는 자신을 대신해 〈월드〉의 새 건물을 설계할 사람을 고용했다. 그러나 포스트가 조지프에게 건네준 설계도는 조지프가 원하던 건물의 설계도가 아니었다. 1889년 3월 포스트는 파리로 건너가 조지프와 건축 계획을 상의했지만 결과는 그다지 좋지 않았다. 조지프는 〈월드〉의 경영관리를 일임한 터너에게 다음과 같은 편지를 보냈다. "'엄밀하고 냉정하게 판단하건대' 이번에 파리를 방문한 건축가를 만나봤지만 도저히 신뢰할 수 없는 사람이라는 인상을 받았네. 다른 사람의 생각을 듣고 건물을 짓는 일에는 소질이 있는지 몰라도 자신의 창의적인 생각을 건물로 표현하는 일에는 소질이 없는 건축가임이 분명하네."[20]

　건축 비용에 대한 두 사람의 견해에도 큰 차이가 있었다. 조지프가 정한 예산에 맞춰 건물을 짓는다는 것은 불가능했다. 포스트는 6만 달러의 예산을 더 책정해야 한다고 조지프를 설득했다. 그렇게 되면 조지프가 정한 상한선인 100만 달러를 넘기게 될 터였다. 그 즉시 조지프는 뉴욕에 있는 터너에게 이렇게 전했다. "나는 단 1센트도 더 내줄 수 없네." 한편 조지프가 설계도를 검토한 뒤 최종 승인하지 않으면 어떤 공사도 시작할 수 없다는 조건에 따라 대서양을 넘나들며 설계도를 검토하고 수정하다 보니 공사 지연은 불가피했다. 자연히 공사 비용도 증가할 수밖에 없었다.[21]

뉴욕으로 돌아온 뒤에도 포스트는 조지프와 편지를 주고받으며 협의를 계속했다.

그때까지도 조지프는 자신의 유배 생활이 곧 끝나리라 믿고 있었다. 조지프는 〈월드〉의 경영관리를 일임한 터너에게 이런 편지를 보냈다. "건강이 훨씬 좋아져서 걸어 다닐 수 있게 되었네. 신체적 결함 때문에 치료를 받아야 한다는 것을 제외하면 나에게는 아무 문제도 없네. 하지만 내가 보기에는 신체적 결함도 그저 불편한 수준이지 심각한 것은 아니네. 어쨌든 (진절머리 나는) 의사들은 눈을 제외한 모든 신체 기관이 별다른 문제 없이 작동한다고 하네. 아주 느리기는 하지만 좋아지고 있다는 것만은 분명하네."[22]

포스트가 다녀간 뒤 조지프는 프랑스 남부의 리비에라 해안으로 떠났다. 4월 말이 되어 건강이 많이 회복되었다고 생각한 조지프는 케이트와 아이들을 파리에 남겨두고 폰슨비와 함께 뉴욕으로 돌아왔다. 조지프는 뉴욕에 도착하자마자 포스트의 설계도를 검토했고 두 사람의 의견은 다시 충돌하기 시작했다. 더 저렴한 자재를 쓰면 비용을 절감할 수 있었지만, 조지프는 '일류' 건물의 요건을 충족시킬 수 없다는 이유를 들어 포스트의 설계를 계속 거부했다. 좌절한 포스트는 주변에 도움을 요청했고 결국 조지프가 한발 물러섰다. 〈월드〉의 직원들을 모두 수용할 더 넓은 공간이 절실했기 때문에 조지프는 포스트와 타협할 수밖에 없었다.[23]

뉴욕으로 돌아온 조지프는 짬을 내 정치에 깊이 관여하고 있는 친구를 만나러 갔다. 몇 달 전 치러진 대통령 선거에서 벤저민 해리슨은 일반투표에서 승리한 클리블랜드를 누르고 백악관에 입성했다. 조지프의 미온적인 태도가 클리블랜드의 낙선에 영향을 준 것이 분명했다. 대통령 선거가 끝난 뒤 조지프의 친구이자 공화당원이며 철도회사 소속 변호사 천시 디퓨가 조지프를 저녁 만찬에 초대했다. 54번가에 있는 디퓨의 맨션에서 열린 저녁 만찬에 참석한 조지프는 새로 들어서는 정부에서 한자리 차지해보려고 호시탐탐 기회를 노리고 있는 시어도어 루스벨트, 프랑스 주재 미국대사로 지명된 〈뉴욕 트리뷴〉의 편집자 화이트로 리드, 개인적인 경쟁자 찰스 데이나, 자유의 여신상 기금 마련 운동을 이끌었던 윌리엄 에버츠, 워드 매캘리스터 등 적과 동지들 틈에 끼어 식사를 했다.[24]

뉴욕에 머무는 동안 조지프는 경쟁 신문사에서 일하는 어느 편집자와 우연히 마주쳤다. 그 편집자는 조지프가 앞을 거의 볼 수 없게 되었다는 사실에 경악을 금치 못했다. "전반적인 건강에는 아무런 문제가 없어 보였다. 딱 하나 문제가 있다면 한쪽 눈이 보이지 않는다는 것이다. 그런데도 퓰리처의 정신은 그 어느 때보다 왕성한 기운을 내뿜었다. 남은 한쪽 눈도 그 어느 때보다 강건하고 맑고 초롱초롱해 보였다."[25]

1889년 5월 15일 조지프와 폰슨비는 아이더Eider호를 타고 뉴욕을 떠나 독일 브레멘Bremen으로 향했다. 케이트는 여전히 파리에 머물고 있었지만 조지프는 파리 대신 독일 비스바덴Wiesbaden을 선택했다. 로마의 정치가이자 문인이었던 대★플리니우스Pliny the Elder가 처음으로 비스바덴의 온천에 대해 언급한 뒤 쇠약한 사람들이 자신의 병을 치료하기 위해 비스바덴으로 모여들었다. 19세기 말 비스바덴은 러시아 소설가 표도르 도스토옙스키Fyodor Dostoevsky와 조지프가 좋아하는 작곡가 리하르트 바그너Richard Wagner같이 부유한 사람들이 즐겨 찾는 휴양지 중 한 곳이 되었다.[26]

조지프는 업무를 최대한 멀리하려 애썼다. 일상적인 업무와 완전히 단절하기 위해 조지프는 자신에게 어떤 신문도 보내지 말라고 지시했다. "앞으로 2주 동안 내가 신문 없이 살 수 있는지 시험해보려 한다." 조지프는 의사들이 처방한 대로 식사를 하고 아침마다 유명한 미네랄 온천에서 목욕했으며 오후에는 마차를 타고 돌아다니며 경치를 즐겼다. 조지프는 도시 중심부에 위치한 황제의 궁전 인근의 우아한 두로제 호텔Hotel DuRose에 머물면서 깨끗한 공기를 마시며 저녁식사를 했고 실내에서 연주하는 음악이 차가운 밤공기에 실려 올 때면 느긋하게 음악을 감상하기도 했다.[27]

며칠 뒤 조지프는 폰슨비에게 파리에 있는 케이트에게 기분이 한결 나아졌다는 내용의 편지를 보내라고 일렀다. 비스바덴이 가진 치유의 힘이 자신에게 효험을 발휘하고 있다고 생각한 조지프는 한결 가벼워진 마음으로 편지를 구술했다. "그렇지만 지금까지 내가 말한 차도는 어디까지나 '상대적인 것'이라는 점을 잊지 마시오."

조지프의 기분이 한결 가벼워지면서 갑자기 폭발하는 조지프의 불같은 성미도 상당히 누그러졌다. 유명한 의사에게 진찰을 받으러 갔던 일을 두고 조지프는 케이트에게 이렇게 말했다. "대기실에서 열 명도 넘는 환자들과 함께 차례를 기다리다가 진찰을 받았는데, 막상 실제 진료는 일 분도 채 걸리지 않았다오. 내 상태를 제대로 이야기해볼 기회조차 없었소. 아니, 의사는 내가 무슨 이야기를 꺼내는 것 자체를 싫어하는 것처럼 보였다오."

"의사의 지시에 고분고분 따른 것이 아마 이번이 처음이지 않나 싶소." 구술을 마친 조지프는 폰슨비로부터 편지를 넘겨받아 "사랑하는 케이트에게"라고 적어넣은 뒤 "마음 깊이 애정을 담아. 항상 당신에게 충실한 남편 JP가"라고 손수 서명했다. 곧 서명조차 할 수 없게 될 터였지만 조지프는 희망을 버리지 않았다. 조지프는 케이트에게 이렇게 말했다. "정신은 더욱 맑아지고 있으니 희망을 품어봅시다." 조지프와 케이트 부부는 1889년 여름을 스위스의 겨울 휴양도시 생모리츠St. Moritz에서 함께 보냈다. 연중 맑은 날이 300일이 넘는 생모리츠는 부유한 사람들이 선호하는 휴양도시였다.[28]

10년 전 벌어들인 돈 중 300달러를 따로 떼어 트렁크에 고이 숨겨두어야 했던 조지프는 이제 한 시간에 300달러가 넘는 돈을 버는 사람이 되어 있었다. 많은 돈을 등에 업은 조지프와 케이트 부부는 유럽에 체류하고 있는 부유한 미국인 사회에 쉽게 스며들 수 있었다. 두 사람은 개인 보좌관과 보모를 대동하고 파리를 떠나 런던으로 갔다가 다시 생모리츠로 향했다. 케이트는 한때 마리 앙투아네트Marie Antoinette가 소유했던 것으로 알려진 다이아몬드 목걸이를 목에 걸고 왕실 결혼식에 참석했다. 어느 신문은 이렇게 전했다. "퓰리처 부인은 그런 보석을 착용할 자격이 있다. 30년 전 증기선에 석탄을 넣는 인부로, 마차를 모는 마부로 일했던 퓰리처 씨는 불굴의 의지와 명석한 두뇌로 지금의 성공을 일궈냈다. 그가 모은 부는 여러 왕실을 사들이고도 남는다."[29]

조지프는 자선 활동의 규모도 늘렸다. 그해 5월 조지프는 뉴욕시립 고등학교 학생 열두 명을 후원하는 장학 사업을 익명으로 시작했다. 주로 이민자의 자녀들을 대학교에 보내는 데 쓰이는 장학금이었다. 조지프는 뉴욕 시 어느 학교 관리자에게 이렇게 말했다. "저는 가난한 사람들을 돕는 데 관심이 많습니다. 부자들은 스스로 해결할 수 있으니 걱정할 필요가 없기 때문입니다." 그러나 조지프는 자신이 베푸는 돈이 수혜자들의 주머니를 두둑하게 만드는 용도 이상으로 쓰이기를 바랐다. "대학 교육은 돈을 많이 벌기 위한 수단이 아니다. 삶에는 더 고결한 목적이 있다. 나는 이 장학금을 받은 학생들이 정육업자, 제빵사, 중개인, 은행원보다는 교사, 학자, 의사, 작가, 언론인, 판사, 변호사, 정치인이 되어 사회에 공헌하기를 바란다." 하지만 조지프의 친구 촌시 디퓨는 그렇게 장학금을 받은 학생들이 결국에는 거지 신세를 면하지 못하리라고

생각했다.[30]

그해 가을 조지프와 케이트 부부는 파리로 돌아갔다. 코네티컷 주 뉴런던New London에 살고 있던 케이트의 어머니와 언니가 파리에 들러 조지프 2세와 이디스를 여름 내내 돌봐주었다. 아이들은, 아버지가 새로 짓고 있는 〈월드〉 사옥 문제에 흠뻑 빠져 있다는 사실을 알게 되었다. 공사는 넉 달 전 시작되었다. 별다른 문제가 없다면 10월에는 주춧돌을 놓는 정초식이 성대하게 거행될 예정이었다. 부지 구입비로 이미 63만 달러를 지불했고 앞으로 100만 달러의 건축비용이 추가로 들어갈 예정이었지만 조지프는 단 1센트도 빌리지 않고 그 비용을 모두 자력으로 감당했다.[31]

조지프의 손길이 닿지 않은 것은 하나도 없었다. 조지프는 설계도를 검토했고 외부에 장식될 장식물의 모양과 내부에 배치될 가구까지 모두 하나하나 점검했다. 시력이 많이 떨어진 상태였기 때문에 커다란 도면만 직접 검토할 수 있었다. 따라서 세부적인 내용은 폰슨비가 말로 설명해주었다. 조지프는 자신의 대리인으로 활동하고 있는 케이트의 남동생 윌리엄 데이비스에게 이런 편지를 보냈다. "단 1센트도 허투루 쓰여서는 안 되겠지만 그렇다고 너무 인색하게 굴어서 건물 내부의 웅장함을 망쳐서도 안 되네." 조지프는 새로 지어진 〈뉴욕 타임스〉 사옥에 들어가본 사람의 의견을 들어보고 싶어 했다. "포스트와의 계약 내용에 적어도 〈뉴욕 타임스〉 사옥보다는 좋아 보여야 한다는 내용이 있다는 사실을 잊지 말게."[32]

1889년 10월 10일 파크 로 북쪽 끝에 위치한 〈월드〉 사옥이 지어질 부지에서 일꾼들이 주춧돌을 놓을 준비를 하고 있었다. 그사이 구경꾼들이 모여들기 시작했다. 건물 부지 한쪽 끝에 기념식을 거행할 연단이 마련되었다. 기념식에 초대받은 고위 관리들의 편의를 위해 부지 앞 교차로에는 커다란 덮개를 쳤다. 이번 기념식에는 〈필라델피아 레저〉의 조지 차일즈와 〈보스턴 글로브Boston Globe〉의 찰스 테일러Charles Taylor 같은 존경받는 인사도 여럿 참석했다. 주목할 만한 사실은 〈월드〉 발행인이 참석하지 않는다는 점이었다. 당시 조지프는 비스바덴의 온천에서 휴식을 취하고 있었다.[33]

덮개가 드리운 그늘 속에서 모습을 드러낸 첫 번째 인물은 토머스 에디슨이었다. 에디슨이 발명한 백열전구 8,500개를 밝힐 수 있는 발전기가 인도 10.6미터 아래에 설치되고 있었다. 다음으로는 데이비드 힐 David Hill 뉴욕 주 주지사가 군중 앞에 모습을 드러냈다. 주지사는 일꾼들의 이름을 부르면서 악수를 했다. 곧 유명 정치인, 기업가, 종교 지도자, 신문사 발행인들도 앞다퉈 모습을 드러냈다.

가장 먼저 미주리 주 성공회 주교가 연단에 올라 기념식을 축복했다. 다음으로 연단에 오른 존 커크릴은 조지프가 세운 원칙을 열거하면서 이렇게 말했다. "우리는 퓰리처가 수립한 원칙을 성실하게 지켰습니다. 그리고 그렇기에 독자들이 〈월드〉를 신뢰하게 되었습니다. 앞으로도 〈월드〉는 자유가 깃들고 정의가 강물처럼 흘러내릴 신성한 사원을 반드시 지켜나갈 것입니다."

뒤이어 촌시 디퓨, 데이비드 힐 뉴욕 주 주지사, 1876년 조지프가 선거 운동에 나섰던 나이 지긋한 새뮤얼 틸든이 차례로 연단에 올랐다. 연사들은 하나같이 〈월드〉와 조지프에 대한 찬사를 아끼지 않았다. 연설이 마무리될 무렵 커크릴이 연단으로 돌아왔다. 커크릴이 조지프가 전보를 보내왔다고 알리자 좌중이 조용해졌다. 커크릴은 전보를 낭독하기 시작했다. "이 건물이 앞으로도 영원히 신문의 요람으로 남아 있기를 바랍니다. 그저 새 소식을 찍어내는 신문이 아니라 불의와 싸우는 영원한 독립신문이 되기를, 계몽과 진보를 옹호하며 진정한 민주주의를 추종하는 신문이 되기를, 대중의 기관으로서 완전함이라는 더 고귀한 이상을 추구하는 신문이 되기를 기원합니다. 신께서 지켜주시리라 믿습니다."

자리를 비운 조지프가 전하는 말이 커크릴의 목소리를 통해 몇 분에 걸쳐 좌중에 울려 퍼졌다. 커크릴이 낭독을 마치자 우레 같은 박수 소리가 터져 나왔다. 이 내용을 양피지에 옮겨 적어 주춧돌과 함께 묻을 예정이라고 커크릴이 전하자 박수 소리는 더욱 커졌다.

모여든 사람들의 관심이 벽돌로 세운 벽을 따라 연단으로 향하도록 만들어진 계단으로 쏠렸다. 조지프의 네 살 먹은 아들 조지프 2세가 아동용 세일러복을 입고 계단을 오르고 있었다. 키가 작아 계단을 오르기가 버거워 보였지만 외삼촌인 윌리엄 데이비스의 손을 부여잡은 조지프 2세는 기어이 연단에 올라섰다. 연단에 오른 조지프 2세는 은으로 만든 흙손을 두 손으로 잡고 일꾼들이 미리 뿌려둔 시멘트 무더기를 매끄럽게 다듬었다. 일을 마친 조지프 2세가 돌아서자 일꾼들이 주춧돌을 가지고 와 자리를 잡았다. 어린 조지프 2세가 주춧돌로 다가가 흙손으로 두 번 두드리고는 이렇게 선언했다. "주춧돌을 놓았노라."

주춧돌 안에는 이번 행사를 위해 특별 제작한 구리 상자를 넣었다. 구리 상자 안에는 사진, 여러 신문사의 신문, 〈월드〉 직원 명부, 에디슨이 가장 최근에 발명한 음성 녹음용 원통 축음기가 담겼다. 원통 축음기에는 존스타운Johnstown을 휩쓴 홍수 사태나 뉴욕 시 야구단의 승리 같은 그해의 기삿거리에 대해 이야기를 나눈 〈월드〉 직원 세 사람의 목소리가 담겼다.[34]

새로 지어질 〈월드〉 사옥에 주춧돌을 놓았다는 소식이 미국 전역의 신문 1면을 장식했다. 이 소식을 1면에 전하지 않은 신문은 〈뉴욕 타임스〉뿐이었다. 그러나 이 소식을 2면 단신으로 실은 〈뉴욕 타임스〉는 조지프가 〈월드〉 사옥을 지어 과거 맛보았던 굴욕을 설욕하려 한다는 사실을 알아챈 몇 안 되는 신문 중 하나였다. 〈뉴욕 타임스〉는 이렇게 전했다. "지금은 〈뉴욕 선〉 찰스 데이나의 사무실에서 퓰리처가 새로 짓는 건물의 기초가 내려다보인다. 그러나 몇 달 뒤에는 데이나도 다른 저명한 신사들과 마찬가지로 〈월드〉 사옥이 드리우는 그늘로 들어가게 될 것이다."[35]

그해 11월 조지프는 파리 몽소 공원 인근에 임대한 집으로 돌아갔다. 어쩌면 조지프는 비스바덴을 떠나온 일을 후회했을지도 모른다. 파리 집은 혼란의 도가니였기 때문이다. 조지프는 랠프와 루실을 생모리츠로 보냈다. 가정교사와 보모도 함께 따라갔다. 〈월드〉 사옥 정초식에 참석하기 위해 뉴욕에 다녀온 조지프 2세, 이디스, 콘스턴스는 온종일 시끄럽게 떠들며 뛰어놀기 바빴다. 게다가 남부연합의 딸 위니 데이비스가 미국에서 막 도착한 참이었다. 병약한 위니까지 합류하자 가뜩이나 가라앉은 집안 분위기가 한층 더 가라앉았다. 조지프와 마찬가지로 위니 데이비스도 시력 문제와 그 밖에 진단되지 않는 여러 질병에 시달리고 있었다. 의사들은 위니에게 프랑스 남부의 리비에라 해안과 독일의 여러 휴양지에서 6개월간 쉬는 것이 좋을 것이라고 충고했다. 그보다 더 복잡한 문제도 있었다. 바로 위니의 비밀 연애였다. 남부연합의 딸 위니는 북부 출신 젊은이와 5년간 연애해왔는데, 만일 이 사실이 알려진다면 미국 정계에 큰 폭풍을 몰고 올 터였다.[36]

매일 오후 1시와 저녁 7시 30분에는 심신이 지친 사람들이 함께 둘러앉아 규칙적으로 점심식사와 저녁식사를 했다. 때로 최근 〈월드〉에 합류한 논설위원 조지 이글스턴이 식사하는 자리에 합류하기도 했다. 조지프는 이글스턴이 파리로 오는 데 드는 모든 경비를 기꺼이 지불했다. 케이트는 침체한 분위기 속에서도 제몫을 다하기 위해 무진 애를 썼다. 케이트는 열 살 먹은 랠프와 위니를 대동하고 파리의 오페라 공연을 관람했다. 위니는 아버지에게 이런 편지를 보냈다. "정장을 차려입은 쪼끄마한 아이가 어찌나 기품 있게 행동하던지, 아버지도 보셨다면 분명 좋아하셨을 거예요! 점잔 빼면서 입장해서는 진짜 신사처럼 점잖게 앉아 오페라를 보았답니다." 위니의 아버지는 위니가 그 편지를 쓰고 몇 시간 뒤 세상을 떠났다. 그러나 건강이 나빠 미국으로의 여행을 감당할 수 없었던 위니는 아버지의 장례식에 참석하지 못한 채 속절없이 파리에 남았다.[37]

파리가 일시적으로 휴양하는 장소가 아니라 장기적인 주거지가 될 것이라는 사실이 점점 더 분명해졌다. 이미 미국의 주요 신문발행인 두 명이 파리에 체류하고 있었다. 화이트로 리드는 프랑스 주재 미국대사로서 파리에 체류하고 있었고 제임스 베넷 역시 샹젤리제Champs-Élysées에 자리를 잡고 있었다. 케이트도 집을 구하기 위해 돌아다니기 시작했지만 마땅한 집이 쉽게 나타나지는 않았다. 위니는 이렇게 전했다. "케이트는 괜스레 계단을 오르락내리락하거나 마구간을 들여다보면서 이곳저곳 찔러보곤 했다. 잠시 마음의 평정을 찾았다가도 집이 비좁다는 생각을 하는 순간 조급해져서는 다시 이유 없이 온 집을 종종거리며 돌아다녔다."

조지프는 이 소란스러운 집에서 되도록 멀리 떨어져 지낼 요량으로 세계 여행을 계획했다. 시력을 완전히 잃기 전에 해야 할 일이 산더미 같았다. 그러나 여행에 대해 생각하면 생각할수록 점점 더 쇠약해져가고 있다는 사실과 다른 사람에게 의존하지 않고서는 아무것도 할 수 없는 자신의 처지만을 재확인하게 될 뿐이었다. 다른 사람의 부축을 받지 않고는 열차도 탈 수 없었고 다른 사람의 도움 없이는 호텔방 안으로 들어갈 수도 없었다. 산책하는 간단한 일조차도 혼자서 하기에는 버거웠다. 그러나 모든 것이 완벽하게 구비된 배 안에서라면 사정이 다를 터였다.

조지프는 어느 증기선이 인도, 중국, 일본을 여행하는 동안 편지를 주고받기 가장 수월한지를 깊이 고민했고 그와 관련된 복잡한 지시사항을 세세히 기록해 자신을 대리해 일하고 있는 윌리엄 데이비스에게 보냈다. 또한, 자신에게 어떤 내용을 보고하면 되는지에 대해서도 명확하게 지시했다. "간단한 기준에 따라 판단하면 되네. 듣기 좋은 반가운 소식은 되도록 많이 보내게. 내가 결정한 사항에 대한 '불필요한' 질문은 사절일세. '정말 중요한' 일이 아니라면 듣기 싫은 소식은 되도록 전하지 말게.'**38**

조지프는 '섭정'이 실패했다고 투덜거리면서 그 이유를 이렇게 설명했다. "내가 없는 동안 발생할 일상적인 문제에 대해 알아서 결정하도록 세 분에게 충분한 재량과 권한을 드렸습니다. 하지만 자질구레한 일들까지도 일일이 나와 상의하고 있으니 답답합니다. 하지만 이제부터는 일상적인 일로 여행을 방해받는 일은 없었으면 합니다. 그런 일로 전보를 보낸다면 전보료는 단 1달러도 지급할 수 없으니 그렇게 아시기 바랍니다."

백의의 천사 플로렌스 나이팅게일처럼 조지프를 보살피는 일을 충실히 수행해온 케이트는 조지프와 위니를 데리고 나폴리Naples로 여행을 떠났다. 그곳에서 세 사람은 위니와 비밀리에 연애해온 구혼자와 합류했다. 위니의 비밀 연애 상대는 위니의 아버지가 돌아가신 지금이 두 사람의 연애 사실을 모두에게 밝힐 적당한 때라고 여기고 있었다. 폰슨비와 그 밖의 다른 사람들은 조지프의 세계 여행 일정을 최종 검토하는 일에 매달렸다.

조지프가 계획하던 세계 여행 일정은 당시 다른 사람이 진행 중이던 세계일주 여행 일정과 유사했다. 차이가 있다면 속도가 느리다는 정도였다. 한 달 전 〈월드〉의 기자 넬리 블라이Nellie Bly가 뉴욕을 떠나 세계일주 길에 올랐다. 목표는 쥘 베른의 소설《80일간의 세계 일주Around the

World in Eighty Days》의 주인공 필리어스 포그Phileas Fogg보다 더 빠른 시간 안에 세계를 일주하는 것이었다. 용감무쌍한 블라이의 모험은 성공을 거뒀고 그녀의 이야기는 〈월드〉의 판매부수를 한껏 끌어올렸다.

12월 초 조지프와 폰슨비는 하인들을 대동하고 페닌슐라Peninsular호에 몸을 실었다. 페닌슐라호는 곧 지중해를 건너 포트사이드Port Said라 불리는 곳에 닿았고 그곳에서 수에즈 운하Suez Canal를 타고 내려가 홍해Red Sea에 다다랐다. 보호 수역은 고요했다. 뜨거운 태양 아래에서 식사를 하곤 했는데, 야자나무 잎이나 천을 천장에 매달아 펑카punkah를 만들고 하인의 힘으로 바람을 일으켜 더위를 식혔다. 이따금 금융가 찰스 피어링Charles Fearing이 합류해 식사를 함께하곤 했다.

크리스마스 직전 조지프를 태운 배는 아덴만Gulf of Aden으로 나아갔다. 밝은 전등 아래에서 조지프는 케이트에게 보내는 편지를 손수 써내려갔다. 조지프는 아덴의 항구를 떠나기 전에 편지를 부치기 위해 서둘렀다. "피어링과 폰슨비가 나에 대한 모든 이야기를 당신에게 전해주었으리라 생각합니다. 두 사람은 내 건강이 좋아졌다거나 적어도 나빠지지 않았다고 믿고 싶어 합니다. 그리고 사실이 그래요. 배에 오르기 전보다 더 나빠지지는 않았으니까요."[39]

조지프의 편지에 동봉한 편지에서 폰슨비는 이렇게 전했다. "사장님의 건강은 분명 나아지고 있습니다. 하지만 자신의 건강이 좋지 않다는 사실에 지나치게 낙담한 상태라서 건강이 나아졌다고 말해 걱정을 덜어주려 애쓰는 저나 피어링 씨에게 걸핏하면 화를 내십니다."[40]

아라비아 해Arabian Sea를 건널 무렵에는 더욱 뜨거운 태양이 내리쬐었다. 그렇게 다음 해가 찾아왔고 조지프는 여전히 불행했다. 조지프는 도무지 잠을 이루지 못했고 배에 오를 무렵 얻은 감기로 인해 기침을 심하게 했다. 조지프가 류머티즘이라 부르는 통증도 지속적으로 그를 괴롭혔다. 잠 못 드는 밤이 며칠간 계속되자 조지프는 육로를 통해서 인도를 여행하겠다는 계획을 포기하고 콜카타까지 배로 이동하기로 계획을 수정했다. "물론 피어링은 크게 실망했습니다. 하지만 나는 기나긴 열차 여행을 견딜 만한 힘이 없어요. 인도 전역을 돌아다니며 끔찍한 소음에 시달리고 싶은 생각이 추호도 없습니다."[41]

조지프는 극심한 불행에 시달렸다. "한 해가 마무리되었습니다. 그 어느 때보다 고통스러웠던 해였지요. 평생 겪은 고통의 열 배, 아니 솔직하게 말해 50배는 더 고통스러웠습니다. 그리고 오늘부터 한 해가 다시 시작되는데, 이루 말할 수 없이 슬픕니다." 홀로 남은 밤 조지프는 다시는 건강을 되찾지 못할 것이라는 두려움을 망망대해에 흘려보냈다. "메츠거Metzger(조지프의 독일인 주치의)가 나를 치료하지 못한 것처럼, 여행도 별 도움이 되지 못했어요. 지금 나는 불행합니다. 내가 느끼는 것을 기록할 수 있을지조차 확신할 수 없어요. 이제 나의 텅 빈 심장을 희망으로 채워줄 사람은 오직 당신뿐입니다. 내가 당신을 사랑한다는 사실을 기억해주길 바랍니다."

새로 수립된 계획에 따라 일행은 콜카타까지 배로 이동했다. 콜카타에는 홍콩, 싱가포르, 상하이, 일본 등지로 향하는 배들이 많이 정박해 있었다. 태평양을 건너 샌프란시스코로 향하는 배도 있었다. 그러나 조지프는 다른 배로 갈아타지 않았다. 실의에 빠진 마음을 전하는 편지를 케이트에게 보낸 직후 조지프는 폰슨비와 함께 갑판에 올랐다. 눈부신 인도의 태양이 바다를 지그시 쳐다보는 두 사람의 머리 위를 비추고 있었다. 그때 조지프가 이렇게 말했다. "어두워지고 있군요."[42]

지금까지 버텨왔던 조지프의 왼쪽 눈의 망막마저 박리되고 말았다. 이제 암흑만이 조지프와 함께할 뿐이었다.

`

21장

칠흑 같은 암흑

쉰아홉 평생을 신문사와 함께하며 숱하게 많은 경험을 쌓은 조지 호스머George W. Hosmer였지만 1890년 여름에 겪은 일은 난생처음 겪는 일이었다. 진료에 나서본 적 없는 의사이자 소송 한번 해보지 않은 변호사였던 호스머는 지난 30여 년을 베넷의 〈뉴욕 헤럴드〉에 몸담았다가 〈월드〉로 이직했다. 그러나 〈월드〉에서 맡게 된 업무는 지금까지 해온 일과는 차원이 다른 일이었다. 호스머는 케이트 퓰리처를 대동하고 유럽으로 가서 실명 직전에 이른 데다가 심히 병약해진 탓에 침대 신세를 지고 있는 그녀의 남편 조지프 퓰리처와 함께 미국으로 돌아왔다.

그해 봄 조지프가 보내던 산더미 같은 전보가 편집자들의 책상에서 사라졌다. 커크릴, 데이비스, 터너가 안간힘을 썼음에도 선장을 잃은 〈월드〉는 몇 달 동안 표류했다. 어쩌다가 도착하는 전보에도 별다른 이야기나 지시는 없었다. 조지프는 편지에 이런 말을 남겼다. "내가 침묵한다는 것은 동의한다는 의미고 내가 잠자코 있다는 것은 만족한다는 의미다."[1]

그해 초 조지프를 태운 배가 인도를 향해 항해할 무렵 조지프의 남은 눈 망막이 마저 박리되었다. 폰슨비는 조지프를 데리고 서둘러 유럽으로 돌아왔다. 유럽의 의사들은 어두운 방에서 더 많은 휴식을 취해야 한다고 처방했다. 조지프와 폰슨비는 파리로 돌아갔다가 결국 생모리츠로 향했다. 케이트와 아이들은 조지프가 일행을 이끌고 불행하게 끝나고 만 세계 여행을 떠난 직후 미국으로 돌아갔다. 케이트가 미국으로 돌아갔기 때문에 조지프를 간호하는 일은 전적으로 폰슨비의 손에 달려 있었다. 조지프가 유럽으로 돌아왔다는 소식을 들었지만 케이트는 당장 대서양을 건너 조지프에게 달려갈 마음이 없었다. 불청객이 나타나면 불호령이 떨어질 것이라는 사실을 너무나도 잘 알고 있었기 때문이었다.[2]

그러나 몇 주가 지나도록 좋지 않은 소식만 날아들었다. 폰슨비는 케이트에게 전보를 보내 조지프가 급성 기관지염에 걸렸다는 소식을 전했다. 항생제가 등장하기 전이었으므로 심각한 문제가 아닐 수 없었다. 조지프는 점점 더 약해지고 있었다. 조지프 구출 작전에 나선 케이트는 그해 7월 호스머와 함께 유럽으로 출발했다. 두 사람이 유럽을 향해 출발할 무렵 조지프는 스위스 루체른Luzern의 어느 요양원에 머물고 있었다. 조지프의 병세는 심하게 악화해 온종일 소파에 누워서 지내는 신세가 되어 있었다. 호스머는 이렇게 전했다. "퓰리처는 지독하게 아팠다.

너무 허약해서 두 발로 서 있기조차 힘들 지경이었다. 육신이 무너지자 신경쇠약이 따라왔다."³

그 뒤 2주 동안 호스머와 케이트가 지극정성으로 조지프를 돌본 끝에 조지프는 여행을 떠날 수 있을 만큼 건강을 회복했다. 조지프는 파리에 들렀다가 노르망디의 여름 휴양지인 트루빌Trouville의 별장으로 거처를 옮겼다. 호스머는 이렇게 전했다. "바다 공기가 상쾌한 이곳은 아주 조용했다. 화려한 세상을 등진 퓰리처는 기관지염에서 회복되었고 기력도 어느 정도 돌아왔다." 조지프는 폰슨비가 읽어주는 전보 내용에 귀를 기울일 수 있을 만큼 건강을 되찾았다. 전보에 따르면 〈월드〉의 새 건물이 완공을 눈앞에 두고 있었고 다가오는 가을 선거에서는 민주당이 다시 치고 올라올 것처럼 보였다.

1890년 10월 2일 케이트, 호스머, 폰슨비는 회복세에 접어든 조지프를 보필하며 영국 퀸스타운Queenstown에서 출발하는 튜트닉Teutonic호에 올랐다. 고글처럼 생긴 검푸른 색안경을 쓴 조지프는 18개월 만에 다시 미국 땅을 밟았다.⁴

조지프는 55번가의 익숙한 보금자리에 정착했다. 조지프가 뉴욕을 떠나 있는 사이 집안은 한층 더 화려해져 있었다. 건축가 스탠퍼드 화이트Stanford White는 페인트공과 도배공을 고용해 조지프가 살 집을 매만지며 수천 달러를 소비하고 있었다. 케이트가 지내는 방의 벽은 비단으로 마감되었다. 와인 창고도 새로 지을 예정이었다. 조지프는 낯선 세계와 친숙해지느라 콘스턴스와 놀아줄 시간이 없었고 케이트는 오페라 공연을 감상하거나 작고한 남편의 회고록을 개정하기 위해 뉴욕에 들른 배리나 데이비스를 위한 저녁 만찬에 참석하면서 뉴욕 상류사회에서 다시 자리를 잡아갔다.[5]

뉴욕으로 돌아온 조지프의 일상은 이내 이런저런 회의와 모임으로 채워졌다. 편집자와 기업가들이 줄지어 조지프의 집을 찾아왔다. 차기 하원의원 선거에 대한 사람들의 전망은 조지프의 기운을 북돋워 주었다. 경기침체의 공포가 다시 번지면서 해리슨 대통령에 대한 유권자들의 믿음은 크게 흔들렸다. 사람들은 무분별하게 예산을 낭비하는 의회에 '수십억 달러짜리 의회'라는 불명예스러운 꼬리표를 붙였고, 매킨리 관세법McKinley Tariff Act이 통과되면서 상품 가격은 크게 올랐지만 노동자의 임금은 제자리를 맴돌자 공화당에 대한 유권자들의 지지 또한 크게 떨어졌다.

이런 상황에서 〈월드〉는 공화당을 비판하고 민주당을 치켜세우는 당파에 치우친 편집 방침을 내세웠다. 그러나 〈월드〉의 당파성은 사상 처음으로 그 강도가 약해졌다. 비판의 강도는 줄어들지 않았지만 공격의 빈도는 줄어들었다. 조지프는 책임 논설위원에게 이렇게 지시했다. "물론 정치인들도 〈월드〉의 사설란을 읽겠지만, 그래 봤자 전체 독자의 5퍼센트도 안 됩니다. 나머지 95퍼센트의 독자는 정치에 아무런 관심이 없을 수도 있다는 사실을 '단 하루도' 잊어서는 안 됩니다."[6]

지난 7년 동안 조지프는 누구도 따라잡을 수 없을 만큼 〈월드〉를 크게 성장시키고 그에 따른 금전적 보상을 누렸다. 그러는 사이 정치에 대한 조지프의 열정은 상당히 누그러졌다. 조지프가 달라진 것처럼 〈월드〉도 더는 기존 언론을 전복하고 정치 질서를 뒤흔들면서 세간을 깜짝 놀라게 만드는 새로운 현상이 아니게 되었다. 오히려 이제 〈월드〉는 파크 로에 자리 잡은 철옹성이었다. 〈월드〉가 파크 로를 지배한다는 사실은 새로 지은 〈월드〉 사옥이 뉴욕 사람들 앞에 모습을 드러내면서 더욱 분명해졌다. 누구도 〈월드〉를 무시할 수 없는 것과 마찬가지로 조지 포스트가 창조한 새 사옥의 규모, 웅장함, 아름다운 장식은 도저히 무시할 수 없는 것이었다. 조지프가 창조한 독창적인 방식의 언론을 상징하는 기념비로도 기능할 〈월드〉의 새 사옥이 드디어 파크 로의 경관을 구성하는 한 요소로서 그 웅대한 모습을 드러낼 참이었다.

인도 변에 105.1미터 높이로 우뚝 선 〈월드〉의 새 사옥을 짓기 위해 3.2킬로미터 길이의 연철 기둥과 25.7킬로미터 길이의 강철 기둥이 사용되었는데 이는 무려 46.6킬로미터의 철도를 부설할 수 있는 양이었다. 또한 새 사옥을 짓는 데 소모된 벽돌로는 일반 가옥 250채를 지을 수 있었다. 건물의 높이를 지탱할 토대를 세우기 위해 지하 9.1미터까지 파 내려가 3.6미터 높이의 벽돌 기반을 놓았다. 휑뎅그렁한 지하실에는 호 앤드 컴퍼니에서 만든 최신식 인쇄기를 들여놓았다. 모든 인쇄기가 한꺼번에 돌아갈 때면 규칙적인 진동이 온 건물에 전달될 정도였다.

세상에서 가장 빠른 거대한 인쇄기를 단순히 일하는 기계로만 치부할 수는 없었다. 인쇄기는 당대의 기술적 경이를 웅변하는 상징 중 하나였다. 조지프가 새로 들여놓은 인쇄기는 단 몇 시간 안에 뉴욕 시민 전체가 볼 수 있는 어마어마한 양의 신문을 찍어낼 수 있었다. 매일같이 수백 명의 방문객이 몰려와 신기술의 경이로움에 감탄을 표했다. 언론계 사람들은 잉크 냄새에 취했다. 인쇄기가 돌아간다는 사실을 알리는 종소리를 듣는 것만큼 황홀한 순간은 또 없었다. 인쇄기는 기관차와 비슷하게 귀가 먹먹해질 정도의 굉음을 내며 규칙적으로 돌아갔고 인쇄된 신문을 엄청난 속도로 자르고 접어 한 부의 신문을 완성했다. 언론인들에게는 힘차게 돌아가는 인쇄기야말로 언론의 힘을 표상하는 상징이자 구체적인 증거였다.[7]

조지프가 세운 건물에 들어가기 위해서는 누구든 교회를 연상시키는 3층 높이의 둥근 천장이 있는 회랑을 지나가야 했다. 스코틀랜드 코스힐Corsehill에서 가져온 석재를 사용한 천장 위로 횃불을 치켜든 청동 여신상이 세워졌다. 네 귀퉁이에 세워진 청동 여신상은 각각 예술, 문학, 과학, 발명을 상징했다. 한편 고속 승강기가 설치되어 건물을 찾은 사람들이 꼭대기 층까지 쉽게 오르내릴 수 있었다. 1층부터 10층까지는 양쪽에 두 개의 곁 창을 단 수직으로 길쭉한 창에 석재 선반을 수평으로 덧댄 팔라디오 양식의 창문이 설치되었다. 조지프는 이 공간을 보험 판매인, 주식중개인, 변호사 등에게 임대했다. 그 위의 층들은 모서리를 둥글게 만들어 상업용 공간으로 활용되는 아래층들과 차별화시켰고 네 귀퉁이에는 백인, 인디언, 황인, 흑인을 상징하는 조동粗銅으로 만든 조각상을 세웠다. 그리고 그 위에는 페디먼트(고대 그리스식 건축물의 건물 입구 위 삼각형 부분-옮긴이)가 세워졌다.

〈월드〉 사무실은 12층에 들어섰다. 층고가 5.4미터에 달하는 널찍한 공간에 식자공 210명이 조간신문과 석간신문을 찍어낼 원판을 수작업으로 만들어냈다. 원판에 사용될 활자를 만들기 위해서는 무려 32톤의 납이 필요했다. 이는 당대 최고 수준이었다. 납 활자가 든 통을 올려 놓은 12.1미터 길이의 책상 앞에 포진한 식자공들은 빛의 속도로 활자를 골라내 글자 열한 줄을 만들고 그것을 다시 신문 크기로 만들어진 원판에 배치했다. 현관 한복판에 놓인 연단에는 교정보는 사람 서른 명이 앉아 시험 인쇄한 신문의 기사와 광고 내용을 하나하나 검토했다.

〈월드〉의 편집을 진두지휘할 조지프의 사무실은 건물 맨 꼭대기에 있는 탑 부분에 자리 잡았다. 돔형 구조물 2층에 자리 잡은 널찍한 사무실은 왕좌를 연상시켰다. 천장은 프레스코화로 장식했고 벽은 가죽을 덧댄 징두리 목재로 마감했다. 바닥에서부터 3층 높이의 천장까지 통으로 이어진 창문으로는 도시의 전경, 항구 입구를 장식하고 있는 자유의 여신상, 멀게는 뉴저지 주 워청 산맥Watchung Mountains이 내려다보였다. 〈월드〉 발행인에게만 특별히 허락된 풍경이었지만 애석하게도 당사자는 시력을 거의 잃어 그 특권을 누릴 수 없었다. 조지프의 사무실 옆으로는 논설위원들이 사용하는 사무실 세 개가 배치되었는데, 서로 연결되어 있어 업무의 효율성을 높였다.

〈월드〉의 새 사옥 꼭대기에 있는 편집실은 85만 파운드의 금을 입힌 4층 높이의 돔형 지붕 속에 모셔졌다. 자유의 여신상이 높이 치켜든 횃불보다 높게 지어진 그 편집실에서는 하늘이 잡힐 듯 가깝게 느껴졌다. 돔형 지붕에 내리꽂힌 태양 빛은 반사되어 멀게는 64.3킬로미터 해상에서도 그 빛을 감지할 수 있었다. 뉴욕 항에 처음 발을 내딛은 이민자들의 눈에 처음 들어오는 신세계의 모습은 상업용 건물도, 은행도, 공장도 아니었다. 그들이 처음 본 것은 미국에서 새로 정립된 언론을 숭배하는 사원이었다.

케이트와 호스머는 위어 미첼S. Weir Mitchell 박사를 찾아가 조지프의 진찰을 부탁했다. 당시 미첼 박사는 미국 최고의 신경학자로서 이름을 날리고 있었다. 미첼 박사는 남북전쟁에서 부상당해 신경을 다친 병사들을 치료하면서 명성을 쌓았다. 다년간의 치료 경험을 바탕으로 펴낸 책《신경 손상과 그 결과Injuries of Nerves and Their Consequence》는 미국과 유럽의 의사들이 가장 많이 인용하는 책이었다. 한편 미첼 박사는 눈의 피로와 두통의 관계에 대한 경험적 연구를 최초로 시도했다. 조지프의 상태를 진찰하기에는 더할 나위 없이 적합한 인물이었다.[8]

안타까운 일이었지만 미첼 박사도 뾰족한 해답을 제시하지 못했다. '위어 미첼 박사가 제시한 치료법' 역시 지금까지 다른 의사들이 처방한 내용과 마찬가지로 충분한 영양을 섭취하고 침대에 누워 장기간 휴식을 취하면서 안마를 받는 것이었다. 신경학을 창시한 사람의 처방이 일반 의사들의 처방과 다를 것이 없다는 사실에 조지프는 실망했다. 한편으로는 미첼 박사의 조언이 희망의 끈을 놓지 않고 이 의사 저 의사를 찾아다녔던 조지프의 기나긴 여행에 종지부를 찍어주었다. 미첼 박사에게도 뾰족한 수가 없다면 치료법은 없는 것이나 다름없었다.

점점 사라져가는 시력을 부여잡기 위해 고군분투하는 사이 조지프는 지옥으로 진입하고 있었다. 아직은 무언가를 볼 수 있었지만 결국에는 앞이 보이는 사람들의 세계와 결별해야 할 터였다. 시력을 되찾을 수 있다는 희망의 끈을 내려놓은 것은 아니었지만 결국 시력을 완전히 잃고 말 것이라는 점은 정해진 사실이었다. 당시 맹인으로 산다는 것은 어두운 내면으로 추방된다는 의미였다. 맹인 정치인도, 맹인 사업가도, 맹인 장군도 없던 시절이었다. 헬렌 켈러Hellen Keller도 겨우 여덟 살에 불과했다. 시력을 잃는다는 것은 생산적인 삶이 끝났다는 것을 의미했다. 사실 가망 없는 사람들의 안타까운 사연이 연일 신문을 장식하고 있었다. "시력을 잃는 것보다 죽는 것이 낫다." "시력을 잃느니 죽고 말지." "시력을 잃게 되자 자살을 선택." 조지프가 어린 시절 배웠던 탈무드의 가르침도 우울하기는 마찬가지였다. 탈무드는 맹인을 산송장으로 정의했다. 따라서 여호와를 믿는 신자가 맹인을 만나게 되면 가까운 친척이 사망했을 때와 똑같이 엄숙한 마음으로 애도하라고 가르쳤다.[9]

1890년 10월 16일 〈월드〉는 많은 독자들을 깜짝 놀라게 할 중대 발표를 했다. "의사들의 권유에 따라 조지프 퓰리처 씨는 〈월드〉의 편집과 관련된 모든 업무에서 손을 뗀다." 조지프가 쥐고 있던 신문에 대한 통제권은 〈월드〉에서 오랫동안 일한 편집자들로 구성된 집행이사회에 넘겨졌다.

조지프가 은퇴한다는 소식이 빠르게 번져나갔다. 메인 주 뱅고어Bangor, 미주리 주 칠리코시Chillicothe, 텍사스 주 갤버스턴Galveston 같은 작은 마을에서 그 지역의 퓰리처가 되고 싶어 하던 편집자들은 일제히 조지프의 퇴장을 알리는 기사를 내보냈다. 그러나 수많은 기사 중에서도 조지프가 가장 만족스럽게 여긴 기사는 파크 로에서 어깨를 나란히 하는 이웃 신문에 실린 기사였다. 〈월드〉와 치열한 경쟁을 벌여온 〈뉴욕 헤럴드〉는 링을 내려오는 우승한 권투 선수에게 보내는 것과 같은 찬사를 조지프에게 보냈다. 〈뉴욕 헤럴드〉 사설을 통해 베넷은 이렇게 전했다. "착잡하다. 퓰리처는 독창적인 사고방식으로 큰 성공을 거뒀지만 모두가 그 생각에 항상 동의했던 것은 아니다. 하지만 그가 우리의 곁을 떠나 더는 우리를 자극하지 못하게 된다는 사실에는 슬픔을 금할 수가 없다. 우리를 깜짝 놀라게 하고 공포에 떨게 만들었으며, 이제는 다 지난 과거가 되었지만 가끔은 역겨운 일도 서슴지 않았던 퓰리처를 다시는 볼 수 없게 되었다."[10]

베넷은 이렇게 결론을 내렸다. "국왕 폐하가 붕어하셨다고 국가가 망하겠는가. 퓰리처가 퇴장해도 그가 이룩한 왕국까지 사라지지는 않으리니, 〈월드〉여 영원하라!"

그로부터 2주쯤 뒤인 12월 10일 세상에서 가장 높은 건물이 마무리 작업을 마치고 사람들 앞에 선보일 준비를 하고 있었다. 그러나 그 건물의 소유주는 개장 기념식에 나타나지 않았다. 조지프는 병약한 모습으로 사람들 앞에 나서고 싶지 않았다. 너무 굴욕적인 일이었다. 그래서 조지프는 케이트, 호스머, 폰슨비와 함께 튜트닉호에 다시 올라 금을 입힌 돔형 지붕을 얹은 〈월드〉의 새 사옥이 보이지 않을 만큼 먼바다로 나갔다. 개장 기념식을 보러 온 수천 명의 인파가 모여들기 불과 한 시간 전의 일이었다.

〈월드〉의 권력과 특권을 웅변하는 〈월드〉의 새 사옥이 파크 로에 모습을 드러냈다. 주지사 아홉 명과 현지 주지사 세 명을 비롯해 수없이 많은 시장, 하원의원, 판사, 편집자, 신문발행인들이 〈월드〉의 새 사옥

개장식에 한마디 더하기 위해 앞다퉈 모여들었다. 거대한 인파가 건물 입구를 가득 메웠다. 건물 안도 사람으로 가득해 이곳저곳, 이 층 저 층을 여유롭게 구경한다는 것은 한낱 꿈에 불과했다. 인파에 이리저리 떠밀리느라 정신을 차리지 못한 고위층 인사들은 출입구가 자동으로 닫히는 최신식 승강기를 구경조차 할 수 없었다.

건물을 짓는 데 무려 200만 달러가 소요되었지만, 조지프는 단 1센트도 빌리지 않고 건물을 지었다. 〈월드〉는 "단 1센트의 빚도 지지 않고 지은 대중의 궁전"이라고 선언하면서 카운터 기록소에서 발행한 증명서를 함께 실어 조지프에게 부채가 없다는 사실을 입증했다. 발행인의 업적을 기리기 위해 〈월드〉의 직원들도 팔을 걷어붙였다. 〈월드〉 직원들은 돈을 모아 〈월드〉 새 사옥의 모습을 새긴 53.3센티미터짜리 은판을 만들었는데, 은판에 사용된 은은 〈월드〉를 구입한 독자가 지불한 은화를 녹여 만들었다.[11]

12월 16일 영국에 상륙한 조지프 일행은 파리로 향했다. 파리에 머무는 동안 조지프는 지중해 항해를 준비했다. 조지프는 영국인이 소유한 요트를 임대하고 선원을 충원했다. 1891년 1월 초 항해 준비를 마친 조지프는 일행과 함께 프랑스 남부 멘튼Mentone으로 내려가 60.9미터 길이의 증기선 세미라미스Semiramis호에 몸을 실었다. 더는 장기간의 항해를 견딜 수 없다고 판단한 케이트는 항해에 나서기 직전 함께 가지 않기로 했다.

조지프 일행은 거의 넉 달 동안 지중해를 느긋하게 돌아다녔다. 미첼 박사가 지시한 내용을 엄격하게 준수한 조지프는 편집자들에 대한 간섭도 그만둔 채 평온한 생활을 누렸다. 호스머는 이렇게 전했다. "요트에서 보내는 나날 동안 시간의 무게를 덜기 위해 많은 대화가 오갔다." 대화뿐 아니라 독서도 시간을 보내기 좋은 취미였다. 폰슨비와 호스머는 조지 엘리엇George Eliot의 《플로스 강의 물방앗간The Mill on the Floss》, 윌리엄 새커리William Thackeray의 《허영의 시장Vanity Fair》, 빅토리아 시대의 작가 홀 케인Hall Caine의 소설을 탐독했다.[12]

니스Nice에 도착한 조지프 일행은 요트에서 내려 파리로 돌아왔다. 조지프의 기분은 한결 나아졌지만, 불안으로 인한 불면증은 여전했다. 로마에 머물고 있던 미첼 박사를 만난 조지프는 신문사에 나가 직원들과 함께 업무에 임하지 못하는 현실이 답답하다고 토로하면서 일을 하지 못해 쌓이는 걱정이 일을 할 때만큼 많다고 호소했다. 그러나 미첼 박사는 조지프의 말을 믿지 않았고 일을 놓고 휴식을 취하라는 처방을 유지했다.

결국, 조지프는 미첼 박사의 처방에 반기를 들었다. 조지프는 자신이 자리를 비운 사이 〈월드〉가 걸어간 길을 따라잡기 시작했다. 그러면서 알게 된 사실에 조지프는 경악을 금치 못했다. 커크릴은 12주 일정으로 휴가를 떠난 상태였다. 커크릴과 터너는 자신들이 마치 신문발행인인 것처럼 행동해왔는데, 더 큰 문제는 〈월드〉의 판매부수가 16퍼센트나 떨어졌는데도 아무런 조치도 취하지 않고 있다는 사실이었다. 조지프는 진노했다. 조지프는 즉시 〈월드〉의 경영관리인인 터너에게 전보를 보내 해고를 통보했고 커크릴에게는 세인트루이스로 돌아가라는 징계를 내렸다. 비록 무죄 방면되었다고는 하지만 커크릴이 세인트루이스에서 인명을 해친 적이 있다는 점을 감안할 때 이는 해고 통보나 마찬가지의 처분이었다. 터너는 기다렸다는 듯 버젓이 경쟁 신문사의 편집자로 재취직했고 커크릴은 애스터하우스로 발길을 옮겼다. 거기서 투자자들과 만난 지 세 시간 만에 커크릴은 자기 소유의 신문사를 설립했다.[13]

〈월드〉를 치유하기 위해 조지프가 내린 처방은 치료는커녕 병만 더 키우고 말았다. 〈월드〉를 이끌 지도급 인사들이 한꺼번에 사라져버렸다. 이제는 조지프가 뉴욕으로 돌아가는 길 외에 다른 방도가 없었다.

케이트를 파리에 남겨둔 채 황급히 영국으로 향한 조지프, 폰슨비, 호스머는 마제스틱Majestic호에 몸을 실었다. 모건도 같은 배에 타고 있었다. 두 사람 모두 회원제로 운영되는 폐쇄적인 지킬 섬 클럽의 회원이었지만 〈월드〉가 내놓는 신랄한 사설의 비판 대상이 되곤 했던 모건은 조지프와 마주치지 않으려 했다. 그해 6월 10일 조지프 일행은 뉴욕에 도착했다. 예정보다 빠른 도착이었다. 조지프 일행은 도착하자마자 파크로로 직행했고 예정보다 앞서 도착한 조지프의 모습에 편집자들과 기자들은 당황한 기색을 금치 못했다. 조지프가 〈월드〉 사옥에 나타났다는 사실만으로도 사태가 얼마나 심각한지 알 수 있었다. 〈월드〉의 영광을 상징하는 새 사옥이 완공된 이후 처음으로 모습을 드러낸 조지프의 어깨에는 〈월드〉 구출이라는 임무가 걸려 있었다.[14]

커크릴이 없는 〈월드〉에서 서열이 가장 높은 편집자인 밸러드 스미스는 아직 출근하지 않았다. 다행히 산두 경영 체제를 이끌었던 세 사람 중 한 사람은 건질 수 있었다. 바로 조지프의 처남 데이비스였다. 조지프는 〈세인트루이스 포스트-디스패치〉를 공동으로 운영했던 존 딜런에게 도움을 요청했다. 딜런은 조지프가 보낸 전보를 받자마자 한달음에 뉴욕으로 달려왔다. 호스머가 짐을 정리하는 동안 조지프와 데이비스 및 딜런은 편집자와 경영관리인을 하나하나 불러 앞으로의 일을 지시했다.[15]

혼란을 수습하기 위해 조지프는 〈월드〉에 가장 마지막으로 합류한 밸러드 스미스를 편집책임자로 승진시키고 커크릴이 맡았던 업무를 수행하게 했다. 딜런은 터너의 업무를 이어받았다. 새 피를 수혈한 조지프는 조지 하비George B. M. Harvey를 발탁했다. 하비는 아직 스물일곱 살에 불과한 젊은이였지만 〈월드〉기자 시절부터 두각을 나타냈고 뉴저지 주판과 코네티컷 주판 편집자를 맡으며 능력을 입증했다. 조지프는 높은 연봉을 제시하며 하비를 편집국장에 임명했다. 그 밖에도 하비는 조지프에게만 보고할 특권과 대부분의 야간 업무를 맡지 않아도 되는 특권을 누렸다.[16]

새로운 체제를 구축한 조지프는 〈월드〉를 떠나 최근 새로 구입한 10만 달러짜리 요트를 살펴보러 갔다. 한때 서덜랜드 공작이 소유했던 요트였다. 조지프는 허드슨 강 부두에 정박한 채 자신을 기다리고 있는 새 요트에 좋아하는 작가 조지 엘리엇의 소설 제목을 따라 로몰라Romola호라는 이름을 붙였다. 그러나 시험 운행을 하면서 로몰라호에서 먹은 저녁식사는 재난에 가까웠다.

여름의 열기가 뉴욕 시를 뒤덮자 도심에 있는 허드넛 약국 주변의 수은주는 무려 36.1도까지 치솟았고 요트 내부는 오븐처럼 달궈졌다.

실망한 조지프는 배에서 내리면서 선장에게 유럽으로 돌아가라고 지시했다. 조지프는 호스머와 폰슨비를 대동하고 요트 대신 마제스틱호를 타고 유럽으로 돌아갔다. 뉴욕으로 돌아온 지 7일 만의 일이었다.[17]

조지프가 유럽으로 떠나고 몇 주 뒤 윌리엄 랜돌프 허스트가 뉴욕에 도착했다. 4년 전 아버지가 운영하던 파산 직전의 〈샌프란시스코 이그재미너〉의 운영권을 넘겨받은 허스트는 조지프를 유심히 관찰해 배운 온갖 기술을 동원해 큰 성공을 거뒀다. 그러나 허스트가 본보기로 삼은 조지프가 〈세인트루이스 포스트-디스패치〉를 운영하면서도 뉴욕으로 입성하려고 애썼던 것처럼 허스트 역시 뉴욕에 입성할 기회를 호시탐탐 엿보고 있었다. 동부에 머무는 동안 허스트는 어머니에게 이런 편지를 썼다. "우리끼리 하는 말이지만 샌프란시스코가 점점 더 싫어지고 있어요."[18]

아버지가 세상을 떠난 그해 초만 해도 허스트는 재산을 물려받아 뉴욕으로 입성할 꿈에 부풀어 있었다. 그러나 놀랍게도 아버지는 허스트에게 아무런 유산도 남기지 않았다. 아버지의 유산은 모두 어머니 차지였다. 만일 허스트가 뉴욕의 다른 신문사를 인수하고 싶다면 어머니를 설득해 돈을 받아내야 했다. 분명 적은 돈은 아니었다. 조지프가 〈월드〉를 인수한 뒤 7년 세월이 흐르는 동안 뉴욕 신문사의 몸값은 상당히 부풀어 있었다.

그해 7월 뉴욕에 도착한 허스트는 조지프를 떠나 새 신문사를 차린 커크릴을 찾아갔다. 커크릴은 허스트에게 자신의 신문 〈모닝 애드버타이저Morning Advertiser)를 인수하리고 제안했다. 그러나 허스트는 거리에서 1센트에 팔리는 커크릴의 신문 따위를 인수할 생각이 없었다. 〈월드〉의 그늘에 가렸다지만 지속적인 성장세를 보이던 앨버트 퓰리처의 〈뉴욕 모닝 저널〉조차도 허스트의 관심 밖에 있었다. 신문사를 인수하기 위해 고군분투하던 허스트는 자금줄인 어머니에게 이런 편지를 보냈다. "커크릴이 아니더라도 뉴욕의 신문사를 인수할 다른 경로가 반드시 있을 거라고 생각해요."

"다른 날을 잡아 밸러드 스미스와 저녁을 함께 먹으며 밤늦도록 이야기를 나눴어요." 〈월드〉의 편집책임자가 된 스미스는 허스트에게 조지프가 자신에게 〈월드〉 소유권의 일부를 나눠줄 것으로 기대한다고 말했다. 하지만 그것은 터무니없는 기대였다. 편집자들에게 높은 봉급을 주고 상여금이나 선물도 두둑이 챙겨주었던 조지프였지만 지금까지 어떤 신문에 대해서도 다른 사람과 지분을 나눠 가질 생각을 해본 적이 단 한 번도 없었기 때문이었다. 하지만 스미스의 이야기는 허스트에게 솔깃한 정보였다. 조지프의 건강 상태가 좋지 않다는 점을 감안할 때 어쩌면 그가 〈월드〉를 인수할 수 있게 될지도 모를 일이었다.

긴급사태를 수습하기 위한 뉴욕 방문에는 그만한 대가가 따랐다. 뉴욕의 여름 열기에 노출된 데다 신문사 경영에 대한 조바심이 더해져 조지프를 괴롭히던 모든 질병이 한꺼번에 악화했다. 조지프의 상태를 염려하던 호스머는 이런 글을 남겼다. "그나마 남아 있던 시력이 너 나빠졌다." 케이트는 영국에서 합류해 호스머와 함께 파리로 돌아왔다. 조지프는 의사들이 천식이라고 판단한 질병으로 고생하면서 불면증으로 잠조차 이루지 못하고 있었다. 조지프는 다시 짐을 싸서 비스바덴으로 치료 여행을 떠났다. 이번에도 케이트는 파리에 남아 각종 사교 행사에 참석했다. 영국 대사관에서 주최한 무도회에는 다이아몬드가 촘촘히 박힌 일곱 가닥의 목걸이를 목에 걸고 나타나기도 했다.[19]

폰슨비와 호스머는 목욕, 안마, 산책, 마차 타기 같은 단조로운 생활을 견디고 있던 조지프를 보좌하며 비스바덴에 머물렀다. 호스머는 이렇게 전했다. "문학이 이 지루한 나날을 견디는 데 도움을 주었다. 독서는 근심과 걱정을 떨쳐버리게 하는 가장 좋은 처방이었다." 세 남자는 트롤럽Trollope과 스콧Scott의 소설을 읽으며 그해 여름을 보냈다.

가을이 되자 조지프는 뉴욕으로 돌아갔다. 다행히도 불쾌한 소식은 하나도 없었다. 유럽에서 휴양하는 동안에도 조지프는 〈월드〉 경영에 지속적으로 관여했다. 커크릴과 터너가 떠났지만 〈월드〉는 건재했다. 적어도 당장은 별문제가 없을 터였다. 조지프는 1892년 대통령 선거를 염두에 두고 편집자들을 소집했다. 〈월드〉 덕분에 두 차례나 주지사에 당선된 데이비드 힐 뉴욕 주 주지사가 민주당 후보로 거론되고 있었다. 그러나 데이비드 힐 뉴욕 주 주지사는 다시 한 번 백악관에 입성하기로 마음먹고 조지프에게 도움을 청한 그로버 클리블랜드 때문에 빛을 보지 못하고 있었다. 한편 1888년 선거에서 조지프의 외면을 받았던 클리블랜드는 〈월드〉를 자신의 편으로 만드는 것이 유리하다는 사실을 잘 알고 있었다.

조지프는 금본위제에 대한 민주당의 믿음이 흔들리는 데 두려움을 느꼈다. 금본위제에서는 지폐를 금으로 교환할 수 있었다. 민주당은 공화당과 함께 지폐에 실질적인 가치를 부여해 경제의 안정성을 유지하고자 노력해왔다. 그러나 1890년 하원의원 선거에서 민주당은 '은화의 자유주조'를 내세운 인민당에 무려 아홉 석을 빼앗겼다. 인민당은 미국 정부가 조폐국을 통해 은화를 무제한으로 발행해야 한다고 주장했다.

언뜻 보면 통화정책은 정치라는 가마솥을 뒤흔들 만한 주제가 아니었다. 그러나 국가 경제가 극심한 불황에 빠지는 일이 주기적으로 반복되자 통화정책에 대한 열띤 논의가 광범위하게 일어났고 꾸준히 이어졌다. 많은 시민들은 연방 정부가 통화 가치를 통제한다고 생각했다. 따라서 불경기가 찾아오면 문제를 해결하지 못하는 연방 정부의 무능력을 탓했다. 점점 더 많은 미국인들이 농업에 종사하는 주들을 위기로 몰아넣고 있는 물가 하락에 맞서 정부가 통화 가치를 떨어뜨려야 한다고 생각하게 되었다. 농산물 가격 하락의 직격탄을 맞은 농민들은 소득 하락과 임대료 상승이라는 이중고에 시달렸다.

은화자유주조와 금본위제를 둘러싼 열띤 논쟁은 경제 논쟁 이상의 의미를 가지기 시작했다. 은화자유주조라는 기치 아래 정부에 대한 불만으로 가득한 시민, 농민, 노동자들이 결집했다. 은화자유주조를 주장하는 사람들은 은행이 금본위제를 착취의 도구로 이용한다고 생각하면서 은화를 무제한으로 발행해 자신들이 직면한 문제를 해결해야 한다고 주장했다. 들불처럼 번져나간 은화자유주조운동은 미국 정치를 불안하게 만들었다.

조지프는 인민당과 진보주의자들이 내세운 대부분의 목표에 동의

하는 입장이었지만 금본위제를 폐지하자는 주장에는 동의할 수 없었다. 과거 조지프는 〈세인트루이스 포스트-디스패치〉를 아주 적은 비용으로 인수해 운영했고 〈월드〉를 인수할 때는 금박시대(도금시대)를 대표하는 악명 높은 거물 기업가로부터 돈을 빌리는 신세였다. 그러나 이제 조지프는 가장 부유한 미국인 50명 안에 들어가는 거물급 인사가 되었다. 지난 몇 년 사이 〈월드〉에서 벌어들이는 소득만 해도 연간 100만 달러가 넘었다. 넘쳐나는 돈을 관리하기 위해 조지프는 쉰 살의 투자관리사 듀몬트 클라크Dumont Clarke을 고용했다. 클라크는 여섯 명의 은행장을 보좌한 경력의 소유자였다. 신문의 경영관리인은 수시로 바뀌었지만, 클라크는 철도회사 주식을 활용해 조지프의 늘어나는 재산을 안전하게 관리하며 조지프의 신뢰를 얻는 데 성공했다. 채권 외에는 마땅한 투자처가 없던 당시에는 철도회사 주식이 몇 안 되는 매력적인 투자처였다. 산업가와 금융가들이 금본위제를 자신의 재산을 보호할 가장 좋은 수단으로 생각하고 있다면 자신의 재산을 지키는 데도 금본위제가 유용할 것이라고 조지프는 생각했다.[20]

그러나 대부분의 지배층 인사들과 다르게 조지프가 은화자유주조운동을 반대한 데에는 자신의 부를 지키겠다는 이유 외에 다른 이유가 있었다. 조지프는 은화자유주조운동에서 오랫동안 끔찍이 싫어해왔던 선동 정치의 기미를 보았다. 자기 소유의 신문사가 생기기 전부터, 아니 사설 작성은 꿈도 꿀 수 없던 기자 시절부터 이미 조지프는 민주주의가 야심 가득한 정치인을 양산하는 요람이 될 수 있다는 사실을 염려했다. 그들은 대중의 바람이나 편견을 이용해 권력을 획득하려 했다. 그것은 오토 폰 비스마르크가 지배하던 독일에서 얻은 교훈이었고 조지프는 10여 년 전 데이나의 허락을 받아 〈뉴욕 선〉에 게재한 유럽 정치에 대한 연재 기사에서 이 교훈을 언급한 바 있었다. 선동 정치에 대한 공포는 조지프가 하원의원을 지내던 시절에도 전혀 줄어들지 않았다. 몇 년 뒤 조지프는 어느 논설위원에게 이런 말을 했다. "나는 내가 본래 자유를 추구하는 급진적이고 진보적인 사람이라고 생각하지만, 멍청하고 어리석은 사람들을 이용하면서 목소리를 높이고 선동을 일삼는 정치인들 손에 놀아날 생각은 없네."[21]

1891년을 마감할 무렵 거의 실명 위기에 몰린 조지프의 시력은 불면증, 천식, 소화불량, 그 밖의 다양한 전신 통증 때문에 더 나빠졌다. 인생이 끝났다는 조지프의 우울감은 날이 갈수록 더해갔다. 호스머는 이렇게 기록했다. "사장님은 스스로 인생을 마감하는 일이 벌어질까 봐 두려워했다. 그래서 그런 불상사가 발생하기 전에 서둘러 모든 일을 깔끔하게 마무리 지어두려 했다."[22]

이번에도 위어 미첼 박사가 개입했다. 자신이 처방한 내용을 조지프가 대부분 지키지 않았으니 미첼 박사의 심기가 편할 리 없었다. "당신 건강 상태가 어떤지 골백번도 넘게 말해주지 않았던가요? 이런 식으로 가다가는 그나마 남은 시력마저 잃게 될 것이 불 보듯 뻔합니다. 신문사를 지금과 같은 방식으로 운영한다면 시력뿐 아니라 남은 건강마저 몽땅 잃게 될 겁니다." 미첼 박사는 필리델피아에서 신문사를 운영하는 조지프의 친구 조지 차일즈까지 끌어들였다. "당신이 이런 식으로 계속

일한다면 건강을 망칠 뿐 아니라 정신까지 무너질 것이라는 제 말에 차일즈 씨도 동의하셨습니다."[23]

조지프는 타협을 선택했다. 〈월드〉에 지속적으로 개입하되 뉴욕이 아닌 다른 곳에서 하기로 한 것이다. 조지프는 식구들과 함께 뉴욕에서 크리스마스를 보낸 뒤 케이트, 아이들, 하녀, 가정교사, 하인을 이끌고 남쪽에 위치한 지킬 섬으로 향했다. 가는 도중에 워싱턴에 들러 장모와 잠시 시간을 보냈다. 워싱턴에 머무는 동안에도 조지프는 차기 대통령으로 누구를 뽑을지 고민했다. 데이비드 힐 뉴욕 주 주지사는 상원의원으로 선출되었지만 조지프는 적과 아군 사이를 오락가락했던 클리블랜드를 다시 지지해야 할지 아니면 자신이 키운 제자를 지지해야 할지 갈피를 잡지 못하고 있었다.

〈월드〉워싱턴 사무소에 근무하면서 중개자 역할을 맡은 직원이 물망에 오른 인물 중 하나였다. 조지프는 상원의원이 된 데이비드 힐에게 그 직원을 프랑스 주재 미국대사로 임명시켜준다면 선거에서 〈월드〉를 통한 지원을 아끼지 않겠다고 제안했다. 당시 조지프의 친구이자 신문 발행인인 화이트로 리드가 프랑스 주재 미국대사를 맡고 있었지만 곧 물러날 예정이었다. 파리에 장기간 체류하면서 조지프는 화이트로 리드가 신문사를 운영하는 모습을 가까이에서 지켜봤고 멀리 떨어진 곳에서 〈월드〉를 운영하려는 자신의 구상이 그리 나쁜 선택이 아니라는 결론을 내렸다.[24]

그러나 데이비드 힐 상원의원은 조지프의 제안을 거절했다. 데이비드 힐은 이미 데이나가 운영하는 〈뉴욕 선〉에 자신의 운명을 걸기로 결정한 상태였다. 조지프만 그 사실을 모르고 있을 뿐이었다. 데이비드 힐 상원의원은 두 신문 중 하나밖에 선택할 수 없다는 사실을 알고 있었고, 〈뉴욕 선〉이 자신의 입장에 더 가깝다고 판단했다. 자연히 클리블랜드가 〈월드〉가 내리는 자비로운 은총을 받게 되었다.

그해 2월 조지프와 케이트 부부는 조지아 주 브런즈윅Brunswick에 도착했다. 그곳에서는 좁은 해협을 건너기만 하면 지킬 섬으로 들어갈 수 있었다. 지킬 섬이 최근에 사유지로 변경된 탓에 브런즈윅 주민들은 전용 열차를 타고 온 백만장자가 위풍당당하게 지나가는 모습에 익숙하지 않은지 조지프 일행의 모습을 호기심 어린 시선으로 빤히 바라보았다. 시골 마을이었지만 다행히 새로 지은 호텔이 있었다. 그 호텔은 조지프와 케이트 부부가 섬으로 들어가기 전이나 섬에서 나와 저녁식사를 한 뒤 지내기에 손색이 없는 숙소였다. 몇 주 뒤 어느 저녁 케이트가 마을 사람들 앞에 모습을 드러내자 모든 주민들의 시선이 케이트에게로 쏠렸다. 케이트의 미모에 흠뻑 빠진 어느 관찰자는 이렇게 기록했다. "퓰리처 부인의 흑갈색 머리카락이 부드럽게 흩날렸다. 키가 특별히 큰 것은 아니었지만 아름다운 몸매를 자랑하는 퓰리처 부인의 손에는 커다란 다이아몬드 반지 두 개가 끼워져 있었고 목에는 우아한 진주 목걸이가 걸려 있었다. 퓰리처 부인의 아름다운 자태와 그녀의 미모를 더욱 빛나게 하는 보석들은 거기 모인 손님들 중 단연 으뜸이라 할 수 있었다."[25]

조지프는 시력을 회복하기 위해 휴식에 돌입한 지 6년 만에 처음으로 지킬 섬을 찾았다. 그사이 지킬 섬에 있던 가축들은 모두 사라지고 사냥감으로 대체되었다. 말만 겨우 다닐 수 있던 길도 깨끗하게 정비되어 마차가 자유롭게 다닐 수 있는 길이 되었고 선창도 생겼다. 우아한 자태의 지킬 섬 클럽 전용 회관이 회원들을 맞이했다. 어느 기자는 이렇게 보도했다. "우뚝 솟은 탑이 딸린 클럽 전용 회관 건물에는 네모난 창문이 설치되어 있어 멀리서 보면 영국의 성과 유사해 보인다." 조지프에게는 그곳이 이상적인 피난처였다. 조지프는 휴식을 취하고 산책을 하며 하루를 보냈다. 낭독해주는 책 내용을 음미하거나 〈월드〉 논설위원에게 보내는 충고를 보좌관에게 받아쓰게 시키기도 했다. 그러면서 차츰 앞이 보이지 않는 생활에 적응해나갔다.[26]

1892년 6월 조지프는 파리에 도착했다. 철새가 주기적으로 이곳과 저곳을 오가는 것처럼 조지프도 정기적으로 파리와 뉴욕을 오갔다. 그러나 조지프가 화려한 파리의 여름을 즐기는 동안 펜실베이니아 주 서부에 위치한 홈스테드 공장Homestead Mill의 노동자들은 앤드루 카네기Andrew Carnegie의 철강 공장을 관리하는 헨리 클레이 프리크Henry Clay Frick와 사투를 벌이고 있었다. 프리크는 노조를 인정하지 않기로 결정하고 협상 중단을 선언한 뒤 노동자들을 공장 밖으로 내쫓았다. 홈스테드 주민 1만 2,000명의 도움을 받아 노동자들을 공장에 접근하지 못하게 하는 데 성공한 프리크는 노조원이 아닌 노동자들만을 데리고 공장을 재가동할 것이라고 천명했다.

프리크는 맡은 바 임무를 완수하기 위해 조직 노동자들과의 싸움을 도맡아 하는 핑커턴 탐정사무소Pinkerton company에 의뢰해 사설 경비원 300명을 고용했다. 프리크와 노동자들의 대치상황은 전신을 타고 미국 전역으로 퍼져나갔다. 〈월드〉의 편집책임자 밸러드 스미스는 가장 뛰어난 기자를 펜실베이니아 주로 파견해 〈월드〉가 '철강왕의 전쟁'이라고 명명한 사태를 취재하게 했다. 〈월드〉는 매킨리 관세법의 비호를 받으며 철강 공장의 수익이 점차 증가해왔음에도 노동자들의 임금은 지속적으로 줄어 노동자들이 빈곤으로 내몰리는 현실을 폭로했다.

메릴은 〈월드〉 사설에서 매킨리 관세법을 노동자들이 받는 고통의 원인으로 지목하면서 파업노동자들을 옹호했다. "관세의 혜택을 보는 유일한 계급은 카네기 같은 자본가들이다. 비겁한 카네기는 고향 스코틀랜드에 있는 호화로운 성에 체류하면서 사태를 관망하고 있다." 〈월드〉의 사설을 맡은 지 6년 만에 메릴은 자신의 글이 자리를 비운 조지프의 글과 명실공히 다름없는 것이라는 확신을 가지게 되었다. 카네기를 풍자한 만평을 그린 월트 맥두걸 역시 메릴과 같은 확신을 가졌다.

두 사람이 그렇게 느낀 데에는 그럴 만한 이유가 있었다. 조지프가 세인트루이스에서 운영했던 신문은 중산층 전문직을 옹호하는 성향이 강했지만 조지프가 뉴욕에 입성한 뒤 운영하게 된 〈월드〉는 노동 계급을 옹호하는 입장이 매우 강했다. 조지프가 운영을 맡은 뒤로 〈월드〉는 노동을 착취하는 공장의 현실을 폭로하고 노동 시간을 제한하려는 움직임을 지지했으며 작업장에서 여성과 아이들을 혹사하지 못하도록 보호하는 일에 앞장섰고, 노동자의 자녀들을 학교에 보내기 위해 노력을 기울였다. 노동 계급을 옹호하는 기사에서 조지프는 이제는 주 의회 의원이 된 정적 시어도어 루스벨트를 맹렬히 공격했다. 루스벨트는 기관사의 노동 시간을 단축하려는 법안을 공산주의 법안이라 칭했는데 이를 두고 〈월드〉는 다음과 같이 혹평했다. "특혜를 누리고 있는 기업에게 '열두 시간 노동이 적법한 노동 시간'이라는 사실을 알려주는 사람을 보고 공산주의자라고 몰아붙이는 점잖고 고상하며 문명화된 루스벨트는 기업이 노동자들에게 '16시간 동안 노예처럼 일하든지 아니면 굶어죽으라'고 말하는 날이 오기만을 학수고대하는 인간이다.[27]

세인트루이스에서 조지프가 운영하는 신문사 직원들은 노동조합을 결성할 수 없었다. 그러나 뉴욕에 입성한 조지프는 〈월드〉 노동조합 결성을 인정했고 노동자들이 벌인 주요 파업을 지지했으며 심지어는 독자들을 독려해 파업 기금을 마련하기도 했다. 미주리 퍼시픽 철도 노동자들이 파업했을 때는 파업을 지원하는 세력을 규합하기도 했다. "간단히 말해 자산규모를 과대평가해서 발행된, 이른바 물 탄 주식을 바탕으로 나눠주는 배당금은 백만장자들의 부를 추가하는 데 사용된다. 백만장자들은 앤틸리스Antilles 제도의 부드러운 바람을 맞으며 둥둥 떠다니는 자신만의 성채에서 호화로운 생활을 영위한다. 그러는 사이 노동자들의 하루 임금은 1달러 내지 1달러 18센트까지 삭감되었다. 이는 결혼한 남성이 처자식을 먹여 살리면서 품위 있는 생계를 유지하기에 턱없이 부족한 임금이다. 그리고 바로 그것이 오늘날 서부를 누비는 철도원들의 현실이다."[28]

갈등이 고조될수록 메릴은 〈월드〉가 파업에 돌입한 홈스테드 노동자들의 편에 서는 것이 옳은 일이라고 확신하게 되었다. 그리고 그런 메릴의 판단은 지극히 정상적인 것이었다. 핑커턴 탐정사무소 소속의 사설 경비원 300명이 배를 타고 나타나 상륙을 시도하면서 노동자들과 혈투를 벌였고 그 과정에서 양측 모두 사망자가 속출했다. 이 싸움에서 승리한 파업 노동자들은 마치 전쟁 포로라도 되는 양 사설 경비원을 끌고 다니며 거리를 행진했다. 프리크는 주지사에게 도움을 요청했고 주지사는 계엄령을 선포하고 8,000명의 민병대를 파견해 공장을 되찾은 뒤 프리크에게 넘겼다. 홈스테드 파업이 노동계에 던진 교훈은 명백했다. 노동자들이 우위를 점할 경우 미국 산업계는 정부의 도움을 받을 수 있었다. 메릴은 이런 현실 앞에 격분했다. 메릴은 민병대를 투입하기로 한 주 정부의 결정을 '도저히 용납할 수 없는 역겨운 행위'라고 강력히 비난했다.

바다를 떠다니는 궁전 같은 배를 타고 여행하거나 지킬 섬에서 거물급 자본가들과 함께 휴가를 즐기거나 파리에서 왕족 같은 호화로운 생활을 누리던 조지프는 프랑스 신문을 통해 홈스테드 파업 사태에 대해 알게 되었다. 조지프는 폰슨비에게 뉴욕으로 전보를 넣으라고 지시했고 이번 사태에 〈월드〉가 어떻게 대처했는지 낱낱이 알게 되었다. 〈월드〉가 노동자들 편에 섰다는 사실을 알게 된 조지프는 격노했다. 조지프는 전보를 보내 법과 질서를 무시하고 선정주의적인 기사를 내보냈다는 이유로 메릴을 크게 질책했다. 조지프는 이렇게 전했다. "직장 폐쇄를 당한 노동자들이 취할 수 있는 행동은 오직 하나뿐이다. 주 정부의 권위에 저항한다거나 지역사회를 상대로 전쟁을 벌여서는 절대로 안 된다."[29]

〈세인트루이스 포스트-디스패치〉와 〈월드〉를 통해 가진 것 없는 사람들의 목소리를 대변하던 조지프는 이제 사라지고 없었디. 높이 쌓아 올린 부의 보호를 받게 된 데다 앞마저 보이지 않게 된 조지프는 가난한 사람들의 고통에 공감할 능력을 상실했다. 개혁을 부르짖고 정치와 사회의 변화를 외치더라도 조지프를 보호해줄 최후의 보루는 요트 갑판에 쌓인 재산이 될 터였다.

홈스테드 파업 사태에 대한 〈월드〉의 대처에 분노한 데다 육체적 고통에 넌더리가 난 조지프에게 파리는 쉴 만한 공간이 되지 못했다. 조지프는 비스바덴으로 돌아가 헤르만 파겐슈테허Hermann Pagenstecher 박사를 만났다. 시력이 나빠지던 초창기 무렵 조지프를 진료했던 여러 의사 중한 사람인 파겐슈테허 박사는 독일에서 가장 큰 안과병원을 운영하고 있었다. 조지프뿐 아니라 전 세계의 여러 유명 인사들이 파겐슈테허 박사를 찾아가 치료를 받았다. 파겐슈테허 박사는 보랏빛 꽃을 피운 덩굴 식물이 기둥과 창틀을 뒤덮은, 새하얀 개인 진료실에서 조지프를 진료했다. 조지프의 두 눈을 자세히 들여다본 파겐슈테허 박사는 진료 내용을 불러주었고 조수는 그 내용을 꼼꼼하게 받아 적었다. 파겐슈테허 박사는 조지프의 눈 상태가 호전되지 않을 것이라는 사실을 알고 있었지만 조지프에게는 희망적인 말을 남겼다.[30]

그러나 케이트에게는 환자의 상태를 조금 더 솔직하게 설명했다. 파겐슈테허 박사는 케이트에게 이런 내용의 편지를 보냈다. "마지막 남은 희망마저 빼앗을까 두렵고 그로 인해 신경 체계 전체에 좋지 못한 영향을 미칠까 봐 두려워서, 퓰리처 씨에게는 왼쪽 눈의 상태를 사실대로 설명하지 못했습니다."[31]

조지프는 독일의 검은 숲 서쪽 자락에 위치한 또 다른 온천 휴양지

바덴바덴Baden-Baden에서 식구들과 재회했다. 하지만 그다지 유쾌한 분위기는 아니었다. 이번 여행에 동행한 조지프의 오랜 친구의 딸은 부모에게 이런 편지를 남겼다. "퓰리처 씨의 우울증이 어찌나 깊은지 식구들이 모두 당황해서 어쩔 줄 몰라 했답니다."[32]

가을이 되자 조지프는 파리로 돌아갔다. 〈월드〉 운영에 불만을 느낀 조지프는 사설과 경영의 변화를 주문하는 전보를 수시로 뉴욕으로 전송하기 시작했다. 밸러드 스미스는 해고통지서를 받았고 델모니코스 식당에서 송별회가 열렸다. 조지프는 이런 전보를 보냈다. "그동안 열심히 일한 노고에 감사드립니다. 해고를 통보하게 되어 안타깝지만 더 밝은 미래가 있으리라 믿습니다."[33]

조지프가 멀리 유럽에 체류하면서 특별한 이유도 없이 수시로 편집자를 갈아치우자 〈월드〉도 별 볼 일 없는 신문으로 전락하기 시작했다. 그러나 사설의 논조 변화에도 그동안 〈월드〉가 뉴욕에서 구축한 입지가 워낙 탄탄했기 때문에 망하는 지경에까지 이르지는 않았지만, 조지프가 정기적으로 오가는 대서양의 고요한 물결같이 평온한 〈월드〉의 운명에도 바야흐로 먹구름이 끼려 하고 있었다.

22장

우리에 갇힌 독수리

1893년 5월 조지프는 자신이 재창간한 〈월드〉의 10주년 기념일에 맞춰 뉴욕으로 돌아왔다. 부자들을 공격하는 일을 〈월드〉의 주요 임무로 삼았던 조지프는 독자들에게 이렇게 반문하곤 했다. "백만장자들은 유럽에 가서 왜 그렇게 많은 돈을 쓰고 오는가? 미국에는 없는 무언가가 유럽에는 있다는 말인가?" 그러나 1년 남짓한 시간을 유럽에서 보내고 미국으로 돌아온 조지프는 이제 과거의 조지프가 아니었다.[1]

조지프는 화이트스타라인 증기선사에서 운영하는 증기선 가운데 하나인 마제스틱호를 타고 대서양을 건넜다. 화이트스타라인 증기선사는 조지프를 위해 마제스틱호에 복도와 갑판의 소음이 최대한 들리지 않도록 특별히 개조한 전용 선실을 마련해주었다. 서덜랜드 공작으로부터 구입한 로몰라호는 대서양을 건널 수단으로 선택받지 못했다. 로몰라호를 타고 이탈리아를 떠난 날 밤 시끄러운 선체의 소음 때문에 단 한 숨도 잠을 청하지 못한 조지프는 그 즉시 로몰라호를 매물로 내놨다.[2]

유럽에 체류하고 있던 〈뉴욕 헤럴드〉의 편집자 제임스 고든 베넷 2세도 마제스틱호에 승선했다. 베넷은 조지프를 존경했다. 그러나 〈월드〉가 크게 성공하는 바람에 〈뉴욕 헤럴드〉의 판매부수가 10만 부를 밑돌게 되었으므로 한편으로는 조지프를 못마땅하게 생각하는 마음도 있었다. 베넷은 〈월드〉가 파크 로를 지배한다는 사실을 〈뉴욕 헤럴드〉 직원들이 인식하지 못하기를 바랐다. 그래서 뉴욕 중심가에서 약간 벗어난 35번가, 브로드웨이와 6번로가 만나는 삼각형 모양 부지에 〈뉴욕 헤럴드〉의 새 사옥을 짓기로 했다. 그리고 바로 그 일을 감독하러 미국으로 가기 위해 마제스틱호에 올랐다.[3]

새로 짓는 〈뉴욕 헤럴드〉 사옥은 2층 건물로, 하늘을 찌를 듯 높이 솟은 〈월드〉 사옥과는 비교할 수도 없을 만큼 작은 규모였지만 건축가 스탠퍼드 화이트는 유럽을 흠모하는 베넷의 취향을 반영해 〈뉴욕 헤럴드〉 사옥을 베로나에 있는 궁전과 같은 느낌이 나도록 호화롭게 설계했다. 조지프와 다르게 베넷은 부지를 빌려 건물을 지었다. 파리에 머물 때 조지프는 베넷에게 속마음을 털어놓았다. "내 건물이 들어서 있는 땅을 다른 사람이 소유하고 있다고 생각하면 도무지 잠을 이룰 수가 없던데요." 이에 쉰두 살 먹은 베넷은 이렇게 응수했다. "파리에 머무는 동안만큼은 그런 걱정은 일절 하지 않고 마음 편히 지내기로 했네."

5월 10일 이른 아침 뉴욕에 내린 두 사람은 각자의 길을 갔다. 뉴욕에 도착한 조지프를 지난 일요일 발행된 〈월드〉 10주년 기념호가 맞이했다. 100쪽 분량으로 발간된 10주년 기념호는 40만 부가 팔렸다. 그날 저녁 조지프는 고참 편집자와 고참 경영관리인 스무 명을 델모니코스 식당으로 초대했다. 〈월드〉의 논설위원 브래드퍼드 메릴Bradford Merrill(윌리엄 H. 메릴과 다른 인물이다–옮긴이)은 조지프의 오른쪽에, 〈월드〉의 재정을 책임지고 있는 솔로몬 커발로는 조지프의 왼쪽에 자리 잡았다. 오랜 동업자 존 딜런과 젊은 편집국장 조지 하비는 늦은 밤까지 자리를 지키며 연신 축배를 들었다.[4]

즐겁고 유쾌한 분위기 속에서도 하비는 앞으로도 계속 조지프를 위해 일할 것인지를 두고 고민했다. 야간 업무에서 제외해주겠다는 조지프의 약속은 거의 지켜지지 않았다. 하비는 〈월드〉 사옥에 마련된 사회부 숙직실에서 대부분의 밤을 보냈다. 하지만 하루에 여섯 시간은 신문을 정독하고 두 시간은 독서를 하는 동시에 세상에서 가장 많은 직원을 거느린 신문사의 업무 전반을 감독한다고 주장하는 발행인 밑에서 일하는 하비에게는 선택의 여지가 없었다.[5]

조지프는 조지프대로 하비에 대한 매력을 잃어가고 있었다. 그래서 조지프는 만일에 대비해 촉망받는 젊은 인재를 발굴해 별도로 훈련시키고 있었다. 조지프가 선택한 사람은 바로 데이비드 그레이엄 필립스 David Graham Phillips였다. 데이나가 운영하는 〈뉴욕 선〉에서 3년을 근무한 뒤 그해 봄 〈월드〉로 자리를 옮긴 인디애나 주 출신의 시골뜨기 필립스는 192센티미터나 되는 훤칠한 키에 속기사협회 소속 여성들을 돌아보게 만드는 외모를 지녔고, 프린스턴대학교Princeton University를 졸업한 수재였다. 필립스는 보는 사람을 깜짝 놀라게 만드는 외모만큼이나 야심이 큰 청년이었다. 필립스는 뉴욕에 도착하자마자 기자로 취직하기 위해 애쓰면서 아버지에게 이런 편지를 보냈다. "이곳 뉴욕은 정말 거대한 도시입니다. 이곳에서는 남자, 여자, 어린아이 할 것 없이 남에게 관심을 가지는 사람이 아무도 없습니다. 아마 내가 죽어도 모를 겁니다. 하지만 언젠가는 내가 그들에게 신경 쓰기 전에 그들이 먼저 나에게 신경 쓰게 만들겠습니다."[6]

필립스는 조지프가 집에서 베푼 저녁 만찬에 초대받았다. 〈월드〉의 모든 직원들이 조지프와 시간을 보내고 싶어 한다는 점과 조지프가 뉴욕에 도착한 지 사흘밖에 지나지 않았다는 점을 감안할 때 대단한 영광이 아닐 수 없었다. 저녁식사를 마친 두 사람은 거실에서 정치, 문학, 철학에 대한 이야기를 나눴다. 멋지게 차려입은 필립스는 뛰어난 이야기꾼이었다. 조지프는 그 자리에서 필립스에게 유럽행을 제안했고, 그 순간부터 필립스는 〈월드〉의 런던 통신원이 되었다.[7]

불과 이틀이라는 짧은 시간 동안 용케 짐을 꾸리고 뉴욕에서의 모든 일을 정리한 필립스는 호스머, 폰슨비, 조지프와 함께 영국으로 향하는 배에 몸을 실었다. 필립스가 동행하면서 조지프 일행도 활력을 되찾았다. 폰슨비와 호스머가 조지프의 갖가지 요구에 부응하기 위해 애쓰는 동안 필립스는 조지프가 소중하게 여기는 지적인 대화를 자유롭게 이어갔다. 무엇보다 중요한 것은 조지프가 필립스를 자신의 뒤를 이어 〈월드〉를 운영할 재목으로 점찍었다는 것이었다. 조지프가 보기에 천식에 시달리는 허약한 장남 랠프는 신문사를 제대로 운영할 재목으로는 부족한 데가 있었다. 조지프는 자신도 현재 앓고 있는 다양한 질환으로 인해 결국 죽음에 이를 것이라고 확신했다. 조지프는 자신이 죽고 난 뒤 〈월드〉가 무너지면 어쩌나 염려하고 있었다.

병마와 싸우는 사이 마음까지 나약해진 조지프는 필립스에게 홀딱 반해 다른 〈월드〉 통신원들에게는 주지 않는 특권을 필립스에게 주었다. 필립스는 런던에서 보내는 속보를 기명으로 〈월드〉에 실을 수 있게 되었다.[8]

조지프는 6월을 넘기기 전에 다시 귀국했다. 당시 조지프는 뉴욕이 아닌 곳에도 두 채의 집을 보유하고 있었는데, 그중에서도 메인 주 바하버Bar Harbor를 굽어보는 채톨드Chatwold라는 아름다운 주택단지에 새로 임대한 집을 특별히 아꼈다. 뉴욕과 좀 떨어져 있다는 단점이 있었지만 이 아담한 주택 단지는 밴더빌트 같은 부자들의 마음을 사로잡으면서 부유한 사람들이 여름 휴가지로 즐겨 찾는 로드아일랜드 주 뉴포트Newport와 쌍벽을 이루게 되었다. 덕분에 부자들의 휴가지로 명성을 날리던 매사추세츠 주 레녹스는 그 명성이 상당히 퇴색하고 말았다.

〈월드〉와 물리적 거리가 더 가까워진 데다가 1년 전에 비해 더 많은 일상 업무를 처리할 수 있을 만큼 기력을 회복한 조지프는 〈월드〉 경영에 간섭하기 시작했다. 알아서 굴러가도록 내버려둔 〈세인트루이스 포스트-디스패치〉와는 다르게 〈월드〉에 대한 통제권은 도저히 놓을 수가 없었다. 사실 당시 〈월드〉에는 구원의 손길이 필요했다. 업무가 방만하여 통제가 되지 않고 있었지만 최고 경영진 두 사람은 서로 말조차 섞지 않은 채 문서로 서로의 의견을 주고받는 형편이었다. 이 문제를 타개하기 위해 조지프는 두 사람 가운데 한 사람의 봉급과 권한을 대폭 삭감했다. 그런데도 두 사람의 관계는 좀처럼 나아지지 않았다.

그러나 사무실에서 직원끼리 말다툼하는 수준의 문제는 문제도 아니었다. 커크릴이 떠난 뒤 조지프는 커크릴에 필적할 만한 편집자를 아직 찾지 못하고 있었다. 조지 하비가 녹초가 되도록 일하면서 커크릴의 공백을 메우기 위해 애쓰고 있었지만 역부족이었다. 조지프의 기대를 충족시킬 수 있는 유일한 사람은 조지프 본인밖에 없었다.

조지프는 〈세인트루이스 포스트-디스패치〉와 경쟁 관계에 있는 신문사에서 일하는 자신만만한 편집자가 이 문제를 해결해줄 것이라고 생각했다. 바로 윌리엄 하이드의 뒤를 이어 〈미주리 리퍼블리컨〉을 이끌고 있는 찰스 존스 대령Colonel Charles H. Jones이었다. 조지프는 존스가 〈미주리 리퍼블리컨〉의 판매부수를 끌어올렸다는 사실을 알고 있었다. 10여 년 전 조지프가 세인트루이스를 떠난 뒤로 보기 힘들었던 공격적인 언론을 표방하는 전략이 주효했던 것이다. 인민당이 주도하는 은화자유주조운동에 공감한다는 것이 문제였지만 그것만 빼면 존스는 〈월드〉를 책임질 사람에게 필요한 덕목인 결단력과 추진력을 겸비한 적임자로 보였다. 조지프는 존스를 채톨드로 초대했다. 초대에 응한 존스는 채톨드에서 몇 주를 머물렀다.

뉴욕에 있는 〈월드〉 직원들은 7월의 어느 날 존스가 〈월드〉 사옥에 나타나기 직전까지도 이런 사정을 까맣게 모르고 있었다. 구레나룻을 덥수룩하게 기른 존스는 커발로와 금부상 중인 경영관리인인 돈 카를로스 사이츠Don Carlos Seitz에게 자신을 소개했다. 근사하게 차려입고 나타난 존스는 거들먹거리면서 조지프의 두 경영관리인에게 파란 봉투를 내밀었다. 당시 파란 봉투는 보통 통신원들에게 주는 것이었다. 봉투를 개봉한 커발로와 사이츠는 자신들의 두 눈을 의심했다. 파란 봉투 안에는 존스가 〈월드〉에 대한 모든 권한을 가진다는 내용이 들어 있었기 때문이었다.[9]

사이츠는 이렇게 전했다. "존스 대령 앞에서는 동요하는 모습을 보이지 않았다. 그러나 사장님이 아무런 지식이 없는 문외한에게 〈월드〉를 맡겼다는 의심까지 지울 수는 없었다. 지금까지 서로 합심해 별다른 문제 없이 〈월드〉를 경영해온 우리 두 사람의 노고를 무시한 처사였다."

지금까지 조지프의 수석 참모라고 철석같이 믿어왔던 커발로의 동요가 특히 심했다. 이번 사건을 계기로 과거 커크릴과 터너가 뼈저리게 깨달은 사실, 즉 조지프에 대한 충성심이 아무리 깊어도 업무를 제대로 처리해내지 못하면 아무 소용이 없다는 사실을 커발로도 깨닫게 되었다.

사이츠는 이렇게 전했다. "얼마 지나지 않아 존스가 적임자가 아니라는 사실이 드러나기 시작했다." 모든 권한을 빼앗긴 커발로는 〈월드〉를 떠나려 했지만 〈월드〉보다 못한 신문사로 옮기고 싶지는 않았기 때문에 참았다. 〈월드〉는 아직도 뉴욕 제1의 신문이었다. 폐렴에 걸렸다가 겨우 회복한 하비는 바 하버로 가서 조지프에게 사직서를 제출했다. 조지프는 충격에 빠졌다. 사람들이 〈월드〉를 떠나려고 하는 이유를 도무지 이해할 수 없기 때문이었다. 조지프는 하비에게 이런 내용의 편지를 보냈다. "아무리 애써봐도 자네가 〈월드〉에 남지 않으려는 이유를 나로서는 도저히 이해할 수가 없네. 정말 납득할 수 없는 것은 이렇게 떠나면서도 자네가 조금도 후회하는 기색을 보이지 않는다는 점이네. 안타까우면서도 흥미로운 일이라네."[10]

〈월드〉의 내부 관리 문제가 불거진 사이 조지프가 필립스에게 한 약속이 제대로 이행되지 않는 사태가 벌어졌다. 런던 통신원으로 일하는 필립스는 영국의 신문들을 따돌리고 특종을 잡아내는 쾌거를 이룩하면서 고된 일정에 지쳐갔지만 뉴욕에서는 필립스의 공로를 제대로 알아주지 않았다. 그런 탓에 필립스가 쓴 기사는 조지프가 약속한 대로 그의 이름을 단 단독 기사로 실리지 못한 채 다른 해외 기사 사이에 섞여 게재되었다. 필립스는 조지프에게 항의했다. "뉴욕을 떠나기 전에는 기자로서의 제 명성도 상당히 높았습니다. 하지만 런던에 와 있으니 순식간에 잊힌 사람이 되고 말더군요. 씁쓸하지 않을 수 없습니다."[11]

기명 기사를 그리 달가워하지 않았던 조지프는 필립스가 쓴 기사가 기명 기사로 내보낼 만큼의 수준에 미치지 못했기 때문에 다른 해외 기사와 함께 단신으로 처리되었을 것이라고 정중하게 해명하는 편지를 보냈다. 필립스는 조지프의 설명에 즉시 반박했다. "〈뉴욕 선〉과 〈뉴욕 헤럴드〉는 업무를 짜임새 있게 관리하면서 사람들의 구미에 맞는 기사를 먼저 내보냅니다. 시간을 내어 제가 쓴 기사를 읽어주신다면 제 기사가 얼마나 근사한지 알게 되실 것입니다." 화가 머리끝까지 치민 필립스는 별도의 종이에 사직서를 작성해 뉴욕의 존스에게 보냈다.[12]

필립스는 다른 통신원이 부임할 때까지만 런던을 지키기로 했다. 다시는 〈월드〉에서 일할 수 없을 것이라고 체념하고 집에서 놀고 있던 밸러드 스미스에게 갑작스레 런던으로 떠나라는 통보가 내려졌다. 런던에 도착한 스미스는 필립스에게 이렇게 말했다. "이번에도 역시로군."[13]

필립스가 물었다. "그게 무슨 말입니까?"

"불신, 그리고 약속 위반. 그게 아니면 뭐겠나."

그러나 미국에 도착한 필립스는 〈월드〉에 남아달라는 조지프의 제안을 받아들였다. 필립스의 입장에서는 현명한 결정이었다. 뉴욕에 온 필립스는 그토록 간절히 바라던 기명 기사를 실을 수 있게 되었다. 조지프의 찬사를 받은 것은 물론이고 큰 명성을 얻었다. 또한, 밤마다 조금씩 쓰고 있는 소설의 재료도 얻을 수 있었다. 〈월드〉와 조지프는 소설의 재료를 풍부하게 제공하는 보물창고였다.

존스가 〈월드〉를 제대로 통제할 수 있을지 확신할 수 없는 상태였지만 조지프는 일단 유럽으로 돌아갔다. 여행은 이제 조지프의 일상이 되었다. 살아 있는 미국인 중 스물네 번째로 부유한 사람이 되었으므로 자신에게 가장 적합한 숙소에 필요한 비용을 감당하는 일은 어렵지 않았다. 하지만 아무리 좋은 호텔이라도 조지프의 기대를 충족시키는 호텔을 찾기는 어려웠다. 소음에 대한 민감도는 점점 높아져 자갈이 깔린 거리 주변에 숙소를 정하는 실수를 한 직원에게는 불호령이 떨어지기 일쑤였다. 사이츠는 이렇게 전했다. "사장님을 보좌하는 수행원들은 때로 소음에 민감하게 반응하는 사장님의 태도에 의구심을 가지기도 했지만, 누구도 감히 시험해보려 하지 않았다. 고요함을 추구하는 사장님의 바람은 거의 광기에 가까웠다."[14]

시각이 아닌 다른 감각에 더 많이 의존할 수밖에 없기 때문에 시각

장애인의 경우 다른 사람에 비해 청각이 예민한 경우가 많다. 그러나 일반적인 상식과는 다르게 아주 어렸을 때 시력을 잃은 경우가 아니라면 예민함의 수준은 부족한 감각을 보충할 수 있는 정도 이상으로 나아가지 않는다. 따라서 조지프의 음향 공포증과 말년에 나타나는 냄새에 대한 민감한 반응은 조지프에게 더 폭넓은 문제가 있음을 암시하는 징후였다. 조지프의 건강을 야금야금 갉아먹는 근본 원인은 극심한 불안이었다.

조지프는 오늘날의 전문가들이 지각과민증이라 부르는 병을 앓고 있었다. 조지프의 지각과민증을 초래한 원인은 범汎불안장애였다. 범불안장애는 사람의 뇌리에서 오랜 시간 불안이 떠나지 않아 아무것에도 집중할 수 없는 상태를 지칭하는 말이다. 조지프는 건강에 대해 과도하게 두려워하는 건강염려증 환자가 아니라 범불안장애로 인한 지각과민증에 시달리는 환자였다. 그러나 당시에는 조지프가 앓는 병의 원인을 아는 사람이 하나도 없었다. 뇌의 화학작용에 의해 자연스럽게 일어나는 병이라는 견해, 생활 조건에서 초래되는 병이라는 견해, 특정한 자연환경 및 인공 환경이 결부될 때 나타나는 병이라는 견해 등 의견만 분분할 뿐이었다. 조지프의 경우 시력을 잃어간다는 사실로 입은 정신적 상처가 극심한 불안과 그에 따른 공포증을 유발했을 것으로 보인다. 사실 조지프의 증세는 시력을 잃어가기 시작하면서 나타났다.[15]

병의 원인이 무엇이었든 조지프는 여행하면서 머물 만한 적합한 숙소를 찾는 까다로운 일을 처리해야 했다. 조지프는 이렇게 말했다. "방 서너 개를 빌리는 식으로는 이 문제를 해결할 수 없다. 내가 머무는 층의 위층과 아래층의 모든 방을 비워야 한다. 보통 나를 보좌하는 수행원이 서너 명은 따라다니므로 적어도 열 개 남짓한 방을 보유한 숙소를 잡아야 할 것이다." 그래서 조지프에게는 숙소 문제만을 전담할 보좌관이 반드시 필요했다.[16]

조지프의 수행원 중 한 사람은 다른 수행원에게 이런 편지를 썼다. "조용한 호텔이나 숙소를 찾는 일만 전담하는 직원을 채용해 월급을 주자는 생각은 좋은 생각이다. 하지만 퓰리처 씨가 원하는 것이 무엇인지 개인적인 것까지 상세히 알고 있는 사람이라도 실오라기 같은 희망을 부여잡고 전 세계를 떠돌아다니는 일에 동참하기란 쉽지 않은 일이다." 마침 그 일을 도맡을 적임자가 가까운 곳에서 나타났다. 존 딜런의 개인 보좌관 조지 레들리George H. Ledlie였다. 서른 살가량 된 레들리는 필립스 엑서터Phillips Exeter 아카데미와 하버드대학교를 졸업한 인재로 전 세계를 떠도는 조지프 일행이 머물 숙소를 탐색하는 데 필요한 취향과 기술에 사교성까지 겸비한 인물이었다. 레들리는 조지프가 휴식을 취하고 편안하게 잠들 수 있는 장소를 물색하러 다니기 시작했다. 성배를 찾는 이 여정은 장장 10여 년에 걸친 긴 여정이 될 터였다.

본인의 건강 문제도 심각했지만, 아이들의 건강 문제 역시 조지프의 애를 태웠다. 그중에서도 랠프의 건강이 특히 걱정이었다. 랠프는 갓난아기일 때부터 천식으로 부모의 속을 태웠다. 그 아버지에 그 아들이라는 말이 있듯 랠프는 천식 말고도 다양한 질병을 달고 살았다. 조지프는 랠프를 영국의 버밍엄 종합병원Birmingham General Hospital에 보내 종합 검진을 받게 했는데 열네 살 먹은 랠프를 검진한 영국인 의사들은 랠프의 폐가 약해 결핵에 걸릴 가능성이 크다고 판단했다. 의사들은 높은 고도의 휴양지에서 휴식을 취할 것을 권했고 조지프는 랠프를 생모리츠로 보내 휴양하게 했다.[17]

조지프의 아이들은 오랜 시간 동안 부모님과 떨어져 지내는 일에 익숙했다. 나이가 많은 아이들은 편지를 주고받으며 자신들만의 가족을 구축했다. 스위스 알프스 지역에 위치한 생모리츠에서 혼자 지내게 된 랠프는 한 살 차이 나는 여동생 루실에게 편지를 보냈다. 랠프는 고독하고 외로운 생활 가운데에서도 지겹던 라틴어 학습을 중단하고 그리스어를 배우게 되어 기쁘다는 소식을 전했다. "그렇게 고약하고 끔찍한 문법을 가진 모순투성이인 언어는 처음 봤어. 라틴어가 정말 죽은 언어라면 아마 지금쯤 어린이들에게 고통을 준 죄로 지옥에서 활활 타고 있을 거야."[18]

그해 겨울 내내 조지프는 유럽의 이곳저곳을 떠돌았다. 랠프를 만나러 생모리츠에 간 조지프는 랠프의 병세가 많이 호전되었다는 이야기를 케이트에게 전했다. "생모리츠의 맑은 공기를 마시면서 야외 활동을 즐긴 것이 도움된 것 같아요." 그러나 콜로라도 주로 가서 랠프가 지낼 만한 곳을 알아보도록 호스머에게 지시했다는 사실은 케이트에게 알리지 않았다. 조지프의 기분은 다시 가라앉았다. 조지프의 기분은 스위스 라가츠Ragatz의 패퍼스-바트Pfäfers-Bad에서 케이트에게 보낸 편지에 기록한 대로 "먹구름이 비를 퍼붓는 음울한 날씨"와 같았다.[19]

그러는 사이 뉴욕의 상황은 점점 나빠졌다. 무능한 존스가 관리하는 〈월드〉 직원들의 고통은 더해만 갔다. 존스가 〈월드〉를 활용해 은화자유주조운동을 지지할 방법을 찾으려 애쓰는 사이 오랫동안 자리를 지켜온 편집자들의 불만은 증폭되었다. 존스의 행동은 은화자유주조운동에 대한 반대 입장을 명백하게 밝혀온 조지프의 견해와 모순되는 것이었다. 그러나 개인적인 문제만으로도 골치가 아픈 조지프는 그 일에 전혀 손을 쓰지 못했다. 〈월드〉가 그의 오랜 친구인 촌시 디퓨에 대한 좋지 않은 기사를 내보냈을 때 개입한 것이 조지프가 〈월드〉에 관여한 일의 전부였다. 조지프는 디퓨에게 이런 내용의 편지를 보냈다. "전보를 보내 책임자를 문책했네. 이런 미친 짓을 할 사람은 이제 없을 테니 안심하게나."[20]

그러나 문제는 거기서 끝나지 않았다.

〈월드〉를 이끌어갈 만한 역량이 없었던 존스의 관리를 받게 된 일부 직원들의 자존심에는 생채기가 났다. 그러나 문제는 그 정도에서 그치지 않았다. 존스는 사설란에도 손을 대기 시작했다. 조지프가 소중하게 여기는 사설이 일관성 없는 허섭스레기로 전락하고 있었다. 더 큰 문제는 〈월드〉의 사설이 1893년 찾아온 금융공황에 대한 인민당원들의 장광설을 되풀이하는 장소로 전락했다는 데 있었다. 조지프가 무능한 존스를 선택하는 실수를 저질렀다는 사실이 멀리 애틀랜타에까지 전해졌다. 〈애틀랜타 컨스티튜션Atlanta Constitution〉은 이렇게 전했다. "〈세인트루이스 리퍼블리컨〉이 구덩이에 내다 버린 존스를 퓰리처가 건져내기 전에 발간되던 〈월드〉는 그냥 신문이 아니라 사설다운 사설을 싣던 신문이었다. 당시의 사설은 지금 존스가 작성하는 사설보다 훨씬 근사했다.

(…) 이런 식으로 가다가는 얼마 지나지 않아 〈월드〉에는 사설 대신 눈부시게 빛나는 판매부수에 대한 자랑과 존스의 덥수룩한 구레나룻만 남을 것이다."[21]

1894년 여름이 시작될 무렵 조지프는 존스 문제로 무거워진 마음을 안고 아서 브리즈번Arthur Brisbane과 함께 뉴욕으로 돌아왔다. 브리즈번은 공동체 사회를 옹호하던 부유한 사회주의 개혁가의 아들로 열여덟 살 되던 해부터 데이나가 운영하는 〈뉴욕 선〉에서 기자 생활을 시작한 인물이었다. 스물여섯 살 되던 1890년 브리즈번은 〈월드〉로 이직했다. 젊은 나이에 런던 통신원을 지냈을 만큼 박식하고 재주가 많았던 브리즈번은 또래에 비해 훨씬 더 성숙하고 세련된 젊은이였다. 장래가 촉망받는 역량 있는 젊은이들을 만날 때마다 그랬던 것처럼 조지프는 지난겨울 브리즈번을 유럽으로 데려가 〈월드〉를 떠받칠 재목으로 키우기 위해 공을 들였다.[22]

조지프를 에워싸고 있는 고분고분한 보좌관들과 다르게 브리즈번은 조지프와 대립각을 세우기도 하고 심지어 조지프를 괴롭히기까지 했다. 조지프와 함께 파리에 머무는 동안 브리즈번은 조지프를 설득해 침실 창문을 가리기 위해 설치한 침대 매트리스를 제거했고 장시간의 열차 여행을 다녔으며 승마를 다시 시작하게 만들었고 조지프의 식습관 중 몇 가지를 개선했다. 두 사람은 함께 말을 타고 독서했으며 체스를 두고 이따금 돈을 걸고 카드를 쳤다. 조지프는 노름에 큰 관심이 없었지만, 대화를 나누며 카드를 치는 시간을 즐겼다. 조지프가 거의 아무것도 볼 수 없는 상태였기 때문에 두 사람은 일반 카드의 2배 크기로 특별 제작된 카드를 이용해 카드를 쳤다. 조지프는 카드를 읽기 위해 등 뒤편에 여러 개의 등불을 배치했는데 브리즈번은 그 불빛 덕분에 조지프의 패를 읽을 수 있었다. 그러나 브리즈번은 조지프의 달라진 목소리를 통해 조지프가 든 패를 알아차린 것처럼 연기하면서 조지프를 어리둥절하게 만들었다.[23]

뉴욕에 도착하자마자 브리즈번은 〈월드〉 사무실로 향했고 조지프는 채톨드로 돌아갔다. 얼마 전 2년간의 임대계약이 만료된 집을 구입한 참이었다. 조지프가 도착하고 얼마 지나지 않아 케이트가 아이들을 데리고 채톨드에 도착했다. 오랜만에 재회한 식구들은 초가을까지 바 하버에 머물렀다. 선거가 열리는 해였으므로 조지프에게 기사 내용을 상의하려는 편집자들이 물밀 듯이 몰려들었고 조지프의 축복을 받아볼 요량으로 조지프를 찾아오는 정치인들도 줄을 이었다.[24]

2년 전 대통령 선거에서 데이비드 힐 상원의원은 데이나가 운영하는 〈뉴욕 선〉과 손을 잡았지만, 뉴욕 주 주지사 후보로 다시 지명받은 이번 선거에서는 〈월드〉의 지원을 받으려 했다. 데이비드 힐 상원의원은 조지 매클렐런George McClellan을 불렀다. 조지 매클렐런은 논란을 불러일으켰던 브린튼 매클렐런Brinton McClellan 장군의 아들로 훗날 뉴욕 시장에 오르게 될 인물이었다. "네가 내일 아침 첫 열차를 타고 바 하버에 다녀오면 좋겠구나. 바 하버에 도착하면 퓰리처를 찾아가서 나를 지지해준다면 취임하는 즉시 브록웨이를 폐쇄하겠다고 전해라." 지블런 리드 브록웨이Zebulon Reed Brockway는 엘미라Elmira에 위치한 주립 소년원으로 그동안 〈월드〉는 브록웨이가 재소자를 학대한 사실이 있는지 끈질기게 조사해왔다. 데이비드 힐 상원의원은 자신을 지지해준 데 대한 보상으로 바로 그 브록웨이 폐쇄를 제시했던 것이다.[25]

이튿날 아침 채톨드에 도착한 매클렐런은 폰슨비에게 데이비드 힐 상원의원의 전갈을 가지고 왔다고 전했다. 몇 분 뒤 조지프가 폰슨비의 부축을 받으며 방으로 들어왔다. 매클렐런은 〈월드〉에 잠시 몸담기도 했었지만 조지프를 실제로 만나보기는 이번이 처음이었다. "퓰리처는 캐리커처에 묘사된 모습 그대로였다."

조지프는 폰슨비에게 시가를 가져오라고 지시했고 자신이 원하는 것과 다른 시가를 가져온 폰슨비에게 불같이 화를 냈다. 폰슨비는 그런 조지프에게 익숙해져 있었다. 마침내 매클렐런은 데이비드 힐 상원의원의 전갈을 조지프에게 전달했다. 만일 선거에서 패배하더라도 데이비드 힐 상원의원은 차기 주지사에게 압력을 행사해 브록웨이를 폐쇄하게 하겠다고 약속했다.

조지프는 이렇게 대꾸했다. "힐 상원의원이 그런 제안을 하다니 놀라지 않을 수 없군요. 나 조지프 퓰리처도, 〈월드〉도 매수할 수 없다는 사실을 잘 알고 있을 테니 말입니다." 매클렐런은 데이비드 힐 상원의원은 그런 의도를 가지고 이 제안을 한 것이 아니라 '우호적인 차원'에서 제안한 것일 뿐이라고 반박했다. 조지프는 브록웨이 폐쇄를 학수고대하고 있다는 사실과 데이비드 힐 상원의원에게 항상 호의를 가지고 대해왔다는 사실을 인정했다. "힐 상원의원에게 가서 나는 절대로 정치적 흥정을 하지 않는 사람이라고 전하세요. 더불어 브록웨이 폐쇄가 올바른 처사라는 데 동의한다면 나도 민주당이 지명한 후보를 지지할 것이라는 말도 함께 전해주기 바랍니다." 조지프는 씩 웃으며 이렇게 덧붙였다. "이것은 정치적 흥정이 아니라 어디까지나 우호적인 차원에서 하는 말임을 잊지 마시기 바랍니다."

좋은 징조였는지 퓰리처의 이름을 딴 경주마가 뉴욕 경마장에서 멋지게 우승했다. 그러나 1894년 선거에서는 조지프에게 그만한 운이 따르지 않았다. 또 다른 경제위기가 찾아와 은행들이 줄줄이 파산 위기에 몰리고 정부가 금보유고를 유지하기 위해 뉴욕의 은행가들에게 자금을 빌려달라고 애원하는 와중에 은화자유주조운동이 세를 더욱 불리면서 민주당의 힘은 점점 약화했다. 〈월드〉의 지지를 받았음에도 민주당은 11월 선거에서 뉴욕뿐 아니라 전국적인 패배를 맛봐야 했다. 덕분에 브룩웨이는 폐쇄를 면했다.

메인 주의 날씨가 차가워지자 조지프와 케이트 부부는 로드아일랜드 주 뉴포트의 벨뷰로에 위치한 맨션으로 거처를 옮겨 한 달쯤 머문 뒤 뉴욕으로 돌아왔다. 선거가 끝난 뒤 조지프는 마침내 존스 문제를 해결하고 〈월드〉를 정상화하기로 마음먹었다. 하지만 그리 녹록한 일이 아니었다. 보통 조지프는 편집자들을 자기 마음대로 이리저리 이동시켰다. 조지프에게 편집자들은 체스판의 말처럼 소모품일 뿐이었다. 그러나 〈월드〉의 관리에서 손을 떼려는 생각에 사로잡혀 전권을 일임할 사람을 애타게 찾다가 존스의 보수와 권한을 명시한 계약을 덜컥 체결하는 어리석은 짓을 저지르고 말았다. 〈월드〉의 문제를 해결하려고 불러들인 존스가 문제를 더 키우는 주범이 되고 말았다.

뉴욕으로 돌아온 조지프는 55번가의 집에서 존스를 만났다. 존스는 〈월드〉를 운영할 만한 적임자가 아니었을지 모르지만 그렇다고 바보인 것도 아니었다. 존스는 이번 협상에서 자신이 우위를 점하고 있다는 사실을 잘 알았다. 그래서 조지프에게 〈월드〉를 그만두는 대신 두 가지 조건을 내걸었다. 하나는 〈세인트루이스 포스트-디스패치〉에 대한 절대적인 통제권을 가지겠다는 것이고 다른 하나는 〈세인트루이스 포스트-디스패치〉 지분의 절반 이상을 인수하겠다는 것이었다. 존스를 뉴욕에서 쫓아낼 다른 방도가 없었던 조지프는 두 가지 조건을 들어주기로 하고 존스에게 계약서를 작성해서 지킬 섬으로 보내라고 했다. 조지프가 곧 도착할 예정이었으므로 열네 명의 하인들은 지킬 섬에 있는 2층짜리 '작은 시골집'을 치우고 정돈하느라 눈코 뜰 새 없이 바쁘게 일하고 있었다. 케이트는 지킬 섬에서의 고립된 생활과 한낮의 열기 그리고 귀찮게 덤벼드는 모래 파리를 무척 싫어했지만, 이번에는 조지프와 함께 지내기로 했다. 1895년 1월 1일 조지프와 케이트 부부는 사냥총, 낚싯대, 동물을 잡기 위한 올가미를 한 아름 품에 안고 아이들과 함께 지킬 섬에 도착했다.[26]

존스가 작성한 계약서가 지킬 섬에 머물고 있던 조지프에게 전달되었다. 맨 처음 받아든 계약서는 불합리의 극치를 달렸다. 계약 내용에 따르면 조지프는 존스가 가지고 있는 〈세인트루이스 포스트-디스패치〉 주식 지분에 대한 비용을 지불해야 했다. 조지프가 자포자기 상태였던 것은 사실이지만 그렇다고 정신이 나간 것은 아니었다. 그 뒤 몇 주 동안 수정한 계약서가 지킬 섬과 뉴욕을 여러 차례 오간 끝에 계약이 체결되었다. 존스는 〈세인트루이스 포스트-디스패치〉의 사장 겸 편집자 겸 관리자를 맡게 되었고 자금 여력이 되는 만큼의 지분을 가질 수 있게 되었다. 존스는 최종 서명한 계약서를 들고 세인트루이스로 돌아갔고 조지프와 〈월드〉 직원들은 악몽에서 벗어났다.[27]

무엇보다 조지프는 사생활이 철저하게 보장되는 지킬 섬을 좋아했다. 애틀랜타에서 이곳까지 찾아온 기자가 클럽 전용 회관에 들러 조지프를 만날 수 있는지 묻자 관리인은 이렇게 대답했다. "퓰리처 씨를 만나는 것은 불가능합니다. 신문사 직원이 아니면 아무도 들이지 말라고 지시하셨거든요." 마음이 상한 기자가 서둘러 돌아가려는 찰나 보좌관에게 몸을 의지한 조지프가 산책에 나서기 위해 밖으로 나왔다. 조지프는 기자에게 이렇게 말했다. "신문사 기자라면 언제든 환영입니다. 남을 헐뜯는 기사를 써야만 하는 직업을 가진 사람들 사이에 맺어진 우정은 다른 직종 사람들 사이에 맺어진 우정보다 훨씬 더 *끈끈하거든요*."[28]

세 사람은 클럽 전용 회관 계단을 함께 내려갔다. 조지프는 클리블랜드 대통령에게 크게 실망했다는 사실을 이야기할 생각에 들떠 인터뷰를 허락했다. "정치적 견해가 서로 다른 여러 사람들이 클리블랜드 대통령을 지지했습니다. 그들은 무엇보다 좋은 정부를 구축해줄 것이라고 믿고 클리블랜드 대통령에게 표를 던진 것입니다. 그렇지만 대통령은 그 모든 사람들의 기대와 희망을 한꺼번에 꺾어버렸습니다."

조지프는 1896년 선거에서 좋은 정부가 최대 쟁점으로 부각될 것이라고 예측했다. "우리 미국인 앞에 놓인 최대 쟁점은 금도 은도 관세도 아닙니다. 물론 그 쟁점들도 비교적 중요한 쟁점이기는 하지만요." 그러나 조지프의 예견은 보기 좋게 빗나갔다. 조지프가 기자와 인터뷰하는 동안 대통령 선거에 나설 수 있는 연령을 갓 넘긴 윌리엄 제닝스 브라이언이라는 무명의 전직 하원의원이 은화자유주조운동을 지지하는 전국 유세에 나설 채비를 하고 있었다. 그리고 16개월 뒤 브라이언은 미국의 정치 지형을 완전히 뒤바꾸게 될 터였다.

조지프와의 결혼 생활은 케이트에게 시련의 연속이었다. 조지프가 아무리 노력해도 상황은 달라지지 않았다. 조지프는 항상 격무에 시달렸고 일을 하지 않는 시간에는 진짜 병이든 가상의 병이든 온갖 병마와 싸웠다. 일에 대한 걱정과 건강에 대한 염려가 쌓여갈수록 참을성 없기로 소문난 조지프의 불같은 성미도 덩달아 거칠어졌다. 따지고 보면 조지프가 시력을 잃기 시작한 뒤부터 두 사람이 떨어져 지내는 시간이 많았기에 융화되지 못하는 두 사람의 결혼 생활이 지속될 수 있었다고 해도 과언이 아니었다. 보좌관, 의사, 남자 하인에 둘러싸인 조지프가 전 세계를 떠도는 사이 케이트는 파리, 런던, 뉴욕에서 사교 활동을 하며 바쁜 시간을 보냈다.

조지프의 개인 보좌관으로 잠시 일했던 영국인 펠릭스 웨버Felix Webber는 조지프와 케이트 부부의 사나운 결혼 생활에 대해 증언한 몇 안 되는 사람 가운데 한 명이었다. 웨버는 조지프의 보좌관으로 지낸 그 짧은 시간 동안 내내 불행했다. 조지프는 웨버가 도저히 감당할 수 없는 상관이었다. 웨버는 조지프의 보좌관이 되고 나서 얼마 지나지 않아 여동생에게 이런 편지를 보냈다. "퓰리처는 예의범절이라고는 모르는 야수처럼 끊임없이 트집을 잡아 남을 괴롭히는 사람이야. 자기가 돈을 주는 만큼 뽑아먹기로 작심한 것이 분명해." 조지프에게 괴롭힘을 당하다 못해 분노한 웨버는 조지프를 모시는 다른 개인 보좌관들이 굳게 지켜온 침묵의 계율을 깬 유일한 사람이 되었다.[29]

1894년 12월 조지프의 딸들 가운데 가장 나이가 많은 열네 살의 루실이 목구멍에 생긴 문제로 비교적 가벼운 수술을 받게 되었다. 그러나 운이 따르지 않았는지 상처에 대한 적절한 치료가 이뤄지지 않아 병세가 깊어졌다. 흥분한 케이트는 넋을 잃은 채 루실의 곁에서 한시도 떠나려 하지 않았다. 루실이 조금씩 건강을 되찾아가는 동안 조지프는 뉴욕에 머무르고 있었지만 루실의 방에는 얼씬도 하지 않았다. 어느 저녁 케이트는 조지프에게 루실을 피하는 이유에 대해 물었다. "혹시 루실이 가엾지 않은 것은 아니겠죠?"

그날의 일을 기록한 웨버에 따르면 조지프는 케이트에게 버럭 소리를 질렀다. "루실이 가엾다고? 그럴 리가! 정말 가엾은 사람은 나야. 그런데도 아무도 나를 가엾게 여기지 않지! 내가 얼마나 큰 고통을 받고 있는지 아무도 몰라! 내 집은 병원이 되어가고 있어! 의사들이 매일 들락거린다고! 당신은 밥을 먹다가도 갑자기 벌떡 일어나 위층으로 뛰어올라가곤 해. 나에게는 한마디 말도 없이 그냥 사라진다고. 나를 가엾게 여기는 사람이 하나도 없는데 내가 왜 루실을 가엾게 여겨야 하지?"

케이트는 말을 아꼈다. 케이트는 침묵하는 것에 익숙해진 지 오래였다. 특히 지출 문제로 조지프와 자주 다투게 되는 매월 초에는 더욱 그랬다. 그러나 이번에는 웨버에게 조지프가 위층에 올라오려 하면 말리라고 지시했다. 다음 날 조지프는 깊이 뉘우치고 웨버에게 꽃을 사오라고 시킨 뒤 루실의 방에 들렀다.

몇 주 뒤 조지프가 지킬 섬으로 떠나자 식구들은 한숨 돌리게 되었다. 웨버는 이렇게 전했다. "사모님은 사장님이 떠나시자마자 침대에서 나와 안방으로 가셨다. 평소에 즐겨 입는 장미색 실내복을 걸친 사모님은 장미색 천으로 테두리를 두른 친칠라 털 담요를 무릎에 덮고 보들보들한 레이스 천을 몸에 댄 뒤 팔걸이가 하나인 긴 의자에 누우셨다. 2년 전 프랑스에서 레옹 보나 _Léon Bonnat_ 가 그린 사장님의 초상화가 집으로 배달되자 사모님은 깊은 한숨을 내쉬셨다."

케이트는 웨버에게 하소연했다. "머리로는 저 그림을 안방에 걸어야 한다고 생각하는데, '마음은 그러기를 원하지 않는다'는 것이 문제야. 나는 지금 안방에 걸려 있는 커다란 사진만으로도 충분히 괴롭거든."

케이트는 걸핏하면 폭발하는 조지프의 성미를 견뎌내면서 조지프의 건강을 돌보려고 애쓰고 있었다. 조지프가 허락하는 한 케이트는 조지프의 곁을 떠나지 않았다. 지중해 일주 항해에 따라가지 않은 것이 유일한 예외였다. 그러나 조지프를 위로하는 일은 끝없는 헛수고였다. 불과 일 년 전 케이트는 집안 관리와 육아에 전념하다가 조지프에게 꽤 오랜 시간 동안 편지를 쓰지 못한 적이 있었다. 화가 치민 조지프는 케이트에게 이런 편지를 보냈다. "지난 2주 동안 당신은 나에게 단 한 장의 편지도 보내지 않았소. 내가 살았는지 죽었는지 궁금하지도 않소? 참 잘하는 짓이오. 내가 당신 편지를 기다리면서 애태우고 걱정하는 꼴을 보니 고소한 모양이지? 부디 당신이 무슨 잘못을 했는지 반성하기를 바라오."**30**

"아내의 첫 번째 임무가 남편의 마음을 편하게 하고 남편의 건강을 돌보는 일이라고 생각하지 않는 것이오? 나는 일가친척 하나 없는 무기력한 존재이니 더더욱 관심을 기울여주어야 한다는 말이오." 조지프는 케이트가 자신의 지시를 묵살한다는 케케묵은 불만을 다시 늘어놓기 시작했다. "당신은 '지시'라는 말을 아주 좋아하지요. 내가 희망 사항을 말할 때도 당신은 항상 '지시'라고 표현합니다. 그러면서도 내 바람을 묵살해왔지요. 내가 바람을 말할 때 '지시'라고 표현하는 일은 자제해주시오. 당신이 '지시'라는 표현을 쓸 때마다 나는 내 바람이 얼마나 오랫동안 묵살당하고 무시되었는지 떠올리게 된단 말이오."

그해 3월 지킬 섬이 지겨워진 케이트는 조지프와 함께 뉴욕으로 돌아왔다. 케이트에게는 뉴욕으로 돌아와야 할 이유가 하나 더 있었다. 케이트는 조지프가 새로 영입한 직원 아서 브리즈번과 은밀하게 만나고 있었다. 브리즈번은 케이트를 흠모했다. 브리즈번은 진짜 질병 및 가상의 질병과 싸우느라 주변을 돌아볼 겨를이 없는 조지프가 절대로 줄 수 없는 만족감을 케이트에게 주었다. 케이트는 40대의 중년 여성이었지만 여전히 사람들과 어울리기를 즐기는 매력적인 여성이었다. 조지프가 은둔 생활을 시작했을 때에도 케이트는 이런저런 사교 모임에 참석하고 공연을 보러 다니면서 문화를 즐겼다.

조지프와 따로 떨어져 지냈기 때문에 케이트는 브리즈번과 따로 만날 기회를 쉽게 만들 수 있었다. 그러나 그럼에도 두 사람은 신중에 신중을 기했다. 1895년 브리즈번은 'H'라고 서명한 편지를 케이트에게 보냈다. "제가 무슨 일을 하는 사람인지조차 편지에는 밝힐 수가 없습니다. 그렇게 되면 이 편지를 쓰고 있는 제 정체가 너무 쉽게 드러날 것이기 때문입니다." 케이트를 향한 브리즈번의 열정은 더할 나위 없이 뜨거웠다. 보스턴과 바 하버의 중간 지점에서 만나기로 약속하면서 브리즈번은 이렇게 전했다. "제 생에 가장 기다려지는 날입니다. 저는 당신을 만날 날만을 손꼽아 기다리고 있습니다."[31]

또 다른 편지에서 브리즈번은 이렇게 전했다. "당신이 제 마음속에 자리 잡고 있기에 몇 날 며칠을 편지만 쓰고 있다 해도 지치지 않을 것만 같습니다. 당신의 모습을 닮은 물건만 보아도 제 마음이 떨립니다. 당신과 떨어져 있는 시간이 길어질수록, 당신을 보고 싶어 하는 제 마음이 커질수록 당신의 존재가 더 소중하게 느껴집니다. (⋯) 도대체 뭐가 부끄러워서 전보조차 주고받을 수 없는 걸까요? 전보를 보낼 수 있다면 편지보다 더 쉽게 연락을 주고받을 수 있을 텐데 말입니다."

4월 또는 5월 초 케이트는 임신 사실을 알게 되었다. 도대체 누구의 아이일까? 조지프와 결혼한 뒤 여섯 번 임신했는데, 마지막 아이는 7년 전에 가졌었다. 아이를 가질 무렵 케이트가 지킬 섬에서 조지프와 함께 지냈기 때문에 아이 아버지가 조지프일 가능성도 없지는 않았다. 하지만 조지프의 건강 상태나 기분을 감안해볼 때 그럴 가능성은 작았다.

항간에 떠도는 소문에 따르면 브리즈번은 데이비드 그레이엄 필립스에게 그 아이가 자신의 아이라고 털어놓았다고 한다. 브리즈번이 케이트에게 비밀리에 보낸 편지에는 케이트의 건강을 걱정하는 브리즈번의 마음이 고스란히 담겨 있었다. "건강에 각별히 유념한다면 별문제 없으리라 생각합니다. 하지만 당신은 자신의 건강을 그리 잘 돌보지 않는 사람입니다. 저는 당신이 건강을 잘 돌보고, 앞으로는 제 건강도 잘 돌봐주기를 바랍니다. 그렇게 하는 것이 저나 당신 모두에게 바람직한 일이니까요."

그는 이렇게 덧붙였다. "당신은 현명한 분이니 자신을 잘 돌보리라 믿습니다. 우리가 함께 누려야 할 즐거움이 많이 있으니 부디 건강하세요."

한편 조지프는 그 아이가 자신의 아이라는 사실을 추호도 의심하지 않았다.

그해 5월 조지프는 런던 하이드 파크Hyde Park 인근 켄싱턴Kensington에 위치한 어느 호화로운 영지에서 며칠을 보냈다. 그러나 하이드 파크에 서식하는 공작새들이 짝을 찾아다니면서 날카로운 소리로 시끄럽게 울어대는 통에 조지프는 서둘러 미국으로 돌아와야 했다. 지금까지 쌓아 올린 모든 것이 마치 모래성처럼 무너지는 것처럼 보였다. 튜트닉호에 몸을 실은 조지프는 1887년 이후 단 한 번도 연락하지 않았던 토머스 데이비드슨에게 편지를 보냈다. "시력을 잃기 시작한 뒤 지난 8년 동안 줄곧 불면증에 시달리고 있습니다. 건강도 나빠진 탓에 그동안 쌓아 올린 모든 것이 다 무너지는 것만 같아 괴롭습니다."[32]

그해 여름 새 단장을 마친 채톨드가 조지프와 손님들을 맞이했다. 지난겨울 채톨드를 수리하기 위해 무려 100여 명의 인부가 동원되었다. 인부들은 해수면 높이와 같은 위치에 놓인 암반이 나올 때까지 굴착공사를 진행한 뒤 그곳에 지하실을 조성하고 증기로 데운 물을 사용하는 커다란 욕조를 설치했다. 지상의 집에 대해서는 전반적인 개조 공사가 이뤄졌다. 특히 인상적인 것은 화강암을 이용해 높은 탑을 쌓아 주변의 소음이 집으로 들어오지 못하도록 차단했다는 점이었다. 어느 기자는 이렇게 보도했다. "그 집은 위대한 언론인이 세상의 온갖 근심을 피해 숨을 수 있는 은신처였다. 어쩌면 그곳의 고요함이 그를 더 괴롭게 만들었을지도 모르지만, 분명 그곳은 그의 영혼이 쉼을 얻을 수 있는 장소였다. 그보다 더 현명한 처신은 또 없을 것이다."[33]

조지프의 보좌관들은 조지프가 채톨드에 지은 여름 별장을 '고요의 탑'이라 불렀다. 그 집은 조지프가 병을 치료하기 위해 업무에서 잠시 손을 떼는 것이 아니라는 사실을 명백하게 드러내고 있었다. 조지프는 이제 일선에서 영원히 물러나게 될 터였다. 조지프의 보좌관 중 한 사람은 이렇게 기록했다. "통증이 잠시 가라앉으면 사장님은 머나먼 유럽에서 신문사에 관련된 온갖 복잡한 일들의 운명을 결정했다. 그러나 이제 통증이 사장님을 꼼짝달싹 못 하게 만들고 있다. 위대한 지성은 어둠의 신전에 영원히 유폐되는 저주를 받았다. 우리에 갇힌 독수리는 답답함에 몸서리치면서 절규한다."[34]

그렇다고 독수리 조지프의 발톱까지 무뎌진 것이 아니었다. 조지프는 시어도어 루스벨트를 특히 심하게 공격했다. 최근 뉴욕 시 경찰위원으로 임명된 루스벨트는 더럽기로 소문난 뉴욕 경찰의 부정부패를 뿌리 뽑는 일에 앞장서고 있었다. 그러나 뉴욕 시민들의 환호도 잠시뿐이었다. 시어도어 루스벨트가 안식일에는 술을 팔지 못하게 하는 엄격한 법안을 시행하겠다고 나섰기 때문이었다. 단, 사교 클럽에서 운영하는 전용 회관은 예외였다. 루스벨트는 그 법안이 지나치게 엄격해 결과적으로 부정부패를 야기할 수 있다는 점을 인정하면서도 그 법안을 시행하지 않을 도리가 없다고 밝혔다. 오랫동안 모든 형태의 금주법에 반대해 왔던 조지프는 브래드퍼드 메릴에게 루스벨트를 비판하는 사설을 쓰게 해 포문을 열었다.

〈월드〉는 주말에 술을 판매하지 못하도록 하는 법을 발효함으로써 금주령을 폐지하는 길로 나아갈 수 있다는 루스벨트의 주장은 기만에 불과하다고 공격했다. "루스벨트 씨는 지금 일주일 내내 힘들게 일한 노동자들이 일요일 저녁에 한 잔의 맥주를 마실 즐거움조차 빼앗으려 하고 있다. 물론 그 귀찮고 짜증 나는 법안이 권력을 가진 사람들에게는 아무런 영향도 미치지 못할 것이라는 점은 루스벨트 본인도 잘 알고 있을 것이다." 루스벨트를 공격할 때면 으레 그랬던 것처럼 〈월드〉 사설은 루스벨트의 실명을 거론하면서 직격탄을 날렸다. "선량한 시민들을 불편하게 만드는 것이 '개혁'이라는 말인가? 폭동을 일으키고 범죄자들이 거리를 활보하게 하는 범죄가 아닌가?"[35]

사설을 읽은 루스벨트는 친구인 헨리 캐벗 로지Henry Cabot Lodge 상원의원에게 뉴욕의 여러 신문 중 〈월드〉만이 "분노에 치를 떨었다"고 말했고 또 다른 친구에게는 〈월드〉와 〈뉴욕 헤럴드〉가 "자신들이 가진 권력을 총동원해 법안 발효를 가로막으려 애쓰고 있지만 그런 일에 눈 하나 깜짝할 내가 아니다. 그들의 노력은 헛수고일 뿐"이라고 말하며 코웃음 치기도 했다. 실제로 뉴욕의 언론과 뉴욕 시민들이 쏟아낸 비난은 루스벨트의 전국적인 명성에 흠집을 내지 못했다. 사실 루스벨트의 인기는 오히려 높아졌다. 어느 신문은 이렇게 반문했다. "이러다가 루스벨트가 윌리엄 라파예트 스트롱William Lafayette Strong 뉴욕 시장의 뒤를 잇거나 레비 모턴 주지사의 뒤를 잇는 것은 아닐까? 어쩌면 그로버 클리블랜드의 뒤를 이어 차기 대통령이 될지도 모를 일이다."[36]

물론 루스벨트의 야망은 뉴욕 시 경찰 사이에 만연한 부정부패를 척결하는 수준에 그치지 않았다. 사람들이 용감하고 호전적인 자신의 성격에 매료된다고 확신했던 루스벨트는 생기를 잃어가는 맨해튼이 아니라 전국의 국민에게 자신만의 매력을 발산했다. 루스벨트는 어느 청중에게 이렇게 말했다. "문명화된 우리 인류가 아주 중요한 미덕을 잃어가고 있다는 사실 앞에 슬픔을 느낍니다. 바로 투쟁을 통해 정복해나가는 미덕입니다. 그 미덕은 전쟁을 할 때만 빛을 발하는 것이 아니라 평상시에도 필요한 것입니다." 미국이 군사력을 동원해 영토를 넓힐 때가 되었다고 생각한 루스벨트는 베네수엘라에서 끓어오르고 있는 위기에서 그 기회를 찾았다.[37]

전쟁터에 나가본 경험이 전혀 없었던 루스벨트는 전쟁을 원했지만 전쟁을 경험해본 조지프는 전쟁을 원하지 않았다.

지난 몇 년 동안 베네수엘라는 영국령 기아나Guiana와 맞댄 국경을 두고 영국과 분쟁을 벌이고 있었다. 국경 지역에서 금이 발견되자 영토 분쟁은 더욱 격화되었다. 베네수엘라의 편을 들고 나선 미국은 1895년 영국과의 외교 관계를 단절하고 중재에 나섰다. 바다를 지배하고 있던 영국은 미국의 이런 요구를 모욕으로 받아들여 거절했다.

영국의 거절에 격분한 클리블랜드 대통령의 목소리가 의회에 전달되었다. 클리블랜드 대통령은 먼로 독트린을 들먹이면서 미국이 베네수엘라의 땅이라고 여기는 영토를 영국이 감히 넘본다면 미국은 "모든 수단을 총동원해 영국에 저항할 것"이라고 선언했다. 의회는 대통령의 편에 섰고 무력 동원 가능성에 대한 소식이 미국 전역의 신문 1면을 아무런 문제 없이 장식했다. 〈시카고 트리뷴〉 1면 머리기사는 "국경 문제로 전쟁 선포"였고 〈애틀랜타 컨스티튜션〉의 1면 머리기사는 "전쟁의 먹구름이 드리우다"였다. 미국 전역의 신문 사설란은 전쟁을 지지하는 목소리가 장식했다. 〈뉴욕 선〉은 이렇게 전했다. "미국 대통령의 요청에 응하지 않는 미국 시민은 모두 배신자다."[38]

그러나 조지프의 〈월드〉는 전쟁 지지 행렬에 동참하지 않았다. 클리블랜드 대통령이 지나쳤다고 생각한 조지프는 뉴저지 주 레이크우드 Lakewood에 임대한 집에서 〈월드〉에 전화를 걸어 "큰 실수"라는 사설을 구술했다. 단어 하나하나를 신중하게 선택한 조지프는 네 단락 분량의 사설을 통해 대통령의 논리를 조목조목 반박했다. 영국과 베네수엘라의 분쟁은 미국에 아무런 위협이 되지 않는다고 전제한 조지프는 다음과 같이 말을 이었다. "미국 시민이 자발적으로 나서서 전쟁을 치르려 하는 것이 아니다. 미국 시민은 전쟁을 준비하지도 않았고 전쟁에 나서려는 미국 정부의 입장을 문명사회에 이해시키기 위해 애쓰지도 않았다. 따라서 이 나라를 전쟁의 참화로 내모는 클리블랜드 정부의 행동은 큰 실수다."[39]

조지프는 오래전부터 군국주의를 두려워했다. 17년 전 조지프는 프랑스가 영토 회복(알자스 로렌 지방)을 주장할 우려가 있다는 이유로 비스마르크가 오랜 기간 군대를 주둔시키면서 배상금을 요구하는 모습을 두 눈으로 생생하게 목격한 바 있었다. 토머스 홉스Thomas Hobbes는《리바이어던Leviathan》에서 전쟁을 치르지 않더라도 통치자가 어떻게 행동하느냐에 따라 전시戰時나 다름없는 국가가 될 수 있다고 지적한 바 있다. 젊은 시절 조지프는 이렇게 기록했다. "그들은 그런 상태를 평화라 부른다! 전쟁에 버금가는 그런 평화 상태보다 더 끔찍한 일은 상상조차 할 수 없다."[40]

조지프는 전국을 뒤흔드는 전쟁의 열기를 식히기 위해 노력했다. 조지프의 허락을 받은 〈월드〉 직원들은 저명한 공직자, 성직자, 정치인, 편집자, 하원의원, 영국 왕실에 전보를 보내 전쟁에 반대하는 〈월드〉의 공식 입장을 전달했다. 바로 다음 날 〈월드〉는 (총리직에서 다시 물러나) 웨일스에 기거하고 있던 글래드스턴이 보낸 답장, 런던 주교와 웨스트민스터 사원 대주교가 보낸 회신, 그 밖의 여러 지도급 인사들이 보낸 서신을 공개했다. 〈월드〉에 도착한 전보들은 모두 영국은 전쟁을 지양하고 평화를 추구하는 나라이며 대서양 건너편의 문제 역시 평화적으로 해결하기 위해 애쓰고 있다는 내용을 담고 있었다. 영국 왕실은 이런 서신을 보냈다. "우리 영국 정부는 이번 사태를 양국이 모두 만족할 수 있는 방식으로 처리하기 위해 애쓰고 있다." 리버풀 주교는 이런 전보를 보내왔다. "평화와 인류애 이외의 감정은 전혀 없다." 체스터 주교는 마지막에 이렇게 덧붙였다. "신께서 당신의 애국심에 힘을 실어주시기를

기원하노라."⁴¹

1895년 크리스마스에 발행된 〈월드〉는 "평화와 선한 의지"라는 제목이 달린 사설을 통해 웨일스 대공 글래드스턴이 보낸 전보와 요크 공작이 보낸 전보를 재수록했다. 조지프는 또 다른 사설에서 크리스마스 캐럴을 부르는 아이들의 목소리가 사라지듯 호랑가시나무와 겨우살이도 사라지고 말 것이라고 주장했다. "그러나 희망을 버리기에는 아직 이르다. 우리 눈에 보이지는 않지만 분명 흰 비둘기는 어딘가에서 힘찬 날갯짓을 멈추지 않고 있다."

〈월드〉의 영국 통신원 밸러드 스미스는, 웨일스 대공과 요크 공작이 보낸 전보가 대부분의 신문 1면을 장식했고 영국인들의 상당한 지지를 받고 있다는 내용의 기사를 보내왔다. 그러나 미국의 반응은 사뭇 달랐다. 이미 공격적인 정책을 전폭적으로 지지한다는 편지를 클리블랜드 대통령에게 보낸 루스벨트는 로지 상원의원에게 미국인들의 전쟁 결의가 약해지고 있다고 투덜거렸다. "개인적으로는 한시라도 빨리 전쟁에 돌입했으면 좋겠다는 마음뿐일세. 평화를 외치는 무리들이 늘어갈수록 전쟁이 필요하다는 내 신념은 더욱 확고해져만 간다네." 루스벨트는 전쟁 반대를 선언한 조지프와 전쟁 반대 대열에 동참한 〈뉴욕 이브닝 포스트〉의 에드윈 고드킨에 대한 분노를 쏟아놓았다. "전쟁이 시작되면 그 즉시 〈뉴욕 이브닝 포스트〉와 〈월드〉의 편집자들을 모두 감옥에 처넣고 말리라."⁴²

그러나 클리블랜드 정부에 최악의 시기가 닥쳐오자 조지프도 전쟁 반대에만 매달려 있을 수 없게 되었다. 당시 클리블랜드 정부의 금보유고는 심각한 수준까지 떨어진 상태였다. 1893년 찾아온 금융공황 당시 클리블랜드 정부는 유럽으로부터 금을 구입하거나 빌려오는 방식으로 문제를 해결했었다. 이번에도 클리블랜드 정부는 금을 빌려와 문제를 해결하려 했지만 조지프가 주도한 평화 운동이 상황을 더 악화시켰다. 금융업으로 명성을 쌓아온 유서 깊은 로스차일드Rothschild 가문은 유럽이 미국 채권을 구입해서는 안 된다고 주장하고 나섰다.

은화자유주조운동이 그 입지를 넓히고 있는 마당에 경제는 여전히 침체 상태였고 조지프는 문제만 일으키고 있었다. 클리블랜드 대통령은 모건과 은밀히 접촉했다. 일 년 전 미국 정부가 두 차례에 걸친 국채 발행에 실패했을 때 모건은 대통령을 설득해 자신이 관여하는 금융 연합체가 국채 발행에 관련된 업무를 처리해도 좋다는 대통령의 승인을 얻어냈는데, 클리블랜드 대통령은 이번에도 그와 비슷한 방식으로 문제를 해결할 생각이었다. 당시 미국 정부는 모건에게 국채 발행권을 위임함으로써 채무불이행 사태를 면할 수 있었다. 그러나 당시 모건이 국채 발행 장사를 통해 얻었을 것으로 추정되는 수익은 은화자유주조운동이 활활 타오르도록 기름을 부었다. 조지프는 쓸쓸한 마음을 안고 정부와 모건 사이에 성사된 거래를 비판했다. 조지프는 금본위제를 사수하고 싶었지만 그 과정에서 모건이 부를 축적하는 꼴은 차마 볼 수 없었다. 조지프는 돈 벌 궁리만 하는 모건의 계획 때문에 1896년 치러질 선거에서 '은화자유주조운동 지지자들'이 백악관에 입성하게 될 것이라고 확신했다. 조지프는 백악관과 모건의 거래가 두 번 다시 일어나지 못하게 막기 위해 총력을 기울였다.

"결탁의 사슬을 끊자"라는 제목이 달린 사설에서 〈월드〉는 클리블랜드 정부가 금융가들과의 은밀한 거래를 다시 추진하고 있다고 주장했다. 베네수엘라 사태에 대처했던 방식 그대로 조지프는 이번에도 은행과 투자회사에 국채 발행에 동의하는지, 국채를 매입할 의향이 있는지를 묻는 전보 수천 통을 발송했다. 웨스턴유니언 전신회사의 기록에 따르면 그중 절반이 넘는 은행과 투자회사가 회신을 보내온 가운데 조지프는 여러 편집자를 레이크우드로 불렀다. 편집자들은 뉴저지 주로 향하는 마지막 열차를 잡아타고 뉴욕을 떠났다.[43]

레이크우드로 불려간 편집자 가운데 한 사람이었던 조지 이글스턴은 이렇게 말했다. "저녁에 도착할 테니 오늘 밤은 호텔에서 느긋하게 보내게 되겠군."

그러나 집에 도착한 편집자들을 맞은 조지프는 이렇게 말했다. "할 이야기가 산더미 같으니 어서 들어오게. 아마 여기서 자고 내일 아침 뉴욕으로 돌아가겠거니 생각했겠지만 그건 오산일세. 뉴욕으로 돌아갈 특별 열차를 예약해두었거든. 8시에 뉴욕으로 출발해서 8시 40분에 뉴욕에 도착할걸세. 할 이야기는 많고 시간은 별로 없으니 바로 회의를 시작하세나."

"〈월드〉는 내일 은행과 투자회사들이 발행한 국채가 실제 가치대로 국민에게 팔려야 한다고 주장해야 하네. 월스트리트의 금융 연합체들이 헐값으로 사들이지 못하게 막아야 하기 때문이지. 내일 아침 이 내용으로 〈월드〉의 모든 사설을 장식하게. 다른 내용의 사설이 들어가서는 저

대로 안 되네."

이글스턴은 모건을 중개인으로 내세우려는 정부의 생각에 문제가 있다고 공격하면서 정부가 직접 나서서 미국 국민에게 해당 국채를 판매해야 한다는 주장을 전개할 생각이었다. 조지프는 이렇게 덧붙였다. "정부의 국채를 전폭적으로 신뢰하고 있다는 사실을 보여주기 위해 국채가 시중에 풀리게 되면 〈월드〉가 가장 먼저 나서서 가장 높은 시장 가격으로 100만 달러어치의 국채를 매입할 것이라는 내용도 반드시 싣도록 하게."

조지프는 편집자들을 뉴욕으로 돌려보냈다. 다음 날 아침 〈월드〉는 수백 곳의 은행과 은행가들이 국채를 매입할 의향이 있다는 응답을 보내왔다고 보도했다. 이글스턴은 대통령이 모건이 아닌 미국 국민에게 의지해야 한다는 내용의 사설을 내보냈다. "〈월드〉는 클리블랜드 대통령께 요청합니다. 부디 국민에게 호소하십시오. 국민들은 즉시 대통령의 요청에 응할 것입니다. 이에 〈월드〉는 100만 달러의 국채를 매입할 것을 약속하며 국채 매입 명단의 가장 위에 〈월드〉의 이름을 올려주시기를 바랍니다."[44]

조지프가 승리했다. 모건과 클리블랜드 대통령은 국채 발행권에 관련된 두 번째 거래가 물 건너갔다는 사실을 인정하지 않을 수 없었다. 조지프의 성화에 시달리다 못한 클리블랜드 대통령은 퇴임을 얼마 남기지 않은 1896년 1월 6일 미국 국민에게 국채를 매각한다고 발표했다. 클리블랜드 정부의 국무장관은 낡은 연방법을 샅샅이 뒤져서 미국 정책에 영향을 줄 수 있는 해외 지도자들과 접촉하는 자는 감옥에 처넣을 수 있다는 조항을 찾아냈다. 루스벨트의 친구인 로지 상원의원은 이 문제를 상원에 상정했다. 로지 상원의원은 동료 상원의원들에게 조지프가 웨일스 대공 및 해외의 다른 여러 지도자들에게 전보를 보낸 일이 이 법을 위반한 것이 아닌지 물었다. 어느 공화당 상원의원이 일어나더니 조지프가 법을 위반한 것이 틀림없다고 주장했다. "우리 모두가 아는 바대로 퓰리처 씨가 미국 땅을 딛고 선 국민이라면 그리고 대통령과 법무장관이 본연의 소임을 다한다면 퓰리처 씨는 이 법에 따라 처벌받아야 마땅합니다."[45]

조지프도 자신을 방어하기 위해 나섰다. 〈월드〉는 "낡아빠지고 케케묵었으며 썩어 문드러져 먼지만 쌓여가는, 시대에 뒤처진 법"을 이용해 〈월드〉를 처벌해보라고 촉구했다. "온 국민을 전쟁의 참화로 몰고 가려는 주전론자들이 야기한 피해를 복구하기 위해 분연히 떨쳐 일어난 용감한 편집자들의 모습을 온 국민에게 보여줄 때가 되었다."[46]

시간이 흐르면서 논쟁의 열기는 점차 사그라졌다. 영국과 베네수엘라 사이의 영토 분쟁은 양국이 중재를 받기로 합의하면서 역사의 뒤안길로 사라져갔다. 국채를 발행해 일반인에게 판매하는 정책도 큰 성공을 거뒀다. 〈월드〉는 약속한 대로 조지프의 자산관리인 듀몬트 클라크를 통해 100만 달러어치의 국채를 매입했다. 다음 날 〈월드〉는 국채 매각 기사를 위해 신문의 한 면 전체를 할애했다. 〈월드〉의 대리인 클라크가 경매장에서 국채를 매입하자 재무장관은 불편한 듯 자리를 떠났고 모건의 얼굴에는 그늘이 드리워졌다는 기사가 실렸다. "경매장에서 〈월드)의 이름을 들으면서 과거의 쓰라리고 뼈아픈 기억들이 되살아났을 것이므로 불편하지 않을 수 없었을 것이다."

며칠 뒤 클라크는 매입한 국채에서 5만 달러의 수익이 날 것으로 추정된다는 보고서를 올렸다. 모건을 국채 거래를 통해 수익을 남기는 파렴치한 사람으로 몰아붙이고 난 직후였으므로 조지프가 국채를 통해 그렇게 큰돈을 번 사실이 알려지면 조지프도 적지 않은 타격을 받게 될 터였다. 크게 당황한 조지프는 〈월드〉의 경영관리인들과 편집자들을 불러 모아 이 문제를 논의했다. 두 시간여의 논쟁 끝에 〈월드〉의 경영관리인이 반문했다. "그 돈을 가지면 안 되는 이유가 있습니까?" 조지프는 그 충고를 받아들이기로 했다.[47]

미국을 전쟁의 참화로 이끌지 못했을뿐더러 조지프를 처벌하는 데도 실패한 루스벨트는 〈월드〉에 복수할 날만을 손꼽아 기다렸다. 특히 뉴욕 시 경찰위원으로서 열심히 일한 자신의 활약상을 매도한 일에 대한 루스벨트의 분노는 상당했다. 〈월드〉는 루스벨트가 일요일에 술을 판매하지 못하게 하는 법안에 매달려 있는 동안 경찰위원으로서의 업무에 충실하지 못했다는 점을 알리기 위해 루스벨트가 경찰위원을 맡은 일어난 범죄 목록을 기사화했다. 루스벨트는 일주일에 2,500달러씩 수익이 감소해 파산 지경에 몰린 〈뉴욕 타임스〉를 설득해 〈월드〉가 나열한 범죄 목록이 부풀려진 것임을 입증할 수 있는 뉴욕 시의 공식 보고서를 기사로 내보내게 하면서 〈월드〉에 맞섰다.

작은 승리를 거둔 루스벨트는 조지프를 싫어하는 모든 정적들의 마음에 맺혀 있는 울분을 한마디로 요약했다. "거짓말을 일삼는 자에 대한 처벌 수위를 정하는 일은 간단하지 않은 문제다. 같은 이유로 퓰리처 씨가 운영하는 〈뉴욕 월드〉에 등장하는 사실관계를 어디까지 믿어야 할지도 쉽게 결정하기 어렵다."[48]

지킬 섬에 지은 작은 시골집에 다시 틀어박힌 조지프는 루스벨트의 행보를 무시하기로 했다. 온갖 트집을 잡아내는 정치인보다 더 위험한 새로운 적수가 조지프의 앞길을 막아섰기 때문이었다. 어느 젊은 신문 발행인이 1883년 뉴욕에 모습을 드러낸 조지프가 파크 로에 있는 내로라하는 신문사들에게 했던 일을 조지프에게 되돌려줄 준비를 하고 있었던 것이다.

23장

서부 출신의 골칫거리

1895년 2월 〈뉴욕 모닝 저널〉의 심부름꾼 소년이 어느 비대한 남자와 마주쳤다. 적어도 136킬로그램은 나갈 것 같은 거구의 남자는 앨버트 퓰리처의 사무실 문을 열기 위해 애쓰고 있었다.[1]

"이봐요, 아저씨! 거기는 들어가시면 안 돼요. 거기는 사장님 사무실이란 말이에요."

거구의 남자는 미소를 지으며 이렇게 말했다. "하지만 어쩌지? 나는 지금 당장 그 방에 들어가야 하는데?"

심부름꾼 소년은 사회부장에게 이 소식을 알리기 위해 기사작성실로 달려갔지만, 소년이 사회부장에게 말을 꺼내기도 전에 앨버트 퓰리처의 사무실에서 사회부장을 호출하는 종이 울렸다. 심부름꾼 소년은 종을 울린 사람이 누구인지 살피기 위해 되돌아 달려갔다. 앨버트 퓰리처의 책상 앞에는 미지의 침입자가 앉아 있었다. 그제야 소년은 그 남자가 2년 남짓 신문사에 모습을 드러내지 않았던 앨버트 퓰리처라는 사실을 깨달았다.

앨버트 퓰리처가 운을 떼었다. "놀려서 미안하구나, 얘야."

소년이 머뭇거리며 대답했다. "저, 저기, 죄송합니다. 사장님. 사장님을 못 알아뵙다니."

"오, 아니야. 자네만 그런 것이 아니니 신경 쓸 필요 없어. 일요일판 편집자를 지나쳐 왔는데 그 사람도 의심하는 눈초리로 나를 유심히 바라봤거든."

앨버트는 몸이 많이 불어서 알아볼 수조차 없을 지경이었지만, 직원들은 앨버트가 사무실에 모습을 드러냈다는 사실 자체만으로도 큰 충격을 받았다. 〈뉴욕 모닝 저널〉을 설립하고 몇 년이 지난 뒤부터는 앨버트도 형 조지프처럼 사무실에 모습을 드러내지 않는 발행인이 되었다. 조지프처럼 뉴욕을 벗어나지 않으면 안 되는 건강상의 문제가 있는 것은 아니었다. 앨버트는 〈뉴욕 헤럴드〉의 제임스 베넷과 비슷한 이유로 유럽에 머물렀다. 돈을 벌기 위해 〈뉴욕 모닝 저널〉을 설립했고 목표를 달성한 앨버트는 런던, 파리, 그 밖의 유럽 여러 도시의 상류층과 어울리는 우아한 생활을 사랑했다.

조지프가 〈월드〉에 모든 것을 걸었던 것처럼 처음에는 앨버트도 〈뉴욕 모닝 저널〉을 운영하는 데 자신의 모든 것을 걸고 열심히 일했다. 매일 새벽 서너 시경이면 심부름꾼 소년이 〈뉴욕 모닝 저널〉과 그 밖의 다른 신문을 집으로 배달했다. 하루 판매부수를 기록한 보고서와 회계

장부 원본도 함께 도착했다. 심부름꾼 소년이 늦기라도 하는 날이면 앨버트는 초조한 마음을 안고 한달음에 사무실로 달려가곤 했다. 앨버트는 아침을 먹으면서 〈뉴욕 모닝 저널〉을 꼼꼼히 살폈다. 앨버트의 아들은 이렇게 회고했다. "아버지는 〈뉴욕 모닝 저널〉을 다 읽으신 뒤 파란색과 붉은색 연필을 가지고 오셔서 잘 썼다고 생각되는 부분에 표시하시거나 감탄사를 붙인 논평을 빼곡하게 적어넣으셨다." 가령 이런 논평이었다. "이런! 다시는 이런 글을 쓰지 말게!" 또는 〈이브닝-포스트〉와 너무 비슷하잖아!" 앨버트가 검토한 신문은 앨버트가 써넣은 논평과 함께 편집자들에게로 되돌아갔다.[2]

앨버트는 1센트짜리 신문 〈뉴욕 모닝 저널〉을 만들어 큰 성공을 거뒀다. 〈뉴욕 모닝 저널〉은 처음부터 신변잡기를 다루는 신문으로 출발했으므로 정치 따위는 안중에도 없었다. 앨버트는 이렇게 말했다. "퓰리처 가문에 정치인은 한 명으로 충분하다고 생각한다. 조지프 형이 우리 가문의 명성을 드높이는 데 많은 관심을 기울이고 있으니 그 문제는 형이 맡으면 그만이다. 〈월드〉 같은 신문 두 개가 공존하기에는 뉴욕이 너무 비좁다."[3]

〈뉴욕 모닝 저널〉의 판매 부수는 17만 5,000부에서 20만 부 사이를 오갔다. 사람들의 흥미를 유발할 만한 이야기, 약간은 충격적인 이야기, 재미난 이야기를 담은 것이 성공의 요인이었지만 무엇보다 중요한 요인은 뉴욕 사회의 이야기만을 집중적으로 보도했다는 점이었다. 교정 담당자는 이렇게 회고했다. "하루라도 밴더빌트 가문과 애스터 가문 사람들의 이야기가 빠진다면 앨버트 사장님은 계신 곳이 빈이든, 파리든 할 것 없이 전보를 보내 이유를 궁금해하셨다." 형 조지프가 운영하는 〈월드〉가 벌어들이는 돈에 비하면 보잘것없었지만 앨버트는 매년 벌어들이는 10만 달러로 유럽에서 호화로운 생활을 충분히 누릴 수 있었다. 1882년 9년의 결혼 생활 끝에 패니와 이혼한 앨버트는 아들 월터를 키우는 조건으로 패니에게 다달이 약간의 위자료를 지급했다.[4]

유럽의 여러 나라 수도를 전전하면서 몇 년을 보내는 동안 유럽의 수준 높은 신문을 접하게 된 앨버트는 선정적인 신문을 만드는 자신의 모습에 회의를 느꼈다. 1895년 뉴욕으로 돌아온 앨버트는 직원들에게 앞으로 〈뉴욕 모닝 저널〉을 "뉴욕에서 가장 선정적이지 않은 신문"으로 변신시킬 것이라고 선언했다. 가격도 〈월드〉와 같은 2센트로 올릴 예정이었다. 앨버트는 1면 사설을 통해 독자들에게도 이 소식을 알렸다. "가벼움의 복음을 뉴욕에 전파해온 〈뉴욕 모닝 저널〉은 앞으로 더 품격 높은 소식을 여러분께 전해드리기 위해 애쓸 것입니다. 재미있고 흥미진진하며 교훈적인 내용을 여러분께 전달하되 무겁지 않고 가볍게 전달하고 불쾌한 말로 여러분의 기분을 상하게 하는 일이 절대 없도록 최선을 다하겠습니다."[5]

그러나 독자들은 큰 관심을 보이지 않았고 〈뉴욕 모닝 저널〉의 판매부수는 가파르게 떨어졌다. 다행히 〈신시내티 인콰이어러〉를 성공리에 운영하고 있던 존 매클레인이 어리석은 판단을 내린 앨버트의 구세주가 되었다. 매클레인은 100만 달러에 가까운 돈을 주고 〈뉴욕 모닝 저널〉과 독일어판 〈뉴욕 모닝 저널〉인 〈모르겐 저널Morgen Journal〉을 인수했다. 매클레인은 신시내티에서처럼 뉴욕에서도 성공할 수 있다고 생각했지만,, 그 예상은 보기 좋게 빗나갔다. 매클레인이 인수한 뒤에도 〈뉴욕 모닝 저널〉의 판매부수는 나날이 하락했다. 신문 가격을 다시 1센트로 내렸음에도 떠나는 독자들을 막을 길이 없었다. 1895년 가을 〈뉴욕 모닝 저널〉을 매각할 수밖에 없는 상황에 몰린 매클레인은 〈뉴욕 모닝 저널〉을 윌리엄 랜돌프 허스트에게 넘겼다.

〈샌프란시스코 이그재미너〉를 회생시킨 허스트는 뉴욕의 신문사에 눈독을 들였다. 남편이 남긴 유산을 모두 물려받은 허스트의 어머니도 허스트의 꿈을 지원하기로 약속했다. 1895년 9월 허스트는 매클레인에게 15만 달러를 주고 다 죽어가는 〈뉴욕 모닝 저널〉을 인수했다. 일 년전 매클레인이 앨버트에게 지급한 액수의 20퍼센트에도 못 미치는 금액이었다.

예상보다 오래 걸리기는 했지만 결국 허스트는 뉴욕에 발판을 마련했다. 그것도 자신이 본보기로 삼은 조지프 퓰리처가 〈월드〉를 인수하면서 쓴 돈에 훨씬 못 미치는 돈을 주고 〈뉴욕 모닝 저널〉을 인수했다. 그러나 조지프가 파크 로에 발을 들인 지 12년이 지난 지금 전설적인 언론 거리의 모습도 상당히 많이 변해 있었다. 뉴욕에는 여덟 개의 조간신문이 경쟁하고 있었는데 〈월드〉가 선두를 달렸고 〈뉴욕 헤럴드〉, 〈뉴욕 선〉, 〈뉴욕 트리뷴〉이 그 뒤를 추격하고 있었으며 〈뉴욕 타임스〉가 하위권을 이루며 고군분투하고 있었다. 신변잡기를 다루던 신문이었지만 일반 조간신문 시장에 뛰어들어 하락세를 면치 못하고 있던 〈뉴욕 모닝 저널〉을 인수한 허스트의 장래는 그다지 밝지 않아 보였다. 어느 편집자는 이렇게 논평했다. "허스트가 뉴욕에 진출하기는 했지만 뉴욕의 신문발행인으로 이름을 크게 떨치기는 어려울 것이다."[6]

샌프란시스코에서 큰 활약을 펼쳤던 허스트는 자신의 재능과 경험을 뉴욕으로 고스란히 옮겨왔다. 허스트는 줄리어스 체임버스와 줄리언 랠프Julian Ralph 같은 저명한 언론인을 설득해 〈뉴욕 모닝 저널〉에 합류시켰다. 심지어 허스트는 리처드 하딩 데이비스Richard Harding Davis에게 하버드대학교와 예일대학교의 축구 경기를 취재해달라고 부탁하면서 당시로써는 듣지도 보지도 못한 액수인 500달러를 제시하기도 했다. 그해 11월 새롭게 단장한 〈뉴욕 저널〉이 세상의 빛을 보았다. 〈뉴욕 저널〉의 탄생을 알리는 광고가 뉴욕 곳곳에 나붙었고 거리마다 악단의 연주가 울려 퍼졌다.

〈뉴욕 저널〉은 〈월드〉의 성공 요인을 두루 갖추고 있었다. 우선 〈뉴욕 저널〉의 1면 상단에는 커다랗고 굵은 활자체를 활용해 독자들의 마음을 사로잡는 사건과 사고 기사를 배치했다. 가장 눈길을 끄는 기사는 범죄자나 아름다운 여성들에 대해 상세히 묘사하는 기사였다. 허스트의 특별 지시로 여성에 대한 묘사가 자주 등장한다는 것을 제외하면 〈뉴욕 저널〉은 눈에 확 띄는 1면 머리기사, 커다란 삽화, 도저히 눈을 뗄 수 없을 만큼 극적인 이야기라는 조지프의 요리법을 그대로 답습한 것이나 다름없었다.

이 젊은 신참이 새바람을 일으킨 덕분에 〈월드〉는 졸지에 소화불량에 시달리는 중년의 신사로 전락하고 말았다. 솔직히 말해 조지프가 자리를 비운 사이 〈월드〉가 비대해지고 진부해진 것은 사실이었다. 그러나 감히 〈월드〉에 도전장을 내민 신문은 아직 없었다. 〈월드〉를 위협하는 가장 중대한 요인은 판매부수를 늘리기 위해서라면 수익도 기꺼이 포기할 수 있을 만큼 허스트가 부유하다는 점이었다. 허스트는 필요하다면 뉴욕에서 가장 몸값이 높은 신문사를 사들여 헐값에 매각해도 될 만큼 부유했다. 독자들은 허스트가 〈뉴욕 저널〉을 팔아서 돈을 벌든 말든 관심 없었다. 독자들은 〈뉴욕 저널〉이 절반 가격에 두 배의 즐거움을 준다는 점에 관심을 기울였다.

〈월드〉 직원들은 〈뉴욕 저널〉의 움직임에 큰 관심을 보이지 않았다. 조지프의 최고참 참모 중 한 사람이었던 돈 사이츠는 이렇게 말했다. "새로운 신문사가 등장해 성공하게 되면 희생되는 것은 저가 신문사이지 고가 신문사가 아니다." 그러나 그런 자부심은 오래가지 못했다. 〈월드〉 사옥 11층에 위치한 〈샌프란시스코 이그재미너〉 뉴욕 사무소에서 허스트는, 판매부수가 50만 부에 달하며 〈월드〉가 벌어들이는 수익의 큰 부분을 차지하고 있는 〈월드〉 일요일판 편집자를 비밀리에 만나 이적 협상을 벌이고 있었다. 1896년 1월 허스트는 〈월드〉 일요일판 편집자뿐 아니라 〈월드〉 일요일판의 모든 직원을 설득해 〈뉴욕 저널〉로 데려가는 데 성공했다.[7]

이 소식은 조지프가 지킬 섬에 막 도착했을 때 전해졌다. 조지프는 솔로몬 커발로에게 전보를 보내 무슨 수를 써서라도 직원을 모두 다시 복귀시키라고 지시했고 수행원들에게 짐을 싸게 한 뒤 뉴욕을 향해 출발했다. 회원 전용 거룻배가 육지에 도착했을 때 조지프 일행은 제임스 크릴먼James Creelman과 마주쳤다. 〈월드〉 기자로 명성을 날린 크릴먼은 조지프를 만나기 위해 지킬 섬으로 들어가는 배가 출발하기만을 기다리고 있던 참이었다. 여기까지 오느라 지친 상태였지만 크릴먼은 이곳으로 그를 태우고 온 열차에 다시 몸을 싣고 조지프의 하소연을 들어주면서 뉴욕으로 돌아가야 했다.[8]

지난 2년 동안 전 세계를 누비면서 다채로운 경력을 쌓아온 크릴먼은 〈월드〉를 그만두고 싶었다. 크릴먼은 〈월드〉에 대한 애정이 식었다고 조지프에게 털어놓았다. 그러나 우정만은 변치 않을 것이었다. 뉴욕에서 부딪혀야 할 개인적인 문제에 온 신경이 집중되어 있던 조지프는 크릴먼의 선언을 이상하리만치 담담하게 받아들였다. 그러나 조지프는 크릴먼도 자신처럼 누구 밑에서 일할 수 있는 성격의 소유자가 아니라는 사실을 잘 알고 있었다.[9]

조지프 일행이 북쪽을 향해 부지런히 달려가는 사이 뉴욕의 커발로는 〈월드〉 일요일판 직원을 모두 다시 데려오는 데 성공했다. 그러나 스물네 시간도 채 지나지 않아 직원들은 다시 마음을 돌렸다. 허스트가 제시한 연봉은 도저히 거부할 수 없는 유혹이었다. 조지프에게 충성한 대가로 연봉이 오르기 시작한 사이츠는 이렇게 말했다. "미국 언론 역사상 가장 이례적인 고액 연봉 경쟁이 시작되었다."[10]

뉴욕에 도착한 조지프는 가장 먼저 〈샌프란시스코 이그재미너〉와의 임대 계약을 취소했다. 조지프는 아서 브리즈번에게 〈월드〉 일요일판의 편집을 맡긴 뒤 레이크우드의 집에 전시작전사령부를 차렸다. 암울한 분위기에서 회의가 진행되었다. 지난 석 달 사이 〈뉴욕 저널〉은 판매부수를 꾸준히 늘려 〈월드〉와의 격차를 3만 5,000부로 줄인 상태였다.

무슨 조치든 취해야 했다. 과거 1센트짜리 신문을 발행하던 신문사 출신으로 〈월드〉의 경영관리인이 된 존 노리스John Norris는 조지프에게 2센트에 판매되고 있는 조간 〈월드〉의 가격을 1센트로 낮춰야 한다고 조언했다. 석간 〈월드〉는 이미 1센트에 판매되고 있었으므로 더 낮출 여지가 없었다. 커발로는 노리스의 생각에 찬성했다. 동의하지 않은 참모는 사이츠뿐이었다.

조지프는 쉽게 결정을 내릴 수 없었다. 10여 년 전 다른 신문이 가격을 내리지 않고는 못 배기게 만든 장본인이었던 자신에게 자신이 쏜 화살이 돌아온 셈이었다. 조지프로서는 씁쓸한 기분을 느끼지 않을 수 없었다. 지킬 섬으로 돌아갈 준비를 하는 동안에도 조지프가 마음을 정하지 못하자 결국 커발로와 노리스가 조지프와 함께 열차에 올라 끈질기게 조지프를 설득했다. 열차가 필라델피아를 지날 무렵 조지프는 가격을 내리기로 했고 커발로와 노리스는 뉴욕으로 돌아왔다.

〈시카고 트리뷴〉은 이렇게 전했다. "〈월드〉가 가격을 1센트로 내렸다는 소식은 파크 로에 포진한 위대한 신문사 사무실에는 천둥소리와도 같은 것이다." 〈월드〉는 사설을 통해 독자들에게 가격 인하 소식을 알렸다.[11]

"가격을 인하하게 된 이유는 독자들이 더 잘 알고 있을 것이다. 〈월드〉는 수익보다 영향력을 원한다."

사이츠는 이렇게 전했다. "독자들은 그 즉시 열광적인 반응을 보였지만 발행인이 기대했던 수준에는 미치지 못했다." 판매부수는 8만 8,000부까지 증가했지만 〈월드〉의 경쟁 상대가 되지 못하는 신문의 판매부수에만 치명타를 안겼을 뿐 〈뉴욕 저널〉의 판매부수는 꾸준히 증가했다. 허스트와의 경쟁 때문에 마음이 조급해진 조지프는 〈뉴욕 저널〉을 주의 깊게 들여다보기 시작했고 그런 조지프의 행동은 허스트를 격려하는 결과를 초래했다. 언젠가는 파크 로에 입성하겠다는 야망을 품고 테네시 주 채터누가Chattanooga에서 신문사를 운영하던 아돌프 오크스Adolph Ochs는 조지프에게 이렇게 충고했다. "〈월드〉가 가격을 1센트로 내렸음에도 〈뉴욕 저널〉은 아무런 타격을 받지 않았다는 점을 유념해야 합니다."[12]

두 신문 모두 판매부수는 상승했지만 수익은 떨어졌다. 한 부를 팔 때마다 손해를 보는 가격 구조였다. 사이츠는 이렇게 전했다. "허스트 씨는 자신 때문에 상대방이 깜짝 놀랐다는 사실을 알고 공격의 강도를 더욱 높였다. 허스트는 그 어떤 신문사보다도 많은 돈을 쏟아부었다." 조지프에게는 허스트에 맞설 만한 능력이 있었다. 그러나 조지프는 더 이상 모험을 무릅쓸 수 있는 패기 넘치는 젊은이가 아니었다. 특히 큰돈을 물려받은 젊은이와 경쟁하는 것은 만용이었다.

허스트가 뉴욕에 입성하면서 조지프의 별난 관리 방식에 지친 편집자들에게 탈출할 기회가 생겼다. 허스트는 상당한 액수의 연봉을 제시했다. 〈월드〉의 실질적인 발행인이나 다름없는 커발로도 끌리지 않을 수 없는 액수였다. 커발로는 자신의 처지가 수시로 지시 내용을 변경하고 제멋대로 직책을 바꾸는 조지프의 손에 놀아나는 꼭두각시 인형 같다고 생각하고 있었다. 1896년 3월 말 커발로는 지킬 섬에 머물던 조지프에게 전화를 걸어 그날의 업무가 끝나기 전, 그러니까 정확하게는 오후 5시까지 수석 경영관리인의 권한을 복원시켜주지 않으면 〈월드〉를 그만두겠다고 통보했다. 5시 30분 커발로는 사이츠를 사무실로 불러 9년 동안 몸담았던 〈월드〉를 떠난다고 선언했다. 며칠 뒤 〈뉴욕 저널〉 급여 대상자 명단에 이름을 올린 커발로는 허스트의 오른팔로서 이후 30년 동안 〈뉴욕 저널〉을 묵묵히 지켰다. 조지프를 달가워하지 않은 사람들은 〈월드〉 직원들이 빠져나가는 모습을 보면서 쾌재를 불렀다. 반유대주의를 내세운 〈타운 토픽스Town Topics〉는 이렇게 반문했다. "샌프란시스코에서 온 젊은 이집트인이 모든 반죽을 다 차지하게 되면 퓰리처는 일용할 양식을 어디에서 얻을까?"[13]

　　타의 추종을 불허하던 〈월드〉의 독보적인 입지가 흔들리고 경영관리 문제가 수면 위로 떠오르는 가운데 지킬 섬에 대한 조지프의 애정이 사그라졌다. 그 와중에 정부가 파견한 준설선이 조지프가 사는 집 근처에 자리 잡게 되면서 사태를 더욱 악화시켰다. 증기 엔진이 굉음을 내며 바닥의 진흙을 수면 위로 끌어올렸다. 조지프는 작업을 감독하는 사람에게 보좌관을 보내 자신이 지킬 섬을 떠날 때까지 작업을 중단하는 조건으로 하루 100달러를 지급하겠다고 전했다.[14]

　　지킬 섬에 머물던 조지프에게 존 커크릴의 사망 소식이 전해졌다. 〈세인트루이스 포스트-디스패치〉를 일으키고 〈월드〉의 전성기를 조지프와 함께한 커크릴은 이집트 카이로에서 세상을 떠났다. 1891년 조지프 곁을 떠난 커크릴은 신문사를 운영하다가 그만두고 〈뉴욕 헤럴드〉의 해외 통신원으로 활약해왔다. 커크릴은 〈뉴욕 헤럴드〉의 이집트 통신원으로 활동하던 중 뇌출혈을 일으켰고 결국 호텔에 딸린 이발소에서 숨을 거뒀다. 〈월드〉는 다른 부고와 비슷한 어조로 커크릴의 사망 소식을 알렸다. 그해 5월 커크릴의 시신이 뉴욕에 도착했다. 조지프는 뉴욕으로 돌아가 커크릴의 장례식에 참석할 수도 있었지만 그렇게 하지 않았다. 새로 지을 〈월드〉 사옥의 정초식을 커크릴과 함께 주재한 촌시 디퓨가 뉴욕 언론계에 새바람을 일으킨 두 사람 중 한 사람을 대신해 커크릴의 장례식에 참석했다. 며칠 뒤 공개된 커크릴의 유언장에는 다음과 같은 내용이 기록되어 있었다. "조지프 퓰리처를 유언집행인으로 지명한다. 퓰리처는 진실한 나의 벗이었다. 그가 없었다면 내가 그렇게 많은 것을 누리지 못했을 것이다."[15]

조지프는 영국 켄싱턴에 위치한 웅장한 영지 머리 로지Moray Lodge에서 평정을 되찾았다. 짝짓기를 끝낸 공작들도 잠잠해졌다. 커다란 서가에서 우아한 모습으로 독서를 하고 있는 조지프를 본 어느 방문객은 이렇게 전했다. "고요함 속에 이뤄지는 휴식을 방해하는 도시의 끝없는 소음이 없는 곳이었다." 조지프의 건강도 상당히 호전되었다. 조지프는 처리하지 않고 쌓아둔 전보와 편지 더미 속에 뉴욕에 대한 걱정을 묻어두었다. 조지프에게 런던은 일종의 피로회복제였다.[16]

1896년 6월 영국평화협회가 보낸 사절단이 조지프를 찾아와 베네수엘라 위기를 진정시킨 공로를 기리며 조지프와 〈월드〉에 감사의 마음을 전했다. 조지프의 기쁨은 배가 되었다. 사절단은 선언문을 기록한 양피지를 조지프에게 전달했다. 양피지에는 "지난 12월 전쟁의 먹구름이 드리웠을 때 눈부신 활약으로 먹구름을 흩어버린 근대 언론"의 공로를 치하하는 내용이 담겨 있었다. 10여 년 전 조지프는 뉴욕 시민의 고마운 마음을 담은 선물을 글래드스턴에게 전달하는 사절로서 영국을 방문했지만, 이제는 조지프 본인이 영국인들에게 찬사를 받는 주인공이 되었다.[17]

조지프는 그 자리에 참석한 종교지도자, 사회지도자, 정치인들에게 이렇게 말했다. "정말 벅찬 감동을 느꼈습니다. 그러나 저는 안타깝게도 의사의 지시에 따라야 하는 형편입니다. 너그러운 마음으로 허락해주신다면 제 어린 아들이 저 대신 답사를 낭독하도록 하겠습니다."

국제 분쟁에 개입해 중재하는 일의 가치에 대한 내용을 담은 조지프의 기나긴 연설문을 낭독하는 일은 열여섯 살 먹은 장남 랠프의 몫이 되었다. 연설에서 조지프는 어떠한 상황에서도 전쟁은 피해야 한다는 견해를 피력했다. 조지프는 미국의 정치 문화에 깃들어 있는 무력 과시 선호 현상을 싫어하며 시어도어 루스벨트 같은 정치인이 내세우는 호전적인 수사를 혐오한다고 말했다. 랠프는 그 자리에 참석한 수많은 사람들 앞에서 담담하게 연설문을 낭독했다. "평화가 깃들지 않으면 문명의 미래는 없습니다. 또한, 중재 없이 이뤄지는 평화는 없습니다."

랠프가 아버지가 작성한 연설문을 낭독하는 사이 미국에서는 전쟁의 기운이 스멀스멀 일어나고 있었다. 독립전쟁을 벌이고 있는 쿠바인들의 세력이 크게 확장되자 에스파냐 정부는 이를 진압하기 위해 15만 명의 군인을 쿠바에 급히 파견했다. 한편 〈월드〉, 〈뉴욕 저널〉, 그 밖의 여러 미국 신문들은 독립전쟁에 나선 쿠바인들을 영웅으로 치켜세웠다.

미국으로 돌아가기 전 조지프는 독일 비스바덴에 들러 아우구스타 빅토리아Augusta Victoria 목욕탕 인근에 위치한 카이저호프 호텔Hotel Kaiserhof에서 며칠을 머물렀다. 증기탕에서 목욕하고 진흙 및 데운 모래를 이용한 치료를 받으면서 조지프는 뉴욕으로 돌아가면 마주치게 될 문제에 대해 곰곰이 생각할 기회를 가졌다. 조지프는 노리스에게 이런 편지를 보냈다. "이례적인 경쟁 상황일세. 모방하지 않는다면 살아남지 못할 거야." 신문 가격이 1센트로 내려가자 신문의 크기에 제약이 생겼지만 신문 내용에는 변화가 없었다. "신문 크기가 중요한 것은 아닐세. 무엇보다 중요한 것은 '최고의 기사'를 내보내는 일일세."[18]

직원들이 알아서 업무를 보도록 내버려두지 못하고 끊임없는 간섭을 일삼아온 조지프는 한시도 쉬지 않고 대서양 건너편으로 전보를 날려 보냈다. 조지프가 보내는 전보 내용은 수배자의 수배등급을 분류하는 문제에서부터 특정일의 인쇄본에 쓰일 신문지의 품질에 이르기까지 온갖 주제를 망라하는 것이었다. 조지프는 〈월드〉 일요일판의 편집을 맡은 아서 브리즈번에게 지식인들이 관심을 가질 만한 내용을 싣도록 지시했다. "진정 대중을 대변하는 신문이라면 대중의 공포심을 자극해서는 안 되네." 〈월드〉의 인쇄 능력을 검토한 내용도 있었다. "〈뉴욕 저널〉에 맞서기 위해 컬러 인쇄기 여섯 대를 새로 주문하는 것이 어떨지 한번 검토해보게." 〈뉴욕 저널〉보다 먼저 뉴욕 외곽 지역의 독자를 끌어들여보라는 주문도 있었다. "우리의 독자층이 탄탄하다고 확신한다면 〈뉴욕 저널〉 독자들을 끌어들이는 데도 관심을 가져보면 어떤가?"

그해 여름 조지프는 채톨드에 머무르면서 가을에 있을 정치 전쟁을 준비했다. 민주당은 시카고에서 전당대회를 개최할 예정이었고 공화당은 세인트루이스에서 전당대회를 개최할 예정이었다. 조지프는 선택의 기로에 놓여 있었다. 선거에서 지지할 후보를 정하는 일은 정치적인 문제이자 경제적인 문제였다. 독자들은 정치 성향에 따라 신문을 선택했다. 지지할 대통령 후보를 잘못 고르면 〈월드〉도 큰 타격을 받을 수 있었다. 특히 허스트가 운영하는 〈뉴욕 저널〉이 턱밑까지 추격해 온 상황이었으므로 더욱 신중하게 결정해야 했다. 1884년 조지프는 당시 1등을 달리던 〈뉴욕 선〉에 도전장을 내밀었고 결국 승리했다. 〈뉴욕 선〉이 패배한 이유는 〈뉴욕 선〉을 이끄는 데이나가 민주당과 결별했기 때문이었다. 이번 선거 역시 마찬가지였다. 조지프가 어느 후보를 고르느냐에 따라 〈월드〉의 운명이 결정될 터였다.

조지프를 비롯한 민주당 보수파는 은화자유주조운동 세력이 크게 약진한 것을 보고 놀라움을 금치 못했다. 그해 6월 조지프는 어느 기자에게 이렇게 말했다. "미국에서 은화를 자유롭게 주조할 날이 올 가능성은 눈곱만큼도 없습니다." 그러나 전당대회에서 연설에 나선 윌리엄 제닝스 브라이언의 주장은 들불처럼 번져나갔다. 영감을 불어넣는 수사가 브라이언의 입에서 터져 나올 때마다 흥분한 대의원들은 큰 박수와 환호를 보냈다. 은화자유주조운동의 대변자 브라이언은 금본위제를 옹호하는 사람들에게 이렇게 선언했다. "사람들을 금 십자가에 못 박지 말라. 그들의 이마에 얹어진 가시면류관을 짓누르지 말라." 브라이언은 한 발짝 뒤로 물러나 두 팔을 벌리고 섰다. 마치 십자가에 매달린 예수와도 같은 모습이었다. 〈월드〉는 이렇게 보도했다. "전당대회장은 열기로 가득했고 그 자리에 모인 사람들은 열광의 도가니에 휩싸였다."[19]

조지프는 〈월드〉의 논설위원 조지 이글스턴을 바 하버로 불렀다. 전당대회를 취재한 〈월드〉의 다른 기자들과 다르게 이글스턴은 브라이언이 지명될 것이라고 예측했었다. 조지프와 이글스턴이 회의를 하는 도중 브라이언의 선거 운동 본부에서 파견한 사람이 조지프를 만나러 왔다. 지난 40년 사이 백악관에 입성한 민주당원은 단 한 명뿐이었고 그의 당선 배경에는 〈월드〉의 지지가 있었으므로 대통령 후보가 〈월드〉 발행인을 만나러 오는 것은 지극히 당연한 일이었다.[20]

이글스턴이 조지프를 대신해 브라이언 진영에서 보낸 사람을 만났다. 그는 〈월드〉가 브라이언을 지지하든 그렇지 않든 관계없이 브라이언이 큰 표 차이로 당선될 것이라고 호언장담했다. "브라이언 씨는 언론 전반의 안녕, 그중에서도 특히 〈월드〉 같은 위대한 신문의 안녕에 관심이 많으십니다. 따라서 퓰리처 씨에게 명망을 얻을 기회를 드리는 것입니다." 브라이언의 대리인이 보여준 거만한 태도는 분명 조지프의 자존심에 상처를 낼 터였다.

브라이언의 대리인이 한 말을 전하자 조지프는 큰 웃음을 터뜨렸다. 이글스턴과 마주 앉은 조지프는 이글스턴에게 자신이 부르는 숫자를 종이에 기록해달라고 부탁했다. 조지프는 각 주의 이름과 브라이언이 가져갈 표의 숫자를 빠른 속도로 읊어 내려갔다. 조지프의 예측대로라면 브라이언은 대통령에 당선될 수 없을 터였다. "함부로 앞날을 예측하는 것을 좋아하지는 않지만 그래도 답은 해주어야겠지." 선거에 대한 조지프의 예측은 신기하리만치 딱 맞아떨어졌다. "아버지는 어느 주가 어느 후보에게 얼마나 많은 표를 던질지 예측했고 넉 달 뒤 공표된 선거 결과는 아버지의 예측이 정확했다는 사실을 입증했다. 놀랍게도 아버지는 447표 중 누가 몇 표를 얻을지를 단 두 표의 오차로 예측했던 것이다."[21]

그러나 시야를 넓혀 보면 조지프는 생애 처음으로 정치적 흐름을 완전히 잘못 읽고 있었다. 조지프는 은화자유주조운동이 정치인들 사이에 벌어지는 정책 논쟁이 아니라 오늘의 〈월드〉를 있게 한 바로 그 대중들의 외침이라는 사실을 깨닫지 못했다.

조지프와 이글스턴은 선거의 시작을 알리는 이례적으로 긴 사설을 내보냈다. 두 사람은 사설에서 〈월드〉는 월스트리트의 지배에 반대하고 소득세 신설에 찬성하는 후보를 지지할 것이라고 밝혔다. 〈월드〉는 브라이언에게 지지를 보내기에 앞서 민주당 강령 중 가장 극단적인 강령에 반대하는 스무 가지 이유를 장황하게 나열했다. 주요 공격 대상은 물론 은화자유주조에 관한 것이었다. 조지프는 은화자유주조 정책이 미국 경제를 망칠 것이라고 주장했다. 브라이언이 은화자유주조 정책을 포기한다면 아직 결정을 내리지 못한 부동표를 끌어들여 선거에서 승리할 수 있을 터였다.[22]

사설은 다음과 같이 선언했다. "브라이언 후보의 상대 후보를 결정한 상대 당의 당원이라도 브라이언 후보가 내세운 정책이 옳다고 여기고 자신들의 기득권을 빼앗지 않을 것이라고 생각해 만족한다면 브라이언 후보에게 표를 던질 것이다. 그러니 브라이언 후보는 그들에게 확신을 심어주기 위해 노력하는 모습을 보여야 할 것이다." 그러나 정작 확신이 필요한 사람은 조지프 본인이었다. 조지프는 공화당 대통령 후보 매킨리가 대통령에 당선되기를 바라지 않았지만 브라이언을 지지하지도 않았다. 진퇴양난에 빠진 조지프는 크릴먼에게 특별 임무를 맡겨 〈월드〉로 돌아오게 했다. 크릴먼은 유세에 나선 브라이언을 따라다니며 관련 기사를 〈월드〉에 싣는 임무를 띠고 길을 나섰다. 물론 바 하버에 있는 조지프에게도 별도의 보고서를 작성해 올리는 조건이었다. 크릴먼이 보낸 장문의 보고서를 받은 조지프는 의문점을 정리해 크릴먼에게 전보로 보냈다. 선거 유세가 막바지에 이를 무렵 크릴먼은 수천 킬로미터 떨어진 곳에서 조지프의 눈과 귀가 되어주느라 고생하고 있었지만 조지프는 크릴먼이 지쳤다며 투덜거렸다.[23]

반면 허스트는 브라이언에게 아낌없는 지지를 보냈다. 허스트는 매주 한 차례 선거 유세 상황을 보도하는 선거 특집호를 만들어 무료로 배포했다. 선거 특집호에는 각 후보의 이동 경로와 연설 및 발언 내용이 상세히 보도되었다. 허스트가 얼마나 열렬하게 브라이언을 지지했던지 선거 전날 밤 브라이언은 허스트에게 감사의 인사를 담은 전보를 보냈다.

결국 브라이언은 대통령에 당선되지 못했다. 그러나 〈뉴욕 저널〉까지 무너지지는 않았다. 조지프는 허스트에게 보기 좋게 한 방 얻어맞고 말았다. 1884년 〈뉴욕 선〉과 벌인 한판 승부의 결과를 바탕으로 조지프는 브라이언의 패배와 함께 브라이언을 지지한 〈뉴욕 저널〉도 몰락할 것이라고 예측했다. 뉴욕에는 은화자유주조운동을 반대하는 분위기가 팽배해 있었으므로 파크 로의 주요 신문사 중 은화자유주조운동을 지지하는 브라이언을 지지한 유일한 신문사인 〈뉴욕 저널〉도 몰락해야 마땅했다. 그러나 조지프의 예견은 보기 좋게 빗나갔다. 한편 브라이언을 지지한 〈뉴욕 저널〉은 원하던 바를 이뤘다. 〈월드〉가 입장을 분명하게 표현하지 않고 우물쭈물하는 사이 대중은 열세임이 분명한 브라이언을 과감하게 지지한 〈뉴욕 저널〉의 손을 들어주었다. 파크 로의 악동으로 출발한 조지프의 〈월드〉는 불과 13년 만에 기존 정치를 옹호하는 지루한 신문으로 전락하고 말았다.

상황이 불리하게 전개될 때마다 그랬듯 이번에도 조지프는 뉴욕을 떠나는 것으로 사태를 수습하려 했다. 조지프는 오랜 친구이자 편집자인 존 딜런과 함께 프랑스 남부의 리비에라 해안을 향해 떠났다. 식구들은 이번 크리스마스도 조지프 없이 보내야 했다. 맨 먼저 들른 몬테카를로Monte Carlo에서 보낸 하룻밤은 악몽과도 같았다. 부두에 정박한 배들이 쉴 새 없이 종소리를 울려댔다. 과거 세인트루이스에 살던 시절 조지프는 한밤중에 울리는 교회 종소리를 좋아했지만 20여 년이 지난 지금에는 바로 그 종소리가 조지프에게 고통을 안기고 있었다. 당황한 조지프의 보좌관들은 서둘러 다른 장소를 물색했고 몬테카를로 동쪽에 위치한 어느 만灣에 자리 잡은 캡마틴 호텔Hotel Cap Martin에서 조지프가 편히 쉴 수 있을 만한 장소를 찾아냈다. 과수원에서 재배하는 귤, 레몬, 오렌지 향기가 싱그러운 바닷바람에 실려 오는 아늑한 곳이었다.

그러나 아름다운 풍광도 조지프의 기분을 나아지게 하지는 못했다. 최근 조지프의 보좌관으로 발탁된 영국인 보좌관 앨프리드 버츠Alfred Butes는 뉴욕에 있는 케이트에게 이런 편지를 보냈다. "사장님께서 그렇게 오랫동안 그리고 그렇게 깊이 우울해하시는 모습은 처음 봅니다. 사장님의 건강은 올해의 그 어느 때보다 나쁜 상태입니다." 조지프는 문을 닫아건 채 방안에만 틀어박혀 지루한 시간을 견디면서 아이들을 그리워했다. 버츠는 이렇게 기록했다. "사장님께서 즐거움을 느낄 만한 일이 지금보다 더 많아야 합니다. 하지만 안타깝게도 그런 것들은 대부분 소음을 동반합니다. 영원히 풀리지 않을 모순입니다!"[24]

조지프의 병을 치료하려는 노력이 계속 이어지는 가운데 웃지 못할 일이 벌어지기도 했다. 독일의 비스마르크 재상의 살을 빼는 데 기여한 것으로 유명한 에른스트 슈베닝어Ernst Schweninger 박사가 호텔로 찾아와 조지프의 병세를 살폈다. 조지프에게는 날카로운 눈매에 턱수염을 기른 슈베닝어 박사가 살벌한 무정부주의자처럼 보였다. 실제로 슈베닝어 박사의 치료에는 무지막지한 데가 있었다. 버츠는 케이트에게 이렇게 전했다. "슈베닝어 박사는 사장님의 병이 호전될 수 있다고 말했습니다. 하지만 슈베닝어 박사의 치료는 좀 무식한 데가 있더군요. 사장님이 슈베닝어 박사의 치료를 받고도 살아남으신다면 정말 병이 나을지도 모른다는 생각이 들 정도였어요. 문밖으로 슈베닝어 박사의 목소리가 들렸습니다. 사장님께 바닥에 누우라고 하더군요. 그러더니 무릎으로 사장님의 배를 사정없이 짓눌렀답니다! 그것이 깊은 숨을 쉬게 하는 가장 과학적인 방법이라고 하면서 말입니다. 그렇게 어이없는 치료는 생전 처음 봤습니다!"[25]

조지프는 적포도주와 시가를 끊기로 했다. 하지만 새해의 결심은 작심삼일로 그치고 말았다. 조지프는 케이트에게 이런 편지를 보냈다. "사실 몰려드는 전보를 처리하느라 아침부터 저녁까지 눈코 뜰 새 없이 바쁘다오. 하지만 그런데도 혹은 그렇기 때문에 여전히 불행하오. 최근 몇 년에 비추어 볼 때 (건강은) 그 어느 때보다 더 나빠졌소." 대서양의 날씨가 좋아졌다는 소식을 듣자마자 조지프 일행은 뉴욕을 향해 출발했다.

몇 년 동안 전 세계를 떠돌아다니다 보니 조지프의 정신력은 크게 소진되었다. 사실 조지프가 난생처음 소유한 〈세인트루이스 포스트-디스패치〉는 노련한 편집자들과 능력 있는 경영관리인들이 아무런 문제 없이 성공적으로 운영하고 있었다. 조지프는 이따금 조언하는 정도로만 신경을 쓰면 그만이었다. 그러나 조지프가 가장 아끼는 〈월드〉의 통제권을 다른 사람에게 넘기는 일은 눈이 멀고 건강이 약해졌다는 사실을 인정하는 셈이 되는 것 같아 차마 그럴 수 없었다. 게다가 〈월드〉는 조지프의 공식적인 신분이기도 했다. 다른 언론인이나 정치인들은 항상 "퓰리처의 〈월드〉"라고 불렀다. 조지프는 〈월드〉를 도저히 포기할 수 없었다. 〈월드〉는 조지프가 꿈에 그리던 신문이자 가장 큰 애정을 쏟은 신문이었다.

조지프는 서너 명의 고참 직원으로 이뤄진 운영위원회를 구성해 〈월드〉에 대한 통제권을 위임했다. 그러나 신문에 대한 지배권은 어디까지나 조지프의 손에 들어 있었다. 세계 어느 곳에 머물고 있든 조지프는 한 통의 전보로 누군가의 권한을 대폭 축소할 수 있었다. 조지프는 직원들이 한 행동에 대해 언제라도 비판의 칼날을 날릴 수 있었다. 직원들은 각자가 서로의 행동을 주시하고 있다가 조지프에게 보고한다는 사실을 분명히 인지하고 있었다. 그리고 조지프는 보좌관들의 목소리를 통해 그 보고서 내용을 접하고 있었다. 이런 현실 때문에 〈월드〉의 운영 위원회는 음모로 점철된 로마 원로원을 방불케 했다.

운영위원회의 고민을 더욱 깊어지게 만드는 것은 관리자들에게 이양한 권한을 하루가 멀다 하고 뒤바꾸는 조지프의 죽 끓듯 한 변덕이었다. 조지프는 관리자들에게 소신껏 행동하라고 지시했다가도 이내 마음을 바꿔서 아주 소소한 것까지 하나하나 지시를 내렸다. 하루는 참모 중한 사람의 방문에 '논설위원'이라는 문패가 내걸린 것을 보고 짜증이 나서 사이츠에게 그런 불쾌한 문패가 보이지 않도록 조치하고 자신의 승인이 없이는 그런 문패를 절대로 내걸지 못하도록 관리 부서를 단속하라고 지시했다. 그러면서 이런 말을 덧붙였다. "단, 아무도 눈치채지 못하도록 아주 이른 아침에 조치하시오."[26]

1897년 1월이 다가오면서 조지프를 태운 배가 유럽에서 출발해 뉴욕을 향하자 〈월드〉 직원들은 보고서를 준비하기 시작했다. 보고서를 제출하면 조지프가 선호하는 음성을 가진 보좌관이 그 보고서를 낭독하게 될 터였다. 버츠는 사이츠에게 조지프의 취향을 직설적으로 전달했다. "사장님은 두통을 일으키는 보고서를 싫어하십니다. 특히 당신이 제출하는 그런 보고서 말입니다. 그렇게 많은 내용을 망라한 보고서는 다시는 올리지 말라고 지시하셨습니다(심지어 조지프는 사이츠가 음식을 씹을 때 소리를 낸다거나, 음식을 입에 문 채 말을 한다는 이유로 사이츠와 식사조차 함께하지 않았다)."[27]

보고서를 접수한 조지프는 그 즉시 뉴욕을 떠났다. 보고서를 접수하는 과정에서 조지프는 〈월드〉 일요일판을 책임지고 있는 아서 브리즈번이 〈뉴욕 저널〉과 선정적인 말 한 마디 한 마디를 두고 겨루면서 〈월드〉의 판매부수를 높인 주인공이라는 사실을 파악했다. 허스트는 판매부수를 높였을 뿐 아니라 〈월드〉의 수준을 뉴욕 시민 대부분이 시궁창 언론으로 간주하는 수준으로 떨어뜨렸다. 〈월드〉는 원래부터 선정적인 면모가 있었고 빈번히 일어나는 명예훼손 소송이 그 사실을 반증하는 증거였다. 그러나 〈뉴욕 저널〉과 필사적으로 경쟁하는 과정에서 〈월드〉의 수준은 바닥을 모르고 추락했다.

한때 '새로운 언론'이라 불렸던 〈월드〉는 이제 '황색 언론'이라는 오명을 쓰게 되었다. '황색'이라는 표현은 리처드 아웃콜트Richard F. Outcault의 만평 "호건의 골목Hogan's Alley"에서 유래했다. 〈월드〉 일요일판에 실린 아웃콜트의 만평은 컬러로 인쇄되었다. 당시 아주 흔했던 공동주택을 배경으로 평범하지 않은 얼굴에 노란색 긴 잠옷을 걸친 '노란 아이'Yellow Kid'의 눈에 비친 세상을 그린 만평이었다. 〈월드〉가 거둔 성공이라면 무엇이든 탐냈던 허스트는 '노란 아이' 만평에도 눈독을 들였다. 허스트는 아웃콜트를 꼬드겨서 〈뉴욕 저널〉로 데려갔다. "호건의 골목"을 게재할 권한을 가진 〈월드〉는 해당 만평을 계속해서 일요일판에 실었고 아웃콜트를 데려간 〈뉴욕 저널〉도 일요일판에 노란 아이가 등장하는 만평을 실었다. '노란 아이'를 두고 〈월드〉와 〈뉴욕 저널〉이 벌인 진흙탕 싸움에 사람들은 '황색 언론'이라는 이름을 붙여주었다.[28]

사교 클럽이나 도서관에서는 〈뉴욕 저널〉이나 〈월드〉같이 수준 낮은 신문을 독서실에 계속 비치해도 좋을 것인지 하는 고민에 빠졌다. 기술자 및 상인 협회General Society of Mechanics and Tradesmen는 〈월드〉와 〈뉴욕 저널〉을 독서실에 비치하지 않기로 했다. 기술자 및 상인 협회 이사로부터 다음과 같은 말을 전해들은 〈뉴욕 타임스〉 기자는 통쾌함을 느끼며 그 내용을 기사화했다. "성인에게 부도덕한 영향을 미치고 청소년을 타락시키는 이 두 신문을 독서실에서 퇴출해야 한다." 브루클린에 위치한 기독교청년연합도서관Young Men's Christian Association Library은 〈뉴욕 저널〉을 구독하지 않았고 급기야 〈월드〉 구독까지 중단했다. 도서관 사서는 이렇게 말했다. "〈월드〉는 우리 독자들에게 그다지 바람직한 신문이 아니다."[29]

조지프는 이런 사실을 까맣게 모르고 있었다. 〈월드〉 직원 중 한 사람은 이렇게 회고했다. "가족과 보좌관들은 사장님이 이 사실을 접하지 못하도록 세심한 주의를 기울였다. 사장님이 본사에 나오시더라도 취재 활동의 단점이나 불분명한 책임 소재같이 꼭 알아야 하는 사항에 대해서만 보고가 올라갔다. 수행원 개개인의 행동을 하나하나 주시하고 발행된 신문의 내용과 관련된 엄격한 요건을 지시하는 일만 해도 사장님께서 감당하시기에 상당히 버거운 일이었기 때문이다."[30]

하지만 결국 조지프도 허스트의 〈뉴욕 저널〉이 〈월드〉의 수익성을 악화시켰을 뿐 아니라 자신이 무엇보다도 소중하게 여기는 〈월드〉의 명성과 정치적 영향력마저 위협하고 있다는 사실을 깨달았다. 조지프는 편집자들에게 〈뉴욕 저널〉과의 경쟁에는 신경 쓰지 말고 〈월드〉의 특징을 잘 부각할 수 있는 기사를 쓰는 데만 온 힘을 기울이라고 지시했다. 조지프는 직원들에게 이렇게 지시했다. 대중의 신뢰와 존경을 회복하려면 "우리가 무책임하고 무분별한 〈뉴욕 저널〉과 같은 수준의 신문이라는 생각에서 벗어나야 한다." 그와 별도로 조지프는 사이츠에게 허스트가 소유한 신문사의 운영에 대해 자세하게 파악해보라고 지시했다. "아무라도 좋으니 〈뉴욕 저널〉 사람 중 우리에게 정보를 제공할 만한 사람을 찾아내게. 〈뉴욕 저널〉에도 불만을 품은 직원은 있을 것 아닌가? 이왕이면 관리급 직원이면 더 좋겠지. 〈월드〉 직원들이 자꾸 그만두는 바람에 직원을 자주 채용해야 해서 골치가 아프다네."[31]

우울감과 공포감에 시달리던 조지프는 지킬 섬으로 피신했다. 조지프의 전용 열차인 풀먼 열차는 모건을 태우고 브런즈윅으로 향하는 열차를 제치고 나아가 15분 먼저 도착했다. 두 거물급 인사가 서로 적대적인 사이라는 사실을 눈치챈 지킬 섬 클럽 전용 회관 관리인은 회원 전용 거룻배 두 척을 브런즈윅으로 보내 두 사람이 마주치지 않도록 배려했다. 지킬 섬에 도착한 조지프는 새로 구입한 목조 주택을 점검했다. 빼어난 아름다움을 자랑하는 3층짜리 새 집은 1층과 2층에 각각 현관이 있는 구조로 모서리를 둥글게 처리했다.[32]

지킬 섬에서 한 달가량 휴식을 취한 조지프는 워싱턴으로 갔다. 워싱턴에서 조지프는 남북전쟁 당시 참전했던 장군의 미망인으로부터 빌린 맨션에 머물렀다. 장군의 미망인은 고인이 된 남편이 사용하던 검, 군복, 그 밖의 유물을 고이 간직하고 있었다. 그런 이유로 케이트는 그 집을 무덤이라고 불렀다. 조지프는 사이츠를 통해 1884년 그로버 클리블랜드가 처음 대통령에 당선되기 전, 즉 아무런 힘도 없던 시절로 되돌아간 민주당과 화해를 시도했다.[33]

민주당 지도자도 조지프를 찾아왔다. 대통령 선거에서 패배했어도 브라이언은 여전히 민주당에서 가장 중요한 인사 중 하나였다. 조지프는 보좌관들에게 브라이언을 반갑게 맞이하라고 지시했다. 그러나 방에서 얼굴을 마주한 두 사람은 격렬한 논쟁을 벌였다. 브라이언이 떠나려 하자 조지프는 브라이언의 얼굴을 만져보아도 괜찮겠냐고 물었다. 브라이언은 손가락이 긴 퓰리처의 손을 잡아 자신의 턱 쪽으로 끌어당기면서 이렇게 말했다. "보다시피 전 싸움꾼입니다." 그러자 이번에는 조지프가 브라이언의 손을 잡아 턱수염을 기른 자신의 턱과 뺨으로 끌어당기며 말을 받았다. "나는 싸움꾼이 아닌 줄 아시오?"[34]

여름이 되자 조지프는 바 하버로 향했고 그곳에서 반가운 소식을 들었다. 존스와의 오랜 법정 투쟁이 마무리되었다는 소식이었다. 2년 전 〈세인트루이스 포스트-디스패치〉에 대한 지배권을 존스에게 넘긴 뒤로 〈세인트루이스 포스트-디스패치〉는 조지프를 난처하게 만드는 가시나무와도 같았다. 뉴욕의 〈월드〉가 브라이언이 지지하는 은화자유주조운동에 맞서 사설 전쟁을 벌이는 동안 존스가 지배하는 〈세인트루이스 포스트-디스패치〉는 은화자유주조운동을 지지했다. 그 결과 사람들은 조지프를 은화자유주조운동을 반대하는 분위기가 지배하는 곳에서는 반대 입장을 표명하고 은화자유주조운동을 찬성하는 분위기가 지배하는 곳에서는 찬성 입장을 표명하는 기회주의자라고 생각하게 되었다.

존스가 세인트루이스에 도착한 직후 조지프는 존스를 뉴욕에서 내쫓을 요량으로 존스에게 〈세인트루이스 포스트-디스패치〉에 대한 지배권을 넘겨준 실수를 바로잡기 위한 전투에 돌입했다. 이 문제는 법정에서 다뤄졌고 미주리 주 대법원에까지 올라갔다. 미주리 주 대법원은 존스가 퓰리처와 맺은 계약은 파기할 수 없는 것이라고 결정했다. 그럼에도 조지프는 〈세인트루이스 포스트-디스패치〉를 통해 존스가 거둬들이는 수익에 대한 법정 다툼을 벌여 작은 승리를 얻어냈다.[35]

지칠 줄 모르고 법정 싸움을 걸어오는 발행인과의 다툼에 지쳐가던 존스는 결국 조지프에게 굴복하고 말았다. 그해 6월 존스는 조지프에게 10만 달러를 받고 〈세인트루이스 포스트-디스패치〉를 떠나는 데 합의했다. 보유한 주식도 모두 돌려주는 조건이었다. 조지프는 합의서의 내용은 절대 변경할 수 없다고 명시했다. 조지프는 자신이 편집자로 복귀한다는 내용을 발표함으로써 존스의 사임을 간접적으로 알리라고 지시했다. "관세, 담합, 독점, 금권정치, 부패에 맞서는 내용이 아니면 정치 기사는 단 한 줄도 내보낼 수 없다. (…) 시카고 강령이나 은화자유주조 운동에 대한 기사도 절대로 내보내서는 안 된다."[36]

존스 문제가 해결되고 특별히 관심을 기울일 만한 중요한 선거도 치러지지 않자 조지프는 개인적인 문제로 관심을 돌렸다. 조지프는 이미 여러 채의 집을 소유하고 있었다. 메인 주에는 '고요의 탑'이라 불리는 웅장한 궁전이, 뉴욕 55번가에는 가족이 머물 집이, 지킬 섬에는 은신처가 있었다. 그럼에도 조지프는 허드슨 강변에 위치한 윌리엄 록펠러 소유의 록우드홀Rockwood Hall에 눈독을 들였다. 록펠러는 록우드홀에 부과되는 세금이 너무 많다고 공공연하게 불평하고 다녔다. 록펠러의 행동에서 그 집을 처분할지도 모른다는 인상을 받은 조지프는 딜런과 사이츠를 보내 그 집에 대해 조사하게 했다. 물론 조지프가 록우드홀을 구입하려 한다는 사실은 절대 비밀이었다. 두 사람은 조지프에게 록우드홀에 대한 조사보고서를 보냈다. 집 안에 비치된 가구, 승마가 가능한 산책로, 유지 비용, 집 안에서 열차 소음이 들리는지 아닌지 등 세세한 내용을 담은 보고서였다. 그러나 두 사람이 수행한 비밀 임무는 시간 낭비였던 것으로 판가름났다. 록펠러의 의사를 타진하기 위한 전화통화에서 록펠러는 록우드홀을 매각할 의사가 없다고 딱 잘라 말했던 것이다.[37]

록펠러가 록우드홀을 매각할 의사가 있었다고 하더라도 조지프의 자산관리 전문가들이 말렸을 것이므로 조지프가 그 집을 구입했을 가능성은 작았다. 조지프의 개인 자산은 듀몬트 클라크가 관리했고 〈월드〉의 자산은 앵거스 쇼J. Angus Shaw가 관리했다. 조지프는 〈월드〉가 벌어들인 올해 수입이 35만 달러에 못 미친다는 쇼의 보고에 경악했다. 매년 100만 달러에 가까운 수입을 벌어들이던 〈월드〉였기에 조지프가 받은 충격은 이루 말할 수 없었다. 조지프는 즉시 예산 감축과 연봉 삭감을 지시했다. 허스트가 뉴욕에 입성한 뒤 매출이 급감했지만 조지프는 별다른 조치를 취하지 않았다. 그러나 이대로 가다가는 1884년 데이나와 〈뉴욕 선〉이 걸어간 길을 따라갈 수밖에 없었다. 자칫하면 〈월드〉도 역사의 뒤안길로 사라져 미국 언론의 역사에서 하나의 사건으로 남고 말 터였다.

예산 절감을 마뜩잖게 생각했지만 케이트도 예산 절감에 동참해야 했다. 몇 년 전 조지프는 아이들을 돌보고 집안을 꾸려나갈 생활비와 케이트의 개인적인 지출을 위한 비용으로 한 달에 6,000달러를 지급하기로 케이트와 합의했다. 그러나 그 돈으로 부족했던 케이트는 유럽과 뉴욕에서 여러 사람에게 빚을 지고 있었다. 다급해진 케이트는 버츠에게 도움을 청했다. "언제나 그랬듯 저를 좀 도와주셔야겠어요. 모쪼록 불미스러운 일이 생기지 않도록 잘 정리해주시기 바랍니다."[38]

버츠를 신뢰하고 있던 케이트는 버츠에게 이렇게 하소연했다. "돈이란 것이 어찌나 야멸찬지, 항상 시름에 잠기지 않을 수 없군요. 돈이 없으면 아무것도 할 수 없는데 나는 하고 싶은 일이 너무나도 많답니다. 특히 가난한 사람들을 도울 수 있는 자선 활동은 정말 멈출 수가 없어요. 가난한 사람들에게 자부심을 심어주고 그들에게 무엇이 필요한지 부자들에게 알려주어야 해요. 그것이 나의 책무입니다."

1897년 8월 조지프와 케이트 부부는 아이들과 함께 메인 주 채톨드에 머물렀다. 유럽 대륙과 아메리카 대륙에 흩어져 생활하던 식구들이 오랜만에 한자리에 모였다. 돈 문제로 조지프와 자주 다투기는 했지만 케이트는 결혼 생활을 받아들이기 위해 애썼다. 결국 지난해에는 아서 브리즈번과도 결별했다. 케이트가 보낸 이별 편지를 받아든 브리즈번은 케이트에게 답장을 보냈다. "저를 떠나보내야 당신 마음이 평안하다면 어쩔 수 없지요. 부디 저의 가장 멋진 모습만 기억해주시기를 바랍니다."[39]

"제가 당신을 얼마나 존경하는지, 그 밖에 얼마나 많은 감정을 품고 있는지 당신도 잘 알고 계시리라 생각합니다. 머리글자로만 서명해서 보내는 편지인데도 제 감정을 구체적으로 적을 수 없다는 사실에 마음이 쓰라립니다." 브리즈번은 두 사람의 차이에 대해 솔직한 마음을 털어놓았다. "이 세상에는 당신을 만족시킬 수 있는 사람이 없다는 사실을 누구보다 잘 알고 있습니다. 죽은 사람 중에 누군가 살아 돌아오더라도 당신을 만족시킬 수는 없을 것입니다. 하지만 당신을 존경하고 사모하는 제 감정은 쉽게 사그라지지 않을 것입니다. 전에 무엇을 하고 무엇을 하지 않을지 약속하라고 하실 때 저는 약속하지 않겠다고 말했습니다. 그렇지만 저는 세상의 그 어떤 남자보다도 솔직하고 진실한 마음으로 당신을 대했다고 자신 있게 말할 수 있습니다. 다른 사람들은 불안에 떨었을지 모르지만 저는 당신이 저를 좋아한다는 사실을 느꼈으니까요."

1897년 가을 브리즈번은 조지프와도 결별했다. 브리즈번은 조지프로부터 편집권을 넘겨받은 〈이브닝 월드〉에 기명으로 기사를 싣고 싶어 했지만 조지프는 기명 기사를 내보낼 수 없다는 원칙을 고수했다. 조지프가 허락하든 말든 브리즈번은 자기 뜻대로 기명 기사를 내보냈고 화가 머리끝까지 치민 조지프는 브리즈번에게 정직을 명령했다. 그러나 조지프의 징계는 브리즈번에게 큰 의미가 없었다. 〈뉴욕 저널〉이 언제나 문을 활짝 열고 〈월드〉에 불만을 품은 편집자를 기다리고 있었기 때문이다.[40]

허스트는 브리즈번에게 높은 연봉을 제시하면서 〈이브닝 저널Evening Journal〉의 편집을 맡겼다. 허스트가 제시한 연봉은 조지프로부터 선금으로 받은 8,000달러를 갚고도 남을 액수였으며, 판매부수가 올라가면 성과급을 주겠다는 약속도 함께였다. 브리즈번은 이후 39년 동안 허스트와 함께 일하면서 미국에서 가장 높은 연봉을 받은 편집자이자 독자들로부터 가장 많은 사랑을 받은 편집자가 되었다.

바 하버는 손님으로 북적였다. 어느 사회부 기자는 이렇게 전했다. "7월과 8월에는 사람들의 눈길을 끌 만한 행사가 많이 열린다." 조지프와 케이트 부부는 사교계에 첫발을 들이게 된 루실에게 성대한 축하연을 베풀어주었다. 케이트에게 낭비벽이 있다고 늘 투덜거렸던 조지프도 이번 행사를 위해 1만 달러라는 거금을 선뜻 내놓았다. 메인 주의 어느 신문은 이렇게 전했다. "채톨드는 요정의 세계로 탈바꿈했다." 120명이 넘는 하객이 축하연에 참석했고 조지프와 케이트 부부는 답례선물로 카나리아를 준비했다.[41]

사교계에 처음 모습을 드러낸 루실은 케이트의 풍성한 갈색 머리칼과 모두가 부러워하는 우윳빛 피부를 물려받았다. 아버지로부터는 우수에 찬 분위기를 풍기는 깊은 눈매를 물려받았다. 어느 참석자는 이렇게 전했다. "루실은 정말 아름다웠다. 표정도 풍부했다. 바 하버에서 루실만큼 예의 바르고 재능이 뛰어난 아가씨는 또 없을 것이다." 루실은 조지프를 실망시키지 않은 유일한 아이였다. 조지프와 닮은 구석이 많았던 루실은 조지프가 금지하는 일을 멀리하면서 조지프의 교육 방침을 잘 따라주었다. 조지프의 다른 딸들에 비해 사회에 대한 관심이 적었던 루실은 공부에 몰두해 6개 국어를 구사하고 악기 연주와 그림에 능했다.[42]

사교계에 선을 보이고 나서 얼마 지나지 않아 루실은 고열과 그 밖의 다른 통증을 호소했다. 의사들은 루실이 장티푸스에 걸렸다고 진단했다. 오염된 물이나 음식을 통해 감염된 것이 틀림없었다. 뉴욕과 유럽에서 조지프를 진찰한 의사를 비롯해 수많은 의사가 루실을 치료하기 위해 바 하버로 모여들었다. 간호사들은 한시도 쉬지 않고 루실의 곁을 지켰다. 증기와 전기를 이용해 난방을 하고 습도를 높인 집은 열대우림을 연상시켰다. 모두가 루실이 건강을 회복하기만을 바라면서 최선을 다해 루실을 간호했지만 루실의 병은 좀처럼 나아질 기미를 보이지 않았다.

10월 무렵 루실의 건강이 호전될 기미가 보였다. 조지프는 토머스 데이비드슨에게 편지를 보냈다. "신께 감사드릴 뿐입니다. 루실의 건강이 많이 좋아져서 회복기에 접어들었거든요." 메릴로부터 소식을 전해 들은 브리즈번도 케이트에게 편지를 보냈다. "루실이 건강을 되찾았다는 말을 듣고 제가 얼마나 기뻐했는지 충분히 짐작하시리라 믿습니다. 루실이 건강을 되찾았다는 사실 자체도 다행이지만 당신이 근심을 털어버릴 수 있게 되었다는 사실이 더 기쁩니다." 그러나 루실이 회복될 것이라는 바람은 헛된 희망이었다. 루실의 상태는 다시 악화했고 12월 무렵에는 가망이 없어 보일 정도로 나빠지고 말았다. 절망에 빠진 조지프는 데이비드슨에게 다시 편지를 보냈다. "가엾은 루실이 다시 위독해졌습니다. 얼마나 걱정이 되는지 내가 먼저 죽을 지경입니다. 루실의 상태가 심각하다는 사실에 두통이 밀려오고 심장이 찢어지는 고통을 느낍니다."[43]

크리스마스가 다가올 무렵 루실은 식구들을 불러 모았다. 식구들은 몸져누운 루실의 침실에서 크리스마스를 보냈다. 루실의 상태가 좋아졌다고 생각한 조지프는 새해가 밝자마자 지킬 섬으로 떠날 계획을 세우고 하인들과 말을 먼저 보냈다. 그러나 루실은 호전된 것이 아니었다. 루실은 부모와 형제자매들이 지켜보는 가운데 숨을 거뒀다. 1월 1일 오후 4시였다.

이 슬픈 소식을 〈월드〉에 전하는 일은 버츠가 맡았다. 버츠는 노리스에게 전보를 보냈다. "가여운 루실이 세상을 떠났습니다. 모두 애도합시다. 사장님은 슬픔에 몸조차 가누지 못하십니다. 각자의 일은 각자의 선에서 잘 처리하도록 합시다."[44]

24장

황색 언론

1898년 1월 2일 이른 아침 전용 열차가 메인 주 뱅고어를 출발해 남쪽으로 향했다. 마운트데저트 섬에서 연락선을 타고 육지로 나온 조지프와 가족을 태울 열차였다. 채톨드에서 루실의 장례식을 거행한 가족들이 루실의 시신을 뉴욕으로 옮기기 위해 한자리에 모였다. 이틀 뒤 쌀쌀함이 온몸을 파고드는 이른 아침 브롱크스에 자리 잡은 우드론 공동묘지Woodlawn Cemetery에 조지프와 가족들이 모습을 드러냈다. 14년 전 루실의 여동생 캐서린이 사망했을 때 구입한 묘지였다. 위엄 넘치는 세인트조지 교회St. George Church 교구 목사 윌리엄 스티븐 레인스포드William Stephen Rainsford가 기도문을 낭송했다. 하얀 눈송이가 바람에 날리던 그 시간 인근의 반코틀랜드 파크Van Cortlandt Park에는 수천 명의 인파가 모여 일찍 찾아온 스케이트 타는 계절을 만끽했다.[1]

조지프와 케이트 부부는 자녀의 장례식을 벌써 두 번째 치르고 있었다. 루실의 장례식에 참석한 조지프는 유년 시절 경험했던 안타까운 기억을 떠올렸다. 여덟 명의 형제자매 중 단 한 명을 제외하고는 모두 세상을 떠났다. 루실을 잃은 슬픔에 휩싸인 조지프는 그 뒤 몇 년 동안 루실의 이름을 길이 남길 방안을 찾으려 노력했다. 애초 조지프는 바너드대학Barnard College에 루실 퓰리처 장학금을 신설하기로 마음먹었다. 하지만 곧 마음을 바꿔 자신이 남긴 가장 유명한 유산 두 가지 중 한 가지를 남몰래 루실의 이름으로 헌정하기로 결정했다. 이제는 컬럼비아대학교 언론학부 입구에 있는 대리석 현관 바닥만이 이 유명한 학교가 '퓰리처의 딸 루실을 기념하기 위해' 건립되었다는 사실을 조용히 드러내고 있을 뿐이다.

병마와 싸우다가 세상을 떠난 루실 덕분에 조지프와 케이트, 그들의 자녀들이 한날, 한자리에 모두 모이게 되었다.

그러나 온 가족이 함께한 시간은 그리 길지 않았다. 장례식을 마치자마자 조지프는 두 아이를 데리고 지킬 섬으로 서둘러 떠났고 케이트는 55번가에 위치한 집으로 돌아갔다. 심신이 모두 쇠약해진 케이트는 한 달가량 집에 머무르면서 의사들의 보살핌을 받았고 건강을 위해 요양을 떠나라는 처방을 받았다. 케이트는 위니 데이비스에게 뉴욕으로 와서 함께 지내자고 제안했다. 오랫동안 비밀리에 사귀었던 북부 출신 애인과 끝내 결혼하지 못하고 홀로 외롭게 지내던 위니는 케이트의 제안을 흔쾌히 받아들였다. 때마침 하버드대학교에 다니던 랠프가 방학을 맞아 집에 돌아왔다. 세 사람은 이집트로 관광을 떠났다.[2]

전폭적으로 신뢰하는 호스머 박사, 버츠, 그 밖의 몇몇 보좌관과 함께 지킬 섬으로 피신해 평온한 나날을 보내던 조지프는 이례적으로 따뜻한 말투로 케이트에게 전보를 보냈다. 케이트를 비난하는 내용은 한 줄도 없었다. 감격한 케이트는 조지프에게 답장을 보냈다. "사랑하는 여보, 당신의 따뜻한 마음이 느껴지는 감동적인 전보 감사히 잘 받았어요." 자신이 편지를 보내면 누군가가 조지프에게 읽어줄 것이라는 사실을 잘 알고 있었던 케이트는 다음과 같이 덧붙였다. "호스머 박사님이 들으시면 민망해하시겠지만 당신이 보낸 전보를 베개 밑에 넣어두었답니다. 그 전보는 내가 아이를 다섯이나 둔 나이 든 기혼여성이라는 사실을 잠시나마 잊게 해주었어요."[3]

그러나 두 사람 사이에 피어난 따스한 분위기는 조지프의 기분이 다시 가라앉으면서 사라지고 말았다. 조지프는 랠프가 케이트와 함께 이집트에서 노닥거리는 대신 뉴욕의 신문사에 와서 일을 배우기를 바랐다. 이런 생각에 사로잡힌 조지프는 보좌관들이 자신이 내린 지시를 제대로 이행하는지 믿지 못하게 되었다. 호스머는 케이트에게 이런 편지를 보냈다. "버츠가 전보를 제대로 보내지 않는다고 의심하신 사장님께서 사무실로 보내는 전보를 모두 손수 처리하고 계십니다. 두 시간 정도 일에 집중하시더니 갑작스레 체하신 일이 있었는데 그 뒤로 갑자기 돌변하셨어요."[4]

1898년 달도 뜨지 않은 칠흑 같은 밤, 지킬 섬으로부터 남쪽으로 800여 킬로미터 떨어진 아바나 만에 미 해군 소속 군함 메인호가 정박해 있었다. 부두가 보이는 쪽에 자리를 잡고 선 상황실장 존 후드John Hood 중위는 경계 임무를 수행하느라 뜬눈으로 밤을 지새우고 있었다. 부두에 정박한 선박 중 가장 큰 배였던 메인호의 하얀색 선체는 지금이 전시戰時가 아니라는 사실을 웅변하려는 듯 암흑 속에 유독 도드라져 보였다.* 2주 전 매킨리 대통령은 메인호를 아바나에 파견했다. 외교적으로 위험한 행동이었다. 그러나 쿠바의 독립을 지지하는 미국인들이 늘어나는 상황이었기 때문에 매킨리 대통령은 그들의 분노를 다독이는 동시에 에스파냐와의 전쟁도 피하기 위한 상징적인 조치로 메인호 파견을 결정했다.[5]

후드 중위는 난간 위로 올라가 항구 너머에서 빛나고 있는 도시의 불빛이 고요한 바다 위에 어른거리는 모습을 지켜보고 있었다. 순간 큰 섬광이 번쩍였고 후드 중위의 몽상은 선체의 앞쪽에서 일어난 폭발과 함께 산산이 흩어졌다. 커다란 선체가 위로 솟구치는가 싶더니 이내 화염에 휩싸였다. 항구는 밝게 빛나는 하얀 섬광들로 번쩍였다. 폭발의 영향으로 깨진 창유리 파편이 밤늦게 항구를 산책하고 있던 사람들을 덮쳤다. 〈월드〉 통신원 두 사람이 황급히 항구로 뛰어갔다. 바다 쪽으로 눈을 돌린 두 통신원의 눈에 불타고 있는 메인호의 모습이 들어왔다. 메인호의 화약고에서 일어난 폭발로 인해 번쩍이는 불빛이 서서히 가라앉고 있는 메인호의 선체를 환히 비췄다. 메인호가 가라앉기 시작하자 사람들은 두 척의 배에 나눠 타고 생존자 수색에 들어갔다. 생존자는 90여

---

* 평시에는 군함의 선체를 하얗게 칠하는 것이 당시 미 해군의 관행이었다.

명에 조금 못 미쳤고 나머지 266명의 해군은 메인호와 함께 최후를 맞이했다.

그날 밤늦게 메인호 침몰 소식을 알리는 AP의 단신이 아직 동도 트지 않은 고요한 뉴욕 밤거리의 어둠을 뚫고 〈월드〉 사회부에 도착했다. 〈월드〉 편집자들이 다음 날 발행될 신문의 편집을 막 마무리 지은 시점이었다. AP 속보에 뒤이어 아바나에 파견된 〈월드〉 통신원들이 보낸 목격담이 도착했다. 커발로를 비롯한 여러 〈월드〉 편집자들의 뒤를 이어 〈뉴욕 저널〉로 자리를 옮긴 브리즈번은 〈월드〉의 초판 기사를 보고 깜짝 놀랐다.

〈뉴욕 저널〉 발행인인 허스트는 이미 소식을 접한 상태였다. 이른 아침부터 사무실에서 걸려온 전화가 아침의 단잠을 깨우자 허스트는 이렇게 말했다.[6]

"1면에 메인호 외에 무엇을 실었나?"

브리즈번이 대답했다. "다른 기사들도 실었습니다."

"이보다 더 대단한 소식이 어디 있나? 1면 전체를 도배하게. 이건 전쟁선포일세."

메인호가 침몰한 지 스물네 시간도 채 지나지 않았지만 〈뉴욕 저널〉은 메인호를 공격해 무고한 목숨을 앗아간 에스파냐를 비난하는 기사를 내보냈다. "군함 메인호는 적의 손에 파괴되었다" (…) "해군 관계자, 에스파냐가 쏜 포탄에 메인호가 침몰한 것으로 잠정 결론 내려" 같은 제목이 달린 기사가 에스파냐군이 발사한 것으로 추정되는 포탄을 그린 삽화와 함께 〈뉴욕 저널〉 1면을 화려하게 장식했다. 〈월드〉는 좀 더 신중

한 어조의 기사를 내보냈다. 〈월드〉는 1면 머리기사 제목에서 "메인호 폭발사고는 포탄에 의한 것인가 아니면 어뢰에 의한 것인가?"라고 반문하면서 폭발로 인해 침몰하고 있는 군함을 묘사한 삽화를 함께 실었다. 그러나 곧 〈월드〉 편집자들의 어조도 〈뉴욕 저널〉의 어조같이 날카롭게 변했다. "〈월드〉가 찾아낸 증거에 따르면 메인호는 잠수함에서 발사된 어뢰에 맞은 것이 분명하다."[7]

매킨리 대통령은 전문가들이 폭발의 원인을 찾아낼 때까지 조금만 기다려달라고 미국 국민에게 부탁했다. 그러나 메인호 폭발사고로 인해 그동안 억눌려왔던 전쟁 열기가 봇물 터지듯 나온 파크 로에는 대통령의 호소가 들리지 않았다. 미국 해안에서 그리 멀지 않은 쿠바에서 벌어진 자유를 향한 투쟁에는 극적이고 가슴 저미는 이야기가 가득했고 신문사들은 앞다퉈 쿠바의 독립전쟁을 보도하느라 열을 올렸다. 〈월드〉와 〈뉴욕 저널〉은 지난 2년 동안 쿠바의 독립전쟁에 대한 기사를 게재했고 스티븐 크레인Stephen Crain이나 리처드 하딩 데이비스 같은 작가들이 쓴 기사들은 독자들의 큰 사랑을 받았다. 때로는 신문사에서 기삿거리를 만들어내기도 했다. 가령 〈뉴욕 저널〉은 에스파냐군에게 붙들려 수감되어 있던 열여덟 살 먹은 소녀의 탈옥을 도와 뉴욕으로 데려온 뒤 쿠바의 잔 다르크Joan of Arc라며 치켜세웠다.

판매부수 경쟁에 눈이 먼 신문사들은 지금까지 잘 지켜왔던 언론의 관행을 모두 던져버렸다. 자극적인 1면 머리기사 제목이나 선동적인 만평을 싣기에 지면이 부족해 보일 지경이었다. 처음부터 허스트는 전쟁을 해야 한다고 목소리를 높였다. 허스트는 전쟁에 나선 군인들을 지휘하듯 기자들을 지휘했다. 수십 명의 화가와 기자를 쿠바에 파견했고 요트를 동원해 정치인들이 쿠바의 상황을 시찰하도록 조치했으며 에스파냐군이 메인호를 침몰시켰다는 증거를 가져오는 사람에게 포상금을 지급하겠다는 약속을 내걸었고 전쟁을 외치는 목소리를 외면하는 대통령을 연일 비난했다. 〈뉴욕 저널〉은 신문의 크기, 기사의 포괄 범위, 자극적인 내용에서 〈월드〉를 앞질러갔고 때로는 판매부수에서도 앞서갔다. 〈뉴욕 저널〉은 조간신문과 석간신문을 합쳐 미국 최초로 100만 부를 넘긴 신문이 되었다. 그토록 오랫동안 조지프가 갈망해온 일을 허스트가 단숨에 달성한 것이다.

조지프가 루실의 죽음을 애도하며 지킬 섬에 은둔한 사이 〈월드〉 직원들은 사력을 다해 〈뉴욕 저널〉과의 전쟁을 치르고 있었다. 〈월드〉에 남은 직원들은 최고참 편집자에서부터 신참 기자에 이르기까지 모두가 〈월드〉에 대한 충성심으로 똘똘 뭉쳐 있었다. 그들은 허스트가 아니라 조지프에게 자신의 운명을 건 사람들이었다. 〈월드〉에 남은 직원들은 하나같이 자리를 비운 조지프를 대신해 무슨 일이든 할 각오가 되어 있었다. 비단 충성심 때문만은 아니었다. 〈월드〉에 남은 직원들은 허스트가 야기한 손실을 조지프가 개인 돈을 들여 메우고 있다는 사실을 잘 알고 있었다. 허스트에게 패배하는 순간 언론인으로서의 경력도 끝장날 것이라고 여긴 〈월드〉 직원들은 비장한 각오로 〈월드〉 제작에 몰두했다.

〈월드〉 직원들은 〈뉴욕 저널〉과 매일매일 사투를 벌였지만 허스트에게 효과적으로 맞서기에는 자원이 부족했다. 앞으로는 줄곧 돈을 까먹을 것으로 보이는 〈월드〉를 바라보는 조지프의 심정은 착잡하기 그지 없었다. 조지프는 메인호 침몰 사건이 일어나기 전에 이미 광범위한 예산 삭감을 지시해둔 상태였다. 〈월드〉에 새로 들여놓은 호 앤드 컴퍼니의 최신식 컬러 인쇄기 대금을 지불하기 위해 조지프는 주식을 내다 팔아야 했다. 심지어 조지프는 케이트가 지출한 내역도 검사하라고 지시했다. 그러나 케이트가 지출한 비용으로 지난해 발행된 7만 7,000달러 어치의 수표 2,472장 중 오차가 난 금액은 고작 20달러에 불과했다.[8]

역사에 전설로 남게 될 싸움은 허스트와 조지프가 정면으로 대결한 싸움이 아니라 허스트와 대장을 잃은 군대가 하루 24시간을 두고 벌이는 진흙탕 싸움이었다. 〈월드〉의 가장 유명한 사회부장 중 하나로 알려진 인물이자 이제 임기를 시작한 찰스 채핀Charles Chapin은 이렇게 설명했다. "미쳐 돌아가는 언론의 세기가 시작되었지만 독자들은 전혀 눈치채지 못했다." 쿠바에 파견된 허스트의 통신원 군단을 능가하지 못하면 〈월드〉는 〈뉴욕 저널〉의 기사를 베껴야 하는 처지로 내몰릴 형편이었다. 그리고 그런 〈월드〉의 상황을 〈뉴욕 저널〉이 놓치고 지나갈 리 만무했다.[9]

〈뉴욕 저널〉은 〈월드〉를 웃음거리로 만들 계략을 꾸몄다. 과거 조지프가 세인트루이스에서 〈이브닝 스타〉를 상대로 써먹었던 계략이었다. 〈뉴욕 저널〉은 크게 다친 '레플리페 테누스Reflipe W. Thenuz 대령'을 영웅으로 묘사한 허위 기사를 내보냈다. 〈월드〉가 이 기사를 베끼자마자 〈뉴욕 저널〉은 레플리페 테누스라는 대령은 "우리는 기사를 빼돌린다We pilfer the news"의 철자 순서를 바꿔 만든 가상의 인물이라고 보도했다. 대놓고

〈월드〉를 조롱한 〈뉴욕 저널〉 직원들은 쾌재를 불렀다.[10]

그해 4월 뉴욕으로 돌아온 조지프는 만신창이가 된 〈월드〉의 현재 상태를 확인했다. 〈월드〉는 허스트와의 싸움에서 완패했다. 한때 뉴욕, 더 나아가 전국적인 여론을 주도했던 〈월드〉였지만 이제는 남의 꽁무니를 따라다니기에 급급한 형편으로 전락하고 말았다. 〈타운 토픽스〉는 쾌재를 부르며 〈월드〉의 몰락을 전했다. "〈뉴욕 저널〉에 패한 〈월드〉는 진흙탕에 나뒹굴고 있다. 〈뉴욕 저널〉은 〈월드〉보다 더 큰 활자, 더 큰 삽화, 더 화통한 전쟁 기사를 내보내고 있다. 만일 퓰리처가 눈이 멀지 않았다면 〈뉴욕 저널〉에 끌려다니는 지금의 상황을 용납하지 않았을 것이다. 그러나 퓰리처는 눈이 멀었고 이제 규칙은 허스트가 정한다."[11]

조지프는 집에 틀어박힌 채 〈월드〉를 괴롭히는 문제 해결에 나섰다. 아버지의 부름을 받은 랠프는 카이로에서 탈 수 있는 첫 배를 타고 뉴욕으로 돌아와 있었다. 영문도 모른 채 뉴욕으로 돌아온 랠프는 무슨 일이 일어날지 몰라 전전긍긍했지만 정작 조지프는 랠프가 뉴욕에 도착한 사실조차 모르고 있었다. 조지프를 보좌하는 조지 레들리는 케이트에게 이렇게 보고했다. "사장님께서는 온종일 신문과 전쟁 문제에 몰두하고 계십니다. 그리고 이런 말은 하지 말라고 하셨지만, 그 어느 때보다 밝고 건강해 보이십니다."[12]

〈월드〉의 관리 구조를 재정비하는 과정에서 조지프는 '성스러운 모임'이라고 불렀던 삼두 경영 체제가 실패로 돌아갔다는 결론을 내리게 되었다. 그 누구보다도 많은 권한을 가지고 〈월드〉를 진두지휘할 대장이 필요했다. 조지프는 2년 전 〈뉴욕 프레스New York Press〉에서 데려온 브

래드퍼드 메릴에게 그 일을 맡기기로 마음먹고 메릴을 집으로 불렀다.[13]

"자네가 〈월드〉에서 발행되는 모든 신문을 감독해줘야겠어. 자네가 따라야 할 것은 오직 나의 지시와 자네가 속해 있는 운영위원회에서 내려진 결정뿐이야. 그 밖의 일은 모두 자네에게 일임하지. 거부할 생각은 하지 말게. 자네를 그 자리에 앉혀도 좋을지 자문을 받을 마음은 추호도 없으니 말일세. 지금 〈월드〉에는 행동대장이 필요하다네. 지체할 시간이 없어."

조지프는 〈월드〉의 왜곡된 보도 행태를 바로잡으려 했다. 메릴이 전권을 가지고 편집을 맡게 되면 〈월드〉에서 발행되는 모든 신문이 통일된 어조를 가지게 될 터였다. 그러나 조지프는 강한 어조로 단서를 달았다. "그렇다고 해서 자네가 맡고 있던 기존 업무를 없애주겠다는 말은 아니네. 〈월드〉가 발행하는 모든 신문을 검토하고, 비판하고, 잘못된 보도 행태를 바로잡고, 선정주의를 지양하고, 더 나은 기사를 제안하고, 기자들을 격려하는 일은 지금까지 해오던 대로 해야 하네."

메릴이 직원들을 잘 통제하리라는 확신을 품은 조지프는 미국이 에스파냐와 전쟁을 치르는 것이 바람직한지에 관한 문제와 씨름했다. 〈뉴욕 저널〉은 전쟁을 하지 못해 안달이 난 상태였고 〈뉴욕 선〉은 전쟁이 임박했다고 보도했다. 뉴욕의 주요 신문들 대부분은 전쟁에 찬성하는 입장이거나 에스파냐가 미국의 요구에 응하지 않을 경우 그에 상응하는 보복을 해야 한다는 입장이었다.

조지프도 그 대열에 동참하기로 마음먹었다. 그러나 3년 전 베네수엘라 위기 당시 조지프가 중재를 통해 분쟁을 해결해야 한다고 주장했던 점을 감안할 때 전쟁은 어디까지나 최후의 수단이어야 했다. 조지프는 전쟁이 바람직하지 않은 것이라는 신념을 포기할 수 없었다. 불과 일년 전만 해도 국제 분쟁을 중재로 해결하자는 홍보물을 만들어 모든 상원의원에게 배포하도록 사이츠에게 지시하지 않았던가.[14]

조지프는 쉰한 번째 맞은 생일 아침에 발행된 신문에 기명 사설을 실었다. "우리가 전쟁을 치르게 된다면 그것은 우리 미국인의 자발적인 결정이나 대통령 또는 의회의 결정이 아니라 에스파냐가 의도적으로 전쟁을 유발하려는 음모를 꾸몄기 때문이다. 따라서 에스파냐가 스스로 물러난다면 평화가 찾아올 것이다. 〈월드〉는 불필요한 전쟁을 옹호하지는 않는다!" 이어 조지프는 쿠바 억압에서 시작해 메인호 침몰에 이르는 에스파냐의 악행을 나열한 뒤 지금이야말로 군사적 개입이 필요한 시점이라고 못 박았다. "에스파냐의 어리석은 결정으로 인해 유발된 갈등에 우리 정부가 신속하고 과감하게 대응해야 한다고 촉구하지 않는 사람은 평화를 사랑하지 않는 자, 정의를 사랑하지 않는 자, 애국심이 없는 자뿐이다."[15]

조지프는 전쟁이 신속하게 끝날 것이고 가차 없을 것이라는 말로 사설을 맺었다. 조지프는 미국 정부에게 에스파냐를 쉽게 제압할 수 있는 쿠바와 푸에르토리코에 함대를 파견하라고 촉구했다. "지금 당장 이 섬들을 접수해 전쟁을 끝내고 쿠바를 해방해주어야 한다. 미국 정부가 이 일을 전쟁이라고 여겨지지 않을 만큼 신속하게 마무리 짓는다면 전 세계에 깊은 인상을 남길 것이다."

1898년 4월 19일 의회는 매킨리 대통령에게 에스파냐에 맞서 군대를 동원할 권한을 부여했다. 3주 뒤 함대를 이끌고 필리핀 마닐라 만Manila Bay으로 향한 조지 듀이George Dewey 제독은 불과 여섯 시간 만에 에스파냐 함대를 물리치고 항구를 장악했다. 그 무렵 조지프는 이미 뉴욕에 없었다.

전쟁을 옹호하는 사설을 마무리 지은 뒤 조지프는 영국으로 출발하는 마제스틱호에 몸을 실었다. 케이트는 조지프가 지킬 섬에서 느낀 깊은 슬픔을 하루빨리 극복하기를 바랐다. 그리고 그 바람은 레들리의 편지로 인해 한껏 부풀었다. "제 생각에는 사장님께서 충격을 극복하려고 애쓰기 시작하신 것 같습니다. 곧 이성을 되찾은 신사를 만나시게 될 겁니다." 그러나 레들리의 예측은 희망에 불과했다. 조지프는 루실의 죽음으로 인한 충격에서 헤어나지 못하고 있었던 데다 자신이 소중하게 여기는 〈월드〉의 존폐를 두고 벌이는 극한투쟁으로 정신이 쇠약해진 상태였다. 조지프는 몇 주 동안 영국과 프랑스를 정처 없이 떠돌았다. 푹 가라앉은 조지프의 기분은 엑스레뱅에서 케이트와 막내딸을 만난 뒤에도 좀처럼 나아지지 않았다. 조지프의 막내딸 콘스턴스는 말 한마디 없이 사라진 아버지에게 하소연하는 편지를 보냈다. "아빠를 만날 날이 언제 다시 올까요?"[16]

미국으로 돌아왔지만 루실이 시름시름 앓다 목숨을 잃은 채톨드의 집에서는 마음이 아파 도저히 여름을 보낼 수 없었다. 뉴욕으로 돌아오기 위해 대서양을 건너는 동안 천식이 더 심해진 데다 눈 상태에 대한 의사의 진찰 결과가 좋지 않게 나오는 바람에 가뜩이나 괴로운 조지프의 고뇌가 더 깊어졌다. 조지프는 로드아일랜드 주 내러갠섯 부두 Narragansett Pier에 있는 맨션에서 여름을 나기로 마음먹었다. 해변이 내려 다보이는 해안 절벽이 일품인 그곳에서 조지프는 보좌관을 대동하고 매 일같이 산책을 했다.[17]

허스트는 "〈뉴욕 저널〉의 전쟁"이라고 표현했고 시어도어 루스벨트 에게 편지를 보낸 어느 친구는 '빛나는 작은 전쟁'이라고 표현한 전쟁이 시작되었다. 미국인 수십만 명이 자원입대했다. 루스벨트도 해군성 차 관보라는 직책을 내려놓고 제1자원기병대 대령이 되어 쿠바로 향했다. 루스벨트는 뉴욕의 양복점 브룩스브라더스Brooks Brothers에 전보를 보내 파란색 크래버닛 천으로 만든 군복을 주문했다. 쿠바에 도착한 루스벨 트는 의용 기병대 '러프 라이더스'를 이끌고 산후안 힐에서 역사에 길이 남을 전투를 치르게 된다. 언론에 정통한 정치인이었던 루스벨트는 여 러 신문사로부터 전투 현장에 기자를 보내겠다는 다짐을 받았다.[18]

그해 8월 전쟁이 끝날 무렵 〈뉴욕 저널〉과 〈월드〉의 판매부수는 최 고봉에 올랐지만, 장부는 붉은 글씨로 가득했다. 그러나 조지프에게는 적자를 메워줄 광산을 소유한 어머니가 안 계셨다. 조지프는 〈월드〉의 관리급 직원들을 내러갠섯으로 불러 비용을 절감하라고 불호령을 내렸 다. 조지프는 경영관리인 존 노리스를 산책로 난간에 몰아세운 뒤 지출 이 과도하다는 이유로 호되게 질책했다.[19]

한편 서른세 살이 된 위니 데이비스도 어머니 배리나와 함께 내러 갠섯을 찾았다. 두 사람은 근사한 휴양 호텔에 여장을 풀었다. 케이트와 함께 떠난 이집트 여행에서 돌아온 위니는 작가로서 얻은 새로운 명성을 즐기고 있었다. 바 하버에서 여름을 보내면서 위니는 새 소설을 발표했고 남부연합의 딸이자 소설가로서 큰 주목을 받았다. 로드아일랜드주에 도착하고 며칠 뒤 위니는 애틀랜타에서 매년 모임을 하는 남부연합 참전용사들의 모임에 참석했다. 위니가 등장하자 참전용사들은 모자를 벗어 던지며 "동지들이여, 우리의 자랑스러운 딸을 보라!"고 외치며 환호했다.[20]

그러나 남부로의 여행은 그렇지 않아도 건강이 좋지 않았던 위니에게 지나치게 버거운 일이었다. 덮개도 없는 마차를 타고 가면서 한여름 퍼붓는 애틀랜타의 비를 온몸으로 맞은 위니는 몸져눕고 말았다. 내러갠섯으로 돌아왔지만 위니는 호텔 밖으로 한 발짝도 나오지 못했다. 처음에는 의사들이 진단한 위염이 위니가 겪는 고통의 주요 원인인 것으로 보였지만 시간이 흘러도 위니의 병세는 호전될 기미를 보이지 않았다. 여름 성수기가 지나고 9월 초로 접어들면서 로킹엄 호텔Rockingham Hotel은 문을 닫았다. 그러나 위니는 호텔을 떠나지 못했다. 시름시름 앓던 위니는 얼마 지나지 않아 세상을 떠나고 말았다.[21]

1898년 9월 21일 위니 데이비스는 가장자리를 흰색 공단으로 마무리한 하얀색 모슬린 옷을 입고 호텔 현관에 마련된 관에 안치되었다. 이튿날 '남부연합의 딸'이 고이 잠든 관을 남부연합 참전용사들이 기차역까지 운구했다. 케이트를 비롯한 여러 조문객이 위니가 잠든 관을 리치먼드로 옮겼다. 리치먼드에는 수천 명의 조문객이 모여들어 위니가 도착하기만을 기다리고 있었다. 장례식에 참석하기를 극도로 꺼리는 조지프는 그 자리를 피하기 위해 데이비드 그레이엄 필립스와 함께 유럽으로 떠나고 없었다. 조지프는 〈월드〉의 논설위원으로 활동하고 있는 필립스가 〈월드〉를 물려받을 재목이라고 생각해 훈련시키고 있었다. 런던과 파리에 잠시 머문 두 사람은 9월 말 뉴욕으로 돌아왔다.[22]

근소한 차이로 〈뉴욕 저널〉을 앞서고 있던 〈월드〉에는 조지프의 관심이 절실히 필요했다. 에스파냐와 전쟁을 치르기 전 〈월드〉의 판매부수는 41만 9,000부였고 〈뉴욕 저널〉의 판매부수는 27만 부였다. 그러나 에스파냐와 치른 전쟁이 끝난 뒤 〈월드〉는 7만 8,000명의 독자를 잃었고 〈뉴욕 저널〉은 4만 6,000명의 독자를 새로 끌어모았다. 경영관리인 노리스는 조지프에게 경쟁자의 탁월한 능력을 칭찬하는 장문의 편지를 보냈다. "〈뉴욕 저널〉이 〈월드〉를 바짝 따라붙었습니다."[23]

노리스는 사이츠와 함께 허스트의 수입을 추산해보는 작업에 돌입했다. 그 결과 뉴욕에 입성하고 첫 3년 동안 허스트는 400만 달러 정도를 쏟아부은 것으로 나타났다. 게다가 500만 달러 정도의 여유 자금이 있는 것으로 파악되었다. 〈뉴욕 저널〉이 신문을 팔아 벌어들이는 수입을 계산하는 일은 간단했지만 〈뉴욕 저널〉의 광고 수입은 광고란의 크기와 광고 요율을 알아야만 측정할 수 있는 것이어서 산정하기가 쉽지 않았다. 결국, 두 사람은 〈뉴욕 저널〉이 벌어들이는 돈은 〈월드〉가 벌어들이는 돈의 절반에도 못 미친다는 결론을 내렸다. 그렇다고 해서 〈뉴욕 저널〉이 만만한 상대인 것은 아니었다. 자신감으로 무장한 허스트는 〈뉴욕 저널〉이 1899년에는 흑자로 돌아설 것이라고 전망했다. 더 큰 문제는 〈월드〉의 추락 원인이 비단 허스트 때문만은 아니라는 점이었다.

〈월드〉의 판매부수 및 광고 수입 하락분은 〈뉴욕 저널〉의 판매부수 및 광고수입 상승분보다 더 컸다. 사이츠는 이 내용을 조지프에게 간단하게 보고했다. "〈월드〉는 〈저널〉이 가져간 것보다 더 많은 것을 잃고 있습니다."[24]

〈뉴욕 저널〉과 독자 모시기 경쟁을 벌이는 동안 〈월드〉의 재정은 엉망이 되었다. 〈월드〉는 허스트의 편집자들과 기자들이 내보내는 기사보다 훨씬 더 선정적인 기사를 내보냈다. 그 결과 그동안 조지프가 쌓은 명성은 허공에 흩어져버렸다. 이제 사람들은 조지프를 허스트와 결부시켜 생각했다. 선정적인 기사를 내보내게 된 주요 원인은 에스파냐와 치른 전쟁이었다. 전쟁이 끝나자 조지프는 〈월드〉의 분별력을 되찾지 않으면 안 되겠다고 다짐했다.

1898년 11월 28일 오전 11시에 부서와 직급을 불문한 모든 〈월드〉 기자들이 사회부 기사작성실로 모여들었다. 창밖으로 이스트 강 저편의 브루클린과 브루클린 저편의 바다가 보였다. 맨해튼이 그들의 발아래 있었다. 〈월드〉 기자들은 밤낮으로 도시를 굽어보면서 왠지 모르게 힘이 솟아오르는 느낌을 받곤 했다. 그러나 오늘은 방안을 가득 메운 직원들 때문에 바깥을 내다볼 수 없었다. 사회부 기사작성실은 너비가 30.4미터나 되었지만 〈월드〉의 직원을 모두 수용하기에는 비좁아 보였다. 타자기를 올려놓은 책상들이 복잡한 미로를 형성하고 있었고 벽과 기둥에는 이런 문구가 인쇄된 종이가 붙어 있었다. "첫째도 정확, 둘째도 정확이다!" "누가, 무엇을, 언제, 어디서, 왜, 어떻게 했는지 반드시 확인하자." "사실-색깔-그리고 다시 사실."

책상 위에 얌전하게 놓여 있는 타자기들은 고요했고 심부름꾼 소년도 말없이 서 있었다. 평소 사회부장이 사용하는 방 한쪽 끝 연단에는 사이츠, 메릴, 일요일판 편집자 윌리엄 반 베타이슨William Van Bethuysen, 그 밖의 여러 관리급 직원들이 포진해 있었다. 이런 방식의 회의를 한 번도 해본 적 없던 직원들은 적잖이 놀란 눈치였다. 앞에 선 관리급 직원들은 지난 2년 동안 〈월드〉가 지나치게 선정적인 기사를 내보내왔다고 선언하면서 각자 저지른 실수를 고백했다. 그날 오전 〈월드〉 사회부 기사작성실은 알코올 중독자들이 서로 과거를 털어놓는 자리를 방불케 했다. 메릴은 이렇게 말했다. "그동안 과도한 열정에 사로잡혀 수많은 실수를 저질렀습니다. 얼마나 많은 잘못을 저질렀는지 부끄러워 고개를 들 수 없습니다."[25]

사이츠는 이렇게 말했다. "모두 알다시피 우리는 지난 2년 동안 〈뉴욕 저널〉과 치열하게 경쟁해왔고 지금도 그렇습니다. 그 과정에서 우리는 선정주의로 치닫는 경향을 보여왔습니다. 그러나 선정주의는 어느 신문에도 도움이 되지 않습니다. 앞으로 〈월드〉는 선정주의를 지양하고 정상적인 신문으로 돌아갈 것입니다."

반 베타이슨이 덧붙였다. "본래 신문은 선정적일 수밖에 없다고 생각하시는 분도 있을 것입니다. 네. 맞습니다. 새 소식은 대부분 선정적이지요. 하지만 아무리 선정적인 이야기라고 해도 그 안에는 반드시 진실이 포함되어 있어야 합니다."

과거 세인트루이스에서 조지프와 경쟁하던 〈미주리 리퍼블리컨〉의 발행인 찰스 냅은 세인트루이스의 신문 시장을 장악하기로 결심했다. 경쟁 신문인 〈미주리 데모크라트〉가 〈글로브〉와 합병하자 냅은 〈미주리 리퍼블리컨〉의 이름을 〈리퍼블릭Republic〉으로 바꾸고 〈세인트루이스 포스트-디스패치〉를 인수할 기회를 호시탐탐 노려왔다. 언뜻 보기에 조지프는 〈세인트루이스 포스트-디스패치〉를 매각할 의사가 없는 것처럼 보였다. 그러나 냅은 존스가 〈세인트루이스 포스트-디스패치〉를 장악하게 된 뒤부터 조지프가 골머리를 앓아왔다는 사실과 〈뉴욕 저널〉과 경쟁하는 사이 〈월드〉의 손실이 커졌다는 사실을 파악하게 되었다. 이런 여러 가지 복잡한 사정으로 인해 조지프가 결정을 번복할지도 모른다고 생각한 냅은 점심식사를 함께 하기로 약속을 정하고 동부를 향해 출발했다.

조지프는 경영관리인인 노리스를 워싱턴으로 보내 냅을 만나게 했다. 두 사람은 며칠 동안 협의에 매달렸다. 길게는 11시간을 연속으로 협의한 적도 있었다. 그러나 진전은 아주 더뎠다. 조지프는 도무지 도움이 되지 않았다. 조지프는 노리스에게 매번 새로운 요구를 전보로 알려왔고 그때마다 노리스와 냅은 처음부터 다시 협의에 나서야 했다. 조지프는 양가감정에 사로잡혀 있었다. 〈세인트루이스 포스트-디스패치〉를 매각한다는 생각에는 반대하지 않았지만 막상 매각하려고 보니 〈세인트루이스 포스트-디스패치〉에서 손을 떼기가 쉽지 않았다. 조지프는 노리스에게 도저히 종잡을 수 없는 지시를 내렸다. "매각 협상을 중단하고 즉시 돌아와서 〈월드〉 업무에 매진하시오. 당신이 없으니 〈월드〉가 제대로 돌아가질 않는단 말이오. 하지만 만일 냅이 그럴듯한 제안을 들고 돌아온다면 협상에 나서시오. 단 냅이 무슨 말을 하든 빠짐없이 나에게 보고해야 합니다."[26]

조지프가 냉탕과 온탕을 오가는 사이 냅은 조지프를 직접 만나 마지막 협상을 벌이기로 마음먹고 지킬 섬으로 들어갔다. 그러나 때가 좋지 않았다. 하필이면 신경이 예민해져 며칠째 잠을 이루지 못해 조지프의 짜증이 극에 달해 있던 시점에 찾아갔던 것이다. 아침과 점심을 함께 먹으며 이야기를 나눴지만 두 사람은 지금까지 합의한 내용에서 단 한 발짝도 더 나아가지 못했다. 결국, 냅은 〈세인트루이스 포스트-디스패치〉 인수를 포기하고 세인트루이스로 돌아갔다.

조지프의 험악한 성품에 지쳐가던 케이트는 조지프에게 집안일을 도와주는 하인에 대한 불평을 늘어놓는 실수를 저지르고 말았다. 버츠는 케이트에게 이런 답장을 보냈다. "사장님께서는 집안 문제로 골머리를 썩이고 싶지 않다고 하십니다. 사모님께서 보낸 편지 말고도 집안 문제에 관련된 편지를 여덟 통이나 받으셨거든요. 시간 낭비라고 격분하셨습니다."[27]

"사장님께서는 사모님께 이 문제를 처리해주지 못해 미안하다고 말씀하시면서 사모님께서 보내시는 전보가 신경을 자극할 수 있으니 '보내지 말라고' 당부하셨습니다. 위중하지 않다면 식구들의 병고에 대해서도 전하지 말라고 하셨습니다. 그런 소식은 본인의 마음을 더 우울하게 만들어 현재 상태에서 벗어나는 데 방해만 될 뿐이라고 전하라고 하셨습니다."

1899년 5월 무렵 한결 기분이 나아진 조지프는 오랜 동업자 딜런과 장남 랠프를 데리고 영국으로 떠났다. 〈월드〉는 평온을 되찾았고 재정도 정상으로 돌아왔다. 판매부수는 전쟁이 일어나기 전과 같은 수준으로 떨어졌지만 비용도 그만큼 줄었으므로 문제 될 것이 없었다. 〈월드〉는 여전히 뉴욕에서 광고하기 가장 좋은 신문이었다. 해외에서 벌어지는 전쟁을 취재하느라 큰 비용을 들이거나, 새로운 인쇄기를 도입하느라 무리하게 지출하거나, 비정상적인 판매부수 경쟁에 열을 올리느라 쓸데없는 돈을 쓰지 않았기 때문에 수입도 조금씩 늘어갔다.

조지프는 직원들에게 앞으로 한 달 동안 '지극히 중요한 일'이 아니면 전보를 보내지 말라고 지시했다. 켄싱턴에 또 다른 영지를 임대한 조지프는 크게 실망했다. "한밤중이나 다름없는 새벽 여섯 시에 네 개의 시계를 동시에 울려대는 최악의 이웃을 만난 데다 인근을 돌아다니는 공작새까지 시끄럽게 울어대는 바람에 도무지 쉴 수가 없어 괴롭다네."[28]

영국에서 조지프는 보좌관 후보 몇 명과 면담했다. 조지프의 보좌관들에게는 조지프를 만족하게 할 수 있는 적합한 보좌관을 찾는 일이 풀리지 않는 숙제와도 같았다. 조지프의 마음에 드는 사람을 찾는 일은 불가능에 가까웠다. 조지프를 찾아 온 손님들은 조지프와 원만하게 지내기가 쉽지 않다는 사실을 금세 깨달았다. 조지프는 사람들이 수프를 홀짝이며 먹거나 빵을 소리 내어 씹는다며 불평을 해댔다. 게다가 조지프의 보좌관들은 끝없이 이어지는 조지프의 무리한 요구를 무조건 견뎌내야 했다. 2주 만에 그만둔 어느 보좌관은 몇 년 동안 높은 사람을 보좌해본 결과, 높은 사람들은 다른 사람들과 관계를 맺는 방법을 잊어버렸다는 결론을 내렸다고 말했다. "따라서 퓰리처 씨, 당신은 사람들에게 지시를 내리는 일에 익숙해졌습니다. 당신을 모시는 사람들이 볼 때 당신은 그 밖의 일은 할 수 없는 사람입니다."[29]

그리고 이렇게 덧붙였다. "이렇게 말하는 저를 용서하시기 바랍니다. 성공한 사람들이 다 그렇듯 당신도 당신보다 못한 사람들의 인생을 우습게 여기는 경향이 있고 그것을 숨기지도 않습니다. 당신의 보좌관으로 일할 수밖에 없는 열등한 사람들은 당신이 자신들을 경멸한다는 사실을 잘 알고 있습니다."

조지프는 단 한 명의 보좌관도 새로 뽑지 못한 채 미국으로 돌아왔다. 〈월드〉가 위기를 넘기자 조지프는 대통령 선거에 열정을 쏟기로 했다. 미국으로 출발하기 전 조지프는 영국 언론에 브라이언이 1900년 대통령 선거에서 민주당 후보로 지명될 가능성이 크고 이번에는 〈월드〉가 브라이언을 지지할 수도 있다고 말했다. 조지프는 이렇게 전했다. "모든 것은 브라이언에게 달려 있습니다." 조지프는 브라이언이 은화자유주조운동에 대한 지지를 포기할 의향이 있다면 〈월드〉는 브라이언을 지지하게 될 것이라고 전망했다. 그러나 브라이언이 계속해서 은화자유주조운동을 지지한다면 이번에도 〈월드〉는 브라이언을 지지하지 않을 가능성이 컸다.[30]

그해 여름 조지프는 채톨드로 돌아갔다. 일 년 반 이상 비워두었던 집이었다. 그러나 조지프는 새로 수리한 '고요의 탑'에 만족하지 못했다. 수리를 했어도 고요의 탑은 여전히 소리를 완벽하게 차단하지 못했다. 조명도 조지프의 마음에 들지 않았다. 건축업자는 처음 낸 견적의 250퍼센트가 넘는 액수인 10만 8,000달러의 공사비를 요구했지만 공사

에 만족하지 못한 조지프는 공사비 지불을 거절했다.[31]

뉴욕 55번가의 집에도 예상하지 못한 비용이 들어갔다. 파손된 굴뚝을 보수하지 않은 탓에 인근에서 이미 두 건의 화재 사고가 일어난 상태였기 때문에 뉴욕 소방서장은 조지프에게 실내 보수를 권했다. 세인트루이스에 살 때 서던 호텔의 화재를 직접 경험했던 조지프는 소방서장의 의견을 즉시 수용해 굴뚝과 전등을 수리하고 집 뒤편에 대피 공간을 조성했으며 하인방에 화재경보기를 설치했다.[32]

케이트는 채톨드에서 지내는 조지프를 만나러 왔다가 곧 돌아갔다. 지킬 섬에서 슬픔에 젖어 지내는 동안 주변 사람을 견딜 수 없을 만큼 괴롭히는 조지프의 성격에 변화가 없었을 뿐 아니라 본인의 인내심도 바닥난 상태였기 때문이었다. 조지프와 함께 지내기보다는 떨어져서 지내기로 마음먹은 케이트는 버지니아 주 핫스프링스Hot Springs와 뉴욕을 오가며 시간을 보냈다. 조지프는 집안일을 돌보는 대가로 케이트에게 지급하기로 약속한 6,000달러에서 160달러를 줄이라고 회계담당자에게 지시했지만 케이트의 마음을 돌리는 데 별 도움이 되지 않았다. 〈월드〉의 회계를 맡아보면서 두 사람 사이의 금전적 다툼을 중재해온 앵거스 쇼는 케이트에게 이렇게 경고했다. "이번 조치가 무엇을 의미하는지 잘 알고 계시리라 믿습니다. 하지만 혹시 오해하실 가능성에 대비해서 미리 말씀드리는 것이 좋겠다고 생각했습니다."[33]

그 뒤 두 사람의 관계는 조금씩 회복되었다.

25장

위대한 업적

1891년 2월의 유난히 추운 어느 날 소방관들은 뉴욕 우체국에서 걸려온 전화를 받았다. 인도에 수직으로 설치된 환기구 안에서 비명이 들렸다는 신고였다. 지하에 설치된 기계실은 주석으로 만들어진 환기구를 통해 지상으로 연결되어 있었기 때문에 기계실에서 불이 나자 시뻘건 화염이 환기구를 타고 지상까지 올라왔다. 소방관들이 다급히 환기구 뚜껑을 열자 열세 살 먹은 소년이 온몸에 화상을 입은 채로 뛰쳐나왔다. 그 안에 다른 소년이 더 있다는 말을 전해 들은 소방관들의 눈에 불타고 있는 넝마 더미가 보였다. 소방관들이 들어가 열일곱 살 먹은 신문팔이 소년 존 가르다리노John Gardarino를 끌고 나왔다. 소년의 온몸에 불이 붙어 타고 있었다.[1]

가르다리노는 조지프가 운영하는 신문사나 그 밖의 다른 대형 신문사들이 판매를 위해 의지하고 있는 수천 명의 신문팔이 소년 가운데 하나였다. 신문팔이 소년들은 추운 겨울이나 더운 여름도 가리지 않고 한결같이 거리로 나섰다. 신문팔이 소년들은 극장 앞, 식당 앞, 사교 클럽 앞, 기차역 안, 부두 등 사람이 있을 만한 곳이면 어디든 누비며 파크 로에 포진한 신문사들이 발행한 신문을 팔러 다녔다. 초고속 컬러 인쇄기가 개발되고 전신망이 전 세계 곳곳을 이어주었으며 그 밖의 경이로운 기술적 발전으로 인한 새로운 기계가 속속 등장했음에도 거리의 소년들이 없으면 신문사들은 독자들에게 신문을 판매할 수 없었다.

화상을 입은 10대 소년은 한겨울 밤의 추위를 피하기 위해 환기구에 몸을 숨겼다가 변을 당했다. 작은 건물에 여러 가구가 모여 사는 공동주택이 즐비한 크로스비 가에 있는 집으로 돌아가지 않고 환기구에서 밤을 지내려 한 이유는 그날 받아든 신문을 다 팔지 못했기 때문이었다. 어쩌면 그날 번 돈을 도박으로 몽땅 날렸기 때문이었을지도 모른다. 이유야 어찌 되었든 식구들을 볼 면목이 없었던 소년은 환기구에서 잠을 청했고 결국 뉴욕의 어느 병원에서 서서히 죽어갔다.

가르다리노 같은 신문팔이 소년들은 조지프가 운영하는 〈이브닝 월드〉와 허스트가 운영하는 〈이브닝 저널〉 사이에 벌어진 잔인한 경쟁에서 각별히 중요한 임무를 수행했다. 석간신문이었음에도 이 두 신문의 발행 시간은 점점 앞당겨져, 이제는 오전에 발행되어 종일 팔려나갔다. '호외'라고 부를 만한 기사가 생기면 한 시간에 한 번꼴로 새 신문이 인쇄되었고 늦은 밤까지 팔려나갔다. 경쟁에서 우위를 점하기 위해 색상을 달리해 인쇄하기도 했다. 그리고 그렇게 판매되는 신문의 부수는 상상을 초월했다. 뉴욕 사람들은 잉크도 채 마르지 않은 따끈따끈한 신문을 뉴욕 거리 아무 데서나 단 1센트에 구입해 볼 수 있었다.[2]

가정으로 배달되는 조간신문과는 다르게 석간신문 대부분은 거리에서 판매되기 때문에 석간신문 판매부수는 1면 머리기사를 쓰는 편집자와 거리에서 신문을 파는 신문팔이 소년들에게 달려 있다고 해도 과언이 아니었다. 둘의 관계는 극작가와 배우의 관계와도 같았다. 편집자들이 시선을 사로잡는 1면 머리기사 제목을 뽑아 대문짝만하게 인쇄하면 신문팔이 소년들은 그 제목을 외치며 거리에서 신문을 팔았다. "조그만 아이가 고사리손에 1센트를 거머쥔 채 어머니가 보는 앞에서 전차에 치여 숨지" 같이 좋은 제목은 그날 신문을 모두 판매하게 하는 1등 공신이었다.[3]

미국-에스파냐 전쟁은 신문팔이 소년들에게 호재로 작용했다. 〈월드〉나 〈뉴욕 저널〉이 인쇄부수를 늘렸음에도 신문팔이 소년들은 그날 받은 신문을 모두 판매할 수 있었다. 그러나 〈월드〉의 경영관리인은 적자를 메우라는 조지프의 지시로 골머리를 썩이고 있었다. 허스트와의 경쟁에서 패배했다는 사실을 인정하는 꼴이 될 수 있으므로 신문 가격을 인상할 수는 없었다. 급여 삭감도 불가능했다. 자칫 기자들이 대거 〈뉴욕 저널〉로 이동할 가능성이 있었기 때문이었다. 식자공과 인쇄공은 노동조합이 결성되어 있었기 때문에 그들의 급여는 함부로 건드릴 수 없었다.

결국, 경영관리인들은 신문팔이 소년들을 비용 삭감의 제물로 삼았다. 〈월드〉는 100부당 50센트이던 도매가격을 100부당 60센트로 올렸다. 그러자 〈뉴욕 저널〉도 도매가격을 인상했다. 그 밖의 다른 신문사들은 도매가격 인상에 참여하지 않았다. 신문팔이 소년들에게 몇 센트 덜 준다고 해서 얼마나 많은 돈이 될까 싶겠지만 그 돈을 모두 합하면 거의 100만 달러에 이르는 〈월드〉의 1년 적자를 메우고도 남았다. 조지프의 경영관리인들은 이민 온 소년들로 구성되어 저마다의 언어로 의사소통 하는 오합지졸들이 저항하면 얼마나 저항할 수 있겠는가 하면서 대수롭 지 않게 생각했다.[4]

그러나 그들의 예측은 보기 좋게 빗나갔다.

처음에는 신문팔이 소년들이 인상된 도매가격을 순순히 받아들였 다. 전쟁으로 인한 흥분이 뉴욕을 지배하던 시기에는 신문 60부 정도는 거뜬하게 판매할 수 있었기 때문이었다. 그러다 전쟁이 끝나고 1899년 으로 접어들면서 신문 판매부수가 급격히 떨어지자 판매할 신문을 받기 위해 파크 로에 줄을 선 신문팔이 소년들의 머릿속에는 얼마나 많은 신 문을 구입할 것인지에 대한 계산으로 가득했다. 너무 적게 사면 손에 쥐 는 돈이 줄어들고 너무 많이 사면 자칫 손해를 볼 수 있었다.

신문팔이 소년들은 〈월드〉와 〈뉴욕 저널〉에 도매가격을 전쟁 전과 같은 수준으로 인하하라고 요구했다. 다른 신문사들이 매기는 도매가격 과 같은 가격을 요구한 것이다. 그러나 조지프와 허스트는 신문팔이 소 년들의 요구를 거절했다. 1899년 7월 18일 롱아일랜드시티Long Island City 의 어느 배달기사가 〈월드〉 신문 뭉치에 무료 배포 신문을 끼워 신문팔 이 소년들에게 팔았다. 뒤늦게 상황을 파악한 소년들은 돈을 돌려달라 고 요구했지만 배달기사는 환불을 거절했다. 성난 신문팔이 소년들이 배달기사의 짐마차를 넘어뜨렸고 놀란 배달기사는 황급히 달아났다. 신문팔이 소년들이 행동에 나섰다는 소식이 뉴욕 전역으로 번졌고 모든 신문팔이 소년들이 파업에 동참했다. 그날 하루 동안 석간신문을 사려던 뉴욕 시민들은 신문이 하나도 없는 신문팔이 소년들과 마주치게 되었다. 신문팔이 소년들은 상의에 "신문팔이 소년들은 파업 중. 〈이브닝 저널〉이나 〈이브닝 월드〉 판매 중단" 또는 "파업 중"이라는 문구를 새긴 헝겊을 달고 있었다.[5]

　신문팔이 소년들의 파업은 석간신문들에 즉각적인 타격을 안겼다. 어느 통신원은 이렇게 전했다. "1.6킬로미터나 걸어갔지만 석간신문을 판매하는 신문팔이 소년을 단 한 명도 만나지 못했다." 유럽에서 몇 달을 체류한 뒤 바 하버로 돌아온 조지프는 도착 직후 파업 소식을 들었다. 사이츠는 조지프에게 이렇게 보고했다. "사실상 뉴욕과 인근 지역의 모든 신문팔이 소년이 판매를 중단했습니다. 〈월드〉 사옥 앞에는 신문팔이 소년들이 모여 도매가격 인하를 외치고 있습니다. 얼마나 많이 모였는지 경찰에게 도움을 청해야 할 지경입니다." 다른 신문들은 사태 해결에 별 도움이 되지 못했다. 신문팔이 소년들은 〈이브닝 월드〉와 〈이브닝 저널〉의 판매만을 중단했기 때문에 다른 신문들은 쾌재를 부르면서 신문팔이 소년들의 파업을 지지하는 사설을 내보내기 바빴다.[6]

　한편 신문팔이 소년들의 파업 때문에 공공의 적으로 몰린 두 경쟁 신문은 협력의 발판을 마련하게 되었다. 신문팔이 소년들이 파업에 나서고 이틀 만에 허스트의 경영관리인 솔로몬 커발로와 조지프의 보좌관 사이츠가 한자리에 모였다. 사이츠는 회의 결과를 조지프에게 이렇게 보고했다. "커발로를 만나 이 문제를 놓고 오랫동안 대화를 나누고 온 참입니다. 일단 월요일까지 사람을 최대한 끌어모으기로 했습니다. 공격을 받아도 대항할 수 있는 건장한 사람들을 모아 판매를 재개해볼 생각입니다."[7]

광고주들은 〈월드〉와 〈뉴욕 저널〉에 광고를 싣지 않겠다고 으름장을 놓으면서 판매부수가 떨어진 만큼의 광고비를 돌려달라고 떼를 썼다. 사이츠는 조지프에게 이렇게 보고했다. "정말 이례적인 일입니다. 사람들이 〈월드〉에 맞서는 것처럼 보입니다. 사람들은 신문팔이 소년들을 응원하면서 금전적인 지원을 보냅니다. 신문팔이 소년들에게 동조하지 않는 사람이라도 신문을 샀다가 빼앗길지도 모른다는 걱정에 구입하지 않고 있습니다."[8]

사이츠가 모아 온 노숙자들이 경찰의 보호를 받으며 신문을 팔러 거리로 나선 덕분에 월요일부터는 〈이브닝 월드〉와 〈이브닝 저널〉을 거리에서 다시 판매할 수 있게 되었지만 판매부수는 기대에 못 미치는 수준이었다. 사이츠는 조지프에게 이렇게 보고했다. "대체 인력을 투입한다는 계획은 아무래도 실패로 돌아간 것 같습니다. 그렇지만 그 밖에도 많은 대안이 있습니다. 어떻게든 거리에서 〈이브닝 월드〉가 판매되도록 만들어야 합니다. 〈이브닝 월드〉가 거리에서 자취를 감추는 일은 상상도 할 수 없으니까요."[9]

파업이 지속되는 동안 사이츠는 조지프에게 신문팔이 소년들과의 관계를 이예 청산하자는 내용을 비롯한 강경책을 여럿 제시했다. 신문팔이 소년들은 파업불참자를 공격하면서도 여성이 운영하는 얼마 안 되는 신문가판대는 공격하지 않는 기사도 정신을 발휘했다. 그렇더라도 신문팔이 소년들은 파업을 유지하기 위해 애썼다. 파업 주도자 중 한 사람인 키드 블링크Kid Blink는 집회에 참여한 수천 명의 신문팔이 소년들 앞에서 이렇게 연설했다. "퓰리처나 허스트 같은 백만장자들이 생각하는 10센트와 우리가 생각하는 10센트의 가치가 같을 수는 없지 않습니까?" 그러나 곧 문제가 불거졌다. 새 옷을 입고 현금 뭉치를 든 블링크의 모습이 파크 로 인근에서 포착된 것이다. 블링크가 매수당했다고 생각한 신문팔이 소년들은 블링크의 뒤를 밟았다. 그러자 다른 파업 주도자들도 이런저런 뇌물을 받았다는 의혹에 휩싸이기 시작했고 파업에서 이탈해 〈이브닝 월드〉와 〈이브닝 저널〉을 판매하는 신문팔이 소년들이 나타났다.[10]

조지프와 허스트는 파업을 끝장낼 계책을 마련했다. 신문가판대와 배달기사들이 팔지 못하고 남은 신문을 신문팔이 소년들에게 무료로 나눠주도록 조치한 것이다. 그러자 신문팔이 소년들은 적극적으로 신문판매에 나서기 시작했다. 그러나 100부당 60센트라는 도매가격은 변함이 없었다. 판매되지 않은 신문을 신문팔이 소년들에게 나눠주는 비용은 그들을 판매에 복귀시킨 성과에 비하면 그리 큰 비용이 아니었다. 남은 신문을 무상으로 나눠주자 신문팔이 소년들이 더 오랫동안 거리에 남아 신문을 팔게 되었을 뿐 아니라, 남은 물량을 신속하게 처리할 수 있게 된 신문가판대를 통해 다음 판을 다시 신속하게 배포할 수 있었으므로 조지프와 허스트에게는 일거양득이었다.[11]

〈월드〉와 〈뉴욕 저널〉이 단단한 협력관계를 유지하는 가운데 파업 주도자들이 흩어지면서 구심점이 사라지자 파업에서 이탈하는 신문팔이 소년들이 속출했다. 결국 그해 7월 26일 신문팔이 소년들은 항복을 선언했다. 사이츠는 이렇게 전했다. "신문팔이 소년들이 찾아와 백기를 들었다." 사이츠는 즉시 조지프에게 전보를 보냈다. "파업은 와해되었습니다. 판매부수 회복을 위해 많은 노력을 기울이겠습니다." 그러고 나서 사이츠는 〈월드〉에 신문팔이 소년들의 파업이 종료되었음을 공식 선언했다.[12]

막강한 힘을 가진 두 신문이 불편한 여론을 형성하고 경제적인 타격을 입힌 신문팔이 소년들의 도전을 제압하는 데 걸린 시간은 고작 일주일에 불과했다. 파업이 진행되는 일주일 동안 조지프는 침묵으로 일관했다. 20년 전 〈세인트루이스 포스트-디스패치〉를 인수한 첫 달에도 조지프는 더 많은 판매수당을 요구하는 신문팔이 소년들과 맞섰던 경험이 있었다. 당시에는 경찰에 도움을 청하지도 않았고 파업 파괴자를 동원하지도 않았다. 심지어는 신문팔이 소년들의 입장에 공감을 표하기도 했었다. 그러나 당시에는 조지프가 파산하기 일보 직전의 신문사를 정상 궤도에 올려놓으려고 고군분투하는 입장이었으므로 신문팔이 소년들의 요구를 들어줄 만한 경제적인 여력이 아예 없었다.

그러나 이번에는 변명의 여지가 없었다. 〈월드〉는 미국에서 가장 돈을 많이 벌어들이는 성공한 신문사였다. 〈월드〉는 다른 신문사들이 책정한 도매가로 신문을 넘기라는 신문팔이 소년들의 요구를 들어줄 여력이 충분했다. 그러나 조지프는 그렇게 하지 않았다. 10대 시절 뉴욕의 거리를 떠돌면서 먹고 잠을 청해본 경험이 있는 조지프였지만 신문팔이

소년들에게 단돈 10센트의 자비조차 베풀지 않은 것이다.[13]

조지프는 〈월드〉의 런던 통신원을 맡았던 데이비드 그레이엄 필립
스가 얼마 못 가 뉴욕으로 복귀했을 때 필립스를 설득해 〈월드〉에 남게
했다. 뉴욕으로 돌아온 필립스가 가장 처음 맡은 업무는 기사작성이었
다. 그다음으로 필립스는 (아직 〈월드〉에 남아 있었던) 브리즈번의 제안으로
논설위원을 맡았다. 흔치 않은 축복이었다. 사설이야말로 조지프가 〈월
드〉에서 가장 소중하게 생각하는 지면이었다. 나중에 조지프는 호스머
에게 이렇게 털어놓았다. "몸은 스코틀랜드를 향해 가지만 심장은 프랑
스에 남겨두었다는 메리 스튜어트Mary Stuart 여왕의 말처럼 내 심장은 언
제나 사설과 함께했고, 지금도 그렇고, 앞으로도 그럴 것이네."[14]

필립스는 '사설'을 책임지는 윌리엄 메릴의 지휘를 받는 4인방 중
한 사람이 되었다. 나머지 세 사람은 〈세인트루이스 포스트-디스패치〉
시절부터 조지프와 함께 일했던 존 딜런, 1896년 브라이언과 싸울 당시
조지프를 보좌했던 조지 이글스턴, 인터뷰를 잘하기로 소문난 제임스
클라크James W. Clarke였다. 네 사람은 〈월드〉 사옥에 마련된 각자의 방에
서 일했다. 필립스는 사설을 쓰다가 내용이 마음에 들지 않으면 사설을
쓰던 종이를 구겨서 사무실 바닥에 버리곤 했는데, 그 덕분에 청소하는
아주머니들의 원성을 듣기도 했다.

논설위원이라는 직책은 압박이 대단한 직책이었다. 〈월드〉가 사설
에서 제시하는 의견은 정부 관계자들이 주의 깊게 읽을 뿐 아니라 다른
신문들이 심심치 않게 재수록하는 등 중요한 위상을 차지하고 있었다.

게다가 조지프는 한시도 감시의 끈을 놓지 않았다. 조지프는 중요한 사설이 있으면 보좌관들에게 두 번씩 읽게 했다. 조지프는 논설위원들에게 가능한 한 최고의 사설을 쓰라고 주문했고 더 적게 쓰더라도 더 좋은 사설을 쓰라고 주문하기도 했다. 〈월드〉가 하나의 목소리를 내기를 바란 조지프는 메릴에게 다음과 같이 지시했다. "딜런과 필립스에게 항상 동일한 어조의 사설이 나와야 한다고 귀에 못이 박힐 때까지 이야기하시오."[15]

조지프를 만족시킬 수 있는 사람은 세상에 없었다. 어느 날은 정치문제에 대한 논평을 쓰지 말라고 해놓고서는 또 다른 날은 정치문제를 다룬 사설이 전혀 없다고 투덜대는 등 변덕이 반복되었다. 신문팔이 소년들의 파업이 한창이던 1899년 여름, 조지프는 그동안 쌓아두었던 불만을 한꺼번에 터뜨렸다. 조지프는 메릴에게 전보를 보내 필립스와 이글스턴에게 전보의 내용을 또박또박 읽어주라고 지시했다. "지시한 대로 또박또박 읽어주게. 지금 나는 무척 화가 난 상태지만 그래도 이 전보를 굉장히 신중하게 작성했다는 점을 명심해야 할 것이네. 필립스와 이글스턴은 의견이 있는데 표현하지 않거나 아니면 표현할 의견이 없는 것으로 보이네. 어느 경우든 두 사람은 논설위원으로서의 책무를 다하지 못하고 있는 것일세. 희생양이나 허수아비 행세를 하는 인간들한테 물릴 만큼 물렸으니 내가 혐오하는 짓을 당장 그만두고 책임감 있는 논설위원이 되도록 노력하라고 이르게."[16]

여름에 몰아치는 폭풍우와도 같은 조지프의 분노를 피해갈 수 있는 편집자는 없었다. 필립스도 그 점에서는 다른 편집자와 별반 다르지 않았다. 그럼에도 조지프는 필립스가 자신의 뒤를 이어 〈월드〉를 이끌어 갈 재목이라는 견해를 바꾸지 않았다. 조지프는 필립스에게 개인적인 조언도 아끼지 않았다. 아무에게도 하지 않았던 조언이었다. 그해 여름이 끝나갈 무렵 필립스를 바 하버로 초대한 조지프는 필립스가 〈월드〉에 합류한 뒤 쓴 기사들을 함께 검토하고 개선방안을 찾아주겠다고 약속했다. "나는 예민하고 생각이 많으며 호감이 가는 사람을 제대로 비판하지 못하는 단점이 있다네. 자네가 곤봉이라도 들고 위협하지 않는 한 자네가 쓴 기사를 신랄하게 비판할 수 있을지 모르겠네. 하지만 자네를 위해서라도 비판은 꼭 필요한 일이니 여차하면 곤봉으로 나를 위협하겠다고 약속하게나. 이 모든 것이 다 자네의 미래를 위한 일이라네. 알다시피 나의 시대는 이제 저물어가고 있지 않은가."[17]

그러나 조지프는 필립스가 다른 미래를 구상하고 있다는 사실을 눈치채지 못했다. 어느 날 술에 잔뜩 취한 필립스는 친구들에게 글 쓰는 법과 다양한 사람들의 인생에 대해서 배울 때까지만 신문사를 다닐 생각이라고 털어놓았다. 신문사 생활은 필립스가 최초로 쓴 소설의 재료를 제공했다. 업무를 마치고 집으로 돌아간 필립스는 설리번 가와 맥두걸 가 사이에 자리 잡은 워싱턴 스퀘어 인근의 하숙방에 틀어박혀 소설을 썼다. 그 소설에는 필립스가 언론계에 발을 들인 뒤 직접 경험한 내용과 조지프를 관찰해 얻은 결과가 녹아들어 있었다. "언론계에 발을 들인 나는 사설에는 쓸 수 없는 진실과 마주칠 기회를 얻었다. 세속적인 성공을 거머쥐었다고 인정받는 사람들 사이에 끔찍한 실패가 도사리고 있다는 사실에 깊은 인상을 받았다. 그들이 얼마나 불행한지, 그들이 품은 동기가 얼마나 유치한지 나는 잘 안다. 그들은 도저히 만족할 줄 모르는 성격 때문에 절대로 행복해질 수 없다."[18]

필립스가 지은 소설 《위대한 성공The Great God Success》에는 뉴욕의 일간신문에 취직한 젊은이가 주인공으로 등장한다. 소설 첫머리에 이미 소설의 내용을 짐작케 하는 문구가 등장한다. 소설에 등장하는 한 노련한 기자는 주인공 하워드Howard에게 이렇게 충고한다. "언론을 직업이라고 생각하지 마라. 언론은 학교이자 공동묘지다. 언론은 다른 무언가를 이루려는 사람에게 발판이 될 수도 있지만, 언론에 지나치게 집착하다가는 실제로 죽어서 땅에 묻히기 한참 전에 이미 열정도 목적도 사라진 노인이 되어 죽은 것이나 다름없는 자신의 모습을 보게 될 것이다."[19]

그런 운명을 피하기 위해서 필립스는 비밀리에 소설 작업을 계속해 나갔다.

신문팔이 소년들의 파업이 정리되자 이번에는 유통업자들이 나서서 도매가격 인하를 요구하는 바람에 커발로와 사이츠가 다시 머리를 맞대야 했다. 커발로는 사이츠에게 지난 달 신문팔이 소년들의 파업에 대응하는 과정에서 얻은 교훈에 대해 이야기했다. "신문팔이 소년들의 파업에 우리가 협력하여 대응했기 때문에 이길 수 있었지 않나. 그래서 허스트에게 가서 〈월드〉와 협정을 맺을 절호의 기회라고 건의했지."[20]

사실 허스트는 이미 1897년에 〈뉴욕 저널〉과 〈월드〉가 무한경쟁을 지속하는 것보다는 시장을 분할하는 것이 서로에게 더 이득이 될 것이라고 제안한 바 있었다. 두 경영관리인은 〈뉴욕 저널〉과 〈월드〉 사이에 피어난 화해 분위기를 정착시키는 일에 착수했다. 시장 분할이라는 허스트의 생각은 난생 처음으로 두 신문사의 발행인이 한자리에 모이는 계기가 되었다. 두 발행인의 만남은 비공개로 진행되었다. 그 자리에서 허스트는 조지프가 동의한다면 〈뉴욕 저널〉의 보도 범위를 축소해 〈월드〉가 가격을 인상할 수 있는 조건을 만들어주겠다고 제안했다. 사이츠는 이렇게 전했다. "협상 자리에 참석했던 사람으로서 그 말을 한마디로 정리하면 허스트는 진짜 1센트짜리 내용의 신문을 만들어 1센트에 팔고, 〈월드〉는 2센트로 가격을 올리고 그에 걸맞은 품격의 신문을 만든다는 말이었다."[21]

그러나 평화조약 체결을 위한 협상은 세부 사항에 대한 논의에 이르자 난항을 겪었다. 가장 큰 걸림돌은 허스트가 AP의 전신 기사를 활용할 수 없도록 조지프가 방해하고 있다는 점이었다. 언론계에 발을 들이던 세인트루이스 시절부터 AP 회원 자격에 큰 가치를 부여해온 조지프였다. 허스트와 평화조약 체결을 위한 협상을 벌이기 불과 몇 달 전, AP의 경쟁사였던 유나이티드 프레스United Press(오늘날의 UPI와는 무관함)가 폐업하자 유나이티드 프레스의 뉴욕 회원사들이 앞다퉈 AP 회원 자격을 얻으려 했다. 당시 〈뉴욕 헤럴드〉, 〈뉴욕 타임스〉, 〈뉴욕 트리뷴〉은 AP 회원사 자격을 얻었지만 〈뉴욕 저널〉은 회원사 자격을 얻지 못했다. 조지프가 AP 이사 자격을 이용해 〈뉴욕 저널〉에 거부권을 행사했기 때문이었다. AP의 전신 기사를 활용할 수 없다면 〈뉴욕 저널〉의 경쟁력은 크게 줄어들 터였다. 그러나 허스트는 세인트루이스에서 조지프가 써먹었던 속임수를 이용했다. 허스트는 〈뉴욕 모닝 애드버타이저New York

Morning Advertiser〉를 인수해 〈뉴욕 저널〉에 편입시킨 뒤 〈뉴욕 모닝 애드버타이저〉가 보유하고 있던 AP 회원사 자격을 활용했다.[22]

1897년 당시 평화조약 체결을 위한 협상을 주도했던 사이츠와 커발로는 조지프와 허스트 사이에 존재하는 적대감이 완전히 가시지는 않았다는 사실을 잘 알고 있었다. 두 사람은 과거의 실패를 되풀이하지 않으리라 다짐하면서 1899년 8월 협상을 재개했다. 협상에 나서기에 앞서 사이츠는 바 하버로 가서 조지프에게 협상에 대한 지침을 받았다. 조지프는 사이츠에게 이렇게 지시했다. "그쪽에서 무슨 제안을 하건 선의에서 하는 제안으로 받아들이게. 자네도 알다시피 허스트와 벌이는 경쟁은 애초부터 어처구니없는 소모적인 경쟁이었어. 게다가 이대로 계속 가다가는 우리가 도저히 버틸 수 없을걸세. 결국에는 우리가 지고 말 경쟁이라는 말일세. 그렇다면 상식적으로 생각해볼 때 이왕이면 서로에게 이득이 되는 방식으로 끝을 보는 것이 낫지 않겠나? 같은 전장에서 피 터지게 싸우는 것보다는 서로의 영역을 나누는 방식으로 공존하는 것이 더 나을걸세."[23]

한마디로 조지프는 경쟁이 아니라 공존을 선택했다. 조지프는 자신이 제안한 결탁이 〈월드〉가 하루가 멀다 하고 공격하는 담합이나 독점과는 다른 것이라고 말했다. 훗날 조지프는 필립스에게 이렇게 말했다. "모든 담합이 다 해로운 것은 아니라네." 그러나 조지프의 지지를 받으며 9년 전 통과된 셔먼 반트러스트 법Sherman Anti-Trust Act을 아무리 너그럽게 해석한다 해도 조지프와 허스트가 체결하려는 협정은 불법이었다. 조지프는 자신이 지지한 원칙을 스스로 배반하고 말았다.[24]

바 하버에 머무는 동안 조지프는 사이츠와 나눈 대화 내용을 요약한 기록을 남겼다. "평화를 바라는 내 마음을 개인적인 감정인 양 표현하지 말게. 무슨 일이 있어도 불안한 기색을 내보여서는 안 되네." 조지프는 경쟁자인 허스트가 〈월드〉의 약점을 이용해 이득을 보려 할지도 모른다고 우려하면서 노심초사했다. "내 건강이 좋지 않다는 사실을 알게 되거나 우리 쪽에서 불안한 기색이나 나약한 감정을 드러낸다면 허스트는 즉시 그것을 이용하려 들걸세." 조지프는 사이츠에게 우위에 서서 협상에 임하라고 주문했다. "협박을 받는다면 협상이란 아예 없다는 점을 반드시 명심하게."[25]

조지프는 이번 협상에 큰 기대를 걸었다. 사이츠와 커발로가 회의를 준비하는 사이 조지프는 사이츠에게 〈세인트루이스 포스트-디스패치〉가 수익을 남기고 있다는 사실을 상대방이 알지 못하도록 주의하라고 일렀다. 협상을 위반한 측에 대한 매우 강력한 제재 조치가 필요하다는 말도 덧붙였다. 조지프는 이렇게 말했다. "양측 모두 협상 내용이 제대로 이행될 것이라는 확신을 가질 수 있어야 하네. 어느 한쪽이라도 협상 이행에 대해 의혹을 품게 된다면 그 협상은 쓸모없는 것이나 다름없어. 그러니 서로가 서로를 겁내게 만드는 그런 협상이 되도록 진행하게."[26]

양측이 만날 날이 다가올수록 신경이 예민한 사람답게 조지프의 불안은 더해갔다. 조지프는 허스트로부터 우호적인 내용의 개인적인 편지를 받았고 사이츠에게 그 사실을 털어놓았다. 조지프는 개인적인 편지에 우호적으로 회신하지 못하는 무례를 범한다고 양해를 구한 뒤 최종 협상을 어겼을 경우 어긴 측이 당하는 불이익에 주안점을 둔 협상을 진행하기를 바란다는 내용의 회신을 작성했다. 그러고는 사이츠에게 이렇게 말했다. "이 내용을 허스트에게 직접 전달하되 문서의 형태로 전달하지 말고 말로 전달하게. 만일 커발로가 그 자리에 함께 있어야 한다면 그래도 상관없네." 그러나 몇 시간 뒤 마음을 바꾼 조지프는 사이츠에게 다급한 전보를 보냈다. "다른 지시가 있을 때까지 내가 어제 자네에게 보낸 편지 내용을 허스트에게 전달하지 말게."[27]

커발로와 마지막 협상에 돌입한 사이츠는 아무리 지나친 제안이라도 일단 제안된 모든 내용을 검토하겠다는 조지프의 의중을 전달했다. 그러나 조지프 본인은 별다르게 제안할 내용이 없었다. "따라서 협상은 기본적으로 우리의 몫인 것 같소. 내가 볼 때는 서로의 영역을 나눌 방법부터 생각해보는 것이 좋지 않을까 합니다."[28]

커발로가 물었다. "생각해둔 바가 있나요?"

처음부터 두 사람은 두 신문 모두 2센트로 가격을 올리는 방안을 포함해 모든 변수를 검토하는 데 동의했다. 사이츠는 조지프의 지시를 떠올렸다. "바 하버에서 받은 지시에 따르면 퓰리처 사장님은 신문 가격을 2센트로 올리는 데 동의하신 것이나 다름없어요. 2센트 인상안은 이미 끝난 문제라고 생각합니다." 두 사람은 남은 세부 사항들, 즉 광고 요율을 정하고 두 신문사 간의 관계를 비밀에 부치기로 합의했다.[29]

사이트와 커발로가 비밀 협상에 열중할 무렵 존 노리스는 아돌프 오크스와 점심을 함께 먹었다. 오크스는 3년 전에 만성 적자에 시달리던 〈뉴욕 타임스〉를 인수해 가격을 내리고 본인 특유의 객관적인 기사를 도입해 판매부수를 차츰 늘려가고 있었다. 〈뉴욕 타임스〉를 인수한 오크스는 신문의 좌우명을 이렇게 변경했다. "꼭 알아야 할 가치 있는 기사만을 전합니다." 참고로 테네시 주 채터누가에서 오크스가 운영했던 신문의 좌우명은 이랬다. "우리 신문은 아침 식탁보를 더럽히지 않습니다 (조간신문에 선정적인 기사를 내보내 식전부터 비위를 상하게 하는 일은 없다는 의미-옮긴이)." 오크스는 커발로가 자신에게 접근해 신문 가격을 2센트로 올리는 일에 동참하라는 제안을 했다고 노리스에게 털어놓았다. 오크스는 2센트 인상안에 귀가 솔깃해졌지만, 정작 커발로에게는 누군가 1센트로 신문 가격을 다시 내리면 2센트로 가격을 올린 신문은 경쟁력을 잃을까 봐 걱정된다고 말했다. 그러자 커발로는 오크스에게 도매상과 유통업자들이 지금보다 더 낮은 가격을 제시하는 신문과는 거래하지 않을 것이므로 그런 일은 일어나지 않는다고 확언했다.[30]

그해 9월 30일 사이츠와 커발로는 평화조약 초안을 완성해 조지프와 허스트에게 보고했다.

조지프는 평화조약에 서명하기로 약속했지만 협상 내용이 적절한지에 대한 의구심을 떨치지 못했다. 조지프는 이런 불만을 토로했다. "먼 곳에서 전보를 활용해 도박에 참여하는 일은 쉬운 일이 아니네. 특히 상대방의 얼굴이나 목소리조차 모른 채로 도박을 할 수는 없는 일 아닌가." 사이츠와 커발로가 제안한 평화조약에 따르면 두 신문사 모두 신문 가격을 2센트로 올리게 될 터였다. 단 석간신문은 신문의 크기를 더 이상 키우지 않는 조건으로 종전과 같은 1센트를 유지하기로 했다. 광고 요율도 통일하기로 했다. 또한 두 발행인은 서로의 직원을 넘보지 않고 사설 전쟁도 벌이지 않기로 약속했다. 마지막으로 〈이브닝 저널〉은 AP 회원사 자격을 얻는다는 조건이 달려 있었다.[31]

평화조약 초안을 검토한 노리스는 조지프에게 위험하고 어리석은 계획이라고 조언했다. 심지어 브래드퍼드 메릴은 그보다 더 나쁜 해석을 내놓았다. 메릴은 지금의 평화조약 초안 그대로 계약을 체결한다면 허스트만 유리하게 될 것이라고 생각했다. 메릴은 두 신문사 간의 경쟁은 돈을 버는 것과는 무관하다고 말했다. 두 신문사는 지금 돈이 아니라 주도권을 두고 다투는 중이었다. "지금 우리가 수행하는 싸움은 어느 한쪽이 최종적으로 승리할 수 있는 그런 싸움이 아닙니다. 이번 싸움은 주도권을 다투는 싸움이기 때문에 광고 요율을 통일하거나 신문 가격을 함께 2센트로 올리는 방식의 협약을 체결한다고 해서 마무리될 수 없습니다. 그런 협약은 오히려 전쟁 기간만 더 늘리고 상대방이 새 힘을 얻고 마음을 다잡을 여지만 주게 될 것입니다. 그런 협약은 결투에 나선 두 당사자를 한데 묶어놓아 싸움만 더 치열해지게 만들 뿐입니다. 그래서는 결론이 나지 않습니다."[32]

조지프는 노리스와 메릴의 충고를 받아들이지 않았다. 물론 서명하지 말라고 강력하게 조언한 사이츠의 충고도 무시했다. 보좌관이 평화조약 초안을 읽어주었을 때 조지프는 시행에 관련된 조항을 강화하는 데에만 집중했다. 평화조약 초안에는 계약을 위반한 측이 상대방의 금전적인 손실을 보상한다는 조항이 들어 있었다. 조지프는 최저 보상금을 100만 달러로 책정하려 했다. 조지프는 사이츠를 불러 '절대 어길 수

없는 조약이 되기 전에는 서명하지 않겠다고 선언했다.[33]

두 발행인이 비밀리에 체결하려는 조약은 불법적인 결탁에 해당하는 것이었으므로 조지프가 계약 위반에 따른 불이익 조항에 집착하는 것도 무리는 아니었다. 계약 자체가 불법이므로 법정 다툼을 벌일 수 없을 터였다. 따라서 개인적으로 보상받지 못한다면 조약을 체결할 이유가 없었다. 지난 30년 동안 흔들림 없이 독점과 담합에 반대해왔고 자신이 운영하는 〈월드〉를 통해 셔먼 반트러스트 법의 통과를 꿋꿋이 지지했던 조지프였지만 허스트와 결탁하는 일에는 아무런 양심의 가책을 느끼지 않았다. 뉴욕에 온 허스트가 끊임없이 〈월드〉를 괴롭히는 상황에 지쳐버린 조지프는 이 상황을 타개할 수만 있다면 악마와도 손을 잡겠다는 태세였다.

신문팔이 소년들의 파업을 분쇄하는 과정에서 조지프는 사회 정의와 경제 정의라는 개념을 추상적인 개념으로 치부하고 그런 개념이 남에게는 적용되어도 자신에게는 적용되지 않는다고 생각하게 되었다. 조지프는 사이츠에게 자신은 오로지 휴전을 원할 뿐이라고 털어놓았다. "그 조약을 체결하면 나는 앞으로도 계속 명성을 날리는 최상의 신문을 만들 수 있을걸세. 내 입맛에 맞는 정치 사설을 계속 쓸 수 있게 되겠지. 경영이나 기타 문제로 골머리를 썩이지 않아도 될걸세. 그런 것이 바로 '평화'라네."[34]

협상은 두 발행인이 결정한 내용을 번복할 때마다 끊어졌다 이어지기를 반복하며 가을 내내 지루하게 이어졌다. 허스트는 사이츠에게 솔직한 심정을 털어놓았다. "한마디로 우리는 '경쟁을 협력으로' 바꾸려는

것일세." 하지만 양측 모두 어떻게 해야 할지 그 방법을 알지 못했다.[35]

사이츠와 커발로가 절대 끝나지 않을 것 같은 지루한 협상에 매달려 있는 동안 조지프는 필립스에게 특별 지시를 내렸다. 필립스는 쓰고 있던 소설을 잠시 접어두고 전국을 누비면서 매킨리 대통령과 매킨리 대통령의 적수가 될 가능성이 큰 은화자유주조운동의 지지자 윌리엄 제닝스 브라이언의 정치적 영향력을 파악하고 다녔다. 조지프가 의심을 거둔 것은 아니었지만 브라이언은 미국 제국주의에 맞서는 강력한 적수로 부상하고 있었다. 미국-에스파냐 전쟁에서 승리한 미국은 쿠바와 필리핀에 대한 지배권을 확립했다. 그리고 그곳에 주둔했던 에스파냐 군대와 마찬가지로 비인간적인 방법까지 동원해 현지인들을 억압하려 하고 있었다.

필립스에게 세부적인 지침을 주면서 조지프가 말했다. "제국주의에 용감하게 맞서는 십자군의 선봉에 선 이 남자에게 이 나라에 봉사할 수 있는 자리 중 가장 고귀한 자리를 주어야 한다는 사실을 도저히 받아들일 수가 없네. 제국주의에 맞선다는 명분을 내세워 지금까지 성취해온 일들은 평가할 가치조차 없는 일인 것 같아. 그저 민주당에 괴로움만 안겨주었을 뿐 아닌가. 결국 멸망의 길로 한 걸음 내디딘 것이나 다름없는 것으로 보이네."[36]

필립스는 네브래스카 주에 머물고 있는 브라이언을 방문하는 것으로 전국 여행을 마무리 지었다. 사실 필립스는 이미 브라이언에게 마음을 빼앗긴 상태였다. "집으로 찾아가 브라이언 씨를 만났습니다. 정말 진실한 사람이었습니다. 진정한 기개를 지니고 주변 사람들에게 영향력을 행사하는 분이었습니다. 사장님께서 브라이언 씨에게 너그러운 태도를 보여주시면 좋겠습니다. 엄밀하고 정확하게 말하고 최대한 진실만을 말하되, 적대감이 아닌 호의를 가지고 평가해주시길 바랍니다." 필립스의 조언에 따라 조지프는 브라이언을 지지하기로 마음먹었다.

　겨울이 시작될 무렵 필립스의 전국 일주도 끝이 났다. 필립스는 잠시 접어두었던 소설《위대한 성공》의 집필에 다시 몰두했다. 소설 속 주인공 하워드는 편집자로서 큰 명성을 얻고 권력을 거머쥐게 되었다. 결국 신문사를 인수해 발행인의 자리에 오른 하워드는 조지프가 사용했던 원칙을 신조로 내세웠다. "대중을 매료시켜라. 그들이 재미있어하는 내용을 보여주고 읽게 만들어라. 그리고 그대로 생각하게 하라." 하워드의 기자 시절은 필립스 본인의 경험을 바탕으로 기록되었고 하워드의 발행인 시절은 조지프를 본보기 삼아 기록되었다. 필립스는 한때 이상을 추구하는 개혁가였던 남자가 변모해가는 모습을 가까이에서 지켜본 사람 중 하나였다. 시력을 잃고, 실제 고통과 상상 속 고통에 시달리는 불행을 겪으면서 타인의 고통을 느낄 수 없게 되어버린 조지프는 철저한 이기주의자로 변모해 있었다. 조지프는 이제 자신을 위해 대의명분을 내세우는 사람이 되었다. 필립스는 조지프의 고뇌를 읽었고 그 고뇌를 소설 속 주인공을 통해 구현했다.[37]

　필립스는 하워드를 이렇게 묘사했다. "하워드는 본인이 변했다는 사실을 잘 알고 있었다. 위대한 업적을 이룩하는 데 필요한 명석한 판단력을 지닌 사람일수록 자기 자신을 속이기는 어려운 법이다. 하워드는 한때 이 세상에서 함께 살아가는 사람들을 위한 이상을 품고 그 이상을 달성하기 위해 달려갔지만, 지금은 그 사람들을 이용해 자신이 원하는 무언가를 달성하려는 뒤틀린 이상을 품게 되었다. 이상이 아니라 명성을 추구하게 된 것이다. 자신이 변했다는 사실은 누구보다 본인이 더 잘 알고 있었다. 하워드는 이상과 욕망이 하나가 될 수 없다는 사실도 잘 알았다. 어찌 보면 그 둘을 하나로 통합할 필요성을 못 느꼈기 때문에 시도조차 하지 않았다고 보는 것이 옳았다. 하워드는 과거에 품었던 이상을 경멸했지만, 한편으로는 그 이상을 경멸하는 자기 자신을 경멸했다."

시간이 흐르면서 하워드는 과거에 품었던 이상을 하나하나 내던졌다. 처음에는 석탄회사들의 담합을 묵인하더니 나중에는 정치적 약속조차 저버렸다. 소설이 끝나갈 무렵 하워드는 우울증에 시달린다. "하워드는 고상한 열정은 온데간데없고 이기심과 탐욕만 가득한 자신의 모습을 경멸하기 시작했다. 하워드는 어째서 자신을 기만하는 행복을 누리지 않으려 하는 것일까? 원했던 모든 것을 성취했지만 그래서 괴로운 하워드는 무슨 이유로 과거의 오점을 덮으려 하지 않는 것일까?"

소설은 이렇게 이어진다. "답은 간단하다. 젊은 시절 하워드는 신념을 가진 청년이었다. 그가 가진 원칙은 고결했다. 젊은 시절 하워드는 화려하지만 헛된 겉모습에 목을 매는 사람이 아니었다. 타인의 고통에 무관심한 채 성공만을 맹목적으로 추구하는 사람도 아니었다. 신체의 허약함은 그저 허약함일 뿐 지금처럼 그의 모든 것을 지배하는 특성이 아니었다. 하워드는 불과 몇 년 사이 변한 자신의 모습을 보며 냉소적인 미소를 지었다. 그러나 기억의 거울을 통해 자신을 들여다보는 정직하고 두려움 없는 시선과 마주칠 용기는 차마 내지 못했다.”

26장

자신의 그림자에
쫓기는 사나이

1900년 1월 8일 케이트는 어렴풋한 비명에 잠을 깼다. 그 소리는 뉴욕 이스트 55번가에 자리 잡은 퓰리처 일가의 집 2층에 위치한 케이트의 침실 바로 아래 창문에서 흘러나왔다. 두꺼운 커튼과 창문 너머로 "불이야!"하는 외침이 울려 퍼졌다. 20여 명의 하인들 가운데 집 뒤편에서 화염이 솟구치는 모습을 목격한 한 하인이 모두 집 밖으로 나가라고 다급하게 소리쳤다.[1]

자리를 박차고 나온 케이트는 열한 살 먹은 콘스턴스와 열세 살 먹은 이디스가 잠들어 있는 옆방으로 황급히 뛰어갔다. 케이트는 두 아이를 담요로 감싸 안고 연기 자욱한 계단을 내려왔다. 안전한 거리로 나온 케이트는 두 아이를 이웃에 맡겼다.

새해를 가족과 함께 보낸 조지프는 조지프 2세를 데리고 뉴저지 주

레이크우드로 떠나서 그곳에 체류하고 있었고 랠프는 하버드로 돌아가고 없었다. 그러나 세 살 난 허버트Herbert는 아직 집 안에 있었다. 맨발에 잠옷 하나 달랑 걸친 케이트는 불길이 치솟고 있는 집으로 되돌아갔다. 커튼, 벽에 걸어둔 장식품과 미술품들이 불타면서 자욱한 연기가 피어올랐지만 케이트는 아랑곳하지 않고 계단을 올라 3층으로 뛰어갔다. 허버트를 품에 안은 유모는 겁에 질린 채 창턱에 서 있었다. 금방이라도 뛰어내릴 태세였다. 케이트는 등 뒤에서 유모를 끌어안고 뛰어내리지 못하게 말렸다. 세 사람은 자욱한 연기로 한 치 앞도 보이지 않는 상황에서 더듬거리면서 복도를 지나 계단을 내려왔다. 다행히 세 사람 모두 무사했다. 가장 먼저 불길을 발견한 하인이 커튼을 뜯어내 케이트의 어깨에 걸쳐주었다. 허버트를 품에 안은 케이트는 안전을 위해 이웃집에 맡겨둔 두 딸을 데리러 갔다.

소방관들은 꼬박 한 시간을 맹렬하게 타오르는 불길과 싸웠다. 소방서장의 조언을 받아들여 조지프가 집 바깥을 빙 둘러 설치한 계단이 오히려 불길을 집 전체로 번지게 만드는 통로 역할을 했다. 케이트와 아이들이 이웃집으로 피신한 사이 하인들은 없어진 사람은 없는지 확인하러 나섰다. 다행히 대부분은 꼭대기 층에 위치한 하인 숙소에서 빠져나와 지붕 위로 올라간 뒤 이웃집으로 건너간 상태였다.

하인 가운데 누군가가 모건 젤렛Morgan Jellett이 지붕으로 올라가 피신했다가 크리스마스 선물이 들어 있는 책가방을 가지러 집으로 되돌아가는 모습을 보았다고 전했다. 젤렛은 케이트의 개인 보좌관이었다. 그말을 듣고 집 안으로 들어간 소방관들은 3층에서 젤렛의 시신을 발견했다. 젤렛은 손에 책가방을 쥔 채 숨져 있었다. 젤렛 옆에는 가정교사로 일하는 엘리자베스 몽고메리Elizabeth Montgomery가 잠옷과 실내화 바람으로 누워 있었다. 그 밖에 루실이 좋아했던 킹 찰스 스패니얼 종 강아지 리키가 사라졌는데, 아마도 죽었을 터였다.

레이크우드에 있는 조지프에게도 화재 소식이 전해졌다. 조지프에게 전화를 건 소방관은 가족들이 모두 무사하다고 알렸다. 공포가 조지프의 안정을 깨뜨릴 가능성이 있었으므로 희생자에 대한 이야기는 전하지 않았다. 나중에 그 소식을 접한 조지프는 희생자들의 장례 비용을 대신 지불했고 소방서와 경찰서에 기부금을 냈다. 화염은 많은 것을 앗아갔다. 케이트의 초상화 3점, 조지프의 초상화 1점, 그 밖에 조지프와 케이트 부부가 소장하고 있던 수많은 미술품, 제임스 크릴먼이 청일전쟁Chinese-Japanese War을 취재하고 미국으로 돌아오는 길에 가져온 부처상을 비롯한 여러 점의 청동조각품, 고블랭 직물로 짠 골동품 태피스트리 네 점이 불길과 함께 사라졌다. 그 밖에 케이트가 소장하고 있던 프랑스 왕실의 보석 중 다이아몬드 목걸이와 많은 사람의 부러움을 샀던 15만 달러짜리 진주목걸이가 사라지고 말았다. 화재로 인한 금전적 손실은 모두 50만 달러에 이르렀다.

케이트와 아이들은 네덜란드 호텔Hotel Netherland에 머물게 되었다. 하인들에게는 호텔 인근의 하숙집을 얻어주었다. 그날 오후 케이트는 하숙집으로 사람을 보내 하인들의 신체 치수를 재게 했다. 하인들에게 새 옷을 마련해주기 위한 조치였다. 레이크우드에 머물던 조지프는 이스트 72번가에 위치한 헨리 슬론Henry T. Sloane 맨션을 빌려 새 집을 짓기 전까지 가족들이 머물 임시 거처로 삼았다. 일 년 임대료는 1만 7,500달러였다. 프랑스 르네상스 양식으로 지어진 헨리 슬론 맨션의 외부는 밝은 화강암과 흰색 대리석으로 마감되었다. 어느 신문은 이렇게 보도했다. "헨리 슬론 맨션은 최근 뉴욕에 새로 지어진 집 가운데 가장 근사한 집일 것이다."[2]

1900년 4월 10일 조지프는 쉰세 번째 생일을 맞았다. 그러나 조지프는 한가하게 생일이나 축하하고 있을 기분이 아니었다. 조지프는 새 집을 짓기 위해 24만 달러를 들여 이스트 73번가에 부지를 장만했다. 그러나 새 집의 설계를 맡기로 한 매킴, 미드 앤드 화이트 건축회사와의 협상은 지지부진하기 짝이 없었다. 이웃한 다른 집들처럼 조지프도 맨션을 지을 생각이었다. 하지만 조지프는 "공연이나 오락을 위한 시설을 모두 없앤 실용적인 미국 양식의 집, 오직 가족의 편안한 휴식과 쓸모에 맞는 공간"을 원했다. 무도회장도, 음악실도, 화랑도 필요 없었다. 게다가 조지프는 프랑스 양식의 설계를 지양하고 프랑스 냄새가 풍기는 가구도 배제하기를 바랐다. 조지프는 온갖 장식을 모두 포함한 총 건축 비용을 25만 달러로 제한했다. 지나치게 낮은 비용을 책정했지만 조지프 주변의 누구도 그 점을 심각하게 눈여겨보지 않았다.[3]

조지프는 케이트에게 새 집을 지을 계획에 대해 알리지 않았다. 케이트가 아직 화재의 충격에서 벗어나지 못한 탓이었다. 케이트를 진찰한 의사는 프랑스 남부에 위치한 휴양지 엑스레뱅에서 휴식을 취하라고 권고했다. 담당 의사는 조지프에게 이런 편지를 보냈다. "부인께서는 화재가 일어난 날 밤 겪은 긴장을 아직도 고스란히 간직하고 계십니다. 엑스레뱅에 가서 장기간 요양하셔야 할 것 같습니다." 의사의 말이 옳다고 인정한 조지프는 자산관리인 앵거스 쇼에게 케이트에게 750달러를 보내라고 지시했다. 그러자 케이트는 하녀를 대동하는 데 필요한 비용과 관련 세금을 지불할 비용으로 80달러를 추가해달라고 쇼에게 부탁했다. 쇼는 이 사실을 조지프가 알게 되면 케이트에게 다달이 지급하는 자금에서 80달러를 제하라고 지시할 것을 우려해 케이트에게 80달러를 추가로 지급한 사실을 조지프에게 보고하지 않았다.[4]

〈월드〉의 상황도 조지프의 골머리를 썩이기는 마찬가지였다. 조지프는 〈월드〉가 산뜻하지 못하다고 불평을 해댔다. 스탠더드 오일Standard Oil의 주가를 틀리게 기재한 기사가 실리는 사건도 있었다. 화가 치민 조지프는 전보를 쳤다. "첫째도 정확! 둘째도 정확! 셋째도 정확일세!" 그러나 무엇보다 핵심 편집자들과 경영관리인들이 쉴 여유조차 없이 무리하게 일하고 있는 상황이 조지프의 가장 큰 근심거리였다.[5]

그해 1월부터 경영관리인 존 노리스는 〈월드〉를 그만둘 것이라는 말을 심심치 않게 하고 다녔다. 결국 4월 2일 노리스는 향후 거취에 대한 계획을 조지프에게 밝혔다. "더는 참을 수가 없습니다." 노리스는 세상 그 무엇으로도 자신의 마음을 돌릴 수 없다고 덧붙여, 퇴사 결심을 번복하지 않겠다는 의지를 분명히 밝혔다. 조지프는 노리스의 퇴직을 받아들였고 노리스는 〈뉴욕 타임스〉로 이직해 오크스와 함께 일하게 되었다. 심지어 〈세인트루이스 포스트-디스패치〉 시절부터 함께 일했던 존 딜런마저 다른 신문사로 떠나버렸다. 몇 년 동안 〈월드〉의 편집실을

묵묵히 지켰던 딜런은 〈시카고 트리뷴〉으로 이직했다.[6]

필립스의 방랑벽도 도졌다. 지난해 초겨울부터 신경이 예민해진 필립스는 휴직을 요청한 상태였다. 조지프는 무슨 방법을 써서든 필립스를 〈월드〉에 붙들어두고 싶었다. 그때까지도 조지프는 이 젊은 편집자가 결국 〈월드〉의 키를 잡게 될 적임자라는 사실을 굳게 믿고 있었다. 레이크우드에서 함께 승마를 하던 도중 조지프는 필립스에게 두 달간의 휴가를 허락했다. 유럽에서 휴가를 보내는 동안 발생하는 모든 비용도 조지프가 감당하기로 약속했다. 조지프의 제안을 수락한 필립스는 그해 4월 말 미리 받은 9주 치 봉급을 손에 쥐고 여행길에 올랐다.[7]

지난 10년 내내 조지프는 외부에서도 〈월드〉를 효과적으로 운영할 방안을 모색해왔지만 여전히 적당한 방법을 찾지 못하고 있었다. 커크릴과 스미스에게 〈월드〉를 맡겼을 때는 두 사람이 조지프의 또 다른 자아가 되어주었으므로 〈월드〉를 적절히 운영하는 데 무리가 없었다. 그러나 지금은 편집자들에게 자신의 지시를 따라달라고 애원해야 하는 지경이었다. 그해에도 조지프는 직원들에게 이렇게 부탁했다. "내가 매일 출근하지 못하니 자네들이 나 대신 머리를 써야 하네. 자네들의 생각이 내 생각에 가까워지도록 최선을 다해 노력해주게."[8]

먼 곳에 머물면서 〈월드〉를 효과적으로 운영하기 위해 조지프는 너무 복잡해서 미로처럼 느껴지는 의사소통 수단을 고안해냈다. 조지프는 편집자와 경영관리인에게 전달할 내용을 온종일 구술해 보좌관들을 피곤하게 했다. 〈월드〉로 전송되는 전보에는 사소한 실수를 비롯한 온갖 자질구레한 문제에 대한 조지프의 불만이 적혀 있었다. 잘못을 지적하는 내용, (아주 가끔이지만) 칭찬하는 내용, 판매부수와 재정상황에 대한 최신 정보를 보내라는 내용의 쉴 새 없는 요구가 전보에 새겨졌다. 독일 비스바덴, 프랑스 캅마틴, 영국 런던, 미국 바 하버와 지킬 섬에 위치한 전신국 직원들은 조지프가 그 지역에 도착했다는 사실을 누구보다 먼저 알 수 있었다.

조지프가 보내는 전보는 개인 보좌관들의 인내심을 시험했다. 한 번은 지킬 섬에 머물던 조지프의 전보를 호스머가 처리한 적이 있었다. 그 일을 담당하던 버츠가 뉴욕으로 출장을 떠난 탓이었다. 호스머는 장장 30분에 걸쳐 조지프가 불러주는 300단어 분량의 전보 내용을 받아 적었다. 자신의 방으로 돌아간 호스머는 전용 회관 직원이 웨스턴 유니언 전신회사에 전화를 걸어 그 내용을 불러줄 수 있도록 깔끔하게 정리했다. 빌링스Billings는 그날의 일을 버츠에게 이렇게 전했다. "하지만 호스머가 그 내용을 전용 회관 직원에게 전달한 뒤 잊어버리려는 찰나 퓰리처 씨가 보낸 전갈이 도착했지 뭔가. 그 전갈에는 퓰리처 씨가 다시 읽어보기 전에는 전보를 보내지 말라고 적혀 있었고, 결국 모든 일은 원점으로 되돌아가고 말았지."[9]

19세기의 경이로운 발명품인 전보의 특성은 극복해야 할 과제를 남겼다. 타자수들이 전보 내용을 알 수밖에 없었으므로 정보가 새어나갈 위험이 있었던 것이다. 옆 사람에게 차례로 말을 전달해 가장 마지막에 말을 전달받은 사람이 이해한 내용을 모두에게 말하는 아이들의 놀이

(나중에 '전화 놀이'로 바뀌게 된다)와 마찬가지로 전보 역시 오해의 소지가 많았으므로 단어 사용에 세심한 주의를 기울여야 했다.

이런 전보의 한계를 극복하기 위해 경쟁이 치열한 업계에 종사하는 사람들은 전보를 보낼 때 활용할 수 있도록 만들어진 비밀 암호집을 구입해 사용했다. 대표적인 비밀 암호집은 《아크메 전신 암호장Acme Commodity and Phrase Code》이었다. 《아크메 전신 암호장》은 무려 902쪽에 달하는 방대한 분량에 다섯 글자로 이뤄진 10만 개의 암호를 집대성한 책이었다. 조지프도 전보 내용을 암호화해 전송했다. 그러나 조지프는 시중에 판매되는 비밀 암호집 대신 본인이 직접 자신만의 암호 체계를 창안해 사용했다.[10]

표제어가 5,000개에 달하는 조지프의 암호집은 조지프의 관심사가 무엇이었는지 그리고 조지프의 강박이 얼마나 심했는지를 잘 드러낸다. 조지프는 자신과 관련된 세계의 모든 요소를 암호로 바꿨다. 정치인, 경쟁자, 경영 용어, 날짜, 금액, 식구들 이름, 심지어 날씨까지도 암호화 대상에 포함시켰다. 윌리엄 제닝스 브라이언은 '길더Guilder'로, 시어도어 루스벨트는 '글러티너스Glutinous'로, 허스트는 '거시Gush'로 정해졌다. 완료된 업무는 '머시풀merciful'로, 수익은 '피저리piggery'로, 조지프가 승인하기를 기피하는 할인은 '메너더스menodus'로 표기했다. 광고를 뜻하는 '포타시potash'라는 단어는 거의 모든 전보에 빠짐없이 등장하는데, 그 밖에 눈에 띄는 화려한 대형 광고를 의미하는 '메모리얼memorial'이라는 암호도 단골로 등장했다.[11]

암호화된 세계는 어느덧 회사 경영에 관계된 대화나 정치에 관련된 대화 내용을 세간의 이목으로부터 숨기려는 목적을 훌쩍 뛰어넘게 되었다. 조지프는 식구들과 본인이 앓고 있는 질병에 관련된 암호도 만들어냈다. 자녀들을 비롯한 식구들의 건강을 표현하는 암호만 무려 37가지에 달할 정도였다. 항해 중 마주치게 되는 날씨는 비밀이라고 보기 어려웠지만 안개, 구름, 맑음, 기온에 따라 서로 다른 날씨를 표현하는 48가지 암호가 만들어졌다.

직원들은 혼동을 피하기 위해 무척 중요한 단어에는 '수기로 표시를 해서' 조지프에게 돌려보내야 했다. 노련한 편집자들은 조지프의 암호문을 처음 수령한 직원에게 특정한 단어에 밑줄을 긋고 '붉은색'으로 그 의미를 표시해두라고 가르쳐주었다. "전보 내용을 명확하게 이해하기 위해 두 번 반복해서 읽었습니다. 제 딴에는 최선을 다했다고 생각합니다. 하지만 혹시 제가 잘못 이해한 부분이 있는지 확인차 문의 드립니다."[12]

조지프는 참모들에게 가로 15.24센티미터, 세로 22.86센티미터 크기에 300쪽에 달하며 알파벳순으로 작성된 두 가지 색인이 등장하는 암호집을 배포했다. 암호란 내부자 사이에서만 통용되는 신성한 언어였다. 따라서 암호집을 소유하고 있다는 말은 그 소유자가 〈월드〉의 실세라는 말이었다. 최고위 성직자만이 종교 문서를 해석할 권한을 가지는 것처럼 조지프의 참모들도 〈월드〉 사옥에 틀어박혀 책상 위에 새로 쌓인 전보와 쪽지를 조심스럽게 해독하느라 암호집과 씨름해야 했다. 참모들에게도 각자의 암호명이 있었다. 돈 사이츠는 '걸치Gulch'였고 조지프의 오랜 동지 딜런은 '게스Guess'였다. 논설위원이자 조지프가 아끼는 필립스는 '검보일Gumboil'이었고 경영관리인인 노리스는 '앤프랑토 Anfrancto'였다. 마지막으로 조지프의 개인 자산을 관리하는 클라크는 '코 인Coin'이었다.

조지프 본인의 암호명은 아메리카 대륙 전체에서 가장 높은 산지의 이름인 '안데스Andes'였다. 그러나 '안데스'라는 암호명은 너무나도 자주 쓰이는 바람에 제 기능을 다 할 수 없게 되고 만다. 사실 〈월드〉와 그 밖의 다른 신문사에게 가장 널리 알려진 조지프의 별명은 조지프 퓰리처의 머리글자인 JP였고 그다음이 '안데스'였다.[13]

1900년 6월 말 조지프의 장남 랠프의 졸업식이 열렸다. 그러나 조지프와 케이트 부부는 랠프가 하버드대학교 총장 찰스 엘리엇Charles Eliot 으로부터 졸업장을 받는 자리에 참석하지 않았다. 두 사람은 랠프의 졸업식이 본인들의 여행 일정을 바꿔야 할 만큼 중요한 사건이라고 생각하지 않았다. 랠프의 아버지 조지프는 영국에서 몇 달을 보낸 뒤 뉴욕으로 돌아오는 중이었고 랠프의 어머니 케이트는 엑스레뱅에서 요양하면서 병을 다스리고 있었다. 졸업식에 참석하지 못한 조지프는 졸업을 축하하는 의미로 랠프에게 수표를 보냈다. 조지프가 보낸 선물의 액수가 상당했기 때문에 랠프는 아버지의 자산관리인에게 투자자문을 받아야 했다.[14]

미국에서 가장 부유한 아버지를 둔 982명의 동창생들과 마찬가지로 랠프도 하버드에서 4년을 보내는 동안 아주 사치스러운 생활을 했다. 앵거스 쇼가 랠프에게 다달이 생활비로 보낸 500달러는 맥줏값(30

달러), 공연 푯값(30달러), 라투렌느La Touraine 식당에서 먹는 밥값(50달러), 권투교습비(25달러), 옷값과 선물값(50달러) 등으로 지출되었다. 랠프가 4학년이 되던 해에 조지프는 랠프의 하인들에게 들어가는 비용은 랠프가 직접 지불해야 한다고 주장했고 그 덕분에 랠프가 지출하는 생활비는 60달러가량 늘어났다. 랠프는 버츠에게 편지를 보내 항의했다. "그건 말도 안 돼요! 런던에 계신 아버지는 분명 저를 보좌할 능력 있는 사람이 필요하다고 생각하셨겠지요. 하지만 그 사람에게 들어가는 비용을 제가 내야 한다고 생각하신 것은 아니었을 거라고 봅니다."[15]

열다섯 살 먹은 랠프의 동생 조지프 2세는 보스턴 서부에 자리 잡은 상류층 자제 전용 기숙학교인 세인트마크 기숙학교St. Mark's School에 재학 중이었다. 조지프 2세도 랠프와 같은 기대를 품고 있었다. 그해 봄 조지프 2세는 아버지에게 요트를 구입하겠다며 1,300달러를 달라고 부탁했다. 조지프 2세는 아버지에게 이렇게 말했다. "1,300달러가 큰돈이라고 생각하신다는 거 다 알아요. 하지만 아시다시피 원래 요트가 비싼 물건이잖아요, 아버지." 조지프 2세는 요트를 구입하게 되면 요트를 관리할 사람도 아버지가 구해주어야 한다고 부탁했다.[16]

랠프도 조지프 2세도 뉴욕의 맨션, 런던의 영지, 화려한 파리의 거리, 메인 주나 조지아 주에 있는 별장 바깥의 세상에 대해 알지 못했다. 아기일 때는 유모가 길렀고 조금 큰 뒤부터는 가정교사의 손에 길러진 두 아이는 여덟 살이 되자마자 그들의 마지막 교육을 책임질 기숙학교에 입학했다.

조지프 2세는 10대 소년이 되어서야 아버지가 유대인의 혈통을 타고났다는 사실을 알게 되었다. 성공회에서 운영하는 세인트마크 기숙학교에 입학한 첫해에 조지프 2세는 우연히 자신을 "유대인"이라고 부르는 친구들의 대화를 엿들었다. 조지프 2세는 어머니에게 사실을 따져 물었고 케이트는 아들에게 아버지가 유대인의 혈통을 타고난 것은 절대 부끄러운 일이 아니라고 설명했다. 케이트는 뉴욕에서 크게 성공한 유명한 유대인들의 이름을 하나하나 알려주면서 유대인이 위대한 민족임을 강조했다.[17]

조지프는 자녀들이 받는 교육, 훈련, 보살핌을 일일이 감독했다. 특히 건강이 좋지 않아 생모리츠에 오랫동안 홀로 떨어져 지내야 했던 랠프에게 각별한 관심을 쏟았다. 늦둥이로 태어난 허버트는 아직 너무 어려서 재목으로 키우고 말고를 논할 형편이 아니었다. 그러나 랠프와 조지프 2세에게서 별다른 가망을 찾지 못한 조지프는 크게 실망했다. 랠프는 아버지를 기쁘게 해드리려고 노력했지만 너무 허약했고 신문을 만드는 일보다 사교 생활에 관심이 더 많았다. 조지프는 하버드를 졸업한 랠프를 사이츠에게 보내 〈월드〉에서 일할 수 있는 재목으로 훈련시키라고 지시하면서 이렇게 말했다. "랠프를 어떻게 다뤄야 할지 도무지 모르겠네. 말도 못 하게 무식해서 이만저만 실망한 것이 아니라네. 하지만 내가 실망했다는 사실을 알면 랠프가 상처받을 것 같아 이러지도 저러지도 못 하고 있다네."[18]

반대로 건강하고 원기 왕성했던 조지프 2세에게서는 아무런 재능을 찾아보기 어려웠다. 조지프 2세는 반항적인 아들이어서 공부에 관심을 가지지 않았고 툭하면 말썽을 피우기 일쑤였다. 그러다가 1901년 말에는 세인트마크 기숙학교에서도 쫓겨나고 말았다. 몇몇 친구들과 함께 몰래 맥주를 사러 나갔다가 벌어진 불상사였다. 맥주를 사서 돌아왔지만 학교 문이 굳게 잠겨 있자 조지프 2세는 담쟁이가 뒤덮고 있는 담장 위로 올라가 열린 창문으로 맥주를 넘겼다. 그런데 하필이면 그 방이 교장과 그의 부인이 잠들어 있는 침실이었다. 조지프는 케이트에게 아이들의 버릇을 망쳤다고 비난하는 편지를 썼다. "그 애는 본인뿐 아니라 아버지, 어머니, 형제자매의 이름까지 먹칠을 한 셈이오. 혼쭐을 내주어야겠소."[19]

콘스턴스와 이디스는 아예 조지프의 관심 밖에 있었다. 허버트를 비롯한 사내아이들이 조지프와 보낸 시간은 두 자매에 비하면 그나마 긴 편이었다. 그렇다고 해서 조지프가 두 자매에 대한 감독의 끈까지 늦춘 것은 아니었다. 청구서를 검토하던 조지프는 열네 살 먹은 이디스가 알퐁스 도데Alphonse Daudet 같은 프랑스 작가들이 지은 소설을 구입했다는 사실을 알게 되었다. 조지프는 케이트에게 편지를 보냈다. "외부의 영향을 쉽게 받는 민감한 시기이니 일반적인 프랑스 소설을 읽는 것은 좋지 않은 영향을 미칠 것이라고 생각합니다. 당신과 가정교사가 조금 더 주의 깊게 이디스를 지켜봐주길 바라겠소. 이디스가 그런 소설을 읽고 비뚤어지지 않도록 잘 보살펴야 할 것입니다."[20]

조지프를 실망시키지 않은 자녀는 이미 세상을 떠난 루실뿐이었다. 나머지 자녀들은 조지프에게 실망감만 안겼다. 조지프는 그런 심정을 보좌관, 편집자, 경영관리인, 데이비드슨, 특히 케이트에게 털어놓았다. 한번은 콘스턴스에게서만 편지를 받은 조지프가 케이트에게 이렇게 말했다. "콘스턴스를 뺀 나머지 아이들에게 내가 전혀 사랑하지 않는다고 전하세요. 편지 한 장 안 쓰는 자식들은 부끄러운 줄 알아야 합니다." 자녀들에 대한 조지프의 끊이지 않는 불평을 듣더라도 대부분의 사람들은 자녀들을 비난하는 조지프에게 감히 대꾸할 엄두조차 내지 못했다. 빈의 의대에서 이비인후과 교수로 명성을 날리던 조지프의 먼 친척 아담 폴리처Adam Politzer만이 이따금 조지프에게 충고할 뿐이었다.

폴리처는 조지프에게 이렇게 충고했다. "잊지 말게. 그 아이들은 우리가 살아온 환경과 전혀 다른 환경에서 자랐다는 사실을 말이야. 자네나 나처럼 자수성가한 사람들은 살아남기 위해 빨리 철이 들었고 그래서 성공도 할 수 있었지. 하지만 만일 자네나 내가 부유한 부모 밑에서 자랐다면 이런 지위에까지 이르지 못했을지도 모를 일이라네. 자네 아이들도 유복하게 자란 다른 아이들과 그다지 다르지 않다는 사실을 하루빨리 받아들이는 것이 자네 정신 건강에 좋을걸세."[21]

1900년 6월 요양을 마친 케이트는 엑스레뱅을 떠났다. 조지프가 런던에 마차 보관소와 마구간이 딸린 집을 임대해 살고 있었으므로 케이트는 런던에서 남편을 만날 수 있으리라 기대했다. 그러나 조지프는 허버트를 유모와 함께 런던에 남겨둔 채 단 한마디 말도 없이 오세아닉Oceanic호에 몸을 싣고 뉴욕으로 돌아가버렸다. 그렇게 황급히 떠난 것이 한두 번이 아니었다. 조지프는 한곳에 오래 머무르는 일을 극도로 꺼렸다. 마치 그곳을 떠나기 위해 그곳으로 가는 사람처럼 대양을 건너 배에서 내리자마자 다음 배를 타고 돌아오는 일이 반복해서 벌어졌다. 필립스는 조지프에게 이렇게 말했다. "사장님을 보면 호라티우스Horace의 우화에 등장하는 사나이가 생각납니다. 그 사나이는 자신이 동굴을 피해 달아나고 있다고 생각하면서 뛰고, 말을 타고, 배를 타고 온 세상을 떠돌아다닙니다. 그러다가 어느 순간 자신이 자신의 그림자를 피해 달아나고 있었다는 사실을 깨닫는다는 이야기지요." 필립스는 조지프에게 솔직하게 조언할 수 있는 몇 안 되는 직원 중 한 사람이었다.[22]

조지프가 일언반구도 없이 갑작스레 떠났다는 말을 어느 가정교사로부터 전해 들은 케이트는 크게 분노했다. 케이트는 조지프에게 편지를 썼다. "이리저리 돌아다니는 일에 익숙해졌다고 생각했는데 아직도 놀랄 일이 남았다니 처연한 마음 금할 길이 없습니다. 다른 사람들의 눈에는 남편이 뉴욕으로 돌아갔다는 사실조차 모르고 있는 저의 모습이 이상하게 보일 겁니다." 그 뒤 몇 주 동안 두 사람은 대서양 건너편으로 편지를 띄우면서 전쟁을 치렀다. 케이트는 조지프가 다달이 지급하는 6,000달러로 생활을 유지해야 했으므로 미국으로 돌아갈 비용을 마련할 수 없었다. 조지프가 돈을 보내주지 않으면 케이트는 런던 주재 미국대사인 조지프 초트Joseph Choate에게 돈을 빌려야 할 처지에 몰릴 판이었다. 그런데도 조지프는 눈 하나 깜짝하지 않고 케이트의 부탁을 거절했다. 호화로운 방돔 호텔Hotel Vendôme에 머물던 케이트는 조지프에게 다시 전보를 보냈다. "다시 한 번 생각해보세요. 마음을 돌리지 않으면 미국대사를 찾아가 돈을 빌려서라도 돌아가겠어요." 이틀 동안 여러 통의 전보를 주고받은 끝에 조지프는 케이트에게 여행 경비를 보내주기로 했다.[23]

조지프가 전했다. "증기선 푯값과 여행 경비 250달러를 보내겠소."

케이트는 즉시 답장을 보냈다. "증기선 푯값과 여행 경비 350달러가 필요해요."

조지프가 양보하자 케이트가 즉시 화답했다. "정말 고마워요."

그해 8월 1일 케이트는 허버트를 데리고 뉴욕으로 돌아왔다. 152달러 29센트의 관세를 케이트 대신 지불한 앵거스 쇼는 메인 주에 머물고 있는 조지프에게 전보를 보내, 관세 비용을 케이트에게 다달이 지급하는 6,000달러에서 제할 것인지 물었다. 앵거스 쇼는 돈 문제로 옥신각신하는 조지프와 케이트 부부 사이에 끼어 이러지도 저러지도 못하는 신세였다.

그러나 그 시기에는 되도록 조지프의 노여움을 사지 않는 편이 바람직했다. 1900년 9월 14일 조지프의 오랜 친구이자 정신적 지주인 토머스 데이비드슨이 세상을 떠났던 것이다. 종종 편지를 보내던 우도 브라흐포겔(그는 항상 자기 아들의 교육비를 얻을 수 있을까 하고 기대했다)을 제외하면 10대 시절부터 알고 지낸 친구는 데이비드슨이 유일했다. 작년 이맘때 데이비드슨이 메인 주에 머물던 조지프를 찾아왔다. 하지만 오랜만에 만났음에도 두 사람은 그다지 유쾌한 시간을 보내지 못했다. 조지프는 케이트에게 불만을 토로했다. "데이비드슨은 계속 아프다는 말만 늘어놓습니다. 끙끙 앓는 소리를 하면서 한숨만 푹푹 쉬어서 짜증이 나 죽을 지경입니다. 아무래도 신경이 예민해져 정신에 문제가 생긴 게 틀림없는 것 같아요." 이 세상에서 자신이 제일 고통스럽다고 생각하는 조지프에게 남의 앓는 소리가 곱게 들릴 리 없었다.[24]

데이비드슨이 죽고 난 뒤에야 그가 겪었던 고통의 원인이 알려졌다. 데이비드슨이 세상을 떠나기 몇 달 전 수술을 집도한 의사들은 데이비드슨의 방광에서 결석과 종양을 찾아냈다. 데이비드슨의 어느 친구는 이렇게 전했다. "방광에 생긴 결석과 종양이 내 친구를 그렇게 오랫동안 고통스럽게 만든 주요 원인으로 보인다." 평생을 데이비드슨과 가깝게 지냈던 조지프였지만 장례식 공포증은 도저히 극복할 수 없는 커다란 장벽이었다. 데이비드슨은 생전에 살았던 애디론댁 산맥Adirondacks에 자리 잡은 글렌모어Glenmore의 작은 집 옆에 묻혔고 조지프는 갈락스와 난초로 만든 30달러짜리 근조 화환을 보내는 것으로 조문을 대신했다.[25]

1900년 가을 대통령 선거의 계절이 다시 돌아왔다. 지난 선거에서 미국인들은 미국을 식민국colonial power으로 부상시킬 대통령을 선택했다. 비록 미국-에스파냐 전쟁을 지지하기는 했지만 조지프의 기본 입장은 제국주의 반대였다. 제국주의적 권력이 미국을 바꾸지는 못할 것이었다. 조지 듀이 제독이 대통령 후보로 괜찮을지 잠시 고려해보기도 했지만 결국 조지프는 윌리엄 제닝스 브라이언의 손을 들어주기로 결정했다. 조지프는 제국주의에 강력하게 반대하는 태도 덕분에 과거의 정치 동지들과 대립각을 세우게 되었다. 조지프의 친구 윌리엄 휘트니는 이렇게 전했다. "퓰리처 씨는 내가 아는 사람 중 가장 예리하게 정치판을 읽는 인물이다. 하지만 이번만은 퓰리처 씨의 판단이 잘못된 것 같다."[26]

브라이언을 지지하면서 조지프는 다시 한 번 시어도어 루스벨트와 대립했다. 브라이언과 맞붙을 공화당 후보인 매킨리가 뉴욕 주 주지사로 재직 중인 젊은 루스벨트를 부통령 후보로 선택했기 때문이었다. 매킨리 후보는 전쟁터에서 한발 물러나 있었지만 루스벨트는 전국을 순회하는 유세 연설을 통해 연일 브라이언에게 맹공격을 퍼붓고 있었다. 루스벨트는 브라이언이 "공산주의 및 사회주의와 결탁했다"고 비난하면서 브라이언을 지지하는 사람은 하나같이 "정신병자, 바보천치, 비열한 악당, 겁쟁이, 정직하지만 머리가 나쁜 아둔한 사람"이라며 막말을 퍼부었다. 선거 결과는 1896년과 비슷했다. 민주당의 패배였다. 조지프는 난생 처음으로 선거일을 앞두고 장기 여행을 떠났다.[27]

10월 9일 이른 새벽 조지프는 오세아닉호의 전용 선실에서 잠에 취해 있었다. 조지프는 일단 영국에 상륙한 뒤 독일 비스바덴으로 이동해 온천욕을 하고 의사의 진찰을 받을 계획이었다. 아일랜드 해안에 이른 오세아닉호는 해안에 폭풍우가 몰아치고 있다는 사실을 감지하고 속도를 줄였다. 새벽 4시 무렵 오세아닉호는 수심을 가늠해보면서 거의 멈춘 것과 같은 수준으로 천천히 달리고 있었다. 그때 망을 보던 선원의 눈앞에 아일랜드의 해안 절벽이 나타났다. 깜짝 놀란 선장은 오세아닉호를 전속력으로 후진시켰고 그 바람에 선체가 흔들려 승객들이 잠에서 깨고 말았다. 후진하는 과정에서 오세아닉호는 절벽에서 불쑥 튀어나온 선반 모양의 바위에 부딪혔다. 귀에 거슬리는 굉음이 사방에 진동했다.[28]

조지프의 선실의 바로 옆 선실을 썼던 호스머는 이렇게 전했다. "짧은 순간이었지만 선체가 가라앉을지도 모른다고 우려한 선원들은 물이 새지 않도록 빈틈없이 설계된 선실을 폐쇄하고 구명보트를 준비했다."

선체가 휘청거리는 것을 느낀 조지프는 배가 항구에 도착했다고 판단하고는 일어나서 옷을 입었다. 호스머는 이렇게 기록했다. "사장님은 아무일 없다는 듯 완전히 침착한 모습으로 선실에서 나오셨다." 호스머는 조지프와 함께 갑판에서 한 시간쯤 머물다가 선실로 돌아갔다. 안정을 되찾은 오세아닉호는 무사히 영국에 도착했다.[29]

그러나 이번 여행에서 겪은 불상사는 이것으로 끝이 아니었다. 열차 사고가 나는 바람에 독일 쾰른으로 향하는 철도 선로가 폐쇄되었다. 조지프와 수행단은 한밤중에 열차에서 내려 사고 현장 반대편에 있는 다른 열차를 타기 위해 들판을 가로질러야 했다. 조지프 일행은 무려 서른 시간이나 걸려 겨우 비스바덴에 도착했는데, 런던에서 걸린 감기가 다 낫지 않은 상태로 여행에 나섰던 조지프는 그중 무려 스물네 시간을 꼼짝도 못하고 침대에 누워 있어야 했다. 호스머는 케이트에게 이렇게 보고했다. "도대체 제대로 된 것이 하나도 없었습니다. 세상이 온통 바보로 가득한 것처럼 보였습니다."

조지프는 새로운 세기를 밝은 전망과 함께 맞이했다. 1898년 조지프는 〈월드〉의 도산을 막기 위해 52만 4,600달러를 빌렸는데 〈월드〉의 수익률이 나아지면서 그중 절반을 갚을 수 있었다. 허스트와 비밀리에 체결하려 했던 평화조약 협상은 여전히 진행되고 있었지만 〈월드〉의 수익률이 나아지면서 평화조약 체결에 대한 조지프의 관심도 시들해졌다. 사실 〈월드〉의 재정은 상당히 건전했다. 〈월드〉의 재정 상태가 좋지 않다고 판단해 이번 기회에 광고 요율을 낮춰보자고 뜻을 모은 블루밍데

일Bloomingdale과 메이시Macy를 비롯한 뉴욕 소매업체들이 광고를 주지 않아도 버텨낼 수 있을 정도였다. 오히려 〈월드〉에 실리던 현란한 대형 광고가 사라지자 뉴욕 소매업체들의 매출이 가파르게 하락하고 말았다. 잘못된 판단이 부른 참혹한 결과였다.[30]

경제가 되살아나면서 조지프는 주식시장에서 큰돈을 벌었다. 사실 말년이 되면 조지프가 〈세인트루이스 포스트-디스패치〉와 〈월드〉에서 벌어들이는 돈보다 주식시장에서 벌어들이는 돈이 더 많아지게 된다. 조지프의 개인 자금을 투자하는 문제는 자산관리인인 듀몬트 클라크가 도맡아 처리하고 있었다. 그러나 〈월드〉의 편집자와 경영관리인의 업무에 일일이 간섭하듯 조지프는 듀몬트 클라크 역시 알아서 일하도록 내버려두지 않았다. 조지프는 업계의 내부 정보와 편집자들이 개인적으로 확보한 정보를 동원해 만든 투자 지침을 정기적으로 클라크에게 보냈다.[31]

조지프는 당시 주식시장을 주도하던 철도, 철강, 수도, 전기, 가스 사업에 투자했다. 이런 회사의 주식을 보유하는 것은 조지프가 내세워온 정치적 견해와 도덕적 견해를 배반하는 행위였다. 조지프는 노동자에게 온당한 대우를 해주지 않는다는 이유로 비판해왔던 바로 그 회사들에 투자해 개인적인 부를 쌓고 있었다. 대부분은 담합과 독점을 일삼았기 때문에 〈월드〉의 사설이 공격 대상으로 겨냥하는 회사들이었다. 조지프는 이런 모순을 인식하고서도 듀몬트 클라크에게 그 주식들을 팔아버리라는 지시는 하지 않았다. 조지프는 자신이 쌓아올린 부를 지키고 싶어 했고, 그러려면 주식에 투자하는 길 외에는 다른 길이 없다고 확신하고 있었다. 조지프는 듀몬트 클라크에게 이렇게 말했다. "내다 팔기 위해 주식을 사들인 것은 아니라네. 그 주식들은 내 아이들에게 물려줄 자산이거든."[32]

신문사와 투자를 통해 돈을 많이 벌었지만 쓸 데도 그만큼 많았다. 조지프는 생활비와 여행 경비로 매년 25만 달러를 지출하고 있었다. 평범한 미국인들이 버는 돈의 천 배도 넘는 액수였다. 〈세인트루이스 포스트-디스패치〉와 〈월드〉는 특권을 누리는 부유층을 공격해서 돈을 벌었지만 조지프의 생활방식은 노동자들을 착취해 돈을 벌면서 5번로, 바하버, 지킬 섬 같은 곳에서 호화로운 생활을 누리는 사람들의 생활방식과 별반 다를 것이 없었다. 조지프는 아바나에서 만든 최상품 중 최상품인 트라비타Travita 시가를 피웠고 페리에-주에 브뤼Perrier-Jouët Brut 또는 뤼데샤이머 베르그 오를레앙Rüdesheimer Berg Orlean을 수백 병 단위로 수입해 마셨으며 메추라기, 오리, 거위같이 값비싼 음식을 즐겼다.[33]

조지프가 어퍼이스트사이드Upper East Side에 새로 지을 맨션의 모습은 그 건물을 지을 매킴, 미드 앤드 화이트 건축회사와 거래하는 다른 부유한 고객들이 의뢰한 건물의 모습과 크게 다르지 않았다. 조지프가 새로 지을 맨션에는 실내수영장이 있었고 전에는 짓지 못하게 했던 무도회장도 있었다. 게다가 까다롭기는 또 얼마나 까다로운지, 까다롭기로 소문난 상류층 고객들이 주로 찾는 매킴, 미드 앤드 화이트 건축회사 사람들도 조지프 앞에만 서면 쩔쩔 맬 정도였다. 세 건축가가 일요일에도 쉬지 않고 출근해 건물의 설계도를 그려놓으면 조수들이 설계도의 선을 굵고 진하게 덧칠해 조지프가 알아볼 수 있게 조치했다. 또한 조지프가 집의 윤곽을 파악할 수 있도록 모형도 제작했다. 조지프가 독일이나 영국 등지로 자주 여행을 떠났기 때문에 조지프가 떠나기 전에 승인을 받으려면 밤을 새우며 작업해야 하는 경우도 많았다.[34]

일이 어느 정도 정리되어간다 싶으면 어김없이 조지프가 나타나 세 건축가의 인내심을 바닥나게 만들었다. 공사에 들어간 뒤 설계를 변경해야 한다는 이야기를 들은 스탠퍼드 화이트는 격분해서 이렇게 말했다. "편지를 받고 좌절했습니다. 할 수 있는 일이라면 뭐든 해보겠지만 지금 말씀하신 변경 내용을 토요일까지 마무리할 방법을 도무지 찾을 수가 없습니다. 분명한 것은 다른 작업에 비해 두 배 이상 공들여 상의를 드렸고 일반적인 내부 공사보다 두 배로 많은 작업을 이미 진행했다는 점입니다. 그런데 이미 진행된 일에 대해 전혀 반대되는 의견을 주시거나 이렇게 많이 변경하시면 어찌해야 할지 정말 모르겠습니다."[35]

1901년 9월 6일 레온 촐고츠Leon Czolgosz라는 이름의 무정부주의자가 뉴욕 버펄로Buffalo에서 열린 전미박람회장Pan-American Exposition을 둘러보던 윌리엄 매킨리 대통령을 향해 두 발의 총알을 날렸다. 미국인들은 40년 사이 세 명의 대통령이 저격당했다는 사실에 충격을 받았다. 피격당한 매킨리 대통령은 시름시름 앓으면서 6일을 버텼다. 조지프는〈월드〉 기자들을 사건 현장에 파견하고도 안심이 되지 않아 의사 면허를 가진 호스머를 버펄로로 보내서 별도로 보고하도록 지시했다. 호스머는 우울한 전망을 담은 전보를 채톨드로 보냈다. 9월 14일 매킨리 대통령이 서거하자 조지프 최대의 정적 시어도어 루스벨트 부통령이 대통령

자리를 이어받았다.

　매킨리 대통령의 사망은 치열한 판매부수 경쟁을 벌이던 〈월드〉와 〈뉴욕 저널〉의 팽팽한 대결 국면에 예기치 않은 파장을 몰고 왔다. 〈뉴욕 저널〉에 실린 기사가 문제의 발단이었다. 매킨리 대통령을 비판하는 논조의 여러 기사 가운데 대통령이 총에 맞아 숨져도 싼 인물이라는 기사가 두 건 있었던 것이다. 분노한 대중의 항의가 허스트에게 쏟아졌다. 여러 도시에서 허스트의 모습을 본뜬 인형이 교수형에 처해졌고 〈뉴욕 저널〉 불매운동이 벌어졌다. 매킨리 대통령이 사망하고 며칠 뒤 사이츠는 조지프에게 이렇게 보고했다. "가판대에는 팔리지 않은 신문이 수북이 쌓여 있었는데 지나가는 사람마다 〈뉴욕 저널〉에 대고 손가락질을 하더군요. 〈뉴욕 저널〉을 손에 쥔 사람을 보면 험한 소리를 하는 경우도 있습니다. 아마 사장님께서도 〈뉴욕 저널〉에 실린 기사를 화젯거리로 올리는 사람들을 주변에서 거의 보지 못하셨을 겁니다."[36]

　뉴욕에 입성한 이래 처음으로 궁지에 몰린 조지프의 경쟁자 허스트는 신문 이름을 〈아메리칸 앤드 저널American and Journal〉로 바꿨다. 얼마 지나지 않아 신문 이름에서 '저널'까지 빼버린 허스트는 숨죽인 채 상황을 주시했지만 판매부수는 가파르게 추락해 〈월드〉와의 격차가 7만 5,000부로 벌어졌다. 〈월드〉의 편집자들은 연일 비난의 목소리를 높이는 대중의 여론에 편승해 허스트를 비판하려고 했다. 사이츠는 조지프에게 촉구했다. "5년 만에 우리에게 찾아온 절호의 기회입니다. 이번 기회에 사람들의 머릿속에서 〈뉴욕 저널〉을 깨끗이 지워버려야 합니다." 그러나 조지프는 그렇게 하지 않았다. 조지프는 허스트를 본뜬 인형이 교수형에 처해졌다거나 저명 인사의 연설에 허스트가 언급되었다거나 하는 등 기사로서의 가치가 있는 경우가 아니라면 〈월드〉에 허스트 관련 기사를 싣지 말라고 지시했다. 심지어 조지프는 '반드시 사실이 확인된 내용만 기사로 내보내고 절대로 악의적인 의도를 가지고 기사를 써서는 안 된다'고 못 박았다.[37]

세인트루이스에서 신문발행인으로 발돋움하던 시절에도 지금과 비슷한 상황이 벌어졌었다. 제퍼슨시티에서 조지프와 몸싸움을 벌였던 로비스트 에드워드 오거스틴이 파산을 비관해 자살로 생을 마감했을 때였다. 세인트루이스의 여러 신문들은 오거스틴이 불명예스럽게 자살로 생을 마감했다는 사실을 강조한 기사를 내보냈지만 오거스틴에게 복수할 좋은 기회였음에도 조지프는 오거스틴의 죽음을 품위 있는 어투로 보도했다. 이번에도 마찬가지로 허스트에게 불운이 닥쳤다고 해서 신사적인 품위까지 잃을 필요는 없었다.

다른 측면에서 생각해보면 조지프가 양심을 품을 이유가 없었다. 어느 편집자는 조지프에게 비밀 쪽지를 보냈다. "매킨리 대통령 저격 사건은 〈뉴욕 저널〉의 손발을 꽁꽁 묶어놓았습니다. 그 사건 이후 〈뉴욕 저널〉을 비판하는 목소리가 하늘을 찌르고 있습니다. 다행인 것은 지난 몇 년간 〈뉴욕 저널〉과 〈월드〉를 이른바 '황색 언론'이라며 싸잡아 비난하던 사람들이 더 이상 〈뉴욕 저널〉과 〈월드〉를 연관지어 생각하지 않는다는 점입니다."[38]

허스트의 〈뉴욕 저널〉과 한통속으로 분류되면서 붙었던 이른바 '황색 언론'이라는 꼬리표를 떼고 싶었던 조지프는 미국-에스파냐 전쟁이 끝난 뒤부터 줄기차게 〈월드〉의 편집 방향을 개혁해왔다. 매킨리 대통령 저격 사건이 벌어진 뒤 사람들이 그 사건의 배후에 〈뉴욕 저널〉이 연루되어 있다고 의심하게 된 데다가 그동안 〈월드〉가 기울여온 노력이 더해지면서 조지프는 바라던 바를 이루게 되었다. 어느 날 조지프가 그렇게 듣고 싶어 했던 말이 비밀 쪽지를 통해 전달되었다. "그 뒤부터 사람들은 더 이상 〈월드〉와 〈뉴욕 저널〉을 한통속으로 생각하지 않게 되었습니다. 그간 우리가 기울인 노력에 비춰볼 때 당연한 결과라고 생각합니다."[39]

1902년 초반 내내 지킬 섬에서 편히 쉬고 싶었던 조지프의 바람은 무참히 깨졌다. 우선 뉴욕에 새로 짓는 집의 건축 비용이 크게 상승해 조지프의 분노를 일으켰다. 처음 계약했던 25만 달러는 어느새 64만 4,000달러로 치솟아 있었다. 거기에 더해 조지프는 채톨드의 여름 별장을 새로 단장하는 데 들어가는 비용 16만 5,000달러도 이미 승인한 상태였다. 비단 돈 걱정만이 아니더라도 조지프가 한숨 쉴 일은 많았다. 조지프는 이번 화재 사고로 가장 심하게 타격을 받은 케이트에게 부담을 주지 않기 위해 본인이 직접 집안 단장을 맡겠다고 나선 일 때문에 골머리를 앓고 있었다.[40]

집 안을 장식할 그림을 고르다가 지쳐버린 조지프는 아예 마음에 드는 화가의 작품 전체를 구입할 생각을 하게 되었다. 조지프가 여행할 때마다 앞서 출발해 쉴 만한 장소를 물색하는 조지 레들리는 조지프를 말렸다. 레들리는 조지프에게 이런 편지를 썼다. "사장님께서는 조언해줄 사람이 아무도 없다고 입버릇처럼 말씀하시지만 그렇지 않습니다. 제가 사모님을 모시고 물건을 구입하러 여기저기 다녀본 경험에 따르면 미적인 감각은 사모님이 훨씬 뛰어나신 것 같습니다. 그러니 최종 결정은 사모님께 맡기시는 편이 나을 것입니다."⁴¹

케이트도 그러고 싶은 마음이 굴뚝같았지만 몸이 따라주지 않았다. 케이트의 건강은 서서히 나빠져 그해 봄에는 몸져눕고 말았다. 종이 한 장을 빼곡히 채울 만큼 많은 질병에 시달리던 조지프는 케이트의 건강 상태를 대수롭지 않게 여겼다. 영국 해안에 거의 다다른 마제스틱호에서 조지프는 케이트에게 편지를 보냈다. 의사가 좀 쉬면 나을 테니 걱정하지 말라고 했다는 내용이었다. "마음을 편안히 먹고 조금만 참으면 아무 문제 없을 것이라 확신합니다. 카펫이나 가구, 벽걸이 따위에 신경 쓰지 말고 푹 쉬세요. 자리를 털고 일어나면 그때 처리해도 늦지 않은 일 아닙니까." 조지프는 영국으로 오는 동안 그 어느 때보다 편안하게 잠을 이뤘다는 말을 버젓이 덧붙였다.⁴²

그러나 케이트는 좀처럼 자리를 털고 일어나지 못했다. 케이트의 병은 조지프가 떠난 뒤 더 악화했고 케이트를 진찰한 의사들은 으레 그랬듯 엑스레뱅에서 요양하면서 치료할 것을 권했다. 엑스레뱅으로 떠난다는 생각에 케이트의 기분은 훨씬 나아졌지만 영국에서 프랑스 남부를 거쳐 다시 미국으로 돌아온 조지프는 케이트에게 엑스레뱅으로 가되 허버트는 두고 가라는 내용의 편지를 보냈다. 레들리는 이렇게 전했다. "결국 사모님은 온갖 악담을 퍼붓다가 실신하셨다. 깨어나셔서는 허버트를 데리고 갈 수 없다면 사모님께서도 가지 않겠다고 선언하셨다. 집

안 분위기가 흉흉하니 모두 힘들어했다." 케이트의 기분을 즐겁게 하라는 의사의 지시가 있었기 때문에 레들리는 조지프의 곁을 지키고 있던 버츠에게 개인적인 편지를 보내 상황을 설명했다. 레들리와 버츠는 케이트가 엑스레뱅에서 돌아오는 날 아침까지도 허버트를 데리고 간 사실을 조지프가 모르도록 숨기기로 협의하고 케이트에게 허버트를 데리고 가라고 전했다.[43]

다행히 케이트와 허버트가 엑스레뱅에서 돌아왔을 때 조지프는 필립스가 쓴 소설로 인해 받은 충격에서 벗어나느라 애쓰고 있던 상황이어서 허버트를 엑스레뱅으로 데리고 간 문제에 크게 개의치 않았다. 필립스는 그 소설을 존 그레이엄John Graham이라는 필명으로 발간했다. 〈월드〉에 근무하는 동안에는 어떠한 출판물도 발간할 수 없다는 근로계약서의 조항 때문이었다. 그러나 필립스가 소설을 통해 조지프가 이상을 버렸다고 비난한 것에 비하면 계약 위반은 새발의 피였다.

"그 책 정말 좋더군. 단 한 가지 문제를 제외하고는 말이야." 조지프는 무엇이 문제인지 상세하게 설명하지 않았다. "그 책을 쓴 작가는 대단한 재능을 지녔어. 상상력도 풍부하고 대화를 구성하는 능력도 아주 탁월해 보였네." 조지프는 배신감을 느꼈다. 사이츠는 이렇게 전했다. "그 소설을 쓴 작가가 필립스라는 사실을 알게 된 퓰리처 사장님은 마음에 깊은 상처를 받았다." 조지프는 필립스를 신뢰했고 아들처럼 대해주었다. 조지프는 필립스에게 《죄와 벌Crime and Punishment》을 읽어보았는지 물었다. "만일 아직 안 읽었다면 스물네 시간 내로 읽어보는 것이 좋을 걸세."[44]

조지프는 지금까지 읽었던 수많은 소설 중에서 하필이면 살인을 저지르고 죄책감에 시달리는 주인공이 등장하는 도스토옙스키의 소설을 골랐다. 필립스에게 무언의 압력을 가하려 했던 것이다. 그러나 조지프의 의도는 먹히지 않았다. 《위대한 성공》의 발간으로 두 사람의 관계가 완전히 끝난 것은 아니었지만 예전과 같을 수는 없었다. 소설이 발간되고 얼마 지나지 않아 필립스는 〈월드〉를 떠났다.

조지프는 채톨드로 돌아가 그곳에서 1902년 여름을 보냈다. 케이트와 아이들은 엑스레뱅에 남았다. 케이트를 진찰한 프랑스인 의사는 조지프에게 되도록 편지나 전보를 보내지 말라고 충고했다. 보내더라도 케이트의 기분을 즐겁게 할 만한 말만 써서 보내라고 조언했다. 의사는 이렇게 전했다. "부인께서는 지금 신경이 예민해지셔서 소화불량에 시달리고 계십니다. 살도 급격하게 빠지고 있습니다. 회복되려면 두 달가량 '집중치료'를 받으셔야 합니다." 여름이 끝날 무렵 케이트의 병세도 호전되었다. 케이트는 이렇게 전했다. "의사가 하는 말이 상태가 나아지기는 했지만 조심하지 않으면 언제라도 다시 나빠질 수 있다고 합니다. 찜질이 제 건강에 좋지 않다고 했기 때문에 찜질도 하지 않고 있습니다. 언제 다시 온몸을 물에 푹 담그고 마음 편히 목욕을 할 수 있을지 기약조차 없는 상태입니다."[45]

수행원들과 함께 메인 주로 돌아온 조지프는 케이트를 진찰한 의사의 충고를 대체로 고분고분 따랐다. 그러나 케이트가 지출한 경비를 본 뒤에는 화를 참지 못했다. 하지만 케이트에게 분노를 쏟아놓을 수는 없었으므로 케이트에게 지급할 생활비를 레들리에게 맡기고 레들리에게 케이트가 사용한 경비 청구서를 처리하라고 지시하기로 마음먹었다. 케이트를 가까이에서 수행하고 있던 레들리만 입장이 난처해지고 말았다. 아내가 사용하는 경비는 남편이 책임지는 것이 마땅하다고 여기는 케이트가 레들리에게 청구서를 처리하지 말라고 지시하면 레들리는 어쩔 수 없이 조지프와 맞서게 될 수밖에 없을 터였다. 조지프를 가까이에서 보좌하는 버츠의 입장도 레들리의 입장과 다르지 않았다. 동병상련이라고 두 사람은 이내 개인적인 편지를 보내 서로의 문제를 상의하기 시작했다. 그러나 버츠와 레들리는 조지프와 케이트 부부가 금전 문제를 두고 계속 싸우는 한 자신들도 난처한 처지에서 벗어날 수 없다는 사실을 잘 알고 있었다.[46]

그해 9월 쉰아홉 살이 된 존 딜런이 메인 주로 조지프를 찾아와 뒤늦은 재회를 했다. 1900년에 〈월드〉를 그만둔 딜런은 곧 그 결정을 후회했고 옛 동지의 품으로 다시 돌아왔다. 조지프를 찾아온 사람은 누구나 그렇듯 딜런도 조지프와 함께 승마에 나섰다. 말을 돌보는 조지프의 수행원도 따라나섰다. 승마를 하던 도중 딜런이 말에서 떨어졌다. 조지프와 수행원들은 딜런을 데리고 집으로 돌아왔다. 딜런을 진찰한 의사는 갈비뼈 두 대가 부러졌고 내부의 장기도 손상을 입었다고 말했지만 어느 부위인지는 정확히 알 수 없었다.[47]

조지프는 딜런의 가족에게 크게 걱정하실 것 없다는 전보를 보냈다. "경험이 풍부한 간호사 두 명이 딜런을 돌보고 있습니다. 영양도 풍부하게 섭취하고 있고요. 낙마할 때 생긴 염증만 가라앉으면 곧 자리를 털고 일어날 것입니다. 너무 심려하지 마십시오." 그러나 딜런은 회복될 기미를 보이지 않았다. 오히려 폐렴까지 걸리면서 심장의 기능이 크게 약해지고 말았다. 조지프는 자신과 케이트를 치료한 적이 있었던 저명한 의사 위어 미첼 박사와 윌리엄 시드너 세이어William Sydner Thayer 박사를 집으로 불렀다. 그러나 두 의사가 할 수 있는 일은 거의 없었다. 채틀드에는 다시 한 번 죽음의 그림자가 드리웠다. 10월 15일 아내와 두 자녀가 곁을 지키는 가운데 세상을 등진 딜런은 며칠 뒤 세인트루이스에 묻혔다.

조지프는 딜런과 함께 운영했던 〈세인트루이스 포스트-디스패치〉에서 신참 기자로 경력을 쌓기 시작한 플로렌스 화이트에게 전보를 보냈다. "딜런이 세상을 떠나다니. 너무 슬퍼서 심장이 멎을 것만 같네. 자네가 딜런의 장례식에 참석해줄 수 있겠나? (…) 나와 〈세인트루이스 포스트-디스패치〉를 대신해서 말일세." 장례식에 참석하기 위해 서쪽의 세인트루이스로 향하는 대신 조지프는 수행원 일곱 명 및 하인 두 명과 함께 동쪽으로 떠나는 셀틱Celtic호에 몸을 싣고 10월 31일 뉴욕을 떠났다.

1등 선실 푯값에 394달러 29센트를 더 얹어 받은 화이트스타라인 증기선사는 소음에 극도로 민감한 이 특별한 승객을 위해 각별한 주의를 기울였다. 술을 마실 수 있는 식당의 경우 밤 열한 시까지 이어지던 피아노 연주가 밤 열 시까지로 제한되었다. 복도의 소음이 조지프에게 전달되지 않도록 차단하기 위해 조지프가 머무는 공간에는 특별 주문 제작해 녹색 모직 천을 덧댄 문이 설치되었다. 조지프는 화이트스타라인 증기선사 사장에게 특별히 당부했다. "문을 쾅 닫는 소리가 가장 괴롭소. 그 소리는 아마 800미터 밖에서도 들릴 거요. 특히 증기선처럼 복도가 좁고 긴 경우에는 더하다오." 조지프가 머무는 선실 바로 위 갑판에는 경계선을 쳐서 다른 승객들이 지나다니지 못하도록 조치했다. 혹시 그곳을 꼭 지나쳐야 하는 선원들이 있을 경우에 대비해 두꺼운 매트를 깔아두는 것도 잊지 않았다. 이런저런 주문을 하면서 조지프는 이렇게 설명했다. "내가 요청하는 것들이 단순한 오락이나 사치라고 생각하면 오산입니다. 나의 건강에 필수적인 문제라는 점을 유념해주시기 바랍니다."[48]

1903년 1월 뉴욕을 떠나 지킬 섬으로 향한 조지프는 워싱턴까지 사이츠와 함께 열차를 타고 가기로 했다. 열차가 저지시티 역을 출발할 무렵 호스머는 사이츠에게 문서 다발을 건네면서 해당 문서의 내용과 관련해 의견을 제출할 준비를 하라고 일러주었다. 객실에 틀어박힌 사이츠는 그 즉시 문서를 훑어보기 시작했다. 호스머가 넘겨준 문서에는 조지프가 10여 년 전부터 신중하게 검토해온 계획이 빼곡히 적혀 있었다. 조지프는 언론인을 길러내는 대학을 설립하고 탁월한 능력을 발휘한 현직 언론인에게 수여할 언론상을 제정하는 일에 자신의 재산을 내놓을 생각이었다.

〈세인트루이스 포스트-디스패치〉를 운영하던 시절 미주리 주 컬럼비아에서 열린 언론인 모임에 참석한 조지프는 언론대학을 설립하자는 누군가의 의견을 웃음거리로 만들었다. "언론대학이라니, 결혼대학만큼이나 어불성설입니다. 하려고 마음만 먹는다면 누구나 할 수 있는 일을 굳이 왜 가르쳐야 한답니까?" 그러나 10여 년쯤 지나자 조지프의 생각이 바뀌기 시작했다. 조지프는 언론대학 교수가 학생들에게 언론업계에 필요한 몇 가지 기술적인 내용을 가르칠 수 있다는 사실을 인정하게 되었다. 조지프는 이렇게 덧붙였다. "물론 한니발Hannibal, 카이사르, 보나파르트Bonaparte 같은 천재 군인이 군사학교에서 길러진 인재가 아닌 것처럼, 재능을 타고 태어난 뛰어난 언론인이라면 굳이 언론대학 교수에게 배워야 할 필요는 없을 것이다."[49]

1890년대에 접어들면서 조지프는 자신의 재산을 어떻게 처리할 것인지에 대해 깊이 고민하게 되었고 그 중심에 언론대학 설립이라는 생각이 자리 잡기 시작했다. 권력을 추구해온 만큼이나 조지프는 존경을 중요하게 여겼지만 당시 대부분의 사람들은 언론에 품위가 없다고 생각했다. 비록 잠시였다고는 해도 허스트와 벌인 치열한 경쟁 덕분에 사람들은 두 사람이 무책임하고 선정적인 기사를 무차별적으로 살포한다고 싸잡아 비난했다. 조지프는 허스트와 함께 이른바 '황색 언론'의 대명사가 되었다. 가령 2년 전 주간지 〈라이프Life〉는 조지프를 횃대에 앉은 새로 묘사한 그림을 게재했다. 횃대에는 풀리추스 눈다누스Pulitzus Nundanus라는 학명이 기재되어 있었다. 그 새의 특징은 다음과 같았다. "썩은 고기를 비롯해 무엇이든 닥치는 대로 먹는다. 오물 더미 위에서 무럭무럭 자란다. 복수심이 강하고 시끄럽지만 해롭지는 않다." 언론대학을 설립해 언론인을 배출하면 사람들의 존경도 받을 수 있을 터였다. 조지프는 땅에 떨어진 자신의 명예를 되찾고 언론인의 긍지를 높이기 위해 언론대학 설립 및 언론상 제정을 추진했다.[50]

유럽에서 휴식을 취하면서 건강을 추스르던 시절에도 조지프는 언론대학 설립이라는 구상을 친구들에게 이야기하곤 했다. 특히 조지프는 당시 컬럼비아대학Columbia College이라 불리던 대학의 총장을 지내고 있던 친구 세스 로Seth Low를 적극적으로 설득했다. 1892년 컬럼비아대학 이사들이 언론대학을 설립하자는 조지프의 제안을 검토했지만 그 제안은 결국 부결되었다. 그로부터 10여 년이 지난 지금 채톨드에서 여름을 보내면서 죽음에 대해 진지하게 고민하던 조지프는 컬럼비아대학에 언론대학을 설립하겠다는 계획을 다시 들고 나왔다. 유언장을 수정한 조지프는 자신이 남길 유산의 처리 방안에 대한 생각을 적은 쪽지를 지난 몇 년 동안 자신의 곁을 든든하게 지켜온 조지 호스머에게 건넸다. 물론 그 내용은 '일급 기밀'이었다.[51]

조지프는 쪽지에 이렇게 기록했다. "언론인이라는 직업은 지식을 다루는 전문가로서 최고의 직업이고, 또 그래야 한다고 생각한다." 그러기 위해 조지프는 언론인들도 변호사나 의사에 버금가는 훈련을 받아야 한다고 제안했다. 조지프는 언론대학을 설립하고 운영한다면 컬럼비아대학에 200만 달러를 기부하겠다는 결심을 굳혔다. 200만 달러는 당시 컬럼비아대학 한 해 예산의 세 배를 훌쩍 뛰어넘는 금액이었다. 또한 그 200만 달러 중 일부는 탁월한 기사를 써서 언론의 품격을 높이고 대중에게 봉사한 현직 기자, 편집자, 저술가에게 매년 수여하는 상을 제정하는 데에도 쓰여야 했다. 이때 제정된 상이 오늘날 일반인에게도 잘 알려진 퓰리처상이다. 퓰리처상은 알프레드 노벨이 제정한 노벨상 다음으로 널리 알려진 상으로, 언론인이라면 누구나 한 번쯤 수상을 꿈꿀 만큼 권위 있는 상으로 자리매김했다.

컬럼비아대학 관계자들에게는 언론인들에게 수여할 상을 제정하자는 조지프의 생각이 아무런 맥락 없이 하늘에서 뚝 떨어진 생각처럼 보였겠지만 사실 조지프는 오래 전부터 〈월드〉의 기자들에게 동기를 부여하기 위해 시상식을 활용해왔다. 이미 1887년부터 〈월드〉 기자들은 일년에 한 번 있을 시상식에서 상을 타기 위해 치열하게 경쟁했다. 최고의 기사상, 최고의 기고글상, 최고의 1면 머리기사 제목상, 최고의 교열상 등 시상 부문도 다양했다.[52]

조지프가 컬럼비아대학에 기부금을 주기로 마음먹은 이유는 컬럼비아대학이 신문의 수도 뉴욕에 자리 잡고 있었던 데다가 광업대학School of Mines이 설치되어 있었기 때문이었다(조지프는 이렇게 말했다. "광업대학도 있는데 언론대학이라고 설립하지 못할 이유가 없지"). 그러나 혹시라도 컬럼비아대학에서 자신의 제의를 거절한다면 예일대학교에 다시 제안해볼 생각이었다.

"대강의 계획, 대강의 기부금 액수, 대강의 목적은 어느 정도 구상되었지만 구체적인 계획은 여전히 안갯속일세. 아무리 생각해도 언론인이라는 직업은 미국 학생들의 마음을 사로잡을 매력적인 직업이라는 생각을 떨칠 수가 없군. 좋든 나쁘든 언론은 이 나라의 도덕적 힘과 도덕적 감각을 대표하는 산업이라네."

조지프는 호스머에게 언론대학 설립 및 언론상 제정 사업을 은밀하게 추진하라고 일렀다. 조지프는 그 모든 일이 본인의 쉰여섯 번째 생일인 1903년 4월 10일을 기해 시작되기를 바랐다. 〈월드〉를 통해 큰 성공을 거머쥔 이후 처음으로 조지프는 자신의 이름을 길이 남길 사업에 착수했다는 생각에 마음이 설레었다. 언론대학과 미국 전역의 언론인을 대상으로 수여하게 될 언론상은 조지프에게 커다란 희망이 되었다. 나중에 조지프는 케이트에게 이런 편지를 보냈다. "우리 자녀 세대와 그들의 자녀 세대, 또 그 자녀 세대에게 내 이름을 남기고 빛나게 할 일에 착수했다는 사실이 도무지 믿기지 않습니다."[53]

그해 1월 남쪽을 향해 내려가는 열차에서 사이츠는 언론대학 및 언론상 제정과 관련된 자신의 생각을 정리해 문서로 작성했다. 사이츠가 작성한 문서에는 조지프가 컬럼비아대학에 200만 달러를 기부하는 대신 컬럼비아대학 측은 그 돈으로 언론대학이 사용할 건물을 짓고, 투자를 통해 기금을 늘려나가며, 그렇게 모은 자금으로 언론대학 교직원에게 급료를 주고 매년 시상하는 언론상에 필요한 비용을 감당해야 했다. 사이츠가 그 문서를 조지프에게 건네기도 전에 벌써 조지프는 열차에서 내리기 위해 복도에 나와 있었다.[54]

조지프가 말했다. "생각 좀 해봤나?"

사이츠가 대꾸했다. "네. 좀 했습니다."

"그럼 내가 뭘 해야 하지? 나도 뭔가 하고 싶다네."

"〈월드〉를 기부하시면 간단히 해결될 문제랍니다."

"아무렴. 새 건물을 지으려면, 뭔가 하기는 해야겠지."

언제나 그랬듯 사이츠에게 의견을 물어놓고는 그의 의견을 간단히 무시해버린 조지프는 호스머에게 컬럼비아대학과 하버드대학교에 가서 언론대학 설립 및 언론상 제정에 관해 제안해보라고 지시했다. 물론 기부자에 대한 정보는 비밀이었다. 그러나 컬럼비아대학의 니콜라스 머리 버틀러Nicholas Murray Butler 총장은 전 총장(세스 로)으로부터 이야기를 전해들었으므로 기부자가 누구인지 분명히 알고 있었다. 그해 여름 버틀러 총장은 이사회를 열어 언론대학 설립 및 언론상 제정에 관한 승인을 얻어냈다. 계약이 체결된 날짜는 조지프의 생일인 4월 10일로 소급해 기록되었다.[55]

조지프는 그해 겨울을 지킬 섬에서 보좌관들이 낭독하는 〈월드〉의 내용을 경청하며 보냈다. 지금까지 하루도 거르지 않고 반복해온 신성한 행사였다. 조지프는 그 어느 때보다 진지한 모습으로 낭독 내용을 경청했다. 노련한 보좌관들은 〈월드〉와 다른 신문들을 조지프의 마음에 드는 방식으로, 주어진 시간 안에 낭독하는 방법을 터득하고 있었다. 또한 신문의 판형, 글자의 크기, 각 기사에 붙어 있는 그림을 요령껏 설명할 줄도 알았다. 그러던 어느 날 한 기사 내용을 들은 조지프는 벌컥 화를 내고 말았다.

2월 22일 일요일, 〈월드〉는 뉴욕의 상류층 인사인 캐서린 매카이 Katherine Mackay에 대한 기사를 내보냈다. 기사 내용에는 매카이 부인이 앞으로 태어날 아기가 쓸 아기방을 어떻게 꾸며놓았는지에 대한 이야기가 들어 있었다. '임신'이라는 단어가 사용되지 않았음에도 그 기사는 빅토리아 시대의 도덕관념을 지니고 있던 조지프의 정서를 거스르는 내용이었다. 임신이라는 단어는 당시로써는 입 밖에 내기를 꺼리던 성관계라는 단어를 연상하게 만드는 단어였다. 따라서 상류층 여성의 경우

임신을 하면 외출을 삼간 채 집 안에서만 지내야 했다.[56]

조지프는 온갖 욕설을 퍼부으면서 서둘러 뉴욕으로 전보를 보냈다. "우리 신문의 명예를 지킬 책임을 지닌 발행인으로서 거짓된 기사, 오류가 있는 기사, 쓸데없는 허풍으로 가득한 기사, 내용을 과장한 기사, 황색 언론이라는 오명을 뒤집어쓸 만한 기사, 아첨하는 기사는 범죄라고 생각하네. 아무리 판매부수가 많이 오른다 해도 그런 생각에는 변함이 없네. 그 기사를 쓴 놈을 찾아서 오늘 중으로 해고하게." 조지프의 전보를 받은 편집자들은 깜짝 놀라고 말았다. 신문에 실린 사진은 캐서린 매카이가 직접 보내온 것이었고 매카이 가족의 일원 중 어느 누구도 그 기사에 불만을 표시하지 않았기 때문이었다. 열여섯 살 먹은 딸을 둔 한 편집자는 자기 딸이 그 기사를 좋아하더라고 전했다. 또 다른 편집자는 출산을 앞둔 많은 여성들이 남성과 여성이 함께 있는 자리에서 아무런 거리낌 없이 임신에 대해 이야기를 나눈다고 말했다.[57]

조지프는 자신의 친구인 매카이 가족이 별다른 충격을 받지 않고 그 기사를 받아들일 수 있는 사람들이라는 점을 인정한다고 답했다. 그럼에도 발행인인 자신은 그 기사를 인정할 수 없다고 못 박았다. 그런 기사는 〈뉴욕 저널〉이 만들어낸 혐오스러운 기사를 떠오르게 한다는 이유에서였다. '임신'이라는 단어를 피해 제목을 뽑은 "특별한 신체 상태에 놓인 상류층 여성" 같은 기사가 대표적인 사례였다. 조지프는 이렇게 덧붙였다. "바로 그런 기사가 역겨운 기사이고 끔찍한 기사일세."

사이츠가 찾아낸 기사작성자는 뜻밖에도 여자였다. 사이츠는 조지프에게 그 기사를 쓴 사람을 해고하겠다고 약속했다. 그 기사를 쓴 조나

게일Zona Gale은 주로 〈이브닝 월드〉에 기고해 생계를 이어가던 프리랜스 기자로 틈틈이 소설도 쓰고 있었다. 몇 년 뒤 게일은 극본 부문 퓰리처상을 수상하게 된다.[58]

1903년 5월 10일 20주년을 맞이한 〈월드〉는 136쪽에 달하는 방대한 분량의 기념호를 발간했다. 그때까지 발간된 적 없었던 방대한 분량이었다. 며칠 뒤 미스 빈턴 여학교Miss Vinton's School for Girls에 다니고 있던 조지프의 딸 이디스가 교장선생님의 호출을 받았다. 교장선생님은 잘못을 저지른 학생을 질책하기 위해 호출하는 경우가 일반적이었으므로 이디스는 겁에 질리고 말았다.

이디스가 나타났을 때 교장선생님인 빈턴 양은 〈뉴욕 타임스〉를 읽고 있었다. 학교에서 읽을 수 있도록 허락된 유일한 신문이었다. 빈턴 양이 읽고 있던 신문에는 아돌프 오크스가 20주년을 맞이한 〈월드〉를 주제로 쓴 사설이 실려 있었다. 오크스는 이디스의 아버지와 그가 운영하는 신문이 성취한 일들을 굉장히 높이 평가하고 있었다. "〈월드〉의 논조에 대해 말들이 많지만 〈월드〉가 '이 나라를 위해 많은 일을 했고' 상상할 수 없을 만큼 큰 열정과 지칠 줄 모르는 투지로 수많은 대의명분을 위해 싸웠다는 사실을 인정하지 않는 사람은 없을 것이다."[59]

이디스의 이야기를 들은 조지프는 큰 기쁨을 느꼈다. 당시 조지프는 독일 바트홈부르크Bad Homburg에 머물면서 그곳 온천이 칼스바트Carlsbad, 비스바덴, 바덴바덴에 있는 온천들처럼 자신이 겪는 질병들을 치료할 효능이 있는지 가늠해보고 있었다. 그러나 보좌관 가운데 한 사람이 다른 남성과 사랑에 빠졌다는 사실이 드러나면서 조지프의 휴식도 끝이 났다. 곧바로 도끼가 날아들었다. 조지프의 어느 보좌관은 그 남자에게 이렇게 전했다. "사장님께서 당신에게 이 말을 전하라고 지시하셨습니다. 사장님께서는 이 사건으로 큰 고통을 받으셨습니다. 더불어 당신과 맺은 개인적 관계를 끝낼 수밖에 없는 의무와 책임을 다해야 한다는 생각에 괴롭고도 슬프다고 말씀하셨습니다." 동성애 남성에 대해 매우 가혹한 처분이 내려지던 시절이었지만 10대 시절 데이비드슨과의 친밀한 관계를 경험해보았던 조지프는 그 보좌관에게 잔인한 처분을 내릴 마음이 다른 사람에 비해 적었던 것으로 보인다. 조지프는 그 보좌관을 〈월드〉 런던 사무소로 보내 잔일을 돕도록 조치했다.[60]

당시 〈월드〉 런던 사무소를 책임지고 있던 사람은 마흔네 살의 아일랜드 출신 제임스 투오히James Tuohy였다. 투오히는 조지프의 개인적인 업무를 처리해주는 일에도 익숙해져 있었다. 사실 지난 몇 년 동안 투오히는 미국인보다는 영국인을 선호했던 조지프를 위해 적당한 영국인 보좌관을 발굴하는 일을 묵묵히 수행해왔다. 그러나 동성애 남성에 대한 금기가 그 어느 곳보다 심한 곳이 런던이라는 점을 감안할 때 이번에 조지프가 지시한 일은 처리할 수 없을 것 같았다. 투오히는 조지프에게 우려를 표했다. "지시하신 일에 대해 몇 가지 드릴 말씀이 있습니다. (…) 문제는 그 남자가 이곳에서 무슨 일을 저지를지 제가 통제할 수 없다는 데 있습니다. 만일 제가 그 남자에게 홈부르크에서 한 짓을 반복하는 경우 이곳에서의 일도 끝이라고 경고한다면 그 남자는 그런 일을 저질러 놓고도 저에게 숨길 것입니다."

사실 런던에 도착하고 얼마 지나지 않아 문제의 남자는 피커딜리

Piccadilly에 위치한 어느 식당에서 영국 근위대 소속 병사로부터 잠자리를 하자는 제안을 받았다. 투오히에 따르면 근위대 병사들은 "남자들과 잠자리를 함께하는 가욋일로 상당한 수입을 올리는 자들"이었다. 그 남자를 런던에서 일하게 하려는 조지프의 해법은 큰 도움이 되지 않을 것 같았다. "그가 지닌 치명적인 매력이 본인의 의지와는 상관없이 곧 그를 곤란한 지경으로 내몰 것만 같아 걱정이네."[61]

그해 가을 조지프는 바트홈부르크에서 프랑스 북부의 해안마을 에트르타Étretat로 거처를 옮겼다가 다시 런던으로 이동했다. 뉴욕에서 열리는 시장 선거에는 눈길조차 주지 않았다. 사실 정치에 대한 조지프의 열정은 사그라진 지 오래였다. 주의 깊은 독자라면 누구라도 〈월드〉 사설의 논조 변화를 눈치챘을 터였다.

〈월드〉의 편집자 제임스 클라크가 바로 그런 독자 중 하나였다. 그해 초 〈월드〉 20주년 기념호를 준비하면서 클라크는 〈월드〉의 사설 상태를 점검한 보고서를 작성했다. 필립스가 소설을 통해 조지프의 달라진 모습을 꼬집었다면 클라크는 조지프의 변화를 보여주는 다큐멘터리를 만든 셈이었다. 클라크는 보고서에서 조지프가 신문사로 출근하지 않게 된 뒤부터 사설에 영혼이 사라졌고 개혁을 요구하던 거센 불길도 사그라져 작은 불꽃으로 전락했다고 지적했다. 조지프가 〈월드〉에 직접 사설을 쓰던 초창기에는 "정치, 또 정치, 그리고 또 정치가 사설을 지배했다. 당시의 사설은 당파성이 물씬 풍기는 뜨거운 불길 같았다. 대중을 대변하고 백만장자들과 금권정치인들을 비난하는 사설의 논조는 때로 폭력적으로까지 비춰질 만큼 과격했다."[62]

클라크는 말을 이었다. "공화당 대통령이나 정치인들을 주저 없이 비난했다. 사설은 다른 신문과 그 발행인에 대한 공격도 서슴지 않았다. (…) 유명 인사들을 희화화하는 별명이 사설을 장식했다. 1급 풍자와 비판이 난무했지만 농담도 던질 줄 알았다. 격한 비판의 끝에는 비판을 뒷받침하는 상세한 근거가 제시되었다."

추상 같은 클라크의 판단에 조지프는 수긍할 수밖에 없었다. 자신이 가장 아끼는 사설란이 자신과 더불어 늙어가고 있었다. 젊은 시절 함께 시간을 보냈던 친구들과 동료들이 줄줄이 세상을 떠났다. 미국 생활을 시작한 세인트루이스에서 함께 어울리던 벗 데이비드슨과 딜런도 이제 세상에 없었다. 헝가리에서 보낸 유년 시절에 연관된 마지막 끈인 유일하게 살아남은 동생과도 돌이킬 수 없을 만큼 사이가 멀어져버렸다. 1883년 〈월드〉를 인수하면서 다툰 것을 마지막으로, 유럽으로 떠난 동생과는 연락도 하지 않았다. 자녀들은 실망감만 안겨주었고 두 대륙에 흩어져 살고 있는 가족들과 화기애애하게 생활한다는 것은 꿈도 꿀 수 없었다. 인내심이 남다른 케이트는 공허한 시간을 채우기 위해 한시도 빠짐없이 동분서주해왔다. 그러나 조지프는 따뜻한 애정을 베풀었던 케이트의 호의를 매번 거절했고 결국 케이트도 포기하기에 이르렀다.

엑스레뱅에서 지내던 케이트가 조지프에게 보낸 편지는 당시의 상황을 잘 보여준다. "당신과 결혼한 지 25년이 지났습니다. 하지만 수백 년이 지나 당신이나 내가 더 이상 이 세상에 없게 되었을 때 서로 아껴주고 이해해주며 기쁨이나 슬픔을 함께 나눈들 무슨 의미가 있을까요?

동그란 원을 그리면서 스러지는 담배 연기처럼 진지한 희극에조차 미치지 못한 채 비극으로 마무리되는 것이 우리네 인생인가 봅니다."**63**

27장

세월에 발목 잡히다

1904년 초 〈뉴욕 월드〉 논설위원 새뮤얼 윌리엄스Samuel L. Williams가 미시건 주 디트로이트에 도착했다. 윌리엄스는 채톨드에서 조지프와 함께 승마와 수영을 즐길 영예를 누리는 몇 안 되는 논설위원 중 한 사람이었다. 윌리엄스는 〈월드〉에 필요한 인재를 구해오라는 조지프의 비밀지령을 받고 디트로이트에 온 참이었다. 〈월드〉의 사설란을 책임지고 있는 윌리엄 메릴이 나이가 들어감에 따라 사설도 함께 나이를 먹어갔다. 조지프에게는 젊은 인재가 필요했다. 소설을 쓰겠다고 논설위원 사무실을 박차고 나간 필립스와 비슷한 수준의 열정을 가지고 사설을 쓸 수 있는 바로 그런 젊은이여야 했다.[1]

윌리엄스는 이렇게 회고했다. "사장님이 어떤 사람을 원하는지 잘 알고 있었다. 새로 영입할 젊은이는 역사에서 생물학에 이르는 다양한 분야에 해박한 지식과 날카로운 통찰력을 지니고 있어야 하고, 간결하면서 직설적이고 단순하면서도 사람을 설득하는 힘을 가진 글을 쓸 수 있어야 했다. 사장님은 특히 명료하고 과감한 사설을 좋아하셨다. 마지막 단락은 반드시 사람들의 허를 찌를 수 있는 내용으로 채워야 했다." 윌리엄스는 적임자를 찾기 위해 전국을 떠돌면서 지루하고 답답한 사설들을 읽었다. "결국 〈디트로이트 프리 프레스Detroit Free Press〉에서 사장님의 기준을 충족시킬 만한 사설을 찾아냈다." 윌리엄스는 그 사설들을 여러 차례 다시 읽었다. 그리고 동일한 사람이 쓴 것으로 보이는 사설들만 따로 추렸다. 디트로이트에 사는 옛 친구를 통해 그 사설의 작성자가 프랭크 콥Frank Cobb이라는 사실을 알아낸 윌리엄스는 친구에게 부탁해 콥과 만날 약속을 정했다.

윌리엄스는 훤칠한 키에 넓은 어깨를 지닌 서른네 살의 콥을 보자마자 마음을 빼앗겼다. 이마를 가린 더벅머리, 반짝반짝 빛나는 눈동자, 몇 년 동안 제재소에서 일한 경력 탓에 강인해 보이는 팔과 손이 인상적인 젊은이였다. "콥과 함께한 자리는 즐거웠다. 콥은 자신이 유쾌한 대화 상대일 뿐 아니라 다양한 분야의 글을 두루 읽는 독서가, 상황 판단이 빠른 관찰자, 설득력 있게 말하는 달변가, 세상사를 날카롭게 분석하는 분석가라는 사실을 입증해 보였다. 콥은 신체 건강하고 뛰어난 지적 능력을 지닌 젊은이였다. 검소했지만 적절한 범위에서 예의를 지킬 줄 아는 사람이었다. 사장님이 찾는 바로 그 사람이라는 사실을 한눈에 알아볼 수 있었다."

저녁식사를 마친 윌리엄스는 조지프에게 전보를 보냈고 다음 날 아침 조지프는 윌리엄스에게 관련 지시를 내렸다. 윌리엄스는 이마의 모양 같은 콥의 생김새에서부터 식사예절에 이르기까지 콥에 관한 모든 것을 되도록 많이 알아내야 했다. 윌리엄스는 콥을 만나 이것저것 캐물었다. 이제는 콥도 윌리엄스가 자신을 〈월드〉에 데려가려 한다는 사실을 눈치챘다. 콥은 독서량이 많았고 브라이언과 은화자유주조운동에 반대했다. 루스벨트를 좋아하기는 했지만 사설에서는 연일 루스벨트에 대한 공격을 쏟아냈다. 윌리엄스는 조지프에게 이렇게 보고했다. "쾌활한 모습에 목소리도 좋습니다. 식사예절은 정말이지 추천할 만합니다! 수프를 소리 내지 않고 먹는답니다."

콥은 〈디트로이트 프리 프레스〉를 떠나도 좋을지 확신이 없었다. 그러나 지킬 섬으로 가서 조지프를 만난 뒤 〈월드〉에 합류하기로 마음먹었다. 이듬해 봄부터 콥은 메릴의 밑에서 논설위원으로 일하게 되었다. 더할 나위 없이 깔끔한 사설과 지칠 줄 모르고 정보를 요구하는 콥의 열정은 〈월드〉의 모든 논설위원들의 마음을 단번에 사로잡았다. 윌리엄스는 이렇게 회고했다. "무슨 문의를 할 때마다 콥은 '음'처럼 들리는 어투로 말을 맺곤 했는데, 사실 그것은 질문이었다."

조지프에게 젊은 인재를 육성할 기회가 다시 한 번 찾아왔다. 그리고 이번에 뽑은 인재는 조지프를 떠나거나 배신하지 않을 터였다. 시간이 흐르면서 나이 든 발행인과 젊은 논설위원 사이에는 협력관계가 형성되었다. 오랫동안 조지프가 갈망했던 바로 그런 기분 좋은 관계였다. 콥은 가장 믿음직하고, 가장 충성스럽고, 가장 효율적이고, 가장 오랫동안 〈월드〉를 지킨 논설위원이 되었다. 콥보다 오래 〈월드〉를 지켰던 인물은 12년 동안 조지프의 참모로 일했던 커크릴뿐이었다.

1903년 겨울에서 1904년 사이 케이트는 생애 가장 우울한 날들을 보냈다. 몸져누운 채 1월의 대부분을 보낸 케이트에게 친구들의 사망 소식이 계속 들려왔다. 케이트는 조문 편지를 보내는 일 말고는 할 수 있는 일이 없다는 사실에 낙심했다. 지킬 섬을 싫어해서 지난 8년 동안 지킬 섬에는 발길을 하지 않았었지만, 이번에는 케이트가 먼저 조지프에게 편지를 보내 지킬 섬에 가도 괜찮겠냐고 물었다. "방이 모자라지 않는다고 말해준다면 정말 기쁠 것 같아요."**2**

케이트가 지킬 섬을 방문하기로 마음먹었다는 사실은 케이트에게 심경의 변화가 있었음을 시사했다. 조지프와 케이트는 여전히 돈 문제로 계속 다투고 있었지만 케이트는 남편에게 전보다 더 많은 연민을 느꼈다. 케이트는 조지프가 겪고 있는 각종 질병, 각종 공포증을 이해하고 평범한 사람과는 다른 행동방식도 조지프만의 고유한 특성으로 받아들였다. 케이트가 사랑했던 조지프는 이미 사라지고 없었다. 케이트는 결혼 생활을 시작했을 무렵의 기억에 필사적으로 매달렸다. 수십 년 전 찍은 사진들을 들여다보면서 케이트는 사진 속 남편이 자기에게 들려주었던 달콤한 말들을 떠올리곤 했다.

조지프는 이런 답장을 보냈다. "일이 많고 이곳의 방들이 당신에게 불편하겠지만 당신이 온다면 언제든 환영입니다." 케이트는 조지프와 연애라도 하는 양 곧바로 사양하는 편지를 보냈다. "아쉽지만 지킬 섬에 가기 좋은 때가 아닌 것 같네요. 일이 바쁘다고 하셨는데 저 때문에 방해를 받으실까 봐 걱정됩니다. 무슨 말인지 충분히 이해했으니 더 좋은 기회가 생기면 그때 가겠습니다." 그 편지를 받은 조지프는 단호한 어조로 케이트를 지킬 섬으로 초대했다. 케이트는 이런 농담을 던졌다. "당신이 반기지 않는다면 타고 왔던 배를 도로 타고 돌아가겠어요."

열아홉 살이 된 조지프 2세는 뉴욕에 머물고 있었다. 조지프 2세는 아버지에게 이런 편지를 보냈다. "집이 텅 빈 것만 같아요." 무모한 짓을 벌이다가 세인트마크 기숙학교에서 쫓겨난 조지프 2세는 가정교사의 지도를 받으면서 틈틈이 〈세인트루이스 포스트-디스패치〉와 〈월드〉의 일을 돕고 있었다. 조지프는 버츠에게 하버드대학교에 조지프 2세를 입학시켜줄 수 있는지 의사를 타진해보라고 지시했다. 물론 조지프 2세에게는 비밀이었다. 조지프는 버츠에게 이렇게 지시했다. "아들 녀석에겐 비밀일세."[3]

하버드대학교는 입학 시험을 통과하는 조건으로 조지프 2세를 받아주기로 결정했다. 그 소식을 들은 조지프 2세는 뛸 듯이 기뻐하면서 지금보다 두 배로 더 열심히 공부하겠다고 가정교사에게 약속했다. 그러나 조지프가 아들에게 주는 선물에는 여러 가지 조건이 붙어 있었다. 조지프는 열심히 공부해서 입학 시험을 통과하면 등록금을 보태주겠다고 약속했다. 단 학교에 들어간 뒤에도 열심히 공부해야 하고 조지프가 정한 기준 이상의 성적을 내야만 학비와 용돈을 주는 조건이었다. 물론 방학이 아니면 뉴욕에는 얼씬도 할 수 없었다.[4]

지킬 섬에서 정말 오랜만에 조지프와 함께 시간을 보낸 케이트는 뉴욕에 돌아와 이스트 73번가에 새로 지은 건물의 마무리 작업을 처리했다. 그사이 조지프는 엑스레뱅으로 떠났다. 엑스레뱅에 도착한 조지프에게 케이트는 편지를 보냈다. "그곳에서는 당신 인생에 더 많은 햇살이 비치길 바랍니다. 근심걱정이란 함께 다니기에는 따분하고 재미없는 친구입니다. 당신이 업무가 아닌 일에서 재미를 찾는다면 그것은 정말 하늘의 선물입니다." 조지프가 자리를 비운 사이 〈월드〉는 21주년 기념일을 조용하게 준비했다. 그러나 케이트는 조지프에게 그 사실을 알리고 싶었다. 케이트는 조지프에게 이런 편지를 보냈다. "〈월드〉가 저에게 어떤 의미인지 말하기를 꺼리면서 지내왔지요. 하지만 이제 자랑스러움과 고통스러움이라는 두 가지 상반된 감정이 공존해왔다는 사실을 속시원하게 털어놓고 싶습니다."[5]

1904년 5월 조지프가 언론대학 건립 사업이라고 이름 붙인 계획이 책으로 발간되었다. 〈월드〉의 편집국장으로 일하다가 그만두고 하퍼 앤드 브라더스Harper & Brothers 출판사 사장이 된 조지 하비가 세간의 높은 평가를 받는 〈노스 아메리칸 리뷰North American Review〉의 핵심 논문으로 조지프의 계획을 수록했던 것이다. 그 논문에서 조지프는 언론인이 되기 위한 훈련이 필요한 이유와 언론대학에서 교육할 내용에 대한 계획을 상세히 설명했다. 그러나 조지프의 꿈은 좋은 교육을 받은 기자와 편집자를 양성하는 수준에 그치는 것이 아니었다. 조지프의 이상은 그보다 훨씬 더 큰 것이었다.

조지프는 이렇게 기록했다. "이번 계획에서 내가 꿈꾸는 가장 중요한 목표는 공화국의 복리다." 제대로 된 훈련을 받은 언론인이라면 분명 공동선에 더 많이 기여하는 더 나은 신문을 만들 수 있을 터였다. "공화국과 그 공화국의 언론은 함께 흥하고 함께 망하는 불가분의 관계다." 조지프는 말을 이었다. 이 말은 훗날 언론대학의 벽에 새겨지게 된다. "탁월한 능력을 갖추고 객관적이며 공정한 정신을 품은 언론에 옳고 그름을 구분할 줄 알고 올바른 일을 실현할 용기를 가진, 제대로 훈련받은 언론인까지 더해진다면 공동선이 더욱 증진될 것이다. 그런 언론이 지키는 나라의 정부는 수치당할 일도, 조롱당할 일도 없을 것이다. 냉소적이고 돈을 버는 데에만 혈안이 된 선동적인 언론은 그 천박한 수준에 걸맞은 천박한 국민을 양산할 뿐이다."[6]

그러나 언론대학을 설립하기로 계약한 그해에 컬럼비아대학 직원들은 조지프의 죽 끓듯 한 변덕과 불호령의 뜨거운 맛을 보아야 했다. 애초에 조지프는 컬럼비아대학이 이 사업을 주도해야 한다고 주장했다. 그러나 이내 마음을 바꿔 자신이 추천하는 사람들이 자문위원회 위원에 임명되지 못한다면 컬럼비아대학 관계자들을 가만두지 않겠다고 협박하기 시작했다. 조지프가 추천한 사람 중에는 코넬대학교 총장과 하버드대학교 총장도 포함되어 있었다. 컬럼비아대학의 버틀러 총장이 경쟁 대학의 총장들을 자문위원회 위원에 앉히기를 거부하자 조지프의 질책이 쏟아졌다. 생모리츠에 머물던 조지프는 언론대학 건립 및 언론상 제정 문제와 관련해 컬럼비아대학과의 세부 의견 조율을 맡은 실무 담당자 브래드퍼드 메릴에게 전보를 보냈다. "질투심 때문에 그런다는 것을 알고 있네. 하지만 내 뜻은 변경할 수 없는 최종적인 것이라고 버틀러 총장에게 전하게."[7]

버틀러 총장은 조지프의 뜻에 따르기로 동의했다. 그러나 조지프가 언론대학 설립 및 언론상 제정을 위해 컬럼비아대학에 200만 달러를 기부한다는 내용을 세간에 발표하는 시기는 자문위원회 구성을 마치고 이사회의 승인을 받은 뒤로 미루는 것이 좋겠다고 제안했다. 또한 조지프가 자기 자신을 기념하기 위해 건물을 짓는다는 세간의 비판을 누그러뜨릴 수 있는 저명한 인사로 자문위원회를 구성하는 것이 바람직하다고 제안했다. 그러나 조지프는 버틀러 총장의 두 가지 제안을 모두 무시했다. 조지프는 〈월드〉에 자신이 컬럼비아대학에 200만 달러를 기부해 언론대학을 설립하고 언론상을 제정하려 한다는 내용을 단독 보도하라고 지시했다. 그러나 실무에서 최종 의견 조율을 담당하고 있던 메릴은 조지프의 지시를 따르지 않음으로써 버틀러 총장의 제안을 암묵적으로 받아들였다.

스물네 시간도 채 지나지 않아 메릴의 결정에 대한 조지프의 의견이 〈월드〉에 도착했다. 조지프는 메릴에게 이 사업에서 손을 떼고 버틀러 총장과 만나지도 말라고 지시했다. 그러면서 컬럼비아대학에 200만 달러를 기부한다는 내용을 다룬 기사를 한시바삐 내보내라고 다시 한번 촉구했다. 버틀러 총장은 부총장에게 이렇게 말했다. "우리는 진짜 거칠고 야박한 인간과 협상하고 있는 것이 틀림없습니다."[8]

조지프가 200만 달러를 기부할 것이라는 기사가 곧 터져 나올 것임을 직감한 버틀러 총장은 서둘러 자문위원회를 구성했다. 1903년 8월 조지프의 계획이 세간에 공개되었다. 미국의 주요 신문들은 하나같이 조지프가 계획한 사업의 중요성을 높이 평가했다. 하다못해 〈월드〉와 치열하게 경쟁하는 신문들조차도 조지프의 구상에 칭찬을 아끼지 않았다. 〈뉴욕 타임스〉의 오크스는 이렇게 기록했다. "신문발행인으로 크게 성공한 퓰리처는 이번 기부를 계기로 언론의 역사에 새 장을 열었다." 조지프의 정적 시어도어 루스벨트조차 칭찬 대열에 합류해 친구에게 이렇게 말했다. "저런 악당이 그런 고귀한 목적으로 돈을 기부하다니 참으로 어이없는 일이군. 그런 돈을 덥석 받아든 컬럼비아대학은 또 뭔가. 자네가 분노하는 것도 무리는 아니라는 생각이 드네."[9]

그러나 세간의 찬사도 조지프의 불편한 심기를 누그러뜨리지는 못했다. 기부 내용을 공표한 다음 날 조지프는 사이츠에게 버틀러 총장에 관련된 전보는 보내지 말라고 지시했다. 조지프는 다가오는 가을에 미국으로 돌아가기 전까지는 언론대학 설립 및 언론상 제정 관련 사업에 대해 더 이상 신경 쓰고 싶지 않았다. 조지프는 사이츠에게 자신이 바라는 바를 모두 이행하지 않는다면 컬럼비아대학 이사회가 명예를 생각해 기부금을 돌려줄 것으로 기대하고 있다는 말을 버틀러 총장에게 전하라고 지시했다. "다시 강조하지만 바람직하지 않은 전보는 무엇이든 사절일세." 메릴과 마찬가지로 사이츠도 조지프의 지시를 따르지 않았지만 사이츠는 메릴과는 다르게 조지프의 호통을 간신히 피해갔다. 사이츠는 이렇게 전했다. "그 뒤 사장님은 지시를 번복해 최후통첩을 전하지 말라고 말씀하셨고 나는 세간의 칭찬이 없던 일이 될까 봐 마음을 졸였지만 그러지 않게 되어 다행이라고 말씀드렸다."[10]

엑스레뱅에서 지내면서 언론대학 설립과 관련된 일에 온갖 짜증과 성질을 부릴 만큼 부리고 나자 조지프에게 다시 우울증이 찾아왔다. 비가 내린 뒤에는 습도와 기온이 견딜 수 없을 만큼 높이 치솟는 바람에 조지프는 무려 열흘이나 잠을 청하지 못했다. 케이트는 조지프에게 두 딸이 코네티컷 주에 위치한 기숙학교로 돌아갔다는 소식을 전했다. 이 소식을 계기로 조지프의 마음속에는 버려졌다는 감정이 다시 고개를 들었다. 조지프는 이렇게 전했다. "아이들이 리지필드Ridgefield로 돌아갔다니 유감입니다. 당신도 알겠지만 아이들은 어머니가 기르는 것이 가장 바람직하다는 것이 내 교육철학입니다. 아마 우리 아이들은 엄마가 없다고 생각하고 있을 것 같습니다. 그게 어떤 심정인지는 누구보다 내가 잘 압니다. 그러니 되도록 아이들과 함께 지낼 수 있도록 노력해주세요. 내가 이른바 성공한 사람이라고 하지만 재산이 많다고 해서 아이들을 남의 손에 길러도 되는 것은 아니지 않습니까?"[11]

한번 공격을 시작한 조지프는 멈출 줄을 몰랐다. 조지프는 일곱 살 먹은 허버트를 기르는 케이트의 양육 방식에 대해서도 불만을 늘어놓기 시작했다. 조지프는 이렇게 기록했다. "착한 내 아들. 아버지는 너를 사랑한단다. 그런데 네 엄마와 네 누나 이디스는 네가 혼자 지내도록 내버려두다니 정말 부끄러운 일이 아닐 수 없구나. 둘 중 한 사람이라도 너와 온종일 시간을 보내야 하는데 참으로 안타까운 일이다. 아버지는 언제나 너와 함께하고 싶은 마음뿐인데, 너와 온종일 함께하고 싶은 마음을 지닌 엄마나 누나를 만들어주지 못해 미안하다."[12]

이처럼 조지프의 기분이 어두울 때면 식구 중 누구도 조지프의 불호령을 피해갈 수 없었다. 편지 한 통 안 보내는 아버지의 사랑을 인내로 견디고 있던 조지프 2세에게는 아버지를 존중하지 않는다는 불호령이 떨어졌다. 조지프는 조지프 2세에게 이런 편지를 보냈다. "내가 뉴욕을 떠나온 지 무려 35일이나 지났건만 편지 한 통을 안 쓰다니 이런 불효자식이 세상에 또 어디 있다는 말이냐. 네가 전보를 보내지 않으면 내가 얼마나 고통스러운지 피를 토하는 심정으로 네 귀에 못이 박히도록 이야기했건만 너는 내 처지를 하나도 생각하지 않는구나."[13]

버츠라면 혹시 모를까, 그 밖의 보좌관들도 걸핏하면 화를 내는 조지프의 마음을 달래지 못했다. 보좌관들은 조지프의 일거수일투족을 기록하고 조지프가 한 말을 받아 적고 조지프가 터뜨리는 울화통을 다른 사람에게 전했다. 조지프는 가족들이 자신을 버렸고 감사조차 하지 않는다는 불평을 입버릇처럼 달고 살았다. 어느 날 조지프는 케이트에게 서로 합의한 생활비 지급을 보류하겠다고 위협하는 편지를 썼다. "당신에게 돈을 주고 내가 받은 것은 충격과 상처뿐이었어요. 나를 따뜻하게 맞이하고 사랑하겠다는 약속은 꼭 지켜야 하는 의무와도 같은 것인데, 당신이 당신의 의무를 다하지 않으니 나도 내 의무를 다할 필요가 없다는 생각이 듭니다."[14]

조지프는 특히 케이트에게 잔인하게 굴었다. 덕분에 이유를 알 수 없는 이런저런 질병으로 고통받는 케이트의 위태로운 건강이 악화했다. 파리에 도착한 케이트에게 의사는 건강 상태가 상당히 나쁘다고 말하면서, 혹시 당장이라도 케이트의 건강이 완전히 무너진다면 지난번보다도 더 회복하기 어려울 것이라고 경고했다. 의사의 충고를 받아들인 케이트는 그 즉시 짐을 꾸려서 프랑스의 온천 지역으로 떠났다.[15]

1904년 선거는 긴 잠에 빠져 있던 조지프의 정치 감각을 일깨웠다. 조지프가 아무런 조치도 취하지 않으면 조지프의 최대 정적인 허스트, 브라이언, 루스벨트 중 한 사람이 다음 4년 동안 백악관을 차지하게 될 터였다. 1904년 새해가 밝고 나서 몇 시간도 지나지 않아 뉴욕 집의 침대에 누워 감기를 다스리고 있던 조지프는 〈월드〉의 정치 기사에 대한 지휘봉을 다시 잡았다. 곧 조지프가 바라는 기사에 대한 요구 사항을 적은 쪽지와 특정 기사에 대한 취재를 요구하는 쪽지가 쏟아지기 시작했다. 메릴, 콥, 그 밖의 여러 편집자들은 원기를 되찾은 조지프의 지시를 받기 위해 대기해야 했다.[16]

현직 대통령인 루스벨트도 조지프가 무슨 생각을 하고 있는지 알고 싶어 했다. 9년 전 허스트가 운영하는 〈뉴욕 저널〉의 공격을 받기 시작해 급기야 6년 전 미국-에스파냐 전쟁 당시에는 〈뉴욕 저널〉에 밀리는 굴욕을 맛보기도 했던 〈월드〉였지만 그의 정치적 영향력은 여전히 막강했다. 루스벨트 대통령은 조지프의 의중을 에둘러 떠보았다. 1월의 어느 날 밤 스물네 살 먹은 조지프의 장남 랠프 퓰리처는 조지 하비, 캐서린 매카이(조지프를 경악하게 만들었던 조나 게일이 쓴 기사의 주인공), 그레이스 밴더빌트Grace Vanderbilt(코넬리우스 밴더빌트 3세Cornelius Vanderbilt III의 부인)와 함께 외출에 나섰다. 두 여인이 마차를 타고 떠나자 하비는 랠프에게 월도프 호텔Waldorf Hotel에서 술이나 한 잔 하자고 청했다.

랠프는 하비가 "엄청나게 큰 잔에 스카치와 소다"를 섞어 마시는 동안 자신은 "적당한 크기의 잔에 셰리주"를 마셨다고 아버지에게 보고했다. 하비는 백악관에서 루스벨트 대통령을 만난 뒤 랠프를 만나러 왔던 것이다. 랠프는 지킬 섬에 머물고 있는 아버지에게 이런 편지를 남겼다. "루스벨트 대통령은 아버지를 만나고 싶어서 안달이 나 있는 모양입니다. 그래서 하비를 저에게 보내 아버지께 이 말을 전하게 한 것입니다. 아버지께서 백악관으로 오시든지 아니면 아버지께서 편한 시간에 대통령이 찾아오겠다고 합니다. 시간은 점심때든 저녁때든 무관하고요." 에둘러 접근하는 루스벨트의 태도에 짜증이 난 조지프는 이런 내용의 전보를 보냈다. "하비에게 가서 그런 식으로 에둘러 표현하는 루스벨트 대통령의 초대에는 응할 수 없다고 전해라." 그러고는 교활하게도 이렇게 덧붙였다. "너도 알다시피 지금 나의 건강 상태로는 워싱턴까지 가는 것이 무리이지 않니." 사실 몇 주 뒤 조지프는 워싱턴을 통과하는 열차를 타고 북쪽으로 향할 예정이었다.[17]

몇 년 전 두 사람 사이에 성립된 휴전 상태가 불안정했으므로 루스벨트는 기한을 정하지 않고 조지프가 오기만을 기다렸다. 1899년 루스벨트는 뉴욕 주 주지사에 선출되었다. 취임한 지 얼마 지나지 않았을 무렵 루스벨트는 〈월드〉 기자를 은밀히 불러 화해를 시도했다. "퓰리처 씨에게 가서 〈월드〉의 공정성에 감사드린다고 전해주게. 뉴욕 시 경찰위원을 지낼 당시 〈월드〉가 나에게 부당한 대우를 한다고 생각해서 굉장히 분개했었는데 뒤늦은 생각이지만 내 정책이 분명 너무 보수적이었다는 사실을 깨달았다네. 개인적으로 나는 〈월드〉의 입장을 존중하네."[18]

매킨리 대통령이 서거하고 부통령이었던 루스벨트가 대통령직을 이어받은 뒤부터 〈월드〉는 루스벨트에 대한 비판을 자제해왔다. 심지어 사법부 공직자 임명, 탄광 파업 처리, 반독점법 시행과 관련해서는 루스벨트를 칭찬하기도 했다. 그러나 〈월드〉의 입장 변화는 기만에 불과했다. 〈월드〉의 변화는 뼛속 깊은 곳에서 우러나온 변화가 아니라, 정치에 대한 발행인의 관심이 줄어들고 발행인이 언론대학 설립 및 언론상 제정 사업과 맨해튼에 새로 짓는 집 문제에만 온 신경을 집중시키면서 벌어진 일시적인 현상에 불과했다. 그리고 루스벨트가 그 사실을 깨닫는 데는 그리 오랜 시간이 걸리지 않았다.

〈월드〉가 침묵하는 동안에도 조지프는 루스벨트를 두려워하는 빛을 전혀 보이지 않았다. 그러나 조지프는 자신이 아무리 애써도 루스벨트를 권좌에 오르지 못하게 막을 방법이 없다는 사실을 이해하고 있었다. 이번에도 민주당은 브라이언을 지지했지만 솔직히 말해 브라이언은 루스벨트의 상대가 되지 못했다. 조지프를 더 크게 걱정하게 만든 일은 허스트가 이번 대통령 선거에 뛰어들었다는 점이었다. 하원의원에 선출된 허스트는 조지프와 다르게 하원의원 임기를 다 채웠다. 또한 허스트는 미국 전역에서 여덟 개의 신문사를 운영하는 발행인이자, 대통령 후보로 지명받기 위해 수백만 달러쯤은 눈 하나 깜짝하지 않고 뿌릴 수 있는 위인이었다. 이 두 사람을 저지하려면 조지프는 데이비드 힐 뉴욕 주 주지사가 후견하는 뉴욕 판사 올턴 파커Alton B. Parker에게 의지하는 수밖에 없었다.

조지프는 네브래스카 주로 윌리엄스를 보내 브라이언의 의중을 알아 오게 했다. 만일 브라이언이 조지프의 특사를 반갑게 맞이했다면 오히려 조지프가 적잖이 놀랐을 터였다. 지난 몇 년 동안 조지프에 대한 실망감을 표현할 기회를 기다려온 브라이언은 윌리엄스에게 한바탕 긴

꾸중을 늘어놓았다. "퓰리처 씨에게 가서 전하게. 퓰리처 씨는 돈이 너무 많은 게 탈이라고 말일세. 본인이 가난했을 때는 사회주의자처럼 굴더니 돈을 좀 벌고 난 뒤에는 완벽한 자본가로 변신했더군."[19]

브라이언은 말을 이었다. "퓰리처 씨가 은밀하게 나에게 맞서왔다는 사실을 알고 있네." 브라이언은 조지프가 클리블랜드 대통령에게 윽박질러서 국채를 일반인에게 판매하게 만드는 과정을 똑똑히 지켜보았다. "물론 그건 비밀이지. 퓰리처 씨와 〈월드〉가 클리블랜드 대통령을 꼭두각시 인형처럼 마음대로 움직였다는 사실 말일세. 퓰리처 씨는 〈월드〉의 정치적 영향력을 앞세워 클리블랜드 대통령을 마음대로 주물렀네. 하지만 이 브라이언만은 퓰리처 씨 마음대로 되지 않을걸세. 나는 퓰리처 씨의 손에 놀아날 생각이 추호도 없거든." 브라이언은 후보로 출마하지 않을 것이고 만일 후보로 지명되더라도 거절할 것이라고 말했다. 조지프가 선택한 후보인 올턴 파커가 넘어야 할 장애물이 하나 사라지는 셈이었다. 그러나 브라이언은 다른 조건을 하나 더 걸었다. "그러나 기업이나 자본가의 손에 민주당을 넘겨주려고 시도한다면 나는 끝까지 저항할 생각이네."

"나는 킨키나투스Cincinnatus가 되고 싶지 백만장자들 손에 놀아나는 꼭두각시 인형이 되고 싶지는 않다네." 일장 연설을 마친 브라이언은 윌리엄스에게 마지막 말을 전했다. "퓰리처 씨에게 가서 전하게. 우리 농장에 놀러 온다면 농부로 만들어주겠다고 말일세. 투자니, 주식이니, 채권이니 하는 것들로 골머리를 썩이면서 쌓아 올린 부를 어떻게 하면 지킬 수 있을까 하고 걱정하는 생활에서 벗어나는 방법을 보여주겠다, 이 말일세."

윌리엄스와의 대담을 마치면서 브라이언은 워싱턴에서 조지프를 처음 만났을 때를 떠올렸다. 1896년 브라이언이 선거에서 패배한 직후였다. "퓰리처 씨는 내 생김새를 가늠해보기 위해 광대뼈나 턱같이 돌출된 부분들을 더듬어봤었네. 그러고는 내 얼굴에 대한 평을 했었지. 이제 가서 전해주게. 내 턱은 그 어느 때보다 강하고 단단해진 상태라고 말일세."

1904년 6월 공화당은 열광적인 분위기 속에서 루스벨트를 대통령 후보로 지명했지만 민주당은 여전히 안갯속을 헤매고 있었다. 세인트루이스에서 민주당 전당대회가 열렸지만 브라이언의 의중은 아직 공개되지 않은 상태였다. 만일 브라이언이 1896년과 1900년 선거에서 자신을 전폭적으로 지원했던 허스트를 지지한다면 민주당은 분열될 것이 불 보듯 뻔했다. 그리고 대부분은 브라이언이 허스트를 지지할 것으로 예측했다. 브라이언이 연단에 오르자 브라이언을 연호하는 함성이 전당대회장을 가득 메웠다. 데이비드 힐 주지사는 브라이언 지지자들의 환심을 사기 위해 금본위제 관련 공약을 삭제하기로 약속했다. 그날 밤 내내 연설이 이어졌고 새벽이 될 무렵 브라이언이 본심을 공개했다. 브라이언은 허스트 대신 은화자유주조운동을 지지할 후보를 선택했다. 결국 올턴 파커가 민주당 대통령 후보로 지명받았고 허스트는 낙동강 오리알 신세가 되었다.

민주당이 대통령 후보를 선출할 무렵 조지프는 엑스레뱅을 떠나 뉴욕으로 돌아왔다. 돌아오는 길에 조지프가 승선한 발틱Baltic호에는 모건도 함께 타고 있었지만 모건은 여전히 조지프를 가까이하려 들지 않았다. 특히 그해 5월 금 채권 문제와 관련해 한 달에 걸친 논쟁에 시달린 뒤로 모건은 조지프를 전보다 더 멀리하게 되었다. 무려 200만 장이나 인쇄되어 배포된 그 글은 조지프 본인의 작품이었다. 조지프는 〈월드〉 직원들에게 모건과 그의 친구들이 "클리블랜드 대통령과 그의 정부, 그리고 미국을 쥐락펴락해온" 역사에 대해 "어린아이도 이해할 수 있도록 쉽게" 쓸 생각이라고 말했다.[20]

조지프는 자신이 선택한 인물이 민주당 전당대회에서 후보로 지명받았다는 사실에 마음이 한껏 부풀어 있었다. 그러나 이참에 브라이언 지지자들을 민주당에서 하나도 남김없이 모두 몰아내려 한 조지프의 강박은 오히려 본인이 선택한 대통령 후보의 앞날을 어둡게 만들고 말았다. 조지프는 〈월드〉 기자 윌리엄 스피어William Speer를 민주당 대통령 후보 올턴 파커의 보좌관으로 파견했다. 그러고는 스피어를 통해 파커에게 압력을 행사해 민주당이 금본위제를 지지한다는 서약을 받아내게 만들었다. 조지프의 압력에 굴복한 파커는 허드슨 강에 위치한 자신의 영지에서 세인트루이스로 전보를 보내 금본위제가 신성한 것이라고 믿고 있고 만일 민주당이 금본위제에 동의하지 않는다면 후보직을 수락하지 않겠다고 으름장을 놓았다. 짜증이 치솟았지만 지쳐버린 대의원들은 파커의 손을 들어주었고 통화 문제에 대한 합의를 보지 못한 상태로 각자의 집으로 돌아갔다.[21]

브라이언과 허스트가 일선에서 물러났다고는 해도 브라이언과 그의 지지자들이 민주당의 강령을 정하는 요직을 모조리 점유하고 있었으므로 조지프는 만족할 수 없었다. 조지프는 정치 지형도를 읽을 줄 아는 사람이었다. 후보가 전국을 직접 돌면서 유세 연설을 하지 않았던 과거의 선거 운동을 답습한 파커의 선거 운동은 활기가 없었다. 반면 후보가 전국을 직접 돌며 유세 연설에 나섰던 브라이언과 루스벨트의 선거 운동은 정치 지형도를 바꿔놓았다. 따라서 과거의 선거 운동 방식을 답습한다는 것은 선거에서 이길 마음이 없다는 의사를 표시한 것이나 다름없었다. 따라서 조지프는 파커가 루스벨트에게 패할 것이라고 점쳤다.

바 하버에 머무는 동안 조지프는 메릴에게 루스벨트 정부에서 상업 및 노동부 장관을 역임한 조지 코르텔류George Cortelyou를 물고 늘어지라고 지시했다. 당시 공화당 대표를 맡고 있던 코르텔류는 기업가와 금융가들로부터 대통령 선거 자금을 모금하는 일을 주관하고 있었다. 조지프는 메릴에게 코르텔류를 부정부패의 화신인 "보스" 트위드에 비유하며 공화당에게 장부를 공개하라고 요구하는 기사를 쓰라고 지시했다. 그렇게 되면 공화당 대통령이 담합과 독점을 일삼아 기소당할 위기에 처한 여러 기업으로부터 얼마나 많은 자금을 지원받았는지 만천하에 알릴 수 있을 터였다.[22]

조지프는 기업이 선거 자금을 지원하지 못하게 하려고 오랫동안 애를 써왔지만 정부는 금지법을 발효하지 않은 채 3년째 버티고 있었다. "루스벨트야말로 비난받아 마땅하다. 적어도 워싱턴이 이 법이 발효되지 못하도록 방해하고 있다고 의심할 이유가 충분하다. 더 큰 문제는 루스벨트가 차기 우정 장관으로 내정된 상업 및 노동부 장관에게 기업 후원금을 걷어 오라고 시키는 부도덕한 짓을 서슴없이 저질렀다는 사실이다."[23]

메릴은 가을에 치러질 선거 보도에 최선을 다했다. 그러나 1904년 10월 1일 〈월드〉에 실린 조지프의 사설에 비하면 메릴의 사설은 초라하기 그지없었다. 대통령에게 보내는 공개서한 형식을 띤 사설은 조지프가 즐겨 사용하던 사설 형식으로, 지난 몇 년 동안 〈월드〉에서 자취를 감췄던 것이었다. 조지프는 기업과의 비밀스러운 관계를 근절하겠다는 공약을 지키지 못했다고 루스벨트를 크게 비난했다.

무려 2면에 걸친 사설은 시종일관 강도 높은 비판을 이어갔다. 조지프는 루스벨트가 기업 관련 '정보를 수집하는' 특수 기관을 창설하겠다고 공약했지만 그 기관이 한 일이 아무것도 없다는 사실을 독자들에게 일깨웠다. "1903년 2월 26일 기업부Bureau of Corporations가 신설되었다. 날수로는 583일, 주 수로는 80주, 개월 수로는 19개월 전의 일이다." 조지프는 "583일이 지난 오늘까지도"라는 말을 모든 문장마다 아로새기면서 기업부가 수집한 문서가 한 장도 없고 증인을 소환한 적도 없으며 범죄를 저지른 기업이나 업계에 제재를 가한 적도 없다고 비판했다.

코르텔류에게로 눈을 돌린 조지프는 코르텔류가 기업들에게 보호를 약속하고 그 대가로 기업들로부터 후원금을 받아왔다고 꼬집었다. 그러고 나서 조지프는 굵은 글자체로 열 가지 질문을 반복했다. 첫 번째 질문은 "축산업계는 담합을 눈감아준 대가로 코르텔류에게 얼마를 주었을까?"였다. 제지업, 광업, 석유업, 철강업 등 담합으로 유명한 업종들이 그 뒤를 이었다. 마지막 질문은 이랬다. "여섯 개의 거대 철도회사들은 코르텔류에게 얼마를 주었을까?"

조지프가 제시한 열 가지 질문은 공화당에 맞서 싸울 무기를 애타게 찾던 민주당원들 사이에 유행어가 되었다. 민주당 유세 연설가들은 청중과 더불어 "얼마를? 얼마를? 얼마를?"을 외치며 유세를 시작했다. 그러나 대중의 반응은 조지프가 기대했던 것에 훨씬 못 미쳤고 기업가들은 루스벨트의 당선을 믿어 의심치 않았다. 코르텔류는 공개석상에서의 답변을 피한 채 조지프에게 개인적인 서신을 보냈다. 코르텔류는 워싱턴의 어느 호텔 로비에서 〈월드〉 기자들과 만났고 그중 한 사람과는 포옹도 했다. "신께서 증인이 되어주실 것입니다. 나는 절대 부정한 짓을 저지르지 않았습니다. 공화당은 깨끗한 선거를 치르고 있습니다. 강압을 동원해 모은 선거 자금은 단 1센트도 없습니다. 또한 대가를 바라고 후원하는 자금은 받지 않는다는 것이 저의 철칙입니다."[24]

루스벨트는 민주당도 공화당과 비슷하게 부정한 돈을 모금하고 있고 자신들의 부정행위를 숨기기 위해 공화당을 공격한다고 생각했다. 결국 루스벨트는 출신 주에서조차 비판을 받은 파커에게 압승을 거뒀다. 그러나 그 결과도 루스벨트를 싫어하는 조지프의 마음을 바꾸지는 못했다. 조지프는 4년의 온전한 임기를 시작하는 루스벨트와 대립각을 세우면서 대통령의 눈엣가시로 남겠다고 다짐했다. "언제나 그랬듯 〈월드〉는 루스벨트가 과도한 권력욕과 허세로 일관한다고 생각한다. 그러나 압도적인 표 차이로 루스벨트에게 승리를 안겨준 선거 결과를 보면 대부분의 사람들은 그런 의혹을 가지지 않았음이 틀림없다."[25]

1905년 새해가 밝자 조지프는 〈세인트루이스 포스트-디스패치〉를 인수하겠다는 〈세인트루이스 리퍼블릭〉 발행인 찰스 냅의 제안을 다시 한 번 검토했다. 몇 년 전 최종 협상에서 본인이 거절했던 제안이었다. 이번에는 찰스 냅이 미주리 주 주지사를 지냈고 클리블랜드 정부에서 장관을 지낸 조지프의 친구 데이비드 프랜시스David Francis를 끌어들였다. 그해 2월 조지프는 지킬 섬에서 프랜시스와 함께 마차를 타고 가면서 프랜시스의 설명을 들었다. 제안대로라면 조지프는 8퍼센트의 이율로 250만 달러의 장기 채권을 받게 될 터였다. 조지프가 거절 의사를 밝히지 않았기 때문에 프랜시스는 거래가 성사된 것으로 생각하고 지킬 섬을 떠났다.[26]

그러나 세인트루이스에 도착한 프랜시스는 조지프가 매각 대금 중 채권 액수를 줄이는 대신 현금 비중을 늘리려 한다는 사실을 알고 경악했다. 프랜시스는 아무런 협의 없이 협상 조건을 변경한 조지프에게 항의했고 조지프는 이런 답신을 보냈다. "자네 멋대로 협상이 이뤄졌다고 믿고 지킬 섬을 떠난 것뿐일세." 결국 서명도 하지 않은 계약서가 뉴욕에 있는 사이츠에게로 보내졌다. 사이츠는 그 계약서를 금고에 넣어 안전하게 보관했다. 그리고 조지프가 발행인으로서의 경력을 시작한 신문을 매각하겠다는 생각을 한 것은 이번이 마지막이었다.[27]

그해 겨울 조지프의 죽 끓듯 한 변덕에 희생된 사람은 프랜시스가 처음이 아니었다. 컬럼비아대학의 버틀러 총장도 언론대학을 설립하고 언론상을 제정하는 사업의 진행을 중단하겠다는 기부자의 일방적인 통보에 아연실색하고 말았다. 컬럼비아대학은 200만 달러 중 절반을 받아

관리하면서 사업을 이미 추진하고 있던 터였다. 그러나 자문위원회 구성을 둘러싸고 갈등을 빚는 과정에서 양측 모두 감정이 상했다. 결국 조지프는 기부 조건을 변경했다. 변경된 내용을 공표하는 일은 메릴이 맡았다.

메릴은 기자들에게 이렇게 설명했다. "사업 지연의 책임이 전적으로 퓰리처 사장님께만 있는 것은 아닙니다. 사장님은 사장님이 돌아가신 뒤에 언론대학이 설립되기를 원하실 뿐입니다." 메릴은 조지프의 건강이 너무 좋지 않아 언론대학 건립 및 언론상 제정 사업에 필요한 시간을 내기 어려울뿐더러 언론대학을 이끌 만한 마땅한 인재도 아직 발굴하지 못했다고 설명했다. 더불어 조지프가 죽고 난 뒤에 언론대학 설립 및 언론상 제정을 추진하면 조지프가 컬럼비아대학의 결정에 쓸데없이 관여할 가능성도 사라질 것이라고 덧붙였다. 그리고 사실이 그랬다.[28]

메릴은 말을 이었다. "사장님께서는 불확실성과 근거 없는 오해를 피하기 위해 컬럼비아대학에 기부하기로 약속한 것은 절대로 돌이키지 않을 것이며 언론대학 역시 정해진 절차에 따라 반드시 건립될 것이라고 못 박으셨습니다." 그러나 분명한 것은 조지프가 죽을 때까지 기다려야 한다는 점이었다. 컬럼비아대학은 미리 받은 100만 달러를 조지프에게 돌려주어야 했고 버틀러 총장은 조지프가 죽을 날만 손꼽아 기다리게 되었다.

1905년 4월 10일 조지프는 쉰여덟 번째 생일을 맞았다. 런던에 머물던 케이트는 생일선물을 보냈다. "근심과 걱정, 온갖 불행으로 가득한 인생이었다 하더라도 한편으로는 역사에 길이 남을 만한 위대한 업적도 많이 이뤘다는 사실에 작게나마 위안을 받기를 바랍니다." 그러나 생일은 조지프에게 인생의 무상함을 일깨웠고 평생의 업적인 〈월드〉가 본인의 사망과 함께 소멸할지도 모른다는 두려움만 가중시켰다. 조지프가 볼 때는 랠프도, 조지프 2세도 〈월드〉를 이끌어갈 재목이 되기에는 부족한 점이 많았다. 조지프는 굴드 가문같이 상속인들이 상속받은 재산을 잘못 관리해 사업을 처분할 수밖에 없는 상황으로 내몰리는 경우에 대해 랠프에게 수시로 일깨워주었다. "이런 말이 너에게 깊은 인상을 남겼기를 바란다. 그리고 재산을 가진 사람이라면 누구든 자신의 재산 정도는 관리할 능력을 갖춰야 한다는 사실을 너뿐만 아니라 네 동생도 마음에 새겨두었으면 한다."[29]

사실 랠프는 신문사 경영에 큰 관심을 두지 않았다. 랠프는 코넬리우스 밴더빌트 제독의 증손녀 프레데리카 웹Frederica Webb과 사랑에 빠져 〈월드〉가 수시로 공격하고 조롱하는 바로 그 가문의 일원이 되려 하고 있었다. 랠프는 무조건 통제하려고만 드는 아버지에게 프레데리카 웹에게 청혼해도 괜찮을지 물어볼 용기를 끌어모으고 있었다. 랠프가 그 이야기를 꺼내는 순간 조지프에게는 또 다른 근심거리가 생기고 말 터였다. 조지프의 자녀들은 아버지와 자주 대면해서 좋을 것이 없었다.

이른 가을의 어느 날 저녁, 식사 자리에서 조지프는 이디스에게 부상에서 회복 중인 콘스턴스의 말을 타지 말라고 충고했다. 이디스는 자신의 입장을 변호하려 했지만 조지프는 이디스의 말을 단칼에 잘라버렸다. 이디스가 불평하자 조지프는 크게 웃으며 자신이 말을 끊을지도 모

르지만 어쨌든 이야기를 해보라고 권했다.[30]

이디스는 울음을 터뜨렸다. "아버지! 말에게 무슨 일이 생기면 사람들은 무조건 저를 비난하고 봐요. 하지만 전 억울해요. 제가 뭘 잘못했나요? 정말 피곤해 죽겠어요."

당황한 조지프가 되물었다. "그게 무슨 얘기니?"

이디스가 대답했다. "저 때문에 말이 잘못되었다는 얘기가 정말 지긋지긋하다고요."

"애야, 지금 아버지와 대화하고 있다는 사실을 잊지 말거라."

"알았어요. 하지만 불공평한 건 불공평한 거예요."

"공평하든 아니든 나는 네 아버지란다. 그런 식으로 버릇없이 말할 생각이면 당장 나가거라."

"상관없어요. 다음에 또 얘기할 거니까요."

"이런 식으로 말할 생각이라면 다시는 너와 말하고 싶지 않구나. 버르장머리 없는 것 같으니라고. 그딴 식으로 말할 생각이면 앞으로는 밥상머리에 앉을 생각일랑 하지도 말거라."

케이트는 런던에 머물면서 조지프에게 생일 축하 편지를 보냈다. 유명한 화가 존 싱어 사전트John Singer Sargent가 런던에서 케이트의 초상화를 그려주기로 했기 때문이었다. 케이트와 조지프는 사전트가 초상화를 그려줄 날만 손꼽아 기다리고 있었다. 〈월드〉 런던 사무소장 제임스 투오히가 사전트와 약속을 잡는 임무를 수행했다. 다른 대부분의 특사와 마찬가지로 투오히 역시 사전트와 만나기가 하늘의 별 따기라는 사실을 알게 되었다. 2년 전 투오히는 조지프에게 이렇게 보고했다. "사전트는 까다로운 사람인 데다가 아주 비싼 수수료를 요구했습니다." 조지프의 오랜 벗이자 동반자인 조지 호스머 또한 보스턴에 들른 사전트와 약속을 잡으려고 온갖 노력을 기울였다. 조지프는 호스머에게 전보를 보냈다. "원하는 것은 무엇이든 들어주게."[31]

그런 노력이 결실을 맺어 결국 사전트는 케이트의 초상화를 그려주기로 약속했다. 사전트를 처음 만난 날 케이트는 들뜬 마음으로 조지프에게 편지를 보냈다. "사전트는 제 초상화를 그리는 일에 큰 관심을 보이는 것 같았어요. 정말 놀라운 예술가예요. 천재인 것 같아요. 사전트가 그린 초상화가 제 머릿속을 계속 맴돌아요. 작업실에 걸려 있는 초상화들은 정말이지 경이로움 그 자체였답니다." 케이트의 초상화를 그리는 동안 사전트는 케이트에게 지금까지 그려온 초상화의 주인공들에 대해 이야기했는데, 케이트가 유대인과 결혼한 줄 몰랐는지 "세상에서 가장 불쾌하고 저속한 종류의 인간, 탐욕으로 가득해 돈만 밝히는 6번로에 사는 유대인"이라는 표현을 서슴지 않았다.[32]

5월 중순 초상화 작업이 완료되었다. 완성된 초상화 속 케이트는 묘한 매력을 풍기는 자세로 탁자 옆에 서 있는 모습이었다. 머리칼을 뒤로 쓸어 넘긴 케이트는 화려한 주름으로 장식한 목이 깊이 파인 드레스를 입고 있었다. 진지한 눈빛으로 한 곳을 응시하는 케이트의 눈빛은 마치 그림 바깥에 있는 누군가를 바라보는 것 같은 착각을 불러일으킬 정도로 생생했다. 엑스레뱅에 머물던 조지프는 이디스로부터 케이트의 초상화에 대한 이야기를 전해들었다. 이디스는 초상화를 완성한 화가에 대한 칭찬을 아끼지 않았다. 조지프는 사전트에게 감사 편지를 보냈다. "미래 세대를 대신해 진심으로 감사드립니다. 당신이 그린 초상화를 내 두 눈으로 직접 볼 수 없다는 사실에 슬픔을 가눌 길이 없습니다." 초상화를 그리는 동안 케이트는 온갖 감언이설로 사전트를 구슬렸고 결국 사전트는 조지프의 초상화도 그려주기로 약속했다. 케이트는 조지프에게 편지를 보냈다. "사전트가 제 부탁을 끝내 거절하면 어쩌나 정말 걱정했습니다. 하지만 다행히도 여성에게는 위대한 남성을 설득해 근사한 일에 나서게 만드는 능력이 있는 것 같습니다."[33]

초상화가 완성되자 케이트는 콘스턴스와 이디스를 데리고 영국을 떠나 프랑스로 갔다. 그러나 조지프가 머물고 있는 엑스레뱅이 아닌 디본느레뱅Divonne-les-Bains으로 갔다. 디본느레뱅에서 요양하고 있던 케이트에게 몇 주 전 몸져누운 아흔 살의 노모 캐서린 데이비스의 사망 소식이 전해졌다. 예상하지 못한 일은 아니었지만 어머니의 죽음은 캐서린에게 큰 충격으로 다가왔다. 함께 여행을 떠났던 케이트의 친구 모드 앨리스 매커로Maud Alice Macarow는 조지프에게 이렇게 전했다. "케이트는 병세가 심해져 아무것도 못 먹고 약을 아무리 많이 먹어도 통 잠을 이루지 못하고 있습니다."[34]

케이트는 당장 미국으로 돌아가려 했지만 담당 의사는 케이트에게 디본느레뱅을 떠나서는 안 된다고 충고했다. 의사의 충고에 동의한 조지프는 이디스에게 이런 전보를 보냈다. "네 어머니는 지금 장기간의 항해를 견딜 수 있는 상태가 아니라고 한다. 그러니 네가 콘스턴스와 힘을 모아 어머니의 마음을 따뜻하게 위로해드려라." 조지프는 뉴욕에 머물고 있는 조지프 2세와 보좌관 조지 레들리에게 캐서린 데이비스와 그녀의 딸 클라라가 함께 살던 워싱턴으로 가서 장례식에 참석하라고 지시했다. 그러나 하루 만에 마음을 바꾼 조지프는 케이트에게 이렇게 전했다. "정 가야겠다면 반대하지는 않겠습니다." 그러나 그 무렵 케이트는 장례식에 참석하지 않기로 마음을 정한 상태였다.[35]

케이트가 자신보다 더 심하게 아프다는 사실에 심기가 불편해진 조지프는 마음에 품은 분노와 독기를 모조리 풀어놓은 편지를 보냈다. 케이트의 마음이 상할 것을 염려한 매커로와 이디스는 그 편지를 케이트에게 전하지 않았다. 그 뒤 제정신이 돌아온 조지프는 편지를 돌려달라고 요청했고 조지프의 변덕에 이골이 난 열아홉 살의 이디스는 이렇게 답했다. "어머니께서 그 편지를 읽어도 될 만큼 건강해지실 때가 되어도 아버지께서 그 편지를 회수해가지 않으시면 어쩌나 하고 걱정했는데 다행이네요. 물론 어머니께는 아직 보여드리지 않았답니다."[36]

남편이 중간에서 편지를 다시 가져갔다는 사실을 까맣게 모른 채 케이트는 조지프를 위해 오랫동안 준비했던 일을 실행에 옮겼다. 결혼 전에도 조지프는 돌아가신 어머니의 사진을 넣은 시계를 지니고 다녔다. 그 시계는 화재 속에서도 살아남았지만 훼손을 피하지는 못했다. 케이트는 그 시계를 영국으로 가져와 수리했다. 조지프를 향한 케이트의 마음은 거기에서 그치지 않았다. 케이트는 화가를 고용해 시계 속에 들어 있던 작은 초상화를 커다랗게 그리게 했다. 최종 결과물이 마음에 들었던 것은 아니었지만 어쨌든 케이트는 그 초상화를 조지프에게 보냈다. 케이트는 그보다 더 큰 초상화를 제작하겠다고 약속하는 내용의 편지를 보냈다. "크기가 너무 작아 당신이 알아보지 못하실까 봐 염려됩니다. 그렇더라도 어머니의 초상화를 걸어놓고 계시면 큰 위안을 받으실 것이라고 믿습니다."[37]

1905년 6월 사전트는 조지프의 초상화를 그리기 시작했다. 〈월드〉 런던 사무소장 투오히는 일상 업무도 제쳐둔 채 런던에 도착할 조지프를 맞이할 준비에 박차를 가했다. 투오히는 조지프가 런던에 머무는 동안 조지프의 개인적인 일을 처리하는 데 익숙해져 있었다. 조지프가 런던에 미리 빌려둔 집의 침실 창문으로 소리가 스며들지 못하도록 두꺼운 판유리로 창문을 교체했고 조지프가 미리 보낸 말을 런던의 환경에 적응시키는 일을 처리했다.[38]

조지프는 교구 주임 목사의 서른두 살 난 아들 노먼 스웨이츠Norman G. Thwaites와 함께 런던에 도착했다. 보어 전쟁Boer War 참전용사인 스웨이츠는 1902년부터 조지프의 보좌관으로 일하기 시작했다. 스웨이츠는 보좌관을 물색해달라는 조지프의 요청을 받은 투오히가 추천한 인물이었다. 조지프의 마음에 드는 사람을 찾기란 하늘의 별 따기였다. 조지프는 세계 어느 곳이든 자유롭게 여행할 수 있는 미혼 남성을 고용하려 했다. 키도 커야 했다. 키가 188센티미터나 되는 조지프는 이렇게 설명했다. "보좌관과 함께 산책에 나설 때 보좌관이 키가 작으면 내가 구부정하게 몸을 굽혀야 하는데 그럴 수야 없지 않겠나." 적당한 인물을 찾아내기 위해 투오히와 버츠는 영국의 여러 신문에 광고를 냈고 광고를 보고 찾아온 지원자를 100명도 넘게 면접해야 했다.[39]

처음 조지프를 찾아간 날 스웨이츠는 산더미처럼 쌓인 지원서를 분류하고 있는 버츠가 일하는 방으로 안내되었다. 버츠가 지원서의 막대한 양으로 스웨이츠를 주눅 들게 만들어 쫓아버릴 궁리를 하고 있던 참에 조지프가 방으로 들어섰다. 스웨이츠가 자기소개를 마치자 조지프는 창가 쪽으로 스웨이츠를 데려갔다. 가늘고 긴 손가락을 뻗어 지원자의 얼굴을 만져본 조지프는 스웨이츠를 데리고 정원으로 나갔다. 비록 어렴풋한 윤곽뿐이라고 해도 강한 불빛 아래에서는 사람이나 사물의 윤곽을 알아볼 수 있었기 때문이었다.[40]

두 사람은 한 시간 정도 산책을 하면서 책과 연극에 대해 이야기를 나눴다. 런던에서 공연되는 연극이란 연극은 모조리 섭렵한 스웨이츠는 조지프에게 강렬한 인상을 남길 수 있었다. 독일어를 구사할 수 있고 속기법을 익혔으며 말을 탈 줄 안다는 점도 스웨이츠의 장점이었다. 스웨이츠의 목소리는 듣는 사람의 마음을 편안하게 했다. 조지프는 스웨이츠에게 보좌관으로 일할 기회를 주었다. 그렇게 조지프의 보좌관으로 발탁된 스웨이츠는 불과 3년 만에 조지프가 가장 신뢰하는 보좌관 중 한 사람이 되었다.

런던에 함께 온 스웨이츠는 조지프와 함께 매일 승마에 나섰다. 그러고 나서 티트 가에 위치한 사전트의 전설적인 작업실로 가서 초상화 작업을 했다. 사전트는 시간을 엄격하게 지키는 사람이었다. 그래서 케이트는 조지프에게 미리 주의를 주었다. "반드시 약속 시간에 맞춰 도착해야 합니다. 사전트는 시간에 매우 민감하게 반응하는 사람이거든요. 약속에 늦는 사람을 보면 참지 못하는 성미입니다." 사전트를 처음 찾아가던 날 조지프는 사전트가 자신과 대화를 나누면서 어쩌면 스케치 몇 장 정도는 그려줄지도 모른다는 기대를 품었다. 그러나 사전트는 한가롭게 대화나 나누고 있을 틈이 없었다. 사전트는 이젤에 캔버스를 올려놓고 곧바로 작업에 들어갔다. "실물과 똑같은 초상화를 그리게 되면 저에게도 초상화의 대상이 된 고객에게도 좋은 일입니다. 하지만 매번 실물과 똑같이 그려지는 것은 아닙니다. 그럴 경우 초상화의 대상이 된 고객은 기분이 별로 좋지 않을 겁니다. 하지만 그렇더라도 저는 남성이든 여성이든 초상화의 대상이 된 고객의 겉모습에 드러난 특징을 최대한 잡아내려고 최선을 다합니다."[41]

사전트는 이렇게 말하면서 자신의 앞에 앉은 조지프의 모습을 목탄으로 빠르게 그려나가기 시작했다. 며칠을 작업한 끝에 초상화의 윤곽이 드러났다. 초상화 작업 과정을 지켜본 스웨이츠는 이렇게 전했다. "사전트는 엄청난 속도로 작업을 한다. 캔버스 앞에 다가서서 그리다가 다시 물러나서 대상을 관찰하는 모습이 마치 첫 시합에 나선 권투선수 같다." 작업하는 내내 사전트가 담배를 피워댔기 때문에 작업실에는 이집트산 담배 냄새가 가득했다. 시가를 피우는 조지프는 담배 냄새를 경멸했다. 그러나 사전트를 제지하지 않는 조지프를 보면서 스웨이츠는 이렇게 전했다. "보좌관들은 사장님 곁에서 담배를 피울 엄두조차 내지 못하는데, 수시로 담배를 입에 무는 사전트에게만큼은 사장님도 아무 소리 하지 못하셨다."

조지프가 네 번째로 작업실을 찾을 무렵 초상화 작업이 마무리되어

가고 있었다. 초상화를 자세히 살펴본 스웨이츠는 초상화 속 인물에서 다정하고 인자한 나이 든 노인의 모습을 발견할 수 있었다. 그러나 하필 그날 조지프와 약속을 잡으려는 사람이 작업실로 찾아왔고 조지프는 버럭 소리를 질렀다. "스웨이츠, 어서 저 인간을 내보내게." 스웨이츠는 이렇게 전했다. "사장님의 얼굴이 분노로 일그러졌다. 사장님의 조급한 성미가 표정에 고스란히 반영되었던 것이다. 초상화를 매만지던 사전트는 그 광경을 날카로운 시선으로 바라보았다."

결국 사전트는 초상화를 마무리할 무렵에 조지프의 이중성을 포착하게 되었다. 스웨이츠는 이렇게 전했다. "인자한 중년 신사의 모습 뒤에 다른 모습이 감춰져 있었다. 사악하고 잔인한 메피스토펠레스가 숨어 있는 것이다. 의도적인 것은 아니었지만 사전트가 그날 목격한 광경은 초상화에 녹아들었다."

28장

절대 불만족

　조지프의 모습은 당대의 위대한 초상화가 사전트가 그린 초상화에 새겨져 길이 남게 되었다. 초상화 작업을 마친 조지프는 세드릭Cedric 호를 타고 1905년 6월 5일 뉴욕으로 돌아왔다. 대서양을 건너는 동안에도 조지프는 보좌관들이 낭독하는 〈월드〉의 내용을 경청했다. 조지프가 하루도 거르지 않는 신성한 일이었다. 그날 보좌관들이 낭독한 〈월드〉의 1면은 뉴욕을 충격으로 몰아넣은 보험회사 관련 추문이 장식했다.

　사실 이 기사는 몇 달 전 이미 〈월드〉에 실린 바 있었다. 〈월드〉가 처음 실은 기사는 대형 보험회사를 물려받은 스물아홉 살의 제임스 헤이즌 하이드James Hazen Hyde가 뉴욕의 최상류층만을 대상으로 베푼 가장무도회에 관한 기사였다. 하이드가 베푼 가장무도회는 스탠퍼드 화이트가 프랑스 궁전의 연회장을 본떠 설계한 무도회장을 갖춘 5번로의 셰리즈Sherry's에서 열렸다. 배우, 무용수, 음악인들이 공연을 펼쳤고 음식을 나르는 종업원들도 메트로폴리탄 오페라 무대에 오르는 배우들을 연상시키는 진한 화장과 옷차림을 했다. 정말 추운 겨울이었음에도 실내를 등나무, 장미, 야생화로 장식해 마치 베르사유 궁전의 정원 같은 느낌을 자아냈다.[1]

친구들을 비롯해 조지프가 아는 많은 사람들이 그 가장무도회에 참석했는데, 그중에는 랠프도 끼어 있었다. 캐서린 매카이는 페드르Phèdre로 분장하고 나타났다. 고대 그리스의 여왕이었던 페드르는 의붓아들에게 연정을 품었다가 비극적인 결말을 맞은 신화 속 인물로, 페드르의 이야기는 프랑스 연극의 단골 주제로 등장했다. 캐서린 매카이가 입은 은빛 드레스는 뒤로 길게 늘어져 두 명의 흑인 소년이 들고 다녀야 했다. 가장무도회를 취재한 기자들은 아주 상세한 내용까지 독자들에게 보도했다. 〈타운 토픽스〉는 이렇게 전했다. "지금까지 뉴욕에서 열렸던 그 어떤 가장무도회보다도 화려한 행사였다."

보통 그런 행사를 보도한 기사는 며칠도 지나지 않아 신문 1면에서 내려와 뉴욕의 화려한 옛이야기쯤으로 치부되어야 마땅했다. 그러나 그날 행사에 소요된 비용이 워낙 컸기 때문에, 업계에서 하이드와 우열을 다투던 경쟁자들은 이번 사건을 문제 삼아 하이드를 공격하기 시작했다. 항간의 소문에 따르면 행사 비용은 무려 5만 달러에 달했다. 따라서 하이드는 아버지가 운영하던 대형 보험회사 에퀴터블 생명보험Equitable Life Insurance Society를 물려받아 운영할 능력이 없는 인물이라는 주장이 공격의 핵심이었다. 미국에서 가장 큰 보험회사 세 곳이 이번 싸움에 휘말렀고 그 과정에서 막대한 규모의 부정부패와 고객예치금 불법운용 행태가 만천하에 드러나고 말았다. 업계의 진흙탕 싸움에서 드러난 진실은 언론의 주목을 받을 가치가 충분했다. 혹시 모를 가장의 죽음으로 가족 전체가 빈곤의 나락으로 빠지지 않도록 대비하기 위해 보험회사에 돈을 맡겨왔던 노동 계급 독자들은 충격에 휩싸였다.

〈월드〉는 이번 추문에 관련된 모든 단서를 뒤쫓았고, 그 결과 조지프가 세드릭호를 타고 뉴욕으로 향하던 시점에는 보험회사 추문 관련 기사가 〈월드〉 1면에 무려 122차례나 실렸다. 세드릭호가 대서양을 항해하는 동안에도 연일 에퀴터블 사건에 대한 기사가 터져 나왔고 조지프는 점차 불안해졌다. 에퀴터블 사건을 처음 접했을 때만 해도 조지프는 기자들과 편집자들에게 사건의 전말을 끝까지 파헤치라고 독려했었다. 그러나 〈월드〉가 지나치게 많이 나아간 것 같아 불안해진 조지프는 프랭크 콥과 콥이 쓴 사설에 대한 불만을 쏟아놓았고 무려 100쪽에 달하는 통렬한 비판을 담은 전보를 뉴욕으로 보냈다. 며칠 뒤 뉴욕에 도착한 조지프는 에퀴터블 사건에 대한 보도를 당분간 자제하라고 〈월드〉에 지시했다. 며칠 뒤 메인 주 바 하버로 가기 위해 북쪽으로 향하던 조지프는 에퀴터블 보도를 자제하라고 지시한 뒤에 발간된 신문을 검토하고는 다시 마음을 바꿨다. "'에퀴터블의 부정부패'를 1면 머리기사 제목으로 올리게. 한 자도 틀림없이 그렇게 신도록 하게. 절대 빠뜨려서는 안 되네."**2**

〈월드〉 직원들은 조지프가 변덕을 부리든 말든 무덤덤하게 넘기려고 무진 노력했다. 특히 이번 사건으로 정직을 당했다가, 사건사고를 뒤

쫓는 조지프의 본능이 돌아오면서 원직으로 복귀해 두둑한 수당까지 받게 된 콥은 더욱 그랬다. 조지프의 총애를 받은 콥은 조지프가 만족할 만한 〈월드〉를 만든다면 그보다 더 많은 수당도 얼마든지 받을 수 있다는 사실을 잘 알고 있었다. "자네가 보기에 잘못된 것처럼 보일지라도, 마음의 상처를 받지 않고 내 비판을 받아들이겠다는 맹세를 하기 전에는 아마 나를 만족시키기 어려울걸세. '맹세해야 한다는 사실'을 잊지 말게!"[3]

하지만 조지프를 위해 일하는 사람들은 절대로 조지프를 만족시킬 수가 없었다. 〈월드〉에서 상당히 오랫동안 일한 어느 기자는 본인이 느낀 자괴감을 다음과 같은 짧은 문장으로 요약해 조지프에게 전했다. "지금 우리 사무실 벽에는 '첫째는 정확, 둘째는 간결함, 셋째는 정확'이라는 구호가 붙어 있습니다. 저는 거기에 한 줄 추가하고 싶습니다. '절대 불만족'이라고요."[4]

미국으로 돌아오고 한 달도 채 지나지 않았을 무렵 조지프는 이제 예순넷이 된 윌리엄 메릴에게 은퇴를 권하고 사설란에 대한 권한을 콥에게 넘겼다. 메릴이 짐을 싸서 떠나자마자 바 하버에 머물던 조지프는 사이츠에게 전보를 보냈다. "14층에 위치한 메릴의 사무실 문패를 다음과 같이 교체하게. '랠프 퓰리처, 부사장보'라고 말이야."[5]

메릴은 조지프의 냉정한 조치에 깊은 상처를 받았다. 어퍼웨스트사이드Upper West Side에 위치한 다코타 아파트의 책상머리에 앉은 메릴은 조지프가 55번가에 위치한 자신의 집으로 편집자들을 초대해 베풀었던 저녁 만찬 순간을 회상했다. 당시 조지프는 모두에게 이렇게 말했다. "내가 화가 났을 때 한 일들은 부디 모두 잊어주시기 바랍니다." 그리고 나서 조지프는 메릴의 어깨에 손을 얹으며 이렇게 말을 이었다. "여기 앉은 메릴과 나에게 약간의 차이가 있을 수도 있습니다. 하지만 중요한 것은 우리가 둘도 없는 친구라는 점입니다."[6]

지난 20여 년을 조지프를 위해 일했지만 조지프가 연금조차 주지 않을 것을 우려한 메릴은 〈월드〉로 이직하기 전 일했던 〈보스턴 헤럴드〉로 돌아갔다. 몇 달 뒤 메릴은 조지프가 보낸 마지막 편지를 받았다. 항상 그랬듯 보좌관이 쓴 편지였다. 그 편지에서 버츠는 메릴에게 이렇게 전했다. "사장님께서는 뉴욕으로 돌아오신 뒤에야 벗을 잃었다는 사실을 깨달으셨습니다. 승마 도중 편집국장님께서 기거하시던 다코타 아파트를 지나치시다가 문득 편집국장님께서 더 이상 그곳에 살고 계시지 않는다는 사실을 떠올리신 것입니다. 사장님께서는 무척 괴로워하시면서 어쩌다가 일이 이 지경까지 왔는지 한탄하셨습니다."[7]

메릴이 감동을 받으려는 순간 이 편지의 진정한 목적을 담은 다음 문단이 이어졌다. 조지프는 메릴에게 그동안 자기가 보냈던 편지를 돌려달라고 요청했다. 조지프는 메릴이나 메릴의 부인에게 무슨 일이 생길 경우 '그 편지들이 누구의 손에 들어가서 어떻게 악용될지 모른다'고 생각했다. 메릴은 조지프에게 받았던 편지들을 돌려보내면서 그동안 쌓아온 우정이 이렇게 쉽게 무너질 수 있다는 사실을 도저히 이해하기 어렵다는 말을 덧붙였다.

결국 랠프는 가지고 있는 용기를 모두 쥐어짜내 프레데리카 웹과 결혼하고 싶다는 의사를 부모님께 말씀드렸다. 랠프가 뉴욕 상류층 가문의 일원을 아내로 맞아들이기로 했다는 사실은 그다지 놀랍지 않았다. 랠프가 〈월드〉에서 일하는 것은 사실이었지만 아버지가 크게 관심을 보였던 정치적 대의나 사회 문제에는 별다른 관심을 보이지 않았기 때문이었다. 사실 랠프는 침실 책상 위에 모건의 사진을 올려놓고 살았다. 상류사회를 동경한다는 점을 감안할 때 랠프는 아버지보다는 어머니를 더 많이 닮았다. 일반인의 눈에 랠프는 버릇없이 자라 사회적 물의나 빚는 부잣집 도련님일 뿐이었다. 2년 전 랠프는 유명 안내인을 대동하고 몬태나 주 미주리 강에서 배를 타거나 사냥을 즐겼다. 랠프는 자신의 손으로 잡은 큰뿔야생양 세 마리를 찍은 사진을 자랑스럽게 집으로 보내왔다. 안타깝게도 랠프는 몬태나 주 사냥법을 위반했고 몬태나 주 사냥관리인은 랠프가 사냥한 야생동물의 사체를 찾아냈다. 몬태나 주는 랠프를 기소했고 합의 사항을 이행하지 않으면 뉴욕에서 소환해오겠다고 으름장을 놓았다. 결국 랠프는 두 가지 죄목으로 기소되어 1,000달러의 벌금형에 처해졌고 랠프의 변호를 맡았던 몬태나 주의 법무법인은 조지프에게 2,000달러짜리 청구서를 보냈다.[8]

랠프는 돈 문제에 크게 구애받지 않았다. 약혼녀에게 줄 약혼반지를 구입하러 간 랠프는 5,300달러짜리 반지에 마음을 빼앗겼다. 랠프는 아버지에게 선택의 여지가 없다고 말했다. 절반 가격의 다른 반지는 '너무나도 흔한 에메랄드로 만든 반지인데 약혼녀 웹이 이미 가지고 있는 반지와 별 차이가 없다'는 이유였다. 랠프의 졸업식에 참석하지 않았던 조지프와 케이트 부부였지만 랠프의 결혼식에는 참석하기로 했다. 9월 말 케이트는 오랜 프랑스 생활을 정리하고 미국으로 돌아왔다. 외톨이가 된 기분으로 돌아온 케이트는 그런 심정을 친구에게 전했다. "나이가 들어갈수록 끊어진 머리카락을 발견할 때 받는 충격이 더 커지고 있어."[9]

1905년 10월 14일 조지프와 식구들이 한자리에 모이는 드문 일이 벌어졌다. 7년 전 루실이 세상을 떠났을 때 모두 모인 이후 처음 있는 일이었다. 조지프의 가족들은 버몬트 주 셸번Shelburne에서 열린 랠프와 프레데리카 웹의 결혼식에 참석해 두 사람의 새 출발을 축하했다. 신부 측 하객들은 뉴욕에서 가장 유명한 두 가문이 하나로 뭉치는 자리에 어울릴 만한 인사들이었다. 작은 시골마을 셸번에서는 이런 성대한 행사가 처음이었다. 지역 인사 중에서는 지극히 운이 좋은 일부 인사만이 결혼식에 초대를 받았다. 인근 벌링턴Burlington의 어느 신문은 그날의 결혼식을 이렇게 보도했다. "유명 인사들이 주문한 옷을 만드느라 이 지역 재봉사들이 밤낮없이 바쁘게 일해야 했다."[10]

결혼식 당일 아침 뉴욕에서 온 하객을 실은 전용 열차가 도착했다. 열 량의 객차에 나눠 타고 온 하객들은 하얀 국화로 장식한 마차로 옮겨 타고 아담한 규모의 트리니티 성공회Trinity Episcopal Church로 이동했다. 하얀 공단으로 만든 드레스를 입고 머리에 하얀색 모자를 쓴 케이트와 신부의 어머니가 동시에 입장했다. 랠프는 가장 가까운 동생 조지프 2세와 함께 주례 앞에 서 있었고 조지프는 하객석에 자리를 잡았다. 신부 측 하객들이 입장하는 동안 뉴욕의 세인트토머스 교회 소년합창단이 축가를 불렀다.

결혼식이 진행되는 그 짧은 순간에 조지프의 마음속에 자리 잡고 있던 자녀들에 대한 불만, 특히 아들들에 대한 불만이 눈 녹듯 사라졌다. 조지프는 눈물이 글썽이는 눈으로 랠프와 프레데리카가 맞절하는 모습을 바라보았다. 조지프가 애정을 드러낸 극히 드문 순간이었다. 랠프도 아버지를 닮아 사람들 앞에서 감정을 드러내기를 꺼렸다. 나중에 랠프는 아버지에게 이렇게 말했다. "복도를 따라 걸어 나가다가 아버지의 모습을 보았어요. 순간 그동안 아버지께 표현할 수 없었던 오만 가지 감정이 복받쳤습니다." 아버지와 아들이 서로에게 애정을 표현할 수 있을 만큼 가까워진 순간이었다.[11]

조지프는 자신이 아는 유일한 방식으로 기쁜 마음을 표현했다. 조지프는 뉴욕에 있는 자신의 집 가까운 곳에 자리 잡은 랠프의 집으로 꽤 큰 액수의 수표를 보내 신혼여행 비용에 보태게 했다. 그러나 랠프와 프레데리카가 여행을 마치고 돌아올 무렵 조지프는 본래의 모습으로 돌아와 있었다. "네게 주는 용돈은 이제 없다. 돈이 필요하면 일을 해서 벌어라. 물론 월급을 미리 주는 일도 없을 것이다."[12]

온갖 애를 다 쓴 끝에 조지프는 조지프 2세를 하버드대학교에 입학시키는 데 가까스로 성공했다. 그러나 1906년 초 조지프는 조지프 2세와 하버드대학교가 잘 맞지 않는다는 사실을 깨달았다. 조지프 2세는 수업을 빼먹고 한가롭게 점심식사를 즐기거나 사교 모임 전용 회관 벽난로 앞에서 시간을 보내면서 돈을 물 쓰듯 하고 다녔다. 그해 2월 조지프는 조지프 2세를 뉴욕으로 불러 계속 그런 식으로 학교 생활을 한다면 퇴학시키겠다고 으름장을 놓았다. 하지만 조지프 2세는 제멋대로의 생활을 이어갔고 조지프는 조지프 2세를 퇴학시켰다.

조지프는 기사작성실에서 조지프 2세를 가르치는 것이 더 낫겠다고 판단하고 〈이브닝 월드〉의 찰스 채핀을 스승으로 낙점했다. 채핀은 파크 로에서 일했던 사회부장 가운데 가장 크게 성공한 인물이자 가장 무서운 인물이었다. 1906년 무렵 이미 파크 로의 전설이 된 채핀은 10년쯤 뒤 아내를 살해하고 싱싱 교도소Sing Sing prison에서 참으로 아름다운 장미꽃밭을 가꾸며 여생을 보내게 된다. 〈이브닝 월드〉를 맡은 채핀은 허스트와 벌인 황색 언론 전쟁에서도 당당하게 살아남은 인물로 기자들의 조그만 실수도 눈감아주지 않은 채 해고를 밥 먹듯 하는 인물이었다. 그렇지만 채핀은 뉴욕에서 가장 혁신적이고 용감한 편집자 가운데 한 사람이었기 때문에 기자들은 채핀의 독재를 참고 견뎌냈다. 〈헤럴드 트리뷴Herald Tribune〉의 덕망 높은 사회부장 스탠리 워커Stanley Walker는 이렇게 말했다. "어찌 보면 기계가 아닐까 의심스럽기조차 한 채핀은 지금까지 뉴욕에 나타났던 어떤 사회부장보다도 능력 있는 인물이었다."[13]

그해 4월 조지프는 채핀을 불렀다. "나는 아침 일찍 유럽으로 떠날 생각이네. 조지프 2세를 자네 부하직원으로 보내줄 테니 잘 데리고 있게. 모든 신참에게 하듯이 똑같이 대우해야 하네. 필요하다면 심하게 훈계를 해도 좋네. 조지프 2세가 내 아들이라고 해서 특별대우를 해서는 절대로 안 되네." 채핀의 지도를 받게 된 조지프 2세는 부지런히 일했고 그 덕분에 〈세인트루이스 포스트-디스패치〉에서 처음 익히기 시작한 취재 능력이나 글쓰기 능력이 눈에 띄게 향상되었다. 그러나 사장 아들 행세를 하지 않고 지낼 수는 없었다. 얼마 지나지 않아 조지프 2세는 결근하기 시작했고 결국에는 무단으로 일주일 넘게 자리를 비우는 불상사가 벌어지고 말았다.[14]

조지프 2세가 회사로 복귀하자 채핀은 그 자리에서 조지프 2세를 해고했다. 채핀은 이렇게 회고했다. "직원들은 조지프 2세를 '조지프 왕자'라고 불렀다. 내가 조지프 2세를 해고했다는 소문이 퍼지자 직원들은 깜짝 놀라 수군거렸다. 하지만 넉살 좋은 조지프 2세는 내 말을 농담처럼 받아넘기고서는 그날 밤으로 열차를 타고 바 하버로 돌아갔다. 그 길로 요트를 재정비해 그해 여름 열린 요트 경주 대회에 참가하기도 했다. 그 뒤 유럽에서 돌아오신 사장님은 조지프 2세를 세인트루이스로 쫓아버렸다."

조지프의 엄격함은 조지프 2세에게 큰 고통을 안겨주었다. 불과 몇 달 전에 조지프는 마차를 타고 가다가 형 랠프가 보는 앞에서 조지프 2세를 '완전히 쓸모없고 무식하며 무능력하다'고 꾸짖기도 했다. 조지프 2세는 〈세인트루이스 포스트-디스패치〉에서 집과 같은 편안함을 느꼈다. 아버지와 떨어져 있을 수 있었기 때문이었다. 결국 조지프 2세는 조지프의 자녀들 가운데 가장 성공한 편집자이자 발행인이 된다. 조지프는 둘째 아들에게 자신의 이름을 물려주었으면서도 죽을 때까지 조지프 2세가 타고난 언론인으로서의 재능을 알아보지 못했다. 그해 말 아버지와 심하게 다툰 조지프 2세는 자신과 아버지의 차이가 무엇인지 알아차렸다. 그러나 그 이야기를 아버지에게 말하는 우를 범했다. "아버지는 인생을 즐기는 법을 몰라도 너무 모릅니다. 반면 저는 알아도 너무 많이 알지요. 제 생각에는 그것이 아버지와 저의 가장 큰 차이가 아닐까 싶습니다."[15]

조지프 2세가 세인트루이스로 쫓기듯 떠난 직후 세인트루이스와 조지프를 이어주는 마지막 끈이 사라졌다. 카를 슈르츠가 향년 77세를 일기로 세상을 떠났던 것이다. 독일계 미국인인 슈르츠는 조지프가 정치에 뛰어들도록 영감을 준 인물이었다. 1870년대 민주당과 공화당으로 갈라져 그렇게 심하게 설전을 벌이고서도 조지프는 슈르츠에 대한 변함없는 애정을 나타냈다. 반면 슈르츠는 회고록에서 단 한 번도 조지프에 대해 언급하지 않았지만, 세상을 떠나기 얼마 전 집으로 찾아온 손님에게 책상 속에 간직하고 있던 조지프의 사진을 보여주었다. 조지프는 버츠에게 근조화환을 보내라고 지시했고 케이트에게는 자신을 대신해 장례식에 참석하라고 일렀다. 슈르츠에게 바칠 헌사를 일일이 열거한 케이트는 이렇게 마무리했다. "분명 슈르츠 씨도 당신을 자랑스러워하셨을 거예요."[16]

케이트는 친구 모드 앨리스 매커로, 딸 이디스와 함께 유럽에서 여름을 보냈다. 디본느레뱅에서 요양하는 것이 건강을 지키는 데 바람직하다는 의사의 충고에 따른 것이었다. 그러나 조지프와 언쟁을 하는 바람에 유럽에서 보내는 여름이 편치만은 않았다. 한참을 침묵한 끝에 케이트가 조지프에게 편지를 보냈다. "걱정하지 마세요. 당신의 예민한 신경이 당신을 괴롭혀 성내게 만들고 저와 잘 지내지 못하게 만든다는 사실을 잘 알고 있어요. 하지만 그 예민한 신경이 당신에게 해만 될 뿐 좋을 것이 하나도 없다는 사실에 마음이 몹시 아픕니다."[17]

런던으로 간 케이트는 사전트의 작업실에 들러 사전트와 함께 차를 마셨다. 사전트는 근심 가득한 목소리로 케이트에게 이렇게 말했다. "최선을 다해 그렸지만 초상화 속 모습이 실물에 미치지 못해 아쉽습니다." 케이트는 사전트의 칭찬을 조지프에게 전했다. 자칫 조지프의 질투를 불러일으킬 수 있는 발언이었다. 이 점을 잘 알고 있는 케이트는 상냥한 말투로 이렇게 덧붙였다. "사전트가 당신 칭찬을 많이 했어요. 당신의 이마가 정말 근사하다고 말하면서 예술가에게는 더없이 훌륭한 고객이었다고 칭찬을 아끼지 않았답니다."[18]

케이트 일행은 런던을 떠나 파리로 갔다. 케이트는 한 해에만 1만 5,000달러어치 옷을 구입한 좋아하는 양장점에 들러 옷을 맞추는 한편 조각가 오귀스트 로댕Auguste Rodin의 작업실에도 들렀다. 〈월드〉 파리 사무소장 스티븐 매케너Stephen MacKenna가 로댕의 절친한 친구였기 때문에 로댕과 만날 약속을 쉽게 잡을 수 있었다. 로댕은 논란을 불러일으키는 예술가로 출발했지만 이제는 유명한 조각가로 자리 잡은 상태였다. 로댕에게 흉상 작업을 맡기고 싶어 하는 부유층 인사들이 줄을 설 정도였다. 케이트는 이렇게 전했다. "사전트가 초상화의 대가라면 로댕은 조각의 대가입니다. 로댕의 작품에는 영혼을 쏟아부은 우아한 아름다움과 신비로움이 넘칩니다. 조각들을 바라보고 있으면 로댕의 손길이 느껴집니다." 늘 쓰고 다니는 모자를 쓰고 나타난 로댕은 케이트와 이디스에게 작업실을 구경시켜주었고 두 사람을 파리 외곽에 있는 자신의 영지로 초대했다. 케이트는 조지프에게 이렇게 전했다. "로댕이 당신의 흉상을 만들어주면 얼마나 좋을까요. 틀림없이 사전트가 그린 초상화만큼이나 멋진 흉상이 탄생할 거예요."

파리를 떠난 케이트 일행은 디본느레뱅으로 이동했다. 하루는 저녁 식사를 하기 위해 내려간 호텔 식당에서 홀로 자리를 잡고 앉은 모건과 케이트 일행이 마주치게 되었다. 곁을 지나가던 케이트가 가볍게 눈인사를 건네자 모건은 갑작스레 일어나 케이트에게 악수를 청했다. 저녁 식사를 하는 내내 이디스는 케이트가 모건 쪽을 바라볼 때마다 모건이 케이트와 눈을 마주치면서 미소 짓는다는 사실을 알아챘다. 모건은 영국에 있는 농장을 길지 않은 식사 시간 동안 대화의 화제로 올렸다. 모건의 아버지가 그곳에 살았을 때 케이트가 그곳에 들른 적이 있었다는 내용이었다. 모건은 식당을 떠나면서 케이트에게 딸기가 가득 담긴 커다란 상자를 선물로 주었다.[19]

모건의 모습이 보이지 않게 되자마자 이디스는 일행에게 이렇게 말했다. "완전 흉측해요."

이디스가 제멋대로 굴지 못하게 할 생각에 케이트가 말을 받았다. "그렇게 역겨운 것은 아닌데."

매커로는 식당을 떠나는 모건의 뒷모습을 바라보며 이렇게 중얼거렸다. "뭐, 뒷모습은 그리 나쁘지 않은걸."

그날 밤 늦게 이디스는 아버지에게 보낼 편지를 썼다. "사랑하는 아버지, 그렇게 흉측스러운 얼굴은 처음 봤어요. 코가 좀 근사하기는 했지만 전체적으로는 못생긴 얼굴이었어요. 아마 돼지가 더 나을걸요?"

케이트는 첫 손자의 탄생에 맞춰 미국으로 돌아왔다. 랠프는 아들에게 자신의 이름을 물려주었다. 케이트는 조지프에게 이렇게 전했다. "랠프가 태어났을 때만큼이나 기뻐요. 랠프 퓰리처 2세는 정말 사랑스럽답니다. 하지만 당신을 닮아서 그런지 성격은 좀 까다로운 것 같아요."[20]

미국 대통령과 뉴욕 시장에 도전했지만 연달아 실패한 허스트는 1906년 민주당 뉴욕 주 주지사 후보로 부활했다. 언론은 허스트의 주지사 후보 지명을 신나게 떠들어댔다. 허스트가 후보가 되지 못했다면 선거가 재미없을 판이기 때문이었다. 뉴욕에 머물던 케이트는 랠프, 랠프의 아내와 함께 매디슨 스퀘어 가든에서 열린 허스트의 유세장을 찾았다. 백악관을 차지한 루스벨트 대통령은 허스트를 조지프만큼이나 경멸했다. 그런 허스트가 대통령이 되기 전 자신이 맡았던 직책인 뉴욕 주 주지사에 오를지도 모른다고 생각하니 자존심이 상해 도저히 견딜 수가 없었다. 루스벨트는 허스트가 부도덕한 짓을 벌이고 다닌다는 악의적인 소문을 퍼뜨렸다. 그런 소문이 별 소용이 없자 루스벨트는 과거 허스트에게 타격을 입힌 논란을 부활시켰다. 루스벨트는 국무장관을 불러 허스트가 매킨리 대통령 암살에 일부 책임이 있다고 생각한다는 자신의 말을 국민들에게 공표하게 했다.[21]

허스트의 정적 중 조지프만이 유일하게 공정성을 잃지 않았다. 조지프는 허스트를 미워하는 자신의 입장이 뉴욕 주 주지사 후보로 나선 허스트에 대한 기사에 반영되어서는 절대로 안 된다고 강조했다. "허스트에 대한 기사를 쓸 때는 되도록 한 점의 편견도 없이 써야 합니다." 허스트가 대통령 후보로 지명받기 위해 경선에 나섰던 2년 전에도 조지프는 사설을 쓰는 논설위원들에게 비슷한 주문을 한 바 있었다. "허스트가 아주 영리한 정치인이자 능력 있는 인물이라는 사실을 절대로 잊어서는 안 됩니다. 허스트는 존경받아 마땅한 인물이고 그에 걸맞은 대우를 해 주어야 합니다." 허스트와의 적대관계는 유지되었지만 조지프는 원칙에 충실한 허스트의 성품에 개인적인 경의를 표했다.[22]

그러나 그런 사실을 까맣게 몰랐던 허스트는 선거 운동을 하는 동안 심심치 않게 조지프를 공격했다. 뉴욕과 브루클린에서 일곱 차례 연설에 나선 허스트는 한때 자신이 숭배했던 바로 그 인물에 대한 비난을 퍼부었다. "퓰리처 씨가 〈월드〉를 인수할 당시만 해도 그에게는 원칙이 있었습니다. 아니 적어도 원칙이 있다고 말하고 다녔죠. 퓰리처 씨는 사람들이 호주머니에서 2센트를 꺼내게 만들기 위해 자신을 대중의 대변자라고 떠벌리고 다녔습니다. 하지만 나이가 들고 막대한 재산을 모으자 퓰리처 씨는 그 돈을 가스회사 주식, 철도회사 주식, 그 밖에 월스트리트에 등록된 각종 회사 주식을 사들이는 데 쏟아부었습니다. 이제 퓰리처 씨는 오늘날의 그를 만들어준, 스스로 세운 바로 그 원칙을 부인하고 자신을 지지해왔던 사람들을 배신하고 있습니다."[23]

허스트는 계속해서 말했다. "퓰리처 씨는 노동 계급 사람들의 비위를 맞추기 위해 굽실거렸고 거짓 원칙을 내세워 그들을 현혹했습니다. 노동 계급 사람들은 그런 퓰리처 씨를 경멸하면서도 한편으로는 이용했습니다."

결국 허스트는 공화당 후보 찰스 에번스 휴스Charles Evans Hughes에게 아주 근소한 차이로 지고 말았다. 완전히 지쳐버린 허스트는 가족들을 데리고 뉴욕을 떠나 멕시코로 휴가를 갔다. 도중에 세인트루이스에 들른 허스트 일행은 〈세인트루이스 포스트-디스패치〉를 찾아갔다. 신문사와 관련된 전보를 보내기 위해 AP 시설을 이용할 요량이었다. 허스트가 건물 안으로 들어서자 〈세인트루이스 포스트-디스패치〉로 쫓겨나 있던 조지프 퓰리처 2세가 허스트를 발견하고 AP 사무실로 뒤쫓아 들어갔다.[24]

허스트를 따라잡은 조지프 2세는 낮은 목소리로 이렇게 말했다. "네놈이 유세 연설을 하면서 우리 아버지에 대해 뭐라고 말했는지 똑똑히 기억하고 있는지, 그리고 정말 그렇게 생각하는지 궁금하다."

허스트가 응수했다. "정치 유세에서 네 아버지를 비난했던 일은 정말 유감이구나."

조지프 2세는 허스트의 말을 끊으며 으르렁거렸다. "그런 빈말은 피차 하지 말자. 나는 그저 네놈이 우리 아버지를 정말 그렇게 생각하는지 아닌지가 알고 싶을 뿐이다."

허스트가 말을 받았다. "나는 내가 믿는 대로 말했을 뿐이란다." 말을 마친 허스트는 조지프 2세의 분노가 치솟는 것을 감지하고 본능적으로 두 팔을 십자로 교차시키며 앞으로 내밀었다. 조지프 2세는 그 자세가 이른바 "하버드 방어술"이라고 불리는 권투의 수비 자세라는 사실을 알아차렸다. 조지프 2세가 허스트에게 주먹을 날렸지만 이미 방어 자세를 취한 허스트는 조지프 2세의 공격을 막아냈다. 조지프 2세는 다시 한

번 주먹을 날렸지만 사무실 직원들이 나서서 제지했고 근처 의자에 앉아 있던 허스트의 부인은 남편의 팔을 잡았다. 허스트는 아무 탈 없이 그 자리를 피할 수 있었다.

그의 아버지 조지프가 로비스트에게 총을 쏘고 편집자와 주먹다짐을 했던 바로 그 세인트루이스에서 30년 만에 다시 퓰리처 가문 사람이 주먹다짐을 했다. 50여 년이 지난 뒤 조지프 2세는 이렇게 한탄했다. "그 놈 면상에 주먹을 갈기지 못한 것이 천추의 한으로 남을 뿐이다."[25]

조지프 2세의 행동을 대견하게 여긴 케이트는 뿌듯한 마음으로 남편에게 그 소식을 전했다. "조지프 2세가 당신을 그토록 끔찍이 생각하다니, 정말 기쁘시겠어요." 그러나 조지프는 조지프 2세가 자신을 위해 그렇게 나섰다는 소식을 듣고도 별다른 감흥을 느끼지 못했다. 조지프는 지중해 여행을 마치고 막 돌아온 참이었다. 호스머가 이번 여행 내내 앓아누워 있었던 데다가 다른 보좌관 역시 뱃멀미를 심하게 하는 통에 조지프는 말벗 하나 없는 여행을 해야 했다. 케이트는 조지프를 위로해주려고 조지프가 겨울을 보내곤 하는 프랑스 캡마틴으로 가겠다고 제안했다. "당신이 외롭고 쓸쓸해 불행함을 느낀다는 소식을 들을 때마다 당신이 편히 쉴 쉼터가 되려고 노력해왔답니다." 그러나 조지프는 케이트의 청을 거절하고 케이트에게 뉴욕에 남아 있으라고 했다. 케이트는 다시 편지를 보냈다. "그러는 것이 편하시다면 그렇게 하세요. 다만 제 마음속에는 언제나 당신이 자리 잡고 있다는 사실과 제가 힘든 나날을 보내는 당신을 걱정하고 있다는 사실만은 부디 잊지 말아주세요."[26]

일흔다섯 살을 바라보는 호스머는 지금의 건강 상태로는 조지프를 보좌할 수 없다는 결론을 내렸다. 지난 16년 동안 조지프를 아주 가까운 거리에서 보좌해온 호스머는 버츠에게 이렇게 말했다. "고향으로 돌아가 쉬어야겠네. 최근 얻은 병으로 몸이 많이 쇠약해져서 사장님을 제대로 보필할 수가 없을 것 같네." 호스머는 크리스마스를 며칠 앞둔 시점에 뉴욕에 도착했다. 남아 있는 일 몇 가지를 마저 처리한 호스머는 케이트를 만나러 이스트 73번가의 집으로 찾아갔다. 케이트의 집에 도착한 호스머는 조지프의 딸 이디스와 콘스턴스가 케이트의 친구 매커로 및 그 밖의 다른 손님들과 함께 점심을 먹고 있는 모습을 보았다. 케이트는 자신의 방에서 홀로 식사하고 있었다.[27]

호스머는 케이트에게 조지프의 상태를 상세하게 전했다. 조지프는 우울했고, 무엇보다 외로웠다. 조지프는 아무도 없는 별에 홀로 떨어진 것 같은 외로움에 치를 떨었다. 호스머는 이렇게 전했다. "사장님은 다른 사람과의 관계에서 친밀감을 전혀 느끼지 못하시는 것 같습니다." 케이트는 당장이라도 프랑스로 떠나려 했다. 1890년에도 케이트와 호스머는 지금과 비슷한 수준의 우울증에 시달리던 조지프를 구원하기 위해 대양을 건넌 적이 있었다. 그러나 조지프가 동의하지 않는 한 그러지 않는 편이 사태를 더 악화하게 하지 않는 길이라는 사실을 두 사람 모두 잘 알고 있었다.

뉴욕에 남은 케이트는 크리스마스 전날 밤 조지프에게 편지를 썼다. "부디 행복하시기를, 행복까지는 아니더라도 최소한의 만족이라도 느끼시기를 바랍니다. 나이 든 사람에게는 평안이 행복의 동의어인 것 같습니다. 하지만 휴식을 모르는 당신의 영혼이 평안을 행복으로 받아들일 수 있을지는 저도 잘 모르겠습니다." 최근 임대한 아너Honor호에 올라 그리스로 항해하던 조지프는 뉴욕에 있는 버츠에게 전보를 보내라고 스웨이츠에게 지시했다. "이번 크리스마스에도 나는 혼자서 고독하게 식사를 하게 될 것 같군."[28]

1907년 새해가 밝자마자 케이트는 여행을 떠날 채비를 했다. 조지프가 프랑스로 와도 좋다고 허락했던 것이다. 케이트는 프랑스로 가는 배편을 예약했다. 그러나 바로 그때 또 다른 전보가 한 통 도착했다. 전보에는 자신이 우울증에서 벗어났으니 프랑스로 올 필요가 없다는 내용이 담겨 있었다. 조지프가 우울증에서 벗어났다는 소식이 반갑지 않은 것은 아니었지만, 인내심에 한계를 느낀 케이트의 분노가 폭발하고 말았다. 케이트는 조지프에게 이런 답장을 보냈다. "당신이 절대로 해서는 안 되는 일이 딱 한 가지 있습니다. 그것은 바로 당신의 가족이 당신을 소홀히 하고 당신에게 관심을 가지지 않았다는 불평이에요. 우리 식구들은 모두 당신과 함께 지내고 싶어 했어요. 당신에게로 가서 당신을 돌봐주면 안 되겠냐고 애원했던 전보, 아이들과 함께 지내지 않겠느냐고 권했던 전보를 저는 하나도 빠짐없이 보관하고 있다고요. 그러니 식구들이 당신을 버리는 바람에 당신이 외톨이가 되었다는 그런 허황된 생각은 버리시기 바랍니다." 조지프는 이런 케이트의 충고를 한 귀로 듣고 한 귀로 흘려버렸다.[29]

평정을 되찾은 케이트가 차분하게 말을 이었다. "사람들을 의심하시는 것까지 말릴 수는 없겠지요. 하지만 그들이 항상 잘못을 저지를 것이라는 생각이나 그들이 당신의 마음을 아프게 하고 상처를 줄 것이라는 생각을 버리신다면 분명 당신은 지금보다 더 행복하실 수 있을 거예요."[30]

때마침 파리에서 케이트의 마음을 풀어줄 소식이 도착했다. 〈월드〉 파리 사무소장 스티븐 매케너가 프랑스 남부 멘튼에 머물고 있는 조지프를 만나러 가도록 로댕을 설득하는 데 성공했다는 소식이었다. 3만 5,000프랑에 흉상을 제작하는 조건이었다. 조지프는 흉상이 제작되면 뉴욕 〈월드〉 본사 건물에 전시할 생각이었다. 그러나 로댕이 도착할 날이 가까워지자 조지프의 죽 끓듯 한 변덕이 다시 시작되었다. 조지프는 보좌관들에게 이렇게 지시했다. "내가 로댕의 지시에 따르는 일은 절대로 없어야 하네. 오히려 로댕이 나의 지시를 따라야 할걸세. 우선 로댕은 나와 함께 승마를 해야 하네. 그리고 작업은 오전에만 할 생각이야. 로댕이 내 성격과 기분을 파악하게 되겠지만 어떻게 파악했는지는 나에게 들려주고 승인을 받아야 하네. 로댕이 나를 얼마나 추악하게 묘사할지는 모르겠으나 적어도 나에 대한 오해를 품고 흉상을 제작해서는 안 되는 것 아니겠나. 로댕이 내 안에 숨어 있는 낭만적 요소와 비극적 요소를 모두 표현해주길 바라네."[31]

조지프는 매케너에게 이렇게 지시했다. "흉상 제작을 위해 로댕 앞에 앉아 있는 일은 하루에 한 번으로 족하네. 자네도 알다시피 나는 매일 불면증에 시달리고 있어서 매우 피곤하다네." 3월 중순 도착한 로댕을 만나본 조지프는 로댕의 매력에 흠뻑 빠졌다. 하지만 흉상을 제작하는 모든 남성 고객에게 으레 하던 대로 윗옷을 벗어달라고 주문하자 로댕에 대한 좋은 감정이 순식간에 사라졌다. 빅토리아 시대의 도덕관념으로 무장하고 살아온 조지프로서는 도저히 받아들일 수 없는 요청이었다. 로댕은 흉상 제작을 단념하겠다며 버텼다. 조각하는 대상의 목선이나 상반신의 모양조차 파악할 수 없다면 흉상을 제작하는 일 자체가 불가능했다. 결국 조지프는 로댕과 로댕의 조수만 남은 상태에서 윗옷을 벗었다.[32]

조지프의 프랑스어 실력은 예전만 못했고 로댕은 영어를 할 줄 몰랐으므로 두 사람은 통역을 사이에 두고 대화를 이어갔다. 로댕이 말했다. "퓰리처 씨의 위대한 품성은 한눈에도 파악할 수 있을 만큼 강렬합니다. 퓰리처 씨의 얼굴을 보십시오. 자신의 운명을 개척한 위대한 사람이라는 것이 느껴지지 않습니까? 퓰리처 씨는 가진 것이 거의 없는 보잘것없는 상황에서 출발해 많은 재산을 물려받은 사람들과 비슷한 수준에 올랐고 그들을 뛰어넘어 더 높은 곳으로 '오를 수 있는' 힘을 가지고 있는 사람입니다. 퓰리처 씨와 같은 품성을 지니지 못한 사람들은 감히 꿈도 꿀 수 없는 일입니다."[33]

조지프는 로댕에게 흉상은 앞이 보이는 사람의 모습으로 제작해달라고 요청했다. 로댕은 짧게 답했다. "제 눈에 보이는 모습대로 제작할 것입니다." 몇 년 뒤 로댕은 그때를 이렇게 회고했다. "퓰리처 씨는 사람을 장악하는 힘을 지니고 있었고 나는 퓰리처 씨의 그런 품성을 흉상에 담기 위해 노력했다." 멘튼에서 3주를 보낸 뒤 파리로 돌아온 로댕은 조지프가 오래 살지 못할 것이라고 생각했다. 그래서 작업실 조수들에게 조지프의 흉상을 지체 없이 제작하라고 일렀다. 흉상은 대리석과 청동으로 제작될 예정이었다.

1903년부터 〈월드〉 파리 사무소의 소장을 맡은 매케너는 런던 사무소장인 투오히와 다르게 조지프의 개인적인 업무까지 기꺼이 처리해줄 마음이 없었다. 매케너는 로댕에게 조지프의 흉상 제작을 부탁한 일을 마지막으로 조지프의 개인적인 업무에서 손을 뗐다. 그러나 파리로 돌아온 매케너 앞으로 조지프가 보낸 전보가 도착해 있었다. 닭 여섯 마리와 오리 새끼 여섯 마리를 구입해 리옹역Gare de Lyon에서 멘튼으로 부치라고 지시하는 내용이었다. 매케너는 즉시 전보를 보냈다. "닭 여섯 마리와 오리 새끼 여섯 마리 구입 지시는 따를 수 없습니다. 저는 이만 사직하겠습니다."[34]

1907년 4월 10일 조지프의 예순 번째 생일이 돌아왔다. 프랑스 남부에 머물고 있던 조지프는 자신의 생일을 축하해달라는 내용의 전보를 뉴욕과 세인트루이스로 보냈다. 조지프의 지시에 따라 〈월드〉 직원 60명은 뉴욕 델모니코스 식당에, 〈세인트루이스 포스트-디스패치〉 직원 60명은 세인트루이스 플랜터스 호텔Planter's Hotel에 모였다. 델모니코스 식당과 플랜터스 호텔은 약속한 시간에 장거리 통화를 연결해주었다. 밤늦은 시간까지 건배가 이어졌고 적절한 시간에 조지프에게 전보도 보냈다. 식사를 하는 사이 조지프가 보낸 답신이 도착했다. 신문사 사무실 벽에 새겨진 것과 같은 고결한 원칙에 대한 선언으로 가득한 전보에는 랠프를 퓰리처 퍼블리싱 컴퍼니Pulitzer Publishing Company 사장으로 승진시키는 동시에 자신은 은퇴한다는 내용이 담겨 있었다. 1890년에 이은 두 번째 은퇴 선언이었다. 그러나 전보를 받은 직원들은 그 내용을 대수롭지 않게 여겼다. 게다가 세인트루이스의 저녁 만찬 행사를 준비하고 거행한 조지프 2세에 대한 언급은 전혀 없었다.[35]

의도치 않은 실수에 대해 조지프 2세가 거듭 사과의 뜻을 전했음에도 아버지와 세인트루이스로 유배당한 아들 사이에는 휴전의 기미가 보이지 않았다. 환갑 기념 만찬이 끝난 한 달쯤 뒤 조지프는 조지프 2세에게 이런 편지를 보냈다. "나는 단 한 번도 네가 뉴욕으로 돌아오는 것을 고려해본 적이 없다."[36]

"나는 너희들에게 완벽을 기대하지 않는다. 그리고 신께 맹세하건대 너희들을 진심으로 사랑했고 너희들에게 관대했다. 하지만 망상은 금물이다. 네가 지금보다 열 배, 백 배, 천 배 노력한다 해도 이번 겨울이 오기 전 네가 나에게 안겨준 정신적, 육체적 고통과 괴로움을 모두 갚을 수는 없을 것이라는 점을 분명히 말해두마."

조지프의 우울한 기분은 그해 7월 메인 주에 도착할 무렵 극에 달했다. 지난 13년 동안 도저히 비위를 맞출 수 없는 상전을 아무런 사심도 없이 지극정성으로 보필해온 앨프리드 버츠가 사직을 청했다. 버츠는 최근 노스클리프 남작Baron Northcliffe 칭호를 받은 영국의 신문왕 앨프리드 함스워스Alfred Harmsworth가 제안한 일자리를 수락하기로 마음먹은 것이었다. 앨프리드 함스워스는 조지프도 익히 알고 있는 영국의 신문발행인으로 조지프가 영국에 처음 집을 빌렸던 1890년대에 안면을 트게 되었다. 두 사람은 공통점이 많았다. 노스클리프도 조지프처럼 기자로 언론계에 발을 들였다가 30대의 젊은 나이에 영국에서 가장 유명한 신문사의 발행인이 되었다. 두 사람 모두 권력이 많아질수록 친구들이 하나둘 사라진다는 사실을 뼈저리게 깨닫고 있었다. 조지프는 노스클리프에게 이런 편지를 보낸 적이 있었다. "나는 세상에서 가장 고독한 사람입니다. 도저히 친구를 만들 수가 없습니다. 오늘 저녁 나와 식사를 함께하는 사람들의 이름이 다음 날 아침 발행된 내 신문에서 발견되니 말입니다."[37]

버츠가 노스클리프에게로 떠나버리자 조지프는 버려졌다는 참담한 기분을 떨칠 수 없었다. 버츠만큼은 자신을 떠나지 않으리라 굳게 믿고 있었기 때문이었다. 하지만 주변 사람들의 감정을 살필 줄 아는 상전이었다면 누구든 눈치채고도 남을 만한 갈등의 징후는 도처에 널려 있었다. 조지프만 모르고 있었을 뿐이었다. 우선 영국인인 버츠는 조지프를 수행하는 동안 아내와 아이를 전혀 만나지 못하는 상태로 지내왔다. 버츠는 조지프를 수행해 봄에는 유럽, 여름에는 채톨드, 겨울에는 지킬 섬에 머물렀다. 그리고 간혹 뉴욕에 들렀다. 몇 년 전 버츠는 사이츠에게 이런 편지를 보냈다. "나는 불행한 이방인이라네."[38]

대신 버츠는 조지프가 남겨주려고 했던 재산을 포기해야 했다. 조지프와 노스클리프의 교류도 단절되고 말았다. 노먼 스웨이츠는 조지프를 위로하는, 도저히 달성할 수 없는 임무를 떠안았다. 어느 날 두 사람은 바 하버의 숲에서 승마를 즐기고 있었다. 스웨이츠는 이렇게 회고했다. "그날 발행된 신문 내용을 읽어드렸다. 하지만 사장님 귀에는 들리지 않는 눈치였다." 조지프가 아무런 반응을 보이지 않자 스웨이츠도 신문 낭독을 포기했다.

순간 조지프가 스웨이츠에게 말채찍을 휘두르며 이렇게 물었다.

"왜 아무 말도 하지 않지? 오늘 신문이 발행되지 않기라도 했나? 이봐, 말 좀 하라고!"

스웨이츠는 근 한 시간 동안 신문을 낭독했지만 조지프가 듣지 않아 낭독을 중단했다고 설명했다. 그러자 "사장님은 갑자기 풀이 죽으시더니 사과하셨다. 그러고는 사람들이 왜 자신을 이토록 잔인하게 대하는지 그 이유를 물으셨다."

그해 가을 해럴드 스탠리 폴러드Harold Stanley Pollard는 로댕의 흉상 작업이 어느 정도 진척되었는지 파악하기 위해 파리로 떠났다. 폴러드는 〈뉴욕 타임스〉에서 잠시 일하다 1905년 조지프의 보좌관으로 합류한 인물이었다. 처음 로댕의 작업실에 찾아갔을 때는 로댕이 작업실에 없다는 이유로 문전박대를 당했지만 폴러드는 포기하지 않고 끈질기게 관리인을 설득해 작업이 한창인 작업실에 들어갈 수 있었다. 폴러드가 작업실 안으로 들어서자 직원이 흉상을 덮어놓았던 천을 벗겼다. 폴러드는 로댕이 만들어놓은 흉상이 조지프와 너무나도 닮았다는 사실에 자신의 눈을 의심하지 않을 수 없었다. 폴러드는 조지프에게 이렇게 보고했다. "흉상의 모습이 사장님과 어찌나 닮았는지 사전트나 보나가 그린 초상화, 심하게는 낡은 사진을 보는 것 같은 느낌을 받았습니다. 로댕은 사장님의 사려 깊고 성숙한 모습을 표현했습니다. 로댕은 깊은 자기성찰을 상징하는 대리석을 흉상 재료로 선택했습니다. 흉상의 얼굴에는 흔들리지 않는 굳은 결의와 고요하고 부드러운 성품이 동시에 묘사되어 있었습니다. 얼굴 곡선을 부드럽게 처리해 매몰차고 공격적이며 호전적인 느낌 대신 슬픔을 표현했습니다. 하지만 전체적으로는 위대한 사상가의 위대한 정신, 즉 심사숙고를 바탕으로 새로운 것을 끊임없이 구상해내고 계획하는 사려 깊은 인물을 표현하고 있습니다."[39]

"로댕은 사장님의 눈을 앞이 온전히 보이는 사람의 눈도 아니고 앞을 전혀 보지 못하는 사람의 눈도 아닌 모습으로 표현했습니다. 로댕은 두 눈을 서로 다르게 표현함으로써 차이를 느끼게 만들었습니다." 관리인이 흰 대리석 흉상을 천천히 돌렸다. "제 눈에 흉상의 옆모습이 들어왔습니다. 제가 보았던 사장님의 모습과 완전히 흡사했습니다. 주위를 둘러싼 모든 것이 고요하고 평화로우면 사장님은 역사에 길이 남을 많은 구상을 수립하고 계획하시면서 생각에 빠지시곤 하는데, 바로 그런 사장님의 모습이 표현되어 있었습니다."

관리인이 흉상을 천으로 다시 덮었다.

폴러드가 물었다. "완성된 작품인가요?"

관리인이 대답했다. "네. 완성된 작품입니다."

폴러드만 조지프로부터 특별 임무를 부여받은 것이 아니었다. 그해 12월 초 런던 사무소장 제임스 투오히와 그의 가족들은 스코틀랜드 에든버러Edinburgh 북쪽 리스Leith로 출발했다. 그곳에서 아서 빌링스를 만나 조지프가 구입한 새 요트의 진수식에 참석할 예정이었다. 빌링스는 이미 1년도 넘게 전에 〈월드〉를 떠나 래미지 앤드 퍼거슨 조선소Ramage and Ferguson에서 이뤄지는 조지프의 새 요트 제작 작업을 진두지휘해온 상태였다. 흰색으로 칠한 새 요트의 이름은 리버티였다. 길이가 300피트에 달하는 리버티호는 엔진을 장착하고 굴뚝과 돛대만 설치하면 완성될 터였다. 투오히의 딸 제인이 샴페인 병을 깨뜨리자 리버티호는 조선소에서 바다로 이어지도록 설치한 경사로를 따라 바다로 나아갔다.

150만 달러를 들여 만든 리버티호는 대양 항해에 적합한 배를 오랜 시간 연구한 끝에 탄생한 걸작이었다. 조지프는 1883년 제이 굴드의 요트를 본 이후부터 요트를 소유하고 싶다는 생각을 가지게 되었지만 당시 구입한 요트에 크게 실망한 뒤에는 요트 구입에 대한 꿈을 접었다. 그러나 1905년 케이트가 요트를 구입하는 것이 좋겠다고 부추긴 뒤부터 요트에 대한 관심이 되살아나 적당한 요트를 물색하기 시작했다. 대여섯 척의 요트를 검토해봤는데도 적합한 요트는 나타나지 않았다. 조지프는 어느 판매자에게 이런 편지를 보냈다. "내가 워낙 소리에 민감하다 보니 다른 사람들에게는 조용해 보이는 배도 나에게는 아주 시끄럽다는 점이 가장 큰 문제입니다."[40]

결국 조지프는 소음을 최소화한 설계로 새 요트를 제작하기로 했다. 배에 설치되는 칸막이에서부터 문과 둥근 창에 이르는 모든 요소가 방음에 주안점을 두어 설계되고 제작되었다. 시험 운행에서 크게 만족한 조지프는 고요의 보호막이나 다름없는 리버티호를 타고 전 세계를 떠돌아다니기로 결심했다. 마흔다섯 명의 선원이 리버티호의 항해를 담당하고 열두 명의 개인 수행원들이 신문 낭독, 피아노 연주, 조지프와의 대화를 담당할 예정이었다. 조지프는 누구보다도 많은 시간을 자신과 함께 바다에서 보낸 호스머에게 농담 어린 편지를 보냈다. "여생의 대부분을 배에서 보내게 될 것 같네. 하지만 내가 다니는 뱃길은 언제나 험난했다는 것을 자네도 잘 알고 있겠지?"[41]

1908년 7월의 어느 일요일 아침 〈월드〉 편집자 아서 클라크Arthur Clarke는 12층에 위치한 기사작성실 한쪽 연단에 자리 잡은 책상에 앉아 조용히 종이를 분류하고 있었다. 그때 전보 편집자가 헐레벌떡 뛰어 들어왔다.[42]

전보 편집자가 소리쳤다. "아서, 퓰리처 사장님이 접견실에 나타나셨네!"

클라크는 아무 말 없이 미소를 지어 보였다. 1890년 〈월드〉 사옥이 완공된 이래 소유주가 모습을 드러낸 것은 딱 두 번뿐이었기 때문이었다. 혹시 조지프의 환영이 나타난 것이라고 해도 아무래도 일요일 아침은 유령이 모습을 드러내기에 적당한 시간이 아니었다.[43]

"아서, 농담이 아닐세. 퓰리처 사장님이 진짜 문 밖에 계신다고. 승강기에서 내리면서 내가 이 두 눈으로 소파에 앉아 쉬고 계신 사장님의 모습을 똑똑히 보았다는 말일세. 사이츠, 라이먼Lyman, 아서 빌링스, 그 밖의 여러 보좌관들이 사장님 곁에 모여 있었네. 아마 곧 이곳으로 오실 걸세."

흥분한 전보 편집자의 소란에도 미동조차 하지 않던 클라크의 귀에 들어온 소리는 분명 조지프의 목소리였다. "반 햄Van Hamm의 사무실로 가지. 다른 곳을 먼저 들르자는 등의 딴소리는 하지도 말게."

바깥을 내다본 클라크의 눈에 조지프의 모습이 들어왔다. 조지프는 여름에는 어울리지 않게 단추를 꽉 채운 어두운 색 정장을 입고 늘 쓰는 둥그런 테의 검은 안경을 쓰고 있었다. 발행인은 기지외 편집자들이 쓰는 책상이 미로를 이루고 있어 마치 동굴처럼 보이는 기사작성실을 가로질러 갔다. 그 미로 사이로 교정지를 나르는 심부름꾼 소년들이 부지런히 움직였다. 너무 복잡했기 때문에 조지프는 전화부스에 부딪힐 뻔했다. 어느 보좌관이 몸을 날려 대신 부딪힌 덕분에 조지프는 가까스로 충돌을 면했지만, 부딪히는 소리를 들은 조지프는 이렇게 소리쳤다. "이런 멍청이!"

조지프와 수행원단은 칼렙 반 햄Caleb Van Hamm 편집국장의 사무실로 들어갔다. 반 햄 편집국장의 사무실은 비어 있었다. 반 햄이 쓰는 의자에 앉은 조지프는 사이츠에게 창문이 몇 개인지 물었다. 사이츠가 대답했다. "세 개입니다." 반 햄 편집국장의 사무실을 떠난 조지프 일행은 로버트 라이먼Robert Lyman 조간신문 편집책임자의 사무실로 향했다. 라이먼의 사무실에 들어선 조지프는 라이먼의 책상과 교정지를 가져다 두는 책상이 얼마나 멀리 떨어져 있는지 물었다. 두 책상이 15.2미터나 떨어져 있다는 말을 들은 조지프는 놀라움을 금치 못했다. "어이가 없군. 교정지 책상을 아예 시티홀파크에다 갖다 놓지 그래? 조간신문 편집책임자는 교정지를 신속하게 받아 볼 수 있어야 한단 말일세. 교정지 책상이 그렇게 멀리 있으면 말이 안 되지. 당장 바꾸겠다고 맹세하게!" 수행원단 모두가 엄숙하게 맹세했다. 하지만 이런 종류의 지시가 떨어질 때면 으레 그랬던 것처럼 조지프가 떠나고 나면 아무도 지시를 이행하지 않았다.

조지프의 짜증은 조간신문 편집책임자인 조지 카터렛George Carteret을 만나고 나서 더 심해졌다. 182센티미터의 키에 몸무게가 무려 113.3킬로그램이나 나가는 조간신문 편집책임자에게 손을 뻗어 얼굴을 만져본 조지프는 이렇게 소리쳤다. "이런 세상에, 카터렛 씨 머리는 정말 크군요!"

카터렛이 말을 받았다. "맞습니다, 사장님. 제 머리가 좀 큽니다."

"부인하지 않는군요. 그렇다면 대답해보시오. 그 큰 머릿속에 무엇이 들었는지 말이오. 내일 신문에는 무슨 내용을 실을 생각이오?"

하필이면 그날따라 늦게 나온 카터렛은 아직 그날 아침 발행된 신문을 읽어보지 못한 상태였기 때문에 조지프의 질문에 대답할 수 없었다. "이런, 세상에! 열한 시하고도 30분이나 지났는데! 아침 신문조차 읽지 못했다고요! 하느님 맙소사! 이런 인간이 우리 신문을 운영하는 조간신문 편집책임자라는 말입니까?" 분노한 조지프가 벌떡 일어나 방을 나가자 수행원단이 뒤를 따랐다. 사회부 기자실에 잠시 들른 조지프는 기사작성실을 통과해 승강기로 향했다.

조지프가 말했다. "아서 클라크와도 이야기를 나눠봐야겠네." 조지프는 클라크와 악수를 나누면서 으레 그랬던 것처럼 건강상의 문제에 대해 이야기했다.

"그럼 이제 말해보게. 내일 신문에는 무슨 기사를 실을 생각인가?"

클라크는 기자들이 취재 중인 다양한 이야기와 실마리들을 풀어놓았다.

"그런 이야기는 좋지 않네. 월요일 신문에는 무엇보다 밝은 내용의 기사를 싣는 것이 중요하네." 클라크의 머리에 손을 얹은 조지프는 이렇게 덧붙였다. "클라크 씨의 머리에는 무엇이 들어 있는가? 오늘이 일요일이니 자네 머릿속에는 월요일 신문에 대한 생각이 들어 있어야 한다고 보네. 그런 식으로 하루도 빠짐없이 그다음 날 나올 신문에 대한 생각만 하도록 하게." 클라크는 그렇게 하겠다고 약속했다.

"내일은 굉장히 훌륭한 신문이 나오리라고 믿네." 말을 마친 조지프는 돌아서서 방을 나갔고 다시는 돌아오지 않았다.

조지프가 없어도 〈월드〉가 원활하게 기능한다는 사실이 입증되었다. 조지프는 명목상 사장일 뿐 실질적으로 관여하는 분야는 사설뿐이었다. 심지어 사설란에 대한 영향력도 그리 크지 않았다. 조지프는 사설의 논조가 전반적으로 비관적이라고 불평했다. 조지프는 편집자 중 한 사람에게 이렇게 말했다. "사설이 뉴욕 주의 온갖 잡다한 일에 관여하려 드는 것은 옳지 않네. 뇌물수수니 부패니 하는 이야기도 이제는 신물이 나서 못 읽겠네. 마치 뉴욕 주 전체가 부패의 온상인 것처럼 느껴져 짜증이 나지 않나."[44]

조지프가 〈월드〉 사옥에 깜짝 방문하기 두 달 전 〈월드〉는 25주년 기념행사를 가졌다. 기념행사에는 무려 2,000여 명이 넘는 사람들이 참석했다. 워싱턴의 고위 관리들이 특별 열차를 타고 참석하기도 했다. 17층짜리 〈월드〉 사옥을 환하게 밝힌 화려한 불꽃놀이가 몇 시간 동안 이어져 〈월드〉 사옥 1층에 모여든 사람들의 눈길을 사로잡았다. 주춧돌을 놓을 때도, 건물이 준공되었을 때도 그랬듯이 이번에도 조지프는 바다 저편에 있었다. 이번 행사를 주도한 랠프는 아버지가 니스에서 보낸 전보를 읽었다. 전보에는 조지프가 새로 제작한 요트 리버티호를 타고 시험 항해에 나섰다는 내용이 들어 있었다. 조지프의 보좌관들은 새로 제

작한 요트를 '하! 하! 리버티호'라고 불렀다.[45]

"대중이 승인해주지 않는 신문은 살아남을 수 없습니다. 단 하루라도 대중이 외면하는 신문은 망하고 말 것입니다." 사기社旗로 장식한 조지프의 초상화 앞에 선 랠프가 아버지가 보낸 전보를 낭독했다. "마지막 분석이 아닙니다. 첫 번째 분석에서 시작해 나날이 이뤄지는 모든 분석이 대중의 승인을 받아야 합니다. 그렇지 않으면 신문은 생존할 수 없습니다." 그리고 〈월드〉는 대중의 승인을 받은 그런 신문이었다. 그달 〈월드〉의 하루 평균 발행부수는 70만 7,432부였고 미국의 모든 주와 준주準州에 거주하는 독자들에게 우편으로 보내는 신문도 수천 부에 달했다.

자정이 되자 사람들은 동굴 같은 지하실로 모여들었다. 세상에서 제일 큰 호 앤드 컴퍼니 인쇄기가 그곳에 있었다. 커다란 증기기관이 돌아가면 잉크가 섞이고 종이가 들어가면서 활자가 찍힌 신문이 인쇄되어 나왔다. 여덟 가지 주제로 나뉜 200쪽 분량의 25주년 기념호는 컬러로 인쇄되었다.

그해 8월 조지프는 유럽으로 돌아가기 위해 대서양을 건너는 요트로 사이츠를 불러 다음 대통령 선거에 대한 취재 방침을 논의했다. 민주당에서는 조지프의 오랜 정적 윌리엄 제닝스 브라이언을 차기 대통령 후보로 거론하고 있었다. 그해 초 조지프는 브라이언이 민주당 대통령 후보로 세 번째 지명되는 사태가 벌어지지 않도록 막기 위해 온갖 노력을 기울인 바 있었다. 〈월드〉는 "브라이언주의의 지형도: 선동을 일삼는 정치인으로 살아온 12년 세월과 정치적 패배, 〈월드〉가 민주당 소수파에게 드리는 호소"라는 제목이 달린 호외를 만들어 배포했고 바라던 목적을 달성했다. 프랭크 콥은 조지프에게 이렇게 전했다. "브라이언 씨는 그 호외가 지옥에서 빠져나와 할렘으로 흘러들어 간 것이라며 공식석상에서 맹렬하게 비난했습니다."[46]

사실 브라이언의 시대는 이제 가고 없었다. 1896년 전당대회에서 브라이언에게 유명세를 안겨준 '금 십자가' 연설을 마지막으로 브라이언의 연설을 들어보지 못한 콥은 뉴욕 주 민주당 대회에 참석하고 온 뒤 우울해졌다. 콥은 조지프에게 이렇게 전했다. "브라이언 씨는 몸이 불어 뚱뚱해진 데다가 대머리가 되었더군요. 마치 연극배우로서 실패한 뒤 종교지도자로서 재기에 성공한 순회 전도사 같은 모습이었습니다. 브라이언은 천천히 그리고 사려 깊은 모습으로 연설을 해나갔습니다. 브라이언을 위대한 연설가로 만들어주었던 성스러운 불꽃은 이제 사라지고 없었습니다."[47]

조지프는 콥에게 브라이언을 대신할 후보를 찾아보라고 지시했고 콥은 프린스턴대학교 총장인 우드로 윌슨Woodrow Wilson에게 깊은 인상을 받았다. 조지프는 브라이언을 대신할 후보로 윌슨을 추천하는 사설의 초안을 마련해오라고 지시했다. 조지프는 이렇게 기록했다. "그들이 어떤 후보를 내밀든 내가 지금 제안하는 후보보다 뉴욕 주와 뉴저지 주를 더 잘 짊어지고 나갈 후보는 없을 것이다."[48]

조지프의 노력은 허사로 돌아갔고 브라이언은 어렵지 않게 민주당 대통령 후보로 지명되었다. 조지프는 브라이언이 루스벨트가 엄선한 공화당 후보 윌리엄 하워드 태프트William Howard Taft에게 패배할 것이라고 확신했지만 콥에게는 민주당 후보를 지지하라고 지시했다. 조지프는 리버티호에서 만난 콥에게 이렇게 말했다. "브라이언은 장식용 못처럼 이제 한물간 인사일세. 그러니 브라이언에게 던진 표는 죽은 표나 다름없어. 하지만 저항은 될 수 있지. 권력을 쥐고 있는 정당에 표를 던지는 구태에 대한 저항, 그런 구태를 비판하고 제지하기 위한 저항 말일세. 이번 선거에서 권력을 쥐고 있는 정당이 다시 권력을 쥐더라도, 이기지 못한 정당이 얻은 표가 만만치 않은 규모라면 권력을 쥔 쪽은 불안해질 수밖에 없을걸세."[49]

조지프의 의도를 알지 못한 브라이언은 〈월드〉의 지지에 감사를 표했다. 1904년 브라이언은 개인적인 자리에서 조지프를 돈의 노예라고 맹렬히 비난한 바 있었지만 이번에는 조지프에게 감사의 인사를 전했다. 조지프는 브라이언이 보낸 편지를 콥에게 넘기면서 이런 말을 곁들였다. "용서의 표시일세. 자네가 기뻐하리라 믿네."[50]

조지프는 위대한 대통령으로 남기 위한 유산을 남기려는 루스벨트의 계획에 저항하는 운동을 확산시킬 수 있을 만큼 〈월드〉의 신뢰도가 다시 높아졌다고 확신했다. 조지프는 이렇게 말했다. "루스벨트 대통령이 통치하는 내내 미국은 전쟁이라는 낭비적인 생각에 사로잡혀 있었다. 일평생 군국주의에 반대해온 사람인 나는 미국이 미쳐 돌아간다는 생각에 정말 미쳐버릴 것만 같았다. 하지만 미국이 매년 전쟁 비용으로 수억 달러를 지출하고 있다는 것은 부인할 수 없는 안타까운 현실이다." 조지프는 루스벨트가 미국을 불필요하고 어리석은 무한 전쟁으로 몰아갈 수 있는 사람이라고 생각했다. "맹목적 애국주의를 뜻하는 루스벨트주의의 논리는 미국의 인구가 늘고 힘이 더 강해질수록 외국을 공격해 전쟁을 치러야 한다는 생각을 더 많이 해야 한다는 주장으로 보인다."

루스벨트는 임기 말 권력 누수로 신음하고 있었을지 모르지만 조지 프가 싸워야 하는 루스벨트주의는 여전히 건재한 채로 남아 있었다.

29장

두 거인의 정면충돌

1908년 10월 2일 저녁 윌리엄 스피어는 금을 입힌 돔형 지붕을 얹은 〈월드〉 사옥에 자리 잡은 논설위원 사무실에 앉아 있었다. 스피어는 1904년 대통령 선거에서 조지프에게 특별 임무를 받고 파커 후보의 보좌관으로 일했던 인물이었다. 평소와 마찬가지로 조지프는 해외에 체류 중이었고 〈월드〉의 사설을 책임진 논설위원실은 최선을 다해 일하고 있었다. 그러나 〈월드〉의 사설을 맡고 있는 스피어 같은 사람의 눈에는 루스벨트를 상대로 한 조지프의 싸움이 헛수고처럼 보일 뿐이었다. 루스벨트와 그의 후계자로 발탁된 윌리엄 하워드 태프트에 대한 가차 없는 공격이 끈질기게 이어졌고 브라이언에 대한 변함없는 지지를 보냈음에도 〈월드〉는 대통령 선거에 별다른 영향을 미치지 못했다. 바로 어제만 해도 태프트는 브라이언의 고향인 네브래스카 주에서 이렇게 연설했던

것이다. "여러분, 당선은 따놓은 당상입니다." 그리고 아무도 그의 예언을 의심하지 않았다.[1]

스피어의 지인이 귀띔해준 딱딱한 소식 하나가, 그 소식이 없었다면 단조롭고 따분했을 일상을 뒤바꿔놓았다. 콜롬비아에서 분리 독립한 파나마에서 진행된 운하 건설 과정에서 이득을 보지 못해 불만을 품은 한 무리의 파나마 사람들이 뉴욕에 도착했다는 소문이었다. 그들을 찾아내 이야기를 들어볼 수만 있다면 〈월드〉 기자들은 지난 몇 년간 끈질기게 추적해온 내용의 사실 여부를 확인할 수 있을 터였다.

1902년 루스벨트 대통령은 운하 건설에 필요한 제반 조건을 조성하기 위한 거래를 마쳤다. 이때 프랑스 회사로부터 파나마 운하 굴착권 및 관련 장비 일체를 사들이기 위해 미국 정부가 지출한 4,000만 달러가 윌리엄 넬슨 크롬웰William Nelson Cromwell이라는 로비스트가 구성한 기업연합의 손에 넘어갔다는 소문이 자자했다. 파나마 운하 건설과 관련된 거래 대금은 모건 앤드 컴퍼니J. P. Morgan & Co.에 수탁되었는데 그 돈이 프랑스 측에 건네졌다는 증거는 찾아볼 수 없었다. 〈월드〉 기자들은 크롬웰이 구성한 기업연합이 미국 정부보다 앞서 프랑스 회사로부터 운하 굴착권 및 관련 장비 일체에 대한 권한을 넘겨받은 뒤, 미국 정부가 프랑스 측에 지불할 4,000만 달러를 가져갔다고 믿었다. 게다가 크롬웰은 기업연합에서 그 돈을 가져갔으리라는 의심을 부추기는 행동을 했다. 1906년 미 상원 위원회에 증인으로 출석한 크롬웰은 변호사는 고객의 비밀을 지킬 의무가 있다는 이유를 내세워 운하 건설과 관련된 거래에서 자신이 맡았던 역할에 대한 진술을 거부했던 것이다.[2]

〈월드〉 직원들은 조지프가 한때 뉴욕 정치계의 신동이었던 루스벨트와 오랫동안 맞서 싸워왔다는 사실을 잘 알고 있었다. 따라서 루스벨트와 대립각을 세우고 있던 〈월드〉 기사작성실은 스피어의 지인이 귀띔해 준 소문에 촉각을 곤두세웠다. 한편 루스벨트는 파나마 운하 건설에 대한 도전을 용납할 수 없었다. 파나마 운하 건설을 자신의 가장 중요한 업적 중 하나로 여겼던 루스벨트는 파나마 운하를 건설한 동기나 운하 건설에 필요한 여건을 조성하는 과정에 대한 어떠한 문제 제기도 용납할 수 없었다. 그런 문제 제기는 대통령 본인을 공격하는 일과 다름없었다.[3]

사무실을 나선 스피어는 조간신문 편집책임자를 찾아 나는 듯 계단을 뛰어 내려가 기사작성실로 향했다. 조지프가 인수한 이래 〈월드〉는 발군의 취재 실력을 자랑하는 인재들이 모이는 집합소가 되었고 허스트가 운영하는 〈아메리칸 앤드 저널〉과 거리를 두게 된 뒤로는 과거에 누렸던 권력과 영화를 되찾으면서 제2의 전성기를 누리고 있었다(〈뉴욕 헤럴드〉와 〈뉴욕 트리뷴〉은 그 영향력이 점점 더 줄어들고 있었다. 두 신문은 결국 합병하게 되는데, 물론 1908년 시점에서는 20여 년 뒤의 일이다. 반면 한때 망하기 일보 직전이었던 〈뉴욕 타임스〉는 영향력을 넓혀가고 있었다. 조지프도 〈뉴욕 타임스〉의 숭배자 중 한 사람이었다. 일 년 전 조지프는 아돌프 오크스에게 이런 편지를 보냈다. "〈월드〉는 안 읽더라도 〈뉴욕 타임스〉는 꼬박꼬박 읽는다는 사실을 자네는 아마 모르겠지? 나는 대부분의 새 소식을 자네 신문에서 얻고 있다네").[4]

스피어의 이야기를 들은 조간신문 편집책임자는 실력이 가장 좋은 취재기자들을 내보내 문제의 파나마 사람들을 수소문하게 했다. 취재

기자들은 동원할 수 있는 취재원을 모두 동원해 파나마 사람들의 자취를 추적했다. 취재기자들은 심지어 파나마 운하 건설에 관련된 자금 지원에 참여한 사람들까지 취재원으로 활용했다. 그러나 아무 소용이 없었다. 마치 세상에 존재한 적이 없었던 사람들인 양 파나마 사람들은 흔적조차 찾을 수 없었다. 오히려 그 과정에서 〈월드〉가 이 문제에 관심을 가지고 있다는 사실만 드러나고 말았다.[5]

밤 10시 무렵 과거 〈월드〉 기자로 일했지만 지금은 크롬웰의 홍보보좌관으로 일하고 있는 조너스 휘틀리Jonas Whitley가 기사작성실로 찾아왔다. 휘틀리는 조간신문 편집책임자 칼렙 반 햄을 만나 크롬웰에 관련된 소문이 자신이 알고 있는 사실에 부합하는지 확인했다. 휘틀리가 이야기를 시작하자 반 햄은 자신이 아는 것이 생각보다 적다는 사실을 깨닫고 정보를 확보하기로 마음먹었다. "조너스, 〈월드〉가 떠도는 소문에 집착한 점 미안하게 생각하네. 오해를 풀기 위해서라도 자초지종을 상세히 말해주지 않겠나?"[6]

자리를 잡고 앉은 휘틀리는 〈월드〉가 알고 있는 것은 사실과 다르다면서 귀가 솔깃해지는 이야기를 털어놓았다. 조너스에 따르면 크롬웰은 파나마 운하와 관련해 저지른 부정부패를 민주당에 폭로하겠다면서 돈을 달라고 요구하는 사람들에게 협박을 받고 있었다. 휘틀리의 말이 끝나자 반 햄은 한 시간의 말미를 주면 지금 들은 이야기를 기사로 작성해 보여주겠다고 약속했다.

휘틀리가 자리를 뜨자마자 반 햄은 휘틀리의 이야기를 바탕으로 기사를 작성해 한 시간 뒤 〈월드〉를 다시 찾은 휘틀리에게 보여주었다. 휘틀리는 반 햄이 작성한 기사를 읽은 뒤 몇 가지 사소한 수정을 가했고 크롬웰에게 전화를 걸어 기사 내용을 불러주었다. 몇 시간 뒤면 〈월드〉에 실릴 기사였다. 크롬웰과 크롬웰이 구성한 기업연합이 파나마 운하 건설과 관련해 이득을 보았다는 소문이 〈월드〉 지면에 인쇄되었다. 이득을 본 사람의 명단 중에는 루스벨트 대통령의 처남 더글러스 로빈슨 Douglas Robinson과 대통령 후보의 형제 찰스 태프트Charles P. Taft의 이름도 끼어 있었다.[7]

스피어의 상사 프랭크 콥은 이렇게 말했다. "하지만 선거 기간 중에 파나마 운하와 관련된 내용이 실린다면 크롬웰 씨의 입장이 곤란해지지 않겠나? 게다가 그 사건의 관련자로 찰스 태프트와 더글러스 로빈슨의 이름까지 거론된다면 더더욱 곤란할걸세."[8]

그렇게 해서 몇 년 넘게 잠자고 있던 파나마 운하 건설 관련 부정부패 문제를 다룬 기사가 〈월드〉 1면에 다시 모습을 드러냈다.

그리고 몇 주 뒤 태프트는 브라이언을 가볍게 누르고 대통령에 당선되었다. 그사이 〈월드〉 기자들은 파나마 운하 관련 기사의 불씨를 꺼뜨리지 않기 위해 다방면에서 갖은 애를 썼다. 비스바덴에 머물던 조지프는 기자들을 독려했다. "기록을 검토하게. 특히 (크롬웰이) 파나마에서 활동한 기록 및 담합한 기업연합과 크롬웰의 관계를 입증할 수 있는 자료에 주목해야 하네." 〈월드〉는 로비스트 명단을 작성했고, 사기 혐의를 입증할 증거를 포착해 밝히려던 찰나 파나마 운하 지대 총독이 해임되었다는 소식을 전했다. 또 의혹 해소를 위해 파리 통신원이 취재한 내용을 보도했고, 저명한 영국인 변호사와 의회 의원을 동원해 프랑스 측 기록을 파헤쳤다. 그러나 결국 〈월드〉는 패배를 인정해야 했다. "미국 정부와 새로 설립된 파나마 운하 회사Panama Canal Company가 맺은 협약에 따라 미국 정부는 4,000만 달러를 지출했다. 그러나 관련된 공식 기록을 아무리 뒤져봐도 누가 그 돈을 받았는지 확인할 수가 없다. 돈을 받은 주체에 대한 기록이 증발했다는 표현이 더 적절할 것이다."[9]

크롬웰과 불법 행위를 연계시킬 아무런 증거를 잡지 못했다고 고백한 기사 덕분에 미국이 파나마 운하 지대(루스벨트의 표현에 따르면 '지협地峽')를 획득하는 과정에 석연치 않은 점이 있는 것 아닌가 하는 대중의 의심이 되살아났다. 대통령의 임기 말에 이런 문제를 제기한 〈월드〉의 무모함은 루스벨트의 시선을 사로잡았다. 〈월드〉의 보도가 최악의 보도라고 생각하고 넘어가려 했던 루스벨트는 〈월드〉의 보도를 받아 적은 다른 신문들이 마치 부정부패가 입증된 양 보도하자 분노를 터뜨리고 말았다. 〈인디애나폴리스 뉴스Indianapolis News〉는 선거 전날 밤 신문에 "누가 돈을 가져갔나?"라고 반문했다. "지난 몇 주 동안 파나마 운하 건설에 관련된 부정부패 문제가 도마 위에 올랐다. 워싱턴에 관련 기록이 있고 그 기록은 모두 공적인 기록이지만 국민은 그 기록을 열람할 수 없다. 선거 전에는 절대로 볼 수 없을 것이고, 그 뒤에도 어렵긴 마찬가지일 것이다."[10]

당시 조지프는 〈월드〉가 만들어낸 거센 광풍에 대해 전혀 알지 못한 채 기분 좋게 대양을 항해하고 있었다. 버뮤다로 향하던 조지프는 마음을 바꿔 선거 며칠 전 뉴욕에 도착했다. 집에 도착한 조지프는 저녁 10시 무렵 잠자리에 들었다. 조지프는 사이츠에게 이렇게 반문했다. "태프트가 승리할 것이 불 보듯 뻔한데 굳이 앉아서 결과를 기다릴 필요는 없겠지?" 미국 국민은 루스벨트가 손수 후계자로 지목한 태프트의 손을 들어주었고 태프트는 브라이언을 가볍게 누르고 대통령에 당선되었다.[11]

자신이 지목한 후계자가 선거에서 승리하자 루스벨트는 인디애나에 사는 친구에게 편지를 보내 분노를 표출했다. 인디애나는 〈월드〉가 제기한 혐의를 고스란히 받아 적은 언론이 자리 잡은 지역이었다. 루스벨트 대통령은 〈인디애나폴리스 뉴스〉에 파나마 운하 관련 기사를 쓴 기자가 매수되었을 가능성을 제기하면서 그렇지 않다면 그 기자는 신문의 판매부수를 올리기 위해 수단과 방법을 가리지 않는 파렴치한일 것이라고 폄하했다. 루스벨트는 이런 편지를 보냈다. "이 나라에 가장 큰 위협이 되는 존재는 부패한 금융가도, 부패한 정치인도 아니다. 바로 내가 위에서 말한 그런 종류의 언론인이다. 황색 언론에 소속되어 있든, 매수된 언론에 소속되어 있든, 남을 중상모략하는 헛소문을 퍼뜨리는 동기가 무엇이었든, 그리고 헛소문을 사실로 가장하기 위해 어떤 수단을 동원했든 그런 것은 중요한 문제가 아니다. 어떤 경우든 그런 종류의 언론인들은 이 나라를 위협할 잠재적 세력을 대표하는 존재다."[12]

루스벨트의 반응이 세간에 알려질 무렵 조지프는 남쪽 바다를 향해 나아가는 항해에 나서기 위해 뉴욕을 떠난 참이었다. 사이츠는 열차를 잡아 타고 찰스턴Charleston 항에 정박해 있는 리버티호에 올랐다. 〈인디애나폴리스 뉴스〉 기사에 주안점을 둔 루스벨트의 편지가 찰스턴 지역 신문 1면에 실렸다. 거기에 동네북이 된 〈인디애나폴리스 뉴스〉 발행인

델러밴 스미스Delavan Smith의 인터뷰가 곁들여졌다. 사이츠는 뉴욕을 떠나온 뒤로 무슨 일이 벌어졌는지 전혀 알지 못하고 있던 조지프에게 두 기사를 읽어주었다.

조지프는 깜짝 놀란 가슴을 끌어안고 사이츠가 낭독하는 내용을 경청했다. 스미스는 그새 말을 바꿨다. 스미스는 시카고에서 출발하는 열차까지 따라온 기자에게 이렇게 말했다. "파나마 운하와 관련된 사설에 대한 대통령의 발언은 뉴욕을 주름잡는 저명한 신문의 진술을 염두에 둔 것입니다. 물론 그 신문이 〈뉴욕 선〉은 아닙니다." 스미스는 〈인디애나폴리스 뉴스〉가 '뉴욕의 신문'에서 얻은 정보를 바탕으로 사설을 썼을 뿐이라고 발뺌했다. "대통령을 고발한 신문은 저명한 뉴욕의 신문입니다. 그러므로 그 기사 내용의 신빙성에 대한 책임도 그 신문이 져야 합니다."[13]

조지프가 물었다. "스미스가 말하는 뉴욕의 신문이 정확히 뭔가?"

사이츠가 대답했다. "〈월드〉입니다."

"이런 제길. 내 그럴 줄 알았다니까."

루스벨트는 〈월드〉에 대해 일언반구도 하지 않았다. 〈인디애나폴리스 뉴스〉를 공격해 분노를 표출했으므로 루스벨트가 더 이상 이 문제를 들먹일 가능성은 작았다. 그러나 스피어는 대통령의 발언을 그냥 지나칠 생각이 없었다. 스피어는 콥을 만나 이 문제를 상의했다. 콥이 말했다. "지금까지 〈월드〉는 파나마 운하 건설에 관련된 부정부패를 다룬 사설을 쓰지는 않았네. 하지만 루스벨트 대통령이 국민들을 상대로 미국 정부가 '4,000만 달러를 프랑스 정부에 직접 지불했다'고 떠들고 다닌다면 이제는 온 국민이 이 문제에 관련된 온전한 진실을 알아야 할 때가 된 것으로 보이네."[14]

리버티호가 뉴욕에 도착할 무렵 스피어는 평소와는 다른 긴 사설을 〈월드〉에 실었다. 사설에서 스피어는 루스벨트의 발언이 공식 기록과 모순되는 부분을 조목조목 지적했다. 스피어는 대통령이 의도적으로 거짓말을 하고 있다고 비난했다. "미국 대통령인 시어도어 루스벨트는 그렇게 중요한 문제에 대해 발언하면서 사실이 아닌 내용을 노골적으로 늘어놓았다. 악취를 풍기는 대통령의 허위 진술은 대통령과 관련된 인물인 크롬웰의 진술과도 일치하지 않으며 공식 기록과도 일치하지 않는다. 이에 〈월드〉는 존경하는 의회가 즉각적인 행동에 나서주기를 촉구하는 바이다."[15]

조지프는 스피어가 대통령의 발언에 항의하는 사설을 쓴 사실조차 모르고 있었다. 조지프에게 대통령과 한판 승부를 벌일 마음이 있었는지는 분명하지 않지만, 어쨌든 주사위는 던져지고 말았다.

루스벨트의 임기는 아직 석 달이나 남아 있었기 때문에 먹잇감을 쫓을 능력이 충분했다. 루스벨트는 〈월드〉의 사설이 실린 바로 다음 날인 12월 9일 뉴욕 남부지구 담당 연방 검사로 재직 중인 헨리 스팀슨 Henry Stimson을 만났다. 2년 전 루스벨트는 여러 유력 후보들을 제치고 서른여덟 살의 공화당 법률자문 변호사이자 사냥 및 야외 활동을 함께 즐겼던 헨리 스팀슨을 발탁해 뉴욕 남부지구 담당 연방 검사로 임명했다. 스팀슨은 연방 검사라는 직책을 발판으로 삼아 훗날 국무장관에 이르게 될 터였다. 주지사 후보로 거론되고 있었던 스팀슨은 자신의 앞길을 열어준 대통령에게 깊이 감사하고 있었다.

루스벨트는 스팀슨에게 이렇게 말했다. "명예훼손법에 대해서는 아는 게 별로 없어서 말인데, 퓰리처나 〈월드〉를 명예훼손으로 형사 처벌할 수 있는지 알고 싶네. 파나마 운하에 관련된 기사를 토대로 미국 정부가 퓰리처나 〈월드〉를 명예훼손으로 형사 고소하는 것이 법적으로 가능하다면 그렇게 하고 싶네." 조지프에 대한 깊은 적개심을 거리낌 없이 드러낸 루스벨트는 스팀슨에게 그간 조지프가 걸어온 행보에 대해 상세히 설명했다.[16]

"경찰위원을 지낼 당시 나는 바레르에 대해 다룬 매콜리의 소논문 마지막 부분을 인용해 퓰리처에 대한 최종 결론을 내렸네. 그 내용은 퓰리처에게도 그대로 적용되는 내용이었지."* 루스벨트는 일요일에 술을 팔지 못하게 하는 법안을 발효하려 했던 1895년에도 〈월드〉와 정면으로 충돌했었는데, 조지프도 당시의 일을 잊지 않고 있었다. 그해 초 조지프는 콥에게 이런 주의를 주었다. "지금의 루스벨트는 경찰위원 시절의 루스벨트와 하나도 달라진 것이 없네. 잊지 말게나. 어린이는 어른의 아버지라는 사실을."[17]

---

* 무례하게도 루스벨트는 퓰리처를 베르트랑 바레르 드 뵈작Bertrand Barère de Vieuzac에 비유했다. 역사가 토머스 매콜리Thomas Macaulay는 바레르를 툭하면 비난 대상으로 삼곤 했다. 프랑스 혁명 당시 바레르는 기요틴을 옹호했다. 1844년 쓴 소논문에는 바레르에 대한 매콜리의 전형적인 평가가 등장한다. "바레르는 역사나 소설에 언급된 그 어떤 존재나 인물보다도 온전하고 보편적인 타락에 근접한 인물이었다. 바레르의 성품 속에는 미움의 대상과 경멸의 대상이 절묘한 조화를 이루고 있다."- Thomas Babington Macaulay, Complete Works of Lord Macaulay(London: Longmans, Green, 1898), 170.

자신과 사사건건 충돌을 빚었던 〈월드〉에 복수하고 싶었던 루스벨트는 개인적인 복수를 하기 위해 연방의 사법권을 활용하려 했다. 그러나 그러려면 정적을 무자비하게 탄압하는 것으로 악명이 자자하던 15세기 영국의 스타체임버Star Chamber(성실재판소)에 뿌리를 두고 있는 법 조항을 되살려내야 했다. 미국 법의 많은 부분이 영국 법에 바탕을 두고 있었던 것이 사실이지만, 미국에서는 치안 방해에 관련된 경우를 제외하고는 명예훼손을 형사 고소하는 경우가 드물었다. 1798년 연방 법인 외국인법 및 치안유지법Alien and Sedition Acts의 시행을 일부 주에서 거부한 사태가 벌어진 뒤로 정부에 대한 비판을 억누르려 시도한 좀스러운 대통령은 루스벨트가 처음이었다. 하지만 루스벨트가 조지프를 명예훼손으로 형사 처벌하겠다는 뜻을 굽히지 않는다면 조지프는 여생을 꼼짝없이 감옥에서 보내게 될 판이었다.[18]

다음 날 스팀슨의 책상 위에는 백악관에서 보낸 편지가 놓여 있었다. 정치적 야망이 컸지만 연방 검사로서도 아주 유능한 인물이었던 스팀슨은 대통령이 권력을 남용하고 있다는 사실을 잘 알고 있었다. 스팀슨은 '친전親展. personal'이라고 명시해 루스벨트에게 보낸 편지에서 이렇게 말했다. "아직 이 사건에 대해 검토해보지는 않았습니다만, 분명한 것은 명예훼손을 형사 처벌할 수 있는 연방 법이 없다는 사실입니다." 스팀슨은 과거 일어났던 연방 판사 폭행사건을 예로 들면서 유일한 해결책은 주 법원을 통해 고소하는 방법이라고 설명했다. "그러나 전에도 말씀드렸듯이 이 문제에 대해서는 철저하게 수사해 보고드리겠습니다."[19]

성미가 급한 루스벨트는 연방 법을 통해 조지프를 응징할 다른 방법을 찾아 나섰다. 루스벨트는 의회를 움직여 이 문제를 조사할 위원회를 만들기 위해 공화당 상원의원 필랜더 체이스 녹스Philander Chase Knox를 만났다. 녹스 상원의원은 파나마 운하 지역 통제권을 획득할 요량으로 미국이 파나마 혁명을 지원할 당시 법무장관을 지낸 인물이었다. 대통령의 설명을 들은 녹스 상원의원은 이렇게 말했다. "대통령님, 그렇게 위대한 업적이 적법성 문제로 오명을 써서는 안 되는 법입니다."[20]

루스벨트는 녹스에게 이렇게 말했다. "내가 보기에는 악의를 가지고 거짓 비방을 일삼는 퓰리처, 그가 소유한 신문 〈월드〉, 퓰리처가 발행한 신문 내용을 베껴 쓴 다른 모든 신문을 매장시키는 방법이 현명하지 않을지는 몰라도 고려해볼 만한 방법인 것 같네."[21]

녹스 상원의원과 상의를 마친 루스벨트는 상원과 하원의 의원들 앞으로 4,800단어에 이르는 장문의 '특별 서신'을 작성한 뒤 상당한 분량의 참고 문서를 첨부해 국회의사당으로 보냈다. 호수와 만을 잇는 수로건설협회Lake to Gulf Waterways Association 회원들이 백악관으로 찾아오자 루스벨트는 속셈을 드러냈다. "여러분, 파나마 운하에 관련된 일부 미국인들이 운하 굴착권과 관련 장비에 대한 권리를 획득하는 과정에서 부정을 저질렀다는 부끄러운 소식을 들으셨을 겁니다. 하지만 그 소식이 사실이 아닌 비방에 불과하다면 그런 악의적인 소문을 퍼뜨린 자를 형사고소해서 반드시 처벌할 작정입니다."[22]

1908년 12월 15일 상원과 하원의 의원보좌관들은 대통령이 보낸 편지 내용을 각자가 보좌하는 의원에게 보고했다. 루스벨트는 상원과 하원의 의원들에게 보낸 편지에서 파나마 운하를 둘러싼 부정부패 문제가 다시 한 번 수면 위로 떠올랐기 때문에 반박할 증거를 제출하는 것이라고 설명했다. 복도에 나와 있던 일부 상원의원들이 웃음을 터뜨렸다. 조지프의 신문에 실린 기사를 아무도 믿지 않는다는 대목에 이르러서는 웃음 소리가 더 커졌다. 하원은 상원보다 조금 더 신중했다. 특히 어느 하원의원은 파나마 운하 문제를 조사할 위원회를 구성하자고 제안하기도 했다.[23]

편지를 읽기 시작한 지 2분쯤 지나자 루스벨트가 파나마 운하를 둘러싼 부정부패 문제에 대해 변명하기 위해 이 편지를 작성한 것이 아니라는 사실이 분명해졌다. 루스벨트는 편지에서 이렇게 말했다. "진짜 범죄자는 〈월드〉의 발행인이자 편집자인 퓰리처 씨입니다." 루스벨트는 너무나도 터무니없는 비방을 신문에 게재한 조지프를 연방 법으로 다스려야 한다고 주장했다. "그러므로 무고한 미국 시민을 비방하는 범죄자를 처벌해 정의를 세우는 것은 미국 정부의 고귀한 의무입니다. 이 사악하고 방자하며 아무런 정당성도 없는 범죄자는 덕망 높은 미국 시민에게 흙탕물을 뒤집어씌우고 자기 조국의 정부가 문명 세계의 관점에서 볼 때 가장 비열하고 추악한 형태의 잘못을 저질렀다고 비난하려 했습니다. 하지만 거기에 대한 근거는 아무것도 제시하지 못했습니다." 루스벨트는 그 범죄자를 처벌하기 위해 법무장관이 기소할 방법을 찾고 있다고 선언했다.[24]

루스벨트는 연방 법으로는 조지프를 명예훼손으로 형사 처벌하기 어렵다는 스팀슨의 견해에 대해서는 일언반구도 하지 않았다. 주 법원에서는 대통령의 처남과 대통령 당선자의 형제가 명예훼손으로 민사 소송을 진행할 수 있을 터였다. 크롬웰도 마찬가지였다. 만일 크롬웰이 파나마 운하 굴착권과 관련 장비에 대한 권리를 획득하는 과정에서 한 일들을 법정에서 검증받고자 한다면 그럴 수 있었다. 대통령은 공직자였으므로 민간인 관련자들에 비해 민사 소송을 진행하기 어려운 측면이 있었다. 그러나 루스벨트의 목표는 민사 소송에서 승리하는 것이 아니었다. 공식적으로 발표한 내용이나 법무부에 은밀하게 지시한 내용으로 미뤄볼 때 루스벨트는 반드시 연방 정부의 힘을 이용해 조지프가 침묵하게 하는 작정이었다.

의회는 아무런 의견을 밝히지 않은 채 그 문서를 돌려보냈다. 비웃음을 애써 참으며 침묵을 지킨 의회를 보면서 루스벨트는 결의를 다졌다. 의회가 대통령의 명성에 금이 가는 사태를 수수방관한다면 자신의 사람들을 동원해서 뜻을 관철시키면 그만이었다.

루스벨트가 의회의 힘을 빌려 자신을 모욕한 조지프를 처단하려고 애쓰는 동안 리버티호는 뉴욕에 머물렀다. 이스트 73번가에 자리 잡은 조지프의 집, 방음이 잘된 지하실에서 노먼 스웨이츠는 석간신문에 게재된 루스벨트의 연설문을 낭독했다. 스웨이츠는 조지프가 벌컥 화를 내리라 짐작하고 마음의 준비를 하고 있었지만 웬일인지 조지프는 전혀 동요하지 않은 채 계속 읽으라고 지시했고 스웨이츠는 낭독을 이어갔다. 스웨이츠는 이렇게 회고했다. "갑자기 사장님께서 자리에서 벌떡 일어나시더니 꼭 움켜쥔 주먹으로 오후마다 편안히 앉아 휴식을 취하시던 의자를 내리치셨다."[25]

조지프가 분통을 터뜨렸다. "1면 머리기사 제목은 〈월드〉의 입에 재갈을 물릴 수는 없다!'일세." 그러고 나서 조지프는 속기에 능한 스웨이츠조차 감당하기 어려울 만큼 빠른 속도로 사설을 구술하기 시작했다. "콥에게 30분 안에 이리로 오라고 전하게." 조지프는 편집국장인 반 햄도 불렀다. 두 사람은 센트럴 파크에서 마차를 잡아탔다. 좋지 않은 소식을 들고 나타난 반 햄은 조지프에게 이렇게 보고했다. "사장님, 대통령이 기소를 고려하고 있는 기사 내용의 사실 여부를 입증할 결정적인 증거가 하나도 없습니다." 하지만 사건의 진행 과정을 지켜본 반 햄은 〈월드〉에 아무런 잘못이 없다고 주장했다. 이번 사태는 크롬웰의 홍보보좌관이 크롬웰이 협박을 당한다고 주장하면서 불거진 일이었고 크롬웰의 홍보보좌관의 진술서에는 분명 로빈슨과 태프트의 이름이 명시되어 있었기 때문이었다.[26]

그러나 조지프는 반 햄의 설명에 만족하지 않았다. 조지프는 〈월드〉에 파나마 운하와 사라진 돈에 대한 기사를 더 이상 싣지 말라고 지시했다. 조지프는 사이츠에게 이렇게 말했다. "아무런 증거도 없이 비난만 하는 것은 바보 같은 짓이야. 반 햄에게 전하게. 나는 정확성, 진실, 자제를 원한다고 말이야. 〈월드〉의 명예와 진실성이 곧 나의 명예일세. 루스벨트가 한 말 대부분이 맞는 말이네. 〈월드〉는 근거도 없는 비난을 해서는 안 되는 거였어."[27]

조지프가 당장 취할 수 있는 조치는 아무것도 없었다. 대신 조지프는 콥과 함께 어떻게 변론할 것인지 전략을 논의했다. 조지프는 대통령의 무절제하고 지나친 언사를 묘사하기 위해 루스벨트를 비판했던 과거의 사설을 들춰보려 했다. 조지프는 콥에게 이렇게 말했다. "이제는 논설위원의 업무가 어떤 것인지 자네도 속속들이 알게 되었으리라 믿네. 논설위원들에게 오늘은 시내에 나가서 저녁식사를 하고 와인도 마시라고 전하게. 물론 비용은 내가 지불하겠네. 자정까지는 신나게 놀아도 좋다고 전하게. 지금은 비상시국일세."[28]

해가 질 무렵 조지프는 온종일 일에 매달린 기자들에게 이렇게 말했다. "내 개인적인 문제에 대해 말하자면 지난 10월 한 달 내내 바다에 있었습니다. 실질적으로는 지난 2년간 요트에서 지내면서 건강을 돌봤다고 할 수 있습니다." 조지프는 건강을 다스리기 위해 심기를 건드리는 기사는 단 하나도 읽지 않았으므로 자신은 그런 기사와 아무런 관련이 없다고 주장했다. "루스벨트 씨도 그런 나의 사정을 훤히 꿰고 있습니다. 내가 만성 질환을 앓고 있다는 사실과 그 때문에 요트를 타고 바다를 떠돈다는 사실을 말입니다."[29]

반은 맞고 반은 틀린 말이었다. 파나마 운하 건설을 둘러싼 부정부패 문제에 대한 기사가 지속적으로 나갔다는 사실을 몰랐던 것은 사실이었지만 파나마 운하 건설 관련 부정부패를 파헤치라고 지속적으로 촉구한 사람은 조지프 본인이었다. 사실 조지프는 벌써 6월에 이 문제를 콥과 상의했다. 조지프는 〈월드〉에서 자신이 관여하는 분야는 사설뿐이라고 주장하고 싶었겠지만 사실상 자신이 관심을 가지는 문제가 보이면 어느 분야든 기사를 쓰도록 기자들을 독려해왔다. 가령 9월에는 루스벨트의 자금관리인인 코르텔류에 대한 기사를 쓰라는 장문의 지침을 〈월드〉에 보내기도 했다.[30]

그러나 쏟아지는 비난을 모두 피할 생각은 아니었다. 조지프는 〈월드〉가 자신의 소유임이 분명하기 때문에 루스벨트와 루스벨트의 정책에 대해 끊임없이 공격한 책임도 자신이 져야 한다고 말했다. "대통령을 분노하게 만든 점은 진심으로 미안하게 생각합니다. 그러나 〈월드〉는 앞으로도 대통령에 대한 비판을 멈추지 않을 것입니다. 대통령이 승소해 감옥에서 신문을 편집하는 사태가 벌어지더라도 절대 물러서지 않을 것입니다."

전혀 예상하지 못한 곳에서 도움의 손길이 찾아왔다. 네브래스카 주 링컨Lincoln에 머물고 있던 윌리엄 제닝스 브라이언이 자신이 운영하는 신문 〈커머너Commoner〉에 조지프를 옹호하는 기사를 실었던 것이다. 브라이언은 이렇게 선언했다. "퓰리처 씨는 공직자와 정부를 비판하는 신문의 기능을 무력화하려는 대통령의 시도에 저항한다는 점에서 존경받아 마땅하다. 정부에게 〈월드〉나 퓰리처 씨를 기소할 권한이 있다고 주장하는 대통령의 발언은 정당화될 수 없다."[31]

조지프는 자신이 감옥에 갈 가능성이 크다고 믿었다. 그래도 친구들 앞에서는 담담한 표정을 잃지 않았다. 루스벨트가 자신을 기소하겠다는 의사를 공표하고 몇 시간 뒤 조지프는 어느 친구에게 이런 편지를 보냈다. "정말 유쾌한 마음으로 이 사건을 처리하는 중일세. 대통령은 〈월드〉가 상원이나 하원처럼 입 다물고 있기를 바라는 것 같아." 조지프는 되도록 빨리 뉴욕을 탈출하고 싶었지만 정부의 기소 대상이 된 이상 연방 검사의 허락 없이는 꼼짝할 수 없는 신세였다. 다음 날 조지프는

스팀슨을 만나보라고 사이츠에게 지시했다.[32]

스팀슨이 사이츠에게 물었다. "언제 돌아올 예정입니까?"

사이츠가 대답했다. "그냥 며칠이면 됩니다."

스팀슨은 기분 나쁜 목소리로 말을 맺었다. "단 며칠도 이곳을 떠나실 수 없습니다."

1908년 12월 16일 리버티호가 뉴욕 항을 떠날 무렵 조지프가 쓴 사설이 〈월드〉에 실렸다. 자료를 보강하고 콥이 상당 부분 다듬은 사설은 언론의 권리를 근거로 〈월드〉를 옹호하는 내용이었다. "루스벨트 씨는 실수를 저지르고 있다. 루스벨트 씨는 절대로 〈월드〉의 입을 막을 수 없을 것이다." 언론의 자유를 옹호하는 발언으로 시작한 사설은 의회에 파나마 운하와 관련된 뒷거래가 있는지 조사하라고 촉구하면서, 대통령이 친히 〈월드〉를 기소한 데 대해 감사의 말을 전했다.

"대통령이 추진한 이번 기소는 정부 및 정부와 모종의 거래를 했을 가능성이 있는 개인의 행동을 비판하는 시민을 뚜렷한 법적 근거도 없이 명예훼손으로 형사 기소한 미국 역사상 첫 번째 사례가 될 것이다." 사설은 영국의 왕이나 독일의 황제도 그런 권한을 가진 적이 없었다고 덧붙였다. "그러나 법 위에 군림하는 루스벨트 씨는 정부가 명예훼손을 당했다는 핑계를 대면서 지구상에서 가장 힘 있는 정부의 권력을 총동원해 언론의 자유를 구속하려 하고 있다. 여기서 명예훼손을 당한 정부는 루스벨트 본인과 동일한 존재다."

"루스벨트 씨가 위협하는 대로 루스벨트 씨가 승리해 발행인이 감옥에 가는 한이 있더라도 〈월드〉는 한 점 두려움 없이 자유롭게 발언할 언론의 권리를 당당하게 행사할 것이다. 자유로운 언론이 있어야 시민의 자유도 보장되는 법이다. 어떤 상황에 처하더라도 〈월드〉는 절대 침묵하지 않을 것이다."

리버티호는 남쪽으로 향했다. 무죄를 입증할 증거를 확보하기 위해 조지프가 직접 파나마로 향하고 있다는 소문이 나돌았다. 하지만 앞도 보이지 않는 발행인이 증거 확보에 필요한 일들을 직접 처리한다는 것은 상상도 할 수 없는 일이었다. 리버티호가 버지니아 주 노펙Norfolk에 잠시 정박하자 조지프는 영국에 있는 〈월드〉 기자에게 전보를 보내 파리로 가서 '돈을 받은 주체가 누구인지 알아내'고 지시했다. 조지프는 사이츠에게도 비슷한 지시를 내렸다. 사이츠는 누가 돈을 받았는지 알아내기 위해 월스트리트의 탐정을 고용했다. 두 사람이 수집한 정보를 기사로 싣는 일은 모두 한 사람의 편집자가 일관성 있게 처리해야 했다. 조지프는 이렇게 말했다. "단어 하나하나의 무게를 세심히 살피되 첫째도 정확, 둘째도 정확, 셋째도 정확이 가장 중요하다는 사실을 명심하라고 전하게."[33]

호출을 받은 콥은 열차를 타고 노펙에 위치한 올드포인트컴포트Old Point Comfort 항에 정박해 있는 조지프의 요트로 달려갔다. 요트에 오른 콥은 감옥에 갈지도 모른다는 생각에 노심초사하면서도 자신의 운명이 겪고 있는 모순을 또렷하게 인지한 조지프와 만났다. 조지프는 이렇게 말했다. "지난 몇 년에 걸쳐 〈월드〉는 루스벨트에게 누군가를 감옥에 보내라고 요구해왔지. 그랬더니 이 양반이 〈월드〉의 편집자들부터 감옥에 처넣으려 하는구먼." 조지프는 루스벨트가 자신을 일단 주 법정에 세우기 위해 애쓰고 있다고 확신했다.[34]

조지프는 콥에게 이렇게 말했다. "아마 제롬도 이번 사건에 무슨 역할을 하게 되지 않겠나?" 조지프가 언급한 사람은 뉴욕 지방 검사 윌리엄 제롬William Jerome이었다. 〈월드〉는 오랫동안 제롬을 지지해왔지만 최근에는 제롬이 기소한 일부 사건을 비판하는 기사를 게재해 제롬의 노여움을 사고 있었다. 돌이켜보니 제롬을 공격할 적당한 시점이 아니었던 것이다. "법을 위반한 부자들을 처벌하지 않는다고 비판했더니 오히려 〈월드〉가 공격받게 생겼군." 조지프는 콥에게 제롬을 만나서 다음과 같이 전하라고 지시했다. 〈월드〉에서 일어나는 모든 일에 대한 책임은 자신에게 있지만 파나마 운하와 관련된 기사가 게재되는지에 대해서는 전혀 알지 못했으며 기사 내용에 대해서도 관여하지 않았다는 말이었다. 조지프의 행동은 〈월드〉의 편집자들을 늑대에게 먹이로 던져주는 것이나 다름없었다.

제롬에 대한 조지프의 추측은 정확했다. 스팀슨은 찰스 보나파르트Charles Bonaparte 법무장관에게 기소를 뒷받침할 법률이나 판례를 찾지 못했으므로 조지프를 기소할 방법이 없다고 보고한 상태였다. 자신의 집에서 제롬을 만나본 스팀슨은 이렇게 전했다. "제롬은 수단과 방법을 가리지 않고 협조할 준비가 되어 있었다. 제롬은 이 일만큼 중요한 일은 없다고 말했다." 스팀슨은 대통령에게 도움이 될 만한 방법을 조언했다. "파나마 운하 문제를 둘러싼 부정부패를 비판했다고 기소하는 것은 정치적 부담이 크네. 차라리 대통령 개인을 비난했다는 내용을 강조하는 것이 정치적 부담을 덜 수 있는 방법이라고 보네."[35]

스팀슨은 조지프를 연방 법원에 세우려는 대통령의 계획이 무모하다고 생각했지만 루스벨트는 눈 하나 깜짝하지 않았다. 1909년 1월 30일 루스벨트는 명예훼손을 당한 사람 중 하나로 생각되는 처남 더글러스 로빈슨, 여동생 커린 루스벨트 로빈슨Corinne Roosevelt Robinson, 공화당 재정담당자와 점심식사를 함께 했다. 루스벨트는 처남과 함께 진행 상황을 점검했다. 식사 자리에 함께 있었던 어느 보좌관은 이렇게 전했다. "대통령님과 로빈슨 씨는 퓰리처를 명예훼손으로 형사 기소해 감옥에 보낼 수 있다고 확신하고 계셨다."[36]

그날 밤 늦게 루스벨트는 워싱턴 월러드 호텔에서 열린 그리다이언 클럽Gridiron 만찬에 참석했다. 외설적인 농담과 풍자가 난무하는 것으로 정평이 난 언론인의 연례 모임이었다. 〈월드〉를 대표해 참석한 참석자는 조지프를 정부에 대한 잘못된 정보를 퍼뜨려 국민을 호도하는 비뚤어진 언론의 대명사라고 표현한 대통령의 발언을 듣고 뉴욕으로 전보를 보냈다. "제가 지목하는 사람은 우두머리들이지 그 밑에 고용된 편집자나 기자 나부랭이가 아닙니다. 그 인간들을 꼭 법정에 세워 반드시 제 명예를 회복할 것입니다."[37]

대통령직에서 물러나야 할 시점이 다가올수록 루스벨트는 법무부에 대한 압박 수위를 높여갔다. 법무부는 〈월드〉에서도 느낄 만큼 수사 강도를 높였다. 조지프와 〈월드〉 직원들은 연방 요원들이 〈월드〉로 오가는 편지를 염탐하고 워싱턴과 뉴욕을 오가는 서류들을 조사하고 있다고 확신했다. 감시당하고 있다는 두려움 때문에 〈월드〉 직원들은 조지프가 만든 암호집에 필사적으로 매달렸다. 곧 5,000개의 암호가 수록된 암호집에 새로운 단어가 추가되었다. '샬럿Charlotte'은 본국 송환을 의미하는 암호로 조지프는 버뮤다에 머물 경우 미국으로 송환될 가능성이 있는지를 알고 싶어 했다.[38]

조지프는 초조한 기색이 역력했다. 조지프는 자신의 병약함을 잘 이용해보라고 콥에게 여러 차례 부탁했다. "눈이 멀고 병약한 사람이 〈월드〉 같은 신문사를 모든 면에서 책임 있게 운영해나갈 수 있다는 근거 없는 믿음과 추측을 다 부셔버리게." 그와 동시에 조지프는 이번 위기가 자신에게만 영향을 미치는 데 그치는 문제가 아니라는 점도 잘 알고 있었다. 조지프는 〈월드〉 직원들에게 이렇게 말했다. 만일 루스벨트가 승리한다면 "미국의 주요 신문에서 비판과 반대 의견은 모조리 사라지게 될 것입니다. 자유로운 사고도 자취를 감추게 될 것입니다. 그렇게 되면 정부는, 아니 행정 기관은, 아니 권력을 쥔 정당은 무엇이든 마음대로 할 수 있게 되어 루스벨트가 누렸던 권력보다도 훨씬 더 많은 권력을 누리게 될 것입니다."[39]

법무부 소속 연방 검사들은 워싱턴 D.C.와 뉴욕 시에서 각각 대배심을 소집하고 뉴욕의 신문사에 근무하는 여러 편집자들에서 시작해 워싱턴의 거리에서 신문을 파는 신문팔이 소년에 이르는 각계각층의 인사들에게 소환장을 뿌리기 시작했다. 그러나 정부 측 소송 대리인인 연방검사들은 소송의 목적에 대해서는 입을 굳게 다물었다. 볼티모어에서 기자들에게 에워싸인 보나파르트 법무장관도 침묵으로 일관했다. "그러므로 저는 이 자리에 모이신 언론인 여러분들께 당분간은 인내심이라는 미덕을 발휘해주시길 부탁드리는 바입니다. 말씀드릴 수 있는 때가 되면 무슨 일이 어떻게 진행되고 있는지 남김없이 말씀드리겠습니다."[40]

스팀슨은 침묵으로 일관하는 정부 측 전략에 문제가 있다고 생각했다. 스팀슨은 정부가 앞으로도 계속 침묵으로 일관한다면 언론은 이 소송에 관련된 사실을 비밀에 부치는 정부의 행태를 무언가를 은밀하게 조사하고 있다는 증거로 받아들일 공산이 크다고 보나파르트 법무장관에게 말했다. 그리고 스팀슨의 예측대로 진행되었다. 〈뉴욕 타임스〉는 이렇게 보도했다. "지금 정부가 하는 행동은 미국의 법조 역사상 한 번도 일어난 적이 없는 일이었다. 명예훼손 소송을 진행하는 것으로 여겨지는 정부 소속 연방 검사들은 앞으로 정부가 무엇을 하려는지 정확히 알지 못해 어리둥절한 상태다." 과장법이라고는 써본 적이 없는 〈뉴욕 타임스〉조차 이렇게 덧붙였다. "들리는 말에 따르면 이번 소송을 루스벨트 대통령 본인이 주도한다고 한다." 법무부가 철저하게 비밀을 지킨 탓에 상원은 대통령이 기소를 지시했는지, 만일 그렇다면 어떤 법률에 따라 기소하는 것인지를 보나파르트 법무장관이 밝혀야 한다는 결의안을 채택했다.[41]

기소당할 수 있다는 생각에 겁에 질린 랠프는 아버지의 법률자문 변호사들을 만났다. 1887년 말도 많고 탈도 많았던 선거에서 조지프가 지지했던 개혁 성향의 지방 검사보 드 랜시 니콜과 존 바워스John Bowers는 소환장과 그 밖의 여러 서류들을 검토했다. 소환장에는 두 변호사가 연방 법전을 뒤져볼 수밖에 없게 만드는 일정한 특징이 있었다. 문제는 찾아보아야 하는 연방 법전이 곰팡내가 풀풀 풍길 정도로 오래된 것이라는 점이었다. 소환장을 보낸 연방 검사가 참고한 연방 법전은 어찌나 오래된 법전이었던지 활자체도 독특해서 ʃ처럼 보이는 활자가 f를 의미하는 형국이었다. 두 변호사는 루스벨트의 소송을 대리하는 연방 검사들이 조지프를 상대로 한 정부의 소송에서 어떤 전략을 구사하려는지 충분히 짐작할 수 있었다.[42]

현행법으로는 조지프를 명예훼손 혐의로 연방 법정에 세워 형사 처벌할 법적 근거가 없었으므로 법무부는 잘 알려지지도 않은 1825년의 케케묵은 법전을 들고 나왔다. 1825년 연방 법에 따르면 연방 정부는 웨스트포인트West Point(미국 육군 사관학교) 같은 연방 자산을 상대로 벌어진 형사 범죄에 대해 기소할 권리를 가지고 있었다. 이때 근거로 삼을 수 있는 연방 형사법이 없을 경우 주 법에 근거해 기소하도록 되어 있었다. 더 놀라운 사실은 이 법을 적용하려면 근거로 제시되는 주 법 역시 1825년 이전에 제정된 법을 적용해야 한다는 점이었다. 다시 말해 정부는 백 년쯤 전에 만들어져 지금은 실효성이 사라진 과거의 주 법을 근거로 조지프를 기소할 계획을 세우고 있었던 것이다.

이제 상황이 분명해졌다. 워싱턴과 뉴욕의 대배심은 각각 1802년의 메릴랜드 주 법(초창기 컬럼비아 특별구는 메릴랜드 주 법을 채택했다)과 1805년의 뉴욕 주 법을 근거로 열리게 될 터였다. 한 곳의 대배심이 구성되지 못하더라도 다른 한 곳의 대배심은 구성할 수 있을 터였다. 뉴욕 연방 대배심이 수사하는 일에 제롬 지방 검사가 끼어든 이유도 이제 분명해졌다. 뉴욕 대배심을 구성해 조지프를 연방 법정에 세울 수 있게 되면 제롬은 그간 자신이 수사해온 내용을 스팀슨에게 넘길 생각이었던 것이다.

연방 검찰 역사상 이런 일은 처음이었다. 조지프의 변호사들은 이런 내용이 세간에 알려지면 대중은 정부가 근거도 없이 조지프를 기소하려 한다고 생각하게 될 것이라는 점을 간파했다. 이 내용을 빠른 시간 안에 세간에 퍼뜨리기 위해 니콜과 바워스는 〈월드〉를 비롯한 모든 언론에 이 내용을 알렸다. 그들이 전략은 주효했다. 〈뉴욕 타임스〉 같은 신문은 이 내용을 1면에 실었다. 〈뉴욕 타임스〉는 '명예훼손 기소의 비밀은 바로 케케묵은 법에 있었다'를 1면 머리기사 제목으로 내세웠다.

화가 머리끝까지 치민 스팀슨은 보나파르트 법무장관에게 전화를 걸었지만 연결되지 않자 분노를 고스란히 담은 전보를 법무장관에게 보냈다. 시간이 지나 화가 누그러진 스팀슨은 법무장관에게 그때의 일을 사과했다. "상대측이 편향되고 왜곡된 해석을 제기하기 전에 먼저 정부가 제가 수사한 실체적인 근거에 대해 공표해야 한다고 생각했습니다." 하지만 이제는 너무 늦어버렸다. 조지프는 여론 법정이라는 첫 판에서 승리를 거뒀다.[43]

이번 논쟁에서 유리한 고지를 차지한 콥은 기세등등한 사설을 내보냈다. "1825년에 사용하던 케케묵은 연방 법을 적용해 〈월드〉를 기소하는 행위는 독재적인 대통령이 품은 개인적인 적개심을 만족시키기 위해 비위를 맞추는 연방의 법 집행 기관의 타락상을 명백하게 보여준다."[44]

법적 절차가 진행되는 과정에서 들려오는 소식도 모두 대통령에게

득이 될 것이 없는 소식뿐이었다. 뉴욕의 대배심에 불려 나온 증인들은 하나같이 수정헌법 제5조를 들먹이며 묵비권을 행사했다. 〈월드〉의 자산관리인 앵거스 쇼, 조지프의 개인 자산을 관리하는 듀몬트 클라크, 〈월드〉 편집자 플로렌스 화이트, 그 밖의 모든 증인들이 대배심 앞에서 입을 굳게 다물었다. 증인들을 공개 법정의 판사 앞에 세우면 묵비권을 행사할 수 없을 터였지만 그러려면 정부가 원하는 비밀 수사는 불가능하게 될 터였다. 비협조적인 증인들 덕분에 스팀슨은 단 한 발짝도 앞으로 나아갈 수 없었다.[45]

스팀슨은 이런 보고서를 제출했다. "퓰리처 부자 중 누구의 혐의를 입증할 증거도 아직 확보하지 못했으므로 기소하기 어려울 것으로 보인다." 물론 대통령이 듣고 싶어 하는 내용은 아니었다. 루스벨트는 평소에 쓰던 '친애하는 해리'라는 표현조차 뺀 간단한 전보를 보내 스팀슨을 백악관으로 불러들였다.[46]

다음 날 아침 루스벨트 대통령은 행정부 각료들과 만나기 전에 먼저 스팀슨 검사와 보나파르트 법무장관을 만났다. 루스벨트 대통령의 처남 더글러스 로빈슨도 나와 있었다. 더글러스 로빈슨은 〈월드〉에 대한 수사를 독자적으로 진행하고 있는 뉴욕의 지방 검사 제롬을 만나고 온 참이었다. 회의를 마친 스팀슨과 보나파르트는 법무부로 돌아가 워싱턴 담당 연방 검사 및 검사보와 이 문제를 상의했다. 대통령의 의중은 분명했다. 대통령이 피고석에 앉은 조지프를 보고 싶어 하는 한 무슨 수를 써서든 조지프를 기소해야 했다.[47]

이 문제를 검토한 대부분의 법률가들과 마찬가지로 제롬도 조지프를 연방 법정에 형사 고소하는 일에 회의적이었다. 하지만 제롬은 조지프를 괴롭힐 수 있는 기회를 잡았다는 사실에 기뻐했다. 제롬은 조지프를 기소할 수 없을 것이라는 회의적인 생각을 가슴속에 묻어둔 채 스팀슨이 헛고생하는 모습을 물끄러미 지켜보았다. 〈월드〉는 제롬이 무슨 생각을 하는지 알아내기 위해 제롬의 일거수일투족을 지켜볼 기자를 배치하고 지방 검사보를 설득했다. 하지만 아무것도 알아낼 수 없었다. 파나마로 가서 돌아오지 않을 것이라는 사람들의 예상을 깨고 뉴욕으로 돌아온 조지프는 사이츠에게 제롬의 의중을 파악해보라고 지시했다. 사이츠는 〈이브닝 월드〉 출신의 인기 작가 어빈 콥Irvin Cobb(〈월드〉 논설위원 프랭크 콥과는 아무 관련이 없음)에게 부탁했다. 어빈 콥은 스탠퍼드 화이트의 살해범 해리 소Harry K. Thaw 공판을 취재하다가 제롬 지방 검사와 친분을 쌓게 된 인물이었다. 사이츠는 어빈 콥의 친분이 제롬의 계획을 알아내는 데 도움이 되기를 간절히 바랐다.

사이츠는 어빈 콥과 함께 사무실로 향하는 길에 자초지종을 설명했다. "최악의 상황입니다. 사실상 쓸 수 있는 모든 수단을 동원해봤거든요. 〈월드〉 직원, 변호사, 하원의원 등 우리가 동원할 수 있는 모든 자원을 가동해보았지만 제롬의 의중을 파악할 수 없었습니다. 절박한 상황입니다. 사장님께서는 스트레스를 심하게 받으셔서 완전히 녹초가 된 상태입니다. 워낙 건강이 좋지 않으신 분이라 자칫 큰일이 나는 것은 아닌지 걱정됩니다. 부디 힘을 보태주시면 좋겠습니다."[48]

어빈 콥은 흔쾌히 동의했다. 사이츠는 제롬의 의중을 파악하는 과정에서 필요한 것은 돈이든 사람이든 가리지 않고 전폭적으로 지원해주겠다고 약속했다. 그러나 어빈 콥은 지나가는 전차에 올라타고는 폰틴 식당Pontin's Restaurant으로 향했다. 폰틴스 식당은 법조인들이 즐겨 찾는 장소였다. 어빈 콥은 술을 마시고 있던 제롬을 만났다. 어빈 콥이 조지프에 대해 묻자 제롬은 이렇게 말했다. "그 인간 머리 모양이 마음에 들지 않는다네. 〈월드〉가 정당한 이유도 없이 나를 얼마나 잔인하게 공격했는지 아나?"

"그럼에도 나는 〈월드〉를 공격하지 않기로 했네. 퓰리처 씨를 순교자로 만들 생각도 없어." 사실 제롬은 스팀슨과 회의를 가진 뒤 이틀도 채 지나지 않아 이 사건에서 손을 떼기로 결심한 상태였다. 하지만 그동안 〈월드〉로 인해 받은 고통이 워낙 컸으므로 "퓰리처 씨와 그에게 아첨하는 일당들이 자업자득으로 고통받는 꼴을 지켜보고 싶었다"고 솔직하게 털어놓았다.[49]

사무실로 돌아온 어빈 콥은 제롬에게 들은 말을 사이츠에게 그대로 전했다. 사이츠는 조지프의 집으로 전화를 걸었다. 노먼 스웨이츠가 전화를 받자 사이츠는 콥에게 수화기를 건네주면서 스웨이츠에게 제롬에게 들은 말을 설명해달라고 부탁했다. 조지프는 스웨이츠의 곁에서 사이츠가 전하는 말을 모두 들었다. 콥의 말을 들은 스웨이츠는 곁에 있는 조지프가 그런 내용을 어떻게 그렇게도 빨리 파악하게 되었는지 궁금해한다고 전했다.

어빈 콥은 전차를 타고 폰틴스 식당으로 가서 제롬을 만나 함께 술을 마시며 이야기를 나눴다고 전했다.

스웨이츠로부터 자초지종을 전해들은 조지프는 수화기 너머 사무실까지 들릴 만큼 큰 목소리로 말했다. "돌아버리겠군." 어빈 콥은 전차 요금 10센트를 받아들고 일터로 돌아갔다.

스팀슨은 조지프를 연방 법정에 세우기 어렵다는 자신의 판단을 굳게 믿었다. 그해 2월 스팀슨은 대배심에게 조지프 퓰리처와 랠프 퓰리처를 기소할 증거를 찾지 못했다고 설명했다. 스팀슨은 보나파르트 법무장관에게 단어 하나까지도 세심하게 골라 쓴 편지를 보냈다. "대통령께 실망을 안겨드려 무척 유감입니다. 그러나 그 사람의 책임이라는 것이 아무리 분명해 보여도 법적 증거가 없다면 대배심에서의 기소가 불가능하다는 사실을 대통령께서도 충분히 이해하고 계시리라 믿습니다." 스팀슨은 한발 더 나아가 워싱턴 대배심이 조지프 부자를 기소하는 실수를 저지른다면 뉴욕의 지방 검사가 〈월드〉를 상대로 수사하고 있는 사건까지 곤란해질 가능성이 있다고 경고했다. 만일 조지프 부자가 기소된다면 조지프의 변호사들은 기소 자체를 정부의 약점을 드러내는 증거로 활용할 가능성이 있었다. 스팀슨은 이렇게 말했다. "만일 워싱턴 대배심이 퓰리처 부자를 기소한다면 사람들은 정부가 막강한 영향력을 행사해 무고한 사람들을 기소했다고 생각하게 될 공산이 큽니다."[50]

보나파르트 법무장관은 스팀슨의 편지를 백악관에 전달했다. 진노한 루스벨트는 그 편지를 제대로 읽어보지도 않았다. 루스벨트는 보나파르트에게 스팀슨이 조지프를 뉴욕 대배심에 세운 생각이 없다면 워싱턴 대배심이 그렇게 하면 된다고 말했다. 다음 날 루스벨트는 스팀슨을 질책했다. "이 편지는 전적으로 개인적인 편지일세. 이 편지를 읽어보면 워싱턴 담당 연방 검사는 자네와 다르게 퓰리처를 기소할 의지를 불태우고 있다는 사실과 그 이유를 알게 될걸세. 나는 보나파르트 법무장관의 말에 전적으로 동의하고 있네." 만일 조지프 부자를 기소하지 못한다면 언론계에 던지고 싶은 교훈도 전달할 수 없게 될 터였다. "조지프 부자를 직접 잡아들이는 것이 그들의 조무래기 부하 몇 명을 잡아들이는 것보다 훨씬 큰 일이라네."[51]

　　대통령의 분노에도 스팀슨은 전혀 주눅 들지 않았다. 스팀슨은 루스벨트에게 이렇게 전했다. "대통령께서 한 번이라도 대배심에 출석해 보신 적이 있었다면 아마 제 의견에 충분히 동의하셨으리라 믿습니다. 정책이나 사회적 방침 또는 공적 업무와 관계된 문제가 아니더라도 저라면 실탄도 장전하지 않은 총을 들고 방아쇠를 당기는 무모한 짓은 하지 않겠습니다." 사냥을 좋아하는 루스벨트에게 깊은 인상을 남기기 위해 사냥과 관련된 비유를 든 스팀슨은 이렇게 덧붙였다. "뉴욕 사람들은 대통령의 개인적인 원한을 풀어주기 위해 정부가 이례적인 방식으로 기소를 진행하고 있다고 생각하고 있습니다. 따라서 정면승부를 하지 않는다면 오히려 대통령께 위기가 닥치게 될 것입니다."[52]

　　루스벨트는 스팀슨의 경고를 무시했다. 뉴욕 담당 연방 검사가 못하겠다면 워싱턴 담당 연방 검사가 처리하면 그만이었다. 워싱턴에서 이 일을 맡은 인물은 대니얼 베이커Daniel W. Baker 워싱턴 담당 연방 검사와 스튜어트 맥나마라Stewart McNamara 연방 검사보였다. 보나파르트 법무장관은 이번 사건이 얼마나 중요한 일인지를 행정부에 과시하기 위해 맥나마라를 법무장관 특별보좌관으로 승진시켰고 실질적인 업무 대부분도 맥나마라가 처리했다.

리버티호에 오른 조지프는 기소에 대비했다. 〈월드〉 기자들은 워싱턴에서 진행되는 일에 촉각을 곤두세웠다. 대배심원들이 어떤 결정을 내릴 것인지 예측하기 위해 대배심원들의 인적사항을 조사하기도 했다. 조지프는 편집자들에게 자신이 기소되면 파나마 관련 기사와 사설이 〈월드〉에 실리는 동안 발행인이 해외에 체류하고 있었고 그렇기 때문에 루스벨트 대통령이 불만을 터뜨리기 전까지는 무슨 일이 벌어지는지 전혀 알지 못했다는 내용의 기사를 실으라고 지시했다. 당연히 파나마 운하와 관련된 사설도 중단해야 했다.[53]

1909년 2월 17일 워싱턴의 대배심원 스물세 명은 조지프 퓰리처, 〈월드〉, 〈월드〉 편집자 반 햄과 라이먼을 다섯 건의 명예훼손을 저지른 죄로 기소했다. 조지프, 반 햄, 라이먼과 〈월드〉가 루스벨트 대통령, 루스벨트 대통령의 처남 로빈슨, 대통령 당선자 태프트, 태프트의 형제 찰스, 금융가 피어폰트 모건, 엘리휴 루트Elihu Root 국무장관, 로비스트 크롬웰의 명예를 훼손했다는 것이 가장 큰 쟁점이었다. 대배심은 파나마 운하에 관련된 〈월드〉의 기사들을 인용해 기사를 작성한 〈인디애나폴리스 뉴스〉의 델러밴 스미스와 찰스 윌리엄스Charles Williams도 함께 기소했다.

프랭크 콥은 이때를 대비해왔다. 콥은 사설을 통해 불복종 의사를 분명히 밝혔다. "루스벨트 씨는 한 번 왔다 사라지는 사람에 불과하지만 〈월드〉는 언론사다. 루스벨트 씨가 사망한 뒤에도 남아 있을 것이고 퓰리처 씨가 사망한 뒤에도 남아 있을 것이다. 〈월드〉에 근무하는 모든 편집자가 사망한 뒤에도 〈월드〉는 불의에 침묵하지 않고 겁내지도 않는 위대한 독립언론으로 길이 남을 것이다."⁵⁴

　체포영장이 뉴욕에 도착했다. 맥나마라는 조지프를 구금하려 했다. 그러나 1895년에 이미 언론인의 워싱턴 송환을 거부한 적이 있었던 뉴욕이라는 도시에서 이런 소송에 휘말린 피고인을 워싱턴으로 송환하기란 여간 어려운 일이 아니었다. 1895년 뉴욕은 언론인 찰스 데이나가 명예훼손법을 위반했다며 송환을 요구하는 워싱턴에 반기를 들었었다. 당시 워싱턴은 정상적인 기소 절차를 밟아 데이나의 송환을 요구했고 데이나가 휘말린 사건은 연방 정부와 관련이 있는 사건도 아니었다 (어이없는 일은 당시 데이나를 변호한 변호인 엘리휴 루트가 지금은 루스벨트 정부의 국무장관을 지낸다는 점이었다). 조지프는 콥에게 이렇게 말했다. "루스벨트가 나를 기소한 이번 사건은 데이나 사건에 비해 언론의 자유에 미치는 위협이 훨씬 크다고 보네. 왜냐하면 당시 데이나를 고소한 사람은 컬럼비아 특별구에 사는 평범하고 선량한 시민이었거든. 당시의 미국 대통령은 개인적인 복수를 하려고 미국 정부의 힘을 왜곡해 데이나의 기소를 부추기지 않았다네."⁵⁵

　맥나마라는 법무장관에게 노퍽에서 조지프를 체포해도 되는지 물었다. 아바나에서 돌아오는 조지프의 요트가 노퍽에 정박하면 그때 체포할 요량이었다. 뉴욕에서 조지프를 체포하는 것보다 버지니아 주에서 체포하는 것이 더 쉬우리라는 계산이었다. 그러나 맥나마라 측에서 서류 작업을 칠칠치 못하게 하는 바람에 노퍽에서 조지프를 체포하려던 계획이 무산되었고 낌새를 눈치챈 리버티호는 노퍽에 들르지 않고 뉴욕을 향해 전속력으로 달렸다. 스팀슨도 워싱턴에서 진행되는 사건에는 아무런 도움이 되지 못했다. 조지프에 대한 기소가 시간 낭비라고 확신한 스팀슨은 워싱턴에서 진행되는 일에는 신경을 끊은 채 뉴욕 일에만 몰두했다. 조지프에 대한 체포 문제는 일단락되었다. 플로렌스 화이트는 당분간은 체포되지 않을 것이라는 니콜 변호사의 말을 조지프에게 전했다. "니콜 변호사님은 찰스턴에서도 체포될 가능성은 작다고 하셨습니다. 그러면서 이 말이 안데스(퓰리처) 씨에게 전달될 즈음이면 항해를 마치고 뉴욕으로 돌아오는 중일 거라고 하시더군요."[56]

그사이 뉴욕의 대배심은 또 다른 증거를 꾸준히 수집하고 있었다. 뉴욕 대배심의 목표가 조지프가 아니라는 사실은 대통령과 대통령의 변호사들만이 알고 있었다. 1909년 3월 4일 루스벨트가 대통령직에서 물러나고 30분 뒤 뉴욕의 대배심은 〈월드〉를 발행하는 회사인 프레스 퍼블리싱 컴퍼니Press Publishing Company와 반 햄을 열네 건의 명예훼손을 저지른 죄로 기소했다. 루스벨트가 개인적인 복수를 위해 연방 검찰을 이용하는 모습에 신물이 났지만 스팀슨은 자신의 정치적 후원자를 보호하기 위해 기소 시점을 최대한 늦췄다. 루스벨트 대통령은 임기를 마친 뒤 아프리카로 여행을 떠나겠다고 공표한 상태였는데, 스팀슨은 조지프의 변호사들이 루스벨트에게 소환장을 보내 여행을 떠나지 못하게 함으로써 루스벨트를 자극하려 할지 모른다고 우려해 루스벨트의 임기가 끝날 때까지 기소를 미뤘다. 스팀슨은 법무장관에게 이렇게 말했다. "기소 시점을 조심스럽게 저울질하려 애썼습니다. 그러므로 루스벨트 대통령께서 아프리카로 떠나시는 데는 아무런 문제가 없을 것입니다. 혹시 문제가 생기더라도 제 선에서 충분히 대응할 수 있습니다."[57]

위싱턴 대배심의 기소와 마찬가지로 뉴욕 대배심의 기소도 자의적인 법률 해석을 바탕으로 이뤄진 것이었다. 뉴욕의 대배심은 '미국이 건설했거나 이용하는 항만방어요새와 시설을 악의적인 공격이나 기타 목적에 따른 공격으로부터 보호하기 위한 법'을 포함하는 낡은 연방 법을 끄집어냈다. 스팀슨은 〈월드〉 스물아홉 부가 웨스트포인트로 배달되었고 한 부는 뉴욕에 위치한 연방 건물로 배달되었기 때문에 연방 법에 따라 〈월드〉를 명예훼손으로 기소할 수 있다는 논리를 폈다. 주목할 만한 것은 기소 내용에 조지프의 이름이 빠져 있다는 사실이었다.[58]

리버티호가 브루클린의 그레이브젠드 만Gravesend Bay으로 들어올 무렵 루스벨트의 전략에 또 다른 균열이 드러났다. 인디애나폴리스 담당 연방 검사 조지프 킬링Joseph Kealing은 이 사건에서 손을 떼면서 항의의 표시로 8년 동안 헌신적으로 봉직한 연방 검사직에서 물러났다. 킬링은 보나파르트 법무장관에게 인디애나폴리스에 거주하는 피고들을 위싱턴으로 데려가려는 과정에서 정부가 권력을 남용하는 것 같다고 항의했다. "아주 위험한 발상이라고 생각합니다. 자칫 우리 정부의 기초를 흔들 수도 있는 위험한 발상입니다. 따라서 제 법정에서는 그런 법을 따를 수 없다고 강력하게 말씀드리는 바입니다."[59]

신경이 날카로워질 대로 날카로워진 조지프는 걱정을 떨치지 못했다. 조지프는 편집자들에게 이렇게 지시했다. "지금이야말로 판사와 법원 그리고 모든 종류의 정의에 경의를 표하기 가장 좋을 때일세." 기소가 이뤄진 뒤에도 뉴욕의 대배심은 수사를 멈추지 않았다. 증인으로 불려나간 호스머는 폐쇄된 방에서 자신이 겪은 시련을 기록한 긴 글을 작성해서 조지프에게 보냈다. 스팀슨이 루스벨트와 대립각을 세워왔다는 사실을 까맣게 모르는 호스머는 스팀슨을 셰익스피어의 희곡 〈율리우스 카이사르〉에 등장하는 레피두스Lepidus에 비유하며 폄하했다. 마크 앤터니Mark Antony는 레피두스를 '칭찬할 만한 면모라고는 하나도 없는, 잡일이나 시킬 만한 위인'이라고 평가한 바 있다.[60]

시간이 흐를수록 워싱턴의 대배심이나 뉴욕의 대배심 모두 이 사건과 관련해 별다른 성과를 내지 못하고 있다는 사실이 명확해졌다. 뉴욕에 머물던 조지프의 보좌관 중 한 사람은 이렇게 보고했다. "아직까지는 파나마 문제와 관련해 검찰 측의 별다른 진전이 없는 상황입니다." 아프리카에 도착한 루스벨트는 사냥하느라 여념이 없었고 스팀슨은 연방 검사직에서 물러나 개인 사무실을 개업했다. 다음 선거에서 더 높은 공직을 얻기 위한 포석이라는 소문이 자자했다. 그러므로 조지프와 관련된 재판은 대통령에 취임한 태프트가 지명할 사람에게 달려 있었다. 태프트가 대통령에 오르는 데 큰 공을 세운 헌신적인 인물이 그 자리에 임명될 터였다. 그러나 당장은 공판이 열릴 가능성이 매우 작았으므로 조지프는 미국을 떠나 여행해도 좋다는 허락을 받았다.

샌디포인트Sandy Point 항을 떠난 리버티호는 으레 그랬던 것처럼 남쪽으로 방향을 잡았다. 버지니아 남부 해안을 지나면서 아침식사를 하던 조지프는 선장에게 어느 방향으로 가고 있는지 물었다.[61]

선장이 대답했다. "정동쪽입니다."

조지프가 물었다. "계속 '정동쪽'으로 가면 어디를 만나게 되나?"

"리스본입니다."

"그럼 계속 정동쪽으로 가게."

안타깝게도 방향을 잘못 잡았다. 대서양을 건너는 동안 난데없는 돌풍을 만난 리버티호는 꽤 오랫동안 사나운 파도에 시달렸다. 리버티호가 리스본에 도착할 무렵에는 대부분의 승무원이 병들거나 과로로 쓰러질 지경이었고 조지프는 백일해에 걸렸다. 배 위에서의 생활은 점점 더 고달파졌다. 폭풍우에 흠뻑 젖은 신참 보좌관은 천연두에 걸렸다. 덕분에 리버티호는 훈증 소독을 해야 했고 모든 승무원들이 예방접종을 받아야 했다. 그러지 않으면 리버티호는 항구를 떠날 수 없을 터였다. 박해를 피해 나선 뱃길이었지만 휴식이 아닌 고난의 연속이었다.

조지프는 1909년 여름과 가을을 리버티호를 타고 북유럽에서 지브롤터에 이르는 바다에서 보냈다. 여러 항구에 들러 잠시 머물기도 했고 칼스바트에 들러 온천욕을 하며 심신을 다독이기도 했다. 조지프가 미국으로 돌아오자 조지프와 〈월드〉에 대한 법적 절차가 재개되었다. 정부는 파나마 운하 굴착권과 관련 장비에 대한 권리를 획득하고 파나마의 군사정권을 몰아내는 과정에 관련된 산더미 같은 문서를 검토해 사실이 아닌 내용을 담은 기사를 찾아냈다.[62]

법리로 따지면 유리한 고지를 차지하고 있다고 생각했지만 조지프의 변호사들은 반격할 기회를 찾지 못했다. 조지프의 변호사들은 파나마 운하에 관련된 부정부패 혐의를 입증할 물증을 찾기 위해 워싱턴, 파리, 파나마로 탐정을 파견했다. 만일 증거가 나온다면 소송에서 이기는 것은 물론이고 〈월드〉는 역사에 길이 남을 특종을 잡게 되는 셈이었다. 그러나 증거는 나오지 않고 증거를 찾는 데 드는 비용만 증가하자 조지프의 변호사들은 조사위원회를 열어 해외에서 청취한 증언을 미국 법정에서 활용할 수 있도록 허가받았다. 법무부는 증언 청취를 위해 출장을 떠나는 연방 검사의 이동 경비나 체재비도 모두 조지프가 부담해야 한다고 주장했다.

양측 모두 이 사건을 해결하는 데 있어 해외 조사가 필수적이라고 굳게 믿고 있었다. 파리로 떠난 맥나마라는 태프트 대통령이 임명한 조지 위커샴George W. Wickersham 법무장관에게 이렇게 보고했다. "증언을 위해 출석한 증인은 〈월드〉의 주장을 입증할 실질적인 증거를 가지고 있지 않을 뿐 아니라 혐의 전체를 부인하고 있습니다. 증인의 주장에 따르면 〈월드〉가 철저하게 거짓 보도를 해서 원고들의 명예를 훼손한 사실이 입증됩니다." 한편 변호사들과 함께 파리로 간 〈월드〉 기자 얼 하딩Earl Harding은 자신이 입수한 장부로 운하 굴착권을 소유한 프랑스 회사의 주식을 사들인 뒤 미국 정부가 지불한 4,000만 달러를 챙겨 이득을 본 미국 투자자들의 공모 행위를 입증할 수 있다고 확신했다.[63]

하딩은 크롬웰과 기업연합이 파나마 운하 굴착권에 관련된 거래를 하면서 불법을 저질러 막대한 이득을 보았다고 믿었고 그 사실을 입증하면 조지프가 자유로워질 수 있다고 생각했다. 1909년 6월 3일 하딩은 뉴욕 항으로 가서 파나마로 출항하려는 조지프의 담당 검사를 배웅했다. 거기에서 하딩은 법무부 소속 검사와 동행하는 크롬웰의 자문 변호사 에드워드 힐Edward B. Hill을 보았다. 하딩은 이런 결론을 내렸다. "파나마 운하와 관련된 부정부패를 밝힐 수 있는 명백한 증거들이 사라질 가능성이 있다는 판단을 한 것이 오후 세 시였다. 황급히 〈월드〉로 돌아간 나는 마음속 의구심을 돈 사이츠에게 모두 털어놓았고 사이츠는 오후 4시 40분에 출발하는 뉴올리언스행 열차표를 끊어주었다." 뉴올리언스에 도착한 하딩은 파나마로 향하는 유나이티드프루트United Fruit 화물선에 몸을 실었다.[64]

파나마 운하 지대는 마치 벌집을 쑤셔놓은 듯 했다. 수천 명의 미국인들이 떼 지어 모여 다니며 활발한 활동을 벌이고 있었다. 5년 전 미국이 운하 공사를 재개한 이후 거대한 수로가 모습을 드러냈다. 하딩이 도착한 시기는 비가 많이 내려 산사태가 자주 일어나고 말라리아가 창궐하던 시기였지만 노동자들은 그 달에만 230만 세제곱미터를 굴착하는 데 성공했다. 엠파이어 스테이트 빌딩 두 채가 족히 들어가고도 남을 규모였다. 그러나 파나마 운하가 완공되어 첫 번째 배가 통과하려면 아직 5년을 더 기다려야 했다.

하딩은 조지프의 담당 검사 일행을 따라잡았고 파나마에서 하딩을 보게 되리라고는 꿈에도 생각하지 않았던 검사 일행은 아연실색했다. 하딩은 염려한 대로 크롬웰의 자문 변호사와 파나마 측 공모자들이 밑바닥에 숨어 있는 진짜 진실을 검사가 파헤치지 못하도록 수사를 방해하고 있다고 판단했다. 사실 조지프의 담당 검사는 이미 파나마 운하와 관련된 부정부패가 없었다고 확신하게 된 상태였다. 검사는 하딩에게 이렇게 말했다. "〈월드〉는 여론을 호도하고 있습니다. 아직 증거가 나오지 않아 입증하지 못하고 있을 뿐입니다."

하딩은 파나마에서 진실을 파헤칠 수 없다면 과거 파나마를 지배했던 나라의 수도에서 진실을 찾을 수 있으리라 생각했다. 콜롬비아 수도 보고타Bogotá로 떠나기 전 하딩은 에드윈 워런 기욜Edwin Warren Guyol을 고용했다. 뉴올리언스 출신인 기욜은 에스파냐어를 구사할 수 있었고 쿠바에서 취재기자로 활동한 경험이 있는 인물이었다. 기욜은 사고로 한쪽 팔을 잃은 뒤 '외팔이 아저씨'라는 별명을 얻었다. 기욜은 제멋대로 행동하기로 소문이 자자했지만 충성스러운 사람임에 틀림없었다. 크롬웰과 관련된 사람들이 기욜을 매수하려고 시도했지만 기욜은 그 사실을 하딩에게 모두 말했다. 크롬웰과 관련된 사람들은 하딩의 일거수일투족을 감시해 보고하고 조사를 방해하라고 기욜에게 요구했다. 크롬웰과 관련된 사람들은 기욜에게 먼저 보고타로 떠난 프랑스 와인 상인 알렉산더 생 크루아 후작Marquis Alexander de St. Croix을 찾아가 함께 일을 도모하라고 말했다. 하딩과 기욜은 기욜이 매수당한 것으로 꾸미기로 하고 보고타로 떠났다.[65]

그해 8월 보고타에 도착한 하딩과 기욜은 자신들의 도착을 요란하게 알렸다. 두 사람은 미국에게 파나마를 빼앗긴 일에 대해 아직 분노하고 있는 콜롬비아 사람들에게 도움을 청하는 공개 편지를 작성해 신문에 실었다. 미국 공사관은 하딩과 기욜의 행적을 주시했다. 이 모든 것이 미국 공사관의 주의를 끌기 위한 하딩과 기욜의 계산에서 나온 행동이었다.[66]

하딩은 극단적인 방법을 동원하지 않으면 애타게 찾고 있는 문제의 문서를 확보할 수 없을 것이라는 결론을 내렸다. 하딩은 이렇게 말했다.

"다시 말해 우리는 지금 수단과 방법을 가리지 않는 악마와 맞서 싸우고 있는 것이다." 두 사람은 크롬웰의 정보원 노릇을 했을 것으로 의심되는 와인 상인 생 크루아에게 접근했다. 기욜은 매수당해 크롬웰의 편에 선 것처럼 위장한 채 생 크루아에게 접근해 크롬웰이 덮어버리려고 하는 것이 무엇인지 알아내려 했다. 하지만 생 크루아가 좀처럼 정보를 내놓지 않자 기욜은 생 크루아가 마시는 브랜디에 수면제로 작용하는 클로랄 하이드레이트chloral hydrate를 타 먹인 뒤 그의 짐을 뒤져보자고 하딩에게 제안했고 하딩도 동의했다. 기욜은 브랜디를 마시기 전에 한 컵의 올리브유를 마셔 자신에게는 수면제가 듣지 않도록 조치했다. 하지만 생 크루아의 짐에서는 범죄의 흔적이 발견되지 않았다.[67]

생 크루아에게서 별다른 소득을 얻지 못한 두 사람은 미국 공사관으로 눈을 돌렸다. 하딩은 미국 공사관에 보관된 문서가 미국이 파나마 혁명을 이면에서 조종하던 시기로 거슬러 올라간다고 생각했다. 그중에 자신이 찾는 문서도 있을 터였다. 미국 공사관 직원 중에는 술과 노름에 푹 빠진 직원이 있었다. 하딩과 기욜은 큰돈을 잃기 십상인 스터드 포커에 빠져 금전적인 어려움을 겪고 있던 그 직원에게 접근했다. 하딩과 기욜은 그 직원이 보고타의 어느 도박장에 지고 있던 노름빚을 갚아주면서 환심을 샀다. 어느 날 밤 그 직원이 도박장 소파에서 잠이 들자 기욜은 열쇠를 훔쳐 미국 공사관 문을 열고 들어갔다. 기욜은 미국 공사관에 두 차례 잠입했는데, 들통 나서 잡힐 뻔한 아찔한 순간도 있었지만 말안장을 보관하는 창고에 두 시간 동안 숨어 있으면서 위기를 모면했다. 기욜은 미국 공사관에 보관된 1902년의 공식 서신을 모두 읽는 데 성공했지만 부정행위에 연루된 서신은 찾을 수 없었다.

하딩은 직접 나서기로 결심했다. 그해 10월 23일 하딩은 미국 공사가 대통령궁에서 저녁식사를 하기 위해 자리를 비운 사이 미국 공사관에 잠입했다. 존 헤이John Hay가 작성한 부정행위 관련 서신이 있는 위치를 알고 있다고 주장한 젊은 사무원이 하딩을 문서보관소로 들여보내주었다. 사무원과 함께 보관된 문서를 뒤지려던 찰나 미국 공사의 아들이 이들을 발견해 경비원에게 알렸다. 다행히도 하딩은 기소를 모면했다. 미국 공사관에서 벌어진 미국인 사이의 문제에 대해 무관심했던 콜롬비아 사법 당국은 하딩을 미국으로 돌려보내기 위해 구금할 필요성을 느끼지 못했다. 하딩을 문서보관소에 들여보내준 젊은 사무원은 해고당했다. 미국 공사관은 하딩과 기율에게 미국으로 돌아가라고 명령했고 〈월드〉에 항의 서한을 보냈다.[68]

그래도 포기하지 않은 기율은 성배를 찾기 위한 최후의 시도를 했다. 기율은 도박 빚을 갚아주었던 미국 공사관 직원이 작은 여행 가방을 들고 생 크루아와 함께 미국 공사관을 떠났다는 사실을 포착했다. 기율은 콜롬비아 전역을 돌아다니는 두 사람의 뒤를 쫓아다니며 미국 공사관 직원이 소지한 작은 여행 가방을 탈취할 궁리를 했다. 기율은 그 안에 하딩이 찾는 문서가 들어 있다고 확신했다. 처음에 세운 계획은 두 사람이 강을 건너기 위해 배를 타면 함께 배에 오른 뒤 가방을 탈취해 강으로 뛰어들어 도망친다는 계획이었다. 그러나 기율에게는 팔이 하나밖에 없었으므로 첫 번째 계획은 실행에 옮길 수 없었다. 그러다가 기율에게 더 괜찮은 기회가 찾아왔다. 두 사람이 열차 여행을 하는 사이 열차에 실은 문제의 여행 가방이 바깥으로 떨어졌던 것이다. 여행 가방을 확보한 기욜이 마침내 가방을 열었지만 가치 있는 문서는 하나도 없었다. 기욜은 두 사람을 뒤쫓다가 말에서 떨어져 부러진 갈비뼈를 안고 빈손으로 하딩에게 돌아왔다.

파나마 운하 건설과 관련된 부정부패의 증거를 확보하기 위해 머나먼 콜롬비아까지 찾아왔지만 하딩은 결국 빈손으로 돌아갔다. 조지프가 감옥에 가느냐 마느냐 하는 문제는 이제 전적으로 조지프를 변호하는 변호사들의 손에 달리게 되었다.

30장

마지막 나날들

1909년 9월 말 조지프와 열여섯 명의 보좌관들은 베를린의 아름다운 주거지 중 한 곳에 정착해 가을을 보냈다. 조지프가 머무는 집 인근에는 티어가르텐 파크Tiergarten park와 우아한 오페라극장이 자리 잡고 있었다. 평소와 마찬가지로 조지프는 집주인에게 이런저런 보수와 변경을 요구했다. 두꺼운 판유리가 조지프가 묵는 방 창문에 추가 설치되었고 카펫도 두꺼운 것으로 교체되었으며 집에 배치된 창문과 문에 달린 모든 경첩에는 윤활유를 발라 소리가 나지 않도록 조치했다.

오랜 세월을 프랑스와 영국에서 보냈지만 만족하지 못했던 조지프는 베를린에서 정착할 만한 곳을 발견했다. 베를린에 머무는 동안 조지프는 음악회와 오페라를 감상하고 친구들과 함께 식사를 즐기면서 온갖 걱정과 근심을 털어버리는 데 성공했다. 베를린에서 조지프는 그 어느 때보다 만족스런 나날을 보냈다. 스웨이츠는 뉴욕에 남은 사이츠에게 이런 편지를 보냈다. "제 생각에는 베를린이 사장님에게 아주 잘 맞는 곳인 것 같습니다. 베를린에서는 아주 고요한 일상을 보내고 계시거든요. 평소와 달라 어색하기는 하지만 좋은 징조라고 생각합니다." 조지프는 유럽을 새로운 고향 삼아 3년이 넘는 세월을 보냈다. 리버티호를 타고 항해하지 않을 때는 프랑스의 엑스레뱅과 캡마틴 및 영국의 런던에서 지냈고 이제 독일의 베를린까지 오게 되었다.[1]

조지프의 동생 앨버트도 유럽에 정착했다. 14년 전 뉴욕을 떠난 앨버트는 호화로운 호텔에 묵으면서 유럽 대륙 전역을 떠돌다가 이따금 뉴욕에 들러 〈뉴욕 모닝 저널〉의 판매상황을 점검했다. 조지프가 앨버트의 신문을 인수하겠다고 제안했을 때 앨버트가 거절한 뒤로 두 형제는 대화는커녕 편지조차 주고받지 않았다. 돌이켜볼 때 앨버트는 형에게 복수를 한 셈이 되었다. 조지프는 앨버트가 창간한 신문을 인수한 허스트와 생사를 다투는 혈투를 벌여야 했던 것이다.

그해 여름 세상을 떠난 첫 번째 부인 파니와는 이미 여러 해 전에 연락이 끊어진 상태였고 뉴욕에서 작가로 먹고 살기 위해 고군분투하는 아들 월터와도 연락이 끊어진 지 오래였다. 월터가 앨버트의 아들이었기 때문에 〈월드〉는 월터를 달갑게 여기지 않았다. 어느 편집자는 이렇게 회고했다. "어떤 형태로든 월터가 조지프 퓰리처의 친인척이라는 사실이 드러나지 않게 하라는 엄명이 떨어졌다."[2]

〈뉴욕 모닝 저널〉을 처분한 뒤 앨버트는 나폴레옹 1세의 양자 외젠 드 보아르네Eugène de Beauharnais를 주인공으로 한 낭만 소설을 썼고 잠깐이지만 뉴욕에서 다른 신문사를 차려볼까 하는 궁리도 했다. 그러다가 결국 젊은 여성을 동반자 삼아 빈에 정착하게 되었고 아들도 낳았다. 형 조지프와 마찬가지로 앨버트 역시 심한 불면증과 깊은 우울증에 시달리고 있었다. 부유한 사람들을 치료하는 의사들이 '신경 쇠약'이라 부르는 병이었다. 그 밖에도 앨버트는 갖가지 질병에 시달렸다. 조지프는 소리에 민감하게 반응하며 고통을 느꼈지만 앨버트는 빛과 기온에 민감하게 반응하며 고통을 느꼈다.

시간이 흐를수록 앨버트의 행동은 조금씩 기이해졌다. 아무도 앨버트가 무슨 일을 벌일지 예측할 수 없었다. 그해 초 앨버트는 갑작스레 빈을 떠나 샌프란시스코 페어몬트 호텔Fairmont Hotel에 여장을 풀었다. 앨버트는 호텔 직원들에게 자신만의 특이한 식성을 말해주며 식사에 반영하라고 일렀는데 그런 앨버트의 행동은 곧 샌프란시스코 사람들의 이야깃거리가 되었다. 샌프란시스코의 어느 신문은 별난 식습관을 가진 손님 덕분에 페어몬트 호텔 주방 사람들이 진땀깨나 빼고 있다는 사실을 생생하게 소개하는 기사를 1면에 실었다. 새벽이 오기도 전에 잠이 깨는 앨버트는 비만한 대식가였다. 앨버트는 아침식사로 구운 사과 두 알 내지 여덟 알에 크림을 발라 아침 식사용 곡물 식품과 함께 먹었다. 점심식사는 코린트산 건포도에 야채를 곁들여 먹었는데 레몬 주스, 에페르베성effervescent 와인, 중탄산염(베이킹 소다)이 제공되는 오후 5시까지 식탁을 떠나지 않았다. 저녁 7시에는 샌프란시스코산 굴, 조개 수프, 송아지고기, 닭고기에 배를 곁들여 먹었고 반드시 무젤Moselle 와인을 함께 마셨다.[3]

샌프란시스코에 머무는 동안 앨버트는 열정을 다해 회고록을 작성했다. 페어몬트 호텔을 떠난 앨버트는 타말파이어스 산Mount Tamalpais 인근 고지대에 위치한 외진 휴양지에 몸을 숨겼다. 앨버트는 해가 뜨기도 전부터 타자기를 두드리거나 아무 이유 없이 자신의 방에 있는 의자를 두드렸다. 한편 산으로 올라가는 열차가 끊어진 뒤에도 특별 열차를 마련해달라고 요구하는 등의 물의를 빚어 다른 휴양객들의 원성을 샀다. 소설가 거트루드 애서턴Gertrude Atherton은 친구들에게 방을 구경시켜주고 있는데 앨버트가 이유도 없이 갑작스레 방으로 쳐들어왔다고 주장하기도 했다.[4]

그해 가을 회고록이 완성되자 앨버트는 빈으로 돌아갔다. 실의에 빠진 앨버트는 친구이자 주치의인 막스 노이다Max Neuda 박사를 찾아갔다. 두 사람은 앨버트가 좋아하는 철학자 바뤼흐 스피노자Baruch Spinoza의 저서에 대해 토론하며 시간을 보냈다. 10월 4일 아침 으레 그랬던 것처럼 함께 지내는 젊은 여성이 앨버트에게 조간신문을 읽어주었다. 조간신문에 실린 기사 중 불면증에 시달리는 남성이 자살로 생을 마감했다는 기사가 있었다. 앨버트는 이렇게 중얼거렸다. "나에게도 그럴 용기가 있다면 정말 좋겠는데." 앨버트는 함께 지내는 젊은 여성에게 혼자 있고 싶다고 말했다. 그녀가 방을 나서자 앨버트는 약국으로 달려가 독성이 있는 약품을 구입했다. 아마도 당시 신경통 치료제로 널리 쓰이던 희석한 청산가리였을 것이다.[5]

보통 자살을 하는 사람들은 두 가지 유형으로 분류된다. 하나는 애타게 도움의 손길을 부르짖는 유형이고 다른 하나는 순수하게 죽음을 추구하는 유형이다. 앨버트는 두 번째 유형에 속했다. 앨버트는 유독성 약품을 들이킨 뒤 권총을 들어 오른쪽 관자놀이를 겨누고 방아쇠를 당겼다.

어느 기자가 베를린에 머물던 조지프에게 앨버트의 사망 소식을 전했다. 앨버트의 시신이 안치된 빈의 영안실은 베를린에서 523킬로미터 거리에 불과했지만 이번에도 조지프는 고인의 빈소를 찾지 않았다. 조지프는 자신을 대신하여 스웨이츠를 빈으로 보냈다.[6]

수천 마르크를 들고 빈에 도착한 스웨이츠는 빈의 유명 인사들이 마지막으로 잠드는 젠트랄프리트호프Zentralfriedhof를 찾아갔다. 유대인을 위해 마련된 영안실에서 스웨이츠는 싸구려 나무 관에 흰 천을 덮고 누운 앨버트의 시신과 마주했다. 스웨이츠는 이렇게 회고했다. "부유했던 앨버트의 모습은 온데간데없었다. 한때 백만장자였던 앨버트는 거지꼴로 잠들어 있었다. 앨버트의 오른쪽 관자놀이로 들어간 총알은 왼쪽 머리 뒤로 빠져나왔다. 덕분에 얼굴은 멀쩡했지만 뒤통수에는 끔찍한 상처가 남았다."

조지프가 들려 보낸 돈으로 스웨이츠는 더 나은 관과 꽃 장식을 구입했다. 다음 날 유대인 남성 합창단의 노래가 울려 퍼지는 가운데 한 무리의 사람들이 앨버트의 관을 들고 노이다 박사가 앨버트를 위해 마련한 장지로 향했다. 무덤가에는 노이다 박사가 작성한 추도문이 놓였다. 불과 며칠 전만 해도 멀쩡한 모습으로 자신을 찾아와 철학을 논하던 앨버트의 모습을 떠올리면서 노이다 박사는 이렇게 말했다. "앨버트는 이 세상을 완전히 저버릴 결심을 하고서 나를 찾아왔을 테지만 그날 나는 앨버트와 한담을 나누면서도 아무런 낌새를 느끼지 못했다. 그날의 작별인사가 마지막 인사가 될 줄 미리 알았다면 좋았을 텐데, 미처 알지 못한 것이 안타까울 뿐이다."

며칠 뒤 빈에 사는 조지프의 먼 친척 아담 폴리처는 노이다 박사를 만났다. 유언집행인이 된 노이다 박사는 앨버트가 소유했던 모든 물건들을 세심하게 검토하고 있었다. 아담 폴리처는 조지프에게 이렇게 전했다. "아주 다양한 사람들로부터 받은 연애편지는 노이다 박사가 신속하게 불태워버렸고 남은 것은 신용장과 대수롭지 않은 문서들뿐이라네. 조지프 자네에게 보낸 편지는 없었어. 자네 이름이 거론된 문서도 물론 없었네."[7]

필립과 엘리제 부부가 낳은 아홉 명의 자녀 가운데 이제 세상에 남은 자녀는 조지프 하나뿐이었다.

겨울로 접어들면서 조지프는 베를린을 떠나 더 포근한 캡마틴으로 향했다. 이 무렵 조지프의 기력은 가파르게 떨어졌다. 조지프가 겪는 매일의 고통에 익숙해져 크게 신경 쓰지 않던 주변 사람들조차 조지프의 건강상의 변화를 감지할 수 있을 정도였다. 리버티호에 올라 지중해를 항해하던 어느 날 밤 해럴드 폴러드는 조지프를 데리고 보름달이 환히 비치는 갑판으로 나왔다. 잠시 밤하늘을 바라보던 조지프는 곧 포기하고 말았다. "나를 위로하려는 자네 마음은 충분히 이해하겠네만 이게 다 무슨 소용인가. 나는 이제 한 줄기 달빛조차 볼 수 없게 되었다네."[8]

〈월드〉의 경영에 관련된 문제를 상의하기 위해 뉴욕으로부터 캡마틴으로 달려온 사이츠는 전보다 더 조용해지고 사색적이며 철학적으로 변한 조지프와 마주했다. 자동차를 타고 시골을 지나던 사이츠와 조지프는 엔진이 멈추는 바람에 잠시 동안 둘만 남게 되었다. 곧 폴러드가 도와주러 올 터였다. 조지프가 사이츠에게 말했다. "내가 무척 조용해졌다고 생각하지 않나? 정말 큰 문제는 오히려 괴롭지 않다네. 오히려 작은 문제들이 골칫거리지." 엔진이 멈춰 조용해진 자동차를 옆에 두고 사이츠는 발 아래로 내려다보이는 캡마틴의 모습을 조지프에게 묘사했다. 조지프가 다시 말을 이었다. "35년 전 내가 이곳에 처음 발을 들였을 때의 모습이 아직도 눈에 선하다네."

갑자기 조지프가 화제를 돌렸다. "우리에게는 남은 시간이 별로 없네." 갑작스레 화를 내기로 유명한 조지프에게 지난 18년 세월을 시달려온 사이츠는 조지프의 말을 믿지 못하는 눈치였다. 그런 사이츠에게 조지프는 말을 이었다. "아닐세. 난 지금 정말 진지하게 이야기하고 있네. 아마 오래 살지 못할 거야. 몸에서 경고 신호를 보내고 있거든. 내가 더 이상 판단하거나 결정하는 일을 감당할 수 없게 되는 날이 곧 올걸세. 그러니 나 없이 많은 것을 혼자서 결정하는 상황에 익숙해져야 하네. 지금부터는 나를 볼 수 있는 날이 점점 더 적어질걸세."

조지프의 우울증을 더욱 깊어지게 만드는 요인은 나날이 커져만 가는 외로움이었다. 조지프는 주변 친구들이 하나하나 세상을 떠나는 나이에 접어들고 있었다. 1909년 12월 27일 앵거스 쇼는 조지프에게 '슬프고도 비통한' 내용의 전보를 보냈다. 조지프의 개인 자산을 관리하던 듀몬트 클라크가 예순아홉 살을 일기로 세상을 떠났다는 소식이었다. 〈월드〉 사옥에는 조기가 걸렸다. 조지프의 암호집에서 '코인'이라고 불리던 듀몬트 클라크는 조지프가 〈월드〉로 돈을 벌기 시작할 무렵부터 조지프와 함께하며 재산을 관리해온 인물이었다. 조지프는 듀몬트 클라크에 대해 이렇게 표현했다. "돈 문제에 관한 한 성실하기가 이를 데 없어서 정기적으로 보고하지 않아도 믿고 맡길 수 있었다." 조지프가 벌어들이는 돈은 모두 클라크의 거래은행으로 입금되었다. 조지프가 적절하다고 생각해 지시하면 클라크는 조지프의 서명 없이도 조지프의 돈을 투자하고 이체할 권한을 가지고 있었다. 물론 별도로 보고할 필요도 없었다. 그 밖에도 클라크는 조지프가 〈월드〉나 자녀교육 같은 개인적인 문제를 털어놓고 조언을 구할 수 있는 친구 같은 존재였다. 클라크가 맡았던 자산관리 업무는 클라크의 아들에게 대물림되었지만 클라크의 아들이 클라크의 존재감까지 대신할 수는 없었다.[9]

고독감에 몸서리치던 조지프는 결혼 생활 내내 케이트가 보내는 애정을 매몰차게 거부하고 자녀들을 외면해왔는데, 그 결과 더 외로운 처지로 내몰리게 되었다. 조지프가 자신들을 사랑하는지 확신할 수 없었던 데다가 예측할 수 없는 조지프의 불같은 성격으로 고통받아왔던 가족들에게는 선택의 여지가 거의 없었다. 가족들은 조지프를 진심으로 사랑하고 아꼈지만 스스로를 보호하는 차원에서 조지프와 거리를 두고 살아갈 수밖에 없었고 결과적으로 조지프는 더 큰 고립감을 느끼게 되었다. 조지프는 아직도 아버지의 혹평에 시달리고 있는 조지프 2세로부터 불만 가득한 편지를 받은 뒤 이런 답장을 보냈다. "얼마 남지 않은 시간 동안만이라도 너희들의 사랑과 애정을 받고 싶구나. 너희들이 나에게 사랑과 애정을 보내지 않는다면 나는 그런 너희들이 아버지를 외면하고 존경하지 않으며 불복종하고 모욕하는 불효자식이라고밖에 생각할 수 없을 것 같다."[10]

케이트는 가족으로부터 스스로를 격리한 남편을 유배 생활로부터 건져내기 위해 최선을 다했다. 몇 년 전 케이트는 조지프에게 이런 편지를 썼다. "주위에 유쾌하고 행복한 사람들을 많이 두어 당신이 지금보다 더 많은 행복을 누리시길 하루도 빠짐없이 기도합니다. 사랑은 돈을 주고도 살 수 없는 가치 있는 것입니다. 사랑은 천금을 준다고 해도 살 수 없고 위협해서 빼앗을 수도 없는 것입니다. 사랑은 오직 남을 사랑함으로써 얻을 수 있는 것입니다. 사람들은 당신이 사랑과 애정을 보내는 만큼 당신에게 사랑과 애정을 보낼 것입니다."[11]

스물아홉 살의 장남 랠프가 그해 1월 조지프를 찾았지만 표면상 〈월드〉 사장으로 재직 중인 랠프는 〈월드〉의 경영에 관련된 문제만을 논의하고 떠났다. 스물네 살이 된 조지프 2세는 〈세인트루이스 포스트-디스패치〉에서 열심히 일하면서 자신의 앞날을 스스로 개척하느라 여념이 없었다. 조지프 2세는 아무리 노력해도 아버지의 기대에 못 미치리라는 사실을 깨달았을 뿐 아니라 세 형제 가운데 중간에 끼어 있는 자신의 위치에 대해서도 충분히 이해하게 되었다. 조지프 2세는 랠프가 조지프를 방문한 사이 조지프에게 이런 편지를 썼다. "클라크 씨가 돌아가셨다는 이야기를 들었을 때 지금은 아버지 곁에 형이 꼭 필요한 시기라고 생각했습니다. 형이 뉴욕을 비운 사이 아버지께서 저의 중요성을 조금이나마 생각해주셨다는 사실이, 그리고 제가 뉴욕에서 할 일이 있다는 사실이 무척 기쁩니다."[12]

스물세 살이 된 이디스와 스물한 살이 된 콘스턴스는 뉴욕 상류사회에 아버지보다도 더 자주 모습을 드러냈다. 조지프와 마찬가지로 케이트는 대부분의 시간을 뉴욕에서 보냈지만 조지프와 함께 생활하지는 않았다. 열세 살이 된 허버트는 아직 어렸기 때문에 평범한 유년 시절을 보내고 있었다.

조지프는 유언장을 다시 한 번 고쳐 썼다. 1892년 처음 작성된 유언장은 1904년 언론대학 설립과 언론상 제정 문제를 추가하기 위해 한 번 수정된 상태였다. 리버티호를 타고 여행하는 동안 조지프는 누가 자신의 바람을 가장 잘 이해하고 충실히 실행에 옮길 것인지를 두고 깊은 고민에 빠졌다. 조지프는 사망한 듀몬트 클라크 대신 뉴욕 주 주지사 찰스 휴스Charles Hughes를 이사로 지명했다. 사납게 날뛰는 바다 위에서 우울한 여행을 마친 폴러드는 조지프의 수행단을 '바다를 유난히 사랑하는 기이한 성격의 소유자들'이라 부르게 되었다.[13]

미국에서는 루스벨트가 제기한 소송이 여전히 진행 중이었다. 1909년 10월 조지프는 루스벨트를 상대로 첫 승리를 거뒀다. 조지프의 변호사들은 인디애나폴리스의 법정에서 열린 공판 결과를 듣기 위해 인디애나 주로 갔다. 인디애나 주 판사는 이 사건을 '정치적 사건'이라고 못 박으면서 워싱턴에서 이 문제를 다루고 있는 연방 검찰의 권한에 의문을 제기했다. 인디애나 주 판사는 이 사건이 수백 건에 달하는 신문사 관련

명예훼손 소송에 판례로 작용하게 될 것이라고 주장했다. 그리고 다음 날 인디애나 주 판사는 이 사건을 기각했다.

인디애나 주 판사는 이렇게 말했다. "특정 인물을 '도둑' 내지 '사기꾼'이라고 표현한 사실 그 자체만으로는 명예훼손죄를 성립시키는 요건이 되기 어렵다고 봅니다." 인디애나 주 판사는 사실을 보도해 독자들에게 생각해볼 기회를 제공해야 하는 신문의 의무에 대해 거론하면서 파나마 운하 문제가 대중의 심판을 받을 필요가 있는 중대한 문제라고 지적했다. "파나마 혁명과 거기에 관련된 제반 여건은 분명 평범함과는 상당한 거리가 있습니다."[14]

인디애나 주 판사의 판결로 워싱턴 대배심의 기소는 무효가 되었고 조지프는 투옥될 처지를 면했다. 그러나 스팀슨이 연방 검사직에서 물러나기 전 〈월드〉를 상대로 제기한 더 강력한 소송이 진행 중이었기 때문에 승리의 기쁨을 마음껏 누리기는 어려웠다.

1910년 1월 25일 조지프의 변호사 드 랜시 니콜은 맨해튼에 위치한 미 연방 지방법원에 도착했다. 바로 어제 배심원단은 〈월드〉와 〈월드〉의 편집자 반 햄을 상대로 제기된 명예훼손 형사 소송에 대한 장기간의 청문회를 마쳤다. 스팀슨이 검사직에서 물러나면서 제기한 이 소송은 루스벨트가 대통령직에서 물러나기 전 장전한 마지막 총알이었다.[15]

니콜은 크롬웰과 루스벨트의 부정부패 사실을 입증하기 위해 〈월드〉 기자들과 〈월드〉를 위해 일하는 탐정들이 수집한 자료를 충분히 확보한 상태였지만 자료를 제출하게 되면 연방 정부가 기소할 권한을 가졌다는 사실을 인정하는 꼴밖에는 되지 않았다. 조지프는 법정에서 루스벨트에게 기소권이 있는지의 문제가 다뤄지기를 원했다. 법정에 나선 첫날 니콜은 이번 기소가 헌법에 입각해 기각되어야 한다는 입장을 밝혔다. 찰스 호Charles Hough 판사는 루스벨트 대통령 임기 중 판사직에 임명되었음에도 다음 날 니콜의 입장을 들어보겠다고 결정함으로써 니콜을 놀라게 했다.

다음 날 법정에서 펼친 니콜의 주장은 법학대학의 강의를 방불케 했다. 니콜은 영국에서 명예훼손법이 어떻게 발전해왔는지 그 역사를 추적했다. 그리고 외국인법 및 치안유지법과 관련된 역사적 경험에 비춰볼 때 미국에서는 연방 정부가 명예훼손을 근거로 형사 소송을 진행할 수 없다는 사실을 설명했다. 그리고 나서 이번 기소의 법적 근거가 된 과거의 낡아빠진 연방 법에 대한 의견을 개진했다.

이번 기소의 근거가 된 과거의 연방 법은 공해상에서 벌어진 폭행 및 살해 사건을 처벌하기 위한 법이었다. 공해상에서 일어난 사건에 대해서는 주 법으로 다스릴 수 없기 때문이었다. 거꾸로 주 법원에서 쉽게 처리할 수 있는 법률 위반을 이 법으로 기소할 수는 없었다. 니콜은 호 판사에게 이렇게 설명했다. "85년 만에 이 법을 발굴해 이번 사건을 기소할 근거로 삼았던 호기심 많고 독창적인 정신의 소유자는 은퇴하고 이 자리에 없습니다. 대신 이 사건은 현직 법무장관께서 넘겨받아 절차대로 처리되고 있습니다. 사실 법무장관께서는 외국인법 및 치안유지법을 되살리실 수 있고 그에 준하는 다른 법을 통과시킬 수도 있습니다. 어쩌면 그런 법들이 지금 이 사건을 기소한 근거가 된 낡아빠진 연방 법보다 훨씬 탄탄한 근거를 제공할 수 있을 것입니다."[16]

사직한 스팀슨의 뒤를 이어 연방 검사가 된 헨리 와이즈Henry Wise는 니콜의 법해석에 이의를 제기하면서 그 법이 명예훼손까지 포괄하도록 개정되었다고 주장했다. 그러나 호 판사는 와이즈 검사의 주장을 물리 쳤다. 호 판사는 언성을 높이는 두 법조인의 말을 끊었다. "분명한 것은 연방 검찰이 이번 기소의 근거로 삼은 1808년 제정된 법이 의회가 이 법을 통과시킨 취지에 부합하게 사용되고 있지 않다는 것입니다." 호 판 사는 이 기소를 기각해달라는 니콜의 주장을 인정하면서도 이 법정이 아닌 대법원에서 판단할 문제라는 점을 강력하게 주장했다.

법정을 나서는 와이즈 검사를 기자들이 에워쌌다. 와이즈 검사는 기자들에게 이렇게 말했다. "놀랄 수밖에 없었습니다. 추가적인 조치를 취할 것인지의 여부는 법무장관의 몫이라고 생각합니다."

승리한 측 인사 중 기뻐하지 않은 사람은 조지프뿐이었다. 공판이 있는 당일 아침까지도 초조한 기색을 감추지 못했던 조지프는 대법원까 지 가서 반드시 승리하기를 바라고 있었다. 호 판사의 판결이 나온 다음 날 아침 프랭크 콥은 〈월드〉에 이런 글을 게재했다. "또 다른 루스벨트 가 나타나 항구를 보호하기 위한 법을 되살려내 자신을 공격하는 신문 을 기소하는 데 가져다 붙이는 권력남용을 저지를 가능성이 충분하다. 따라서 하루빨리 대법원의 최종 판결이 나오는 것이 더 나은 미국으로 나아가는 데 밑거름이 될 것이다." 그러나 조지프는 승소한 측이었으므 로 상고할 수 없었다. 오직 행정부만이 상고할 권리가 있었다. 태프트가 이끄는 행정부는 상고기한 만료 하루 전날에 이 사건을 대법원에 상고 하기로 결심했다.[17]

그해 3월 조지프 2세는 일생일대 중요한 결정을 내리기 위해 굳은 결심을 하고 캡마틴을 찾았다. 그해 1월 조지프 2세는 세인트루이스의 유서 깊은 가문 출신의 엘리너 위컴Elinor Wickham과 결혼하고 싶다는 바람을 아버지께 말씀드리고 허락을 구했었다. 조지프 2세는 이렇게 말했다. "3년이라는 오랜 세월을 애타게 기다려온 만큼 '올해 봄'에는 반드시 결혼하고 싶습니다. 부디 동의해주시면 좋겠습니다."[18]

매력적인 검은 머리칼의 소유자인 엘리너 위컴도 조지프의 호감을 살 수 있을 것이라고 기대하면서 조지프에게 편지를 보냈다. 그러나 위컴이 보낸 편지는 조지프가 분노를 터뜨릴 구실만 제공하고 말았다. 조지프는 위컴에게 이런 답장을 보냈다. "조지프 2세가 지난 10년간 나를 어떤 태도로 대했는지 아시오? 아가씨가 도덕적 감각이 있는 사람이라면 조지프 2세에게 진실을 말하라고 추궁하는 것이 바람직할 것이오. 그러면 아가씨가 조지프 2세에게 아무런 영향을 미칠 수 없다는 사실을 깨닫게 되겠지. 늙고 병들어 온갖 다양한 질병에 시달리고, 앞을 못 보는 상태에서 잠조차 편히 자지 못하며, 이미 한 발을 무덤 속에 들여놓고 있는 것이나 다름없는 제 아버지를 조지프 2세가 어떻게 대하는지 아시오? 그런 태도는 쉽게 변하지 않는다오. 나는 더도 말고 덜도 말고 딱 한 가지만 바라고 있소. 나는 내 아이들이 나를 대할 때 조금 덜 이기적인 마음과 조금 더 동정하는 마음을 가져주었으면 한다오."[19]

그러나 직접 만나본 조지프는 편지를 구술한 냉혈한과는 사뭇 달랐다. 조지프 2세가 도착하자 조지프는 조지프 2세의 스물다섯 번째 생일

선물로 1,000달러를 주면서 결혼을 승낙했다. 아버지가 베푼 호의는 조지프 2세의 죄책감을 다시 한 번 불러일으키는 계기가 되었다. 떠나는 열차에 오른 조지프 2세는 아버지의 여름 별장을 바라보면서 캡마틴에서 보낸 어린 시절을 회상했다. 세인트루이스로 돌아간 조지프 2세는 아버지에게 이런 편지를 보냈다. "제가 평생 동안 느꼈던 것보다 더 많은 것을 바로 그 한순간에 느끼게 되었습니다. 제가 아버지에게 얼마나 많은 것을 빚지고 있었는지, 그리고 그 빚에 대해 전혀 알지 못하고 살았던 과거의 제가 얼마나 큰 잘못을 저질러왔는지 이제야 알게 되었습니다. 아버지를 그곳에 남겨둔 채 제 앞에 놓여 있는 미래만을 생각하고 저 자신의 행복만을 추구하는 제가 정말이지 이기적인 인간이라는 사실을 새삼 깨닫게 되었습니다."[20]

아이들이 떠난 뒤 조지프는 유언장을 다시 한 번 수정했다. 조지프는 자녀들에게 남겨주려고 마음먹은 상당한 자금에 일종의 경고를 함께 남기기로 했다. 조지프는 이렇게 기록했다. "안타깝게도 큰 재산을 물려받은 상속인들에게 찾아오기 쉬운 위험을 잊지 말기를 바란다. 아버지의 무한한 애정이 더해진 재산이라고 해도 위험은 예외 없이 찾아오게 마련이다. 부디 호화롭지만 무기력한 생활에 현혹되지 말거라. 또한 더 큰돈을 만질 수 있다는 유혹에 넘어가, 열정적이고 진지한 태도로 필요한 일을 해나가는 유익한 의무로부터 벗어나지 말기를 간절히 바랄 뿐이다."[21]

몇 차례의 지중해 항해를 마치고 돌아온 조지프는 채톨드에서 여름을 보낸 뒤 그해 가을 유럽으로 돌아갔다. 1910년 10월 24일 정부는 하급심에서 내린 결정을 뒤집어달라며 루스벨트와 태프트가 임명한 인사들로 구성된 대법원에 상고했다. 이제 루스벨트가 〈월드〉를 상대로 제기한 소송은 마지막 한 번의 결투만 남겨두게 되었다. 법무부를 대리해 법정에 나온 제임스 맥레이놀즈James McReynolds는 〈월드〉가 유통되는 범위 안에 들어 있는 연방 정부 소유지에 거주하는 국민을 보호할 목적으로 소송을 치르고 있을 뿐이라고 발언했다. 맥레이놀즈는 해당 신문이 어디에서 인쇄되었는지는 중요하지 않다고 주장하면서 해당 신문을 독자가 읽는 순간 명예훼손죄가 성립된다고 말했다. 홈스Holmes 판사를 비롯한 여러 판사들은 맥레이놀즈의 주장에 조목조목 의문을 제기하면서 명예훼손죄를 다스리기에는 뉴욕 주의 법만으로도 충분하지 않느냐고 지적했다.[22]

조지프의 변호사 니콜은 다시 한 번 명예훼손법의 역사에 대한 정교한 이론 강의를 진행했다. 이번에는 조지프를 기소하는 일이 '미국 정부의 고귀한 의무'라는 루스벨트의 주장이 담긴 편지 내용까지 발언에 포함시켰다. 니콜은 조지프를 기소한 루스벨트의 행동이 미국에 얼마나 치명적인 영향을 미치는 행동인지를 설득하기 위해 애썼다. 연방 정부가 소유한 토지가 전국적으로 2,000곳이 넘으므로 이번 사건이 대통령의 승리로 끝나고 만다면 앞으로 미국 대통령은 미국 전역에 걸쳐 동시다발적으로 대배심을 소집할 수 있게 될 터였고 그로 인해 신문사들은 재정적 어려움을 겪게 될 가능성이 컸다. 니콜은 이렇게 주장했다. "마음만 먹는다면 미국 대통령이 자신의 정치를 비판한 신문사를 없애는 일도 그리 어렵지는 않게 될 것입니다. 이번 사건이 미국 대통령의 승리로 끝난다면 앞으로 누가 미국 대통령에 오르든 보잘것없는 신문사를 뭉개버리기 위해 미국 정부가 가진 막대한 자원을 마음대로 휘두를 수 있게 될 테니 말입니다."[23]

그리고 이렇게 덧붙였다. "바로 이것이 루스벨트 전 대통령이 제기한 소송에 감춰진 진정한 문제입니다. 따라서 〈월드〉는 헌법이 보장하는 자신의 권리를 수호하기 위해 싸우고 있을 뿐 아니라 미국 전역에서 발행되는 모든 신문사에게 보장된 헌법적 권리를 수호하기 위해 연방 검찰에 맞서 싸우고 있는 것입니다."

10주가 지난 1911년 1월 3일 대법원은 만장일치로 〈월드〉의 손을 들어주었다. 대법원은 연방 정부에게는 〈월드〉를 기소할 권리가 없다는 결론을 내렸다. 화이트White 수석 판사는 주 법에 따라 명예훼손죄를 다스릴 수 있는 경우 특정 신문이 연방 정부의 소유지에 배포된다는 이유만으로 연방 정부가 연방 법에 따른 명예훼손 소송을 진행할 수 없다는 내용의 판결문을 낭독했다. 화이트 수석 판사는 판결문을 책상에 내려놓으면서 이렇게 말했다. "연방 정부가 주 법을 폐지해 주 법으로는 명예훼손죄를 다스릴 수 없는 날이 오지 않는 한 이번 기소는 유지될 수 없다."[24]

결국 연방 법으로는 명예훼손죄를 다스릴 수 없다는 스팀슨의 조언에 완강하게 귀를 막은 채 우격다짐으로라도 조지프를 연방 법으로 기소하겠다는 루스벨트의 주장에는 애초부터 결함이 있었던 것이다. 주 정부와 연방 정부의 기소 영역은 서로 다르다는 사회적으로 합의된 통넘에 반기를 든 루스벨트의 도전은 실패로 끝나고 말았다.

조지프는 캡마틴에서 대법원의 판결을 들었다. 이번 승리는 조지프의 생애에서 가장 짜릿한 승리였다. 대법원이 내린 결정은 사법권의 존재 유무라는 비교적 범위가 협소한 쟁점에 대한 판결이었지만 조지프는 미국의 독립언론에게 가해진 광범위한 공격을 물리친 쾌거라고 굳게 믿었다. 조지프는 프랭크 콥에게 이번 판결을 신문에 게재하라고 지시했다. 콥은 이렇게 기록했다. "이번에 대법원이 내린 판결은 언론의 자유가 미국 정부의 비위를 맞추고 미국 정부의 기분을 유쾌하게 만들기 위해 존재하는 것이 아니라는 사실을 만천하에 공표한 것이다. 한 세기 전 미국 시민들은 악명을 날리던 외국인법 및 치안유지법을 거부하면서 연방당Federalist Party을 무너뜨리는 쾌거를 이룩한 바 있었다. 대법원이 이번에 내린 판결은 그 사건 이후 언론의 자유를 수호하기 위해 미국 시민들이 기울여온 노력이 거둔 가장 크고 가장 값진 승리다." 조지프에게 완패한 루스벨트 측은 침묵으로 일관했다. 루스벨트는 오이스터 만Oyster Bay을 떠나는 열차를 잡아 탄 〈월드〉 기자에게 이렇게 말했다. "나는 아무런 할 말이 없네."**25**

그러나 승리의 기쁨을 만끽하는 것도 잠시뿐, 뉴욕에서 슬픈 소식이 날아들었다. 1911년 1월 23일 조지프의 사랑을 한몸에 받으며 〈월드〉의 후계자가 될 것으로 여겨졌던 데이비드 그레이엄 필립스는 뉴욕 시에 자리 잡은 프린스턴 클럽Princeton Club으로 우편물을 찾으러 가고 있었다. 10여 년 전 〈월드〉를 떠난 필립스는 사회의식이 짙게 배어나는 소설을 써서 크게 성공한 소설가이자 남의 사생활을 잘 캐는 것으로 유명한 기자가 되어 있었다. '남의 사생활을 캐는'이라는 표현은 루스벨트가 개혁 성향의 작가들을 폄하하면서 쓴 표현이었는데, 아마 루스벨트는 필립스를 염두에 두고 그 말을 했을 것이다. 필립스가 프린스턴 클럽에 가까워질 무렵 근사하게 차려입은 젊은이가 필립스 쪽으로 다가왔다.[26]

그 젊은이는 품속에서 32구경(8밀리미터) 자동 권총을 꺼내 들더니 필립스에게 총을 쏘면서 이렇게 외쳤다. "잘 가라, 이 나쁜 놈아."

젊은이는 필립스의 몸에 여섯 개의 탄환을 박아 넣은 뒤 총구를 자신의 머리에 대고 발사하면서 이렇게 말했다. "나도 간다." 필립스를 공격한 젊은이는 정신이상자인 것처럼 보였지만 사실 워싱턴 D.C.의 유서 깊은 가문의 자제였다. 그 젊은이는 필립스가 쓴 책들로 인해 가문의 명예, 특히 여동생의 명예가 실추되었다고 생각했다. 주변 공원을 순찰하던 경찰이 뛰어왔고 클럽에 있던 필립스의 친구 세 명도 총소리를 듣고 뛰어나왔다.

"그레이엄, 무슨 일인가?" 가장 먼저 도착한 친구가 필립스에게 물었다.

이미 사망해 차가운 바닥에 누워 있는 시신을 가리키며 필립스가 대답했다. "저 사람이 나에게 총을 쐈어. 배에 맞았네. 그 사람 생각은 나중에 하고 우선 의사부터 불러주게."

필립스를 태운 구급차가 병원을 향해 급히 달려갔다. 처음 필립스를 진찰한 의사들은 필립스가 회복할 수 있을 것으로 내다봤다. 그러나 출혈은 그칠 줄을 몰랐다. 다음 날 저녁 필립스의 상태가 가파르게 추락했다. 죽기 몇 분 전 필립스는 이렇게 중얼거렸다. "총알 두 개 정도면 몰라도 여섯 개는 무리인 모양이군." 사망 시각은 밤 11시 30분이었다.

이틀 뒤 이스트 17번가와 스튜이버선트 플레이스Stuyvesant Place 사이에 위치한 세인트조지 성공회St. George's Episcopal Church에서 필립스의 장례식이 거행되었다. 〈월드〉에서 함께 일한 필립스의 옛 동료들 대부분과 필립스를 사랑하는 많은 독자들이 세인트조지 성공회를 찾아 고인을 추모했다. 장례식 혐오증을 극복하지 못한 탓도 있었지만 장례식 공포증이 없었더라도 조지프는 장례식에 참석할 수 없을 만큼 먼 곳에 있었다. 게다가 조지프를 괴롭히는 증세들이 나날이 늘어가고 있었기 때문에 가까운 곳에 있었더라도 조지프는 장례식에 참석할 수 없었을 터였다. 3월 초 조지프는 랠프에게 이런 편지를 보냈다. "한시도 끊이지 않는 두통 때문에 너무나도 고통스럽구나. 이런 상황에서 경영은 무리인 듯하다." 비스바덴에서 온천욕을 했지만 조지프의 고통은 멈추지 않았다. 그해 5월 조지프의 보좌관들은 케이트에게 조지프의 혈당이 위험 수위까지 떨어졌다는 내용의 편지를 보냈다. 조지프의 신경은 엉망이 되어 제멋대로 날뛰었다. 그 밖에도 만성 소화불량이 조지프를 끊임없이 괴롭혔다.[27]

조지프를 돌보는 여러 의사들 가운데 조지프에게 처방된 의약품 목록을 검토한 어느 의사가 조지프에게 비교적 최근에 새로 출시된 진정제 베로날Veronal을 복용할 것을 권했다. 그 의사는 조지프에게 이렇게 말했다. "베로날을 복용한 대부분의 환자들은 정상적으로 수면을 취했습니다. 게다가 베로날은 부작용도 전혀 없습니다. 베로날을 하루 8알

내지 12알씩 여러 해 동안 꾸준히 복용해도 인체에 해롭다는 증거는 전혀 나타나지 않았습니다. 베로날에 중독성이 있다는 세간의 공포는 아무런 근거가 없는 것입니다." 그러나 환자들은 베로날에 내성을 보였고 복용량을 늘려가야 했다. 몇 년 뒤 전문가들은 베로날이 심각한 부작용을 일으킬 수 있다고 경고했다. 어느 의학 서적에는 이런 보고가 실렸다. "베로날은 위험한 수면제로 분류되어야 한다. 베로날에 중독되어 심각한 부작용을 겪다가 심지어 사망에 이르는 환자의 수가 날로 늘어나고 있다. 따라서 베로날을 처방할 때는 매우 깊은 주의를 기울여야 한다."[28]

1911년 여름 공화당은 시어도어 루스벨트가 현직 대통령인 태프트의 대통령 후보 재지명에 반대할 것이라는 전망 앞에 당황하고 있었다. 반면 민주당은 태프트를 누르고 정권을 되찾을 수 있다는 희망에 부풀었다. 대통령 선거는 여전히 조지프의 열정을 불러일으키는 주제였다. 조지프는 논설위원들과 이번 선거에 대해 논의하기 위해 미국으로 돌아왔다. 신문사 경영에 대한 관심은 크게 줄었지만 '사설'에 대한 조지프의 관심은 변함없이 굳건했다. 그해 봄 조지프는 어느 통신원에게 이렇게 말했다. "〈월드〉에서 벌어지는 일에 대한 관심을 끊으려고 평생을 노력했지만 그러지 못했다네."[29]

그해 6월 말 조지프와 콥은 뉴욕의 어느 해변에 정박해 있는 리버티호에서 만났다. 조지프는 〈월드〉가 우드로 윌슨을 대통령 후보로 밀어주기를 바라고 있었다. 프린스턴대학교 총장으로 몇 년을 봉직한 우드로 윌슨은 〈월드〉의 지지를 받으며 뉴저지 주 주지사가 되었다. 그러나 조지프는 금융기업들의 담합을 공격하는 윌슨의 입장이 자칫 브라이언주의를 부활시키지는 않을까 노심초사했다. 조지프는 그 때문에 윌슨이 민주당 대통령 후보에 오르지 못하는 사태가 벌어질까 봐 걱정했다. 콥은 조지프의 견해에 찬성하지 않았지만 〈월드〉를 통해 공개적으로 윌슨을 질타해 경고를 보내야 한다는 조지프의 지시를 충실하게 이행했다. 조지프는 콥에게 이렇게 말했다. "내가 윌슨을 매우 존경한다는 사실과 그의 편이 되어주려고 한다는 점을 절대 잊지 말게. 윌슨은 위대한 예술가이자 진정한 천재라네. 하지만 지금은 올바른 길에서 벗어나려 하고 있어. 그러니 윌슨이 제정신을 차리도록 자네가 좀 도와주게. 그것이 윌슨의 벗이자 숭배자인 내가 베풀 수 있는 최고의 친절이라네."[30]

콥과의 회의를 마친 조지프는 뉴욕에 머물고 있는 가족들을 데리고 북쪽으로 향했다. 세인트루이스에 머물고 있던 조지프 2세와 엘리너 부부는 열차를 타고 와 합류했다. 바 하버의 채톨드 별장은 더 없이 좋은 상태를 유지하고 있었다. 몇 해 전 수리를 마치고 새롭게 단장한 채톨드의 여름 별장은 조지프가 일평생 그렇게도 갈구하던 조용한 안식처가 되어주었다. 조지프의 침실은 기존의 주택과는 사뭇 다른 모양으로 지은 '고요의 탑' 위층에 자리 잡고 있었다. 조지프는 지하실에 마련된 수영장에 따뜻하게 데운 바닷물을 채운 다음 수영을 즐기거나 해변이 내려다보이는 커다란 쪽마루에 앉아 휴식을 즐기며 시간을 보내곤 했다. 조지프가 홀로 여가를 보내는 사이 케이트와 두 딸들은 다양한 사교 모임에 참석하면서 여름날을 보냈다. 〈뉴욕 타임스〉가 예견한 대로 1911

년 여름은 "어느 면에서나 1910년 여름보다 나을 터였다."**31**

조지프는 이따금 가족들과도 시간을 보냈다. 조지프는 거의 매일 케이트나 허버트 또는 두 딸 가운데 한 명 및 보좌관과 함께 도서실 앞에 마련된 대형 거실에 식탁을 차려놓고 점심식사와 저녁식사를 했다. 랠프나 조지프 2세와는 보트를 탈 때만 만났다. 조지프는 가족들과 어울리는 일에 점차 지쳐갔다. 조지프가 새로 채용한 보좌관 알레이니 아일랜드Alleyne Ireland는 이렇게 회고했다. "사장님께서 품고 있는 가족들을 향한 감정은 정말 강렬했다. 잠을 설치고 극심한 고통에 시달리며 절망적인 우울감에 빠지지 않는 한 사장님은 최선을 다해 가족들을 보살피려 했다." 몸도 마음도 피곤했지만 조지프는 자녀들에 대한 관심의 끈을 놓지 않았다. 아일랜드는 이렇게 회고했다. "사장님은 가족들에 관련된 모든 일에 대해 설명을 요구하셨다. 그중에서도 사장님의 관심을 한몸에 받은 사람은 사장님이 앞을 전혀 볼 수 없게 되고 나서 한참 뒤에 태어난, 명랑하고 준수하게 생긴 어린 독재자 랠프 퓰리처 2세였다."**32**

조지프는 전기로 움직이는 보트를 즐겨 탔다. 팔걸이가 달린 의자를 보트 한가운데에 설치하고 두 명의 보좌관과 함께 보트에 오른 조지프는 프렌치먼 만Frenchman Bay의 고요한 바다 위를 한가롭게 떠다녔다. 8월 초에는 최근 〈월드〉에 입사한 클라크 파이어스톤Clark B. Firestone이 조지프를 보좌해 보트에 올라 논설위원으로서 갖춰야 할 자질을 조지프로부터 전수받았다. 보트가 움직이기 시작하자 으레 그랬던 것처럼 조지프는 독립성이야말로 신문이 갖출 수 있는 가장 가치 있고 고귀한 특성이라고 강조했다. 〈월드〉의 사설은 정치, 경제, 사회, 개인 등 주위의 모든 영향력 있는 요인으로부터 자유로워야 했다. 조지프는 〈이브닝 메일 Evening Mail〉에서 일하다가 최근 〈월드〉로 자리를 옮긴 파이어스톤에게 사설에 영향을 미칠 가능성이 있는 사람과는, 심지어 그 사람이 〈월드〉의 직원이라고 해도 친분을 쌓아서는 안 된다고 경고했다. 조지프는 이렇게 말했다. "나는 〈월드〉의 최대 자산이 독립성이라는 점을 〈월드〉의 논설위원들이 지금보다 더 명확하게 이해하기를, 그리고 자신이 쓰고 싶은 것을 자유롭게 쓸 수 있는 논설위원만의 권리를 더 충분하게 누리기를 바라고 있네. 물론 사건을 과대포장하거나 진실이 아닌 것을 말해서는 안 되겠지만 그것 외에는 아무것도 두려워하지 않기를 바라네."[33]

사설에 있어 독립성 다음으로 중요한 가치는 사람들에게 잘 읽혀야 한다는 점이었다. 잘 읽히는 사설이 되기 위해서는 대중이 관심을 보이는 주제를 선정해 익숙하지 않은 용어는 되도록 배제하고 가능한 한 짧고 쉬운 문장으로 사설을 써야 했다. 조지프는 콥이 디트로이트 생활을 청산하고 〈월드〉에 입사했을 당시를 회고했다. 당시 콥은 사설이 적어도 한 단의 절반 이상을 차지해야 한다고 생각했다. 조지프는 그런 콥의 생각을 즉시 바로잡아주었다. 콥이 전보다 더 간결한 사설을 쓰게 하기 위해 조지프는 열 줄 내지 열두 줄 분량으로 짧게 작성되는 〈뉴욕 선〉의 사설처럼 '간단명료하면서도 하고 싶은 말은 하나도 빠짐없이 모두 표현하는 주옥같은 문장'을 쓰라고 요구했다.

사설은 독자들이 도저히 외면할 수 없을 정도로 깊은 인상을 남겨야 했다. "〈월드〉는 하루도 빠짐없이 충격적인 발언을 해야 하네. 하루라도 평범한 사설이 실려서는 안 되네. 다른 신문들은 절대로 흉내 낼 수 없는 그런 독창적인 사설, 독자들이 전혀 예측할 수 없는 사설이면서 도 독자들의 마음을 사로잡는 그런 사설을 매일같이 내놓아야 한다는 말일세."

그는 이렇게도 말했다. "나는 '선정적'이라는 말을 정말 싫어해서 절 대로 입에 올리지 않지만 사설에는 충격적인 내용이 실리기를 바란다 네. 물론 사설이 기사만큼 독창적이기는 어렵겠지. 하지만 사설도 기사 만큼 독창적이 될 수 있도록 노력해야 한다고 보네."

조지프는 사람들의 흥미를 끌어올릴 만한 농담을 사설에 섞어 넣는 것을 잊지 말라고 당부하면서 그날의 교육을 마쳤다. 파이어스톤은 이 렇게 회고했다. "사장님은 비아냥거림이나 풍자가 섞인 사설을 써야 한 다고 당부하시면서 그러기 위해 내 안에 숨어 있는 잠재적인 능력을 모 두 끌어올려야 한다고 말씀하셨다." 파이어스톤과 헤어지기 전 조지프 는 자신의 의견에 동의하지 않는 논설위원을 통해 자신의 의견을 전달 하느니 차라리 그 내용을 싣지 않는 것이 낫다는 의견을 덧붙이면서 파 이어스톤이 동의하지 않는 논조의 사설을 쓰라고 강요하지 않겠다고 약 속했다.

채톨드에서 여름을 보냈지만 조지프의 상태는 유럽을 떠나 채톨드 에 도착한 6월 초에 비해 더 나아진 것이 없었다. 그해 9월 조지프는 랠 프에게 전보를 보냈다. "끔찍한 두통, 만성 소화불량, 심각한 불면증과 그 밖의 여러 질환에 시달리다 못해 쓰러지기 일보 직전이다." 나뭇잎의 색이 변하고 가을 바람이 솔솔 불어오면서 겨울이 다가왔음을 알리기 시작하자 조지프는 그토록 아끼는 메인 주의 여름 별장을 떠나 뉴욕으로 돌아갔다. 그러나 뉴욕에서의 생활은 조지프를 더욱 힘들게 만들 뿐이었다. 이스트 73번가에 위치한 조지프의 뉴욕 집은 지을 당시부터 건축가와 관련 전문가들이 소음을 차단하기 위해 많은 공을 들였지만 지은 지 8년이 지난 지금은 그런 수고가 아무런 소용이 없게 된 상태였다. 노력이 부족해서 생긴 현상은 아니었다. 처음 집을 지을 당시 조지프의 보좌관들이 돌아가면서 조지프의 침실에서 잠을 청하면서 소음의 차단 유무를 꼼꼼히 확인했기 때문이다. 확인에 확인을 거듭한 결과 조지 레들리는 자신이 환청을 듣는 것은 아닌지 착각할 지경이었다.

보좌관들은 소음 문제를 해결하기 위해 하버드대학교의 음향공학과 교수 월리스 서빈Wallace C. Sabine을 초청했다. 서빈 교수는 집 뒤편에 창문이 전혀 없는 침실을 새로 짓는 것이 좋겠다고 조언했다. 새 침실의 건축은 포스터, 게이드 앤드 그레이엄Foster, Gade, and Graham 건축회사에 맡기기로 했다. 새 침실이 완성되자 건축회사 측 관계자 한 사람과 조지프의 보좌관 아서 빌링스가 침실로 들어갔다. 두 사람이 침실에 들어간 사이 나머지 보좌관들은 지하실에 들어가 배관을 두드리며 소음을 일으키거나 수영장에서 소란스럽게 수영을 하거나 지붕 위로 올라가 통풍구를 두드리며 소음을 유발했다. 그 밖에도 승강기를 타고 오르내리며 소음을 일으켰다. 소음이 들리는지 여부를 직접 확인한 빌링스는 조지프에게 이렇게 보고했다. "포스터 씨도 그렇고 저도 그렇고 매우 만족했습니다. 물론 사장님의 예민한 귀에도 소음이 들리지 않아야 최종적으로 성공했다고 말할 수 있겠지만 말입니다." 그러나 안타깝게도 새로 지은 침

실은 조지프의 시험을 통과하지 못했다.[34]

73번가에 위치한 조지프의 뉴욕 집은 〈월드〉 사옥에서 가까웠기 때문에 조지프는 경영계획서와 편집계획서를 제출하라고 달달 볶으면서 경영관리인들과 편집자들을 성가시게 만들었다. 권력을 내려놓지 못하고 결정권을 랠프에게 넘기지 않은 채 〈월드〉 운영에 온 신경을 기울이는 것은 조지프가 스스로에게 내린 형벌이나 다름없었다. 사이츠의 머릿속에는 담합을 일삼으면서 매년 30~40퍼센트씩 가격을 인상하는 제지업체의 횡포에서 벗어날 수 있도록 아예 제지공장을 인수해버릴 계획으로 가득했다. 조지프는 제지공장 인수와 관련된 계약을 마치지도 않은 상태에서 랠프가 휴가를 떠났다는 소식을 듣고 기절초풍했다. 랠프가 자리를 비운 사이 아버지를 만나러 온 조지프 2세와 보낸 시간도 그다지 유쾌하지 않았다. 조지프는 조지프 2세가 뉴욕에서 지내기를 내심 바라고 있었다. 하지만 며느리의 가족이 세인트루이스에 있는 한 조지프 2세가 세인트루이스에서 지내도 좋다고 허락했다. 조지프 2세가 뉴욕으로 오기를 바랐지만 자신의 뜻을 관철시킬 수 없다는 사실을 깨달은 조지프는 화가 치민 나머지 조지프 2세에게 뉴욕으로 돌아오지 말라고 선언해버리고 말았다.[35]

〈월드〉 직원들이나 자녀들은 조지프에게 요구하는 것이 거의 없었지만 정치인들은 달랐다. 개혁 성향의 윌리엄 게이너William J. Gaynor 시장은 조지프에게 〈월드〉에 대한 실망감을 피력했다. 윌리엄 게이너 시장은 암살당할 위기에서 용케 목숨을 건진 인물로 〈월드〉는 게이너 시장이 공격당하는 현장을 포착해 사진에 담았다. 게이너 시장은 〈월드〉의 지지를 받으며 시장에 당선되었지만, 지하철 건설 계획을 밝히자 〈월드〉가 태도를 바꿔 허스트의 신문사와 함께 자신을 공격하고 있다며 불만을 토로했다. 게이너 시장은 이렇게 말했다. "한때 엄청난 권력을 소유했던 〈월드〉가 이제는 허스트가 운영하는 신문사의 기사 내용을 앵무새처럼 따라 읊는 보잘것없는 신문으로 전락했다는 소리를 많이 들어봤을 것입니다. 허스트가 소유한 신문들보다도 허스트의 정치적 입장을 더 많이 홍보하고 있는 신문이 바로 〈월드〉입니다. 〈월드〉 덕분에 허스트는 가만히 앉아서 승승장구하고 있습니다."[36]

지난 28년간 미국에서 가장 중요한 신문사의 키를 잡아온 조지프는 동지들이 쏟아놓는 불평이나 적들이 퍼붓는 비방에 익숙해져 있었다. 삼 척동자도 다 아는 조지프의 정적 윌리엄 랜돌프 허스트, 윌리엄 제닝스 브라이언, 시어도어 루스벨트를 대하는 조지프의 태도는 가족들을 대하는 조지프의 태도와는 사뭇 달라서 아주 개방적이고 지극히 관대했다.

루스벨트는 법정 다툼에서 지고 난 뒤에도 조지프에 대한 공격을 멈추지 않았다. 사실 그해 여름 영국인 친구에게 보낸 편지에서 루스벨트는 조지프를 찰스 디킨스의 소설 속에 등장하는 정치인 제퍼슨 브릭 Jefferson Brick에 비유했다. 반면 조지프는 콥에게 루스벨트의 업적을 제대로 평가할 때가 되었다고 말했다. 조지프는 이렇게 말했다. "개인적으로 나는 파나마 운하 사업이 기념비적인 사업이고 그런 큰 사업을 추진한 공로를 루스벨트에게 돌려야 마땅하다고 생각하네. 〈월드〉는 그런 큰 업적을 세운 대통령으로서의 루스벨트와, 부정부패에 연루되었다고 자신을 비판했다는 이유로 〈월드〉를 기소한 개인으로서의 루스벨트를 구분해야 하네. 루스벨트가 실제로 부정부패에 연루되었는지 증명할 수 있으면 속 시원하련만 지금까지와 마찬가지로 아마 앞으로도 증명하기 어려울 것일세."[37]

조지프의 정적 세 사람 가운데 오직 허스트만이 조지프의 너그러운 성품을 알아보았다. 두 사람은 몇 년에 걸쳐 어느 한쪽이 무너지기 전까지 절대 끝날 것 같지 않은 치열한 경쟁을 벌였지만 조지프는 항상 〈월드〉 직원들에게 허스트에 대한 악의적인 비판을 자제하라고 지시했고 논설위원들에게는 허스트의 장점을 인정해주어야 한다고 강조했다. 그해 10월 〈월드〉는 허스트를 칭찬하는 기사를 실었다. 그 기사를 읽은 허스트는 조지프의 뜻에 따라 그런 기사가 실렸다고 여겼고 감사의 뜻을 담은 편지를 조지프에게 보냈다.[38]

31장

부드럽게, 아주 부드럽게

1911년 10월 18일 닻을 올린 리버티호는 뉴욕을 출발했다. 조지프, 허버트, 허버트의 가정교사와 보모, 조지프의 보좌관 다섯 명, 1896년부터 조지프를 그림자처럼 수행해온 충직한 보좌관 자베즈 더닝엄이 리버티호에 승선했다. 리버티호는 지킬 섬을 목표로 항해에 나섰지만 겨우 찰스턴을 지날 무렵 서인도제도에 불어닥친 허리케인 때문에 더 나아가지 못하고 항구에 정박해야 했다. 뉴욕의 집에 머무는 동안 심한 감기에 걸려 고생한 조지프는 으레 그랬던 것처럼 갖가지 질환이 유발하는 끊임없는 고통에 시달리고 있었다. 하지만 조지프를 보좌하는 보좌관들이나 최근 새로 채용한 의사의 눈길을 끌 만한 특이한 이상은 발견되지 않았다.

항구에 정박하고 이틀째 되던 날 조지프는 심한 위통^{胃痛}을 호소했다. 최근 새로 채용한 의사의 실력은 아직 검증되지 않았으므로 보좌관들은 찰스턴에서 명성을 날리던 의사 로버트 윌슨 2세Robert Wilson Jr.를 리버티호로 불렀다. 심한 소화불량이라는 진단을 내린 로버트 윌슨 2세는 조지프에게 베로날을 처방했다. 조지프는 원기를 되찾았고 며칠 뒤부터는 배 위에서 〈찰스턴 뉴스 앤드 쿠리어Charleston News & Courier〉의 편집자 로버트 레이선Robert Lathan과 함께 점심식사를 할 수 있을 정도로 크게 회복되었다. 조지프와 레이선은 1912년 대통령 선거에서 민주당이 승리하리라고 예측하면서 즐거운 한때를 보냈다. 알레이니 아일랜드는 이렇게 기록했다. "그렇게 유쾌하고 즐거운 사장님 모습을 본 것은 그때가 처음이었다."[1]

그러나 다음 날 몸 상태가 다시 나빠진 조지프는 하루 종일 선실에 누워 있었다. 다음 날 아침 스웨이츠는 뉴욕에 머물고 있는 케이트에게 전보를 보냈다. 오랜 세월 동안 케이트는 그와 비슷한 전보를 수도 없이 받았고 대부분은 신중하게 판단해 무시하고 넘어갔다. 그러나 이번에는 경우가 달랐다. 케이트는 전용 열차를 불러 그날 오후 4시에 뉴욕을 출발해 남쪽으로 내려갔다.[2]

다음 날 새벽 3시경 케이트를 태운 열차가 캐롤리나스Carolinas에 도착했다. 그 무렵 잠에서 깬 조지프는 더닝엄에게 아일랜드를 불러오라고 시켰다. 황급히 옷을 갈아입은 아일랜드는 여러 권의 책을 집어 들고 조지프가 머물고 있는 선실로 향했다. 아일랜드는 이렇게 기록했다. "사장님은 너무 큰 고통에 시달리고 계셨다. 침대에서 뒤척이다가 일어났다가 편안한 의자에 앉았다가를 반복하면서 어쩔 줄 몰라 하셨다."

아일랜드는 가져온 책을 낭독하면서 조지프를 안정시키기 위해 애썼다. 책을 여러 권 바꿔가면서 낭독했지만 별다른 소용이 없었다. 그러다가 핼럼Hallam이 지은 《헌법의 역사Constitutional History》에 대해 역사가 매콜리가 젊었을 때 논평한 내용을 낭독할 무렵 변화가 나타났다. 아일랜드는 이렇게 회고했다. "새벽 다섯 시가 가까워올 때까지 쉬지 않고 책을 낭독했다. 주의를 기울여 내용을 듣고 계시던 사장님이 낭독을 중단시키시더니 특정 내용을 반복해 낭독하라고 지시하셨다." 새벽 5시 30분쯤 되었을 무렵 조지프는 다시 고통을 호소하기 시작했다. 배에 상주하는 의사와 윌슨 2세가 동시에 나타났다. 윌슨 2세는 조지프가 여섯 달 전부터 복용해오던 진정제 베로날을 처방했다. 동이 틀 무렵 안정을 되찾은 조지프는 아일랜드에게 가서 쉬라고 지시했다. "가서 눈 좀 붙이게. 나머지 내용은 오후에 듣도록 하겠네."

낭독도 하고 피아노도 치는 독일인 보좌관 프리드리히 만Friedrich Mann이 아일랜드의 임무를 이어받았다. 만은 조지프에게 크리스토퍼 헤어Christopher Hare가 지은 《루이 11세의 생애The Life of Louis XI》를 읽어주었다. 만은 프랑스 왕 루이 11세의 죽음을 묘사한 부분에 다다랐다. 루이 11세는 왕좌에 오른 지 23년 만에 예순세 살을 일기로 세상을 떠났다. 예순네 살로 접어든 조지프는 지난 28년 동안 쉬지 않고 〈월드〉를 이끌어왔다. 낭독하는 내용을 듣다가 끄덕끄덕 졸기 시작하던 조지프는 으레 그랬듯 나지막하게 중얼거렸다. "부드럽게, 아주 부드럽게."[3]

오후 1시 무렵 조지프는 가슴에 극심한 통증을 느끼며 잠에서 깨어났다가 정신을 잃었다. 몇 분 뒤 케이트가 도착했다. 케이트는 허버트와 함께 조지프가 누워 있는 선실로 들어갔다. 20분가량 지났을 무렵 케이트와 부부의 연을 맺은 지 33년 만에 조지프는 케이트가 지켜보는 가운데 마지막 숨을 거뒀다.

　다음 날 조지프의 시신이 안치된 은으로 장식한 삼나무 관이 찰스턴 기차역으로 옮겨져 애도를 표하는 천으로 장식한 열차에 실렸다. 케이트, 허버트, 그리고 조지프의 보좌관들은 케이트가 뉴욕에서 타고 온 전용 열차에 올랐다. 오후 4시 30분 출발한 열차는 밤을 새워 뉴욕으로 달렸다. 세인트루이스에 머물고 있던 조지프 2세와 뉴욕에 머물고 있던 랠프도 아버지의 시신이 운구되는 장소를 향해 출발했다. 콜로라도스프링스Colorado Springs에 살고 있던 콘스턴스와 프랑스에 머물고 있던 이디스 역시 뉴욕으로 떠날 채비를 서둘렀다.[4]

　1911년 10월 31일 오후 2시 5분경 조지프가 안치된 관을 실은 열차가 뉴욕에 도착했다. 〈월드〉 사옥과 〈뉴욕 트리뷴〉 및 그 밖의 여러 신문사 사옥에는 조기가 내걸렸다. 조지프의 사망 소식은 미국 전역에서 발행되는 거의 모든 신문의 1면을 장식했다. 조지프의 사망 소식을 실은 기사들은 하나같이 〈월드〉를 미국에서 가장 지배적인 신문으로 끌어올리면서 언론에 새바람을 불러일으켜 큰돈을 거머쥐게 된 조지프의 업적에 주안점을 두었다. 하지만 그 기사의 주인공이 기사를 읽었다면 아마 크게 실망했을 것이다. 사망하기 몇 달 전 조지프는 이런 글을 남겼다. "내가 죽은 뒤 사람들이 나를 그저 어느 신문의 발행인 정도로만 기억할 것을 생각하니 정말 끔찍하다. 나는 재산이 아니라 정치에 많은 열정을 쏟아부었다. 나는 나 자신을 위한 이기적인 정치가 아니라 자유와 평등이라는 보편적인 이상을 추구하는 정치에 한평생을 다 바쳤다." 조지프의 정적 허스트만이 조지프의 마음을 헤아렸다. 허스트는 독자들에게 이렇게 말했다. "퓰리처 씨는 신문을 단순히 돈을 버는 도구라고만 생각하지 않았다. 퓰리처 씨에게 신문은 신문을 읽는 수십만 독자들의 의지를 모으고 그들에게 힘을 부여하는 수단이자 그 힘이 모두에게 이익이 되는 결과를 낳는 활동에 활용되도록 뒷받침하는 버팀목이었다."[5]

조지프의 사망 원인은 심장질환으로 알려졌다. 윌슨 2세가 작성한 사망진단서에는 사망 원인으로 협심증이, 사망에 기여한 다른 요인으로 담석이 기재되었다. 베로날 복용이나 그 밖의 다른 약물에 대한 언급은 전혀 없었다. 언론은 망자에 대한 예의의 표시로 지난 20여 년 동안 줄곧 조지프를 괴롭혀온 것으로 알려진 우울증이나 그 밖의 다른 질환에 대한 언급을 자제했다.[6]

조지프의 시신은 이스트 73번가에 있는 집 도서실에 모셔졌다. 다음 날 아침 꽃과 근조화환으로 장식한 도서실에 〈월드〉 직원 수백 명이 마지막 경의를 표하기 위해 조문을 왔다. 정오에는 남북전쟁 종군용사회Grand Army of the Republic 대표들이 빈소를 찾아 관 위에 국기를 놓아두고 고인이 된 회원의 명복을 빌었다. 컬럼비아대학의 버틀러 총장, 〈월드〉의 전 편집국장 조지 하비, 전 뉴욕시장 세스 로, 조지프의 주치의 제임스 매클레인, 〈월드〉 경영관리인 앵거스 쇼가 조지프의 시신을 안치한 관을 메고 바깥에서 기다리고 있던 장례행렬을 이끌었다. 장례행렬은 조지프의 집에서 20블록 떨어진 5번로에 자리 잡은 세인트토머스 성공회St. Thomas Episcopal Church까지 이어졌다. 교회 앞에는 수천 명의 군중이 모여 있었고 경찰들은 질서를 유지하기 위해 안간힘을 쓰고 있었다.

〈월드〉를 거쳐 간 수많은 편집자들과 기자들이 장례식이 거행되는 세인트토머스 성공회에서 두 블록 떨어져 있는 고담 호텔Gotham Hotel로 모여들었다. 고담 호텔에서 정해진 시간에 만나 대열을 갖춘 뒤 장례식 장에 질서정연한 모습으로 동시에 입장할 생각이었지만 일이 생각대로 진행되지는 않았다. 〈월드〉에서 사설을 담당했던 엘리자베스 조던 Elizabeth Jordan은 이렇게 말했다. "10여 년이 지나 다시 만나게 된 사람들은 반가움을 감추지 못했다. 조문하기 위해 이 자리에 모였지만 너무 반가운 나머지 모인 목적을 잊은 듯 했다. 여기저기서 과거의 추억들이 터져 나왔다. 오랫동안 만나보지 못했던 사람을 찾아 헤매느라 질서정연했던 조문 대열은 순식간에 흐트러져 사라지고 말았다."[7]

조지프의 시신을 안치한 관이 교회로 들어가는 모습이 보이고 육중한 오르간 소리가 울려 퍼지고 나서야 떠들썩한 분위기가 가라앉았다. 조던은 이렇게 말했다. "갑자기 전기충격이라도 받은 듯 소란스럽던 분위기가 순식간에 가라앉았다. 흥에 겨워 들썩이던 어깨에는 힘이 들어갔고 입가의 미소는 온데간데없이 사라졌다. 마술이라도 부린 듯 흐트러졌던 대열이 순식간에 되살아났다. 두 사람씩 짝을 지은 사람들은 고개를 숙여 시선을 아래로 내렸다. 왕년의 〈월드〉 직원들은 숙연한 마음으로 과거의 추억을 떠올렸다. 〈월드〉가 지금의 자리에 우뚝 설 수 있도록 조지프 퓰리처를 도와 성심껏 일했던 옛날 편집자들은 퓰리처의 시신을 안치한 관을 따라 교회로 들어갔다."

조지프의 시신을 안치한 관이 정치인, 법조인, 언론인, 과거의 〈월드〉 직원 등 조문객들이 앉아 있는 신도석을 통과하는 동안 마흔다섯 명으로 구성된 성가대는 "주여 나와 함께하소서"를 합창했다. 조문객 사이로 오랫동안 조지프의 경영관리인으로 일하다가 〈뉴욕 타임스〉로 자리를 옮긴 존 노리스, 제임스 커발로, 칼렙 반 햄, 브래드퍼드 메릴 같은 전직 〈월드〉 기자와 편집자, 조지 레들리, 아서 빌링스, 노먼 스웨이츠, 프리드리히 만 같은 조지프의 보좌관들의 모습이 보였다.

국기를 덮은 관 위로 은방울꽃과 난초가 수북하게 쌓였다. 관을 안치한 제단 주변에는 '공화국의 친구에게'라는 글귀가 새겨진 카드와 함께 콜롬비아 공화국에서 보낸 장미화환을 비롯해 백여 개가 넘는 근조화환이 놓였다. 어니스트 스터스Ernest Stires 목사는 〈고린도전서〉 15장을 낭송했다. 스터스 목사의 낭송이 시작됨과 동시에 〈월드〉 사옥과 〈세인트루이스 포스트-디스패치〉 사옥의 승강기, 환풍기, 인쇄기가 멈춰 섰고 전화기와 전보송수신기가 작동을 멈췄다. 스터스 목사가 성서를 낭독하는 5분 동안 전등도 모두 꺼졌다. 업무를 위해 신문사에 남은 조지프의 직원들은 침묵 속에 모두 기립해 고인의 명복을 빌었다.

스터스 목사는 성공회의 전통에 따라 추도연설을 하지 않고 성서만 낭독하면서 장례식을 거행했다. 두 번째 찬송가가 울려 퍼지자 스터스 목사는 제단 앞에 놓인 근조화환 두 개를 가져다가 꽃으로 장식된 관 위에 놓았다. 다시 새로운 찬송가가 울려 퍼지자 좌중은 침묵 기도를 드렸고 조지프의 시신을 안치한 관이 교회를 빠져나가는 동안 성가대는 '내 영혼아 귀를 기울이라! 천사의 노래가 크게 울려 퍼지는도다"를 불렀다.

아직 도착하지 못한 콘스턴스와 이디스를 제외한 나머지 가족들은 조지프의 시신을 안치한 관을 실은 전용 열차에 올랐다. 몇몇 편집자, 조지프의 보좌관, 가까운 친구들이 브롱크스에 자리 잡은 우드론 공동묘지로 향하는 열차에 가족들과 함께 몸을 실었다. 조지프의 무덤 앞에 선 스터스 목사는 캔버스 천을 이용해 임시로 만든 연단에 올라 마지막 기도를 드렸다. 조문객들이 조지프의 무덤에 모여 있을 때 마침 뉴욕 부근을 지나는 해군 함정에서 쏜 함포 소리가 멀리서 어렴풋하게 울려 퍼졌다.

땅거미가 질 무렵 조지프의 시신은 사랑하는 딸 루실 어머 곁에 묻혔다. 조지프는 〈월드〉 한 부를 움켜쥔 오른손을 가슴에 얹은 채 관 속에서 영원한 안식에 들어갔다.

슬픔에 빠진 조지프의 가족들은 장례식을 치르고 며칠 뒤 조지프의 유언장을 읽었다. 조지프는 〈월드〉와 〈세인트루이스 포스트-디스패치〉를 네 사람의 이사로 구성된 이사회의 손에 맡겼다. 때가 되면 조지프가 구성한 이사회는 조지프의 세 아들에게 두 신문사의 운영권을 넘기게 될 터였다. 당시 스물일곱 살이었던 조지프 2세는 서른 살이 될 때까지, 당시 열다섯 살이었던 허버트는 스물한 살이 될 때까지 기다려야 이사가 될 자격을 얻을 수 있었다. 의도한 것은 아니었지만 조지프는 마지막으로 유언장을 수정하면서 서른두 살의 장남 랠프를 이사진에 포함시키지 않는 실수를 저질렀다. 조지프의 변호사에게 조언을 구한 끝에 이사진 중 한 사람이 사임해 랠프에게 자리를 내주었다.

정작 형제들을 어리둥절하게 만든 유언은 주식 분배에 관련된 유언이었다. 조지프는 〈월드〉 사옥에 딱 한 번 들러본 가장 나이 어린 허버트에게 〈월드〉 주식의 60퍼센트를 물려주었다. 사실상 〈월드〉를 운영해온 랠프는 20퍼센트를 물려받았다. 세 형제 중 가장 재능이 뛰어난 조지프 2세는 10퍼센트만을 물려받았다. 나머지 10퍼센트는 별도로 운영해 그 수익금을 편집자들과 경영관리인들에게 나눠주도록 되어 있었다.

권력의 경우에는 주식에 비해 좀 더 공평하게 배분되었다. 결국에는 세 아들이 한 자리씩 차지하게 될 이사회는 〈월드〉와 〈세인트루이스 포스트-디스패치〉를 운영할 책임자를 선출할 권한을 가졌는데, 이사회의 모든 구성원은 각자 한 표를 행사할 수 있었다. 신문사 자산을 불균등하게 배분하고 이사회를 구성한 조지프의 의도는 마지막으로 남긴 당부의 글에 고스란히 나타나 있었다.

"내 아들들과 후손들에게는 내가 온 힘과 정성을 바쳐 세운 〈월드〉를 더욱 완벽하게 만들어 후대에 길이 남길 의무가 있다. 나는 〈월드〉를 단순히 돈을 벌기 위한 수단이 아니라 그보다 더 고귀한 목표와 이상을 추구하는 공공 기관으로 만들기 위해 한 평생을 다 바쳤다. 나는 심혈을 기울여 세운 〈월드〉가 독립성을 잃지 않기를, 수준 높은 관점을 가지고 대중과 그들을 대표하는 공직자들에게 공공의 정신을 일깨우기를 늘 바라는 마음으로 살았다. 모든 신문은 그와 같은 원칙을 바탕으로 만들어져야 한다고 생각한다. 부디 이 점을 명심해주기를 바란다."

〈월드〉와 〈세인트루이스 포스트-디스패치〉와 관련된 유언을 마친 조지프는 개인 자산에 대한 유언을 이어갔다. 조지프는 케이트를 위해

250만 달러 규모의 기금을 조성했고 뉴욕 주와 메인 주에 있는 집을 남겼다. 그와 별도로 150만 달러 규모의 기금을 조성해 두 딸 콘스턴스와 이디스가 거기에서 나오는 수입을 가져갈 수 있도록 조치했다. 컬럼비아대학은 조지프가 약속한 대로 언론대학 설립에 필요한 자금을 받을 수 있게 되었다. 마지막 순간까지도 컬럼비아대학에 대한 노여움을 풀지 못했던 조지프는 컬럼비아대학이 약속을 이행하지 않을 경우 그 자금을 하버드대학교에 넘기도록 유언했고 그와 별도로 25만 달러를 추가 기부해 퓰리처상과 퓰리처 장학금에 쓰도록 했다.

남은 자산은 메트로폴리탄 미술관Metropolitan Museum of Art, 필하모닉 소사이어티Philharmonic Society, 뉴욕 시 분수 조성 기금, 토머스 제퍼슨Thomas Jefferson 동상 건립 기금으로 기부했다. 조지프가 기부한 기금으로 그랜드 아미 플라자Grand Army Plaza 공원에 분수가 설치되었다. 그 밖에도 10만 달러를 〈월드〉 기자와 개인 보좌관들에게 나눠주었다. 마지막까지 자신을 그림자처럼 수행한 충직한 보좌관 더닝엄에게 10만 달러 정도를 남겼고 조지 호스머에게는 그보다 적은 금액을 남겼다.

케이트는 남편보다 16년을 더 살았다. 대부분의 시간을 유럽에서 보내면서 젊은 화가와 음악인을 후원하고 적십자 같은 자선단체를 지원했던 케이트는 1927년 프랑스 도빌Deauville에서 세상을 떠났다. 케이트가 사망하고 몇 년 뒤 유족들은 존 싱어 사전트가 그린 케이트의 대형 초상화를 여름 별장인 채톨드로 가져와 보관했다. 조지프의 초상화는 세인트루이스에 남았다.[8]

랠프는 프레데리카와 이혼한 뒤 재능 있는 작가로 훗날 역사 부문 퓰리처상을 수상하는 마거릿 리치Margaret Leech와 재혼했고 1939년 세상을 떠났다. 꽤 오랫동안 〈월드〉의 키를 잡고 운영해온 사람은 랠프였지만 가장 많은 주식을 물려받은 사람은 〈월드〉의 운영에 대해서는 쥐뿔도 모르는 동생 허버트였다. 1930년 아주 잠깐 〈월드〉를 운영해보았던 허버트는 신문사 경영에는 아무런 뜻이 없었다. 허버트는 아프리카에서 커다란 동물을 사냥하거나 팜비치Palm Beach에 자리 잡은 집 주변에서 낚시를 하면서 세월을 보내다가 1957년 세상을 떠났다.

아버지에게서 언론인으로서의 재능을 물려받은 조지프 2세는 세인트루이스에 남아 〈세인트루이스 포스트-디스패치〉를 이끌었다. 조지프가 소유했던 첫 번째 신문은 조지프 2세의 지휘 아래 미국에서 가장 많이 팔리는 중요한 신문 중 하나로 꼽히게 되었다. 조지프 2세의 아내 엘리너는 1925년 교통사고로 세상을 떠났고 그 뒤 엘리자베스 에드거 Elizabeth Edgar와 재혼한 조지프 2세는 1955년 세상을 떠났다. 조지프 2세의 후손들은 2005년 〈세인트루이스 포스트-디스패치〉를 매각했다. 〈세인트루이스 포스트-디스패치〉는 주인만 바뀌었을 뿐 원래 이름을 그대로 유지한 채 지금도 발행되고 있다.

이디스는 《크리스마스 전야Twas the Night Before Christmas》를 쓴 클레먼트 클라크 무어Clement Clarke Moore의 손자 윌리엄 스코빌 무어William Scoville Moore와 결혼했고 콘스턴스는 허버트의 가정교사였던 윌리엄 그레이 엘름슬리William Gray Elmslie와 결혼했다. 콘스턴스는 콜로라도스프링스에서 대부분의 시간을 보내다가 1938년 세상을 떠났다. 조지프와 케이트 부부가 낳은 아이들 중 가장 오래 산 이디스는 1975년 세상을 떠났다.

1931년 2월 27일 이른 아침 〈월드〉 편집자와 기자들이 사회부 기자실에 모였다. 침울한 소식이 들려왔다. 조지프가 사망한 지 19년 만에 〈월드〉가 존폐 위기에 몰리고 말았다는 소식이었다. 새로 등장한 타블로이드판형의 조간신문들이 무섭게 치고 올라오면서 판매부수가 하락한 데다가 언론의 새로운 강자로 부상한 오크스의 〈뉴욕 타임스〉와 새롭게 떠오르는 신예 〈뉴욕 헤럴드-트리뷴New York Herald-Tribune〉과의 싸움에서 밀리면서 〈월드〉는 신문 가판대에서 자취를 감출 만큼 커다란 위기에 봉착해 있었다. 허버트 베이야드 스워프Herbert Bayard Swope가 편집자로 일하던 1920년대에 월터 리프먼Walter Lippmann, 헤이우드 브룬Heywood Broun, 프랭클린 애덤스Franklin P. Adams 같은 기자들이 빛나는 기사들로 신문 지면을 채우면서 〈월드〉가 잠시 빛을 발하기도 했지만 그때뿐이었다.[9]

조지프나 1923년 세상을 떠난 뛰어난 편집자 프랭크 콥이 없는 〈월드〉를 운영하기에는 랠프와 허버트의 역량이 부족했다. 그러나 일이 이렇게 된 것을 모두 두 아들의 역량 부족 탓으로 돌리기는 어렵다. 두 아들만큼이나 조지프의 탓도 컸기 때문이다. 조지프는 〈월드〉 사옥에 출근하지도 않는 발행인이었으면서도 〈월드〉에 대한 통제권을 남에게 넘기려 하지 않았고 그 결과 〈월드〉는 조지프 없이도 자생할 수 있는 관리 구조를 갖추지 못하게 되었다. 조지프가 〈월드〉의 경영관리인들을 경쟁으로 내모는 바람에 그들은 협력하기보다 서로를 견제했고 그 과정에서 쉽게 내분이 일어났다. 세상을 떠나는 날까지도 조지프는 〈월드〉에 대한 관리권을 틀어쥐고 있었다. 〈월드〉의 어느 기자는 이렇게 말했다. 1911년 조지프가 세상을 떠난 뒤부터 "〈월드〉 사옥은 유령의 집이 되었다." 1929년 대공황이 일어나자 〈월드〉의 손실은 눈덩이처럼 불어났다. 랠프, 허버트, 조지프 2세는 더 이상 〈월드〉를 경영할 수 없다는 결론을 내렸다.

그날 아침 사회부 기자실에 모인 〈월드〉 기자들과 편집자들은 자신들이 〈월드〉를 인수하겠다는 뜻을 밝히면서 퓰리처 삼형제를 필사적으로 설득했다. 그러나 조지프의 세 아들은 500만 달러를 받고 〈월드〉와 〈이브닝 월드〉를 스크립스-하워드Scripps-Howard 신문그룹에 넘겼다. 물론 절대로 신문사를 팔아서는 안 된다는 아버지의 유언을 지키지 않아도 된다는 법원의 판결이 있은 뒤였다. 스크립스-하워드 신문그룹에 넘어간 〈월드〉는 〈뉴욕 월드-텔레그램New York World-Telegram〉으로 이름을 바꾸고 새롭게 출발했다. '월드'라는 이름은 명맥을 유지했지만 조지프 퓰리처가 운영했던 바로 그 〈월드〉는 이제 사라지고 없었다.

제임스 배럿James Barrett 사회부장은 〈월드〉의 매각 소식을 담은 마지막 신문을 인쇄기에 걸었다. 어느 기자는 이렇게 말했다. "모든 사람이 종이컵 한두 개씩을 가져와 촛불을 밝혔다. 병에는 물 대신 종이컵에 고인 밀랍이 채워졌다." 순간 배럿 사회부장이 책상을 탁 치고 일어나더니 노래를 부르기 시작했다. 〈월드〉 기자들과 편집자들도 "공화국 찬가Battle Hymn of the Republic"의 가락에 다른 가사를 입힌 노래를 큰 소리로 불렀다. "조지프 퓰리처의 시신은 무덤에서 서서히 썩어가고 있지만 〈월드〉의 직원들은 계속해서 전진하네." 새벽 3시였지만 〈월드〉 기자들과 편집자들은 언론인들이 즐겨 찾는 주류 밀매업소인 술집 데일리스Daly's에 가기로 했다. 〈월드〉 사옥을 나선 〈월드〉 기자들과 편집자들은 차가운 밤공기에도 아랑곳하지 않고 큰 소리로 노래를 부르며 파크 로 거리를 따라 내려갔다.

감사의 글

이 책을 펴내자고 먼저 제안한 사람은 편집자 팀 더건Tim Duggan이었다. 처음 그 말을 들었을 때만 해도 퓰리처의 전기를 새로 쓸 필요가 있는지 확신이 서지 않았다.

제대로 된 퓰리처 전기로서 마지막 책이자 나에게 전기에 대한 관심을 불러일으킨 책은 1967년 스완버그W. A. Swanberg가 쓴 책이었다. 그러나 자료를 조사하기 시작하면서 스완버그가 꽤 많은 분량의 내용을 빠뜨렸다는 사실과 퓰리처를 재조명할 시점이 상당히 지났다는 사실을 깨달았다. 상황을 정확하게 판단한 더건, 문인 대리인 마크 라이터Mark Reiter, 이 책을 쓰기 시작했을 때부터 계약에 관련된 협상을 도맡아 진행하고 지원을 아끼지 않은 뉴욕 PFD에 감사드린다.

하퍼콜린스HarperCollins 출판사의 편집자 앨리슨 로렌첸Allison Lorentzen과 교열담당자 수전 게이머Susan Gamer 덕분에 원고가 책의 모습을 갖추고 세상의 빛을 볼 수 있었다.

대부분의 작가가 그러하듯 나 역시 이 책이 세상의 빛을 보기까지 도움을 준 많은 분들에게 감사의 말을 제대로 전하지 못할까 봐 노심초사한다. 혹시 다 전달하지 못하더라도 너그럽게 양해해주시기를 바라고 지면이 허락하는 한 최선을 다해 감사의 마음을 전하고자 한다.

우선 헝가리 세게드에 위치한 세게드대학교Szeged University 미국문화학과 교수이자 역사학자인 언드라시 칠럭András Csillag의 연구가 없었다면 퓰리처 일가의 족보와 머코에서의 생활에 대해서 이 정도로 완벽하게 기록할 수 없었을 것이다. 칠럭 교수는 1980년 이후로 퓰리처 일가의 계보를 끈기 있게 연구해왔고 나에게 퓰리처의 출생지 머코를 여행할 기회를 제공해주었다. 정말 큰 도움이 아닐 수 없다. 머코를 여행하는 과정에 도움을 준 유대인 묘지관리인 라슬로 몰나르Laszlo Molnar, 어드리엔 너지Adrienn Nagy, 머르톤 에어체디Marton Eacsedi에게도 감사드린다.

부다페스트 헝가리 과학아카데미 역사연구소Institute of History of the Hungarian Academy of Sciences의 지오르지 허러스티Gyorgui Haraszti, 중앙유럽대학교Central European University 유대인학과Jewish Studies Department의 빅토르 커러디Victor Karady, 헝가리 국립박물관Hungarian National Museum의 마티아시 괴될레Mátyás Gödölle는 퓰리처가 어린 시절을 보낸 페슈트에 관한 질문에 성의껏 답해주었다. 컬럼비아대학교의 이스트번 딕Istvan Deak도 큰 도움을 주었다.

퓰리처의 신문 뭉치와 〈월드〉의 신문 뭉치는 컬럼비아대학교 희귀본 및 필사본실Rare Book and Manuscript Room이 소장하고 있었다. 마이클 라이언Michael Ryan 관장, 제니퍼 리Jennifer B. Lee, 타라 크롱크Tara C. Cronk, 케빈 오코너Kevin O'Connor, 그 밖에 지원을 아끼지 않은 모든 관계자들께 감사드린다. 퓰리처의 신문 뭉치를 다음으로 많이 보유한 의회도서관 필사본실의 제프리 플래너리Jeffrey M. Flannery도 변함없는 도움을 주었다. 미주리 역사학회의 제이슨 스트랫먼Jason D. Stratman은 내가 들를 때마다 도움을 주었을 뿐 아니라 수년간 이어진 이메일 질문에도 성의껏 답장을 해주었다.

에릭 뉴먼 화폐교육학회Eric P. Newman Numismatic Education Society를 설립한 에릭 뉴먼은 프레토리우스가 〈베스틀리헤 포스트〉 지분을 매입할 수 있도록 퓰리처에게 자금을 빌려줄 당시 작성한 차용증 사본을 고맙게도 나에게 주었다. 세상에 알려지지 않은 퓰리처 관련 문서를 발견한 포가티Fogarty 부부는 관대하게도 나에게 그 문서를 검토할 기회를 베풀었다. 언론인 에릭 펏먼Eric Fettman은 내니 턴스톨이 퓰리처에게 보낸 편지를 나에게 보여주었다. 그 편지 덕분에 두 사람 사이에 사랑이 싹튼 시기를 확인할 수 있었다.

비범한 예술가였지만 이제는 고인이 된 뮈리엘 퓰리처Muriel Pulitzer는 조부의 회고록을 사용하도록 허락해주었다. 텍사스 주 알링턴에 사는 뮈리엘 퓰리처의 조카 니컬러스 우드Nicholas W. Wood가 나를 뮈리엘 퓰리처에게 소개해준 덕분이었다. 이 책을 쓰는 동안 깊은 관심을 가지고 지원을 아끼지 않은 에밀리 라우 퓰리처Emily Rauh Pulitzer와 퓰리처 예술재단Pulitzer Foundation for the Arts의 재정담당자 제임스 멀로니James V. Malony에게도 깊은 감사를 드린다.

로마학자 수재너 브론드Susanna Braund는 데이비드 그레이엄 필립스의 중대 발언을 찾아내려 애쓰는 나에게 큰 도움을 주었다. 알렉산드라 빌라드 드 보르슈그레이브Alexandra Villard de Borchgrave는 소장하고 있던 헨리 빌라드 관련 파일을 내가 사용해도 좋다고 허락해주었다. 조지프 퓰리처의 손자가 앓고 있는 안질환을 치료한 안과 의사 에드워드 오컴Edward Okum은 퓰리처의 시력 상실에 관련된 중요한 질문에 답해주었다. 에드윈 카터Edwin Carter 박사는 심리학적 측면에서 접근한 소견을 제시하기도 했다. 《애스터 부인의 뉴욕: 금박시대의 금전과 사회적 권력Mrs. Astor's New York: Money and Social Power in a Gilded Age》을 지은 에릭 홈버거Eric Homberger는 뉴욕에서 퓰리처가 겪었을 반유대주의에 대해 중요한 조언을 해주었다.

독일어 문헌 번역을 맡아준 제이슨 베이커Jason Baker는 〈베스틀리헤 포스트〉에 수록된 퓰리처의 기사와 관련해 통찰력 있는 의견을 제시해주었다. 릭 스트루델Rick Strudell은 19세기 독일어 서체를 판독해 베이커의 작업이 수월하도록 도움을 주었다. 코넬리아 브룩 길더Cornelia Brooke Gilder는 버크셔에서 이뤄진 조사 활동에 도움을 주었다. 주드 웨브르Jude Webre는 컬럼비아대학교가 보관하고 있는 퓰리처의 기사에서 중요한 사실들을 확인하는 작업을 도맡아주었다. 엘리자베스 엘리엇Elizabeth Elliott은 버지니아 주 린치버그Lynchburg에 가서 쉽게 찾아지지 않았던 턴스톨 관련 정보를 수소문하고 다녔다. 찰스 리치필드Charles Litchfield와 낸시 로스Nancy Ross는 고등학생 신분으로 2004년과 2005년에 교육 인턴으로 업무를 보조해주었다.

주현절 교회 문서보관 담당자 트립 존스Tripp Jones는 조지프와 케이트의 결혼식에서 주현절 교회가 수행한 역할과, 조지프 퓰리처와 성공회의 관계에 대한 통찰력 있는 의견을 내어주었다. 데이비드 하딘David G. Hardin 변호사와 키서 레너드Keitha Leonard 변호사는 자산과 기업 경영 문제를 해석하는 일을 도와주었다. 로페스 앤드 그레이Ropes & Gray 법무법인은 법무부를 상대로 한 정보공개법 소송에서 무료 변론을 맡아주었고 메릴랜드대학교University of Maryland에 재학 중인 대학원생이면서 국립기록보관소National Archives에서 일하고 있는 스티븐 언더힐Stephen M. Underhill은 1909년에서 1910년 사이 벌어진 퓰리처의 기소 관련 자료를 찾아주었다.

부다페스트에서 세인트루이스에 이르는 여러 곳의 도서관, 기록보관소, 대학 관계자 여러분이 많은 도움을 주었는데, 그중에서도 특히 국립기록보관소의 질 에이브러햄Jill Abraham은 퓰리처의 군복무 관련 기록을 찾아주었다. 당시에는 퓰리처의 이름 철자가 다양한 방식으로 기록되었기 때문에 퓰리처의 군복무 기록을 확인하는 일은 결코 녹록한 일이 아니었다. 그 밖에도 레븐워스Leavenworth 공공도서관의 완다 애덤스Wanda Adams, 코코런 미술관Corcoran Art Gallery의 마리사 부르고앙Marisa Bourgoin, 뉴욕 주립도서관New York State Library의 크리스틴 보르가드Cristine M. Beauregard, 미주리 주 대법원의 조지프 프레드 벤슨Joseph Fred Benson, 〈세인트루이스 포스트-디스패치〉의 스티븐 볼하프너Stephen Bolhafner, 〈뉴욕 타임스〉 기업기록부의 프레드릭 브루넬로Fredrick W. Brunello, 서던미시시피대학교University of Southern Mississippi의 마이클 드아메이Michael DeArmey,

뉴베리 도서관Newberry Library의 질 게이지Jill Gage, 버크셔 역사학회Berkshire Historical Society의 주디 개릿Judy Garrett, 노스 해리스North Harris에 자리 잡은 론스타대학Lone Star College의 제임스 굿James Good, 인디애나 역사학회Indiana Historical Society의 수잰 한Suzanne Hahn, 산타페 공공도서관Santa Fe Public Library 의 린다 하트먼Linda Hartman, 의회도서관의 마이크 클라인Mike Klein, 미 육군 전쟁대학United States Army War College의 숀 커크패트릭Shaun J. Kirkpatrick 과 칼라일 배럭스Carlisle Barracks, 예일대학교 스털링 도서관Sterling Library 의 윌리엄 매사William Massa, 그린 카운티 역사학회Greene County Historical Society의 셜리 맥그래스Shirley McGrath, 뉴베리 도서관의 케이티 맥마흔Ketie McMahon, 세인트루이스 경찰도서관St. Louis Police Department Library의 바버라 믹시첵Barbara Miksicek, 듀크대학교 도서관Duke University Library의 제이니 모리스Janie Morris, 럿거스대학교Rutgers University 알렉산더 도서관Alexander Library 의 제임스 니슨James P. Niessen, 지킬 섬 박물관Jekyll Island Museum의 제니 옴스테드Jenny Olmsted, 컬럼비아대학교 애버리 건축 및 예술 도서관Avery Architectural and Fine Arts Library의 재닛 파크스Janet Parks, 미 상원 역사사무소 U.S. Senate Historical Office의 도널드 리치Donald Ritchie, 조지타운대학교 도서 관Georgetown University Library의 니컬러스 셰츠Nicholas B. Scheetz, 미스틱 시포 트 박물관Mystic Seaport Museum 블런트 도서관G. W. Blunt Library의 웬디 슈누 어Wendy Schnur, 찰스턴 카운티 공공도서관Charleston County Public Library의 크 리스티나 셰드록Christina Shedlock, 뉴욕 공공도서관의 데이비드 스미스 David A. Smith, 오하이오 주립대학교Ohio State University 희귀본 및 필사본 도 서관의 제임스 스미스James M. Smith, 컬럼비아에 자리 잡은 웨스턴 역사

필사본 보관소Western Historical Manuscript Collection의 선임 필사본 전문가 윌리엄 스톨츠William T. Stolz, 미주리-세인트루이스대학교University of Missouri-St. Louis의 앨런 와그너Allen E. Wagner, 세인트루이스 미술관의 앤드루 워커Andrew Walker, 의회도서관의 트래비스 웨스틀리Travis Westly, 영국 케임브리지대학교Cambridge University의 클라이브 윌머Clive Wilmer, 미주리 주립 기록 보관소의 케네스 윈Kenneth H. Winn에게도 감사드린다.

자료를 사용할 수 있도록 허락해준 컬럼비아대학교 희귀본 및 필사본 도서관, 컬럼비아대학교 구전역사조사사무소 보관소Oral History Research Office Collection, 뉴베리 도서관의 중서부 필사본 보관소Midwest Manuscript Collection, 조지타운대학교 도서관 특별보관소Special Collections, 시러큐스대학교 특별보관소 연구센터Special Collections Research Center, 그 밖에 미국, 영국, 헝가리의 여러 기관에게 감사드린다.

《탄핵Impeached》의 저자 데이비드 스튜어트David O. Stewart는 내가 이 글을 쓰는 동안 변함없는 글벗이 되어주었다. 스튜어트가 내가 쓴 원고를 읽고 많은 조언을 해준 덕분에 글이 한결 매끄러워졌다. 편집자 베로니카 하스Veronika Hass는 최종 원고를 신속하게 검토해 불미스러운 실수를 줄여주었다.《십자가를 지고Bearing the Cross》의 저자 데이비드 개로David Garrow는 원고 대부분을 읽고 많은 조언을 해주었다. 그 밖에 원고의 일부를 읽고 조언해준 케네스 애커먼Kenneth Ackerman, 컬럼비아대학교 언론대학원에 재학 중인 조하르 캐드먼 셀라Zohar Kadman Sella, 콜비대학Colby College의 하워드 루포비치Howard N. Lupovich, 미주리 주에서 활동하는 독립

역사가 겸 방송진행자 로버트 프리디Robert Priddy, 뉴욕 주 경찰위원을 지내던 시절의 시어도어 루스벨트에 대한 책을 펴낼 예정인 리처드 잭스 Richard Zacks에게 감사드린다.

절친한 친구 짐 퍼코코Jim Percoco와 딘 사가르는 남북전쟁 당시 퓰리처가 수행한 역할을 내가 제대로 이해할 수 있도록 도와주었고 덕분에 남북전쟁에 대해 내가 가지고 있던 여러 가지 편견을 깨는 계기가 되었다. 친구이자 작가인 린다 리어Linda Lear는 이 책의 부제목에 대해 참신한 의견을 내어주었다.

길더 레러먼 미국 역사연구소Gilder Lehrman Institute of American History에서 나를 연구원으로 등록해준 덕분에 조사차 뉴욕을 방문했을 때 비용 부담을 많이 줄일 수 있었다. 미주리 역사학회의 리처드 브라운리 재단 Richard S. Brownlee Fund이 지급해준 지원금 덕분에 미주리 주에서 벌인 조사 작업도 무사히 마무리를 지을 수 있었다. 리처드 브라운리 재단의 개리 크레머Gary Kremer 사무국장은 1870년대 제퍼슨시티의 모습을 이해하는 데 큰 도움을 주었다. 그 밖에 T/EL&DS의 지원을 받을 수 있어서 큰 영광이었다. 특히 2008년 레벌 카J. Revell Carr 사무국장은 협회의 본부 건물을 새로 짓는 분주한 나날 속에서도 나에게 지원을 아끼지 않았다.

마지막으로 뉴욕에 사는 일가친척 크리스토퍼 모리스Christopher Morris 와 엘리사 모리스Elissa Morris 부부, 헬렌 스코세이지Helen Scorsese와 마틴 스코세이지Martin Scorsese 부부에게도 깊은 감사를 드린다. 이들은 자료 조사를 위해 뉴욕에 들른 나에게 기꺼이 머물 곳을 제공해주었다. 아빠가 이 책을 완성할 수 있을지 늘 궁금해했던 사랑하는 아이들 스테파니

Stephanie, 벤저민Benjamin, 알렉산더Alexander와 조사를 위해 오랫동안 집을 비웠고 돌아온 후에도 사무실에 틀어박혀 집필에만 몰두했던 나를 변함없이 애정 어린 시선으로 바라봐주고 따뜻한 말로 격려해주었던 아내 패티Patty에게 고마움을 전한다.

주

지면을 절약하기 위해 자주 인용되는 자료를 약어로 표기하고 해당 자료의 발행년도를 써넣었다.

기록보관소 소장본

ABF	Brisbane Family. Special Collections Research Center, Syracuse University
ABF-2001	2001 Addition to Brisbane Family, Special Collections Research Center, Syracuse University
AB-LC	Arthur Brisbane File, Lake County Historical Society, OH
AJHS	American Jewish Historical Society, New York, NY
BLMC	British Library Manuscript Collection, London.
CAG	Corcoran Art Galley, Washington, DC
CD	Chauncey Depew Papers, Sterling Library, Yale University
CJB	Charles Joseph Bonaparte Papers, Manuscript Division, Library of Congress
CS	Carl Schurz Papers, Manuscript Division, Library of Congress
DCS-NYPL	Don Carlos Seitz Papers, New York Public Library
CDP	Chauncey Depew Papers, Sterling Library, Yale University
EBW	E. B. Washburne Papers, Manuscript Division, Library of Congress
EFJC	Eric Fettman Journalism Collection (개인 소장)
EHP	Earl Harding Papers, Special Collection, Georgetown University Library
HR	Hermann Raster Papers, Newberry Library, Chicago, IL

HSP	Henry Stimson. Manuscript and Archive, Sterling Library, Yale University
HW	Henry Watterson. Manuscript Division, Library of Congress
JA	Julian Allen Scrapbook, #13-z, Southern Historical Collection, Wilson Library, University of North Carolina at Chapel Hill.
JB	James Broadhead Papers, Missouri Historical Society, St. Louis
JBE	J. B. Eads Papers, Missouri Historical Society
JC	James Creelman. Rare Books and Manuscript Library, Ohio State University
JJJ	John Joseph Jennings Collection, Beinecke Library, Yale University
JNP-MHS	John W. Norton Papers, Missouri Historical Society, St. Louis
JP-CU	Joseph Pulitzer, Rare Book and Manuscript Library, Columbia University
JP-LC	Joseph Pulitzer, Manuscript Division, Library of Congress
JPII-LC	Joseph Pulitzer Jr. (1885-1955) Manuscript Division, Library of Congress
JP-MHS	Joseph Pulitzer Collection, Missouri Historical Society, St. Louis
JP-NYSL	Joseph Pulitzer, correspondence, New York State Library, Albany
LB	Louis Benecke Family Papers, 1816-1989, Western Historical Manuscript Collection, Columbia, MO
LS	Louis Starr Papers, Rare Book and Manuscript Room, Columbia University
MHS	Missouri Historical Society, St. Louis
MSA	Missouri State Archives, Jefferson City, MO
MMW	McKim, Mead, and White Collection, New-York Historical Society
NARA	National Archives, Washington, DC

NARA–MD	Department of Justice, Record Group 60, file #10963–02, National Archives, College Park, MD
NARA–NY	US v. Press Publishing Files, National Archives, New York City
NT–DU	Nannie Tunstall Papers, Duke University Library
N–YHS	New–York Historical Society
NYTA	New York Times Corporate Archives
PDA	Archival material on file in the library of the *Post–Dispatch*, St. Louis, MO. 조지프 퓰리처 2세와 3세의 개인사가 담긴 잡다한 서신, 기사, 사진 등이 들어 있다.
PLFC	Pat and Leslie Fogarty Collection (개인 소장)
SB	Samuel Bowles Papers, Manuscript and Archive, Sterling Library, Yale University
SSMHS	Sylvester Scovel Papers, Missouri Historical Society, St. Louis
SLPA	〈세인트루이스 포스트-디스패치〉가 제작한 마이크로필름에는 퓰리처가 주고받은 잡다한 서신이 수록되어 있다. 2점 중 복사본 1점은 〈세인트루이스 포스트-디스패치〉가 소장 중이고 나머지 1점은 세인트루이스 공공도서관St. Louis Public Library에 파일로 보관되어 있다.
SLPDL	St. Louis Police Department Library, St. Louis
StLi	American Committee of the Statue of Liberty, New York Public Library
TD	Thomas Davidson. Manuscript and Archive, Yale University
TRP	Theodore Roosevelt Papers, Manuscript Division, Library of Congress
UB	Udo Brachvogel Papers, New York Public Library
WCP–DU	William W. Corcoran Papers, Special Collection Library, Duke University

WHMC	Western Historical Manuscript Collection, Columbia, MO
WHS-IHS	William H. Smith Papers, Indiana Historical Society
WG-CU	William Grosvenor, Rare Book and Manuscript Room, Columbia University
WP-CU	*World* Papers, Rare Book and Manuscript Library, Columbia University
WR-LC	Whitelaw Reid Papers, Manuscript Division, Library of Congress
WSP	William Speer Papers, Rare Book and Manuscript Room, Columbia University

인명

AB	앨프리드 버츠Alfred Butes
ABi	아서 빌링스Arthur Billings
BM	브래드퍼드 메릴Bradford Merrill
DC	듀몬트 클라크Dumont Clarke
DCS	돈 카를로스 사이츠Don Carlos Seitz
DGP	데이비드 그레이엄 필립스David Graham Phillips
FC	프랭크 콥Frank Cobb
FDW	플로렌스 화이트Florence D. White
GHL	조지 레들리George H. Ledlie
GWH	조지 호스머George W. Hosmer
HS	헨리 스팀슨Henry Stimson
JAS	앵거스 쇼J. Angus Shaw
JC	제임스 클라크James W. Clarke
JN	존 노리스John Norris
JP	조지프 퓰리처Joseph Pulitzer
JPII	조지프 퓰리처 2세Joseph Pulitzer Jr.

KP	케이트 풀리처Kate Pulitzer
MAM	모드 앨리스 매커로Maud Alice Macarow
NT	노먼 스웨이츠Norman Thwaites
PB	포머로이 버턴Pomeroy Burton
RHL	로버트 라이먼Robert H. Lyman
RP	랠프 풀리처Ralph Pulitzer
TR	시어도어 루스벨트Theodore Roosevelt
WHM	윌리엄 메릴William H. Merrill

자주 인용되는 서적과 필사본

AI	Alleyne Ireland, *Joseph Pulitzer: Reminiscence of a Secretary*, New York: Mitchell Kennerley, 1914.
APM	Albert Pulitzer, "Memoirs". 1909년 앨버트 풀리처가 기록한 미간행 회고록. 1909년에서 1913년 사이 앨버트의 아들이 편집하고 주석을 단 것으로 추정된다. 소유권은 저자에게 있지만 현재 컬럼비아대학교 희귀본 및 필사본실에 위탁보관 중이다.
DCS-JP	Don C. Seitz, *Joseph Pulitzer: His Life and Letters*, New York: Simon and Schuster, 1924.
GJ	George Juergens, *Joseph Pulitzer and the New York World*, Princeton, NJ: Princeton University Press, 1966.
JLH	John L. Heaton, *The Story of a Page: Thirty Years of Public Service and Public Discussion in the Editorial Columns of the New York World*, New York: Harper, 1913.
JSR	Julian S. Rammelkamp, *Pulitzer's Post-Dispatch, 1878-1883*, Princeton, NJ: Princeton University Press, 1967.
JWB	James Wyman Barrett, *Joseph Pulitzer and His World*, New York: Vanguard, 1941.

WRR   William Robinson Reynolds, "Joseph Pulitzer". PhD diss., Columbia University, 1950.

WAS   W. A. Swanberg, *Pulitzer*, New York: Scribner, 1967.

신문

여러 통신사에서 광범위하게 사용했거나 뉴욕 언론과 정치에 대한 중요한 보도 내용을 담고 있는 경우에는 소규모 신문이라도 모두 기록했다.

AtCo   〈애틀랜타 컨스티튜션Atlanta Constitution〉

BoGl   〈보스턴 글로브Boston Globe〉

BrEa   〈브루클린 이글Brooklyn Eagle〉

ChTr   〈시카고 트리뷴Chicago Tribune〉

DeFr   〈디트로이트 프리 프레스Detroit Free Press〉

EvPo   〈세인트루이스 이브닝 포스트St. Louis Evening Post〉

GlDe   〈세인트루이스 글로브-데모크라트St. Louis Globe-Democrat〉
       (〈세인트루이스 글로브St. Louis Globe〉 시절에 발행했던 신문 포함.)

LAT   〈로스앤젤레스 타임스Los Angeles Times〉

MoDe   〈미주리 데모크라트Missouri Democrat〉

MoRe   〈미주리 리퍼블리컨Missouri Republican〉

NYA   〈뉴욕 아메리칸New York American〉

NYH   〈뉴욕 헤럴드New York Herald〉

NYEJ   〈뉴욕 이브닝 저널New York Evening Journal〉

NYEW   〈뉴욕 이브닝 월드New York Evening World〉

NYMJ   〈뉴욕 모닝 저널New York Morning Journal〉(훗날 〈뉴욕 아메리칸New York American〉에 인수됨.)

NYS   〈뉴욕 선New York Sun〉

NYT   〈뉴욕 타임스New York Times〉

NYTr	〈뉴욕 트리뷴New York Tribune〉
NYW	〈뉴욕 월드New York World〉
SeDe	〈세달리아 데모크라트Sedalia Democrat〉
StLoDi	〈세인트루이스 디스패치St. Louis Dispatch〉
PD	〈세인트루이스 포스트-디스패치St. Louis Post-Dispatch〉
StLoPo	〈세인트루이스 포스트St. Louis Post〉
ThJo	〈저널리스트The Journalist〉
TT	〈타운 토픽스Town Topics〉
WaPo	〈워싱턴 포스트Washington Post〉
WP	〈베스틀리헤 포스트Westliche Post〉
WSJ	〈월스트리트 저널Wall Street Journal〉

* 컬럼비아대학교나 의회도서관에서 소장 중인 퓰리처의 서신이나 그 밖의 문서를 인용한 경우 해당 자료의 날짜는 정보 검색을 위해 필요한 수준에서 기록했다. 가령 일부 서신과 자료는 날짜순으로 정리되어 있지 않거나 부정확하게 기록되어 있는데, 그럴 경우 해당 자료를 담은 상자나 파일철의 정보를 기재했다. 더불어 자료 조사를 하면서 내가 개발한 검색 도구를 컬럼비아대학교 희귀본 및 필사본실과 의회도서관 필사본실에 맡겨두었다. 아울러 본문에서는 자료를 사용하기 시작한 단락 끝에 주를 달았다. 따라서 이어지는 단락의 인용문은 출처가 같으며 그렇지 않을 경우 별도로 표기했다.

시작하기 전에: 아바나 1909

1   아바나 항의 모습은 Robert T. Hill, *Cuba and Porto Rico with the Other Islands of the West Indies* (New York: The Century Co. 1898)와 미스틱 시포트 박물관 블런트 도서관이 소장한 사진을 바탕으로 묘사했다.

2   AI, 28. 오늘날 사라왁은 보르네오 섬에 위치한 말레이시아의 두 개 주 중 하나다.

3   1908년 5월 10일 〈월드〉 25주년 기념호에 게재된 자료를 바탕으로 산출한 자료. 사본은 다음을 참고하라. May 1908 Folder, WP-CU.

4   JP and Clark B. Firestone conversation, 구술 기록, 날짜 미상, undated folder 1910, JP-LC, Box 9.

5   JP and Firestone conversation, 구술 기록, 8/5/1908, WP-CU.

6   WRR, 711.

1장: 헝가리

1   오늘날 모라비아는 체코 공화국 동쪽에 자리 잡고 있다. 2006년 머코에 있는 유대인 묘지를 방문해 퓰리처가 'Politzer', 'Puliczer', 'Pulitzer' 이렇게 세 가지 다른 철자로 표기되어 있다는 사실을 알게 되었다. András Csillag, "The Hungarian Origins of Joseph Pulitzer", *Hungarian Studies*, Vol. 3, No. 1-2 (1987), 193; Peter I. Hidas, "A Brief Outline of the History of Jews of Hungary", delivered December 13, 1992 at the Temple Emanu-El Beth Solom, Westmount, Canada (미출간, 지은이 소장); Lupovitch, "Jews at the Crossroads", xviii-xix; András Csillag, *Pulitzer József makói származásáról* (Makó: Makó Múseum, 1985), 13-14.

2   Csillag, "The Hungarian Origins", 194-196.

3   앞의 책, 198; APM, 16; Csillag, Pulitzer József makói származásáról, 13.

4   Birth Recorders Book, Makó, Israelitic Religious Birth Registrar's Office,

Vol. 36.16, JPII-LC. 이 문서에는 번역문이 첨부되어 있는데, '할례 körülmetélö'라는 헝가리 단어는 그대로 사용했다. 1937년(혹은 그 이후에) 퓰리처 가문에서 번역한 것이다. 한편 모르몬교회 가족사센터Family History Center for the Mormon Church가 소장하고 있는 마이크로필름 0642780번에 머코에서 태어난 유대인 명단이 기록되어 있는데 그곳에도 퓰리처의 출생 사실이 기록되어 있다.

5   인구 추정치를 바탕으로 비율을 산출했지만 그 비율은 2006년 1월 21일 머코의 유대인 묘지관리인 머르톤 에어체디Marton Eacsedi와 인터뷰하면서 받은 자료와 일치한다. 1815년 도시계획에는 유대인 마을의 구불구불한 도로가 등장한다. Toth, "History", 4.

6   유대인들이 품었던 헝가리 민족주의의 힘은 다음에 잘 나타나 있다. Alexander Maxwell, "From Wild Carpathians to the Puszta: The Evolution of Hungarian National Landscapes", in Ruth Buettner and Judith Peltz, eds., Mythical Landscapes Then and Now (Yerevan, Macmillan, 2006); 2006년 1월 24일 헝가리 역사 아카데미 연구소 Institute of History of the Hungarian Academy of Sciences의 지오르지 허러스티Gyorgyi Haraszti와의 인터뷰; APM, 4.

7   Jewish Encyclopedia, Vol. 8 (New York: Funk and Wagnalls, 1901), 273. 퓰리처의 어린 시절 친구 아돌프 라이너Adolph Reiner에 따르면 퓰리처는 머코의 히브리어 학교에 다녔다. The Journal of Temesvar, June 21, 1913 (번역: JPII-LC.); Patai, The Jews of Hungary, 284-285; Lopovitch, Jews at the Crossroads, 240-243.

8   APM, 12.

9   Csillag, Pulitzer József makói származásáról, 19; McCagg, Habsburg Jews, 135.

10   페슈트와 부더는 헝가리 국립박물관Hungarian National Museum이 소장한 사진과 Beattie, The Danube 그리고 Parsons, The City of Magyar를 참고해 묘사했다.

11   Komoróczy, ed., Jewish Budapest; Csillag, "Hungarian Origins", #199. 필립은 사업차 페슈트에 방문할 때마다 오르치하우스Orczy House에 투

숙했기 때문에 유대인 거주 지역에 익숙했다. 오르치하우스는 규모가 꽤 커서 그 자체가 유대인 마을로 오인받을 정도였다.

12   Csillag, "Hungarian Origins", 199–201; Victor Karady, professor in the Department of History and Nationalism Studies Program at Central European University, interview with author, January 17, 2006.

13   APM, 11–12. 이 일화는 퓰리처 일가에 관련된 일화 중 가장 인상적인 일화지만 아마 약간 과장된 것으로 보인다. 그럼에도 몇 년 뒤 퓰리처의 어린 시절 친구 중 한 명은 퓰리처가 '가정교사를 폭행했다'는 아리송한 말을 남겼다.

14   APM, 20, 46; 6년쯤 뒤 퓰리처는 미국 철학자 덴턴 스나이더Denton J. Snider를 만나게 된다. 스나이더가 철학을 가르친다는 말을 들은 퓰리처는 "그래서 얻는 게 뭐요?" 하고 물었다(Denton J. Snider, The St. Louis Movement, 163).

15   Kósa, *The Old Jewish Quarter of Budapest*, 14.

16   APM, 16.

17   Beattie, *The Danube*, 181–182. 다음도 함께 참고하라. Paget, *Hungary and Transylvania*; and Parsons, *The City of Magyar*.

18   오늘날에는 뉴욕에 있는 이매뉴얼 사원Temple Emanu-El이 규모 면에서 더 크지만 수용 인원이 더 많은 것은 아니다. Komoróczy, *Jewish Budapest*, 110; Patai, *The Jews of Hungary*, 298–301. 전부는 아니지만 퓰리처의 사망 기록 대부분과 헝가리의 묘비에는 퓰리처 일가가 네오로 그렸다고 기록하고 있다.

19   필립과 엘리제는 모두 아홉 명의 자녀를 낳았다. 1840년에 태어난 러요시Lajos는 16년을, 1842년 태어난 보르발러Borbála는 5년을, 1845년 태어난 브레인델Breindel은 1년을, 1849년 태어난 어너Anna는 11년을, 1853년 태어난 가보르Gábor는 2년을 살다 세상을 떠났고 1856년 태어난 아르놀드Arnold는 1년도 채 못 살았다. 헬레네Helene의 출생년도와 사망년도는 알려지지 않았지만 1858년 전에 사망한 것만은 확실하다. 조지프와 1851년 7월 10일 태어난 앨버트만 살아남아 어른으로 성장했다(Csillag, "Hungarian Origins", 197).

20 다음을 참고하라. John Bowlby, *Attachment and Loss*; Wass and Corr, eds., *Childhood and Death*; Silverman, *Never Too Young to Know: Death in Children's Lives*.

21 필립의 유언은 페슈트에서 공증받았는데, 그 내용은 다음에 수록되어 있다. Csillag, "Hungarian Origins", 202-203(201쪽에도 필립의 유언 일부가 등장한다).

22 APM, 16.

23 JP to Nannie Tunstall, May 2, 1878, EFJC. 앨버트는 회고록에 프레이에 대한 내용을 전혀 남기지 않았고 퓰리처는 친구나 친지에게 프레이에 대해 전혀 이야기하지 않은 것으로 보인다. 두 사람의 기억에서 프레이의 존재가 지워졌다는 사실은 인상적이다. 두 사람이 어머니에 대한 무한한 애정을 표현한다는 점을 감안하면 더욱 충격적이다.

24 APM, 19; *Temesvar Hirlap*, June 21, 1913. JP-LC, Box 12, folder 3에 번역문 수록.

25 Komoróczy, *Jewish Budapest*, 104; Patai, *The Jews of Hungary*, 286.

26 훗날 퓰리처는 군에 입대할 수 있으리라는 희망을 품고 파리와 런던에 다녀왔다는 사실을 친구에게 털어놓았다. 그러나 그 여행에 소요될 경비와 당시 퓰리처 일가의 재정 상황을 감안할 때 그 말은 신빙성이 떨어진다.

27 Geary, *We Need Men*, 103; *Boston Daily Courier*, September 1, 1864, 1; Murdock, *One Million Men*, 188; *Papers Relating to Foreign Affairs* (38, Congress, 2nd Session, House Executive Document No. 1, vol. 3, Serial 1218, Washington, 1865), 177. 앨런은 함부르크의 신병모집소를 3월 초에 차렸다. Julian Allen Scrapbook, #13-z, Southern Historical Collection, Wilson Library, University of North Carolina at Chapel Hill.

28 Foreign Affairs, 184-185; Boston Courier, 9/1/1864, 1. 지원자들이 서명한 신병모집계약서에는 받은 포상금을 앨런에게 맡겨야 한다는 내용이 들어 있었다. 퓰리처는 모든 여행 경비를 제공한다는 앨런의 약속을 보고 함부르크에 간 것이지 우연히 간 것이 아니었다. 퓰리처가 유럽 세

나라 수도를 차례로 들렀다는 풍문은 당시 퓰리처 일가의 재정 상황을 감안할 때 불가능한 일이었다. *Foreign Affairs*, 178.

29　Adolf Zedlinski to JP, 8/13/1903, JP-CU. 이 식당을 자주 드나든 인사 중에는 1857년 사망한 시인 요제프 폰 아이헨도르프Joseph von Eichendorff도 있었다.

30　*Boston Courier*, 9/1/1864; *New York Evening Post*, 8/10/1864; *New York Evening Express*, 8/10/1864(두 신문의 사본은 앨런의 스크랩북에 있다). 계약서 사본은 다음에 재수록되었다. *Foreign Affairs*, 185. 다음도 함께 참고하라. ChTr, 8/16/1864, 3. 〈스프링필드 리퍼블리컨〉에 실린 기사도 있는데 *NYT*, 8/19/1864에 재수록되었다. *ChTr*, 8/11/1864, 1.

31　"Copy of report and list of passengers taken on board the Garland of Hamburg", National Archives, Washington, DC. 퓰리처는 마지막으로 남은 20여 명과 함께 배에 올랐다. *Galignani's Messenger*, date unknown, in Allen's scrapbook; *Foreign Affairs*, 179.

2장: 승마 준비 나팔

퓰리처는 군복무 시절에 대해 상세하게 이야기하지 않았다. 다른 남북전쟁 참전용사들과 다르게 퓰리처는 기념행사에도 참석하지 않았고 전투에서 있었던 일화조차 이야기하지 않았다. 공식 기록 역시 완벽하지 않다. 가령 1865년 1월에서 5월 사이에는 어디에 있었는지 아무런 기록이 없다. 그 다섯 달 동안의 소집 기록은 사라졌다. 관련 기록 대부분이 소실되었기 때문에 퓰리처에 대한 기록이 없다고 해도 하나도 이상할 것은 없다. 다만 역사가들에게는 아쉬운 일이 아닐 수 없다.

1　리지 호만스Lizzie Homans호, 리메릭 시티City of Limerick호, 에트나Etna호는 모두 대서양을 건너 영국 리버풀로 향하는 길에 빙산을 목격했다고 기록했다. 8월 말이었지만 퓰리처를 싣고 보스턴에 닿은 배 역시 빙산의 골목Iceberg Alley(캐나다 뉴펀들랜드의 동쪽 해안-옮긴이)에서 거대한 빙산을 보았다는 이야기를 전한다. *NYT*, 8/16/1864, 8; 8/22/1864,

8; 8/23/1864, 8; 9/1/1864, 8.

2   Article in *Courier de Lyon* (10/17/1864). 파리 주재 미국영사 윌리엄 데이턴William L. Dayton이 국무장관 윌리엄 수어드William Seward에게 보냈다. *Foreign Affairs*, 165에 번역문 수록.

3   훗날 퓰리처는 친구들에게 한밤중에 난간에서 미끄러지는 바람에 해안까지 헤엄쳤다고 말했다. 포상금을 타야 했기 때문이다. 오랫동안 사람들은 이 일화를 일종의 신화로 여겨왔다. 그 배가 보스턴 항 가까이에 간 적이 없었기 때문이다. 그러나 퓰리처가 앨런이 모집한 신병 중 한 명이었다는 증거가 발견되면서 이 일화에도 신빙성이 생겼다. 사실 디어 섬과 육지 사이 가장 가까운 곳의 거리는 약 91미터에 불과했다. 깊이도 수십 피트(10피트일 경우 3미터—옮긴이)에 불과했다. 어쩌면 매사추세츠 주 출신 신병모집인의 손아귀에서 벗어난 사연은 전적으로 퓰리처가 지어낸 것일 수도 있다. 하지만 오염된 부둣가에서 뒹구는 것이 싫었던 퓰리처와 수십 명의 사람들이 소지품도 버린 채 썰물을 기다려 쉽게 육지로 헤엄쳐 갔을 가능성도 전혀 없는 것은 아니다. 승선명단과 매사추세츠 주 연대 명단을 비교한 결과 대부분의 승객이 결국에는 연방군에 입대했다는 사실을 확인했다. 20세기에 들어서면서 허리케인으로 인해 디어 섬과 육지 사이의 해협이 메워졌다. 퓰리처가 도착했을 당시 해협의 너비와 깊이는 의회도서관이 소장하고 있는 해도를 바탕으로 추정한 것이다.

4   카운티에서 300달러, 주 정부에서 75달러, 연방 정부에서 300달러를 지급했다(*Frank Leslie's Illustrated Newspaper*, 3/19/1864, 404). 〈뉴욕 헤럴드〉의 광고에는 외국인에게 400달러, 대체 복무자에게는 600달러를 지급한다고 기록되어 있다. 다음을 참고하라. *NYH*, 5/27/1864, 6/3/1864, 6/7/1864; *NYT*, 1/30/1864, 8.

5   *NYT*, 8/2/1864, 3. 킹스턴에서 온 윈필드 심슨R. W. Winfield Simpson 중령과 맥니콜R. McNichol 대위는 뉴욕의 여러 신문에 정기적으로 광고를 게재했다. 대표적인 사례는 다음에서 확인할 수 있다. *NYT*, 9/29/1864. 퓰리처가 뉴욕에 도착했을 무렵 게재된 대표적인 광고는 다음을 참고하라. *NYT*, 8/ 7/1864; *NYT*, 2/4/1865, 8; *NYT*, 9/24/1864, 1; 헨리

보스버그에 대해서는 다음을 참고하라. *Descriptive Book of Drafted, Draft Register for the 13th District Headquarters in Kingston*, National Archives, 159. 그 밖에도 그린 카운티 역사학회Greene County (NY) Historical Society에서 제공하는 묘지와 인구조사 정보를 참고할 수 있다.

6   Pulitzer's military service record, NARA. (퓰리처의 이름이 'Pullitzer', 'Politzer' 등 다양한 철자로 기록되어 있어서 복무기록을 찾기가 어렵다.) Geary, *We Need Men*, 145. 보스버그는 대체복무를 해줄 퓰리처를 만나는 행운을 누렸지만 곧 다가올 죽음까지 피하지는 못했다. 보스버그는 불과 일 년 만에 자연사했다(Headstone at Colleburgh Cemetery, headstone inventory, Greene County Historical Society, Coxsackie, NY).

7   어머니의 이름을 새긴 이 액세서리는 조지프 퓰리처 2세의 문헌과 함께 의회도서관에 소장되어 있다. 1938년 퓰리처 2세는 헝가리에 있는 친척으로부터 이 액세서리를 받았다(Polgar Gyulane to JPII, 4/18/1938).

8   Bill Twoney, "Hart Island-Part 1" *Bronx Times Reporter*, 11/24/1994; *NYT*, 12/12/1867, 7; *NYT*, 8/7/1864, 2; *NYT*, 1/10/1865, 4.

9   *NYT*, 8/27/1864, 3; 11/20/1864, 5. 퓰리처의 이야기는 기병대가 신병을 고르는 절차가 전보다는 덜 까다롭게 진행되었다는 사실과 일치한다. 5인의 기병 돌격대의 모습을 담은 포스터를 참고하라. New York Historical Society Civil War Treasures Collection, PR-055-3-207; DCS-JP, 43.

10   Starr, The *Union Cavalry in the Civil War*, Vol. 2, 322-333.

11   Descriptive Book, Companies B-M, 1st New York Lincoln Cavalry, NARA; Stevenson, *Boots and Saddles*, 320. 유명해진 뒤 퓰리처는 남북전쟁 때 안면을 튼 몇몇 사람들의 연락을 받았다. 그중 독일 출신의 존제John See는 같은 텐트를 사용했던 퓰리처를 회상하면서 1910년 금전적인 도움을 요청했다. 퓰리처의 직원 중 한 명이 퓰리처가 수표를 보냈다는 사실을 확인했다(Witherbee memo to Seitz, 날짜는 미상이나 1910년 5월에서 6월 사이 쓰였을 것으로 추정, folder, JP-LC, Box 9).

12   McPherson, *For Cause and Comrades*, 115.

13   *NYT*, 11/11/1864, 5; 11/12/1864, 1; Beach, The First New York

(Lincoln) Cavalry, 453. 1863년 가을 링컨 대통령은 11월의 마지막 목요일을 추수감사절로 정했다.

14   Beach, *The First New York (Lincoln) Cavalry*, 452; *Illustrated London News*, Vol. 45, No. 1291, 12/10/1864, 574.

15   Beach, *The First New York (Lincoln) Cavalry*, 456–457

16   John G. Steele to JP, 9/8/1885, JP-CU. 퓰리처에 대한 과거의 전기들은 2월 말 재개된 셰리든 장군의 기습공격에 퓰리처가 참여했다고 기록했다. 특히 3월 2일 전개된 웨인스보로Waynesboro 전투와 3월 15일 전개된 비버 댐 스테이션Beaver Dam Station 전투를 지목한다. 그 뒤 퓰리처는 새넌도어 계곡에서 특수 임무를 수행하고 있던 리처드 힌턴Richard J. Hinton 소령의 명령으로 위험한 전장에서 빠져나온 것으로 알려져 있다. 그러나 이런 내용은 기록과 일치하지 않는다. 영국 태생의 미국인 기자였던 힌턴 소령은 강경한 노예해방론자로서 캔자스 주에서 노예해방을 옹호하는 지도급 인사가 되었고 존 브라운John Brown을 추종하게 되었다. 힌턴 소령은 전쟁의 대부분을 신병모집인이자 캔자스 주의 흑인 병사를 통솔하는 지휘관으로 보냈다. 힌턴 소령이 셰넌도어 계곡에서 임무를 수행했다는 기록은 없다. 전쟁 초기에는 남부연합군을 상대로 일련의 비밀 임무를 수행했기 때문에 힌턴 소령이 동쪽으로 온 적이 단 한 번도 없었다고 확언할 수는 없다(힌턴 소령이 수행한 임무는 링컨 대통령이 감사를 표할 만큼 중요한 임무였다). 그러나 비밀 임무를 수행했더라도 그 임무를 보좌할 병사로 독일어만 알아들을 수 있는 병사를 선택했으리라고 추정하기는 어렵다. 더구나 힌턴 소령은 전쟁이 끝난 뒤 기자, 저술가, 공직자로 활동하며 여생을 보냈다. 그런데도 훗날 유명세를 타게 된 퓰리처와 편지도 거의 주고받지 않았던 것으로 미뤄볼 때 힌턴 소령과 퓰리처가 일면식이 있는 관계라고 보기는 어렵다(DCS-JP, 46; JWB, 14; WRR, 5; WAS, 4). 퓰리처의 첫 번째 전기를 쓴 사람이 힌턴 소령을 또 다른 힌턴과 혼동했을 가능성이 있다. 첫 번째 전기를 쓴 사람은 퓰리처가 힌턴 소령을 보좌했다는 말을 듣고는 별로 알려지지 않은 링컨 제1기병대의 차머스 힌턴Chalmers A. Hinton 대위를 떠올리지 않고 널리 알려진 리처드 힌턴 소령을 떠올린 것 같다. 차머스 힌턴 대

위는 버지니아 주 시티포인트City Point의 전범수용소에서 파견 근무를 했다. 그러나 퓰리처가 차머스 힌턴 대위와 함께 근무했다는 기록 역시 없기는 마찬가지다.

군 관련 기록이나 전쟁이 끝난 여러 해 후 퓰리처가 주고받은 일부 서신의 내용으로 미뤄볼 때 전쟁이 끝날 무렵 몇 달간 퓰리처는 후방의 안전한 곳에 있었다. 1865년 6월에 기록된 뉴욕 기병대 제1연대 L중대의 파견대 제대 명단에 퓰리처의 이름이 올라 있다. 여섯 명으로 구성된 파견대는 빈 출신의 프란츠 파세거Franz Passeger 소령의 지휘를 받았다. 그해 1월부터 3월 혹은 4월까지 파세거 소령은 채프먼H. Chapman 장군을 호위했는데 채프먼 장군은 1864년 가을 전투에서 부상을 입고 막 돌아와 윈체스터Winchester 인근 애버렐 캠프Camp Averell에서 근무했다.

17   Beach, *The First New York (Lincoln) Cavalry*, 511-512.

18   *NYT and ChTr*, 5/24/1864; DCS-JP, 47. 한동안 퓰리처는 링컨을 봤다고 착각했던 것으로 보인다. 하지만 결국 착각이었다는 사실을 깨달았다.

19   *NYT*, 6/1/1865, 1.

20   퓰리처의 군복무 기록은 다음을 참고하라. NARA. 퓰리처의 제대 기록은 다음을 참고하라. JP-MHS.

21   *NYH*, 6/29/1865, 3.

22   6월과 7월 사이 뉴욕 시 당국이 음식과 잠자리 그리고 신문에 '특식'이라고 보도된 식사를 제공한 사람의 수는 6만 명에 달했다. *Illustrated London News*, 8/12/1865, 128; *NYT*, 10/1/1865, 5; Ida Tarbel, "Disbanding Union Army at the End of the Civil War", *BoGl*, 5/26/1907, 5; *NYT*, 7/16/1865, 5; 8/9/1865, 3; 8/12/1865, 8; 9/13/1865, 9; 9/28/1865, 2.

23   *WaPo*, 9/28/1890, 9.

24   James Barnes, "Joseph Pulitzer, a Dominant Personality: Some Personal Reminiscences", *Colliers*, 11/18/1911. 퓰리처도 비슷한 내용을 〈뉴욕 그래픽New York Graphic〉에 실었고 다음 문헌에 재수록되었다. *Evening Gazette* (Cedar Falls, IA.), 1/20/1887, 3.

퓰리처가 세인트루이스로 거처를 옮긴 이유를 전기 작가마다 모두 다르게 설명하지만 근거 있는 설명은 하나도 없다. 〈아메리칸 헤리티지 American Heritage〉는 근거도 없으면서 걸핏하면 등장하는 설명을 제시한다. "제대한 퓰리처는 미국의 어디로 가는 것이 좋을지 주위 사람들에게 물었다. 퓰리처는 독일어가 통용되지 않는 곳을 원했다. 그래야 영어를 빨리 배울 수 있기 때문이었다. 전하는 말에 따르면 어느 짓궂은 장난꾼이 퓰리처를 큰 규모의 독일인 공동체가 형성되어 있는 세인트루이스에 보냈다고 한다." (David Davidson "What Made the 'World' Great?" *American Heritage*, Vol. 33, No. 6 [Oct/Nov 1982]); 퓰리처와 동시에 링컨 기병대에 입대해 파견 근무를 같이 한 헨리 찰스 훔멜Henry Charles Hummel이 퓰리처와 함께 세인트루이스로 갔을 것이다. 퓰리처의 이름이 세인트루이스 인명록에 오른 바로 그해에 나루터 일꾼 찰스 훔멜도 인명록에 이름을 올렸기 때문이다. Pulszky and Pulszky, *White, Red, Black*, 167-174. 퓰리처가 헛되이 일자리를 구하러 다니며 뉴욕에서 보낸 그 가을, 어느 기자가 배에서 내린 독일인들에 대한 기사를 작성했다. 기자는 특히 '다섯 시 정각에 세인트루이스로 출발하는 열차표 열장을 구입한 냉정한 독일인'에 주목했다. 기사는 이렇게 끝난다. 독일 이민자들은 보통 무엇을 할 것인지에 대한 고민을 가지고 이곳에 도착한다. "도착하자마자 서쪽으로 이동한다. (…) 매표소에서 필요한 표를 구입한 뒤 열차가 떠나기만을 초조하게 기다린다." (*NYT*, 9/12/1865, 1.) 퓰리처도 세인트루이스, 신시내티, 밀워키에 큰 규모의 독일인 공동체가 형성되어 있다는 사실을 워싱턴 외곽에 머물면서 장차 할 일에 대해 의견을 나누던 2주 사이에 독일 출신 동료 병사들에게 들어서 알고 있었을 것이다.

3장: 약속의 땅

1   풀리처가 세인트루이스에 도착한 날짜는 정확하지 않다. 과거의 전기에는 1865년 10월 10일이라고 기록되어 있는데 아마도 풀리처가 그렇게 이야기하곤 했을 것이다. 한편 전기 작가 돈 카를로스 사이츠Don Carlos Seitz는 풀리처가 숫자를 중요하게 여긴 나머지 자신이 태어난 날짜인 10이라는 숫자에 중요성을 부여한 것이라고 주장했다. "풀리처는 숫자에 의미를 부여하는 일을 일종의 취미로 여겨서 숫자만 보면 의미를 부여하려 했다." (DCS, 11.) 숫자에 대한 풀리처의 집착 때문에 세인트루이스에 도착한 날이 10일이라는 사실을 믿기 어렵다. 사실 날이 추웠다는 풀리처의 증언대로라면 10월 10일은 적합하지 않다. 그렇다고 유력한 다른 날짜가 있는 것도 아니다. 따라서 1865년 가을이라는 점을 제외하고는 정확한 날짜를 규명하기 어려울 것 같다. 연락선에 대한 내용은 다음을 참고하라. Scharf, *History of Saint Louis City and County*, Vol. 2; DCS-JP, 50.

2   DCS-JP, 51.

3   헝가리 국립박물관에서 19세기 사진을 검토하던 나는 헝가리 페슈트의 강변과 세인트루이스의 강변이 매우 흡사하다는 사실에 깜짝 놀랐다. 아주 사소한 차이들을 제외하고는 영락없이 토머스 이스털리Thomas Easterly가 찍은 세인트루이스 부두St. Louis Levee 사진(미주리 역사학회 소장)의 모습이었다. 에른스트 카르가우Ernst D. Kargau의 1893년 작품 《초기의 세인트루이스St. Louis in früheren jahren, 독일적인 것에 대한 회고 Ein gedenkbuch für das deutschthum》는 《세인트루이스의 독일적 요소The German Element in St. Louis》, 9로 번역되었다. 그러나 건물 이름들은 독일어판에서 인용했다. St. Louis, MO: A. Wiebusch (1893), 12.

4   Twain, *Life on the Mississippi*, 525; Thérèse Yelverston, *Teresina in America*, 115.

5   독일인 여행가 프리드리히 게르슈태커Friedrich Gerstäker는 이렇게 전했다. "신시내티에는 세인트루이스보다 더 많은 독일 사람들이 살았지만 독일적인 요소가 이 정도로 우세하지는 않았다." Friedrich Gerstäcker,

Gerstäcker's Travels, Olson, "St. Louis Germans, 1850-1920."

6   Kargau, *German Element*, 124-125; Snider, *St. Louis Movement*, 145.

7   *MoRe*, 9/5/1865, 3; DCS-JP, 52; *ChTr*, 5/24/1883, 10; *MoRe*, 1/1/1877, 6. 1866년 인명록에 '조지프 퓰리처'는 마부로 기록되었다. 퓰리처를 마부로 고용한 집은 바인하겐Weinhagen 일가였을 것이다.

8   WRR, 6.

9   Udo Brachvogel, "Episoden aus Joseph Pulitzers St. Louis Jahren", *Rundschau zweier welten*, January 1912. 퓰리처는 남북전쟁의 경험을 말하지 않은 것처럼 세인트루이스에서 보낸 첫 1년 동안에 대한 이야기도 거의 하지 않았다. 말이 나오더라도 듣는 사람에게 지루할 수 있다며 되도록 짧게 이야기했다. 퓰리처는 이렇게 말하곤 했다. "과거에 대해 회고하는 사람은 나이를 먹어감에 따라 지적 능력이 떨어진다는 사실을 주지해야 한다." 하지만 말년에 퓰리처는 이 시기의 몇 가지 일에 대해 되새겼다. 1911년 지중해를 여행하던 퓰리처는 개인 보좌관으로 오래 일했으며 마침내 친구 사이로 발전한 알레이니 아일랜드에게 몇 가지 일을 털어놓았다. "갑판에 커다란 원형 식탁을 놓고 식사할 때면 사랑하는 바다의 위로를 받아 마음이 누그러진 퓰리처가 이야기를 하곤 했다." (AI, 168, 174-175.)

10   AI, 171-172.

11   DCS-JP, 53. 협회의 도움은 절실했다. 세인트루이스에는 1866년에만 6,000여 명의 독일 이민자가 도착했다(Kargau, *German Element*, 206-208).

12   Adalbert Strauss to Joseph Pulitzer Jr., 6/11/1913, JPII-LC. 슈트라우스만 퓰리처의 어머니 엘리제를 '소개받은' 것은 아니었다. 이 무렵 퓰리처가 만난 찰스 존슨도 비슷한 경험을 했다. "어머니를 존경하고 사랑하는 모습이 정말 좋아보였다. 엘리제는 퓰리처의 정신적 지주였다." ("Remarks of Gov. Chas. P. Johnson, Birthday Anniversary Dinner", April 10, 1907, PDA.)

13   1866년 7월 18일 퓰리처는 도서관 회원 가입신청서를 작성했다. 직업란에는 '테오 슈트라우스 목재 야적장, 19번가와 프랭클린가'라고 기입

했다. 다른 회원들의 직업도 가입신청서를 살펴보면 확인된다. Record Group 12-membership, Mercantile Library Archives, St. Louis, MO; Annual Report of the St. Louis Mercantile Library Association, 1866, 12-13; Taylor and Crooks, *Sketch Book of Saint Louis*, 66-67.

14   JP to RP, 3/23/1903, JP-CU; Annual Report of the St. Louis Mercantile Library Association, 1866, 14; Clarence Miller, "Exit Smiling, Part II", *Missouri Historical Society Bulletin*, Vol. 6, No. 2 (January 1950), 188.

15   Leidecker, *Yankee Teacher*, 317-320; Snider, The St. *Louis Movement in Philosophy*, 7, 139. 학회를 설립한 사람들의 특징은 존 가브리엘 뵈르너 John Gabriel Woerner의 소설 《반란자의 딸The Rebel's Daughter》에도 묘사된다. 알트루에Altrue 교수는 해리스Harris, 슈나이더Schneider 박사는 테일러Taylor 박사(독일어 슈나이더가 '재단사tailor'를 의미한다는 것에서 착안한 언어유희), 브록마이어는 라우헨펠스Rauhenfels로 등장한다. 다음을 참고하라. Woerner, *Woerner*, 103.

16   Clarence Miller, "Exit Smiling, Part II", *Missouri Historical Society Bulletin*, Vol. VI, 2, Jan. 1950, 188; E. F. Osborn to JPII, 6/15/1913, PD. 체스는 헝가리의 인기 있는 놀이였다. 1840년대에 페슈트와 파리의 체스 기사의 시합에서 헝가리 기사가 승리하면서 '헝가리식 초기 방어 전략'이 유행하기도 했다.

17   윌리엄 켈쵀William Kelsoe가 사이츠에게 보낸 편지. 날짜는 미상이나 편지 중 일부는 1921년에서 1922년 사이 쓰였을 것으로 추정된다. PDA; A. S. Walsh to JPII, June 1913, PDA. 10대 때 약국에 근무했던 월시A. S. Walsh는 이렇게 회고했다. "퓰리처는 약국에 들러 수다를 떨기도 했고 처방전을 비교해보기도 했다. 전염병이 돌 때는 평소보다 더 많이 들렀다." (A. S. Walsh to JP II, June 1913. PD.) 늦여름에는 이미 두 차례나 콜레라로 인해 홍역을 치른 바 있는 세인트루이스에 콜레라가 다시 유행했다. 희생자가 많이 줄었다고는 하나 그렇게 적은 것도 아니었다. 4주차에는 매일 140명씩 죽어나갔다. 약국은 24시간 문을 열었다. 약국 위층에는 저명한 의사이자 의과대학 설립자인 조지프 내시 맥도웰Joseph Nash McDowell의 병원이 있었다. 전염병 퇴치에 힘써달라는 세인트루이

스 시 당국의 요청을 받은 맥도웰이 퓰리처를 고용해 환자를 격리하고 사망자를 묻은 아스널 섬Arsenal Island에 보냈다고 한다. 9월 무렵 전염병이 잦아들기 시작해 11월에는 사망자가 네 명까지 줄었다. 퓰리처는 패트릭의 사무실로 복귀했다. 아스널 섬에서 퓰리처가 한 일에 대한 자료를 사방으로 수소문했지만 찾지 못했다.

18 Pulitzer's notary public certificate, JPII-LC; W. A. Kelsoe to Seitz, 날짜 미상(1913년에서 1920년 사이), PDA.

19 DCS-JP, 55; AI, 221; JP to William James, 6/21/1867, 7/13/1867, Wortham James Collection, 1820-1891, folder 2211, WHMC. 초창기에 퓰리처가 쓴 서신 중 남아 있는 서신은 일상적인 내용의, 역사적으로 큰 가치가 없는 서신이지만 적어도 퓰리처의 영어 실력이 안정적인 궤도에 올랐다는 사실을 보여준다. 정해진 형식에 맞춰 쓰였겠지만 그렇더라도 영어에 문외한이 작성한 것은 절대 아니다.

20 다음을 참고하라. White, *The German-Language Press in America*; Trefousse, *Carl Schurz*, 162; Schurz to Margarethe Schurz, *Intimate Letters of Carl Schurz*, 7/16/1867; DCS-JP, 61. 당시의 판매부수 통계는 지극히 부정확하다. 그러나 세인트루이스 시 당국의 공고나 인쇄물을 수주하기 위한 입찰에 참여하려면 신문사 발행인들이 판매부수를 확인하는 서약을 해야 했다. 1867년의 '공식' 발행부수는 다음에 실렸다. *ChTr*, 6/5/1867, 2.

21 Trefousse, *Schurz*, 162. 사이츠는 프레토리우스와 빌리히가 친분 때문에 퓰리처를 채용했으리라고 주장한다. 퓰리처가 죽었을 때 세인트루이스에서 발신한 AP 급보는 〈베스틀리혜 포스트〉와 독일이민자협회의 연관성에 대해 언급했다. "빌리히는 퓰리처의 정보 획득 방식 및 정보 처리 방식이 독특하다고 생각했다. 퓰리처는 빌리히의 추천으로 〈베스틀리혜 포스트〉의 기자가 되었다." AP dispatch, 10/29/1911, JP-LC, Box 12.

언론 교육도 받지 않았고 경험도 전무한 퓰리처가 어떻게 〈베스틀리혜 포스트〉의 기자가 될 수 있었는지는 풀리지 않는 수수께끼이자 전설로 남았다. 퓰리처는 상업도서관에 다니면서 프레토리우스와 친분을 쌓

있다. 슈르츠를 만났을 가능성도 없지는 않지만 실제로 만난 적은 없었다. 강 하류 사탕수수 플랜테이션에 일자리를 주기로 했지만 약속을 어긴 직업소개업자에게 40여 명의 사람들과 함께 사기당한 경험이 기자로 발탁되는 데 도움이 되었다는 말도 있다. 아일랜드에 따르면 그 사건을 주위들은 어느 기자가 그 사연을 〈베스틀리헤 포스트〉에 기고해보라고 퓰리처에게 권유했다. 그 글을 본 프레토리우스가 퓰리처의 역량을 높이 사 기자로 발탁했다는 것이다. 그러나 퓰리처가 작성했다는 그 글이 기사화된 적은 없다.

퓰리처가 체스 기사로서 실력을 인정받아 기자가 되었다는 또 다른 설도 있지만 안타깝게도 이 이야기는 일관성이나 신빙성이 떨어지는 위대한 체스 시합에 대한 이야기로 환원되어버린다. 따라서 퓰리처가 헤엄쳐서 보스턴 항에 도착했다는 전설처럼 사건의 전모를 파악하는 데는 별다른 도움이 되지 않는다. 이와 관련된 이야기가 퓰리처가 아직 살아 있던 1909년 〈현대문학Current Literature〉에 실렸다. "하루는 잡다한 일을 처리하던 퓰리처가 식당에서 체스 시합을 하게 되었다. 그날 시합에서 퓰리처는 천재적인 재능을 발휘했다고 한다. 그날 퓰리처가 시합 상대 중 한 명에게 한 제의가 퓰리처의 이후 경력에 영향을 미쳤다. 상대방은 카를 슈르츠와 공동으로 〈베스틀리헤 포스트〉를 운영하는 에밀 프레토리우스 박사였다. 이날 퓰리처가 남긴 강렬한 인상이 절대 떠날 수 없는 무대로 그를 이끌었다."

퓰리처가 죽고 나서 10년쯤 뒤 〈세인트루이스 포스트-디스패치〉 편집자 윌리엄 켈죄는 그 시합을 기억하는 몇 안 남은 생존자를 수소문했다. "그 역사적인 체스 시합이 열렸다는 식당을 정확히 기억하는 사람은 없었다." 그 식당이 라이니체 바인할레Reinische Weinhalle였을 거라는 말도 있었고 독일 및 비독일 출신의 정치인, 기업가, 변호사들이 즐겨 찾던 바그너스 식당Wagner's Restaurant이었다는 말도 있었다. 비단 그 시합이 아니더라도 남북전쟁 겨울 주둔지에서 두각을 나타낸 퓰리처의 체스 실력이 상업도서관이나 다른 장소에서 이목을 집중시켰을 것이라는 점은 짐작하고도 남음이 있다(AI, 171-172). 이 일화에 슈르츠의 이름이 등장한다는 사실은 체스 시합이 정말 있었다면 슈르츠가 〈베스틀리헤 포스트〉에 합류한 1867년에 이뤄졌으리라는 점을 시사한다. 바로 그해에 퓰리처는 〈베스틀리헤 포스트〉 기자가 되었다. Kelsoe to Seitz, 날짜 미상, PDA.

22   DCS-JP, 58.

23   Saalberg, "The Westliche Post of St. Louis", 195.

24   DCS-JP, 58-60. 영어 신문 기자들은 독일 신문 기자들을 '슈노러스 Schnorrers'라고 부르며 얕잡아 봤다. 슈노러스는 평범한 거지와는 다르게 구걸할 목적을 숨긴 채 신사인 양 행세하면서 자신이 원하는 도움을 주려는 사람에게 화내는 척하는 거지를 희화화한 이디시어다.

25   *MoRe*, 10/30/1911.

26   APM, 26.

27   1865년 건조된 2,695톤의 알레마니아호는 12노트로 항해할 수 있었다. APM, 27-31.

28   〈시카고 트리뷴〉은 이렇게 보도했다. "세인트루이스는 실업자로 넘쳐난다. 대부분은 고운 손을 지닌 동부 출신 젊은이로, 사무직으로 일하고 싶어 한다." (*ChTr*, 4/23/1867, 2.); APM, 36.

29   APM, 33, 39.

30   퓰리처의 친구 앤서니 이트너에 따르면 퓰리처는 아나 프레토리우스를 '마음씨가 따뜻하고 쾌활하며 사람을 편안하게 만드는 여성이며, 내 생에 가장 큰 행운'이라고 생각했다(Anthony Ittner to JPII, June 11, 1913, *PD*). 에드워드 프레토리우스Edward Preetorius는 이렇게 회고한다. "퓰리처는 어린 시절 집에 가장 많이 찾아왔던 손님이자 부모님이 가장 반겼던 손님이었다. 부모님은 다정다감한 (퓰리처가) 나를 보러 집에 자주 들렀다고 말씀하셨다." (Edward Preetorius to JP, March 4, 1903, JP-CU.)

31   Snider, *St. Louis Movement*, 167.

32   〈사변철학 저널Journal of Speculative Philosophy〉은 미국 철학사에서 그 중요성을 널리 인정받고 있다. Perry, *The St. Louis Movement in Philosophy*, 10; James A. Good, "'A World-Historical Idea': The St. Louis Hegelians and the Civil War", Journal of American Studies, Vol. 34, No. 1 (December

2000), 447-464 ; Snider, *St. Louis Movement*, 32.

33 Record Book of the St. Louis Philosophical Society, MHS.

34 Knight, *Memorials of Thomas Davidson*, 107-108. 다음도 참조하라.
Fagan, "Thomas Davidson : Dramatist of the Life of Learning." 퓰리처가
언제 어디서 데이비드슨을 만났는지는 분명하지 않다. 자타가 공인하는
퓰리처의 높은 교육열로 미뤄볼 때 퓰리처는 데이비드슨이 진행한 대중
강연에 참석했을 가능성이 높다.

35 Thomas Davidson to Kate Bindernagel, 8/10/1870, TD. 8년 간 이어
진 약혼 관계는 세인트루이스에 머물던 데이비드슨이 결혼을 거부하면
서 끝이 났다. 데이비드슨이 죽은 뒤 친구인 윌리엄 제임스William James
는 이렇게 설명했다. 데이비드슨은 윌리엄 제임스에게 결혼할 생각을
두 차례 했지만 첫 번째 관계 때문에 할 수 없었다고 털어놓았다. "데이
비드슨은 이렇게 말했다. '우리처럼 서로 잘 알고 지내는 두 사람은 절
대로 낯선 존재로 회귀할 수 없어. 그러니 결혼은 불가능해! 불가능해!
불가능하다고!' 데이비드슨은 산 정상에 오른 사람이 외치듯 큰 소리로
결혼할 수 없다는 말을 되풀이했다. 그 소리가 내 귀에 아직도 선하기에
그의 고백을 기록해둔다." (Knight, *Memorials of Thomas Davidson*, 118.)
다음도 함께 참고하라. *The National Cyclopaedia of American Biography*,
312. 세인트루이스 운동 기념사업에서도 이와 비슷한 내용이 등장했
다. 어느 강연자는 이렇게 말했다. "데이비드슨은 사회 개혁을 향해 나
아가는 젊은이들에게 이례적인 공감을 표현했다." *A Brief Report of the
Meeting Commemorative of the Early Saint Louis Movement*, January 14,
15, 1921 ; Vanderweart's Music Hall, St. Louis, Missouri , 60, MHS.

36 부끄러움이나 두려움이 동성애로 나아가는 데 장애물이 되는 것은 사실
이지만 동성애를 막지는 못한다. 성에 관련된 논의가 금기시되었던 시
기에는 개인의 성적 취향이 개인의 정체성을 구성하는 요소로 인식되
지 않았고, 따라서 함부로 발설해서는 안 되었다. 역사가 그레이엄 롭
Graham Robb은 다음과 같이 설명했다. "성적 취향은 사회적 정체성을
결정하는 요인이 아니다." 나아가 남성과 여성이 각자의 동성 친구와 나
누곤 하는 친밀한 관계도 돌이켜 생각해보면 명백해지는 무언가를 감

추는 역할을 할 수 있다. 롭은 이렇게 설명한다. "대부분의 사람들은 사랑하는 사람이 떠나거나 사망한 뒤에야 자신의 동성애 성향을 발견한다." (Robb, *Strangers*, 127-139.) 다음도 함께 참고하라. Isaac Rossetti to Thomas Davidson, June 12, 1867, TD.

37   Samuel Rowell to Thomas Davidson, January 1862, TD.

38   Thomas Davidson to Kate Bindernagel, 8/14/1870, TD. 당시 데이비드슨의 심리 상태가 어땠는지 확언하기는 어렵다. 그러나 당시 어느 학생은 동료 학생들에게 멍한 눈으로 복도를 서성이던 데이비드슨을 보았다는 말을 들었다고 증언한다. "약에 취해 그리스어를 막 내뱉는 것이 분명했다." 그 학생은 다음과 같이 결론지었다. "데이비드슨은 알코올 중독이라는 사실을 감췄던 것이 분명하다." (William Clark Breckenridge to Robert L. Calhoun, 8/25/1871, MHS.)

39   DCS, 56, 38. 1941년 퓰리처 가족의 협조를 받지 못한 상태로 전기를 쓰는 바람에 신뢰도가 떨어지는 전기를 쓴 제임스 배럿James Barrett은 퓰리처와 데이비드슨이 같은 공간을 사용했다는 사이츠의 설명을 확대 해석했다. "옷깃 없는 셔츠를 입은 상태로 다른 사람들을 만난다는 생각만으로도 짜증을 낼 만큼 고루한 사람이 퓰리처였다는 점을 감안할 때 박식한 친구가 있는 자리에서 퓰리처가 자연스럽게 옷을 입고 벗었다는 사실은 데이비드슨과 함께한 생활이 퓰리처에게 만족스러웠다는 증거로 충분하다. (…) 퓰리처가 그 정도로 따뜻한 신뢰를 보낸 사람은 오직 데이비드슨뿐이었다." (JWB, 32.)

40   JP to Davidson, 날짜는 미상이나 1874년 6월에 쓰였을 것으로 추정, TD.

41   JP to Davidson, 7/11/1874, TD.

42   JP to Davidson, 7/21/1874, TD. 퓰리처는 시간의 흐름에 따라 서신에 사용되는 느낌표 수를 늘려갔다. 특히 '톰!'으로 시작하는 서신의 경우 첫 번째 서신에는 느낌표가 하나, 두 번째 서신에는 느낌표가 두 개, 마지막 서신에는 느낌표가 세 개 사용되었다.

43   당시 남성들이 서로의 친밀함을 표시하기 위해 사용했던 말이나 몸짓 중에는 한 세기가 지난 오늘날의 시각에서 볼 때 동성애로 비춰질 가능

성이 있는 경우가 많은 것이 사실이다. 당시 남성들에게는 지금은 불가능한, 낭만적인 친근감 표시가 어느 정도 허용되었다. 데이비드슨이 퓰리처에게 보낸 서신 중 몇 안 남은 서신들은 퓰리처가 결혼하고 몇 년 뒤에 쓰인 서신들이어서 그것만으로는 두 사람의 친분이 어느 정도 수준이었는지 가늠하기 어렵다. 그 서신들에는 두 사람이 과거에 친했던 사이임을 암시하는 내용은 있지만 두 사람이 세인트루이스에서 보낸 시간에 대한 내용은 거의 없다. 형식으로 무장한 뉴욕 사회에서는 퓰리처의 가장 친한 친구조차 '친애하는 퓰리처'라는 표현을 사용했다. 데이비드슨은 '친애하는 조'라는 표현을 사용할 수 있는 몇 안 되는 사람 가운데 하나였다. 퓰리처는 '애정을 담아 친구가', '당신의 영원한 친구', '당신의 오래된 벗'이라는 표현으로 서신을 맺곤 했다. 그러나 퓰리처가 사용하곤 했던 마침 문구들은 보편적으로 사용되는 것이 아니었으므로 앞을 볼 수 없게 되어 남이 받아쓰기 시작한 뒤에는 말 한마디에도 신중을 기했을 것이다. 사이츠는 이렇게 언급했다. "현명하고 자상한 데이비드슨 교수는 1900년 9월 14일 매사추세츠 주 캠브리지에서 세상을 떴다. 살아생전 데이비드슨은 퓰리처에게 가장 가까운 사람 중 하나였다." (DCS-JP, 56.)

4장: 정치와 언론

1   Johnson, "Birthday Anniversary Dinner", 4/10/1907, PDA.

2   Foner, *Reconstruction*, 41–42; Peterson, *Freedom and Franchise*, 191; Primm, *Lion of the Valley*, 261–268.

3   Memorial service for Schurz, 10/10/1906, JP-CU.

4   Johnson, "Birthday Anniversary Dinner"; 4/10/1907, PDA; WP, 8/10/1868, 3; Saalberg, "*The Westliche Post*", 196.

5   *NYH*, 4/29/1872; *NYT*, 7/21/1900, 7.

6   Trefousse, *Schurz*, 173.

7   *WP*, 1/13/1869 (weekly edition), 3.

8   Schurz to Preetorius, 3/12/1869, *Intimate Letters*, 473.

9   Charles E. Weller letter, 7/28/1919, PDA. 세인트루이스 최초로 타자기를 소유한 사람 중 한 사람인 웰러Weller가 '이제 각자의 당의 도움을 받을 때가 되었다' 같은 문장을 지어내는 선수였다는 사실은 타자교육을 받은 사람이라면 누구나 아는 사실이었다.

10   William Fayel remembrance, 다음에 재수록됨. DCS-JP, 60-61.

11   Charles E. Weller letter, 7/28/1919; A. S. Walsh to JPII, June 1913, PDA.

12   Fayel in DCS-JP, 60-61.

13   Johnson, "Birthday Anniversary Dinner", 4/10/1907, PDA.

14   Anthony Ittner to JPII, 6/11/1913, PDA.

15   Hyde and Conrad, *Encyclopedia of the History of St. Louis,* Vol. 2 (New York: Southern History, 1899), 1097; *PD*, 4/21/1879, 4.

16   *WP*, 7/21/1869, 3.

17   *WP*, 7/23/1869, 3.

18   Theodore Welge to JPII, 6/6/1913, PDA.

19   Saalberg, "The Westliche Post", 200.

20   Weller letter, 7/28/1919, PDA; unknown author to JPII, 6/11/1913, PDA.

21   Kargau, *The German Element*, 53-54.

22   세인트루이스 공립학교 이사회 14차 연례보고서14th Annual Report of the Public School Board of St. Louis의 독일어 교사 명단에 앨버트의 이름이 등재되어 있다. St. Louis, MO: Plate, Olshausen, 1868, lxiii) APM, 41-42, 48-49, 59-60.

23   1869년 11월 10일 선거 공고가 났다. Writ of Elections, Gov. McClurg, Missouri State Archives, Jefferson City, MO. 〈미주리 리퍼블리컨〉은 존 데일리John Daily를, 〈세인트루이스 타임스〉는 편집자 스틸슨 허친스를 후보로 추천했다. *MoDe*, 12/14/1869, 2.

24   Eichhorst, "Representative and Reporter: Joseph Pulitzer as a Missouri State Representative", 20; *WP*, 12/14/1869, 3.

25   *WP*, 12/14/1869, 3; *MoDe*, 12/15/1869, 4.

26   *MoRe*, 12/19 and 12/21/1869, 2; Constitution of the State of Missouri, 1865, Art. IV, Sec. 3. 〈미주리 데모크라트〉는 퓰리처의 공격을 뒷받침했고 〈미주리 리퍼블리컨〉과 〈세인트루이스 타임스〉는 자신의 후보를 옹호하면서 퓰리처가 세금을 내지 않았기 때문에 후보 요건에 미달된다고 공격했다. 그러나 결국 민주당 후보의 자격 요건에 대한 끊이지 않는 의문을 방어하기가 점점 어려워진 데다가 두 신문이 별 문제 아닌 일로 티격태격 다투면서 민주당 후보는 선거 운동을 제대로 하지 못했다. *MoRe*, 12/21/1869, 2; *MoDe*, 12/20/1869, 3; *StLoTi*, 12/21/1869, 1.

27   Original in Oaths of Loyalty 1869, Series XIV, Sub Series B, Dexter Tiffany Collection, MHS; *WP*, 12/18/1869, 3. 독일어 문헌을 번역해 필자를 도와준 제이슨 베이커에 따르면 "이 서신 어디에도 퓰리처의 이름은 나오지 않지만 3인칭으로 표현함으로써 독자들이 그렇게 생각할 여지를 남겼다. 위증까지는 아니더라도 어느 정도의 거짓말은 했다고 볼 수 있다." 나아가 베이커는 퓰리처가 애용했던 수사적 문구와 익살이 사용된 것으로 미뤄볼 때 그 서신을 퓰리처가 작성했다고 보기에 손색이 없다고 언급했다.

28   *WP*, 12/19 and 12/20/1869, 3.

29   모든 신문이 날씨와 선거 결과를 실었다. 투표율은 다른 해의 선거 결과를 활용해 추정했다.

30   *WP*, 12/22/1869, 3.

5장: 정치와 총격 사건

1   *PD*, 2/15/1870, 2. 미주리 퍼시픽 철도를 비롯한 여러 철도회사들은 제퍼슨시티로 향하는 주 의회 의원들에게 명예 승차권을 제공한다는 신문 광고를 실었다. 관련 내용은 다음을 참고하라. *PD*, 2/8/1870, 2; and Eichhorst, "Representative and Reporter", 31. 주 정부는 주 의회 의원에게 왕복승차권 구입 비용으로 50달러를 지급했다. 퓰리처가 작성

한 왕복승차권 구입비 청구 양식 사본은 파일 형태로 보관되어 있다. MSA, General Assembly Records for 1870 Adjournment Session, Record Group 550, Box 94, folder 28, Jefferson City, MO.

2   주도를 세인트루이스로 옮기자는 법안은 1870년 1월 18일 제출되었다. NYT, 1/20/1870, 1. '세인트루이스 운동'의 이상을 품었던 퓰리처는 세인트루이스의 일부 토지를 주 의사당 부지로 지정하자는 법안을 제출했다. *Twenty-Fifth General Assembly House Journal, Adjournment Session*, 1870, 72 (이하 House Journal로 표기함).

3   Anthony Ittner to JPII, 6/11/1913, *PD*; Kremer, *Heartland History*, 69; Bruns, *Hold Dear, as Always*, 14-15.

4   *House Journal*, 4. 퓰리처는 은행과 기업위원회에 배정되었다.

5   *ChTr*, 1/15/1870, 4; *House Journal*, 49.

6   Peterson, *Freedom and Franchise*, 170; Tusa, "Power, Priorities, and Political Insurgency", 133. 민주당 소속으로 공직에 있다 퇴직한 어느 공직자는 1869년 친구에게 보낸 편지에서 이런 질문을 던졌다. "이 비정상적인 정치 상황이 어떻게 끝나리라고 생각하나? 아마 얼마 버티지 못할 걸세." (B. F. Massey to J. F. Snyder, July 15, 1869; Barclay, *The Liberal Republican Movement in Missouri*, 183에 재인용.)

7   직전 회기에서 주 의회는 수정헌법 제15조를 비준했지만 수정안의 두 번째 내용에 대해서는 비준하지 못했다. 따라서 주지사는 연방 정부에 공식 보고를 올리지 못했다. 이번 회기에도 결과는 같았다. *ChTr*, 1/7/1870, 1, 1/10/1870, 4. 다음도 함께 참고하라. Barclay, *Liberal Republican Movement in Missouri*; Tusa "Power, Priorities, and Political Insurgency", 133.

8   Barclay, *Liberal Republican Movement in Missouri*, 186-187.

9   Walter Gruelle in *StLoDi*, 1/6/1870, 2.

10   *MoRe*, 1/26/1869, 2; *WP*, 1/26/1869, 3.

11   *Kansas City Daily Journal of Commerce*, 3/8/1870, 2.

12   *WP*, January 25, 1870, 3.

13   Kargau, *German Element*, 139; *One Hundred Years in Medicine and*

Surgery in Missouri (St. Louis, MO: St. Louis Star, 1900), 79-80; PD, 4/21/1879, 4; *MoDe*, 4/24/1869; *StLoTi*, 2/28/1870, 1; Ittner to JPII, 6/13/1913, PDA.

14   Theodore Welge to JPII, 6/6/1913, PDA.

15   *MoRe*, 11/26/1869; William N. Cassella Jr., "City-County Separation: The 'Great Divorce' of 1876", *Missouri Historical Society Bulletin*, Vol. 15, No. 2 (January 1959), 88.

16   Saalberg, "*The Westliche Post*", 197-198; *WP*, 9/24/1869. 퓰리처가 제출한 법안의 골자는 다음에 실렸다. MoRe, 3/11/1870, 2. 다음도 함께 참고하라. Thomas Eichhorst, "Representative and Reporter", 49. 의혹이 전적으로 틀린 것은 아니었다. 자신들에게 우호적인 신문에 정치인들이 공고와 인쇄물을 몰아주는 일은 흔했다.

17   *MoDe*, 1/27/1870, 1; *WP*, 1/30/1870, 3.

18   *WP*, 2/28/1870, 3. 더불어 퓰리처는 리치랜드 카운티Richland County 조성사업법이 주 의회에서 통과된 과정을 묘사했다. 리치랜드 카운티 조성사업은 카운티 재조정 사업의 일환으로 진행되는 사업이었다. "토지개발업자, 로비스트, 그 밖에 사업에 관심이 있는 신사들이 관련 법안이 통과된 날 저녁 슈밋 호텔에서 축하연을 열었다. 그 법안에 찬성한 주 의회 의원 대부분이 축하연에 참석했다. 샴페인, 위스키 등 온갖 음식과 음료를 차려 놓은 축하연이 늦은 밤, 아니 이른 아침까지 이어졌다. 그래서 그 법안이 '3만 5,000달러짜리' 법안이라 불리는 것이다."

19   1870년 1월 27일 슈미트 호텔에서 일어난 사건에 대한 내용은 1870년 1월 28일 〈세인트루이스 타임스〉, 〈미주리 데모크라트〉, 〈미주리 리퍼블리컨〉, 〈세인트루이스 포스트-디스패치〉의 기사를 바탕으로 쓴 것이다. 그 밖의 자료원에 대해서는 따로 미주를 달았다. 다음도 함께 참고하라. *WP*, 1/30/1870, 3; *MoDe*, 1/31/1870, 3.

20   Ittner to JPII, 6/11/1913, PDA.

21   오거스틴이 이렇게 말한 것은 거의 틀림없는 사실이다. 오거스틴 옆에서 대화를 나누고 있었던 세인트루이스 카운티 운영위원 캐디Cady는 오거스틴이 퓰리처에게 '개새끼'라고 불렀다고 회고했다.

22   Ittner to JPII, 6/11/1913, PDA; *St. Louis Times*, 1/28/1870, 1.

23   *MoRe*, 1/29/1870, 2.

24   *MoRe*, 1/28/1870; *House Journal*, 305-306; *St. Louis Times*, 1/28/1870, 1. 〈세인트루이스 타임스〉는 연설 내용을 그대로 실으면서도 인용부호를 쓰지 않는 경우가 많았다. 걸핏하면 1인칭을 3인칭으로 바꿔 사용했다. 이 토론에 등장하는 인용문은 여러 신문에서 다룬 내용을 종합한 것이다.

25   *MoDe*, 1/29/1870, 1, 2/2/1870, 1; *Kansas City Daily Journal of Commerce*, 1/30/1870, 2; *ChTr*, 1/29/1870, 4.

26   *WP*, 1/30/1870, 3.

27   오랜 시간이 흘러 나이가 많이 든 퓰리처는 머리카락을 쓸어 올려 오거스틴의 황동 너클에 맞아 생긴 것이라는 그 상처를 보여주었다.

28   *State of Missouri v. Joseph Pulitzer*, No. 1182 P.H., No. 16, Circuit Court of Cole County, MO, MSA. 퓰리처의 체포 소식은 다음 신문에도 기사화되었다. *Kansas City Daily Journal of Commerce*, 2/19/1870, 2; *MoDe*, 1/21/1870, 1, 2/4/1870, 2.

29   *MoRe*, 2/11/1870, 1; *House Journal*, 431-432.

30   공립학교는 1864년부터 친독일파가 교육위원회에 대한 통제권을 잃게 된 1887년까지 모든 학생에게 독일어를 가르쳤다. MoDe, 3/1/1870, 1; Eichhorst, "Representative and Reporter", 59; Kansas City Daily Journal of Commerce, 3/2/1870, 2.

31   MoDe, 3/11/1870, 1; *House Journal*, 821. 그 논쟁 덕분에 기자 퓰리처는 곤란한 처지가 되었다. 기소당한 의원의 거취 문제를 논의하는 과정에서 의회가 언론인은 허락 없이 기사를 써서는 안 된다는 결의안을 채택했기 때문이다. 이 결의안은 호명 투표 방식으로 채택되었으므로 장래의 언론 재벌 퓰리처가 언론의 자유와 관련해 어떤 견해를 가지고 있었는지는 기록되지 않았다.

32   *MoRe*, 2/25/1870, 2; *House Journal*, 577.

33   *MoRe*, 3/11/1870, 2. 세인트루이스를 대표하는 의원 열한 명 중 일곱 명이 반대파였다.

34   *MoDe*, 3/17, 3/18/1870.

35   *Kansas City Daily Journal of Commerce*, 3/15/1870, 2 ; *StLoDi*,
        3/15/1870, 2.

6장 : 의원직을 떠나다

풀리처가 주 의회 의원으로 재임한 기간은 풀리처가 '신문사 발행인이 되는 데' 중
요한 영향을 미친다. 가장 꼼꼼하게 풀리처의 전기를 기록한 두 사람의 전기 작가조
차 풀리처가 주 의회 의원을 왜 그만두었는지 밝히지 않았다. 스완버그는 풀리처가 주
의회 의원으로 재직한 시절의 내용을 기록한 장을 이렇게 마친다. "3월 24일 풀리처는
기나긴 의원 생활을 마감했다." (19) 레이놀즈Raynolds는 이렇게 전했다. "풀리처는 그
렇게 주 의회 의원 생활을 마감했다. 풀리처는 주 의회 의원으로 생활한 나날을 만족
스럽게 여겼다." (23) 나는 언론인이어서 그런지 풀리처가 명예로운 선출직 자리를 단
순히 박차고 나왔을 것이라는 생각을 신뢰할 수 없었다. 그래서 당시의 미주리 주 신
문을 살펴보았고 풀리처가 자발적으로 은퇴한 것이 아니라는 사실을 알게 되었다.

별다른 연관성이 없어 보이는 제목이 달린 기사에서 뜻밖의 인물을 만나는 일은 연
구의 즐거움 중 하나다. 이 장에 등장하는 그래츠 브라운의 생애를 조사하다가 마거릿
와이즈 브라운Margaret Wise Brown이 그의 손녀라는 사실을 알게 되었다. 마거릿 와이
즈 브라운은 20세기에 자녀를 둔 학부모라면 누구나 아는 유명한 저술가로,《잘 자요
달님Goodnight Moon》을 비롯해 아동문학에 길이 남을 고전들을 남겼다.

1   Theodore Welge to JPII, 6/6/1913, PDA.

2   General Assembly Records for 1870 Adjournment Session, Record
        Group 550, Box 94, folder 28, MSA ; *NYT*, 5/25/1870 ; 풀리처의 여권
        신청에 대한 내용은 다음을 참고하라. NARA. 풀리처는 1848년 혁명
        직후 미국으로 망명한 헝가리 사람 율리언 쿠네Julian Kune를 시장 집무
        실에서 만나고 집으로 돌아갔다. Kune, *Reminiscences*, 130.

3   *Ciberia* passenger manifest, 7/13/1870, NARA.

4   Peterson, *Freedom and Franchise*, 176 ; *NYH*, 4/29/1872 ; *NYT*,

7/21/1900, 7. 〈미주리 데모크라트〉는 미주리 주에서 둘째가라면 서러운 최고의 공화당 성향 신문이었다. 그러나 〈미주리 데모크라트〉의 발행인 윌리엄 매키William McKee가 추천한 사람들에게 그랜트 대통령이 연방 공직을 배려해주지 않자 그랜트 대통령에게 등을 돌렸고 곧 현직 주지사에게도 등을 돌렸다.

5   *MoDe*, 8/31/1870; *MoRe*, 9/1/1870; Barclay, *Liberal Republican Movement in Missouri*, 234-235에 재인용(주).

6   Barclay, Liberal Republican Movement in Missouri, 243; 전당대회의 집계방식에 따르면 실제 투표 결과는 439와 3분의 2대 342와 6분의 5였다.

7   퓰리처가 〈베스틀리헤 포스트〉에 급히 송고한 기사를 보면 퓰리처가 온건파의 핵심 지도층이 되었음을 분명히 알 수 있다. 내부자가 아니면 알 수 없는 두 당파의 분열 양상까지 정확하게 전망하고 있기 때문이다. 실례로 다음 기사를 참고하라. *WP*, 9/2/1870, 3.

8   *ChTr*, 9/5/1870, 2; *Mountain Democrat*, 9/17/1870, 2.

9   *MoDe*, 9/21/1870, 4.

10   *MoDe*, 11/8/1870, 1; Christensen, "Black St. Louis", 205-206; *WP*, 9/3/1870, 3.

11   *MoDe*, 2/19/1870; *ChTr*, 7/4/ 1872, 4.

12   *MoDe*, 11/5/1870, 2, 11/8/1870, 2.

13   *MoDe*, 11/3/1870, 4; original in Oaths of Loyalty 1869, Series XIV, Sub Series B, Dexter Tiffany Collection, MHS. 다음도 함께 참고하라. *MoDe*, 11/8/1870, 1.

14   *MoRe*, 11/8/1870, 2.

15   Peterson, *Freedom and Franchise*, 188.

16   *MoRe*, 11/11/1870, 2; *WP*, 11/10/1870, 3. 선거 결과에 대해 〈안차이거 데스 베스텐스〉는 공화당의 분열이 민주당의 승리를 가져왔다는 색다른 해석을 내놓았다. 퓰리처는 선거 결과가 독일 이민자들에게 큰 손실을 가져올 것임을 깨닫지 못하고 있다며 편집자를 질책했다. "〈안차이거 데스 베스텐스〉 편집자는 매클러그의 골수 지지자, 프랑스 이민자, 흑인이 독일 이민자와 대립각을 세우는 세력임을 모르는가? 그들은

철저하게 변절하고, 심지어는 민주당으로 당적을 옮기면서까지 독일 이민자 대다수의 지지를 받는 자유공화당 후보를 쓰러뜨린 장본인이다." 특히 제3선거구와 퓰리처가 출마한 제5선거구의 득표율을 보면 독일 이민자들은 민주당 후보를 찍지 않았다는 사실을 알 수 있다. "아일랜드인들도 화요일 선거에서 중요한 역할을 했다. 〈안차이거 데스 베스텐스〉가 조명한 승리는 아일랜드인-프랑스인-흑인의 합작품이다. 〈안차이거 데스 베스텐스〉 편집자가 이런 결과를 바란 것이라면 솔직하게 밝히기 바란다." (*WP*, 11/11/1870, 3.)

17 *Frau und Frei* (St. Louis, MO: 날짜는 미상이나 1870년 11월에 쓰였을 것으로 추정), MHS.

18 Avery and Shomemaker, *Messages and Proclamations of the Governors of the State of Missouri*, Vol. 15, 14.

19 Peterson, *Freedom and Franchise*, 207.

20 1869년 선거에서 민주당은 조지프의 대항마로 허친스를 추대했지만 허친스가 거절했다. 조지프와의 친분 때문에 다음 해로 출마를 미룬 것으로 추정된다. 허친스는 결국 출마해 의원직을 얻었다.

21 *ChTr*, 2/2/1871, 2; Peterson, *Freedom and Franchise*, 191-197; Grosvenor to Schurz, 2/16/1871, CS.

22 그해 1월 11일에서 3월 1일까지 은행과 기업위원회에서 퓰리처가 받은 급료 영수증에는 베네크 주 상원의원이 서명했다. Accounts of the Twenty-Sixth General Assembly, First Session, MSA.

23 Peterson, *Freedom and Franchise*, 198에 재인용.

24 *ChTr*, 4/22/1871, 2; *Every Saturday*, 10/28/1871, 418.

25 *Missouri Staats-Zeitung*, undated clipping, WG-CU, Box 2.

26 Louis Benecke to Pulitzer, 10/26/1871, LB. 퓰리처가 위원회 표결에 대처한 방식에 대해 베네크 주 상원의원이 의문을 가졌을 가능성이 있다. 베네크 주 상원의원은 퓰리처에게 이렇게 말했다. "내가 아는 대리인 규정에 따르면 자네는 정족수를 채우기 위한 대리인으로 참석했을 뿐 모든 위원들이 참석하기 전까지는 표결을 시도하지 말아야 되는 것 아니었나?"

27   힐은 변화무쌍한 사람이었고 그런 까닭에 언론의 주목을 받았다. 퓰리
처의 공판이 있을 당시 그는 재혼한 상태였다. 첫 번째 부인이 유럽에서
익사하는 바람에 이혼 법정에서 재혼했다. 몇 년 뒤 힐은 피터 린델Peter
Lindell의 600만 달러짜리 토지를 분할하는 일을 맡았고 거리의 장애인
소년 거지를 고용해 문제를 해결했다. 힐은 토지를 똑같은 크기로 분할
해 제비를 만들고 소년에게 제비를 뽑게 했다. "눈가리개를 푼 소년의
눈에 기쁨의 눈물이 맺혔다. 소년의 손에 5달러 금화 10개가 놓여 있었
기 때문이다. 힐은 소년에게 거대한 린델의 토지를 참석한 상속인 모두
가 만족할 수 있도록 분할했다고 칭찬했다.": *ChTr*, 2/13/1879, 2.

28   퓰리처 본인이 제출한 답변서에 자신을 무슨 근거로 유죄 혹은 무죄
라고 썼는지는 분명하지 않다. 최종 판결이 법원 기록에 남아 있지 않
기 때문이다. 아리송하게 기록된 존슨의 일기도 별 도움이 되지 않
는다. "100달러 벌금으로 사건 종결." (Johnson, *Diary*, 11/20/1871,
11/18/1871, WRR, 19.) 퓰리처는 변호사 비용과 벌금을 내기 위해 세인
트루이스 제분소 사장 헨리 예거Henry C. Yaeger로부터 돈을 빌렸다. 세
인트루이스 시장을 역임한 대니얼 테일러Daniel G. Taylor, 퓰리처가 주
의회 의원이었을 당시 부지사를 지낸 에드윈 스탠더드Edwin O. Standard
같은 다른 인물들로부터도 아마 자금을 빌렸을 것이다. 예거가 퓰리처
에게 그렇게 관대할 수 있었던 이유는 알려진 바 없다. 그러나 그해 및
이듬해의 특정 시점에 퓰리처는 예거에게 호의를 베풀었다. 예거는 브
라운 주지사에게 친구의 사면을 부탁했는데 몇 년 뒤 이렇게 회고했다.
"조 퓰리처가 나를 도와주었다. 주지사가 내 편지를 받은 그날 친구가
사면되었다는 전보를 받았다." (Henry C. Yaeger to Governor David R.
Francis, 4/25/1892, Francis Papers, MHS.) 예거의 이름은 '이거Yeager'로
기록되기도 했는데 분명 동일인이다.

29   Johnson, *Diary*, 1/15/1872, WRR, 23. 놀랍게도 2006년까지도 세인트
루이스 경찰위원은 미주리 주 주지사가 임명했다. 그보다 더 중요한 것
은 경찰위원 수당이 아직도 연간 1,000달러 그대로라는 사실이다.

30   *Anzeiger Des Westens*, 1/18/1872; *MoDe*, 1/23/1872, 3에 번역문 수록.
〈웨스턴 켈트〉의 기사는 다음에 재인용됨. *MoDe*, 1/18/1872, 2

31   *MoDe*, 1/19/1872, 1. 세인트루이스 주 상원의원 다섯 명 가운데 한 명
      이 퓰리처에게 반대표를 던졌다. 언론에는 투표 결과만 공개되었기 때
      문에 퓰리처에게 반대표를 던진 사람이 누구인지는 비밀에 부쳐졌다.
      그 사람이 누구인지 퓰리처가 알았는지도 확실하지 않다.

7장: 정치와 반란

 1872년 전당대회에 대해 서술할 때 헨리 워터슨의 견해를 그대로 받아들이기 쉽다.
헨리 워터슨은 별난 사람들이 모였지만 그랜트 대통령에 맞설 기회조차 잡지 못했다
고 묘사했다. 당시의 정치 현실로 미뤄볼 때 자유공화당이 누구를 공천했더라도 비극
적인 결말을 막을 수는 없었을 것으로 보인다. 그러나 당시 전당대회 참석자들은 민
주주의를 파괴하는 범죄로 인식되는 어떤 상황을 바로잡기 위해 반란을 일으키는 것
을 매우 중요한 과제로 생각했다. 자유공화당 전당대회는 놀랍도록 유쾌한 기사를 만
들어냈다. 이 문제에 관해 내가 가장 선호하는 책은 플레처 웰치Fletcher G. Welch가 자
비로 출간한 짧은 책《그날의 전당대회, 혹은 정치인으로 보낸 5일That Convention ; Or
Five Days a Politician》이다. 이 책에는 프랭크 비어드Frank Beard가 그린 삽화가 풍성하게
배치되어 있다.

1   *MoDe*, 12/18/1871, 2.
2   Peterson, *Freedom and Franchise*, 206 ; 몇 달 전 알렉시스 대공이 뉴욕에
     도착했을 당시 〈뉴욕 선〉 기자로 활약했던 앨버트 퓰리처가 그 내용을
     보도했다.
3   *MoDe*, 12/18/1871, 2, and 1/24/1872, 1.
4   Dreiser, *Newspaper Days*, 107. 맥컬러프는 유진 필드가 지은 시의 주
     인공으로도 등장했다. 유진 필드는 그 시에서 맥컬러프를 '리틀 맥Little
     Mack'이라고 불렀다.
5   *MoDe*, 1/25/1872, 1. 이 기사를 담은 마이크로필름은 거의 알아볼 수
     없다. 의회도서관이 소장하고 있는 사본에는 이 날짜의 신문이 누락되
     어 있다. 다행히 컬럼비아대학교에 보관되어 있는 그로스베너 문헌집

Grosvenor Papers에 해당 신문 기사의 스크랩이 수록되어 있다.

6   그로스베너의 언급은 신문명 미상의 신문에 실린 서신에서 발췌한 것이다. 2/15/1872, WG-CU, Box II.

7   *SeDe*, 2/27/1872, 2. 베네크 주 상원의원은 영구 조직의 위원이 되었고 베네크 주 상원의원과 존슨은 결의안 위원회의 위원이 되었다(*People's Tribune*, 1/31/1872, 3).

8   *MoDe*, 1/25/1872, 1.

9   *NYT*, 4/24/1872, 1. 〈뉴욕 타임스〉는 자유공화당 전당대회와 관련해 AP가 보낸 기사 내용을 '정정'하기 위해 애썼다. 그 내용은 세인트루이스에서 급보로 송고한 것으로, 1872년 1월 27일 3면에 실렸다. "제퍼슨시티에서 24일 열린, 이른바 자유공화당 전당대회에 대한 AP 보도는 전체 행사의 중요성을 크게 과장했다." 1872년 선전전에서 개인적인 이유로 언론을 남용하거나 언론이 허위 사실을 보도한 사례에 대해서는 다음을 참고하라. Ross, *The Liberal Republican Movement*, 151-152. 자유공화당에 대해 보도한 〈뉴욕 타임스〉의 기사는 큰 논란을 불러일으켰고, 그로 인해 〈뉴욕 타임스〉는 1871년 윌리엄 트위드의 부정부패를 폭로해 얻은 명성을 몽땅 잃어버렸다.

10   신문명 미상의 1872년 신문 기사 스크랩은 다음을 참고하라. WG-CU, Box II; *MoDe*, 1/26/1872, WG-CU. 대중적인 인기가 높아진 퓰리처는 사기성 전보의 목표물이 되었다. 그 전보는 그랜트 대통령의 정적들이 흘린 소문을 그랜트 대통령 측에서 받아서 보냈을 것으로 추정된다. 소문에 따르면 〈세달리아 데일리 데모크라트Sedalia Daily Democrat〉 1면에 인쇄된 전보는 급진파 전당대회 의장에게 전달된 것이라고 한다. "나에게 신뢰를 보낸 미주리 주 공화당에게 감사인사를 보낸다. 섬너Sumner와 슈르츠의 계획을 무산시키고 브라운, 퓰리처, 찰스 존슨에게 똑똑히 보여주자." (*SeDe*, 2/27/1872, 1.)

11   Scharf, *History of Saint Louis City and County*, Vol. 1, 743-744; Morris, *The Police Department of St. Louis*.

12   Minutes of the St. Louis Police Commission, 8/30/1872, 347-352, SLPDL.

13   Minutes, 3/5/1872, 287-290, SLPDL. 도박 문제를 다루면서 조지프에
      게는 두 가지 신화가 따라다니게 되었다. 사이츠는 조지프가 '지역 도
      박 조직과의 전쟁을 선포했다'고 기록했다. 그러나 조지프의 연방 상원
      입성을 저지하기 위한 소논문을 발간했던 어느 무명의 전기 작가는 조
      지프가 뇌물을 받았다고 주장했다. Tusa, "Power, Priorities, and Political
      Insurgency", 188. 조지프는 1872년 3월 30일에 처음으로 경찰위원
      회 회의에 불참했다(회의록 참고). Brown to Grosvenor, 2/17/1782.
      WG-CU. 다음에서 조지프가 3월에 동부로 갔다고 언급된다. *MoDe*,
      3/13/1872, 2

14   *MoDe*, 날짜는 미상이나 전당대회 몇 주 전 쓰였을 것으로 추정,
      Clippings files, Box II, WG-CU.

15   Johnson, 4월 날짜 미상의 일기, WRR, 26.

16   Croffut, *An American Procession*, 142. 당시 조지프의 실제 나이는 스물
      다섯이었다.

17   Chamberlin, *The Struggle of '72*, 334.

18   King, *Pulitzer's Prize Editor*, 77.

19   Henry Watterson, "The Humor and Tragedy of the Greeley Campaign",
      Century Magazine, Vol. 85 (November 1912), 29-33. 같은 내용이 워
      터슨의 회고록에도 등장한다. 그러나 기사를 읽고 의견을 보탠 호러
      스 화이트와 화이트로 리드의 서신이 함께 실린 〈센추리 매거진Century
      Magazine〉의 내용이 더 큰 가치를 지닌다. 다음도 함께 참고하라. *NYT*,
      5/1/1872, 1.

20   Watterson, *Henry Marse: An Autobiography*, Vol. 1, 242-243. 분명히 대
      의원들이 모인 전당대회장은 상업병원과 정신병원으로 사용되었던 공
      동묘지 부지 위에 지어졌을 것이다.

21   〈필라델피아 인콰이어러Philadelphia Inquirer〉가 '위스콘신 주 출신 조지
      프 퓰리처'가 임명되었다고 잘못 보도한 것으로 미뤄볼 때 자유공화당
      운동의 전사로서 퓰리처가 얻은 명성이 이웃애의 도시City of Brotherly
      Love 필라델피아에까지 미치지는 못했던 것이 분명하다(*Philadelphia
      Inquirer*, 5/3/1872, 8).

22 *Proceedings of the Liberal Republican Convention*, 9-10.

23 신문 기사 스크랩, 신문명 미상, 날짜 미상, Box II, WG-CU.

24 Lena C. Logan, "Henry Watterson and the Liberal Convention of 1872", Indiana Magazine of History, Vol. 40, No. 4 (December 1944), 335.

25 Watterson, "The Humor and Tragedy", 39.

26 Matthew T. Downey, "Horace Greeley and the Politicians: The Liberal Republican Convention in 1872", Journal of American History, Vol. 53, No. 4 (March 1967), 727-750에 전당대회 내용이 아주 자세히 기록되어 있다.

27 Watterson, "The Humor and Tragedy", 39.

28 그해 말 슈르츠는 전당대회를 이렇게 회고했다. "전당대회장은 우리 시대의 가장 빛나는 기회의 싹을 잘라버린 '도살장'이었다." (Schurz to Grosvenor, December 25, 1872, WG-CU.) "한 시간 여 전 슈르츠는 신시내티 연설을 철회하기로 최종 동의하고 '그랜트를 물리칠 수 있는 인물이면 누구라도 상관없다'는 선거 구호 채택에 동의했다. (…)" 사실 슈르츠는 사설을 통해 해당 구호를 비난했다는 사실을 부인했고 〈미주리 데모크라트〉는 슈르츠가 해당 구호를 비난한 사실을 '까맣게 잊었다'고 전했다.

29 JP to Reid, 6/12/1872; Reid to JP 6/17/1872, WR-LC.

30 *ChTr*, 6/22/1872, 4.

31 *ChTr*, 7/15/1872, 6.

32 Minutes of the St. Louis Police Board, August 14-December 3, 1872, SLPDL; DCS-JP, 74; *ChTr*, 7/22/1872, 2; *MoDe*, 9/20/1872, 2.

33 JP to Schurz, 9/24/1872, CS.

34 Wolf, *The Presidents I Have Known*, 84-85.

35 슈르츠는 부모에게 보낸 편지에서 이 시기에 〈베스틀리헤 포스트〉의 지분을 꽤 많이 확보했다고 언급했다. (Schurz to parents, 11/14/1872, CS; JP to St. Clair McKelway, *NYW*, 11/7/1913.)

36 *MoDe*, 9/19/1872.

37 차용증 원본은 세인트루이스의 에릭 뉴먼이 소장하고 있다. Pulitzer to

Schurz, 9/24/1872, CS. 퓰리처는 "우리 신문이 훨씬 좋아졌다!"는 표현을 통해 자신의 노력으로 신문사 지분을 가졌음을 표현했다. 〈인디애나폴리스 센티널Indianapolis Sentinel〉은 퓰리처가 지분을 인수한 사건을 이렇게 기사화했다. "퓰리처는 부지런함으로 명성을 쌓아왔다. 지분 인수는 퓰리처가 앞으로도 계속 〈베스틀리헤 포스트〉를 위해 성심을 다할 것이라는 증거다." JP to St. Clair McKelway, *NYW*, 11/7/1913. 남겨진 기록을 살펴볼 때 퓰리처에게 지분 인수 의사를 타진한 '소유주' 중에 슈르츠는 포함되어 있지 않았다. 선거 결과가 참혹했음에도 슈르츠는 부모에게 보낸 편지에 이렇게 적었다. "선거 기간 동안 힘든 일은 없었습니다." (Schurz to parents, 11/14/1872, CS.)

38   JP to Schurz, 9/24/1872, CS.

8장: 정치와 원칙

1   별도로 명시하지 않은 경우, 이어지는 단락에 인용된 도움을 청하는 서신은 다음을 참고하라. Woodson Governor, Box 25, Folder 6, MSA.

2   Preetorius to Grosvenor, 2/27/1873. WG-CU.

3   JP to Louis Benecke, 3/5/1873, LB.

4   당시 상황이 되풀이해 전해지는 과정에서 퓰리처가 받은 금액이 부풀려졌다고 추측하는 사람도 있다. 그러나 당시 〈베스틀리헤 포스트〉는 수십만 달러의 가치가 있었음에 틀림없다. 〈베스틀리헤 포스트〉보다 판매 부수가 약간 더 많은 〈미주리 데모크라트〉도 같은 주에 소유주가 바뀌었는데 거래 금액은 45만 6,100달러였다. 차용증을 현금화한 날짜는 차용증에 기록되어 있다. 차용증 원본은 에릭 뉴먼이 소장하고 있다.

5   Weldge to JPII, 6/6/1913, PDA.

6   *MoDe*, 9/19/1872; *Unser Blatt*, 12/7/1872, WRR, 103–104에도 인용. "Remarks of Gov. Chas. P. Johnson, Birthday Anniversary Dinner", 4/10/1907, PDA. 그해 12월 퓰리처의 친구이자 만평가인 케플러는 뉴욕 지도 위에 퓰리처의 그림자가 드리운 모습을 묘사한 만평을 그렸다.

만평 제목은 "사건은 그림자의 형태로 먼저 다가온다"였다.

7   APM, 61-62.

8   앞의 책, 82-83.

9   〈뉴욕 선〉 인수자금 17만 5,000달러를 구하기 위해 데이나는 로스코 콩클링Roscoe Conkling 연방 상원의원이나 에드윈 모건Edwin D. Morgan 연방 상원의원 같은 친구들의 도움을 받았다. 로스코 콩클링 연방 상원의원은 훗날 퓰리처의 절친한 친구가 된다. 다음을 참고하라. Turner, *When Giants Ruled*, 84; 〈뉴욕 선〉 사설은 다음에 재인용되었다. Emery and Emery, *The Press and America*, 217. 1876년 〈뉴욕 선〉의 판매부수는 13만 부가 넘었다.

10   APM, 84-85. 조간신문 편집책임자는 '거대한 기사 수집기great condenser'라 불리던 존 우드John B. Wood였다. 당시 앨버트를 아꼈던 기자 월터 로즈볼트Walter Rosebault는 갓 스무 살을 넘긴 서배너Savannah 출신 유대인이었다. 그는 앨버트를 이렇게 회고했다. "외국인 특유의 억양이 남아 있었지만 기분 나쁜 수준은 아니었다." (APM, 88.)

11   *NYS*, 8/24/1871, 2. 다음에 재인용. WAS, 22. 이 글에 등장하는 '뉴욕에 있는 친구'가 앨버트일 수도 있다는 추측도 있다.

12   APM, 90-93; *NYT*, 7/7/1871, 5. "공판을 다룬 기사로 앨버트 퓰리처는 1870년대의 뉴어크 기자들 사이에 유명 인사가 되었고 줄리언 랠프Julian Ralph, 프랭크 패튼Frank Patten, 조니 그린Johnnie Green, 및 그 밖의 재능 있는 당대의 뉴욕 기자들과 같은 반열에 올랐다." (*Newark Advertiser*, 다음에 재인용. APM, 92.)

13   APM, 128, 130.

14   Watterson, *Marse Henry*, Vol. 1, 210-211.

15   차림표 사본은 다음을 참고할 것. MHS. 지난해 자유공화당 운동에 뛰어든 조지프와 그로스베너의 노력을 강하게 비판했던 〈미주리 데모크라트〉는 찬사를 덧붙여 차림표를 인쇄했다.

16   존 존슨John Johnson과의 인터뷰, in Kelsoe, 날짜 미상의 서신, PDA; "Birthday Anniversary Dinner", 4/10/1907, PDA.

17   세 번째 소유주 조지 피시백George Fishback은 45만 6,100달러를 내고

〈세인트루이스 글로브〉를 사들였다. 입찰 경쟁자보다 100달러를 더 써서 낸 결과였다(Hart, *A History of the St. Louis Globe-Democrat*, 113). 〈미주리 데모크라트〉에 남아 있던 맥컬러프는 새롭게 경쟁자로 등장한 〈세인트루이스 글로브〉를 서부 AP에서 기삿거리를 훔쳐간 '강도 소굴'이라고 공격했다.

18   GlDe, 1/8/1874, 4.

19   신문사들은 서로 헐뜯기를 즐겼다. 〈세인트루이스 글로브〉가 독일어로 발행된다는 〈미주리 데모크라트〉의 억지 주장에 맥키와 하우저는 이렇게 대응했다. "〈미주리 데모크라트〉의 영향력이 아무리 크면 뭐하나. 스칸디나비아어로 발간되는데." (*GlDe*, 1/8/1874, 4.)

20   이 거래로 조지프가 4만 7,500달러를 벌었다고 회고하는 사람도 있다. 그러나 그 수치는 지나친 과장으로 보인다(Rosewater, *History of Cooperative News-Gathering*, 181).

21   *ChTr*, 7/5/1874, 1. 이 다리를 짓는데 1,000만 달러 이상의 자금이 들어갔다. 깊은 강바닥에 압력을 높인 공기를 채운 케이슨을 투하해 다리의 기초를 놓았다. 수중 공기실 작업에 투입된 352명의 인부 중 여남은 명이 사망했다.

22   Eads to JP, 1/19/1885, JP-CU. 퓰리처의 친구 화이트로 리드는 미시시피 강 수로 준설 사업에 투자하라는 이즈의 요청을 거절했다. Reid to Eads, 3/2/1875. JBE.

23   파팽Papin가와 쇼토Chouteau로 사이에 위치한 동네를 말한다. DCS-JP, 77; *Dubuque Herald*, 10/28/1873, 1; *Freeborn County Standard*, 8/17/1892, 2; A. S. Walsh to JPII. 날짜는 미상이나 1913년 6월 쓰였을 것으로 추정됨, PDA. 이 시기에 퓰리처와 알고 지낸 손더스 포스터 T. Saunders Foster는 다음과 같이 회고했다. "퓰리처는 승마를 매우 좋아했다. 근사한 말을 구입해 매일 아침 꽤 오랜 시간 타고 다녔다." (George S. Johns, "Joseph Pulitzer in St. Louis", *Missouri Historical Review*, XXV, No. 3. April 1931, 415.) 다음도 함께 참고하라. JP to Schurz, 6/3/1874, CS; Ed Harris, memo to JPII, 2/29/1942, JPII.

24   JP to EP, 5/25/1905, JP-CU. 이 모습을 담은 삽화가 DCS-JP의 초판

78-79에 다시 실렸다. Charles Nagel, *A Boy's Civil War Story*, 397. 네 이글은 결국 태프트 정부 장관이 된다. Katherine Lindsay Franciscus, "Social Customs of Old St. Louis", PD, 12/9/1928에 최초로 게재되었고 다음에 재수록되었다. *Bulletin of Missouri Historical Society*, Vol. 10, No. 2, 157-166. JP to Davidson, 1/15/1875, TD. 이 시기 퓰리처는 극에 등장하는 메피스토펠레스 역할을 유치하다고 여겼다. 그러나 흥미롭게도 사람들은 공적으로나 사적으로나 퓰리처를 메피스토펠레스와 동일시하게 되었다. 퓰리처가 느닷없이 버럭 화를 내는 자리에 있어본 사람들이나, 퓰리처가 편집자를 닦달하는 소리를 들으면서 그의 성질을 경험해본 사람들은 퓰리처를 메피스토펠레스에 비유하는 것으로는 모자란다고 말하곤 했다.

25   퓰리처의 변호사 시험은 냅턴Napton 판사가 감독했다. *MoRe*, 7/2/1874, 8.

26   *Galveston Daily News*, 8/28/1874, 1.

27   실제로 인터뷰가 이뤄졌든 아니든 이 기사는 〈미주리 데모크라트〉와 결별하고 옛 운영자를 찾아 〈세인트루이스 글로브〉에 합류한 맥컬러프의 작품이었다. 아마 맥컬러프는 퓰리처로부터 인민당에 실망했다는 말을 듣고 인터뷰 형식으로 재구성했을 것이다. *GlDe*, 9/6/1874, 1.

28   *MoRe*, 9/7/1874, 2.

29   날짜 미상의 신문 기사 스크랩, *GlDe*, 9/1873, WG-CU.

30   *SeDe*, 10/9/1874, 4.

31   자유공화당은 흑인들이 처한 위협을 제대로 파악하지 못했다. 그로스베너는 'KKK단은 허상'이라고 언급했고 브라운은 'KKK단에 대한 소문은 남부에 우글거리는 카펫배거들에게 자금을 지원할 속셈으로 한껏 부풀려졌을 뿐'이라고 언급했다(ChTr, 4/22/1871, 2; Peterson, *Freedom and Franchise*, 201).

32   *Versailles Weekly Gazette*, 10/14/1874, 3; *Warrensburg Standard*, October 9, 1874, 2; *Kansas City Journal of Commerce*, 10/16/1874. 기자는 퓰리처의 코를 놀림감으로 삼았지만, 그 코는 곧 퓰리처 지지자들의 선망의 대상이 된다. 〈세달리아 데일리 데모크라트〉를 구독하는 어느 독자는

퓰리처의 코를 놀림감으로 삼은 기사에 불만을 표했다. 편지에서 그 독자는 퓰리처의 코가 '고대 그리스인들이 추구했던 완벽한 대칭'을 이루고 있다고 주장하면서 까다로운 평론가들에게서 자주 볼 수 있는 '자줏빛 코를 트럭째 가져다준다 해도 퓰리처의 코를 선택할 것'이라고도 언급했다(*SeDe*, 10/16/1874, 2).

33   *MoDe*, 9/20/1872, 2; Twain, *The Adventures of Tom Sawyer*, 14. 퓰리처와 케플러는 세인트루이스의 찻집에서 시간을 보내곤 했는데 저녁이 되어 헤어질 때면 케플러는 이렇게 말하곤 했다. "자, 이제 그럼 사무실로 돌아가서 자네 코를 좀 그려볼까?" (DCS-JP, 2-3.)

34   역사가 샌더 길먼Sander Gilman에 따르면 코는 '유대인을 식별하는 주요 특징'이었다. Gilman, *The Jew's Body*, 169-93.

35   *Boonville Advertiser*, 10/16/1874, 2; *Boonville Weekly Eagle*, 10/23/1874, 3.

36   *WP*, 1/27/1875.

9장: 헌법 제정

1   *ChTr*, 2/22/1875.

2   JP to Governor Hardin, 1/14/1875, Folder 15402, Charles Hardin Papers, MSA.

3   *MoRe*, 3/10/1875, 5. 사실 퓰리처의 예견은 보기 좋게 빗나갔다. 기록에 오른 이즈의 기념물은 세인트루이스 포레스트 파크에 있는 커다란 메달이 유일하다. 하지만 이즈가 건설한 다리는 국가기념건조물로 지정되었고 아직도 건재하다.

4   DCS-JP, 87.

5   Wharton, *Old New York*, 240.

6   "다른 사람들이 희망을 잃고 소송을 포기해 마지막 불씨가 꺼지려는 순간에도 보먼은 두 주먹을 불끈 쥔다. 그러고는 온갖 추잡한 방법을 동원해 소송을 승리로 이끈다." *ChTr*, 10/22/1883, 1.

7	*MoRe*, 3/23/1875, 8.
8	세인트루이스 언론은 퓰리처가 거짓말하고 있다는 사실을 눈치챘다. 1879년 어느 기자는 퓰리처의 이런 습관을 두고 '많은 기자들을 혼란에 빠뜨리려는 구태의연한 전략'이라 표현했다(*GlDe*, 8/19/1879, 5).
9	허친스도 법정에서 거짓말을 했다. 퓰리처가 경찰위원으로 위촉된 일과 관련해 허친스는 이렇게 증언했다. "놀랍게도 퓰리처가 경찰위원이 되었더군요. 퓰리처가 경찰위원 후보로 임명된 사실은 전혀 몰랐습니다." 두 사람은 긴밀하게 협조하면서 자유공화당 운동을 벌였고 퓰리처가 경찰위원으로 임명되도록 도운 찰스 존슨과도 많은 시간을 함께 보냈다. 따라서 허친스의 증언은 도저히 신뢰할 수 없는 것이었다. 그럼에도 보면은 이의를 제기하지 않았다. 허친스의 증언은 다음에 실렸다. *MoRe*, 3/12/1875, 8.
10	*MoDe*, 3/24/1875, 2 ; *MoRe*, 3/24/1875, 1 ; *GlDe*, 3/24/1875, 4.
11	2주 뒤 보면은 허친스를 명예훼손으로 고소했다. 허친스가 〈세인트루이스 디스패치〉에 소송에 관련해 언급한 내용 때문이었다. 겨우 유지되던 석간신문 〈세인트루이스 디스패치〉는 〈세인트루이스 타임스〉와 더불어 허친스가 운영하는 신문사였다.
12	*NYT*, 3/29/1875, 7.
13	*SeDe*, 5/6/1875, 1 ; Isidor Loeb, Introduction, *Missouri Constitutional Convention*, Vol. 1, 60-67 ; 위원들의 개인적 면모에 대해서는 Floyd C. Shoemaker, *Missouri Constitutional Convention*, Vol. 1을 참고하라. Gary Kremmer, "Life in Post-Civil War Missouri" presented at Arrow Rock, Missouri, 9/17/2000.
14	퓰리처가 쓴 모자는 슬라우치 모자 중에서도 당시 가장 유행하던 앤티텀Antietam이라고 불리던 모자로, 높이가 높고 꼭대기가 평평한 모양이었다.
15	Loeb and Shoemaker, *Debates of the Missouri Constitutional Convention of 1875*, Vol. 1, 245, 249.
16	앞의 책, 94-96.
17	Broadhead to his wife, 7/4/1875, JB.

18   *Debates*, Vol. 1, 402-403.

19   앞의 책, Vol. 5, 412.

20   퓰리처 편에 서서 변명을 하자면, 퓰리처가 생존해 있을 당시에는 세인
        트루이스의 자치권이 세인트루이스에 악영향을 미치게 될 것이라는 조
        짐은 보이지 않았다. 이 문제의 전체 내력에 대해서는 다음을 참고하라.
        William N. Cassella Jr., "City-County Separation: The 'Great Divorce'
        of 1876", *Missouri Historical Society Bulletin*, Vol. 15, No. 2 (January
        1959).

21   *Debates*, Vol. 5, 86-87.

22   1875년 10월 30일 유권자들은 새 헌법을 승인했다. 당시 제정된 헌법
        은 1945년에 개정된다.

23   JP to Hermann Raster, 9/27/1875, 6/24/1875, HR.

24   다음을 참고하라. Timothy Rives, "Grant, Babcock, and the Whiskey
        Ring", Prologue Vol. 32, No. 3. (Fall 2000)

25   앞의 책; *ChTr*, 2/8/1876, 1, 2/11/1876, 5.

26   APM, 142, 135-138.

27   앞의 책, 142, 104, 148: *Helena Independent*, 12/12/1883, 6.

28   "Testimony before the Select Committee Concerning the Whisky
        Frauds", 7/25/1876, House of Representatives, 44th Congress, 1st
        Session, Mis. Doc. 186, 43.

29   John Henderson to Elihu Washburne, 4/12/1876; JP to Elihu
        Washburne, 5/9/1876, EBW.

30   *Indianapolis Daily Sentinel*, 9/4/1876, 2.

10장: 사기꾼의 사기행각

1   *NYT*, 7/26/1876, 8.

2   *Official Proceedings of the National Democratic Convention*, St. Louis,
        MO, June 27, 28, 29, 1876, 21. 민주당은 미국 역사상 최초로 미시시

피 주 서쪽에서 전당대회를 개최했다.

3   민주당 지도층의 선거 운동 계획은 신문에 실렸다. 이를테면 다음을 참
     고하라. *SeDe*, 10/6/1876, 2. 1885년 이후에는 메인 주를 비롯한 극히
     일부 주만 10월에 주지사 선거를 치렀다.

4   *Indianapolis Daily Sentinel*, 9/4/1876, 2.

5   DCS, 29; *Galveston Daily News*, 9/14/1876, 1. 여러 신문이 조지프의
     영어 실력과 연설 방식에 대해 논평했다. 대표적인 것이 오하이오 주 제
     인즈빌Zanesville에서 한 연설에 대한 논평이다. "퓰리처 씨는 독일 출신
     이지만 연설을 짧게 마치는 법도 없고 외국 특유의 억양도 찾아볼 수 없
     다." ("Schurz Shattered", Mesker Scrapbook, Vol. 3, 45, MHS.)

6   "Schurz Shattered", 45; *Portsmouth Times*, 9/9/1876, 3; JP to George
     Alfred Townsend, 9/19/1876. PDA; *Cincinnati Enquirer*, 11/2/1876, 2.
     다음에 재인용. King, *Pulitzer's Prize Editor*, 81.

7   JP to George Alfred Townsend, 9/19/1876. PDA.

8   "Schurz Shattered", 47. 신문명 미상의 다른 기사에서 조지프는 모턴과
     슈르츠의 동맹을 미시시피 강과 미주리 강의 합류에 비유했다. "미시시
     피 강의 흙탕물이 미주리 강의 깨끗한 물을 흡수하는 것처럼 모턴은 곧
     슈르츠의 정신을 흡수할 것이고 두 사람 모두 미시시피 강의 흙탕물 꼴
     이 될 것이다."

9   *NYT*, 9/13/1876, 1; *StLoTi*, 9/4/1876. WAS, 40에 재인용. 퓰리처와
     의 만남을 거절했지만 슈르츠는 5단 분량의 반박문을 〈뉴욕 슈타츠-차
     이퉁〉에 게재했다. 퓰리처에게 호감을 가졌던 〈뉴욕 선〉은 퓰리처에게
     대응할 지면을 할애했다(*Edwardsville Intelligencer*, 8/20/1876, 2).

10   *WP*, 다음에 번역문 수록. *Decatur Daily Republican*, 9/28/1876, 1;
     NYT, 8/7/1876, 4.

11   "Schurz Shattered," 46.

12   *DeFr*, 10/18/1876, 1.

13   *NYT*, 10/26/1876, 5, 10/31/1876, 10; *WaPo*, 12/24/1885, 4. 퓰리처
     의 선거 운동은 민주당에게 큰 도움이 되었을 뿐 아니라 퓰리처가 바
     라던 대로 본인의 명성도 드높였다. 이듬해 〈뉴욕 트리뷴〉은 다음과 같

이 언급했다. "퓰리처가 어찌나 바쁘게 돌아다니며 선거 운동을 하는
지 나이 지긋한 틸든 씨는 자기가 대통령 후보인지 퓰리처가 대통령 후
보인지 구분하지 못하는 것 같다. 솔직히 퓰리처가 처음 연단에 선 뒤
부터는 누가 진짜 대통령 후보인지 기자조차 혼동할 지경이다." (*NYTr*,
3/14/1877, 4.)

14   *NYS*, 11/1/1876, 1. 근 30년 뒤 퓰리처는 다음과 같은 내용의 편지
를 친구에게 보냈다. "선거 운동 당시 내가 한 연설에 많은 사람들
이 주목했고 그때 얻은 명성이 지금까지 이어져 왔네." (JP to FDW,
10/13/1903, SLPA.)

15   Turner, *When Giants Ruled*, 95; Allen Churchill, *Park Row* (New York:
Rinehart, 1958), 12.

16   Don Carlos Seitz, *Newspaper Row: Some Account of a Journey along the
Main Street of American Journalism* (미출간, American Heritage Center),
98; Smythe, The Gilded Age Press, 10.

17   Mitchell, *Memoirs of an Editor*, 264; John Schumaker to JP,
10/29/1887, JP-CU.

18   *StLoTi*, 11/11/1876, 4, 11/16/1876, 4.

19   Mitchell, *Memoirs of an Editor*, 265; *Harper's Weekly*, 12/30/1876,
1055; Young, *The American Statesman*, 1593.

20   *NYS*, 12/30/1876, 3.

21   *NYS*, 12/29/1876, 3.

22   *ChTr*, 1/9/1877 1. 〈뉴욕 타임스〉는 퓰리처의 불같은 연설을 '1848년
독일 학생들 사이에 흐르던 기류'에 비유했다(*NYT*, 1/9/1877, 1). 워터
슨은 그날의 연설이 돌이킬 수 없는 실수였음을 깨닫게 되었다. "온갖
조롱과 비난이 나에게 쏟아졌다. 토머스 내스트Thomas Nast는 10만 명
의 시민이 모이는 시위를 제안하는 나의 모습을 기괴하게 표현한 만평
을 그렸는데, 거기 모인 시민들은 하나같이 과격하고 욕설을 퍼붓는 모
습으로 묘사되었다. (…) 그 뒤로 몇 년 동안 나는 정말이지 운이 따르지
않은 그날의 연설, 적과 동지 모두에게서 오해를 산 그날의 연설에서 벗
어나려고 무진히 애를 썼다. 선거위원회 구성 법안에 찬성했고 폭력 시

위에 대해서는 눈곱만큼도 생각해본 적이 없었다. 하지만 사람들은 내스트가 처음 그린 만평을 신뢰할 수 있는 사실적인 표현으로 받아들였고, 덕분에 내스트가 카툰에서 풍자한 모습이 나의 본모습인 양 굳어져 버렸다. 곧이어 연설한 조지프 퓰리처는 내가 말한 '10만 명의 시민'이 무장하고 나타나 거사를 벌이기를 바란다고 선언했다. 그러나 사람들이 퓰리처의 그 무모한 말은 대수롭지 않게 넘겼다." (Watterson, *Henry Marse*, 303.)

23 물론 재건정국이 그렇게 간단히 끝난 것은 아니었다. 재건정국의 전말에 대해서는 다음을 참고하라. Foner, *Reconstruction* or Lemann, *Redemption*. 다음도 함께 참고하라. Turner, *When Giants Ruled*, 96.

24 *Galveston Daily News*, 3/10/1877, 1.

25 *ChTr*, 4/12/1877, 1; *NYT*, 4/12/1877, 1.

26 *MoRe*, 4/12/1877, 4. "조지프 퓰리처"에서 레이놀즈는 이날 모임을 댄 모리슨 부인Mrs. Dan Morrison이 제공한 '다과 모임'이라고 기록했다. 분명하게 알려진 것은 퓰리처가 한밤중에 호텔에 돌아갔다는 사실뿐이다.

27 *ChTr*, 4/12/1877, 1. 그날 호텔에서 여남은 명의 목숨을 구한 펠림 오툴Phelim O'Toole이라는 소방관은 노래의 주인공이 되었다. 노래의 두 번째 소절은 다음과 같다. "속수무책으로 갇혀 있을 여성들을 구하라는 명령이 떨어지자 / 용감한 소방관은 앞으로 나아가 자신의 임무를 다하려 애썼네. / 사다리를 쥔 손에 자신의 목숨을 걸고 / 악마 같은 불꽃과 맞서 싸우며 생존자가 있기를 기원했네. / 용감한 펠림 오툴은 한 걸음 한 걸음 더 높이 올라가 / 꼭대기에 다다랐네. / 뜨겁게 타오르는 불길을 피해 실신한 여성을 안고 / 위태로운 사다리를 내려오니 모든 위험이 사라졌네."

28 *MoRe*, 4/17/1877, 4.

29 *ChTr*, 4/28/1877, 2; *NYT*, 4/28/1877, 5.

30 *NYT*, 4/27/1877, 8. 앨버트의 여행 일정은 다음에 재수록되었다. APM, 152-153. 앨버트의 아내 패니 퓰리처가 쓴 편지도 다음에 재수록되었다. APM, 154-157.

31   *Ohio Democrat*, New Philadelphia, OH, 7/12/1877.

32   그해 8월 'J. P.' 명의로 〈뉴욕 선〉에 실린 기사는 볼스가 사망한 직후 〈워싱턴 포스트〉에 재수록되었다. *WaPo*, 1/22/1878, 2.

33   WRR, 54-55. 이 달에 일어난 일은 존슨의 일기를 바탕으로 기록했다.

11장: 내니와 케이트

11장의 내용 대부분은 퓰리처가 쓴 연애편지 중 현존하는 6통의 편지에 등장하는 이야기를 엮은 것이다. 그중 세 통의 편지는 1924년 사이츠가 쓴 전기에 전문全文이 실리면서 오래 전에 이미 공개되었다. 원본은 공개되고 몇 년 뒤에 소실된 것으로 보인다. 그 편지들에서 주목할 점은 퓰리처가 데이비스에게 결혼 이후의 삶에 대해 미리 경고하고 있다는 점이다. 이런 점에서 퓰리처가 솔직하고 선견지명이 있는 사람이라는 사실을 알 수 있다.

나머지 세 통의 편지 중 두 통은 턴스톨에게 보낸 편지다. 소장자가 미국 유대인역사학회American Jewish Historical Society에 기증한 뒤부터 일반에 공개되었다. 그 두 통의 편지는 퓰리처가 케이트 데이비스의 환심을 사려고 애쓰던 시기에 쓰인 것이지만 편지를 작성한 날짜가 기록되어 있지 않고 사실상 잘못 분류되어 있어서 그런 사실을 파악하기 어려웠다. 다행히도 나는 그 두 편지가 쓰인 날짜를 확인할 수 있었다. 미국 언론에 관련된 것이라면 무엇이든 수집해온 에릭 펏먼Eric Fettman이 퓰리처가 1878년 5월 2일에 작성해 턴스톨에게 보낸 편지를 매입한 덕분이었다. 1878년 5월 2일자 편지 덕분에 나머지 두 통의 편지가 1878년 2월에서 5월 사이에 쓰였다고 가늠할 수 있었다.

1   JP to KP, DCS-JP, 91.

2   Roberts, *The Washington Post*, 1에 재인용.

3   앞의 책, 7. 퓰리처가 〈워싱턴 포스트〉 창간에 어느 정도 관여했는지는 분명하게 알 길이 없다. 퓰리처는 허친스가 운영하던 〈세인트루이스 타임스〉에 정기적으로 기고했다. 그러나 〈워싱턴 포스트〉 초기에 발행된 신문에서는 퓰리처가 작성한 기사가 단 하나뿐이다. 그 기사는 1877년 여름 〈뉴욕 선〉에 재수록되었다.

4   *GlDe*, 01/03/1878, 3; *ChTr*, 11/19/1876, 2, 11/22/1876, 1,
11/18/1876, 1, 10/31/1877, 2. 사이츠는 퓰리처가 컬럼비아 특별구
District of Columbia에서 법률을 공부해 변호사 시험에 통과했다고 주장
했다. 컬럼비아 특별구 대학교University of District of Columbia가 소장하
고 있는 변호사 기록을 확인한 결과 1877년에서 1878년에 변호사 시험
에 응시한 사람은 없었다. 따라서 퓰리처가 워싱턴에서 변호사 시험을
치러 통과했는지 확인할 방법은 없다. 그러나 변호사 자격이 선거위원
회 앞에 나설 요건은 아니었을 것이므로 퓰리처의 직업 전망은 여전히
불투명한 상태였다. 퓰리처는 워싱턴 인명록에 직업을 통신원으로 등록
했는데, 〈뉴욕 선〉과의 느슨한 연계를 감안한 결정이었을 것이다.

5   Minute Book, *Records of Committee on Elections*, 45th Congress,
1/30/1878, NARA; *WaPo*, 1/30/1878, 1; *BoGl*, 2/14/1878, 1. 언뜻 보
면 1876년 선거 문제를 결정하기에는 너무 늦은 것처럼 보이지만 꼭 그
렇지는 않았다. 19세기 의회는 첫 번째 회기를 시작하기 1년 전에 미리
선거를 치렀기 때문에 미주리 주 제3선거구를 대표할 사람을 정하는 문
제가 의회에 상정되었을 때는 법안을 제정하는 회기가 시작된 지 얼마
지나지 않았을 시점이었다.

6   *WaPo*, 2/12/1878, 2.

7   Minute Book, *Records of Committee on Elections*, 45th Congress, 2/20
and 2/21/1878, NARA.

8   *WaPo*, 1/24/1878, 1, 1/29/1878, 4, 2/25/1878, 4, 2/26/1878, 4.

9   *WaPo*, 1/24/1878, 1, 1/30/1878, 4; Gallagher, *Stilson Hutchins*, 26.

10   *WaPo*, 1/14/1878, 4; *Washington Star*, 6/20/1878; *Stevens Point
Journal*, Stevens Point, WI, 6/29/1878, 1.

11   "피츠먼 새 지도(1878년), 세인트루이스 카운티와 세인트루이스 시
Pitzman's New Atlas of the City and County of Saint Louis, Missouri, 1878"에
는 퓰리처, 허친스, 브록마이어가 소유한 땅이 표시되어 있다. 퓰리처는
1.3헥타르(3.4에이커), 허친스는 그 바로 옆의 0.4헥타르(1에이커), 브록
마이어는 인근의 땅 1.6헥타르(4에이커)를 소유하고 있었다.

12   유대인의 할례 풍습이 의료 행위로 미국에 도입된 시기는 1870년 무

렵이었다. 1900년대까지도 기독교도들은 할례를 받는 경우가 드물었다. 다음을 참고하라. David L. Gollaher, "From Ritual to Science: The Medical Transformation of Circumcision in America," *Journal of Social History*, Vol. 28, No. 1. (1994) 어머니가 유대인이 아니라는 퓰리처의 주장에 반박하는 사람은 퓰리처의 생전에 없었고 20세기에도 그 주장은 사실로 받아들여졌다. 가령 1888년 발간된 《미국의 유대인The Hebrews in America》은 이렇게 기록했다. "그러나 퓰리처 씨는 선민이 아니었다. 아버지는 유대인이었지만 빈 출신 어머니가 기독교 신자였기 때문이다." 재미있는 사실은 케이트 데이비스가 심지가 굳고 독립심이 강한 여성이었으므로 퓰리처가 자신의 신분을 솔직하게 말했더라도 크게 괘념치 않았으리라는 점이다.

13   *WaPo*, 1/14/1878, 4.

14   Morris, *The First Tunstalls*.

15   코코런은 턴스톨에게 편지를 보내 1878년 1월에 워싱턴으로 오라고 초대했다. Corcoran to Tunstall, 12/14/1877, WCP-DU; *WaPo*, 2/24/1888, 2; Corcoran, *A Grandfather's Legacy*, 490.

16   William MacLeod, Private Journal, 4/16/1888, CAG; Corcoran to Tunstall, 12/22/1885, WCP-DU. 먼 친척이자 버지니아 주 주지사인 켐퍼Kemper는 신년을 맞이해 턴스톨에게 꽃다발을 보냈다. "이 꽃들이 모두 금과 다이아몬드라면 그대의 장점에 대한 나의 찬사를 더 잘 표현할 수 있었으련만 그렇지 못해 아쉽소." (James Lawson Kemper to Nannie Tunstall, 1/1/1876, NT-DU.)

17   Nannie Tunstall to Virginia Tunstall Clay, 3/21/1884, NT-DU.

18   *NYT*, 2/17/1878, 2. 특별한 언급이 없는 한 퓰리처가 턴스톨에게 보낸 편지 인용문은 다음에서 가져왔다. Joseph Pulitzer Letters, AJHS.

19   JP to Tunstall, 5/2/1878, EFJC.

20   *WaPo*, 3/6/1878, 4, 3/22/1878, 2.

21   *House Journal*, March 3, 731; Constitutional Convention, Vol. 4, 123; *SeDe*, 6/5/1875, 3.

22   JP to KP, 날짜는 미상이나 1878년 4월에 쓰였을 것으로 추정됨, DCS-

JP, 91-92에 재수록.

23   JP to KP, 날짜는 미상이나 1878년 6월에 쓰였을 것으로 추정됨, DCS-
      JP, 93에 재수록. 6월 초 맥컬러프는 워싱턴에 머물면서 국립극장에서
      공연하는 연극에 출연 중이었다. 퓰리처는 편지에 맥컬러프가 6월 15일
      에 유럽으로 떠날 계획이라고 적었다(WaPo, 5/31/1878, 2). 따라서 케
      이트 데이비스에게 보낸 이 편지는 1878년 6월의 첫 번째 주에 썼을 것
      이다.

24   JP to KP, June 1878, DCS-JP, 94-95에 재수록.

25   한 달 전, 쓸 만한 기삿거리를 찾아 교회의 대형 철문을 통과한 어느 신
      문기자는 이렇게 전했다. "엄숙함으로 가득한 이 거대한 공간에서는 누
      구든 경건한 마음을 가지지 않을 수 없을 것이다." 주현절 교회 문서보
      관 담당자 트립 존스와의 인터뷰, Washington, DC, 2005년 8월 4일.
      존 셔먼John Sherman 재무장관과 모리슨 웨이트Morrison Waite 수석판
      사도 1878년 이 교구의 신도로서 워싱턴의 유명 인사였다. "A Notable
      Church," WaPo, 5/11/1878, 2.

26   퓰리처는 이 일화를 세인트루이스의 이웃에게 들려주었다. George S.
      John, "Joseph Pulitzer: Early Life in St. Louis and His Founding and
      Conduct of the Post-Dispatch up to 1883", Missouri Historical Review
      (January 1931), 67.

27   멩켄H. L. Mencken은 이렇게 보았다. "부를 거머쥔 대부분의 미국인
      들은 성공회에서 가까운 곳에 금으로 첨탑을 세운다." Collier, The
      Rockefellers, 36-37에 재인용. 이후 스테인드글라스 창은 교회 전면 벽으
      로 옮겨졌다.

12장: 신문사 인수

이 장과 이어지는 장들은 2008년에야 세상의 빛을 보게 된 〈세인트루이스 포스트-
디스패치〉내부 문서에 크게 의존했다. 포가티 씨가 발견했기 때문에 포가티 문서
Fogarty Papers라고도 한다. 문서 공개 과정에 대한 내용은 서문을 참고하라.

1 도심에 위치한 허드넛 약국Hudnut's pharmacy 주변 수은주는 열두 시가 되기 전에 33도까지 치솟았다. 조지프와 케이트 부부는 뉴저지 주 롱비치에서 며칠을 보낸 덕에 당시의 무더위를 피하는 행운을 누렸다. 조지프는 결혼식 다음 날 여름 시즌을 맞아 개장한 웨스트엔드 호텔West End hotel을 예약했다. 해가 갈수록 뉴저지 주 롱비치는 피서를 즐기려는 부유층들이 즐겨 찾는 귀족 가문의 여름 명소로 변했다. 그해 6월 어느 호텔 관계자는 〈뉴욕 타임스〉에 이렇게 귀띔했다. "작년 같은 기간에는 유대인들이 많이 예약했는데 올해는 예약한 유대인이 한 명도 없다." (*NYT*, 6/11/1878, 1.)

2 *NYS*, 10/20/1878, 3.

3 *NYS*, 10/6/1878, 3. 퓰리처는 사회주의자들을 선동을 일삼는 정치인 무리로 여겼다. 퓰리처가 볼 때 사회주의자들은 위험한 집단이었다. 그러나 비스마르크가 선택한 억압 정책 역시 위험하기는 마찬가지였다. 퓰리처는 어느 쪽으로 도망쳐도 위험하기는 마찬가지임을 의미하는 그리스 신화에 등장하는 바다 괴물 스킬라Scylla와 카리브디스Charybdis를 예로 들어 '진퇴양난에 빠진' 독일의 상황을 묘사했다.

4 KP to JP, 10/2/1904 JP-CU.

5 *NYT*, 9/12/1878, 2.

6 *NYS*, 9/6/1878.

7 앞의 책, 3. 퓰리처의 친구 허친스와 커크릴은 한발 더 나아가 이 사건을 정부의 불법성을 보여주는 증거로 보았고 〈워싱턴 포스트〉사설에 실었다(*WaPo*, 10/7/1878, 2).

8 *NYS*, 9/22, 10/6, 10/13, 10/19, 10/20, 10/27/1878.

9 *NYS*, 10/27/1878, 3.

10 *NYS*, 9/22/1878, 3.

11 W. H. Bishop, "St. Louis", *Harper's New Monthly Magazine*, JSR, 21에 재인용. "Remarks of Gov. Chas. P Johnson", Birthday Anniversary Dinner, 4/10/1907, 20-21, PDA.

12 JN to JP, 3/10/1900, JP-CU.

13 그해 겨울은 정말 추워서 미시시피 강이 6일 동안 얼기도 했다. 경매 진

행 상황과 퓰리처가 〈세인트루이스 디스패치〉를 인수한 과정은 다음 기사를 바탕으로 했다. *GlDe*, 12/10/1878, 1; *MoRe*, 12/10/1878, 1; *Evening Post*, 12/09/1878, 1, 12/10/1878, 4.

14 〈세인트루이스 디스패치〉 낙찰가 2,500달러에 대한 영수증은 아널드가 작성했다(PLFC). 미지의 남자가 아널드처럼 퓰리처의 대리인이었을 것이라는 추정도 충분히 가능하다. 퓰리처는 그 어느 때보다 영악하게 사업을 했다.

15 *GlDe*, 12/10/1878, 1. 맥컬러프는 논평 작성에 관여했을 것이다.

16 *Evening Post*, 12/10/1878, 1; Clayton, *Little Mack*, 132.

17 퓰리처는 속임수 전략을 포기하지 않았다. 이를 두고 〈세인트루이스 글로브-데모크라트〉 기자는 이렇게 투덜거렸다. "퓰리처는 기자들을 당황하게 하는 전략을 자주 써먹는다." *GlDe*, 8/19/1879, 5.

18 *GlDe*, 12/11/1878, 4.

19 다섯 달 뒤 〈이브닝 스타〉가 파산하면서 〈이브닝 스타〉에 앨런이 투자한 자금 액수가 공개되었다. 다음을 참고하라. *PD*, 5/10/1879, 1.

20 딜런이 맥컬러프와 막역한 사이인 데다가 〈세인트루이스 이브닝 포스트〉가 〈세인트루이스 글로브-데모크라트〉의 인쇄기를 사용해 신문을 인쇄했기 때문에 사람들은 〈세인트루이스 이브닝 포스트〉가 〈세인트루이스 글로브-데모크라트〉의 노리개에 불과하다고 오해했다. 〈세인트루이스 이브닝 포스트〉가 〈세인트루이스 글로브-데모크라트〉와 유사해 보이는 것은 사실이었지만 그들의 적수였던 공화당 측에서 말한 것처럼 '사생아'라고 보기는 어렵다. 이런 이유와 그 밖의 여러 이유 때문에 〈세인트루이스 이브닝 포스트〉는 신문사를 원활히 운영할 만큼 많은 독자를 모으지 못하는 형편이었다.

21 1873년의 경제위기가 지나간 뒤 처음으로 신문사 발행인이 돈을 많이 버는 직업이라는 인식이 다시 자리 잡았다. 1873년 미국에는 일간신문을 발행하는 신문사가 718곳 있었고 이후 4년 동안 그 수준을 유지하다가 경제 상황이 점차 나아지면서 신문사 수도 늘어났다. 100여 곳의 신문사가 새로 생겨나 13퍼센트의 성장세를 보였고 그 이후로도 꾸준히 늘어나 10년 뒤에는 두 배가 되었다. 다음에 재수록. George P. Rowell

& Company Data on the Number of Newspapers and Periodicals:
1868-1908, Lee, *The Daily Newspaper in America*, app., table X, 720-
721. Douglas, *The Golden Age of the Newspaper*, 132.

22   *PD*, 12/21/1878, 2.

23   *ChTr*, 9/13/1872, 4.

24   합병계약서와 부속 문서, PLFC.

25   *PD*, 12/13/1878, 2; JSR, 65.

26   합병계약서, PLFC.

27   *GlDe*, 12/13/1878, 4

13장: 완벽한 성공

1   실제 판매부수 수치는 포가티 문서에서 확인한 것이다.

2   리처드 호 앤드 컴퍼니에서 인쇄기를 구입하면서 맺은 인연은 그 뒤로
     도 오랫동안 이어진다. 퓰리처는 〈뉴욕 월드〉를 인수한 뒤에도 리처드
     호 앤드 컴퍼니 인쇄기를 구입해 사용했고, 리처드 호는 퓰리처의 요구
     사항에 맞춰 더 크고 더 빠른 인쇄기를 지속적으로 선보였다.

3   *PD*, 12/19/1878, 2. 다음에 재인용. JSR, 45.

4   조지프가 세인트루이스에 돌아온 시점에 세인트루이스 지도층이 나이
     많고 보수적인 집단에서 젊고 진보적인 집단으로 교체되었다. 다음을
     참고하라. Moehle, "History of St. Louis, 1878-1882."

5   *PD*, 1/30/1879, 1/31/1879, 2.

6   폭로 기사는 1879년 2월 15일에 시작되었다. *PD*, 2/15/1879, 1. 특히
     맥컬러프는 신문사에서 받는 봉급 외에도 3만 달러의 가치를 가지는 주
     식을 보유하고 있었고 그 외에 다이아몬드와 값비싼 시계도 여럿 가지
     고 있었다.

7   *PD*, 3/1/1879, 8, 3/21/1879, 2. 세금 서약에 대한 내용은 다음을 참고
     하라. *PD*, 2/17/1879, 2; JSR, 52.

8   *PD*, 2/24/1879, 2; JSR, 55. 〈세인트루이스 포스트 앤드 디스패치〉의

판매부수가 늘어났다는 사실은 포가티 문서를 통해 확인할 수 있다. 조지프가 발표한 판매부수는 실제 장부에 기록된 수치와 일치하는데, 그런 점에서 조지프는 당대의 다른 편집자들과는 달랐다.

9   *PD*, 1/2/1879, 1 and 2. 2년 뒤 퓰리처가 윌리엄 랜돌프 허스트와 경쟁할 때 퓰리처의 기자들도 똑같은 수법의 장난에 당하게 된다.

10   *PD*, 3/28/1879, 1, 2/21/1879, 1.

11   JSR, 55-56.

12   *PD*, 2/18/1879, 1.

13   *PD*, 2/19/1879, 1.

14   *PD*, 5/26/1879, 2; *PD*, 3/11/1879; JSR, 63.

15   DCS-JP, 197.

16   Stealey, *130 Pen Pictures of Live Men*, 345-347.

17   William Smith to JP, 10/26/1902, JP-CU.

18   *PD*, 4/21/1879, 4, 4/22/1879, 4.

19   WAS, 60.

20   자금을 빌리는 계약 조건은 교묘했다. 계약 당사자는 셋이었다. 〈세인트루이스 포스트-디스패치〉는 단돈 1달러를 받고 고츠초크에게 자산을 넘겼다. 대신 고츠초크는 조지프에게 자금을 빌려주고, 조지프는 다시 그 자금을 〈세인트루이스 포스트-디스패치〉에 빌려주는 조건이었다. 빌린 자금에 대한 이자를 대신해 조지프는 이자 지급일에 맞춰 날짜를 기록한 수표를 여러 장 발행했다. 고츠초크는 수표가 부도날 가능성에 대비해 〈세인트루이스 포스트-디스패치〉의 자산을 담보로 잡았을 것이다. PLFC.

21   William Smith to Joseph Medill, 2/18/1880, M 0258, Box 3, Folder 2, WHS-IHS.

22   *PD*, 3/5/1879. 다음에 재인용. JSR, 69.

23   JSR, 70.

24   *PD*, 5/14/1879, 1; *GlDe*, 5/14/1879, 8. 매매계약서는 시어도어 레몬 Theodore Lemon의 이름으로 작성되었다. PLPC.

25   Corbett and Miller, *Saint Louis in the Gilded Age*, 72; Eberle, *Midtown*,

13. 세인트루이스 상류사회가 케이트 퓰리처를 멀리했는지에 대한 논의는 다음을 참고하라. JSR, 292. WRR, 102.

26   *Galveston Daily News*, 5/31/1883, 7 ; 스틸리Stealey의 일기와 존슨의 일기. WRR, 103에 재인용.

27   *GlDe*, 11/30/1879. *PD*, 12/5/1879, 4에 재수록. 일부 문헌에서는 4만 달러라고 말하지만 딜런에게 정확히 얼마를 주었는지는 알려져 있지 않다.

28   JP to Dillon, Reel II, SLPA, 3/21/1905.

29   *WP*, 12/22/1879, 2 ; King, *Pulitzer's Prize Editor*, 92-93.

30   사실 세인트루이스 외부 독자에게 〈세인트루이스 글로브-데모크라트〉를 우편으로 발송하는 비용은 세인트루이스의 모든 신문사가 외부로 발송하는 우편 비용보다 많았다. Clayton, *Little Mack*, 106-107.

14장 : 다크 랜턴

1   *PD*, 12/17/1879, 4 ; *MoRe*, 12/12/1879, 3.

2   지정된 경매일에 150여 명의 구경꾼과 언론인들이 법원으로 모여들었다. 경매가 시작된 뒤 30여 분쯤 지났을 무렵 한 남자가 들어와 경매가 연기되었다고 발표했다. MoRe, 1/1/1880, 8, 1/7/1880, 5 ; *PD*, 1/7/1880, 4 ; *ChTr*, 1/8/1880, 5.

3   서부 AP 총대리인 윌리엄 헨리 스미스William Henry Smith는 퓰리처에게 아무런 잘못이 없음을 인정했고 채권자가 담보물로 가져간 AP 원본 인증서도 담보물로서의 효력이 없다고 판단했다(W. Henry Smith to Joseph Medill, 2/18/1880, WHS-IHS).

4   *PD*, 1/7/1880, 4.

5   하인에 대한 정보는 1880년 인구조사 자료를 바탕으로 기록했다. 퓰리처의 집에서 일한 여성 중 두 명은 아일랜드 출신이었다. *MoRe*, 12/16/1880, 3.

6   *SeDe*, 1/8/1880, 1.

7   *WaPo*, 1/13/1880, 4; *GlDe*, 1/23/1880, 1.

8   *PD*, 1/23/1880, 1 and 4; *GlDe*, 1/23/1880, 1.

9   *ChTr*, 1/28/1880, 11; *WaPo*, 1/26/1880, 2.

10 워싱턴 성공회 성당Washington Episcopal Cathedral 감독관구 기록보관소에 보관된 교회 기록을 참고했다.

11 *GlDe*, 3/2/1880, 4; *PD*, 3/2/1880. 다음 날 퓰리처는 권총을 꺼내 들었다는 사실을 시인했다. 그러나 자신은 안경 없이는 아무것도 볼 수 없으므로 어차피 쏠 수 없었다고 덧붙였다. 떨어진 권총을 집어든 행인은 〈세인트루이스 포스트-디스패치〉에 권총 주인이 원한다면 가져가도 된다고 알려왔고 퓰리처는 행인의 집으로 가서 권총을 되찾아왔다.

12 *PD*, 2/15/1879, 4. 퓰리처는 단호하게 틸든에 반대했다. 그 사례로는 다음을 참고하라. *PD*, 2/12/1881, 4. 틸든의 대항마를 찾아 나선 퓰리처를 본 〈워싱턴 포스트〉의 허친스는 퓰리처의 노력 덕분에 민주당은 전당대회 비용을 아끼게 될 것이고 전당대회에서 큰 충돌도 없으리라고 생각했다. (*WaPo*, 7/14/1879, 2.)

13 *PD*, 4/28/1880, 4.

14 Stealey, *130 Pen Pictures*, 347; *WaPo*, 5/28/1878, 1.

15 다음을 참고하라. *Official Proceedings of the National Democratic Convention*, 1880; Watterson, *Marse Henry*, Vol. 2, 249-250.

16 *WaPo*, 6/25/1880, 1; JP to English, 6/27/1880, N-YHS.

17 JSR, 133-134

18 *ChTr*, 6/27/1880, 2; JP to Smith, 6/27/1880, N-YHS.

19 JSR, 110-111.

20 앞의 책, 105-106; *PD*, 4/30/1880, 4.

21 Johnson, Diary, 8/8/1880 및 이후 며칠의 일기, WRR 98-99.

22 Edward C. Rafferty, "The Boss Who Never Was: Colonel Ed Butler and the Limits of Practical Politics in St. Louis, 1875-1904", *Gateway Heritage* (Winter 1992), 54-73.

23 퓰리처가 낸 공천헌금에 대해서는 다음을 참고하라. JSR, footnote 36, 151. 라멜캄프Rammelkamp는 퓰리처가 정말 공천헌금을 냈는지 논란의

여지가 있다고 생각했다. 그러나 당시에는 대부분의 후보가 공천헌금을 내는 분위기였다는 사실을 감안할 때 퓰리처도 공천헌금을 냈다고 보는 것이 타당하다. 게다가 꼼꼼하기로 소문난 맥컬러프가 편집하는 〈세인트루이스 글로브-데모크라트〉도 퓰리처가 공천헌금을 냈다고 전했다. (*GlDe*, 9/26/1880, 6.)

24   JP to Smith, 7/21/1880, N-YHS.

25   앞의 책.

26   *Indiana Sentinel*, 8/15/1880. 조지프가 이날 행한 연설에 대해 〈워싱턴 포스트〉는 '거장의 숨결이 느껴지는 연설'이라고 소개했고 〈뉴욕 타임스〉는 '실망스러운 졸작'이라고 소개했다. 훗날 퓰리처는 이날의 연설이 생애 최고의 연설이었다고 회고했다(JP to FDW, 10/13/1903, SLP).

27   *PD*, January 10, 1879, 2. 퓰리처는 연방 하원의원 후보 공천을 받기 위해 인디애나 주 유세 연설을 취소할 정도로 열성을 보였다(Fort Wayne Daily Sentinel, 9/14/1880, 4).

28   *GlDe*, 9/26/1880, 6.

29   1879년 상원의원 선거에 대한 자세한 내용은 다음을 참고하라. JSR, 45-47; *PD*, 9/24/1880, 4; *MoRe*, 9/24/1880, 1, 4.

30   MoRe, 9/25/1880, 4. 득표결과는 다음을 참고하라. *GlDe*, 9/26/1880, 6; Johnson, *Diary*, 9/25/1880; WRR, 99.

31   Johnson, *Diary*, 9/27/1880, WRR, 99.

32   DCS-JP는 루실의 생일이 1880년 9월 30일이라고 기록했다. 그러나 세인트루이스 호적에는 10월 3일로 기록되어 있다. 어느 경우든 퓰리처는 당시 뉴욕에 있었다. *NYT*, 9/30/1881, 5; *BrEa*, 9/30/1880, 4.

33   *AtCo*, 10/5/1880, 1; *BoGl*, 10/1/1880, 1.

34   *Indianapolis Sentinel*, 10/8/1880, 복사본은 다음을 참고하라. JP-LOC, Box 1, October 1880 folder.

35   *Ohio Democrat*, 10/28/1880, 2.

36   JSR, 138.

37   그해의 모든 선거 결과가 퓰리처에게 불리한 것은 아니었다. 11월 23일 퓰리처는 서부 AP의 부회장으로 선출되었다. *NYT*, 11/24/1880, 5.

1   William Gentry, Jr., "The Case of the Church Bells", *Bulletin Missouri Historical Society*, Vol. 10, No. 2 (January 1954), 183; Dacus and Buel, *A Tour of St. Louis*, 116.

2   *St. Louis Spectator*, 12/24/1881, MHS.

3   *PD*, 5/12/1881. 다음에 재인용. JSR, 198-199. 〈세인트루이스 포스트-디스패치〉는 퓰리처가 뉴욕으로 옮겨간 뒤 클로즈드 숍 제도(기업이 노동조합에 가입한 조합원만을 고용하는 제도-옮긴이)를 도입했다.

4   *ThJo*, 10/23/1886. 다음에 재인용. JSR, 196.

5   *NYT*, 6/19/1881, 5.

6   *ThJo*, 12/20/1884, 6; JN to JP, 3/10/1900.

7   WRR, 74.

8   *ChTr*, 9/10/1881, 1; *WaPo*, 9/10/1881, 1.

9   *PD*, 9/10/1881, 1; George Barnes Pennock letter, *NYW*, 11/3/1911.

10   *PD*, 9/12/1881, 1. 퓰리처는 혼자만 대통령의 건강에 대한 부정적인 기사를 내보냈다는 사실에 지나치게 스트레스를 받은 나머지 긍정적인 내용으로 가득 채운 기사를 쓰기도 했다. 하지만 며칠 되지 않아 다시 부정적인 기사로 되돌아갔다.

11   *PD*, 9/15/1881, 1; *WaPo*, 9/16/1881, 1; *NYT*, 9/16/1881, 1.

12   *NYT*, 9/17/1881, 1; *PD*, 9/17/1881, 1.

13   PD, 9/19/1881, 1. 다음에 재인용. WRR, 75; Ackerman, *Dark Horse*, 427.

14   *PD*, 9/20/1881, 4.

15   판매부수는 다음을 참고하라. PLFC.

16   *PD*, 6/1/1882. 다음에 재인용. JSR, 206.

17   *WaPo*, 1/23/1882, 2.

18   *ChTr* 3/25/1882, 5; 또한 다음도 참고하라. JSR, 292.

19   *WaPo*, 3/22/1882, 2; *PD*, 3/16/1882, 4.

20   APM, 167-177.

21   *ThJo*, 12/20/1884, 6.

22   *PD*, 10/14/1880, 4; *NYW*, 5/13/1883, 1.

23   *PD*, 3/18/1882, 4 and 7.

24   Donald F. Brod, "John A. Cockerill's St. Louis Years", *Bulletin*, Vol. 26, No. 3 (April 1970), MHS, 232.

25   여러 신문 기사를 종합해 기록했다. 가령 다음을 참고하라. *ChTr*, 10/16/1882.

26   *Daily Kennebec Journal*, 10/16/1882, 2.

27   Sarah Lane Glasgow to William Glasgow, 10/18/1882, William Carr Lane Collection, MHS.

28   *Harper's Weekly*, 11/4/1882. JSR, 289에 재인용. 판매부수는 다음을 참고하라. FP.

29   *ChTr*, 10/19/1882, 3; *Janesville Daily Gazette*, 10/24/1882, 2; JSR, 292, note 26.

30   *St. Louis Spectator*, 11/11/1882, MHS.

31   Turner, *When Giants Ruled*, 105; *ThJo*, 1/15/1887, 12.

32   Julius Chambers, APM, 231에 재인용.

16장: 큰물 뉴욕

풀리처에 관한 신화 중 가장 끈질기게 살아남은 신화는 〈뉴욕 월드〉 인수 시기와 관련된 것이다. 풀리처가 케이트를 동반하고 뉴욕에서 유럽행 증기선에 오르려던 참에 〈뉴욕 월드〉를 인수했다는 일화는 잘못된 것이다. 사실 풀리처는 몇 달 전부터 〈뉴욕 월드〉 인수에 공을 들였다. 다음을 참고하라. *Springfield Republican*, 2/19/1883, 4.

1   *NYT*, 4/4/1883; Klein, *The Life and Legend of Jay Gould*, 315-319.

2   *NYW*, 5/13/1883, 1. 〈뉴욕 월드〉 경영진은 굴드에게 좋은 소식을 가져다주지 못했다. 몇 달 전 경영진 중 한 사람은 이런 기록을 남겼다. "더 많은 자금을 투자하는 방법 외에는 다른 도리가 없다." (Elmer Speed to

William Hurlbert, 1/15/1883, WP-CU.)

3   *WaPo*, 1/28/1878, 2; *ChTr*, 1/25/1883, 3; *PD*, 4/11/1883. 다음에 재
      인용. JSR, 297.

4   R. L. Cotteret to Edwin H. Argent, 3/3/1883, JP-CU. 보고서 견본은
      다음을 참고하라. January-June 1883 folder, JP-CU, Box 4.

5   *WaPo*, 4/7/1883, 4; Smith to JP, 8/6/1887, WP-CU.

6   *ThJo*, 4/19/1884, 4; *ChTr*, 4/16/1883, 5.

7   Renehan, *The Dark Genius of Wall Street*, 3.

8   계약서 원본은 다음에 포함되어 있다. JPII-LC Papers. 이후 콩클링은
      퓰리처에게 자문료 청구서를 보냈다. 다음을 참고하라. JP to Conkling,
      12/19/1885, WP-CU. 〈뉴욕 월드〉를 인수하는 과정에서 조지프의 변
      호사로 활동한 콩클링의 세부적인 역할에 대한 내용은 다음을 참고하
      라. *Atchison Daily Globe*, 11/19/1887, 1.

9   JSR, 302; 말년에 조지프는 〈뉴욕 월드〉를 인수할 수 있었던 것은 모
      두 케이트 덕분이라는 말을 자주 했다. 다음을 참고하라. RP to John C.
      Milburn, of Carter, Ladyard & Milburn, 1/5/1912, JP-CU. 퓰리처의
      친구이자 〈시카고 데일리 뉴스Chicago Daily News〉의 공동소유주 위터슨
      과 멜빌 스톤Melville Stone은 퓰리처가 〈뉴욕 월드〉를 인수한 뒤 자신들
      에게 공동 소유를 제안했다고 주장했다. 그러나 사업가 퓰리처는 누구
      와도 권력을 나누려 하지 않았다는 점을 감안할 때 그들의 말은 신빙성
      이 떨어진다.

10   *GlDe*, 5/6/1883, 6.

11   〈뉴욕 모닝 저널〉을 인쇄해주던 〈뉴욕 헤럴드〉는 〈뉴욕 모닝 저널〉이
      하루에 5만 부를 인쇄한다고 밝혔다. *NYT*, 5/23/1883, 8; APM, 205-
      210.

12   *NYH*, 5/10/1883, 8.

13   DCS-JP, 135-136.

14   APM, 205-206.

15   〈뉴욕 헤럴드〉 사설. 다음에 재수록. *NYT*, 5/23/1883, 8.

16   APM, 210.

17 Charles Gibson to JP, 5/14/1883, JP-CU; John H. Holmes to JP, 날짜는 미상이나 1883년 5월에서 6월 사이에 쓰였을 것으로 추정됨. JP-CU, Box 5.

18 NYW, 5/12/1883, 1.

19 Stephen Richardson, JP-LC, Box 11, Folder 8.

20 앨버트가 작성한 미출간 회고록을 보면 자신이 제호 광고를 처음 도입했다는 내용이 등장한다. 그러나 그 시기에 발행된 〈뉴욕 모닝 저널〉이 남아 있지 않아 확인할 길이 없다.

21 *NYT*, 11/5/1911, SM3.

22 Walt McDougall, "Old Days on the World," *American Mercury* (January 1925), 22.

23 *NYW*, 5/10/1908.

24 *NYS*, 다음에 재수록. *GlDe*, 5/27/1883, 10; GJ, 303.

25 *NYW*, 5/31/1883, 1. 〈뉴욕 타임스〉는 "새로 지어진 다리에서 사망한 사람들"이라는 제목을 선택했다.

26 JP memo, 1899 or 1900. 다음에 재인용. GJ, 48, footnote.

27 *NYW*, 5/29/1883, 1.

28 *NYW*, 1/25/1884, 4. 다음에 재인용. GJ, 34.

29 AI, 111.

30 *NYW*, 5/29/1883, 4, 5/30/1883, 8.

31 *ChTr*, 7/31/1883, 1.

32 손님 중에는 율리시스 그랜트 전 대통령과 카를 슈르츠도 끼어 있었다. *NYT*, 6/8/1883, 5; WAS, 89-91, Hirsh, *William C. Whitney*, 227; *Rocky Mountain News*, 11/8/1883, 4. 맨해튼 클럽은 공화당원인 로스코 콩클링의 입회를 허락했다.

33 요트에서 열리는 오찬회에 초대하는 전보와 초대장은 다음을 참고하라. JP-CU, Box 5.

34 *NYW*, 9/30/1883, 4.

35 *ChTr*, 8/6/1883, 2.

36 풀리처가 신문에 공개한 공증받은 재무제표에 따르면 1883년 8월 12일

판매부수는 2만 7,620부였다. 다음을 참고하라. GJ, 332. 다음도 함께 참고하라. *NYW*, 8/11/1883, 4.

37   *NYT*, 8/29/1883, 2, 8/30/1883, 8. 여행에 동참한 저명 인사 중에는 퓰리처도 아는 사람이 많았다. 개중에는 저명한 은행가의 아들인 오거스트 벨몬트 2세August Belmont Jr.와 허버트 브리지먼Herbert Bridgman이나 노아 브룩스Noah Brooks 같은 언론인도 있었다.

38   *NYW*, 9/9/1883, 4, 9/10/1883, 8.

39   *Davenport Gazette*, 9/8/1883, 2; *BrEa*, 9/30/1883, 2.

40   *NYW*, 9/26/1883, 4.

41   *NYW*, 5/17/1883.

42   *NYT*, 9/25/1883, 2; *Oshkosh Northwestern*, 8/26/1883, 3; *Bismark Daily Tribune*, 9/28/1883, 10.

43   *NYT*, 11/1/1883, 5.

44   당시 〈월드〉 내부 통신문을 검토해보면 퓰리처가 공개한 판매부수가 매우 정확하다는 사실을 알 수 있다.

17장: 킹 메이커

1   J. W. Buell to JP, 12/19/1883, WP–CU; *NYT*, 5/10/1884, 5.

2   큐너드 기선회사 전보, 5/19/1884; William D. Curtis to JP, 6/18/1884, JP–CU.

3   *NYW*, 6/7/1884. 다음에 재인용. Morris, *The Rise of Theodore Roosevelt*, 267.

4   *NYW*, 7/24/1884, 4, 8/26/1884, 4.

5   소송을 하겠다고 위협하는 불만 가득한 사람들을 대변하는 변호사들이 끊임없이 퓰리처를 괴롭혔다. 어느 대학 교수는 대학생들의 터무니없는 행동을 다룬 〈월드〉의 기사가 자신의 명예와 학생들의 명예를 훼손했다고 느껴 소송을 제기하기도 했다. 다음을 참고하라. Scott to JP, 4/2/1884, 4/3/1884, WP–CU; WAS, 103. 또한 퓰리처는 사설을 통

해 여러 차례 콩클링을 치켜세웠다. 가령 다음을 참고하라. NYW,
9/5/1883, 4. 〈뉴욕 트리뷴〉과 그 밖의 여러 신문들은 〈월드〉에 게재된
익명의 기사를 쓴 장본인이 콩클링이라는 것은 공공연한 비밀이라고 보
도했다.

6   *PD*, 11/8/1882, 4; *NYW*, 10/14/1884.

7   1884년 3월 〈월드〉 판매부수는 4만 부였다. *ThJo*, 3/29/1884, 7,
     4/5/1884, 5, 5/31/1884, 3.

8   *ThJo*, 6/14/1884, 2.

9   *ThJo*, 6/7/1884, 1.

10   JWB, 85에 재인용. 퓰리처는 시카고 전당대회에 참석했을 뿐 아니
     라 과거 〈세인트루이스 포스트-디스패치〉 시절에도 그랬듯이 전당
     대회를 취재해 기사를 송고했다. 다음을 참고하라. *NYW*, 7/9/1884-
     7/12/1884. 몇 년 뒤 퓰리처는 당시의 일을 조금 지나치게 자화자찬했
     다. "〈월드〉가 행동에 나서지 않았다면 클리블랜드는 대통령 후보가 되
     지 못했을 것이다." (JP to James Creelman, JC, folder 74.)

11   *ChTr*, 7/30/1884, 1; *NYT*, 7/30/1884, 1.

12   "항간에 '혈기 왕성한 젊은 시절'의 클리블랜드와 관련된 소문이 떠돌고
     있다. 〈월드〉라면 어떠한 상황에서도 절대 기사로 내보내지 않을 믿지
     못할 소문이다. 그런 근거 없는 소문이 세간에 오르내린다면 이는 분명
     저급한 선거 전략을 구사하는 공화당 블레인 후보 진영에서 벌인 짓이
     틀림없다.": *NYW*, 7/25/1884, 4.

13   JWB, 89.

14   "거친 선들을 적절하게 정리하지 않으면 인쇄한 뒤 삽화가 뭉개져
     인물이 인물처럼 보이지 않을 것이라는 말을 차마 전하지 못했다."
     (McDougall, "Old Days on the World", 22.)

15   피닉스 파크Phoenix Park 살인사건의 용의자 삽화는 다음을 참고하라.
     NYW, 5/26/1883, 8. 몬트리올 사건 용의자 체포 과정에 대한 내용은
     다음을 참고하라. GJ, 95-96; *ThJo*, 1/10/1885, 3.

16   *ThJo*, 6/7/1884, 3. 다음에 재인용. GJ, 111.

17   GJ, 99, note.

18   *ChTr*, 6/29/1882, 12 ; *NYW*, 9/29/1884, 4.

19   Smith to JP, 11/28/1884, WP-CU.

20   WRR, 206 ; Henry, *Editors I Have Known since the Civil War*, 273-274.

21   *NYT*, 9/30/1884, 5.

22   *NYW*, 10/30/1884, 2. 〈월드〉는 한 면 전체를 할애해 그날 저녁 있었던
     민주당 선거 유세 현장을 보도했고 다른 면에도 단신으로 내보냈다.

23   *ChTr*, 10/4/1884, 10.

24   *NYT*, 10/7/1884, 2, 10/22/1884, 2. 1884년 퓰리처의 보좌관으로 일
     한 그로지어E. A. Grozier는 당시 퓰리처가 후보로 나서기를 얼마나 꺼렸
     는지 회고했다(Grozier to DCS, 12/10/1917, DCS-NYPL).

25   *ThJo*, 10/11/1884, 5, 10/18/1884, 2.

26   *NYT*, October 16, 1884, 5 ; Hirsch, *William C. Whitney*, 238-239. 한
     때 퓰리처가 공화당에 5,000달러를 냈다는 이야기가 돌았다. 퓰리처
     가 새로 들여놓은 인쇄기 대금으로 리처드 호 앤드 컴퍼니에게 수표
     를 써주었는데, 호가 그 수표를 공화당에 기부한 탓에 퓰리처가 공화당
     을 은밀히 지원하고 있다는 소문이 나돌았던 것이다. 다음을 참고하라.
     Milwaukee Sentinel, 4/28/1886, 3.

27   *NYW*, 10/30/1884, 4.

28   *NYW*, 11/10/1884, 4.

29   판매부수는 다음을 참고하라. 앞의 자료.

30   *NYW*, 11/6/1884, 4.

31   JP to James Creelman, JC, Folder 74 ; *ChTr*, 1/1/1885, 3.

32   *ChTr*, 1/1/1885, 3. 주목할 것은 지극히 개인적인 금융거래임에도 신문
     들이 어음교환소를 통해 이 수표의 행방을 추적해 보도했다는 것이다.

18장: 자유의 여신상

1   서신. Box 7, WP-CU.

2   *ThJo*, 11/14/1885, 1 ; James Scott to JP, 3/18/1885, WP-CU ; 퓰리처

의 친구 깁슨은 〈세인트루이스 포스트-디스패치〉를 50만 달러나 그 이상에 살 사람이 있다면 매각할 것인지 물었다. 다음을 참고하라. Gibson to JP, 1/5/1885.

3   *ThJo*, 1/30/1886, 5.

4   서신. Box 5, JP-CU ; Silas W. Bart to JP, 4/14/1885, JP-CU ; *LAT*, 1/21/1885 ; *NYT*, 1/21/1885, 1.

5   *AtCo*, 2/4/1885, 5.

6   *ChTr*, 2/6/1885, 2 ; *NYT*, 2/6/1885, 5 ; WAS, 120-121.

7   WRR, 199 ; *NYW*, 3/16/1885, 4.

8   *WaPo*, 3/9/1885, 1 ; *GlDe*, 3/14/1885 ; *NYT*, 3/24/1885, 1, 4/19/1885, 3 ; WRR, 186-187.

9   *NYW*, 8/6/1884, 4. 선거가 끝나고 소동이 가라앉자 퓰리처는 자유의 여신상 건립 사업의 홍보를 재개했다. 퓰리처는 클리블랜드의 승리로 기금 모금인의 마지막 변명거리가 사라졌다고 주장했다. "그러므로 사실상 독점 기업가, 부패한 공직자, 귀족이랍시고 떠들고 다니는 인간들이 통제하는 공화국의 주요 항구에 세워질 자유의 여신상은 필요하지도 않고 바람직하지도 않다. 이번 사업은 평범한 사람들이 스스로를 통치할 능력이 있다는 사실을 입증하고 공화국의 생명을 보호할 마지막 기회다." (*NYW*, 11/21/1884, 4.)

10 *NYW*, 3/14/1885, 4.

11 *NYW*, 3/16/1885, 1.

12 *NYW*, 3/17/1885.

13 비슷한 시기에 수도 워싱턴에 기념비를 세우기 위한 기금 모금도 시작되었다. 그러나 그 사업은 연방 의회로부터 자금을 지원받았고 신문이 아닌 민간 조직이 성금을 모금했다.

14 *NYW*, 6/8/1885, 4.

15 퓰리처의 세 자녀는 잭슨에 위치한 손 마운틴 하우스Thorn Mountain House에 머물렀다. NH. *BoGl*, 8/9/1885, 3.

16 퓰리처가 유럽으로 떠나기 전 조지 차일즈George Childs는 여러 통의 소개 편지를 퓰리처에게 써주었다. Henry Moore to John Norton,

5/29/1895, JNP-MHS ; *ThJo*, 6/20/1885, 2 ; S. P. Daniell to JP, 6/1/1885, JP-CU.

17   풀리처가 작성한 날짜 미상의 편지 일부. 다음에 재인용. WRR, 134.

18   JPII to JP, 3/21/1908, MHS ; Johns, *Times of Our Lives*, 61.

19   WAS, 131.

20   Dillon to JP, 7/8/1885, JP-CU.

21   *NYT*, 12/4/1885, 3 and 7 ; *ChTr*,12/4/1885, 2 ; *ThJo*, 11/28/1885, 5.

22   JP to Conkling, 12/19/1885, WP-CU ; Theron Crawford to JP, 12/9/1885, 12/14/1885, WP-CU.

23   *NYT,* 12/8/1885, 4 ; *AtCo*, 1/8/1886, 1.

24   풀리처는 "의원 사무실에는 별 관심을 보이지 않았다. 워싱턴에 머무는 날도 일정하지 않았다." (Edwin A. Grozier to Seitz, 12/10/1917) ; *WaPo*, 3/4/1886, 2 ; Amos J. Cummings in *WaPo*, 4/185. 데이나가 운영하는 〈뉴욕 선〉은 풀리처가 의정 활동을 게을리한다는 사실을 귀에 못이 박히도록 기사화했다. 월트 맥두걸은 어느 날 밤 풀리처와 함께 워싱턴에 있다가 심하게 취한 풀리처 때문에 경찰에 체포될 뻔 했다고 주장했다. "풀리처는 칵테일 몇 잔에 잔뜩 취해 인사불성이 되고 말았다." (Walt McDougall, "Funniest Memories of a Famous Cartoonist," *WaPo*, 8/22/1926, SM3.)

25   Edwin A. Grozier to Seitz,12/10/1917,DCS-NYPL ; *BoGl*, 2/16/1886, 5.

26   *NYT*, 2/27/1886, 2 ; *ChTr* 2/27/1886, 1.

27   *NYT*, 3/13/1886, 3 ; *WaPo*, 3/13/1886, 1.

28   JP to Crawford, 2/11/1886, WP-CU.

29   의회 기록Congressional Record에 대한 검토 내용은 다음을 참고하라. WRR, 184. *WaPo*, 3/4/1886, 1 ; *WaPo*, 6/28/1886, 2.

30   Gibson to JP, 10/10/1884, JP-CU. 하원의원 사임 서신 전문은 다음을 참고하라. *BrEa*, 4/11/1886, 1.

31   Crawford to JP, 4/13/1886, WP-CU.

32   JP to Board of New York Press Club, April 1886, JP-CU, Box 6 ; *WaPo*, 3/23/1886, 2 ; *Medical Record*, 3/27/1886, 366. 풀리처는 하원의장이

아니라 뉴욕 주 내무장관에게 사임 서신을 보내는 실수를 했다. 덕분에 그해 5월이 되어서야 정식으로 사임이 처리되었다(미 상원 역사사무소 U.S. Senate Historical Office에 근무하는 아마추어 역사가 도널드 리치Donald Ritchie와의 인터뷰, 1/17/2008).

33 폴리처에게 아무런 통보도 받지 못한 집주인의 기분이 유쾌할 리 없었다. 다음을 참고하라. John Hoey to JP, 9/24/1886, 10/25/1886, JP-CU.

34 Thomas Davidson to William T. Harris, 10/7/1884, Harris Papers, MHS.

35 WHM to JP, 7/28/1886. 다음에 재인용. WRR, 121.

36 *NYW*, 10/28/1886, 10/29/1886.

37 *NYW*, 10/28/1886, 4.

38 Depew, *My Memories*, 392.

39 디퓨는 폴리처의 비위를 맞추고자 했다. 자유의 여신상 헌정식이 열린 날 저녁, 폴리처는 이스트 36번가 9번지에 새로 임대한 자신의 집에서 자유의 여신상을 조각한 조각가 바르톨디를 기념하는 저녁 만찬을 열었고 디퓨도 그 자리에 참석했다. 나이아가라 폭포를 구경하고 싶다는 바르톨디의 바람을 알게 된 폴리처는 디퓨에게 뉴욕 센트럴이 보유한 전용 열차를 사용할 수 있게 해달라고 부탁했다. 디퓨는 500달러를 들여 바르톨디와 폴리처의 가족이 전용 열차를 이용할 수 있도록 조치하면서 "그 돈으로 가장 진보적인 반反독점자본주의자의 마음을 누그러뜨릴 수 있어야 할 텐데." 하고 덧붙였다.

40 JP to Davidson, 9/24/1886, TD.

41 Davidson to JP, 10/7/1886, JP-CU.

42 TR told Robert Underwood ; Morris, *The Rise of Theodore Roosevelt*, note 70, 800.

43 Edwin Argent to W. A. R. Robertson, 10/14/1886, WP-CU.

44 Masy le Doll to JP, 12/11/1886, WP-CU ; Walter Hammond to JP, 12/4/1886, JP-CU.

45 JP to Emile Grevillot, 11/23/1886, JP-CU ; 폴리처가 〈필라델피아 프레

스Philadelphia Press〉와 한 인터뷰. 〈비즈마크 데일리 트리뷴Bismarck Daily Tribune〉, 12/07/1886에 재수록; George Childs to KP, 11/27/1886, JP–CU.

19장: 눈먼 크로이소스

1   McDougall, *This Is the Life!*, 110; *NYH*, 2/9/1887, 1; *ChTr*, 2/9/1887, 1; *Milwaukee Daily Journal*, 2/9/1887, 1.

2   Churchill, *Park Row*, 151.

3   *Daily Inter-Ocean*, 11/27/1887. 이날의 인터뷰는 훗날 조지프가 운영하는 신문사의 편집자가 될 포스터 코츠Foster Coates가 진행했다.

4   *ThJo*, 5/10/1884, 5.

5   Smith to JP, 1886, WP–CU, Box 8.

6   Turner to JP, 2/25/1887, WP–CU.

7   George Olney to JP, 1/27/1887, WP–CU.

8   *Public Ledger and Daily Transcript*, 2/7 and 2/8/1887 스크랩, WP–CU, Box 9. 다음도 참고하라. ThJo, 3/26/1887, 10, 4/7/1887, 8, 9/10/1887, 10.

9   Nasaw, *The Chief*, 54-55, 70-72.

10   *NYT*, 3/22/1887, 8; *ChTr*, 3/23/1887, 3.

11   *BoGl*, 4/1/1887, 8

12   *BoGl*, 4/1/1887, 8; Childs to JP, 4/13/1887, JP–CU; Lucille and Ralph, letters to JP and KP, 6/9/1887, JP–CU; Childs to JP, 4/13/1887, JP–CU.

13   *WaPo*, 5/2/1887, 5/23/1887, 4; WAS, 156.

14   *BoGl*, 6/29/1887, 8; *ThJo*, 1/9/1886, 5.

15   〈필라델피아 타임스Philadephia Times〉 파리통신원, 〈캐피털Capital〉(MD)6/28/1887, 1.을 비롯한 다수의 신문에 재수록.

16   조지프를 대신해 인수할 신문사를 물색한 인물은 크로퍼드T. C.

Crawford였다. 다음을 참고하라. Crawford to JP, 8/12/1887, WP-CU.

17 Junius Morgan to JP, 6/4/1887, JP-NYSL.

18 *Morning Post*, 7/11/1887, 2, 5; *Daily Telegraph*, 7/11/1887, 2; *PD*, Twenty-Fifth Anniversary Number, 12/11/1903, 4.

19 Ford, *Forty-Odd Years in the Literary Shop*, 148.

20 *Evening Standard*, 7/11/1887, 5; Mary Gladstone, 1887년 7월 9일 일기, 46, 262, Vol. 44; December 10, 1885, to Feburary 15, 1893, BLMC.

21 Smith to JP, 8/6, 8/25, 9/7 and 9/10/1887, WP-CU; JP to Smith, 9/1/1887, WHS-IHS.

22 조지프와 케이트 부부는 존 래스본John Rathbone 장군이 소유한 윈드 허스트Windhurst를 빌렸다. Childs to JP, 8/12/1887, JP-CU; *Gleaner*, 2/16/1887; Frank K. Paddock to JP, 12/24/1887, JP-CU.

23 *BoGl*, 10/1/1887, 3; *ThJo*, 9/11/1886, 1.

24 Strouse, *Morgan*, 225-226.

25 Platt and Bowers to trustees of Mary Grace Hoyt, 12/22/1887, JP-CU.

26 *ThJo*, 4/16/1887, 13; Blackeslee to JP, 12/2/1886, 12/3/1886, JP-CU; Paul S. Potter to JP, 4/10/1887, JP-CU; 파리 미술상에서 발행한 매도 증서는 다음을 참고하라. JP-CU, Box 7; JP to Goupil's Picture Gallery, 1/14/1887, JP-CU; Fearing to JP, 1/16/1884, JP-CU; H. A. Spalding to JP (in Paris), 5/14/1887, JP-CU; John Hoey to JP, 10/25/1886, JP-CU. 지불 기록을 살펴보면 퓰리처가 보모 외에도 주방을 전담할 요리사와 하인, 청소를 전담할 하녀를 고용했다는 사실을 알 수 있다. 다음을 참고하라. JP-CU, Box 8. 55번가로 이사할 날을 기다리는 동안 조지프와 케이트 부부는 한층 늘어난 하인, 보좌관 등 여러 수행원과 함께 수도관에 문제가 있을 것으로 추정되었던 5번로에 위치한 집을 기쁜 마음으로 떠나 이스트 35번가 9번지에 머물렀고, 그러는 바람에 집주인의 원성을 샀다. 퓰리처에게 5번로에 위치한 집을 임대했던 집주인은 퓰리처의 청소 담당 하녀가 수도관에 문제가 있어 건강에 해롭다는 헛소문을 퍼뜨리는 바람에 세입자를 구할 수 없게 되었다고 주장했다.

27 JP to Metropolitan Telephone and Telegraph, 10/18/1886, WP-CU;

WaPo, 4/17/1887, 6; *ThJo*, 11/14/1885, 1.

28   *NYT*, 12/30/1885, 5.

29   *NYT*, 12/30/1885, 5.

30   *WaPo*, 12/19/1886, 1.

31   Homberger, *Mrs. Astor's New York*, 176.

32   McDougall, *This Is the Life!*, 165.

33   뉴턴 피니Newton Finney는 지킬 섬 클럽을 주도한 사람 중 하나였다. 지킬 섬 클럽 결성에 중대한 시기가 도래했을 무렵까지도 충분한 인원이 확보되지 않자 피니는 마지못해 조지프에게 회원권 2장을 팔았다. 피니는 조지프를 지킬 섬 클럽에 끼워줄지 말지 고민했는데, 케이트가 지닌 매력이 피니의 결정에 영향을 미쳤다(McCash and McCash, *The Jekyll Island Club*, 10-11).

34   Homberger, *Mrs. Astor's New York*, 143, 175.

35   Burrows and Wallace, *Gotham*, 1087-1088.

36   Julius Esch to editor of *World*, 12/11/1885, WP-CU.

37   *ThJo*, 7/12/1884, 1.

38   *ThJo*, 7/19/1884, 2 and 6, 10/11/1884, 6.

39   *LAT*, 4/28/1891, 12. 〈로스앤젤레스 타임스〉에 따르면 조지프 퓰리처와 앨버트 퓰리처는 말로 할 수 없을 만큼 많은 부를 쌓아 막대한 영향력을 행사했다. "서로 소원하다고는 하지만 두 명의 퓰리처가 각자 운영하는 신문사의 판매부수가 나머지 신문사의 판매부수를 모두 합친 것보다 더 많다."

40   *ThJo*, 6/20/1885, 4; *NYT*, 4/13/1942, 15.

41   *NYS*, 10/18-11/8, 1887.

42   McDougall, "Old Days on the World," 23.

43   Childs to JP, 날짜는 미상이나 1887년 가을 무렵 쓰였을 것으로 추정됨. JP-CU, Box 7.

44   Wells, *A Treatise on the Disease of the Eye*, 536. 어느 쪽 눈이 보이지 않게 되었는지는 헤르만 파겐슈테허 박사의 마지막 언급을 바탕으로 추정했다.

45   JP to FC, 1/26/1909, JP-LC.

| 46 | JP to Varina Davis, 11/30/1887, JP-CU. |
| 47 | Walter Phelps to JP, 4/19/1888, JP-CU. |

20장: 투사 삼손

1	*LAT*, 2/28/1888, 3, 3/1/1888, 6.
2	Manton Marable to KP, 1/14/1888, JP-CU. 다음에 재인용. WRR, 217.
3	풀먼 열차에 대한 세부사항은 1888년 4월 작성한 개인 장부를 참고하라. JP-CU, Box 7.
4	Cashin, *First Lady of the Confederacy*, 247-250. Jefferson Davis, *Private Letters*, 553.
5	*Landmark*, 3/1/1888, 4.
6	Walter Phelps to JP, 4/19/1888, JP-CU; Conkling to JP, 3/16/1888, JP-CU; WAS, 173
7	*ThJo*, 5/12/1888, 3; Smith to JP, 5/18/1888, WP-CU.
8	*NYW*, 5/10/1888, 1.
9	*WaPo*, 6/17/1888, 1; *NYT*, 6/10/1888, 16, 7/8/1888, 16.
10	조지프를 진찰한 의사 중에는 신경학의 창시자로 불리는 앤드루 클라크 경Sir Andrew Clarke과 장-마르탱 샤르코Jean-Martin Charcot, 그리고 찰스-에드워드 브라운-세카르Charles-Edward Brown-Séquard도 있었다. (다음을 참고하라. DCS-JP, 171; WAS, 175.)
11	Manuscript fragments, JP-LC, Box 11.
12	*ChTr*, 9/16/1888, 12; *Mansfield Times*, 1/18/1889, 2.
13	〈월드〉의 직원 수는 그해 지어진 새 사옥에 놓인 주춧돌에 들어 있던 〈월드〉 직원 명단을 바탕으로 기록한 것이다. WP-CU, Box 10; JWB, 133; Turner to JP, 6/7/1888, WP-CU.
14	풀리처는 자신이 보낸 전보나 편지를 당사자에게 낭독하는 동안 당사자가 보인 반응을 보고받았다. 가령 사이츠는 당사자가 어떤 반응을 보였

는지 궁금해하는 퓰리처에게 이런 편지를 보냈다. "그 직원은 편지 내용에 수긍했고 감사를 표했습니다." DCS to JP, 11/20/1900, WP-CU. 다음도 함께 참고하라. JP to DCS, 8/17/1900, JP-LC.

15 Chambers, *News Hunting on Three Continents*, 307.

16 JP to Chambers, 2/10/1889. 다음에 재수록. Chambers, *News Hunting*, 333.

17 *NYT*, 11/14/1886, 3; DCS-JP, 169. 퓰리처와 프렌치스 호텔의 인연에 대한 내용은 〈월드〉에 여러 차례 실렸다.

18 Post to Barlow, 4/11/1888, WP-CU.

19 September/December 1888, Folder, WP-CU, Box 10.

20 JP to Turner, 4/19/1889, WP-CU.

21 JP to Turner, 3/19/1889, WP-CU.

22 JP to Turner, 3/19/1889, WP-CU.

23 JP to John Jennings, 3/11/1889, JJJ.

24 *NYT*, 4/27/1889, 4.

25 *WaPo*, 5/13/1889, 4.

26 Turner to Post, 5/15/1889, WP-CU.

27 JP to KP, 6/11/1889, JP-CU.

28 폰슨비도 케이트에게 별도의 편지를 보내 퓰리처의 상태를 전했다. "퓰리처 씨가 본인 건강에 대해 '거의 염려하지 않는다'는 말을 들으신다면 틀림없이 기뻐하시겠지요." Ponsonby to KP, 6/21/1889, JP-CU.

29 *AtCo*, 4/21/1889, 18; *NYT*, 7/3/1889, 4; *WaPo*, 6/4/1890, 4.

30 *NYT*, 9/20/1889; Wilson, ed., *The Memorial History of the City of New York*, Vol. 5, 594-595. 1940년까지 551명의 소년들이 공학자, 변호사, 의사, 언론인, 작가로 성장했다. 물론 그들 대부분은 이민자의 자손이다. 다음을 참고하라. *Time*, 1/1/1940.

31 *NYT*, 10/27/1889, 13; *WaPo*, 9/14/1889, 5. 그 밖에도 퓰리처는 1892년 만국박람회를 뉴욕 시에 유치하려고 애를 쓰던 만국박람회 유치위원회에 5만 달러를 기부했다.

32 JP to Davis, 11/23/1889, JP-LC.

33   *BoGl*, 10/11/1889, 2; *WaPo*, 10/11/1889, 4; *ChTr*, 10/20/1889, 26.
      테일러는 퓰리처를 이렇게 묘사하곤 했다. "조간 〈월드〉에 실린 사설의
      구절에서 밤새 고생했을 직원들의 피와 땀을 보지 못했다면 퓰리처는
      아침을 먹을 입맛마저 잃었을 것이다." (Morgan, *Charles H. Taylor, 140*.)

34   원통 축음기에 담긴 목소리는 인간의 음성을 담은 사상 최초의 녹음에
      속한다. 이 유물은 주춧돌 안에 넣은 구리 상자에 담긴 채로 보존되어
      있다가 1955년 건물을 해체하면서 세상에 모습을 드러냈다. 뚜껑이 떨
      어진 채 발견된 구리 상자를 이후 복원하였다. 원통 축음기에 녹음된 내
      용은 컬럼비아에서 발간된 〈월드〉 기사 내용을 발췌한 것이다. 뉴욕 자
      이언츠New York Giants가 결승전에서 다저스Dodgers를 물리칠 것이라는
      예상은 적중했지만 1892년 만국박람회를 뉴욕이 유치할 것이라는 예상
      은 빗나갔다. 만국박람회는 시카고에서 열렸다.

35   NYT, 10/11/1889, 2.

36   NYT, 10/20/1889, 12; Cashin, *First Lady of the Confederacy*, 270-271.

37   Winnie Davis to Jefferson Davis, *Jefferson Davis: Private Letters*, 582-
      583.

38   JP to Davis, 11/23/1899, JP-LC.

39   JP to KP, 12/23/1889, JP-MHS.

40   Ponsonby to KP, 12/23/1889, JP-MHS.

41   JP to KP, 1/14/1890, JP-MHS.

42   Thwaites, Velvet and Vinegar, 53-54.

21장: 칠흑 같은 암흑

1   JP to WHM, 7/23/1890, WP-CU.

2   퓰리처가 프랑스로 복귀한 시점은 1869년 3월 26일 퓰리처가 프랑스에
      서 서명한 지불취소 수표로 미루어 짐작할 수 있다. 3/26/1889, PLFC.

3   JWB, 137.

4   퓰리처를 태운 튜트닉호와, 30분 먼저 출발한 시티오브뉴욕City of New

York호는 앞서거니 뒤서거니 선의의 경쟁을 펼치며 대양을 건넜다. 각 배에 승선한 승객들은 어느 배가 먼저 도착할지 내기를 걸었다. 두 여객선은 대양을 건너는 내내 서로를 바라볼 수 있는 거리에서 항해했다. 퓰리처 일행을 실은 튜트닉호가 한 시간 차이로 경주에 패했다. 튜트닉호는 5일 22시간 19분 만에 대양을 건넜다(*NYT*, 10/9/1890, 5).

5   Stanford White to KP, 8/29/1891, JP-CU; bills, JP-CU, Box 1889-1898; NYT, 11/17/1890, 5; *WaPo*, 12/7/1890, 9, 11/30/1890, 14.

6   JP to WHM, 7/23/1890, WP-CU.

7   "The World, Its History, Its New Home", *Scientific American* (12/20/1890), 384.

8   Garrison, *An Introduction to the History of Medicine*, 578.

9   Koestler, *The Unseen Minority*, 4; Selin, *Medicine Across Cultures*, 320.

10   *NYH*, 10/17/1890, 4.

11   *NYW*, 12/11/1890; *Fort Wayne Sentine*l, 1/17/1891, 9.

12   JWB, 143. 퓰리처를 태운 요트는 에스파냐 해안을 따라 항해하다가 아프리카를 건너 그리스와 터키 동부까지 이동했다.

13   *Middletown Daily Press*, 6/27/1891, 2; *Newark Daily Advocate*, 5/21/1891; *Galveston Daily News*, 6/21/1891, 8; *AtCo*, 5/1/1890, 1. 언젠가 베넷은 커크릴에게 이런 충고를 한 바 있다. "편집국장의 수명은 5년뿐이라네."

14   *NYT*, 6/11/1891, 8.

15   *BoGl*, 6/11/1891, 10.

16   *WaPo*, 6/19/1891, 4; Johnson, *George Harvey*, 36.

17   *WaPo*, 6/19/1891.

18   Nasaw, The Chief, 88, 90-91.

19   JWB, 144; *NYT*, 6/16/1891, 5; *WaPo*, 8/16/1891, 13.

20   *NYT*, 12/27/1909, 1.

21   JP memo (probably to FC), 9/19/1907, WP-CU.

22   JWB, 144.

23   S. Weir Mitchell to JP, 12/15/1891, JP-MHS.

24 과거 〈월드〉의 편집국장으로 일했던 존 커크릴이 퓰리처와 힐 사이
에 이뤄진 뒷거래를 폭로했다. *Democratic Standard* (Coshocton, OH),
5/2/1892.

25 JP to Smith, 2/28/1892, WP-CU; McCash, *The Jekyll Island Club*;
AtCo, 3/9/1892, 4.

26 McCash, *The Jekyll Island Club*, 18; *WaPo*, 4/14/1892, 5, 4/15/1892,
4; *NYT*, 4/28/1883, 1. 4월 조지프는 튜트닉호를 타고 리버풀로 가기
위해 뉴욕으로 돌아왔다. 조지프의 여행에는 하인과 보좌관 외에도 많
은 수행원들이 따랐다. 케이트가 매티 톰슨Mattie Thompson과 그녀의 부
친 필립 "리틀 필" 톰슨Phillip "Little Phil" Thompson을 여행 친구로 대동하
면서 일행의 규모는 전보다 더 커졌다. 매티 톰슨은 프랑스인 하녀를 대
동했다. 켄터키 주 하원의원을 지낸 그녀의 아버지는 자신의 아내와 잠
자리를 함께 했다고 의심한 남자를 총으로 쏘아 죽인 일로 유명세를 치
렀다. 물론 그 의심은 근거가 없었다. 총구에서 피어오르는 연기가 가시
지도 않은 상태에서 톰슨은 이렇게 말했다. "내 아내를 신시내티로 데려
가 더럽힌 놈. 반드시 내 눈으로 네가 죽는 꼴을 보겠다고 신께 맹세했
지." 배심원은 조지프의 친구 헨리 워터슨의 판단을 바탕으로 톰슨에게
무죄를 선고했다. "아내를 유혹한 놈의 목숨을 그 남편이 빼앗는 복수는
법전에 기록되어 있지는 않지만, 폐지할 수 없는 법으로 인정받아야 한
다." 다음을 참고하라. Kotter, *Southern Honor and American Manhood*,
45. 훗날 매티 톰슨은 케이트의 남동생 윌리엄 데이비스와 결혼했다.
두 사람은 톰슨이 케이트와 함께 여행하는 동안 만났을 것으로 추정
된다.

27 *NYW*, 2/2/1884, 4. 다음에 재인용. GJ, 294.

28 *NYW*, 3/14/1885, 4. 다음에 재인용. GJ, 309.

29 *NYW*, 7/12/1892, 4.

30 J. Errol, "A Visit to Professor Dr. Hermann Pagenstecher", *London
Society*, Vol. 63. (January~June, 1893) 사실 파겐슈테허 박사와 퓰리처는
청년 시절에 이미 한 차례 만난 바 있었다. 〈베스틀리헤 포스트〉에서 일
하던 시절 퓰리처는 뉴욕 브로드웨이에 위치한 샬크스 살롱Schalks Salon

에서 시인인 우도 브라흐포겔과 만나 맥주를 마시면서 파겐슈테허 박사를 소개받았다. 파겐슈테허 박사는 퓰리처에게 보낸 편지에서 당시를 이렇게 회고했다. "그날 우리는 둘러앉아 맥주를 마시며 이야기를 나눴습니다. 당신의 생각은 절대 잊을 수 없을 만큼 독창적이었어요. 나는 그 독창성에 매료되었습니다." (Pagenstecher to JP, 12/12/1900, JP-CU.)

31   Pagenstecher to KP, 10/30/1892, JP-CU.

32   Hirsch, *William C. Whitney*, 376.

33   DCS-JP, 190.

22장: 우리에 갇힌 독수리

1   *NYW*, 1/13/1884. 다음에 재인용. WRR, 145-146.

2   *NYT*, 5/11/1893, 12; DCS-JP, 188.

3   Kluger, *The Paper*, 162-163; DCS, 182.

4   DCS-JP, 192. 그날 밤 하비는 지나치게 많은 축배를 제안하면서 조금 과하게 술을 마셨다. 하비는 스물다섯 번째 축배를 제안하면서 '왕'이라는 표현을 썼는데, 이에 당황한 퓰리처는 이렇게 말했다. "왕이라니 가당치도 않네. 세상에 왕이 어디 있나!"

5   JP to Harvey in Johnson, *George Harvey*, 45.

6   Filler, *Voice of the Democracy*, 32; DCS to JP, 1/17/1901, WP-CU.

7   Marcosson, *David Graham Phillips*, 141-142.

8   DGP to JP, 앞의 책, 다음에 재수록. 165-166.

9   DCS-JP, 193. 퓰리처의 전기를 가장 먼저 펴낸 사이츠는 바로 그해부터 〈월드〉에서 가장 지위가 높은 직원이 되었다. 지금 이 시점부터 등장하는 사건들 중 사이츠가 묘사하는 사건들은 대부분 사이츠 본인이 직접 경험한 사건들이다.

10   DCS, 194; Johnson, *George Harvey*, 58.

11   실망한 필립스는 퓰리처에게 이런 편지를 보냈다. "런던 통신원이라는 직책은 어떻게 보면 지극히 중요한 자리지만 다르게 보면 지극히 쓸

모없는 자리입니다. 런던 통신원을 맡은 사람에게 능력과 열정이 있다면 아마 명성을 쌓고 자신의 이름으로 된 기사를 내보낼 특권을 누릴 수 있을 것입니다. 하지만 아무리 많은 노력을 했어도 기명 기사를 내보낼 특권을 누리지 못한다면 그 사람은 능력과 열정 그리고 시간만 낭비한 셈이 될 것입니다." (DGP to JP and DGP to Jones. 다음에 재수록. Marcosson, *Phillips*, 168-169.)

12   퓰리처는 당시로서는 보편적이지 않았던 기명 기사에 인색했다. 퓰리처는 또 다른 통신원에게 이렇게 말한 바 있다. "기명 기사란 특권이지 권리가 아닐세." (Memorandum for James Creelman, 1896, JC.)

13   Marcosson, *Phillips*, 169.

14   *LAT*, 12/24/1893, 25; *ChTr*, 11/26/1893, 25. DCS-JP, 13-14.

15   역사적 인물이 겪었던 심리적 문제를 규명하려는 시도는 위험한 일이므로 여기에 근거를 덧붙여둔다. 앤서니 스토Anthony Storr는 이렇게 언급했다. "시각장애와 청각장애는 정신질환을 일으킬 수 있는 원인으로 인식되어왔다." Anthony Storr, *Solitude*, 51. 임상심리학자 에드윈 카터Edwin N. Carter는 지각과민증은 실재하는 질병이고, 건강염려증과는 다르다고 지적했다. 카터는 이렇게 덧붙였다. "말초신경계가 지나치게 반응하면 부교감신경의 활동이 약화되고 대신 교감신경이 활성화됩니다." 일반적으로 건강염려증은 아무리 부드러운 천으로 만든 옷을 입고 있어도 옷에 피부가 긁힌다고 느끼거나 아무리 헐렁한 옷을 입고 있어도 꽉 낀다고 느끼는 아동에게서 주로 발견되는 증상이다. (Carter to author, 10/24/2008.)

16   JP to Adam Politzer. 다음에 재인용. WRR, 255-256.

17   랠프 퓰리처에 대한 의사의 진단서, 3/10/1893, JP-CU, Box 8.

18   RP to LP, 2/1/1894, JP-CU.

19   JP to KP, 4/27/1893, JP-CU; GWH to JP, 4/28/1894. 콜로라도스프링스에서 알아낸 내용을 조지프에게 보고하면서 호스머는 이렇게 덧붙였다. "사모님께는 아무런 말씀도 드리지 않았습니다." 다음도 함께 참고하라. JP to KP, 4/28/1894, JP-CU.

20   JP to Depew, 5/17/1894, CDP.

21   *AtCo*, 12/10/1893, 18.

22   *ChTr*, 6/7/1894, 2.

23   ABF-2001, Box 3.

24   *BoGl*, 6/24/1894, 23.

25   McClellan, The *Gentleman and the Tiger*, 99-100. 약속 장소인 노르망
      디 호텔Normandy Hotel에 도착한 매클렐런은 힐 상원의원이 퓰리처의
      친구 휘트니의 정치 관련 업무를 담당하고 있던 조지 하비와 이야기를
      나누고 있는 모습을 보았다. 매클렐런은 〈월드〉에서 잠시 일할 때 하비
      와 만난 적이 있어 하비를 알아볼 수 있었다.

26   *AtCo*, 12/29/1894, 3.

27   DCS-JP, 199. 포가티 문서에 따르면 사이츠가 설명한 계약 내용은 정
      확하다.

28   *AtCo*, 1/11/1895, 3

29   펠릭스 웨버가 보낸 서신, 9/27/1894; 12/9/1894; 1/2/1895, JP-MHS.

30   JP to KP, JP-CU, Box 8. 이 편지는 일부가 불타 없어졌는데, 아마 집에
      화재가 났을 때 소실되었을 것으로 추정된다.

31   H. to KP, Saturday, 10/10/1895, 10/18/1895. AB-LC.

32   Moray Lodge, on Campden Hill, next to Holland Park; JP to TD,
      6/30/1895, TD.

33   *BoGl*, 1/10/1895, 8.

34   Cobb, *Exit Laughing*, 131.

35   JLH, 108.

36   Morris, T*he Rise of Theodore Roosevelt*, 504-505; Roosevelt, *Letters*, Vol. 1,
      497.

37   *ChTr*, 2/23/1896, 11.

38   *NYT*, 12/18/1895, 1; *ChTr*, 12/18/1895, 1; *AtCo*, 12/18/1895, 1.

39   DCS-JP, 203에 재인용.

40   *NYS*, 10/6/1878, 3.

41   JLH, 119.

42   *NYW*, 12/26/1895, 12/27/1895, 1; Roosevelt, *Letters*, Vol. 1, 503-

505.

43   Eggleston, *Recollections*, 328–300. 이글스턴은 뉴욕으로 돌아오기 전날 저녁에 기록한 회의록을 바탕으로 사설을 작성했다.

44   JLH, 137.

45   *NYT*, 1/8/1896, 2. 어느 상원의원은 챈들러Chandler에게 〈월드〉에서 보낸 전보를 읽은 적이 있는지 물었다. 챈들러는 〈월드〉가 이제는 뉴욕 주의 힐 상원의원의 손에 들어갔으므로 〈월드〉에서 보낸 전보를 읽어본 적이 없다고 대답해 좌중의 웃음을 유발했다. 좌중은 불과 몇 달 전 퓰리처의 환심을 사게 된 힐 상원의원을 쳐다보았다. 힐 상원의원은 동료 의원들에게 이렇게 말했다. "뉴욕 주 상원의원이 과거에 무슨 일을 했든 분명한 것은 지금 이 순간에는 퓰리처 씨를 보호하는 사람이 아니라는 점을 기억해주십시오. 퓰리처 씨를 변호하는 일은 다른 분께 맡기겠습니다."

46   JLH, 122.

47   DCS-JP, 209.

48   *NYT*, 3/19/1896, 8.

23장: 서부 출신의 골칫거리

1   APM, 322.

2   APM, 285.

3   APM, 272.

4   Henry Kellett Chambers, "A Park Row Interlude: Memoir of Albert Pulitzer", *Journalism Quarterly* (Autumn 1963), 542. 다음도 함께 참고하라. *NYT*, 11/24/1909, 3.

5   *Morning Journal*, 4/15/1895. 다음에 재인용. APM, 323–324.

6   *AtCo*, 7/26/1896, 23.

7   DCS-JP, 211. 트로의 주소록Trow's City Directory에 따르면 1894년에서 1895년 사이 〈샌프란시스코 이그재미너〉 뉴욕 사무소는 〈월드〉 사옥

186호에 입주해 있었다.

8   *AtCo*, 1/22/1896, 3 ; JP to James Creelman, 1/18/1896, JC.

9   JP to James Creelman, 2/18/1896, JC.

10   DCS-JP, 212–213.

11   *ChTr*, 2/9/1898, 3.

12   DCS-JP, 213–214 ; Nasaw, The *Chief*, 104. 다음에 재인용. Ochs to JP,
     Brown, *The Correspondents' War*, 28.

13   DCS-JP, 217 ; Nasaw, *The Chief*, 105.

14   *AtCo*, 1/17/1897, 7

15   King, *Pulitzer's Prize Editor*, 295–304.

16   *ChTr*, 7/12/1896, 14.

17   *WaPo*, 6/6/1896, 9 ; *ChTr*, 6/6/1896, 2. 선언문 전문은 다음에 재수록
     되었다. DCS-JP, 218–224.

18   JP to Norris, 6/15/1896, JP–LC ; 다양한 전보. JP–LC, Box 1.

19   *ChTr*, 7/12/1896, 14 ; Kazin, *A Godly Hero*, 61.

20   Eggleston, *Recollections*, 325–326.

21   조지프 퓰리처 2세는 이렇게 회고했다. "아버지는 선거 결과를 정확
     하게 예측하는 놀라운 판단력을 지닌 분이셨다. 그런 아버지의 모습
     에 큰 인상을 받은 적이 있었다. 어떻게 그렇게 정확하게 예측할 수 있
     는지 그저 신기할 따름이었다." The Reminiscences of Joseph Pulitzer
     Jr., October 7, 1954, transcript, p.67, the Oral History Collection of
     Columbia University.

22   *NYW*, 8/11/1896.

23   JP to James Creelman, 11/4/1896, JC ; Milton, *The Yellow Kids*, 107.

24   AB to KP, 1/11/1897, JP–CU. (날짜가 1896년으로 잘못 기록되어 있음.)

25   JP to KP, 1/14/1897, JP–CU ; AB to KP, 1/11/1897, JP–CU. (날짜가
     1896년으로 잘못 기록되어 있음.)

26   JP to DCS, 9/2/1897, JP–CU. 문패가 달린 그 문 하나 때문에 바 하버
     와 뉴욕 사이에 여러 통의 편지가 오가야 했다.

27   AB to DCS, 1/15/1897, JP–LC ; BM to JP, 2/16/1903, WP–CU.

28 다음을 참고하라. Campbell, *Yellow Journalism*, 25-49.

29 *NYT*, 3/4/1897, 3.

30 McDougall, *This Is the Life!*, 242.

31 JP to JN, 8/21/1897, JP-LC; JP to DCS, 8/28/1897, JP-LC.

32 *AtCo*, 3/18/1897, 1. 〈애틀랜타 컨스티튜션〉은 지난해 퓰리처가 지킬 섬에 머문다는 소식을 들은 모건이 지킬 섬에 들르지 않고 플로리다 주로 직행한 적이 있다고 보도했다(*AtCo*, 1/17/1897, 7).

33 퓰리처는 집 뒤에 유리온실을 지어놓고 공부를 하거나 '국가의 중대사'라고 칭한 일들을 돌보며 지냈다. DCS-JP, 232; *WP*, 3/31/1897, 7; *Eau Claire Leader*, 5/20/1897, 11.

34 JP to James Creelman, 11/4/1896, JC; JP to DCS, 4/28/1897, JP-LC; DCS-JP, 232-233.

35 Jones to JP, March 5, 1896, PLFC.

36 JP to JN, 6/26/1897, JP-LC; JP to BM, 6/30/1897, JP-LC. 포가티 문서에 두 사람이 서명한 합의서 사본이 남아 있다.

37 1897년 8월에 오고 간 여러 편지와 전보를 참고하라. JP-LC.

38 KP to AB, 날짜 미상, 1897, JP-CU.

39 AB to KP, 3/3/1896, AB-LC.

40 브리즈번이 퓰리처와 결별한 이유에 대해서는 다음을 참고하라. Carlson, *Brisbane*, 110-111. 〈월드〉에서 브리즈번과 함께 일했던 언론인 엘리자베스 조던Elizabeth Jordan은 브리즈번이 〈월드〉를 떠난 이유와 관련된 소문이 많았다고 전했다. 조던 본인은 높은 연봉을 받으면서도 성과를 내지 못했다는 이유로 퓰리처가 브리즈번을 쫓아냈다고 생각했다. Reid to Sparkes, 2/28/1938, London 1886-1897 Folder, Box 2, AB.

41 *ChTr*, 8/1/1897, 33; *Lowell Sun*, 12/18/1897, 2.

42 *Bangor Daily Whig and Courier*, 1/3/1898, 4; *BoGl*, 1/1/1898, 12; *NYT*, 1/2/1898, 7, 1/5/1898, 4.

43 JP to TD, 10/13/1897, 12/8/1897, 12/14/1897.

44 AB to JN, 12/31/1897, JP-LC.

1   *NYT*, 1/22/1899, 3. 레인스포드를 교구 목사로 지명한 사람은 모건이
     었다.

2   *WaPo*, 2/18/1898, 7 ; *NYT*, 10/28/1898, 1.

3   KP to JP, 날짜는 미상이나 1898년 봄으로 추정됨, JP–CU, Box 8.

4   GWH to KP, 3/29/1898, JP–CU.

5   Milton, *The Yellow Kids*, 218–220.

6   Nasaw, *The Chief*, 130–131.

7   *NYW*, 2/17/1898, 1, 2/20/1898, 1.

8   Ledlie to JP, 2/15/1898, JP–CU ; DC to JP, 4/15/1898, JP–CU.

9   Chapin, *Charles Chapin's Story*, 179.

10   사건의 경위를 자세히 살펴보려면 다음을 참고하라. Procter, *William
     Randolph Hearst: The Early Years*, 124.

11   TT, 4/7/1898, 12. 다음에 재인용. Nasaw, The Chief, 132.

12   GHL to KP, 4/8/1898, JP–CU.

13   JP to DCS, 5/23/1897, JP–LC ; JP memo, April 1898, JP–LC.

14   JP to DCS, 2/15/1897, 3/27/1897, JP–LC.

15   *NYW*, 4/10/1898.

16   GHL to KP, 4/8/1898, JP–CU ; *WaPo*, 4/20/1898, 8 ; CP to JP,
     5/21/1898, JP–CU.

17   KP letter, 1898, JP–CU, Box 8 ; *NYT*, 8/28/1898, 13.

18   Morris, *Rise of Theodore Roosevelt*, 615, 629.

19   JN to JP, 9/11/1899, WP–CU ; 다행히도 〈세인트루이스 포스트-디스
     패치〉는 돈을 벌어들이고 있었다. 1898년 〈세인트루이스 포스트-디스
     패치〉는 앞선 두 해보다도 더 많은 돈을 벌어들였다.

20   KP to CP, 1898, JP–CU, Box 8 ; *NYT*, 7/23/1898 ; *AtCo*, 7/23/1898, 1.

21   Cashin, *First Lady*, 290.

22   *NYT*, 9/22/1898, 4.

23   *WaPo*, 10/10/1898, 6, 10/14/1898, 6 ; John Norris, "*Journal* and *World*

Revenues Compared", 11/14/1898, WP-CU.

24   Memo, 1898, JP-CU, Box 8; DCS to JP, 11/18/1898, WP-CU.

25   Memo, 11/28/1898, JP-CU.

26   JP to JN, 1/31/1899, JP-CU; Noted in February 8-14, 1900 Folder, JP-CU, Box 10. 일 년 뒤 노리스는 퓰리처가 금융 계약에 대해 제대로 이해하지 못했기 때문에 〈세인트루이스 포스트-디스패치〉 매각 협상이 무위로 돌아갔다는 생각을 언뜻 내비쳤다(JN to JP, 3/13/1900, JP-CU).

27   JN to JP, 2/17/1899, WP-CU; AB to KP, 3/14/1899, JP-CU.

28   JP to DCS, 5/4/1899, JP-LC; JP to KP, 5/31/1899, JP-CU.

29   Walter Leyman to JP, 10/9/1899, JP-CU. 다음에 재인용. WES, 298-299.

30   *LAT*, 5/3/1899, 5.

31   *NYT*, 5/27/1899, 2. 건축업자는 공사비를 받기 위해 소송을 해야 했다.

32   *NYT*, 1/10/1900, 2; 1899년 4월 기록한 개인 장부에 세부 항목과 비용이 기록되어 있다. JP-CU.

33   JAS to KP, 8/1/1899, JP-CU.

25장: 위대한 업적

1   *NYT*, 2/15/1891, 5. 이 일화는 제이콥 리스Jacob Riis가 쓴 《가난에 찌든 아이들Children of the Poor》에도 등장한다. 그러나 제이콥 리스는 아이들의 이름을 다르게 기재했다.

2   찰스 디킨스의 소설 《마틴 처즐윗Martin Chuzzlewit》에서 주인공 마틴 처즐윗은 뉴욕에 도착하자마자 가장 먼저 신문팔이 소년들과 마주쳤다. "'조간 〈뉴욕 수어New York Sewer〉 있어요!' 한 신문팔이 소년이 외치자 다른 소년도 질세라 외쳤다. '여기 조간 〈뉴욕 스태버New York Stabber〉와 〈뉴욕 패밀리 스파이New York Family Spy〉 있어요! (…) 애국심으로 똘똘 뭉친 민주당 급진파가 어제 벌인 운동에 관한 소식이 있어요. 보수적인 휘그당의 콧대를 꺾어주었답니다. 앨라배마 주 살인사건에 대한

최신 소식도 있습니다. 수렵용 보이 나이프로 아칸소 주에서 무슨 신나는 일을 할 수 있는지 알아보세요. 그 밖에도 정치, 경제, 사회, 문화 등 온갖 내용이 들어 있습니다. 신문 사세요! 신문! 알차고 재미난 이야기로 가득한 신문이요.'" (Dickens, *Martin Chuzzlewit*, 267.)

3   출처는 알 수 없지만 이 제목은 찰스 채핀이 쓴 것이라고 전한다. 어빈 콥의 책에도 두 차례나 등장했다. 다음을 참고하라. *Exit Laughing*, 140과 그의 소설 *Alias Ben Alibi*, 126.

4   〈월드〉와 〈뉴욕 저널〉 중 누가 먼저 도매가격을 올렸는지에 대한 기록은 남아 있지 않다. 그러나 비용을 줄이라는 퓰리처의 지시로 골머리를 썩은 사람은 〈월드〉의 경영관리인뿐이었다. 그때까지도 허스트는 〈월드〉를 꺾을 수 있다는 희망을 품고 돈을 물 쓰듯 하고 있었다. 따라서 〈월드〉가 먼저 도매가격을 올리자 〈뉴욕 저널〉이 그 뒤를 따랐다고 보는 것이 합리적이다.

5   David Nasaw, "On Strike with the Newsboy Legion, 1899", *Big Town, Big Time: A New York Epic: 1898-1998* (New York: Sports Publishing, 1998), 1839; DCS, "Memo for Mr. Pulitzer on the Newsboys' Strike", July 27, 1899, WP-CU; *NYT*, 7/22/1899, 4.

6   조지프는 1899년 7월 12일 마제스틱호를 타고 영국을 떠났고 1899년 7월 20일 특별 열차를 타고 바 하버로 돌아왔다. 다음을 참고하라. Lowell Sun, 7/10/1899, 19; *Daily Kennebec Journal*, 7/21/1899; DCS to JP, 7/22/1899, WP-CU; John M. Quinn, *Anaconda Standard*, 8/6/1899, 3.

7   DCS, "Memo for Mr. Pulitzer on the Newsboys' Strike", 7/22/1899. WP-CU. 〈뉴욕 저널〉 사무실을 떠나던 사이츠는 허스트가 파업을 주도한 신문팔이 소년 네 명과 이야기를 나누는 모습을 보았다. 신문팔이 소년들은 허스트가 도매가격을 100부당 50센트로 내린다면 〈뉴욕 저널〉에 대한 파업을 풀겠다고 약속했다. 그들의 만남은 허스트가 신문팔이 소년들에게 굴복했다는 소문을 낳았다. 메릴은 퓰리처에게 다음과 같은 내용의 전보를 보냈다. "허스트가 그런 바보 같은 짓을 했다는 사실을 도무지 믿을 수가 없습니다. 다른 신문들이 신문팔이 소년들을 지지한다고 해도 어차피 며칠 못 버틸 텐데 말입니다."

8   DCS, "Memorandum on the Newsboys Strike", 7/25/1899. WP-CU.

9   DCS, "Memo for Mr. Pulitzer on the Newsboys' Strike", 7/27/1899. WP-CU.

10   David Nasaw, "Dirty-Faced Davids and the Twin Goliaths", *American Heritage*, Vol. 36, No. 3 (1985), 46; *NYT*, 7/27/1899, 3.

11   이 절충안으로 신문팔이 소년들은 파업을 풀었다. 그러나 업계 관계자들은 신문팔이 소년들의 패배로 해석했다. 가령 신문팔이 소년들의 파업을 지지했던 도매상들은 지지를 철회하면서 파업이 실패로 돌아갔다고 선언했다. *NYT*, 8/1/1899, 4.

12   DCS to JP, 7/26/1899, WP-CU; DCS, "Memo for Mr. Pulitzer on the Newsboys' Strike", 7/27/1899, WP-CU. 사이츠는 풀리처에게 누구에게도 뇌물을 주지 않았다는 말도 함께 전했다. NYT, 7/28/1899, 4.

13   DCS to JP, 7/26/1899, WP-CU.

14   JP to GWH, 12/22/1910. 다음에 재수록. DCS-JP, xii-xiii.

15   JP to Merrill. 다음에 재인용. DCS, 246.

16   JP to WHM. 다음에 재수록. DCS, 247.

17   JP to DGP, 8/17/1899, JP-LC.

18   Maurice, *The New York of the Novelists*, 139; Marcosson, *David Graham Phillips and His Times*, 208.

19   Phillips, *The Great God Success*, 11.

20   DCS to JP, 10/5/1899, WP-CU; DCS, "Memorandum for Mr. Pulitzer on Los", 7/31/1899, WP-CU.

21   DCS, "Memo for Mr. Pulitzer on Mr. Seitz' Conversation with Los", 8/14/1899, WP-CU.

22   Nasaw, *The Chief*, 110; JP to BM, 8/29/1898, JP-LC; DCS to JP, October 4, 1898, JP-LC; memo, 12/19/1898, JP-LC; 다음도 함께 참고하라. Nasaw, *The Chief*, 148-149. AP의 전신 기사 활용을 두고 벌이는 실랑이는 계속되었다. 허스트는 AP 회원사 자격을 획득한 〈뉴욕 저널〉에서 활용한 AP 전신 기사를 〈이브닝 저널〉에도 활용했다. 이에 조지프는 즉각 소송을 제기했고 허스트는 격분했다. 법정에 출두할 상황

에 직면한 허스트는 협상 결렬을 선언하고 조지프와 〈월드〉에 대한 공격을 재개했다. 커발로는 이렇게 경고했다. "허스트는 자신이 동원할 수 있는 모든 수단과 방법을 다 동원해 조지프 개인에 대한 공격조차도 서슴지 않을 것이다."

23 JP to DCS, 7/24/1899, JP-LC.

24 JP to DGP, 8/23/1902. 통과된 셔먼 반☒트러스트 법은 이렇게 규정했다. "미국의 여러 주와 해외에서 자유로운 경쟁을 제한하는 모든 계약, 모든 형태의 담합이나 결탁은 불법이다. 그런 계약, 담합, 결탁을 체결하는 모든 사람은 중범죄자로 처벌을 받는다."

25 JP to DCS, 8/19/1899, JP-LC.

26 JP to DCS, 8/25/1899, JP-LC.

27 JP to DCS, 9/4/1899, 9/5/1899, JP-LC.

28 DCS, "Memo for Mr. Pulitzer on Mr. Seitz' Conversation with Los", 8/14/1899, WP-CU.

29 DCS, "Memo for Mr. Pulitzer on Los and Treaty", 8/3/1899, WP-CU. 커발로는 이렇게 말했다. "그건 그렇고 퓰리처 씨는 AP 전신 기사 문제로 〈뉴욕 저널〉을 상대로 한 소송을 걸어서 내 귀중한 시간과 우리 회사의 돈을 허비하게 했어. 덕분에 퓰리처 씨에게도 여러모로 중요한 점에서 타격이 가해질 걸세. 내가 볼 때는 그 소송을 취하하지 않으면 어떤 합의도 불가능할 걸세." 사이츠는 법정에서 결론이 날 것이라고 커발로를 설득해 이 문제를 협상장에서 거론하지 못하게 하려고 애를 썼다. 다행히 사이츠의 의견이 설득력을 얻었다. 사이츠와 커발로는 최종 협상안을 가지고 평화조약 초안을 만들어 허스트와 퓰리처에게 보고했다. 사이츠는 퓰리처에게 이렇게 말했다. "물론 실질적인 전쟁이 진행되는 상황에서는 평화조약이 실효성을 가질 수 없을 것이라고 봅니다."

30 JN to JP, 8/8/1899, WP-CU.

31 JP to DCS, 9/23/1899, JP-LC. 평화조약 초안은 다음을 참고하라. WP-CU, Box 12, 9/1~15/1899.

32 JN to JP, 9/7/1899; BM to JP, 9/14/1899, WP-CU.

33 JP to DCS, 9/2/1899, JP-LC; DCS, "Memo for Mr. Pulitzer on Mr.

Seitz' Conversation with Los", 8/14/1899.

34   JP to DCS, 9/23/1899, JP-LC.

35   DCS to JP, 11/23/1899, WP-CU.

36   Marcosson, *Phillips*, 98-99.

37   Phillips, *The Great God Success*, 170, 274, 278-279.

26장: 자신의 그림자에 쫓기는 사나이

1   *NYT*, 1/10/1900, 3; *WaPo*, 1/10/1900, 3; *BrEa*, 1/9/1900, 18; *NYH*, 1/10/1900; James W. McLane to JP, 1/14/1900, JP-CU.

2   *ChTr*, 2/21/1900, 4; NYC Fire Department Chief and Police Chief Clerk letters to DCS, 3/5/1900, JP-CU.

3   *NYT*, 4/13/1900, 9; 1899 Expenditures, in January 1-7, 1900 Folder, JP-CU, Box 10.

4   Dr. McLane to JP, 5/7/1900, JP-CU; JAS to JP, 5/7/1900, JP-CU.

5   JP telegram, 1/5/1900, JP-LC.

6   JN to JP, 4/2/1900, JP-CU; Berger, *The Story of the New York Times*, 127; *ChTr*, 10/17/1902, 12.

7   DGP to JP, 4/5/1900, JP-CU; BM to JP, 4/5/1900, WP-CU; JAS to JP, 4/14/1900, JP-CU. 복귀한 필립스는 여행 경비를 두고 조지프와 크게 다퉜다.

8   Transcript of JP talk, 1900 Folder, WP-CU, Box 14.

9   ABi to AB, 2/29/1901, JP-CU.

10   퓰리처가 창안한 암호집 중 지금 남아 있는 유일한 책은 한때 젠크스 H. A. Jenks가 소유했던 것이다. JP-CU. 암호화된 전보와 그것을 해독한 내용을 여기에 소개해본다. "Would unhesitatingly give atlas of angers aroma for arm on second art agony especially if I were anxious to get rid of management of amour." 이 내용을 해독하면 다음과 같다. "Would unhesitatingly give approval of Knapp's proposition for

arbitration on second-class security especially if I were anxious to get rid of management of *Post-Dispatch*." JP to AB, 2/22/1899, JP-CU.

11 퓰리처가 선택한 암호 중에는 보는 사람의 눈살을 찌푸리게 할 만한 엉뚱한 암호도 많았다. 오늘날 퓰리처의 암호문을 읽는 사람은 1890년대에 살았던 타자수가 주당 2만 7,500달러의 광고 수입을 가리키는 말인 'vagina(여성의 질)'라는 단어나 주당 2만 8,000달러의 광고 수입을 가리키는 말인 'vaginal(여성의 질 모양의)'이라는 단어를 받아 적었다는 사실에 놀랄 것이다. 퓰리처는 글자를 조합해 암호를 만들기도 했다. 가령 현금 잔고를 뜻하는 암호는 모두 H로 시작한다. 'Ha'는 1,000달러, 'hypocrite'는 40만 달러를 의미했다. 본인의 개인 예금 잔고를 뜻하는 암호는 수표책을 들여다보는 모든 사람들에게 공히 적용되는 단어인 'hysterics'였다. 암호화된 내용을 다시 암호화함으로써 읽는 사람의 번거로움을 한층 높인 복합 암호도 만들어졌다. 퓰리처가 자신의 이름으로 발행한 수표에는 매년 발간되는《월드 연감》에 등재된 도시 이름 목록에서 고른 다섯 도시의 지명 중 한 곳의 지명이 반드시 포함되었다. 만일 도시 이름이 등장하지 않으면 그 수표는 무효였다.

12 이 쪽지는 1910년 2월 23일 작성된 것으로 젠크스의 암호집에 끼워져 있다. JP-CU.

13 2005년 퓰리처 가문 사람들이 〈세인트루이스 포스트-디스패치〉를 매각하겠다고 선언했을 때 일부 직원들이 〈세인트루이스 포스트-디스패치〉를 인수하기 위해 필사적으로 노력했다. 그 직원들은 자신들의 노력을 '안데스 사업Andes Project'이라 불렀다. *Guild Reporter*, 2/11/2005, 1.

14 *NYT*, 6/26/1900, 6; RP to JP, 6/15/1900, JP-CU.

15 랠프는 버츠가 이 문제를 아버지와 상의하기를 바라지 않았다. "제가 볼 때 이 문제는 아버지를 괜히 걱정시킬 뿐입니다. 그리고 아시다시피 저는 아버지와 돈 문제를 가지고 이야기하고 싶지 않아요." RP to AB, 8/1899, JP-CU.

16 JPII to JP, 3/12/1901, JP-CU.

17 Pfaff, *Joseph Pulitzer* II, 32. 7년 뒤 조지프는 부모의 뜻에 따라 유대교 신년절에 일을 하지 않은 직원을 해고했다가 소송에 휘말렸고 조지프 2

세는 그 자리에 나타났다. 아이작 파이헨바움-Isaac Feigenbaum은 이렇게 전했다. "나는 당신이 유대인이기에 소송을 제기했습니다(당신이 유대인이 아니었다면 소송을 제기하지도 않았을 겁니다)." 조지프 2세는 아버지가 이렇게 말했다고 사이츠에게 전했다. "만일 자네가 정말 '진정한' 종교적 신념을 가졌다면 그 사실은 인정하겠습니다. 하지만 무슨 신념을 가졌든 그것은 당신 사정일 뿐입니다." (Feigenhaum to JP, 9/27/1907, JP-LC.)

18 JP to DCS, 10/30/1900, JP-LC.

19 DWP, 33; JP to KP, 11/24-29/1901, dictation in notebook, JP-CU, Box 16, Folder 5.

20 JP to KP, 12/4/1900, JP-CU. 딸들을 대하는 퓰리처의 태도는 당시 일반적인 아버지들의 태도와 다를 바 없었다. 퓰리처는 딸들에게도 재산을 물려주었지만 신문사 지분은 하나도 물려주지 않았다.

21 JP to KP, 1/14/1897, JP-CU; Adam Politzer to JP, 10/19/1900, JP-CU.

22 DGP to JP, 11/22/1900, WP-CU. 필립스가 인용한 구절은 다음에서 찾아볼 수 있다. Horace, *Epistles*, Book 1, Poem 1, lines 81-93.

23 Ledlie to JP, 6/29/1900, JP-CU; KP to JP, 날짜는 미상이나 1900년 6월 29일에 쓰였을 것으로 추정, June Folder, JP-CU, Box 11; KP to JP, 7/18/1900, 7/19/1900; JP to KP, 7/21/1900; KP to JP, 7/22/1900, KP to JP, 7/25/1900, JP-CU; JAS to JP, 8/1/1900, JP-CU.

24 JP to KP, 10/22/1899, JP-CU.

25 J. Clark Murray to JP, 9/16/1900; W. R. Warren to JP, 9/21/1900, JP-CU.

26 JC to JP, 날짜 미상, 1900 folder, WP-CU, Box 14.

27 Kazin, *A Godly Hero*, 105.

28 *ChTr*, 10/10/1900, 1.

29 GHW to KP, 10/15/1900, JP-CU.

30 대형 소매업체와 〈월드〉 사이에 벌어진 전쟁에 대한 상세한 내용은 다음을 참고하라. WP-CU, Box 18.

31 현재 우리가 알고 있는 유가증권에 관련된 법들이 제정되려면 한참을 기다려야 했으므로 당시에는 내부정보를 이용한 거래가 불법이 아니었다. 가령 퓰리처가 거래하던 어느 은행가는 배당금을 지급할 예정이라는 비밀 내부정보를 확보하고 퓰리처 이름으로 주식을 매입해 퓰리처에게 큰 수익을 남겨주었다(DC to JP, 10/14/1904, JP-CU).

32 1902년과 1904년, 이런 모순 앞에 심기가 불편해진 퓰리처는 클라크에게 철도회사와 철강회사 주식을 팔아버리라고 지시했다. 그중 한 번은 클라크가 이렇게 대답했다. "옳지 않다는 이유로 그 주식들을 팔아버리다니 참으로 안타깝습니다." (DC to JP, 9/2/1902, JP-CU.); JP to DC, 날짜 미상, JP-CU, Box 8.

33 DuVivier and Company to KP, 4/5/1901; Gebrüder Simon to JP, 12/5/1900; GWH to KP, 2/21/1901, JP-CU.

34 William Mead to Hughmon Hawley, 12/14/1900, MMW.

35 Stanford White to JP, 2/11/1902, MMW.

36 DCS to JP, 9/17/1891, WP-CU. 그해 초 편집자들에게 편집 방침을 지시하면서 퓰리처는 '매킨리 대통령이 총에 맞더라도'라는 표현을 쓰면서 일어날법하지 않은 일의 사례를 제시한 바 있었다. (지킬 섬에서 퓰리처가 보낸 지침, 메릴이 요약, 3/8-10/1901, WP-CU.)

37 WAS, 324; BM memo, 10/21/1901, WP-CU.

38 PB to JP, 9/10/1901, WP-CU.

39 2년 뒤 〈월스트리트 저널〉은 뉴욕의 언론계에 대한 정기 논평에서 〈월드〉의 변화된 편집 방침에 대해 언급했다. "지난 몇 년 동안 〈월드〉는 이른바 '황색' 언론이라고 부를 만한 특징을 두루 갖추고 있었지만 지금은 민중을 선동하는 〈뉴욕 저널〉의 저급한 편집 방침과 상당한 거리를 두고 있다. 조금이라도 생각이 있는 사람이라면 누구나 〈뉴욕 저널〉에서 역겨운 냄새가 난다는 사실을 알 것이다(WSJ, 5/11/1903, 1).

40 수치는 다음을 참고하라. 1902 Folder, JP-CU, Box 19.

41 GHL to JP, 3/24/1902, JP-CU.

42 JP to KP, 4/16/1902, JP-CU. 편지에는 퓰리처가 케이트를 많이 염려하고 있다는 사실을 보여주는 따뜻한 말도 들어 있었다. 그러나 그런 따

뜻한 표현은 케이트의 기분을 풀어주기 위해 일부러 썼거나 퓰리처의
편지를 받아쓴 버츠가 임의로 끼워넣었을 가능성이 높다.

43   GHL to AB, 5/23/1902, JP-CU.

44   DCS-JP, 254.

45   Dr. Bounus to JP, 7/3/1902, JP-CU; KP to GHL, 7/27/1902, JP-CU.

46   GHL to AB, 8/9/1902; AB to GHL, 8/10/1902, JP-CU.

47   *BoGl*, 10/16/1902, 4; *ChTr*, 10/17/1902, 12.

48   JP to FDW, 10/16/1902, Bills, letters, and drawings, 10/29/1902;
prepaid voucher, 10/29/1902, JP-CU; JP dictation to White Star,
8/28/1905, LS Folder, 1903-1905; JP to White Star, 11/17/1900, JP-
CU. 화이트스타라인 증기선사는 퓰리처가 배에 탈 경우를 대비해 여러
장의 매트를 항상 준비해두었다. 다음을 참고하라. AI, 196-197.

49   *PD*, 5/30/1879, 2. 조지프가 참석한 모임은 1879년 5월 27일과 28일에
미주리 주 컬럼비아에서 열린 미주리언론협회 13차 연례총회Thirteenth
Annual Session of the Missouri Press Association였다. *Chicago Inter-Ocean*,
11/27/1887. 다음도 함께 참고하라. *NYW*, 4/4/1887. 다음에 재인용.
WRR, 754.

50   *Life*, 9/8/1898, 189. 이후 헨리 루스Henry Luce가 인수하면서 〈라이프〉
는 20세기의 가장 유명한 주간지가 된다.

51   Correspondence, 8/12/1902, JP-CU. 이 편지는 조지프의 변호사
가 메인 주로 찾아와 유언장을 수정했다는 사실을 시사한다. 조지프
가 언론대학 설립에 대한 생각을 털어놓았던 언론계 인사에 대해서
는 다음을 참고하라. H. W. Steed to JP, 7/6/1904 , BLMC; "Rough
Memorandum", 1902, JP-CU.

52   Franklin Prentiss to JP, 11/26/1887; "Christmas Prizes Offered by Mr.
Pulitzer", 11/3/1899, JP-CU; November memo, 1899, JP-LC, Box 2.

53   JP to KP, 5/20/1904, JP-CU.

54   JP to GWH, 8/11/1902, JP-CU; DCS-JP, 435; *AtCo*, 2/3/1903, 5.

55   JP to GWH, 8/11/1902, JP-CU.

56   Volo and Volo, *Family Life in Nineteenth-Century America*, 196.

57   JP telegram, 2/26/1903, WP–CU, DCS to JP, 2/27/1903, JP memorandum, 2/27/1903; JP memo to DCS, 2/28/1903; Council notes, 3/2/1903, WP–CU.

58   1921년 게일은 자신이 쓴 소설 《미스 룰루 벳Miss Lulu Bett》을 바탕으로 쓴 희곡으로 극본 부문 퓰리처상을 수상했다. 〈월드〉에 기고한 게일의 다른 기사에 대해서는 다음을 참고하라. Morris, *The Rose Man of Sing Sing*, 155-156.

59   *BoGl*, 5/9/1903, 20; Edith Pulitzer to JP, 5/1903, JP–CU; *NYT*, 5/9/1903, 8.

60   Draft of letter in July 3–6, 1903 Folder, JP–CU. 그 밖에 그 파일 안에 들어 있는 다양한 자료를 참고하라.

61   James Tuohy to JP, 7/17/1903, JP–CU. 현재 그 남자가 동성애 혐의를 부인하는 편지는 딱 한 통밖에 남아 있지 않고, 그 남자의 입장을 따로 확인할 길도 없기 때문에 여기에는 그 남자의 성명을 밝히지 않으려 한다.

62   JWC to JP, February 1903, WP–CU.

63   KP to JP, 6/21/1903, JP–CU.

27장: 세월에 발목 잡히다

1   JWB, 183-185.

2   KP to JP, 2/19/1904; KP to JP, 2/4/1904; JP to KP, 2/22/1904; KP to JP, 2/23/1904; KP to JP, 3/1/1904, JP–CU.

3   JPII to JP, 4/7/1904; JP to AB, 1/29/1904, JP–CU.

4   JPII to JP, 2/15/1904, JP–CU.

5   KP to JP, 5/4/1904, KP to JP, 5/13/1904, JP–CU. 모건도 엑스레뱅에서 요양 중이었다. 퓰리처의 자산관리인인 듀몬트 클라크는 이렇게 전했다. "그곳에서 모건과 만나신다면 정말 재미있을 겁니다." (DC to JP, 5/6/1904, JP–CU.)

6   JP, "The College of Journalism", *North American Review* (May 1904),

680.

7   DCS-JP, 457.

8   Butler to George L. Rives, 8/15/1903. 다음에 재인용. Boylan, *Pulitzer's School*, 15.

9   NYT, 8/16/1903, 6; TR to Robert Underwood Johnson, 12/17/1908, Roosevelt, *Letters*, Vol. 6, 1428.

10   DCS-JP, 460.

11   JP to KP, 5/25/1904 (날짜가 1905년으로 잘못 기록되어 있음), JP-CU.

12   Transcripts of Pulitzer's Pitman Shorthand Notebooks, 1903–1905, LS.

13   JP to JPII, 5/23/1904 (날짜가 1905년으로 잘못 기록되어 있음), JP-CU.

14   JP to KP, transcripts of Pulitzer's Pitman Shorthand Notebooks, 1903–1905, LS.

15   KP to JP, 9/15/1904, JP-CU.

16   AB to SW, 1/1/1904, WP-CU.

17   RP to JP, 1/4/1904; JP to RP, 1/25/1904, JP-CU. 루스벨트 대통령이 퓰리처를 만나기 위해 노력을 기울였다는 사실은 1904년 1월 22일 루스벨트 대통령이 하비에게 보낸 편지에도 기록되어 있다. (Roosevelt, *Letters*, Vol. 3, 702.)

18   TR to J. E. Smith, in DCS memo to JP, 9/19/1899, WP-CU.

19   "Bryan Statement", 2/25/1904, JP-CU.

20   *WSJ*, 6/28/1904, 3; JP to DCS, 5/6/1904, WP-CU.

21   WAS, 356. 다음도 함께 참고하라. Stoddard, *As I Knew Them*, 56–57; Morris, *Theodore Rex*, 341. 이 책에서 에드먼드 모리스는 파커가 은화자 유주조운동에 반대하는 입장을 표방한 〈뉴욕 타임스〉에 휘둘렸다고 생각했다. 다음도 함께 참고하라. Kazin, *A Godly Hero*, 116–120.

22   JP to WHM, 8/1904, JP-LC.

23   JP editorial memo, September 1904, WP-CU.

24   J. W. Slaght to BM, 10/20/1904, WP-CU; Klein, *Life and Legend of E. H. Harriman*, 364.

25   TR to Henry Cabot Lodge, 10/31/1904; Roosevelt, *Letters*, Vol. 4,

1006-1007; JP, draft of editorial, JP-CU, Box 31.

26   David Francis to JP, 2/22/1905; JP to FDW, 3/18/1905, JP to Francis, 3/1/1905; Francis to JP, 3/2/1905, JP-CU.

27   JP to Francis, 3/3/1905; JP to FDW, 3/10/1905, JP-CU.

28   *ChTr*, 2/3/1905, 6.

29   KP to JP, 4/11/1905; JP to RP, 5/25/1905, JP-CU.

30   조지 호스머가 대화 내용을 기록했다. 다음을 참고하라. November 1904, JP-CU, Box 31.

31   JT to JP, 3/12/1902; JP to GWH, 4/15/1903, JP-CU.

32   KP to JP, 4/11/1905.

33   KP to JP, 5/8/1905, notes on undated sheet, 5/15/1905, JP-CU.

34   MAM to JP, 5/21/1905, JP-CU.

35   JP to Edith Pulitzer, 5/12/1905; 다음도 함께 참고하라. JP dictation, May 9-14 Folder, Box 34; JP to KP, 5/14/1905; JP dictation to KP, 5/25/1905, JP-CU.

36   JP to EP, 6/1/1905, and EP to JP, 6/2/1905, JP-CU.

37   KP to JP, 6/16/1905, JP-CU.

38   James Tuohy to JP, 4/4/1905; JT to JP, 4/26/1905, JP-CU.

39   JP to Bettina Wirth, undated June folder, 1904, JP-CU, Box 30; JP to Dr. Van Noorden, 10/1906, JP to AB, 6/18/1903, JP-CU.

40   Thwaites, *Velvet and Vinegar*, 51-53; Mortimer to JP, 1/19/1902, JP-CU.

41   KP to JP, 5/8/1905, JP-CU; Thwaites, *Velvet and Vinegar*, 51-53.

28장: 절대 불만족

1   Beard, *After the Ball*, 171-178.

2   DCS-JP, 275.

3   JP to FC, DCS-JP, 280.

4   Memo to JP, 새뮤얼 윌리엄스Samuel Williams가 기록했을 것으로 추정.
        10/1907, WP-CU.

5   JP to DCS, 8/28/1905, JP-LC.

6   WHM to JP, 9/14/1905, WP-CU.

7   AB to WHM, 11/14/1905 ; WM to AB, 11/20/1904, WP-CU. 4년 뒤
        조지프는 1870년대에 타운젠드에게 보냈던 편지들을 사들이라고 사이
        츠에게 지시했다. 다음을 참고하라. JP to DCS, 4/2/1909, JP-LC. 그
        편지들에는 퓰리처에게 특별히 문제될 만한 내용이 없었다. 퓰리처는
        정치인들에 대한 자신의 솔직한 발언이 어딘가에 인용될 경우를 염려했
        던 것으로 보인다.

8   RP to JP, 7/28/1904 ; Nolan and Loeb to JP, 1/9/1905, JP-CU.

9   RP to JP, 6/6/1905, JP-CU ; KP to Sally, 9/20/1905, JP-MHS.

10   *WaPo, NYT, BoGl*, 10/8/1905 ; KP to JP, 7/2/1905 ; KP to JP,
        7/12/1905, JP-CU.

11   RP to JP, 10/14/1905. 다음에 재인용. WAS, 374.

12   JP to RP, 10/5/1905, JP-CU.

13   Walker, *City Editor*, 6. 다음도 함께 참고하라. Morris, *The Rose Man of
        Sing Sing*.

14   Chapin, Charles Chapin's Story, 216.

15   JPII to JP, 12/12/1906. The Reminiscences of Joseph Pulitzer Jr.,
        October 7, 1954, transcript, p. 15, the Oral History Collection of
        Columbia University. 조지프 2세의 성공담에 대한 자세한 내용은 다음
        을 참고하라. Pfaff, *Joseph Pulitzer II*.

16   Telegraph notes, 5/15/1906 ; KP to JP, 11/24/1906, JP-CU.

17   KP to JP, 5/16/1906, JP-CU.

18   KP to JP, 5/7/1906, 5/20/1906, JP-CU.

19   Edith Pulitzer to JP, 5/24/1906, JP-CU.

20   KP to JP, 8/28/1906, JP-CU.

21   KP to JP, 10/28/1906, JP-CU ; Nasaw, *The Chief*, 156-158.

22   WAS, 383 ; JP editorial memo, 9/1904, WP-CU.

23   *ChTr*, 10/28/1906, 1.

24   *WaPo*, 11/18/1906, 11.

25   The Reminiscences of Joseph Pulitzer Jr., October 7, 1954, transcript, p.
      39, the Oral History Collection of Columbia University.

26   KP to JP, 11/18/1906, 11/11/1906, JP-CU.

27   GWH to JP, 12/25/1906, JP-CU.

28   KP to JP, 12/24/1906; JP to AB, 12/23/1906, JP-CU.

29   KP to JP, 1/12/1907, JP-CU.

30   KP to JP, 2/5/1907, JP-CU.

31   Stephen MacKenna to JP, 3/6/1907, JP-CU; WRR, 562.

32   Butler, *Rodin*, 408.

33   *NYW*, 10/31/1911.

34   Doods, *Journal and Letters of Stephen MacKenna*, 32.

35   *WaPo*, 4/12/1907, 4; *ChTr*, 4/11/1907, 7; *NYT*, 4/11/1907, 5.

36   JP to JPII, 5/27/1907, JP-CU.

37   Marcosson, *Phillips*, 134-135.

38   AB to DCS, 2/27/1904.

39   날짜 미상, 서명 없는 보고서, filed in December 1908 Folder, JP-CU,
      Box 58.

40   JP, May 1906 Folder, Box 39, JP-CU.

41   JP to GWH, 4/1907, JP-CU.

42   풀리처는 1908년 7월 26일 〈월드〉 사옥을 방문했다. 풀리처가 〈월드〉
      사옥에 방문한 사건은 교정지를 나르는 심부름꾼 소년으로 출발해 편집
      자까지 오른 알렉산더 슐로서Alexander L. Schlosser가 기록으로 남겼다.
      다음을 참고하라. JWB, 208-214.

43   〈월드〉 사옥이 건립된 뒤 풀리처가 사옥을 방문한 횟수에 대한 조지 호
      스머와 돈 카를로스 사이츠의 의견은 일치한다.

44   JP and Clark Firestone, conversation transcript, 8/5/1908, WP-CU.

45   *NYW*, 5/10/1908; *BoGl*, 5/10/1908, 13; *WaPo*, 5/2/1908, 2; A1, 28.

46   FC to JP, 2/8/1908, WP-CU.

47   앞의 자료.

48   JP to FC. 다음에 재인용. DCS-JP, 328.

49   Notes, 7/6/1908, WP-CU.

50   DCS-JP, 340.

29장: 두 거인의 정면충돌

1   *NYT*, 10/2/1908, 3.

2   Frank Cobb, "How the Story Came into the Office", 3, EHP, Folder 21.

3   Roosevelt, *Autobiography*, 553.

4   NYT, 2/23/1915, 13; JP to Adolph Ochs, 3/26/1908, NYTA.

5   DCS-JP, 352.

6   Frank Cobb, "How the Story Came into the Office", DCS-JP, 353.

7   훗날 휘틀리는 반 햄에게 기사가 사실과 다르다고 말했다고 주장했다.
        그러나 영리한 〈월드〉는 휘틀리가 손을 봤던 기사를 남겨 증거로 삼았
        다. 프랭크 콥은 이렇게 말했다. "휘틀리 씨가 찰스 태프트의 이름에 취
        소선을 긋고 헨리 태프트Henry W. Taft의 이름을 대신 적었다. 그러더
        니 다시 헨리 태프트의 이름을 지우고 찰스 태프트의 이름을 되살렸다."
        (Cobb, "How the Story Came into the Office", 1-2.)

8   앞의 책, 4.

9   JP telegram, 10/2/1909, 다음에 재인용. DCS-JP, 343; *NYW*,
        10/14/1908, 1, 10/21/1908, 1.

10   *Indianapolis News*, 11/2/1908.

11   JP to FC, 11/3/1908, JP-LC; DCS-JP, 349.

12   TR to William D. Foulke, 12/1/1908. 다음에 재수록. *ChTr*,
        12/8/1908, 1.

13   *WaPo*, 12/7/1908, 2; DCS-JP, 356.

14   Cobb, "How the Story Came into the Office", 9.

15   *NYW*, 12/8/1908.

16 TR to HS, 12/9/1908, HSP.

17 JP conversation notes, 8/27/1908, JP-LC.

18 Alfred H. Kelly, "Constitutional Liberty and the Law of Libel: A Historian's View", *American Historical Review*, Vol. 74, No. 2 (December 1968), 429-452.

19 HS to TR, 12/10/1908, HSP. 비밀 수사에 착수하기 위해 스팀슨은 과거 발행된 〈월드〉를 구입할 비용 10달러에 대해 법무장관에게 지출 승인을 받아야 했다. "주위의 이목을 끌지 않으면서 파나마 운하에 관련된 기사가 실린 〈월드〉를 열람할 수 있는 방법이 없습니다." HS to AB, 12/21/1908, NARA-MD.

20 Rhodes, *The McKinley and Roosevelt Administrations*, 271.

21 TR to Knox, 12/10/1908, Roosevelt, *Letters*, Vol. 6, 1418-1419.

22 *WaPo*, 1/17/1909, 1.

23 *ChTr*, 12/16/1908, 2.

24 *NYT*, 12/16/1908, 1.

25 Thwaites, *Velvet and Vinegar*, 57-58.

26 Van Hamm to JP, 1/7/1909, WP-CU.

27 JP to DCS, 12/16/1908, WP-CU.

28 JP memo, phoned to Cobb, 12/15/1908, JP-LC.

29 Mr. Pulitzer's statement, 12/15/1908, JP-LC.

30 Memo written on board *Liberty*, 6/26/1908; JP to Williams, 9/12/1908, JP-LC.

31 *ChTr*, 12/7/1908, 6. 더불어 브라이언은 콥에게 지지 의사를 밝히는 쪽지를 보냈다. Bryan to FC, 12/19/1908, WP-CU.

32 JP note to Robert P. Porter, 12/15/1908, JP-LC; Notes, 12/16/1908, JP-LC; DCS to JP, 12/17/1908, WP-CU.

33 *WaPo*, 12/20/1908, 2; *ChTr*, 12/20/1908, 2; JP to Cobb, 12/18/1908, and Notes of Mr. Pulitzer's Conversations, 12/19-20/1908, JP-LC.

34 JP to DCS, 12/19/1908; Confidential memo to Cobb, 12/23/1908, JP-LC.

35   HS to Bonaparte, 1/15/1909, CJB.

36   Butt, *The Letters of Archie Butt*, 314.

37   RHL to JP, 2/7/1909, WP-CU. 얼 하딩은 루스벨트의 발언을 이렇게 전했다. "나는 명예훼손을 저지른 놈들을 반드시 형사 고소해 연방 법정에 세울 것입니다. 만일 그렇게 하지 못한다면 주 법정에라도 세워야겠지요. 하지만 분명한 것은 어느 법정에 세우든 기소는 틀림없이 이뤄질 것이라는 점입니다." Harding, *The Untold Story of Panama*, 97; WRR, 710; *WaPo*, 1/31/1909, 1.

38   DCS-JP, 373; 조지프는 돈 카를로스 사이츠에게 이렇게 말했다. "꼭 필요할 때만 사용하지 말고 평소에도 암호를 사용하는 습관을 들이게." (Notes dictated 2/10/1909, JP-LC.) Davis to DCS, 1/18/1909, JP-LC; Notes 2/1/1909, JP-LC.

39   JP to FC, 1/26/1909; JP undated notes, JP-LC, Box 8.

40   *BoGl*, 1/17/1909, 12.

41   *NYT*, 1/17/1909, 1, 1/19/1908, 3.

42   *NYT*, 1/21/1909, 1.

43   HS to Bonaparte, 1/21/1909, CJB.

44   "Freedom of the Press", *NYW*, 2/6/1909. 흥미로운 사실은 식자공이 콥의 사설로 활자판을 만드는 과정에서 실수해 'persecution(탄압)'을 'prosecution(기소)'으로 바꿨다는 사실이다. FC to JP, 2/6/1909, WP-CU.

45   *WaPo*, 2/2/1909, 1.

46   HS to Bonaparte, 2/8/1909, CJB; TR to HS, 1/28/1909, HSP.

47   *NYT*, 1/30/1909, 3.

48   Cobb, *Exit Laughing*, 156-161.

49   스팀슨은 제롬이 정말로 개인적인 원한을 품었을까 봐 걱정했다. 스팀슨은 보나파르트 법무장관에게 이런 편지를 보냈다. "그동안 제롬이 〈월드〉로부터 많은 시달림을 당해왔으니, 퓰리처에 대한 개인적인 복수를 하려고 연방 법정에 세우는 일에 소극적으로 대처하는 것은 아닌지 모르겠습니다." (HS to Bonaparte, 1/28/1909, CJB.)

50   앞의 책; HS to Bonaparte, 2/8/1909, 2/10/1909, CJB.

51   Bonaparte to HS, 2/9/1909; CJB; TR to HS, 2/10/1909, HSP.

52   HS to TR, 2/11/1909, HSP.

53   Reporters' notes on grand jury, WP–CU, Box 46; JP dictation, 2/10/1908; JP notes 2/5/1909, JP–LC; *WaPo*, 2/18/1906, 1.

54   *NYW*, 2/18/1909.

55   JP to FC, 3/1909, JP–LC.

56   2/9/1909, CJB; 2/15/1909, 5/7/1910, NARA–MD; TR to HS, 2/13/1909, HSP; *NYT*, 2/24/1909, 2; FDW to JP, 2/26/1909, JP–CU.

57   HS to George Wickersham, 3/5/1909, NARA–MD.

58   당시 적용된 법규는 다음을 참고하라. Barrows, *New Legislation Concerning Crimes*, Misdemeanors, and Penalties. 연방 건물에 보낸 신문 한 부는 독자용이 아니라 우편법 규정에 따라 검토를 위해 배달한 것이다.

59   *WaPo*, 3/6/1909, 1.

60   Notes, 3/8/1909, JP–LC; GWH to JP. 날짜는 미상이나 1909년 4월 18일 대배심에 모습을 드러낸 직후 쓰였을 것으로 추정, April 1909 folder, JP–CU; Shakespeare, *Julius Caesar*, Act IV, Scene 1.

61   조지프의 보좌관들은 갑작스레 출항하더라도 문제가 없도록 항상 만반의 준비를 갖추고 있었다. 그해 2월 런던 사무소장 투오히는 리버티호가 갑작스레 해외로 출항할 때를 대비해 리버티호 승무원들에게 지급할 자금을 지급받았다(AB to Davis, 2/9/1909, JP–CU). JAS to JP, 4/6/1909, JP–CU; DCS–JP, 376–377.

62   AT to FC, 9/3/1909, JP–LC.

63   McNamara to George Wickersham, 7/27/1909, NARA–MD; Harding, *The Untold Story of Panama*, 61.

64   Harding, *Untold Story*, 67–70.

65   Guyol report, EHP.

66   미국 공사관 직원은 워싱턴에 하딩과 귀욜이 콜롬비아 사람들에게 '미국이 콜롬비아에 잘못한 일을 바로잡고 파나마를 콜롬비아로 환원

하기 위해' 보고타에 왔다고 떠들고 다닌다고 보고했다(Huffington to Attorney General, 12/11/1909, NARA-MD).

67   Huffington to Attorney General, 12/11/1909, NARA-MD, Quoted in Guyol report, EHP, Folder 38. 클로랄 하이드레이트는 인류 역사상 가장 오래된 수면제 중 하나로 오늘날에도 사용되는데, 데이트 강간을 목적으로 이용되기도 한다.

68   Huffington to Attorney General, 12/11/1909. NARA-MD. 사이츠는 미국 공사관이 보낸 편지 내용을 믿지 않았던 것으로 보인다. "하딩은 자신이 찾는 문서가 콜롬비아에 있다고 믿었기 때문에 그곳에 가서 수소문하고 있었다. 하지만 결국 빈손으로 돌아왔다." DCS-JP, 377-378.

30장: 마지막 나날들

1   NT to DCS, 10/1/1909, JP-LC.

2   JWB, 256. 패니 바너드 퓰리처는 1909년 6월 24일 뉴욕에서 쉰셋을 일기로 세상을 떠났다. NYT, 6/26/1909, 7.

3   *The Call*, 3/10/1909, 1. 앨버트는 샌프란시스코산 굴을 끔찍하게 아꼈고 앨버트의 유별난 굴 사랑에 관한 기사가 몇 주에 걸쳐 미국의 여러 신문에 되풀이해 실렸다. 점심식사를 함께한 어느 친구는 앨버트에게 굴에 고추냉이를 곁들여 먹어보라고 권했다. 빈에 있는 주치의가 고추냉이를 먹어도 좋다고 할지 알 수 없었던 앨버트는 그 즉시 집으로 전보를 보내 의사에게 허락을 구했다. 앨버트가 치른 값비싼 전보 비용은 기자들이 도저히 거부할 수 없는 매력적인 기삿거리였다. 어느 기자는 이렇게 보도했다. "고추냉이를 먹는 특권을 누리기 위해 앨버트 퓰리처가 지불한 전보 비용은 무려 40달러에 달했다." (*LAT*, 3/10/1909, 13.)

4   *Oakland Tribune*, 10/17/1909, 4; *NYT*, 4/6/1909, 1; *ChTr*, 11/6/1909, 13.

5   *NYT*, 10/5/1909, 4; ChTr, 10/05/1909, 5. 추도문은 APM에 재수록.

6   Thwaites, *Velvet and Vinegar*, 65-66.

7   Adam Politzer to JP, 10/16/1909, JP-CU. 1881년 앨버트가 작성한 유언장에는 조지프의 이름이 등장한다. 1881년 작성된 유언장에 따르면 앨버트는 금으로 만든 월섬 시계Waltham watch와 장식줄, 금으로 만든 커프스단추, 터키석으로 만든 셔츠용 단추를 조지프에게 남기면서 아들 월터를 돌봐달라고 부탁했다. 그러나 앨버트가 사망할 당시 남긴 유언장에는 조지프에 대한 언급이 전혀 없었다. (다음을 참고하라. JWB, 254-255.)

8   DCS-JP, 392-393.

9   JAS to JP, 12/28/1909, JP-CU ; JP notes for RP, 1/26/1910, JP-LC.

10   JP to JPII, 5/27/1907, JP-CU.

11   KP to JP, 9/24/1902, JP-CU.

12   JPII to JP, 1/4/1910, MHS.

13   JP to Edward Sheppard, 4/25/1910, JP-CU. 찰스 휴스는 이사진으로 임명되는 일을 거부했지만 조지프는 휴스의 뜻과 관계없이 유언장에 휴스의 이름을 적어넣었다. JP to KP, 5/5/1910, JP-CU. 다음도 함께 참고하라. NT to DCS, 1/25/1910, JP-LC .

14   *ChTr*, 10/13/1909, 8.

15   *NYT*, 1/27/1910, 3.

16   *The Roosevelt Panama Libel Case*, 98 ; *NYT*, 1/26/1910, 8 ; *WaPo*, 1/26/1910, 4 ; *The History of the United States District Court for the Southern District of New York*, 12.

17   NYT, 2/26/1910, 8.

18   Pfaff, *Joseph Pulitzer II*, 107.

19   JP to Elinor Wickham, 8/31/1909. 다음에 재인용. Pfaff, *Joseph Pulitzer II*, 104.

20   JPII to JP, 3/18/1910, JP-MHS. 다음에 재인용. Pfaff, *Joseph Pulitzer II*, 107-108.

21   *NYT*, 11/14/1911, 1.

22   *NYT*, 10/25/1910 ; *WaPo*, 10/25/1910, 11.

23   Harding, *Untold Story*, 87.

24   Harding, *Untold Story*, 77.

25   *NYW*, 1/4/1911; Harding, *Untold Story*, 82.

26   *NYT*, 1/24/1911, 1; *WaPo*, 1/24/1911, 1; *ChTr*, 1/24/1911, 1.

27   JP to RP, 3/10/1911; telegram, 4/11/1911; NT to RP, 3/12/1911; KP to RP, 5/28/1911, JP-LC.

28   Dr. Heinbrand to JP, June 1911, JP-CU; Wood, *Pharmacology and Therapeutics for Students and Practitioners of Medicine*, 103.

29   JP to Emma Cunlifee-Owens, 3/4/1911, WP-CU.

30   Notes of conversation, 6/22/1911, in June 17-21 folder, WP-CU, Box 51. 조지프는 윌슨에게 무한한 존경을 보냈다. 1910년 대통령 선거에서 윌슨이 승리한 직후 조지프는 윌슨에게 축전을 보냈고 콥에게는 앞으로도 꾸준히 윌슨을 지지하라고 콥에게 지시했다. 심지어 선거 운동에 사용했던 홍보 책자를 발간하자고 제안하기도 했다(JP conversation with FC, undated 1910 Folder, JP-LC, Box 9; JP to FC, 11/21/1910, JP-LC).

31   *NYT*, 7/2/1911, X4, 6/11/1911, X4.

32   AI, 213-214.

33   Transcript of conversation written by Firestone, 8/5/1911, WP-CU.

34   Wallace C. Sabine to McKim et al., 5/13/1902, JP-CU.

35   JP memo for RP, 10/5/1911, WP-CU; JP to JPII, 10/9/1911, JP-CU.

36   Gaynor, 다음에 인용됨. RHL to JP, 10/8/1911,WP-CU.

37   JP notes, 10/5/1911, JP-CU.

38   WRH to JP, 10/9/1911, WP-CU.

31장: 부드럽게, 아주 부드럽게

1   AI, 234-236.

2   Syracuse Herald, 10/20/1911, 11.

3   Christopher Hare, The Life of Louis XI: *The Rebel Dauphin and the Statesmen King* (New York: Scribners, 1907) 조지프가 끝내 듣지 못한 이

책의 마지막 구절 '프랑스 왕 루이 12세는 루이 11세의 정통성을 계승했다'는 다음 책에서 인용한 것이다. Stanley Leathes, *Cambridge Modern History*, Vol. 1 ; The Reformation (London, MacMillan, 1904)

4   *Colorado Springs Gazette*, 10/30/1911, 1.

5   JP to GWH, January 7, 1911. 다음에 재인용. DCS-JP, x ; *New York American*, 10/30/1911.

6   Death certificate, South Carolina Room, Charleston County Main Library.

7   Elizabeth Jordan, "The Passing of the Chief", *New Yorker*, 12/18/1947.

8   Pfaff, *Joseph Pulitzer II*, 144.

9   Barrett, *The End of the World*, 154, 237 ; JWB, 438.

필사본은 주 도입부(842쪽)에, 잡지, 학술지, 신문은 주에 직접 기재했다. 주에 등장하는 그 밖의 출간/미출간 저작 목록은 이곳에 수록한다.

도서

Ackerman, Kenneth D. *Dark Horse: The Surprise Election and Political Murder of President James A. Garfield*. New York: Carroll & Graf, 2003.

Avery, Grace Gilmore, and Floyd C. Shomemaker, eds. *The Messages and Proclamations of the Governors of the State of Missouri*. Vol. 5. Columbia: State Historical Society of Missouri, 1924.

Barclay, Thomas S. *The Liberal Republican Movement in Missouri 1865?1871*. Columbia: State Historical Society of Missouri, 1926.

Barrett, James Wyman. *The End of the World: A Post-Mortem by Its Intangible Assets*. New York: Harper, 1931.

　Joseph Pulitzer and His World. New York: Vanguard, 1941.

Barrows, Samuel J. *New Legislation Concerning Crimes, Misdemeanors, and Penalties*. Washington, DC: GPO 1900.

Beach, William H. *The First New York (Lincoln) Cavalry*. New York: Lincoln Cavalry Association, 1902.

Beard, Patricia. *After the Ball*. New York: HarperCollins, 2003.

Beattie, William. *The Danube: Its History, Scenes, and Topography*. London: Virtue,

1841.

Berger, Meyer. *The Story of the New York Times: 1851-1951*. New York: Simon & Schuster, 1951.

Bowlby, John. *Attachment and Loss: Loss, Sadness, and Depression*, Vol. 3. New York: Basic Books, 1980.

Boylan, James. *Pulitzer's School: Columbia University's School of Journalism, 1903-2003*. New York: Columbia University Press, 2003.

Brown, Charles H. *The Correspondents' War: Journalism in the Spanish-American War*. New York: Scribner, 1967.

Bruns, Jette. *Hold Dear, as Always*, Adolph E. Schroeder., ed. Adolph E. Schroeder and Carla Schulz-Geisberg, trans. Columbia: University of Missouri Press, 1988.

Burrows, Edwin G., and Mike Wallace. *Gotham: A History of New York City to 1898*. New York: Oxford University Press, 1999.

Butler, Ruth. *Rodin: The Shape of Genius*. New Haven, CT: Yale University Press, 1996.

Butt, Archie. The Letters of Archie Butt. New York: Doubleday, Page, 1924.

Campbell, W. Joseph. *Yellow Journalism: Puncturing the Myths, Defining the Legacies*. Praeger, 2001.

Carlson, Oliver. *Brisbane: A Candid Biography*. New York: Stackpole Sons, 1937.

Cashin, Joan E., *First Lady of the Confederacy: Varina Davis's Civil War*. Cambridge, MA: Harvard University Press, 2006.

Chamberlin, Everett. *The Struggle of '72*. Chicago, IL: Union, 1872.

Chambers, Julius. *News Hunting on Three Continents*. New York: Mitchell Kennerley, 1921.

Chapin, Charles. *Charles Chapin's Story*. New York: Putnam, 1920.

Churchill, Allen. *Park Row*. New York: Rinehart, 1958.

Clayton, Charles C. *Little Mack: Joseph B. McCullagh of the St. Louis Globe-Democrat*. Carbondale: Southern Illinois University Press, 1969.

Cobb, Irvin S. *Alias Ben Alibi*. New York: George H. Doran, 1925.

 Exit Laughing. New York: Bobbs-Merrill, 1941.

Collier, Peter, and David Horowitz. *The Rockefellers: An American Dynasty*. New York: Holt, Rinehart, and Winston, 1976.

Corbett, Katharine T. and Howard S. Miller. *Saint Louis in the Gilded Age*. St. Louis: Missouri Historical Society, 1993.

Corcoran, William. *A Grandfather's Legacy: Containing a Sketch of His Life and Obituary Notices of Some Members of His Family Together with Letters from His Friends*. Washington, DC: Henry Polkinhorn, Printer, 1879.

Croffut, William A. *An American Procession: A Personal Chronicle of Famous Men*. Boston, MA: Little, Brown, 1931.

Dacus, J. A. and James W. Buel. *A Tour of St. Louis*. St. Louis, MO: Western, 1878.

Davis, Jefferson, *Private Letters, 1823-1889*. New York: Harcourt, Brace, and World, 1966.

Depew, Chauncey. *My Memories of Eighty Years*. New York: Scribner, 1924.

Dickens, Charles. *Martin Chuzzlewit*. London: University Society, 1908.

Doods, E. R. *Journal and Letters of Stephen MacKenna*. New York: Read Books, 2007.

Douglas, George H. T*he Golden Age of the Newspaper*. Greenwich, CT: Greenwood, 1999.

Dreiser, Theodore. *Newspaper Days*. Santa Rosa, CA: Black Sparrow, 2000.

Eberle, Jean Fahey. *Midtown: A Grand Place to Be!* St. Louis, MO: Mercantile Trust, 1980.

Eggleston, George Carey. *Recollections of a Varied Life*. New York: Henry Holt, 1910.

Emery, Edwin, and Michael Emery. *The Press and America: An Interpretive History of the Mass Media*. Englewood Cliffs, NJ: Prentice Hall, 1984.

Filler, Louis. *Voice of the Democracy: A Critical Biography of David Graham Phillips, Journalist, Novelist, Progressive*. University Park: Pennsylvania State University Press, 1978.

Foner, Eric. *Reconstruction: America's Unfinished Revolution: 1863-1877*. New York: Harper & Row, 1988.

Ford, James L. *Forty-Odd Years in the Literary Shop*. New York: Dutton, 1921.

Gallagher, Edward J. *Stilson Hutchins: 1838-1912*. Laconia, NH: Citizen, 1965.

Garrison, Fielding H. *An Introduction to the History of Medicine*. Philadelphia, PA: Saunders, 1914.

Geary, James W. *We Need Men: The Union Draft in the Civil War*. Dekalb: Northern Illinois University Press, 1991.

Gerstäcker, Friedrich. *Gerstäcker's Travels. Rio de Janeiro-Buenos Ayres-Ride through the Pampas-Winter Journey across the Cordilleras-Chili-Valparaiso-California and the Gold Fields*. London and Edinburgh: T. Nelson, 1854.

Gilman, Sander. T*he Jew's Body*. New York: Routledge, 1991.

Harding, Earl. *The Untold Story of Panama*. New York: Athene Press, 1959.

Hare, Christopher Hare. *The Life of Louis XI: The Rebel Dauphin and the Statesmen King*. New York: Scribner, 1907.

Hart, Jim Alee. *A History of the St. Louis Globe-Democrat*. Columbia: University of Missouri Press, 1961.

Heaton, John L. *The Story of a Page: Thirty Years of Public Service and Public Discussion in the Editorial Columns of the New York World*. New York: Harper, 1913.

Henry, Robert Hiram. *Editors I Have Known since the Civil War*. Jackson, MS: Kessinger Publishing, 1922.

Hirsch, Mark D. *William C. Whitney: Modern Warwick*. New York: Dodd, Mead, 1948.

The History of the United States District Court for the Southern District of New York. New York: Federal Bar Association, 1962.

Homberger, Eric. *Mrs. Astor's New York: Money and Power in a Gilded Age*. New Haven, CT: Yale University Press, 2002.

Ireland, Alleyne. *Joseph Pulitzer: Reminiscence of a Secretary*. New York: Mitchell Kennerley, 1914.

Johnson, Willis Fletcher. *George Harvey: A Passionate Patriot*. Boston, MA: Houghton Mifflin, 1929.

Johns, Orrick. *Time of Our Lives: The Story of My Father and Myself*. New York: Stackpole, 1937.

Juergens, George. *Joseph Pulitzer and the New York World*. Princeton, NJ: Princeton

University Press, 1966.

Kargau, Ernst D. *The German Element in St. Louis*. Baltimore, MD: Genealogical, 2000.

Kazin, Michael. *A Godly Hero: The Life of William Jennings Bryan*. New York: Knopf, 2006.

King, Homer W. *Pulitzer's Prize Editor: A Biography of John A. Cockerill, 1845-1896*. Durham, NC: Duke University Press, 1965.

Klein, Maury. *The Life and Legend of Jay Gould*. Baltimore, MD: Johns Hopkins University Press, 1986.

　　The Life and Legend of E. H. Harriman. Chapel Hill: University of North Carolina Press, 2000.

Kluger, Richard. *The Paper: The Life and Death of the New York Herald Tribune*. New York: Knopf, 1986.

Knight, William, ed. *Memorials of Thomas Davidson*. Boston, MA: Gunn, 1907.

Koestler, Frances A. *The Unseen Minority: A Social History of Blindness in America*. Washington, DC: American Foundation for the Blind, 2004.

Komoróczy, Géza, ed. *Jewish Budapest: Monuments, Rites, History*. Budapest: Central European University Press, 1999.

Kósa, Judit N. *The Old Jewish Quarter of Budapest*. Budapest: Corvina, 2005.

Kotter, James C. *Southern Honor and American Manhood: Understanding the Life and Death of Richard Reid*. Baton Rouge: Louisiana State University Press, 2003.

Kremer, Gary. *Heartland History: essays on the Cultural Heritage of the Central Missouri Region*. St. Louis, MO: G. Bradley, 2001.

Kune, Julian. *Reminiscences of an Octogenarian Hungarian Exile*. Chicago, IL: privately printed, 1911.

Lee, Alfred McClung. *The Daily Newspaper in America: The Evolution of a Social Instrument*. New York: Macmillan, 1937.

Leidecker, Kurt F. *Yankee Teacher: The Life of William Torrey Harris*. New York: Philosophical Library, 1946.

Lemann, Nicholas. *Redemption: The Last Battle of the Civil War*. New York: Farrar,

Strauss, and Giroux, 2006.

Loeb, Isidor, and Floyd C. Shoemaker, eds. *Debates of the Missouri Constitutional Convention of 1875*. Columbia, MO: State Historical Society, 1930–1944.

Lupovitch, Howard N. *Jews at the Crossroads: Tradition and Accommodation during the Golden Age of the Hungarian Nobility*. Budapest: Central European University Press, 2007.

Marcosson, Isaac F. *David Graham Phillips and His Times*. New York: Dodd, Mead, 1932.

Maurice, Arthur Bartlett. *The New York of the Novelists*. New York: Dodd, Mead, 1916.

McCagg Jr., William O. *A History of Habsburg Jews*. Bloomington: Indiana University Press, 1992.

McCash, William Barton, and June Hall McCash, *The Jekyll Island Club: Southern Haven for America's Millionaires*. Athens: University of Georgia Press, 1989.

McClellan, George B. *The Gentleman and the Tiger*. Philadelphia: Lippincott, 1956.

McDougall, Walt. *This Is the Life!* New York: Knopf, 1926.

McPherson, James M. *For Cause and Comrades: Why Men Fought in the Civil War*. New York: Oxford University Press, 1997.

Milton, Joyce. *The Yellow Kids: Foreign Correspondents in the Heyday of Yellow Journalism*. New York: Harper and Row, 1989.

Mitchell, Edward P. *Memoirs of an Editor: Fifty Years of American Journalism*. New York: Scribner, 1924.

Morgan, James. *Charles H. Taylor: Builder of the Boston Globe*. Boston: Privately published, 1923.

Morris, Anneta Josephine. "The Police Department of St. Louis." Unpublished, Missouri Historical Society, 1919.

Morris, Edmund. *The Rise of Theodore Roosevelt*. New York: Ballantine, 1979.

    Theodore Rex. New York: Random House, 2001.

Morris, James McGrath. *The Rose Man of Sing Sing: A True Tale of Life, Murder, and Redemption in the Age of Yellow Journalism*. New York: Fordham University Press, 2004.

Morris, Whitmore. *The First Tunstalls in Virginia and Some of Their Descendants*. San

Antonio, 1950.

Murdock, Eugene Converse. *One Million Men*. Madison: State Historical Society of Wisconsin, 1971.

Nagel, Charles. *A Boy's Civil War Story*. St. Louis, MO: Eden, 1935.

Nasaw, David. *The Chief: The Life of William Randolph Hearst*. New York: Houghton Mifflin, 2000.

Official Proceedings of the National Democratic Convention, St. Louis, MO, June 27, 28, 29, 1876. St. Louis: Woodward, Tiernan, and Hale, 1876.

Official Proceedings of the National Democratic Convention, 1880. Dayton, OH: Dickinson, 1882.

Paget, John. *Hungary and Transylvania*. London: John Murray, 1839.

Parsons, Miss. *The City of Magyar or Hungary and Her Institutions in 1839-1840*. London: George Virtue, 1840.

Patai, Raphael. *The Jews of Hungary: History, Culture, Psychology*. Detroit, MI: Wayne State University Press, 1996.

Perry, Charles M., ed. *The St. Louis Movement in Philosophy: Some Source Material*. Norman: University of Oklahoma Press, 1930.

Peterson, Norma L. *Freedom and Franchise: The Political Career of B. Gratz Brown*. Columbia: University of Missouri Press, 1965.

Pfaff, Daniel W. *Joseph Pulitzer II and the Post-Dispatch*. University Park: Pennsylvania State University Press, 1991.

Phillips, David Graham. *The Great God Success*. New York: Grosset and Dunlap, 1901.

Pitzman's New Atlas of the City and County of Saint Louis, Missouri, 1878. Philadelphia, PA: A. B. Holcombe, 1878.

Piványi, Eugene. *Hungarians in the American Civil War*. Cleveland, OH: 1913.

Primm, James Neal. *Lion of the Valley: St. Louis, Missouri, 1764-1980*. St. Louis: Missouri Historical Society, 1998.

Proceedings of the Liberal Republican Convention, in Cincinnati, May 1st, 2d, and 3d, 1872. New York: Baker and Godwin, 1872.

Procter, Ben. *William Randolph Hearst: The Early Years, 1863-1910*. New York: Oxford

University Press, 1998.

Pulszky, Francis, and Theresa Pulszky. *"White, Red, Black": Sketches of Society in the United States during the Visit of Their Guest*, Vol. 2. London: Trubner, 1853.

Rammelkamp, Julian S. *Pulitzer's Post-Dispatch, 1878-1883*. Princeton, NJ: Princeton University Press, 1967.

Renehan, Edward. *The Dark Genius of Wall Street: The Misunderstood Life of Jay Gould*. New York: Basic Books, 2005.

Rhodes, James Ford. *The McKinley and Roosevelt Administrations, 1897-1909*. New York: Macmillan, 1922.

Riis, Jacob. *Children of the Poor*. New York: Scribner, 1892.

Robb, Graham. *Strangers: Homosexual Love in the Nineteenth Century*. New York: Norton, 2003.

Roberts, Chalmers M. *The Washington Post: The First Hundred Years*. Boston, MA: Houghton Mifflin, 1977.

The Roosevelt Panama Libel Case against the New York World and Indianapolis News. New York: New York World, 1910.

Roosevelt, Theodore. *An Autobiography*. New York: MacMillan, 1913.

   The Letters of Theodore Roosevelt. Cambridge, MA: Harvard University Press, 1951.

Rosewater, Victor. *History of Cooperative News-Gathering in the United States*. New York: Appleton, 1930.

Ross, Earle Dudley. *The Liberal Republican Movement*. Seattle: University of Washington Press, 1910.

Scharf, J. Thomas. *History of Saint Louis City and County*, Vols. 1 and 2. Philadelphia, PA: Louis H. Evert, 1883.

Schurz, Carl. *Intimate letters of Carl Schurz, 1841-1869*. Madison: State Historical Society of Wisconsin.

Seitz, Don C. *Joseph Pulitzer: His Life and Letters*. New York: Simon & Schuster, 1924.

Selin, Helaine, and Hugh Shapiro. *Medicine across Cultures: History and Practice of Medicine in Non-Western Cultures*. New York: Springer, 2003.

Shoemaker, Floyd C., ed. *Journal Missouri Constitutional Convention of 1875*. Jefferson

City, MO: Hugh Stevens, 1920.

Silverman, Phyllis Rolfe. *Never Too Young to Know: Death in Children's Lives*. New York: Oxford University Press, 2000.

Smythe, Ted Curtis. *The Gilded Age Press: 1865-1900*. Westport, CT: Praeger, 2003.

Snider, Denton. *The St. Louis Movement in Philosophy, Literature, Education, Psychology with Chapters of Autobiography*. St. Louis, MO: Sigma, 1920.

Starr, Stephen Z. *The Union Cavalry in the Civil War*, Vol. 2. Baton Rouge: Louisiana State University Press, 1981.

Stealey, O. O. *130 Pen Pictures of Live Men*. Washington, DC: privately published, 1910.

Stevenson, James H. *Boots and Saddles: A History of the First Volunteer Cavalry of the War*. New York: Patriot Publishing, 1879.

Stoddard, Henry L. *As I Knew Them*. New York: Harper, 1927.

Storr, Anthony. *Solitude: A Return to Self*. New York: Free Press, 1988.

Strouse, Jean. *Morgan: American Financier*. New York: Random House, 1999.

Sugar, Peter F., ed. *A History of Hungary*. Bloomington: Indiana University Press, 1990.

Swanberg, W. A. *Pulitzer*. New York: Scribner, 1967.

Taylor, J. N., and M. O. Crooks, *Sketch Book of Saint Louis*. St. Louis, MO: George Knapp, 1858.

Thwaites, Norman. *Velvet and Vinegar*. London: Grayson and Grayson, 1932.

Trefousse, Hans Louis. *Carl Schurz: A Biography*. Knoxville: University of Tennessee Press, 1982.

Turner, Hy. *When Giants Ruled: The Story of Park Row*. New York: Fordham University Press, 1999.

Twain, Mark. *Life on the Mississippi*. Boston, MA: James L. Osgood, 1883.

    Adventures of Tom Sawyer. New York: Harper, 1903.

Volo, James M., and Dorothy Denneen Volo. *Family Life in Nineteenth-Century America*. Greenwich, CT: Greenwood, 2007.

Walker, Stanley. *City Editor*. New York: F. A. States, 1935.

Wass, Hannelore, and Charles A. Corr, eds. *Childhood and Death*. New York: Hemisphere, 1984.

Watterson, Henry. *Henry Marse: An Autobiography*, Vol. 1. New York: George Doran, 1919.

Wells, John Soelberg. *A Treatise on the Disease of the Eye*. Lea's Sons, 1883.

Wharton, Edith. *Old New York*. New York: Scribner, 1924.

White, Carl. *The German-Language Press in America*. Louisville: University of Kentucky Press, 1957.

Wilson, James Grant. *The Memorial History of the City of New York*, Vol. 5. New York: New York History, 1893.

Woerner, William F. J. *Gabriel Woerner: A Biographical Sketch*. St. Louis, MO: Privately published, 1912.

Wolf, Simon. *The Presidents I Have Known from 1860-1918*. Washington, DC: Press of Byron S. Adams, 1918.

Wood, Horatio C. *Pharmacology and Therapeutics for Students and Practitioners of Medicine*. Philadelphia: Lippincott, 1916.

The World, Its History, Its New Home. New York: World, c. 1890.

Yelverston, Thérèse. *Teresina in America*. London: Richard Bentley, 1875.

Young, Andrew W. *The American Statesman: A Political History*, rev. and enlarged by Geo. T. Ferris. New York: Henry S. Goodspeed, 1877.

논문

Christensen, Lawrence Oland. "Black St. Louis: A Study in Race Relations 1865–1916." PhD diss., University of Missouri, 1972.

Eichhorst, Thomas. "Representative and Reporter." MA Thesis, Lincoln University, 1968.

Fagan, Susan R. "Thomas Davidson: Dramatist of the Life of Learning." PhD diss., Rutgers University, 1980.

Miradli, Robert. "The Journalism of David Graham Phillips." PhD diss., New York University, 1985.

Moehle, Oden., "History of St. Louis, 1878–1882. MA thesis, Washington University, 1954.

Olson, Audrey Louis. "St. Louis Germans, 1850–1920: The Nature of an Immigrant Community and Its Relation to the Assimilation Process." PhD diss., University of Kansas, 1970.

Reynolds, William Robinson. "Joseph Pulitzer." PhD diss., Columbia University, 1950.

Saalberg, Harvey. "*The Westliche Post* of St. Louis: A Daily Newspapers for German-Americans, 1857–1938." PhD diss., University of Missouri, 1967.

Tritter, Thorin Richard. "Paper Profits in Public Service: Money Making in the New York Newspaper Industry, 1830–1930." PhD diss., Columbia University, 2000.

Tusa, Jacqueline Balk. "Power, Priorities, and Political Insurgency: The Liberal Republican Movement: 1869–1872." PhD diss., Pennsylvania State University, 1970.

Viener, John V. "A Sense of Obligation: Henry Stimson as United States Attorney, 1906–1909." Honor Thesis. Yale University, 1961.

도판 출처

이 책에 사진과 그림을 재수록할 수 있도록 허락해주신 모든 분들께 진심으로 감사드립니다.

1쪽. 머코의 상점(뮈리엘 퓰리처 소장). 퓰리처의 어머니와 누이동생(뮈리엘 퓰리처 소장).

2쪽. 책을 소품으로 배치하고 찍은 앨버트 퓰리처의 사진(뮈리엘 퓰리처 소장). 1873년 조지프와 앨버트 형제의 모습(〈세인트루이스 포스트-디스패치〉, 조지프 퓰리처 가족 제공).

3쪽. 카를 슈르츠(의회도서관 소장). 자유공화당 운동의 선봉에 선 퓰리처를 묘사한 삽화(지은이 소장).

4쪽. 1869년 퓰리처의 모습(뮈리엘 퓰리처 소장). 1870년 2월 5일 〈디 페메Die Vehme〉에 실린 삽화. 로비스트와 몸싸움을 벌인 퓰리처의 모습을 묘사했다(미주리 역사박물관Missouri History Museum 소장).

5쪽. 조지프 퓰리처, 케이트 데이비스(〈세인트루이스 포스트-디스패치〉, 조지프 퓰리처 가족 제공). 내니 턴스톨(버지니아 군사재단 기록보관소Virginia Military Institute Archives 소장).

6쪽. 〈세인트루이스 디스패치〉를 인수하는 퓰리처의 모습을 묘사한 삽화(지은이 소장). 존 커크릴 초상화(의회도서관, 〈뉴욕 월드-텔레그램 앤드 선New York World-Telegram & Sun〉 소장).

7쪽. 제이 굴드 소유의 〈월드〉 사옥(의회도서관, 〈뉴욕 월드-텔레그램 앤드 선〉 소장). 퓰리처가 새로 지은 〈월드〉 사옥(의회도서관 소상).

8쪽. 돈 카를로스 사이츠(의회도서관, 〈뉴욕 월드-텔레그램 앤드 선〉 소장). 아서 브리즈번(의회도서관 소장). 데이비드 그레이엄 필립스(의회도서관 소장).

9쪽. 찰스 데이나, 윌리엄 랜돌프 허스트, 시어도어 루스벨트, 윌리엄 제닝스 브라이언(의회도서관 소장).

10쪽. 주춧돌 개봉(의회도서관, 〈뉴욕 월드-텔레그램 앤드 선〉 소장). 조지프 퓰리처, 케이트 퓰리처(컬럼비아대학교 버틀러 도서관Butler Library 희귀본 및 필사본실 소장).

12쪽. 랠프와 함께 산책에 나선 조지프 퓰리처, 색안경을 낀 퓰리처, 담요를 덮은 채 야외에 앉아 있는 퓰리처(〈세인트루이스 포스트-디스패치〉, 조지프 퓰리처 가족 제공).

13쪽. 수로 옆을 걷고 있는 앨버트 퓰리처(뮈리엘 퓰리처 소장). 몬테카를로 거리를 걷고 있는 조지프 퓰리처(〈세인트루이스 포스트-디스패치〉, 조지프 퓰리처 가족 제공).

14쪽. 뉴욕 이스트 73번가의 집과 채톨드의 여름 별장(〈세인트루이스 포스트-디스패치〉, 조지프 퓰리처 가족 제공).

15쪽. 리버티호(〈세인트루이스 포스트-디스패치〉, 조지프 퓰리처 가족 제공). 지킬 섬의 겨울 별장(지킬 섬 박물관 기록보관소 소장).

16쪽. 컬럼비아대학교 언론학부(컬럼비아대학교 기록보관소Columbia University Archive 소장). 바닥에 새겨진 글귀(지은이 소장).

찾아보기

PULITZER

지은이 **제임스 맥그래스 모리스**

2004년 〈워싱턴 포스트Washington Post〉가 선정한 올해 비소설 분야 최고의 책으로 뽑힌 《싱싱 교도소의 장미 아저씨: 황색 언론 시대의 삶, 살인, 구원The Rose Man of Sing Sing: A True Tale of Life, Murder, and Redemption in the Age of Yellow Journalism》의 저자이며 월간지 〈전기 작가의 기술Biographer's Craft〉 편집자이다. 〈워싱턴 포스트〉, 〈뉴욕 옵서버New York Observer〉, 〈볼티모어 선Baltimore Sun〉 등에 기고하고 있다.

2010년 수년간의 취재와 자료 수집을 거쳐 출간한 이 책 《퓰리처》는 〈월스트리트 저널The Wall Street Journal〉이 선정한 '미국의 역사적 인물을 다룬 책 Best 5'와 '미국 신문발행인을 다룬 책 Best 5'에 선정되었다. 또한 〈북리스트Booklist〉는 이 책을 '2010년 전기 분야 최고의 책 10권'에 포함시키기도 했다.

옮긴이 **추선영**

서울신학대학교 기독교교육과를 졸업하고 현재 전문번역가로 활동 중이다. 역서로 《여름 전쟁》, 《세상을 뒤집는 의사들》, 《감시 사회: 안전장치인가 통제 도구인가?》, 《유엔: 강대국의 하수인인가 인류애의 수호자인가》, 《에코의 함정》, 《추악한 동맹》, 《이단자》, 《이슬람에서 여자로 산다는 것》, 《싸구려 모텔에서 미국을 만나다》, 《생태계의 파괴자 자본주의》, 《세계사, 누구를 위한 기록인가?》, 《자본의 세계화, 어떻게 헤쳐 나갈까?》 등이 있다.

퓰리처

2016년 6월 1일 초판 1쇄 인쇄
2016년 6월 8일 초판 1쇄 발행

지은이 | 제임스 맥그래스 모리스
옮긴이 | 추선영
발행인 | 이원주
책임편집 | 최안나
책임마케팅 | 이지희

발행처 | (주)시공사
출판등록 | 1989년 5월 10일(제3-248호)

주소 | 서울시 서초구 사임당로 82(우편번호 06641)
전화 | 편집(02)2046-2861·마케팅(02)2046-2846
팩스 | 편집·마케팅(02)585-1755
홈페이지 | www.sigongsa.com

ISBN 978-89-527-7635-8 03990

본서의 내용을 무단 복제하는 것은 저작권법에 의해 금지되어 있습니다.
파본이나 잘못된 책은 구입한 서점에서 교환해 드립니다.